2023 대입전략 수시올림

임병훈 지음

도서출판 대가

이 책을 시작하며

대입 수시의 본질은 예측과 대응입니다. 난맥상을 뚫어야만 하는 복잡한 수험시대를 살고 있습니다.

디지털과 4차 산업 시대의 흐름을 대변하는 자료가 과년도합불 또는 배치표 등의 수치를 드러내는 각종 데이터 자료라 한다면, 이제 역으로 회귀할 만한 발상의 대전환이 필요한 시기이기도 합니다.

대입의 맥락을 얻는 제 1의 보고는 각 대학 입학처의 의지와 계획, 변화의 흐름, 원하는 인재상 등에 대한 전방위적 통찰이라 여겨지며, 여기에 지피지기의 단순 진리를 바탕으로 한 실로 다양한 분투가 있어야만 할 것입니다.

이제 2023 대입의 후반기를 맞아 다시 시작합니다.

학생부 성적과 모의수능 성적 등을 근거로 한 현실적이고 효과적인 수시 목표 달성이라는 사명과 우리 학생들을 위한 적확한 입시 지원방향 등의 노력과 고민을 함께 나누고자 합니다.

- 학생부 학업 역량의 기본이 되는 개별 대학의 내신 반영 방법을 분류하고 지원자를 위한 최적의 조합을 제시하여 합격 가능성을 극대화하였습니다.

- 지피지기의 단순한 진리를 바탕으로 전국 84개 대학 전형의 특징과 모집 인원, 수능 최저 적용사항, 전형 방식의 변화 등을 분석하여 활용하였고, 학교장 추천의 고교별 인원 제한 대학을 분류하여 상위권 대학 지원자의 효과적인 합격 가능성을 다양화하였습니다.

- 대학별 전형 특징의 실제적 의미와 과년도 입학 결과를 분석하여 지원자 최상의 수준에 도달하는 과학적이며 성공적인 적정 지원에 기여하게 될 것입니다.

입시는 대응이지만 또 예측 능력이며,

파도를 일으키는 깊은 원인을 지목하지 못하고

바람을 예측하는 혜안과 고민을 인식하지 못하는 우를 범한다면

향후 10년을 더 한다 할지라도 통찰은 없을 것이라는 반성과 다짐을 더합니다.

아직 단 한 번도 패배를 경험하지 못한 우리 학생들을 위해 미리 알고 대비합니다.

처음이면서 끝판을 준비하는 이,

루키이면서 베테랑의 운명을 지닌 자,

그 이름도 숭고한 고3입니다.

입시 진학교사로서

고된 작업의 고통이 클수록 그것은 다시 부메랑이 되어

고스란히 보람으로 다가온다는 평범한 진실을 해마다 경험합니다.

가르침과 배움은 결코 다르지 않은 하나라는 것도 늘 실감하고 있습니다.

대학별 내신 반영 방법과 그 의미는 '지피지기'에 다름이 아닙니다.

입시를 알고 목표를 정하면 그것이 공부하게 하는 힘의 원천이 되듯

수험생을 새삼 자극하는 소중한 기능을 하며 이즈음 대비할

수시 지원의 또 다른 방향타가 되어줍니다.

나무보다는 숲을 보려 하는 평범한 제 원칙 아래

수험생 자신이 가진 모든 정량 정성의 가치를 찾아내고

대학의 모든 전형과 변수들을 융합하는 것이야말로 참된 입시의 정수라고 생각합니다.

수시 지원을 위한 이른바 '체크리스트'를 만들어 활용하도록 합니다.

복잡하기 이를 데 없는 대학과 전형, 그리고 그 방법을 알게 하고

나아가 현실을 직시하며 자신에게 맞는 효율적 수시 지원을 위한 맥락입니다.

지난 수년 동안의 작업은 이제 쉼 없는 순환의 새로운 날들을 맞이하게 합니다.

여러 가지 자료를 극대화하며 모든 학생들을 위해

지금까지 해 온 책무를 오늘도 즐겨 할 뿐입니다.

저자 씀

목 차

1

입시일정 및 대학 목록

2023 대입 수시모집 주요대학 전형분석표

2023 대입 수시모집 주요대학 전형분석

2022년 7월 현재 확정판 *ollim*

구분		2023 대입 수시모집 주요 입시일정 수시 학생부 기준일: 2022. 8. 31(수)	* 일정변동 확인바랍니다. * 전형학과 확인바랍니다.
수능시험일 / 수능통지일		수능: 2022년 11월 17일(목) 통지: 2022년 12월 9일(금)	
2023대입 수시모집 일반대학 전문대학 전체일정	원서접수(일반대)	2022년 9월 13일(화) ~ 9월 17일(토)	
	원서접수(전문대)	1차: 2022년 9월 13일(화) ~ 10월 6일(목) 2차: 2022년 11월 7일(월) ~ 11월 21일(월)	
	최초합격 발표	2022년 12월 15일(목) 까지	
	수시 등록	2022년 12월 16일(금) ~ 12월 19일(월)	
	미등록충원기간	2022년 12월 20일(화) ~ 12월 26일(월)	

지역	2023 수시모집 주요대학	2023 전형유형 분류
서울	가톨릭대, 건국대, 경희대, 고려대, 광운대, 국민대, 덕성여대 동국대, 동덕여대, 명지대, 삼육대, 상명대, 서강대, 서경대, 서울대, 서울과기대, 서울시립대 서울여대, 성공회대, 성균관대, 성신여대, 세종대, 숙명여대, 숭실대, 연세대, 이화여대 중앙대, 한국외국어대, 한성대 한양대, 홍익대	1. 학생부교과 전형 2. 학생부종합 전형 3. 논술 전형
인천	가천대메디컬, 인천대, 인하대, 청운대인천캠	4. 면접 전형
경기	강남대, 경기대, 가천대글로벌, 단국대죽전, 대진대, 성결대, 수원대 아주대, 용인대, 을지대, 평택대, 한신대, 협성대, 한경국립대, 한국공과대 경희대국제, 중앙대안성, 한국외대글로벌, 한국항공대, 한양대에리카	5. 사회배려 전형 6. 기초 차상위 전형
강원	강원대춘천, 강원대삼척, 강원대도계, 연세대미래캠	
충북	건국대글로컬, 충북대, 한국교통대	7. 지역균형 (학교장추천)
대전	충남대, 을지대대전, KAIST	8. 지역인재 전형
충남	공주대, 백석대, 선문대, 순천향대, 한국기술교대 한서대, 호서대, 청운대, 고려대세종, 단국대천안, 상명대천안	9. 특기자(어학/과학) 전형
전북	군산대, 전북대, 서남대, 예수대, 우석대, 원광대, 전주대, 전주교대, 한일장신대, 호원대	10. 군사학 기타 전형
광주	전남대, 광신대, 광주대, 광주여대, 광주교대, 남부대, 조선대, 호남대, 호남신학대, GIST	11. 학교장추천제한 전형 12. 과기원대학 6개 대학
전남	대불대, 동신대, 목포대, 목포가톨릭대, 목포해양대, 순천대, 초당대, 한려대, KENTECH	
대구	경북대, 계명대, 대구교대, DGIST	※ 최종 입시사항 변경가능함 대학별 최종 입시요강 확인 자료활용 당사자 책임의무
경북	가야대, 경북외대, 경일대, 경주대, 금오공대, 대구가톨릭대, 대구대, 대구예술대, 대구외대 대구한의대, 대신대, 동양대, 영남대, 영남신학대, 위덕대, POSTECH, 한동대, 상주대 경운대, 안동대	
부산	경성대, 고신대, 동명대, 동서대, 동아대, 동의대, 부경대, 부산대, 부산가대, 부산교대, 부산외대	
울산	울산대, UNIST 한국해양대, 신라대	<수시주요대학 전형> 전형별 12section 총 84대학 전형
경남	경남대, 경상국립대, 부산신대, 영산대, 인제대, 진주교대, 진주산업대, 영산대, 창원대	
제주	제주대(제주교대), 탐라대	

2

수시올림 대학 목록표

2023 수시 주요 수록대학 84대학 목록표

2023 수시올림 대학별 입시요강 - 주요대학 목록표 UNIV.

※ 2023 대입 수시요강 완성목록 2022. 06. 현재

연번	지역	대학명	연번	지역	대학명	연번	지역	대학명
1	경기	가천대학교	31	충남	상명대학교 천안	61	충남	청운대학교
2	서울	가톨릭대학교	32	서울	서강대학교	62	충남	충남대학교
3	경기	강남대학교	33	서울	서경대학교	63	충북	충북대학교
4	강원	강원대학교 춘천	34	서울	서울과학기술대	64	경기	평택대학교
5	강원	강원대 삼척도계	35	서울	서울대학교	65	경기	한경국립대학교
6	충북	건국대학교 글로컬	36	서울	서울시립대학교	66	경기	한국공학대학교
7	서울	건국대학교 서울	37	서울	서울여자대학교	67	충북	한국교통대학교
8	경기	경기대학교	38	충남	선문대학교	68	충남	한국기술교육대
9	대구	경북대학교	39	경기	성결대학교	69	서울	한국외국어대학교
10	경남	경상국립대	40	서울	성공회대학교	70	경기	한국항공대학교
11	대구	경일대학교	41	서울	성균관대학교	71	충남	한서대학교
12	서울	경희대학교	42	서울	성신여자대학교	72	서울	한성대학교
13	대구	계명대학교	43	서울	세종대학교	73	경기	한신대학교
14	서울	고려대학교 서울	44	경기	수원대학교	74	서울	한양대학교 서울
15	충남	고려대학교 세종	45	서울	숙명여자대학교	75	경기	한양대학교 에리카
16	충남	공주대학교	46	충남	순천향대학교	76	경기	협성대학교
17	서울	광운대학교	47	서울	숭실대학교	77	충남	호서대학교
18	서울	국민대학교	48	경기	아주대학교	78	서울	홍익대학교
19	충남	남서울대학교	49	경기	안양대학교	79	대전	KAIST
20	경기	단국대학교 죽전	50	강원	연세대학교 미래	80	포항	POSTECH
21	충남	단국대학교 천안	51	서울	연세대학교 서울	81	광주	GIST
22	경기	대진대학교	52	대구	영남대학교	82	대구	DGIST
23	서울	덕성여자대학교	53	경기	용인대학교	83	울산	UNIST
24	서울	동국대학교 서울	54	대전	우송대학교	84	나주	KENTECH
25	서울	동덕여자대학교	55	경기	을지대학교			
26	서울	명지대학교	56	서울	이화여자대학교			
27	충남	백석대학교	57	인천	인천대학교			
28	부산	부산대학교	58	인천	인하대학교			
29	서울	삼육대학교	59	충남	중부대학교			
30	서울	상명대학교 서울	60	서울	중앙대학교			

2023 수시올림 84개 대학교 수록
2022. 06. 27. 현재 ollim

수시오감도 · 전형유형

2023 수시 대학별 전형유형 서울주요 25개 대학

2023 대입수시 서울 주요 대학별 전형유형 수시오감도 올림 01   2022. 05.14. (목)

2023 수시 전형별 대학선발 유형 분류   ★ = 최저있음   밑줄 = 신설/변화

연번	지역	대학명	2023 학생부교과		학생부종합 ★=최저있음				논술	면접		고른기회 유공배려등	기회균형 기초및차상위
			최저유무	전형방법	서류면접 단계전형1	서류면접 단계전형2	서류100% 일괄전형1	서류100% 일괄전형2		일괄	단계		
1	서울	서울대학교			★지균2명 단계 면접 664명 →565명	● 일반전형 1,592명 →1,408명						농어촌 82명	
2	서울	연세대학교	● 추천형 교과+단계면접 5% 유지 523명 유지		★ 활동우수 525명 →540명	★ 국제형 국내고 178명	● 시스템 반도체 단계면접 40명	● 특기자 UD생명10 인사114 체능38	● 논술 346			●한마음 43명 ●기회 110명	
3	서울	고려대학교	★ 학교추천 교과80+서류20 4% 유지 860명→871명		★ 학업우수 908명 →892명	● 계열적합 458명 →473명		● 특기자 사이버15 체교40 ★디자15				● 고른기회 보훈/농어촌 기초차/특교 168명	
4	서울	성균관대학	★ 학교장추천 교과 100% 4%→ 10% 361명→370명				● 계열 서류100% 330명 →417명	● 학과 서류100% 757명 →630명	★ 논술 357 →360	● 의예 사범 등	★ 스포츠 과학17명	고른 기회 60명	이웃 사랑 60명
5	서울	서강대학교	★ 고교추천 교과 100% 10명 유지 172명 유지				● 종합 서류100% 549명 →548명		★ 논술 169			통합 42명 →26명	고른 72명 →77명
6	서울	한양대서울	★ 지역균형 교과 100% 11% 유지 330명→331명				● 종합 서류100% 835명 →843명		● 논술 257 →246			고른기회 보훈/농/기초등 115명	
7	서울	이화여대	● 고교추천 교과 100% 5% 유지 400명 유지		● 특기 어학50 →45명	● 특기 과학45 ● 특기 스크54	★ 미래 서류100% 889명 →914명		★ 논술 330 →310			★ 고른기회 150명→155명 ★ 사회기여 15명	
8	서울	중앙대학교	★ 지역균형 교과 100% 10명→ 20명 511명→505명		● 다빈치 590명 →526명		● 탐구형 서류100% 595명 →408명		★ 논술 686 →487			사회 통합 20명	기회 66명
9	서울	경희대학교	★ 지역균형 교과70+종합30 6명→ 5% 555명 유지		●네오르네 1,214명 →1,100명				★ 논술 501			고른2 90명	고른1 150명
10	서울	한국외대	★ 학교추천 교과 100% 20명 유지 373명→371명		●면접형 종합전형 300명 →447명	● S/W 글로벌캠 34명	● 서류형 서류100% 서238 글283 654→521		★ 논술 477 →473			● 고른기회1 185명 유지	
11	서울	서울시립대	★ 지역균형 교과 100% 4명→ 8명 198명→196명		●면접형 종합전형 449명 →373명		● 서류형 서류100% 80명		● 논술 77			공헌 34명	고른1 143명

11

연번	지역	대학명	2023 학생부교과 최저유무	2023 학생부교과 전형방법	학생부종합 ★=최저있음 서류면접 단계전형1	서류면접 단계전형2	서류100% 일괄전형1	서류100% 일괄전형2	논술	면접 일괄	면접 단계	고른기회 유공배려등	기회균형 기초및차상위
12	서울	**건국대서울**	● 지역균형	교과70+서류30 추천 무제한 340명→341명	자기추천 790명→795명				★ 435→434			●일괄 사회통합 37명	●일괄 기초차 63명
13	서울	**동국대서울**	● 추천형	교과70+서류30 7명→*8명* 398명→407명	● 두드림 473명→512명	● 두드림 S/W 64명	불교추천 단계면접 108명		★ 350→312			● 고른기회통합 133명	
14	서울	**홍익대학교**	★ 학교추천	교과 100% *5명→10명* 244명→290명		★ 2단계 미술종합 247명→293명	★ 학교생활 542명→514명		★ 383→405			● 보훈 24명	● 기초차 26명
15	서울	**숙명여대**	★ 학교장추천	교과 100% *10% 유지* 246명→251명	● 숙명인재2 인 248명 약 22명		● 숙명인재1 자연계열 149명		★ 227			● 고른기회통합 80명→70명	
16	서울	**국민대학교**	★ 고교추천	교과 100% *추천 무제한* 410명→409명	프런티어 645명→646명	S/W 15 어학 42	● 학교 생활우수 397명→383명					●단계 유공+기초차 122명	●일괄 기초차 한부모 57명
17	서울	**숭실대학교**	★ 지역균형	교과 100% *추천 무제한* 474명→447명	SS미래 628명→618명	S/W 특기자 25명			★ 281→269			● 단계 고른기회 보훈/농/기초차 169명→136명	
18	서울	**세종대학교**	● 고교추천	교과 100% *10명 유지* 277명→310명	창의인재 527명→353명	★★ 국방30 항공17			★ 345→310			● 기여 30명	● 고른 63명→95명
19	서울	**단국대죽전**	★ 지역균형	교과 100% *8명→무제한* 261명 유지	● S/W인재 단계면접 50명		● DK인재 312명→343명	● 창업인재 15명	● 330→315			● 배려 66명→50명	●● 고른80 기회74
20	서울	**광운대학교**	★ 지역균형	교과 100% *추천 무제한* 202명→194명	● 광운참빛 491명	● S/W 단계면접 30명			● 187			● 고른기회X 정시 이동	
21	서울	**명지대학교**	★ 학교장추천	교과 100% *추천 무제한* 306명	● *면접* 명지인재 394명→388명	● 크리스천 리더 52명	● *자소서* 명지인재 서류일괄 287명→265명			● *5배수* 교과면접 290명→296명		●● 고른기회교과 105명 유지 배려종합 35명	
22	서울	**상명대서울**	★ 고교추천	교과 100% *10명 유지* 367명 유지	● 상명인재 286명→281명					● *교과* 안보학 단계면접 24명→19명		● 고른기회통합 서류 100% 75명 유지	

★ = 최저있음   밑줄 = 신설/변화

2023 수시 전형별 대학선발 유형 분류　★ = 최저있음　<u>밑줄</u> =신설/변화

연번	지역	대학명	2023 학생부교과 최저유무	2023 학생부교과 전형방법	학생부종합 서류면접 단계전형1	학생부종합 서류면접 단계전형2	학생부종합 서류100% 일괄전형1 ★=최저있음	학생부종합 서류100% 일괄전형2	논술	면접 일괄	면접 단계	고른기회 유공배려등	기회균형 기초및차상위
23	서울 경기	가톨릭대학	★ 지역균형 교과 100% *15명→무제한* 267명→270명		● 자소서 잠재능력 430명 →444명	● 자소서 가톨릭추천 의예 포함 96→108명	●★ 자소 학교장추천 단계면접 75→51명		● 183 →179			● 고른기회1 101명→96명 ★ <u>고른기회2</u> 약학 3명	
24	인천	인하대학교	★ 지역균형 교과 100% *7명→ <u>무제한</u>* 404명→401명		● 자소서 인하미래 903명 →913명		● 자소서 <u>인하참</u> 서류100% 315명 →304명		● 485 →469			● 고른기회 서류100% 보훈+기초/차 137명 유지	
25	경기	아주대학교	★ 고교추천 교과 100% *추천 무제한* 196명 유지		● 자소서 아주ACE 541명 →543명	● 자소서 SW융합 30명	● 국방IT 단계면접 20명 →23명	● 자소서 다산인재 180명 →154명	● 187 →169			● 고른2 42명	● 고른1 81명
26	인천	인천대학교	● 지역균형 교과 100% *추천 무제한* 275명→287명		●자소서X 자기추천 662명 →685명		★ 교과성적 교과 100% 471명 →459명		● 187 →169			● 사회 통합 54명	● 고른기회 104명 →109명

2023 대입수시 서울 주요 11개 대학별 전형유형 수시오감도 올림

2023 수시 전형별 대학선발 유형 분류 ★ = 최저있음 _밑줄_ =신설/변화

연번	지역	대학명	2023 학생부교과		학생부종합 ★ = 최저있음				논술	면접		고른기회 유공배려등	기회균형 기초및차상위
			최저유무	전형방법	서류면접 단계전형1	서류면접 단계전형2	서류100% 일괄전형1	서류100% 일괄전형2		일괄	단계		
1	서울	서울대학교			★지균2명 _단계면접_ 664명 →565명	● 일반전형 1,592명 →1,408명						농어촌 84명 →67명	저소득 80명 →49명
2	서울	연세대학교	● 추천형 교과+단계면접 _5% 유지_ 523명 유지		★ 활동우수 525명 →540명	★ 국제형 178명 →178명	● 시스템 반도체 단계면접 40명	● 특기자 UD생명10 인사114 체능38	● 논술 346			●한마음 43명 ●기회1 80명 ●기회2 30명	
3	서울	고려대학교	★ 학교추천 교과80+서류20 _4% 유지_ 860명→871명		★ 학업우수 908명 →892명	● 계열적합 458명 →473명		● 특기자 사이버15 체교40 ★디자15				● 고른기회 보훈/농어촌 기초차/장애 168명	
4	서울	성균관대학	★ 학교장추천 교과 100% _4%→ 10%_ 361명→370명				● 계열 서류100% 330명 →417명	● 학과 서류100% 757명 →630명	★ 논술 357 →360	● 의예 사범 등	★ 스포츠 과학 17명	● 고른 기회 60명	● 이웃 사랑 60명
5	서울	서강대학교	★ 고교추천 교과 100% _10명 유지_ 172명 유지				● 종합 서류100% 549명 →548명		★ 논술 169			통합 42명 →26명	고른 72명 →77명
6	서울	한양대서울	★ 지역균형 교과 100% _11% 유지_ 330명→331명				● 종합 서류100% 835명 →843명		● 논술 257 →246			● 고른기회 보훈/농/기초등 115명	
7	서울	이화여대	● 고교추천 교과 100% _5% 유지_ 400명 유지		● 특기 어학50 →45명	● 특기 과학45 ● 특기 스크54	★ 미래 서류100% 889명 →914명		★ 논술 330 →310			★ 고른기회 150명→155명 ★ 사회기여 15명	
8	서울	중앙대학교	★ 지역균형 교과 100% _10명→ 20명_ 511명→505명		● 다빈치 590명 →526명		● 탐구형 서류100% 595명 →408명		★ 논술 686 →487			● 사회 통합 20명	● 기회 66명
9	서울	경희대학교	★ _지역균형_ _교과70+종합30_ _6명→ 5%_ 555명 유지		●네오르네 1,214명 →1,100명				★ 논술 501			● 고른2 90명	● 고른1 150명
10	서울	한국외대	★ 학교추천 교과 100% _20명 유지_ 373명→371명		●면접형 종합전형 300명 →447명	● _S/W_ 글로벌캠 34명	● 서류형 서류100% 서238 글283 654→521		★ 논술 477 →473			● 고른기회1 185명 유지	
11	서울	서울시립대	★ 지역균형 교과 100% _4명→ 8명_ 198명→196명		●면접형 종합전형 449명 →373명		● _서류형_ 서류100% 80명		● 논술 77			● 공헌 34명	● 고른1 143명

4

수시 학교장추천대학

2023 수시 학교장추천 주요대학 전형 개요

2023 수시 학교장추천전형 01 - 총 54개 전형 (44대학 45전형+교과 9전형)   2022. 04. 06 (수) ollim

연번	대학명	전형명	전형구분	추천제한	고3제한	모집인원	증감	전형방법	보통교과 공통/일반선택 내신반영 교과	공통/일반+진로 반영비율(%) 공통일반+진로 진로선택 반영특징	수능최저유무 *별도표기 없음 ✓ 자: 확통/미적/기하 사/과탐 가능
1	서울대학교	지역균형	단계종합	2명	고3제한	664명→565명	▼99	①서류100 (3배) ②면접30%	전과목 반영 *탐구 동일不인정	진로선택 반영 별도비율 없음	▶인:3개합7 (탐2평) ▶자:3개합7 (과2평)
2	연세대서울	추천형	교과	5%	고3제한	523명 유지	0	①교과100 (5배) ②면접40%	전과목AB(기타포함) 등급50+z점수50	공통30일반50진로20 A=20 B=15 C=10	최저 없음
3	고려대서울	학교추천	교과	4%		860명→871명	▲11	교과80+서류20	전과목 반영 *탐구 동일不인정	진로선택 전체반영 성취비율→등급환산	▶인: 3개6(탐2) ▶자: 3개7(과2) ▶의: 4개5(과2)
4	성균관대학	학교장추천	교과	4%→10%	고3제한	361명→370명	▲9	교과100% 정량80+정성20	전과목 반영 진로선택 정성평가	공통일반80+진로20 학업수월+학업충실	▶인: 3개합6 (탐1) ▶자: 3개합6 등 *자: 국수영과과 ★
5	서강대학교	고교장추천	교과	10명	고3제한	172명 유지	0	교과100%	국영수사과	진로선택 전체반영 등급80출봉10진로10 성취비율→점수환산	▶3개합6(탐1)+史4 *국수사과 무제한
6	한양대서울	지역균형발전	교과	11%		330명→331명	▲1	교과100%	국영수사과+史	진로선택 3과목 별도비율 없음	최저 없음
7	이화여대	고교추천	교과	5% 최대10		400명 유지	0	교과80+면접20 일괄면접	국영수사과+史	공통일반90+진로10 A=10 B=8.6 C=5.0 A=1 B=4 C=7등급	최저 없음
8	중앙대학교	지역균형	교과	10명→20명	재수포함	511명→505명	▼6	교과100% *안성 최저폐지	국영수사과 전체 *22 국영수사/국영수과	공통일반90+진로10 A=10 B=9.4 C=8.9 A=1 B=3 C=5등급	▶인: 3개합7 (탐1) ▶자: 3개합7 (과1) ▶약: 4개합5 (과1)
9	경희대학교	지역균형	교과종합	6명→5%	고3제한	555명 유지	0	교과70+종합30 2022년 교과100%	인: 국영수사 자: 국영수과	공통일반80+진로20 인문자연 3개씩 반영	▶인: 2개합5(탐1) ▶자: 2개합5(과1) ▶의: 3개합4(과1) 등
10	한국외대	학교장추천	교과	20명	원점수/등급	373명→371명 서울198 글로173	▼2	교과100%	국영수사/국영수과 가중치/원점수/등급	진로선택과목 미반영	▶서: 2개4(탐1) ▶글: 1개3(탐1) ★
11	서울시립대	지역균형	교과	4명→8명		198명→196명	▼2	교과100%	주요70%+기타30% 인:국영수사70+기30 자:국영수과70+기30	진로선택과목 미반영	▶인: 3개합7 (탐1) ▶자: 3개합7 (과1)
12	건국대서울	KU지역균형	교과서류	제한없음	최저폐지	340명→341명	▲1	교과70+서류30 2022년 교과100%	국영수사과+史	진로선택과목 서류 정성평가 22년 A=10 B=9.9 C=8	최저 폐지 *2022최저: 2개합5(탐1)
13	동국대서울	학교장추천	교과서류	7명→8명		409명→407명	▼2	교과70+서류30 22년 교60+서40	인: 국영수사+史 10개 자: 국영수과+史 10개	진로선택과목 미반영	최저 없음
14	홍익대서울	학교장추천	교과	5명→10명		244명→290명	▲46	교과100%	인: 국영수사 자: 국영수과	공통일반90+진로10 진로A=10 B=9 C=7	▶인: 3개7(탐1)+史4 ▶자: 3개8(과1)+史4
15	숙명여대	지역균형선발	교과	10%		246명→251명	▲5	교과100%	국수영사과+史	진로선택 등급변환 A=1 B=2 C=4등급	▶인: 2개합5 (탐1) ▶자: 2개합5 (과1) ▶약: 3개합5 수포함
16	국민대학교	교과성적우수	교과	제한없음		410명→409명	▼1	교과100%	인: 국영수사 자: 국영수과	진로선택과목 미반영	▶인: 2개합5 (탐1) ▶자: 2개합6 (과1)
17	숭실대학교	지역균형	교과	제한없음	최저변화	474명→447명	▼27	교과100% 최저 영어포함★	인: 국영수사 자: 국영수과 과목별 가중치 유지	공통일반80+진로20 진로선택 등급변환 A=1 B=2 C=3등급	▶인: 2개합4 (탐1) ▶자: 2개합5 (과1)
18	세종대학교	지역균형	교과	10명	최저하향	124명→310명	▲186	교과100%	인: 국영수사과★ 자: 국영수과	진로선택 3과목 반영 A=1000 B=980 C=900 A=1 B=3 C=5등급	▶인: 2개합6 (탐1) ▶자: 2개합7 (과1) *2022 최저: 2개합5/6
19	단국대죽전	지역균형	교과	8명→무제한		261명 유지	0	교과100%	국영수사/국영수과 가중치 유지	진로선택과목 미반영	▶인: 2개합5 (탐1) ▶자: 2개합6 (과1)
20	광운대학교	지역균형	교과	제한없음		202명→194명	▼8	교과100%	인: 국영수사 자: 국영수과	진로선택과목 미반영	최저 없음

연번	대학명	전형명	전형구분	추천제한 & 인원변화 2022→2023 ★ *Peace for Ukraine ~					보통교과 공통/일반선택 공통/일반선택 내신반영 교과	공통/일반+진로 반영 비율(%) 공통일반+진로 진로선택 반영특징	수능최저유무 *별도표기 없음✓ 자: 확통/미적/기하 사/과탐 가능
				추천제한	고3제한	모집인원	증감	전형방법			
21	명지대학교	학교장추천	교과	제한없음	진로신설	306명 유지	0	교과100%	국영수사/국영수과 4개씩 총 16개 유지	진로선택 2개 신설★ A=100 B=99 C=94 A=1 B=2 C=4등급	최저 없음
22	상명대서울	고교추천	교과	10명	내신변화	367명 유지	0	교과100%	전과목 반영 변화★ *22 국영수사/국영수과	진로선택 3과목 A=100 B=96 C=90	▶2개합7 (탐1) ▶국가안보 최저 x
23	가톨릭대학	지역균형	교과	제한없음		267명→270명	▲3	교과100%	국수영사과+史 진로선택 미반영	▶의: 4개5 (과2) 절사 ▶약: 3개5　간: 3개7	▶인: 2개합 7 (탐1)★ ▶자: 2개합 7 (탐1)
24	가톨릭대학	학교장추천 의/약/간호 선발	단계종합	의 1명 약/간 x		의예 25명 약학10/간호16	0	①서류100 (4배) ②면접30%	국수영사과+史	진로선택과목 미반영	▶의: 3개4 (과2) 절사 과탐 동일不인정 ▶약: 3개합5 (과1)
25	가천대학교	지역균형	단계면접	제한없음		356명→380명 인/자 최저없음	▲24	①교과100 (6배) ②면접50%	국영수사/국영수과 총20개/35:25:25:20 →총16개/40:30:20:10	진로선택과목 반영 성취A→등급 1상향 2개교과 한정	▶의: 3개1 (과2) 절사 ▶한: 2개1 (과2개1) ▶약: 3개5 (과2) 절사
	가천대학교	학생부우수자 (학교장추천 아님)	교과	해당없음		381명→462명	▲81	교과100%	국영수사/국영수과 총20개/35:25:25:20 →총16개/40:30:20:10	진로선택과목 반영 성취A→1등급 상향 2개교과 한정	▶인/자:2개합6 (탐1) 기하/미적 1개상향
26	강남대학교	학교장추천	교과	10명		196명 유지	0	교과100%	인: 국영수사 자: 국영수과	진로선택과목 미반영	최저 없음
27 ★	경기대학교	학교장추천	교과	20명		316명 유지	0	교과100%	전과목 반영	진로선택과목 미반영	▶인: 2개합7 (탐1) ▶자: 2개합7 (과1)
	경기대학교	교과성적우수 (학교장추천 아님)	교과	해당없음		325명→304명	▼21	교과100%	인: 국영수사통사통과 자: 국영수과통사통과	진로선택과목 미반영	▶인: 2개합7 (탐1) ▶자: 2개합7 (과1)
28 ★	대진대학교	학교장추천	교과	제한없음		56명→193명	▲137	교과100%	국영수사과 중 15개★ *22 국영수사/국영수과	진로선택과목 미반영	최저 없음
	대진대학교	학생부우수자 (학교장추천 아님)	일괄면접	해당없음		411명→273명	▼138	교과70+면접30	국영수사과 중 15개★ *22 국영수사/국영수과	진로선택과목 미반영	최저 없음
29 ★	덕성여대	고교추천	교과	제한없음		120명 유지	0	교과100%	국영수사 또는 국영수과 전체	진로선택과목 미반영	최저 없음
	덕성여대	학생부100% (학교장추천 아님)	교과	해당없음		155명 유지	0	교과100%	국영수+사/과 중 상위 3개×4개=12개	진로선택 미반영 *최저 3등급내 폐지	▶2개합7 (탐1) ▶약: 3개합6 (과2) *미적/기하 1필수
30	서울과기대	고교추천	교과	10명		433명→418명	▼15	교과100%	인: 국영수사 자: 국영수과	진로선택 3과목가산 A=5 B=3 C=1점 *진로 과Ⅱ 2개이상	▶인: 2개합6 (탐2) ▶자: 2개합6 (과2)
31	서울여자대	교과우수자	교과	제한없음		178명→176명	▼2	교과100%	국영수+사/과 중 상위 3개×4개=12개	진로선택과목 미반영	▶2개합7 (탐1) *영포함 2개합5 폐지
32	성신여대	지역균형	교과	제한없음		251명 유지	0	교과100%	인: 국영수사 자: 국영수과	진로선택과목 미반영	▶인: 2개합6 (탐1) ▶자: 2개합7 (탐1)
33 ★ ★	수원대학교	지역균형선발	일괄면접	10%	고3제한	184명→92명	▼92	교과60+면접40	인: 국영수사 총 20개 자: 국영수과 총 20개 가중치 30:30:25:15	진로선택과목 미반영	▶1개 4등급 (탐1)
	수원대학교	교과우수 (학교장추천 아님)	교과	해당없음		132명→278명	▲146	교과100%	인: 국영수사 총 20개 자: 국영수과 총 20개 가중치 30:30:25:15	진로선택과목 미반영	▶인자: 2개합7 (탐1) ▶간호: 2개합6 (탐1)
	수원대학교	면접위주교과 (학교장추천 아님)	단계면접	해당없음		278명→227명	▼51	①교과100 (5배) ②면접40%	인: 국영수사 총 20개 자: 국영수과 총 20개 가중치 30:30:25:15	진로선택과목 미반영	최저 없음
34	아주대학교	고교추천	교과	제한없음		235명 유지	0	교과100% 가중치/20:80 폐지	국영수사과 전체★ *22 국영수사/국영수과	진로선택과목 미반영	▶인: 2개합5 (탐1) ▶자: 2개합5 (과1) *자연 확통 가능

연번	대학명	전형명	전형구분	추천제한	고3제한	모집 인원	증감	전형방법	내신반영 교과	공통일반+진로 진로선택 반영특징	수능최저유무 *별도표기 없음 ✓ 자: 확통/미적/기하 사/과탐 가능
35 ★	을지대학교	지역균형	교과	제한없음		206명 유지	0	일반: 교과100 의:교과95+면접5	국영수사과+史	진로선택과목 미반영	▶간: 2개합8 (탐1) ▶보건: 1개4 (탐1) ▶의: 4개합5 (과1)
	을지대학교	교과면접우수 (학교장추천 아님)	단계면접	해당없음		152명→153명	▲1	①교과100 (4배) ②면접30%	국영수사과+史	진로선택과목 미반영	최저 없음
36 ★	인천대학교	지역균형	교과	제한없음		287명 유지	0	교과100%	국영수사/국영수과 가중치 적용유지	진로선택과목 이수단위 가산점	최저 없음
	인천대학교	교과성적우수 (학교장추천 아님)	교과	해당없음		459명 유지	0	교과100% *자연 수/과 1필	국영수사/국영수과 가중치 적용유지	진로선택과목 이수단위 가산점	▶2개합7 (탐1/과) ▶사범: 2개합6(탐1) ▶동북: 2개합5(탐1)
37	인하대학교	지역추천	교과	7명→무제한		404명→401명	▼3	교과100%	인: 국영수사 자: 국영수과	진로선택과목 미반영	▶인: 2개합5 (탐1) ▶자: 2개합5 (과1) ▶의: 3개합1 (과2)
38 ★	차의과학대	지역균형선발	교과	제한없음		55명→56명	▲1	교과100%	국영수사과+史	진로선택 3과목 가산점 부여	일반 최저없음 ▶약: 3개합6 (탐2) *미적/기하, 영제외
	차의과학대	학생부교과 (학교장추천 아님)	단계면접	해당없음		77명 유지	0	①교과100 (4배) ②면접30%	국영수사과+史	진로선택 3과목 가산점 부여	일반 최저없음 ▶약: 3개합6 (탐2) *미적/기하, 영제외
39	한양에리카	지역균형	교과	제한없음		313명 유지	0	교과100%	국영수사과+史	진로선택 전체반영 반영비율x이수단위 미적기하/과Ⅱ 1개필	▶인: 2개합6 (탐1) ▶자: 2개합6 (과1) ▶약: 3개합5 (과1)
40	경인교육대	학교장추천	일괄종합	2명		70명 유지	0	서류100%	전과목 반영	진로선택과목 포함 종합정성평가	최저 없음
41	서울교육대	학교장추천	단계교과	무제한→3명	고3제한	50명	0	①교과100 (2배) ②서류80+면접20	전과목 반영	공통일반80+진로10 A=8 B=6 C=4 A=1 B=3 C=5등급	▶4개합9(탐2)+史4 ▶미적/기하과 4개11
42	서울교육대	사향인재추천 (학교장추천)	단계종합	제한없음	고3제한	30명	0	①서류100 (2배) ②면접50%	전과목 반영	진로선택과목 포함 종합정성평가	최저 없음
43	KAIST	학교장추천	단계종합	2명	고3제한	85명 유지	0	①서류100 (3배) ②면접40%	전과목 반영 국영수과/수과	진로선택과목 포함 종합정성평가	최저 없음
44	DGIST	학교장추천	단계종합	2명	고3제한	40명→35명	▼5	①서류100 (4배) ②면접50%	전과목 반영 국영수과/수과	진로선택과목 포함 종합정성평가	최저 없음
45	GIST	학교장추천	단계종합	2명	고3제한	40명 유지	0	①서류100 (5배) ②면접40%	전과목 반영 국영수과/수과	진로선택과목 포함 종합정성평가	최저 없음

5

대학별 수시요강 분석

2023 수시 주요대학 수시요강 - 수록 UNIV. 목록
2023 수시 주요대학 수시요강 - 수록 UNIV. 분석

2023 수시올림 대학별 입시요강 - 주요대학 목록표 UNIV.

※ 2023 대입 수시요강 완성목록 2022. 06. 현재

연번	지역	대학명	연번	지역	대학명	연번	지역	대학명
1	경기	가천대학교	31	충남	상명대학교 천안	61	충남	청운대학교
2	서울	가톨릭대학교	32	서울	서강대학교	62	충남	충남대학교
3	경기	강남대학교	33	서울	서경대학교	63	충북	충북대학교
4	강원	강원대학교 춘천	34	서울	서울과학기술대	64	경기	평택대학교
5	강원	강원대 삼척도계	35	서울	서울대학교	65	경기	한경국립대학교
6	충북	건국대학교 글로컬	36	서울	서울시립대학교	66	경기	한국공학대학교
7	서울	건국대학교 서울	37	서울	서울여자대학교	67	충북	한국교통대학교
8	경기	경기대학교	38	충남	선문대학교	68	충남	한국기술교육대
9	대구	경북대학교	39	경기	성결대학교	69	서울	한국외국어대학교
10	경남	경상국립대	40	서울	성공회대학교	70	경기	한국항공대학교
11	대구	경일대학교	41	서울	성균관대학교	71	충남	한서대학교
12	서울	경희대학교	42	서울	성신여자대학교	72	서울	한성대학교
13	대구	계명대학교	43	서울	세종대학교	73	경기	한신대학교
14	서울	고려대학교 서울	44	경기	수원대학교	74	서울	한양대학교 서울
15	충남	고려대학교 세종	45	서울	숙명여자대학교	75	경기	한양대학교 에리카
16	충남	공주대학교	46	충남	순천향대학교	76	경기	협성대학교
17	서울	광운대학교	47	서울	숭실대학교	77	충남	호서대학교
18	서울	국민대학교	48	경기	아주대학교	78	서울	홍익대학교
19	충남	남서울대학교	49	경기	안양대학교	79	대전	KAIST
20	경기	단국대학교 죽전	50	강원	연세대학교 미래	80	포항	POSTECH
21	충남	단국대학교 천안	51	서울	연세대학교 서울	81	광주	GIST
22	경기	대진대학교	52	대구	영남대학교	82	대구	DGIST
23	서울	덕성여자대학교	53	경기	용인대학교	83	울산	UNIST
24	서울	동국대학교 서울	54	대전	우송대학교	84	나주	KENTECH
25	서울	동덕여자대학교	55	경기	을지대학교			
26	서울	명지대학교	56	서울	이화여자대학교			
27	충남	백석대학교	57	인천	인천대학교			
28	부산	부산대학교	58	인천	인하대학교			
29	서울	삼육대학교	59	충남	중부대학교			
30	서울	상명대학교 서울	60	서울	중앙대학교			
								2023 수시올림 84개 대학교 수록
								2022. 06. 27. 현재 ollim

가천대학교

정시 인/자 35:25(국/수 우수):영20:탐1 20 백분위
영어: 98-95-92-86-80 .... 정시일반2 폐지 등

▶ 인: 국영수사 자: 국영수과
2023 우수한 4개학기 반영
높은순 가중치 40:30:20:20
▶ 학년별 가중치 없음
▶ 진로선택성취 A가 2개일 때
최하 등급과목 1과목을
1계급 특진, A 2개당 1개등급
최대 2개 교과에 한정함
▶ 의예/한의: 국영수과 전체

1. 2023 지역균형 단계면접 유지 및 26명 인원증가, 최저유지
2. 2023 학생부우수자 단계면접 유지 및 50명 증가, 최저유지
3. 2023 논술전형 5명 감소: 수능특강 수준, 국어수학 도전
4. 2023 주요모집 유지 : 스마트팩토리전공, 스마트보안전공
스마트시티융합, 차세대반도체전공
5. 2023 정시일반2 전형 (우수성적순 40:30:20:10) 폐지
6. 2023 교과내신 변화: 국영수사/국영수과, 우수 4학기반영
과목 우수순서반영 35:25:25:15→40:30:20:20
※2022 인: 국영수사 자: 국영수과, 상위 5개씩 총 20개 유지
높은순 가중치35:25:25:15

7. 가천대 종합전형 일반 자기소개서 1,2번 2문항
종합전형 의/약/한 자기소개서 1,2,3번 3문항
8. 2023 조기취업형 계약학과 200명 유지 <2021 입결 70% 참고>
▶ 1단계: 서류/자소서 100 (5배수) 2단계: 면접 50+1단계 50
▶ 1단계: 10.21(목) 2단계면접: 11.03(수)~06(토) 최종: 12.16(목)
▶ 첨단의료기40명-2.7-4.9등급-1명, 게임영상학80명-5.8-4.8등급-2
▶ 디스플레이40명-2.2-4.4등급-2명, 미래자동차40명-3.7-4.9등급-3
9. 2023 농어촌교과 59명 등 기타전형 생략
10. 2023 교과성적 등급배점: 100-99.5-99.0-98.5-98.0-97.5-85.0...

모집시기	전형명	사정모형	학생부종합특별사항	2023 수시 접수기간 09. 13(화) ~ 17(토)	모집인원	학생부	논술	면접	서류	기타	2023 수능최저등급
2023 수시 2,886명 (67.3%) 정시 1,403명 (32.7%) 전체 4,289명	지역균형	1단계	학생부교과 학교장추천 일반 최저없음 1단계 11.18(금)	1. 2023 전년대비 29명 증가 2. 2023 수능최저등급 유지 3. 의/약/한의 1단계 10배수 4. 면접비중 10% 증가 5. 의5, 약학3, 한의3 모집 6. 2021 경쟁률 평균 9.24 평균 3.66등급	385 2022 356	교과 100 (6배수)					일반 최저없음 의예: 3개 1 (과2) 약학: 3개합 5 (과2) 한의: 2개 1 (과2) 의/약: 과탐 소수절사 한의: 과탐 모두1등급
		2단계	면접 11.19(토) ~11.21(월) 최종 12.15(목)			교과 50 면접 50					
	학생부우수자	일괄	학생부교과 국영수사 국영수과 4개학기 반영 학년비율없음 최종 12.15(목)	1. 2023 전년대비 57명 증가 2. 2021 경쟁률 평균 15.4 평균 2.54, 70% 2.7 3. 의/한의/약학 모집없음 4. 교과 내신 총 20개 반영 ①국영수사/국영수과★ ②우수한 4개학기 반영★ ③35:25:25:15→40:30:20:20 ④진로선택 적용 전 부여 ⑤학생부우수자/지균전형	469 2022 412	학생 100%	▶2021 교과입결 0.3정도 하락예측 3.5등급권 과감한 지원 고려 ▶2021 학령인구 감소영향 예측 시뮬레이션 결과 0.3등급 하락 2등급대 후반까지 지원 및 합격 전국 총지원회수 45만건 감소				인/자: 2개합 6 (탐1) *선택과목 무제한 *미적/기하 1등급상향
	논술전형	일괄	논술전형 최저없음 논인 11.24(목) 논자 11.25(금) 최종 12.15(목)	1. 2023 전년대비 10명 증가 2. 국영수사/국영수과 교과별 상위 3과목씩 총 15개 반영 3. 진로선택과목 반영	929 2022 919	교과 40 논술 60	총 80분, 문항당 10점 인문 15문: 국어9+수학6 자연 15문: 국어6+수학9 기본 450점+실질 150점				1개 3등급 (탐1)
2022 수시 2,961명 (72.6%) 정시 1,227명 (27.4%) 전체 4,081명	가천바람개비	1단계	학생부종합 자소~09.19(월) 1단계 10.20(목)	1. 2023 전년대비 55명 증가 2. 최저 없음 교내활동위주 3. 서류: 교과비교과+자소서 4. 면접: 비교과+자소서, 10분 5. 전공적성30%, 기초학업20% 발전가능20%, 인성30% 6. 의/약학과/한의 모집없음 7. 경쟁 13.0, 등록70% 3.52	527 2022 472	서류 100 (4배수)		1. 바람개비1=전공적합성, 바람개비2=발전가능+전공적합 2. 학과별 활동서류 수준 차이가 매우 큼 3. 지원학과에 대한 목표의식과 학과지식을 분명히 할 것 4. 생명과학계열 언제나 최고수준 지원합격 5. 인문, 미디어, 유아교육, 관광 등 최고인기학과 제외 전략 6. 어려운 학과명이나 비인기학과의 서류경쟁력 지원전략★ 7. 결국 인기 비인기학과의 서류활동 편차 활용 전략 8. 가천프런티어 5.8등급합격자 용인시와 안양시 일반고교			
		2단계	면인 10.22~23 면자 10.29~30 최종 11.12(토)			1단계 50 면접 50					
	가천 AI SW	1단계	학생부종합 자소~09.19(월) 1단계 10.06(목)	1. 소프트17명+인공지능25명 2. 서류평가: 학생부+자소서 3. 최종: 2022.11.12(토)	50 2022 42	서류100 (4배)		21 모집-경쟁-70%-충원 ▶소프트17-10.7-3.5-20 ▶인공지25-6.00-3.5-29			없음
		2단계	면접 10.22~23			1단계 50 + 면접 50					
	가천의약학	1단계	학생부종합 자소~09.19(월) 1단계 11.29(화) 최종 12.15(목)	의예20, 약학12, 한의12 ▶2023 면접 약학 12.01(목) ▶2023 면접 한의 12.02(금) ▶2023 면접 의예 12.08(목)	44 2022 44	서류100 (4배)		21 모집-경쟁-70%-충원 ▶의예 20-33.3-2.6-14 ▶한의 11-15.2-2.2-03			의예: 3개 1등급 (과2) 한의: 2개 1등급 (과2) 약학: 3개합 5 (과2) 의/약 과탐 소수점절사
	▶사회기여자 ▶교육기회균형	1단계	학생부종합 자소~09.19(월) 1단계 10.06(목) 면접 10.08~09	▶유공자 등 사회기여대상자 ▶기초수급자 및 차상위 자녀 최종: 2022.11.12(토)	▶84 ▶49	서류100 (4배)					일반 최저없음 약학: 3개합 5 (과2) 과탐 소수점절사
		2단계				1단계 50 + 면접 50					
			▶조기취업계약학과 전형 1단계: 2022. 09. 26.(월) 면접: 09. 28.(수)~30(금) 최종: 2022.11.12(토)								

인문: 2개합 6 (탐1)
자연1: 2개합 6 (탐1)
자연2: 2개합 6 (탐1)
한의: 2개 1등급 (탐2)
의예: 3개 1등급 (탐2)

대학	학과	2023 인원	2022 학생부우수자 교과 100% / 국영수사·국영수과 총 20개 인원	경쟁률	최종합격 70%	최종합격 90%	충원	2021 학생부우수자 교과 100% / 국영수사·국영수과 총 20개 인원	경쟁률	최종합격 70%	최종합격 90%	충원
경영	경영학부	35	40	19.4	2.5	2.8	107	36	12.6	2.70	3.10	159
경영	회계세무학전공	10										
사회과학대학	미디어커뮤니케이션	8	8	18.6	2.5	2.6	30	10	11.4	2.40	2.50	27
	관광경영학과	7	6	15.0	2.6	2.8	13	7	12.7	2.70	3.00	26
	경제학과	10	10	16.2	2.8	3.0	19	12	13.3	2.60	2.90	41
	의료산업경영학과	7	7	13.9	2.8	2.8	22	7	22.4	2.60	2.70	15
	응용통계학과	6	6	13.7	2.6	2.9	12	8	15.0	2.70	2.90	20
	사회복지학과	6	6	22.2	2.6	2.6	15	7	9.90	2.90	3.20	23
	유아교육학과	7	7	16.4	2.5	2.7	12	8	7.50	2.50	3.00	22
	심리학과	6	6	15.0	2.6	2.7	25	6	11.0	2.30	2.40	13
인문대학	한국어문학과	6	6	16.0	2.7	2.8	21	7	17.3	2.90	3.00	20
	영미어문학과	25	6	15.5	2.8	2.9	29	7	15.3	2.80	2.80	33
법과대학	법학과	10	8	13.5	2.7	2.9	26	10	9.30	2.60	2.70	31
	경찰행정 특성화	6	6	19.8	2.2	2.4	15	7	15.3	2.30	2.30	26
	행정학과	7	6	20.3	2.7	2.9	20	7	10.7	2.90	3.00	35
예술아츠	패션디자인전공	6	6	16.2	3.0	3.1	17	6	18.2	2.60	2.80	14
	자유전공학부	12	7	17.6	2.6	3.0	8	10	12.0	2.60	2.80	28
경영	금융수학과 특성화	7	7	9.40	2.9	3.1	31	7	9.9	2.70	2.80	19
공과대학	도시계획.조경학부	10	7	11.3	2.7	3.0	28	8	13.6	2.80	2.80	22
	건축학부	17	12	16.8	2.7	2.8	36	13	12.3	2.80	3.10	41
	설비.소방공학과	10	8	12.9	3.0	3.2	11	10	11.5	3.00	3.20	11
	화공생명공학과	12	10	11.6	2.1	2.4	25	10	18.0	2.10	2.20	42
	배터리공학전공	7										
	기계공학과	11	11	13.0	2.5	2.7	28	11	22.4	2.50	2.60	49
	산업공학과	7	7	13.1	2.9	3.1	19	7	13.0	2.70	3.30	25
	토목환경공학과	7	7	18.7	3.0	3.1	18	7	27.9	3.00	3.10	22
	신소재공학과	7	7	11.0	2.4	2.6	11	7	14.3	2.30	2.40	15
바이오나노공학	식품생명공학과	7	7	13.3	2.5	2.5	15	6	16.7	2.50	2.60	18
	식품영양학과	7	7	17.9	2.7	2.8	19	7	27.9	2.90	3.00	22
	바이오나노 특성화	7	7	10.9	2.2	2.3	5	7	20.1	2.30	2.40	10
	생명과학과	6	6	8.80	2.6	2.9	10	7	9.90	1.90	2.10	8
	물리학과	6	6	12.5	3.0	3.3	19	7	11.7	3.20	3.20	27
	화학과	6	6	11.0	2.6	2.8	17	7	7.90	2.40	2.50	15
IT융합대학	소프트웨어 특성화	10	8	13.6	2.5	2.6	25	8	15.5	2.30	2.40	39
	인공지능 특성화	15	12	16.0	2.5	2.7	27	21	23.8	2.60	2.80	64
	컴퓨터공학과	15	15	18.3	2.4	2.7	50	12	12.3	2.60	2.70	15
	전자공학과	15	12	14.0	2.6	2.7	48	13	11.5	2.60	2.60	58
	전기공학과	10	8	22.9	2.6	2.7	14	9	11.8	3.00	3.10	42
	의공학과	8	6	17.2	2.5	2.7	10	7	26.9	2.50	2.90	13
인천캠 보건과학	치위생학과	5	4	45.5	2.3	2.5	3	5	8.40	3.50	3.70	8
	응급구조학과							4	13.8	2.60	2.70	5
	방사선학과	5	4	33.0	2.3	2.3	2	5	13.0	2.60	2.60	22
	물리치료학과	5	4	30.3	1.9	2.1	7	5	15.6	1.80	1.90	6
	운동재활학과	5	4	13.0	2.8	2.8	5	5	15.8	2.50	2.60	9
공과 IT융합대학	스마트팩토리	7	7	13.9	3.0	3.1	8	2022 신설	-	-	-	
	스마트보안	7	7	15.0	2.6	2.7	4	2022 신설	-	-	-	
	시스템반도체	7	7	11.9	2.7	2.9	6	2022 신설	-	-	-	
	스마트시티융합	8	7	13.3	2.8	3.1	6	2022 신설	-	-	-	
간호	간호학과	39	35	12.6	1.7	1.9	92	22	17.1	1.60	1.80	53
한의	한의예과							5	33.4	1.10	1.20	5
의에	의예과							5	25.8	1.00	1.10	12
평균		469	396	16.3	2.59	2.76	990	402	15.5	2.52	2.68	1230

2022 지역균형 1단계: 교과 100 2단계: 교과 60+면접 40		2023 지역 균형 인원	2022 지역균형 ▶서류 70+면접 30, 일괄면접 ▶발전가능성 40%가 핵심					2021 바람개비2 ▶서류 70+면접 30, 일괄면접 ▶발전가능성 40%가 핵심				
			인원	경쟁률	최종 합격 70%	최종 합격 90%	충원	인원	경쟁률	최종 합격 70%	최종 합격 90%	충원
인문	경영학부	18	25	11.5	3.5		15	22	9.00	4.00		13
	회계세무학전공	7										
	미디어커뮤니케이션	6	6	16.7	2.9		5	5	21.4	3.20		2
	관광경영학과	6	6	16.0	3.0		5	5	13.2	4.70		4
	경제학과	8	8	7.30	3.9		10	8	6.50	3.90		8
	의료산업경영학과	6	6	7.20	3.8		2	5	6.40	3.30		1
	응용통계학과	6	6	5.30	3.8		4	5	5.80	3.50		4
	사회복지학과	6	6	17.0	3.5		3	5	15.2	4.30		1
	유아교육학과	7	7	12.4	3.2		5	6	12.7	3.60		1
	심리학과	6	6	12.0	3.2		3	6	14.3	3.10		5
	한국어문학과	6	6	7.50	3.2		2	5	8.20	3.60		1
	영미어문학과	21	6	7.80	3.4		9	5	8.80	3.40		3
	법학과	8	8	7.10	3.8		5	6	8.30	3.40		0
	경찰행정 특성화	6	6	13.3	2.9		2	6	12.7	3.00		6
	행정학과	7	6	10.5	3.5		4	5	7.80	3.80		8
	패션디자인전공	5	5	12.2	3.6		3	4	13.3	4.10		1
	자유전공학부	7	6	9.80	3.9		6	7	8.70	3.60		6
자연	금융수학과 특성화	6	6	5.20	3.5		4	5	5.60	3.60		2
	도시계획.조경학부	8	7	7.90	3.9		4	6	6.20	3.80		1
	건축학부	10	7	10.0	4.3		7	6	10.2	4.10		9
	설비.소방공학과	7	6	7.20	4.0		3	5	5.80	3.60		0
	화공생명공학과	10	7	10.9	3.4		2	6	10.0	3.20		0
	배터리공학전공	5										
	기계공학과	10	7	7.90	3.6		5	6	9.30	3.60		10
	산업공학과	5	5	5.80	3.6		5	5	5.80	3.80		4
	토목환경공학과	5	5	9.20	4.0		3	5	7.20	4.40		6
	신소재공학과	5	5	7.20	3.4		5	5	8.20	3.60		1
	식품생명공학과	5	5	10.4	3.7		2	5	10.0	3.40		10
	식품영양학과	6	6	11.2	3.5		4	5	9.20	3.60		7
	바이오나노 특성화	6	6	7.20	3.1		4	5	7.40	2.90		2
	생명과학과	6	6	6.80	3.1		4	5	12.0	2.50		0
	물리학과	6	6	4.70	3.8		3	5	4.80	4.30		2
	화학과	6	6	6.30	3.1		6	5	8.40	3.10		1
	소프트웨어 특성화	10	8	7.50	3.3		12	7	10.1	3.60		7
	인공지능 특성화	15	13	6.90	3.7		10	12	7.50	3.80		3
	컴퓨터공학 자연	15	13	7.90	3.2		6	10	7.60	3.40		2
	전자공학과	15	12	6.40	3.2		12	8	6.00	3.60		7
	전기공학과	7	6	7.20	3.5		6	5	5.20	3.50		8
	의공학과	7	7	7.60	3.6		8	6	6.30	3.70		4
	간호학과 자연	23	20	12.6	2.7		7	18	12.6	2.70		12
	치위생학과	5	6	14.7	3.4		2	5	6.60	3.70		3
	응급구조학과							-	-	-		-
	방사선학과	5	6	12.2	3.1		1	5	5.60	3.70		0
	물리치료학과	5	6	19.0	2.5			5	20.6	3.20		1
	한의예과	3	3	16.0	1.7		1	-	-	-		-
	의예과	5	5	19.4	1.1		4	-	-	-		-
	약학과	3	3	19.7	1.5		1	2022 신설		-		-
	스마트팩토리	5	5	6.20	4.2		2	2022 신설		-		-
	스마트보안	5	5	6.00	4.1		1	2022 신설		-		-
	차세대반도체	5	5	7.00	3.5		3	2022 신설		-		-
	스마트시티융합	5	5	7.20	3.6		4	2022 신설		-		-
	운동재활학과	5	6	10.7	3.8		1	5	8.60	3.80		4
평균		385	343	9.91	3.36		225	270	9.26	3.59		170

		2023 인원	2022 바람개비1 종합 ▶1단계: 서류 100% (4배수) 최저없음 ▶2단계: 1단계 50% + 면접 50%					2021 바람개비1 종합 ▶1단계: 서류 100% (4배수) 최저없음 ▶2단계: 1단계 50% + 면접 50%				
		인원	인원	경쟁률	최종 합격 70%	최종 합격 90%	충원	인원	경쟁률	최종 합격 70%	최종 합격 90%	충원
인문	경영학부	55	53	16.8	3.4		59	47	11.4	3.60		55
	미디어커뮤니케이션	12	12	37.3	3.2		8	11	23.5	3.30		4
	관광경영학과	8	8	24.1	3.3		6	8	20.4	3.40		24
	경제학과	19	11	12.3	3.7		14	10	9.00	3.80		11
	의료경영학과	7	7	7.10	3.6		2	6	11.7	3.20		5
	응용통계학과	7	7	6.90	3.4		8	5	9.40	3.50		11
	사회복지학과	10	10	31.9	3.5		11	10	22.0	3.70		11
	유아교육학과	10	10	30.8	3.4		16	11	18.5	3.60		6
	심리학과	10	10	24.8	3.2		9	1	15.1	3.20		13
	한국어문학과	10	7	18.3	3.8		7	8	11.9	3.70		7
	영미어문학과	38	7	19.7	3.9		5	7	13.6	3.60		19
	법학과	15	12	15.7	3.4		11	14	11.9	3.60		17
	경찰행정 특성화	11	11	16.0	2.8		9	10	14.7	2.70		8
	행정학과	7	7	20.0	3.3		9	8	14.4	3.60		18
	패션디자인전공	6	6	35.7	3.7		6	6	26.3	4.30		12
	자유전공학부							-	-			
자연	금융수학과 특성화	7	7	6.00	3.5		13	6	4.50	3.70		6
	도시계획.조경학부	10	9	10.7	3.8		14	9	7.00	3.50		14
	건축학부	17	15	16.5	3.5		26	14	12.4	3.60		23
	설비.소방공학과	10	8	7.80	3.8		1	7	7.70	3.70		6
	화공생명공학과	20	15	19.9	3.1		10	13	9.10	3.40		16
	배터리공학전공	6										
	기계공학과	15	12	16.2	3.5		16	12	12.6	3.60		24
	산업공학과	5	5	6.40	4.0		7	5	6.80	3.20		11
	토목환경공학과	6	6	13.7	3.7		19	6	10.5	3.80		17
	신소재공학과	6	6	15.5	3.1		15	6	14.3	3.10		15
	식품생명공학과	6	6	17.2	3.1		5	5	17.4	3.30		14
	식품영양학과	6	6	18.7	3.5		19	6	14.8	3.60		5
	바이오나노 특성화	6	6	21.2	3.3		1	6	12.5	3.70		1
	생명과학과	8	8	14.5	3.5		4	8	10.4	2.70		7
	물리학과	10	10	5.30	4.1		15	9	7.30	3.60		14
	화학과	10	10	9.30	3.2		13	9	7.90	2.90		15
	컴퓨터공 자연	20	18	11.4	3.3		22	16	13.4	3.00		28
	전자공학과	20	16	9.00	3.3		40	13	9.10	3.40		17
	전기공학과	11	10	6.60	3.7		16	7	9.00	3.20		10
	의공학과	7	7	12.4	3.3		7	7	8.70	3.40		8
	간호학과	43	41	16.6	2.6		26	40	13.2	2.60		26
	치위생학과	7	7	11.7	3.4		1	6	11.2	3.30		1
	응급구조학과	4	4	57.8	3.9			5	16.6	4.60		0
	방사선학과	7	7	24.3	4.1		3	6	8.30	4.00		2
	물리치료학과	7	7	37.3	3.2		2	6	28.3	3.30		0
	운동재활학과	7	7	23.0	4.1		2	6	12.8	4.20		6
	스마트팩토리	5	5	7.60	3.9		4	2022 신설		-		-
	스마트보안	5	5	8.40	4.0		10	2022 신설		-		-
	차세대반도체	5	5	8.80	3.9		3	2022 신설		-		-
	스마트시티융합	6	5	8.80	3.2		1	2022 신설		-		-
평균		527	451	17.3	3.50		495	395	13.0	3.48		507

25

	2021 영어반영 인/자: 98-95-91-80-70 .. 2022 영어반영 변화 ★ 인/자: 98-95-92-86-70 ..	2023 정시 수능 인원	2022 정시수능 ▶정시일반1　국수영탐1 국/수 중 우수 순35:25:영20:탐1 20					2021 정시수능 ▶정시일반1　국수영탐1 국/수 중 우수 순35:25:영20:탐1 20				
			인원	경쟁률	모집군	백분위 70%	충원	인원	경쟁률	모집군	백분위 70%	충원
자연	의예과	15	15	5.53	가	98.58	15	15	5.00	나	98.60	8
	한의예 자연	15	20	9.15	가	99.52	26	10	7.40	나	96.60	18
	약학과 자연	15	15	7.73	가	96.82	9					
	간호학 자연	70	48	3.90	나	91.26	32	45	3.60	나	92.00	18
	물리치료	13	13	8.77	다	88.72	17	10	8.70	다	89.70	17
	방사선학	13	13	6.23	다	85.33	24	10	7.50	다	88.20	7
	컴퓨터공 자연	56	38	6.45	가	87.49	49	30	5.90	가	87.80	58
	운동재활복지	13	13	5.15	다	79.23	23	10	5.90	다	86.70	23
	도시계획조경	30	20	5.40	가	82.96	24	22	6.70	가	86.60	40
	인공지능전공	50	36	6.92	다	86.00	31	11	4.90	다	86.60	19
	건축학부	46	32	5.81	다	83.54	38	32	6.10	다	86.40	43
	산업공학	17	17	7.24	가	84.02	19	13	6.00	가	86.40	23
	소프트웨어전공	37	26	5.65	다	88.75	26	22	5.80	다	86.30	42
	식품영양학과	16	16	5.81	나	80.93	15	14	7.80	나	86.30	33
	설비소방학과	31	23	5.61	다	82.24	8	20	5.20	다	86.20	17
	화공생명공학	36	26	6.62	가	85.95	29	21	5.60	가	85.60	40
	응급구조학과	10	10	6.90	다	82.43	7	7	6.10	다	85.60	8
	전자공학	37	28	5.93	다	87.06	37	24	5.70	다	85.30	66
	치위생학	13	13	6.23	다	82.56	15	10	5.00	다	85.20	15
	신소재공학	16	16	7.56	다	85.25	29	13	8.00	다	85.20	38
	생명과학	17	16	6.31	가	83.98	21	13	5.80	가	84.90	20
	기계공학	42	29	7.31	다	84.76	32	24	5.20	다	84.90	46
	의공학과	15	19	5.63	다	84.63	32	13	4.60	다	84.70	30
	전기공학	30	18	6.00	가	85.30	25	18	6.10	가	84.60	54
	바이오나노공학	17	16	7.75	다	82.44	41	15	6.80	다	84.20	29
	화학과	15	15	8.13	다	83.57	15	12	6.30	다	83.90	18
	물리학과	15	17	5.76	나	81.93	12	12	5.10	나	83.60	24
	식품생명공학	16	15	7.07	다	83.56	21	13	4.40	다	83.10	20
	토목환경공학	16	16	5.75	나	81.70	8	10	6.60	나	82.10	19
인문	한의예 인문							10	6.80	나	98.50	6
	심리학과	18	18	8.89	다	81.89	27	15	7.90	다	88.70	23
	미디어커뮤니케	18	19	8.68	다	82.77	19	15	6.00	다	88.10	37
	응용통계학과	18	17	5.88	가	83.19	11	15	5.00	가	87.70	14
	글로벌경영학	16	16	9.56	가	80.31	23	32	5.90	나	87.40	43
	자유전공학부	37	26	6.58	다	83.67	29	18	5.60	다	87.00	35
	경영학부	80	61	7.70	다	82.74	53	32	6.20	다	86.90	86
	경찰행정	17	17	5.18	가	85.29	11	14	3.50	가	86.80	20
	경제학과	45	29	5.90	가	81.00	53	26	5.20	가	86.70	50
	금융수학과	16	16	5.19	가	82.55	16	15	6.70	가	86.40	10
	행정학과	16	18	6.78	가	81.64	14	13	4.60	가	86.40	20
	법학과	42	27	6.37	가	80.82	27	21	4.70	가	86.30	34
	한국어문학과	15	17	6.71	가	79.85	18	13	5.50	가	86.30	18
	의료경영학과	15	15	10.7	다	80.70	25	13	5.00	다	86.20	25
	영미어문학과	15	16	6.00	가	79.86	19	15	5.50	가	86.00	21
	패션디자인전공	13	13	9.31	다	80.41	19	10	7.00	다	86.00	19
	유럽어문학과	20	21	10.2	가	79.63	11	18	5.20	가	85.90	26
	사회복지학과	15	15	8.47	나	80.45	22	13	7.50	나	85.70	25
	동양어문학과	33	25	7.16	가	79.42	13	22	5.50	가	85.20	37
	관광경영학과							13	6.70	가	85.10	28
	유아교육학과	18	18	7.22	나	79.30	19	15	5.20	가	84.80	26
평균		**1,199**	**1,003**	**6.89**		**84.08**	**1109**	**827**			**86.84**	**1396**

26

가톨릭대학교

2023 대입 주요 특징	정시 인자: 30:30:20:20 의/약/간 수과지정 영 140-138-136-134-130.. 과5% 가산

▶ 교과 5개학기 지균/논술 국영수사과史★★
▶ 학년비율 100%
▶ 진로선택 미반영

1. 2023 지역균형: 최저있음, 고교별 15명→인원제한 폐지
2. 2023 지역균형 최저공통 2개합 7(탐1) 등, 인문/간호 완화★
3. 2023 학교장추천 51명 모집: 의예/약학/간호만 선발
4. 잠재능력종합 ①학업역량 20% ②전공(계열)적성 35% ③발전가능성 30% ④인성 15%
5. 학추기타종합 ①학업역량35%★ ②전공(계열)적성 30% ③발전가능성 15% ④인성 20%

6. 2023 잠재능력종합 14명 증가, 의치약 모집없음, 최저없음
7. 학교장추천 의예만 인원제한, 고교당 1명, 졸업생 가능유지
8. 2023 지균/논술 내신: 국영수사과史 유지
9. 의예 학추/논술최저 탐구2개 소수점 절사, 수리단일논술
10. 2023 의예/약학/간호 영어등급 변경: 20-19.5-18-16-14..
11. 첨단학과 주목 인공지능(45명), 데이터사이언스(42명) 자유전공 주목 인문사회(38명) 자연생활(14명) 공학(17명)

모집시기	전형명	사정모형	학생부종합 특별사항	2023 수시 접수기간 09. 13(화) ~ 17(토)	모집인원	학생부	논술	면접	서류	기타	2023 최저등급
2023 정원내 수시 1,150명 (64.0%) 정시 648명 (36.0%) 전체 총 1,798명 2022 정원내 수시 1,316명 (68.9%) 정시 645명 (32.9%) 전체 총 1,961명	지역균형	일괄	학생부교과 학교장추천 고교별 15명→ 인원제한 없음 의예 일괄면접 최종 12.15(목) 내신 반영 국영수사과史	1. 학교장추천 고교제한 폐지 2. 2023 전년대비 2명 증가 3. 수능최저공통 2개합 7(탐1) 2023 인문 및 간호 완화★ 4. 의예10, 약학5, 간호14 5. 인문자유전공 10명 신설 6. 교과내신: 국영수사과史 7. 지균추천 명단입력 2022. 09. 19(월)~23(금)	269 의10 약 5 간14 2022 267	교과 100					<2020 교과우수자 분석> ▶ 경쟁률평균 인문 7.3 → 8.3 ▶ 경쟁률평균 자연 7.3 → 9.1 ▶ 최종합격 인평균최저 2.4-2.7 ▶ 최종합격 자평균최저 2.6-2.9 ▶ 추합충원 인171%, 자174% ▶ 추합포함실질 인 2.1, 자 1.8 ▶ 수능최저충족	▶ 인: 2개 7 (탐1) ▶ 자: 2개 7 (탐1) ▶ 간: 3개 7 (탐1) *과목 무제한 ▶ 약: 3개 5 (과1) ▶ 의: 4개 5 (과2) +史4 *소수점 절사 *수: 미적/기하
	학교장추천 의예/약학 간호만 선발	1단계	학생부종합 자소~09.19(월) 학교추천명단 1단계 11.25(금) 면접 12.03(토) 최종 12.15(목) 의예 추천 고교별 1명 졸업생 허용	<2023 고교별 추천인원> 의예 1명, 약학/간호 제한없음 1. 일반모집 없음, 졸업생 가능 2. 의예25, 약학10 최저있음 3. 간호 16명, 최저없음 4. 학업역량 35%★ 전공(계열)적성 30%★ 발전가능성 15%, 인성 20% 5. 인문사회과학등 다양 분야 융합형 인재선발의지 6. 의예면접 개인별 20분내외	51 의25 약10 간16 2022 75 약13 의24 간14 신24	서류 100 (4배수)					▶ 2021 의예 최종등록 40명모집, 경쟁10.2, 추합 23명 <최초>평-최저 1.00-1.23-1.97 <최종>평-최저 1.03-1.26-2.03 ▶ 2021 간호 최종등록 14명 모집, 경쟁 20.0, 추합 7명 <최초>평-최저 1.36-2.04-2.55 <최종>평-최저 1.56-1.99-2.42 ▶ 의예/간호 면접일정 1단계 11.25(금) 면접 12.03(토)	▶ 간호: 최저없음 ▶ 약: 3개 5 (과1) ▶ 의: 3개 4 (과2) +史4 *소수점 절사 *수: 미적/기하
		2단계				1단계 70 면접 30						
	잠재능력 우수자	1단계	학생부종합 최저없음 자소~09.19(월) 1단계 11.25(금) 면접 12.04(일) 최종 12.15(목) 최저없음	1. 2023 전년대비 8명 증가 2. 의예/약학/간호 모집없음 3. 서류: 교과 비교과, 자소서 자기소개서 매우중요★ ①학업역량 20%★ ②전공(계열)적성 35%★ ③발전가능성 30%★ ④인성 15%★	438 신학 27 포함 2022 430 신학3 포함	서류 100 (3배수)					<2020 잠재능력 분석> ▶ 경쟁률평균 인문 16.4 ▶ 경쟁률평균 자연 15.3 ▶ 최종합격 인평균최저 3.6-4.6 ▶ 최종합격 자평균최저 3.7-5.1 ▶ 추가합격충원 인77%, 자66% ▶ 추합포함실질 인10.1, 자9.5 ▶ 수능최저충족	최저 없음
		2단계				1단계 70 면접 30						
	논술우수자	일괄	논술전형 논술 10.09(일) 논술 약학의예 11.20(일) 최종 12.15(목) 내신 반영 국영수사과史	1. 2023 전년대비 4명 감소 2. 약학/인공지능/자유전공/ 데이터사이언스 선발 신설 3. 의예19, 약학5, 간호18 4. 논술내신: 국영수사과 논술 3문항 100분, 과학없음 인문/사회: 자료제시형 3문항 (1문항 250자, 2문항 400자) 자연/공학: 수학 3문항 약학/간호: 수리논술 의예: 수리논술 4문항, 100분	179 의19 약 5 간18 포함 2022 183	학생 30 논술 70					<2020 논술전형 분석> ▶ 경쟁률평균 인문36.6, 실질31.0 ▶ 경쟁률평균 자연33.3, 실질27.7 ▶ 최종합격 인문평균최저 4.2-5.2 ▶ 최종합격 자연평균최저 4.3-5.4 ▶ 최종합격 인문논술 92.1-90.9 ▶ 최종합격 자연논술 82.6-76.5 ▶ 추가합격충원 인 22%, 자 33% ▶ 의예최종 경쟁률161.8 합격등급분포 1.30-2.00-4.40	▶ 논술일반 : 최저없음 ▶ 간: 3개 7 (탐1) *과목 무제한 ▶ 약: 3개 5 (과1) ▶ 의: 4개 5 (과2) +史4 *소수점 절사 *수: 미적/기하
	가톨릭지도자 추천	1단계	학생부종합 최저없음 1단계 11.25(금) 면접 12.03(토) 최종 12.15(목)	1. 가톨릭사제, 고교장추천자 2. 의예2, 신학20, 약학 없음 3. 의예 2명 선발 (최저없음) 4. 자소서 제출: ~09.19(월)	106 2022 96	서류100 (3배수)					<2020 최종합격성적> ▶ 경쟁률평균 5.6 → 5.2 ▶ 인문평균최저 3.9-4.3 ▶ 자연평균최저 3.8-4.2	의예포함 최저없음
		2단계				1단계 70 + 면접 30						
	고른기회1 고른기회2	일괄	학생부종합 자소~09.19(월) 최저없음 최종 11.25(금)	1. 보훈/만학도/기초차상위 등 2. 고른2 약학과 3명만 선발 3. 약학 최저: 3개합 7 (과1) 4. 고른2 약학최종: 12.15(목)	96 2022 101	서류100%					<2020 최종합격성적> ▶ 경쟁률평균 4.8→ 6.0 ▶ 인문평균최저 4.0-4.8 ▶ 자연평균최저 4.2-5.0	일반 없음 약학 있음 <2023 기타생략> 농어촌 특성화 장애인 고른2 등

2022 입학결과 - 지역균형

▶교과: 국영수사/국영수과
▶학년: 동일비율
▶인/자: 2개합 6 (탐1)
▶간호: 3개합 6 (탐1)
자연수가과 응시

계열	학과	2023 지균 모집인원	인원/경쟁률 모집인원	경쟁률	최초 합격자 평균	최저	최종 등록자 최고	평균	최저	최저 충족	충원 충원율 인원	충원율	★★ 실질경쟁률 추합포함	최저충족
신학	신학과	-	-	-	-	-	-	-	-	-	-			
인문계열	국어국문	5	5	11.0	2.74	2.85	2.98	3.11	3.25		11	220%	1.9	
	철학과	5	5	13.8	3.08	3.16	3.16	3.36	3.53		5	100%	3.7	
	국사학과	5	5	11.8	2.66	2.99	3.19	3.50	3.72		10	200%	2.3	
어문계열	영어영문	12	12	22.3	2.86	3.03	2.84	3.14	3.36		18	150%	5.3	
	중국언어문화	6	6	13.8	3.04	3.33	3.49	3.64	3.73		9	150%	2.3	
	일어일본문화	6	6	12.3	3.05	3.18	2.92	3.31	3.43		11	183%	2.3	
	프랑스어문화	5	5	12.6	3.02	3.32	3.49	3.65	3.80		9	180%	2.5	
사회과학계열	사회복지	5	5	27.8	2.44	2.59	2.59	2.99	3.33		14	280%	3.7	
	심리학과	10	8	19.4	1.80	2.00	1.57	2.14	2.61		18	225%	3.6	
	사회학과	5	5	22.0	2.60	2.72	2.72	2.96	3.25		9	180%	4.6	
	특수교육	5												
경영계열	경영학과	12	11	20.4	2.54	2.71	2.43	2.87	3.01		15	136%	5.5	
	회계학과	12	11	17.1	2.73	2.95	2.62	2.99	3.26		8	73%	5.4	
국제법정경계열	국제학부	13	13	15.8	2.57	2.74	2.46	2.94	3.13		22	169%	3.8	
	법학과	5	5	13.2	2.55	2.68	2.72	2.77	2.81		6	120%	4.6	
	경제학과	8	7	14.1	2.69	2.97	3.07	3.19	3.28		12	171%	3.6	
	행정학과	5	5	27.6	2.66	2.84	2.62	3.01	3.21		7	140%	4.7	
인문	자유전공 인문	7	13	15.5	2.72	2.24	2.59	3.00	3.39		21	162%	3.8	
	인문 계	131	127	17.09	2.69	2.84	2.79	3.09	3.30		205	167%	64	
자연과학계열	화학과	5	6	7.2	2.48	2.63	2.48	2.70	2.90		8	133%	2.1	
	수학과	5	6	9.0	2.66	2.77	2.79	3.07	3.32		20	333%	1.9	
	물리학과	5	6	9.8	3.02	3.21	3.21	3.45	3.56		16	267%	1.9	
	의생명과학	5	6	13.7	1.82	1.96	1.90	2.06	2.16		8	133%	4.7	
생활과학계열	공간디자인/소비자	5	5	13.0	2.66	2.79	2.61	2.92	3.24		7	140%	3.6	
	의류학과	5	5	13.2	2.81	2.94	2.84	3.13	3.38		9	180%	2.9	
	아동학과	5	5	12.0	2.93	3.03	2.79	3.01	3.22		4	80%	4.0	
	식품영양학과	5	5	10.4	2.56	2.70	2.70	2.83	2.99		8	160%	3.1	
ICT공학계열	컴퓨터정보공학	12	10	16.5	2.56	2.70	2.70	2.88	3.02		34	340%	2.8	
	미디어기술콘텐츠	5	5	31.4	2.67	2.97	2.95	3.10	3.24		4	80%	7.0	
	정보통신전자공학	12	10	27.0	2.65	2.87	2.52	2.97	3.22		18	180%	6.1	
바이오융합공학	생명공학과	7	6	12.8	2.00	2.16	1.58	2.21	2.46		9	150%	4.5	
	에너지환경공학과	6	5	22.8	2.55	2.83	2.90	2.97	3.04		7	140%	7.5	
	바이오메디컬화학공	12	9	10.9	2.07	2.27	2.17	2.54	2.74		19	211%	2.4	
공학	인공지능학과	5	5	15.6	2.73	2.82	2.74	3.04	3.23		10	200%	3.9	
	데이터사이언스	5	5	14.0	2.78	3.10	3.10	3.26	3.39		8	160%	3.5	
	바이오메디컬소프트	5												
자연	자유전공 자연		5	13.4	2.93	2.99	2.83	3.13	3.44		8	160%	3.4	
공학	자유전공 공학		7	15.6	2.57	2.71	2.60	3.09	3.32		12	171%	4.2	
자연과학계열	간호인문 / 간호자연	14	14	15.7	1.65	1.82	1.50	1.91	2.18		22	157%	1.4	
	약학과	5	5	34.8	1.05	1.08	1.08	1.12	1.17		11	220%	4.8	
	의예과	10	10	40.3	1.00	1.00	1.00	1.02	1.04		18	180%	5.8	
	자연 계	138	140	17.1	2.39	2.54	2.43	2.69	2.87		260	180%	82	

2022 입학결과 - 종합 잠재능력

▶교과: 국영수사/국영수과
▶학년: 동일비율
▶1단계: 서류100 (3배수)
▶2단계: 서류70+면접30

		2023 잠재능력 모집인원	인원/경쟁률 모집인원	경쟁률	최초 합격자 평균	최저	최종 등록자 최고	평균	최저		충원 충원율 인원	충원율	★★ 실질경쟁률 추합포함	
신학	신학과	27	3	1.3										
인문계열	국어국문	10	9	10.0	3.16	3.50	2.83	3.28	4.13		10	111%	2.1	
	철학과	10	9	7.8	3.89	5.17	3.10	3.84	4.53		14	156%	2.6	
	국사학과	10	11	11.7	3.08	3.96	3.02	3.79	5.95		21	191%	2.9	
어문계열	영어영문	15	15	12.3	3.98	5.78	2.88	3.69	4.53		29	193%	2.9	
	중국언어문화	12	14	11.3	4.65	6.51	3.53	5.33	7.62		13	93%	1.9	
	일어일본문화	12	14	16.3	4.35	5.87	3.56	4.54	6.27		17	121%	2.2	
	프랑스어문화	8	11	10.3	5.15	7.12	3.87	5.34	7.12		13	118%	2.2	
사회과학계열	사회복지	13	15	17.3	3.08	3.56	2.78	3.22	4.03		10	67%	1.7	
	심리학과	15	15	18.1	2.50	5.35	2.07	2.78	5.01		13	87%	1.9	
	사회학과	10	10	14.0	3.21	3.49	3.18	3.95	5.05		15	150%	2.5	
	특수교육	10	15	6.7	2.94	3.65	2.90	3.48	5.32		16	107%	2.1	
경영계열	경영학과	15	15	22.2	4.01	5.97	2.96	3.66	5.04		28	187%	2.9	
	회계학과	15	15	6.2	3.58	4.42	3.15	3.81	4.49		4	27%	1.3	
국제법정경계열	국제학부	15	15	14.9	3.62	5.35	2.74	3.44	5.34		30	200%	3.0	
	법학과	9	10	12.2	3.41	3.76	3.04	3.54	4.15		8	80%	1.8	
	경제학과	10	10	9.3	3.44	4.61	3.55	3.93	5.55		17	170%	2.7	
	행정학과	9	10	12.8	3.33	4.16	2.84	3.45	4.16		10	100%	2.0	
인문	자유전공 인문	9	15	9.9	3.85	4.72	3.23	4.16	5.50		3	20%	1.2	
	인문 계	**234**	**231**	**11.8**	**3.62**	**4.83**	**3.07**	**3.85**	**5.21**		**271**	**121%**	**2.2**	
자연과학계열	화학과	10	10	9.3	2.87	3.29	2.57	3.11	3.78		8	80%	1.8	
	수학과	10	10	5.6	3.35	4.15	2.43	3.24	4.37		17	170%	2.7	
	물리학과	10	10	4.6	3.44	3.81	3.66	4.65	5.87		17	170%	2.7	
	의생명과학	11	10	27.9	4.23	7.78	2.40	3.77	7.78		10	100%	2.0	
생활과학계열	공간디자인/소비자	10	8	16.9	4.14	6.16	3.62	4.26	6.16		3	38%	1.4	
	의류학과	10	8	19.4	3.73	6.62	1.59	3.98	6.62		7	88%	1.9	
	아동학과	10	8	15.3	3.73	4.55	3.31	4.09	5.32		7	88%	1.9	
	식품영양학과	10	8	12.4	2.96	3.63	2.42	3.32	3.75		12	150%	2.5	
ICT공학계열	컴퓨터정보공학	15	16	15.3	3.71	4.95	2.59	3.84	4.95		12	75%	1.8	
	미디어기술콘텐츠	14	12	21.2	3.41	4.48	2.66	3.51	4.48		6	50%	1.5	
	정보통신전자공학	15	16	13.9	3.64	5.02	3.41	3.69	4.32		20	125%	2.3	
바이오융합공학	생명공학과	11	10	23.4	2.73	3.03	2.62	3.03	4.20		7	70%	1.7	
	에너지환경공학과	10	9	19.0	3.24	3.46	3.13	3.59	4.24		10	111%	2.1	
	바이오메디컬화학공	15	15	12.6	3.03	4.12	2.40	3.03	4.12		4	27%	1.3	
공학	인공지능학과	9	16	7.3	3.60	4.49	3.13	3.82	5.19		16	100%	2.0	
	데이터사이언스	9	14	6.0	3.62	5.16	3.21	4.15	5.16		23	164%	2.6	
	바이오메디컬소프트	6												
자연	자유전공 자연	9	9	8.0	3.56	4.27	2.96	3.84	4.53		3	33%	1.3	
공학	자유전공 공학	10	10	7.9	3.56	5.13	3.01	3.90	5.13		7	70%	1.7	
	자연 계	**204**	**199**	**13.7**	**3.48**	**4.67**	**2.84**	**3.71**	**5.00**		**189**	**95%**	**1.95**	

2022 입학결과 - 가톨릭추천자

▶교과: 국영수사/국영수과
▶학년: 동일비율
▶1단계: 서류100 (3배수)
▶2단계: 서류70+면접30

계열	학과	2023 가톨추천 인원	인원	경쟁률	최초 합격자 평균	최초 합격자 최저	최종 등록자 평균	최종 등록자 80%	최종 등록자 최저		충원 인원	충원율	실질경쟁률 추합포함		
신학	신학과	20	18	0.4												
인문 계열	국어국문	2														
	철학과	2														
	국사학과	2	3	10.0	3.75	4.83	3.34	4.19	4.83		2	67%	1.7			
어문 계열	영어영문	4	4	4.0	3.47	3.71	3.38	3.71	4.11		1	25%	1.3			
	중국언어문화	3														
	일어일본문화	3														
	프랑스어문화															
사회 과학 계열	사회복지	3	4	5.8	4.07	4.57	3.81	4.18	4.57		1	25%	1.3			
	심리학과	3	4	5.0	3.40	3.66	3.22	3.40	3.66		1	25%	1.3			
	사회학과	2														
	특수교육		3	5.7	2.83	3.02	3.35	3.49	3.64		6	200%	3.0			
경영 계열	경영학과	3	3	15.7	3.56	4.47	3.18	3.36	3.61		5	167%	2.7			
	회계학과	3	3	3.3	3.82	5.15	3.32	4.02	5.15		1	33%	1.3			
국제 법정경 계열	국제학부	4	4	6.0	3.76	5.19	3.87	4.59	5.26		4	100%	2.0			
	법학과	2														
	경제학과	3	3	5.0	3.66	3.95	3.42	3.77	4.03		3	100%	2.0			
	행정학과	2														
인문	자유전공 인문	3	5	6.6	3.58	4.11	2.71	3.52	4.11		1	20%	1.2			
	인문 계	64	54	6.1	3.59	4.27	3.36	3.82	4.30		25	76%	1.76			
자연 과학 계열	화학과	2														
	수학과	2														
	물리학과	2														
	의생명과학	2														
생활 과학 계열	공간디자인/소비자	2	3	5.3	4.43	4.64	4.30	4.57	4.77		1	33%	1.3			
	의류학과	2	3	8.3	3.88	4.79	3.22	4.04	4.79		2	67%	1.7			
	아동학과	2	3	5.3	3.41	4.06	2.31	3.41	4.06				1.0			
	식품영양학과	2	3	4.7	3.62	4.44	3.19	3.62	4.44				1.0			
ICT 공학 계열	컴퓨터정보공학	4	5	8.4	3.80	4.45	3.98	4.47	4.98		6	120%	2.2			
	미디어기술콘텐츠	3	3	9.0	4.21	4.87	3.36	4.21	4.87				1.0			
	정보통신전자공학	4	5	4.8	4.55	5.64	4.07	4.51	5.64		1	20%	1.2			
바이오 융합 공학	생명공학과	3	3	9.3	3.16	3.43	3.29	3.45	3.64		2	67%	1.7			
	에너지환경공학과	3	3	6.0	3.57	4.01	2.99	3.49	4.00		4	133%	2.3			
	바이오메디컬화학공	3	3	8.3	3.34	3.44	2.75	3.11	3.35		1	33%	1.3			
공학	인공지능학과	2	3	4.7	3.63	3.76	3.43	4.51	5.66		2	67%	1.7			
	데이터사이언스	2	3	3.7	4.02	4.34	3.83	4.17	4.34		3	100%	2.0			
자연	자유전공 자연															
공학	자유전공 공학															
자연 과학 계열	간호인문															
	간호자연															
	약학과				-	-	-	-	-			-	-	-	-	-
	의예과	2	2	18.5	-	-	-	-	-		-	-	-	-	-	-
	자연 계	42	42	7.41	3.80	4.32	3.39	3.96	4.55		22	71%	1.53			

2022 입학결과 - 고른기회

▶교과: 국영수사/국영수과
▶학년: 동일비율
▶서류100% 일괄전형

계열	학과	2023 고른기회 모집인원	인원/경쟁률 모집인원	경쟁률	최초 합격자 평균	최초 합격자 최저	최종 등록자 평균	최종 등록자 80%	최종 등록자 최저		충원 충원율 인원	충원 충원율 충원율	★★ 실질경쟁률 추합포함		
신학	신학과	-	-	-	-	-	-	-	-	-	-	-	-	-	-
인문계열	국어국문	2	3	4.3	3.30	3.63	3.53	4.04	4.36		2	67%	1.7		
	철학과	2	3	5.3	3.99	5.03	4.51	4.64	4.77		4	133%	2.3		
	국사학과	2	3	6.0	4.72	4.99	4.67	5.35	6.53		2	67%	1.7		
어문계열	영어영문	5	4	4.8	4.25	5.07	3.63	4.29	5.07		3	75%	1.8		
	중국언어문화	3	3	5.7	4.92	5.82	4.20	4.40	4.66		4	133%	2.3		
	일어일본문화	3	3	10.7	3.64	3.90	3.48	4.85	7.54		1	33%	1.3		
	프랑스어문화														
사회과학계열	사회복지	3	4	7.8	3.60	3.97	3.33	3.60	3.97			0%	1.0		
	심리학과	3	3	14.7	2.44	2.57	2.48	3.06	3.80		3	100%	2.0		
	사회학과	2	3	4.3	3.97	4.10	3.88	4.13	4.41		1	33%	1.3		
	특수교육														
경영계열	경영학과	3	3	9.7	2.41	3.28	3.41	3.64	4.09		6	200%	3.0		
	회계학과	3	3	7.3	3.30	4.53	2.50	3.93	4.75		1	33%	1.3		
국제법정경계열	국제학부	5	4	6.3	5.47	8.14	4.89	6.77	8.14		2	50%	1.5		
	법학과	2	3	7.3	3.59	3.81	3.81	3.94	4.04		2	67%	1.7		
	경제학과	3	3	4.7	4.02	4.50	3.52	4.18	4.71		5	167%	2.7		
	행정학과	2	3	8.7	6.03	7.64	4.28	5.43	7.64		2	67%	1.7		
인문	자유전공 인문		5	3.4	4.46	8.73	3.77	4.83	8.73		2	40%	1.4		
	인문 계	43	53	6.9	4.01	4.98	3.74	4.44	5.45		40	79%	1.79		
자연과학계열	화학과	3	3	2.3	3.87	4.64	3.37	3.87	4.64			0%	1.0		
	수학과	3	3	3.0	4.18	4.73	4.73	5.02	5.31		2	67%	1.7		
	물리학과	3	3	3.0	5.06	5.56	5.11	5.96	7.21		6	200%	3.0		
	의생명과학	3	3	6.0	4.88	8.54	2.91	5.05	8.54		2	67%	1.7		
생활과학계열	공간디자인/소비자	3	3	6.3	3.37	4.66	1.67	3.74	4.89		2	67%	1.7		
	의류학과	3	3	7.7	3.26	4.16	3.65	3.97	4.16		4	133%	2.3		
	아동학과	3	3	4.0	3.45	3.65	3.33	3.65	4.27		1	33%	1.3		
	식품영양학과	3	3	5.0	4.81	5.85	4.28	4.61	4.83		3	100%	2.0		
ICT 공학계열	컴퓨터정보공학	5	3	7.0	4.11	4.60	4.27	4.52	4.78		3	100%	2.0		
	미디어기술콘텐츠	3	3	10.7	4.00	4.48	3.63	3.85	4.25		3	100%	2.0		
	정보통신전자공학	5	3	4.3	3.28	4.38	3.54	4.38	5.84		7	233%	3.3		
바이오융합공학	생명공학과	3	3	10.0	3.19	3.44	3.44	3.84	4.12		5	167%	2.7		
	에너지환경공학과	3	3	4.3	3.83	4.44	3.83	4.25	4.86		7	233%	3.3		
	바이오메디컬화학공	3	3	4.3	3.02	3.35	3.35	3.81	4.31		5	167%	2.7		
공학	인공지능학과	4	3	6.3	3.21	4.46	3.22	3.86	4.59		5	167%	2.7		
	데이터사이언스	3	3	4.0	4.33	4.70	4.29	5.06	5.58		3	100%	2.0		
자연	자유전공 자연														
공학	자유전공 공학														
	자연 계	53	48	5.51	3.87	4.73	3.66	4.34	5.14		58	121%	2.21		

31

2022 입학결과 - 논술전형

▶교과: 국영수사/국영수과
▶학년: 동일비율
▶일반: 최저없음
▶간인/자: 3개합 6 (탐1)
▶의예: 3개합 4 (탐2)

		2023 논술 모집인원	인원/경쟁률 모집인원	인원/경쟁률 경쟁률	최초 합격자 평균	최초 합격자 최저	최종 등록자 최고	최종 등록자 평균	최종 등록자 최저	실질	충원 충원율 인원	충원 충원율 충원율	★★ 논술환산점수 최종 최고	★★ 논술환산점수 최종 평균	★★ 논술환산점수 최종 최저
신학	신학과	-	-	-	-	-	-	-	-	-	-	-	-	-	-
인문계열	국어국문	3	5	32.8	4.66	6.33	4.20	5.09	6.33	1.40	2	40%			
인문계열	철학과	3	5	33.4	5.01	6.25	4.00	4.98	6.25	1.20	1	20%			
인문계열	국사학과	3													
어문계열	영어영문	4	5	31.4	4.35	5.30	3.74	4.44	5.30	1.20	1	20%			
어문계열	중국언어문화	4	5	31.8	5.03	5.09	4.98	5.03	5.09	1.00					
어문계열	일어일본문화	4	5	30.0	4.85	5.19	4.64	4.93	5.19	1.40	2	40%			
어문계열	프랑스어문화	3													
사회과학계열	사회복지	4													
사회과학계열	심리학과	4	5	46.2	4.52	5.64	4.16	5.00	5.76	1.40	2	40%			
사회과학계열	사회학과	4	5	35.0	4.51	5.39	4.36	4.76	5.39	1.20	1	20%			
사회과학계열	특수교육	3													
경영계열	경영학과	4	5	43.2	4.47	5.62	3.43	4.47	5.62	1.00					
경영계열	회계학과	4	5	30.6	4.27	4.62	3.92	4.84	6.44	1.60	3	60%			
국제법정경계열	국제학부	4	5	44.0	4.54	4.99	3.70	4.71	5.23	1.20	1	20%			
국제법정경계열	법학과	4	4	31.3	4.61	5.35	3.94	4.61	5.35	1.00					
국제법정경계열	경제학과	4	5	34.4	4.46	5.36	3.63	4.46	5.36	1.00					
국제법정경계열	행정학과	4	4	31.0	4.72	6.75	3.00	4.82	6.75	1.25	1	25%			
인문	자유전공 인문	6													
	인문 계	69	63	35.0	4.62	5.53	3.98	4.78	5.70	1.22	14	32%			
자연과학계열	화학과	3	4	18.0	4.73	6.06	3.89	4.92	6.06	1.50	2	50%			
자연과학계열	수학과	3	4	17.5	4.52	4.93	3.43	4.31	4.93	1.50	2	50%			
자연과학계열	물리학과	3	4	16.3	5.38	5.68	4.46	5.11	5.68	1.25	1	25%			
자연과학계열	의생명과학	4	5	23.6	4.80	6.10	3.81	4.80	6.10	1.00					
생활과학계열	공간디자인/소비자	3	4	35.8	4.48	4.98	3.99	4.48	4.98	1.00					
생활과학계열	의류학과	3	4	36.5	5.41	6.64	4.49	5.41	6.64	1.00					
생활과학계열	아동학과	3	4	31.8	4.63	5.40	3.74	4.63	5.40	1.00					
생활과학계열	식품영양학과	3	4	19.3	5.19	5.78	4.08	5.02	6.19	1.50	2	50%			
ICT공학계열	컴퓨터정보공학	4	6	33.8	4.61	5.28	3.00	4.54	5.28	1.33	2	33%			
ICT공학계열	미디어기술콘텐츠	4	6	20.0	4.55	5.64	4.11	5.17	6.69	1.50	3	50%			
ICT공학계열	정보통신전자공학	4	6	25.2	5.31	7.27	3.42	5.41	7.27	1.33	2	33%			
바이오융합공학	생명공학과	3	5	22.0	4.57	6.47	2.58	4.74	6.47	1.40	2	40%			
바이오융합공학	에너지환경공학과	3	5	20.4	5.00	5.79	3.90	5.00	5.79	1.20	1	20%			
바이오융합공학	바이오메디컬화학공	3	6	23.5	4.80	6.00	3.78	4.80	6.00	1.00					
공학	인공지능학과	5	7	22.0	4.51	6.68	4.23	4.82	5.76	2.00	7	100%			
공학	데이터사이언스	4	6	19.7	5.31	6.08	3.28	4.96	6.08	1.17	1	17%			
공학	바이오메디컬소프트	4													
자연	자유전공 자연	5													
공학	자유전공 공학	4													
자연과학계열	간호인문	18	20	47.9	3.69	5.71	1.99	3.84	5.71	1.25	5	25%			
자연과학계열	간호자연														
자연과학계열	약학과	5											-	-	-
자연과학계열	의예과	19	20	266.4	2.35	3.47	1.19	2.43	3.47	1.05	1	5%	-	-	-
	자연 계	110	110	38.9	4.66	5.78	3.52	4.69	5.81	1.28	1.3	38%			

2022 입학결과 - 정시 수능

표준점수 국수영탐1 의예/간호는 탐구2개반영 인문 30:30:20:20 자연 30:30:20:20 의예 30:40:30+영/史 가산 간호 30:40:30+영/史 가산		2023 정시	인원/경쟁률				2022 국수탐 합 백분위				충원 충원율		★★ 실질경쟁률	
계열	학과	모집인원	모집인원	경쟁률			최고	평균	최저	영어등급평균	인원	충원율	추합포함	
신학	신학과	3	33	0.76										
인문계열	국어국문 철학과 국사학과	38	41	6.34			82.0	75.2	73.3	2.7	30	73%	1.73	
어문계열	영어영문 중국언어문화 일어일본문화 프랑스어문화	64	66	6.26			80.3	74.6	73.0	2.6	55	83%	1.83	
사회과학계열	사회복지 심리학과 사회학과	51	52	7.15			89.0	78.0	75.3	2.4	56	108%	2.08	
	특수교육	12	12	3.08			88.3	77.8	75.7	2.0	10	83%	1.83	
경영계열	경영학과 회계학과	41	42	6.67			85.3	78.3	75.7	2.6	36	86%	1.78	
국제법정경계열	국제학부 법학과 경제학과 행정학과	64	69	6.61			82.7	76.3	74.3	2.4	54	78%	1.78	
인문	자유전공 인문													
	인문 계	**273**	**315**	**5.27**			**84.60**	**76.70**	**74.55**	**2.45**	**241**	**85%**	**1.85**	
자연과학	화학과 수학과 물리학과	39	41	6.66			82.0	74.5	73.0	2.8	32	78%	1.78	
생활과학	공간디자인소비자 의류학과 아동학과 식품영양학과	52	52	6.69			81.3	73.3	70.7	2.6	25	48%	1.48	
의생명	의생명과학	16	17	4.65			89.7	85.1	83.3	2.5	18	106%	2.06	
ICT 공학	컴퓨터정보공학 미디어기술콘텐츠 정보통신전자공학	62	65	6.46			84.3	78.1	76.3	2.7	70	108%	2.08	
바이오융합	생명공학 에너지환경공학	51	51	6.53			87.7	78.7	76.3	2.4	78	153%	2.53	
	바이오메디컬화공	10												
공학	인공지능학과	15	11	8.27			86.0	80.0	79.0	2.3	21	191%	2.91	
	데이터사이언스	14	11	6.55			85.7	78.5	77.3	2.7	23	209%	3.09	
자연	자유전공 자연		1	13.0			80.0	80.0	80.0	3.0	1	100%	2.00	
공학	자유전공 공학													
자연과학계열	간호인문	16	16	6.25			92.5	89.1	87.8	2.1	12	75%	1.75	
	간호자연	16	16	3.75			92.7	89.3	88.7	2.0	6	38%	1.38	
	약학과	10	12	5.83	-	-	96.5	95.6	95.2	2.5	13	108%	-	2.08	-
	의예과	37	37	2.46	-	-	99.8	99.2	98.8	1.5	14	38%	-	1.38	-
	자연 계	**338**	**330**	**6.43**			**88.18**	**83.45**	**82.2**	**2.43**	**313**	**104%**	**2.04**	

2023 대입 주요 특징	정시 인문: 영탐1+국/수 택1 30:20+50 수 10%
	영어 100-95-90-80-70... 자연: 수영탐1 50:30:20

▶ 교과 반영
 국영수사/국영수과 전체
▶ 학년비율 100%
▶ 학교장추천: 교과전형
▶ 서류면접: 단계면접종합
▶ 학생부전형: 서류일괄종합
▶ 이수단위 적용
▶ 진로선택과목 미반영

1. 학교장추천 교과 100% 유지, 고교당 10명 추천
2. 트윈종합: ①서류면접형 283명 ②학생부(서류100%) 243명
3. 2023 내신반영유지 인: 국영수사, 자: 국영수과
4. 강남대 2021 야간 3개학과: 사복야간, 글경영야간, 정경야간
5. 서류면접 VS 학생부전형 서류평가 비중 차이★
 ①서류면접형: 전공적합45%, 발전가능30%, 인성25%, 자소○
 ②학생부전형: 전공적합30%, 발전가능25%, 인성45%, 자소 x
6. 서류면접 단계전형만 자소서 제출 (자소서 3번 없음)

모집시기	전형명	사정모형	학생부종합 특별사항	2023 수시 접수기간 09. 13(화) ~ 17(토)	모집인원	학생부	논술	면접	서류	기타	2023 수능최저
2023 정원내 수시 955명 (64.0%) 정시 537명 (36.0%) 전체 1,492명	학교장추천	일괄	학생부교과 최저없음 고교별 10명 최종 12.15(목) 국영수사 국영수과 전체반영	1. 2023 학교장추천 2년차 2. 2022 야간모집단위★ 사회복지17, 글로벌경영10 정경학부31	196 2022 196	교과 100					최저 없음
	서류면접	1단계	학생부종합 최저없음 자소서제출 ~09.15(수) 1단계 11.09(수) 면접 11.21(월) ~11.25(금) 최종 12.15(목)	1. 2023 전년대비 7명 감소 2. 자신의 잠재역량을 적극적으로 계발한 자 학교생활기록부 면접 11분 3. 야간모집 없음 ▶서류평가 반영비율★ ①전공적합성(학업역량) 45% ②발전가능성(자기주도) 30% ③인성(성실,공동체) 25%★ ▶수능전 자소서제출 ▶수능후 면접	283 2022 290	서류 100 (3배수)					최저 없음
		2단계				서류 70 + 면접 30					최저 없음
2022 수시 1,006명 (67.5%) 정시 485명 (32.5%) 전체 1,491명	학생부전형	일괄	학생부종합 자소서없음 최저없음 최종 12.15(목)	1. 학교생활을 충실히 한 자 2. 2023 야간모집단위★ 사회복지17, 글로벌경영10 정경학부30 ▶서류평가 반영비율 ★ ①전공적합성(학업역량) 30% ②발전가능성(자기주도) 25% ③인성(성실,공동체) 45%★	243 2022 243	서류 100					최저 없음
	국가보훈대상자	일괄	학생부종합 자소서없음 최저없음 최종 12.15(목)	국가보훈법령 지원자	23	서류 100					최저 없음
	기초차상위 (정원외)	일괄	학생부종합 자소서없음 최저없음 최종 12.15(목)	기초수급 및 차상위 대상자	58	서류 100				만학도 등 기타전형 생략	

▶인문/사범   <정시성적 사례>
 국/수x0.5+영x0.3+탐구1개x0.2 / 100 x 1,000
▶자연
 수가x1.2x0.5+수나x0.5+영어x0.3+탐1x0.2 / 100 x 1,000
▶국어 3등급, 백분위 77 x 0.5 = 38.5
 수나 5등급, 백분위 48 x 0.5 = 24.0
▶영어 4등급, 백분위 80 x 0.3 = 24.0
▶탐구 3등급, 백분위 80 x 0.2 = 16.0

 인문 국영탐 합산점수 785점 → 강남대 정시 야간합격권★★

▶인/사: 국/수x0.5+영x0.3+탐구1개x0.2 / 100 x 1,000
▶자연: 수가x1.2x0.5+수나x0.5+영어x0.3+탐1x0.2 /100 x 1,000
▶국어 3등급, 백분위 77 x 0.5 = 38.5
 수나 5등급, 백분위 48 x 0.5 = 24.0
▶영어 4등급, 백분위 80 x 0.3 = 24.0
▶탐구 3등급, 백분위 80 x 0.2 = 16.0

 인문 국영탐 합산점수 785점 → 강남대 정시 야간합격권★★

		2023 학추 인원	2022 교과 (학교장추천) ▶교과 100% 반영 인: 국영수사 자: 국영수과 전체					2021 교과 (학생부전형) ▶교과 100% 반영 인: 국영수사 자: 국영수과 전체				
			인원	경쟁률	최초평균	최종80%	충원	인원	경쟁률	최초평균	최종80%	충원
인문 사회	사회복지학부	13	13	17.46	2.63	3.45	27	9	5.56	2.6	4.2	21
	사회복지학부 야간	9	9	3.67	4.25	5.04	12	9	13.8	3.8	4.4	26
	실버산업학과	6	9	5.11	3.38	4.31	10	7	5.57	3.2	3.6	12
	글로벌경영학부	20	20	20.35	3.01	3.68	41	16	5.63	2.7	4.8	58
	글로벌경영학 야간	10	10	2.90	4.43	5.64	10					
	정경학부	26	23	7.43	3.14	3.93	43	16	5.56	3.0	4.2	52
	정경학부 야간	31	19	2.89	4.59	5.23	15					
	기독교학과							-	-	-	-	-
	글로벌문화학부	21	25	7.40	3.2	3.93	59	14	4.93	3.0	4.0	40
자연	ICT융합공학부	20	24	5.71	3.09	4.31	64	27	7.63	3.1	3.8	89
	인공지능융합공학부	20	24	3.58	3.88	5.03	37					
	부동산건설학부	20	20	5.05	3.64	4.54	41	15	6.67	3.3	4.2	36
인문 사회 사범	교육학과	-	-									
	유아교육과	-	-									
	초등특수교육과	-	-									
	중등특수교육과	-	-									
예체	스포츠복지전공											
		196	196	7.41	3.6	4.5	359	113	6.92	3.1	4.2	334

		2023 서류 면접 인원	2022 서류면접 종합 ▶1단계: 서류 100 (4배수) ▶2단계: 서류 70+면접 30					2021 서류면접 종합 ▶1단계: 서류 100 (4배수) ▶2단계: 서류 70+면접 30				
			인원	경쟁률	최초평균	최종80%	충원	인원	경쟁률	최초평균	최종80%	충원
인문 사회	사회복지학부	30	30	9.77	3.71	4.05	29	23	13.9	3.7	4.1	26
	사회복지학부 야간	20	7	13.14	4.27	4.51	6					
	실버산업학과		20	4.80	4.82	5.15	9	16	3.31	4.6	5.2	5
	글로벌경영학부	30	31	7.19	4.05	4.62	29	23	8.61	4.0	4.5	18
	글로벌경영학 야간							-	-	-	-	-
	정경학부	30	33	3.15	4.3	4.85	20	33	3.70	4.2	4.7	24
	정경학부 야간							-	-	-	-	-
	기독교학과		15	2.33	5.1	5.83	4	15	4.20	5.0	5.8	11
	글로벌문화학부	45	34	6.65	4.06	4.36	35	37	6.62	4.2	4.7	28
자연	ICT융합공학부	24	20	8.60	4.26	5.03	30	52	5.10	4.5	5.1	48
	인공지능융합공학부	24	20	4.20	4.73	5.62	15					
	부동산건설학부	30	30	3.67	4.83	5.52	16	22	4.00	4.7	5.4	10
인문 사회 사범	교육학과	10	10	8.80	4.03	4.3	6	16	4.19	3.8	4.5	18
	유아교육과	20	20	11.55	3.6	4.09	10	20	12.5	3.2	3.7	11
	초등특수교육과	10	10	4.90	3.2	3.59	7	10	4.60	3.2	3.6	8
	중등특수교육과	10	10	4.80	3.33	3.88	8	10	4.20	3.1	3.7	15
예체	스포츠복지전공							7	1.70	4.3	5.5	8
		283	290	6.68	4.2	4.7	224	284	5.89	4.0	4.7	230

		2023 학생부전형	2022 학생부종합 서류일괄 100%						2021 학생부종합 서류일괄 100%				
		인원	인원	경쟁률	최초평균	최종80%	충원		인원	경쟁률	최초평균	최종80%	충원
인문사회	사회복지학부	17	20	15.55	3.55	4.24	30		20	10.9	3.1	4.1	45
	사회복지학부 야간	17	17	6.00	4.68	5.73	25		15	10.7	4.8	5.2	17
	실버산업학과	7	12	8.00	4.45	4.73	13		15	5.60	4.3	4.7	17
	글로벌경영학부	22	22	13.64	3.68	4.24	33		27	8.22	3.8	4.0	58
	글로벌경영학 야간	10	10	5.90	4.84	5.58	12						
	정경학부	28	25	6.48	3.7	4.54	34		28	3.93	3.8	4.6	51
	정경학부 야간	30	25	3.32	5.17	6.04	21						
	기독교학과								-	-	-	-	-
	글로벌문화학부	23	23	9.48	3.87	4.34	42		37	5.95	3.8	4.4	61
자연	ICT융합공학부	20	20	10.00	3.84	4.45	24		50	6.84	3.9	4.6	75
	인공지능융합공학부	20	20	5.60	4.32	5.19	31						
	부동산건설학부	23	23	6.35	4.42	5.17	24		28	4.89	4.2	4.8	36
인문사회사범	교육학과	8	8	5.00	3.65	3.87	2		5	5.20	2.5	3.5	12
	유아교육과	10	10	14.50	3.07	3.83	17		10	12.5	2.8	3.6	27
	초등특수교육과	4	4	11.00	2.58		16		4	6.50	3.0	4.1	14
	중등특수교육과	4	4	6.50	2.77	4.25	13		4	5.25	2.5	3.2	6
예체	스포츠복지전공	-							-	-	-	-	-
		243	243	8.49	3.9	4.7	337		243	7.21	3.5	4.2	419

▶ 인문: 영30%탐20% (탐1) +국/수 택1 50%
▶ 자연: 수영탐1 50:30:20
▶ 영어: 100-95-90-80-70...

		2023 정시	2022 정시 수능						2021 정시 수능				
		인원	인원	경쟁률	등급평균	환산70%	충원	모집군	인원	경쟁률	최초평균	최종80%	충원
인문사회	사회복지학부	17	20	6.30	60.0	798.00	27	가	32	3.47	863.5	804.0	55
	사회복지학부 야간	12	18	5.56	54.3	683.00	13	나	27	3.04	767.4	701.0	47
	실버산업학과	10	13	5.92	54.0	751.00	12	나	17	4.41	822.6	794.0	22
	글로벌경영학부	37	43	8.79	62.7	803.00	58	가	59	3.98	860.8	771.0	118
	글로벌경영학부 야간	30	43	5.65	49.7	673.00	58	다					
	정경학부	40	49	6.71	61.7	767.00	37	나	53	2.64	846.8	592.0	55
	정경학부 야간	34	60	4.52	47.3	636.00	49	가					
	기독교학과		5	3.40	55.3	701.00	5	나	5	2.80	791.6	717.0	5
	글로벌문화학부	81	61	6.21	57.7	760.00	52	나	66	3.61	840.7	786.0	118
자연	ICT융합공학부	76	82	5.35	65.5	781.50	74	가	108	3.21	850.1	680.0	166
	인공지능융합공학부	78	47	5.74	66.5	771.50	37	가					
	부동산건설학부	42	42	5.07	58.5	742.00	22	나	56	2.66	836.2	768.0	59
인문사회사범	교육학과	11	16	9.56	61.7	790.00	22	다					
	유아교육과	12	14	5.93	65.3	797.00	23	가	15	4.53	878.9	824.0	35
	초등특수교육과	5	7	4.14	61.0	826.00	5	나	6	3.67	905.8	834.0	8
	중등특수교육과	5	6	3.67	50.7	745.00	3	나	7	3.57	893.1	860.0	6
예체	스포츠복지전공								18	8.78	217.0	195.0	24
			526	5.78	58.2	751.6	497		469	3.87	798.0	717.4	718

강원대학교 춘천

2023 대입 주요 특징

국수영탐2 인30:20:30:20 자20:30:20:30
영: 100-97-94-84-81-78.. 미적기하10%+과탐10%

7. 2023 AI융합학과 신설
8. 2023 학과명칭 변경 ①산림응용학과→목재종이과학학과
   ②신문방송학과→미디어커뮤니케이션학과
   ③미래농업융합학부→스마트팜농산업학과 등
9. 등급산출과목 급간 <30점차>: 1000-970-940-910-880 ...
10. 2023 신설학과: 배터리융합공학과 디지털밀리터리학과

2022.06.26. ollim

- ▶ 교과 인/자: 국영수사과史
- ▶ 학년비율 100%
- ▶ 진로선택 상위 3개 반영
  A=15, B=9, C=3
- ▶ 이수단위 미반영

1. 강원대 2023 수능최저 하향조정
2. 2023 일반교과 및 지역교과 사범대학 면접폐지
3. 2023 국가보훈전형→사회통합전형과 고른기회로 분리 변경
4. 일반전형 및 지역인재만 수능최저 적용
5. 탈 수도권 지원전략, 전과제도 활성화, 캠퍼스간 전과허용
6. 교과전형 수능최저 충족여부 입결 면밀검토 지원전략★★

모집시기	전형명	사정모형	학생부종합 특별사항	2023 수시 접수기간 09. 13(화) ~ 17(토)	모집인원	학생부	논술	면접	서류	기타	2023 수능최저등급
2023 춘천수시 2,360명 (71.2%) 춘천정시 955명 (28.8%) 전체 3,315명 2022 춘천수시 2,334명 (70.4%) 춘천정시 982명 (29.6%) 전체 3,316명	**일반전형**	일괄 변경	학생부교과 100% 최저있음 <u>사범대학 면접폐지</u> 최종 12.15(목)	1. 2023 전년대비 7명 감소 2. 2023 사범 면접폐지 3. 자연 수학선택 필수확인 4. 교차시 수학 및 사과 확인 5. 2023 수능최저 자연수학 미적/기하 지정 (9학과)★★ 의예/수의/약학/수교/ 건축토목/기계의용메카트로 화생공/전기전자/전자공학	875 2022 844	▶2023 인문최저: *3개합 (탐1) 유지, 제2외 대체폐지*★ ①간호인문: 3개합 8 (탐1) → 3개합 9 (탐1)★ ②사범전체: 3개합 10 (탐1) 유지 ③경영대학/사회과학/인문대학전체: 3개합 11→3개합 13 (탐1)★ ④영상문화학과/자유전공인문: 3개합 12→3개합 13 (탐1)★ ⑤사범특수교육: 3개합 13 (탐1) ▶2023 자연최저: *미적/기하필수→의예/수의/약학/수교/과교*★ ①의예: 수학포함 3개합5 (과2)+영어 2등급, 다른 과탐2개 ②수의/약학: 수학포함 3개합7 (과2)+영어 2등급, 다른 과탐2개 ③수교/과교: 수학포함 3개합11 (과1) 가정교:그냥 3개11 (사과1) ④간호자연: 3개합 9 (과1) → 3개합 10 (과1)★ ⑤공과/IT대학/의생명/농업/동물 등: 3개합 12→3개합 14 (탐1)★ ⑥자연자유전공: 3개합 13 (과1)→3개합 14 (과1)★					
	지역인재	일괄	학생부교과 100% 최저있음 <u>사범대학 면접폐지</u> 최종 12.15(목)	1. 강원도 출신 대상자 2. 2023 전년대비 44명 감소 3. 2023 사범 면접폐지 4. 2023 지역인재 최저 완화★ 자유전공을 제외한 모든 최저 2021년엔 일반전형과 동일 했으나 2023 각 1개 등급씩 완화, 사범도 최저 완화	506 2022 546	▶2023 자연최저: *3개합 (탐1) 유지, 제2외 대체폐지* ①간호인문: 3개합 9 (탐1) → 3개합 10 (탐1) ②사범전체: 3개합 10 (탐1) → 3개합 11 (탐1) ③경영대학/사회과학/인문대학전체: 3개합12→3개합 14 (탐1)★ ④영상문화학과/자유전공인문: 3개합13→3개합 14 (탐1)★ ⑤사범특수교육: 3개합 13 (탐1) ▶2023 자연최저: 미적/기하필수→의예/수의/약학/수교★ ①의예: 수학포함 3개합6 (과2)+영어 2등급, 다른 과탐2개 ②수의/약학: 수학포함 3개합8 (과2)+영어 2등급, 다른 과탐2개 ③수교/과교: 수학포함 3개합12★(과1) 가정교:그냥 3개11 (사과1) ④간호자연: 3개합 10 (과1)→3개합 11 (과1)★ ⑤공과/IT대/의생/농업/동물 등: <u>3개합13~15</u> (탐1) 사/과 유의★ ⑥자연자유전공: 3개합15 (과1) 유지					
	미래인재	1단계 / 2단계	**학생부종합 자소서없음** 1단계 11.18(금) 면접 11.25~26 최종 12.15(목)	1. 2023 2명 인원감소 2. 미래인재 서류평가요소 학업역량30% 전공적합25% 인성24% 발전가능성21% 3. 블라인드면접 10분 4. 모집단위별 인재상, 주요 관련교과활동, 추천도서 등	584 2022 565	**서류 100** (1단계 3배수) (1단계 140점) **1단계 70** (140점) **면접 30** (60점)		전체 1단계 3배수			최저없음
	소프트웨어 인재	1단계 / 2단계	**학생부종합 자소서없음** 1단계 11.18(금) 면접 11.25~26	<2021 소프트웨어 입결> ▶경쟁률 7.0 추가합격 6명 ▶1단계 4.17등급, 편차 0.82	22 2022 22	**서류 100** (2.5배수) **1단계 70** **면접 30**		<2021 소프트웨어 입결> ▶최초 4.18등급, 표준편차 0.71 ▶최종 4.17등급, 표준편차 0.79			
	사회통합	일괄	학생부교과 일반최저없음 사범최저있음	국가보훈+<u>저소득층</u>+만학도 유공/고엽/518/특수임무 등	15	교과 100					일반 최저없음 사범인: 3개합 15(탐1) 사범자: 3개합 16(탐1)
	고른기회	일괄	학생부교과 최저없음	다문화/소아암 백혈병 광부10년자녀/다자녀3인 등 2023 군인20년, 탈북 추가	47 2022 49	교과 100					최저없음
	저소득층 (정원외)	일괄	학생부종합 최저없음	기초수급 및 차상위자녀 + 검정고시	47 2022 55	서류 100		1. 농어촌123명 서류100% 2. 실기우수27명 특교30명 3. 체육특기 8명등 전형생략			최저없음

2023 대학별 수시모집 요강 — 강원대 삼척/도계

2022.05.23. ollim

2023 대입 주요 특징: 국수영탐2 중 백분위 상위 2개만 반영 과탐10%+ 영: 100-97-94-84-81-78.. 수학10%+미적기하10%

▶ 교과 인/자: 국영수사과史
▶ 교과 예체: 국영사史
▶ 학년비율 100%
▶ 진로선택 상위 3개 반영
　A=15, B=9, C=3
▶ 이수단위 미반영

1. 삼척도계캠 수능최저 없음
2. 삼척/도계간 교과 중복지원불가
3. 2023 국가보훈전형→사회통합전형과 고른기회로 분리 변경
4. 2023 정시: 백분위 상위2개영역 유지
　① 수학선택 : 자연 반영 점수의 10%
　② 미적분/기하 선택: 수학 10% 가산 후 반영점수의 10%
　③ 과탐 선택 : 과목당 반영 점수의 10% (I,II구분 없음)

5. 소프트웨어미디어→AI SW학과 변경
　관광학과→글로벌인재학부(관광) 변경
6. 탈 수도권 지원전략, 전과제도 활성화, 캠퍼스간 전과허용
7. 2022 등급산출과목 급간 <30점차>: 1000-970-940-910-880 ...
　2022~2023 진로선택과목 가산점 부여: 상위 3과목 평균 반영
　A=15점, B=9점, C=3점 이수단위 미반영

모집시기	전형명	사정모형	학생부종합 특별사항	2023 수시 접수기간 09. 13(화) ~ 17(토)	모집인원	학생부		논술	면접	서류	기타	2023 수능최저등급
2023 삼척도계 정원내 수시 1,028명 (72.0%) **정시 419명 (28.0%)** **전체 1,447명** **2022 삼척도계 수시 1,165명 (72.0%)** **정시 452명 (28.0%)** **전체 1,617명**	**일반전형**	일괄	학생부교과 최저없음 최종 12.15(목)	교과 100, 최저없음	삼척도계 464 2022 446	교과 100 (120점)						최저없음
	미래인재	1단계 2단계	학생부종합 자소서없음 1단계 11.18(금) 면접 11.25~26 최종 12.15(목)	1. 미래인재 서류평가요소 학업역량30% 전공적합성25% 인성24% 발전가능성21% 2 블라인드면접 10분 3. 모집단위별 인재상, 주요 관련교과활동, 추천도서 등	삼척도계 90 2022 110	서류 100 (1단계 3배수) (1단계 140점) 1단계 70 (140점)	면접 30 (60점)				17명 이상은 2배수 14명~16명은 2.5배수 13명 이하는 3배수	최저없음
	지역인재	일괄	학생부교과 최저없음 최종 12.15(목)	강원도 출신 대상자	삼척도계 237 2022 285	교과 100 (120점)						최저없음
	사회통합	1단계	학생부교과 최저없음 최종 12.15(목)	국가보훈+저소득층+만학도 서해5도 등	20	교과 100 (120점)						최저없음
	고른기회	일괄	학생부교과 최저없음 최종 12.15(목)	다문화/소아암/백혈병/복지/ 광부10년자녀/다자녀3인 등 2023 군인20년, 탈북 추가	58	교과 100 (120점)						최저없음
	저소득층 (정원외)	일괄	학생부종합 최저없음 자소서없음 최종 12.15(목)	일괄전형 유지, 최저없음 기초수급 및 차상위자녀 등	35 2022 40	서류 100					1. 농어촌 42명 서류100 등 2. 실기우수 100명 전형생략 3. 체육특기 9명 전형생략 4. 특수교육 4명 교과100%	최저없음

2021 저소득층 (서류100%) 최종등록 내신평균-표준편차-내신최저★

● 삼척캠퍼스 저소득층 입학결과

글로벌인재 4.9	레저스포츠 7.0	멀티디자인 4.3
신소재공학 6.3-1.4-7.7	에너지공학 7.1-0.8-7.9	생활조형디자인 6.3
전기제어 5.4-1.2-6.6	전자정보통신 6.7	

● 도계캠퍼스 저소득층 입학결과 *(최하위 표준편차 1.5 이상 참고할 것)*

소방방재 6.4-1.0-7.4	간호학과 4.6-0.5-5.2	물리치료 4.7
방사선학 8.5	식품영양 5.1	응급구조 5.3
관광학과 6.3	사회복지 4.9	유아교육 4.0
일본어학 6.7	연극영화 7.7	

★★ 삼척캠퍼스 및 도계캠퍼스 학과 소개 ★★

● 삼척캠퍼스 학과
<인문사회> 공공행정/지역경제/영어과
<디자인스포츠> 멀티디자인(실)/생활조경디자인(실)/레저스포츠(특기)
<공과대학> 토목/에너지/건축공/환경/기계/자동차/메카트로닉스
　　　　　전기/제어/화공/신소재/전자공/컴공/산업/건축학/
　　　　　재료금속

● 도계캠퍼스 학과
<인문사회> 관광학/일본어/유아교육/사회복지
<디자인스포츠> 연극영화학과
<공학대학> 소방방재학부/해양건설시스템공학
<보건과학대학> 식품영양/생약자원/응급구조/간호/방사선/
　　　　　　　물리치료/안경광학/치위생/작업치료/방송미디어

2022 강원대춘천 교과우수자 (인문)

학생부 100% 일괄 신설학과 모집유의 확인필수		최저 있음 2023 인원	① 간호인문: 2개합 5등급　② 국교/영교/사범 기타: 2개합 6등급　③ 기타모든 인문전체: 2개합 7등급													
			2022경쟁률 및 충원율				실질경쟁률 올림				최종등록률		최초 합격		최종 등록		
			모집 인원	경쟁률	추합 인원	충원율	지원자	최저 충족	최저 충족률	실질 경쟁률	최종 등록	등록 률%	평균 등급	표준 편차	평균 등급	표준 편차	최종등록 최하등급
경영 대학	경영·회계학부	52	52	14.1	57	110%	735	273	37.1%	5.25	51	98%	3.00	0.45	3.38	0.44	3.81
	경제·정보통계	17	17	10.1	19	112%	172	56	32.6%	3.29	17	100%	3.35	0.20	3.72	0.35	4.34
	관광경영학과	6	6	12.2	5	83%	73	33	45.2%	5.50	6	100%	2.60	0.31	3.08	0.52	3.62
	국제무역학과	11	11	26.9	13	118%	296	59	19.9%	5.36	11	100%	3.65	0.31	4.20	0.24	4.51
문화	영상문화학과	13	13	9.46	18	138%	123	74	60.2%	5.69	13	100%	3.03	0.22	3.24	0.28	3.58
사회 과학 대학	문화인류학과	11	12	12.2	8	67%	146	37	25.3%	3.08	12	100%	3.71	0.21	3.95	0.26	4.56
	부동산학과	16	16	9.50	10	63%	152	59	38.8%	3.69	15	94%	3.50	0.37	3.83	0.16	4.14
	사회학과	9	7	9.86	13	186%	69	39	56.5%	5.57	7	100%	2.71	0.32	3.49	0.19	3.73
	미디어커뮤니케	6	6	39.8	11	183%	239	75	31.4%	12.5	6	100%	2.95	0.18	3.40	0.22	3.69
	정치외교학과	8	9	10.3	15	167%	93	41	44.1%	4.56	9	100%	3.07	0.41	3.70	0.17	4.01
	행정·심리학부	15	14	19.3	16	114%	270	92	34.1%	6.57	12	86%	2.68	0.35	3.20	0.19	3.46
간호대	간호학과 인문	7	8	8.88	5	63%	71	13	18.3%	1.63	8	100%	2.11	0.39	3.33	1.15	5.44
인문대	인문학부	78	80	6.29	87	109%	503	210	41.7%	2.63	77	96%	3.53	0.34	4.09	0.39	4.96
사범 대학	교육학과	4	3	12.0	2	67%	36	26	72.2%	8.67	3	100%	3.00	0.09	2.71	0.45	3.13
	국어교육과	6	6	12.2	11	183%	73	53	72.6%	8.83	6	100%	2.81	0.38	2.87	0.50	3.53
	역사교육과	6	6	10.7	5	83%	64	42	65.6%	7.00	6	100%	2.40	0.18	2.53	0.32	3.05
	영어교육과	9	9	11.2	13	144%	101	67	66.3%	7.44	9	100%	2.21	0.18	2.99	0.32	3.44
	윤리교육과	4	6	8.67	19	317%	52	45	86.5%	7.50	6	100%	2.29	0.33	2.97	0.23	3.38
	일반사회교육과																
	지리교육과	8	9	10.9	9	100%	98	76	77.6%	8.44	9	100%	2.63	0.33	3.00	0.30	3.39
독립학	자유전공(인문)	17	14	9.07	27	193%	127	74	58.3%	5.29	15	107%	2.95	0.15	3.48	0.30	3.99
	인문 총계	286	290	13.4	336	127%	3366	1370	48.7%	5.96	283	99%	2.91	0.29	3.35	0.35	3.88

2022 강원대춘천 종합전형 미래인재 (인문)

1단계: 서류 100% (3배수) 2단계: 면접 30%		최저 없음 2023 인원	▶종합평가 지표: 전공적합성20%, 학업역량30%, 공동체의식15%, 성실/열정15%, 잠재역량/도전발전가능성20% ▶기타 주요사항: 모집단위별 인재상, 주요 관련 교과 및 활동, 추천도서												
			2022 경쟁률 및 충원율				1단계 합격				최종등록률		최초 합격		최종 등록		
			모집 인원	경쟁률	추합 인원	충원율	합격 인원	평균 등급	표준 편차	최하 등급	최종 등록	등록 률%	평균 등급	표준 편차	평균 등급	표준 편차	최종등록 최하등급
경영 대학	경영·회계학부	45	45	7.91	31	69%	90	3.47	0.51	4.61	43	96%	3.36	0.55	3.59	0.57	4.53
	경제·정보통계	19	19	5.89	7	37%	38	3.79	0.60	5.22	11	58%	3.80	0.54	3.83	0.38	4.66
	관광경영학과	9	9	14.2	5	56%	27	3.70	1.20	7.23	9	100%	3.27	0.32	3.76	1.20	7.05
	국제무역학과	14	14	8.71	11	79%	35	3.69	0.42	4.24	14	100%	3.46	0.50	3.74	0.45	4.24
문화	영상문화학과	6	6	18.3	1	17%	18	3.64	0.42	4.30	6	100%	3.49	0.33	3.54	0.41	4.19
사회 과학 대학	문화인류학과	4	2	25.5	1	50%	6	3.84	0.49	4.73	2	100%	3.55	0.14	3.77	0.36	4.13
	사회학과	4	8	9.00	11	138%	24	3.50	0.51	5.17	7	88%	3.29	0.41	3.47	0.33	3.85
	미디어커뮤니케	6	6	24.7	4	67%	18	3.52	0.36	4.43	6	100%	3.53	0.30	3.53	0.33	3.97
	정치외교학과	2	4	12.3	4	100%	12	4.05	0.59	5.39	3	75%	3.72	0.43	4.70	0.51	5.39
	행정·심리학부	12	12	10.5	10	83%	36	3.33	0.41	4.17	12	100%	2.97	0.36	3.34	0.38	3.99
간호대	간호학과 인문	4	5	35.4	4	80%	15	2.62	0.36	3.07	5	100%	2.69	0.15	2.76	0.14	2.98
인문대	인문학부	50	50	5.82	32	64%	100	3.72	0.47	4.59	44	88%	3.56	0.41	3.81	0.51	4.59
사범 대학	교육학과	3	3	8.67	2	67%	9	2.58	0.35	3.24	3	100%	2.94	0.30	2.76	0.33	3.24
	국어교육과	10	10	6.40	15	150%	30	2.90	0.55	3.75	10	100%	2.29	0.43	3.03	0.38	3.45
	영어교육과	8	8	5.88	11	138%	24	3.11	1.01	7.36	8	100%	2.48	0.42	3.02	0.22	3.36
	윤리교육과	4	4	11.8	5	125%	12	2.78	0.24	3.20	4	100%	2.67	0.15	2.92	0.16	3.20
	일반사회교육과	3	4	6.75	4	100%	12	2.86	0.36	3.53	2	50%	2.69	0.12	3.02	0.18	3.20
	한문교육과	3	3	5.00	1	33%	9	3.66	0.42	4.15	3	100%	3.81	0.47	3.77	0.44	4.15
	인문 총계	206	212	12.4	159	81%	515	3.38	0.52	4.58	192	92%	3.20	0.35	3.46	0.41	4.12

2022 강원대춘천 교과우수자 (자연)

▶학생부 100% 일괄
신설학과 모집유의
확인필수

| 수능최저있음 | ① 수의예: 3개합 7 (수가, 과탐 응시지정) | ② 간호: 수나포함시 2개합 5 수가포함시 2개합 7 |
| | ③ 수교/과교: 2개합 7 (수가, 과탐 응시지정) | ④ 기타 모든자연학과: 수나포함시 2개합 7 수가포함시 2개합 9 |

		2023 인원	2022경쟁률 및 충원율				실질경쟁률 올림				최종등록률		최초 합격		최종 등록		
			모집인원	경쟁률	추합인원	충원율	지원자	최지충족	최저충족률	실질경쟁률	최종등록	등록률%	평균등급	표준편차	평균등급	표준편차	최종등록최하등급
공과대학	건축·토목·환경	34	35	6.69	35	100%	234	81	34.6%	2.31	32	91%	3.74	0.36	4.37	0.49	5.54
	건축학과 5년	4	4	15.3	5	125%	61	25	41.0%	6.25	4	100%	2.82	0.48	3.04	0.68	3.91
	기계의용·메카	37	37	8.35	52	141%	309	98	31.7%	2.65	37	100%	3.53	0.35	4.35	0.54	5.47
	에너지자원	23	23	8.00	23	100%	184	62	33.7%	2.70	23	100%	3.91	0.25	4.30	0.34	4.75
	화학생물공학	19	19	5.84	21	111%	111	71	64.0%	3.74	18	95%	2.59	0.34	2.83	0.46	3.43
농업생명과학대학	바이오산업공	11	11	6.55	10	91%	72	25	34.7%	2.27	11	100%	3.69	0.24	4.08	0.43	4.79
	생물자원과학	11	11	6.91	18	164%	76	38	50.0%	3.45	11	100%	3.76	0.28	4.44	0.20	4.87
	원예·농업자원	15	12	8.50	16	133%	102	38	37.3%	3.17	12	100%	3.15	0.49	3.92	0.70	4.71
	지역건설공학	6	6	12.7	3	50%	76	18	23.7%	3.00	6	100%	4.18	0.33	4.43	0.26	4.70
	환경융합	15	15	7.60	13	87%	114	33	28.9%	2.20	15	100%	3.77	0.28	4.10	0.47	4.83
동물생명과학	동물산업융합	10	10	12.6	10	100%	126	22	17.5%	2.20	9	90%	4.35	0.66	5.24	0.49	6.47
	동물응용과학	11	11	7.55	8	73%	83	23	27.7%	2.09	11	100%	4.11	0.37	4.66	0.80	6.53
	동물자원과학	11	11	9.09	23	209%	100	38	38.0%	3.45	11	100%	3.44	0.38	4.52	0.72	6.02
산림환경과학	산림과학부	24	24	8.04	33	138%	193	91	47.2%	3.79	23	96%	3.12	0.52	3.91	0.55	4.59
	목재·종이과학부	15	15	7.20	7	47%	108	37	34.3%	2.47	14	93%	4.50	0.49	4.92	0.60	5.83
	생태조경디자인	6	6	12.7	6	100%	76	27	35.5%	4.50	6	100%	2.96	0.31	3.73	0.58	4.25
수의대	수의예과	18	18	16.1	36	200%	290	89	30.7%	4.94	18	100%	1.27	0.09	1.46	0.09	1.61
간호대	간호학과 자연	15	17	9.82	14	82%	167	68	40.7%	4.00	16	94%	2.22	0.22	2.49	0.21	2.77
의생명과학대학	분자생명과학	9	8	5.63	12	150%	45	28	62.2%	3.50	8	100%	3.02	0.34	3.40	0.45	3.98
	생명건강공학	9	9	7.67	7	78%	69	25	36.2%	2.78	9	100%	3.48	0.22	3.72	0.31	4.22
	생물의소재공	8	8	6.00	10	125%	48	19	39.6%	2.38	4	50%	3.51	0.17	4.03	0.65	5.15
	의생명융합학	16	16	7.63	22	138%	122	58	47.5%	3.63	16	100%	2.99	0.30	3.47	0.36	3.97
자연과학대학	물리학과	7	7	6.86	11	157%	48	19	39.6%	2.71	7	100%	3.49	0.21	4.74	1.34	7.25
	생명과학과	6	6	6.00	7	117%	36	21	58.3%	3.50	6	100%	2.87	0.22	3.13	0.33	3.62
	수학과	7	6	5.33	11	183%	32	17	53.1%	2.83	4	67%	3.01	0.21	4.79	1.04	5.95
	지질·지구물리학부	17	17	6.00	13	76%	102	38	37.3%	2.24	17	100%	4.16	0.49	4.80	0.34	5.45
	화학생화학	21	21	4.62	15	71%	97	38	39.2%	1.81	19	90%	3.64	0.26	4.28	0.50	5.11
IT대학	전기전자공학	30	32	10.2	43	134%	325	162	49.8%	5.06	30	94%	3.03	0.39	3.60	0.41	3.98
	전자공학과	12	12	7.50	25	208%	90	43	47.8%	3.58	11	92%	3.21	0.23	4.15	0.61	5.40
	컴퓨터공학부	37	43	11.5	75	174%	495	232	46.9%	5.40	43	100%	3.02	0.20	3.53	0.28	3.86
	AI융합학과	10	10	8.40	10	100%	84	30	35.7%	3.00	10	100%	3.46	0.46	4.12	0.72	5.11
사범대학	가정교육과	3	5	7.40	7	140%	37	27	73.0%	5.40	5	100%	3.29	0.31	4.23	0.93	6.09
	과학교육학부	8	8	11.1	13	163%	89	80	89.9%	10.0	8	100%	2.33	0.39	2.87	0.30	3.33
	수학교육과	7	7	10.6	12	171%	74	63	85.1%	9.00	6	86%	2.18	0.31	2.84	0.40	3.29
약학대	약학과	15	15	21.7	20	133%	326	92	28.2%	6.13	15	100%	1.18	0.06	1.37	0.14	1.57
의과대	의예과	10	10	22.5	35	350%	225	76	33.8%	7.60	10	100%	1.01	0.01	1.09	0.07	1.20
독립학	자유전공(자연)	17	15	6.27	20	133%	94	47	50.0%	3.13	14	93%	3.41	0.32	4.28	0.48	5.12
자연 총계		534	540	8.58	626	125%	4275	1784	43.9%	3.71	480	95%	3.29	*0.33*	3.90	*0.52*	4.73

배터리융합공학과 디지털밀리터리학과 신설 확인

2022 강원대춘천 종합전형 미래인재 (자연)

▶1단계: 서류 100% (3배수)
▶2단계: 면접 30%

수능최저없음

▶ **종합평가 지표:** 전공적합성 20%, 학업역량 30%, 공동체의식 15%, 성실/열정 15%, 잠재역량/도전발전가능 20%
▶ **기타 주요사항:** 모집단위별 인재상, 주요 관련 교과 및 활동, 추천도서 등

대학	모집단위	2023 인원	모집인원	경쟁률	추합인원	충원율	합격인원	평균등급	표준편차	최하등급	최종등록	등록률%	평균등급	표준편차	평균등급	표준편차	최종등록 최하등급
공과대학	건축·토목·환경	15	15	8.53	17	113%	38	3.89	0.54	5.30	14	93%	3.48	0.39	4.04	0.38	4.67
	건축학과 5년	5	6	19.3	8	133%	18	3.53	0.28	4.01	6	100%	3.56	0.10	3.68	0.20	4.01
	기계의용·메카	28	28	5.11	19	68%	56	3.71	0.44	4.61	24	86%	3.66	0.36	3.81	0.53	4.44
	에너지자원	10	10	5.50	9	90%	30	4.16	0.53	5.44	9	90%	3.78	0.41	4.39	0.57	5.44
	화학생물공학	13	13	5.46	8	62%	39	3.36	0.44	4.38	12	92%	3.24	0.40	3.42	0.22	3.75
농업생명과학대학	바이오산업공	15	15	5.20	5	33%	38	3.94	0.46	5.37	15	100%	3.57	0.33	3.91	0.55	5.37
	생물자원과학	10	10	8.40	6	60%	30	4.09	0.40	4.77	10	100%	3.87	0.25	4.13	0.30	4.77
	원예·농업자원	16	17	7.59	9	53%	34	4.25	0.48	4.89	14	82%	4.13	0.51	4.27	0.48	4.82
	지역건설공학	7	7	7.14	8	114%	21	4.58	0.46	5.53	7	100%	4.14	0.31	4.73	0.35	5.39
	환경융합학부	15	15	5.53	11	73%	38	4.28	0.47	5.12	15	100%	4.05	0.43	4.40	0.25	4.94
동물생명과학	동물산업융합	12	12	7.25	1	8%	36	4.97	0.54	6.15	12	100%	4.44	0.31	4.50	0.36	5.12
	동물응용과학	10	10	7.30	6	60%	30	4.44	0.45	5.53	10	100%	4.08	0.36	4.25	0.33	4.86
	동물자원과학	10	10	7.50	11	110%	30	3.35	0.68	4.19	10	100%	3.48	0.25	3.39	0.72	4.19
산림환경과학	산림과학부	17	17	7.24	6	35%	34	3.98	0.79	5.69	17	100%	3.78	0.81	4.35	0.73	5.69
	목재·종이과학부	8	8	5.63	5	63%	24	5.34	0.67	6.80	8	100%	4.83	0.23	4.97	0.29	5.36
	생태조경디자인	5	5	9.60	4	80%	15	4.09	0.42	4.94	5	100%	4.02	0.36	3.99	0.35	4.33
약학대	약학과	9	9	31.3	6	67%	27	1.37	0.26	2.38	9	100%	1.37	0.37	1.39	0.37	2.38
의과대	의예과	9	9	24.1	3	33%	27	1.15	0.15	1.77	9	100%	1.18	0.22	1.21	0.22	1.77
간호대	간호학과 자연	6	6	23.2	11	183%	18	2.62	0.40	3.41	6	100%	2.35	0.36	2.83	0.50	3.41
의생명과학대학	분자생명과학	5	5	5.40	0	0%	15	3.92	0.55	5.40	5	100%	3.49	0.28	3.49	0.28	3.83
	생명건강공학	5	5	5.00	5	100%	15	4.03	0.47	5.24	5	100%	3.68	0.33	3.92	0.20	4.13
	의생명융합학	12	12	6.83	11	92%	36	3.43	0.58	4.45	12	100%	3.02	0.51	3.35	0.64	4.25
자연과학대학	물리학과	3	3	8.00	-		9	4.25	0.38	5.01	0	0%	3.91	0.26	-	-	-
	생명과학과	6	7	6.43	8	114%	21	3.52	0.45	4.89	6	86%	3.29	0.31	3.54	0.31	4.17
	수학과	6	6	6.33	8	133%	18	3.68	0.36	4.38	6	100%	3.45	0.30	3.68	0.34	4.27
	지질·지구물리학부	7	7	6.29	4	57%	21	4.27	0.61	6.09	7	100%	3.94	0.54	4.10	0.44	4.69
	화학·생화학부	16	16	4.81	12	75%	40	3.86	0.55	4.97	16	100%	3.71	0.53	4.04	0.26	4.53
IT대학	전기전자공학	18	18	6.67	15	83%	36	3.68	0.57	4.74	15	83%	3.57	0.43	3.88	0.55	4.74
	전자공학과	8	8	6.75	7	88%	24	3.90	0.41	4.72	8	100%	3.72	0.40	3.98	0.47	4.53
	컴퓨터공학부	22	22	9.32	11	50%	44	3.63	0.44	4.54	18	82%	3.49	0.48	3.85	0.41	4.54
	AI융합학과	5	7	8.14	5	71%	21	4.09	0.50	5.23	7	100%	3.84	0.46	3.95	0.62	5.00
사범대학	과학교육학부	16	16	6.94	20	125%	40	2.61	0.43	3.55	13	81%	2.32	0.42	2.89	0.36	3.55
	수학교육과	8	8	6.38	9	113%	24	2.78	0.60	4.44	8	100%	2.43	0.53	2.67	0.36	3.37
	자연 총계	357	362	8.92	268	79%	947	3.72	*0.48*	4.79	338	93%	3.48	*0.38*	3.72	*0.40*	4.39

강원대 춘천캠퍼스 2022 대입분석자료 05 - 수시 지역인재 인문/자연   *2022. 05. 20. ollim*

▶학생부 100% 일괄 수능최저 있음		2023 인원	2022경쟁률 및 충원율				실질경쟁률 올림				최종등록률		최초 합격		최종 등록		
			모집인원	경쟁률	추합인원	충원율	지원자	최저충족	최저충족률	실질경쟁률	최종등록	등록률%	평균등급	표준편차	평균등급	표준편차	최종등록 최하등급
경영대학	경영·회계학부	27	29	8.72	39	134%	253	139	55%	4.79	28	97%	2.69	0.24	3.09	0.37	3.55
	경제·정보통계	12	13	5.85	13	100%	76	36	47%	2.77	13	100%	3.13	0.55	3.73	0.72	4.47
	관광경영학과	4	5	8.60	2	40%	43	16	37%	3.20	5	100%	3.43	0.32	3.53	0.41	3.99
	국제무역학과	9	10	9.50	4	40%	95	34	36%	3.40	10	100%	3.55	0.19	3.73	0.28	4.18
문화	영상문화학과	7	8	7.25	8	100%	58	38	66%	4.75	8	100%	2.93	0.21	3.27	0.33	3.73
사회과학대학	문화인류학과	3	5	5.40	4	80%	27	12	44%	2.40	5	100%	3.94	0.24	4.53	0.56	5.40
	부동산학과	4	5	5.00	5	100%	25	14	56%	2.80	5	100%	3.28	0.24	3.83	0.21	4.20
	사회학과	4	2	7.50	0	0%	15	6	40%	3.00	2	100%	3.29	0.08	3.29	0.08	3.37
	미디어커뮤니케	4	5	9.80	9	180%	49	34	69%	6.80	5	100%	2.40	0.26	3.14	0.22	3.51
	정치외교학과	4	4	6.25	11	275%	25	17	68%	4.25	4	100%	2.84	0.19	4.92	1.38	7.20
	행정·심리학부	9	9	7.67	14	156%	69	42	61%	4.67	9	100%	2.40	0.25	2.90	0.49	3.53
간호대	간호학과 인문	6	7	5.71	5	71%	40	16	40%	2.29	7	100%	2.53	0.27	2.94	0.32	3.35
인문대	인문학부	30	33	5.67	39	118%	187	107	57%	3.24	33	100%	3.35	0.41	3.97	0.39	4.50
사범대학	교육학과	2	3	9.33	4	133%	28	15	54%	5.00	3	100%	2.75	0.17	3.50	0.14	3.61
	국어교육과	3	4	7.25	7	175%	29	26	90%	6.50	4	100%	2.11	0.35	2.95	0.44	3.66
	역사교육과	2	3	5.33	1	33%	16	13	81%	4.33	3	100%	2.15	0.09	2.34	0.20	2.62
	영어교육과	5	4	5.75	7	175%	23	18	78%	4.50	4	100%	2.16	0.22	3.00	0.37	3.35
	윤리교육과	2	0														
	일반사회교육과	5	6	3.83	6	100%	23	16	70%	2.67	4	67%	2.20	0.31	3.41	0.64	4.18
	지리교육과	3	3	5.00	3	100%	15	12	80%	4.00	3	100%	2.71	0.45	2.97	0.26	3.23
	한문교육과	2	4	3.00	0	0%	12	7	58%	1.75	3	75%	4.29	1.02	4.52	1.08	6.04
독립학	자유전공(인문)	17	14	4.43	12	86%	62	38	61%	2.71	13	93%	3.16	0.34	3.73	0.48	4.52
인문 총계		147	162	6.52	181	106%	1108	618	59.4%	3.86	158	97%	2.91	0.30	3.48	0.44	4.08
공과대학	건축·토목·환경	17	20	3.35	12	60%	67	38	57%	1.90	19	95%	3.57	0.45	4.48	0.64	5.96
	건축학과 5년	4	5	10.4	18	360%	52	36	69%	7.20	5	100%	2.30	0.13	3.38	0.50	3.81
	기계의용·메카	16	20	3.75	30	150%	75	53	71%	2.65	18	90%	3.15	0.28	4.01	0.83	6.00
	에너지자원	9	10	4.10	7	70%	41	23	56%	2.30	10	100%	3.88	0.26	4.13	0.20	4.45
	화학생물공학	9	11	3.73	23	209%	41	36	88%	3.27	11	100%	2.41	0.23	3.47	0.49	3.95
농업생명과학대학	바이오산업공	12	12	5.67	12	100%	68	42	62%	3.50	11	92%	3.50	0.43	4.00	0.38	4.71
	생물자원과학	13	13	4.62	13	100%	60	37	62%	2.85	13	100%	3.96	0.51	4.46	0.68	5.10
	원예·농업자원	15	17	7.00	17	100%	119	73	61%	4.29	17	100%	3.82	0.35	4.12	0.44	4.67
	지역건설공학	5	6	3.67	2	33%	22	10	45%	1.67	6	100%	4.35	0.32	4.75	0.49	5.57
	환경융합	18	18	3.78	10	56%	68	29	43%	1.61	12	67%	3.96	0.51	4.70	0.55	5.53
동물생명과학	동물산업융합	4	5	8.40	3	60%	42	12	29%	2.40	5	100%	4.98	0.56	5.50	0.30	5.99
	동물응용과학	6	7	5.29	5	71%	37	14	38%	2.00	7	100%	4.31	0.39	4.76	0.62	5.42
	동물자원과학	7	8	5.13	4	50%	41	22	54%	2.75	8	100%	4.18	0.36	4.47	0.38	4.98
산림환경과학	산림과학부	22	22	4.18	10	45%	92	55	60%	2.50	22	100%	3.70	0.33	3.94	0.34	4.40
	목재·종이과학부	15	15	5.07	5	33%	76	21	28%	1.40	15	100%	4.97	0.36	5.50	0.61	7.00
	생태조경디자인	4	5	5.60	5	100%	28	19	68%	3.80	5	100%	3.56	0.38	4.15	0.16	4.36
수의대	수의예과	7	7	8.43	2	29%	59	12	20%	1.71	7	100%	1.52	0.11	1.66	0.29	2.27
간호대	간호학과 자연	6	9	9.44	10	111%	85	38	45%	4.22	9	100%	2.20	0.32	2.62	0.12	2.82
의생명과학대학	분자생명과학	6	7	3.57	9	129%	25	16	64%	2.29	6	86%	3.25	0.42	4.44	0.89	5.80
	생명건강공학	6	7	6.43	8	114%	45	25	56%	3.57	7	100%	3.60	0.36	4.30	0.30	4.71
	생물의소재공	4	5	3.60	2	40%	18	9	50%	1.80	5	100%	4.02	0.28	4.24	0.38	4.64
	의생명융합학	12	13	4.77	12	92%	62	42	68%	3.23	13	100%	2.87	0.20	3.24	0.38	3.78
자연과학대학	물리학과	4	5	2.80	1	20%	14	7	50%	1.40	4	80%	5.43	0.48	5.82	0.38	6.09
	생명과학과	5	6	5.33	7	117%	32	22	69%	3.67	6	100%	2.89	0.35	3.32	0.56	4.00
	수학과	4	5	4.80	5	100%	24	23	96%	4.60	4	80%	2.92	0.15	3.07	0.27	3.40
	지질·지구물리학부	9	9	3.67	8	89%	33	21	64%	2.33	9	100%	4.18	0.34	4.61	0.74	5.95
	화학생화학	13	13	3.77	15	115%	49	37	76%	2.85	11	85%	3.11	0.24	3.82	0.46	4.68
IT대학	전기전자공학	12	13	4.69	20	154%	61	48	79%	3.69	13	100%	2.71	0.21	3.08	0.44	3.73
	전자공학과	5	6	5.50	8	133%	33	26	79%	4.33	5	83%	3.00	0.36	3.43	0.28	3.74
	컴퓨터공학부	13	16	5.81	30	188%	93	61	66%	3.81	16	100%	2.63	0.30	3.64	0.67	4.52
	AI융합학과(신설)	4	5	5.40	3	60%	27	11	41%	2.20	5	100%	3.41	0.51	4.17	0.82	5.36
사범대학	가정교육과	2	2	4.50	0	0%	9	5	56%	2.50	1	50%	3.86	0.07	3.93	0.00	3.93
	과학교육학부	4	4	4.50	5	125%	18	16	89%	4.00	4	100%	2.36	0.09	2.85	0.74	4.11
	수학교육과	4	5	4.80	8	160%	24	19	79%	3.80	5	100%	1.79	0.22	2.74	0.43	3.23
약학대	약학과	11	11	11.6	6	55%	128	34	27%	3.09	11	100%	1.33	0.09	1.50	0.18	1.82
의과대	의예과	15	15	13.1	18	120%	197	76	39%	5.07	15	100%	1.10	0.08	1.23	0.12	1.47
독립학	자유전공(자연)	16	14	3.50	13	93%	49	37	76%	2.64	14	100%	3.32	0.35	3.92	0.38	4.71
자연 총계		338	331	5.16	329	99%	1640	1105	59.8%	3.00	314	94%	3.42	0.32	3.96	0.46	4.67

2022학년도 정시 영역별 반영비율 ▶국수영탐2 인30:20:30:20 자20:30:20:30 ▶영어 등급: 100-97-94-84-81-78..		2022 최종등록자 수능 영역별 백분위 평균 (가산점 제외)									
		국수탐2 백분위 평균					국수탐2 백분위평균	국수탐2 백분위합	국수영탐2 백분위평균	수능성적환산 500점	
		국어	수학	탐구2	영어	영어변환				평균	표준편차
경영대학	경영·회계학부	72.94	60.94	74.98	2.68	94.32	69.62	208.86	75.80	387.98	12.3
	경제·정보통계학부	73.17	60.30	67.33	3.07	91.70	66.93	200.80	73.13	376.05	9.78
	관광경영학과	76.57	58.86	75.21	3.00	92.00	70.21	210.64	75.66	388.36	5.22
	국제무역학과	75.82	60.91	73.68	2.91	94.27	70.14	210.41	76.17	390.77	12.2
사회과학 대학	문화인류학과	72.57	56.29	75.57	3.00	92.00	68.14	204.43	74.11	380.14	7.96
	부동산학과	72.50	63.88	72.00	2.75	93.88	69.46	208.38	75.56	386.69	12.6
	사회학과	73.50	55.38	75.25	2.88	94.38	68.04	204.13	74.63	383.81	7.83
	미디어커뮤니케이션	79.33	63.17	72.42	2.67	95.00	71.64	214.92	77.48	398.58	9.11
	정치외교학과	71.71	51.14	71.93	3.00	93.00	64.93	194.79	71.95	371.57	9.08
	행정·심리학부	75.10	56.30	71.97	2.73	94.33	67.79	203.37	74.43	383.60	13.7
인문대학	인문학부	73.71	52.98	69.68	3.02	92.77	65.46	196.38	72.29	373.58	6.96
문화예술	영상문화학과(인문사회)	72.13	63.20	73.73	2.60	94.73	69.69	209.07	75.95	388.57	9.54
간호대학	간호학과 인문	90.00	69.30	86.40	2.30	96.10	81.90	245.70	85.45	436.30	4.34
사범대학 인문계열 체능계열	교육학과	78.17	61.83	75.58	2.50	95.50	71.86	215.58	77.77	399.33	5.30
	국어교육과	81.80	57.50	66.35	3.00	92.60	68.55	205.65	74.56	386.65	10.5
	역사교육과	84.33	62.33	82.42	2.50	95.50	76.36	229.08	81.15	416.00	9.08
	영어교육과	72.83	64.50	82.67	3.00	94.00	73.33	220.00	78.50	398.75	10.3
	윤리교육과	78.00	69.00	86.90	2.60	95.20	77.97	233.90	82.28	417.00	7.85
	일반사회교육과	80.44	64.00	77.72	2.78	93.11	74.06	222.17	78.82	403.33	6.74
	지리교육과	77.67	56.33	85.17	3.00	94.00	73.06	219.17	78.29	400.50	2.94
	한문교육과	80.20	52.60	71.70	3.00	94.00	68.17	204.50	74.63	387.10	8.78
	체육교육과 (300점 만점)	62.08	69.77	67.92	3.15	91.92	66.59	199.77	72.92	224.50	13.3
독립학부	자유전공인문	72.37	59.50	74.83	2.93	93.50	68.90	206.70	75.05	384.33	9.90
인문 총계		75.95	60.43	75.28	2.83	93.82	70.56	211.67	76.37	385.37	8.92

2022학년도 정시 영역별 반영비율		2022 최종등록자 수능 영역별 백분위 평균 (가산점 제외)								
▶국수영탐2 인30:20:30:20 자20:30:20:30 ▶영어 등급: 100-97-94-84-81-78..		국수탐2 백분위 평균					국수탐2 백분위평균	국수탐2 백분위합	국수영탐2 백분위평균	수능성적환산 500점	
		국어	수학	탐구2	영어	영어변환				평균	표준편차
문화예술 공과대학	건축 토목 환경공학부	61.57	69.00	62.19	3.03	92.91	64.25	192.76	71.42	372.00	12.5
	건축학과 5년제	61.38	78.88	74.00	2.88	93.50	71.42	214.25	76.94	408.24	6.96
	기계의용 메카트로재료공	60.02	71.96	66.91	3.24	90.93	66.30	198.89	72.46	380.97	14.8
	에너지자원·산업공힉부	59.24	69.90	64.93	2.95	92.81	64.69	194.07	71.72	372.75	7.93
	화공·생물공학부	66.75	74.25	65.79	3.13	91.88	68.93	206.79	74.67	390.65	18.3
	스포츠과학과	63.53	26.06	71.13	3.26	90.63	53.57	160.72	62.84	135.94	8.23
농업생명 과학대학	바이오산업공학부	60.90	67.80	56.00	3.10	92.30	61.57	184.70	69.25	358.32	16.7
	생물자원과학부	63.75	69.58	51.54	3.33	90.08	61.63	184.88	68.74	353.36	15.0
	원예·농업자원경제학부	56.56	64.00	73.28	3.78	87.78	64.61	193.83	70.40	353.67	4.01
	지역건설공학과	40.25	68.25	66.00	3.25	91.50	58.17	174.50	66.50	354.01	12.1
	환경융합학부	61.14	57.86	61.86	2.79	94.14	60.29	180.86	68.75	353.37	12.3
동물생명 과학대학	동물산업융합학과	54.90	65.50	56.70	3.20	91.30	59.03	177.10	67.10	348.98	13.8
	동물응용과학과	56.00	63.89	62.78	3.56	89.22	60.89	182.67	67.97	355.17	19.2
	동물자원과학과	54.70	70.40	61.60	3.00	93.30	62.23	186.70	70.00	366.70	19.6
사범대학 자연계열	가정교육과	62.60	66.00	76.10	2.60	93.80	68.23	204.70	74.63	380.87	14.6
	과학교육학부	66.47	82.53	71.70	2.60	94.27	73.57	220.70	78.74	416.52	17.8
	체육교육과 (300점 만점)	59.45	84.27	68.68	2.64	95.09	70.80	212.41	76.88	408.24	16.0
산림환경 과학대학	산림과학부	61.76	68.60	63.50	2.96	92.72	64.62	193.86	71.65	366.52	15.0
	목재·종이과학부	55.79	60.00	68.96	3.64	88.57	61.58	184.75	68.33	347.94	6.08
	생태조경디자인학과	69.17	61.00	68.17	3.50	89.00	66.11	198.33	71.83	364.29	2.90
수의대학	수의예과	95.58	97.33	97.42	1.83	97.50	96.78	290.33	96.96	515.92	0.64
약학대학	약학과	95.27	97.60	96.67	1.80	97.60	96.51	289.53	96.78	514.91	0.76
의과대학	의예과	96.93	98.60	97.80	1.13	99.60	97.78	293.33	98.23	522.09	0.88
간호대학	간호학과 자연	72.52	81.38	77.79	2.48	95.24	77.23	231.69	81.73	431.58	10.48
의생명 과학대학	분자생명과학과	56.00	67.29	68.21	3.14	91.57	63.83	191.50	70.77	372.29	7.65
	생명건강공학과	65.00	68.00	63.80	2.60	93.80	65.60	196.80	72.65	377.47	21.0
	생물의소재공학	61.27	70.36	52.18	3.82	87.09	61.27	183.82	67.73	351.47	25.1
	의생명융합학부	62.88	72.69	66.72	2.94	93.31	67.43	202.28	73.90	386.77	18.93
자연과학 대학	물리학과	57.00	72.33	59.39	3.78	87.00	62.91	188.72	68.93	362.18	14.0
	생명과학과	58.10	59.80	56.75	3.10	92.30	58.22	174.65	66.74	343.51	35.7
	수학과	59.55	77.64	53.23	4.00	85.91	63.47	190.41	69.08	362.24	14.9
	지질·지구물리학부	50.82	56.91	59.00	3.82	87.73	55.58	166.73	63.61	330.61	19.5
	화학 생화학부	57.78	66.44	62.92	3.11	90.94	62.38	187.14	69.52	363.03	15.8
IT대학	전기전자공학과	68.34	73.72	70.62	2.97	92.66	70.90	212.69	76.34	399.93	15.9
	전자공학과	63.36	71.71	69.43	3.36	90.93	68.17	204.50	73.86	388.06	18.2
	컴퓨터공학과	66.56	75.09	69.87	2.93	92.64	70.50	211.51	76.04	399.41	16.6
	AI융합학과	64.46	71.31	67.88	3.15	91.38	67.88	203.65	73.76	383.38	8.70
독립학부	자유전공자연	62.69	72.85	71.54	2.92	93.15	69.03	207.08	75.06	395.04	12.4
자연 총계		63.42	70.81	67.71	3.03	92.00	67.31	201.94	73.49	378.64	13.4

2022 강원대 삼척캠퍼스 교과우수자 (인문/자연)

▶학생부 100% 일괄		최저없음 2023 인원	2022 경쟁률 및 충원율				실질경쟁률/최종등록률 올림			최초 합격		최종 등록			
			모집 인원	경쟁률	추합 인원	충원율	지원자	실질경쟁률	최종 등록	등록 률%	평균 등급	표준 편차	평균 등급	표준 편차	최하 등급
인문사회	글로벌인재학부	48	43	4.7	130	302%	204	1.18	41	95%	4.43	0.53	5.79	0.81	7.03
예체능	레저스포츠		1	24		0%	24	24.0	1	100%	2.14	0.00	2.14	0.00	2.14
공학 대학	건설융합학부	26	28	4.9	76	271%	138	1.33	27	96%	4.07	0.70	5.66	1.08	6.58
	기계시스템공	37	37	4.8	77	208%	178	1.56	35	95%	4.63	0.76	6.12	0.71	6.88
	AI 소프트웨어	30	37	5.6	108	292%	209	1.44	36	97%	4.00	0.84	5.48	0.87	6.45
	신소재공학	22	22	3.9	48	218%	86	1.23	17	77%	4.63	0.58	5.89	0.61	6.85
	에너지공학부	22	21	3	41	195%	63	1.02	17	81%	5.25	0.66	6.67	0.82	7.86
	전기제어계측공	27	24	4	64	267%	95	1.08	22	92%	4.18	0.80	5.59	1.30	7.35
	전자정보통신공	24	23	3.8	61	265%	88	1.05	22	96%	4.74	0.56	6.14	0.72	7.50
	지구환경시스템	20	19	4.1	40	211%	77	1.31	18	95%	5.05	0.80	6.01	0.82	7.07
삼척캠퍼스 총계		256	255	6.28	645	223%	1162	3.52	236	92%	4.31	0.62	5.55	0.77	6.57

2022 강원대 도계캠퍼스 교과우수자 (인문/자연)

▶학생부 100% 일괄		최저없음 2023 인원	2022 경쟁률 및 충원율				실질경쟁률/최종등록률 올림			최초 합격		최종 등록			
			모집 인원	경쟁률	추합 인원	충원율	지원자	실질경쟁률	최종 등록	등록 률%	평균 등급	표준 편차	평균 등급	표준 편차	최하 등급
인문 사회	관광학과														
	사회복지학과	10	10	8.3	46	460%	83	1.48	10	100%	2.73	0.44	4.40	0.56	5.31
	유아교육과	9	4	11	20	500%	44	1.83	2	50%	2.68	0.44	3.76	0.79	4.56
	일본어학과	7	6	6.2	14	233%	37	1.85	6	100%	3.84	0.70	5.20	0.83	5.82
공학대	소방방재	32	30	5.8	63	210%	173	1.86	30	100%	3.24	0.54	4.21	0.61	5.25
보건 과학 대학	간호학과	15	17	7	14	82%	119	3.84	15	88%	1.68	0.33	1.88	0.38	2.33
	물리치료학과	9	9	14.6	13	144%	131	5.95	9	100%	1.67	0.27	2.12	0.39	2.44
	방사선학과	10	10	10.7	21	210%	107	3.45	9	90%	2.87	0.27	3.29	0.16	3.53
	생약자원개발	8	7	5.4	19	271%	38	1.46	7	100%	4.66	0.21	5.38	0.52	6.12
	식품영양학과	9	9	7.1	29	322%	64	1.68	9	100%	2.89	0.57	3.90	0.84	4.81
	안경광학과	11	9	7	22	244%	63	2.03	9	100%	4.45	0.19	5.17	0.44	5.72
	응급구조학과	9	9	7.4	29	322%	67	1.76	9	100%	2.69	0.37	3.74	0.72	4.86
	작업치료학과	10	10	11.5	26	260%	115	3.19	9	90%	3.67	0.44	4.14	0.45	4.51
	치위생학과	11	10	17.8	33	330%	178	4.14	6	60%	2.60	0.50	3.27	0.83	4.08
독립 학부	자유전공(인문)	17	17	4.9	47	276%	84	1.31	16	94%	4.17	0.56	5.22	1.00	6.26
	자유전공(자연)	35	38	2.5	52	137%	95	1.06	24	63%	5.24	0.63	6.55	0.95	8.27
삼척캠퍼스 총계		150	140	9.22	349	276%	1398	2.46	170	89%	3.05	0.40	3.88	0.58	4.56

2022 강원대 삼척캠퍼스 미래인재종합 (인문/자연)

▶1단계: 서류 100%
(3배수)
▶2단계: 면접 30%

최저 없음

▶종합평가 지표: 전공적합성20%, 학업역량30%, 공동체의식15%, 성실/열정15%, 잠재역량/도전발전가능성20%
▶기타 주요사항: 모집단위별 인재상, 주요 관련 교과 및 활동, 추천도서 등

| | | 2023 인원 | 2022 경쟁률 및 충원율 | | | | 1단계합격 | | 최종등록률/실질경쟁 | 최초 합격 | | 최종 등록 | | |
			모집 인원	경쟁률	추합 인원	충원율	평균 등급	표준 편차	실질경쟁률	최종 등록	등록 률%	평균 등급	표준 편차	평균 등급	표준 편차	최하 등급
인문사회	글로벌인재학부	6	7	4.1	2	29%	6.02	1.13	3.20	7	100%	6.01	0.79	5.96	0.70	6.98
공학 대학	건설융합학부	4	4	5.0	1	25%	5.58	0.97	4.00	4	100%	5.48	0.53	5.57	0.63	6.35
	기계시스템공	4	4	3.3		0%	5.99	1.47	3.30	4	100%	6.35	0.79	6.35	0.79	7.14
	AI 소프트웨어	4	6	4.2	6	100%	5.68	1.49	2.10	6	100%	6.02	0.48	5.93	0.27	6.15
	신소재공학	3	3	3.0		0%	6.42	0.39	3.00	1	33%	6.86	0.16	6.65	0.00	6.65
	에너지공학부	2	3	2.3	2	67%	6.36	1.33	1.40	3	100%	5.65	0.62	6.93	0.54	7.35
	전기제어계측공	3	3	3.0		0%	6.17	0.59	3.00	3	100%	5.56	0.36	5.56	0.36	6.03
	전자정보통신공	3	3	4.0	1	33%	6.23	0.60	3.00	2	67%	6.08	0.65	6.35	0.27	6.62
	지구환경시스템	2	2	5.0		0%	5.74	0.89	5.00	1	50%	4.98	0.37	4.62	0.00	4.62
삼척캠퍼스 총계		31	35	3.77	12	28%	6.02	0.98	3.11	31	83%	5.89	0.53	5.99	0.40	6.43

2022 강원대 도계캠퍼스 미래인재종합 (인문/자연)

▶1단계: 서류 100%
(3배수)
▶2단계: 면접 30%

최저 없음

▶종합평가 지표: 전공적합성20%, 학업역량30%, 공동체의식15%, 성실/열정15%, 잠재역량/도전발전가능성20%
▶기타 주요사항: 모집단위별 인재상, 주요 관련 교과 및 활동, 추천도서 등

| | | 2023 인원 | 2022 경쟁률 및 충원율 | | | | 1단계합격 | | 최종등록률/실질경쟁 | 최초 합격 | | 최종 등록 | | |
			모집 인원	경쟁률	추합 인원	충원율	평균 등급	표준 편차	실질경쟁률	최종 등록	등록 률%	평균 등급	표준 편차	평균 등급	표준 편차	최하 등급
인문 사회	관광학과															
	사회복지학과	5	5	11.8	3	60%	4.70	0.78	7.40	4	80%	4.35	0.67	4.90	0.70	5.95
	유아교육과	4	3	13.7	3	100%	4.70	0.51	6.80	2	67%	4.14	0.11	4.54	0.25	4.78
	일본어학과	2	2	5.5		0%	6.33	1.19	5.50	2	100%	5.46	1.13	5.46	1.13	6.59
공학대	소방방재	6	6	16.5	3	50%	4.93	0.96	11.0	6	100%	4.64	0.65	4.61	0.58	5.29
보건 과학 대학	간호학과	7	6	24.7	1	17%	3.50	0.45	21.1	6	100%	3.30	0.46	3.54	0.56	4.35
	물리치료학과	6	5	28.6	3	60%	3.59	0.58	17.9	5	100%	3.23	0.23	3.80	0.40	4.43
	방사선학과	5	5	18.4	2	40%	4.55	0.67	13.1	5	100%	4.24	0.64	4.10	0.70	5.47
	생약자원개발	2	2	2.5		0%	5.72	1.22	2.50	0	0%					
	식품영양학과	3	3	7.3	4	133%	4.59	1.08	3.10	3	100%	3.70	1.23	4.69	0.76	5.67
	안경광학과	4	4	2.0		0%	6.57	0.70	2.00	2	50%	6.68	0.97	6.25	0.20	6.45
	응급구조학과	6	5	20.2	5	100%	4.64	0.57	10.1	5	100%	4.36	0.51	5.03	0.64	6.13
	작업치료학과	5	5	9.0	3	60%	5.44	0.77	5.60	3	60%	5.19	0.75	6.07	0.08	6.17
	치위생학과	4	5	7.8		0%	4.59	0.40	7.80	5	100%	4.23	0.12	4.23	0.12	4.46
삼척캠퍼스 총계		48	46	13.70	21	46%	4.81	0.74	8.76	40	81%	4.40	0.62	4.70	0.45	5.38

46

2022 강원대 삼척캠퍼스 지역인재전형 (인문/자연)

▶학생부 100% 일괄		최저없음 2023 인원	2022 경쟁률 및 충원율				실질경쟁률/최종등록률 올림			최초 합격		최종 등록		
			모집 인원	경쟁률	추합 인원	충원율	지원자	실질경쟁률	최종 등록	등록 률%	평균 등급	표준 편차	평균 등급	표준 편차	최하 등급
인문사회	글로벌인재학부	25	27	2.4	38	141%	65	1.00	15	56%	5.34	0.65	6.63	0.83	7.99
예체능	레저스포츠	1	1	7		0%	7	7.00	1	100%	3.75	0.00	3.75	0.00	3.75
공과 대학	건설융합학부	18	17	3.3	31	182%	56	1.17	17	100%	4.11	0.87	5.55	1.24	7.15
	기계시스템공	23	22	1.9	15	68%	42	1.14	7	32%	5.40	1.01	5.73	1.53	7.10
	AI소프트웨어	16	20	3	38	190%	60	1.03	19	95%	4.54	0.80	5.88	1.13	7.58
	신소재공학	12	13	1.5	6	46%	20	1.05	6	46%	6.18	0.65	6.86	0.42	7.50
	에너지공학부	13	13	1.8	8	62%	23	1.10	5	38%	6.36	0.55	7.00	0.33	7.59
	전기제어계측공	16	17	2.6	24	141%	45	1.10	13	76%	3.77	0.80	4.55	1.38	7.12
	전자정보통신공	13	13	2.9	21	162%	38	1.12	12	92%	4.86	0.77	6.63	0.41	7.24
	지구환경시스템	9	10	1.5	4	40%	15	1.07	3	30%	5.32	1.27	6.52	0.91	7.24
삼척캠퍼스 총계		146	153	2.79	185	103%	371	1.68	98	67%	4.96	0.74	5.91	0.82	7.03

2022 강원대 도계캠퍼스 지역인재전형 (인문/자연)

▶학생부 100% 일괄		최저없음 2023 인원	2022 경쟁률 및 충원율				실질경쟁률/최종등록률 올림			최초 합격		최종 등록		
			모집 인원	경쟁률	추합 인원	충원율	지원자	실질경쟁률	최종 등록	등록 률%	평균 등급	표준 편차	평균 등급	표준 편차	최하 등급
인문 사회	관광학과														
	사회복지학과	5	5	7	14	280%	35	1.84	5	100%	3.00	0.82	4.01	0.87	4.85
	유아교육과	4	2	7	7	350%	14	1.56	2	100%	3.76	0.10	4.67	0.37	5.04
	일본어학과	3	4	5.5	11	275%	22	1.47	4	100%	4.97	0.19	6.02	0.82	6.77
공과대	소방방재	18	20	3.8	10	50%	75	2.50	19	95%	4.17	0.66	4.49	0.48	5.05
보건 과학 대학	간호학과	11	10	6.2	10	100%	62	3.10	9	90%	2.38	0.43	2.71	0.29	3.19
	물리치료학과	5	5	8.4	5	100%	42	4.20	5	100%	2.42	0.52	2.61	0.63	3.24
	방사선학과	4	4	9.5	4	100%	38	4.75	4	100%	3.42	0.31	3.63	0.06	3.73
	생약자원개발	3	4	2	4	100%	8	1.00	2	50%	5.61	0.11	6.12	0.38	6.50
	식품영양학과	4	4	4.5	4	100%	18	2.25	4	100%	2.65	0.55	3.14	1.10	4.79
	안경광학과	4	5	5.4	18	360%	27	1.17	4	80%	5.28	0.16	6.02	0.72	7.05
	응급구조학과	4	4	5.5	2	50%	22	3.67	4	100%	3.05	0.72	3.09	0.75	3.84
	작업치료학과	5	5	7.8	5	100%	39	3.90	5	100%	4.21	0.13	4.63	0.32	4.87
	치위생학과	5	5	12	5	100%	60	6.00	5	100%	3.47	0.75	4.00	0.29	4.26
독립 학부	자유전공(인문)	10	12	3.1	20	167%	37	1.16	8	67%	5.38	0.41	6.24	0.61	7.03
	자유전공(자연)	20	20	2	14	70%	40	1.18	14	70%	6.25	0.77	6.76	0.73	7.75
삼척캠퍼스 총계		75	77	6.51	99	159%	539	2.65	6	90%	3.72	0.42	4.24	0.54	4.86

강원대 삼척캠퍼스 대입분석자료 13 - 2022 정시수능성적 현황 *2022. 05. 20. ollim*

대학	2022학년도 정시 모집단위	2022 최종등록자 수능 영역별 백분위 평균 (가산점 포함) 국수탐2 평균, 국수영탐2 중 백분위 상위 2개만 반영 과탐10%+						
		평균	표준편차	최고점수	상위25%	상위75%	최저점수	영어평균
인문사회 디자인스포츠	글로벌인재학부	152.7	10.3	183.6	160.2	144.4	137.2	3.4
	레저스포츠							
	멀티디자인학과							
	생활조형디자인학과							
공과대학	건설융합학부	160.9	11.8	186.6	168.9	152.0	145.4	3.8
	기계시스템공	150.4	13.0	174.7	162.2	138.3	131.3	4.1
	AI 소프트웨어	172.2	9.3	198.5	175.3	166.0	161.5	3.3
	신소재공학	156.2	7.6	174.1	160.9	149.5	144.9	4.2
	에너지공학부	145.5	17.7	179.4	154.4	131.8	101.1	4.5
	전기제어계측공	153.7	12.4	186.2	160.9	145.2	138.6	3.9
	전자정보통신공	164.9	9.0	186.7	169.2	157.3	151.1	3.8
	지구환경시스템	144.3	18.9	181.5	155.8	128.1	109.2	4.2
삼척캠퍼스 계		156.0	12.5	183.5	163.4	146.0	135.4	4.0

강원대 도계캠퍼스 대입분석자료 14 - 2022 정시수능성적 현황 *2022. 05. 20. ollim*

대학	2022학년도 정시 모집단위	2022 최종등록자 수능 영역별 백분위 평균 (가산점 포함) 국수탐2 평균, 국수영탐2 중 백분위 상위 2개만 반영 과탐10%+						
		평균	표준편차	최고점수	상위25%	상위75%	최저점수	영어평균
인문사회 디자인스포츠	관광학과							
	사회복지학과	150.5	6.1	159.6	157.1	145.5	140.0	4.1
	유아교육과	163.6	4.8	173.6	166.8	160.6	157.4	3.7
	일본어학과	153.0	5.5	158.9	158.9	153.0	143.1	3.2
	연극영화학과							
공학대학	소방방재학부	157.4	9.6	177.5	165.4	150.9	139.0	3.3
보건 과학 대학	간호학과	189.4	4.8	203.3	191.0	186.4	183.7	2.8
	물리치료학과	186.4	6.2	203.5	189.2	181.6	181.2	2.7
	방사선학과	185.9	10.0	211.5	189.7	176.8	176.2	3.2
	생약자원개발	130.3	21.0	171.7	142.5	122.1	93.6	5.0
	식품영양학과	140.6	14.4	159.6	156.6	126.2	122.4	4.1
	안경광학과	138.6	19.9	172.0	161.7	119.0	107.2	4.2
	응급구조학과	175.9	3.4	180.9	178.6	175.3	170.0	3.0
	작업치료학과	167.7	5.9	180.1	173.1	164.9	160.6	3.5
	치위생학과	173.6	4.8	185.2	175.5	170.5	168.3	3.8
독립학부	자유전공인문	142.8	15.2	169.6	154.2	133.2	112.6	3.9
	자유전공자연	144.7	13.0	167.5	155.4	137.2	115.6	4.2
도계캠퍼스 계		160.0	9.6	178.3	167.7	153.5	144.7	3.7

▶ 내신반영 2023
인: 국영수사
자: 국영수과
▶ 진로선택 3% 가산점
A=30점 B=20점 C=10점
	1. 2023 교과전형 수능최저폐지 유지
	2. 2023 자기추천종합 외 교과100% 유지
	3. 2023 코기토 자기추천종합 539명 모집
	4. 진로선택 가산점 부여 등
	5. 의예과만 수능최저 있음
		*Cogito 지역인재특별전형 (종합전형 공통)
		  Co (Collaboration) : 협력적 창의형인재
		  Gi (Originality) : 독창적 융합형인재
		  To (get-Together) : 경험적 실무형인재	

모집시기	전형명	사정 모형	학생부종합 특별사항	2023 수시 접수기간 09.13(화) ~ 17(토)	모집 인원	학생부	논술	면접	서류	기타	2023 수능최저
2023 수시 1,381명	학생부교과	일괄	학생부교과 최저없음 최종 11.02(수) 1학년 국영수사과 2,3학년 인: 국영수사 자: 국영수과 20:80	1. 2023 398명 모집 2. 인/자 수능폐지 유지 3. 진로선택과목 산출점수 <과목 합산 예시> 2개 과목 성취도 조합 A,A A,B A,C B,B B,C C,C 가산점 30.0 25.0 20.0 20.0 15.0 10.0 ※ 진로 선택 과목 중 성취도가 높은 2개 과목 선택 ※ 이수한 진로 선택 과목 2개 미만일 경우, 가산점 없음	398	교과 100					최저 없음
	Cogito 자기추천	1단계	학생부종합 최저없음 1단계 11.10(목) 면접 11.26(토) 11.27(일) 최종 12.14(수)	▶ 2023 서류평가 요소 합리적 소통: 인성역량 30% 전문적 통섭: 지식탐구 30% 창의적 실천: 정보활용 20% 선도적 세계: 글로컬역량 20%	539	서류 100					의예: 3개합 4 과탐 2개 소수점 절사 미적/기하 일반 최저없음
		2단계				서류 70 + 면접30					
	기초수급자 차상위대상자	일괄	교과전형 최종 11.02(수)	기초수급 및 차상위 자녀	33	교과 100					최저 없음
	고른기회1 국가보훈대상 지역인재 등	일괄	교과전형 최종 11.02(수)	1. 충남북 대전세종 출신자 2. 지역인재특별 의예과 1단계(3배수) : 교과 100 2단계 : 1단계 80+면접 20	80	교과 100		의예과 일정 1단계: 11.02(수) 면접: 11.26(토) 최종: 12.14(수)			의예: 3개합 4 과탐 2개 소수점 절사 미적/기하 일반 최저없음
	고른기회2	일괄	교과전형 최종 11.02(수)	군인 다자녀 다문화 복지시설 조손가정 장애자녀 등	11	교과 100					최저 없음
	지역인재 기초차상위 (신설)	일괄	교과전형 최종 11.02(수)	1. 충남북 대전세종 출신자 2. 지역인재특별 기초차상위 1단계(3배수) : 교과 100 2단계 : 1단계 80+면접 20	의예1 간호2	교과 100		의예과 일정 1단계: 11.02(수) 면접: 11.26(토) 최종: 12.14(수)			최저 없음

2022 Cogito자기추천전형

		2023 모집인원	2022 모집인원	경쟁률	최초합격 등급50%	최초합격 등급70%	최종합격 등급50%	최종합격 등급70%	추합인원
인문사회	경영학과	34	36	6.90			4.5	4.8	40
	경제통상학과	36	38	4.50			4.9	5.2	28
	경찰학과	22	20	10.8			3.3	3.4	27
	소방방재융합학과	17	17	8.90			4.2	4.5	8
	문헌정보학과	21	21	4.40			4.1	4.3	12
	유아교육과	21	21	6.50			4.0	4.1	27
	사회복지학과	23	23	5.80			4.4	4.6	18
	신문방송학과	22	20	8.90			4.0	4.1	12
	동화·한국어문화학과	24	22	3.80			4.9	5.0	8
	영어문화학과	24	22	4.20			5.0	5.2	18
과학기술	메카트로닉스공학과	35	35	3.20			5.1	5.2	39
	컴퓨터공학과	37	37	6.50			4.8	5.0	44
	바이오메디컬공학과	37	37	3.40			5.1	5.4	29
	녹색기술융합학과	21	21	4.80			5.4	5.6	24
	응용화학과	21	21	3.90			5.1	5.2	21
의료생명	간호학과	22	22	14.8			2.4	2.5	20
	바이오의약학과	32	31	3.80			4.6	4.7	21
	생명공학과	33	32	3.90			4.5	4.6	33
	식품영양학과	23	32	3.20			5.1	5.4	20
	뷰티화장품학과	22	22	6.20			4.4	4.6	9
의과대학	의예과	12	12	23.3			1.2	1.6	2
		539	542	6.75			4.33	4.5	460

2022 학생부교과

		2023 모집인원	2022 모집인원	경쟁률	최종합격 환산50%	환산70%	등급50%	등급70%	추합인원
인문사회	경영학과	34	34	7.9	899.2	887.5	3.4	3.6	104
	경제통상학과	30	30	7.8	875.1	862.5	3.8	4.2	90
	경찰학과	14	14	9.9	926.6	923.6	3.0	3.1	40
	소방방재융합학과	11	11	16.1	899.6	885.3	3.5	3.8	22
	문헌정보학과	10	10	9.6	897.7	889.2	3.6	3.7	44
	유아교육과	10	10	9.0	900.0	887.2	3.2	3.6	53
	사회복지학과	13	13	11.8	887.5	882.9	3.5	3.6	53
	신문방송학과	24	24	6.4	898.0	889.0	3.3	3.5	55
	동화·한국어문화학과	10	12	17.3	867.9	857.5	4.0	4.2	34
	영어문화학과	10	12	32.3	887.5	874.9	3.4	3.8	26
과학기술	메카트로닉스공학과	32	32	6.5	852.7	846.1	4.3	4.5	93
	컴퓨터공학과	35	35	11.6	883.3	874.8	3.8	3.9	111
	바이오메디컬공학과	35	35	7.2	862.4	857.0	4.2	4.3	85
	녹색기술융합학과	21	21	5.9	840.0	830.1	4.5	4.6	52
	응용화학과	20	20	5.7	871.6	851.4	4.1	4.4	70
의료생명	간호학과	21	23	7.9	984.8	979.0	1.9	2.0	46
	바이오의약학과	20	20	8.9	893.9	890.6	3.6	3.7	48
	생명공학과	20	20	10.3	891.8	883.4	3.7	3.9	56
	식품영양학과	16	20	9.9	860.7	851.8	4.1	4.4	54
	뷰티화장품학과	12	12	10.2	895.0	886.6	3.7	3.9	18
		398	408	10.61	888.77	879.5	3.63	3.8	1154

2022 지역인재

		2023 모집인원	2022 모집인원	경쟁률	최종합격 환산50%	환산70%	등급50%	등급70%	추합인원
인문사회	경영학과	3	3	5.7	885.5		3.5		2
	경제통상학과	3	3	5.0	797.0		5.0		5
	경찰학과	3	3	6.7	927.1		2.6		3
	소방방재융합학과	2	2	12.0	858.1		4.0		1
	문헌정보학과	2	2	5.5	879.8		3.9		-
	유아교육과	2	2	5.0	904.9		3.2		-
	사회복지학과	2	2	7.0	861.3		4.1		4
	신문방송학과	3	3	5.7	873.3		3.5		3
	동화·한국어문화학과	2	2	4.5	789.1		5.1		2
	영어문화학과	2	2	7.5	807.8		4.8		5
과학기술	메카트로닉스공학과	3	3	6.0	967.5		-		5
	컴퓨터공학과	3	3	4.3	841.0		4.1		7
	바이오메디컬공학과	3	3	7.7	783.3		5.1		1
	녹색기술융합학과	2	2	4.0	877.6		4.0		-
	응용화학과	2	2	4.5	802.8		5.0		2
의료생명	간호학과	23	13	3.7	967.8	959.9	2.0	2.2	8
	바이오의약학과	2	2	10.0	884.1		3.6		1
	생명공학과	2	2	5.5	732.5		5.8		9
	식품영양학과	2	2	4.5	746.5		5.7		1
	뷰티화장품학과	2	2	7.5	823.9		4.6		1
의대	의예과	12	12	9.4	1,000	1,000	1.4	1.4	7
		80	70	6.27	857.7	980.0	4.05	1.8	67

2022 정시일반

		2023 모집인원	2022 모집인원	경쟁률	최종합격 환산50%	환산70%	백분위50%	백분위70%	충원인원
인문사회	경영학과	8	10	8.5			89.8	89.4	19
	경제통상학과	7	12	5.8			89.0	88.5	6
	경찰학과	8	11	5.4			87.5	87.5	18
	소방방재융합학과	4	5	6.4			86.2	86.0	6
	문헌정보학과	4	4	5.5			83.3	79.9	9
	유아교육과	4	5	7.0			86.5	83.7	15
	사회복지학과	5	7	4.9			87.8	87.3	6
	신문방송학과	9	15	5.7			88.5	86.9	34
	동화·한국어문화학과	4	6	7.2			84.8	84.5	9
	영어문화학과	4	5	6.2			90.8	89.8	5
과학기술	메카트로닉스공학과	7	9	5.0			88.5	88.0	6
	컴퓨터공학과	8	14	5.6			89.3	87.5	35
	바이오메디컬공학과	7	9	6.7			87.1	86.8	27
	녹색기술융합학과	6	6	5.3			86.5	86.3	13
	응용화학과	4	8	7.9			84.6	84.5	15
의료생명	간호학과	16	16	8.5			97.5	97.0	13
	바이오의약학과	4	6	6.5			93.7	92.5	8
	생명공학과	4	5	5.6			90.0	88.8	13
	식품영양학과	4	5	8.0			85.0	85.0	6
	뷰티화장품학과	4	6	3.5			83.0	80.3	7
의대	의예과	10	17	6.2			98.6	98.6	13
		131	184	6.26			88.48	87.6	283

2023 대학별 수시모집 요강 — 건국대서울 01

2023 대입 주요 특징
영어비율 15%, 정시 수능100%
인: 200-196-193-188.. 자: 200-198-196-193..

교과 영역
- 교과: 국영수사과史 전체
- 학년비율 없음, 가중치 없음
- 이수단위 반영
- 종합전형간 중복지원가능
- 1등급 10.0 2등급 9.97
- 3등급 9.94 4등급 9.90
- 5등급 9.86 6등급 9.80
- 진로선택3과목→정량 미반영
- 2022 A=10.0 B=9.90 C=8.00

주요사항
1. 2023 수시 60% 정시 40% 유지, 종합전형 자소서 유지
2. 2023 지역균형 교과 100%→교과 70%+서류 30% 변화★
3. 2023 지역균형 내신 국영수사과史 유지, 수능최저 폐지★
4. 2023 지역균형 진로선택 3과목→정량평가 미반영 변화★
5. 2023 사회통합전형 경찰공무원자녀 추가★
6. 2023 자연논술: 수학만 반영, 과학논술 폐지
7. 2023 종합전형: 학업역량+진로역량+공동체역량
8. 최근 취업률 1,2,3위: 부동산(72.3%)-응용통계-행정/소프트
9. 학과베스트: 생명자원, 생명과학, 전기, 화공, 컴공, 수의예

10. 2023 정시 영역별 반영비율
- <인문1> 국수영탐2 30:25:15:25:史5
- <인문2> 국수영탐2 25:30:15:25:史5
- <자연1> 국수영과2 20:35:15:25:史5 미적분/기하, 과탐
- <자연2> 국수영과2 20:30:15:30:史5 미적분/기하, 과탐
- <예체1> 국어40%+수/탐2 30%+영어25%+史5
- <예체2> 국어50%+수/탐2 30%+영어15%+史5

모집시기	전형명	사정모형	학생부종합 특별사항	2023 수시 접수기간 09.13(화)~16(금)	모집인원	학생부	논술	면접	서류	기타	2023 수능최저등급
2023 수시 정원내 1,665명 (55.0%) 정시 정원내 1,361명 (46.0%) 정원내 전체 3,026명 2022 수시 1,977명 (60%) 정시 1,359명 (40%) 전체 3,336명	KU 지역균형	일괄	학생부교과 학교장추천 추천제한없음 추천공문제출 ~9.23(금) 국영수사과+史 최종 12.15(목)	1. 2023 전년대비 1명 증가 2. 학교추천→지역균형 변경 3. 전형변화 서류평가 추가★ 교과100→교과70+서류30 4. 2023 수능최저 폐지 5. 진로선택 3과목→미반영★ 5. 학교장추천 무제한 유지 <2023 지역균형 평가요소> ①학업역량 20% (200점) 학업 성취도, 학업 태도 ②진로역량 10% (100점) 전공관련이수, 교과 성취도	341 2022 340	교과 70% + 서류 30%					최저 폐지 ※ 2022 최저 참고 인문: 2개합 5 (탐1) 자연: 2개합 5 (탐1) 수의예: 3개합 5 (탐1) *자연 미적/기하,과탐 *史 5등급 공통
	KU 자기추천	1단계	학생부종합 최저없음 자소서제출 ~09.19(월) 1단계 11.19(토) 면접 12.03(토) ~12.04(일) 최종 12.15(목) 자기추천핵심 ★ 전공관련 활동과 경험	1. 2023 전년대비 5명 증가 2. 면접 및 최종 수능이후 유지 교내활동 자발참여, 전공관심 3. 2단계 면접10분 비중 높음 4. 자추핵심: 전공관련활동경험 <2023 건국종합 평가요소> 1. 학업역량 30% (300점) 2. 진로역량 40% (400점) 3. 공동체역량 30% (300점)	795 2022 790	서류 100% (3배수)					<2022 건국종합 평가> 7개등급 평가척도 1. 학업역량 20% 성취도, 학업태도, 학업의지 지적호기심, 탐구활동 2. 전공적합성 30% 전공교과이수 성취도 전공관심이해 활동경험 3. 인성 20% 협업, 도덕성, 나눔배려 성실성, 소통능력 4. 발전가능성 30% 자기주도성, 리더십 문제해결력, 경험다양성 최저 없음
		2단계				1단계 70% + 면접 30%					
	KU 논술우수자	일괄	논술전형 논술 11.19(토) 최종 12.15(목)	1. 2023 전년대비 1명 감소 2. 수능이후 논술실시 유지 논술 인문사회1: <2023> 1번문항 401~600자 (40점) 2번문항 801~1,000 (60점) 인문사회2: (상경/경영) 1번문항 401~600자 (40점) 2번문항 수리2문 (60점) 자연: 수학 (과학논술 폐지)	434 2022 435		논술 100% 자연계열 과학폐지				인문: 2개합 4 (탐1) 자연: 2개합 5 (과1) 수의예: 3개합 4 (과1) *자연 미적/기하,과탐 *史 5등급 공통 *2022 수능최저 동일
	기초차상위	일괄	학생부종합 자소서제출 ~09.19(월) 최종 12.15(목)	기초 및 차상위 등 대상자	63 2022 63	교과 30% + 서류 70%					최저 없음
	사회통합	일괄	학생부종합 고른기회 자소서제출 ~09.19(월) 최종 12.15(목)	1. 보훈대상 등 고른기회 통합 2. 의사상/군인/소방/ 다자녀4 다문화/복지/조손/장애자녀 + 2023 경찰공무원 추가★	37 2022 39	서류 70% + 면접 30%					<2023 서류+학생부> 농어촌 104명 특수교육 20명 특성화고교졸 22명 특성화고졸재직 136명

모집시기	전형명	사정모형	학생부종합 특별사항	2022 이전 학과특성 및 건국대 특징참고	모집인원	학생부	논술	면접	서류	기타	2023 수능최저등급
	2017~2021 KU 종합전형 학교추천전형 자기추천전형	일괄	학생부종합 최저없음 정성평가	2017~2021 교과우수자+지역인재 통합 학생30%+서류70% 등 인성 학업역량. 학과제 유지		학생부 비중 당락 좌우, 내신 중요도 적음 KU융합과학기술원 8개학과 모집 ★지원=추합 대상자를 의미, 지원 유도 학과베스트: 생명바이오/공학소프트/전기전자/ 화공/컴공/수의예					

▶건국대 단과대학별 특징 *2016. 06. 25 분석올림 ollim*

1. 산업 수요에 맞는 현실적 인재 양성 목적 - 전국 75개 대학 경쟁 선정
2. 대학 발전의 모멘텀 - 구조 개편, 실제인력 양성, 경제적 지원사업혜택
3. 대학원과정 포함 단과대학 8개 신설 <KU 융합과학기술원>
   ① 줄기세포재생공학 (기존 - 유전자 치료 등)
   ② 시스템생명공학 (기존 - 제약분야 등)
   ③ 융합생명공학 (기존 - 바이오 생명공학분야 등)
   ④ 의생명공학 (신설 - 바이오장비 등)
   ⑤ 화장품공학 (신설 - 향장화장품 소재개발 관련산업 등)
   ⑥ 미래에너지공학 (신설 - 배터리, LED, OLED 등)
   ⑦ 스마트ICT융합공학 (신설 - wearable 디바이스, 섬유나노, 가상현실등)
   ⑧ 스마트운행체공학 (신설 - 항공우주, 전자전기, 무인비행 자동차 등)
4. <상허생명과학대학>
   ① 축산식품생명공학과
   ② 동물자원과학과
   ③ 식품유통공학과 (유통 핵심, 경영 및 마케팅) ★
   ④ 식량자원과학과
   ⑤ 환경보건과학과 (환경 핵심, 보건계열 아님) ★
   ⑥ 산림조경학과
   ⑦ 생명과학특성학과

5. 모집단위별 특성 핵심 전략-1
① 줄기세포재생공학과: 줄기세포, 재생생명, 게놈정보 활용 생명공학기업 진로 ★ <과학-생명과학-영어수학국어>
② 의생명공학과: 생명공학, 의료공학,조직재생공학 바이오공정 진로 ★ <영어-생명과학-국어수학>
③ 화장품공학과: 화장품 소재개발, 피부과학, 품질 물류관리 생활과학 기업체 진로 ★ <과학-화학-수학영어>
④ 시스템생명공학과: 생명공학, 화학/생물 응용분야 진출 제약, 식품 등 일반기업 진출 ★ <과학-생명/화학-영수>
⑤ 융합생명공학과: 기초생명과학, 생명공학, 바이오화학 제약, 식품등 일반기업 진출 ★ <과학-생명/화학-영수국>
⑥ 미래에너지공학: 제품지향 아닌 기술지향 프로그램운영 에너지 변환, 디스플레이LED, 신재생에너지, 석유화학 반도체분야 기업체 진출 ★ <과학-수학/영어-국어>
⑦ 스마트운행체공학과: 지능형 시스템 구현 위한 융합교육 항공, 자동차, ICT관련연구기업진출 ★<수학-물리-영국>
⑧ 스마트ICT융합공학과: SW 및 HW 기초산업 특화, 교육 Wearable 디바이스, 서비스SW융합 ★<수학-물리-영>
⑨ 축산식품생명공학과: 식품공학및가공 식품생명 식품위생 식품관련 기업체 진출 ★ <생명-화학-영수국>
⑩ 동물자원과학과: 축산기초및 응용분야, 축종별 전문교육 사료 및 축산가공 분야 진출 ★ <생1/화1-영어-수학>

⑪ 식품유통공학과: 식품위생과 유통 산업 식품위생관리, 유통업계 진출 ★ <생명과학-수학-국어>
⑫ 식량자원과학과: 유전육종학, 생명공학기술, 기능성 신물질, 농약, 종묘, 식품관련 진출 ★ <과학-수학-영어>
⑬ 환경보건과학과: 화학물질, 안전관리, 원예치료 등 환경핵심, 보건 및 컨설팅 등 진출 ★ <과학-수학-영어>
⑭ 산림조경학과: 산업연계,산림,조경,시공★<과-영-사회>
⑮ 생명과학특성학과: 동물 식물 미생물, 생태포함 생명과학 생명과학 관련기업 진출 ★ <생1/생2-수학-국어>

건국대서울 2022 수시분석 01 - KU학교추천 (인문)

국영수사과+史	2022 KU학교추천 (인문)						
KU학교추천 2022 교과 100% ▶인/자: 2개합 5 (탐1) ▶수의예: 3개합 5 (탐1)	2023 인원	2022 경쟁률 및 합격분석					
		모집 인원	경쟁률	최종 평균	최종 최저	충원율	최저포함 실질경쟁
문과대학8	33	34	27.1	2.0	2.1	320%	4.40
사과대학7	36	36	29.0	1.9	2.1	407%	4.50
경영대학2	24	24	38.1	1.9	2.0	434%	5.27
사범대학2	7	7	20.4	2.0	2.2	442%	2.52
부동산대학	5	5	29.2	1.9	2.0	340%	4.37
인문 평균	105	106	28.8	1.9	2.1	389%	4.21

국영수사과+史	2021 KU학교추천 (인문)						
KU학교추천 2021 수능최저 없음 교과30+서류70	2021 경쟁률 및 합격분석						
	모집 인원	경쟁률	최종 평균	최종 최저	충원률	추합포함 실질경쟁	
문과대학8	45	10.2	2.2	3.0	248%	3.15	
사과대학7	48	7.9	2.0	3.5	244%	2.57	
경영대학2	32	8.4	2.1	3.2	191%	3.20	
사범대학2	8	4.5	2.1	2.8	184%	2.76	
부동산대학	7	6.3	2.4	3.4	129%	1.65	
인문 평균	140	7.5	2.2	3.2	199%	2.67	

건국대서울 2022 수시분석 02 - KU학교추천 (자연)

국영수사과+史	2022 KU학교추천 (자연)						
KU학교추천 2022 교과 100% ▶인/자: 2개합 5 (탐1) ▶수의예: 3개합 5 (탐1)	2022 인원	2022 경쟁률 및 합격분석					
		모집 인원	경쟁률	최종 평균	최종 최저	충원율	최저포함 실질경쟁
이과대학3	17	17	19.3	2.0	2.1	281%	3.15
공과대학7	127	124	26.1	1.9	2.0	237%	4.78
융합과학기술7	38	39	22.3	1.8	2.0	164%	5.56
상허생명과학7	33	33	17.5	1.9	2.1	103%	5.11
건축대학1	12	12	18.8	2.0	2.3	258%	2.99
수학교육1	4	4	22.0	1.6	1.7	225%	5.00
수의대학1	5	5	32.6	1.2	1.3	360%	3.00
자연 평균	236	234	22.7	1.8	1.9	233%	4.23

국영수사과+史	2021 KU학교추천 (자연)						
KU학교추천 2021 수능최저 없음 교과30+서류70	2021 경쟁률 및 합격분석						
	모집 인원	경쟁률	최종 평균	최종 최저	충원률	추합포함 실질경쟁	
이과대학3	22	9.3	2.0	3.2	319%	2.55	
공과대학7	159	7.1	1.9	3.5	187%	2.54	
융합과학기술7	54	10.2	1.9	2.8	171%	3.90	
상허생명과학7	43	8.3	2.0	2.4	128%	3.81	
건축대학1	15	7.1	2.1	2.8	127%	3.13	
수학교육1	5	11.2	1.7	2.0	420%	2.15	
수의대학1	7	10.0	1.2	1.4	114%	4.67	
자연 평균	305	9.0	1.8	2.6	209%	3.25	

2022 KU학교추천 (340명)

2022 학교추천 수능최저
▶ 인문: 2개합 5 (탐1)
▶ 자연: 2개합 5 (탐1)
▶ 수의예: 3개합 5 (탐1)

▶ KU 학교추천 교과 100%　▶ 교과: 국영수사과史 전체 산술평균
▶ 학년비율 없음, 가중치 없음

		2023 인원	2022			최종등록		수능최저충족		최저 실질	충원율	추합 인원	인원 +추합	최종 실질경쟁	2021		최종등록		실질 경쟁
			인원	지원자	경쟁률	평균	최저	충족률	인원						인원	경쟁률	평균	최저	
문과대학	국어국문	4	4	107	26.8	1.7	1.8	66.4%	71	17.8	325.0%	13	17	4.19	6	10.0	2.0	2.4	2.31
	영어영문	5	5	127	25.4	2.0	2.0	71.7%	91	18.2	380.0%	19	24	3.79	7	7.3	2.0	2.6	1.83
	중어중문	4	4	132	33.0	2.3	2.4	50.8%	67	16.8	325.0%	13	17	3.94	5	8.0	2.8	5.5	2.86
	철학과	3	4	99	24.8	2.1	2.3	67.7%	67	16.8	275.0%	11	15	4.48	5	6.0	2.5	3.2	5.00
	사학과	4	4	96	24.0	2.0	2.1	61.5%	59	14.8	400.0%	16	20	2.95	5	9.6	2.0	2.7	3.69
	지리학과	3	3	73	24.3	2.0	2.1	64.4%	47	15.6	166.7%	5	8	5.87	3	12.7	2.3	2.7	2.38
	미디어커뮤니케	6	6	180	30.0	1.9	2.0	64.4%	116	19.3	516.7%	31	37	3.13	8	9.6	1.8	2.4	2.95
	문화콘텐츠	4	4	115	28.8	1.8	2.0	65.2%	75	18.8	175.0%	7	11	6.83	6	18.0	1.9	2.7	4.15
문과대학 평균		33	34	116	27.1	2.0	2.1	64.0%	593	17.3	320.4%	115	149	4.40	45	10.2	2.2	3.0	3.15
경영대학	경영학과	17	17	779	45.8	1.8	1.9	73.7%	574	33.8	582.4%	99	116	4.95	22	8.2	1.9	3.4	2.15
	기술경영학과	7	7	213	30.4	2.0	2.1	70.9%	151	21.6	285.7%	20	27	5.59	10	8.5	2.3	2.9	4.25
경영대학 평균		24	24	496	38.1	1.9	2.0	72.3%	725	27.7	434.1%	119	143	5.27	32	8.4	2.1	3.2	3.20

2022 KU학교추천 (340명)

2022 학교추천 수능최저
▶ 인문: 2개합 5 (탐1)
▶ 자연: 2개합 5 (탐1)
▶ 수의예: 3개합 5 (탐1)

▶ KU 학교추천 교과 100%　▶ 교과: 국영수사과史 전체 산술평균
▶ 학년비율 없음, 가중치 없음

		2023 인원	2022			최종등록		수능최저충족		최저 실질	충원율	추합 인원	인원 +추합	최종 실질경쟁	2021		최종등록		실질 경쟁
			인원	지원자	경쟁률	평균	최저	충족률	인원						인원	경쟁률	평균	최저	
사과대학	정치외교	4	4	102	25.5	1.7	1.9	69.6%	71	17.7	600.0%	24	28	2.54	5	10.4	1.9	2.4	2.36
	경제학과	5	5	150	30.0	1.9	2.0	63.3%	95	19.0	440.0%	22	27	3.52	7	5.4	2.1	3.8	1.22
	행정학과	9	9	276	30.7	1.9	2.0	71.4%	197	21.9	422.2%	38	47	4.20	12	6.4	2.0	3.5	2.13
	국제무역	3	3	82	27.3	2.0	2.1	64.6%	53	17.6	400.0%	12	15	3.53	4	12.0	2.0	3.5	2.40
	응용통계	5	5	145	29.0	1.9	2.1	62.8%	91	18.2	420.0%	21	26	3.50	7	7.7	1.9	4.3	2.57
	융합인재	7	7	217	31.0	2.0	2.1	66.4%	144	20.6	500.0%	35	42	3.43	9	6.8	2.0	2.8	2.27
	글로벌비지니스	3	3	89	29.7	2.1	2.2	60.7%	54	18.0	66.7%	2	5	10.8	4	6.3	2.4	3.9	5.04
사과대학 평균		36	36	152	29.0	1.9	2.1	65.5%	705	19.0	407.0%	154	190	4.50	48	7.9	2.0	3.5	2.57
부동산	부동산학과	5	5	146	29.2	1.9	2.0	65.8%	96	19.2	340.0%	17	22	4.37	7	6.3	2.4	3.4	2.76
사범대학	일어교육	3	3	64	21.3	2.2	2.5	53.1%	34	11.3	333.3%	10	13	2.61	3	3.0	2.5	3.4	1.80
	영어교육	4	4	78	19.5	1.7	1.9	80.8%	63	15.8	550.0%	22	26	2.42	5	6.0	1.7	2.2	1.50
인문사범 평균		7	7	71	20.4	2.0	2.2	67.0%	97	13.5	441.7%	32	39	2.52	8	4.5	2.1	2.8	1.65

2022 KU학교추천 (340명)

▶ KU 학교추천 교과 100%　▶교과: 국영수사과史 전체 산술평균
▶학년비율 없음, 가중치 없음

2021 학교추천
▶ 교과 30%+서류 70%
수능최저 없음

2022 학교추천 수능최저
▶ 인문: 2개합 5 (탐1)
▶ 자연: 2개합 5 (탐1)
▶ 수의예: 3개합 5 (탐1)

		2023 인원	2022 인원	지원자	경쟁률	최종등록 평균	최저	수능최저충족 충족률	인원	최저 실질	충원율	추합 인원	인원 +추합	최종 실질경쟁	2021 인원	경쟁률	최종등록 평균	최저	실질 경쟁
이과 대학	수학과	6	6	127	21.2	2.0	2.2	64.6%	82	13.7	350.0%	21	27	3.04	8	11.1	2.2	3.6	4.44
	물리학과	7	7	109	15.6	2.1	2.2	62.4%	68	9.7	242.9%	17	24	2.84	9	6.4	2.0	2.9	1.69
	화학과	4	4	84	21.0	1.9	2.0	59.5%	50	12.5	250.0%	10	14	3.57	5	10.4	1.8	3.2	1.53
이과대학 평균		17	17	107	19.3	2.0	2.1	62.2%	200	12.0	281.0%	48	65	3.15	22	9.3	2.0	3.2	2.55
공과 대학	사회환경공학	25	24	602	25.1	2.0	2.3	59.5%	358	14.9	195.8%	47	71	5.05	31	6.1	2.3	4.3	3.05
	기계항공공학부	20	19	401	21.1	1.9	2.3	64.3%	258	13.6	231.6%	44	63	4.09	24	5.8	1.9	2.5	1.91
	전기전자공학부	29	27	872	32.3	1.8	1.9	65.9%	575	21.3	296.3%	80	107	5.37	34	6.8	2.0	5.6	2.06
	화학공학부	23	23	619	26.9	1.7	1.8	66.2%	410	17.8	287.0%	66	89	4.60	30	9.5	1.7	2.4	2.48
	컴퓨터공학과	21	21	802	38.2	1.7	1.8	61.3%	492	23.4	266.7%	56	77	6.39	26	6.8	2.1	5.4	2.90
	산업공학과	5	6	119	19.8	2.1	2.2	61.3%	73	12.1	133.3%	8	14	5.20	8	9.0	1.9	2.5	3.13
	생물공학과	4	4	78	19.5	2.0	2.0	50.0%	39	9.8	250.0%	10	14	2.79	6	6.0	1.6	2.1	2.25
공과대학 평균		127	124	499	26.1	1.9	2.0	61.2%	2204	16.1	237.2%	311	435	4.78	159	7.1	1.9	3.5	2.54

2022 KU학교추천 (340명)

▶ KU 학교추천 교과 100%　▶교과: 국영수사과史 전체 산술평균
▶학년비율 없음, 가중치 없음

2021 학교추천
▶ 교과 30%+서류 70%
수능최저 없음

2022 학교추천 수능최저
▶ 인문: 2개합 5 (탐1)
▶ 자연: 2개합 5 (탐1)
▶ 수의예: 3개합 5 (탐1)

		2023 인원	2022 인원	지원자	경쟁률	최종등록 평균	최저	수능최저충족 충족률	인원	최저 실질	충원율	추합 인원	인원 +추합	최종 실질경쟁	2021 인원	경쟁률	최종등록 평균	최저	실질 경쟁
건축	건축학과	12	12	226	18.8	2.0	2.3	56.9%	128	10.7	258.3%	31	43	2.99	15	7.1	2.1	2.8	3.13
사범	수학교육	4	4	88	22.0	1.6	1.7	73.9%	65	16.3	225.0%	9	13	5.00	5	11.2	1.7	2.0	2.15
KU 융합 과학 기술	미래에너지공학	5	3	52	17.3	1.9	2.0	73.1%	38	12.6	266.7%	8	11	3.45	4	8.0	1.9	2.7	2.00
	스마트운행체공	6	6	110	18.3	2.1	2.2	52.7%	58	9.6	133.3%	8	14	4.13	8	6.6	2.1	2.5	2.78
	스마트ICT융합공	4	4	78	19.5	1.9	2.0	61.5%	48	12.0	150.0%	6	10	4.80	6	8.0	1.8	2.4	4.00
	화장품공학과	3	6	138	23.0	1.9	2.2	55.8%	77	12.8	116.7%	7	13	5.92	8	8.8	1.9	3.6	3.35
	줄기세포재생공학	5	5	91	18.2	1.6	1.8	64.8%	59	11.8	80.0%	4	9	6.55	7	10.4	1.7	2.0	4.28
	시스템생명공학과	8	8	237	29.6	1.7	1.8	59.5%	141	17.6	100.0%	8	16	8.81	11	15.1	1.9	4.0	6.39
	융합생명공학과	7	7	210	30.0	1.7	1.8	70.5%	148	21.2	300.0%	21	28	5.29	10	14.5	1.7	2.3	4.53
KU융합과학 평균		38	39	131	22.3	1.8	2.0	62.6%	569	14.0	163.8%	62	101	5.56	54	10.2	1.9	2.8	3.90

2022 KU학교추천 (340명)

▶ KU 학교추천 교과 100%　▶교과: 국영수사과史 전체 산술평균
▶학년비율 없음, 가중치 없음

2021 학교추천
▶ 교과 30%+서류 70%
수능최저 없음

2022 학교추천 수능최저
▶ 인문: 2개합 5 (탐1)
▶ 자연: 2개합 5 (탐1)
▶ 수의예: 3개합 5 (탐1)

		2023 인원	2022 인원	지원자	경쟁률	최종등록 평균	최저	수능최저충족 충족률	인원	최저 실질	충원율	추합 인원	인원 +추합	최종 실질경쟁	2021 인원	경쟁률	최종등록 평균	최저	실질 경쟁
상허 생명 과학 대학	생명과학특성학	10	10	179	17.9	1.8	1.9	67.0%	120	12.0	130.0%	13	23	5.21	13	8.6	1.7	2.2	3.85
	동물자원과학과	4	4	64	16.0	1.7	1.8	54.7%	35	8.8	50.0%	2	6	5.83	5	9.2	1.9	2.3	3.83
	식량자원과학과	4	4	69	17.3	2.0	2.3	63.8%	44	11.0	100.0%	4	8	5.52	5	11.0	2.0	2.7	3.44
	축산식품생명공	4	4	63	15.8	1.8	1.9	63.5%	40	10.0	125.0%	5	9	4.46	5	7.0	1.9	2.0	5.83
	식품유통공학과	4	4	70	17.5	2.1	2.3	58.6%	41	10.3	75.0%	3	7	5.86	5	9.4	2.1	2.4	4.27
	환경보건과학과	4	4	74	18.5	1.9	2.0	47.3%	35	8.8	75.0%	3	7	5.00	6	7.2	1.9	2.3	2.88
	산림조경학과	3	3	58	19.3	2.0	2.2	53.4%	31	10.3	166.7%	5	8	3.86	4	5.8	2.4	3.1	2.58
상허생명과학 평균		33	33	82	17.5	1.9	2.1	58.3%	346	10.2	103.1%	35	68	5.11	43	8.3	2.0	2.4	3.81
수의	수의예과	5	5	163	32.6	1.2	1.3	42.3%	69	13.8	360.0%	18	23	3.00	7	10.0	1.2	1.4	4.67
건국대서울 총계		341	340	9053	24.7	1.9	2.0	62.8%	5798	15.6	270.6%	951	1291	4.49	445	8.2	2.0	3.0	3.09

55

2022 KU자기추천 (790명) / 2021 KU자기추천 (850명)

▶학년비율 없음
▶교과: 국수영사과+史

● KU자기추천 1단계 서류 100% (3배수) 수능최저 없음 2단계 면접 70% <최종합격기준/동일비율>
● KU자기추천 1단계 서류 100% (3배수) 2단계 면접 60% <최종합격기준/동일비율>

대학	학과	2023 인원	2022 인원	2022 경쟁률	1단계합격 평균	1단계합격 최저	최종등록 평균	최종등록 최저	실질경쟁	추합인원	충원률	2021 인원	2021 경쟁률	1단 평균	최종등록 평균	최종등록 최저	추합인원	충원률
문과대학	국어국문	14	14	15.2			3.5	5.5	4.0	12	28.6%	14	20.1		2.5	4.6	12	85.7%
	영어영문	28	28	16.4			3.4	5.7	29.99	8	107.1%	28	15.6		3.6	6.2	34	121.4%
	중어중문	12	12	19.0			3.5	4.7	16.00	8	133.3%	12	14.9		4.3	5.6	8	66.7%
	철학과	16	16	11.6			3.8	5.5	12.00	7	75.0%	16	12.1	3.2	3.3	6.2	18	112.5%
	사학과	13	13	28.1			2.8	5.6	6.0	19	46.2%	14	23.6		3.9	5.5	2	14.3%
	지리학과	19	19	10.9			2.9	3.8	11.00	7	57.9%	19	10.8		3.1	4.6	6	31.6%
	미디어커뮤니케	12	12	42.8			2.6	5.1	5.0	30	41.7%	12	32.9		2.7	4.9	5	41.7%
	문화콘텐츠	12	12	41.1			2.9	5.2	5.0	29	41.7%	13	35.8		2.8	5.9	6	46.2%
사과대학	정치외교	10	9	31.3			2.5	3.6	12.0	13	133.3%	10	24.2		3.0	4.7	13	130.0%
	경제학과	20	21	13.2			2.8	5.0	22.01	6	104.8%	21	10.5		3.0	5.3	20	95.2%
	행정학과	12	12	27.0			3.1	5.0	1.0	25	8.3%	15	19.4		3.0	5.4	13	86.7%
	국제무역	10	10	14.6			2.5	3.3	7.00	9	70.0%	10	18.7	3.0	2.5	4.7	9	90.0%
	응용통계	13	13	13.6			2.6	3.7	12.00	7	92.3%	14	14.8		2.9	5.9	9	64.3%
	융합인재	7	8	20.8			2.3	2.5	2.0	17	25.0%	10	28.5		2.4	3.4	8	80.0%
	글로벌비지니스	16	14	20.4			4.0	5.0	4.0	16	28.6%	15	18.6		4.2	6.2	10	66.7%
경영대학	경영학과	40	40	25.1			2.9	4.9	38.0	13	95.0%	40	19.1	3.0	3.0	5.7	32	80.0%
	기술경영학과	7	7	14.7			2.9	4.4	2.00	11	28.6%	7	12.6		2.9	3.5	2	28.6%
부동산	부동산학과	11	11	11.2			3.1	4.0	7.00	7	63.6%	11	11.5	3.4	3.1	5.2	8	72.7%
총계		272	271	20.9			3.0	4.6	10.9	244	65.6%	281	19.1	3.2	3.1	5.2	215	73.0%

2022 KU자기추천 (790명) / 2021 KU자기추천 (850명)

▶학년비율 없음
▶교과: 국수영사과+史

● KU자기추천 1단계 서류 100% (3배수) 수능최저 없음 2단계 면접 70% <최종합격기준/동일비율>
● KU자기추천 1단계 서류 100% (3배수) 2단계 면접 60% <최종합격기준/동일비율>

대학	학과	2023 인원	2022 인원	2022 경쟁률	1단계합격 평균	1단계합격 최저	최종등록 평균	최종등록 최저	실질경쟁	추합인원	충원률	2020 인원	2020 경쟁률	1단 평균	최종등록 평균	최종등록 최저	추합인원	충원률
사범대학	일어교육	15	15	9.3			3.9	5.4	10.01	6	66.7%	15	8.9		3.7	5.6	6	40.0%
	수학교육	7	7	21.1			2.0	2.3	9.00	9	128.6%	7	12.0	3.1	2.1	3.2	7	100.0%
	교육공학	11	11	23.7			2.6	4.5	3.0	19	27.3%	11	29.2	2.2	2.5	4.3	7	63.6%
	영어교육	7	7	12.3			2.2	2.5	7.00	6	100.0%	7	17.4		2.1	2.4	6	85.7%
이과대학	수학과	10	10	18.7			2.6	2.9	4.0	13	40.0%	10	17.2		3.1	6.5	4	40.0%
	물리학과	12	13	11.4			3.3	7.0	17.00	5	130.8%	13	13.2	2.9	2.8	6.0	19	146.2%
	화학과	11	11	21.5			2.5	4.4	12.00	10	109.1%	11	20.4		3.0	6.1	14	127.3%
건축대	건축학부	19	20	17.7			3.1	5.8	21.00	9	105.0%	27	12.3	3.2	3.2	4.9	15	55.6%
공과대학	사회환경공학	48	47	13.0			3.2	6.3	25.00	8	53.2%	45	11.4		3.6	7.2	30	66.7%
	기계항공공학부	11	10	27.2			3.6	6.9	11.00	13	110.0%	16	23.8		2.2	5.3	31	193.8%
	전기전자공학부	42	40	20.2			2.8	6.9	30.00	12	75.0%	50	12.6		2.9	6.4	44	88.0%
	화학공학부	40	40	20.6			2.4	6.2	28.0	12	70.0%	41	19.6	2.9	3.0	6.3	26	63.4%
	컴퓨터공학과	37	38	24.2			2.9	5.8	32.00	13	84.2%	38	18.0		9.0	6.4	37	97.4%
	생물공학과	6	6	14.3			2.4	2.7	5.14	8	85.7%	6	14.3		1.9	2.2	3	50.0%
	산업공학과	7	7	18.2			2.0	2.5	4.67	11	66.7%	7	15.6		2.3	2.8	4	57.1%
총계		283	282	18.2			2.8	4.8	14.59	154	83.5%	304	16.4	3.0	3.2	5.0	253	85.0%

		2023 인원	2022 KU자기추천 (790명)								2021 KU자기추천 850명)						
▶학년비율 없음 ▶교과: 국수영사과+史			● KU자기추천 1단계 서류 100% (3배수) 수능최저 없음 2단계 면접 70% <최종합격기준/동일비율>								● KU자기추천 1단계 서류 100% (3배수) 2단계 면접 60% <최종합격기준/동일비율>						
			2021		1단계합격		최종등록		실질 경쟁	추합 인원	충원률	2020		1단	최종등록		추합 인원	충원률
			인원	경쟁률	평균	최저	평균	최저				인원	경쟁률	평균	평균	최저		
KU 융합 과학 기술원	미래에너지공학	12	14	16.6			2.8	4.5	15	8.02	107.1%	13	13.9		2.7	6.0	17	130.8%
	스마트운행체공학	10	10	13.9			2.4	3.2	9	7.32	90.0%	13	10.2		2.9	5.6	8	61.5%
	스마트ICT융합공학	11	11	20.5			2.8	4.3	8	11.9	72.7%	13	22.5		3.4	5.8	3	23.1%
	화장품공학과	19	18	18.3			2.7	5.2	4	15.0	22.2%	18	21.5		2.9	5.4	12	66.7%
	줄기세포재생공학	27	27	16.1			2.2	2.7	9	12.1	33.3%	36	12.1		2.9	6.3	11	30.6%
	의생명공학과	22	21	30.0			2.3	3.3	11	19.7	52.4%	22	23.7		2.6	5.8	17	77.3%
	시스템생명공학과	13	12	28.3			3.6	6.7	2	24.3	16.7%	11	21.8		3.3	6.3	7	63.6%
	융합생명공학과	15	15	30.8			2.1	2.5	6	22.0	40.0%	15	28.8		2.9	5.2	15	100.0%
상허 생명 과학 대학	생명과학특성학과	9	8	26.8			2.3	2.8	6	15.3	75.0%	11	28.7		2.5	4.9	5	45.5%
	동물자원과학과	19	19	8.90			2.3	3.2	2	8.05	10.5%	19	10.3		2.4	3.3	1	5.3%
	식량자원과학과	17	17	12.9			2.5	4.2	7	9.14	41.2%	22	9.9		2.7	4.2	10	45.5%
	축산식품생명공학	14	14	11.9			2.6	7.5	11	6.66	78.6%	14	12.5		2.4	3.6	7	50.0%
	식품유통공학과	11	13	8.4			3.0	5.0	1	7.80	7.7%	17	8.0		2.8	3.7	3	17.6%
	환경보건과학과	13	13	15.3			2.9	5.7	4	11.7	30.8%	16	15.7		2.7	6.0	6	37.5%
	산림조경학과	12	12	9.10			2.9	3.6	6	6.07	50.0%	12	8.6		2.7	3.8	7	58.3%
수의과	수의예과	16	13	21.5			2.7	4.6	6	14.7	46.2%	13	23.5		1.5	2.6	7	53.8%
총계		240	237	18.1			2.6	4.3	6.7	200	48.4%	265	17.0		2.7	4.9	136	54.2%

▶ 교과: 국수영사과+史
▶ 학년비율 동일
▶ 2023 논술 수능최저
　인문: 2개합 4 (탐1)
　자연: 2개합 5 (탐1)
　수의예: 3개합 4 (탐1)

2022 논술우수자 (429명)
● KU 논술우수자 논술 100%
● 인: 2개합 4 (탐1), 자: 2개합 5 (탐1), 수의예: 3개합 4 (탐1)

2021 논술우수자 (445명)
● KU 논술우수자 학생 40%+논술 60%
　수능최저 없음　<최종합격기준/동일비율>

대학	학과	2023 수시 인원	2020 인원	2020 경쟁률	최종등록 평균	최종등록 최저	최저 충족률	실질 경쟁	논술 평균	충원률	2020 인원	2020 경쟁률	최종등록 평균	최종등록 최저	최저 충족률	실질 경쟁	논술 평균	충원률
문과대학	국어국문	6	6	62.0			38.5%		93.4	33.3%	6	65.7			41.0%	23.1	93.0	16.7%
	영어영문	6	5	62.2			45.6%		90.0	20.0%	5	63.4			58.1%	30.7	90.8	20.0%
	중어중문	5	5	57.8			38.2%		87.2	40.0%	5	63.8			46.6%	29.7	91.4	0
	철학과	5	4	55.8			42.7%		91.7	0	4	62.0			40.7%	25.2	90.5	0
	사학과	4	4	59.3			41.3%		91.8	0	4	61.3			37.3%	22.9	89.8	0
	지리학과	3	3	56.7			54.3%		88.3	0	3	60.0			53.9%	32.3	89.0	0
	미디어커뮤니케	6	6	115.0			41.4%		92.5	0	6	122.2			49.0%	51.3	92.8	16.7%
	문화콘텐츠	3	3	88.3			39.1%		93.3	0	3	89.7			56.2%	37.8	88.0	33.3%
사과대학	정치외교	4	4	61.0			40.0%		91.5	25.0%	5	67.0			52.8%	35.4	92.5	0
	경제학과	16	16	30.4			45.7%		83.6	12.5%	16	39.9			65.2%	23.1	72.0	12.5%
	행정학과	7	7	69.6			41.3%		92.0	14.3%	8	75.1			55.0%	36.7	92.2	12.5%
	국제무역	7	7	36.3			42.3%		81.3	0	7	38.0			56.8%	18.9	70.7	14.3%
	응용통계	4	4	33.0			49.2%		83.4	0	4	45.0			72.0%	32.4	85.2	0
	융합인재	7	7	71.3			51.2%		88.4	57.1%	8	74.6			56.4%	37.4	93.0	12.5%
	글로벌비지니스	4	4	63.0			44.4%		92.3	0	4	65.3			48.5%	21.1	88.4	50.0%
경영대학	경영학과	30	30	42.4			48.9%		82.6	13.3%	30	47.4			62.0%	28.5	74.9	3.3%
	기술경영학과	4	4	28.3			43.1%		82.4	25.0%	4	32.3			58.5%	18.9	71.1	0
부동산	부동산학과	8	8	29.3			52.1%		83.5	0	8	36.6			63.0%	20.1	69.6	12.5%
사범대학	일어교육	-	-	-	-	-	-	-	-	-	-	-	-	-	-	-	-	-
	수학교육	6	6	35.7			70.5%		88.3	50.0%	6	33.2			68.0%	13.5	92.7	66.7%
이과대학	수학과	5	5	31.4			78.0%		91.6	20.0%	5	27.8			74.1%	12.9	95.4	60.0%
	물리학과	23	23	16.5			63.8%		78.6	13.0%	23	19.9			62.3%	9.5	91.2	30.4%
	화학과	6	5	27.8			67.1%		79.7	60.0%	5	31.4			73.0%	22.9	94.2	0
건축대	건축학과	13	13	39.5			64.6%		83.4	30.8%	14	35.7			67.0%	16.0	93.0	50.0%
공과대학	사회환경공학	20	20	28.8			71.2%		88.1	0	20	34.2			70.2%	16.0	95.0	50.0%
	기계항공공학부	29	29	24.7			70.8%		88.3	24.1%	29	26.2			73.2%	13.6	92.6	41.4%
	전기전자공학부	31	31	34.3			74.5%		90.4	32.3%	31	32.2			71.8%	23.1	96.1	0
	화학공학부	38	41	44.3			72.2%		90.9	31.7%	42	55.4			76.3%	33.5	95.2	26.2%
	컴퓨터공학과	24	24	76.0			74.0%		93.6	33.3%	24	66.0			74.4%	45.3	97.1	8.3%
	생물공학과	7	7	39.4			70.5%		87.4	14.3%	7	43.7			74.2%	32.4	94.7	0
	산업공학과	3	3	37.0			76.7%		89.4	0	3	46.6			71.5%	29.2	93.7	14.3%
KU융합과학기술원	미래에너지공학	11	11	31.5			74.4%		85.5	27.3%	12	27.7			68.4%	13.4	95.6	41.7%
	스마트운행체	4	4	27.5			70.7%		89.2	0.0%	5	27.4			74.7%	17.1	95.8	20.0%
	스마트ICT융합	7	7	49.1			83.0%		87.2	14.3%	7	39.6			69.4%	24.0	96.1	14.3%
	화장품공학과	7	5	37.8			67.5%		88.8	0	5	41.0			64.4%	26.4	94.9	0
	의생명공학과	9	9	53.7			68.9%		85.0	22.2%	9	57.0			73.9%	37.9	95.8	11.1%
	시스템생명공학	9	9	38.9			79.1%		84.6	0	9	43.4			74.3%	22.3	91.8	44.4%
	융합생명공학과	9	9	41.1			71.0%		84.2	22.2%	9	43.3			72.4%	25.7	93.2	22.2%
상허생명과학대학	생명과학특성학	10	4	35.0			69.9%		75.7	10.0%	11	44.4			74.9%	33.3	90.8	0
	동물자원과학과	5	5	26.0			53.3%		72.1	0	5	28.0			54.2%	15.2	90.0	0
	식량자원과학과	3	3	21.0			71.8%		72.5	66.7%	3	26.7			65.8%	17.6	88.5	0
	축산식품생명공	4	4	23.0			64.7%		64.0	25.0%	4	25.5			72.6%	18.5	92.0	0
	식품유통공학과	3	3	23.7			59.5%		78.6	33.3%	3	22.7			65.7%	11.2	90.4	33.3%
	환경보건과학과	5	5	25.2			63.4%		73.1	20.0%	6	28.8			75.2%	21.7	85.6	0
	산림조경학과	8	8	23.1			61.5%		81.5	12.5%	9	25.3			63.8%	11.2	91.2	44.4%
수의과	수의예과	6	9	249.3			43.6%		95.3	11.1%	9	194.7			62.2%	109.0	95.8	11.1%
총계		434	429	48.1			59.0%		85.7	18.5%	445	49.7			63.6%	26.6	90.1	17.6%

건국대서울 2022 분석자료 10 - 정시 인문 01 / 건국대서울 2021 정시 인문

최종등록 상위 70%		학과	국어	수학	탐구2	평균합 국수탐2	영어 등급	충원율	2개년 편차	2개년 수학	국어	수학	탐구2	평균합 국수탐2	영어 등급	충원율
가군	사회과학	국제무역학과	86.4	89.5	87.7	263.6	2.5	114.3%	-9.4	-5.8	86.8	95.3	90.9	273.0	1.9	131.4%
가군	사회과학	글로벌비지니스	96.0	82.5	84.5	263.0	1.8	0.0%	-10.3	-5.5	95.0	88.0	90.3	273.3	2.3	125.0%
가군	경영대	기술경영학과	90.0	88.4	88.8	267.2	2.1	155.0%	-11.1	-4.8	89.6	93.2	95.5	278.3	2.3	131.3%
가군	사범대학	일어교육학과	91.0	81.0	80.0	252.0	1.5	66.7%	-21.5	-5.0	93.0	86.0	94.5	273.5	2.5	33.3%
가군	사범대학	영어교육학과	95.3	84.5	83.8	263.6	2.2	122.2%	-10.9	-3.0	92.7	87.5	94.3	274.5	1.7	25.0%
나군	문과대학	국어국문학과	94.6	80.7	83.2	258.5	2.2	100.0%	-16.9	-8.8	93.1	89.5	92.8	275.4	1.8	66.7%
나군	문과대학	영어영문학과	95.1	78.2	87.8	261.1	2.1	33.3%	-7.9	-9.5	93.1	87.7	88.2	269.0	1.7	136.8%
나군	문과대학	중어중문학과	91.8	83.1	85.0	259.9	2.8	50.0%	-12.6	-6.0	93.3	89.1	90.1	272.5	1.8	53.3%
나군	문과대학	철학과	94.7	76.7	87.8	259.2	2.3	60.0%	-11.4	-10.3	92.0	87.0	91.6	270.6	1.3	40.0%
나군	문과대학	사학과	92.4	79.8	90.1	262.3	2.2	37.5%	-16.5	-9.6	95.0	89.4	94.4	278.8	2.2	-
나군	문과대학	지리학과	90.0	83.0	89.5	262.5	1.7	40.0%	-7.7	-0.3	94.3	83.3	92.6	270.2	1.0	60.0%
나군	문과대학	문화콘텐츠학	93.1	81.9	89.5	264.5	1.7	27.3%	-11.1	-6.8	95.2	88.7	91.7	275.6	1.8	75.0%
다군	문과	미디어커뮤니케	94.8	80.2	93.7	268.7	2.5	944.4%	-12.4	-10.1	95.5	90.3	95.3	281.1	2.0	1012.5%

건국대서울 2022 분석자료 11 - 정시 인문 02 / 건국대서울 2021 정시 인문

최종등록 상위 70%		학과	국어	수학	탐구2	평균합 국수탐2	영어 등급	충원율	2개년 편차	2개년 수학	국어	수학	탐구2	평균합 국수탐2	영어 등급	충원율
나군	사회과학대학	정치외교학과	85.1	90.2	83.7	259.0	1.9	53.3%	-15.8	-2.8	90.0	93.0	91.8	274.8	1.8	54.5%
나군	사회과학대학	경제학과	88.9	90.3	85.0	264.2	2.1	40.5%	-13.6	-2.8	90.0	93.1	94.7	277.8	1.9	65.7%
나군	사회과학대학	행정학과	85.6	89.7	86.0	261.3	1.9	71.4%	-15.9	-5.2	89.1	94.9	93.2	277.2	2.1	104.2%
나군	사회과학대학	응용통계학과	88.9	91.6	87.8	268.3	2.2	71.4%	-8.1	-5.0	87.7	96.6	92.1	276.4	1.9	116.7%
나군	사회과학대학	융합인재학과	95.5	82.2	89.2	266.9	2.3	41.2%	-10.2	-4.1	94.6	86.3	96.2	277.1	2.3	100.0%
나군	경영대	경영학과	88.7	88.9	88.0	265.6	2.0	65.8%	-13.2	-4.7	90.7	93.6	94.5	278.8	2.0	66.7%
나군	부동산	부동산학과	86.3	89.3	90.8	266.4	2.0	5.9%	-12.6	-6.0	89.4	95.3	94.3	279.0	1.8	53.3%
나군	사범	교육공학과	89.1	85.6	88.4	263.1	2.1	92.3%	-8.0	0.5	94.0	85.1	92.0	271.1	1.7	46.2%
나군	예술	의상디자인인문	88.8	87.8	83.1	259.7	2.1	17.6%	-15.1	-6.4	89.8	94.2	90.8	274.8	2.3	88.2%
인문 평균			91.0	84.8	87.0	262.8	2.1	100.5%	-12.4	-5.5	92.0	90.3	92.8	275.1	1.9	123.1%

건국대서울 2022 분석자료 12 - 정시 자연 01 / 건국대서울 2021 정시 자연

최종등록 상위 70%		학과	국어	수학	탐구2	평균합 국수탐2	영어 등급	충원율	2개년 편차	2개년 수학	국어	수학	탐구2	평균합 국수탐2	영어 등급	충원율
가군	이과	물리학과	84.7	92.6	86.6	263.9	2.8	135.7%	0.6	4.7	87.1	87.9	88.3	263.3	1.9	150.0%
가군	건축	건축학과	84.7	91.1	90.0	265.8	2.4	102.6%	1.6	7.1	88.6	84.0	91.6	264.2	1.9	175.0%
가군	공과대학	기계항공공학부	84.6	94.7	85.6	264.9	2.2	90.2%	-1.2	6.1	87.8	88.6	89.7	266.1	1.8	68.3%
가군	공과대학	전기전자공학부	88.0	94.8	88.7	271.5	2.4	74.5%	1.8	4.8	89.4	90.0	90.3	269.7	1.9	86.9%
가군	공과대학	화학공학부	87.3	94.7	86.3	268.3	2.3	86.7%	-0.4	5.5	89.7	89.2	89.8	268.7	1.8	78.0%
가군	공과대학	컴퓨터공학부	87.0	96.3	86.9	270.2	2.4	75.4%	-0.8	6.5	91.4	89.8	89.8	271.0	2.0	75.9%
가군	공과대학	생물공학부	84.6	95.1	85.9	265.6	2.4	158.3%	-3.2	6.5	91.3	88.6	88.9	268.8	1.8	160.0%
가군	수의	수의예과	95.3	99.2	96.8	291.3	1.8	70.5%	2.3	4.2	96.9	95.0	97.1	289.0	1.2	72.5%
가군	사범	수학교육과	85.0	96.3	83.3	264.6	2.3	85.7%	-5.8	2.0	86.8	94.3	89.3	270.4	2.3	16.7%

건국대서울 2022 분석자료 13 - 정시 자연 02

최종등록 상위 70%		국어	수학	탐구2	평균합 국수탐2	영어등급	충원율	2개년 편차	2개년 수학
나군	이과대학	수학과	80.7	95.5	85.0	261.2	2.2	155.6%	-6.9	6.5
		화학과	75.4	97.3	84.2	256.9	2.4	90.0%	-9.5	9.3
	공과대학	사회환경공학부	77.6	94.7	85.1	257.4	2.5	31.8%	-7.3	6.0
		산업공학과	84.4	95.1	87.2	266.7	2.5	77.3%	0.1	6.7
	상허생명과학대학	생명과학특성학	90.8	90.3	87.8	268.9	1.9	100.0%	6.5	14.9
		동물자원과학과	85.7	90.3	86.5	262.5	2.2	50.0%	-2.5	8.9
		식량자원과학과	85.4	90.4	86.8	262.6	2.5	53.3%	-0.7	5.1
		축산식품생명공	87.4	92.4	86.0	265.8	2.5	31.8%	1.9	8.2
		식품유통공학과	78.1	93.1	86.1	257.3	2.6	50.0%	-7.6	7.4
		환경보건과학과	82.6	91.6	89.6	263.8	2.3	36.4%	-1.0	12.3
		산림조경학과	83.0	88.6	90.6	262.2	2.6	50.0%	-0.2	5.3

건국대서울 2021 정시 자연

국어	수학	탐구2	평균합 국수탐2	영어등급	충원율
90.3	89.0	88.8	268.1	1.9	255.6%
88.2	88.0	90.2	266.4	1.5	362.5%
89.9	88.7	86.1	264.7	1.8	138.1%
89.6	88.4	88.6	266.6	2.1	225.0%
95.8	75.4	91.2	262.4	1.0	242.9%
92.3	81.4	91.3	265.0	1.8	95.0%
86.4	85.3	91.6	263.3	1.9	55.6%
88.8	84.2	90.9	263.9	1.8	100.0%
86.7	85.7	92.5	264.9	2.3	50.0%
94.7	79.3	90.8	264.8	1.8	185.7%
88.3	83.3	90.8	262.4	2.0	87.5%

건국대서울 2022 분석자료 14 - 정시 자연 03

최종등록 상위 70%		국어	수학	탐구2	평균합 국수탐2	영어등급	충원율	2개년 편차	2개년 수학
다군	KU융합과학기술원	미래에너지공	91.8	94.1	87.9	273.8	1.9	738.5%	10.6	0.9
		스마트운행체공	85.3	95.6	88.8	269.7	2.1	423.8%	0.1	4.1
		스마트ICT융합	87.2	96.3	87.1	270.6	2.0	694.7%	-2.1	3.8
		화장품공학과	87.4	92.8	91.2	271.4	2.0	292.3%	1.0	8.0
		줄기세포재생공	89.7	93.3	91.6	274.6	2.1	308.3%		
		의생명공학과	89.8	95.0	89.1	273.9	1.5	336.4%	3.1	4.2
		시스템생명공	87.6	93.4	93.0	274.0	2.3	416.7%	1.2	5.1
		융합생명공학과	86.7	94.2	91.8	272.7	2.2	556.3%	2.6	7.1
자연 평균		85.6	93.9	88.1	267.6	2.3	191.9%	-0.6	6.3

건국대서울 2021 정시 자연

국어	수학	탐구2	평균합 국수탐2	영어등급	충원율
84.2	93.2	85.8	263.2	1.9	716.7%
90.7	91.5	87.4	269.6	1.5	637.5%
89.5	92.5	90.7	272.7	1.9	743.8%
93.0	84.8	92.6	270.4	2.0	400.0%
-	-	-	0.0	-	200.0%
90.1	90.8	89.9	270.8	1.6	663.6%
91.0	88.3	93.5	272.8	1.5	546.7%
90.7	87.1	92.3	270.1	2.1	615.4%
90.0	87.6	90.4	258.3	1.8	257.3%

경기대학교

| 정시 백분, 탐구1개, 과탐15%, 인 40:30:20:10 등
영어 100-98-94-86-70... 자 25:40:20:15 등

▶ 교과 반영: 학교장추천
　　전교과 반영
▶ 교과 반영: 교과전형 등
　인: 국영수통사통과+사회
　자: 국영수통사통과+과학
▶ 학년비율 및 가중치 없음
▶ 이수단위 적용
▶ 2023 전년대비 변화없음
　　2022.06.19. ollim

1. 2023 교과전형 투트랙 유지: 학교장추천, 교과성적우수자
　①수능최저 동일함: 2개합 7(탐1), 한국사 6등급이내
　②내신반영 차별화: 학교장-전과목 반영, 교과성적-국영수 등
　③2023 전년대비 전형 및 모집인원 등 변화 없음
2. 종합 자기소개서 4번문항 없음, 종합전형=전공적합성
3. <서울캠 2개 학과> 관광학과 통합, 미디어영상학과
4. 2023 교과등급 내신반영점수 전년대비 유지★★
　　1등급 - 2등급 - 3등급 - 4등급 - 5등급
　　　90　　88.2　　85.5　　81.9　　77.4
5. 건학이념: 진성애 - 眞 Advance 誠 Lead 愛 Love
6. 2023 수시 예체능 체육학과, 스포츠과학부 신설
7. 2023 SW우수자전형 15명 모집 신설

▶ 경기대 <수원캠퍼스> 4개 단과대학으로 2019 이후 통합개편
1. 인문대학: 국문, 영문, 사학, 문헌, 문예창작, 글로벌어문, 유아교
　　*글로벌어문학부(독문/프랑스/일문/중문/노문)
2. 예술체육대학: 디자인비즈(시각정보디자인/산업디자인/장신구)
　　Fine Arts학부(한국화/서양화/미술경영/서예전공/스포츠등)
3. 사회과학: 공공안전(법학/사회복지/범죄교정학/청소년/경찰행정)
　　공공인재(행정/국제) 경제학부(경제/무역/응용통계/지식재산)
4. 소프트웨어경영: 경영학부(경영/회계세무/국제산업정보)
　　ICT융합경영정보, 산업시스템공학, AI컴공, AI인공지능
5. 융합과학: 전자공학, 나노공학, 화학과, 바이오융합
6. 창의공과: 건축학, 전자공학, 융합에너지(신소재/환경에너지/화공)
　　스마트시티공학(건설시스템/건축공/도시교통공학)
　　기계시스템공학(기계공학/지능형로봇전공)
▶ 서울캠: 미디어영상, 관광학부(관광경영/호텔경영/조리/이벤트 등)

모집시기	전형명	사정모형	학생부종합 특별사항	2023 수시 접수기간 09. 13(화) ~17(토)	모집인원	학생부	논술	면접	서류	기타	2023 수능최저등급
2023 정원내 수시 1,939명 (66.2%) 정시 990명 (33.8%) 전체총 2,929명 2022 수시 2,084명 (71.2%) 정시 1,009명 (28.8%) 전체총 2,926명	학교장추천	일괄	학생부교과 재수생까지 고교별 20명 학교추천명단 ~09.23(금) 전교과 반영 최종 12.15(목)	1. 2023 교과 투트랙전형 유지 2. 고교별 20명 추천 유지 3. 수원 2명증가, 서울 2명감소 4. 2023 수능최저 유지 5. 경쟁률 19→20→21 인문 6.95→12.8→7.87 자연 8.66→11.4→5.55	316 수원 295 서울 21	교과 100 (출결 10%)				▶2021 교과 입결평균 수원인문 3.102등급 수원자연 3.203등급 서울인예 2.698등급 ▶모집인원변화 21→22년 수원인문 295명→150명 수원자연 312명→141명 서울인예 52명 → 23명	인/자: 2개합 7 (탐1) + 史 6등급내 *자연수학 미지정★ *자연과탐 응시필★
	교과성적 우수자	일괄	학생부교과 학생부 100% 인: 국영수+통사+사회 자: 국영수+통사+과학 최종 12.15(목)	1. 교과성적우수자 분리 유지 2. 학교장추천과 중복지원가능 3. 수원20명감소, 서울1명감소 4. 2023 수능최저 유지 5. 경쟁률 19→20→21 인문 6.95→12.8→7.87 자연 8.66→11.4→5.55	301 수원 282 서울 22	교과 100 (출결 10%)				▶2021 교과 입결평균 수원인문 3.102등급 수원자연 3.203등급 서울인예 2.698등급 ▶모집인원변화 21→22년 수원인문 295명→138명 수원자연 312명→166명 서울인예 52명 → 23명	인/자: 2개합 7 (탐1) + 史 6등급내 *자연수학 미지정★ *자연과탐 응시필★
	KGU 학생부종합	1단계	학생부종합 최저없음 자기소개서 ~09.19(월) 1단계 11.18(금) 면접 11.26(토) ~11.27(일) 최종 12.15(목)	1. 교과성적 전공적합성중요★ 2. 수원 7명증가, 서울 4명감소 자기추천근거 발표및질의형식 A4 용지 작성 후 3분발표 질문 11.26(토) 인문대학 예술체대 융합과학대학 소프트웨어경영대 11.27(일) 사회과학대학 관광문화대학 창의공과대학	710 수659 서 66 2022 720 수652 서 68	서류 100 (3배수)					▶KGU 서류평가 3대 요소, SABCDE 6개등급 1. 인성 35% ①성실성 15% ②공동체의식 20% 2. 전공적합성 55% ①학업역량 30% ②전공적성 25% 3. 발전가능성 10% ①자기주도성 10% ▶2022 서류평가성적 ㉠총점 ㉡성실성 ㉢공동체의식 ㉣학업역량 ㉤전공적성 ㉥자기주도성
		2단계				1단계 70 + 면접 30 (15분)					
	논술우수자	일괄	논술전형 최저없음 논술 10.29(토) 최종 11.18(금) 최종 12.15(목)	1. 2023 전년대비 2명 감소 2. 수능최저 없음 3. 10시: 인문/관광대학 14시: 사과/소프트경영대학	167 수원 130 서울 39	교과 40 + 논술 60				경기대 논술 120분 언어와 사회 각 1문항 복수 제시문, 단수의 문제 문항당 700~750자 60점 만점, 문항당 30점 통계자료해석응용 출제	최저없음
	기회균형	일괄	학생부교과 수능이전 최종 최종 11.18(금)	1. 기초 및 차상위 자녀 2. 고른기회와 중복지원 가능	43 수39 서 4	교과 100 (출결 10%)					최저없음
	고른기회	일괄	학생부종합 자기소개서 ~09.19(월) 최종 12.15(목)	1. 독립유공 및 국가유공자 2. 특수임무 5.18 고엽제 등 3. 농어촌/서해5도 대상자 4. 기초수급/차상위 자녀 포함	203 수177 서 26	서류 100					최저없음
	사회배려대상자	일괄	학생부종합 자기소개서 ~09.19(월) 최종 12.15(목)	1. 군인경찰소방교정 15년 2. 다문화, 다자녀 3인 3. 의사상자 자녀	40 수35 서 5	서류 100					최저없음

경기대 2022 대입분석 01 - 수시 학교장추천 vs 교과성적우수자 인문 *20220619*

경기대학교 수원캠

▶수능최저등급 공통
인/자: 2개합 7 (탐1)
+ 史 6등급내
*자연수학 미지정★
*자연과탐 응시필★

2022 학교장추천 (인문)
▶교과 100%
▶내신: 전과목 반영, 동일비율

2022 교과성적우수자 (인문)
▶내신: 인: 국영수+통사통과+사회 ▶교과 100%
자: 국영수+통사통과+과학, 동일비율

		2023 모집	모집	지원	경쟁률	최초합격 평균	최초합격 최저	최종등록 최고	최종등록 평균	최종등록 70%	2023 모집	모집	지원	경쟁률	최초합격 평균	최초합격 최저	최종등록 최고	최종등록 평균	최종등록 70%
인문대학	국어국문	4	4	34	8.50	2.57	2.75	3.40	3.52	3.46	3	4	50	12.5	2.34	2.57	3.48	3.58	3.48
	영어영문	12	11	117	10.6	2.75	2.95	2.90	3.27	3.28	5	9	115	12.8	2.54	2.74	2.88	3.16	3.25
	사학과	3	3	55	18.3	2.60	2.67	2.67	2.97	3.05	-	-	-	-	-	-	-	-	-
	문헌정보	2	2	35	17.5	2.20	2.31	2.85	2.90	2.85	-	-	-	-	-	-	-	-	-
	글로벌어문	13	13	140	10.8	2.88	3.08	2.95	3.31	3.55	11	12	156	13.0	2.79	3.02	2.77	3.40	3.44
	유아교육	2	2	28	14.0	2.53	2.72	2.72	2.96	2.72	-	-	-	-	-	-	-	-	-
사회과학	법학과	5									3								
	공공안전	9	19	288	15.2	1.96	2.25	1.62	2.34	2.45	3	17	272	16.0	1.76	2.04	1.23	2.15	2.32
	휴먼서비스	6									3								
	공공인재	12	12	239	19.9	2.54	2.78	2.53	2.93	3.00	7	10	272	27.2	2.52	2.72	2.16	2.81	2.95
	경제학부	37	37	402	10.9	2.98	3.18	2.93	3.33	3.45	36	35	488	13.9	2.73	2.94	2.80	3.08	3.15
SW경영	경영학부	39	37	438	11.8	2.59	2.81	1.54	2.84	3.04	38	37	616	16.7	2.15	2.49	1.73	2.65	2.93
	ICT융합경영정보	-	4	44	11.0	2.65	2.95	2.73	2.96	2.95	-	4	60	15.0	1.80	2.36	1.59	2.45	1.70
예체능	Fine Arts미술등	4	8	64	8.00	3.13	3.45	2.58	3.43	3.46	-	8	82	10.3	2.80	3.18	3.15	3.40	3.41
수원캠 인문계		**148**	**152**	**1884**	**13.0**	**2.62**	**2.83**	**2.62**	**3.06**	**3.11**	**109**	**136**	**2111**	**15.3**	**2.38**	**2.67**	**2.42**	**2.96**	**2.96**

경기대 2022 대입분석 02 - 수시 학교장추천 vs 교과성적우수자 자연 *20220619*

경기대학교 수원캠

▶수능최저등급 공통
인/자: 2개합 7 (탐1)
+ 史 6등급내
*자연수학 미지정★
*자연과탐 응시필★

2022 학교장추천 (자연)
▶교과 100%
▶내신: 전과목 반영, 동일비율

2022 교과성적우수자 (자연)
▶내신: 인: 국영수+통사통과+사회 ▶교과 100%
자: 국영수+통사통과+과학, 동일비율

		2023 모집	모집	지원	경쟁률	최초합격 평균	최초합격 최저	최종등록 최고	최종등록 평균	최종등록 70%	2023 모집	모집	지원	경쟁률	최초합격 평균	최초합격 최저	최종등록 최고	최종등록 평균	최종등록 70%
SW경영	산업경영정보공	16	10	104	10.4	3.34	3.53	3.25	3.62	3.69	16	14	211	15.1	2.99	3.15	3.03	3.34	3.47
	AI 컴공 컴퓨터공	28	27	353	13.1	2.75	2.95	2.54	3.08	3.19	30	31	591	19.1	2.52	2.71	2.41	2.85	2.93
	AI 컴공 인공지능	4	4	45	11.3	2.81	3.13	3.24	3.42	3.32	7	7	121	17.3	2.44	2.82	1.57	2.85	3.02
	AI 컴공 SW보안	-									5								
융합과학	수학과	3	3	27	9.00	2.48	2.94	3.49	3.85	3.69	2	3	37	12.3	2.61	2.67	3.27	3.70	3.47
	나노공학과		3	31	10.3	3.08	3.22	3.17	3.47	3.38		3	40	13.3	2.50	2.66	3.01	3.09	3.01
	화학과	3	3	30	10.0	2.75	3.02	3.35	3.54	3.39	3	4	49	16.3	2.62	2.90	3.16	3.48	3.22
	바이오융합	10	11	116	10.6	2.61	2.74	2.33	2.91	3.05	14	13	158	12.2	2.36	2.57	2.34	2.82	2.92
창의공과	건축학 5년	7	7	94	13.4	2.72	2.90	2.63	3.14	3.14	4	7	119	17.0	2.79	2.90	2.96	3.04	3.03
	사회에너지시스템	19									16								
	전자공학과	16	13	190	14.6	2.64	2.91	2.86	3.12	3.20	27	15	340	22.7	2.57	2.72	2.76	3.06	3.15
	융합에너지시스템	20	30	339	11.3	2.89	3.05	2.76	3.23	3.34	22	33	458	13.9	2.64	2.82	2.52	2.98	3.14
	스마트시티공학부	11	20	212	10.6	3.21	3.41	3.16	3.42	3.53	12	22	300	13.6	2.92	3.09	2.94	3.33	3.41
	기계시스템공학부	10	10	111	11.1	2.78	3.06	2.64	3.38	3.57	14	14	207	14.8	2.71	2.81	2.90	3.08	3.12
수원캠 자연계		**147**	**141**	**1652**	**11.3**	**2.84**	**3.07**	**2.95**	**3.35**	**3.37**	**172**	**166**	**2631**	**15.6**	**2.64**	**2.82**	**2.74**	**3.14**	**3.16**
인문	관광개발경영	8	20	196	9.80	2.24	2.53	1.85	2.38	2.57	8	20	253	12.7	1.73	2.10	1.56	2.18	2.33
	관광문화콘텐츠학	3									4								
	호텔외식경영학부	7									6								
예체능	미디어영상학과	3	3	78	26.0	2.19	2.45	2.19	2.35	2.19	2	3	81	27.0	1.44	1.48	2.32	2.65	2.74
서울캠 인문계		**21**	**23**	**137**	**17.9**	**2.22**	**2.49**	**2.02**	**2.37**	**2.38**	**20**	**23**	**167**	**19.9**	**1.59**	**1.79**	**1.94**	**2.42**	**2.54**

경기대 수원캠		최저없음 2023 인원	2022 KGU종합 (인문)							2021 KGU종합 (인문)					
▶내신: 전과목 정성 ▶수능최저 없음			▶1단계: 서류 100% (3배수) ▶2단계: 면접 30%							▶1단계: 서류 100% (3배수) ▶2단계: 면접 50%					
			2022 경쟁률 및 합격							2021 경쟁률 및 합격					
			모집	경쟁률	최초합격		최종등록			모집	경쟁률	최종등록		등록 인원	충원
					평균	최저	최고	평균	70%			평균	70%		
인문대학	국어국문	14	14	6.21	3.39	4.68	3.16	3.66	3.56	15	7.00	3.49	3.61	15	8
	영어영문	15	15	8.2	3.81	5.86	2.98	3.73	3.91	15	10.1	3.60	3.77	13	23
	사학과	12	12	11.7	3.10	3.60	3.15	3.52	3.54	15	7.80	3.37	3.55	14	20
	문헌정보	12	12	10.8	3.40	4.30	3.04	3.68	3.57	13	8.08	3.61	3.76	13	21
	문예창작	10	10	11.1	3.57	4.17	3.58	3.87	3.66	10	10.6	3.70	3.78	10	6
	글로벌어문	53	55	6.87	4.58	7.43	2.81	4.53	3.99	60	9.78	3.90	4.01	57	75
	유아교육	7	7	15.9	2.61	3.07	2.48	2.83	2.98	7	18.6	2.88	2.72	7	6
사회과학	공공안전	58	58	7.6	2.75	5.26	2.02	2.95	3.23	66	10.1	2.68	2.87	65	61
	공공인재	26	26	8.73	3.23	3.82	2.83	3.39	3.56	27	8.37	3.58	3.61	26	38
	경제학부	58	58	4.81	3.47	4.26	3.06	3.95	3.50	55	5.18	3.67	3.84	53	71
SW경영	경영학부	58	58	9.13	3.41	6.16	2.70	3.52	3.34	58	9.36	3.40	3.54	56	79
	ICT융합경영	11	11	6.36	3.72	4.18	3.13	3.67	3.56	11	6.00	3.83	3.86	11	11
예체능	디자인비즈학부	28	28	7.36	3.40	4.45	2.38	3.74	4.38	30	8.27	3.43	3.72	29	25
	Fine Arts미술등	-	-	-	-	-	-	-	-	-	-	-	-	-	-
수원캠 인문평균		362	364	9.18	3.42	4.71	2.87	3.62	46.78	0	382	9.18	3.47	3.59	369	444

경기대 수원/서울		최저없음 2023 인원	2022 KGU종합 (자연)							2021 KGU종합 (자연)					
▶내신: 전과목 정성 ▶수능최저 없음			▶1단계: 서류 100% (3배수) ▶2단계: 면접 30%							▶1단계: 서류 100% (3배수) ▶2단계: 면접 50%					
			2022 경쟁률 및 합격							2021 경쟁률 및 합격					
			모집	경쟁률	최초합격		최종등록			모집	경쟁률	최종등록		등록 인원	충원
					평균	최저	최고	평균	70%			평균	70%		
SW경영	ICT융합 산업시스	24	24	4.54	3.59	3.98	3.18	3.91	4.16	15	5.40	3.79	3.88	15	15
	AI 융합 컴퓨터공	30	20	14.1	3.25	3.92	2.94	3.54	4.03	30	13.1	3.41	3.62	27	46
	AI 융합 인공지능	14	9	10.2	3.41	3.82	2.95	3.56	3.77	14	8.14	3.63	3.86	14	24
융합과학	수학과	12	13	5.85	3.36	3.70	2.88	3.37	3.66	13	8.46	3.60	3.62	13	21
	나노공학과	12	13	4.54	3.25	3.78	2.47	3.51	3.73	13	6.23	3.53	3.59	12	17
	화학과	13	13	9.46	3.19	3.63	2.85	3.26	3.50	14	10.3	3.39	3.46	13	23
	바이오융합	30	30	10.4	3.16	3.74	2.80	3.32	3.26	30	10.4	3.23	3.35	29	35
창의공과	건축학 5년	14	14	16.7	3.32	3.90	3.00	3.53	3.62	15	12.9	3.69	3.83	15	15
	전자공학과	26	26	7.00	3.51	4.23	3.12	3.80	4.22	26	6.77	3.66	3.71	16	42
	융합에너지시스템	45	45	5.07	3.25	3.96	2.65	3.52	3.09	45	6.93	3.21	3.34	44	54
	스마트시티공학부	42	42	6.43	3.69	4.31	2.80	3.91	3.67	42	5.38	4.01	4.20	42	54
	기계시스템공학부	24	24	6.04	3.37	4.13	2.66	3.65	3.54	15	7.87	3.43	3.56	15	21
수원캠 자연평균		286	273	8.49		3.93	2.86	3.57	3.69	0	272	8.49	3.55	3.67	21	367
인문예체능	관광학부	53	55	11.0	3.41	6.82	2.58	3.58	3.35	70	10.6	3.37	3.54	70	49
	미디어영상학과	13	13	19.2	3.10	3.51	2.58	3.23	3.28	15	17.1	3.12	3.24	15	6
서울캠 인문평균		66	68	13.8	3.35	5.17	2.58	3.41	3.32	0	85	13.8	3.24	3.39	43	55

경기대 수원캠		최저 없음 2023 인원	2022 논술전형 (인문) ▶학생 40%+논술 60% ▶내신: 전과목 2022 논술고사 100점 만점								2021 논술전형 (인문) ▶학생 40%+논술 60% ▶내신: 전과목 2021 논술고사 100점 만점					
			모집	경쟁률	최초합격		최종등록			충원	모집	경쟁률		최종등록		등록 인원	충원
					평균	최저	최고	평균	70%					평균	70%		
인문 대학	국어국문	9	9	15.2	4.67	5.49	3.94	4.67	5.01		7	22.1		4.217	4.467	7	3
	영어영문	8	8	16.3	4.89	5.69	4.09	4.89	5.29		7	20.7		4.341	4.390	7	1
	사학과	4	4	17.8	4.84	5.00	4.62	4.84	4.83		4	22.5		4.647	미공개	4	0
	문헌정보	4	4	20.0	3.98	4.95	2.65	3.97	2.65		4	22.5		3.601	미공개	4	1
	문예창작	2	2	17.0	4.80	5.60	4.92	5.26	5.60		3	20.0		4.788	미공개	3	1
	글로벌어문	12	12	16.1	4.69	5.62	3.88	4.47	3.88		13	22.3		4.532	4.713	13	4
	유아교육	-	-	-	-	-	-	-	-	-	-	-		-	-	-	-
사회 과학	공공안전	22	22	20.1	4.11	5.83	3.14	4.29	3.83		23	21.8		4.150	4.664	23	6
	공공인재	12	12	17.8	4.46	5.45	3.75	4.65	3.81		12	19.5		4.179	4.149	12	2
	경제학부	30	30	16.0	4.61	5.73	2.71	4.62	4.35		31	19.4		4.722	4.899	29	8
SW 경영	경영학부	27	27	18.2	4.60	5.62	2.87	4.75	4.56		26	20.4		4.253	4.616	26	11
	ICT융합경영	-	-	-	-	-	-	-	-		-	-		-	-	-	-
수원캠 자연평균		130	130	17.5	4.57	5.50	3.66	4.64	4.38	*0*	130	21.1		4.343	4.557	13	*37*
인문	관광학부	33	33	19.2	4.19	5.79	3.45	4.44	5.16		36	21.8		4.433	4.694	35	*12*
예체능	미디어영상학과	6	6	25.8	4.26	4.93	3.31	4.26	4.93		6	30.8		3.619	3.571	6	0
서울캠 인문평균		290	39	22.5	4.23	5.36	3.38	4.35	5.05	*0*	42	26.3		4.026	4.133	21	*12*

경기대 수원/서울	2022 정시수능 (인문)								2021 정시수능 (인문)					
▶ 인 40:30:20:10 ▶ 자 25:40:20:15 영어: 100-98-94-86-70	2022 정시 최종합격 백분위평균								2021 정시 최종합격 백분위평균					
	국어	수학	탐1	국수탐 백평균	국수탐 백합계	2개년 백분합 편차	국수탐 백 70%	영어 등급	국어	수학	탐1	국수탐 백평균	국수탐 백합계	영어 등급
인문대학 국어국문				76.6	229.8	-15.5	76.0					81.77	245.3	
인문대학 영어영문				77.6	232.8	-9.1	76.6					80.64	241.9	
인문대학 사학과				77.0	231.0	-16.5	76.9					82.50	247.5	
인문대학 문헌정보				78.1	234.3	-15.5	77.6					82.60	247.8	
인문대학 문예창작				77.6	232.8	-6.6	76.3					79.80	239.4	
인문대학 글로벌어문				76.9	230.7	-11.9	75.9					80.85	242.6	
인문대학 유아교육				75.7	227.1	-24.3	75.1					83.81	251.4	
사회과학 공공안전				80.0	240.0	-15.0	78.0					84.99	255.0	
사회과학 공공인재				76.2	228.6	-15.4	75.4					81.34	244.0	
사회과학 경제학부				76.8	230.4	-19.0	75.8					83.12	249.4	
SW경영 경영학부				78.1	234.3	-11.2	77.4					81.82	245.5	
SW경영 ICT융합경영정보				77.3	231.9	-19.0	77.2					83.63	250.9	
수원캠 인문평균				77.3	232.0	-14.7	76.5					82.24	246.7	
예체 체육학과				84.3	252.9		82.5							
예체 시큐리티매니지				80.9	242.7		79.2							
예체 스포츠과학과				79.8	239.4		77.5							
예체 미디어영상				79.3	237.9		78.1							
수원캠 예체 평균				81.1	243.2		79.3							

경기대 수원/서울	2022 정시수능 (자연)								2021 정시수능 (자연)					
▶ 인 40:30:20:10 ▶ 자 25:40:20:15 영어: 100-98-94-86-70	2022 정시 최종합격 백분위평균								2021 정시 최종합격 백분위평균					
	국어	수학	탐1	국수탐 백평균	국수탐 백합계	2개년 백분합 편차	국수탐 백 70%	영어 등급	국어	수학	탐1	국수탐 백평균	국수탐 백합계	영어 등급
SW경영 ICT융합 산업시스				79.9	239.7	1.9	79.2					79.27	237.8	
SW경영 AI 융합 컴퓨터공				84.2	252.6	9.3	83.3					81.11	243.3	
SW경영 AI 융합 인공지능				82.7	248.1	-2.5	82.4					83.55	250.7	
융합과학 수학과				80.9	242.7	5.6	79.5					78.96	236.9	
융합과학 나노공학과				78.8	236.4	-10.7	76.8					82.38	247.1	
융합과학 화학과				79.9	239.7	-1.5	79.4					80.33	241.0	
융합과학 바이오융합				80.0	240.0	6.7	79.2					77.77	233.3	
창의공과 건축학 5년				82.8	248.4	0.7	81.6					82.58	247.7	
창의공과 전자공학과				83.2	249.6	24.7	82.2					74.96	224.9	
창의공과 융합에너지시스템				81.3	243.9	2.0	79.8					80.64	241.9	
창의공과 스마트시티공학부				78.9	236.7	-3.4	78.1					80.02	240.1	
창의공과 기계시스템공학부				81.1	243.3	-1.6	80.5					81.71	245.1	
수원캠 자연평균				81.1	243.4	2.6	80.2					80.27	240.8	
인문 관광학부				78.9	236.7	-17.6	77.5					84.75	254.3	
예체능 미디어영상학과				74.9	224.7	-29.5	74.9					84.74	254.2	
서울캠 인문평균				76.9	230.7	-23.5	76.2					84.75	254.2	

| ▶2023 내신반영 유지★ 인자 공통: 국영수사과<u>史</u> ▶학년비율 100% ▶진로선택 상위 3개 적용 일반 A=25, B=15, C=5 의예 A=20, B=12, C=4 | 1. 2023 교과일반 9명 감소, 교과지역 35명 감소 2. 2023 종합일반 188명 증가 3. 2023 수능최저 단과대별 대폭하향 특징★★ ①치의/수의/약학: 과1→<u>과2, 과탐 절사</u> ②일반 3개합→2개합 4. 상주캠 종합일반 신설, 지역교과, 지역종합, 논술 선발없음 5. 영농창업인재 제외한 모든 2023 종합 자기소개서 없음 6. SW특별전형 10명 단계면접 생략 | 7. 농어촌전형: 의예2, 치의2, 수의예1, 약학X ▶대구캠: 인문자연의치사범 등 ▶상주캠: 생태환경/과학기술 2022.06.19 (일) ollim  |

모집시기	전형명	사정 모형	학생부종합 특별사항	2023 수시 접수기간 09. 13(화) ~ 17(토)	모집 인원	학생부	논술	면접	서류	기타	2023 수능최저등급
2023 수시 3,464명 (69.1%) 정시 1,550명 (30.9%) 전체 5,014명	학생부교과 일반학생	일괄	학생부교과 최종 12.15(목)	1. 2023 전년대비 9명 감소 2. 의예X 치의5 수의9 약10 3. 2023 치의/수의/약 변화★ 과탐1개→과탐2개, 과탐절사 4. 기타 2023 최저완화 주목 5. 후보자 결정: 3배수 발표	990 2022 999	교과 100		▶2022 수능최저 참고 경상: 3개합 6 (탐1) 사과/사범/행정 : 3개합 7 (탐1) 인문/자연: 3개합 8 (탐1) 농업/생활: 3개합 9 (탐1) 상주생태: 2개합 7 (과1) 상주과학: 2개합 8 (과1) 치의: 3개 1등급 (과1) 수의/약: 3개합 5 (과1)			경상/사과/사범/행정/ 인문/자연: 2개합5 (탐1) 농업/생활: 2개합6 (탐1) 상주생태/상주과학 :영어3/영제외1과4(과1) 치의: 3개 1 (과2, 절사) 수의: 3개합 5 (과2,절사) 약학: 3개합 5 (과2,절사)
	학생부종합	일괄	학생부종합 상주캠 최저X 자소서 없음 최종 12.15(목)	1. 2023 전년대비 188명 증가 2. 의예22 치의6 수의10 약학X 3. 의예 12명 증가 4. 생태환경/과학기술 최저X 5. 전공적합+발전가능+인성 6. 모집단위별 전공관련교과★ 학업역량35 전공적합성35 발전가능성20 인성 10 7. 2023 상주캠 종합일반 신설	743 2022 555	서류 100		▶2022 수능최저 참고 경상: 3개합 7 (탐1) 사과/사범/행정 : 3개합 8 (탐1) 인문/자연: 3개합 9 (탐1) 농업/생활: 3개합 10 (탐1) 의예: 3개 1등급 (과2,절사) 치의: 3개 1등급 (과1) 수의: 3개합 5 (과1)			경상/사과/사범/행정/ 인문/자연: 2개합6 (탐1) 농업/생활: 2개합7 (탐1) 의예: 3개 1 (과2, 절사) 치의: 3개 1 (과2, 절사) 수의: 3개합 5 (과2,절사) 상주캠 최저없음
	논술전형	일괄	논술전형 진로선택반영X AAT 100분 논술 11.26(토) 최종 12.15(목)	1. 2023 전년대비 5명 증가 2. 의예10 치의5 수의10 간호13 약학X 모바일 15명 3. 논술답안: 논술/약술/풀이	477 상주캠 없음 2022 472	교과 30 + 논술 70		인문: 교과 통합형 국어/인문/사과 5문항 자연Ⅰ 모집단위 : 수Ⅰ,수학Ⅱ 4문항 자연Ⅱ 모집단위 (의예/치의예/수의예) : 수Ⅰ, 수학Ⅱ 4문항			경상/사과/사범/행정/ 인문/자연: 2개합5 (탐1) 농업/생활: 2개합6 (탐1) 의예: 3개 1 (과2, 절사) 치의: 3개 1 (과2, 절사) 수의: 3개합 5 (과2,절사) 모바: 수과1 (과2, 절사)
	지역인재 교과	일괄	학생부교과 학교장추천서 ~09.23(금) 자소서 없음 의예 면접 11.19(토) 최종 12.15(목)	1. 2023 전년대비 35명 감소 2. 대구경북 고교출신 약학X 3. 의예12 치의11 수의12 4. 전공적합성, 발전가능성 인성을 종합적으로 평가 5. 교과전형인데 서류평가함	303 상주캠 없음 2022 338	교과 100 의예 일괄면접 11.19(토) 교과80+면접20 10분/교과지식x		▶2022 수능최저 참고 경상: 3개합 6 (탐1) 사과/영교/수교/행정 : 3개합 7 (탐1) 인문/자연: 3개합8 (탐1) 농업/생활: 3개합9 (탐1) 의예: 3개 1 (과2 절사) 치의: 3개 1 (과1) 수의: 3개합 5 (과1)			경상/사과/사범/행정 인문/자연: 2개합5 (탐1) 농업/생활: 2개합6 (탐1) 의예: 3개 1 (과2, 절사) 치의: 3개 1 (과2, 절사) 수의: 3개합 5 (과2,절사)
	지역인재 종합	1단계	학생부종합 자소서 없음 일반 최저없음 1단계 11.04(금) 면접 11.19(토) 최종 12.15(목)	1. 대구경북 고교출신, 수의X 2. 의예34 치의11 약학15 3. 2단계: 최저충족자 중에서 전형요소성적 고득점순 선발 4. 최저 의예: 3개 1 (과2, 절사) 치의: 3개 1 (과2, 절사) 약학: 3개합5 (과2, 절사)	238 상주캠 없음	서류 100 (5배수)		▶2022 의예 입결올림 평균 1.52 70% 1.76 경쟁 8.60 실질 2.47 ▶2022 치의 입결올림 평균 2.00 70% 2.30 경쟁 21.6 실질 4.33 ▶2022 약학 입결올림 평균 1.91 70% 2.23			▶2021 의예 입결올림 평균 1.72 편차 0.48 경쟁 7.67 실질 2.47 ▶2021 치의 입결올림 평균 2.64 편차 0.60 경쟁 11.6 실질 1.80 ▶2021 간호 입결올림 평균 2.90 편차 0.96
		2단계				1단계 70 + 면접 30					
	▶국가보훈대상 ▶사회배려자	일괄	학생부종합 자소서 없음 최종 12.15(목)	▶국가보훈대상자 ▶사회배려대상자: 다문/다자3 백혈병/소아암/양육시설 등	보25 배20	서류 100					최저없음
	모바일과학인재 (정원외)	1단계	학생부종합 자소서 없음 최종 12.15(목)	1. 삼성전자 협약 계약학과 2. 전자공학 모바일공학전공5 3. 수학/과학 우수학업역량 4. 모바일과학인재 성장잠재력	5	서류 100 (5배수)		SW특별전형 10명			모바일: 수과1 (과2,절사)
		2단계				1단계 50 + 면접 50					
	▶기초생활수급 ▶기초생활수급 (정원내/외)	일괄	학생부종합 자소서 없음 최종 12.15(목)	1. 서류일괄 유지 ▶기초/차상위 정원내전형 96 ▶기초/차상위 정원외전형 46	142 정원외 약학1	서류 100		고졸재직5/영농창업22 실기실적153특기체육11 농어촌232/특성화23등 장애인26 등 전형생략			일반 최저없음 정원외 약학과: 3개합 6 (과2,절사)

66

경북대 2022 수시분석자료 01 - 교과일반 인문

2022. 06. 19. ollim

2022 수능최저			2022 교과일반 - 인문계열								2021 교과일반 - 인문계열							
경상/사범/행정/수의 : 3개합6 (탐1) 인문/자연: 3개합8 (탐1) 의예/치의: 4개합5 (탐1) 이상 史4등급필수공통 상주캠: 2개합7 (탐1)		2023	▶교과반영 2022 국영수사과史 변화 ▶학년비율 없음 ▶진로선택 상위 3개 가산점★								▶교과반영 인: 국영수사(도덕) 자: 국영수과 ▶학년비율: 20:40:40							
			2022 지원		추합및등록		수능최저통과		2022 최종평균		추합 최종 실질	2021 지원		추합및등록		수능최저통과		2021 최종평균	
		모집 인원	모집 인원	경쟁률	추합 인원	최종 등록	충족 인원	실질 경쟁	등급 평균	등급 85%		모집 인원	경쟁률	추합 인원	최종 등록	충족 인원	실질 경쟁	등급 평균	등급 85%
인문 대학	국어국문	9	5	11.4	8	5	16	3.20	3.39	3.82	1.23	4	23.3	7	2	39	9.75	2.13	-
	영어영문	11	11	11.5	9	11	44	4.00	2.49	2.50	2.20	5	7.80	6	5	15	3.00	2.56	2.94
	사학과	10	10	9.40	5	10	20	2.00	3.52	4.03	1.33	9	8.56	13	5	33	3.67	2.01	2.11
	철학과	7	8	10.1	5	8	22	2.75	3.38	3.64	1.69	5	8.60	4	4	18	3.60	2.06	2.00
	불어불문	11	7	12.7	9	7	24	3.43	3.12	3.93	1.50	8	9.00	6	8	23	2.88	2.44	2.71
	독어독문	5	6	11.8	5	6	11	1.83	3.80	4.47	1.00	6	7.83	6	5	27	4.50	2.36	2.57
	중어중문	4	3	9.70	4	1	7	2.33	-	-	1.00	3	10.0	5	1	13	4.33	-	-
	고고인류	5	4	10.3	9	4	14	3.50	2.79	2.92	1.08	4	9.50	2	4	18	4.50	2.80	2.85
	일어일문	9	7	10.7	11	6	21	3.00	3.02	3.24	1.17	6	14.7	8	6	30	5.00	2.53	2.75
	한문학과	4	6	10.7	9	6	23	3.83	3.64	3.88	1.53	5	8.20	8	2	17	3.40	2.81	-
	노어노문	4	4	12.3	6	4	12	3.00	3.22	3.46	1.20	3	9.33	3	3	7	2.33	2.92	-
사회 과학 대학	정치외교	6	7	10.0	4	5	12	1.71	3.10	3.59	1.09	8	7.25	9	5	26	3.25	2.00	2.11
	사회학과	8	8	10.1	3	6	19	2.38	2.50	3.77	1.73	11	12.3	23	8	77	7.00	1.97	2.07
	지리학과	8	7	10.3	9	5	16	2.29	3.90	5.24	1.00	12	8.25	20	11	53	4.42	2.53	2.67
	문헌정보	8	8	9.30	4	8	12	1.50	3.07	3.38	1.00	11	8.73	16	7	49	4.45	2.09	2.33
	심리학과	7	7	10.1	5	5	12	1.71	2.83	4.62	1.00	5	12.6	5	5	20	4.00	1.93	2.00
	사회복지	11	11	9.90	6	3	17	1.55	3.75	3.83	1.00	15	7.00	22	14	40	2.67	2.57	2.88
	미디어커뮤니	4	3	22.7	0	2	3	1.00	-	-	1.00	4	7.75	5	4	14	3.50	2.65	3.37
경상 대학	경제통상	19	23	12.8	17	17	40	1.73	3.17	3.90	1.00	19	7.00	25	11	44	2.32	2.79	3.12
	경영학부	33	25	20.9	16	24	76	3.04	2.82	3.08	1.85	27	7.04	23	18	50	1.85	2.93	4.05
행정	행정학부	12	12	15.1	15	11	55	4.58	2.50	2.59	2.04	8	13.8	14	7	34	4.25	2.63	2.91
농생	식품자원경제	4	4	14.5	7	4	20	5.00	2.87	2.99	1.82	7	21.3	6	6	50	7.14	2.52	2.82
사범 인문	교육학과	-	-	-	-	-	-	-	-	-	-	-	2	10.5	1	2	4	2.00	2.85	-
	국어교육	8	6	10.2	10	6	32	5.33	2.26	2.47	2.00	5	10.6	11	1	22	4.40	-	-
	영어교육	8	7	8.00	10	7	18	2.57	2.83	3.14	1.06	2	12.5	2	2	10	5.00	2.09	-
	독어교육	4	3	9.00	2	1	5	1.67	-	-	1.00	2	16.5	1	2	4	2.00	3.18	-
	불어교육	4	3	9.00	1	2	6	2.00	-	-	1.50	2	16.0	2	2	4	2.00	3.21	-
	역사교육	4	4	8.50	4	4	15	3.75	1.85	2.12	1.88	3	9.33	3	3	11	3.67	2.02	-
	지리교육	2	-	-	-	-	-	-	-	-	-	3	21.7	5	2	21	7.00	2.45	-
	일반사교	5	5	8.40	3	1	8	1.60	2.50	2.60	1.00	5	10.4	6	3	23	4.60	1.94	-
	윤리교육	4	4	12.3	8	3	16	4.00	2.17	2.26	1.33	4	17.3	6	2	25	6.25	1.93	-
자전	인문자전	-	24	29.3	35	24	194	8.08	2.64	2.78	3.29	15	6.33	20	14	35	2.33	3.58	4.41
인문계열 교과평균		238	242	12.0	239	206	790	2.95	2.97	3.39	1.42	228	11.3	293	174	856	4.10	2.48	2.77

경북대 2022 수시분석자료 02 - 교과일반 자연　　2022. 06. 19. ollim

2022 수능최저

경상/사범/행정/수의 : 3개합6 (탐1)
인문/자연: 3개합8 (탐1)
의예/치의: 4개합5 (탐1)
이상 史4등급필수공통
상주캠: 2개합7 (탐1)

2022 교과일반 - 자연계열
▶교과반영 2022 국영수사과史 변화
▶학년비율 없음 ▶진로선택 상위 3개 가산점★

2021 교과일반 - 자연계열
▶교과반영 인: 국영수사(도덕)　자: 국영수과
▶학년비율: 20:40:40

대학	학과	2023 모집인원	2022 지원 모집인원	2022 지원 경쟁률	추합및등록 추합인원	추합및등록 최종등록	수능최저통과 충족인원	수능최저통과 실질경쟁	2022 최종평균 등급평균	2022 최종평균 등급85%	추합최종실질	2021 지원 모집인원	2021 지원 경쟁률	추합및등록 추합인원	추합및등록 최종등록	수능최저통과 충족인원	수능최저통과 실질경쟁	2021 최종평균 등급평균	2021 최종평균 등급85%
자연과학대학	수학과	5	4	9.50	2	4	11	2.75	2.24	2.67	1.83	7	6.43	7	4	14	2.00	2.18	2.11
	물리학과	8	10	9.00	12	5	22	2.20	3.60	3.93	1.00	10	6.20	8	4	18	1.80	2.66	2.74
	화학과	7	7	14.1	0	7	15	2.14	2.74	3.00	2.14	8	6.13	1	3	9	1.13	3.13	-
	생명공학	22	26	8.50	35	25	83	3.19	2.48	2.99	1.36	8	10.3	15	7	30	3.75	2.05	2.21
	생물학	10	9	9.10	0	3	8	0.88	3.09	5.39	0.89	6	8.50	6	5	19	3.17	2.07	2.16
	통계학과	10	5	8.60	1	4	6	1.20	3.47	4.13	1.00	5	6.00	9	4	18	3.60	2.04	1.95
	지구시스템	13	16	7.90	0	12	31	1.94	2.77	3.50	1.94	9	10.8	9	7	24	2.67	2.39	2.37
공과대학	신소재공	10	12	9.00	11	12	27	2.25	3.20	3.91	1.17	8	9.25	12	4	32	4.00	1.85	2.00
	기계공학	24	22	15.5	37	22	101	4.59	2.74	3.02	1.71	14	7.93	26	7	41	2.93	2.35	3.02
	건축학	8	7	16.3	4	7	23	3.29	2.76	3.00	2.09	8	8.38	3	4	11	1.38	2.75	2.99
	건축공학	7	7	10.7	5	7	13	1.86	2.83	4.17	1.08	8	9.25	6	4	19	2.38	2.48	2.60
	토목공학	8	8	11.6	11	8	21	2.63	2.85	2.96	1.11	10	17.4	12	6	47	4.70	2.57	2.73
	응용화학	9	9	10.3	5	9	34	3.78	2.24	2.37	2.43	9	8.00	13	8	26	2.89	2.44	2.56
	화학공학	9	8	19.0	13	7	66	8.25	2.06	2.16	3.14								
	고분자공	13	10	8.70	7	10	19	1.90	3.78	4.35	1.12	8	9.50	9	6	38	4.75	2.07	2.17
	섬유시스템	8	5	18.4	8	5	17	3.40	3.49	3.81	1.31	7	8.00	1	2	8	1.14	3.73	-
	환경공학	8	5	11.6	5	4	10	2.00	3.22	3.24	1.00	6	12.0	10	4	23	3.83	2.50	2.62
	에너지공	6	4	9.50	6	4	13	3.25	2.87	3.35	1.30	3	13.3	4	3	12	4.00	2.13	-
IT대학	전자공학	48	50	8.40	49	46	201	4.02	2.03	2.30	2.03	30	6.37	27	25	101	3.37	1.56	1.65
	전자인공지능	10																	
	컴퓨터 데이터	7	10	15.9	20	10	54	5.40	2.38	2.56	1.80	8	10.3	11	5	34	4.25	2.02	2.07
	컴퓨인공지능	4																	
	컴퓨글소프트	7																	
	글로벌소프트	7	10	13.1	12	10	40	4.00	2.50	2.85	1.82	9	12.8	4	14	42	4.67	1.98	2.00
	전기공학	12	11	8.70	9	11	33	3.00	2.56	3.07	1.65	5	11.0	6	5	20	4.00	1.86	2.00
농업생명과학대학	응용생명과학	6	10	14.3	7	9	49	4.90	2.35	2.50	2.88	11	34.6	9	9	97	8.82	2.20	2.42
	식물의학과	5																	
	식품공학	20	10	10.4	16	9	29	2.90	2.59	3.79	1.12	12	14.6	16	9	85	7.08	2.18	2.20
	산림과학조경	12	23	11.0	21	22	85	3.70	3.16	3.45	1.93	7	10.6	9	5	24	3.43	2.20	2.27
	원예과학	7	4	22.8	9	4	19	4.75	2.87	3.48	1.46	8	9.13	9	8	20	2.50	3.23	3.00
	농업토목생물	14	6	21.2	11	6	30	5.00	3.20	3.63	1.76	8	9.50	9	7	19	2.38	3.50	3.59
	바이오섬유	7	6	14.0	7	6	23	3.83	2.89	3.01	1.77	9	9.22	4	8	23	2.56	2.89	3.07
치과	치의예과	5	5	77.0	6	5	67	13.4	1.44	1.47	6.1	10	38.0	21	9	52	5.20	1.67	1.85
수의	수의예과	9	9	23.8	13	9	76	8.44	1.41	1.42	3.45	-	-	-	-	-	-	-	-
약학	약학과	10	10	38.8	32	10	126	12.6	1.23	1.33	3.0	신설	-	-	-	-	-	-	-
간호	간호학과	16	10	12.2	10	9	44	4.40	1.99	2.10	2.20	5	13.6	9	5	23	4.60	1.89	2.00
자율	자전자연	-	11	8.10	8	9	19	1.73	2.85	4.51	1.00	8	8.50	11	9	30	3.75	1.83	1.90
사범자연	수학교육	7	6	15.0	10	6	34	5.67	2.17	2.26	2.13	5	7.40	5	3	10	2.00	2.97	-
	물리교육	5	6	6.30	0	3	6	1.00	3.57	5.10	1.00	4	6.50	1	2	5	1.25	2.21	-
	화학교육	5	6	8.70	1	5	9	1.50	3.15	3.21	1.29	5	10.0	1	0	5	1.00	-	-
	생물교육	6	7	9.10	4	6	15	2.14	2.76	3.13	1.36	7	8.7	1	1	8	1.14	-	-
	지구교육	4	6	13.0	5	4	11	1.83	4.04	4.11	1.00	3	8.3	0	3	3	1.00	3.06	-
	가정교육	-	5	8.20	0	0	2	0.40	-	-	0.40	2	10.5	0	0	0	0.00	-	-
	체육교육	3	2	22.0	3	2	12	6.00	-	-	2.40	3	16.3	2	2	10	3.33	1.88	-
생활과학	아동학부	13	8	9.30	19	8	35	4.38	2.92	3.00	1.30	11	6.18	12	10	29	2.64	2.50	2.83
	의류학과	8	9	9.90	0	1	7	0.78	-	-	0.78	5	12.2	4	5	19	3.80	2.97	3.24
	식품영양	9	9	10.2	10	8	25	2.78	3.15	3.46	1.32	6	8.8	9	3	17	2.83	3.05	-
자연계열 교과평균		451	423	14.4	444	373	1571	3.72	2.74	3.19	1.73	315	11.0	329	227	1065	3.14	2.41	2.42

2022~23 수능최저		2023	2022 교과일반 - 자연 상주캠								2021 교과일반 - 자연 상주캠						
▶2022 수능최저 상주캠: 2개합7 (탐1) ▶2023 수능최저 상주캠:영어3 또는 영 제외 1개4 (과1)			▶교과반영 2022 국영수사과史 변화 ▶학년비율 없음 ▶진로선택 상위 3개 가산점★								▶교과반영 인: 국영수사(도덕) 자: 국영수과 ▶학년비율: 20:40:40						
			2022 지원		추합및등록		수능최저통과		2022 최종평균		추합 최종 실질	2021 지원		추합및등록		수능최저통과		2021 최종평균
		모집 인원	모집 인원	경쟁률	추합 인원	최종 등록	충족 인원	실질 경쟁	등급 평균	등급 85%		모집 인원	경쟁률	추합 인원	최종 등록	충족 인원	실질 경쟁	등급 평균
상주캠 생태 환경 대학	생태환경시스템	33	27	3.20	0	7	22	0.81	4.40	5.25	0.81	32	3.31	4	13	36	1.13	4.91	5.23
	생물응용전공	10	15	2.40	0	5	12	0.80	5.28	5.36	0.80	14	3.57	2	7	16	1.14	4.98	5.27
	축산학과	16	13	3.40	0	2	10	0.77	-	-	0.77	11	5.00	7	4	18	1.64	4.53	4.54
	축산생명공	13	13	3.30	0	4	8	0.62	5.27	5.39	0.62	17	2.71	0	7	14	0.82	5.12	5.79
	말특수동물	13	17	4.50	14	17	32	1.88	4.40	5.13	1.03	18	5.44	20	15	52	2.89	3.40	3.68
	관광학과인문	14	14	4.70	9	12	23	1.64	5.20	5.72	1.00	12	4.50	14	11	26	2.17	5.19	6.97
	레저스포츠체능	-	10	3.30	0	3	6	0.60	4.79	5.03	0.60	10	6.80	1	6	11	1.10	4.10	4.50
상주캠 과학 기술 대학	건설방재공학	19	38	2.20	0	12	31	0.82	5.54	6.00	0.82	43	3.14	0	13	31	0.72	5.24	5.73
	정밀기계공학	18	24	2.30	0	6	24	1.00	5.28	5.46	1.00	26	3.19	4	5	30	1.15	4.53	4.92
	자동차공학	26	23	4.10	15	10	38	1.65	5.05	6.09	1.00	29	3.14	0	4	20	0.69	5.55	6.19
	소프트웨어	27	14	5.80	24	12	53	3.79	3.58	4.39	1.39	19	3.47	15	8	34	1.79	3.98	4.13
	나노소재공	37	37	2.40	5	12	42	1.14	5.21	5.92	1.00	44	2.77	14	11	58	1.32	4.73	5.80
	식품외식산업	25	27	3.70	5	13	32	1.19	5.61	6.43	1.00	31	3.26	0	10	21	0.68	5.34	5.87
	섬유공학	12	12	2.50	0	3	10	0.83	5.99	6.45	0.83	16	2.75	0	2	7	0.44	4.94	-
	융복합시스템	20	31	3.00	6	13	37	1.19	5.61	6.10	1.00	34	2.32	0	7	14	0.41	5.84	5.92
	치위생학	10	13	21.7	28	10	145	11.2	3.81	3.98	3.54	10	6.10	17	8	28	2.80	4.03	5.02
	섬유패션디자인	-	6	7.00	11	6	19	3.17	5.09	5.72	1.12	-	-	-	-	-	-	-	-
상주캠 교과평균		293	328	4.68	106	141	525	1.87	5.00	5.51	1.08	366	3.84	98	131	416	1.31	4.78	5.30

2022 지역인재 교과인문 / 2021 지역인재 교과인문

수능최저 있음

경상/사범/행정/수의 : 3개합6 (탐1)
인문/자연: 3개합8 (탐1)
의예/치의: 4개합5 (탐1)
이상 史4등급필수공통

▶교과반영 2022 국영수사과史 변화 ▶학년비율 없음 ▶진로선택 상위 3개 가산점★

▶교과반영 인: 국영수사　사: 도덕 포함　자: 국영수과 ▶학년비율: 20:40:40　▶교과70%+서류30%

		2023 모집인원	2022 지원 모집인원	2022 지원 경쟁률	추합및등록 추합인원	추합및등록 최종등록	수능최저통과 충족인원	수능최저통과 실질경쟁	2022 최종평균 등급평균	2022 최종평균 등급85%	추합최종실질경쟁	2021 지원 모집인원	2021 지원 경쟁률	추합및등록 추합인원	추합및등록 최종등록	수능최저통과 충족인원	수능최저통과 실질경쟁	2021 최종평균 등급평균	2021 최종평균 등급85%
인문	국어국문	-	4	10.8	9	4	14	3.50	2.86	3.50	1.08	-	-	-	-	-	-	-	-
인문	영어영문	12	4	10.3	4	4	12	3.00	2.66	2.75	1.50	6	8.67	7	5	33	5.50	2.23	2.28
인문	불어불문	-	3	12.3	7	2	10	3.33	-	-	1.00								
인문	독어독문	-	3	10.3	1	2	5	1.67	-	-	1.25								
사회과학	사회학과	-	3	9.30	2	2	5	1.67	-	-	1.00								
사회과학	지리학과	-	3	10.0	2	3	6	2.00	4.19	4.24	1.20								
사회과학	문헌정보학과	-	3	9.00	0	0	0	0.00	-	-	0.00								
사회과학	사회복지학과	10	6	10.2	6	6	12	2.00	2.89	4.96	1.00								
경상대학	경제통상학부	18	8	13.1	11	6	15	1.88	3.19	3.36	0.79	19	6.32	2	11	33	1.74	3.05	3.75
경상대학	경영학부	24	12	12.1	6	12	28	2.33	3.10	3.61	1.56	27	9.19	22	25	90	3.33	2.40	2.61
사범	영어교육	-	3	9.30	1	3	8	2.67	3.14	3.34	2.00	-	-	-	-	-	-	-	-
행정	행정학부	12	7	12.1	3	7	39	5.57	2.36	2.41	3.90	9	8.67	10	8	23	2.56	2.50	2.63
자전	인문자전	25	15	17.8	34	15	91	6.07	2.59	3.31	1.86	15	7.47	14	14	69	4.60	2.23	2.30
지역인재 교과평균		101	74	11.3	77	62	231	2.74	3.00	3.50	1.39	76	8.06	55	63	248	3.55	2.48	2.71

2022 지역인재 교과자연 / 2021 지역인재 교과자연

인문/자연: 3개합8 (탐1)
농업/생활: 3개합9 (탐1)

의예: 3개 1 (과2) *절사
치의: 3개 1 (과1)
수의: 3개합 5 (과1)

		2023 모집인원	2022 지원 모집인원	2022 지원 경쟁률	추합및등록 추합인원	추합및등록 최종등록	수능최저통과 충족인원	수능최저통과 실질경쟁	2022 최종평균 등급평균	2022 최종평균 등급85%	추합실질경쟁	2021 지원 모집인원	2021 지원 경쟁률	추합및등록 추합인원	추합및등록 최종등록	수능최저통과 충족인원	수능최저통과 실질경쟁	2021 최종평균 등급평균	2021 최종평균 등급85%
자연과학	생명과학생물	-	4	10.3	0	4	5	1.25	2.48	3.50	1.25	-	-	-	-	-	-	-	-
자연과학	지구시스템	-	4	13.8	3	2	7	1.75	-	-	1.00	9	11.9	9	6	27	3.00	3.11	3.37
공과대학	신소재공	10	9	9.20	6	9	15	1.67	3.33	3.97	1.00	9	8.89	5	8	28	3.11	2.09	2.18
공과대학	기계공학	14	7	9.10	5	7	23	3.29	2.52	2.71	1.92	14	8.14	12	13	53	3.79	2.33	2.48
공과대학	건축학	-	5	10.0	6	5	17	3.40	2.85	2.97	1.55								
공과대학	건축공학	-	5	8.40	2	4	7	1.40	3.26	4.42	1.00								
공과대학	토목공학	12	7	8.60	4	7	11	1.57	3.30	4.24	1.00								
공과대학	응용화학공학	10	-	-	-	-	-	-	-	-	-								
공과대학	섬유시스템공	-	4	12.3	3	4	8	2.00	3.31	3.55	1.14								
공과대학	환경공학	-	4	10.0	4	3	10	2.50	2.89	3.42	1.25								
공과대학	에너지공학	-	3	8.70	3	3	10	3.33	2.95	3.03	1.67								
IT대학	전자공학	40	26	9.30	23	24	146	5.62	1.97	2.07	2.98	40	6.80	32	34	154	3.85	2.16	2.48
IT대학	컴퓨터학부	10	6	18.00	15	6	47	7.83	2.14	2.16	2.24	12	7.42	17	11	48	4.00	2.32	2.60
IT대학	글로벌소프트	10	6	18.70	8	6	51	8.50	2.00	2.21	3.64	12	7.08	9	12	33	2.75	2.70	3.07
IT대학	전기공학	10	7	11.40	2	7	32	4.57	2.44	2.56	3.56	5	22.20	4	5	33	6.60	2.45	2.70
농업	응용생명과학	4	4	16.8	4	4	26	6.50	1.98	2.26	3.25								
농업	식품공학부	10	4	13.3	5	4	20	5.00	2.60	2.85	2.22								
농업	산림과학조경	7	-	-	-	-	-	-	-	-	-								
농업	바이오섬유	-	3	12.7	1	3	10	3.33	2.91	3.27	2.50								
생활	아동학부	-	5	11.2	6	5	24	4.80	2.62	2.92	2.18								
사범	수학교육	-	3	10.0	2	3	15	5.00	2.21	2.54	2.50								
의과	의예과	12	10	14.7	9	10	44	4.40	1.08	1.20	2.32	10	7.50	12	10	26	2.60	1.43	1.80
치과	치의예과	11	10	35.2	17	10	52	5.20	1.72	1.85	1.93	10	33.4	13	7	77	7.70	1.86	1.90
수의	수의예과	12	12	10.5	9	12	50	4.16	1.54	1.65	2.38	10	6.30	4	10	37	3.70	1.38	1.73
간호	간호학과	18	28	8.20	35	27	121	4.32	2.01	2.16	1.92	23	5.48	13	22	53	2.30	1.98	2.14
자전	자연자전	10	6	9.80	2	6	22	3.66	2.60	2.66	2.75								
지역인재 교과평균		200	186	12.2	316	287	1191	4.08	2.47	2.76	2.08	258	10.3	233	259	1032	3.70	2.28	2.53

지역인재 교과 상주캠퍼스 2021~2023 모집없음

경북대 2022 수시분석자료 06 - 종합일반 인문

2022. 06. 19. ollim

2022 수능최저
경상: 3개합 7 (탐1)
사과/사범/행정 : 3개합 8 (탐1)
인문/자연 3개합9 (탐1)

2022 종합일반 - 인문계열
▶서류 100%
▶교과반영: 정성평가 및 학과별 주요교과 명시

2021 종합일반 - 인문계열
▶서류 100%
▶교과반영: 정성평가 및 학과별 주요교과 명시

대학	학과	2023 모집인원	2022 지원 모집인원	2022 지원 경쟁률	추합인원	최종등록	충족인원	실질경쟁	2022 50% CUT	2022 70% CUT	추합 최종 실질	2021 모집인원	2021 경쟁률	2021 추합인원	2021 최종등록	등급평균	표준편차	2021 50% CUT	2021 70% CUT
인문대학	국어국문	5	5	11.6	2	5	33	6.60	3.55	3.61	4.71	10	6.50	5	10	2.73	0.53	2.75	2.88
	영어영문	10	9	10.3	10	9	44	4.89	3.97	4.23	2.32	18	7.61	11	18	2.57	0.25	2.63	2.69
	사학과	13	9	8.20	6	9	32	3.56	3.12	3.59	2.13	12	7.42	2	12	2.49	0.35	2.47	2.60
	철학과	4	3	12.7	0	3	20	6.67	3.67	3.67	6.67	4	6.25	5	4	3.39	0.68	3.01	3.84
	불어불문	6	3	10.3	1	3	7	2.33	3.40	3.40	1.75	6	5.67	10	6	4.09	0.71	3.68	3.75
	독어독문	5	6	9.50	3	6	18	3.00	3.96	4.19	2.00	9	5.33	2	8	3.01	0.19	2.98	3.09
	중어중문	4	4	12.0	2	4	23	5.75	4.25	4.85	3.83	4	19.0	6	3	3.07	0.17	-	-
	고고인류	5	5	7.80	6	5	16	3.20	3.51	3.58	1.45	5	7.80	3	5	2.76	0.44	2.84	3.09
	일어일문	7	4	14.8	3	4	25	6.25	3.84	4.93	3.57	9	13.8	4	8	3.82	0.85	3.48	3.50
	한문학과	5	4	9.00	3	4	13	3.25	2.99	4.12	1.86	5	4.20	2	5	3.48	0.53	3.54	3.82
	노어노문	13	8	15.3	6	7	40	5.00	4.21	4.34	2.86	12	5.58	9	11	4.61	1.15	4.46	4.81
사회과학대학	정치외교	6	4	12.3	11	3	23	5.75	3.29	3.29	1.53	5	12.6	5	5	2.46	0.34	2.55	2.88
	사회학과	5	-	-	-	-	-	-	-	-	-	3	21.0	3	2	2.68	0.44	-	-
	지리학과	8	5	9.00	3	5	12	2.40	3.51	3.66	1.50	4	10.0	4	3	3.17	0.39	-	-
	문헌정보	6	4	10.8	8	4	16	4.00	2.80	3.40	1.33	3	11.7	3	3	2.65	0.24	-	-
	심리학과	7	5	15.4	3	5	34	6.80	3.00	3.07	4.25	10	13.8	4	10	2.35	0.35	2.38	2.47
	사회복지	11	9	11.3	10	8	35	3.89	3.36	4.52	1.84	10	10.9	4	9	2.67	0.51	2.65	2.71
	미디어커뮤니	8	4	22.3	6	3	33	8.25	3.39	3.39	3.30	7	17.3	3	6	2.44	0.37	2.37	2.44
경상대학	경제통상	20	20	9.40	23	20	53	2.65	3.34	3.56	1.23	28	7.79	25	21	2.91	0.55	2.88	3.18
	경영학부	22	20	12.1	18	19	63	3.15	2.86	3.38	1.66	20	16.6	26	14	2.48	0.70	2.34	2.47
행정	행정학부	14	6	17.8	1	6	52	8.67	2.93	3.03	7.43	10	7.90	5	9	2.28	0.29	2.19	2.33
농생	식품자원경제	5	5	8.80	4	5	23	4.60	2.89	3.03	2.56	8	6.00	6	8	2.77	0.36	2.65	2.98
사범인문	교육학과	7	7	14.1	4	7	45	6.43	3.14	3.48	4.09	3	24.7	2	3	2.45	0.24	-	-
	국어교육	7	6	13.8	7	6	45	7.50	2.61	3.02	3.46	6	11.0	7	6	2.37	0.32	2.15	2.37
	영어교육	7	5	9.20	14	5	23	4.60	2.76	2.85	1.21	5	13.0	3	5	2.01	0.38	2.05	2.14
	역사교육	6	4	17.3	8	4	40	10.0	2.16	2.47	3.33	6	14.8	2	6	2.50	0.75	2.16	2.35
	지리교육	8	8	9.00	7	8	34	4.25	2.71	3.02	2.27	4	10.8	4	4	2.91	0.30	2.92	3.04
	일반사교	3	2	10.0	4	2	9	4.50	-	-	1.50	2	12.5	2	2	2.20	0.23	-	-
	윤리교육	3	4	10.8	5	4	19	4.75	2.70	2.73	2.11	7	6.14	4	7	2.17	0.27	2.27	2.31
자전	인문자전	-	-	-	-	-	-	-	-	-	-	16	7.50	7	15	2.56	0.44	2.57	2.76
인문계열 입결평균		230	178	12.0	178	173	30	5.10	3.26	3.57	2.78	251	10.8	181	228	2.80	0.44	2.75	2.94

대학	학과											2021 모집인원	2021 경쟁률	2021 추합인원	2021 최종등록	등급평균	표준편차	2021 50% CUT	2021 70% CUT
예술대학	미술학 한국화											2	3.50	1	2	4.31	0.54		
	미술학 서양화											2	3.50	0	2	3.60	0.32		
	미술학 조소											2	4.00	1	2	3.16	0.58		
예술대학 입결평균												6	3.7	2	6	3.69	0.48		

경북대 2022 수시분석자료 07 - 종합일반 자연

2022. 06. 19. ollim

2022 수능최저

인문/자연 3개합9 (탐1)
농업/생활 3개합10(탐1)
의예: 3개 1 (과2) *절사
치의: 3개 1 (과1)
수의: 3개합 5 (과1)

2022 종합일반 - 자연계열
▶서류 100%
▶교과반영: 정성평가 및 학과별 주요교과 명시

2021 종합일반 - 자연계열
▶서류 100%
▶교과반영: 정성평가 및 학과별 주요교과 명시

대학	학과	2023 모집인원	2022 지원 모집인원	경쟁률	추합인원	최종등록	충족인원	실질경쟁	2022 50% CUT	2022 70% CUT	추합최종실질	2021 모집인원	경쟁률	추합인원	최종등록	등급평균	표준편차	2021 50% CUT	2021 70% CUT
자연과학대학	수학과	7	7	8.00	17	6	27	3.90	2.91	3.13	1.13	6	7.00	7	6	2.96	0.36	2.94	2.97
	물리학과	9	6	8.20	12	5	18	3.00	3.76	4.37	1.00	8	7.38	8	7	3.10	0.33	3.28	3.29
	화학과	8	6	9.20	6	5	22	3.70	3.25	3.46	1.83	9	13.6	6	8	2.54	0.44	2.50	2.60
	생명공학	24	22	12.8	14	21	146	6.60	2.68	2.98	4.06	20	18.8	12	17	2.35	0.39	2.31	2.43
	생물학	13	9	8.80	4	9	34	3.78	2.96	3.16	2.62	8	9.38	1	8	2.42	0.34	2.26	2.50
	통계학과	7	5	8.00	5	5	15	3.00	3.09	3.14	1.50	6	11.2	5	5	2.57	0.16	2.58	2.66
	지구시스템	20	23	6.30	21	22	44	1.91	3.49	3.85	1.00	22	6.14	8	22	3.06	0.46	3.03	3.35
공과대학	신소재공	11	13	8.40	6	12	52	4.00	3.00	3.15	2.74	12	8.75	4	12	2.36	0.26	2.37	2.40
	기계공학	21	22	8.70	26	22	108	4.91	3.32	3.88	2.25	28	9.64	17	24	2.57	0.39	2.51	2.61
	건축학	10	7	15.0	6	7	39	5.57	3.47	3.66	3.00	10	6.90	6	10	2.92	0.77	2.98	3.06
	건축공학	11	7	10.7	6	6	35	5.00	2.76	2.83	2.69	8	8.38	5	8	2.97	0.27	2.87	3.12
	토목공학	5	4	10.0	4	4	16	4.00	3.65	4.25	2.00	8	7.50			2.91	0.38	2.93	3.08
	응용화학	5	8	9.80	7	8	45	5.63	2.72	3.17	3.00	18	12.1	16	16	2.23	0.56	2.05	2.30
	화학공학	6	8	15.3	8	8	75	9.38	2.73	2.81	4.69								
	고분자공학	8	8	8.40	5	7	27	3.38	3.12	3.39	2.08	10	6.60	6	10	2.68	0.32	2.57	2.64
	섬유시스템공	4	4	9.00	2	4	12	3.00	3.37	4.25	2.00	9	5.67	0	9	3.05	0.29	2.99	3.02
	환경공학	7	7	15.1	2	7	38	5.43	3.79	3.89	4.22	9	7.44	5	9	3.14	0.93	2.95	3.21
	에너지공학	6	3	11.7	4	2	21	7.00	-	-	3.00	3	7.67	2	2	2.66	0.09	-	-
IT대학	전자공학부	36	40	10.4	13	39	280	7.00	2.77	3.02	5.28	50	6.84	20	45	2.60	0.47	2.63	2.74
	전자인공지능	8																	
	컴퓨터학부	11	13	12.2	14	13	92	7.08	2.61	2.67	3.41	20	6.60	14	19	2.59	0.41	2.56	2.76
	컴퓨인공지능	5																	
	글로벌소프트	17	13	12.3	14	13	87	6.69	3.12	3.20	3.22	15	8.20	7	14	2.70	0.15	2.64	2.75
	전기공학	5	8	9.30	6	8	42	5.25	3.15	3.53	3.00	11	8.18	4	11	2.63	0.16	2.59	2.69
	모바일공학과	-	-	-	-	-	-	-	-	-	-		13.0	1	4	2.79	0.77	2.79	3.13
농업생명과학대학	응용생명과	6	10	12.3	10	10	72	7.20	3.20	3.30	3.60	9	15.2	6	7	2.55	0.54	2.58	2.68
	식물의학과	4																	
	식품공학부	10	10	9.70	6	9	45	4.50	3.29	3.37	2.81	20	7.85	12	20	2.92	0.30	2.90	3.07
	산림과학조경	12	12	10.1	8	12	53	4.42	3.34	3.60	2.65	16	7.63	7	15	3.18	0.40	3.16	3.30
	농업토목생물	6	4	9.80	2	4	16	4.00	3.96	4.69	2.67	5	6.00	2	5	3.23	0.47	3.28	3.54
	바이오섬유	11	8	8.60	2	8	26	3.25	3.37	4.22	2.60	4	5.00	3	4	3.37	0.13	3.32	3.34
의과	의예과	22	10	40.6	6	10	108	10.8	1.70	2.50	6.75	15	29.3	14	14	1.88	0.39	1.76	1.83
치과	치의예과	6	5	48.6	1	5	39	7.80	1.99	2.40	6.50	5	7.67	2	4	3.32	0.65	3.47	3.65
수의	수의예과	10	9	27.3	2	9	90	10.0	1.86	1.87	8.18	14	26.7	3	14	1.62	0.28	1.48	1.76
간호	간호학과	10	9	18.8	5	8	83	10.4	2.12	2.35	6.38	12	8.83	7	11	2.21	0.31	2.18	2.24
자율	자전자연	-	-	-	-	-	-	-	-	-	-	6	4.83	4	6	3.18	1.22	2.58	2.75
사범자연	수학교육	5	4	12.3	4	4	25	6.25	2.94	3.33	3.13	3	16.0	5	1	-	-	-	-
	물리교육	7	5	5.60	6	3	11	2.20	3.61	3.61	1.00	4	9.00	1	3	2.37	0.35	-	-
	화학교육	7	6	6.80	6	4	12	2.00	2.76	3.60	1.00	6	8.33	4	6	2.48	0.40	2.40	2.57
	생물교육	8	6	8.20	4	6	23	3.83	2.78	2.84	2.30	5	10.0	4	5	2.50	0.32	2.58	2.72
	지구교육	8	6	8.00	7	5	13	2.17	4.26	4.40	1.00	4	8.25	0	3	2.73	0.36	-	-
	가정교육	12	4	6.30	0	2	2	0.50	-	-	0.50	7	4.14	4	7	3.14	0.23	3.05	3.26
	체육교육	7	6	18.0	5	6	30	5.00	2.37	2.38	2.73	6	22.2	5	6	1.83	0.13	1.75	1.88
생활과학	아동학부	10	11	7.50	7	10	46	4.18	3.06	3.41	2.56	10	5.70	3	9	3.30	0.66	3.19	3.25
	의류학과	5	5	8.20	2	5	10	2.00	3.70	4.25	1.43	5	13.4	2	5	2.78	0.50	2.87	3.03
	식품영양	5	5	8.20	2	4	15	3.00	3.19	3.46	2.14	5	7.80	0	5	3.00	0.36	3.12	3.30
자연계열 입결평균		435	377	12.3	287	357	49	4.94	3.06	3.37	2.92	451	10.0	242	424	2.72	0.41	2.68	2.83

경북대 2022 수시분석자료 08 - 종합지역 인문

2022. 06. 19. ollim

2022 수능최저			2022 종합지역 - 인문계열										2021 종합지역 - 인문계열							

▶2022 지역종합최저 일반 최저없음
의예: 3개 1(과목)*절사
치의: 3개 1 (과1)
약학: 3개합 5 (탐1)

▶1단계: 서류 100%+2단계: 면접 30%
▶교과반영: 정성평가 및 학과별 주요교과 명시

		2023	2022 지원		추합및등록		수능최저통과		2022 CUT		추합 최종 실질	2021 지원		추합및등록		2021 최종평균		2021 CUT	
		모집 인원	모집 인원	경쟁률	추합 인원	최종 등록	충족 인원	실질 경쟁	50% CUT	70% CUT		모집 인원	경쟁률	추합 인원	최종 등록	등급 평균	표준 편차	50% CUT	70% CUT
인문 대학	영어영문	-	3	7.70	0	3			3.67	3.67									
	사학과	-	4	6.50	0	4			3.32	4.44									
	일어일문	-	3	8.70	0	3			5.72	5.72									
	노어노문	-	3	8.00	1	3			4.04	4.04									
사회 과학	심리학과	-	3	9.70	1	3			2.73	2.73									
	미덩커뮤니케	-	3	13.7	3	3			3.09	3.09									
경상 대학	경제통상	10	8	6.80	2	8			2.92	3.16									
	경영학부	11	10	9.80	12	10			2.61	2.93									
인문계열 입결평균		21	37	8.86	19	37			3.51	3.72									

경북대 2022 수시분석자료 09 - 종합지역 자연

2022. 06. 19. ollim

▶2022 지역종합최저 일반 최저없음
의예: 3개 1(과2)*절사
치의: 3개 1 (과1)
약학: 3개합 5 (탐1)

▶1단계: 서류 100%+2단계: 면접 30%
▶교과반영: 정성평가 및 학과별 주요교과 명시

		2023	2022 지원		추합및등록		수능최저통과		2022 CUT		추합 최종 실질	2021 지원		추합및등록		2021 최종평균		2021 CUT	
		모집 인원	모집 인원	경쟁률	추합 인원	최종 등록	충족 인원	실질 경쟁	50% CUT	70% CUT		모집 인원	경쟁률	추합 인원	최종 등록	등급 평균	표준 편차	50% CUT	70% CUT
자연 과학 대학	물리학과	10	7	5.10	8	7			4.07	4.14									
	화학과	5	5	7.00	0	5			2.53	2.60									
	생명공학	13	10	10.0	2	9			2.64	2.69									
	통계학과	-	4	6.50	1	4			3.35	3.79									
	지구시스템	17	6	5.70	0	6			3.04	3.27									
공과 대학	신소재공	5	-	-	-	-			-	-									
	기계공학	10	8	7.10	2	8			2.78	3.75									
	응용화학과	4	5	6.80	0	5			3.33	3.70									
	화학공학과	3	5	8.20	3	5			2.27	2.39									
IT 대학	전자공학	27	15	7.50	5	15			2.60	3.33									
	전자인공지능	5																	
	컴퓨터학부	8	7	8.60	2	7			2.77	3.05									
	컴퓨인공지능	4																	
	글로벌소프트	11	6	7.30	5	6			3.00	3.08									
농업 생명	응용생명과	3	7	8.10	8	7			3.21	3.26									
	식물의학과	3																	
	식품공학	10	6	7.70	0	6			3.34	3.45									
	산림과학조경	6	8	7.10	4	8			3.45	4.38									
의과	의예과	34	28	8.60	6	28	84	3.00	1.52	1.76	2.47								
치과	치의예과	11	10	21.6	2	10	52	5.20	2.00	2.30	4.33								
약학	약학과	15	15	15.5	3	15	90	6.00	1.91	2.23	5.00								
간호	간호학과	15	5	15.4	5	5			2.68	2.79									
자연계열 입결평균		219	157	9.1	56	156	75	4.73	2.81	3.11	3.93								

경북대 2022 수시분석자료 10 - 논술(AAT) 인문/자연 · 2022. 06. 19. ollim

경상: 3개합 6 (탐1) 2022
사과/사범/행정: 3개합 7
의예: 3개 1 (과2) *절사
치의: 3개 1등급 (탐1)
수의: 3개합 5 (탐1) 등

대학	학과	2023 모집인원	2022 지원 모집인원	경쟁률	추합인원	최종등록	충족인원	실질경쟁	2022 등급평균	논술350	2021 지원 모집인원	경쟁률	추합인원	최종등록	충족인원	실질경쟁	2021 등급평균	논술350
인문대학	국어국문	6	6	19.2	0	6	33	5.50	4.98	240.7	7	17.3	1	7	46	6.57	3.79	263.5
	영어영문	10	10	21.8	6	10	63	6.30	4.44	227.5	12	20.3	2	12	79	6.58	4.02	232.7
	사학과	5	5	21.2	4	5	21	4.20	3.71	207.8	6	16.7	4	6	27	4.50	4.60	192.4
	철학과	3	4	15.5	1	4	15	3.75	4.56	221.5	6	17.8	2	6	32	5.33	4.19	231.5
	독어독문	4	4	16.8	0	4	14	3.50	4.05	221.6	6	17.3	2	5	23	3.83	4.66	210.9
	중어중문	4	6	18.3	1	6	14	2.33	3.93	206.6	6	17.7	2	6	29	4.83	4.42	239.2
	고고인류	4	5	17.6	3	5	22	4.40	4.08	237.7	5	16.4	3	5	21	4.20	4.06	222.3
	일어일문	4	4	15.5	0	4	10	2.50	3.76	241.6	4	16.5	1	4	18	4.50	3.97	222.8
	한문학과	-	3	14.3	1	3	7	2.33	4.21	174.2	3	25.0	-	3	16	5.33	4.74	246.3
	노어노문	2	3	17.3	2	3	12	4.00	4.21	243.2	4	17.0	1	3	12	3.00	4.75	239.5
사회과학대학	정치외교	3	3	16.7	1	3	9	3.00	4.71	226.3	4	24.5	1	4	37	9.25	3.51	249.4
	사회학과	4	3	17.3	2	3	12	4.00	4.34	190.0	4	23.8	2	4	26	6.50	3.32	234.8
	지리학과	4	4	12.5	0	2	4	1.00	-	-	2	16.0	-	2	7	3.50	3.74	257.3
	문헌정보	4	3	14.3	1	3	8	2.67	3.46	267.3	4	21.5	-	4	30	7.50	3.72	255.0
	심리학과	3	3	22.3	0	3	16	5.33	3.88	229.0	4	25.3	2	4	39	9.75	4.21	256.6
	사회복지	8	8	17.8	8	8	21	2.63	4.28	227.1	8	22.4	2	8	50	6.25	4.13	227.6
	미디어커뮤니케	5	3	33.3	1	3	17	5.67	4.65	229.8	-	30.3	-	4	33	8.25	5.01	219.0
경상대학	경제통상	22	22	9.60	0	14	33	1.50	4.55	215.7	24	12.9	3	24	68	2.83	3.88	214.0
	경영학부	27	25	12.4	6	23	52	2.08	4.24	209.7	25	15.4	4	23	112	4.48	4.03	234.6
행정	행정학부	5	5	20.6	3	5	30	6.00	4.00	238.0	5	17.4	3	4	17	3.40	3.85	202.5
사범	국어교육	3	3	31.3	1	3	32	10.7	3.74	246.0	3	21.3	0	3	21	7.00	3.99	219.3
자전	인문자전	30	31	27.2	9	31	223	7.19	3.98	241.4	37	21.9	11	36	293	7.92	3.81	235.7
인문논술 입결평균		160	163	18.8	50	151	668	4.12	4.18	225.8	183	19.8	46	177	1036	5.70	4.11	232.1
자연과학대학	수학과	12	12	9.70	4	10	27	1.69	4.54	116.3	12	7.75	3	12	26	2.17	3.91	114.3
	물리학과	9	11	9.80	1	10	20	1.67	4.61	62.8	20	4.95	0	6	18	0.90	4.41	51.3
	화학과	6	8	12.9	5	7	28	2.15	3.93	95.4	10	8.00	4	9	20	2.00	3.79	61.2
	통계학과	8	8	14.5	4	8	24	2.00	4.01	104.1	10	9.90	1	10	29	2.90	3.23	97.0
	지구시스템과학	5	5	22.8	3	4	22	2.75	4.46	92.5	15	8.00	0	9	22	1.47	4.47	60.9
공과대학	신소재공	16	16	21.0	2	16	92	5.11	3.77	122.3	23	10.6	5	22	57	2.48	3.96	90.8
	기계공학	20	20	19.5	3	19	114	4.96	3.68	135.0	30	11.2	2	30	88	2.93	3.85	115.4
	건축학	10	10	18.7	3	10	40	3.08	4.46	101.3	11	13.7	2	10	25	2.27	4.67	92.0
	건축공학	9	10	16.5	3	10	25	1.92	4.30	101.3	12	10.3	2	11	20	1.67	4.44	77.5
	토목공학	12	12	18.3	7	11	34	1.79	4.78	77.1	17	11.9	3	16	29	1.71	4.58	57.0
	응용화학과	5	5	15.8	1	5	16	2.67	4.23	98.5	17	11.1	7	17	67	3.94	3.61	123.3
	화학공학과	5	5	28.6	0	5	60	12.0	4.17	204.0								
	고분자공학과	6	6	16.5	4	6	36	3.60	3.72	120.0	10	9.10	7	10	24	2.40	3.40	72.3
	섬유시스템공	8	5	17.4	1	5	11	1.83	4.56	64.5	9	7.44	0	3	5	0.56	4.21	49.3
	환경공학과	6	6	19.8	2	6	20	2.50	4.22	77.2	9	7.00	0	4	13	1.44	3.87	60.0
	에너지공학부	5	5	16.6	1	5	28	4.67	4.00	116.5	12	8.50	3	12	23	1.92	3.80	77.1
IT대학	전자공학	54	60	20.3	10	59	507	7.24	3.66	175.1	95	10.1	17	92	381	4.01	3.87	128.4
	전자인공지능	10																
	컴퓨터학부	10	15	33.1	3	15	165	9.17	4.08	145.8	24	14.5	3	24	101	4.21	3.61	110.8
	컴퓨인공지능	5																
	글로벌소프트융	10	10	25.3	2	10	82	6.83	3.33	157.1	15	12.5	3	15	56	3.73	3.54	112.4
	전기공학	14	14	16.3	1	14	68	4.53	3.84	139.6	20	10.9	4	20	67	3.35	3.62	109.4
	모바일공학	15	15	54.3	1	15	155	9.69	3.20	222.8	15	26.3	5	15	67	4.47	3.06	180.9
의과	의예과	10	10	273.3	4	10	617	44.1	2.35	264.5	20	131.5	1	20	796	39.8	2.85	212.1
치과	치의예과	5	5	263.8	2	5	260	37.1	3.61	220.9	5	171.4	0	5	162	32.4	3.22	190.5
수의	수의예과	10	10	238.4	2	9	767	69.7	3.19	216.3	14	141.9	1	14	999	71.4	2.83	184.1
간호	간호학과	13	13	53.8	0	13	173	13.3	3.60	173.8	25	20.9	6	25	126	5.04	3.88	117.9
자율	자전자연	13	10	25.2	1	10	81	7.36	3.65	145.4	20	9.5	2	20	47	2.35	3.77	99.8
사범	수학교육	6	4	27.8	2	4	39	6.50	4.36	202.5	8	11.4	2	8	24	3.00	3.49	145.9
자연논술 입결평균		317	309	48.5	72	301	3511	10.00	3.94	139.0	478	26.9	83	439	3292	7.87	3.77	107.4

국수영탐2		2023 모집인원	2022 지원		2022 정시수능 - 인문계열 최종 백분위 70%컷				85%	영어 평균	2021 지원		2021 정시수능 - 인문계열 최종 백분위 70%컷				
▶영어 등급 100-97-92-87-82-77..		모집 인원	모집 인원	경쟁률	국어 평균	수학 평균	탐구2 평균	국수탐 평균	국수탐 백분합	국수탐 백분합		모집 인원	경쟁률	국어 평균	수학 평균	탐구2 평균	국수탐 평균	국수탐 백분합
인문 대학	국어국문	10	11	7.70	85.0	58.0	77.0	73.33	231.0	226.5	2.55			85.0	77.0	75.0	78.33	235.0
	영어영문	15	20	7.10	78.0	70.0	71.0	73.00	231.5	224.5	1.95			74.0	82.0	76.0	80.33	241.0
	사학과	7	8	7.40	78.0	66.0	83.0	75.67	233.0	227.0	2.13			82.0	80.0	73.0	79.17	237.5
	철학과	7	7	8.60	63.0	74.0	83.0	73.33	225.5	225.5	2.57			89.0	77.0	81.5	81.83	245.5
	불어불문	10	14	8.10	71.0	69.0	75.0	71.67	218.0	215.5	2.00			83.0	80.0	71.0	78.33	235.0
	독어독문	13	8	8.30	84.0	69.0	67.0	73.33	226.0	220.0	2.78			76.0	86.0	70.5	80.17	240.5
	중어중문	9	9	8.20	76.0	66.0	75.0	72.33	224.0	221.5	2.45			82.0	86.0	76.5	79.33	238.0
	고고인류	7	8	6.00	78.0	66.0	70.0	71.33	216.0	216.0	2.88			83.0	89.0	73.0	81.33	244.0
	일어일문	7	8	7.10	78.0	70.0	66.0	71.33	226.5	217.5	2.33			80.0	82.0	78.5	80.83	242.5
	한문학과	10	7	7.30	76.0	61.0	69.0	68.67	219.5	218.5	2.71			76.0	82.0	73.5	79.67	239.0
	노어노문	7	8	6.80	82.0	66.0	69.0	72.33	217.5	214.5	2.00			76.0	86.0	77.5	80.83	242.5
사회 과학 대학	정치외교	10	11	8.40	80.0	70.0	75.0	75.00	229.0	219.0	2.43			80.0	86.0	77.5	79.83	239.5
	사회학과	10	13	5.80	76.0	72.0	76.0	74.67	231.5	229.5	2.50			78.0	86.0	78.5	83.00	249.0
	지리학과	7	7	9.00	80.0	67.0	70.0	72.33	228.0	223.5	2.36			83.0	86.0	77.5	82.67	248.0
	문헌정보	8	8	6.10	80.0	70.0	70.0	73.33	228.5	224.0	2.64			83.0	86.0	76.0	82.00	246.0
	심리학과	7	7	5.40	88.0	67.0	69.0	74.67	221.5	214.0	2.44			91.0	86.0	85.0	86.83	260.5
	사회복지	10	14	8.90	78.0	70.0	68.0	72.00	226.5	222.0	2.22			78.0	86.0	79.0	81.67	245.0
	신문방송학과	10	14	5.20	80.0	67.0	76.0	74.33	239.5	233.0	2.13			83.0	92.0	77.5	83.17	249.5
경상 대학	경제통상	40	46	5.60	80.0	74.0	74.0	76.00	239.5	236.5	2.43			85.0	86.0	80.5	84.83	254.5
	경영학부	54	76	4.80	80.0	77.0	74.0	77.00	244.0	238.5	2.18			85.0	86.0	79.0	85.83	257.5
행정	행정학부		27	4.60	75.0	76.0	76.0	75.67	236.5	231.5	2.00			85.0	86.0	84.0	85.83	257.5
농생	농업경제	16	17	4.40	80.0	72.0	71.0	74.33	227.5	226.0	2.50			78.0	89.0	82.0	82.33	247.0
사범 인문	교육학과	4	5	5.80	67.0	86.0	76.0	76.33	233.0	233.0	2.80			83.0	92.0	84.0	84.33	253.0
	국어교육	15	19	3.80	88.0	72.0	77.0	79.00	242.5	237.5	1.95			83.0	89.0	82.0	83.33	250.0
	영어교육	12	12	3.90	85.0	80.0	68.0	77.67	241.5	237.5	1.50			82.0	86.0	77.0	83.83	251.5
	독어교육	4	5	8.80	80.0	58.0	76.0	71.33	225.5	219.5	2.43			82.0	80.0	79.5	81.17	243.5
	불어교육	4	5	8.20	69.0	73.0	78.0	73.33	221.5	217.0	2.00			78.0	86.0	80.5	79.83	239.5
	역사교육	6	9	5.10	87.0	72.0	74.0	77.67	239.0	235.0	2.25			89.0	83.0	89.0	87.17	261.5
	지리교육	7	10	3.80	73.0	74.0	82.0	76.33	239.0	224.0	2.40			83.0	86.0	79.5	85.00	255.0
	일반사교	8	10	7.70	75.0	74.0	76.0	75.00	235.5	231.0	2.50			80.0	86.0	90.5	84.50	253.5
	윤리교육	9	9	4.70	84.0	66.0	79.0	76.33	235.5	222.0	2.30			89.0	83.0	79.0	83.67	251.0
자전	인문자전	63	48	5.00	78.0	70.0	79.0	75.67	236.0	232.0	2.25			80.0	86.0	80.5	83.50	250.5
인문계열 입결평균		406	480	6.49	78.5	70.1	74.0	74.20	230.3	225.4	2.33			82.0	85.0	78.9	82.33	247.0

국수영탐2 / ▶영어 등급 100-97-92-87-82-77..	학과	2023 모집인원	2022 지원 모집인원	경쟁률	2022 정시수능 - 자연계열 최종 백분위 70%컷 국어평균	수학평균	탐구2평균	국수탐평균	국수탐백분합	85% 국수탐백분합	영어평균	2021 지원 모집인원	경쟁률	2021 정시수능 - 자연계열 최종 백분위 70%컷 국어평균	수학평균	탐구2평균	국수탐평균	국수탐백분합
자연과학대학	수학과	11	12	8.60	75.0	85.0	75.0	78.33	232.5	232.0	2.80			78.0	75.0	71.0	74.67	224.0
	물리학과	20	20	7.80	69.0	82.0	74.0	75.00	232.0	225.5	2.41			76.0	63.0	72.5	74.00	222.0
	화학과	13	13	6.30	84.0	79.0	68.0	77.00	237.0	230.0	2.00			85.0	63.0	76.0	76.00	228.0
	생명공학	25	25	7.60	85.0	84.0	75.0	81.33	250.5	245.0	2.11			78.0	68.0	74.5	75.17	225.5
	생물학	10	10	9.90	76.0	82.0	68.0	75.33	237.0	231.5	2.38			70.0	72.0	78.5	77.33	232.0
	통계학과	8	13	7.20	73.0	87.0	76.0	78.67	244.5	241.0	2.43			83.0	72.0	84.0	80.83	242.5
	지구시스템	25	25	12.3	63.0	82.0	66.0	70.33	222.0	219.0	2.65			74.0	61.0	71.5	69.83	209.5
공과대학	신소재공	24	24	5.00	76.0	87.0	76.0	79.67	243.0	240.0	2.29			80.0	71.0	80.0	8.50	25.5
	기계공학	35	40	5.10	76.0	87.0	76.0	79.67	247.0	245.0	2.39			85.0	78.0	80.5	82.67	248.0
	건축학	10	10	6.50	80.0	84.0	83.0	82.33	246.5	243.0	2.60			82.0	71.0	75.0	78.00	234.0
	건축공학	10	10	6.00	80.0	82.0	75.0	79.00	239.0	234.5	2.00			80.0	72.0	73.5	76.50	229.5
	토목공학	19	24	5.50	73.0	82.0	71.0	75.33	235.0	229.0	2.52			80.0	61.0	77.0	74.33	223.0
	응용화학공학	26	13	5.10	78.0	87.0	72.0	79.00	243.0	240.5	2.23			83.0	75.0	84.0	82.33	234.0
			13	4.50	78.0	86.0	76.0	80.00	249.5	245.5	2.21							
	고분자공	10	10	5.50	63.0	80.0	85.0	76.00	241.5	237.5	2.08			82.0	75.0	71.5	78.17	234.5
	섬유시스템공	14	18	5.70	61.0	79.0	74.0	71.33	222.5	219.0	2.50			76.0	61.0	73.5	72.33	217.0
	환경공학	11	11	7.20	78.0	82.0	68.0	76.00	238.5	235.0	2.15			68.0	63.0	70.5	69.17	207.5
	에너지공	9	11	7.40	63.0	88.0	78.0	76.33	243.0	236.0	2.36			72.0	63.0	71.5	66.17	198.5
IT대학	전자공학	100	122	4.60	82.0	91.0	83.0	85.33	262.5	258.5	1.91			96.0	82.0	85.0	87.00	261.0
	컴퓨터학	35	45	5.90	82.0	88.0	78.0	82.67	254.0	251.0	1.82			82.0	88.0	91.5	93.67	281.0
	글로벌소프트융	35	45	5.30	76.0	84.0	78.0	79.33	248.0	244.5	2.00			86.0	79.0	82.0	83.67	251.0
	전기공학	18	18	6.50	82.0	87.0	75.0	81.33	255.5	252.0	2.17			86.0	79.0	77.5	81.83	245.5
	모바일공학	10	10	4.90	94.0	96.0	91.0	93.67	283.0	279.0	1.50							
농업생명과학대학	응용생명과학	54	54	6.50	71.0	77.0	69.0	72.33	228.5	223.0	2.44			72.0	55.0	68.5	68.33	205.0
	식품공학	40	58	5.50	65.0	77.0	67.0	69.67	221.5	218.0	2.55			72.0	55.0	69.5	69.50	208.5
	산림과학조경	30	24	5.00	67.0	72.0	74.0	71.00	224.5	221.0	2.68			76.0	63.0	76.0	73.83	221.5
	원예과학과	15	17	4.60	63.0	77.0	63.0	67.67	215.0	209.5	2.47			70.0	65.0	67.0	69.83	209.5
	농업토목생물	20	25	4.80	65.0	77.0	65.0	69.00	218.0	213.0	2.64			78.0	63.0	74.0	73.50	220.5
	바이오섬유	10	10	5.60	61.0	80.0	60.0	67.00	221.0	210.0	2.50			72.0	55.0	68.0	65.70	197.1
의과	의예과 가군	30	50	3.90	98.0	98.0	95.0	97.00	293.5	291.5	1.40			99.0	98.0	95.0	97.67	293.0
치과	치의예과 나군	20	23	5.40	98.0	98.0	92.0	96.00	290.5	289.5	1.91			98.0	96.0	93.0	95.67	287.0
수의	수의예과 나군	15	15	6.70	97.0	98.0	90.0	95.00	287.5	286.5	2.00			97.0	96.0	89.0	94.67	284.0
약학	약학과 가군	5	5	11.8	93.0	99.0	89.0	93.67	280.5	280.5	1.60			-	-	-	-	-
간호	간호학과 가군	35	40	4.80	82.0	88.0	79.0	83.00	251.5	249.0	1.95			83.0	75.0	78.5	81.17	243.5
자율	자전자연	25	20	4.70	78.0	88.0	75.0	80.33	256.5	250.5	2.27			83.0	82.0	79.0	83.17	249.5
사범자연	수학교육	9	9	4.10	80.0	92.0	83.0	85.00	261.0	255.5	2.11			88.0	88.0	89.0	89.67	269.0
	물리교육	5	6	6.30	67.0	80.0	72.0	73.00	229.0	228.5	3.18			80.0	72.0	76.0	77.83	233.5
	화학교육	4	6	5.70	73.0	81.0	72.0	75.33	235.5	234.5	2.25			82.0	71.0	73.5	75.17	225.5
	생물교육	1	3	4.30	63.0	92.0	85.0	80.00	245.0	245.0	2.50			88.0	72.0	77.5	79.00	237.0
	지구교육	5	6	5.30	73.0	88.0	74.0	78.33	240.5	231.0	2.00			85.0	75.0	77.5	80.50	241.5
	가정교육	5	9	7.30	69.0	76.0	63.0	69.33	217.0	211.5	2.31			85.0	58.0	75.5	73.83	221.5
	체육교육	11	14	3.10	71.0	73.0	79.0	74.33	235.5	226.5	2.21			80.0	86.0	82.0	84.17	252.5
생활과학	아동학부(자연)	14	14	7.20	57.0	70.0	80.0	69.00	224.0	218.5	2.53			68.0	78.0	72.0	72.17	216.5
	의류학과(자연)	6	7	13.7	65.0	74.0	56.0	65.00	211.5	209.0	2.47			78.0	61.0	85.5	73.83	221.5
	식품영양(자연)	6	7	7.90	69.0	74.0	75.0	72.67	225.0	220.5	2.33			74.0	55.0	72.0	67.67	203.0
자연계열 입결평균		843	964	6.32	74.9	84.0	75.5	78.15	242.7	238.6	2.26			80.7	71.7	77.6	76.41	228.9

국수영탐2 ▶영어 등급 100-97-92-87-82-77..		2023 모집인원	2022 지원		2022 정시수능 - 상주캠							2021 정시수능 - 상주캠						
			모집인원	경쟁률	최종 백분위 70%컷					85%	영어평균	2021 지원		최종 백분위 70%컷				
					국어평균	수학평균	탐구2평균	국수탐평균	국수탐백분합	국수탐백분합		모집인원	경쟁률	국어평균	수학평균	탐구2평균	국수탐평균	국수탐백분합
생태환경대학	생태환경시스템	18	18	5.90	36.0	42.0	34.0	37.33	120.0	113.0	3.86			49.0	35.0	54.5	50.00	150.0
	생물응용전공	12	9	2.40	18.0	28.0	20.0	22.00	70.5	58.5	4.43			49.0	32.0	40.5	43.83	131.5
	축산학과	7	7	3.00	30.0	20.0	23.0	24.33	93.0	64.5	4.81			53.0	28.0	47.5	40.83	122.5
	축산생명공학	7	7	4.70	36.0	35.0	27.0	32.67	103.0	88.5	4.00			41.0	23.0	44.5	44.50	133.5
	말/특수동물학	10	7	2.90	37.0	59.0	25.0	40.33	138.5	127.5	3.57			65.0	58.0	43.0	48.00	144.0
	생태관광학과	9	9	3.80	51.0	44.0	58.0	51.00	170.5	158.0	3.50			57.0	54.0	52.0	59.00	177.0
	레저스포츠	15	15	5.70	45.0	9.0	63.0	39.00	122.0	115.0	3.33							
과학기술대학	건설방재공학	25	24	3.90	17.0	27.0	19.0	21.00	82.0	59.5	4.33			45.0	38.0	41.5	45.50	136.5
	정밀기계공학	19	14	6.90	39.0	50.0	32.0	40.33	131.0	123.5	3.58			40.0	35.0	37.5	38.83	116.5
	자동차공학부	22	24	5.10	31.0	44.0	32.0	35.67	120.0	113.5	3.93			47.0	37.0	44.5	47.67	143.0
	소프트웨어학	10	9	6.20	69.0	66.0	55.0	63.33	195.0	192.0	3.00			67.0	51.0	63.5	63.50	190.5
	나노소재공학	25	25	5.80	39.0	54.0	39.0	44.00	151.0	141.5	3.27			40.0	37.0	35.0	41.50	124.5
	식품외식산업	20	18	5.20	34.0	41.0	42.0	39.00	126.5	121.5	3.82			34.0	31.0	32.5	37.83	113.5
	섬유공학전공	16	15	3.30	34.0	23.0	21.0	26.00	84.5	64.0	4.04			51.0	37.0	49.0	50.17	150.5
	융복합시스템공	34	22	4.90	36.0	51.0	29.0	38.67	130.5	125.5	3.68			45.0	39.0	40.5	46.50	139.5
	치위생학과	5	12	5.30	47.0	62.0	58.0	55.67	173.0	169.5	2.73			72.0	49.0	56.0	62.33	187.0
	섬유패션디자인	8	20	3.20	49.0	35.0	59.0	47.67	150.5	141.0	3.15			57.0	-	65.0	62.50	187.5
자연상주 입결평균		262	255	4.6	38.1	40.6	37.4	38.15	127.1	116.3	3.71			50.3	38.9	45.5	48.00	144.0

2023 대학별 수시모집 요강	경상국립대GNU	2023 대입 수시 특징	정시 국수영탐 인 30:25:20:25, 자 25:30:20:25
			영어 200-195-190-185-180... 탐구2개, 표준 등

▶ 내신반영 공통 2023 국영수사과★ ▶ 학년비율 없음	1. 경남과기대와 통합 2년차 2. 2023 수능최저특징 ①3개합산 유지 ②의과/약학만 수학필수 ③수의는 확통/미적/기 지정 ④본부대학 등 최저폐지 확대	3. 2023 학과명칭 변경 제어계측공학과→제어로봇공학과 자동차공학과→미래자동차공학과 텍스타일디자인학과→ 디자인비즈니스학과 스마트자동화공학과→스마트에너지기계공학과

모집시기	전형명	사정모형	학생부종합 특별사항	2023 수시 접수기간 09. 13(화) ~ 17(금)	모집인원	학생부	논술	면접	서류	기타	2023 수능최저등급
2023 정원내 수시 3,502명 (76.2%) 정시 797명 (23.8%) 전체 4,299명 2020 수시 2,503명 (77.0%) 정시 749명 (23.0%) 전체 3,252명	학생부교과 일반전형	일괄	학생부교과 최종: 12.15(목)	1. 의과/약학만 미적/기 지정 2. 수의는 확통/미적/기 지정 3. 수능최저 미적용 대폭증가 ①해양대 10개학과 전체 ②농생대 축산생명과학과 ③자연대 물리학/식품영양 ④본부대학 등 추가변화	2,174	교과 100		▶3개합 9: 국교: 국어포함 3개합9 영교: 영2 포함 3개합9 수교: 수학포함 3개합9 생교: 과탐포함 3개합9 화교: 과탐포함 3개합9 ▶기타 모든학과 2023 최저폐지			▶의과: 수포함 3개합4 ▶수의: 수포함 3개합6 ▶약학: 수포함 3개합7 ▶3개합 10: 간호학과 일어교 ▶3개합12: 사회대/체교 ▶3개합13: 불문/史/중 컴과/컴소프트/경영 공과대 10개학과 ▶3개합 14: 미교/음교 수학/정통
	학생부종합	일괄	학생부종합 1단계: 11.18(금) 면접: 11.24(목) 11.25(금) 최종: 12.15(목)	1. 전공적합성, 발전가능성 인성 종합적 15분 평가 2. 단계면접 실시학과★★ 사과대, 사범대, 수의과 의과대, 간호대, 약학대 ▶1단계: 서류평가 100 ▶2단계: 1단계80+면접20	728	서류 100		▶2023 면접일정 11/24(목): 사과/수의/ 약학 11/25(금): 사범/의과/ 간호			최저없음 ▶의과: 수포함 3개합5 ▶약학: 수포함 3개합7
	지역인재교과	일괄	학생부교과 최종: 12.15(목)	1. 부산/울산/경남 해당자 2. 의과 등	122	교과 100					▶의과: 수포함 3개합5
	지역인재종합	일괄	학생부종합 최종: 12.15(목)	1. 부산/울산/경남 해당자 2. 의예, 약학, 간호 등 <의과> 1단계: 서류100 (3배) 2단계: 서류70+면접30	297	교과 100					▶의과: 수포함 3개합5 ▶약학: 수포함 3개합7
	국가보훈대상	일괄	학생부종합 최종: 12.15(목)	국가보훈대상자	5	서류 100					
	사회통합	일괄	학생부종합 최종: 12.15(목)	1. 다문화/다자녀 2. 아동복지시설/소년가장	5	서류 100					
	기초생활수급 (정원외)	일괄	학생부종합 기초생활 및 차상위 <의과> 1단계: 서류100 (3배) 2단계: 서류70+면접30 최종: 12.15(목)		97	서류 100		농어촌 특성화 평생학습 장애인 재직자 등 생략			▶의과: 수포함 3개합5 ▶약학: 수포함 3개합7

2022 교과전형 - 인문계열

		2023	2022 지원		추합및등록		실경쟁률		2022 교과 최초합격				2022 교과 최종등록	
		모집인원	모집인원	경쟁률	추합인원	최종등록	최저충족률	실경쟁률	등급평균	등급편차	환산평균	환산편차	등급평균	80%컷
본부대	휴먼헬스케어학과	16	16	5.44	22	16	100%	5.44					3.74	4.67
인문대학	국어국문학과	15	15	4.73	32	14	100%	4.73					3.40	3.81
	독어독문학과	16	16	7.06	34	14	100%	7.06					4.16	4.40
	러시아학과	14	11	4.55	23	11	100%	4.55					4.70	5.14
	불어불문학과	9	9	5.44	16	9	76%	4.11					4.12	4.45
	사학과	11	11	12.5	39	11	69%	8.64					3.87	4.08
	영문 영어영문학	18	18	4.72	30	16	100%	4.72					3.18	3.54
	영문 영어전공	28	28	4.75	66	27	100%	4.75					4.30	4.76
	중어중문학과	20	18	3.78	20	18	62%	2.33					4.68	5.25
	철학과	12	12	5.33	39	12	100%	5.33					3.94	4.39
	한문학과	15	15	4.73	31	15	100%	4.73					4.39	5.04
사회과학대학	경제학부	40	39	4.74	41	39	57%	2.69					4.17	4.46
	사회복지학부	25	25	9.72	54	25	49%	4.76					3.78	4.18
	사회학과	15	15	13.6	35	13	45%	6.07					4.24	4.42
	심리학과	10	10	29.60	30	10	47%	13.8					2.93	3.33
	정치외교학과	10	15	5.33	22	15	65%	3.47					3.89	4.14
	행정학과	18	18	4.94	29	18	62%	3.06					3.45	3.86
	아동가족학과	21	10	6.00	10	10	40%	2.40					4.62	4.98
경영대학	경영학부	61	60	7.32	129	55	77%	5.62					3.29	3.60
	경영정보학과	18	18	4.78	18	17	55%	2.61					3.92	4.35
	국제통상학부	58	58	4.21	68	57	79%	3.31					3.82	4.27
	회계세무학부	61	61	4.39	95	61	71%	3.13					3.87	4.24
	스마트유통물류	25	25	4.48	24	24	52%	2.32					4.85	5.28
법과대	법학과	33	31	6.84	55	28	70%	4.81					3.61	3.90
사범대학인문	교육학과	5	5	11.0	16	5	55%	6.00					2.96	3.17
	국어교육과	15	14	9.64	32	13	47%	4.57					3.06	3.43
	역사교육과	5	5	7.00	6	3	31%	2.20					3.33	2.98
	영어교육과	16	16	6.81	23	16	39%	2.63					3.09	3.64
	유아교육과	10	11	8.18	12	11	30%	2.45					3.45	3.69
	윤리교육과	5	5	8.00	13	5	48%	3.80					3.08	3.39
	일반사회교육과	10	10	7.00	25	9	61%	4.30					2.64	2.77
	일어교육과	5	4	10.5	3	4	19%	2.00					4.22	4.41
	지리교육과	6	6	8.17	8	6	47%	3.83					2.74	2.86
	체육교육과	12	9	30.2	4	9	78%	23.4					2.92	3.02
인문계열 교과평균		658	639	8.10	1104	616	63%	4.99					3.72	4.06

▶2022 수능최저
인문전체: 국영탐 합 10
국교/영교/교육 ★★
　　　: 국영탐 합 8
▶2022 수능최저
인문전체: 국어4+영어3
국교/영교/교육: 국2영2

▶교과반영: 전과목　▶학년 비율: 1년 30%+2,3년 70%
▶교과내신 2022

2022 교과전형 - 자연계열

		모집인원	2022지원		추합및등록		1단계합격		2022 교과 최초합격				2022 교과 최종합격	
자연전체: 수가4/수나2+영4 수학과: 수가4+영어4 수교과: 수가3+영어3 등		모집인원	모집인원	경쟁률	추합인원	최종등록	등급평균	환산평균	등급평균	등급편차	환산평균	환산편차	등급평균	70%평균
본부대	기계융합공학과	17	12	3.67	22	10	100%	3.67					4.46	4.76
자연과학대학	생명과학부	45	45	4.33	104	40	100%	4.33					3.49	4.02
	물리학과	13	14	2.57	22	10	100%	2.57					5.45	6.31
	수학과	14	14	5.00	33	13	74%	3.71					4.27	4.49
	식품영양학과	38	39	3.64	60	38	100%	3.64					3.29	3.97
	의류학과	12	10	10.7	8	9	50%	5.30					3.75	4.15
	정보통계학과	10	10	4.10	26	9	88%	3.60					4.41	4.87
	지질과학과	13	15	4.00	45	8	100%	4.00					5.79	5.88
	화학과	22	15	2.67	13	8	70%	1.87					4.77	5.74
	항노화신소재과학	23	24	3.38	30	22	100%	3.38					5.01	5.45
	제약공학과	24	24	4.92	45	23	100%	4.92					3.96	4.26
	컴퓨터과학전공	16	16	9.06	19	14	74%	6.75					3.06	3.34
	컴퓨터소프트웨어	23	23	11.0	33	20	100%	11.0					2.65	2.99
공과대학	건축공학부	31	31	4.23	42	31	64%	2.71					4.21	4.53
	도시공학과	18	18	5.72	26	18	100%	5.72					3.69	3.95
	토목공학과	20	25	6.60	54	22	100%	6.60					3.52	4.06
	기계공학부	5	5	17.6	18	5	67%	11.80					3.81	4.01
	항공우주및소프트	5	5	9.20	11	5	70%	6.40					2.63	2.72
	나노 고분자공학	22	23	4.83	48	22	68%	3.26					4.21	4.55
	나노 금속재료공	22	23	5.70	52	19	57%	3.26					4.69	5.13
	나노 세라믹공학	22	23	5.57	33	19	55%	3.04					4.72	4.97
	산업시스템공학부	40	40	7.35	55	40	100%	7.35					4.13	4.40
	건축학과	36	35	4.91	41	35	66%	3.23					3.64	3.97
	반도체공학과	17	19	7.00	58	18	100%	7.00					3.40	3.89
	전기공학과	28	28	5.50	50	28	70%	3.86					3.38	3.81
	전자공학과	28	28	6.00	79	25	78%	4.68					3.64	4.10
	제어계측공학과	24	24	4.21	34	22	57%	2.42					4.68	5.09
	화학공학과	20	20	6.05	53	19	83%	5.00					3.33	3.60
농업생명과학대학	식품자원경제학과	15	15	5.07	22	14	100%	5.07					3.50	3.89
	환경산림과학부	37	36	4.64	60	36	100%	4.64					3.92	4.35
	산림융복합학전공	14	13	0.54	0	4	100%	0.54					6.50	6.92
	환경재료과학과	13	13	9.15	22	13	100%	9.15					4.65	4.93
	농학과	13	13	8.00	28	12	100%	8.00					3.61	3.96
	스마트농산업학과	25	25	5.20	29	23	100%	5.20					4.35	4.79
	원예과학부	38	37	6.57	65	37	100%	6.57					4.14	4.57
	식품공학부	29	29	6.00	58	28	100%	6.00					3.71	4.07
	환경생명화학과	10	10	4.10	17	10	100%	4.10					4.24	4.91
	식물의학과	10	10	4.60	20	10	100%	4.60					3.16	3.39
	동물생명융합학부	42	41	3.29	43	41	100%	3.29					4.48	5.14
	축산과학부	20	19	3.26	39	16	100%	3.26					4.89	6.22
	생물산업기계공학	12	12	5.17	15	11	100%	5.17					4.89	4.96
	지역시스템공학과	12	12	6.17	14	12	100%	6.17					4.50	4.63
자연계열 교과평균		898	893	5.74	1546	819	88%	4.92					4.11	4.52

2022 교과전형 - 자연계열

수능최저 2022 지난해	모집인원	2022지원		추합및등록		1단계합격		2022 교과 최초합격				2022 교과 최종합격	
자연전체: 수가4/수나2+영4 수학과: 수가4+영어4 수교과: 수가3+영어3 등	모집인원	모집인원	경쟁률	추합인원	최종등록	등급평균	환산평균	등급평균	등급편차	환산평균	환산편차	등급평균	70%평균
사범대학 자연 / 물리교육과	4	3	7.33	11	3	100%	7.33					2.88	3.00
생물교육과	11	11	7.18	17	8	35%	2.55					3.45	3.63
수학교육과	20	25	6.40	36	24	42%	2.68					3.38	3.73
화학교육과	9	10	5.80	0	4	17%	1.00					4.09	4.41
수의대 / 수의예과	13	13	22.2	30	13	40%	8.85					1.40	1.49
의과대 / 의예과	10	14	22.9	22	14	35%	7.93					1.15	1.17
간호대 / 간호학과	35	47	14.0	68	45	46%	6.38					2.34	2.55
약학대 / 약학과	8	6	26.2	8	5	29%	7.50					1.39	1.53
융합기술공과대학 / 기계소재융합공학	51	50	2.54	54	46	100%	2.54					5.44	6.21
메카트로닉스공학	36	35	2.86	50	33	100%	2.86					5.27	5.86
자동차공학과	29	30	3.17	35	28	100%	3.17					4.75	5.20
융합전자공학부	40	40	2.55	45	39	100%	2.55					4.76	5.38
에너지공학과	22	22	4.82	52	19	100%	4.82					4.80	5.33
건설환경공과대학 / 건설시스템공학과	30	30	2.97	34	30	100%	2.97					5.25	5.69
환경공학과	30	29	2.62	42	28	100%	2.62					5.13	5.86
인테리어재료공학	20	20	3.25	23	20	100%	3.25					4.96	5.58
조경학과	15	15	6.07	24	15	100%	6.07					3.61	4.40
디자인비즈니스학	17	16	3.75	18	16	100%	3.75					5.03	5.72
해양과학대학 / 해양수산경영학과	20	21	2.90	38	17	100%	2.90					5.70	6.44
해양경찰시스템학	25	20	6.65	58	18	100%	6.65					3.59	4.18
양식생명과학과	21	22	3.95	65	17	100%	3.95					6.00	6.76
해양식품공학과	21	21	2.24	26	10	100%	2.24					6.46	7.36
기계시스템공학과	23	23	2.17	27	8	100%	2.17					6.00	6.18
스마트자동화공학	22	30	2.13	34	15	100%	2.13					6.01	6.88
지능형통신공학과	23	23	2.43	33	20	100%	2.43					6.12	6.83
조선해양공학과	21	22	2.23	27	7	100%	2.23					6.45	6.40
해양토목공학과	19	22	2.82	40	12	100%	2.82					6.19	6.52
해양환경공학과	23	21	2.57	33	11	100%	2.57					5.80	5.91
자연계열 교과평균	618	641	6.31	950	525	84%	3.89					4.55	5.01

▶2023 내신 교과반영 ★
①국영수사과 총9개+진로3개
②필수 교과반영 4개→3개
▶진로A=1, B=2, C=3등급

1. 2023 교과전형 일반 466명, 교과면접 394명 모집
2. 2023 교과지역면접 74명, 종합일반 109명 모집
3. 2023 수능최저 간호 및 응급구조 제외 최저없음
4. 내신반영: 일반선택 9과목+진로선택 3과목, 총 12과목
5. 2023 정시 경찰행정/소방 변경: 국수영탐1→국수영탐1 택3
6. 조기취업형 계약학과 (채용조건형 계약학과)
  ①3년만에 4년제 학사 학위를 수여하는 과정
  ②1학년 채용조건형 주간수업, 2,3년 재교육형 야간/주말수업

KIU

모집시기	전형명		학생부종합 특별사항	2023 수시 접수기간 09. 13(화) ~ 17(토)	모집 인원	학생부	논술	면접	서류	기타	2023 수능최저등급
2023 정원내 수시 1,465명 (94.5%) 정시 85명 (5.5%) 전체 1,550명 2022 수시 명	교과일반	일괄	학생부교과 최저있음 최종 11.11(금) 최종 12.14(수)	1. 2023 전년대비 37명 증가 2. 교과90+출결10 3. 2023 내신 교과반영 ★ ①국영수사과 총9개+진로3개 ②필수 교과반영 4개→3개 4. 진로A=1, B=2, C=3등급	466 2022 429	교과 100					일반 최저없음 간호: 2개합 9 (탐1) 응급: 2개합 10 (탐1)
	교과면접	일괄	학생부교과 면접 09.24(토) 최종 11.11(금) 최종 12.14(수)	1. 2023 전년대비 40명 감소 2. 인성/발전가능성/전공적합 3. 다대다 면접 4. 면접 예시문항 사전 공개	394 2022 434	교과 70 + 면접 30 (단, 항공서비스 교과 60 + 면접 40)					일반 최저없음 간호: 2개합 9 (탐1) 응급: 2개합 10 (탐1)
	교과지역 인재면접	일괄	학생부교과 면접 10.01(토) 최종 11.11(금) 최종 12.14(수)	1. 대구경북 이수 대상자 2. 2023 전년대비20명 감소 3. 인성/발전가능성/전공적합 4. 다대다 면접 5. 면접 예시문항 사전 공개	74 2022 94	교과 70 + 면접 30					일반 최저없음 간호: 2개합 9 (탐1) 응급: 2개합 10 (탐1)
	종합일반	서류 일괄	학생부종합 자소서 없음 최종 11.11(금)	1. 2023 전년대비 20명 감소 2. 2023 면접폐지→서류일괄 3. 학생부 학교생활충실도 학업역량, 인성, 발전가능성 전공적합성, 성장잠재력	109 2022 129	종합 100					최저없음
	조기취업 계약	1단계	학생부종합 면접 10.11(화) ~10.14(금) 최종 11.11(금)	1. 2023 전년대비 5명 증가 스마트팩토리융합11 스마트전력인프라6 스마트푸드테크학7 스마트경영공학과6	30 2022 25	종합 100 (7배수)		▶ 면접 평가요소 인성 30% 발전가능성 30% 전공적합성 40%			최저없음
		2단계				면접 100					
	조기취업 계약 (정원외)	1단계	학생부종합 면접 10.11(화) ~10.14(금) 최종 11.11(금)	1. 2023 전년대비 5명 증가 스마트팩토리융합24 스마트전력인프라14 스마트푸드테크학18 스마트경영공학과14	70 2022 65	종합 100 (7배수)		▶ 면접 평가요소 인성 30% 발전가능성 30% 전공적합성 40%			최저없음
		2단계				면접 100					
	기회균형	일괄	학생부교과 최저없음	1. 기초 및 차상위 등 대상자 2. 2023 전년대비 2명 감소	27 2021 29	교과 100					최저없음

<2023 기타전형 생략> 농어촌 40명, 성인학습자 195명
실기실적 5개전형 총 282명 등

경일대 2022 입결분석 01 - 수시 교과일반/교과면접

2022.06.10. ollim

수능최저 있음

▶교과일반 및 교과면접전형
일반 최저없음
간호: 2개합 9 (탐1)
응급: 2개합 10 (탐1)

2022 교과일반전형 — ▶교과 100% 국영수사과 총 9개+진로 3개
2022 교과면접전형 — ▶교과 70+ 면접 30 (단, 항공 교과 60+ 면접 40) 국영수사과 총 9개+진로 3개

		2023 교과일반 모집인원	2022 지원 모집인원	경쟁률	충원 충원인원	최종등록 등급평균	85%컷	2023 교과면접 모집인원	2022 지원 모집인원	경쟁률	충원 충원인원	최종등록 등급평균	85%컷
자율	자율전공	12	23	4.39	78		5.12	10	20	2.15	20		5.20
스마트엔지니어링대학	스마트디자인공학부	36	45	3.93	132		6.04	24	32	1.72	19		6.19
	전기전자에너지학부	23	18	3.11	38		4.60	13	15	1.60	3		5.36
	철도학부	33	25	7.08	93		3.92	15	15	2.93	20		5.18
	소방방재학부	36	31	7.58	157		4.24	34	30	4.30	39		4.53
	건축디자인 5년제	15	17	3.71	46		4.71	13	15	1.27	2		5.52
	건축토목공학과	20	30	3.53	69		5.11	10	22	1.95	6		5.93
	스마트보안학과	15						5					
스마트라이프대학	만화애니메이션	15	8	13.50	14		2.65	8	12	4.00	16		4.56
	게임엔터테인먼트	15	15	7.00	90		5.26	10	10	2.40	11		5.45
	실용음악전공	-											
	방송연예전공	-						5					
	사진영상전공	-						15	15	6.73	23		3.58
	이미지테크놀로지	5											
	콘텐츠디자인학과	12	9	8.78	70		5.17	13	10	2.40	9		6.33
	상담심리학과	13	10	9.70	87		5.08	10	10	3.30	19		5.41
	경찰학과	27	22	10.60	63		3.94	19	23	2.74	44		5.01
	사회복지학과	17	17	12.90	148		4.49	15	15	3.20	24		5.30
	글로벌비즈경영국제	30	30	2.93	58		5.58	10	12	1.50	3		6.01
	부동산지적학과	20	12	5.92	38		4.24	15	16	2.56	19		4.89
	뷰티학과	12	17	5.41	75		5.43	14	18	2.78	32		5.91
	항공서비스학과	8						17	30	2.40	13		5.17
	응급구조학과	13	13	11.50	61		3.58	10	10	7.50	10		3.68
	간호학과	35	35	23.90	111		2.42	35	35	19.90	27		3.37
스마트스포츠대학	축구학과							15	15	2.67	14		6.20
	태권도학과							10	7	4.86	14		5.00
	엘리트육성전공							20	20	2.80	24		6.10
	스포츠경영코칭	17	15	4.93	59		5.31	5	5	7.20	25		6.27
	스포츠재활의학과	17	15	10.10	72		4.48						
	노인체육복지학과							14	12	5.83	4		4.33
	특수군사학과	20						10					
	종합 평균	466	407	7.68	1559		4.57	394	424	4.37	440		5.22

수능최저 있음		2022 지역면접전형						2022 종합일반전형					
▶지역면접전형 일반 최저없음 간호: 2개합 9 (탐1) 응급: 2개합 10 (탐1) ▶종합일반전형 : 최저없음		2023 지역면접	▶교과 70+ 면접 30 국영수사과 총 9개+진로 3개					2023 종합일반	▶종합 100 (면접포함)				
			2022 지원		충원	최종등록			2022 지원		충원	최종등록	
		모집인원	모집인원	경쟁률	충원인원	등급평균	85%컷	모집인원	모집인원	경쟁률	충원인원	등급평균	85%컷
자율	자율전공	3	7	3.14	11		5.56	3	5	4.80	13		5.60
스마트 엔지니 어링 대학	스마트디자인공학부	4						4					
	전기전자에너지학부	5	7	2.43	8		5.43		5	2.40	3		6.54
	철도학부	10	10	2.80	16		4.92	7	7	2.29	7		6.52
	소방방재학부	15	12	4.17	8		4.26	10	15	2.40	11		6.12
	건축디자인 5년제												
	건축토목공학과												
	스마트보안학과												
스마트 라이프 대학	만회애니메이션												
	게임엔터테인먼트												
	실용음악전공												
	방송연예전공												
	사진영상전공							16	21	3.30	34		4.65
	이미지테크놀로지												
	콘텐츠디자인학과												
	상담심리학과												
	경찰학과	9	10	2.50	9		4.85	6	10	2.80	13		6.00
	사회복지학과							5	5	3.00	4		5.31
	글로벌비즈경영국제												
	부동산지적학과							5	7	2.00	3		4.15
	뷰티학과							4	5	2.80	7		5.17
	항공서비스학과								5	3.60	10		5.90
	응급구조학과		10	7.00	11		3.79	10	10	3.90	15		4.15
	간호학과		18	31.30	23		3.67	27	27	10.60	33		3.81
스마트 스포츠 대학	축구학과												
	태권도학과												
	엘리트육성전공												
	스포츠경영코칭												
	스포츠재활의학과												
	노인체육복지학과							12	7	4.71	11		5.78
	특수군사학과												
종합 평균		46	74	8.96	86		4.64	109	129	4.68	164		5.36

▶교과 반영 (고교연계/고른)
①인: 국영수사 자: 국영수과
예체: 국영
②공통/일반80%+진로선택20%
③진로선택 해당교과 3개씩★
▶학년비율 없음, 이수단위적용
▶리더십=발전가능성 평가
▶공동교육과정 다양화 매력★
▶고교연계 일반 등급별 점수
1-100, 2-96, 3-89 4-77점 ...
▶고교연계 진로선택 성취 점수
A-100점, B-50점, C-0점

1. 종합전형 총 184명(10.6%) 감소, 정시수능 169명(7.5%) 확대
2. 2023 교과전형 변화 ★★★
①명칭변경: 고교연계→지역균형
②학생부100%→교과출결봉사70%+교과종합평가30%★
③고교별 추천 6명→고교인원의 5% 증가★
④지역균형 의/치/한/약학 모집신설★
⑤교과반영 진로선택 인문 2개/자연 4개→3개 반영 변화★
3. 네오르네 최저폐지, 1단계 4배→3배수, 114명 감소
4. 2023 교과/논술 수능최저 유지★
①인문: 2개합 5(탐1)+史5 ②자연: 2개합 5(과1)+史5
③의/한의/치의/약학: 3개합 4(과1)+史5 예체: 국/영 1개 3

5. 정시 국수영탐2 인35:25:15:25 사25:35:15:25 자20:35:15:30
6. 정시자연: M-미적/기하, S-과탐2과목★, 의치한 나군
7. 좋은 세특이란 활동의 요약 ①주제 발표 (FACT) ②활동 과정
③ ①+②를 종합한 교사의 평가 및 인상 2줄내 <요약적 제시>
8. 독서활동 기록의 중요성: 독서 분량의 감소 뚜렷
①여전히 중요한 전공적합성, 학업역량, 경험의 다양성 판단근거
②독서량이 적으면 정성평가 감점 요인이 됨. 평균기록 5권 이상
9. 2023 첨단학과 모집단위 신설/변화
①빅데이터응용학과 30명 ②컴퓨터공학부 인공지능학과 40명
③스마트팜과학과 46명
10. 2022 신설학과: 빅데이터응용(인문), 약학과, 인공지능(자연)

모집시기	전형명	사정모형	학생부종합 특별사항	2023 수시 접수기간 09.13(화) ~ 16(금)	모집인원	학생부	논술	면접	서류	기타	2023 수능최저등급
2023 수시 정원내 2,699명 (55.7%) 정시 2,150명 (44.3%) 전체 4,849명 2022 수시 정원내외 3,079명 (57.9%) 정시 2,240명 (42.1%) 전체 5,319명	지역균형 (학교장추천) (고교연계)	일괄	학생부교과 최저 있음 학교장추천제 고교별추천 5% 재학생만 지원 국영수사 국영수과 진로 3과목 최종 12.15(목)	1. 교육과정, 학생부 평가체계 변화반영 '교과종합평가' 도입 학생부 교과·비교과(출결·봉사) 70% + 교과종합평가 30% 2. 고교별 재학인원 5% 증가★ ※2022 인문2, 자연3, 예능1 3. 2023 전년대비 인원유지 4. 재학생만 지원, 특목고 포함 5. 의/치/한/약학 모집신설★ 한의인03 의예11 치의08 한의자08 약학04	555 2022 555	교과 출결 봉사 70% + 교과 종합 평가 30%					▶2023 지역균형 학교장추천 강한 학업의지 모범적 학교생활 본교 인재상에 부합하는 학생선발 ▶2023 지역균형 교과종합평가★ 교과성적+세부능력 및 특기사항 정성평가 ①교과이수 충실도 ②학업수행 충실도 <2023 지역균형 인재상> 1. 문화인재: 독서, 문화예술 2. 글로벌인재: 외국어, 세계화 3. 리더십인재: 임원, 공동체 4. 과학인재: 주제탐구, 과학 (→ 수능최저) 인문: 2개합 5 (탐1) 한의: 3개합 4 (탐1) 자연: 2개합 5 (과1) 의치한약: 3개합4(과1) *史 5등급 공통 *자연 미적/기하 *자연 과탐 지정 예체: 국/영 중 1개 3
	네오 르네상스	1단계 / 2단계	학생부종합 최저 폐지 자소서제출 ~09.19(월) 1단계 11.23(수) 면접 12.03(토) 12.04(일) 최종 12.15(목) <2023 인재상 유지> 1. 문화인: 예술문화적소양 공동체 책임 교양인 잠재 2. 세계인: 외국어능력바탕 평화추구 세계시민성장잠재 3. 창조인: 수학과학재능탐구 융복합분야개척전문인 잠재	1. 2023 전년대비 114명 감소 2. 2023 수능최저 폐지 3. 1단계 4배수→3배수 확대 4. 인문자연 제시문면접 없음 5. 의치한의 제시문면접 유지 6. 면접 인자예 8분, 의학 18분	1,100 의40 한인9 한22 치29 약14 2022 1,214 의55 한20 한30 치40 약20	서류 100% (3배수) (1단계) 서류 70 + 면접 30					▶종합서류평가 4대항목 순위 ①학업역량 30% ②전공적합 30% ③인성 20% ④발전가능성 20% ▶19년 일반고합격 84.5% 1.99내 ▶교내 진로교육 다양화 ①진로활동: 개인별 진로탐색증가 진로보고서/특강/동아리활동등 ②학생 차별화 교사기록법 향상 ③수업내 활용: 수업활동시 진로 관련발표 및 보고서 작성 ④창체 및 특색활동을 통한 진로탐색보고서 작성	최저 없음 ※ 2022 수능최저 참고 인문: 2개합 5 (탐1) 한의: 3개합 4 (탐1) 자연: 2개합 5 (탐1) 의치한: 3개합 4 (탐1) *史 5등급 공통 예체: 국/영 중 1개 3
	논술우수자	일괄	논술전형 최저 있음 논술 11.19(토) 11.20(일) 최종 12.15(목)	1. 2023 전년대비 인원유지 2. 최저충족 75% 이상 유지함 3. 2023 논술특징 ▶사회: 수리논술/사회경제 2~3문항, 영어 포함가능 ▶사회계열: 자율/정경/경영/ 호텔/지리/한의/간호 ▶자연: 수학만 4문항 ▶의약: 자연과학적 기초소양 과학연구 인문사회철학이해 물/화/생 택1 4문항	487 의15 한인5 한16 치11 약학8	논술 70 + 학생부30	<인문논술> 2~3문항 1,500~1,800 <자연논술> 수학만 4문항 <모든 논술> 120분				2020 논술입결 올림★★ ▶인문: 최초경쟁률 59.0 최종실질경쟁 24.3 입결3.41 논술87.8 최저충족률 38.1% ▶자연: 최초경쟁률 45.3 최종실질경쟁 20.4 입결3.54 논술63.7 최저충족률 46.3% ▶교수 직접채점	인문: 2개합 5 (탐1) 한의: 3개합 4 (탐1) 자연: 2개합 5 (과1) 의치한약: 3개합4(과1) *史 5등급 공통 *자연 미적/기하 *자연 과탐 지정 체육: 국/영 중 1개 3
	학생부종합 고른기회1	일괄	학생부종합 자소서제출 ~09.19(월) 최종 11.23(수)	1. 2023 전년대비 123명 증가 3. 서류+교과만 일괄반영 4. 보훈/농어/수급차상 150명 5. 특성화193/장애15/탈북6	364 2022 241	서류 70 + 교과만 30						최저없음
	학생부종합 고른기회2	일괄	학생부종합 자소서제출 ~09.19(월) 최종 11.23(수)	서류+교과 일괄 (출봉 없음) 1. 의사상자/군인소방 15년 2. 다자녀4인/다문화/복지시설 3. 조손가정/장애부모자녀 등	90 2022 90	서류 70 + 교과만 30						최저없음 K-SW인재 컴공/소프트 등 실기우수자 생략 특성화고졸재직 생략

2022 고교연계 (서울캠 인문)

■ 고교연계 2022
교과 80%+출결봉사20%
인문: 2개합 5 (탐1) 최저신설
자연: 2개합 5 (탐1) 최저신설
*史 4등급 공통
*자연 미적/기하, 과탐미지정
예체: 국/영 중 1개 3

▶교과 80%+출결봉사20%
★ 학교장추천 6명 (인2, 자3, 예1)
● 내신: 국영수사/국영수과, 동일비율

2022 경쟁률 및 입결분석 ollim

대학	학과	2023 인원	모집인원	경쟁률	ADIGA 50컷	ADIGA 70컷	최저충족	최저충족률	최저실질	충원인원	충원율	최종실질	모집인원	경쟁률	합격평균	충원인원	충원율	서류평균
문과대학	국어국문	7	7	9.10	1.86	1.93	53	82.8%	7.53	23	328.6%	1.76	10	6.5	1.70	21	210.0%	87.3
	사학과	6	6	7.20	2.04	2.09	31	72.1%	5.19	18	300.0%	1.30	8	8.3	1.50	24	300.0%	88.6
	철학과	4	4	7.30	2.21	2.21	27	93.1%	6.80	16	400.0%	1.36	6	4.5	1.80	18	300.0%	81.8
	영어영문	4	4	9.00	1.92	1.92	30	83.3%	7.50	9	225.0%	2.31	6	8.0	1.60	18	300.0%	86.7
	응용영어통번역	4	4	9.00	2.00	2.00	31	86.1%	7.75	13	325.0%	1.82	6	2.3	1.90	7	116.7%	81.5
자율	자율전공학부	12	13	10.0	1.71	1.76	110	84.6%	8.46	56	430.8%	1.59	18	4.7	1.70	33	183.3%	83.4
정경대학	정치외교	6	6	8.70	1.54	1.68	45	86.5%	7.53	22	366.7%	1.61	8	6.5	1.60	23	287.5%	83.4
	행정학과	12	12	9.30	1.68	1.76	95	84.8%	7.89	43	358.3%	1.72	17	8.4	1.60	51	300.0%	84.5
	사회학과	8	8	8.50	1.84	1.86	55	80.9%	6.88	28	350.0%	1.53	11	7.6	1.60	31	281.8%	86.7
	경제학과	12	13	10.3	1.78	1.88	109	81.3%	8.37	45	346.2%	1.88	18	5.4	1.70	54	300.0%	84.5
	무역학과	13	13	10.9	1.67	1.74	120	84.5%	9.21	20	153.8%	3.63	18	2.8	1.90	29	161.1%	79.3
	미디어학과	13	14	9.00	1.72	1.75	106	84.1%	7.57	63	450.0%	1.38	19	6.7	1.60	57	300.0%	86.5
경영대학	경영학과	28	31	14.3	1.68	1.73	385	86.9%	12.4	148	477.4%	2.15	42	4.8	1.60	111	264.3%	83.6
	회계세무학과	10	10	9.40	1.76	1.78	75	79.8%	7.50	31	310.0%	1.83	14	2.9	1.70	20	142.9%	83.8
	빅데이터응용	3	3	11.3	1.59	1.95	27	79.4%	8.97	2	66.7%	5.38	신설					
호텔관광	호스피털리경영	16	23	8.40	1.84	1.96	150	77.7%	6.53	26	113.0%	3.06	32	2.7	2.00	19	59.4%	83.9
	조리푸드디자인	5	신설															
	관광엔터테인먼	9	9	7.90	1.76	1.84	55	77.5%	6.12	9	100.0%	3.06	12	2.0	2.10	11	91.7%	81.7
생활과학	아동가족학과	6	6	9.30	1.93	1.96	45	80.4%	7.48	13	216.7%	2.36	8	4.4	1.70	12	150.0%	87.7
	주거환경학과	4	4	10.0	2.32	2.32	23	57.5%	5.75	5	125.0%	2.56	6	2.7	2.80	5	83.3%	85.1
	의상학과	4	4	10.8	2.04	2.04	33	76.7%	8.28	21	525.0%	1.33	8	3.9	1.90	18	225.0%	84.5
한의예	한의예 인문	3	신설									-						
이과	지리학과 인문	5	5	7.40	1.69	1.92	30	81.1%	6.00	11	220.0%	1.88	7	3.1	2.00	15	214.3%	81.0
간호	간호학과 인문	7	7	11.9	1.50	1.50	60	72.3%	8.60	13	185.7%	3.01	9	4.4	1.60	15	166.7%	86.0
서울캠 인문 소계		201	206	9.50	1.82	1.89	1695	80.6%	7.65	635	289.7%	2.20	283	4.9	1.79	592	211.3%	84.4

2021 고교연계 (인문)

▶교과 30%+서류 70% (일괄전형)
★ 학교장추천 6명 (인2, 자3, 예1)
● 내신: 국영수사/국영수과, 동일비율

2021 경쟁률 및 입결분석 ollim

2022 고교연계 (서울캠 자연)

2022 경쟁률 및 입결분석 ollim

대학	학과	2023 인원	모집인원	경쟁률	ADIGA 50컷	ADIGA 70컷	최저충족	최저충족률	최저실질	충원인원	충원율	최종실질	모집인원	경쟁률	합격평균	충원인원	충원율	서류평균
생활	식품영양학과	4	4	10.3	1.74	1.74	29	70.7%	7.28	2	50.0%	4.85	6	6.2	1.70	5	83.3%	90.6
이과대학	수학과	7	7	12.7	1.84	1.95	68	76.4%	9.70	23	328.6%	2.26	9	8.0	1.60	27	300.0%	82.8
	물리학과	4	4	9.00	1.60	1.60	28	77.8%	7.00	9	225.0%	2.15	6	6.3	1.70	12	200.0%	84.7
	화학과	11	12	11.8	1.64	1.67	119	83.7%	9.88	33	275.0%	2.63	15	7.3	1.60	43	286.7%	82.2
	생물학과	11	11	12.5	1.60	1.70	104	75.4%	9.43	33	300.0%	2.36	15	6.1	1.60	23	153.3%	87.0
	지리학과 자연	4	4	9.00	1.95	1.95	25	69.4%	6.25	2	50.0%	4.16	6	2.8	2.40	4	66.7%	84.9
	정보디스플레이	7	7	16.7	1.57	1.65	95	81.2%	13.6	18	257.1%	3.80	9	4.2	1.90	8	88.9%	85.1
의과대	의예과	11	신설															
한의대	한의예과 자연	8	신설															
치과대	치의예과	8	신설															
약학대	약학과	4	신설															
	한약학과	6	6	8.80	1.54	1.82	37	69.8%	6.14	7	116.7%	2.83	7	3.3	1.80	2	28.6%	88.7
	약과학과	7	7	10.9	1.55	1.56	56	73.7%	8.03	17	242.9%	2.34	10	4.8	1.60	14	140.0%	85.4
간호대	간호학과 자연	7	7	16.0	1.38	1.41	74	66.1%	10.6	13	185.7%	3.70	9	7.7	1.50	18	200.0%	88.7
서울캠 자연 소계		99	69	11.8	1.64	1.71	634	74.4%	8.78	157	203.1%	3.11	92	5.7	1.74	156	154.7%	86.0

2021 고교연계 (자연)

2021 경쟁률 및 입결분석 ollim

2022 고교연계 (국제캠 인문) / 2021 고교연계 (인문)

인재상 및 평가요소		2023 인원	모집 인원	경쟁률	ADIGA 50컷	ADIGA 70컷	최저 충족	최저 충족률	최저 실질	충원 인원	충원율	최종 실질	모집 인원	경쟁률	합격 평균	충원 인원	충원율	서류 평균
외국어 대학 국제캠	프랑스어	4	4	5.30	2.48	2.48	13	61.9%	3.28	6	150.0%	1.31	5	1.8	2.40	4	80.0%	82.4
	스페인어	4	4	6.80	2.46	2.46	13	48.1%	3.27	9	225.0%	1.01	6	3.0	2.40	5	83.3%	85.1
	러시아어	4	3	6.30	2.12	2.20	13	68.4%	4.31	0	0.0%	4.31	4	2.3	2.30	5	125.0%	86.2
	중국어학	6	7	6.10	2.15	2.28	27	62.8%	3.83	8	114.3%	1.79	9	2.9	2.20	8	88.9%	85.0
	일본어학	5	6	4.00	2.54	2.84	17	70.8%	2.83	7	116.7%	1.31	8	2.1	2.20	9	112.5%	82.0
	한국어학	3	3	6.00	2.23	2.38	10	55.6%	3.34	2	66.7%	2.00	4	1.8	2.40	3	75.0%	86.4
	글로벌커뮤니케	7	7	5.70	2.25	2.30	34	85.0%	4.85	16	228.6%	1.47	10	3.3	2.20	11	110.0%	83.4
국제캠	국제학과	13	9	5.60	1.91	2.00	44	88.0%	4.93	8	88.9%	2.61	12	5.1	1.90	24	200.0%	84.2
국제캠 인문 소계		46	43	5.73	2.27	2.37	171	67.6%	3.83	56	123.8%	1.98	58	2.8	2.25	69	109.3%	84.3

2022 고교연계 (국제캠 자연) / 2021 고교연계 (자연)

■ 고교연계 2022
교과 80%+출결봉사20%
인문: 2개합 5 (탐1) 최저신설
자연: 2개합 5 (탐1) 최저신설
*史 4등급 공통
*자연 미적/기하, 과탐미지정
예체: 국/영 중 1개 3

수능 최저 없음

▶교과 80%+출결봉사20% (2022)
★ 학교장추천 6명 (인2, 자3, 예1)
● 내신: 국영수사/국영수과, 동일비율

▶교과 30%+서류 70% (일괄전형) (2021)
★ 학교장추천 6명 (인2, 자3, 예1)
● 내신: 국영수사/국영수과, 동일비율

인재상 및 평가요소		2023 인원	모집 인원	경쟁률	ADIGA 50컷	ADIGA 70컷	최저 충족	최저 충족률	최저 실질	충원 인원	충원율	최종 실질	모집 인원	경쟁률	합격 평균	충원 인원	충원율	서류 평균
공과 대학 국제캠	기계공학	20	23	9.50	1.86	1.91	170	77.6%	7.37	47	204.3%	2.42	32	4.2	1.80	57	178.1%	83.8
	산업경영공학	8	10	9.10	2.00	2.05	68	74.7%	6.80	17	170.0%	2.52	14	4.5	1.80	20	142.9%	86.0
	원자력공학	5	6	9.80	1.92	2.00	42	71.2%	6.98	9	150.0%	2.79	8	3.0	2.20	11	137.5%	81.1
	화학공학	9	14	14.7	1.57	1.58	163	79.1%	11.6	45	321.4%	2.76	19	7.7	1.50	36	189.5%	86.7
	정보전자신소재	8	11	9.50	1.68	1.78	86	82.7%	7.86	27	245.5%	2.27	15	4.9	1.70	30	200.0%	82.3
	사회기반시스템	8	6	10.2	2.05	2.13	42	68.9%	7.03	7	116.7%	3.24	8	5.1	2.10	8	100.0%	87.5
	건축공학과	8	6	9.20	2.10	2.12	33	60.0%	5.52	15	250.0%	1.58	8	4.0	2.00	15	187.5%	83.8
	환경학및환경공	5	9	7.30	2.04	2.13	50	75.8%	5.53	16	177.8%	1.99	12	6.4	1.70	24	200.0%	86.9
	건축학5년 자연	5	5	9.60	2.00	2.13	34	70.8%	6.80	21	420.0%	1.31	7	5.3	1.80	14	200.0%	86.5
전자 국제캠	전자공학과	22	25	13.6	1.64	1.70	257	75.5%	10.3	71	284.0%	2.67	34	4.5	1.70	68	200.0%	84.1
	생체의공학과	5	9	10.4	1.59	1.64	76	80.9%	8.41	15	166.7%	3.16	13	3.5	1.70	16	123.1%	84.7
소프트 국제캠	컴퓨터공학과	11	10	14.2	1.56	1.63	111	78.2%	11.1	30	300.0%	2.78	14	6.4	1.60	28	200.0%	83.2
	인공지능학과	5	5	9.40	1.85	1.90	36	76.6%	7.20	7	140.0%	3.00	신설					
	소프트웨어융합	7	9	11.3	1.62	1.65	82	80.4%	9.09	12	133.3%	3.89	12	5.3	1.70	24	200.0%	86.5
응용 과학 국제캠	응용수학과	5	7	10.0	1.87	1.91	53	75.7%	7.57	7	100.0%	3.79	9	4.1	1.80	18	200.0%	85.0
	응용물리학과	5	4	8.50	2.12	2.12	28	82.4%	7.00	12	300.0%	1.75	6	5.0	2.00	6	100.0%	85.8
	응용화학과	7	8	8.10	1.95	1.96	48	73.8%	5.98	12	150.0%	2.39	11	4.0	1.70	15	136.4%	86.7
	우주과학과	6	6	7.20	2.08	2.23	29	67.4%	4.85	12	133.3%	2.08	8	4.3	2.00	15	187.5%	85.5
생명 과학 국제캠	유전생명공학과	8	13	13.7	1.68	1.71	143	80.3%	11.0	37	284.6%	2.86	18	11.4	1.60	36	200.0%	87.8
	식품생명공학	5	4	10.8	1.78	1.78	32	74.4%	8.04	10	250.0%	2.30	6	5.2	1.80	9	150.0%	85.6
	한방생명공학과	3	2	9.00	2.04	2.04	11	61.1%	5.50	1	50.0%	3.67	3	13.0	2.20	0	0.0%	90.3
	식물환경신소재	3	2	8.00	2.09	2.09	10	62.5%	5.00	2	100.0%	2.50	3	5.0	1.80	3	100.0%	86.9
	스마트팜과학과	5	5	9.00	1.78	1.86	31	68.9%	6.20	10	200.0%	2.07	3	6.7	1.70	6	200.0%	87.3
국제캠 자연 소계		173	199	10.1	1.86	1.92	1634	73.9%	7.51	438	202.1%	2.60	263	5.6	1.81	459	160.6%	85.6

인재상 및 평가요소		2023 인원	2022 고교연계 (국제캠 예체능)										2021 고교연계 (예체능)					
			2022 경쟁률 및 입결분석 *ollim*										2021 경쟁률 및 입결분석 *ollim*					
			모집 인원	경쟁률	국영 50컷	국영 70컷	최저 충족	최저 충족률	최저 실질	충원 인원	충원율	최종 실질	모집 인원	경쟁률	국영 평균	충원 인원	충원율	서류 평균
예술 디자인	산업디자인	2	2	11.0	1.40	1.40	15	68.2%	7.50	1	50.0%	5.00	3	6.3	1.70	1	33.3%	90.0
	시각디자인	4	4	13.5	1.40	1.40	45	83.3%	11.2	3	75.0%	6.43						
	환경조경디자인	4	5	12.8	1.60	1.60	59	92.2%	11.8	9	180.0%	4.21	8	5.1	2.10	5	62.5%	86.5
	의류디자인	4	4	9.80	1.90	1.90	34	87.2%	8.55	5	125.0%	3.80	6	3.5	1.70	5	83.3%	86.9
국제캠	디지털콘텐츠	2	2	12.5	1.13	1.13	23	92.0%	11.5	0	0.0%	11.5	3	9.7	1.50	4	133.3%	89.9
	도예학과	4	4	8.30	1.60	1.60	26	78.8%	6.54	3	75.0%	3.74						
체육	체육학과	7	7	17.1	1.20	1.30	110	91.7%	15.7	11	157.1%	6.10	10	11.1	1.90	20	200.0%	89.8
	스포츠의학과	5	6	15.3	1.33	1.40	81	88.0%	13.5	11	183.3%	4.75	8	5.1	2.20	7	87.5%	87.5
국제캠	태권도학과	4	4	15.5	2.70	2.70	38	61.3%	9.50	8	200.0%	3.17	5	7.0	2.70	5	100.0%	86.9
예체능 소계 (국영)		36	38	12.9	1.58	1.60	431	82.5%	10.6	51	116.2%	5.41	43	6.8	1.97	47	100.0%	88.2

경희대 2022 대입분석 06 - 네오르네상스 (서울캠 인문) *20220511 ollim*

인재상 및 평가요소		수능최저 / 2023인원	2022 네오르네상스 (인문)							2021 네오르네상스 (인문)					

인문: 2개합 5 (탐1)
한의: 3개합 4 (탐1)
자연: 2개합 5 (탐1)
의치한: 3개합 4 (탐1)
*史 5등급 공통
예체: 국/영 중 1개 3
약학과는 그냥자연★

▶1단계: 서류 100% (3배수)
▶2단계: 1단계 70%+면접 30%
● 내신: 전과목 정성평가

단과대학	학과	2023 인원	모집인원	경쟁률	합격평균	충원인원	충원율	서류평균	면접평균	모집인원	경쟁률	합격평균	충원인원	충원율	서류평균
문과대학	국어국문	20	21	13.3	2.50	17	81.0%	88.5	87.6	22	15.9	2.50	27	122.7%	89.4
	사학과	14	14	19.3	2.20	12	85.7%	89.5	86.8	15	18.8	2.30	9	60.0%	90.5
	철학과	10	10	13.9	2.70	6	60.0%	90.5	86.8	10	21.7	2.50	4	40.0%	91.9
	영어영문	11	12	22.2	2.70	16	133.3%	91.9	85.2	13	21.8	2.90	16	123.1%	89.4
	응용영어통번역	12	13	11.0	3.00	12	92.3%	89.1	84.8	14	11.3	3.20	18	128.6%	87.1
자율	자율전공학부	18	19	14.9	2.50	9	47.4%	90.4	86.6	20	16.6	2.20	10	50.0%	89.7
정경대학	정치외교	14	15	25.1	2.50	9	60.0%	90.7	85.1	16	22.1	2.40	14	87.5%	89.7
	행정학과	14	15	23.6	2.90	10	66.7%	89.3	88.2	16	26.1	2.40	18	112.5%	91.3
	사회학과	8	8	29.5	1.90	7	87.5%	91.1	87.1	8	33.9	2.00	6	75.0%	90.0
	경제학과	20	21	13.9	2.90	20	95.2%	89.0	85.1	22	15.5	2.20	31	140.9%	89.0
	무역학과	16	17	13.1	3.80	12	70.6%	89.3	84.4	18	15.1	3.30	8	44.4%	89.4
	미디어학과	25	26	21.3	2.60	23	88.5%	91.0	86.4	27	22.7	2.00	16	59.3%	90.6
경영대학	경영학과	51	54	21.0	2.20	64	118.5%	91.7	85.2	55	21.7	2.40	70	127.3%	90.2
	회계세무학과	12	13	8.8	2.60	9	69.2%	86.6	85.3	14	9.7	2.70	20	142.9%	90.0
	빅데이터응용	10	10	18.4	2.30	7	70.0%	91.1	86.4	신설					
호텔관광	호스피털리경영	44	45	6.8	3.40	17	37.8%	87.7	85.7	45	6.1	3.20	16	35.6%	86.9
	조리푸드디자인	14	15	4.9	3.70	0	0.0%	80.6	82.0	15	8.1	3.10	0	0.0%	89.9
	관광엔터테인먼	28	30	5.8	3.20	7	23.3%	85.4	85.8	30	10.3	2.60	8	26.7%	90.3
생활과학	아동가족학과	6	6	21.8	3.10	4	66.7%	89.1	85.7	6	27.2	2.90	12	200.0%	91.8
	주거환경학과	3	4	14.5	2.60	7	175.0%	89.2	82.2	4	9.0	3.60	5	125.0%	90.0
	의상학과	10	11	20.0	2.60	21	190.9%	86.8	81.3	12	14.3	3.00	9	75.0%	88.8
한의예	한의예 인문	9	12	17.5	1.50	6	50.0%	91.3	85.6	13	16.0	1.30	2	15.4%	91.5
이과	지리학과 인문	5	5	18.4	2.40	3	60.0%	90.7	87.3	5	20.2	2.30	5	100.0%	90.9
간호	간호학과 인문	9	10	15.6	2.30	2	20.0%	90.0	84.8	11	16.6	2.60	5	45.5%	87.6
서울캠 인문 소계		383	406	16.4	2.67	300	77.1%	89.2	85.5	411	17.4	2.59	329	84.2%	89.8

경희대 2022 대입분석 07 - 네오르네상스 (서울캠 자연) *20220511 ollim*

인재상 및 평가요소
자연: 2개합 5 (탐1)
의치한: 3개합 4 (탐1)
*史 5등급 공통

단과대학	학과	2023 인원	모집인원	경쟁률	합격평균	충원인원	충원율	서류평균	면접평균	모집인원	경쟁률	합격평균	충원인원	충원율	서류평균
생활	식품영양학과	9	10	9.6	2.30	4	40.0%	87.3	87.4	10	15.2	2.90	6	60.0%	90.5
이과대학	수학과	8	8	22.8	2.30	10	125.0%	90.8	84.1	8	19.8	3.10	8	100.0%	91.6
	물리학과	13	13	13.2	2.70	16	123.1%	89.1	82.9	14	14.9	3.50	23	164.3%	89.7
	화학과	8	8	31.4	2.40	3	37.5%	88.7	87.2	9	24.2	3.90	5	55.6%	91.6
	생물학과	13	14	39.6	2.70	9	64.3%	90.6	87.4	15	31.2	1.80	10	66.7%	92.3
	지리학과 자연	4	5	7.2	2.70	2	40.0%	86.6	90.3	5	8.6	3.40	2	40.0%	87.9
	정보디스플레이	14	16	8.7	2.90	9	56.3%	88.1	84.9	17	11.2	4.80	11	64.7%	88.5
의과대	의예과	40	55	24.5	1.30	56	101.8%	90.7	84.4	55	17.1	1.80	46	83.6%	91.0
한의대	한의예과 자연	22	30	11.0	1.70	6	20.0%	87.0	82.5	30	10.4	1.80	9	30.0%	88.6
치과대	치의예과	29	40	13.3	1.70	12	30.0%	89.1	86.5	40	11.5	1.90	19	47.5%	90.1
약학대	약학과	14	20	33.3	1.60	10	50.0%	90.8	88.5	신설					
	한약학과	8	8	9.4	2.30	4	50.0%	88.6	85.3	8	11.1	3.20	1	12.5%	89.2
	약과학과	9	8	24.6	2.50	4	50.0%	91.4	88.2	8	9.6	2.90	8	100.0%	88.9
간호대	간호학과 자연	9	11	23.9	1.90	6	54.5%	90.1	86.7	12	16.3	2.00	4	33.3%	90.3
서울캠 자연 소계		200	246	19.5	2.21	151	60.2%	89.2	86.2	231	15.5	2.85	152	66.0%	90.0

경희대 2022 대입분석 08 - 네오르네상스 (국제캠 인문)

인재상 및 평가요소		2023 인원	2022 네오르네상스 (인문)							2021 네오르네상스 (인문)					
인문: 2개합 5 (탐1) 한의: 3개합 4 (탐1) *史 5등급 공통			2022 경쟁률 및 입결분석 *ollim*							2021 경쟁률 및 입결분석 *ollim*					
			모집인원	경쟁률	합격평균	충원인원	충원율	서류평균	면접평균	모집인원	경쟁률	합격평균	충원인원	충원율	서류평균
외국어 대학 국제캠	프랑스어	12	14	7.7	4.20	11	78.6%	86.8	86.0	14	8.1	4.00	17	121.4%	87.8
	스페인어	12	14	5.6	3.70	5	35.7%	87.2	86.8	14	7.9	3.70	7	50.0%	86.2
	러시아어	11	11	7.6	4.10	6	54.5%	88.2	83.5	11	11.5	4.30	9	81.8%	85.7
	중국어학	14	16	9.7	4.20	8	50.0%	87.7	86.0	16	16.1	3.70	10	62.5%	90.0
	일본어학	13	15	9.7	4.40	5	33.3%	89.3	87.2	15	13.5	4.20	9	60.0%	89.2
	한국어학	7	9	5.6	3.50	5	55.6%	87.3	83.9	9	8.6	2.70	6	66.7%	88.5
	글로벌커뮤니케	15	17	10.8	3.70	6	35.3%	89.2	86.6	17	9.3	3.80	10	58.8%	88.9
국제캠	국제학과	45	49	12.4	3.50	41	83.7%	88.8	85.1	49	11.7	3.50	32	65.3%	88.2
국제캠 인문 소계		129	145	8.6	3.91	87	53.3%	88.1	85.6	145	10.8	3.74	100	70.8%	88.1

경희대 2022 대입분석 09 - 네오르네상스 (국제캠 자연)

인재상 및 평가요소		수능최저 / 2023 인원	2022 네오르네상스 (자연)							2021 네오르네상스 (자연)					
인문: 2개합 5 (탐1) 한의: 3개합 4 (탐1) 자연: 2개합 5 (탐1) 의치한: 3개합 4 (탐1) *史 5등급 공통 예체: 국/영 중 1개 3 약학과는 그냥자연★			▶1단계: 서류 100% (3배수) ▶2단계: 1단계 70%+면접 30% ● 내신: 전과목 정성평가							▶1단계: 서류 100% (3배수) ▶2단계: 1단계 70%+면접 30% ● 내신: 전과목 정성평가					
			2022 경쟁률 및 입결분석 *ollim*							2021 경쟁률 및 입결분석 *ollim*					
			모집인원	경쟁률	합격평균	충원인원	충원율	서류평균	면접평균	모집인원	경쟁률	합격평균	충원인원	충원율	서류평균
공과 대학 국제캠	기계공학	25	28	15.2	2.10	16	57.1%	91.1	86.4	26	18.2	3.20	29	111.5%	90.5
	산업경영공학	11	11	12.1	2.20	6	54.5%	89.9	83.3	10	12.9	2.50	7	70.0%	88.4
	원자력공학	9	9	8.0	2.60	5	55.6%	87.5	84.5	9	8.2	2.60	8	88.9%	89.1
	화학공학	14	17	22.6	2.20	14	82.4%	89.5	84.1	16	18.9	2.00	19	118.8%	91.0
	정보전자신소재	11	12	13.7	2.20	8	66.7%	87.9	86.8	11	14.5	1.90	6	54.5%	89.5
	사회기반시스템	11	12	7.8	2.60	8	66.7%	86.5	81.9	11	8.6	2.80	13	118.2%	85.6
	건축공학과	11	12	8.1	2.70	4	33.3%	88.5	86.2	10	6.7	3.40	6	60.0%	87.8
	환경학및환경공	9	10	19.2	2.50	8	80.0%	88.7	84.3	10	20.9	2.60	8	80.0%	90.0
	건축학5년 자연	8	9	13.0	3.10	4	44.4%	89.2	84.2	8	14.4	2.40	8	100.0%	90.5
전자 국제캠	전자공학과	28	28	15.6	2.20	12	42.9%	90.5	85.7	26	11.6	1.90	18	69.2%	88.6
	생체의공학과	9	11	25.4	2.20	8	72.7%	91.1	87.9	10	26.4	2.60	10	100.0%	92.9
소프트 국제캠	컴퓨터공학과	21	27	13.4	2.10	31	114.8%	90.8	84.4	27	10.3	2.40	21	77.8%	87.5
	인공지능학과	14	14	14.4	2.30	11	78.6%	87.9	85.9	신설					
	소프트웨어융합	16	18	14.7	2.30	11	61.1%	89.9	88.0	18	12.1	2.20	11	61.1%	87.8
응용 과학 국제캠	응용수학과	7	7	11.3	2.30	7	100.0%	87.8	85.7	7	13.6	2.00	2	28.6%	91.0
	응용물리학과	7	7	8.1	2.30	2	28.6%	89.6	85.2	7	10.0	2.80	7	100.0%	89.4
	응용화학과	10	12	13.3	2.40	2	16.7%	88.0	87.6	12	10.5	2.10	7	58.3%	90.3
	우주과학과	12	14	7.6	2.70	11	78.6%	85.7	82.9	14	14.8	2.80	15	107.1%	90.7
생명 과학 국제캠	유전생명공학과	13	15	40.9	2.10	10	66.7%	91.9	85.9	14	19.6	2.40	13	92.9%	90.4
	식품생명공학	9	10	17.2	2.20	5	50.0%	88.5	87.0	10	16.8	2.30	4	40.0%	88.9
	한방생명공학과	7	7	12.1	2.70	4	57.1%	89.1	86.0	7	7.3	2.50	1	14.3%	89.4
	식물환경신소재	7	7	17.0	2.60	1	14.3%	91.3	84.9	7	21.3	2.90	1	14.3%	89.5
	스마트팜과학과	15	17	12.4	2.60	8	47.1%	88.2	86.4	7	18.1	2.70	3	42.9%	89.7
국제캠 자연 소계		284	314	14.9	2.40	196	59.6%	89.1	85.4	277	14.4	2.50	217	73.1%	89.5

경희대 2022 대입분석 10 - 네오르네상스 (국제캠 예체) *20220511 ollim*

인재상 및 평가요소		2023 인원	2022 네오르네상스 (예체)							2021 네오르네상스 (예체)					
예체: 국/영 중 1개 3			모집인원	경쟁률	합격평균	충원인원	충원율	서류평균	면접평균	모집인원	경쟁률	국영평균	충원인원	충원율	서류평균
예술 디자인 국제캠	산업디자인	3	3	21.3	2.00	5	166.7%	89.9	79.9	3	16.3	3.50	0	0.0%	89.0
	시각디자인	9	9	22.2	1.80	4	44.4%	91.2	88.5	9	14.7	3.00	7	77.8%	88.3
	환경조경디자인	10	11	7.0	2.60	4	36.4%	87.2	86.1	11	11.5	2.90	6	54.5%	88.2
	의류디자인	6	6	9.5	2.40	1	16.7%	89.8	89.0	6	13.5	2.70	5	83.3%	89.9
	디지털콘텐츠	6	6	15.0	2.30	4	66.7%	88.8	82.5	6	20.5	2.40	1	16.7%	91.4
	도예학과	11	11	3.8	2.60	6	54.5%	86.7	84.0	11	5.2	2.70	4	36.4%	86.5
	연극영화학과	10	5	24.2	2.70	5	100.0%	90.4	84.8	5	21.8	3.30	2	40.0%	90.0
	연극뮤지컬연출	4	2	21.5	2.80	5	250.0%	89.6	82.4	2	18.5	4.60	0	0.0%	89.8
체육 국제캠	체육학과	19	21	15.9	2.40	16	76.2%	90.5	85.2	21	19.5	2.70	17	81.0%	89.3
	스포츠의학과	11	11	8.5	2.50	1	9.1%	89.7	87.4	11	11.0	2.70	4	36.4%	90.3
	골프산업학과	4	4	9.0	3.50	0	0%	86.1	80.3	4	9.5	5.70	0	0.0%	90.1
	태권도학과	10	13	9.9	3.00	2	15.4%	88.7	88.3	13	14.7	3.40	3	23.1%	90.1
예체능 소계 (국영)		103	102	14.0	2.55	53	69.7%	89.1	84.9	102	14.7	3.30	49	37.4%	89.4

91

경희대 2022 대입분석 11 - 논술전형 (서울캠 인문)

수능최저 및 평가요소			2022 논술전형 (인문)									2021 논술전형 (인문)					
2022 논술인문 수능최저 ▶인문: 2개합 5 (탐1)★ ▶한의: 3개합 4 (탐1) *史 4등급 공통 ▶체육: 국/영 중 1개 3		수능 최저	학생부 30+ 논술 70									학생부 30+ 논술 70					
			2022 경쟁률 및 입결분석 ollim									2021 경쟁률 및 입결분석 ollim					
		2023 인원	모집 인원	경쟁률	합격 평균	충원 인원	충원율	논술 성적	최저 충족	최저 충족률	실질 경쟁률	모집 인원	경쟁률	합격 평균	충원 인원	충원율	논술 성적
문과 대학	국어국문	7	7	118.9	3.60	0	0.0%	89.7	375	45.1%	53.6	10	66.8	3.40	1	10.0%	90.7
	사학과	4	4	97.8	3.80	0	0.0%	92.1	168	43.0%	42.0	6	60.2	3.10	2	33.3%	89.9
	철학과	7	7	106.4	3.80	2	28.6%	89.1	357	47.9%	51.0	10	65.0	3.10	2	20.0%	92.0
	영어영문	5	5	103.8	3.60	0	0.0%	88.5	263	50.7%	52.6	7	61.7	3.40	5	71.4%	89.8
	응용영어통번역	5	5	103.4	3.00	0	0.0%	90.8	263	50.9%	52.6	7	62.4	3.10	1	14.3%	91.8
자율	자율전공학부	8	9	89.6	3.40	4	44.4%	90.2	408	50.6%	45.3	13	61.7	3.30	2	15.4%	90.5
정경 대학	정치외교	4	4	70.0	3.20	0	0.0%	91.0	136	48.6%	34.0	5	48.8	3.40	0	0.0%	91.1
	행정학과	7	7	75.0	3.30	1	14.3%	89.8	272	51.8%	38.9	10	51.8	3.40	4	40.0%	89.2
	사회학과	4	4	63.0	3.60	1	25.0%	90.6	139	55.2%	34.8	5	47.0	3.20	2	40.0%	91.1
	경제학과	8	9	59.9	3.00	2	22.2%	90.2	275	51.0%	30.6	14	41.2	3.60	5	35.7%	87.3
	무역학과	7	8	53.1	3.50	2	25.0%	90.3	189	44.5%	23.6	11	40.3	3.80	3	27.3%	86.4
	미디어학과	7	7	90.7	3.30	0	0.0%	89.9	308	48.5%	44.0	10	60.7	3.40	1	10.0%	92.2
경영 대학	경영학과	23	24	83.8	3.30	9	37.5%	91.6	1073	53.4%	44.7	35	49.5	3.40	7	20.0%	87.7
	회계세무학과	6	7	53.1	3.70	1	14.3%	89.4	189	50.8%	27.0	10	36.4	3.40	0	0.0%	87.6
	빅데이터응용	4	4	55.8	2.90	1	25.0%	87.3	108	48.4%	27.0	신설					
호텔 관광	호스피털리경영	7	9	47.7	3.70	1	11.0%	89.4	183	42.7%	20.3	14	41.5	3.60	3	21.4%	92.1
	조리푸드디자인	2	-	-	-	-	-	-	-	-	-	-	-	-	-	-	-
	관광엔터테인먼	6	6	46.8	2.90	2	33.3%	88.8	100	35.6%	16.7	9	40.0	3.80	0	0.0%	89.9
생활 과학	아동가족학과	4	4	87.3	3.70	0	0.0%	89.6	142	40.7%	35.5	5	50.2	3.90	0	0.0%	90.0
	주거환경학과	4	4	58.7	3.70	0	0.0%	88.7	167	46.6%	41.8	6	58.7	3.50	3	50.0%	90.7
	의상학과	4	4	92.5	3.30	3	75.0%	89.4	131	35.4%	32.8	5	61.2	3.60	0	0.0%	91.2
한의예	한의예 인문	5	5	303.6	3.30	0	0.0%	89.9	286	18.8%	57.2	7	249.0	2.30	0	0.0%	90.9
이과	지리학과 인문	3	3	31.7	3.70	0	0.0%	90.4	44	46.3%	14.7	4	35.0	3.20	4	100.0%	85.6
간호	간호학과 인문	4	4	94.0	3.20	0	0.0%	88.5	136	36.2%	34.0	5	77.2	3.10	3	60.0%	89.0
서울캠 인문 소계		145	150	86.4	3.41	29	15.5%	89.8	5712	45.3%	37.2	208	62.1	3.36	48	25.9%	89.9

경희대 2022 대입분석 12 - 논술전형 (서울캠 자연)

수능최저 및 평가요소			2022 논술전형 (자연)									2021 논술전형 (자연)					
▶자연: 2개합 5 (탐1) ▶의치한: 3개합 4(탐1) *史 4등급 공통		2023 인원	2022 경쟁률 및 입결분석 ollim									2021 경쟁률 및 입결분석 ollim					
			모집 인원	경쟁률	합격 평균	충원 인원	충원율	논술 성적	최저 충족	최저 충족률	실질 경쟁률	모집 인원	경쟁률	합격 평균	충원 인원	충원율	논술 성적
생활	식품영양학과	6	6	43.2	3.60	2	25.0%	64.1	134	51.7%	22.3	8	24.5	4.10	2	25.0%	59.5
이과 대학	수학과	7	7	55.6	3.70	4	40.0%	77.4	210	54.0%	30.0	10	24.1	3.30	4	40.0%	78.4
	물리학과	7	8	35.0	3.80	3	23.1%	64.3	123	43.9%	15.4	13	19.2	3.40	3	23.1%	74.0
	화학과	6	6	473.0	3.50	2	25.0%	63.7	124	43.7%	20.7	8	37.8	3.40	2	25.0%	79.7
	생물학과	7	7	49.1	3.80	3	30.0%	61.2	164	47.7%	23.4	10	38.7	3.30	3	30.0%	76.2
	지리학과 자연	4	4	35.5	4.50	1	20.0%	59.5	70	49.3%	17.5	5	18.8	4.60	1	20.0%	59.5
	정보디스플레이	6	6	78.7	4.10	1	12.5%	67.5	244	51.7%	40.7	8	41.4	3.40	1	12.5%	73.6
의과대	의예과	15	15	210.7	2.80	4	26.7%	79.9	1454	46.0%	96.9	21	210.3	2.60	1	4.8%	88.9
한의대	한의예과 자연	16	16	118.4	2.60	0	0.0%	65.6	496	26.2%	31.0	23	97.0	2.90	3	13.0%	73.4
치과대	치의예과	11	11	175.5	3.60	1	9.1%	62.7	654	33.9%	59.5	15	160.1	2.90	0	0.0%	82.1
약학대	약학과	8	8	431.6	3.30	2	25.0%	83.4	2135	61.8%	266.9	신설					
	한약학과	6	6	32.8	4.20	0	0.0%	61.4	95	48.2%	15.8	8	21.9	4.30	0	0.0%	72.4
	약과학과	5	5	38.6	3.50	1	20.0%	63.8	108	56.0%	21.6	7	31.9	3.20	1	14.3%	72.8
간호대	간호학과 자연	4	4	69.0	2.80	1	25.0%	61.9	93	33.7%	23.3	5	50.2	3.50	0	0.0%	75.5
서울캠 자연 소계		108	109	131.9	3.56	25	20.1%	66.9	6104	46.3%	48.9	141	59.7	3.45	21	16.0%	74.3

수능최저 및 평가요소			2022 논술전형 (인문)									2021 논술전형 (인문)					
2022 논술인문 수능최저 ▶ 인문: 2개합 5 (탐1)★ ▶ 한의: 3개합 4 (탐1)		2023 인원	2022 경쟁률 및 입결분석 ollim									2021 경쟁률 및 입결분석 ollim					
			모집 인원	경쟁률	합격 평균	충원 인원	충원율	논술 성적	최저 충족	최저 충족률	실질 경쟁률	모집 인원	경쟁률	합격 평균	충원 인원	충원율	논술 성적
외국어 대학 국제캠	프랑스어	3	3	42.3	4.00	1	25.0%	87.0	48	37.8%	16.0	4	23.5	3.20	1	25.0%	86.6
	스페인어	3	3	38.3	4.30	0	0.0%	87.5	48	41.7%	16.0	4	23.5	4.00	0	0.0%	87.8
	러시아어	4	4	42.3	3.70	3	60.0%	86.2	62	36.7%	15.5	5	26.0	3.80	3	60.0%	87.6
	중국어학	4	4	37.8	3.30	3	60.0%	88.9	55	36.4%	13.8	5	23.8	3.30	3	60.0%	87.6
	일본어학	3	3	32.0	3.70	1	25.0%	85.0	34	35.4%	11.3	4	25.3	3.90	1	25.0%	87.6
	한국어학	2	2	36.5	3.80	1	50.0%	87.4	29	39.7%	14.5	2	31.0	3.90	1	50.0%	85.8
	글로벌커뮤니케	4	4	50.3	3.40	3	60.0%	89.7	95	47.3%	23.8	5	29.2	3.60	3	60.0%	89.3
공과대	건축인문	3	3	50.3	3.70	0	0.0%	85.1	65	43.0%	21.7	4	33.5	3.50	0	0.0%	86.1
국제캠 인문 소계		26	26	41.2	3.74	12	35.0%	87.1	436	39.8%	16.6	33	27.0	3.65	12	35.0%	87.3

수능최저 및 평가요소			2022 논술전형 (자연)									2021 논술전형 (자연)					
▶ 자연: 2개합 5 (탐1) ▶ 의치한: 3개합 4(탐1) 　　*史 4등급 공통		2023 인원	2022 경쟁률 및 입결분석 ollim									2021 경쟁률 및 입결분석 ollim					
			모집 인원	경쟁률	합격 평균	충원 인원	충원율	논술 성적	최저 충족	최저 충족률	실질 경쟁률	모집 인원	경쟁률	합격 평균	충원 인원	충원율	논술 성적
공과 대학 국제캠	기계공학	30	32	34.9	3.50	9	28.1%	66.7	545	48.8%	17.0	40	21.6	3.60	10	25.0%	60.4
	산업경영공학	8	8	29.0	3.30	1	12.5%	61.2	114	49.1%	14.3	14	20.9	3.70	6	42.9%	68.7
	원자력공학	8	8	22.5	3.80	0	0.0%	64.1	69	38.3%	8.6	14	15.1	3.60	5	35.7%	69.0
	화학공학	10	12	34.4	3.30	4	33.3%	60.3	196	47.5%	16.3	11	35.8	4.10	1	9.1%	79.9
	정보전자신소재	9	9	31.1	3.80	0	0.0%	63.5	137	48.9%	15.2	15	24.1	3.50	3	20.0%	72.9
	사회기반시스템	9	9	27.4	4.10	1	11.1%	62.9	97	39.3%	10.8	17	16.1	4.00	4	23.5%	64.8
	건축공학과	8	8	22.5	4.00	1	12.5%	61.4	71	39.4%	8.9	17	15.5	3.80	5	29.4%	67.1
	환경학및환경공	4	4	24.0	3.10	0	0.0%	66.8	58	60.4%	14.5	7	18.1	3.20	2	28.6%	64.7
	건축학5년 자연	4	4	39.0	3.80	2	50.0%	58.9	73	46.8%	18.3	5	22.0	4.30	2	40.0%	64.5
전자 국제캠	전자공학과	38	40	31.8	3.80	6	15.0%	67.7	1015	50.2%	25.4	50	31.8	3.70	12	24.0%	89.9
	생체의공학과	4	4	34.3	3.90	0	0.0%	56.8	67	48.9%	16.8	5	29.8	3.40	1	20.0%	87.5
소프트 국제캠	컴퓨터공학과	9	10	72.2	4.10	3	30.0%	71.0	357	49.4%	35.7	13	42.9	3.40	2	15.4%	94.7
	인공지능학과	4	4	48.3	3.90	5	125.0%	60.4	90	46.6%	22.5	신설					
	소프트웨어융합	5	5	52.4	2.90	0	0.0%	61.9	123	46.9%	24.6	7	42.6	3.50	1	14.3%	93.2
응용 과학 국제캠	응용수학과	4	4	23.0	2.90	1	25.0%	68.0	46	50.0%	11.5	8	15.3	3.80	0	0.0%	83.9
	응용물리학과	4	4	16.3	4.60	0	0.0%	67.1	27	41.5%	6.8	9	15.2	3.90	3	33.3%	83.4
	응용화학과	5	5	18.8	4.10	1	20.0%	61.0	48	51.1%	9.6	9	21.7	4.00	3	33.3%	87.1
	우주과학과	4	4	21.3	3.30	1	25.0%	56.0	27	31.8%	6.8	6	21.5	4.10	0	0.0%	84.5
생명 과학 국제캠	유전생명공학과	8	9	43.3	3.80	2	22.2%	59.4	193	49.5%	21.4	11	38.0	3.60	4	36.4%	90.1
	식품생명공학	6	6	32.8	4.00	1	16.7%	46.7	84	42.6%	14.0	9	26.2	3.90	4	44.4%	75.6
	한방생명공학과	4	4	25.5	3.30	0	0.0%	45.1	38	37.3%	9.5	5	16.2	3.70	0	0.0%	77.6
	식물환경신소재	4	4	29.0	4.20	2	50.0%	53.3	61	52.6%	15.3	5	22.2	3.60	1	20.0%	87.7
	스마트팜과학과	4	4	17.4	4.00	0	0.0%	47.4	26	25.2%	6.5	5	17.4	4.80	0	0.0%	88.2
국제캠 자연 소계		193	201	31.8	3.72	40	20.7%	60.3	3562	45.3%	15.2	282	24.1	3.78	69	22.5%	78.9

체육 국제캠	체육학과	6	6	68.7	3.70	0	0.0%	89.7	236	57.3%	39.3	7	57.1	3.70	1	14.3%	85.4
	스포츠의학과	4	4	48.8	3.70	1	25.0%	88.2	118	60.5%	29.5	5	50.4	3.40	0	0.0%	89.6
	골프산업학과	2	2	32.5	3.30	1	50.0%	89.5	39	60.0%	19.5	3	23.3	4.20	0	0.0%	85.8
	태권도학과	3	3	31.0	3.60	1	33.3%	87.1	56	60.2%	18.7	5	23.4	4.60	1	20.0%	88.2
예체능 소계 (국영)		15	15	45.3	3.58	3	27.1%	88.6	449	59.5%	26.8	20	38.6	3.98	2	8.6%	87.3

경희대 2022 대입분석 16 - 고른기회1 (서울캠 인문) *2022.05.12. ollim*

수능최저 없음		2023 인원	2022 고른1 기초차상위 (인문) ▶교과 30%+서류 70% 일괄전형 ▶내신반영: 국영수사/국영수과 동일비율						2021 고른1 기초차상위 (인문) ▶교과 30%+서류 70% 일괄전형 ▶내신반영: 국영수사/국영수과 동일비율					
■ 종합전형 공통평가요소 ① 학업역량 30% ② 전공적합성 30% ③ 인성 20% ④ 발전가능성 20%			2022 경쟁률 및 입결분석						2021 경쟁률 및 입결분석					
			모집 인원	경쟁률	합격 평균	충원 인원	충원율	서류 평균	모집 인원	경쟁률	합격 평균	충원 인원	충원율	서류 평균
문과 대학	국어국문	2	2	9.0	2.40	1	50.0%	89.2	2	8.5	2.30	3	150.0%	89.7
	사학과	2	2	16.0	1.80	4	200.0%	92.3	2	11.5	2.00	0	0.0%	90.5
	철학과	2	2	7.0	2.30	0	0.0%	88.8	2	9.5	2.60	2	100.0%	89.6
	영어영문	2	2	11.5	2.10	4	200.0%	89.3	1	13.0	2.10	1	100.0%	92.8
	응용영어통번역	2	2	8.5	2.20	3	150.0%	87.4	1	5.0	2.30	0	0.0%	91.0
자율	자율전공학부	3	3	11.7	1.80	6	200.0%	89.0	3	10.0	1.90	3	100.0%	89.8
정경 대학	정치외교	2	2	16.5	1.60	5	250.0%	91.1	2	13.5	2.60	0	0.0%	91.0
	행정학과	3	3	12.3	2.50	1	33.3%	91.3	2	11.5	3.30	1	50.0%	91.5
	사회학과	2	2	17.0	2.00	4	200.0%	90.3	2	8.5	2.00	2	100.0%	92.6
	경제학과	3	3	8.7	2.00	5	166.7%	88.6	2	8.5	2.20	0	0.0%	91.8
	무역학과	3	3	9.0	2.10	3	100.0%	89.8	2	15.0	2.20	0	0.0%	92.5
	미디어학과	3	3	18.0	1.60	3	100.0%	92.0	2	19.0	1.90	5	250.0%	92.6
경영 대학	경영학과	7	7	16.9	1.90	22	314.3%	89.4	6	12.8	1.90	6	100.0%	90.0
	회계세무학과	3	3	6.7	2.10	1	33.3%	89.5	3	7.3	1.50	1	33.3%	92.3
	빅데이터응용	-	-	-	-	-	-	-	-	-	-	-	-	-
호텔 관광	호스피털리경영	2	3	10.7	2.10	0	0.0%	88.8	3	9.0	2.30	0	0.0%	91.3
	조리푸드디자인	1	-	-	-	-	-	-	-	-	-	-	-	-
	관광엔터테인먼	2	2	9.5	1.90	1	50.0%	92.3	2	6.0	2.80	0	0.0%	89.8
생활 과학	아동가족학과	2	2	10.0	2.10	1	50.0%	89.5	2	10.0	2.50	0	0.0%	89.3
	주거환경학과	2	2	5.0	2.30	1	50.0%	86.5	2	7.5	3.60	1	50.0%	90.3
	의상학과	2	2	13.0	2.40	1	50.0%	92.2						
한의예	한의예 인문	-	-	-	-	-	-	-	-	-	-	-	-	-
이과	지리학과 인문	2	2	10.0	2.30	4	200.0%	89.0	2	6.5	2.20	0	0.0%	91.5
간호	간호학과 인문	2	2	13.0	2.10	0	0.0%	90.3	2	12.0	2.10	1	50.0%	92.5
서울캠 인문 소계		54	54	11.4	2.08	70	114.2%	89.8	45	10.2	2.32	26	54.2%	91.1

경희대 2022 대입분석 17 - 고른기회1 (서울캠 자연) *2022.05.12. ollim*

수능최저 없음		2023 인원	2022 고른1 기초차상위 (자연)						2021 고른1 기초차상위 (자연)					
교과 30%+서류 70% 일괄전형			2022 경쟁률 및 입결분석						2021 경쟁률 및 입결분석					
			모집 인원	경쟁률	합격 평균	충원 인원	충원율	서류 평균	모집 인원	경쟁률	합격 평균	충원 인원	충원율	서류 평균
생활	식품영양학과	3	3	6.7	1.90	3	100.0%	87.3	2	6.0	3.00	0	0.0%	87.8
이과 대학	수학과	3	3	8.3	2.00	4	133.0%	88.9	2	8.0	2.00	2	100.0%	87.5
	물리학과	2	2	9.0	1.90	0	0.0%	92.5	2	6.0	2.40	0	0.0%	86.8
	화학과	3	3	15.7	1.70	9	300.0%	90.0	2	9.5	1.90	3	150.0%	86.9
	생물학과	3	3	15.3	1.60	4	133.3%	90.4	2	12.5	2.20	3	150.0%	88.9
	지리학과 자연	2	2	7.0	2.80	0	0.0%	93.0	2	4.5	2.70	1	50.0%	90.5
	정보디스플레이	3	3	8.7	1.90	1	33.3%	90.9	2	6.0	2.30	0	0.0%	87.3
의과대	의예과	-	-											
한의대	한의예과 자연	-	-											
치과대	치의예과	-	-											
약학대	약학과	-	-											
	한약학과	2	2						2	8.0	2.20	0	0.0%	95.0
	약과학과	3	3						2	6.0	2.20	1	50.0%	91.2
간호대	간호학과 자연	2	2						2	14.5	1.90	3	150.0%	91.4
서울캠 자연 소계		26	26	10.1	1.97	21	99.9%	90.4	20	8.1	2.28	13	65.0%	89.3

경희대 2022 대입분석 18 - 고른기회1 (국제캠 인문) *2022.05.12. ollim*

수능최저 없음		2023 인원	2022 고른1 기초차상위 (인문)						2021 고른1 기초차상위 (인문)					
교과 30%+서류 70% 일괄전형			2022 경쟁률 및 입결분석						2021 경쟁률 및 입결분석					
			모집 인원	경쟁률	합격 평균	충원 인원	충원율	서류 평균	모집 인원	경쟁률	합격 평균	충원 인원	충원율	서류 평균
외국어 대학 국제캠	프랑스어	2	2	5.0	4.20	0	0.0%	86.5	3	5.7	3.50	4	133.3%	85.1
	스페인어	2	2	7.5	2.40	2	100.0%	85.9	3	5.3	3.30	1	33.3%	85.3
	러시아어	2	2	7.0	2.50	3	150.0%	88.4	3	6.0	4.80	0	0.0%	88.8
	중국어학	2	2	7.5	2.90	4	200.0%	86.8	4	6.0	3.20	0	0.0%	84.8
	일본어학	2	2	13.5	3.20	1	50.0%	91.5	3	5.3	4.20	4	133.3%	80.3
	한국어학	2	2	6.0	3.10	0	0.0%	90.3	2	4.0	3.00	0	0.0%	87.0
	글로벌커뮤니케	2	2	6.5	2.60	0	0.0%	88.3	3	5.7	3.40	1	33.3%	89.5
국제캠	국제학과	3	3	8.3	2.40	2	66.7%	89.7	4	5.5	2.70	4	100.0%	86.9
공과대	건축인문	-	-											
국제캠 인문 소계		17	17	7.7	2.91	12	70.8%	88.4	25	5.4	3.51	14	54.2%	86.0

경희대 2022 대입분석 19 - 고른기회1 (국제캠 자연) *2022.05.12. ollim*

수능최저 없음		2023 인원	2022 고른1 기초차상위 (자연)						2021 고른1 기초차상위 (자연)					
■ 종합전형 공통평가요소 ① 학업역량 30% ② 전공적합성 30% ③ 인성 20% ④ 발전가능성 20%			▶교과 30%+서류 70% 일괄전형 ▶내신반영: 국영수사/국영수과 동일비율						▶교과 30%+서류 70% 일괄전형 ▶내신반영: 국영수사/국영수과 동일비율					
			2022 경쟁률 및 입결분석						2021 경쟁률 및 입결분석					
			모집 인원	경쟁률	합격 평균	충원 인원	충원율	서류 평균	모집 인원	경쟁률	합격 평균	충원 인원	충원율	서류 평균
공과 대학 국제캠	기계공학	3	3	10.0	1.90	7	233.3%	89.1	4	7.5	1.90	7	175.0%	87.9
	산업경영공학	2	2	8.0	2.20	3	150.0%	87.7	2	6.5	2.30	1	50.0%	88.8
	원자력공학	-	-											
	화학공학	3	3	11.0	1.90	3	100.0%	88.6	3	5.7	2.20	2	66.7%	87.0
	정보전자신소재	2	2	11.0	2.00	4	200.0%	90.8	2	6.0	2.40	2	100.0%	90.5
	사회기반시스템	2	2	6.5	2.40	2	100.0%	88.5	2	6.5	3.70	1	50.0%	89.3
	건축공학과	2	2	4.5	2.70	1	50.0%	90.7	2	5.0	3.50	1	50.0%	87.0
	환경학및환경공	2	2	7.0	2.30	1	50.0%	89.7	2	7.0	2.30	4	200.0%	89.0
	건축학5년 자연	2	2	6.5	2.00	2	100.0%	88.1	2	4.5	2.60	1	50.0%	87.3
전자 국제캠	전자공학과	3	3	11.0	1.70	7	233.3%	89.3	3	8.3	2.10	3	100.0%	89.9
	생체의공학과	2	2	11.5	2.00	2	100.0%	90.6	2	4.5	2.20	1	50.0%	87.5
소프트 국제캠	컴퓨터공학과	2	2	14.0	2.00	6	300.0%	89.1	2	7.5	2.30	2	100.0%	89.6
	인공지능학과	-	-											
	소프트웨어융합	2	2	14.5	2.10	4	200.0%	90.7	2	9.5	2.00	0	0.0%	93.5
응용 과학 국제캠	응용수학과	2	2	4.5	2.40	1	50.0%	85.8	2	3.5	2.70	1	50.0%	87.0
	응용물리학과	-	-											
	응용화학과	2	2	8.5	2.00	3	150.0%	89.3	2	5.0	2.20	1	50.0%	88.5
	우주과학과	-	-											
생명 과학 국제캠	유전생명공학과	2	2	16.5	1.70	4	200.0%	89.7	2	9.5	1.80	2	100.0%	91.4
	식품생명공학	2	2	10.0	2.20	4	200.0%	89.2	2	10.0	2.30	1	50.0%	92.3
	한방생명공학과	-	-											
	식물환경신소재	-	-											
	스마트팜과학과	-	-											
국제캠 자연 소계		35	35	9.7	2.09	54	151.0%	89.2	36	6.7	2.41	30	77.6%	89.2

수능최저 없음		2023 인원	2022 고른1 기초차상위 (예체)						2021 고른1 기초차상위 (예체)					
교과 30%+서류 70% 일괄전형			2022 경쟁률 및 입결분석						2021 경쟁률 및 입결분석					
			모집 인원	경쟁률	합격 평균	충원 인원	충원율	서류 평균	모집 인원	경쟁률	합격 평균	충원 인원	충원율	서류 평균
예술 디자인 국제캠	산업디자인	2	2	13.0	2.00	1	50.0%	86.8	2	4.5	3.10	0	0.0%	90.0
	시각디자인	2	2	18.0	1.90	2	100.0%	87.6	2	10.0	2.20	1	50.0%	88.2
	환경조경디자인	2	2	8.0	2.60	4	200.0%	87.3	2	8.0	2.20	1	50.0%	89.8
	의류디자인	2	2	7.5	2.10	2	100.0%	89.8	2	8.0	2.50	1	50.0%	88.7
	디지털콘텐츠	2	2	14.0	2.70	0	0.0%	92.5	2	4.5	2.50	1	50.0%	88.5
	도예학과	2	2	7.0	3.40	2	100.0%	89.4	2	4.0	2.70	0	0.0%	87.3
	연극영화학과	-	-											
	연극뮤지컬연출	-	-											
체육 국제캠	체육학과	2	2	16.0	2.70	0	0.0%	91.3	3	8.3	2.70	1	33.3%	90.0
	스포츠의학과	2	2	10.5	2.40	1	50.0%	90.7	2	9.5	3.30	0	0.0%	88.5
	골프산업학과	-												
	태권도학과	2	2	15.0	2.90	0	0.0%	86.3	2	13.0	3.50	0	0.0%	90.3
예체능 소계 (국영)		18	18	12.1	2.52	12	66.7%	89.1	19	7.8	2.74	5	25.9%	89.0

96

국수영탐2 인문 35:25:15:20 사회 25:35:15:20 자연 20:35:15:25		가군 2022 모집 인원	2022 정시수능 (인문)									2021 정시수능 (인문)				
			2022 최종등록 상위 70% 컷						최종등록 응시비율			2021 최종등록 상위 80% 평균				
			국어	수학	탐구2	국수탐 평균합	국수탐 반영합	영어	확통	미적	기하	국어	수학	탐구2	국수탐 평균합	영어
문과 대학	국어국문	16	97.0	82.0	83.5	262.5	260.1	2.0	60.0%	33.3%	6.7%	98.0	90.6	92.1	280.7	1.0
	사학과	13	96.0	79.0	86.5	261.5	264.0	2.0	84.6%	15.4%	0.0%	97.6	88.1	95.1	280.8	1.4
	철학과	14	97.0	81.0	86.5	264.5	261.9	1.0	71.4%	21.4%	7.1%	96.0	91.7	92.6	280.3	1.0
	영어영문	18	96.0	79.0	82.5	257.5	263.1	2.0	55.6%	38.9%	5.6%	97.7	85.4	92.5	275.6	1.0
	응용영어통번역	17	96.0	82.0	80.0	258.0	261.9	1.0	35.3%	41.2%	23.5%	94.8	88.1	91.6	274.5	1.1
자율	자율전공	28	87.0	94.0	79.0	260.0	265.5	1.0	3.6%	78.6%	17.9%	92.8	97.2	94.0	284.0	1.0
정경 대학	정치외교	16	84.0	92.0	84.5	260.5	260.4	2.0	25.0%	75.0%	0.0%	91.5	96.4	91.5	279.4	1.0
	행정학과	30	85.0	90.0	82.0	257.0	264.0	2.0	46.7%	50.0%	3.3%	93.0	96.6	94.0	283.6	1.0
	사회학과	13	80.0	92.0	85.5	257.5	261.0	2.0	76.9%	23.1%	0.0%	91.6	97.2	95.2	284.0	1.0
	경제학과	46	85.0	92.0	81.5	258.5	262.5	2.0	37.0%	54.3%	8.7%	92.4	97.1	94.5	284.0	1.0
	무역학과	30	85.0	91.0	82.0	258.0	263.4	2.0	43.3%	50.0%	6.7%	93.1	96.6	94.3	284.0	1.0
	미디어학과	22	87.0	91.0	83.5	261.5	264.0	2.0	36.4%	54.5%	9.1%	93.9	97.3	93.8	285.0	1.0
경영 대학	경영학과	106	85.0	92.0	81.5	258.5	264.0	2.0	39.0%	54.3%	6.7%	92.1	97.8	94.6	284.5	1.0
	회계세무학과	30	87.0	92.0	84.5	263.5	265.5	2.0	23.3%	73.3%	3.3%	92.2	98.9	95.3	286.4	1.0
	빅데이터응용	13	87.0	95.0	80.5	262.5	266.4	2.0	7.7%	92.3%	0.0%	신설	-	-	-	-
호텔 관광	호스피털리경영	13	87.0	90.0	80.0	257.0	261.6	2.0	51.0%	43.1%	5.9%	91.6	97.3	92.9	281.8	1.1
	관광엔터테인먼	24	88.0	90.0	82.5	260.5	261.0	2.0	50.0%	45.8%	4.2%	92.9	96.9	91.9	281.7	1.0
생활 과학	아동가족학과	12	95.0	80.0	85.5	260.5	264.6	2.0	50.0%	50.0%	0.0%	96.0	90.3	90.3	276.6	1.0
	주거환경학과	18	94.0	80.0	89.0	263.0	263.1	2.0	55.6%	27.8%	16.7%	97.3	90.0	91.1	278.4	1.3
	의상학과	16	94.0	82.0	83.0	259.0	261.0	2.0	18.8%	56.3%	25.0%	96.2	91.0	91.7	278.9	1.0
이과	지리학과 인문	12	85.0	92.0	82.5	259.5	267.0	2.0	41.7%	58.3%	0.0%	91.0	96.8	94.4	282.2	1.0
간호	간호학과 인문	18	96.0	85.0	77.0	258.0	264.0	2.0	22.2%	61.1%	16.7%	94.7	95.1	91.4	281.2	1.0
서울캠 인문 소계		525	89.7	87.4	82.9	260.0	263.2	1.8	42.5%	49.9%	7.6%	94.1	94.1	93.1	281.3	1.0

국수영탐2 인문 35:25:15:20 사회 25:35:15:20 자연 20:35:15:25		가군 2022 모집 인원	2022 정시수능 (자연)									2021 정시수능 (자연)				
			2022 최종등록 상위 70% 컷						최종등록 응시비율			2021 최종등록 상위 80%				
			국어	수학	탐구2	국수탐 평균합	국수탐 반영합	영어	확통	미적	기하	국어	수학	탐구2	국수탐 평균합	영어
생활	식품영양학과	14	80.0	94.0	79.5	253.5	260.4	1.0	-	92.9%	7.1%	93.6	88.7	91.4	273.7	1.0
이과 대학	수학과	19	80.0	95.0	83.5	258.5	261.9	2.0	-	94.7%	5.3%	91.0	94.3	92.2	277.5	1.0
	물리학과	19	80.0	96.0	82.5	258.5	264.6	2.0	-	78.9%	21.1%	92.2	92.8	92.6	277.6	1.0
	화학과	17	91.0	95.0	85.5	271.5	269.4	2.0	-	88.2%	11.8%	90.1	91.9	94.7	276.7	1.0
	생물학과	19	91.0	92.0	88.5	271.5	270.6	2.0	-	89.5%	10.5%	94.6	90.8	93.1	278.5	1.0
	지리학과 자연	11	82.0	92.0	84.5	258.5	258.6	2.0	-	90.9%	9.1%	92.2	89.7	91.2	273.1	1.0
	정보디스플레이	22	87.0	96.0	84.0	267.0	270.0	2.0	-	95.5%	4.5%	91.2	95.3	93.4	279.9	1.0
약학대	약학과	12	92.0	99.0	92.0	283.0	284.4	1.0	-	90.9%	9.1%	신설				
	한약학과	19	84.0	95.0	89.5	268.5	269.4	2.0	-	66.7%	33.3%	96.0	93.1	92.7	281.8	1.0
	약과학과	10	75.0	95.0	91.0	261.0	260.1	2.0	-	80.0%	20.0%	92.4	92.9	92.9	278.2	1.0
간호대	간호학과 자연	17	85.0	95.0	86.5	266.5	264.0	1.0	-	94.1%	5.9%	93.6	90.8	89.6	274.0	1.0
서울캠 자연 소계		179	84.3	94.9	86.1	265.3	266.7	1.7	-	87.5%	12.5%	92.7	92.0	92.4	277.1	1.0

경희대 2022 대입분석 23 - 정시수능 (국제캠 인문)

국수영탐2
인문 35:25:15:20
사회 25:35:15:20
자연 20:35:15:25

		나군 2022 모집 인원	2022 정시수능 (인문)									2021 정시수능 (인문)				
			2022 최종등록 상위 70% 컷						최종등록 응시비율			2021 최종등록 상위 80% 평균				
			국어	수학	탐구2	국수탐 평균합	국수탐 반영합	영어	확통	미적	기하	국어	수학	탐구2	국수탐 평균합	영어
외국어대학 국제캠	프랑스어	15	92.0	74.0	78.5	244.5	251.4	2.0	53.3%	40.0%	6.7%	92.1	89.6	88.2	269.9	1.3
	스페인어	16	96.0	69.0	82.0	247.0	250.5	2.0	56.3%	37.5%	6.3%	92.2	92.1	91.0	275.3	1.3
	러시아어	20	91.0	72.0	82.5	245.5	249.0	2.0	80.0%	10.0%	10.0%	92.5	87.7	92.4	272.6	1.1
	중국어학	18	87.0	79.0	81.0	247.0	251.1	2.0	44.4%	38.9%	16.7%	92.1	90.8	92.1	275.0	1.2
	일본어학	16	92.0	76.0	79.0	247.0	246.9	2.0	53.3%	33.3%	13.3%	93.4	89.2	90.2	272.8	1.1
	한국어학	8	95.0	81.0	79.0	255.0	251.4	2.0	37.5%	37.5%	25.0%	95.8	87.9	87.8	271.5	1.8
	글로벌커뮤니케	30	93.0	79.0	77.0	249.0	254.2	2.0	30.0%	53.3%	16.7%	95.0	89.6	89.3	273.9	1.1
국제캠	국제학과	65	80.0	89.0	77.0	246.0	251.4	2.0	20.0%	61.5%	18.5%	89.3	97.0	91.2	277.5	1.0
국제캠	건축인문	11	97.0	84.0	80.5	261.5	267.0	2.0	9.1%	72.7%	18.2%	94.1	91.4	89.7	275.2	1.0
서울캠	한의예인문	13	99.0	98.0	88.5	285.5	287.1	1.0	15.4%	69.2%	15.4%	94.1	91.4	89.7	275.2	1.0
국제캠 인문 소계		212	92.2	80.1	80.5	252.8	256.0	1.9	39.9%	45.4%	14.7%	93.1	91.4	90.8	275.3	1.1

경희대 2022 대입분석 24 - 정시수능 (국제캠 자연)

국수영탐2
인문 35:25:15:20
사회 25:35:15:20
자연 20:35:15:25

		나군 2022 모집 인원	2022 정시수능 (자연)									2021 정시수능 (자연)				
			2022 최종등록 상위 70% 컷						최종등록 응시비율			2021 최종등록 상위 80%				
			국어	수학	탐구2	국수탐 평균합	국수탐 반영합	영어	확통	미적	기하	국어	수학	탐구2	국수탐 평균합	영어
공과대학 국제캠	기계공학	63	82.0	92.0	84.0	258.0	265.5	2.0	-	87.3%	12.7%	92.8	91.8	91.2	275.8	1.0
	산업경영공학	35	85.0	92.0	85.0	262.0	264.6	2.0	-	85.7%	14.3%	91.6	91.3	91.7	274.6	1.0
	원자력공학	27	84.0	90.0	81.5	255.5	264.6	2.0	-	88.5%	11.5%	92.2	88.4	92.5	273.1	1.2
	화학공학	21	89.0	94.0	89.0	272.0	269.4	2.0	-	81.0%	19.0%	91.8	94.1	89.4	275.3	1.1
	정보전자신소재	31	80.0	95.0	87.5	262.5	266.4	2.0	-	90.3%	9.7%	93.1	91.4	90.0	274.5	1.0
	사회기반시스템	38	80.0	92.0	84.5	256.5	257.4	2.0	-	81.6%	18.4%	91.6	87.7	90.8	270.1	1.0
	건축공학과	38	78.0	92.0	81.0	251.0	256.5	2.0	-	81.6%	18.4%	94.6	88.9	89.1	272.6	1.0
	환경학및환경공	19	85.0	94.0	81.5	260.5	260.1	2.0	-	78.9%	21.1%	92.1	89.0	88.2	269.3	1.0
	건축학5년 자연	13	78.0	92.0	84.5	254.5	260.4	2.0	-	84.6%	15.4%	94.9	86.5	90.7	272.1	1.0
전자 국제캠	전자공학과	73	87.0	95.0	85.0	267.0	268.5	2.0	-	93.1%	6.9%	93.0	92.7	91.0	276.7	1.0
	생체의공학과	18	84.0	95.0	86.5	265.5	264.9	2.0	-	88.2%	11.8%	94.3	90.3	91.9	276.5	1.1
소프트 국제캠	컴퓨터공학과	34	87.0	95.0	85.0	267.0	270.0	1.0	-	88.2%	11.8%	93.9	91.5	93.2	278.6	1.0
	인공지능학과	17	88.0	96.0	84.5	268.5	270.9	2.0	-	88.2%	11.8%	신설	-	-	-	-
	소프트웨어융합	19	80.0	95.0	86.5	261.5	262.5	1.0	-	94.7%	5.3%	92.8	92.1	93.5	278.4	1.0
응용과학 국제캠	응용수학과	16	85.0	92.0	76.5	253.5	261.0	2.0	-	87.5%	12.5%	91.5	92.0	89.4	272.9	1.0
	응용물리학과	20	82.0	92.0	84.0	258.0	261.0	2.0	-	80.0%	20.0%	94.8	86.9	91.2	272.9	1.0
	응용화학과	23	84.0	92.0	84.5	260.5	265.5	2.0	-	87.0%	13.0%	93.7	90.8	89.3	273.8	1.2
	우주과학과	16	76.0	92.0	83.5	251.5	253.5	2.0	-	93.3%	6.7%	92.6	91.3	90.8	274.7	1.0
생명과학 국제캠	유전생명공학과	25	85.0	92.0	86.5	263.5	265.5	2.0	-	96.0%	4.0%	92.8	91.6	91.9	276.3	1.0
	식품생명공학	23	76.0	92.0	85.5	253.5	256.5	2.0	-	91.3%	8.7%	93.5	88.5	89.8	271.8	1.0
	한방생명공학	15	87.0	90.0	85.0	262.0	259.5	2.0	-	93.3%	6.7%	89.7	90.8	88.5	269.0	1.0
	식물환경신소재	13	88.0	89.0	83.5	260.5	267.0	2.0	-	84.6%	15.4%	92.3	87.6	88.1	268.0	1.3
	스마트팜과학과	20	85.0	89.0	82.0	256.0	255.9	2.0	-	90.0%	10.0%	93.0	89.9	88.1	271.0	1.0
서울캠	의예과	40	99.0	100	96.5	295.5	295.5	1.0	-	100%	0.0%	99.5	100	98.0	297.5	1.0
서울캠	한의예과 자연	32	96.0	99.0	93.5	288.5	288.6	1.0	-	84.4%	15.6%	97.4	98.7	97.1	293.2	1.0
서울캠	치의예과	29	96.0	100	94.5	290.5	291.0	2.0	-	96.4%	3.6%	97.5	99.3	97.1	293.9	1.0
자연 소계		718	84.8	93.4	85.4	263.7	266.2	1.8	-	88.3%	11.7%	93.5	91.3	91.3	276.1	1.0

국수영탐2 인문 35:25:15:20 사회 25:35:15:20 자연 20:35:15:25		나군 2022 모집 인원	2022 정시수능 (예체능)						최종등록 응시비율			2021 정시수능 (예체능)				
			2022 최종등록 상위 70% 컷						최종등록 응시비율			2021 최종등록 상위 80% 평균				
			국어	수학	탐구2	국수탐 평균합	국수탐 반영합	영어	확통	미적	기하	국어	수학	탐구2	국수탐 평균합	영어
예술 디자인 국제캠	산업디자인	2	95.0	-	99.0	**194.0**	**194.0**	2.0	-	-	-	97.0	-	92.5	**189.5**	1.0
	환경조경디자인	3	99.0	-	78.0	**177.0**	**176.0**	1.0	-	-	-	96.5	-	95.5	**192.0**	1.0
	의류디자인	9	98.0	-	87.0	**185.0**	**182.0**	2.0	-	-	-	97.5	-	91.6	**189.1**	1.0
	디지털콘텐츠	3	85.0	-	98.0	**183.0**	**178.0**	2.0	-	-	-	99.5	-	90.0	**189.5**	1.0
	연극영화 영화	14	98.0	-	94.0	**192.0**	**191.0**	2.0	-	-	-	98.0	-	92.3	**190.3**	1.0
	연극영화 연극	2	100	-	94.0	**194.0**	**193.0**	1.0	-	-	-	96.7	-	86.3	**183.0**	1.1
체육 국제캠	체육학과	31	94.0	-	89.0	**183.0**	**184.0**	2.0	-	-	-	95.4	-	93.1	**188.5**	1.4
	스포츠의학과	20	97.0	-	86.0	**183.0**	**184.0**	2.0	-	-	-	96.9	-	91.2	**188.1**	1.3
	골프산업학과	25	93.0	-	83.0	**176.0**	**178.0**	2.0	-	-	-	95.2	-	91.5	**186.7**	1.2
	스포츠지도	52	44.0	-	62.0	**106.0**	**111.0**	4.0	-	-	-	36.5	-	53.4	**89.9**	4.5
	태권도학과	25	85.0	-	84.0	**169.0**	**170.0**	2.0	-	-	-	89.3	-	89.0	**178.3**	1.7
예체능 소계		186	89.8	-	86.7	176.5	176.5	2.0	-	-	-	90.8	-	87.9	178.6	1.5

2023 대학별 수시모집 요강 — 계명대학교

2023 대입 주요 특징

국수영탐 인25:25:25:25, 자25:25:25:25, 미/기5%
영어: 100-95-90-85-80... 탐구2개, 백분, 과탐 5%

▶ 2023 내신교과반영 변화★
- ▶ 인: 국영수사史+진로 3과목
- 자: 국영수과史+진로 3과목
- *1과목 최대 2단위 이내*
- ▶ 진로A=1, B=2, C=3등급
- ▶ 전학년 100% 반영
- ▶ 성서캠퍼스
- ▶ 대명캠퍼스 Artech College

1. 2023 교과전형 일반 1,307명, 교과지역 878명 모집
2. 2023 종합전형 일반 611명, 종합지역 363명
3. 2023 수능최저 하향 ①일반 3개합 12→2개합 8
   ②일반 3개합 15→2개합 10
4. 2023 야간 3학과 ①경영야간 ②국제통상야간 ③행정야간
5. 2023 약학 및 제약학과 선발: 수시 각 11명, 정시 각 4명
6. 2023 경영빅데이터전공 선발: 수시 총 26명 선발
7. 2023 정시 의예/약학/제약학만 미적분/기하 지정

8. 2023 의예 교과일반 및 교과지역 전형방법
   ①1단계 선발 (10배수) ②수능최저: 3개 1등급 (과1)
9. 2023 의예 종합일반 및 종합지역 전형방법
   ①1단계 선발 (7배수) ②수능최저: 3개합 4 (과1)
10. KAC 국제경영/국제관계: 미국 네브라스카 링컨대 복수학위
11. 디지펜게임공학과: 디지펜공과대(닌텐도 설립) 복수학위
12. 게임모바일공→게임소프트웨어, 자동차시스템→ 자동차공학
13. 2023 예체능계 종합일반 45명 모집
    회화과3/공예디자인4/산업디자인4/패션디자인6/텍스타일4
    패션마케팅5/사진미디어5/시각디자인3/영상애니메4/웹툰3 등

모집시기	전형명		학생부종합 특별사항	2023 수시 접수기간 09. 13(화) ~ 17(토)	모집인원	학생부	논술	면접	서류	기타	2023 수능최저등급

2023 정원내 수시 3,956명 (85.3%)
 	
정시 684명 (14.7%)
 	
전체 4,640명
 	
2022 수시 4,032명
	교과일반	일괄	학생부교과 최저있음 최종 12.15(목)
			
			인: 국영수사史 +진로 3과목 자: 국영수과史 +진로 3과목
				1. 2023 전년대비 103명 증가
				2. 의예 1단계 교과100 (10배)
				  2단계 다중인적성면접
				  다중인적성면접 총30분 내외
				  ①인성 ②상황 ③모의상황
				3. 의예16/약3/제약3/간호28
				4. 야간: 경17/국통13/행정12
					1,307
					
					2022 1,204
						교과 100
						
						▶의예 단계면접 1단계 교과100 (10배수) 2단계 다중적 인성면접
								의예 1단계 11.12(토) 면접 11.19(토) 최종 12.15(목)			▶의예: 3개 1 (과1)
											▶약학: 3개합 5 (과1)
											▶3개합 12 (탐1)
											 : 경찰행정/간호학과
											▶야간학과 최저없음
											
											2023 수능최저 하향
											▶2개합 8 (탐1)
											 : KAC/디지펜게임공/ 영교/국교/유아교
											▶2개합 10 (탐1)
											 : 기타모든 주간학과
											▶기독교학 최저폐지

	교과지역	일괄	학생부교과 최저있음 최종 12.15(목)
			
			인: 국영수사史 +진로 3과목 자: 국영수과史 +진로 3과목
				1. 대구/경북 고교 이수자
				2. 의예 1단계 교과100 (10배)
				  2단계 다중인적성면접
				  다중인적성면접 총30분 내외
				  ①인성 ②상황 ③모의상황
				3. 의예24/약7/제약8/간호36
				4. 야간: 경영12/국통9/행정9
					878
					
					2022 745
						교과 100
						
						▶의예 단계면접 1단계 교과100 (10배수) 2단계 다중적 인성면접
								의예 1단계 11.12(토) 면접 11.20(일) 최종 12.15(목)			▶의예: 3개 1 (과1)
											▶약학: 3개합 5 (과1)
											▶3개합 12 (탐1)
											 : 경찰행정/간호학과
											▶야간학과 최저없음
											
											2023 수능최저 하향
											▶2개합 8 (탐1)
											 : KAC/디지펜게임공/ 영교/국교/유아교
											▶2개합 10 (탐1)
											 : 기타모든 주간학과
											▶기독교학 최저폐지

	종합일반	서류 일괄	학생부종합 자소서 없음 일반 최저없음 의예 최저있음 최종 11.12(토)	1. 2023 단계폐지→서류일괄 2. 2023 전년대비 4명 증가 3. 학업역량35 계열적합성40 공동체역량25 *2023변화★* 4. 의예제외 최저없음 5. 의예4/간호20/약학 없음 5. 야간: 경영4, 국통3, 행정3	611 2022 607	서류 100 ▶의예 단계면접 1단계 교과100 (7배수) 2단계 다중적 인성면접		의예 1단계 11.12(토) 면접 11.27(일) 최종 12.15(목)			일반 최저없음 의예: 3개합 4 (과1)
	종합지역	1단계	학생부종합 자소서 없음 1단계 11.12(토) 면접 11.26(토) 최종 12.03(토)	1. 2023 전년대비 2명 증가 2. 학업역량35 계열적합성40 공동체역량25 *2023변화★* 3. 의예6/간호12 등 4. 약학 및 야간 모집없음	363 2021 361	서류 100 (일반 5배수) (의예 7배수)		의예 1단계 11.12(토) 면접 11.26(토) 최종 12.15(목)			일반 최저없음 의예: 3개합 4 (과1)
		2단계				1단계 80 + 면접 20					
	고른기회	일괄	학생부교과 최저없음 최종 11.12(토)	1. 국가보훈대상자 2. 기초 및 차상위 3. 만학도/농어촌 4. 간호 1명, 야간 10명 등	143	교과 100					최저없음
	기회균형 지역 (신설)	일괄	학생부교과 최저없음 최종 12.15(목)	1. 국가보훈/기초 및 차상위 등 2. 의예2명, 약학1명, 간호3명	6	교과 100		의예 1단계 11.12(토) 면접 11.19(토) 최종 12.15(목)			의예: 3개합 4 (과1) 약학: 3개합 6 (과1) 간호: 3개합 12 (과1)

<2023 기타전형 생략>
특성화, 농어촌, 특성화고졸, 실기 등

계명대 2022 입결분석 01 - 수시 교과전형 인문

수능최저 있음

▶3개합 12 (탐1)
: KAC / EMU경영학부
디지펜게임공학/영교
국교/유아교/경찰행정
▶3개합 15 (탐1)
: 기타모든 주간학과

2022 교과전형 - 인문

▶교과 100% (의예: 단계면접포함)
인: 국영수사史+통과+진로2과목
자: 국영수과史+통사+진로2과목

2021 교과전형 - 인문

▶교과 100% (의예: 단계면접포함)
인: 국영수사 자: 국영수과 학년동일

대학	학과	2023 모집인원	2022 모집인원	2022 경쟁률	추합인원	등급평균	85%컷	2021 모집인원	2021 경쟁률	추합인원	등급평균	85%컷
인문 국제학 대학	국어국문학전공	13	12	5.3	33	4.65	4.91	11	9.6	46	4.39	4.66
	한국어교육전공	11	11	3.8	12	6.14	6.39	10	3.6	11	4.79	5.38
	영어영문학과	26	29	4.8	81	4.92	5.29	22	7.5	103	4.66	4.93
	독일유럽학과	16	18	3.8	23	5.26	5.81	10	7.6	32	5.15	5.67
	중국어중국학과	30	32	3.5	44	5.75	6.30	18	8.2	53	4.56	5.19
	일본어일본학과	29	27	5.9	54	5.15	5.82	15	6.6	49	5.10	5.62
	러시아중앙아시아	14	16	6.4	30	5.62	6.05	10	7.2	26	6.05	6.69
	스페인어중남미학	14	13	4.5	25	5.65	6.01	13	5.7	39	4.99	5.29
	사학과	13	12	5.3	32	5.02	5.98	12	7.6	32	4.21	4.68
	기독교학과	9	3	3.7	0	5.66	6.31	3	2.7	0	6.32	6.32
	철학과	12	10	5.8	27	5.90	6.02	10	4.0	19	5.34	5.64
	문예창작	5	5	12.4	7	4.38	4.43	5	8.4	19	4.81	5.08
경영 대학	경영학전공	33	27	7.9	88	4.04	4.47	25	7.4	88	3.67	4.23
	관광경영학전공	19	15	12.2	51	4.56	4.99	14	6.4	43	4.92	5.56
	경영정보학전공	16	28	5.6	45	4.90	5.35	14	8.1	51	4.74	4.97
	회계학전공	29	13	5.8	65	4.76	5.16	27	10.5	80	4.48	4.91
	세무학전공	13	14	5.7	39	5.06	5.31	12	4.6	26	4.74	5.17
	경영빅데이터	10	9	5.2	20	4.83	5.59	8	5.5	11	4.33	4.37
KAC	IB(국제경영학과)	12	8	3.6	0	4.28	4.31	9	2.4	5	3.92	4.78
	IR(국제관계학과)	10	8	3.3	6	3.93	4.00	8	2.3	0	4.64	4.64
사회 과학 대학	경제금융학전공	41	36	5.3	82	5.05	5.54	16	4.4	37	4.93	5.26
	국제통상학전공	49	45	6.6	134	5.28	5.79	32	4.7	83	4.90	5.71
	행정학전공	16	14	7.6	55	4.19	4.53	13	6.6	58	3.63	4.21
	정치외교학전공	14	13	6.1	41	5.33	5.61	13	8.4	52	4.66	5.29
	언론영상학전공	21	20	5.0	50	4.24	4.84	19	6.0	28	3.30	3.80
	광고홍보학전공	16	16	16.0	28	3.37	3.92	15	5.1	41	4.11	4.79
	사회학과	13	16	8.6	58	4.75	5.05	11	7.4	59	5.04	5.31
	심리학과	17	15	6.8	28	3.24	3.77	15	5.9	38	2.93	3.02
	문헌정보학과	18	15	7.2	39	3.51	4.08	15	6.7	34	3.47	3.89
	사회복지학과	20	14	12.9	57	4.11	4.55	14	12.2	85	3.86	4.32
	법학과	28	24	7.0	52	4.00	4.46	16	4.6	33	4.21	4.90
	경찰행정학과	19	17	14.6	43	2.34	2.71	18	8.0	38	2.30	2.54
사범 대학	교육학과	7	6	8.7	21	3.56	3.86	6	4.8	16	3.83	3.87
	한문교육과	8	7	3.9	13	4.47	4.60	6	4.7	15	4.62	4.87
	유아교육과	9	8	24.3	22	3.50	3.55	8	7.0	23	3.83	4.63
	영어교육과	10	9	6.8	31	3.66	4.15	8	6.4	29	3.51	3.45
	국어교육과	10	9	9.2	24	3.64	3.98	8	6.0	24	3.74	4.05
자전	자율전공 인문사회	24	19	5.7	31	3.80	4.06	13	4.2	30	3.65	3.80
인문계열 교과평균		**674**	**613**	**7.28**	**1491**	**3.80**	**4.94**	**502**	**6.28**	**1456**	**3.65**	**4.78**

수능최저 있음		2023	2022 교과전형 - 자연					2021 교과전형 - 자연				
▶의예: 3개 1등급 (탐1) ▶3개합 12 (탐1) : 간호학과 ▶3개합 15 (탐1) : 기타모든 주간학과 ▶야간학과 최저없음			▶교과 100% (의예: 단계면접포함) 인: 국영수사 자: 국영수과 학년동일					▶교과 100% (의예: 단계면접포함) 인: 국영수사 자: 국영수과 학년동일				
			2022 지원		추합	최종등록		2021 지원		추합	최종등록	
		모집 인원	모집 인원	경쟁률	추합 인원	등급평균	85%컷	모집 인원	경쟁률	추합 인원	등급평균	85%컷
자연 과학 대학	수학전공	11	13	2.8	8	6.29	6.57	13	4.5	22	4.71	5.16
	통계학전공	13	13	5.1	30	5.65	5.72	13	3.9	32	5.27	6.23
	화학전공	11	12	3.2	13	6.11	6.28	12	5.2	30	4.92	4.92
	생명과학전공	21	17	5.9	55	5.27	5.80	16	8.5	57	4.68	5.34
	공중보건학전공	17	15	6.7	39	4.79	5.32	15	5.3	25	4.64	5.03
	식품가공학전공	14	12	4.9	28	5.63	5.79	12	7.9	31	4.76	5.04
	식품영양학전공	13	12	15.4	71	4.23	4.76	12	10.2	70	4.79	5.27
	환경과학전공	13	12	4.0	15	5.27	5.78	12	8.1	31	5.13	5.46
	지구환경학전공	14	12	4.8	21	5.86	6.31	12	5.5	33	5.34	6.14
공과 대학	토목공학전공	25	22	4.5	33	5.77	6.28	14	16.1	47	5.22	5.46
	건축학전공 5년	12	11	10.4	45	4.55	4.94	7	18.1	28	4.17	4.34
	건축공학전공	22	19	5.1	30	5.34	6.28	16	8.9	47	4.82	5.10
	전자공학전공	22	18	6.2	63	4.90	5.22	17	7.6	73	4.28	4.57
	전기에너지공학	23	18	8.5	45	5.15	5.56	15	7.8	53	5.04	5.80
	컴퓨터공학전공	27	22	8.7	70	3.82	4.54	21	10.5	73	3.69	4.17
	게임소프트웨어	10	11	9.6	26	4.46	4.86	10	6.7	23	4.85	5.28
	디지펜게임공학	8	7	4.7	4	4.02	4.94	8	4.5	5	4.95	5.27
	교통공학전공	13	13	4.3	13	5.98	6.15	12	10.2	33	5.40	5.62
	도시계획학전공	13	13	5.2	32	5.70	5.92	12	10.6	33	5.30	5.66
	생태조경학전공	13	15	6.8	39	5.53	5.98	11	5.6	28	5.17	5.84
	기계공학전공	45	39	5.5	116	5.18	5.92	30	6.9	112	4.56	5.09
	자동차시스템공	14	23	4.0	25	5.54	5.80	10	7.0	28	4.98	4.87
	로봇공학전공	22	20	4.3	32	5.65	5.97	15	4.8	30	5.20	5.52
	스마트제조공학	12	-			신설						
	화학공학전공	28	23	5.4	77	5.08	5.96	24	7.5	90	4.44	4.79
	신소재공학전공	19	16	6.9	63	5.44	5.98	16	10.3	84	5.02	5.41
	산업공학과	13	13	4.1	6	5.83	6.05	13	5.7	37	5.33	5.78
	의용공학과	17	16	3.3	15	5.28	6.12	17	3.9	34	5.02	5.43
의과대	의예과	16	17	22.2	22	1.36	1.43	17	14.9	15	1.35	1.55
간호대	간호학과	28	16	8.2	36	2.08	2.22	41	6.5	55	2.02	2.14
약학대	약학과	3	4	32.3	2	1.46	1.48					
	제약학과	3	4	33.8	4	1.61	1.63					
자전	자율전공 자연	19	16	11.5	43	5.33	5.57	13	4.8	35	5.93	6.39
자연계열 교과평균		554	494	8.38	1121	4.82	5.22	456	7.93	1294	4.70	5.09
야간 개설	경영학전공(야간)	17	15	6.1	27	4.13	5.28	18	3.8	5	5.07	5.93
	국제통상학(야간)	13	11	6.5	23	5.80	6.41	13	2.7	22	5.99	7.10
	행정학전공(야간)	12	11	5.0	34	5.66	6.24	13	3.8	20	5.05	5.94
미술대	패션마케팅학과	14		12.0	38	4.36	4.80	13	5.5	21	4.34	5.36
체육대	스포츠마케팅학과	13		5.7	19	4.47	4.98	11	6.7	14	3.60	3.92
	실버스포츠복지	10										
야간/예체 교과평균		79	37	7.08	141	4.88	5.54	68	4.49	82	4.81	5.65

	수능최저 있음	2023	2022 교과지역 - 인문					2021 교과지역 - 인문				
			교과 100% (의예: 단계면접포함) 인: 국영수사史+통과+진로2과목 자: 국영수과史+통사+진로2과목					**교과 100%** (의예: 단계면접포함) 인: 국영수사 자: 국영수과 학년동일				
▶3개합 12 (탐1) : KAC / EMU경영학부 디지펜게임공학/영교 국교/유아교/경찰행정 ▶3개합 15 (탐1) : 기타모든 주간학과			2022 지원		추합	최종등록		2021 지원		추합	최종등록	
		모집 인원	모집 인원	경쟁률	추합 인원	등급평균	85%컷	모집 인원	경쟁률	추합 인원	등급평균	90%컷
인문 국제학 대학	국어국문학전공	9	7	4.7	22	**5.27**	**5.32**	7	5.9	25	**4.74**	**4.91**
	한국어교육전공	6	6	5.0	16	**5.67**	**6.27**	6	3.7	14	**5.22**	**5.57**
	영어영문학과	17	21	3.8	45	**5.09**	**5.68**	13	4.4	29	**4.63**	**5.05**
	독일유럽학과	9	12	3.8	23	**5.66**	**5.86**	5	6.0	10	**5.38**	**5.42**
	중국어중국학과	21	19	3.2	19	**5.77**	**5.87**	10	4.5	17	**4.98**	**5.11**
	일본어일본학과	20	18	5.1	23	**5.26**	**6.12**	9	4.4	13	**5.36**	**5.59**
	러시아중앙아시아	9	8	4.3	10	**6.13**	**6.42**	5	3.6	5	**5.56**	**5.45**
	스페인어중남미학	9	7	3.7	7	**5.31**	**5.63**	6	3.3	5	**5.29**	**5.43**
	사학과	9	7	4.4	14	**4.86**	**5.07**	6	5.5	8	**4.51**	**4.75**
	기독교학과	-	-	-	-	-	-	-	-	-	-	-
	철학과	7	6	5.8	15	**5.25**	**5.54**	5	3.4	5	**5.86**	**6.20**
	문예창작	4	4	8.8	9	**4.11**	**4.51**	5	4.0	8	**4.88**	**4.89**
경영 대학	경영학전공	22	19	7.4	70	**4.15**	**4.69**	19	4.8	49	**4.05**	**4.25**
	관광경영학전공	13	11	6.5	23	**5.12**	**5.43**	10	3.3	12	**4.63**	**5.31**
	경영정보학전공	10	9	5.6	32	**5.00**	**5.31**	8	11.8	31	**4.82**	**4.84**
	회계학전공	20	14	5.4	51	**5.22**	**5.62**	13	6.6	21	**4.64**	**4.94**
	세무학전공	9	7	4.6	6	**4.76**	**5.01**	7	4.4	16	**4.58**	**4.89**
	경영빅데이터	6	6	5.0	13	**5.37**	**5.58**	5	3.4	6	**4.46**	**4.29**
KAC	IB(국제경영학과)	7	5	2.6	2	**4.37**	**4.84**	5	2.6	0	**4.56**	**4.56**
	IR(국제관계학과)	6	5	3.0	2	**4.54**	**4.94**	5	2.8	2	**5.00**	**5.85**
사회 과학 대학	경제금융학전공	27	26	4.2	44	**5.21**	**5.68**	10	4.6	28	**4.48**	**4.79**
	국제통상학전공	33	27	4.9	58	**5.19**	**5.64**	19	3.5	34	**5.07**	**5.14**
	행정학전공	10	8	7.1	30	**4.13**	**4.40**	8	6.4	25	**4.07**	**4.42**
	정치외교학전공	9	7	5.6	18	**5.63**	**5.84**	6	4.8	18	**5.09**	**5.15**
	언론영상학전공	14	11	4.2	14	**4.17**	**4.57**	10	4.0	13	**3.62**	**3.81**
	광고홍보학전공	11	8	7.3	15	**4.02**	**4.14**	8	4.8	14	**3.39**	**3.49**
	사회학과	9	8	5.5	13	**4.73**	**4.83**	5	4.8	9	**4.66**	**4.82**
	심리학과	11	9	8.9	16	**3.40**	**3.64**	9	4.4	20	**3.84**	**4.37**
	문헌정보학과	11	9	6.8	20	**3.91**	**4.07**	9	3.1	6	**4.48**	**4.66**
	사회복지학과	14	9	10.6	46	**4.23**	**4.74**	9	10.4	24	**4.00**	**4.17**
	법학과	20	17	4.6	25	**4.43**	**4.76**	10	7.5	29	**4.25**	**4.58**
	경찰행정학과	14	13	8.7	22	**2.41**	**2.67**	13	3.9	5	**2.55**	**2.86**
사범 대학	교육학과	-	-					-				
	한문교육과	-	-					-				
	유아교육과	-	-					-				
	영어교육과	-	-					-				
자전	자율전공 인문사회	18	13	5.4	9	**3.95**	**4.51**	9	4.2	14	**3.40**	**3.67**
인문계열 교과평균		414	356	5.50	732	**3.95**	**5.10**	274	4.84	515	**3.40**	**4.79**

계명대 2022 입결분석 04 - 수시 교과지역 자연

수능최저 있음		2023	2022 교과지역 - 자연					2021 교과지역 - 자연				
▶의예: 3개 1등급 (탐1) ▶3개합 12 (탐1) : 간호학과 ▶3개합 15 (탐1) : 기타모든 주간학과 ▶야간학과 최저없음			▶교과 100% (의예: 단계면접포함) 인: 국영수사 자: 국영수과 학년동일					▶교과 100% (의예: 단계면접포함) 인: 국영수사 자: 국영수과 학년동일				
			2022 지원		추합	최종등록		2021 지원		추합	최종등록	
		모집인원	모집인원	경쟁률	추합인원	등급평균	85%컷	모집인원	경쟁률	추합인원	등급평균	85%컷
자연과학대학	수학전공	7	6	3.7	11	6.01	6.31	13	4.2	12	5.56	5.71
	통계학전공	9	6	4.2	6	5.59	6.11	13	3.5	10	4.90	6.01
	화학전공	7	6	3.3	6	6.04	6.60	12	3.7	15	5.58	5.85
	생명과학전공	14	11	5.9	16	4.99	5.41	16	5.7	33	5.62	5.93
	공중보건전공	11	10	5.7	31	4.87	5.55	15	7.6	23	4.65	4.93
	식품가공학전공	8	6	4.8	17	5.07	5.64	12	7.3	14	5.02	5.16
	식품영양학전공	8	6	12.2	30	5.07	5.11	12	5.7	19	4.83	5.08
	환경과학전공	9	7	4.9	12	5.52	5.83	12	6.0	15	5.71	6.06
	지구환경학전공	9	7	4.1	10	5.98	6.32	12	5.5	19	5.61	5.83
공과대학	토목공학전공	17	15	4.4	21	5.76	5.78	14	8.8	24	5.10	5.58
	건축학전공 5년	8	8	8.1	25	4.72	4.76	7	7.0	11	4.53	4.67
	건축공학전공	15	14	4.9	20	5.63	5.96	16	5.7	11	4.89	5.27
	전자공학전공	15	12	5.8	43	4.77	5.18	17	9.6	59	4.50	4.88
	전기에너지공학	15	14	4.9	27	5.28	5.86	15	7.1	24	4.88	4.99
	컴퓨터공학전공	19	16	8.2	59	4.37	4.72	21	7.9	40	4.26	4.47
	게임소프트웨어	7	5	7.8	9	4.82	5.33	10	10.4	11	4.74	4.83
	디지펜게임공학	5	4	4.0	0	5.08	5.28	8	4.5	1	4.79	5.28
	교통공학전공	8	6	4.2	7	5.73	5.98	12	7.3	11	5.31	5.85
	도시계획학전공	8	6	4.7	14	5.90	6.03	12	7.2	14	5.33	5.52
	생태조경학전공	8	8	6.6	17	5.45	5.48	11	5.4	10	5.78	5.99
	기계공학전공	31	29	4.6	57	5.40	5.84	30	5.7	53	4.85	5.31
	자동차시스템공	9	14	3.5	16	5.74	6.16	10	4.7	11	4.76	5.36
	로봇공학전공	15	13	4.9	22	5.58	5.68	15	4.8	16	5.41	5.75
	스마트제조공학	8	신설									
	화학공학전공	19	16	5.1	49	5.38	6.14	24	5.1	47	4.72	5.12
	신소재공학전공	12	10	7.5	40	5.36	5.62	16	6.8	38	5.46	5.72
	산업공학과	8	7	4.3	9	5.26	5.37	13	7.5	13	5.43	5.46
	의용공학과	12	10	3.4	11	5.51	5.63	17	3.4	14	5.27	5.71
의과대	의예과	24	19	12.9	17	1.30	1.41	17	13.7	14	1.20	1.30
간호대	간호학과	36	30	8.5	47	2.14	2.32	41	5.6	47	2.20	2.37
약학대	약학과	7	6	22.2	5	1.46	1.50					
	제약학과	8	6	24.2	5	1.47	1.66					
자전	자율전공 자연	14	10	9.5	34	5.29	5.42	13	5.3	16	5.51	5.79
자연계열 교과평균		410	343	6.97	693	4.89	5.19	456	6.42	645	4.88	5.19
야간개설	경영학전공(야간)	12	10	7.5	15	5.01	5.47	18	3.7	22	6.10	6.50
	국제통상학(야간)	9	8	6.6	31	6.37	6.71	13	3.9	25	5.99	6.61
	행정학전공(야간)	9	8	5.1	22	6.05	6.54	13	3.9	18	5.49	5.67
미술대	패션마케팅학과	9	8	9.6	22	4.36	4.69	13	9.4	25	4.59	4.89
체육대	스포츠마케팅학과	8		4.6	10	5.52	5.80	11	5.4	5	3.84	3.90
	실버스포츠복지	7	신설									
야간/예체 교과평균		54	34	6.69	100	5.46	5.84	68	5.26	95	5.20	5.51

수능최저 없음		2023	2022 종합일반 - 인문				2021 종합일반 - 인문			
학업역량25 전공적합성30 발전가능성25 인성20			▶1단계: 서류 100 (4배수) ▶2단계: 1단계 80+면접 20				▶1단계: 서류 100 (4배수) ▶2단계: 1단계 80+면접 20			
			2022 지원		추합	최종등록	2021 지원		추합	최종등록
		모집 인원	모집 인원	경쟁률	추합 인원	등급평균	모집 인원	경쟁률	추합 인원	등급평균
인문 국제학 대학	국어국문학전공	6	7	5.0	19	5.03	8	4.1	8	5.22
	한국어교육전공	5	5	4.8	7	6.11	5	2.4	3	5.92
	영어영문학과	9	13	4.0	19	5.19	10	3.9	21	4.46
	독일유럽학과	6	6	4.8	2	6.06	5	3.8	4	5.75
	중국어중국학과	10	13	4.5	25	5.93	8	4.9	8	5.53
	일본어일본학과	11	11	7.5	29	5.00	8	4.3	5	5.48
	러시아중앙아시아	6	6	5.8	9	5.53	5	4.4	10	5.99
	스페인어중남미학	6	7	4.4	13	5.10	8	2.6	4	5.00
	사학과	6	7	9.6	19	5.36	8	6.4	10	5.58
	기독교학과	5	9	2.3	6	6.49	9	1.4	0	5.95
	철학과	6	6	6.2	6	5.24	7	2.1	7	6.09
	문예창작	10	10	12.1	22	4.56	10	6.4	5	5.63
경영 대학	경영학전공	15	14	9.3	27	4.32	16	6.8	30	4.66
	관광경영학전공	14	14	6.5	24	5.22	16	4.4	15	5.10
	경영빅데이터	5	5	6.0	4	4.86	7	6.6	7	5.23
	회계학전공	7	8	4.1	9	4.28	9	3.1	12	3.96
	세무학전공	6	6	3.3	3	5.42	7	3.0	3	4.38
	경영정보학	7	6	4.4	4	5.02	8	2.6	7	4.72
KAC	IB(국제경영학과)	7	7	2.3	1	3.49	7	1.6	3	3.71
	IR(국제관계학과)	6	7	2.6	8	5.78	7	2.9	9	4.64
사회 과학 대학	경제금융학전공	14	15	4.5	19	5.10	7	7.7	15	5.15
	국제통상학전공	15	19	5.1	31	5.61	16	3.5	20	5.16
	행정학전공	7	7	7.3	9	4.71	8	6.1	9	4.46
	정치외교학전공	6	6	5.2	11	5.22	7	5.3	6	5.21
	언론영상학전공	10	9	10.3	18	4.84	10	8.0	9	4.53
	광고홍보학전공	8	7	13.9	7	4.37	8	15.9	6	4.25
	사회학과	6	6	6.3	16	5.62	5	4.4	5	4.93
	심리학과	8	8	16.0	11	4.25	8	10.1	5	4.12
	문헌정보학과	8	8	10.3	10	4.36	8	8.6	10	4.53
	사회복지학과	9	8	22.9	14	4.71	8	18.5	8	4.85
	법학과	11	12	6.4	6	4.76	10	6.1	2	4.61
	경찰행정학과	11	10	24.2	8	3.15	10	24.5	9	3.05
사범 대학	교육학과	5	5	7.4	8	4.31	5	6.8	7	4.18
	한문교육과	4	4	3.8	7	5.29	5	3.8	7	5.06
	유아교육과	4	5	22.8	12	3.46	5	14.0	4	3.91
	영어교육과	4	4	4.3	3	4.45	5	4.2	12	3.52
	국어교육과	4	4	6.0	3	4.03	5	4.2	7	3.78
자전	자율전공 인문사회	8	7	7.0	8	3.89	4	5.8	7	3.90
인문계열 종합평균		295	311	7.71	457	3.89	302	6.19	319	3.90

계명대 2022 입결분석 06 - 수시 종합일반 자연

2022.05.24. ollim

수능최저 없음		2023	2022 종합일반 - 자연					2021 종합일반 - 자연				
학업역량25 전공적합성30 발전가능성25 인성20			▶1단계: 서류 100 (4배수) ▶2단계: 1단계 80+면접 20					▶1단계: 서류 100 (4배수) ▶2단계: 1단계 80+면접 20				
			2022 지원		추합	최종등록		2021 지원		추합	최종등록	
		모집 인원	모집 인원	경쟁률	추합 인원	등급평균		모집 인원	경쟁률	추합 인원	등급평균	
자연 과학 대학	수학전공	5	6	2.7	6	6.05		7	2.0	5	5.83	
	통계학전공	6	6	3.2	8	5.96		7	3.7	10	5.14	
	화학전공	5	7	3.0	11	5.85		8	3.1	12	5.66	
	생명과학전공	9	9	5.7	20	5.36		10	4.8	22	5.40	
	공중보건학전공	8	6	7.2	8	5.25		7	5.0	3	5.41	
	식품가공학전공	7	7	3.9	14	4.60		8	6.3	10	5.17	
	식품영양학전공	7	7	13.9	15	4.76		8	3.6	9	5.65	
	환경과학전공	6	6	5.0	12	6.11		8	3.3	13	5.92	
	지구환경학전공	6	6	3.5	8	6.56		8	2.3	6	5.78	
공과 대학	토목공학전공	9	10	4.1	10	5.58		8	8.0	11	5.50	
	건축학전공 5년	7	7	11.9	13	4.61		6	14.5	9	4.71	
	건축공학전공	8	8	8.1	1	5.00		8	5.5	9	5.49	
	전자공학전공	8	9	4.8	16	5.30		10	5.1	12	4.72	
	전기에너지공학	8	8	5.6	5	5.24		8	3.3	6	5.40	
	컴퓨터공학전공	13	13	9.3	19	4.28		15	9.9	24	4.49	
	게임소프트웨어	9	9	9.4	17	5.18		10	5.3	18	5.56	
	디지펜게임공학	8	8	3.5	8	4.89		8	2.9	8	4.86	
	교통공학전공	7	7	3.7	6	5.83		8	2.8	10	6.02	
	도시계획학전공	7	7	6.4	10	6.09		8	4.3	13	6.26	
	생태조경학전공	7	7	6.7	13	5.88		5	5.0	13	5.83	
	기계공학전공	14	15	5.1	34	4.58		14	6.6	27	4.97	
	자동차시스템공	6	8	4.4	5	5.56		5	5.2	7	4.95	
	로봇공학전공	8	8	5.0	11	5.82		8	3.9	10	5.55	
	스마트제조공학	6	신설	-	-	-		-	-	-	-	
	화학공학전공	12	13	3.7	24	5.31		14	4.4	32	5.06	
	신소재공학전공	7	7	5.3	13	5.46		8	3.6	10	5.51	
	산업공학과	7	6	5.2	9	5.48		7	3.9	10	6.11	
	의용공학과	7	6	3.3	7	5.59		7	2.9	6	5.17	
의과대	의예과	4	4	19.0	1	1.89		4	33.3	0	1.35	
간호대	간호학과	20	20	20.1	17	2.54		22	14.8	15	2.85	
약학대	약학과	-	-	-	-	-		-	-	-	-	
	제약학과	-	-	-	-	-		-	-	-	-	
자전	자율전공 자연	8	7	8.3	12	5.32		4	3.3	4	5.78	
자연계열 종합평균		249	247	6.69	353	5.20		258	6.07	344	5.20	
야간 개설	경영학전공(야간)	4	4	5.3	1	4.27						
	국제통상학(야간)	3	3	4.7	0	5.52						
	행정학전공(야간)	3	3	4.3	4	6.78						
미술대	패션마케팅학과	5	5	12.0	9	4.36						
체육대	스포츠마케팅학과	7	7	12.1	4	4.55						
	실버스포츠복지	5	신설	-	-	-						
야간/예체 등 교과평균		27	22	7.68	18	5.10	#DIV/0!					

수능최저 없음		2023	2022 종합지역 - 인문 ▶1단계: 서류 100 (4배수) ▶2단계: 1단계 80+면접 20					2021 종합지역 - 인문 ▶1단계: 서류 100 (4배수) ▶2단계: 1단계 80+면접 20				
학업역량25 전공적합성30 발전가능성25 인성20			2022 지원		추합	최종등록		2021 지원		추합	최종등록	
		모집 인원	모집 인원	경쟁률	추합 인원	등급평균		모집 인원	경쟁률	추합 인원	등급평균	
인문 국제학 대학	국어국문학전공	4	4	4.0	3	5.50		8	3.5	2	5.24	
	한국어교육전공	3	3	6.0	4	5.89		5	2.7	4	6.18	
	영어영문학과	7	8	3.8	8	4.67		10	4.3	19	5.30	
	독일유럽학과	4	4	4.3	5	6.00		5	4.0	6	6.28	
	중국어중국학과	6	7	3.4	4	5.86		8	4.4	7	5.62	
	일본어일본학과	6	6	8.2	5	5.33		8	3.8	5	5.80	
	러시아중앙아시아	4	4	3.5	5	6.07		5	3.0	2	5.36	
	스페인어중남미학	4	3	3.7	3	6.60		8	2.3	1	5.34	
	사학과	4	4	6.5	3	5.26		8	5.3	1	5.29	
	기독교학과	4	5	3.2	4	6.60		9	1.6	0	7.25	
	철학과	4	4	3.5	3	4.86		7	2.8	4	5.93	
	문예창작	5	5	6.8	4	5.21		10	5.6	8	5.52	
경영 대학	경영학전공	8	9	9.0	15	4.01		16	5.4	19	4.94	
	관광경영학전공	7	7	5.7	9	5.20		16	4.5	8	5.00	
	경영정보학전공	4	4	4.5	3	5.36		7	6.5	7	4.94	
	회계학전공	6	7	3.7	7	4.53		9	4.4	7	4.71	
	세무학전공	4	4	3.3	0	5.34		7	3.5	5	5.09	
	경영빅데이터	3	3	3.7	3	5.54		8	3.0	1	4.77	
KAC	IB(국제경영학과)	5	4	2.8	5	4.95		7	2.0	4	4.45	
	IR(국제관계학과)	4	4	2.5	6	5.78		7	1.5	2	4.75	
사회 과학 대학	경제금융학전공	10	9	4.3	8	5.55		7	6.8	9	5.04	
	국제통상학전공	11	12	5.8	8	5.48		16	3.1	18	5.86	
	행정학전공	4	4	8.8	3	4.33		8	10.0	7	5.15	
	정치외교학전공	4	4	4.8	2	5.45		7	6.0	4	5.59	
	언론영상학전공	8	8	10.3	10	4.35		10	8.1	8	4.74	
	광고홍보학전공	5	5	12.2	5	4.25		8	11.4	5	4.61	
	사회학과	4	4	7.0	1	5.26		5	4.7	5	5.65	
	심리학과	5	5	9.6	6	4.45		8	12.0	13	3.97	
	문헌정보학과	5	5	4.6	3	4.41		8	5.6	2	4.40	
	사회복지학과	7	5	12.8	5	4.76		8	13.6	12	4.32	
	법학과	7	8	5.6	7	4.20		10	4.9	10	4.89	
	경찰행정학과	8	9	16.9	5	2.79		10	12.7	7	3.36	
사범 대학	교육학과	-	-	-	-	-		-	-	-	-	
	한문교육과	-	-	-	-	-		-	-	-	-	
	유아교육과	4	3	16.0	2	4.23		5	16.3	3	3.98	
	영어교육과	3	3	4.3	1	3.95		5	5.7	2	4.69	
	국어교육과	3	3	6.0	4	4.07		5	5.0	5	4.16	
자전	자율전공 인문사회	6	6	5.7	5	4.65		4	6.0	3	4.19	
인문계열 종합평균		190	192	6.29	174	4.65		292	5.72	225	4.19	

수능최저 없음		2023	2022 종합지역 - 자연					2021 종합지역 - 자연				
학업역량25 전공적합성30 발전가능성25 인성20			▶1단계: 서류 100 (4배수) ▶2단계: 1단계 80+면접 20					▶1단계: 서류 100 (4배수) ▶2단계: 1단계 80+면접 20				
			2022 지원		추합	최종등록		2021 지원		추합	최종등록	
			모집 인원	경쟁률	추합 인원	등급평균		모집 인원	경쟁률	추합 인원	등급평균	
자연 과학 대학	수학전공	3	4	2.5	3	6.44		7	1.5	0	5.44	
	통계학전공	4	4	2.8	6	6.50		7	3.0	4	5.50	
	화학전공	3	4	4.0	4	6.47		8	2.0	2	5.29	
	생명과학전공	6	8	3.5	10	5.66		10	4.1	9	4.83	
	공중보건학전공	5	5	5.6	5	4.97		7	6.0	3	5.38	
	식품가공학전공	4	4	5.0	4	5.43		8	6.3	6	5.16	
	식품영양학전공	4	4	10.5	8	4.73		8	5.5	6	5.54	
	환경과학전공	4	4	2.8	3	5.78		8	3.5	5	5.87	
	지구환경학전공	4	4	3.0	4	6.20		8	2.8	0	5.71	
공과 대학	토목공학전공	7	7	4.1	7	5.41		8	8.4	0	5.00	
	건축학전공 5년	5	5	10.4	7	5.07		6	13.8	9	5.20	
	건축공학전공	5	5	7.8	8	5.29		8	5.5	8	5.76	
	전자공학전공	5	5	5.8	12	5.18		10	5.0	9	5.02	
	전기에너지공학	5	5	4.8	7	5.46		8	3.8	3	5.11	
	컴퓨터공학전공	7	7	9.4	14	4.80		15	7.9	8	4.79	
	게임소프트웨어	6	5	8.2	2	5.18		10	5.6	7	5.66	
	디지펜게임공학	5	5	3.2	3	4.97		8	3.3	8	4.83	
	교통공학전공	4	4	4.0	6	6.18		8	3.8	3	6.26	
	도시계획학전공	4	4	4.0	4	5.58		8	3.5	4	5.97	
	생태조경학전공	4	4	6.3	7	5.15		5	5.7	9	5.92	
	기계공학전공	10	9	5.0	14	4.70		14	5.5	26	4.89	
	자동차시스템공	4	5	4.2	7	5.32		5	7.0	6	5.27	
	로봇공학전공	5	5	4.4	10	6.02		8	3.5	5	5.61	
	스마트제조공학	4	신설	-	-	-						
	화학공학전공	7	7	4.0	12	4.68		14	3.6	11	4.75	
	신소재공학전공	4	4	5.0	3	5.79		8	3.5	9	5.71	
	산업공학과	4	4	3.8	6	5.97		7	2.8	0	5.37	
	의용공학과	5	4	3.3	6	6.49		7	3.3	1	5.50	
의과대	의예과	6	6	29.2	6	1.80		4	20.7	4	1.55	
간호대	간호학과	12	12	22.0	3	2.78		22	14.1	10	2.89	
약학대	약학과	-	-	-	-	-		-	-	-	-	
	제약학과	-	-	-	-	-		-	-	-	-	
자전	자율전공 자연	6	5	5.8	3	5.26		4	4.0	2	5.54	
자연계열 종합평균		161	158	6.48	194	5.31		258	5.62	177	5.18	
미술대	회화과	-						-	-	-		
	패션마케팅학과	4	4	12.0	2	4.93		5	12.0	3	5.32	
Artech	사진미디어											
체육대	스포츠마케팅학과	4	4	6.0	2	4.89		5	6.0	1	4.01	
	실버스포츠복지											
야간/예체 종합평균		8	8	9.0	4	4.91		10	9.0	4	4.67	

		2023			▶국수영탐 인 25:25:25:25 영어환산등급점수: 인/자: 100-95-90-85-80... ▶국수영탐 자 25:25:25:25 탐구2개, 백분, 수가15%										
					2022 지원		추합및등록		백분위 400점 만점			백분위 300점 만점 (영어 제외)			
		가군	나군	다군	모집 인원	경쟁률	추합 인원	최종 등록	등급 평균	백분위 평균	85% CUT	등급 평균	백분위 평균	90% CUT	영어등 급평균
인문 국제학 대학	국어국문학전공			6	19	2.9	27		4.86	224.0	202.5				
	한국어교육진공	4			8	3.1	17		5.13	208.9	194.0				
	영어영문학과			9	21	4.5	33		4.44	242.8	229.5				
	독일유럽학과	5			13	3.6	18		4.90	217.9	201.5				
	중국어중국학과			11	11	3.7	34		4.85	222.1	200.5				
	일본어일본학과	11			14	4.5	18		4.95	218.3	200.5				
	러시아중앙아시아			6	11	3.6	25		5.30	199.2	190.5				
	스페인중남미학과	6			12	3.2	12		4.76	227.4	213.0				
	사학과			6	14	2.7	18		4.88	226.4	201.5				
	기독교학과	3			8	2.3	9		5.59	181.9	156.0				
	철학과	5			7	3.9	14		5.31	202.4	194.0				
	문예창작과			4	6	3.7	10		4.90	224.8	219.0				
경영 대학	경영학전공			13	23	5.7	37		4.12	267.1	250.0				
	관광경영학전공	9			16	4.6	24		4.81	226.0	216.5				
	회계학전공	11			16	3.8	12		4.41	251.1	237.5				
	세무학전공			6	9	4.6	22		4.50	247.3	218.5				
	경영정보학			6	12	3.6	12		4.71	231.3	213.5				
	경영빅데이터	4			5	3.6	7		4.34	243.7	240.5				
KAC	IB(국제경영학과)			4	15	3.2	15		4.55	233.1	219.0				
	IR(국제관계학과)	4			19	2.7	17		4.61	236.5	214.0				
사회 과학 대학	경제금융학전공			15	20	4.4	17		4.53	246.5	233.0				
	국제통상학전공	18			24	4.5	25		4.54	243.2	235.0				
	행정학전공	6			10	3.8	18		4.49	249.3	243.5				
	정치외교학전공			6	11	4.5	12		4.41	256.5	246.0				
	언론영상학전공			9	14	4.1	24		4.29	253.7	239.0				
	광고홍보학전공	7			13	5.2	12		4.02	269.3	258.5				
	사회학과	6			6	3.8	11		4.42	254.5	239.0				
	심리학과	7			11	4.2	11		4.30	262.8	252.5				
	문헌정보학과			7	11	3.4	17		4.43	249.7	234.0				
	사회복지학과			7	11	3.9	18		4.45	252.9	247.0				
	법학과			11	16	3.9	12		4.25	264.9	252.5				
	경찰행정학과			15	18	4.6	22		3.23	317.0	310.5				
사범 대학	교육학과	3			4	4.0	4		3.97	275.6	267.5				
	한문교육과	3			7	4.7	5		4.74	237.0	234.0				
	유아교육과	3			5	2.6	5		4.10	263.5	255.5				
	영어교육과	3			4	3.8	4		3.82	282.5	275.0				
	국어교육과	3			5	5.2	7		4.03	282.4	278.0				
자전	자율전공 인문사회		8		10	3.5	7		3.98	274.8	268.5				
인문계열 교과평균		**112**	**8**	**116**	**459**	**3.88**	**612**	**0**	**4.52**	**243.9**	**231.1**				

계명대 2022 분석자료 10 - 정시일반 자연

2022. 05. 26. ollim

▶ 국수영탐 인 25:25:25:25　영어환산등급점수: 인/자: 100-95-90-85-80...
▶ 국수영탐 자 25:25:25:25　탐구2개, 백분, 수가15%

대학	전공	2023 가군	2023 나군	2023 다군	2022 지원 모집인원	2022 지원 경쟁률	추합및등록 추합인원	추합및등록 최종등록	백분위 400점 만점 등급평균	백분위 400점 만점 백분위평균	백분위 400점 만점 85% CUT	백분위 300점 만점 (영어 제외) 등급평균	백분위 300점 만점 백분위평균	백분위 300점 만점 90% CUT	영어등급평균
자연과학대학	수학전공			4	29	2.3	38		5.37	197.3	172.5				
	통계학전공	6			18	2.7	10		4.90	219.1	195.0				
	화학전공			4	26	2.0	25		5.20	201.0	168.0				
	생명과학전공	8			23	3.1	33		4.51	239.6	222.0				
	공중보건학전공	7			14	2.9	10		4.69	233.6	217.0				
	식품가공학전공			6	14	2.5	16		4.98	209.5	187.5				
	식품영양학전공	6			11	4.1	15		4.48	238.4	225.0				
	환경과학전공			6	17	2.7	13		5.38	191.4	172.5				
	지구환경학전공	6			13	2.6	21		5.28	199.5	162.0				
공과대학	토목공학전공	10			28	2.5	27		4.83	226.6	196.5				
	건축학전공 5년	6			7	7.9	19		3.95	273.8	271.5				
	건축공학전공			8	20	4.6	16		4.81	226.9	215.5				
	전자공학전공			8	18	4.2	21		4.68	230.3	222.0				
	전기에너지공학	8			13	4.2	14		4.29	252.5	237.5				
	컴퓨터공학전공			11	19	4.4	28		4.05	273.3	262.5				
	게임소프트웨어	6			9	4.3	12		4.20	260.6	250.5				
	디지펜게임공학			4	10	3.1	5		4.08	272.0	257.0				
	교통공학전공	6			15	2.3	17		5.51	188.4	166.0				
	도시계획학전공			6	14	2.3	16		5.18	197.5	165.0				
	생태조경학전공	6			6	2.8	6		4.82	225.1	219.5				
	기계공학전공	17			36	3.6	49		4.53	242.8	223.0				
	자동차시스템공			5	24	2.3	19		5.06	210.8	200.0				
	로봇공학전공			8	25	2.7	24		5.28	197.2	174.0				
	스마트제조공학	5													
	화학공학전공	11			36	2.9	40		4.73	229.2	211.5				
	신소재공학전공			7	30	2.1	13		4.92	215.9	198.0				
	산업공학과	6			21	3.2	22		5.23	204.7	188.5				
	의용공학과			7	24	2.0	23		5.14	209.3	196.5				
의과대	의예과			24	30	18.1	78		1.07	393.5	393.0				
간호대	간호학과			40	37	8.5	79		2.87	335.5	330.0				
약학대	약학과			4	5	68.8	37		1.42	387.4	387.0				
	제약학과	4			5	11.6	3		1.38	387.2	387.0				
자전	자율전공 자연		7		9	4.1	14		4.67	235.6	225.0				
자연계열 교과평균		113	0	145		6.17	763	0	4.42	243.9	228.1				
야간개설	경영학전공(야간)	5			9	1.8	6		5.14	205.8	203.0				
	국제통상학(야간)			4	6	1.8	5		5.85	162.6	166.0				
	행정학전공(야간)			4	10	2.0	10		5.47	190.8	179.5				
미술대	패션마케팅학과	6			8	3.6	6		4.57	243.8	244.0				
체육대	실버스포츠복지	신설		4											
	스포츠마케팅학과			6	7	5.3	7		4.06	275.8	277.5				
야간/예체 교과평균		11	0	14		2.91	34	0	5.02	215.8	214.0				

2023 대학별 수시모집 요강		고려대서울		2023 대입 주요 특징	진로선택과목: 성취누적비율+변환석차등급 적용
					영어등급 감점폭 확대: 2등급 -3점, 3등급 -6점 등

| ▶ 교과 반영 (학추만 해당)
▶ 정성평가 (학교추천 제외)
▶ 학년비율 없음
▶ 교과와 종합 중복지원 가능★
▶ 가시적 학생부 당부
▶ 교육과정편성표와 지원자별
　교육과정이수현황 향후 핵심
▶ 블라인드효과 미미, 동아리명 | 1. 2023 자소서 폐지 지속, 학교추천 2023 수능최저 완화
2. 2023 학교추천 변화 (면접폐지 지속, 교과80+서류20)
　①수능최저 완화, 3개합 5/6등급→3개합 6/7등급★★
　②2023 870명 모집, 10명 인원증가
3. 학업우수형 2023 유지, 수능최저 전년동일, 4개합 7/8
　①2023 900명 모집, 8명 인원감소
　②1단계 서류 100% (6배수), 2단계 면접 30% 유지
　③사이버국방 5명 모집 신설★, 최저있음, 타학과 중복금지
4. 계열적합형 480명 모집, 2023 7명 인원증가 | | | 5. 2023 특기자전형 3명 감소, 73명→70명　정시수능 1,444명
6. 2023 기회균등전형: 국가보훈, 기초차상위, 농어촌 등
7. 중복지원허용과 자소서 폐지에 따른 하향눈치지원 가능성 지속
8. 전형선택권 확대: 중복지원 가능, 고교추천권 부담경감 배려
9. ▶ 2023 신설: 차세대통신학과 30명 <삼성전자 채용연계>★
　▶ 2023 신설: 스마트모빌리티 30명 <현대차 채용연계/학석사>★
　▶ 2022 신설: 글로벌한국융합학부 5명
　▶ 2021 신설: 반도체공학 30명 <SK하이닉스 채용연계>★
　　융합에너지공30, 데이터과학30, 스마트보안학30 | | |

모집시기	전형명	사정모형	학생부종합 특별사항	2023 수시 접수기간 09. 13(화) ~ 15(목)	모집인원	학생부	논술	면접	서류	기타	2023 수능최저등급
2023 정원내 수시 2,435명 (62.7%) (68명) 정시 정원내 1,444명 (37.3%) (244명) 전체 3,879명 (389명)	**학교추천** *학업우수형 및 계열적합형과 중복지원 가능*	일괄	학생부교과 교과서류일괄 자소서없음 졸업제한없음 최종 12.15(목) 학교장추천서 추천대상 명단 업로드 09.19(월)~09.23(금)	1. 2023 전년대비 10명 증가 2. 2023 수능최저 완화★★ 3. 2023 교과80+서류20 유지 4. 학교장추천 재적수의 4% 5. **2023 학교추천평가★★** 1)자기계발역량 70% 　①계열관련역량 ②탐구역량 2)인성 30%: ①규칙준수 　②리더십③나눔배려 ④소통 ----- 아래는 학우/계열적합형 3)학업역량 ①학업성취도 　②학업의지 ③성적추이 등 4)문제해결력 지적호기심등 5)창의성 독창성 등	870 의과 30 2022 860 의과 30	교과 80 서류 20 일괄합산 면접없음 2023 서류평가 1. 자기계발 역량 70% 2. 인성 30% 3. 서류평가 7점 척도 A+ A B+ B C D F			▶ 2022 대입결과 올림 1. 22 경쟁 인5.21→8.82 2. 22 경쟁 자7.59→12.9 3. 22 70% 인1.68~1.84 4. 22 70% 자1.66~1.65 5. 22 최저 인62.3~38.2 6. 22 최저 자53.5~44.4 7. 22 충원 인75%~127% 8. 22 충원 자83%~140% 9. 22 재학95.5%~91.6% 10. 일반고95.5%~91.6% 11. 추천전형 특성편차★ 　선호비선호지원성향차이	인: 3개합 6 (탐2) 자: 3개합 7 (과2) *기하/미적/다른과탐* 의과: 4개 5등급 (과2) *史 인문3, 자연/의4* ※ 2022 수능최저 참고 인: 3개합 5 (탐2) 자: 3개합 6 (탐2) *기하/미적/다른과탐* 의과: 4개 5등급 (탐2) ⑭ 인문3, 자연/의4
	학업우수형 일반전형	1단계 2단계	학생부종합 서류면접형 성적 정성평가 1단계 11.17(목) 면인 11.26(토) 면자 11.27(일) 최종 12.15(목)	1. 2023 전년대비 7명 증가 2. 사이버국방 5명 단계 신설 최저있음, 타학과 중복금지 3. 반도체공학(SK) 10명 4. 차세대통신(SS) 9명 5. 스마트모빌리티 15명 6. 2022 경쟁인문 10.7→16.2 7. 2022 경쟁자연 11.2→20.3 8. 일반고합격49.4%→62.5% 9. 사이버국방 1단계 10.28(금) 신검/군면접 11.03(목)~4(금) 면접11.27(일) 최종12.15(목)	915 의과 36 사이버 5 2022 908 의과 36	서류 100 (6배수) 학업역량 50% 자기계발 30% 인성평가 20% 1단계 70 +면접 30			1. 22 최저 인57.9→40.9 2. 22 최저 자54.5→50.5 3. 22 70% 인2.99~2.70 4. 22 70% 자2.48~2.11 5. 22 충원 인52%~58% 6. 22 충원 자46%~73% ※사이버국방 2단계 서류60+면접20+체력20 ▶ 제시문기반 면접 ▶ 제시문독독 12분 ▶ 면접 6분	인: 4개합 7 (탐2) 자: 4개합 8 (과2) *기하/미적/다른과탐* 반도체/차세대통신/ 스마트모빌리티/ 사이버: 4개합 7 (과2) 의과: 4개 5등급 (과2) *史 인문3, 자연/의4*
2022 정원내 수시 2,449명 (63.0%) 정시 1,440명 (37.0%) (261명) 전체 3,889명 (389명)	**계열적합형** 일반전형	1단계 2단계	학생부종합 최저없음 성적 정성평가 1단계 11.04(금) 면인 11.12(토) 면자 11.13(일) 최종 11.22(화)	1. 2023 전년대비 22명 증가 2. 제시문면접+서류면접 3. 반도체공학(SK) 10명 4. 차세대통신(SS) 9명 5. 스마트모빌리티 15명 6. 특기자인원 지원설정목적 7. 2022 경쟁인문 15.9→15.2 8. 2022 경쟁자연 12.7→16.0	495 의과 15 2022 473 의과 15	서류 100 (5배수) 1단계 60 +면접 40			1. 22 70% 인2.77→2.86 2. 22 70% 자2.48→2.11 3. 22충원인211%→131% 4. 22충원자221%→193% 5. 일반고 17.0%→15.2% ▶ 제시문기반 면접 ▶ 제시문독독 21분 ▶ 면접 7분	최저 없음 <2023 서류평가항목> 1. 학업역량 40% 2. 자기계발역량 40% 3. 인성 20%
	특기자 실기/실적	1단계 2단계	특별전형 서류면접형 1단계 10.28(금) 사이 11.05(토) 체교 11.08(화) 최종 12.15(목)	1. 사이버국방 국방계약 15명 　수과/정보분야/해킹방어재능 2. 체육교육 40명 경기실적자 3. 디자인조형 15명 최저있음 4 인문/컴퓨터 모집폐지 유지 5. 학업20+자기계발역량40 　+인성20+과제해결능력20	70 사이15 체교40 디자15 2022 사이18 체교40 디자15	서류 100 (4배수)			▶ 사이버국방: 활동증빙서류 A4 3매이내 1단계: 서류100 (3배수) 2단계: 서류60+면접20+체력20 ▶ 체육교육 1단계: 서류70+교과25+출5 2단계: 1단계80+면접20 ▶ 디자인조형1단계: 서류100 (5배수) 2단계: 서류60+서류기반면접40	사이버국방 최저없음 체교: 2개평균 7등급 (교과+수능연동) 디자: 3개 8(탐1)+史4 사이버국방 통합면접 ▶ 제출서류기반면접 ▶ 준비시간 없음 ▶ 면접 8분
	기회균등 고른기회	1단계 2단계	학생부종합 1단계 10.28(금) 면접 11.05(토) 최종 11.22(화)	▶ 고른기회 통합유지 168명 ▶ 제시문면접+서류면접 1.국가보훈대상자 2.사회배려자=기초차상위★ 3.농어촌학생 4.특수교육대상자 ▶ 특성화고졸재직 10명	168 10 2022 168 10	서류 100 (3배수) 1단계 70 +면접 30			학업역량 50% 자기계발 30% 인성평가 20% ▶ 제시문기반 면접 ▶ 제시문독독 12분 ▶ 면접 6분	최저 없음

고려대 학교추천 2022 vs 2021 <인문계열>

■ 2023 학교추천 최저완화
▶ 인: 3개합 6 (탐2) ★
▶ 자: 3개합 7 (과2) ★
기하/미적/다른과탐
▶ 의과: 4개합 5 (과2)
㉓ 인문3, 자연/의4

2022 고려대 학교추천 전형
▶ 교과 80+서류 20, 일괄합산, 면접폐지
▶ 인: 3개합 5 (탐2)　▶ 자: 3개합 6 (과2)
▶ 의과: 4개 5 (과2)　㉓ 인문3, 자연/의4

2021 고려대 학교추천1 전형
▶ 1단계: 교과 100% (3배수)　▶ 2단계: 면접 50%
▶ 인: 3개합 5 (탐2)　▶ 자: 3개합 6 (과2)
▶ 의과: 4개 5등급 (과2)　㉓ 인문3, 자연/의4

2022 학교추천 - 인문 / 2021 학교추천 - 인문

계열	학과	2023 학추 인원	2022 모집인원	경쟁률	입결평균	상위70% 입결공개	표준편차	최저충족률	충원율	2021 모집인원	경쟁률	평균편차	상위70% 입결공개	면접응시율	최저충족률	충원율
경영	경영대학	80	80	9.10	1.50	1.62	0.27	44.0	163.8	122	4.12	0.28	1.58	86.7	68.6	73.8
문과대학	국어국문	13	13	6.77		1.78				17	4.88		1.58			64.7
	철학과	9	9	8.44		1.73				13	6.31		1.66			69.2
	한국사학과	6	6	7.67		2.01				7	5.57		1.80			0
	사학과	10	10	6.50		1.81				13	4.54		1.63			53.8
	사회학과	17	17	7.47		1.56				23	6.78		1.38			108.7
	한문학과	6	6	8.67		2.21				8	5.25	평균 1.75 편차 0.41	2.01			0
	영어영문	22	22	9.64	1.81	1.89	0.36	30.4	87.6	31	4.26		1.83	85.5	57.2	51.6
	독어독문	8	8	10.8		1.96				11	4.18		2.03			81.8
	불어불문	9	9	11.2		2.06				12	3.92		2.16			33.3
	중어중문	12	12	8.33		2.25				16	4.69		1.77			25.0
	노어노문	8	8	9.63		2.20				11	3.73		2.22			18.2
	일어일문	9	9	8.00		1.77				13	3.54		1.90			38.5
	서어서문	10	10	11.9		2.15				14	3.21		2.16			42.9
	언어학과	6	6	8.33		1.87				9	6.89		1.83			33.3
심리학	심리학부	10	11	7.82	1.61	1.80	0.32	42.9	172.0	16	4.50	0.24	1.51	87.5	64.5	75.0
생명	식품자원경제	16	12	8.50	1.75	1.85	0.25	37.9	91.7	17	4.94	0.25	1.59	91	67.1	47.1
정경대학	정치외교	18	18	8.61		1.64				23	6.74	평균 1.48 편차 0.31	1.33			147.8
	경제학과	28	28	8.07	1.58	1.65	0.35	42.2	164.0	40	4.83		1.48	84.9	67.8	160.0
	통계학과	15	15	11.1		1.95				21	3.90		1.80			66.7
	행정학과	17	17	8.12		1.66				23	5.17		1.56			39.1
사범인문	교육학과	11	11	12.3		1.56				15	9.93	평균 1.48 편차 0.26	1.48			273.3
	국어교육	10	10	10.0		1.65				13	5.31		1.53			146.2
	영어교육	14	14	7.71	1.56	1.75	0.33	35.4	158.0	19	4.26		1.63	87.0	60.9	142.1
	지리교육	8	8	6.13		1.89				11	4.91		1.57			163.6
	역사교육	7	7	8.57		1.69				10	7.00		1.40			120.0
국제학	국제학부	5	5	11.4	1.70	1.77	0.17	39.1	20.0	5	7.60	0.16	1.43	94.7	51.4	20.0
	글로벌한국융합	-	-	-	-	-	-	-	-	-	-	-	-	-	-	-
미디어	미디어학부	17	17	7.94	1.61	1.76	0.33	40.2	153.0	23	4.70	0.27	1.46	93.5	64.7	78.3
보건과	보건정책관리	17	17	8.00	1.97	2.12	0.33	25.6	82.4	23	6.52	0.19	1.62	87.3	57.8	47.8
자유전	자유전공	20	20	8.10	1.51	1.55	0.34	43.9	175.0	29	4.07	0.21	1.41	89.8	62.6	75.9
	합계	438	435	8.82	1.66	1.84	0.31	38.2	126.8	608	5.21		1.68	88.7	62.3	76.6

고려대 학교추천 2022 vs 2021 <자연계열>

■ 2023 학교추천 최저완화
▶ 인: 3개합 6 (탐2) ★
▶ 자: 3개합 7 (과2) ★
기하/미적/다른과탐
▶ 의과: 4개합 5 (과2)
㉓ 인문3, 자연/의4

2022 고려대 학교추천 전형
▶ 교과 80+서류 20, 일괄합산, 면접폐지
▶ 인: 3개합 5 (탐2)　　▶ 자: 3개합 6 (과2)
▶ 의과: 4개 5등급 (과2)　㉓ 인문3, 자연/의4

2021 고려대 학교추천1 전형
▶1단계: 교과 100% (3배수)　▶2단계: 면접 50%
▶ 인: 3개합 5 (탐2)　　▶ 자: 3개합 6 (과2)
▶ 의과: 4개 5등급 (과2)　㉓ 인문3, 자연/의4

		2023 학추 인원	2022 학교추천 - 자연							2021 학교추천 - 자연					
			모집 인원	경쟁률	입결 평균	상위70% 입결공개	표준 편차	최저 충족률	충원율	모집 인원	경쟁률	평균 편차	상위70% 입결공개	면접 응시율	최저 충족률	충원율
생명 과학 대학	생명과학부	21	21	10.6	1.50	1.65	0.23	46.6	129.0	29	6.66	1.51 편차 0.25	1.48	81.0	59.7	120.7
	생명공학부	23	23	12.9		1.39				32	7.38		1.48			181.3
	식품공학과	10	10	10.4		1.79				14	5.64		1.81			35.7
	환경생태공학	15	15	10.9		1.77				21	7.71		1.77			38.1
이과 대학	수학과	10	10	10.8	1.57	1.59	0.22	54.2	197.5	13	7.69	1.57 편차 0.37	1.49	75.3	58.4	184.6
	물리학과	10	10	11.8		1.62				14	7.71		1.60			171.4
	화학과	12	12	9.08		1.66				14	7.57		1.43			107.1
	지구환경과학	8	8	12.3		1.93				11	6.09		1.94			100.0
공과 대학	화공생명공학	19	19	14.1	1.52	1.43	0.23	52.4	218.2	25	6.52	1.57 편차 0.31	1.42	78.5	57.4	172.0
	신소재공학	29	29	12.0		1.63				41	6.05		1.62			80.5
	건축사회환경	20	20	14.4		1.82				29	5.76		1.98			44.8
	건축학과	9	9	13.8		1.89				13	4.69		2.04			46.2
	기계공학	30	30	11.5		1.65				41	6.00		1.56			95.1
	산업경영공	12	12	11.0		1.74				16	8.31		1.58			81.3
	전기전자공	32	32	16.0		1.49				51	6.96		1.55			137.3
	융합에너지	7	7	12.1		1.69				10	5.30		1.68			50.0
	반도체공학	-	-	-	-	-	-	-	-	-	-		-	-	-	-
	차세대통신	-	-	-	-	-	-	-	-	-	-		-	-	-	-
의과대	의과대학	30	30	22.8	1.16	1.20	0.07	25.6	113.3	34	19.9	0.09	1.17	58.1	51.5	82.4
사범 자연	가정교육	10	8	13.9	1.54	2.00	0.33	41.0	81.3	11	5.91	1.82 0.77	2.55	74.5	47.1	9.1
	수학교육	8	8	11.6		1.40				11	7.27		1.39			90.9
간호대	간호대학	18	18	12.9	1.75	1.83	0.21	31.7	100.0	19	7.42	0.32	1.93	70.2	41.2	47.4
정보대	컴퓨터학과	25	25	13.5	1.36	1.43	0.16	60.6	228.0	36	6.81	1.39 0.21	1.40	79.6	63.5	122.2
	데이터과학	7	7	11.4		1.55				10	5.90		1.48			90.0
스마트	스마트보안학	7	7	13.7	1.67	1.75	0.15	44.7	57.1	5	7.80	0.41	1.86	69.2	50.0	0
보건 과학	바이오의공학	15	15	13.8	1.58	1.71	0.22	42.9	138.2	20	9.45	1.61 0.25	1.57	78.0	52.5	130.0
	바이오시스템의과	15	15	11.7		1.55				20	12.2		1.48			140.0
	보건환경융합과학	30	25	15.5		1.73				35	8.74		1.83			62.9
	합계	**432**	**425**	**12.9**	**1.52**	**1.65**	**0.20**	**44.4**	**140.3**	**575**	**7.59**		**1.66**	**73.8**	**53.5**	**93.1**

고려대 학업우수형 2022 vs 2021 <인문계열>

■ 2023 학업우수형 최저유지
인: 4개합 7 (탐2)
자: 4개합 8 (과2)
*기하/미적/다른과탐
반도체: 4개합 7 (과2)
사이버: 4개합 7 (과2)
의과: 4개합 5 (과2)
㉮ 인문3, 자연/의4

<2022 고려대 학업우수형 주요사항>
▶1단계: 서류 100% (5배수)
▶2단계: 면접 30%
▶인: 4개합 7 (탐2) ▶자: 4개합 8 (과2)
▶반도체: 4개합 7 (과2) ▶의과: 4개합 5 (과2)
㉮ 인문3, 자연/의4 탐구 2개 응시필수

<2021 고려대 학업우수형 주요사항>
▶1단계: 서류 100% (5배수)
▶2단계: 면접 30%
▶인: 4개합 7 (탐2) ▶자: 4개합 8 (과2)
▶반도체: 4개합 7 (과2) ▶의과: 4개합 5 (과2)
㉮ 인문3, 자연/의4 탐구 2개 응시필수

계열	학과	2023 학업우수	2022 학업우수형 - 인문							2021 학업우수형 - 인문						
			모집인원	경쟁률	평균편차	상위70%입결공개	면접응시율	최저충족률	충원율	모집인원	경쟁률	평균편차	상위70%입결공개	면접응시율	최저충족률	충원율
경영	경영대학	84	84	16.1	2.11	2.41	68.1	54.6	119.1	108	9.27	0.60	2.61	84.3	69.8	95.4
문과대학	국어국문	12	12	15.6		2.27				17	11.2		2.60			29.4
	철학과	10	9	17.3		2.48				12	18.3		2.89			83.3
	한국사학과	5	5	16.8		2.29				8	8.5		2.97			87.5
	사학과	10	10	16.9		2.56				14	11.9		3.10			50.0
	사회학과	20	20	18.1		2.29				23	12.2		2.78			65.2
	한문학과	5	5	18.6	평균 2.35	3.23				8	11.1	평균 2.85	4.01			12.5
	영어영문	23	23	14.5		2.65	59.5	29.0	29.2	31	8.13		2.97	84.1	46.7	38.7
	독어독문	8	8	15.9		3.44				12	9.8		4.15			50.0
	불어불문	8	8	14.5	편차 0.77	2.95				13	10.0	편차 0.78	3.75			46.2
	중어중문	11	11	15.2		3.57				16	11.9		3.83			25.0
	노어노문	8	8	14.4		3.22				11	9.27		3.42			36.4
	일어일문	10	10	12.8		3.39				13	9.00		3.23			15.4
	서어서문	6	9	14.0		3.71				15	8.33		3.54			13.3
	언어학과	6	6	16.3		3.19				10	12.3		3.61			30.0
심리학	심리학부	8	9	18.1	2.06	2.49	67.3	51.4	88.9	16	11.0	0.82	2.63	86.3	62.7	56.3
생명	식품자원경제	12	13	18.2	2.56	2.90	66.7	28.8	15.4	17	10.5	0.71	3.01	83.5	59.2	17.6
정경대학	정치외교	17	17	17.9	평균 2.02	2.21	71.1	51.8	107.6	24	10.8	평균 2.31	2.30	80.4	70.8	104.2
	경제학과	29	29	15.6		2.24				40	9.30		2.26			125.0
	통계학과	16	16	19.4	편차 0.65	2.75				21	11.1	편차 0.66	3.01			66.7
	행정학과	17	17	16.7		2.39				23	14.0		2.36			52.2
사범인문	교육학과	12	12	14.8	평균 2.13	1.99	58.5	32.6	23.4	16	12.0	평균 2.44	2.16	81.9	52.6	68.8
	국어교육	9	9	15.4		1.74				14	7.50		2.63			35.7
	영어교육	14	14	12.7		2.63				20	7.45		3.15			50.0
	지리교육	8	8	13.6	편차 0.77	3.47				12	11.7	편차 0.64	2.53			25.0
	역사교육	7	7	13.4		1.87				10	9.60		2.55			10.0
국제학	국제학부	20	20	18.5	2.76	3.16	66.1	34.2	35.0	20	11.5	0.67	3.28	87.0	43.7	60.0
	글로벌한국융합	-	-	-	-	-	-	-	-	-	-	-	-	-	-	-
미디어	미디어학부	17	17	17.7	1.92	2.27	72.5	47.3	70.6	23	13.4	0.68	2.60	86.4	68.7	134.8
보건과	보건정책관리	16	16	19.0	2.57	2.98	61.4	29.5	6.3	23	10.9	0.77	3.13	88.7	43.9	17.4
자유전	자유전공	22	22	17.6	2.04	2.32	38.2	50.0	86.4	30	10.2	0.52	2.54	92.0	68.4	50.0
	합계	450	454	16.2	2.25	2.70	62.9	40.9	58.2	620	10.7		2.99	85.5	58.7	51.7

고려대 학업우수형 2022 vs 2021 <자연계열>

■ 2023 학업우수형 최저유지
인: 4개합 7 (탐2)
자: 4개합 8 (과2)
*기하/미적/다른과탐
반도체: 4개합 7 (과2)
사이버: 4개합 7 (과2)
의과: 4개합 5 (과2)
㉔ 인문3, 자연/의4

<2022 고려대 학업우수형 주요사항>
▶1단계: 서류 100% (5배수)
▶2단계: 면접 30%
▶인: 4개합 7 (탐2)　▶자: 4개합 8 (탐2)
▶반도체: 4개합 7 (과2)　▶의과: 4개합 5 (과2)
㉔ 인문3, 자연/의4 탐구 2개 응시필수

<2021 고려대 학업우수형 주요사항>
▶1단계: 서류 100% (5배수)
▶2단계: 면접 30%
▶인: 4개합 7 (탐2)　▶자: 4개합 8 (과2)
▶반도체: 4개합 7 (과2)　▶의과: 4개합 5 (과2)
㉔ 인문3, 자연/의4 탐구 2개 응시필수

2022 학업우수형 - 자연 / 2021 학업우수형 - 자연

단과대	학과	2023 학업우수	2022 모집인원	2022 경쟁률	2022 평균편차	2022 상위70% 입결공개	2022 면접응시율	2022 최저충족률	2022 충원율	2021 모집인원	2021 경쟁률	2021 평균편차	2021 상위70% 입결공개	2021 면접응시율	2021 최저충족률	2021 충원율
생명과학대학	생명과학부	22	22	20.1	평균 2.02 편차 0.45	2.15	74.5	49.3	65.4	30	9.93	평균 2.20 편차 0.58	2.17	77.2	51.0	56.7
	생명공학부	30	30	20.2		2.12				33	10.9		2.00			66.7
	식품공학과	10	10	19.4		2.74				14	9.64		3.07			14.3
	환경생태공학	19	16	18.5		2.09				21	12.0		2.52			28.6
이과대학	수학과	10	10	18.1	평균 1.99 편차 0.50	2.06	67.9	52.1	68.6	14	9.29	평균 2.18 편차 0.53	2.12	73.6	54.2	42.9
	물리학과	10	10	21.9		1.88				14	11.4		2.53			35.7
	화학과	8	8	20.5		2.14				14	12.1		2.43			71.4
	지구환경과학	7	7	15.7		2.76				12	10.3		2.27			33.3
공과대학	화공생명공학	20	16	24.4	평균 1.87 편차 0.44	1.97	72.3	56.7	96.1	25	9.84	평균 2.29 편차 0.61	2.10	78.5	55.1	112.0
	신소재공학	31	29	20.0		1.93				41	10.2		2.60			29.3
	건축사회환경	21	21	19.2		2.63				29	10.8		3.10			24.1
	건축학과	9	9	17.3		2.44				13	8.92		3.03			76.9
	기계공학	30	30	16.0		1.91				42	9.45		2.17			57.1
	산업경영공	12	12	18.8		1.81				17	9.82		2.43			47.1
	전기전자공	47	47	18.0		2.03				52	9.87		2.16			80.8
	융합에너지	6	7	22.4		2.08				10	9.50		2.80			10.0
	반도체공학	10	10	16.7		1.70				10	9.80		2.43			10.0
	차세대통신	9	신설	-	-	-	-	-	-	-	-	-	-	-	-	-
의과대	의과대학	36	36	29.9	1.40	1.51	81.0	66.7	102.8	34	16.4	0.35	1.53	82.9	61.2	150.0
사범 자연	가정교육	8	8	17.0	1.91 0.57	2.75	77.3	38.7	75.0	10	10.9	2.48 0.82	3.37	68.5	51.4	10.0
	수학교육	8	8	18.5		1.70				12	10.9		2.07			58.3
간호대	간호대학	13	13	15.6	2.40	2.51	60.3	23.9	0	18	9.72	0.69	2.58	67.4	39.0	27.8
정보대	컴퓨터학과	14	26	25.9	1.64 0.32	1.69	73.3	68.9	116.7	36	10.8	2.11 0.56	2.29	78.2	67.1	66.7
	데이터과학	4	4	19.3		1.71				5	11.4		2.16			0.0
스마트	스마트보안학	7	7	20.7	1.99	2.01	80.9	50.0	71.4	10	14.7	0.62	2.96	70.0	35.3	20.0
스마트	스마트모빌리티	15	신설	-	-	-	-	-	-	-	-	-	-	-	-	-
보건 과학	바이오의공학	16	16	25.1	2.06 0.41	2.32	70.9	48.4	61.0	21	14.5	2.45 0.54	2.53	77.2	53.5	33.3
	바이오시스템의과	16	16	25.1		1.99				21	16.7		2.58			47.6
	보건환경융합과학	17	26	24.0		2.26				35	12.6		2.83			20.0
합계		465	454	20.3	1.92	2.11	73.2	50.5	73.0	593	11.2		2.48	74.8	52.0	45.6

고려대 계열적합형 2022 vs 2021 <인문계열>

			<2022 고려대 계열적합형 주요사항> ▶1단계: 서류 100% (5배수) ▶2단계: 면접 40% 수능최저 없음						<2021 고려대 계열적합형 주요사항> ▶1단계: 서류 100% (5배수) ▶2단계: 면접 40% 수능최저 없음						

		2023 계열 적합	2022 계열적합형 - 인문						2021 계열적합형 - 인문						
			모집 인원	경쟁률	평균 편차	상위70% 입결공개	면접 응시율	최저 충족률	충원율	모집 인원	경쟁률	평균 편차	상위70% 입결공개	면접 응시율	최저 충족률	충원율
경영	경영대학	41	41	14.0	*2.36*	**2.70**	96.7	-	136.6	43	15.5	*0.67*	**2.70**	94.0	-	227.9
문과 대학	국어국문	6	6	15.0		**3.08**				9	15.8		**2.96**			233.3
	철학과	4	5	16.6		**3.01**				7	19.4		**3.14**			271.4
	한국사학과	3	3	15.0		**3.29**				4	10.8		**2.49**			125.0
	사학과	5	5	17.8		**2.83**				7	16.4		**3.18**			242.9
	사회학과	5	5	21.8		**2.73**				12	20.0		**2.37**			166.7
	한문학과	3	3	16.0	평균 2.60 편차 0.57	**3.15**	97.4	-	96.1	4	13.5	평균 2.55 편차 0.84	**3.70**	94.9	-	225.0
	영어영문	12	12	13.2		**3.12**				-	-		-			-
	독어독문	5	5	13.4		**2.88**				-	-		-			-
	불어불문	5	5	16.4		**3.07**				-	-		-			-
	중어중문	6	6	19.5		**2.58**				-	-		-			-
	노어노문	5	5	10.8		**3.18**				-	-		-			-
	일어일문	5	5	15.4		**2.73**				-	-		-			-
	서어서문	10	7	11.9		**2.63**				-	-		-			-
	언어학과	4	4	13.8		**2.55**				-	-		-			-
심리학	심리학부	8	10	12.5	*2.44*	**2.99**	98.0	-	190.0	8	14.9	*0.86*	**3.01**	95.0	-	237.5
생명	식품자원경제	3	6	19.2	*2.84*	**3.14**	100	-	66.7	8	12.1	*0.87*	**3.39**	97.5	-	162.5
정경 대학	정치외교	7	7	20.0	평균 2.39 편차 0.56	**2.50**	93.3	-	139.5	12	24.7	평균 2.19 편차 0.72	**2.53**	92.7	-	375.0
	경제학과	15	15	14.1		**2.49**				22	11.8		**2.30**			322.7
	통계학과	8	8	14.5		**2.84**				11	11.9		**2.97**			172.7
	행정학과	8	8	14.6		**2.74**				12	18.8		**2.78**			175.0
사범 인문	교육학과	5	5	15.6	평균 2.25 편차 0.63	**2.35**	98.5	-	157.7	8	17.9	평균 2.15 편차 0.72	**2.71**	98.4	-	287.5
	국어교육	5	5	10.8		**2.65**				7	10.0		**2.65**			228.6
	영어교육	8	8	11.4		**2.55**				-	-		-			-
	지리교육	4	4	10.8		**3.07**				5	13.2		**1.99**			120.0
	역사교육	4	4	11.8		**2.54**				5	13.2		**2.22**			140.0
국제학	국제학부	20	21	17.5	2.84	**3.06**	98.5	-	88.5	-	-		-	-	-	-
	글로벌한국융합	5	5	16.4	*0.55*	**3.40**				-	-		-			-
미디어	미디어학부	8	8	21.0	2.15	**2.48**	100	-	212.5	12	24.6	*0.68*	**2.33**	96.8	-	200.0
보건과	보건정책관리	9	9	15.8	2.88	**3.33**	97.8	-	55.6	12	16.0	*0.83*	**3.27**	96.7	-	116.7
자유전	자유전공	11	11	17.1	2.20	**2.53**	89.1	-	163.6	16	17.6	*0.68*	**2.66**	96.3	-	181.3
	합계	247	251	15.3	2.49	**2.84**	96.9	-	130.7	224	15.9		**2.77**	95.8	-	210.6

고려대 계열적합형 2022 vs 2021 <자연계열>

<2022 고려대 계열적합형 주요사항> ▶1단계: 서류 100% (5배수) ▶2단계: 면접 40% 수능최저 없음	<2021 고려대 계열적합형 주요사항> ▶1단계: 서류 100% (5배수) ▶2단계: 면접 40% 수능최저 없음

2022 계열적합형 - 자연 / 2021 계열적합형 - 자연

대학	학과	2023 계열적합	2022 모집인원	경쟁률	평균편차	상위70% 입결공개	면접응시율	최저충족률	충원율	2021 모집인원	경쟁률	평균편차	상위70% 입결공개	면접응시율	최저충족률	충원율
생명과학대학	생명과학부	11	11	17.4	평균 3.23 편차 0.83	3.82	99.3	-	236.7	16	8.44	평균 3.56 편차 1.12	4.09	97.7	-	218.8
	생명공학부	6	6	18.5		3.37				18	10.3		4.08			394.4
	식품공학과	5	5	12.4		4.37				7	11.9		4.88			28.6
	환경생태공학	5	8	15.0		4.08				11	12.6		5.11			81.8
이과대학	수학과	5	5	18.6	평균 2.80 편차 0.82	2.92	99.0	-	368.4	7	16.7	평균 3.57 편차 0.68	3.53	100	-	비공개
	물리학과	5	5	19.2		3.15				7	16.3		4.33			400.0
	화학과	5	5	15.0		3.83				7	14.9		4.35			400.0
	지구환경과학	4	4	15.8		2.76				5	12.2		4.58			80.0
공과대학	화공생명공학	5	9	15.3	평균 3.14 편차 0.67	2.93	98.8	-	300.0	13	12.2	평균 3.38 편차 0.89	3.41	98.8	-	376.9
	신소재공학	14	16	14.3		3.65				22	11.9		4.32			381.8
	건축사회환경	11	11	15.0		4.04				15	11.0		4.55			220.0
	건축학과	5	5	12.6		3.79				7	13.0		4.79			200.0
	기계공학	15	15	17.6		3.56				23	11.8		4.17			395.7
	산업경영공	6	6	16.7		3.79				8	15.6		4.42			225.0
	전기전자공	15	15	17.7		2.83				28	12.6		3.95			396.4
	융합에너지	5	4	19.5		3.30				5	12.4		4.75			120.0
	반도체공학	10	15	13.0		3.77				15	9.93		3.58			393.3
	차세대통신	9	신설	-	-	-	-	-	-	-	-	-	-	-	-	-
의과대	의과대학	15	15	24.7	1.74	1.92	100	-	150.0	18	19.8	0.42	2.19	100	-	116.7
사범자연	가정교육	2	4	11.3	2.33 0.98	2.89	93.3	-	22.2	2	11.5	2.92 0.92	2.24	100	-	비공개
	수학교육	5	5	10.0		1.78				6	12.5		3.13			100.0
간호대	간호대학	3	3	13.3	2.84	3.15	100	-	66.7	10	7.70	1.01	3.30	98.0	-	30.0
정보대	컴퓨터학과	26	14	21.0	2.87	3.19	100	-	381.0	-	-	2.98	-	98.0	-	-
	데이터과학	7	7	17.7	0.80	3.66				10	19.0	1.07	3.76			390.0
스마트	스마트보안학	4	4	16.5	3.88	4.27	100	-	150.0	5	10.2	0.01	4.73	100	-	140.0
스마트	스마트모빌리티	15	신설	-	-	-	-	-	-	-	-	-	-	-	-	-
보건과학	바이오의공학	7	7	15.9	3.22 1.21	3.96	99.2	-	61.5	11	12.5	3.33 1.40	4.92	98.5	-	72.7
	바이오시스템의과	7	7	14.9		2.51				11	12.9		2.75			81.8
	보건환경융합과학	16	12	14.5		4.73				19	10.6		5.05			63.2
합계		248	223	16.0	2.89	3.41	98.8	-	192.9	306	12.7		4.04	99.0	-	221.1

■ 2023 학교추천 최저변환 ★
▲ 인: 3개합 6 (탐2) ★
▲ 자: 3개합 7 (과2) ★
*기하/미적/다른과탐
▲ 이과: 4개 5등급 (과2)
⑭ 인문3, 자연/의4

■ 2023 학업우수 최저유지
■ 2023 계열적합 최저없음

고려대 2022 학교추천 - 인문

■ 2022 고려대 학교추천
860명 모집, 이과 30명 포함
교과 80+서류 20, 일괄합산, 면접폐지
▲ 인문: 3개합 5 (탐2) ⑭ 인문 3
▲ 자연: 3개합 6 (과2)
▲ 이과: 4개 5등급 (과2) ⑭ 자연/의4

계열	학과	2023 모집인원	모집인원	경쟁률	입결평균	상위70% 입결공개	표준편차	최저충족률	충족율
경영	경영대학	80	80	9.10	1.50	1.62	0.27	44.0	163.8
	국어국문	13	13	6.77		1.78			
	철학과	9	9	8.44		1.73			
	한국사학과	6	6	7.67		2.01			
	사학과	10	10	6.50		1.81			
	사회학과	17	17	7.47		1.56			
	한문학과	6	6	8.67		2.21			
인문 대학	영어영문	22	22	9.64	1.81	1.89	0.36	30.4	87.6
	독어독문	8	8	10.8		1.96			
	불어불문	9	9	11.2		2.06			
	중어중문	12	12	8.33		2.25			
	노어노문	8	8	9.63		2.20			
	일어일문	9	9	8.00		1.77			
	서어서문	10	10	11.9		2.15			
	언어학과	6	6	8.33		1.87			
심리학부	심리학부	10	10	7.82		1.80	0.32	42.9	172.0
생명과학	식품자원경제	16	16	8.50		1.85	0.25	37.9	91.7
	정치외교	18	18	8.61		1.64			
정경 대학	경제학과	28	28	8.07	1.58	1.65	0.35	42.2	164.0
	통계학과	15	15	11.1		1.95			
	행정학과	17	17	8.12		1.66			
	교육학과	11	11	12.3		1.56			
	국어교육	10	10	10.0		1.65	1.56	0.33	35.4	158.0
사범 대학	영어교육	14	14	7.71		1.75			
	지리교육	8	8	6.13		1.89			
	역사교육	7	7	8.57		1.69			
국제학부	국제학부	5	5	11.4	1.70	1.77	0.17	39.1	20.0
인문	글로벌한국융합	-	-	-		-			
	미디어학부	17	17	7.94	1.61	1.76	0.33	40.2	153.0
보건과학	보건정책관리	17	17	8.00	1.97	2.12	0.33	25.6	82.4
자유전공	자유전공	20	20	8.10	1.51	1.55	0.34	43.9	175.0
	합계	438	435	8.82	1.66	1.84	0.31	38.2	126.8

고려대 2022 학업우수형 - 인문

■ 2022 고려대 학업우수형
898명, 이과 36명 포함
1단계: 서류 100% (5배수) 2단계: 서류 70%+면접 30%
▲ 인문: 4개합 7 (탐2) ⑧ 인문3, 자연/의4
▲ 자연: 4개합 8 (과2) ▲ 반도체: 4개합 7 (과2)
▲ 이과: 4개합 5 (과2)

학과	2023 모집인원	모집인원	경쟁률	평균편차	상위70% 입결공개	면접응시율	최저충족률	충족율
경영대학	84	84	16.1	2.11	2.41	68.1	54.6	119.1
국어국문	12	12	15.6		2.27			
철학과	10	9	17.3		2.48			
한국사학과	5	5	16.8		2.29			
사학과	10	10	16.9		2.56			
사회학과	20	20	18.1		2.29			
한문학과	5	5	18.6	2.35	3.23			
영어영문	23	23	14.5	2.65	2.65	59.5	29.0	29.2
독어독문	8	8	15.9	편차	3.44			
불어불문	8	8	14.5	0.77	2.95			
중어중문	11	11	15.2		3.57			
노어노문	8	8	14.4		3.22			
일어일문	10	10	12.8		3.39			
서어서문	6	6	14.0		3.71			
언어학과	6	6	16.3		3.19			
심리학부	8	9	18.1	2.06	2.49	67.3	51.4	88.9
식품자원경제	12	13	18.2	2.56	2.90	66.7	28.8	15.4
정치외교	17	17	17.9	2.02	2.21			
경제학과	29	29	15.6	편차	2.24	71.1	51.8	107.6
통계학과	16	16	19.4	0.65	2.75			
행정학과	17	17	16.7		2.39			
교육학과	12	12	14.8	2.13	1.99			
국어교육	9	9	15.4		1.74			
영어교육	14	14	12.7	편차	2.63	58.5	32.6	23.4
지리교육	8	8	13.6	0.77	3.47			
역사교육	7	7	13.4		1.87			
국제학부	20	20	18.5	2.76	3.16	66.1	34.2	35.0
글로벌한국융합	5	-	16.4	0.55	-			
미디어학부	17	17	17.7	1.92	2.27	72.5	47.3	70.6
보건정책관리	16	16	19.0	2.57	2.98	61.4	29.5	6.3
자유전공	22	22	17.6	2.04	2.32	38.2	50.0	86.4
합계	450	454	16.2	2.25	2.70	62.9	40.9	58.2

고려대 2022 계열적합형 - 인문

■ 2022 고려대 계열적합형
458명 모집, 이과 15명 포함
1단계: 서류 100% (5배수) 2단계: 서류 60%+면접 40%
▲ 2022 수능최저 없음
▲ 2022 영상면접 : 인암경 입실 완료 진행
제시문 숙독 24분, 현장녹화답변 6분

학과	2023 모집인원	모집인원	경쟁률	평균편차	상위70% 입결공개	면접응시율	최저충족률	충족율
경영대학	41	41	14.0	2.36	2.70	96.7	-	136.6
국어국문	6	6	15.0		3.08			
철학과	4	5	16.6		3.01			
한국사학과	3	3	15.0		3.29			
사학과	5	5	17.8		2.83			
사회학과	5	5	21.8		2.73			
한문학과	3	3	16.0		3.15			
영어영문	12	12	13.2	2.60	3.12	97.4	-	96.1
독어독문	5	5	13.4	편차	2.88			
불어불문	5	5	16.4	0.57	3.07			
중어중문	6	6	19.5		2.58			
노어노문	5	5	10.8		3.18			
일어일문	5	5	15.4		2.73			
서어서문	7	7	11.9		2.63			
언어학과	4	4	13.8		2.55			
심리학부	8	10	12.5	2.44	2.99	98.0	-	190.0
식품자원경제	3	6	19.2	2.84	3.14	100	-	66.7
정치외교	7	7	20.0	2.39	2.50			
경제학과	15	15	14.1	편차	2.49	93.3	-	139.5
통계학과	8	8	14.5	0.56	2.84			
행정학과	8	8	14.6		2.74			
교육학과	5	5	15.6	2.25	2.35			
국어교육	5	5	10.8		2.65			
영어교육	8	8	11.4	편차	2.55	98.5	-	157.7
지리교육	4	4	10.8	0.63	3.07			
역사교육	4	4	11.8		2.54			
국제학부	20	21	17.5	2.84	3.06	98.5	-	88.5
글로벌한국융합	5	5	16.4	0.55	3.40			
미디어학부	8	8	21.0	2.15	2.48	100	-	212.5
보건정책관리	9	9	15.8	2.88	3.33	97.8	-	55.6
자유전공	11	11	17.1	2.20	2.53	89.1	-	163.6
합계	247	251	15.3	2.49	2.84	96.9	-	130.7

고려대 2023 수시대비 결과분석자료 08 - 2022 입결 자연계열   2022. 05. 31. ollim

■ 2023 학교추천 최저변화 ★
▶ 인문: 3개합 6 (탐2) ★
▶ 자: 3개합 7 (과2) ★
*기하/미적/단과포함
▶ 이과: 4개 5등급 (과2)
Ⓐ 인문3, 자연/의4

■ 2022 고려대 학교추천
860명 모집, 의과 30명 포함
교과 80+서류 20, 일괄합산, 면접폐지
▶ 인문: 3개합 5 (탐2) Ⓐ인문 3
▶ 자연: 3개합 6 (과2)
▶ 이과: 4개 5등급 (과2) Ⓐ자연/의4

■ 2022 고려대 학업우수형
898명 모집, 의과 36명 포함
1단계: 서류 100% (5배수) 2단계: 서류 70%+면접 30%
▶ 인문: 4개합 7 (탐2) Ⓐ 인문3, 자연/의4
▶ 자연: 4개합 8 (과2) ▶ 반도체: 4개합 7 (과2)
▶ 이과: 4개합 5 (과2)

■ 2022 고려대 계열적합형
458명 모집, 의과 15명 포함
1단계: 서류 100% (5배수) 2단계: 서류 60%+면접 40%
▶ 2022 수능최저 없음
▶ 2022 영상면접 : 안암캠 입실 완료 진행
제시문 숙독 24분, 현장녹화답변 6분

고려대 2022 학교추천 - 자연

계열	학과	2023 모집인원	2022 모집인원	경쟁률	입결 평균	상위70% 입결공개	표준편차	최저충족률	총원율
생명과학대학	생명과학부	21	21	10.6		1.65			
	생명공학부	23	23	12.9	1.50	1.39	0.23	46.6	129.0
	식품공학과	10	10	10.4		1.79			
	환경생태공학과	15	15	10.9		1.77			
이과대학	수학과	10	10	10.8		1.59			
	물리학과	10	10	11.8		1.62			
	화학과	12	12	9.08	1.57	1.66	0.22	54.2	197.5
	지구환경과학과	8	8	12.3		1.93			
공과대학	화공생명공학	19	19	14.1		1.43			
	신소재공학	29	29	12.0		1.63			
	건축사회환경	20	20	14.4		1.82			
	건축학과	9	9	13.8		1.89			
	기계공학	30	30	11.5	1.52	1.65	0.23	52.4	218.2
	산업경영공	12	12	11.0		1.74			
	전기전자공	32	32	16.0		1.49			
	응용에너지	7	7	12.1		1.69			
	반도체공학	-	-	-		-			
	차세대통신 (신설)	-	-	-		-			
의과대	의과대학	30	30	22.8		1.20	0.07	25.6	113.3
사범자연	가정교육	10	10	13.9		2.00			
	수학교육	8	8	11.6	1.54	1.40	0.33	41.0	81.3
간호대	간호대학	18	18	12.9		1.83	0.21	31.7	100.0
정보대	컴퓨터학과	25	25	13.5	1.36	1.43	0.16	60.6	228.0
	데이터과학	7	7	11.4		1.55			
스마트	스마트보안학	7	7	13.7	1.67	1.75	0.15	44.7	57.1
스마트	스마트모빌리티 (신설)	-	-	-		-			
보건과학	바이오의공학	15	15	13.8		1.71			
	바이오시스템의과학	15	15	11.7	1.58	1.55	0.22	42.9	138.2
	보건환경융합과학	30	25	15.5		1.73			
	합계	432	425	12.9	1.52	1.65	0.20	44.4	140.3

고려대 2022 학업우수형 - 자연

계열	학과	2023 모집인원	2022 모집인원	경쟁률	평균	편차	상위70% 입결공개	면접응시율	최저충족률	총원율
생명과학대학	생명과학부	22	22	20.1			2.15			
	생명공학부	30	30	20.2	2.02	0.45	2.12	74.5	49.3	65.4
	식품공학과	10	10	19.4			2.74			
	환경생태공학과	19	16	18.5			2.09			
이과대학	수학과	10	10	18.1			2.06			
	물리학과	10	10	21.9			1.88			
	화학과	8	8	20.5	1.99	0.50	2.14	67.9	52.1	68.6
	지구환경과학과	7	7	15.7			2.76			
공과대학	화공생명공학	20	16	24.4			1.97			
	신소재공학	31	29	20.0			1.93			
	건축사회환경	21	21	19.2			2.63			
	건축학과	9	9	17.3			2.44			
	기계공학	30	30	16.0	1.87	0.44	1.91	72.3	56.7	96.1
	산업경영공	12	12	18.8			1.81			
	전기전자공	47	47	18.0			2.03			
	응용에너지	6	7	22.4			2.08			
	반도체공학	10	10	16.7			1.70			
	차세대통신 (신설)	9	9	-			-			
의과대	의과대학	36	36	29.9	1.40		1.51	81.0	66.7	102.8
사범자연	가정교육	8	8	17.0	1.91		2.75			
	수학교육	8	8	18.5		0.57	1.70	77.3	38.7	75.0
간호대	간호대학	13	13	15.6	2.40		2.51	60.3	23.9	0.0
정보대	컴퓨터학과	14	26	25.9	1.64		1.69	73.3	68.9	116.7
	데이터과학	4	4	19.3		0.32	1.71			
스마트	스마트보안학	7	7	20.7	1.99		2.01	80.9	50.0	71.4
스마트	스마트모빌리티 (신설)	15	신설	-			-			
보건과학	바이오의공학	16	16	25.1	2.06		2.32			
	바이오시스템의과학	16	16	25.1		0.41	1.99	70.9	48.4	61.0
	보건환경융합과학	17	26	24.0			2.26			
	합계	465	454	20.3	1.92		2.11	73.2	50.5	73.0

고려대 2022 계열적합형 - 자연

계열	학과	2023 모집인원	2022 모집인원	경쟁률	평균	편차	상위70% 입결공개	면접응시율	최저충족률	총원율
생명과학대학	생명과학부	11	11	17.4	3.23		3.82			
	생명공학부	6	6	18.5			3.37	99.3	-	236.7
	식품공학과	5	5	12.4		0.83	4.37			
	환경생태공학과	5	8	15.0			4.08			
이과대학	수학과	5	5	18.6	2.80		2.92			
	물리학과	5	5	19.2			3.15			
	화학과	5	5	15.0			3.83	99.0	-	368.4
	지구환경과학과	4	4	15.8		0.82	2.76			
공과대학	화공생명공학	5	9	15.3			2.93			
	신소재공학	14	16	14.3			3.65			
	건축사회환경	11	11	15.0			4.04			
	건축학과	5	5	12.6	3.14		3.79			
	기계공학	15	15	17.6			3.56	98.8	-	300.0
	산업경영공	6	6	16.7			3.79			
	전기전자공	15	15	17.7		0.67	2.83			
	응용에너지	5	4	19.5			3.30			
	반도체공학	10	15	13.0			3.77			
	차세대통신 (신설)	9	신설	-			-			
의과대	의과대학	15	15	24.7	1.74		1.92	100	-	150.0
사범자연	가정교육	2	4	11.3	2.33		2.89	93.3	-	22.2
	수학교육	5	5	10.0		0.98	1.78	100	-	66.7
간호대	간호대학	3	3	13.3	2.84		3.15			
정보대	컴퓨터학과	26	14	21.0	2.87		3.19	100	-	381.0
	데이터과학	7	7	17.7		0.80	3.66			
스마트	스마트보안학	4	4	16.5			4.27	100	-	150.0
스마트	스마트모빌리티 (신설)	15	신설	-			-			
보건과학	바이오의공학	7	7	15.9	3.22		3.96			
	바이오시스템의과학	7	7	14.9		1.21	2.51	99.2	-	61.5
	보건환경융합과학	16	12	14.5			4.73			
	합계	248	223	16.0	2.89		3.41	98.8	-	192.9

고려대학교 서울캠 2022 수시입학결과 교과/종합 인문올림	학교추천 ▶일괄: 교과 60% 서류20%+면접 20% ▶인: 3개합 5 (탐2) ▶자: 3개합 6 (탐2) ▶의과: 4개 5등급 (탐2)				학업우수형 ▶1단계: 서류 100% ▶2단계: 면접 30% ▶인: 4개합 7 (탐2) ▶자: 4개합 8 (탐2) ▶의과: 4개합 5 (탐2)				계열적합형 ▶1단계: 서류 100% ▶2단계: 면접 40% ▶최저없음			
인문계열 단과대학 및 학과		교과평균	25%	75%	FIN	교과평균	25%	75%	FIN	교과평균	25%	75%	FIN
인문	경영대학 / 경영대학	1.50	1.32	1.68	2.16	2.11	1.52	2.51	3.50	2.36	2.01	3.28	3.48
	인문대학 / 국어국문 등 15개학과	1.81	1.50	2.02	2.61	2.35	1.70	2.90	4.30	2.60	2.18	3.03	3.82
	생명과학 / 식품자원경제	1.75	1.57	1.88	2.30	2.56	1.80	2.92	3.60	2.84	2.69	3.25	3.70
	정경대학 / 정치외교 등 4개학과	1.58	1.31	1.83	2.51	2.02	1.40	2.50	3.85	2.39	2.05	2.82	3.60
	사범인문 / 교육학과 등 5개학과	1.63	1.41	1.77	2.18	2.13	1.60	2.80	3.70	2.25	1.80	2.77	3.67
	국제학부 / 국제학부	1.70	1.70	1.82	1.89	2.76	2.40	3.29	4.08	2.84	2.78	3.24	3.82
	미디어 / 미디어학부	1.61	1.49	1.90	2.41	1.92	1.53	2.38	3.04	2.15	2.25	2.78	3.20
	보건과학 / 보건정책관리학	2.12	1.82	2.21	2.50	2.57	2.39	3.10	3.49	2.88	2.61	3.49	3.97
	자유전공 / 자유전공	1.51	1.30	1.70	2.17	2.04	1.51	2.52	3.51	2.20	2.15	2.73	3.22
	심리학부 / 심리학부	1.61	1.41	2.02	2.53	2.06	1.81	2.60	3.19	2.44	2.05	3.24	3.81
인문계열 평균		1.68	1.48	1.88	2.33	2.25	1.77	2.75	3.63	2.50	2.26	3.06	3.63

고려대학교 서울캠 2022 수시입학결과 교과/종합 자연올림			학교추천 ▶일괄: 교과 60% 서류20%+면접 20% ▶인: 3개합 5 (탐2) ▶자: 3개합 6 (탐2) ▶의과: 4개 5등급 (탐2)				학업우수형 ▶1단계: 서류 100% ▶2단계: 면접 30% ▶인: 4개합 7 (탐2) ▶자: 4개합 8 (탐2) ▶의과: 4개 5 (탐2)				계열적합형 ▶1단계: 서류 100% ▶2단계: 면접 40% ▶최저없음			
자연계열 단과대학 및 학과			교과평균	25%	75%	FIN	교과평균	25%	75%	FIN	교과평균	25%	75%	FIN
자연	생명과학	생명과학 등 4개학과	1.50	1.35	1.68	2.10	2.02	1.75	2.27	2.99	3.23	2.79	3.82	4.52
	이과대학	수학과 등 4개학과	1.57	1.42	1.66	2.06	1.99	1.61	2.38	3.30	2.80	2.22	3.40	4.27
	공과대학	화공생명 등 7개학과	1.52	1.38	1.70	2.10	1.87	1.59	2.10	2.80	3.14	2.70	3.63	4.79
	의과대학	의과대학	1.16	1.10	1.22	1.36	1.40	1.15	1.52	1.88	1.74	1.70	2.02	2.06
	사범자연	가정교육 수학교육	1.54	1.37	1.88	2.10	1.91	1.52	2.27	3.23	2.33	2.71	2.75	4.38
	간호대학	간호대학	1.75	1.69	1.87	2.11	2.40	2.20	2.68	2.95	2.84	2.69	3.24	3.57
	정보대학	컴퓨터학과 데이터과학	1.36	1.28	1.49	1.82	1.64	1.51	1.85	2.21	2.87	2.52	3.53	4.09
	보건과학	바이오의공 등 3개학과	1.58	1.50	1.79	2.15	2.06	1.90	2.35	3.19	3.22	2.30	4.19	5.40
	스마트	스마트보안	1.67	1.66	1.81	1.90	1.99	1.80	2.20	2.51	3.88	3.97	4.30	5.75
자연계열 평균			1.52	1.42	1.68	1.97	1.92	1.67	2.18	2.78	2.89	2.62	3.43	4.31

고려대 2개년 입결 01		학교추천				학업우수형				계열적합형			
인문계열 단과대 ollim		연도	교과평균	25%	75%	FIN	교과평균	25%	75%	FIN	교과평균	25%	75%	FIN
경영대학	경영대학	2022	1.50	1.32	1.68	2.16	2.11	1.52	2.51	3.50	2.36	2.01	3.28	3.48
		2021	1.59	1.40~1.78			2.41	1.98~2.99			2.51	2.05~2.75		
인문대학	국어국문 등 15개학과	2022	1.81	1.50	2.02	2.61	2.35	1.70	2.90	4.30	2.60	2.18	3.03	3.82
		2021	1.79	1.60~2.02			2.81	2.25~3.50			2.73	2.20~3.38		
생명과학	식품자원 경제	2022	1.75	1.57	1.88	2.30	2.56	1.80	2.92	3.60	2.84	2.69	3.25	3.70
		2021	1.56	1.50~1.82			2.80	2.20~3.25			3.40	3.30~3.58		
정경대학	정치외교 등 4개학과	2022	1.58	1.31	1.83	2.51	2.02	1.40	2.50	3.85	2.39	2.05	2.82	3.60
		2021	1.58	1.40~1.80			2.27	1.79~280			2.27	1.66~2.95		
사범인문	교육학과 등 5개학과	2022	1.63	1.41	1.77	2.18	2.13	1.60	2.80	3.70	2.25	1.80	2.77	3.67
		2021	1.63	1.43~1.78			2.37	2.00~3.00			2.20	1.78~2.62		

고려대 2개년 입결 02		학교추천				학업우수형				계열적합형			
인문계열 단과대 ollim		연도	교과평균	25%	75%	FIN	교과평균	25%	75%	FIN	교과평균	25%	75%	FIN
국제학부	국제학부	2022	1.70	1.70	1.82	1.89	2.76	2.40	3.29	4.08	2.84	2.78	3.24	3.82
		2021	1.41	1.37~1.49			2.70	2.51~3.46			-	-		
미디어	미디어학부	2022	1.61	1.49	1.90	2.41	1.92	1.53	2.38	3.04	2.15	2.25	2.78	3.20
		2021	1.51	1.36~1.77			2.22	1.78~2.70			2.81	2.42~3.28		
보건과학	보건정책 관리학	2022	2.12	1.82	2.21	2.50	2.57	2.39	3.10	3.49	2.88	2.61	3.49	3.97
		2021	1.68	1.60~1.81			3.01	2.25~3.60			2.80	2.20~3.52		
자유전공	자유전공	2022	1.51	1.30	1.70	2.17	2.04	1.51	2.52	3.51	2.20	2.15	2.73	3.22
		2021	1.40	1.28~1.58			2.48	2.22~2.74			2.63	2.19~2.27		
심리학부	심리학부	2022	1.61	1.41	2.02	2.53	2.06	1.81	2.60	3.19	2.44	2.05	3.24	3.81
		2021	1.40	1.40~1.78			2.21	1.73~3.20			2.85	2.10~3.70		

자연계열 단과대 ollim		연도	학교추천 교과평균	25%	75%	FIN	학업우수형 교과평균	25%	75%	FIN	계열적합형 교과평균	25%	75%	FIN
생명과학	생명과학 등 4개학과	2022	1.50	1.35	1.68	2.10	2.02	1.75	2.27	2.99	3.23	2.79	3.82	4.52
		2021	1.58	1.40~1.78			2.20	1.88~2.58			3.80	3.00~4.85		
이과대학	수학과 등 4개학과	2022	1.57	1.42	1.66	2.06	1.99	1.61	2.38	3.30	2.80	2.22	3.40	4.27
		2021	1.68	1.52~1.88			2.23	1.80~2.48			4.38	4.26~4.51		
공과대학	화공생명 등 7개학과	2022	1.52	1.38	1.70	2.10	1.87	1.59	2.10	2.80	3.14	2.70	3.63	4.79
		2021	1.71	1.52~1.88			2.25	2.00~2.70			4.30	3.75~4.58		
의과대학	의과대학	2022	1.16	1.10	1.22	1.36	1.40	1.15	1.52	1.88	1.74	1.70	2.02	2.06
		2021	1.09	1.03~1.21			1.51	1.35~1.70			1.61	1.45~1.85		
사범자연	가정교육 수학교육	2022	1.54	1.37	1.88	2.10	1.91	1.52	2.27	3.23	2.33	2.71	2.75	4.38
		2021	1.62	1.45~2.37			2.50	1.99~3.19			2.75	2.40~3.02		

자연계열 단과대 ollim		연도	학교추천 교과평균	25%	75%	FIN	학업우수형 교과평균	25%	75%	FIN	계열적합형 교과평균	25%	75%	FIN
간호대학	간호대학	2022	1.75	1.69	1.87	2.11	2.40	2.20	2.68	2.95	2.84	2.69	3.24	3.57
		2021	1.91	1.78~2.03			2.49	2.25~3.08			2.80	2.33~3.70		
정보대학	컴퓨터학과 데이터과학	2022	1.36	1.28	1.49	1.82	1.64	1.51	1.85	2.21	2.87	2.52	3.53	4.09
		2021	1.43	1.30~1.59			2.19	1.95~2.60			3.70	3.35~4.32		
보건과학	바이오의공 등 3개학과	2022	1.58	1.50	1.79	2.15	2.06	1.90	2.35	3.19	3.22	2.30	4.19	5.40
		2021	1.66	1.54~1.85			2.50	2.20~2.77			2.86	2.20~5.01		
스마트	스마트보안	2022	1.67	1.66	1.81	1.90	1.99	1.80	2.20	2.51	3.88	3.97	4.30	5.75
		2021	1.87	1.78~1.95			2.70	2.28~2.90			4.35	4.19~4.60		

수시 최종 고교 유형	고교유형 및 연도	일반고	자사고	외고 국제고	과학고 영재고	재학생 비율
학교추천	2022	91.6	4.0	4.4		96.7
	2021	95.5	2.9	1.1		92.8
학업우수형	2022	62.5	22.4	13.8	1.3	91.3
	2021	49.4	26.4	22.7	1.6	81.9
계열적합형 자연일반지원 33.7% 자연일반합격 6.7%	2022	15.2	14.3	70.5	83.1	91.7
	2021	17.0	10.3	22.0	50.7	8.3

고려대 2022 수시모집 최종합격자 고교유형별 현황 *2022. 05. 15. 일 올림*

▶ 교과: 국영수사/국영수과
▶ 교과 90%+진로 10%
　A=150 B=148 C=146
▶ 일반교과 90% 등급별
　150-149-148-147-146...

1. 2023 논술고사 2년차 유지
2. 약학과 22명 선발: 교과3, 논술5, 지역4, 지역논술 6 등
3. 2023 교과전형 수능최저 1년만에 부활
4. 2023 독일학전공 폐지, 표준 지식학과 12명 신설
5. 2023 약학과 전형신설: 논술지역인재 6명, 기회균등지역 1명
6. 미래인재종합: 학과별 인재상 매우중요
7. 자연전체 수능응시/수능최저 과탐 지정, 수학 무제한
8. 빅데이터사이언스/자유공학: 사과탐 허용, 수학 무제한

※ 고려대세종캠 캠퍼스간 소속 변경, 4학기 이후 1회 한정, 30명
▶ 전형 방법 : 1단계: 토익/토플/텝스+학업성적　2단계: 면접
▶ 참고: 신입생 1,500명 중 상위 5% 이내, 실제지원 100명 이하
▶ 3.75 이상, 토익800 텝스637 토플91　*자신과의 싸움 관건
▶ 이중전공(재학중 3+1), 복수전공(졸업 후 추가학기 4+1)
※ 유지취업률 87.6%, 세종시 19개 공공기관 졸업생30% 의무채용

모집시기	전형명	사정모형	학생부종합 특별사항	2023 수시 접수기간 09. 13(화) ~ 17(토)	모집인원	학생부	논술	면접	서류	기타	2023 수능최저등급
2023 수시 882명 2022 수시 892명	교과전형	일괄	학생부교과 인: 국영수사 자: 국영수과 학년동일 최종 12.15(목)	1. 2023 전년대비 인원동일 2. 약학 6명, 1단계 5배수 　1단계: 10.21(금) 교과100 　2단계: 11.05(토) 면접 자연전체 과탐 지정, 수 무제한 빅데이터사이언스/자유공학 : 사과탐 허용, 수학 무제한	169 2022 169	교과 100				미래인재 합격사례 2019-01 ▶수상내역　<영미학 합격> ①교과우수상(영어1, 실용영어2) ②영어말하기/에세이쓰기대회 ③한국사바로알기대회 ▶활동내역/동아리 ①연극반 ②국제통번역자격 ③한국청소년통역단 ④토익/토플	인: 국수탐2 중 1개 3 또는 영어 2등급 자: 국수과2 중 1개 3 또는 영어 2등급 약학: 3개합 5 (과2) *미적/기하 지정
	미래인재	1단계 2단계	실기실적 활동증빙목록 자소~09.18(일) 1단계 10.14(금) 면접 10.22(토) 최종 11.09(수)	1. 2023 전년대비 1명 감소 ★학과별인재상 필수확인 　1. 전공적합성 (특기/역량) 　2. 창의적발전성　3. 인성 　활동증빙서류 최대 5개제출 <인재상> ①공유가치 공감인재 ②창의융합인재 ③세계소통도전	140 2022 141			1단계 70 + 면접 30	서류 100 (3배수)	인재상 2020 제시사례★ ▶공공정책대학 　통일외교안보전공 1.창의적 문제해결역량 2.진취적 학습역량 3.글로벌 소통역량	최저 없음
	논술전형	일괄	논술전형 논술 11.26(토) 최종 12.15(목)	인문 4문항, 90분 공통 단답형/약술형/서술형 자연 수학 8문항: ~미적까지 약학 수학 3문항: ~미적기하	404 2022 417		논술 70 교과 30				인: 국수탐 2 중 1개 3 또는 영어 2등급 자: 국수과2 중 1개 3 또는 영어 2등급 약학: 3개합 5 (과2)
	지역인재 논술전형	일괄	논술전형 논술 11.27(토) 최종 12.15(목)	약학만 6명 선발 약학 수학 3문항: ~미적기하	약학 6		논술 70 교과 30				약학: 3개합 5 (과2)
	지역교과 기회균등	일괄	논술전형 논술 11.27(토) 최종 12.15(목)	약학만 1명 선발 약학 수학 3문항: ~미적기하	약학 1명		논술 70 교과 30				약학: 3개합 5 (과2)
	지역인재	일괄	지역전형 학생부교과 최종 12.15(목)	1. 세종시+대전 충남북 포함 2. 약학 4명, 1단계 5배수 　1단계: 10.21(금) 교과100 　2단계: 11.05(토) 면접 3. 인: 국영수사, 자: 국영수과	71 2022 71	교과 100				▶약학과 전형변화 1단계 교과100 2단계 면접 30	인: 국수탐2 중 1개 3 또는 영어 2등급 자: 국수과2 중 1개 3 또는 영어 2등급 약학: 3개합 5(과탐2) *미적/기하 지정
	사회공헌자	일괄	특별전형 학생부교과 최종 12.15(목)	1. 국가보훈대상자+직업군인 2. 교과 100 * 농어촌 32명 전형동일	27 2022 26	교과 100					최저 없음
	글로벌 스포츠인재	1단계 2단계	자소~09.18(일) 1단계 10.21(금) 면접: 11.05(토) 최종 11.16(수)	스포츠과학 10명 스포츠비지니스 10명 인성/전공적합성/외국어능력 최대 3개 총 9개 이내서류 공인외국어 등 스펙 중요함	24 2022 24			1단계 70 + 면접 30	서류 100 (3배수)		최저없음 그러나 수능응시 필수 자소서제출

수능최저 있음		2023 일반 최저 있음	2022 학생부교과 ▶교과 100% ▶내신: 국영수사/국영수과							2021 학생부전형 ▶교과 100% ①국3 또는 수가나3 ②영어 2등급 ③탐구 2개합 6						
2022 일반 최저폐지 약학: 3개합 5 (과탐2)			모집 인원	경쟁률	70% 컷 등급	70% 컷 총점	환산 점수 평균	환산 점수 최저	추합 인원	모집 인원	경쟁률	70% 컷 등급	70% 컷 총점	환산 점수 평균	환산 점수 최저	추합 인원
글로벌 비지 니스	한국학전공	5								4	10.3	3.5	962.8			12
	중국학전공	6								5	9.40	3.9	956.3			10
	영미학전공	6								5	31.4	3.7	960.1			15
	글로벌경영전공	15	17	17.10	3.53	962.1			43	15	8.70	3.5	962.8			38
	디지털경영전공	4								4	8.00	3.3	966.0			2
	표준지식학과	3	신설							-	-	-	-	-	-	-
공공 정책	정부행정학부	6	6	8.00	2.97	970.5			19	6	9.20	3.1	969.2			17
	공공사회학전공	4	7	8.3	3.33	965.0			19	5	11.8	3.2	967.5			5
	통일외교안보전공	3								3	11.7	3.3	965.8			2
	경제정책학전공	6	6	9.20	3.42	963.8			26	6	7.80	3.7	960.2			10
문화 스포츠	문화유산융합학부	4	4	10.5	3.50	962.4			17	6	10.5	3.6	961.5			12
	미디어문예창작	3								3	32.0	3.6	960.9			9
	문화콘텐츠전공	3	6	28.80	2.91	959.6			11	3	9.70	4.0	954.6			6
자연 공공 정책 & 과학 기술	빅데이터사이언스	6	6	14.2	3.11	968.3				6	10.8	3.8	957.5			17
	응용수리과학부	4	4	8.00	3.69	959.6			11	4	7.30	-	-			3
	인공지능사이버	4	4	60.8	2.88	971.7			5	4	22.0	4.3	950.1			6
	디스플레이융합	3	6	13.5	3.54	961.9			17	3	10.7	3.9	955.9			4
	반도체물리전공	3								3	9.70	3.5	963.1			3
	신소재화학과	5	5	9.40	3.18	967.2			16	5	7.60	2.3	981.1			11
	컴퓨터융합소프트	7	7	20.9	3.04	969.4			40	7	15.4	3.5	961.9			31
	전자및정보공학	14	14	9.50	3.30	965.5			36	13	9.20	3.4	964.0			26
	생명정보공학과	5	5	27.00	3.09	968.6			12	5	8.60	4.3	949.9			9
	식품생명공학과	6	6	32.3	2.90	971.4			24	6	42.3	3.6	961.5			11
	전자기계융합공학	8	8	13.5	3.31	965.4			27	8	10.3	3.5	962.5			15
	환경시스템공학	5	5	16.60	3.19	967.1			8	5	7.60	4.1	954.0			11
	자유공학부	5	5	9.2	3.31	965.4			10	6	12.4	3.2	966.8			15
	미래모빌리티학부	4	4	13.30	3.71	959.3			20	4	9.50	3.9	957.2			4
	지능형반도체공학	4	4	9.30	3.04	969.4			5	4	9.30	3.4	964.7			1
도시	스마트도시학부	5	5	10.60	3.43	963.5			14	5	8.80	3.6	960.7			14
약학	약학과	3	6	18.20	1.25	996.2			3	신설						
체능	스포츠과학전공	5	10	7.50	3.08	968.8			12	4	7.50	2.7	974.2			1
	스포츠비지니스	5								4	8.00	3.4	963.4			2
		169	150	16.3	3.16	967.1			18	161	12.6	3.5	961.9			11

인문자연 영어반영		2023	▶영어제외 국수탐2 백분위평균 ▶ 인: 국영+수/탐1 택1, 국수영탐1 28.6:28.6:28.6:14.2 등, 자연: 16.7:33.3:33.3:16.7 등 5유형								
		모집 인원	모집 인원	경쟁률	2022 국수탐 백분위			충원	국수탐2 백분위합	영어등급 평균성적		
					국어	수학	탐구1					
정시 가군	융합경영학부		93	6.00	59.0	61.0	67.0	97	201.0	3.0		
	경제통계학부		31	6.40	63.0	67.0	64.0	34	201.0	3.0		
	경제통계학부		31	6.40	63.0	67.0	64.0	34	201.0	3.0		
	자유공학부		23	6.20	57.0	74.0	61.0	34	206.7	3.0		
	국제스포츠학부		31	3.10	69.0	-	61.5	8	196.0	3.0		
	미래모빌리티		11	5.00	67.0	76.0	44.5	18	201.4	3.0		
	지능형반도체		12	4.50	53.0	80.0	60.5	14	217.1	3.0		
	스마트도시학부		18	7.40	59.0	73.0	47.5	23	204.8	3.0		
정시 나군	약학과		9	10.70	94.0	100.0	88.0	15	284.3	1.0		
	글로벌학부		83	5.50	73.0		68.5	67	216.0	3.0		
	응용수리과학부		17	4.10	44.0	72.0	39.0	12	174.0	3.0		
	인공지능사이버		13	3.70	59.0	74.0	59.0	17	213.0	2.0		
	디스플레반도체		27	4.90	55.0	72.0	55.0	29	198.0	3.0		
	신소재화학과		20	5.20	55.0	70.0	53.5	24	204.8	3.0		
	전지가계융합공		40	4.30	53.0	76.0	52.5	37	200.6	3.0		
정시 다군	정보행정학부		24	8.20	71.0	59.0	65.0	62	208.5	3.0		
	공공사회통일		35	8.90	59.0	58.0	67.5	59	192.0	3.0		
	빅데이터사이언		32	7.50	59.0	69.0	62.0	70	204.0	3.0		
	문화유산융합		23	6.70	75.0		69.5	28	226.0	3.0		
	문화창의학부		16	7.60	82.0		64.0	16	234.0	2.0		
	컴퓨터융합소프		31	8.10	71.0	80.0	59.5	76	221.3	3.0		
	전자정보공학과		66	6.80	59.0	72.0	53.5	136	200.3	3.0		
	생명정보공학과		18	5.80	55.0	73.0	56.5	59	197.6	3.0		
	식품생명공학과		25	6.80	51.0	67.0	50.0	44	188.3	3.0		
	환경시스템공학		27	7.70	57.0	72.0	51.0	48	192.4	3.0		
계			30	6.30	62.5	72.0	59.4	42	207.4	2.8		

공주대학교

▶ 전과목 반영
　교과90+출결10
▶ 진로선택과목 미반영★
▶ 학년비율 100%

1. 2023 수능최저 3개합 조합 유지
2. 공주캠, 천안캠, 예산캠
3. 전과목 내신반영 유지
4. 학생부종합 1단계 3배수→4배수 확대
5. 교과전형 수능최저충족 관건 목표

장애인종합57, 농어촌종합101, 특서어화고졸종합37
실기실적전형 등 생략

모집시기	전형명	사정모형	학생부종합특별사항	2023 수시 접수기간 09. 13(화) ~ 17(토)	모집인원	학생부	논술	면접	서류	기타	2023 수능최저등급
2023 수시 2,705명 (68.4%)	일반전형	일괄	학생부교과 최저 있음 최종 12.15(목)	교과 90+출결 10	1,298	학생부 100					2023 수능최저등급 ▶ 3개합 10 (탐1): 수교, 미적분/기하 택1 필수 ▶ 3개합 10 (탐1): 국교/영교/윤리교/교육/역교 사교/지리교/물교/화교/생물교/지학교 ▶ 3개합 12 (탐1): 한문교/상업교/문헌교/특교 유아교/한경교/컴교/기가교/음교/미교/간호 ▶ 3개합 13(탐1): 인문사과대 전체/국제학부 ▶ 3개합 14(탐1): 자연/공과/예술/인공지능 ▶ 3개합 16(탐1): 산업과학대학 전체 (예산캠)
	지역인재 교과	일괄	학생부교과 최저 있음 최종 12.15(목)	교과 90+출결 10	261	학생부 100					2023 수능최저등급 ▶ 3개합 10 (탐1): 수교, 미적분/기하 택1 필수 ▶ 3개합 10 (탐1): 국교/영교/윤리교/교육/역교 사교/지리교/물교/화교/생물교/지학교 ▶ 3개합 12 (탐1): 한문교/상업교/문헌교/특교 유아교/한경교/컴교/기가교/음교/미교/간호 ▶ 3개합 13(탐1): 인문사과대 전체/국제학부 ▶ 3개합 14(탐1): 자연/공과/예술/인공지능 ▶ 3개합 16(탐1): 산업과학대학 전체 (예산캠)
	일반전형 종합	1단계	학생부종합 1단계 11.17(목) 면접 11.23(수) ~11.29(화) 최종 12.15(목)	1. 전공적합성 2. 발전가능성 3. 인성	723			11.23(수) 인문/사과 11.24(목) 자연/간호/예술 11.25(금) 사범/국제 11.28(월) 산업과학대 11.29(화) 공과/인공지능	서류 100 (4배수)	최저 없음	
		2단계							서류 70 + 면접 30		
	고른기회 종합	1단계	학생부종합 1단계 11.17(목) 면접 11.23(수) ~11.29(화) 최종 12.15(목)	1. 전공적합성 2. 발전가능성 3. 인성	723			11.23(수) 인문/사과 11.24(목) 자연/간호/예술 11.25(금) 사범/국제 11.28(월) 산업과학대 11.29(화) 공과/인공지능	서류 100 (4배수)	최저 없음	
		2단계							서류 70 + 면접 30		
	고른기회 지역종합	1단계	학생부종합 1단계 11.17(목) 면접 11.23(수) ~11.29(화) 최종 12.15(목)	1. 전공적합성 2. 발전가능성 3. 인성	723			11.23(수) 인문/사과 11.24(목) 자연/간호/예술 11.25(금) 사범/국제 11.28(월) 산업과학대 11.29(화) 공과/인공지능	서류 100 (4배수)	최저 없음	
		2단계							서류 70 + 면접 30		

		2023 모집인원	2022 일반전형 모집인원	경쟁률	최초합격 등급 50%	최초합격 최저등급	최종합격 등급 50%	최종합격 등급 70%	추합인원	2023 모집인원	2022 지역인재전형 모집인원	경쟁률	최초합격 등급 50%	최초합격 최저등급	최종합격 등급 50%	최종합격 등급 70%	추합인원
공주	국어교육과	11	11	9.8	1.9	2.0	2.3	2.3	28								
공주	한문교육과	11	11	6.8	2.7	2.9	3.2	3.3	23								
공주	영어교육과	15	15	7.5	1.9	2.1	2.3	2.5	30								
공주	윤리교육과	4	4	8.0	1.7	1.8	2.2	2.4	11								
공주	교육학과	3	3	40.3	2.1	2.1	2.3	2.3	4								
공주	상업정보교육과	7	7	6.7	2.6	2.8	3.1	3.3	11								
공주	문헌정보교육과	10	10	9.3	1.5	1.8	1.7	1.7	5								
공주	특수교육과	24	24	7.3	2.2	2.5	2.7	2.8	43								
공주	역사교육과	5	6	9.3	1.8	1.9	2.0	2.0	5								
공주	일반사회교육과	5	5	9.6	1.8	2.0	2.3	2.4	19								
공주	지리교육과	6	6	11.8	2.1	2.3	2.5	2.6	18								
공주	유아교육과	12	12	14.5	2.2	2.3	2.7	2.8	31								
공주	수학교육과	11	11	10.5	2.0	2.2	2.3	2.5	29								
공주	물리교육과	5	5	6.0	1.9	2.2	2.9	3.1	10								
공주	화학교육과	4	4	7.0	2.0	2.0	2.4	2.6	9								
공주	생물교육과	5	5	7.2	2.2	2.2	3.0	3.1	6								
공주	지구과학교육과	5	5	10.8	1.8	1.9	2.5	2.5	14								
공주	환경교육과	9	9	6.0	2.5	2.9	3.1	3.1	18								
공주	컴퓨터교육과	8	8	6.6	2.5	2.7	2.8	3.0	14								
공주	기술·가정교육과	5	5	10.6	2.0	2.1	2.2	2.3	14								
공주	음악교육과	11	6	23.5	2.2	2.6	2.4	2.6	3								
공주	미술교육과	10															
공주	영어영문학과	10	10	8.6	3.1	3.3	3.6	3.7	34	5	5	8.4	3.7	3.8	4.1	4.2	11
공주	중어중문학과	13	13	7.9	3.6	3.7	4.2	4.4	44	7	7	6.6	3.9	4.2	4.5	4.6	13
공주	불어불문학과	9	9	9.1	3.7	3.8	4.4	4.5	26	5	5	7.0	3.9	4.2	4.4	4.5	4
공주	독어독문학과	9	9	8.4	3.8	4.0	4.4	4.6	25	5	5	6.2	4.2	4.4	4.5	4.9	8
공주	사학과	13	13	10.8	3.1	3.3	3.7	3.8	37								
공주	지리학과	9	9	12.6	3.1	3.3	3.9	4.0	29	5	5	7.8	3.7	4.0	4.1	4.3	7
공주	경제통상학부	21	22	9.6	3.4	3.5	3.9	3.9	66	11	11	7.8	3.6	3.9	4.1	4.2	20
공주	경영학과	11	11	15.5	2.9	3.0	3.4	3.4	47	6	6	11.5	2.9	3.1	3.9	4.2	30
공주	관광경영학과	14	14	11.2	3.4	3.5	4.1	4.1	42	8	8	8.3	3.7	3.9	4.1	4.3	17
공주	관광&영어통역융	16	15	10.1	3.8	4.0	4.3	4.4	32	7	7	7.7	4.2	4.4	4.4	4.5	6
공주	행정학과	12	12	10.3	2.7	2.9	3.3	3.5	40	8	8	8.3	2.9	3.2	3.7	3.7	23
공주	법학과	12	12	9.5	3.0	3.2	3.5	3.7	40	6	6	7.0	3.4	3.6	3.8	3.9	10
공주	사회복지학과	12	12	8.2	3.0	3.1	4.3	4.5	33	6	6	7.7	3.3	3.7	3.6	3.8	6
공주	데이터정보물리	14	16	6.6	4.3	4.5	5.0	5.2	29	8	8	5.4	4.7	4.9	5.2	5.3	10
공주	응용수학과	15	15	4.7	3.6	3.8	4.1	4.2	36	7	7	3.9	4.1	4.4	4.5	4.8	11
공주	화학과	15	16	4.3	3.4	3.6	4.4	4.9	32	7	7	4.6	3.6	4.0	5.0	5.4	13
공주	생명과학과	10	9	12.6	2.9	3.1	3.8	3.8	47	4	4	8.0	3.5	3.7	3.7	3.9	10
공주	지질환경과학과	13	13	5.0	3.9	4.1	4.4	5.0	26	3	3	4.3	4.2	4.5	4.6	4.7	2
공주	대기과학과	14	14	7.9	3.0	3.3	3.8	4.1	34								
공주	문화재보존과학	4	4	13.3	2.7	2.7	3.7	3.7	5								
공주	의류상품학과	7	7	10.6	2.9	3.0	3.9	4.1	27								
공주	간호학과	21	20	10.9	2.3	2.4	2.8	2.9	52	18	20	9.4	2.6	2.8	3.0	3.0	36
공주	보건행정학과	13	13	12.2	3.0	3.3	3.5	3.6	44	7	7	8.7	3.1	3.4	3.6	3.7	10
공주	응급구조학과	13	13	10.9	3.0	3.1	3.4	3.5	32								
공주	의료정보학과	11	11	8.2	3.6	3.9	4.0	4.1	24	6	6	6.0	4.1	4.3	4.3	4.4	6
공주	게임디자인학과	8	8	20.8	3.0	3.1	3.6	3.7	20								
공주	영상학과	9	9	11.6	2.5	2.7	3.1	3.2	19								
공주	국제학부	14	14	17.0	3.7	3.9	4.1	4.2	25								

		2023 모집인원	2022 모집인원	경쟁률	최초합격 등급 50%	최초합격 최저등급	최종합격 등급 50%	최종합격 등급 70%	추합인원	2023 모집인원	2022 모집인원	경쟁률	최초합격 등급 50%	최초합격 최저등급	최종합격 등급 50%	최종합격 등급 70%	추합인원
			2022 일반전형								**2022 지역인재전형**						
천안	전기전자제어공	88	86	5.5	3.8	4.0	4.3	4.5	185	28	28	4.5	4.2	4.5	4.5	4.5	34
천안	정보통신공학과	15	15	7.5	3.8	4.1	4.4	4.4	23	5	5	6.2	4.1	4.1	5.0	5.2	12
천안	스마트정보기술	14	13	6.0	4.3	4.5	5.2	5.3	24	5	5	4.4	4.6	4.7	5.1	5.4	8
천안	컴퓨터공학과	24	24	10.3	3.1	3.3	3.7	3.7	62	8	8	7.9	3.5	3.7	4.0	4.0	25
천안	소프트웨어학과	24	25	6.8	3.4	3.7	3.9	4.0	48	8	8	6.3	4.1	4.3	4.4	4.6	10
천안	기계자동차공학	75	75	4.9	4.1	4.4	4.8	5.1	120	24	24	5.0	4.3	4.6	5.1	5.3	40
천안	미래자동차공학	18	18	10.0	4.2	4.5	4.9	5.0	37	5	5	6.6	4.5	4.9	4.9	5.0	2
천안	스마트인프라공학	23	23	4.6	4.4	4.8	5.2	5.4	28	8	8	4.9	4.5	4.8	5.4	5.5	13
천안	도시융합시스템	13	13	6.0	4.0	4.4	4.6	4.8	19	4	4	5.5	4.6	4.8	4.8	4.9	4
천안	건축학과(5년제)	14	19	7.4	3.3	3.5	3.6	3.6	37								
천안	그린스마트건축	19	16	5.6	4.0	4.2	4.6	4.7	29	3	3	5.7	4.4	4.4	5.3	5.7	1
천안	화학공학부	36	35	5.0	3.1	3.3	4.1	4.6	99	12	12	4.6	3.6	3.7	3.9	4.3	18
천안	신소재공학부	39	38	6.1	3.7	3.9	4.6	4.8	103	12	12	5.1	4.1	4.3	4.7	4.8	19
천안	디자인컨버전스	26	26	4.6	3.9	4.1	4.2	4.4	28								
천안	환경공학과	22	22	5.9	3.7	4.1	4.4	4.5	65								
천안	산업시스템공학	20	20	4.6	4.3	4.4	4.7	4.9	30								
천안	광공학과	19	19	4.2	4.6	5.1	5.4	5.8	21								
천안	디지털융합금형	12	12	3.9	4.7	5.0	5.1	5.5	14								
천안	지능형모빌리티	18	18	5.5	4.5	4.9	5.2	5.4	18								
천안	인공지능학부	20	21	6.3	3.6	3.8	4.1	4.2	36								
예산	지역사회개발학	12	12	5.6	4.4	4.6	4.6	4.6	10								
예산	부동산학과	12	12	6.7	4.4	4.7	4.6	4.7	7								
예산	산업유통학과	10	10	6.3	4.2	4.3	4.8	4.9	27								
예산	식물자원학과	19	19	4.4	4.0	4.4	4.6	5.0	40								
예산	원예학과	21	21	5.5	3.8	4.1	5.3	5.5	57								
예산	동물자원학과	20	20	6.2	3.7	3.9	4.2	4.4	53								
예산	지역건설공학과	16	17	9.2	5.2	5.3	5.8	5.8	35								
예산	스마트팜공학과	17	18	10.1	4.0	4.3	4.4	4.7	35								
예산	산림과학과	21	21	5.5	3.8	4.2	4.9	5.0	52								
예산	조경학과	15	15	6.3	3.4	4.0	4.8	5.0	48								
예산	식품영양학과	17	18	8.3	3.5	3.8	4.5	4.6	62								
예산	외식상품학과	9	12	9.1	4.5	4.7	4.8	4.9	15								
예산	식품공학과	15	15	5.2	3.6	3.8	4.2	4.3	17								
예산	특수동물학과	9	9	11.8	2.3	2.8	3.0	3.3	21								
예산	스마트수산자원	18	18	3.7	5.2	5.6	5.9	6.2	17								
		1298	1290	8.83	3.24	3.5	3.84	4.0	2814	261	263	6.60	3.87	4.1	4.38	4.5	439

		2023 모집인원	2022 일반전형 2022 모집인원	경쟁률	최종합격 환산50%	환산70%	등급50%	등급70%	추합인원	2023 모집인원	2022 정시일반 2022 모집인원	경쟁률	최초합격 백분위50%컷	백분위최저	최종등록 백분위50%컷	백분위70%컷	충원인원
공주	국어교육과	16	16	8.70			2.73	3.05	14	3	3	6.0	94.0	93.3	94.0	93.7	0
공주	한문교육과	8	8	6.30			3.27	3.36	2	2	2	4.0	86.8	86.7	85.7	83.5	3
공주	영어교육과	16	16	11.1			3.46	4.21	13	4	4	6.5	95.3	94.0	92.2	91.3	4
공주	윤리교육과	10	10	11.8			2.86	3.23	8	2	2	6.5	95.2	92.0	95.2	93.9	0
공주	교육학과	8	8	34.6			2.68	3.03	6	2	2	5.5	90.7	90.0	90.7	90.4	0
공주	상업정보교육과	8	8	4.60			2.71	2.90	4	2	2	5.5	88.3	87.3	84.7	83.6	1
공주	문헌정보교육과	10	10	10.1			2.53	2.75	5	2	3	5.7	92.7	92.0	92.7	92.4	0
공주	특수교육과	16	16	10.8			3.11	3.34	20	5	5	4.6	90.0	89.3	89.3	88.3	3
공주	역사교육과	10	10	17.4			2.61	2.74	6	3	3	5.0	93.0	92.0	92.5	92.3	1
공주	일반사회교육과	10	10	9.80			2.44	2.48	16	2	2	8.5	92.8	92.3	92.8	92.6	0
공주	지리교육과	10	10	12.0			2.66	2.76	17	2	2	6.0	91.7	90.0	80.0	80.0	3
공주	유아교육과	16	16	14.4			2.84	3.23	26	3	5	4.8	87.7	86.7	87.7	86.9	3
공주	수학교육과	16	16	13.0			2.75	3.01	9	3	3	4.7	93.3	92.1	80.0	75.5	6
공주	물리교육과	10	10	4.80			2.83	3.11	9	2	2	3.5	90.5	90.3	90.5	90.4	0
공주	화학교육과	10	10	6.30			2.36	2.49	9	2	2	5.5	92.4	91.2	87.7	87.5	0
공주	생물교육과	10	10	7.30			2.42	2.73	12	2	2	4.0	92.6	91.4	92.6	92.1	0
공주	지구과학교육과	10	10	9.10			2.71	3.17	13	2	2	3.0	83.7	82.3	83.7	83.1	0
공주	환경교육과	6	6	6.00			4.08	4.51	2	2	3	4.3	86.2	85.4	85.8	85.6	3
공주	컴퓨터교육과	6	6	7.30			3.26	3.56	2	2	2	5.0	88.7	88.5	88.7	88.6	0
공주	기술·가정교육과	6	6	8.50			2.52	2.66	7	2	2	4.5	91.0	90.2	91.0	90.7	0
공주	영어영문학과	12	12	8.60			2.73	2.90	1		10	5.8	88.2	82.3	85.5	82.2	6
공주	중어중문학과	13	13	6.20			5.08	5.41	13	3	3	8.3	84.7	83.7	83.3	81.8	3
공주	불어불문학과	11	11	7.60			4.55	5.00	16	4	5	11.0	79.3	76.3	76.2	75.8	3
공주	독어독문학과	7	7	5.70			4.52	4.71	7	2	3	8.3	80.0	79.7	75.2	74.4	8
공주	사학과	7	7	5.10			5.46	5.63	8	2	3	9.0	77.3	77.0	76.8	76.8	1
공주	지리학과	7	7	13.4			3.97	4.08	5	2	2	5.3	82.0	81.7	81.7	80.6	1
공주	경제통상학부	7	7	7.00			4.20	4.65	5	2	2	6.5	85.7	84.3	77.3	75.7	5
공주	경영학과	14	14	8.90			4.44	4.57	12	5	5	5.6	83.3	83.0	83.0	82.7	4
공주	관광경영학과	9	9	14.0			3.58	3.90	10	2	2	11.0	85.0	84.0	80.5	80.3	8
공주	관광&영어통역융	8	8	13.1			3.19	3.60	12	3	6	6.3	80.3	79.3	78.7	78.7	4
공주	행정학과	7	7	9.90			4.67	4.70	3	4	4	6.5	83.7	78.7	80.2	78.1	5
공주	법학과	9	9	9.00			4.24	4.29	12	3	6	7.2	86.2	83.3	86.2	84.8	0
공주	사회복지학과	9	9	10.9			3.94	4.13	8	3	6	6.5	85.2	83.3	82.5	81.6	3
공주	데이터정보물리	9	9	19.9			3.76	4.02	9	3	4	9.0	83.8	82.3	79.0	78.7	4
공주	응용수학과	8	6	5.50			5.00	5.14	6	3	8	2.4	74.2	68.5	73.2	68.8	5
공주	화학과	7	7	5.70			4.92	5.05	6	3	7	3.1	76.0	71.8	69.3	66.5	10
공주	생명과학과	7	7	6.60			4.00	4.50	14	3	9	2.7	72.0	67.8	71.0	69.6	3
공주	지질환경과학과	16	17	7.20			4.35	4.55	15	4	5	3.0	79.0	77.2	78.7	69.0	4
공주	대기과학과	7	7	3.90			5.49	5.59	12	7	11	3.2	69.1	65.4	68.4	67.2	5
공주	문화재보존과학	14	14	4.60			4.17	4.40	8	3	4	3.3	75.8	75.1	72.5	68.9	4
공주	의류상품학과	12	12	4.80			4.46	4.72	3	2	4	4.5	79.8	79.6	75.8	74.2	1
공주	간호학과	9	9	8.20			4.68	4.72	5	2	2	5.0	78.9	76.4	68.6	68.5	3
공주	응급구조학과	16								6	6	5.2	88.5	85.9	84.5	83.5	7
공주	의료정보학과	11	16	26.6			3.44	3.50	5	4	5	5.4	81.1	79.3	78.3	77.0	3
공주	게임디자인학과	9	11	9.10			4.15	4.36	3	3	4	4.3	81.7	77.6	77.6	77.3	3
공주	영상학과	6	9	23.4			4.22	4.41	3	3	4	4.3	76.7	74.0	72.6	70.7	4
공주	국제학부	7	6	7.30			4.73	4.94	2	3	3	11.3	90.0	87.7	88.3	86.2	9
공주	전기전자제어공		7	17.1			5.18	5.40	4		1	4.0	76.0	76.0	76.0	76.0	0
공주	정보통신공학과	3									2	3.0	52.5	45.3	52.5	49.6	0
공주	스마트정보기술		9	23.0			3.76	4.21	5		3	3.7	75.3	67.3	67.3	67.3	1
공주	컴퓨터공학과		8	7.60			4.40	4.58	4	5	10	7.2	76.2	66.3	72.8	71.1	7
공주	소프트웨어학과		16	11.3			4.33	4.38	19		7	0.6	17.8	16.3	17.0	16.7	0
공주	기계자동차공학	9	6	9.30			4.86	4.91	5	3	3	9.7	84.0	84.0	84.0	83.8	1
공주	미래자동차공학	8	6	6.50			4.82	4.94	8	3	4	3.8	76.4	75.3	76.4	75.8	0

		2023 모집인원	2022 일반전형			최종합격			추합인원	2023 모집인원	2022 정시일반		최초합격		최종등록		충원인원

		2023 모집인원	모집인원	경쟁률	환산 50%	환산 70%	등급 50%	등급 70%	추합인원	2023 모집인원	모집인원	경쟁률	백분위 50%컷	백분위 최저	백분위 50%컷	백분위 70%컷	충원인원
천안	스마트인프라공학	16	7	18.0			4.14	4.22	6	15	27	4.2	76.0	71.9	74.2	72.2	8
천안	도시융합시스템	6	7	11.4			4.32	4.69	7	3	4	3.5	72.2	70.4	71.3	69.4	2
천안	건축학과(5년제)	6	15	9.30			4.73	4.91	16	3	7	5.3	73.6	69.0	73.6	70.4	0
천안	그린스마트건축	7	3	10.0			4.67	4.89	3	5	9	7.0	81.3	78.1	80.3	77.9	4
천안	화학공학부	7	8	5.60			5.03	5.35	11	4	6	5.0	77.0	76.4	76.4	74.7	5
천안	신소재공학부	15	4	5.80			4.89	5.24	2	13	15	5.2	73.6	69.1	68.6	67.9	11
천안	디자인컨버전스	3	7	16.9			4.22	4.33	5	3	3	4.7	66.7	66.4	66.7	64.3	3
천안	환경공학과	8	8	9.40			4.39	4.52	6	4	11	3.9	67.9	65.1	66.9	65.4	3
천안	산업시스템공학	4	12	7.20			3.75	4.11	19	3	3	7.3	71.6	67.2	71.6	69.5	1
천안	광공학과	8	14	6.90			4.85	5.05	20	10	7	5.0	81.1	79.7	80.5	79.1	5
천안	디지털융합금형	4	6	7.70			4.79	4.84	3	5	8	5.0	72.3	68.9	68.2	67.2	5
천안	지능형모빌리티	12	6	9.50			4.51	4.83	2	7	13	3.5	75.9	73.2	73.2	72.8	7
천안	인공지능학부	14	4	5.00			5.18	5.32	2	7	13	4.5	75.7	73.1	72.3	70.7	15
천안	지역사회개발학	6	4	4.80			5.44	6.05	4	4	5	5.0	74.4	70.1	74.4	71.2	2
천안	부동산학과	6	4	5.00			5.25	5.46	1	3	7	2.9	72.8	66.9	68.8	66.4	3
천안	산업유통학과	4	5	6.60			4.88	5.11	2	3	3	3.7	69.9	68.6	68.1	67.5	2
천안	식물자원학과	4	9	6.20			4.13	4.33	10	3	9	2.8	64.3	60.1	64.3	61.2	1
천안	원예학과	4	3	5.70			5.70	5.76		2	8	3.3	64.9	61.5	63.1	61.7	2
천안	동물자원학과	5	4	8.00			5.88	5.98	1	2	3	2.3	62.7	57.5	62.7	60.6	0
천안	지역건설공학과	9	5	5.00			5.03	5.17	3	5	6	5.2	76.6	76.0	76.0	73.4	3
예산	스마트팜공학과	3	7	6.00			4.81	4.99	8	2	3	4.3	76.0	74.7	73.7	73.0	4
예산	산림과학과	4	7	8.00			4.48	4.96	6	2	2	7.5	78.2	76.3	67.7	67.5	8
예산	조경학과	5	7	11.6			4.74	4.77	8	2	3	3.7	70.0	69.7	65.7	61.5	5
예산	식품영양학과	7	4	7.50			5.25	5.65	2	3	11	2.4	65.3	55.6	60.4	53.0	4
예산	외식상품학과	7	4	13.5			3.93	4.15	1	3	7	2.4	65.6	62.3	61.1	55.2	10
예산	식품공학과	7	7	6.90			4.81	4.95	9	3	4	4.0	68.7	67.5	68.1	67.4	1
예산	특수동물학과	4	6	9.00			4.84	5.22	7	3	5	2.8	65.8	62.9	45.1	42.3	9
예산	스마트수산자원	4	5	14.6			4.70	5.29	6	2	3	3.3	69.1	66.9	70.0	68.2	5
예산	산림과학과	7	3	9.30			4.51	4.58	4	3	6	4.2	70.9	66.0	68.6	67.7	2
예산	조경학과	6	5	11.4			4.64	4.70		2	5	3.0	65.5	63.3	62.4	60.2	4
예산	식품영양학과	5	12	17.4			3.40	3.79	10	2	4	4.5	72.7	70.2	67.0	65.4	5
예산	외식상품학과	4	5	3.80			6.14	6.38	6	4	2	4.0	69.7	64.1	64.1	64.1	0
예산	식품공학과	5								2	2	4.5	73.8	71.7	73.8	72.9	0
예산	특수동물학과	12								3	3	7.0	84.1	82.3	78.4	77.6	2
예산	스마트수산자원학과	5								2	6	1.8	59.2	55.8	54.1	50.5	4
		723	721	9.81			4.14	4.4	638	320	487	5.07	78.49	75.9	75.72	74.1	327

▶교과 반영: 교과/논술만 인문: 국영수사(史) 자연/스포츠: 국영수과 이수단위 적용 ▶과목별가중치 없음 ▶학년비율 전학년 동일 ▶진로선택과목 반영 변화 미반영→상위 3과목★ A=1등급 B=2등급 C=3등급	1. 2023 수시감소 60.1%→54.5% , 정시확대 39.9%→45.5% 2. 2023 교과/논술 내신반영 변화: 진로선택 3과목 반영★ 3. 2023 고른기회전형 86명 수시→정시모집 이동 4. 광운대 2020 종합전형 최종등록자 고교유형 　일반고 77.1%, 특성화 12.3%, 자사고 7.4%, 특목고 2.9% 5. 영어산업학과: 인공지능 번역등 관심주제 지원전략 필요 　미디어커뮤니케이션: 광운대 대표학과 　산업심리학: 통계/수학/영어성적 중요, 기업평가, 기업보상 　기업문화 등 분야 관심표현 지원전략 필요	6. 2022~2023 정시 반영 국수영탐2 ▶인문 30:25:20:25　▶경영/국제통상 30:35:20:15 ▶자연 20:35:20:25 <미적/기하 및 과탐 필수응시> ▶건축 25:30:20:25 <과탐 지정, 미적/기하 10% 가산> ▶정보융합 30:35:20:25 <미적/기하 10%, 과탐 5% 가산> ▶스포츠융합과학 국영탐2 40:30:30

모집시기	전형명	사정모형	학생부종합 특별사항	2023 수시 접수기간 09. 13(화) ~ 17(토)	모집인원	학생부	논술	면접	서류	기타	2023수능최저
2023 수시 919명 (54.5%) 정시 768명 (45.5%) 전체 1,687명 2022 수시 1,014명 (60.1%) 정시 672명 (39.9%) 전체 1,686명	지역균형	일괄	학생부교과 고교추천자 인원 무제한 최저없음 최종 11.11(금)	1. 2023 전년대비 8명 감소 2. 고교추천자, 인원제한 없음 3. 수능최저 없음 유지 4. 교과100 학교장추천서 제출 　2022.09.19(월)~23(금) 5. 자연계열 인문교차가능 6. 2021 평균 충원율 증가 　인문 176%, 자연 258%	194 인 69 자125 2022 202 인 73 자129	교과 100					
	논술 우수자	일괄	논술전형 최저없음 논자 11.26(토) 논인 11.27(일) 최종 12.15(목)	1. 2023 전년대비 인원유지 2. 논술 120분 　자연수리 2문 (소문항 5개) 　인문통합 2문 (각 700~천자)	187 인 67 자120 2022 인 67 자120		교과 30 + 논술 70				
	광운참빛 인재	1단계	학생부종합 자소서제출 ~09.19(월) 1단계 11.02(수) 면접 11.05(토) 　　11.06(일) 최종 11.11(금)	학업역량20%, 전공적합30% 발전가능성20%, 인성30% 정보융합학부 24명 지원강추 인성, 창의성, 교과및 비교과 ※ 문제 제시형 면접평가 없음	491 인174 자317 2022 인175 자316	서류100 (3배수)					
		2단계				1단계 70 + 면접 30					
	소프트웨어	1단계	학생부종합 자소서제출 ~09.19(월) 최종 11.11(금)	컴정10 소프트10 정보융합10 자소서와 면접,진로선택 노력 1단계 11.02(수) 면접 11.05(토) ~ 06(일)	30 2022 30	서류100 (3배수)				2021 입결정리 ▶컴정보10-9.20-3.64→3.36 충원80% ▶소프트10-13.5-3.74→3.76 충원100% ▶정보융합10-7.00-3.8→4.38 충원20%	
		2단계				1단계 70 + 면접 30					

<2023 기타전형 생략>
특성화고졸재직 2명, 체육특기자 15명
농어촌66 특성화고졸25 특성화고졸재직92 서해5도16 등

광운대 2022 입결분석자료 01 - 교과전형 인문

수능최저 없음		2023 지역균형	2022 지역균형 (인문)						2021 교과성적우수자 (인문)					
			▶내신 반영: 국영수과 ▶학년 비율: 20:40:40 ▶교과별 가중치: 없음						▶내신 반영: 국영수과 ▶학년 비율: 20:40:40 ▶교과별 가중치: 없음					
▶학생부 100% 수능최저 없음			2022 지원			2022 수시 입결				2021 지원		2021 수시 입결			
		모집인원	모집인원	경쟁률		실질경쟁률	최종등록 내신평균	충원율	추합인원	모집인원	경쟁률	실질경쟁률	최종등록 내신평균	충원율	추합인원
인문	국어국문학과	3	4	7.80		2.84	2.51	175.0	7	3	6.70	2.23	2.76	200.0%	6
	영어산업학과	4	4	9.00		3.00	2.45	200.0	8	3	7.00	4.20	3.12	66.7%	2
	미디어커뮤니	8	8	26.4		6.81	2.15	287.5	23	7	4.30	1.51	3.42	185.7%	13
	산업심리학과	5	5	20.4		5.67	2.63	260.0	13	3	6.30	2.70	3.61	133.3%	4
	동북아문화산업	7	7	10.0		2.59	2.39	285.7	20	5	6.00	2.00	2.71	200.0%	10
	행정학과	5	6	8.20		2.05	2.27	300.0	18	4	5.30	1.77	2.39	200.0%	8
인문	법학부	12	12	7.00		2.27	2.65	208.3	25	9	4.70	1.57	2.11	200.0%	18
	국제학부	4	4	10.5		4.67	2.59	125.0	5	4	4.80	1.75	3.18	175.0%	7
	경영학부	15	16	6.80		2.31	2.40	193.8	31	12	6.60	2.20	1.67	200.0%	24
	국제통상학부	6	7	19.3		9.01	2.15	114.3	8	5	5.00	1.67	3.39	200.0%	10
		69	73	12.54		4.12	2.42	215.0	158	55	5.67	2.16	2.84	176.1%	102

광운대 2022 입결분석자료 02 - 교과전형 자연

수능최저 없음		2023 지역균형	2022 지역균형 (자연)						2021 교과성적우수자 (자연)					
			▶내신 반영: 국영수과 ▶학년 비율: 20:40:40 ▶교과별 가중치: 없음						▶내신 반영: 국영수과 ▶학년 비율: 20:40:40 ▶교과별 가중치: 없음					
▶학생부 100% 수능최저 없음			2022 지원			2022 수시 입결				2021 지원		2021 수시 입결			
		모집인원	모집인원	경쟁률		실질경쟁률	최종등록 내신평균	충원율	추합인원	모집인원	경쟁률	실질경쟁률	최종등록 내신평균	충원율	추합인원
자연	전자공학과	17	18	5.30		1.33	2.01	300.0	54	13	7.80	1.95	1.58	300.0%	39
	전자통신공학과	10	10	5.40		1.86	2.45	190.0	19	7	8.00	3.73	2.01	114.3%	8
	전자융합공학과	8	9	5.70		1.47	2.06	288.9	26	6	12.5	5.00	2.09	150.0%	9
	전기공학과	9	9	5.30		1.45	2.13	266.7	24	7	17.1	4.28	2.04	300.0%	21
	전자재료공학과	9	9	6.10		1.89	2.04	222.2	20	7	8.10	2.27	2.22	257.1%	18
	로봇학부	8	8	12.4		3.10	2.06	300.0	24	6	15.0	3.91	2.47	283.3%	17
	컴퓨터정보공학	9	9	11.9		2.98	2.01	300.0	27	7	7.00	1.81	2.31	285.7%	20
	소프트웨어학부	9	10	12.7		3.18	1.82	300.0	30	7	16.0	4.00	2.14	300.0%	21
자연	정보융합학부	9	9	8.30		2.08	2.23	300.0	27	7	7.90	2.05	2.38	285.7%	20
	건축학과	4	4	6.30		1.58	2.34	300.0	12	3	9.70	2.43	2.24	300.0%	9
	건축공학과	4	4	6.80		2.72	2.08	150.0	6	3	10.0	2.50	2.35	300.0%	9
	화학공학과	8	8	5.00		1.38	2.02	262.5	21	6	6.70	1.68	1.63	300.0%	18
	환경공학과	4	4	7.30		1.83	1.94	300.0	12	3	11.0	2.75	2.16	300.0%	9
	수학과	5	6	3.80		1.90	2.74	100.0	6	4	5.0	2.00	2.00	150.0%	6
	전자바이오물리	6	6	5.80		1.45	2.45	300.0	18	5	11.0	3.67	2.32	200.0%	10
	화학과	6	6	5.00		1.88	2.53	166.7	10	5	9.20	2.30	1.89	300.0%	15
		125	129	7.1		2.00	2.18	252.9	336	96	10.1	2.89	2.11	257.9%	249

광운대 2022 입결분석자료 03 - 광운참빛종합 인문

수능최저 없음

▶1단계: 서류100% (3배수)
2단계: 면접30%

인문		2023 모집인원	2022 모집인원	2022 경쟁률	실질 경쟁률	최종등록 내신평균	충원율	추합 인원	2021 모집인원	2021 경쟁률	실질 경쟁률	최종등록 내신평균	충원율	추합 인원
인문	국어국문학과	10	9	7.40	3.51	3.17	111.1	10	10	7.70	5.50	3.14	40.0%	4
	영어산업학과	10	10	10.0	6.67	4.11	50.0	5	11	7.30	5.02	3.58	45.5%	5
	미디어커뮤니	21	21	21.0	13.78	3.09	52.4	11	22	17.9	8.38	3.05	113.6%	25
	산업심리학과	11	12	6.70	4.47	3.48	50.0	6	13	5.30	3.45	2.82	53.8%	7
	동북아문화산업	16	17	8.40	4.33	3.61	94.1	16	18	16.2	10.4	3.50	55.6%	10
	행정학과	14	14	7.60	3.80	3.06	100.0	14	15	5.90	3.40	3.00	73.3%	11
인문	법학부	29	29	7.30	3.78	3.21	93.1	27	32	4.70	2.55	3.50	84.4%	27
	국제학부	9	9	9.00	5.06	3.63	77.8	7	10	13.0	9.29	3.36	40.0%	4
	경영학부	38	38	10.3	5.51	3.37	86.8	33	41	7.00	3.93	3.22	78.0%	32
	국제통상학부	16	16	10.2	4.29	3.76	137.5	22	17	8.80	5.16	3.71	70.6%	12
		174	175	9.79	5.52	3.45	85.3	151	189	9.38	5.71	3.29	65.5%	137

2022 광운참빛종합 (인문): 학업역량20%, 전공적합성30% 발전가능성20%, 인성30%
2021 광운참빛종합 (인문): 학업역량20%, 전공적합성30% 발전가능성20%, 인성30%

광운대 2022 입결분석자료 04 - 광운참빛종합 자연

수능최저 없음

▶1단계: 서류100% (3배수)
2단계: 면접30%

자연		2023 모집인원	2022 모집인원	2022 경쟁률	실질 경쟁률	최종등록 내신평균	충원율	추합 인원	2021 모집인원	2021 경쟁률	실질 경쟁률	최종등록 내신평균	충원율	추합 인원
자연	전자공학과	43	42	6.40	2.64	3.04	142.9	60	44	7.30	2.70	2.99	170.5%	75
	전자통신공학과	25	25	4.70	2.40	3.19	96.0	24	26	4.30	2.54	3.27	69.2%	18
	전자융합공학과	22	21	5.40	2.52	3.43	114.3	24	23	4.30	2.25	3.27	91.3%	21
	전기공학과	22	22	4.50	2.25	3.02	100.0	22	23	4.30	1.90	2.99	126.1%	29
	전자재료공학과	23	22	5.80	3.04	2.86	90.9	20	24	5.30	3.26	3.14	62.5%	15
	로봇학부	21	21	7.30	3.26	3.54	123.8	26	21	8.20	3.74	3.28	119.0%	25
	컴퓨터정보공학	21	22	6.50	3.49	2.90	86.4	19	24	8.20	3.39	2.80	141.7%	34
	소프트웨어학부	23	24	8.80	3.30	2.99	166.7	40	26	12.0	4.11	2.75	192.3%	50
자연	정보융합학부	22	22	7.50	3.51	3.57	113.6	25	24	7.60	3.38	3.11	125.0%	30
	건축학과	9	10	17.6	6.52	3.58	170.0	17	10	23.2	7.48	3.44	210.0%	21
	건축공학과	10	10	15.7	5.61	3.37	180.0	18	10	20.2	8.08	3.87	150.0%	15
	화학공학과	22	22	7.00	3.67	2.61	90.9	20	23	10.1	5.16	2.55	95.7%	22
	환경공학과	9	9	14.0	5.73	2.92	144.4	13	10	22.6	7.29	2.79	210.0%	21
	수학과	14	13	5.70	2.85	3.26	100.0	13	14	7.40	3.14	3.15	135.7%	19
	전자바이오물리	15	15	4.90	2.53	3.41	93.3	14	16	8.70	4.97	3.30	75.0%	12
	화학과	16	16	8.40	3.73	3.26	125.0	20	16	13.4	7.66	2.83	75.0%	12
		317	316	8.14	3.56	3.18	121.1	375	334	10.4	4.44	3.10	128.1%	419

2022 광운참빛종합 (자연): 학업역량20%, 전공적합성30% 발전가능성20%, 인성30%
2021 광운참빛종합 (자연): 학업역량20%, 전공적합성30% 발전가능성20%, 인성30%

광운대 2022 입결분석자료 05 - 논술 인문

2022. 06. 25.   ollim

수능최저 없음			2022 논술우수자 (인문)						2021 논술우수자 (인문)					
		2023	▶자연수리 2문 (소문항 5개) ▶인문통합 2문 (각 700~천자)						▶자연수리 2문 (소문항 5개) ▶인문통합 2문 (각 700~천자)					
▶학생 30+논술 70			2022 지원		2022 수시 입결				2021 지원		2021 수시 입결			
		모집 인원	모집 인원	경쟁률	논술 성적	실질 경쟁률	최종등록 내신평균	충원율	추합 인원	모집 인원	경쟁률	논술 성적	실질 경쟁률	최종등록 내신평균	충원율	추합 인원
인문	국어국문학과	3	3	33.7	81.5	25.3	4.67	33.3	1	4	31.8	87.8	25.4	4.51	25.0%	1
	영어산업학과	4	5	35.4	83.2	35.4	4.50			5	31.0	84.0	31.0	4.34	0.0%	0
	미디어커뮤니	8	8	54.3	82.0	54.3	4.89			9	42.0	88.6	37.8	4.76	11.1%	1
	산업심리학과	5	4	42.5	84.5	34.0	4.35	25.0	1	5	35.6	82.4	35.6	4.80	0.0%	0
	동북아문화산업	6	6	41.3	80.3	41.3	4.78			7	35.4	82.6	22.5	4.50	57.1%	4
	행정학과	5	5	36.4	80.1	36.4	4.70			6	30.5	80.2	22.9	4.73	33.3%	2
인문	법학부	11	12	41.3	83.1	41.3	4.82			13	32.9	85.9	25.2	4.56	30.8%	4
	국제학부	4	3	38.0	83.5	16.3	5.20	133.3	4	4	27.3	81.1	27.3	5.10	0.0%	0
	경영학부	15	15	52.8	77.3	36.0	4.64	46.7	7	16	40.6	72.2	34.2	4.06	18.8%	3
	국제통상학부	6	6	43.3	85.1	43.3	4.54			7	33.3	78.9	25.9	4.55	28.6%	2
		67	67	41.9	82.1	36.4	4.71	5957.5%	13	76	34.0	82.4	28.8	4.59	20.5%	17

광운대 2022 입결분석자료 06 - 논술 자연

2022. 06. 25.   ollim

수능최저 없음			2022 논술우수자 (자연)						2021 논술우수자 (자연)					
		2023	▶자연수리 2문 (소문항 5개) ▶인문통합 2문 (각 700~천자)						▶자연수리 2문 (소문항 5개) ▶인문통합 2문 (각 700~천자)					
▶학생 30+논술 70			2022 지원		2022 수시 입결				2021 지원		2021 수시 입결			
		모집 인원	모집 인원	경쟁률	논술 성적	실질 경쟁률	최종등록 내신평균	충원율	추합 인원	모집 인원	경쟁률	논술 성적	실질 경쟁률	최종등록 내신평균	충원율	추합 인원
자연	전자공학과	16	16	31.4	60.5	14.8	4.17	112.5	18	18	43.9	81.9	28.2	4.11	55.6%	10
	전자통신공학과	9	9	19.3	51.1	10.9	4.41	77.8	7	10	27.0	70.8	19.3	5.14	40.0%	4
	전자융합공학과	8	8	18.1	47.7	12.1	4.46	50.0	4	9	29.7	75.2	22.3	4.24	33.3%	3
	전기공학과	8	8	18.8	58.4	12.5	3.77	50.0	4	9	28.9	72.8	18.6	4.90	55.6%	5
	전자재료공학과	9	9	20.0	55.7	10.6	4.31	88.9	8	9	29.6	72.0	16.7	4.51	77.8%	7
	로봇학부	8	8	17.8	61.4	17.8	4.98			9	27.8	69.6	22.7	4.78	22.2%	2
	컴퓨터정보공학	8	8	31.5	68.3	16.8	4.15	87.5	7	9	34.6	77.2	22.2	5.00	55.6%	5
	소프트웨어학부	9	9	32.3	72.8	22.4	3.97	44.4	4	10	41.1	84.7	20.6	4.65	100.0%	10
자연	정보융합학부	8	8	22.3	65.2	14.3	4.25	55.6	5	9	32.9	73.9	19.7	4.11	66.7%	6
	건축학과	4	3	27.0	68.0	11.6	3.94	133.3	4	4	37.3	79.5	29.8	4.21	25.0%	1
	건축공학과	4	4	22.5	49.3	11.3	4.43	100.0	4	4	28.3	70.4	12.6	4.77	125.0%	5
	화학공학과	8	8	24.5	54.1	19.6	4.16	25.0	2	9	36.2	74.1	21.7	4.07	66.7%	6
	환경공학과	4	4	20.0	65.6	13.3	6.05	50.0	2	4	41.5	74.3	18.4	4.74	125.0%	5
	수학과	5	5	17.4	71.1	14.5	4.52	20.0	1	5	29.0	77.0	16.1	4.25	80.0%	4
	전자바이오물리	6	6	15.7	61.1	6.3	4.26	150.0	9	6	24.8	71.4	18.6	4.66	33.3%	2
	화학과	6	6	15.0	49.7	9.0	4.45	66.7	4	6	25.5	63.3	13.9	4.33	83.3%	5
		120	120	22.1	60.0	13.6	4.39	74.1	83	130	32.4	74.2	20.1	4.53	65.3%	80

2022 정시수능 (인문) / 2021 정시수능 (인문)

▶영어반영 공통
200-197-192-184-172 ...

▶정시 표준점수, 인문 국수영탐2 30:25:20:25
▶정시 표준점수, 자연 국수영탐2 20:35:20:25

		2023	2022 지원		환산점 (가산)	국수탐2 백분위평균	국수탐2 표준평균	국수탐2 등급평균	충원인원	2021 지원	군별	환산	국수탐2 백분위합	국수탐2 표준합	국수탐2 등급평균	충원인원
		모집인원	모집인원	군별						모집인원						
인문	국어국문학과	13	14	다군	674.0	76.85	117.1	3.07	16	12	다군	692.7	246.9	121.9	2.75	31
	영어산업학과	15	14	다군	678.1	77.89	117.7	3.00	16	14	다군	694.2	248.3	121.6	2.61	31
	미디어커뮤니	28	28	나군	682.6	79.51	118.5	2.81	15	27	나군	699.5	253.9	123.2	2.56	30
	산업심리학과	16	16	나군	682.9	79.83	119.1	2.86	9	16	나군	695.7	248.4	122.2	2.67	28
	동북아문화산업	23	23	다군	677.5	78.39	117.9	3.05	18	22	다군	696.4	251.8	122.6	2.57	26
	행정학과	19	22	다군	682.7	79.64	118.8	2.82	24	20	다군	696.5	251.8	123.0	2.53	41
인문	법학부	40	40	다군	680.7	79.34	118.6	3.00	37	41	다군	694.7	251.2	122.4	2.63	56
	국제학부	12	13	다군	675.8	77.10	117.0	3.07	14	11	다군	687.9	241.6	120.9	2.79	11
	경영학부	52	52	나군	680.8	76.93	117.6	3.04	42	59	나군	699.7	251.5	122.4	2.57	60
	국제통상학부	22	22	다군	681.4	76.38	118.0	3.09	35	21	다군	702.8	253.5	122.7	2.38	41
		240	244		679.6	78.2	118.0	2.98	226	243		696.0	249.9	122.3	2.61	355

2022 정시수능 (자연) / 2021 정시수능 (자연)

▶영어반영 공통
200-197-192-184-172 ...

▶정시 표준점수, 인문 국수영탐2 30:25:20:25
▶정시 표준점수, 자연 국수영탐2 20:35:20:25

		2023	2022 지원		환산점 (가산)	국수탐2 백분위합	국수탐2 표준합	국수탐2 등급평균	충원인원	2021 지원	군별	환산	국수탐2 백분위합	국수탐2 표준합	국수탐2 등급평균	충원인원
		모집인원	모집인원	군별						모집인원						
자연	전자공학과	53	56	가군	697.8	82.09	121.8	2.73	68	62	가군	687.1	245.4	120.5	2.65	82
	전자통신공학과	31	31	다군	688.7	80.12	120.1	2.87	41	30	다군	681.4	239.0	119.2	2.79	77
	전자융합공학과	27	27	다군	690.7	81.22	120.7	2.83	50	26	다군	680.4	237.2	118.9	2.87	107
	전기공학과	27	30	가군	689.9	78.84	119.5	2.85	24	27	가군	681.5	237.8	118.9	2.84	47
	전자재료공학과	27	29	다군	689.9	80.18	120.2	2.90	49	28	다군	676.4	233.5	117.9	2.97	63
	로봇학부	26	29	가군	688.7	78.84	119.7	2.88	40	26	가군	680.8	239.4	119.4	2.80	49
	컴퓨터정보공학	35	36	가군	694.7	81.85	121.3	2.73	34	32	가군	682.9	240.5	119.8	2.73	49
	소프트웨어학부	39	40	가군	695.6	82.06	121.7	2.70	51	40	가군	684.6	243.7	120.0	2.72	62
자연	정보융합학부	37	39	다군	718.5	79.41	119.7	2.93	54	34	다군	707.6	239.3	119.6	2.77	118
	건축학과	12	14	가군	700.8	78.98	119.1	2.96	16	17	가군	695.7	235.7	118.5	2.82	40
	건축공학과	12	12	다군	684.1	78.95	119.2	2.99	28	14	다군	673.8	228.5	116.8	3.01	56
	화학공학과	27	28	가군	689.5	79.22	119.8	2.87	37	27	가군	683.0	240.2	119.3	2.74	47
	환경공학과	12	14	다군	683.5	79.43	119.3	2.98	17	16	다군	676.3	232.8	117.8	3.01	63
	수학과	17	16	가군	683.6	77.71	119.1	3.00	13	16	가군	677.4	236.7	118.7	2.90	30
	전자바이오물리	19	22	다군	684.6	78.50	118.9	3.03	37	19	다군	676.1	233.4	118.1	2.89	60
	화학과	19	20	다군	682.5	78.30	118.6	3.08	33	23	다군	670.1	227.1	116.7	3.17	68
	스포츠융합	22	21	다군	284.3	71.62	114.6	3.45	19	22	다군	210.3	126.0	109.1	3.69	6
자연 합계		442	464		667.5	236.9	119.6	2.93	611	459		654.4	236.9	118.2	2.90	1024

*정시다군: 스포츠융합 국탐2

2023 대학별 수시모집 요강 | 국민대학교

정시표준 인문 30:30:20:20 자연 20:30:20:30
영어 인/자: 100-98-95-90-85...

▶교과반영 (교과전형)
 인: 국영수사(史/도)
 자: 국영수과
▶전학년 100%
▶이수단위 적용
▶진로선택 미반영
▶졸업자도 내신 5학기 적용

1. 2023 전형안정화 전형변화요소 거의 없음
2. 2023 소프트웨어종합전형→특기자전형으로 분리 이동
3. 빅데이터경영: 인문자연 분리모집 지속
4. 학생 특성과 장점 기록당부 ★ 스토리텔링
5. 국민프런티어 글로벌인문 외고 자사고 지원합격증가
6. 2023 정시수능 반영지표 백분위→표준점수 변경
7. 2023 정시수능 인문 비율변경: 국수영탐2 30:30:20:20
 자연 유지 국수영탐2 20:30:20:30

▶국민대 2022 지난해 신설 4개학과 주목★
1. 미래 모빌리티학과 (독립학부)
 ①UAM/드론, 딜리버리로봇, 퍼스널 모빌리티, Taas/Mass
 ②차세대 이동수단 개발 및 실현융합형 창의인재양성 목표
2. AI 빅데이터융합경영학과
3. 인공지능학부 (SW융합대학)
4. AI 디자인학과 (조형대학)

2022.06.13. 월 ollim

모집시기	전형명	사정모형	학생부종합 특별사항	2023 수시 접수기간 09. 13(화) ~17(토)	모집인원	학생부	논술	면접	서류	기타	2023 수능최저등급
2023 정원내 수시 1,608명 (66.8%) 정시 801명 (33.2%) 전체 2,409명 2022 수시 2,062명 (69.5%) 정시 904명 (30.5%) 전체 2,966명	교과성적 우수자 (학교장추천)	일괄	학생부교과 학교장추천 추천 무제한 최종 12.15(목) 인: 국영수사 (史/도) 자: 국영수과	1. 학교장추천제, 인원무제한 2. 2023 전년대비 1명 감소 3. 수능최저 전년과 동일 4. 학교장추천서 입력 2022.09.19(월)~23(금)	409 인165 자244 2022 410	교과 100					인: 2개합 5 (탐1) 자: 2개합 6 (과1) *수학 무제한
	학교생활 우수자	일괄	학생부종합 자소서제출 ~09.18(일) 최종 12.15(목)	1. 서류일괄 종합전형 2. 2023 전년대비 14명 감소 ▶2023 학업의지/학교생활 1. 자기주도성(수업) 30점★ 2. 발전가능성 20점★ 3. 전공적합성 학업능력 15점 4. 전공잠재력 25점 5. 인성 공동체의식협동 10점	383 인148 자235 2022 397	서류 100					최저 없음
	국민 프런티어	1단계	학생부종합 자소서제출 ~09.18(일)	▶2023 학업의지/학교생활 1. 자기주도성(수업활동) 30★ 2. 발전가능성 20점★ 3. 전공적합성 학업능력 40점 ①전공잠재력 25점 ②학업능력 15점 4. 인성 공동체의식협동 10점	646 인165 자244 예체30 2022 645	서류 100 (3배수)					최저 없음
		2단계	1단계 11.23(수) 면인 11.26(토) 면자 11.27(일) 최종 12.15(목)			1단계 70 면접 30					
	고른기회1 국가보훈대상자 사회배려대상자	1단계	학생부종합 자소서제출 ~09.18(일)	1. 국가보훈대상자 2. 기초수급 및 차상위자녀등 3. 교과비교과 충실수행 자기주도성, 도전정신 전공적합성, 인성 평가	122 2022 104	서류 100 (3배수)					최저 없음
		2단계	1단계 11.30(수) 면접 12.03(토) 최종 12.15(목)			1단계 70 면접 30					
	고른기회2 (정원외)	일괄	학생부종합 자소서제출 ~09.18(일) 최종 12.15(목)	1. 기초수급 및 차상위 자녀 (고른기회1과 중복가능) 2. 자기주도성, 도전정신 전공적합성, 인성 평가	57 인 26 자 31	서류 100					최저 없음
	어학특기자 소프트웨어	1단계	학생부종합 자소서제출 1단계 11.01(화) 면접 11.05(토) 최종 11.15(화)	영어 토익900 IBT95 텝452 일어 JLPT N1급 SW특기 및 입상실적 반영자 면접: 한국어+외국어 250점 기타 기능/건축디자인/미술	어학 42 2022 42	어학/입상100 (8배/3배수) 교과30 면접50 어학/입상20			소프트웨어특기자전형 입상대회 규모와 입상 순위 등이 중요 본래의 SW전형과 다른 실무 선호의 전형이며 특성화고 최다합격		최저 없음 2023 기타전형 생략 농어100 특성졸156 실기172 취업 20 등

2021 대학별 수시모집 요강	국민대학교		2021 대입 주요 특징	정시백분 인문 30:20:20:30 자연 20:30:20:30
				영어 인/자: 100-98-95-90-85...

모집시기	전형명	사정모형	학생부종합 특별사항	2021 지지난해 참고	모집인원	학생부	논술	면접	서류	기타	2021 수능최저등급
2021 수시 2,068명 (63.9%) 정시 1,170명 (36.1%) 전체 3,238명 2020 수시 2,070명 (63.9%) 정시 1,168명 (36.1%) 전체 3,238명	학생부교과 (교과성적우수)	일괄	학생부교과 교과100% 인: 국영수사 (史/도) 자: 국영수과 동일비율	1. 인 3명감소, 자 9명증가 2. 수능최저변화: 영어포함★ ▶국수탐1→국수영탐1 인: 2개합6→ 2개합5 (탐1) 자: 2개합7→ 2개합6 (탐1) 수가나/과	463 인178 자285 2020 457 인181 자276	교과 100					1. 2020 성적 상승요인: 단계전형 일괄100% 변화 2. 2020 성적 하락요인: 수능최저 신설, 영어제외 2개합 6/7 3. 2020 최종 전망올림: 인문최저 2.55, 자연최저 2.70 사실상 교과전형 변화에 따른 변수는 크지않을 전망 ■ 2019 교과단계전형 입학결과 (최고-평균-최종) ▶ 인문: 경쟁률 6.54, 최종 1.77-2.11-2.48 ▶ 자연: 경쟁률 8.19, 최종 1.81-2.28-2.64
	학교장추천 (교과서류일괄)	일괄	학생부종합 학교장추천 추천제한없음 자소서제출 최저/면접없음 인: 국영수사 (史/도) 자: 국영수과 동일비율	▶2021 학업의지/학교생활 1. 자기주도성(수업) 30점★ 2. 발전가능성 20점★ 3. 전공합성 학업능력15점 4. 전공잠재력 25점 5. 인성 공동체의식협동10점	318 인142 자176 2020 324 인144 자180	교과 30 + 서류 70					1. 전공적합성보다 수업내활동과 발전가능성이 더 중요 2. 내신 4등급까지 불과 4점차, 진정성있는 세특기록중요 ■ 지원자 대비 충원포함 총합격률 - 인문 ollim ▶1.51~2.00등급: 62.3% (지원 220명 / 합격 137명) ▶2.01~2.50등급: 37.9% (지원 420명 / 합격 159명) ▶2.51~3.00등급: 16.9% (지원 183명 / 합격 31명) ▶3.01~3.50등급: 10.3% (지원 058명 / 합격 6명) ■ 지원자 대비 충원포함 총합격률 - 자연 ollim ▶1.51~2.00등급: 79.6% (지원 220명 / 합격 137명) ▶2.01~2.50등급: 50.5% (지원 420명 / 합격 159명) ▶2.51~3.00등급: 27.1% (지원 183명 / 합격 31명) ▶3.01~3.50등급: 20.2% (지원 058명 / 합격 6명) ▶3.51~4.00등급: 6.15% (지원 065명 / 합격 4명)
	국민 프런티어	1단계	학생부종합 자소서제출	▶2021 학업의지/학교생활 1. 자기주도성(수업활동) 30★ 2. 발전가능성 20점★ 3. 전공적합성 학업능력 15점 4. 전공잠재력 25점 5. 인성 공동체의식협동 10점	596 인267 자329 2020 615 인260 자335 예 20	서류 100 (3배수)					■ 지원자대비 1단계합 →1단계대비 최초합 비율 인문 ▶1.51~2.00등급: 50.4%→50% (지원 103/최초합 26) ▶2.01~2.50등급: 42.5%→39.7% (최초합141) ▶2.51~3.00등급: 22.4%→26.7% (최초합67) ▶3.01~3.50등급: 9.98%→13.6% (최초합8)
		2단계				서류 70+ 면접 30					■ 지원자 대비 1단계합 →1단계대비 최초합 비율 자연 ▶1.51~2.00등급: 52.9%→77.8% (지원 34/최초합14) ▶2.01~2.50등급: 65.2%→47.4% (최초합 110) ▶2.51~3.00등급: 40.7%→29.4% (최초 143) ▶3.01~3.50등급: 21.5%→18.8% (최초합 39) ▶3.51~4.00등급: 11.9%→18.0% (최초합 9)

< 국민대 입시리포트 2019~20 요약 올림 >

■ 국민대 종합전형 2019~2020
1. 학교장추천
2. 국민프런티어
3. 고른기회1,2

1. 모집단위 크면 당연히 유리한 변수 발생 주목
2. 성적 편차가 큰 이유는 특목고등 아닌 면접차이
3. 대학의 미등록사태 지속 등에 대한 진정성 숙고 대학
   ① 다양한 편법 동원한 기술적 합격사례 다양성 고민
   ② 동아리 진로 등 핵심키워드 학생부자소서 부정적
   ③ 종합전형 모두 내신에 절대적으로 의존않음
   ④ 3-1학기 지원동기와 진로변경 사유 등을
      자소서 4번에 전부 할애하는 경우 매우 부정적임
      1,2학년 과정을 스스로 무시하는 경향으로 판단
4. 진로희망 사유 등 학생부 기록된대로의 평가 내용을
   신뢰할 수 없는 딜레마
   - 성적하락이유 변경사례 부정적
5. 면접대비 중요성 강조 - 일단 당황하지 않을 것 요청
6. 교과전형에 비해 면접과 성적하락 크면 <학교장>추천
7. 인천 27개 고교지원자 42명 중 33명 통과, 최초 5명
8. 2단계 면접준비시 메모 등 기록할 수 없음
9. 학교장추천 오히려 교과에 비해 성적하락가능성 높음
10. 국어 세특 <함축적 의미를 잘 아는> 것에 대해
    사회학과 지원시 무의미하지만,
    광고홍보 지원시 중요함

11. 수학 세특 <실생활에 응용한> 수학통계이론 심화확장
    수학 증명과 통계수치 등을 통한 학급내 활동 사례 좋음
12. 국민대 국어국문, 자동차공학, 소프트웨어 최고학과
13. <언론정보 미디어학과> 3배수내 서류수준 거의동일
14. PPT 등을 통한 학생 수업사례발표와 장점 부각 식상함
15. R&E의 높은 수준에 비례한 면접탈락 가능성
16. 무엇을 했다 는 열거보다 중요한 과정 중요성 재차강조
17. <수업시간 모습을 통한 학생의 장점 연결>구체화부족
18. 교육과정 우수성이 개별학생 합격을 절대 보장 못함
19. 프런티어 전형의 추합과 미등록 증가 추세 뚜렷함
20. 전공적합성이 내신을 충분히 극복하는가 <질문 올림>
    → 일정 패턴의 경향성 없는 문제점으로 답변 고민중

※ 국민대학교 2019 - 세상을 바꾸는 TEAM형 인재양성
▶ Think : 생각이 깊은 인재
▶ Express : 남을 이해하며 나를 표현하는 인재
▶ Act : 배움을 실천하는 인재
▶ Make : 사회적 가치를 창조하는 인재

2022 교과성적우수 (인문)

★ 국민대 최저 있음

▶ 교과100%
▶ 국수탐1 중 (영어 제외)
　인: 2개합 6 (탐1)
　자: 2개합 7 (탐1)
　수가나/과

▶ 인문 내신반영: 국영수사+도덕 /국사
▶ 자연 내신반영: 국영수과

		2023 최저 있음	모집 인원	경쟁률	추합 인원			최고	50%컷	70%컷
글로벌 인문 지역 대학	한국어문 국어국문	9	8	12.3	17				2.28	2.34
	한국어 글로벌한국	2	2	9.00	4				2.89	2.89
	영어영문학부	6	6	16.8	10				2.10	2.21
	중국학 중국어문	7	7	14.1	13				2.42	2.42
	중국학 중국정경	3	3	14.3	2				2.28	2.28
	한국역사학과	9	9	11.4	25				2.48	2.48
사회 과학 대학	러시아유라시아	4	4	14.0	10				2.47	2.62
	일본학과	4	4	13.8	6				2.47	2.51
	행정학과	10	10	26.9	18				2.16	2.16
	정치외교학과	7	7	14.4	8				2.10	2.10
	사회학과	5	5	16.0	9				2.35	2.53
	미디어광고미디어	8	6	43.8	13				2.08	2.09
	미디어 광고홍보학	6	7	19.3	12				2.12	2.15
	교육학과	4	4	11.0	17				2.24	2.24
법과대	법학부	19	19	21.0	27				2.23	2.32
경상 대학	경제학과	7	7	13.3	23				2.52	2.61
	국제통상학과	10	11	19.3	41				2.38	2.42
경영 대학	경영학부	13	13	20.0	53				1.99	1.99
	AI 빅데이터경영	8	8	14.4	12				2.25	2.35
	경영정보 인문	7	7	14.7	19				2.19	2.35
	재무금융 재무금융	5	5	13.2	13				2.46	2.70
	재무금융 회계학	5	5	14.4	4				2.26	2.26
합계		158	157	16.7	356				2.31	2.36

2021 교과성적우수 (인문)

▶ 인문 내신반영: 국영수사+도덕 /국사
▶ 자연 내신반영: 국영수과

모집 인원	경쟁률	추합 인원		최고	평균	최저
8	8.38	27		1.80	2.18	2.39
2	10.0	0		-	-	-
8	5.88	18		2.19	2.47	2.94
9	9.89	30		1.89	2.25	2.36
4	7.75	6		2.25	2.39	2.60
12	5.25	13		1.98	2.21	2.50
5	11.8	11		2.00	2.15	2.29
6	7.00	15		1.25	2.28	2.90
13	5.15	24		1.78	2.82	6.93
13	6.38	25		1.79	2.14	2.43
7	5.14	18		1.28	1.83	2.35
8	6.63	12		2.36	3.31	4.21
7	5.29	12		1.89	2.21	2.93
5	7.40	21		1.88	2.09	2.40
19	5.16	37		1.86	2.63	3.82
10	10.8	36		1.94	2.08	2.17
10	5.60	22		1.83	2.44	3.03
13	10.8	67		1.64	2.05	2.50
4	8.75	15		1.75	1.93	2.03
5	6.20	10		2.05	2.15	2.26
5	10.0	11		2.07	2.11	2.16
5	7.20	15		1.86	2.51	3.13
178	7.56	445		1.87	2.30	2.87

2022 교과성적우수 (자연)

★ 국민대 최저 있음

		모집 인원	모집 인원	경쟁률	추합 인원			최고	50%컷	70%컷
경영	AI 빅데이터경영	7	7	9.00	11				2.26	2.33
창의 공과 대학	신소재 기계금속재료	10	10	8.40	23				2.36	2.45
	신소재 전자화학재료	10	10	9.60	27				2.06	2.08
	기계공학 기계시스템	23	24	12.3	62				2.33	2.38
	기계공학 융합기계공									
	기계공학 에너지기계									
	건설시스템공학부	15	16	10.5	22				2.56	2.59
	지능형반도체융합	21	23	10.7	63				2.21	2.26
	전자공 전자시스템	17	14	11.0	25				2.18	2.33
	전자공 지능전자공	9	8	10.5	12				2.37	2.44
소프트	소프트웨어학부	23	23	11.9	39				2.03	2.09
	SW 인공지능	11	11	9.27	11				2.45	2.50
자동차 융합	자동차공학과	19	20	9.80	47				2.27	2.34
	자동차IT융합학과	10	10	8.70	33				2.08	2.12
과학 기술 대학	산림환경시스템	7	7	14.3	11				2.36	2.48
	임산생명공학과	7	7	10.9	14				2.12	2.18
	나노전자물리학과	9	9	8.22	26				2.43	2.48
	응용화학부 나노	8	8	8.88	18				2.07	2.22
	응용화학부 바이오	6	6	10.3	12				1.86	1.87
	식품영양학과	5	5	10.0	4				2.21	2.39
	정보보안암호학	8	8	8.13	19				2.32	2.40
	바이오발효융합	7	7	8.86	19				1.88	1.97
건축대	건축학부	14	15	8.67	22				2.09	2.15
독립	미래모빌리티	5	5	9.40	3				2.41	2.43
합계		251	253	9.97	523				2.22	2.29

2021 교과성적우수 (자연)

모집 인원	경쟁률	추합 인원		최고	평균	최저
4	6.75	14		1.67	1.90	2.12
15	6.20	23		2.12	2.30	2.58
15	6.07	37		1.77	2.15	2.71
15	6.60	42		1.83	2.23	2.61
10	6.20	32		2.15	2.52	2.89
9	6.67	14		2.14	2.50	2.75
21	9.95	53		2.13	2.53	2.79
14	6.79	45		2.08	2.25	2.45
14	8.29	54		1.99	2.36	2.59
8	11.9	17		2.18	2.42	2.57
25	11.0	74		1.36	2.05	2.33
신설						
25	4.80	43		1.75	2.03	2.99
14	5.36	21		1.56	1.93	2.22
10	6.80	17		2.43	2.52	2.73
9	11.3	19		2.13	2.29	2.38
12	9.00	22		2.13	2.44	2.59
11	7.55	19		1.96	2.11	2.26
7	10.9	21		1.64	1.80	1.89
10	8.00	30		2.07	2.28	2.47
11	7.00	33		1.93	2.18	2.28
10	9.00	22		1.89	2.02	2.19
14	7.64	31		1.88	2.08	2.25
신설						
283	7.90	683		1.96	2.24	2.50

2022 학교생활우수(인문)

★ 국민대 수능최저 없음

▶학생부 종합 정성평가
1. 자기주도성
2. 도전정신
3. 전공적합성
4. 인성 평가

▶교과30%+서류70%, 일괄전형

		2023 모집인원	모집인원	경쟁률	추합인원	최고	50%컷	70%컷
글로벌인문지역대학	한국어문 국어국문	5	5	6.60	6		2.39	2.58
	한국어 글로벌한국	1	1	6.00	1			
	영어영문학부	11	12	4.92	14		2.66	2.88
	중국학 중국어문	7	7	4.57	6		5.45	5.63
	중국학 중국정경	3	5	5.20	4		3.36	3.43
	한국역사학과	11	11	5.09	11		2.57	2.98
사회과학대학	러시아유라시아	6	6	5.00	3		5.00	5.47
	일본학과	4	4	6.00	3		3.98	6.73
	행정학과	13	13	5.46	11		2.11	2.33
	정치외교학과	8	8	6.25	14		2.43	2.55
	사회학과	8	8	6.25	13		2.21	2.86
	미디어광고미디어	2	6	10.7	8		2.45	2.48
	미디어 광고홍보학	1	2	12.0				
	교육학과	8	8	6.00	9		2.32	2.67
법과대	법학부	16	16	4.69	17		2.55	2.72
경상대학	경제학과	14	14	5.29	18		2.80	2.97
	국제통상학과	10	10	5.60	17		2.60	2.80
경영대학	경영학부	4	5	9.20	5		2.62	2.94
	AI 빅데이터경영	2	3	6.33	2			
	경영정보 인문	5	6	8.00	6		2.39	2.47
	재무금융 재무금융	4	4	5.50	6		2.49	2.82
	재무금융 회계학	4	4	6.00	6		2.44	2.55
합계		147	142	6.39	180		2.89	3.26

2021 학교장추천 (인문)

★ 국민대 수능최저 없음

▶학생부 종합 정성평가
1. 자기주도성
2. 도전정신
3. 전공적합성
4. 인성 평가

▶교과30%+서류70%, 일괄전형

		모집인원	경쟁률	추합인원	최고	평균	최저
글로벌인문지역대학	한국어문 국어국문	5	3.60	8	1.99	2.49	2.95
	한국어 글로벌한국	-	-	-	-	-	-
	영어영문학부	10	5.50	34	2.24	2.39	2.53
	중국학 중국어문	5	3.60	6	2.23	2.60	2.74
	중국학 중국정경	4	2.75	3	2.01	2.46	2.89
	한국역사학과	8	5.50	15	1.97	2.28	2.76
사회과학대학	유라시아학과	5	2.80	4	*2.22*	2.69	3.35
	일본학과	4	4.25	5	1.83	2.35	2.76
	행정학과	12	4.17	18	1.99	2.16	2.44
	정치외교학과	7	3.29	10	1.92	2.26	2.96
	사회학과	6	4.17	6	1.75	2.06	2.31
	언론정보 미디어	4	5.50	*8*	1.8	1.95	2.21
	언론정보 광고홍보	2	9.00	4	2.02	2.09	2.17
	교육학과	7	9.71	19	1.62	1.94	2.18
법과대	법학부	16	4.94	24	2.08	2.39	2.76
경상대학	경제학과	11	6.09	31	2.10	2.41	3.03
	국제통상학과	11	5.18	33	2.04	2.42	2.74
경영대학	경영학부	6	10.7	23	1.53	2.00	2.49
	경영 빅데이터경영	3	5.33	3	1.33	1.78	2.09
	경영정보학부	6	5.67	12	2.23	2.52	2.78
	파이낸스 보험경영	5	4.00	10	2.41	2.95	3.62
	파이낸스 회계학	5	4.40	17	2.13	2.52	2.93
합계		142	5.24	293	1.97	2.32	2.70

2022 학교생활우수(자연)

★ 국민대 수능최저 없음

		2023 모집인원	모집인원	경쟁률	추합인원	최고	50%컷	70%컷
경영	AI 빅데이터경영	1	2	6.00				
창의공과대학	신소재 기계금속재료	15	15	4.27	2		3.10	3.59
	신소재 전자화학재료	15	15	3.60	18		2.62	2.91
	기계공학 기계시스템	35	36	3.53	40		3.31	3.54
	기계공학 융합기계공							
	기계공학 에너지기계							
	건설시스템공학부	15	15	4.00	16		3.57	4.29
	전자공 융합전자공	17	17	4.18	23		2.83	2.86
	전자공 전자시스템	12	13	4.23	13		2.72	3.19
	전자공 지능전자공	6	6	4.17	1		2.67	2.83
소프트	소프트웨어학부	7	7	7.29	11		3.09	3.28
	SW 인공지능	3	3	6.00	4			
자동차융합	자동차공학과	18	18	3.06	6		2.86	3.26
	자동차IT융합학과	11	11	3.18	7		3.34	3.50
과학기술대학	산림환경시스템	8	8	4.50	5		2.71	3.13
	임산생명공학과	7	7	5.00	2		2.57	2.99
	나노전자물리학과	9	9	4.44	12		3.30	3.72
	응용화학부 나노	8	8	4.63	5		2.82	2.93
	응용화학부 바이오	6	6	6.17	8		2.19	2.22
	식품영양학과	9	9	4.44	10		2.98	2.99
	정보보안 암호수학	10	10	3.50	10		2.83	2.96
	바이오발효융합학	8	8	5.38	02		2.64	2.80
건축대	건축학부	11	11	6.64	17		2.41	2.54
독립	미래모빌리티	5	5	5.00	1		2.89	3.73
합계		236	239	4.69	222		2.87	3.16

2021 학교장추천 (자연)

★ 국민대 수능최저 없음

		모집인원	경쟁률	추합인원	최고	평균	최저
		1	2.00	1	-	-	-
창의공과대학	신소재 기계금속재료	10	2.90	9	2.36	2.59	2.85
	신소재 전자화학재료	10	3.40	15	2.10	2.35	2.75
	기계공학 기계시스템	10	3.80	24	1.95	2.49	3.22
	기계공학 융합기계공	9	2.56	*14*	2.47	2.85	3.23
	기계공학 에너지기계	7	2.29	7	2.14	2.62	3.30
	건설시스템공학부	10	6.10	2	2.46	2.92	3.48
	전자공 융합전자공	14	2.64	23	2.13	2.71	3.46
	전자공 전자시스템	13	2.54	13	2.36	2.67	3.17
	전자공 에너지전자용	6	2.33	3	2.46	3.11	3.69
소프트	소프트웨어학부	15	6.87	44	1.98	2.43	2.88
	신설						
자동차융합	자동차공학과	12	12.0	12	2.19	2.53	3.16
	자동차IT융합학과	7	4.43	8	2.14	2.44	2.67
과학기술대학	산림환경시스템	5	4.60	6	2.07	2.46	2.67
	임산생명공학과	5	6.00	*3*	2.17	2.40	2.66
	나노전자물리학과	6	7.67	14	2.61	2.83	3.01
	응용화학과	5	4.40	11	2.08	2.14	2.25
		3	8.00	3	1.84	1.89	1.95
	식품영양학과	5	7.40	7	2.42	2.53	2.85
	정보보안 암호수학과	7	3.29	3	2.25	2.48	2.70
	바이오발효융합학과	5	11.0	8	2.03	2.31	2.47
건축대	건축학부	11	7.18	22	2.14	2.34	2.56
	신설						
합계		176	5.15	252	2.21	2.53	2.90

2022 국민프런티어 (인문) / 2021 국민프런티어 (인문)

★ 국민대 수능최저 없음

▶종합 정성평가
1. 자기주도성 2. 도전정신
3. 전공적합성 4. 인성평가

2022: ▶1단계: 서류100 (3배수)　▶2단계: 서류70+면접30
2021: ▶1단계: 서류100 (3배수)　▶2단계: 서류70+면접30

대학	학과	2023 모집인원	2022 모집인원	경쟁률	추합인원	최고	50%컷	70%컷	2021 모집인원	경쟁률	추합인원	최고	평균	최저
글로벌인문지역대학	한국어문 국어국문학	8	8	7.00	5		2.52	2.70	8	13.4	7	2.03	2.35	2.70
	영어영문학부	17	17	7.76	8		2.80	3.09	17	8.65	19	2.04	2.63	3.70
	중국학 중국어문	9	9	6.89	6		5.40	5.91	9	7.89	6	2.66	3.76	5.48
	중국학 중국정경	10	10	7.80	5		2.99	3.31	10	7.90	5	2.67	3.53	5.21
	한국역사학과	11	12	10.1	6		2.73	2.81	14	12.2	6	2.19	2.74	5.75
사회과학대학	유라시아학과	7	7	12.9	7		4.36	4.69	7	7.29	2	5.03	5.95	6.63
	일본학과	7	8	8.25	7		3.18	5.18	6	12.7	8	2.83	3.84	5.08
	행정학과	17	17	8.59	9		2.54	2.72	17	10.2	7	2.20	2.53	3.27
	정치외교학과	14	14	9.50	9		2.53	2.57	14	7.71	13	2.05	2.73	4.41
	사회학과	10	10	14.4	11		2.65	2.73	10	19.4	9	2.47	2.88	3.68
	미디어광고미디어	9	7	17.9	6		2.11	2.13	7	17.9	5	2.02	2.20	2.44
	미디어 광고홍보학	7	6	34.2	1		4.58	4.81	6	27.5	77	2.16	3.17	4.60
	교육학과	9	9	14.1	8		2.38	2.41	9	13.6	9	1.98	2.70	5.53
법과대	법학부	29	27	7.19	12		2.74	2.93	27	6.81	13	2.27	2.91	5.53
경상대학	경제학과	13	13	5.54	10		2.58	2.61	13	5.69	9	2.18	2.51	3.05
	국제통상학과	10	10	11.5	4		2.71	2.84	10	13.0	7	2.08	3.16	5.11
경영대학	경영학부	29	31	13.6	24		2.42	2.73	29	12.1	32	1.79	2.68	4.28
	AI 빅데이터경영	12	12	8.33	4		3.02	3.06	7	7.43	5	2.45	3.11	5.98
	글로벌경영	5	7	11.0	2		3.16	3.18	5	6.00	1	3.04	4.59	6.45
	경영정보학부	7	5	13.0			5.11	6.09	12	12.4	6	2.38	3.46	5.97
	재무금융 재무금융	14	14	5.43	4		3.12	3.30	14	4.86	2	2.38	3.41	5.16
	재무금융 회계학	13	13	5.23	6		2.94	3.15	13	3.85	7	2.24	2.73	3.23
	합계	267	266	10.9	154		3.12	3.41	264	10.8	255	2.42	3.16	4.69

2022 국민프런티어 (자연) / 2021 국민프런티어 (자연)

★ 국민대 수능최저 없음

대학	학과	2023 모집인원	2022 모집인원	경쟁률	추합인원	최고	50%컷	70%컷	2021 모집인원	경쟁률	추합인원	최고	평균	최저
경영	AI 빅데이터경영	8	8	7.13	7		2.95	3.10	6	14.0	4	2.35	2.62	3.16
	경영정보 자연	7	7	5.86	5		3.28	3.47	3	5.67	3	3.48	3.75	3.94
창의공과대학	신소재 기계금속재료	15	15	4.40	14		2.77	2.84	15	5.07	14	2.14	2.91	4.57
	신소재 전자화학재료	15	15	7.40	10		2.63	2.75	15	7.93	15	2.07	2.83	7.07
	기계공학 기계시스템	49	50	5.14	66		2.99	3.12	25	11.1	18	2.45	2.81	3.31
	기계공학 융합기계공								15	8.0	14	2.48	3.07	6.79
	기계공학 에너지기계								10	6.00	10	2.64	2.89	3.51
	건설시스템공학부	15	15	5.47	21		3.03	3.24	15	8.33	19	2.77	3.12	3.53
	전자공 융합전자공	24	24	4.63	33		2.82	3.13	24	6.25	21	2.03	2.73	3.33
	전자공 전자시스템	24	24	5.29	22		3.01	3.11	24	6.04	28	2.29	3.01	3.69
	전자공 지능전자공	12	12	4.50	7		2.75	2.89	12	5.75	13	2.57	2.93	3.61
소프트	소프트웨어학부	25	25	13.4	25		2.69	3.05	35	14.5	35	1.99	2.85	4.04
소프트	SW 인공지능	13	13	9.85	23		3.16	3.43	신설					
자동차 융합	자동차공학과	18	19	5.11	10		2.59	2.63	19	7.63	11	2.36	2.63	2.89
	자동차IT융합학과	11	11	5.18	9		2.89	3.11	11	4.36	6	2.30	2.73	3.13
과학기술대학	산림환경시스템	9	9	7.44	5		2.71	2.75	9	9.00	7	2.73	2.98	3.38
	임산생명공학과	10	10	6.70	8		2.64	2.69	10	10.1	6	2.21	2.55	2.87
	나노전자물리학과	11	11	3.91	6		3.07	3.24	11	8.45	5	2.56	2.81	3.29
	응용화학부 나노	13	12	7.83	10		2.56	2.70	12	13.5	10	2.13	2.79	6.44
	응용화학부 바이오	11	11	9.27	3		2.17	2.20	7	15.6	3	1.90	2.11	2.28
	식품영양학과	10	10	9.00	9		2.72	3.08	9	12.3	6	2.31	2.71	3.14
	정보보안 암호수학	12	12	4.50	9		2.90	3.07	12	6.17	9	2.44	2.80	3.33
	바이오발효융합학과	11	11	13.6	4		2.53	2.61	11	28.8	5	2.32	2.67	3.07
건축대	건축학부	18	18	15.0	8		2.75	3.06	19	14.2	9	2.13	3.04	6.18
독립	미래모빌리티	8	8	5.63	3		3.30	3.68	신설					
	합계	349	350	7.23	317		2.82	3.00	329	9.95	271	2.38	2.84	3.94

142

2022 정시수능 (인문)

인문 30:20:20:30 백분위 반영 자연 20:30:20:30 영어 100-98-95-90-85		지원 현황			백분위 평균	
		인원	경쟁률	충원	최종평균	70% 컷
글로벌인문지역대학	한국어문-국어국문학	13	15.1	9	83.0	869.50
	한국어문-글로벌한국					
	영어영문학부	26	9.20	17	83.2	868.50
	중국학 중국어문	16	7.80	10	81.8	858.50
	중국학 중국정경	11	10.60	9	81.8	861.00
	한국역사학과	21	9.80	15	82.0	859.50
사회과학대학	유라시아학과	12	5.50	2	81.5	859.50
	일본학과	11	7.20	5	82.2	859.50
	행정학과	27	4.60	11	82.7	866.50
	정치외교학과	15	5.50	8	82.2	862.00
	사회학과	13	4.40	7	83.3	866.00
	미디어광고미디어	7	5.40	4	83.2	879.50
	미디어 광고홍보	12	7.80	4	84.5	885.00
	교육학과	13	4.20	7	83.0	867.00
법과대	법학부	40	9.70	28	83.8	877.50
경상대학	경제학과	23	4.80	11	84.0	873.50
	국제통상학과	22	4.50	13	83.2	871.50
경영대학	경영학부	49	4.60	24	84.5	880.50
	경영 빅데이터경영	18	8.70	14	85.5	892.50
	글로벌경영	10	9.70	5	85.2	887.00
	경영정보학부	12	5.30	3	84.0	874.00
	재무금융 재무금융	22	5.00	9	83.5	870.00
	재무금융 회계학	23	4.30	8	82.8	869.50
건축대	건축학부(인문)	7	10.3	6	85.7	893.50
합계		416	6.99	223	83.22	870.82

2021 정시수능 (인문)

인문 30:20:20:30 자연 20:30:20:30 영어 100-98-95-90-85		지원 현황			백분위 평균	
		인원	경쟁률	충원	최종평균	70% 컷
글로벌인문지역대학	국어국문학	16	6.63	47	89.67	89.15
	글로벌한국	2	11.0	5	88.35	88.55
	영어영문학부	27	6.89	81	89.66	89.45
	중국어문	16	6.13	25	89.26	89.00
	중국정경	11	7.18	23	88.53	88.10
	한국역사학과	20	5.50	42	89.47	89.15
사회과학대학	유라시아학과	11	4.64	14	89.42	89.20
	일본학과	10	4.00	14	88.93	88.10
	행정학과	26	3.65	30	89.97	89.60
	정치외교학과	10	3.50	9	90.27	90.20
	사회학과	16	4.19	32	90.11	89.90
	언론 미디어	8	4.88	11	90.90	90.65
	언론 광고홍보	11	9.09	9	90.00	90.95
	교육학과	13	5.23	16	90.26	89.90
법과대	법학부	41	6.32	105	90.43	89.75
경상대학	경제학과	27	3.48	48	91.04	90.85
	국제통상학과	22	5.05	40	90.50	90.30
경영대학	경영학부	50	3.62	53	90.91	90.55
	빅데이터경영	11	4.73	14	91.87	91.60
		-	-	-	-	-
	경영정보학부	20	3.80	20	90.91	90.65
	파이 보험경영	22	4.91	17	89.82	89.45
	파이 회계학	24	3.50	28	90.32	90.05
합계		414	5.36	683	90.03	89.78

2022 정시수능 (자연)

		인원	경쟁률	충원	최종평균	80% 컷
경영	경영 빅데이터경영	10	9.20	11	84.0	855.50
	경영정보 자연	12	4.70	6	83.0	859.50
창의공과대학	신소재 기계금속재료	17	4.90	9	83.2	859.50
	신소재 전자화학재료	18	4.90	8	83.0	859.00
	기계공학 기계시스템	51	4.00	22	83.8	864.50
	기계공학 융합기계공					
	건설시스템공학부	21	4.70	14	81.3	847.00
	전자공 융합전자공	30	6.20	15	84.5	871.50
	전자공 전자시스템	28	6.60	16	85.7	877.50
	전자공 지능전자공	16	4.30	3	83.3	866.00
소프트	소프트웨어학부	37	3.80	16	85.8	883.50
	SW 인공지능	17	5.50	12	85.7	879.00
자동차융합	자동차공학과	20	4.70	10	86.5	886.50
	자동차IT융합학과	12	4.60	4	87.8	895.00
과학기술대학	산림환경시스템	12	9.30	10	82.0	850.50
	임산생명공학과	11	7.90	11	82.0	848.50
	나노전자물리학과	10	9.10	9	81.7	845.00
	응용화학부 나노	13	5.50	9	82.5	856.50
	응용화학부 바이오	10	4.90	9	84.8	870.50
	식품영양학과	9	5.20	4	79.8	844.00
	정보보안암호수학과	12	4.30	7	83.8	868.50
	바이오발효융합학과	12	4.80	7	82.2	860.50
건축대	건축학부(자연)	13	8.30	8	84.7	873.00
독립	미래모빌리티	10	5.00	4	85.5	877.00
합계		391	5.79	220	83.69	864.59

2021 정시수능 (자연)

		인원	경쟁률	충원	최종평균	80% 컷
경영	빅데이터경영	11	3.64	16	87.10	88.32
	경영정보 자연	5	4.00	6	88.14	88.09
창의공과대학	신소재 기계	17	3.94	21	88.01	86.61
	신소재 전자	19	2.95	24	88.34	87.80
	기계공 기계	27	3.70	61	83.88	85.13
	기계공 융합	17	3.12	18	86.56	86.32
	건설시스템	21	5.76	26	86.43	85.93
	융합전자공	34	4.47	51	86.01	83.60
	전자시스템	32	4.72	84	88.21	88.36
	에너지전자융	19	4.05	29	88.81	88.20
소프트	소프트웨어	43	3.95	58	90.23	89.69
자동차융합	자동차공학과	20	3.60	36	89.79	89.02
	자동차IT융합	12	3.25	15	91.99	92.06
과학기술대학	산림환경	12	6.42	26	86.64	85.85
	임산생명공	11	7.18	54	86.30	86.09
	나노전자물리	11	5.27	29	81.35	82.30
	응용화학 나노	13	6.31	39	88.12	88.26
	응용화학 바이	7	5.57	22	84.00	87.77
	식품영양학과	9	3.00	12	84.14	83.79
	정보보안암호	15	4.87	31	88.69	87.87
	바이오발효	12	4.00	17	88.14	87.54
건축대	건축학부 자연	13	7.31	18	89.71	90.22
합계		380	4.59	693	87.30	87.22

2023 대학별 수시모집 요강	남서울대학교	2023 대입 수시 특징	정시 탐1+국수영 택2 수능80+교과20 영어 100-85-70-50-30 ... 탐20%+40%+40%

▶교과: 총 15개 반영★
국영수사과 중
학기당 3개씩 총 15개
▶학년 비율: 30:30:40
▶진로선택과목 반영
A=1.5 B=3.5 C=5.5
A=95점 B=75점 C=55점

1. 2023 내신 국영수사과 중 학기당 총 15개 반영 유지
2. 2023 학년 비율 30:30:40
3. 종합투트랙: 종합서류형, 종합면접형
4. 교과면접전형 주요 전략전형: 비대면 녹화영상면접

▶참고사항 2021~2023
1. 섬기는리더 1 지원시 인재상과 덕목 5가지 필독 활용할 것
2. 1학년 35학점 이수 전과 가능 (보건, 예체능 제외)
3. 정시 영어등급환산점수 주목: 2등급 85, 3등급 70, 4등급 50
4. 정보통신공 → 지능정보통신공, 국제유통 → 유통마케팅
   공간정보공학 → 드론공간정보공학

모집시기	전형명	사정모형	학생부종합 특별사항	2023 수시 접수기간 09. 13(화) ~ 17(토)	모집인원	학생부	논술	면접	서류	기타	2023 수능최저
2023 정원내 수시 2,074명	일반학생	일괄	학생부교과 최저 없음 최종 11.15(화) 국영수사과 중 학기당 3개 총 15개	1. 2023 교과전형 917명 모집 2. 교과 90+봉사출결 10	917	교과 100					최저 없음
	종합서류형	일괄	학생부종합 자소서없음 최종 11.15(화)	1. 2023 종합서류형 2. 인성 리더십 전공적합성	172	서류 100					최저 없음
	종합면접형	1단계	학생부종합 자소서없음 1단계 10.25(화) 면접 10.29(토) 최종 11.15(화)	1. 2023 종합면접형 2. 인성 리더십 전공적합성 <섬기는 리더 인재상 참고> 1. 자신과 타인을 사랑 - 봉사활동 꾸준실천★ 2. 섬김바탕 리더십 3. 관련분야재능열정 4. 교훈: 사랑, 창의, 봉사	21	서류 100					최저 없음
		2단계				1단계 70 + 면접 30					
	교과+면접	일괄	교과면접 면접 11.04(금) ~11.06(일) 최종 11.15(화) 국영수사과 중 학기당 3개 총 15개	비대면 녹화영상면접	420	교과 70 + 면접 30					최저 없음
	기초생활수급 및 차상위	일괄	교과면접 최종 11.15(화)	기초수급 및 차상위자녀 등 비대면 녹화영상면접	45	교과 70 + 면접 30					최저 없음
	지역인재	일괄	학생부교과 최종 11.15(화)	세종/대전/충남북 고교출신	133	교과 100					최저 없음
	사회배려자	일괄	학생부교과 최종 11.15(화)	1. 다문화 다자녀 대상자 2. 소방 경찰 군인 자녀	50	교과 100					최저 없음
	고른기회	일괄	학생부교과 최종 11.15(화)	1. 국가보훈관계 법령대상자 2. 기초차상위자 3. 서해5도	37	교과 100				성인친화형 만학자 취업자특별/농어촌 특성화고교졸/장애 생략	최저 없음

대학	학과	2023 모집인원	2022 모집인원	경쟁률	등급평균	등급편차	환산평균	환산편차	추합인원	모집군	2022 모집인원	경쟁률	과목1평균	표준편차	과목2평균	표준편차	추합인원
미래융합대학	가상증강현실융합학과	33	33	4.48	5.1	0.74	702.27	67.84	103		11	3.91	64.4	7.73	51.7	12.59	22
	지능정보통신공학과	42	34	5.26	5.5	0.4	654.49	37.74	98		31	3.16	59.6	12.05	47.9	8.39	37
	스마트팜학과	17															
공과대학	컴퓨터소프트웨어학과	42	34	15.29	4.6	0.32	755.35	21.1	173	다군	21	5.24	73	6.23	64.8	5.01	25
	전자공학과	40	34	9.12	4.8	0.35	735.52	33.74	113		25	3.40	65.9	11.42	53.6	7.27	23
	건축학과(5년제)	24	17	14.76	4	0.4	807.31	22.54	44		6	7.00	76	6.51	63	5.26	5
	건축공학과	28	23	8.00	4.7	0.48	739.1	34.74	63		8	3.75	73.8	4.84	55.9	8.71	7
	멀티미디어학과	40	34	7.35	4.6	0.51	753.86	33.3	111		16	3.81	68.7	5.82	52.4	8.37	24
	빅데이터경영공학과	35	29	5.38	5.5	0.45	658.31	47.25	86		19	3.89	63.6	8.63	48.2	6.06	24
	드론공간정보공학과	41	34	6.18	5.2	0.58	695.98	58.87	122		11	4.27	53.9	14.68	44.8	9.07	17
창조문화예술대학	시각정보디자인학과	64	50	8.04	5.2	0.64	132.27	14.9	51		40	4.75	47.1	18.94	39.6	15.02	32
	공간조형디자인학과	64	44	5.02	6	0.89	115.58	22.37	52		37	3.95	41.4	17.71	36.4	13.75	19
	영상예술디자인학과	59	46	17.17	5	0.89	136.14	19.49	113		36	5.11	52.1	20.42	41.6	17.22	59
	실용음악학과(기타)		2	3.50	7	0.46	95.59	7.09	3		14	6.86	42.8	25.78	24.4	11.96	25
	실용음악학과(보컬)		3	23.00	5.6	0.84	121.33	12.13	2								
	실용음악학과(작곡_기악미디)	17	2	12.00	6.2	0.54	109.17	8.17	0								
	실용음악학과(작곡_싱어송)		2	3.50	5.7	0.57	116.75	16.08	1								
	실용음악학과(피아노)		2	5.00	5.6	0.42	123.42	13.92	1								
글로벌상경대학	유통마케팅학과	33	28	8.57	5.2	0.52	707.63	37.42	75		10	4.40	64.1	9.02	48.2	4.26	11
	글로벌무역학과	33	25	5.52	5.3	0.53	684.24	50.41	99		19	3.79	63.3	9.59	55	8.23	18
	경영학과	34	31	14.52	4.5	0.45	761.74	24.87	183		10	5.80	76.1	7.48	67.1	4.93	3
	광고홍보학과	38	30	11.53	3.9	0.34	826.15	19.45	78		14	5.43	71.1	11	63.1	7.69	9
	호텔경영학과	33	24	9.96	4.7	0.76	730.97	57.34	126		17	2.94	55.4	11.29	46.6	7.56	13
	관광경영학과	33	24	8.71	4.9	0.37	730.18	44.55	100		20	3.35	60.5	8.46	49	5.52	25
	세무학과	28	22	4.86	4.6	0.67	733.56	66.91	63		18	2.17	56.6	17.69	47.8	14.73	16
	부동산학과	19	12	8.00	4.9	0.31	725.31	20.84	37		10	3.10	68.3	14.46	57	11.76	7
	스포츠비즈니스학과	38	27	8.15	5.4	0.57	252.94	24.76	43		22	9.68	61.4	14.59	52.7	12.73	16
	영어과	18	13	6.46	4.9	0.54	729.48	45.18	65		15	2.33	64.3	10.99	50.5	13.67	15
	일어일문학과	19	12	11.50	4.6	0.37	754.02	37.87	61		6	3.50	53.3	5.63	42.8	14.77	14
	중국학과	18	13	4.23	5.4	0.78	688.88	75.87	41	나군	21	1.71	44.1	16.04	36.7	14.54	15
보건의료복지대학	보건행정학과	44	36	17.00	4	0.4	812.27	20.71	101		10	6.50	72.1	4.46	68.6	1.11	12
	뷰티보건학과	19	15	9.20	4.2	0.57	785.88	50.71	54		5	3.40	58	7.65	52.3	2.49	7
	스포츠건강관리학과	38	27	10.74	5.2	0.62	268.01	25.28	48		23	10.43	65.3	12.26	55.1	10.49	19
	치위생학과	26	19	39.05	3.3	0.4	873.11	18.72	55		6	8.67	84.2	6.94	73.2	3.13	4
	물리치료학과	17	18	11.50	3.1	0.26	887.45	10.94	13		9	5.89	87.3	4.85	86.2	3.46	2
	간호학과	20	20	22.80	2.9	0.19	896.21	9.14	33		10	8.40	79.8	8.34	77	5.73	9
	임상병리학과	19	16	27.94	3.5	0.33	863.09	17.55	62		5	7.00	85	0	76.2	5.15	3
	응급구조학과	17	14	25.43	3.6	0.24	860.05	12.08	31		4	7.25	82.3	5.97	62.8	7.6	4
	아동복지학과	48	42	7.55	4.7	0.53	746.59	42.42	176		15	2.47	55.5	14.74	47.7	10.17	22
	사회복지학과	32	24	19.58	4.3	0.41	799.86	25.41	118		6	5.33	70.5	1.12	64.8	5.67	9
	휴먼케어학과	27	23	5.30	5.5	0.45	677.37	45.87	81		11	2.09	58.5	19.11	41.4	11.18	11
		1197	938	11.28	4.82	0.5	606.19	31.4	2879		561	4.85	64.43	10.6	54.06	8.8	583

		2022 지역인재								2022 교과+면접							
		2023 모집인원	2022		최종합격				추합인원	2023 모집인원	2022		최종합격				충원인원
			모집인원	경쟁률	등급평균	등급편차	환산평균	환산편차			모집인원	경쟁률	등급평균	등급편차	환산평균	환산편차	
미래융합대학	가상증강현실융합학과	3	3	1.33	5.6	0.13	612.92	28.75	1	13	10	2.10	5.9	0.66	425.62	51.31	9
	지능정보통신공학과	6	5	2.40	5.2	0	548.33	0	0	21	18	1.78	6.2	0.74	388.16	47.79	10
	스마트팜학과	2								6							
공과대학	컴퓨터소프트웨어학과	6	6	7.33	5.3	0.38	656.11	30.79	20	21	18	6.67	5.1	0.32	471.66	22.9	24
	전자공학과	6	6	5.00	6	0.17	565.84	28.34	21	21	18	3.22	6	0.52	406.4	45.78	16
	건축학과(5년제)	3	2	11.00	4.6	0.35	719.59	19.59	5	10	10	8.80	4.7	0.35	515.08	21.05	14
	건축공학과	4	3	4.67	5.5	0.07	631.39	16.08	7	14	11	5.45	5.6	0.49	434.99	40.89	21
	멀티미디어학과	5	5	2.80	4.7	0	733.33	0	0	23	17	4.59	5.4	0.44	452.32	31.66	29
	빅데이터경영공학과	6	6	2.33					1	20	18	3.11	6.3	0.53	383.48	39.35	23
	드론공간정보공학과	5	6	3.67	5.9	0.29	589	7.27	10	16	18	2.72	6.1	0.67	400.1	49.31	21
상상문화예술대학	시각정보디자인학과	6	10	2.40	5.2	0.51	133.97	12.09	9								
	공간조형디자인학과	6	7	2.00	5.1	0.88	134	17.99	6								
	영상예술디자인학과	6	8	5.00	5.3	0.76	128.02	19.22	16								
글로벌상경대학	유통마케팅학과	4	4	5.50	5.4	0.15	668.75	15.42	4	14	15	4.13	5.8	0.62	428.58	45.91	13
	글로벌무역학과	4	4	3.75	3.9	0	801.67	0	8	14	13	2.62	6	0.54	399.66	30.87	12
	경영학과	5	4	7.25	5.8	0.38	596.25	34.79	16	16	16	5.50	5.2	0.42	472.54	30.82	28
	광고홍보학과	5	4	8.00	3.6	0.4	821.67	45.97	0	18	18	6.56	4.6	0.33	520.33	21.51	20
	호텔경영학과	4	4	4.50	5.3	0.85	499.17	135.59	13	14	12	5.08	5.2	0.43	470.7	28.65	15
	관광경영학과	4	4	3.50					7	13	12	4.00	6	0.49	399.58	32.16	21
	세무학과	4	4	2.50	5.3	0	573.33	0	4	11	11	2.18	5.7	0.41	406.05	51.16	8
	부동산학과	2	4	2.50	5.9	0.83	591.11	55.83	4	11	9	3.33	5.3	0.37	456.46	42.28	2
	스포츠비즈니스학과	6	7	3.86	6.6	0.4	219.76	24.49	9								
	영어과	3	2	2.50						8	11	2.82	5.4	1.06	452.38	79.43	16
	일어일문학과	2	2	6.50	5	0.32	681.25	77.08	6	7	11	5.36	5.5	0.65	435.17	50.77	30
	중국학과	3	2	2.50						8	11	2.82	5.3	0.65	441.7	55.54	10
보건의료복지대학	보건행정학과	5	5	7.80	4.9	0.34	695.33	30.66	25	21	20	9.90	4.7	0.41	509.71	32.92	15
	뷰티보건학과	2	2	5.00	5.5	0.22	667.92	18.75	4	7	9	12.56	4.7	0.56	520.33	27.15	5
	스포츠건강관리학과	6	7	4.71	5.1	0.68	270.76	30.99	7								
	치위생학과	3	2	28.50	3.6	0.12	817.5	12.5	2	10	14	31.29	4	0.41	566.92	19.69	7
	물리치료학과	4	2	4.50	4	0	800	0	0	8	9	19.89	3.7	0.4	574.52	18.73	4
	간호학과	14	18	12.67	3.5	0.33	846.43	18.03	13	7	7	46.43	3.3	0.19	598.79	5.55	4
	임상병리학과	2	2	14.00	4.2	0.16	785.84	3.34	0	10	10	42.90	3.9	0.43	555.16	22.43	5
	응급구조학과	2	2	14.00	4.1	0.22	792.5	7.5	1	9	10	35.50	4.3	0.5	521.38	37.48	4
	아동복지학과	7	10	5.30	4.8	0.6	712.33	65.25	27	25	20	5.55	5.4	0.52	464.22	28.47	47
	사회복지학과	4	5	11.80	4.9	0.76	698.83	63.65	21	13	14	18.36	4.9	0.4	499.83	22.42	33
	휴먼케어학과	4	5	2.20	5.7	0.28	608.54	60.68	6	11	10	2.90	5.9	0.46	429.86	38.46	13
		163	172	6.09	5.02	0.3	600.05	28.4	273	420	400	10.27	5.20	0.5	466.72	35.7	479

과목별가중치, 전학년 동일 이수단위 반영 ▶ 인문: 국영수사 30:30:20:20 ▶ 자연: 국영수과 20:30:30:20 ▶ 건축: 사/과선택 30:30:30:10 ▶ 예체: 국영사 40:50:10 ▶ 진로선택 미반영	1. 2023 학교장추천 모집인원 유지 2. 2023 학교장추천 고교별 8명→무제한 변화★ 3. 2023 교과전형 수능최저 유지, 인/자 공통 2개합6 (탐1) 4. 2023 교과 내신반영 및 과목별 가중치 유지 5. 2023 종합전형 자기소개서 폐지 유지 6. IT/CT 특성화 Information&Culture 정보통신 문화콘텐츠

모집시기	전형명	사정모형	학생부종합 특별사항	2023 수시 접수기간 09. 15(목) ~ 17(토)	모집인원	학생부	논술	면접	서류	기타	2023 수능최저등급
2023 수시총 정원내 1,343명 (58.8%) 정시총 941명 (41.2%) 전체 2,284명 2022 수시총 정원내 1,331명 (58.3%) 정시총 952명 (41.7%) 전체 2,283명	지역균형선발	일괄	학생부교과 학교장추천 고교별 8명 →무제한 변화 최종 12.15(목)	1. 학교장추천자, 고교별 8명 2. 2023 전년대비 인원 유지 3. 학생부 과목반영비율 유지 4. 수능최저 전년도와 동일	261 2022 261	교과 100% 인 국영수사3322 자 국영수과2332 예체 국영사451		▶ 교과경쟁률 19~21년 인문7.30→7.20→6.70 자연7.40→7.80→8.30 ▶ 교과등급평 19~21년 인문2.24→2.27→2.74 자연2.35→2.39→2.52			인: 2개합 6 (탐1) 자: 2개합 6 (과1) *자연 미/기 과탐
	논술우수자	일괄	논술전형 최저없음 논인 11.19(토) 논자 11.20(일) 최종 12.15(목)	2023 전년대비 15명 감소 <논술 120분> 인문: 인문사회 통합 3문제 자연: 수학 2문제	315 2022 330	30	70	▶ 2021 논술인문: 논술평균 74.90점 경쟁 24.8, 합격평균 4.49 ▶ 2021 논술자연: 논술평균 75.22점 경쟁 16.9, 합격평균 4.49			
	DKU인재	일괄	학생부종합 최저없음 자소서 없음 최종 12.15(목)	1. 2023 전년대비 31명 증가 2. 서류평가 7점 척도 A+~E 2021 경쟁 인13.7 자10.6 2021 입결 인3.05 자3.03	343 2022 312	▶2022 학생부100% (학생+자소서 정성평가) 1. 학업역량 40 : 학업성취 20, 탐구능력(발표/토론/보고서) 20 2. 전공적합성 40 : 전공의지 20, 전공관련활동 20 3. 인성및발전가능성 20 : 리더십(목표달성 주도성) 5 문제해결능력(다양한 참여, 경험의 다양성) 10 성실성과 공동체의식(출결, 참여, 봉사, 나눔, 규칙 등) 5					
	SW 인재	1단계	학생부종합 자소서 없음	소프트웨어 및 정보보안분야 관심과 활동, 면접평가 7분 소프트웨어18	50 2022 50	학생부100% (학생+자소서 정성평가) 반영비율 DKU와 동일, 1단계 3배수					없음
		2단계	1단계11.14(월) 면접 11.26(토) 최종 12.15(목)	모바일시스템7 정보통계7 컴퓨터공학과10 산업보안8		1단계 70% + 면접 30% 전공적합성60+ 발전가능성30+인성10					
	창업인재	일괄	학생부종합 자소서 없음 최종 12.15(목)	일반학생 창업관심활동 서류제출	15 2022 15	학생부100% (학생+자소서 정성평가) 1. 학업역량 30 학업성취, 탐구능력 등 2. 전공적합성 30 전공의지,전공활동 등 3. 창업활동 20 창업관련 활동과 독서포함★ 4. 인성 20 성실성과 공동체의식 등					없음
	고른기회	일괄	학생부종합 자소서 없음 최종 12.15(목)	1. 보훈대상자 (유공 등) 2. 서해5도 대상자 3. 기초수급 및 차상위 대상 4. 전형료 면제	80 2022 84	학생부100% (학생+자소서 정성평가) 1. 학업역량 40 학업성취, 탐구능력 등 2. 전공적합성 30 전공의지,전공활동 등 3. 인성및발전가능성 30 리더십/문제해결 등					없음
	사회적배려대상	일괄	학생부종합 자소서 없음 최종 12.15(목)	1. 다문화 다자녀 4인→3인 2. 군인/경찰/소방/환경 10년 3. 의사상/탈북/장애/소아력 4. 전형료 면제	50 2022 66	학생부100% (학생+자소서 정성평가) 1. 학업역량 40 학업성취, 탐구능력 등 2. 전공적합성 30 전공의지,전공활동 등 3. 인성및발전가능성 30 리더십/문제해결 등					없음
	기회균형선발 (정원외)	일괄	학생부종합 자소서 없음 최종 12.15(목)	1. 기초수급 및 차상위 대상 2. 전형료 면제	74 2022 74	학생부100% (학생+자소서 정성평가) 1. 학업역량 40 학업성취, 탐구능력 등 2. 전공적합성 30 전공의지,전공활동 등 3. 인성및발전가능성 30 리더십/문제해결 등					없음 <기타전형 생략> 농어/특수교/특성화고 실기우수/예능특기자

2023 대입 주요 특징

정시 영어비율 인/자: 25%, 간호/심리20%
영어: 100-97-92-80-70... 의학: 100-80-70 ...

과목별가중치, 전학년 동일 이수단위 반영
▶ 인문: 국영수사 30:30:20:20
▶ 자연: 국영수과 20:30:30:20
▶ 건축: 사/과선택 30:30:30:10
▶ 예체: 국영사 40:50:10
▶ 진로선택 미반영

1. 2023 교과 인/자 최저완화: 2개합 7(탐1)→2개합 8(탐1)
2. 2023 종합전형 전형유지, 자소서 폐지 유지
3. DKU인재 의/치(약학) 수능최저 탐구 2개 유지
4. DKU인재 의예 15명, 치의 20명, 약학 8명 모집

5. BT/LT특성화 BioTechnology & Language 생명과학/외국어
6. 어문계열 10개 학과: 중국어, 일본어, 독일어, 프랑스어
   스페인, 러시아, 영어, 몽골학, 중동학, 포르투갈(브라질)어 등
7. 보건 6개: 보건행정, 간호, 임상병리, 물치, 치위생, 생명의료

모집시기	전형명	사정모형	학생부종합 특별사항	2023 수시 접수기간 09. 15(목) ~ 17(토)	모집인원	학생부	논술	면접	서류	기타	2023 수능최저등급
2023 수시 정원내 1,422명 (59.2%) 정시 978명 (40.8%) 전체 2,400명 2022 수시 정원내 1,410명 (59.7%) 정시 951명 (40.3%) 전체 2,361명	교과우수자	일괄	학생부교과 과목별가중치 국영수사3322 국영수과2332 예체국영사451 최종 12.15(목)	1. 2023 전년대비 13명 감소 2. 공공야간 14명, 간호 51명 3. 수능최저 인/자 주간 완화 4. 학생부 과목반영비율유지 5. 교과 내신평균 2개년 　인문 3.67→3.74 　자연 3.27→3.33 ■ 의예/약학/문창 　1단계: 교과100% (3배수) 　2단계: 교과70+면접30 ■ 해병대 군사학 남26, 여4 　1단계: 교과100% (4배수) 　2단계: 교과90+실기10	690 간호 51명 포함 2022 703 간호 59명 포함	교과 100% 인 국영수사3322 자 국영수과2332 예체 국영사451		의약 1단계 11.14(월) 2단계 면접 11.26(토) 의약 최종 12.15(목) 해병 1단계 10.17(월) 서류업로드 ~10.26(수) 해병대신검 10.20~21 해병대면접 10.22(토)			인/자: 2개 8 (탐1)★ 인야: 국수영 1개4 간호: 2개합 5 (탐1) *인/자 무제한* 해병대군사: 5개평균 3등급대 (~3.99) 한국사 포함★★ ※ 2022 최저 참고 *인/자: 2개합7 (탐1)*
	DKU인재	일괄	학생부종합 자소서 없음 최종 12.15(목)	1. 2023 전년대비 6명 감소 2. 공공야간 9명, 간호 10명 3. 의15, 치의20, 약학8 4. 의/치/약/문창 단계면접 　1단계: 학생부100% (3배) 　2단계: 면접30% 5. 서류평가 7점 척도 A+~E	389 2022 395	학생부100% (학생+자소서 정성평가) 1. 학업역량40: 학업성취20, 탐구능력20 2. 전공적합성40: 전공의지20, 활동20 3. 인성및발전가능성20 　리더십(목표달성 주도성)5 　문제해결능력10 (참여, 경험 다양성) 　성실성과 공동체의식5 (출결, 봉사 등)					일반 최저없음 의/치: 3개합5 (과2) 약학: 3개합6 (과2) *미/기, 과탐지정*
	고른기회	일괄	학생부종합 자소서 없음 최종 12.15(목)	1. 보훈대상자 (유공 등) 2. 서해5도 대상자 3. 기초 및 차상위 포함	60 2022 51	학생부100% (학생+자소서 정성평가) DKU인재와 평가방식 동일					없음
	사회적배려	일괄	학생부종합 자소서 없음 최종 12.15(목)	1. 다문화 다자녀 4인 2. 군인/경찰/소방/환경10년 3. 의사상/탈북/소아암병력	45 2022 50	학생부100% (학생+자소서 정성평가) DKU인재와 평가방식 동일					없음 <기타전형 생략> 실기우수/체육특기 농어촌/취업자 등
	기회균형 (정원외)	일괄	학생부종합 자소서 없음 최종 12.15(목)	1. 기초수급 및 차상위 대상 2. 약학과 3명 　1단계: 교과100% (5배수) 　2단계: 교과70+면접30	76 2022 76	학생부100% (학생+자소서 정성평가) DKU인재와 평가방식 동일 약학 1단계 11.14(월) 　2단계면접 11.26(토) 　최종 12.15(목)					일반 최저없음 약학: 3개합6 (과2) *미/기, 과탐지정*

단국대죽전		지역균형 2023 인원	2022 지역균형 인문 ▶학생부교과 100% (국영수사, 동일비율) ▶가중치 인문: 국영수사 30:30:20:20 2022 경쟁률 및 입결 (최종등록)						2021 교과우수자 인문 ▶학생부교과 100% (국영수사, 동일비율) ▶가중치 인문: 국영수사 30:30:20:20 2021 경쟁률 및 입결 (최종등록)						2020 교과인문 2020 경쟁률 및 입결			
★수능최저등급 인문 : 2개합 6 (탐구1)			모집인원	경쟁률	합격최고	합격평균	합격최저	추합	모집인원	경쟁률	합격최고	합격평균	합격최저	추합	모집인원	경쟁률	합격평균	합격최저
국제	국제경영학과	-	-	-	-	-	-	-	-	-	-	-	-	-	-	-	-	-
	국제자유전공	-	-	-	-	-	-	-	-	-	-	-	-	-	-	-	-	-
문과	국어국문	5	5	11.6		2.38		18	7	7.57		2.52		22	11	14.8	2.34	2.45
	사학과	5	5	8.80		2.68		14	7	2.31		2.31		16	11	6.27	2.39	2.71
	영미인문학과	5	5	12.0		2.62		14	5	9.20		2.34		14	7	6.43	2.38	3.07
	철학과	3	3	11.3		2.94		6	3	12.3		2.53		7	4	6.25	2.71	2.87
법과	법학과	15	15	10.1		2.38		33	20	5.30		2.26		38	22	6.95	2.14	2.35
사회과학	정치외교	4	4	9.25		3.01		8	5	5.80		2.26		8	6	6.17	2.25	2.44
	행정학과	5	5	10.8		2.38		20	6	10.3		2.29		24	8	5.50	2.39	2.66
	도시계획부동산	9	9	10.3		2.48		13	10	5.50		2.32		12	15	7.60	2.31	2.58
	커뮤니케이션	9	9	9.89		2.04		14	11	6.18		2.13		19	16	8.06	2.05	2.18
	상담학과	3	3	52.0		2.20		5	4	6.75		4.10		14	6	8.83	2.22	2.44
상경	경제학과	8	8	11.6		2.40		22	9	5.22		2.42		12	15	7.27	2.23	2.36
	무역학과	9	9	19.4		2.48		18	9	6.22		2.97		15	15	6.60	2.20	2.33
	경영학부	31	31	15.6		2.16		83	38	6.50		2.40		121	46	5.67	2.15	2.56
사범	한문교육	4	4	17.3		3.29		5	4	5.00		5.51		1	5	6.40	2.29	2.48
	특수교육	6	6	6.50		2.49		4	6	6.00		2.78		1	10	5.50	1.96	2.23
총계		121	121	14.4		2.53		277	144	6.7		2.74		324	197	7.2	2.27	2.51

단국대죽전		지역균형 2023 인원	2022 지역균형 자연 ▶학생부교과 100% (국영수과, 동일비율) ▶가중치 자연일반: 국영수과 20:30:30:20 건축: 국영수+사/과 30:30:30:10 2022 경쟁률 및 입결 (최종등록)						2021 교과우수자 자연 ▶학생부교과 100% (국영수과, 동일비율) ▶가중치 자연일반: 국영수과 20:30:30:20 건축: 국영수+사/과 30:30:30:10 2021 경쟁률 및 입결 (최종등록)						2020 교과자연 2020 경쟁률 및 입결			
★수능최저등급 자연 : 2개합 6 (탐구1) 수가과탐응시			모집인원	경쟁률	합격최고	합격평균	합격최저	추합	모집인원	경쟁률	합격최고	합격평균	합격최저	추합	모집인원	경쟁률	합격평균	합격최저
공과대학	전자전기공학	29	29	10.3		2.57		76	28	8.89		2.49		98	39	6.62	2.47	2.72
	고분자공학	12	12	15.6		2.58		14	9	5.44		2.98		17	12	5.25	2.26	2.45
	파이버융합소재	9	9	12.3		2.55		13	6	5.50		2.75		4	8	8.75	2.28	2.36
	토목환경공	12	12	8.83		2.94		24	12	9.67		2.59		26	17	7.53	2.72	2.89
	기계공학	10	10	19.8		2.63		29	10	6.30		2.90		27	15	6.87	2.29	2.52
	화학공학	16	16	8.13		2.55		39	14	14.6		2.05		32	20	5.45	2.44	3.63
SW융합	모바일시스템								-	-	-	-	-	-	-	-	-	-
	소프트웨어	12	12	12.8		2.16		21	12	7.58		2.31		30	21	6.29	2.44	2.57
	컴퓨터공	6	6	15.2		2.44		19	7	6.86		2.44		13	12	8.58	2.36	2.43
	정보통계	5	5	13.6		2.60		18	5	7.40		2.77		11	5	6.40	2.35	2.52
	산업보안	4	4	10.5		2.86		10	4	12.8		2.52		13	6	7.2	2.82	2.96
건축	건축학 5년	7	7	10.1		2.43		15	7	11.6		2.65		21	10	7.60	2.60	2.99
	건축공학	7	7	11.0		2.89		25	7	7.57		2.82		9	10	9.90	2.56	2.67
사범	수학교육	4	4	6.00		2.31		8	5	5.60		1.82		10	5	13.8	1.87	1.95
	과학교육	7	7	6.57		2.13		16	5	6.80		2.22		18	6	8.33	1.97	2.06
총계		140	140	11.5		2.55		327	131	8.3		2.52		329	186	7.8	2.39	2.62

단국대죽전		최저없음 2023 인원	2022 DKU인재 인문 ▶서류100% (학생+자소서 정성평가)						2021 DKU인재 인문 ▶서류100% (학생+자소서 정성평가)						2020 DKU 인문 ▶서류100%			
			2022 경쟁률 및 입결 (최종등록)						2021 경쟁률 및 입결 (최종등록)						2020 경쟁률 및 입결			
			모집인원	경쟁률	합격최고	합격평균	합격최저	추합	모집인원	경쟁률	합격최고	합격평균	합격최저	추합	모집인원	경쟁률	합격평균	합격최저
국제	국제경영학과	5	5	13.4		2.81		6	5	10.2		3.12		4	5	9.0	3.30	3.98
	국제자유전공		-	-		-		-	-	-		-		-	-	-	-	-
문과	국어국문	10	11	8.82		2.57		8	12	7.58		2.62		16	12	12.6	2.49	2.99
	사학과	10	11	21.8		2.78		23	12	13.4		3.20		15	12	17.3	2.66	3.62
	영미인문학과	7	8	10.5		4.08		15	10	17.8		2.69		21	10	11.3	3.59	6.63
	철학과	4	4	8.75		4.04		6	4	7.50		2.86		5	4	7.75	2.99	3.55
법과	법학과	20	20	15.9		2.85		22	22	16.0		3.02		23	25	10.6	3.01	5.79
사회 과학	정치외교	5	7	17.0		3.25		3	9	17.9		3.04		17	9	15.6	3.38	5.15
	행정학과	9	8	15.9		3.23		11	11	15.8		2.63		18	11	8.6	3.03	7.04
	도시계획부동산	9	10	18.1		2.89		14	15	9.33		3.48		19	16	8.19	3.31	6.00
	커뮤니케이션	10	12	35.2		2.71		8	15	27.2		2.78		11	16	17.3	2.81	5.14
	응용통계								-	-		-		-	-	-	-	-
	상담학과	5	6	55.3		2.84		8	7	18.7		3.88		6	7	14.1	2.90	5.73
상경	경제학과	12	15	12.9		3.13		32	17	9.88		3.07		34	17	8.76	3.23	5.13
	무역학과	12	15	15.0		4.16		13	17	9.82		3.42		17	16	11.2	3.08	5.59
	경영학부	34	30	22.6		2.73		46	38	17.8		3.12		27	39	13.5	3.26	5.46
사범	한문교육	8	8	10.5		2.98		8	8	6.38		3.51		11	8	7.75	3.52	4.54
	특수교육	10	10	14.9		2.44		14	13	13.5		2.31		8	13	17.9	3.02	5.75
총계		170	180	18.5		3.09		237	215	13.7		3.05		252	220	12.0	3.10	5.13

단국대죽전		최저없음 2023 인원	2022 DKU인재 자연 ▶서류100% (학생+자소서 정성평가)						2021 DKU인재 자연 ▶서류100% (학생+자소서 정성평가)						2020 DKU 인문 ▶서류100%			
			2022 경쟁률 및 입결 (최종등록)						2021 경쟁률 및 입결 (최종등록)						2020 경쟁률 및 입결			
			모집인원	경쟁률	합격최고	합격평균	합격최저	추합	모집인원	경쟁률	합격최고	합격평균	합격최저	추합	모집인원	경쟁률	합격평균	합격최저
공과 대학	전자전기공학	36	22	16.8		3.19	-	43	25	16.6		3.14		57	29	7.59	3.76	7.30
	고분자공학	19	14	9.00		2.84	-	21	14	8.21		2.71		32	14	6.43	2.72	3.35
	파이버융합소재	10	7	7.86		2.94	-	11	9	9.00		2.88		9	9	4.67	3.03	3.32
	토목환경공	23	18	8.94		3.24	-	29	17	7.24		3.24		27	17	5.29	3.12	3.74
	기계공학	14	14	10.6		3.06	-	35	13	15.5		2.71		28	16	11.3	2.80	3.20
	화학공학	24	17	16.2		2.57	-	46	16	10.9		2.78		19	18	9.44	2.48	3.90
건축	건축학 5년	13	12	18.3		2.98	-	27	11	19.7		3.21		16	11	14.6	3.39	6.71
	건축공학	17	12	9.25		3.69	-	19	11	10.3		3.24		20	11	10.3	3.26	4.94
사범	수학교육	9	8	12.0		2.13	-	20	7	10.9		2.40		21	7	6.57	2.26	2.83
	과학교육	8	8	10.9		2.61	-	12	8	14.1		2.39		20	8	4.13	2.79	3.82
SW 인재 전형	모바일시스템	7	7	8.86		3.12	-	5	7	8.29		3.58		5	7	10.7	3.90	4.30
	소프트웨어	18	18	10.1		2.92	-	22	18	8.67		3.01		12	18	8.94	3.07	3.64
	컴퓨터공학과	10	10	10.1		2.93	-	14	10	9.90		3.06		2	10	12.9	3.41	4.28
	정보통계	7	7	7.43		2.86	-	9	7	5.71		3.24		5				
	산업보안	8	8	10.8		3.28	-	6	8	4.50		3.87		4				
총계		223	182	11.1		2.96		319	181	10.6		3.03		277	175	8.7	3.08	4.26

150

단국대죽전		최저없음 2023 인원	2022 논술전형 인문 ▶학생 30%+논술 70% 2022 경쟁률 및 입결 (최종등록)						2021 논술전형 인문 ▶학생 40%+논술 60% 2021 경쟁률 및 입결 (최종등록)						2020 논술인문 ▶학생 40%+논술 60% 2020 경쟁률 및 입결			
			모집인원	경쟁률	논술평균	합격평균	합격최저	추합	모집인원	경쟁률	논술평균	합격평균	합격최저	추합	모집인원	경쟁률	합격평균	합격최저
국제	국제경영학과	-	-	-	-	-	-	-	-	-	-	-	-	-	-	-	-	-
	국제자유전공	-	-	-	-	-	-	-	-	-	-	-	-	-	-	-	-	-
문과	국어국문	8	8	29.1	73.6	4.15		-	8	22.8	80.4	4.07		-	8	30.4	3.81	4.83
	사학과	8	8	28.6	72.3	4.10		-	8	23.5	78.6	4.62		-	8	31.0	4.88	5.69
	영미인문학과	5	5	31.2	70.4	5.07		-	5	21.8	83.3	4.43		-	5	33.0	4.34	4.77
	철학과	3	3	26.0	81.0	5.21		-	3	23.7	65.3	4.60		-	3	29.0	4.43	4.86
법과	법학과	16	18	26.8	80.6	4.41		2	18	28.6	67.8	4.34		-	18	32.8	4.20	5.62
사회과학	정치외교	6	6	31.8	72.3	5.05		-	6	26.3	79.3	4.53		1	6	31.2	3.80	4.71
	행정학과	8	8	30.4	73.8	4.44		-	8	25.0	80.6	4.74		-	8	33.4	4.49	5.27
	도시계획부동산	8	11	31.7	73.1	4.43		1	11	26.5	80.8	4.67		3	11	32.8	4.64	5.71
	커뮤니케이션	11	11	42.7	78.4	4.59		2	11	32.1	71.6	4.37		3	11	44.8	3.99	5.05
	응용통계								-	-	-	-	-	-	-	-	-	-
	상담학과	5	5	29.4	73.3	4.49		-	5	27.4	72.7	4.05		-	5	36.2	3.90	4.51
상경	경제학과	10	11	25.8	82.5	4.49		-	11	26.2	69.3	4.48		2	11	31.6	4.22	5.20
	무역학과	7	8	26.9	79.4	4.62		2	8	26.1	65.7	4.24		-	11	29.5	3.99	5.27
	경영학부	31	32	30.3	81.2	4.43		5	32	30.2	71.2	4.30		5	32	34.3	4.12	5.19
사범	한문교육	4	4	23.5	68.5	5.25		2	4	15.8	74.4	5.16		-	4	22.8	4.47	5.17
	특수교육	6	6	20.5	70.2	3.97		1	6	15.7	82.4	4.68		-	6	23.3	3.85	4.71
총계		136	144	29.0	75.4	4.58		15	144	24.8	74.9	4.49		14	147	31.7	4.21	5.10

단국대죽전		최저없음 2023 인원	2022 논술전형 자연 ▶학생 30%+논술 70% 2022 경쟁률 및 입결 (최종등록)						2021 논술전형 자연 ▶학생 40%+논술 60% 2021 경쟁률 및 입결 (최종등록)						2020 논술자연 ▶학생 40%+논술 60% 2020 경쟁률 및 입결			
			모집인원	경쟁률	논술평균	합격평균	합격최저	추합	모집인원	경쟁률	논술평균	합격평균	합격최저	추합	모집인원	경쟁률	합격평균	합격최저
공과대학	전자전기공학	39	39	13.8	44.8	4.55		25	39	21.1	93.96	4.28		19	39	31.4	4.49	6.91
	고분자공학	9	11	12.2	48.0	5.19		4	13	15.5	53.85	4.87		4	13	22.0	4.64	6.18
	파이버융합소재	8	8	12.3	44.5	4.48		5	9	14.7	85.61	4.97		5	9	21.2	4.02	5.34
	토목환경공	14	16	11.4	53.2	4.73		10	17	14.7	54.32	4.85		8	18	20.3	4.76	6.41
	기계공학	15	15	12.6	39.7	4.68		7	15	16.9	90.93	4.41		7	15	28.9	4.08	5.59
	화학공학	19	19	12.6	51.1	4.69		11	20	17.9	58.83	4.33		6	21	30.2	4.04	5.43
건축	건축학 5년	10	10	15.2	53.9	3.98		5	11	17.4	62.82	4.67		3	11	24.7	4.36	5.30
	건축공학	9	11	11.7	45.9	4.78		6	11	13.4	50.73	4.64		2	11	22.0	4.62	6.00
사범	수학교육	9	9	13.6	61.3	4.06		3	9	15.9	95.44	3.46		7	9	24.1	4.05	5.03
	과학교육	4	4	9.50	51.6	5.08		1	6	15.3	92.25	4.64		1	7	19.0	4.06	5.12
SW인재전형	모바일시스템	3	3	11.7	49.7	4.34		3	5	15.2	60.90	4.89		-	6	27.3	4.72	5.94
	소프트웨어	19	19	15.7	55.6	4.21		12	19	19.7	77.66	4.47		4	19	28.0	4.16	5.65
	컴퓨터공학과	11	11	19.2	51.4	4.45		7	11	21.0	87.45	4.81		9	11	28.9	4.26	5.54
	정보통계	6	6	14.0	35.0	3.86		4	6	20.7	95.42	3.91		2				
	산업보안	4	5	12.6	55.1	5.12		1	5	14.8	68.20	4.21		1				
총계		179	186	13.2	49.4	4.55		105	196	16.9	75.22	4.49		78	189	25.2	4.33	5.73

단국대천안		2023 인원	2022 교과우수자 인문						2021 교과우수자 인문						2020 교과인문			
인/자: 2개합7 (탐1) 인야: 국수영 중 1개합4 해병대: 5개평균 3등급			2022 경쟁률 및 입결 (최종등록)						2021 경쟁률 및 입결 (최종등록)						2020 경쟁률 및 입결			
			모집인원	경쟁률	합격최고	합격평균	합격최저	추합	모집인원	경쟁률	합격최고	합격평균	합격최저	추합	모집인원	경쟁률	합격평균	합격최저
외국어	중국학전공	23	24	7.17		3.84		36	26	5.88		3.86		61	28	5.46	3.55	4.24
	일본학전공	20	20	6.05		3.83		35	21	8.38		3.63		25	23	5.52	3.84	4.65
	독일학전공	6	6	5.00		3.93		3	6	4.83		3.53		7	6	6.50	3.61	3.83
	프랑스학전공	6	6	4.67		4.11		6	6	4.67		3.31		3	6	6.67	3.39	3.52
	스페인중남미학)	13	13	8.69		3.66		27	14	5.29		3.89		33	16	8.75	3.24	3.64
	러시아학전공	9	9	7.89		3.83		2	9	5.67		4.24		17	9	5.67	3.64	4.05
	영어과	24	24	7.17		3.31		48	25	4.92		3.54		44	27	13.1	3.18	3.44
	몽골학전공	9	9	4.67		4.47		6	9	5.44		3.89		7	9	6.33	3.86	4.21
	중동학전공	9	9	5.44		4.05		7	9	7.00		3.78		22	9	4.48	3.96	4.75
	포르투갈브라질학전공	6	6	7.67		4.17		5	6	9.83		3.72		5	6	6.50	4.10	5.70
	베트남학전공	6	6	5.50		4.13		6	5	4.20		3.43		2				
	글로벌한국어	5	5	6.60		4.33		7											
공공인재	공공정책학과	15	15	8.53		3.25		23	15	7.60		3.41		54	17	16.7	3.25	3.52
	공공정책(야간)	14	14	3.86		5.08		12	13	4.15		4.98		17	15	9.00	4.63	5.12
	사회복지학과	18	17	7.18		3.48		27	16	8.19		3.16		29	18	8.22	3.36	3.76
	해병대군사(남)	26	26	3.65		4.57		7	23	3.52		4.38		3	23	4.96	3.88	5.16
	해병대군사(여)	4	4	5.25		3.38		-	2	5.00		3.80		2	2	6.50	2.21	2.62
	환경자원경제	23	23	5.74		4.01		30	23	5.91		3.54		22	24	5.92	3.75	4.06
보건	보건행정학과	14	14	6.93		3.26		20	14	8.14		3.07		42	16	6.81	3.11	3.31
총계		250	250	6.2		3.93		307	242	6.3		3.74		205	254	7.5	3.61	4.22

단국대천안		2023 인원	2022 교과우수자 자연						2021 교과우수자 자연						2020 교과자연			
인/자: 2개합7 (탐1) 간호: 2개합5 (탐1)			2022 경쟁률 및 입결 (최종등록)						2021 경쟁률 및 입결 (최종등록)						2020 경쟁률 및 입결			
			모집인원	경쟁률	합격최고	합격평균	합격최저	추합	모집인원	경쟁률	합격최고	합격평균	합격최저	추합	모집인원	경쟁률	합격평균	합격최저
과학기술	수학과	20	20	5.20		3.89		34	20	5.05		3.48		33	22	5.36	3.46	4.34
	물리학과	16	16	4.69		4.40		18	16	4.31		3.99		14	18	8.11	3.73	4.08
	화학과	24	24	4.33		3.62		35	24	4.88		3.17		34	33	7.21	3.16	3.52
	식품영양학과	21	21	5.10		3.48		28	21	5.33		3.43		30	25	5.56	3.43	3.71
	미생물학전공	19	19	4.84		3.74		28	19	5.37		3.38		37	21	7.05	3.48	3.72
	생명과학전공	30	32	5.38		3.61		52	32	5.94		3.29		41	34	5.06	3.30	4.20
	신소재공학과	23	23	6.48		3.60		47	23	7.43		3.11		53	25	7.44	3.23	3.55
	식품공학과	25	25	6.20		3.66		35	26	4.38		3.61		39	28	5.43	3.23	3.60
	경영공학과	17	18	5.67		3.83		19	19	8.05		3.72		48	21	5.10	3.86	4.56
	에너지공학과	31	31	8.90		3.60		51	33	5.21		3.74		70	35	8.49	3.42	3.64
생명공학	제약공학과	14	14	8.00		3.11		31	14	4.71		3.10		23	16	5.19	2.78	3.82
	식량생명공학	19	19	9.05		3.69		20	21	4.38		4.00		34	23	8.83	3.43	3.70
	동물자원학과	19	20	6.70		3.79		33	21	6.71		3.67		36	23	5.30	3.84	4.64
	환경원예학과	19	19	7.11		4.27		23	19	6.42		4.01		16	21	5.86	4.01	4.33
	녹지조경학과	20	19	9.05		4.08		23	22	5.55		4.32		38	24	6.13	3.96	4.22
	의생명공학부	17	17	5.76		3.17		38	17	8.82		2.84		22	24	5.29	3.33	3.82
보건과학	임상병리학과	14	14	8.36		2.91		24	15	7.60		2.80		20	17	6.59	2.91	3.37
	물리치료학과	14	15	12.33		2.44		29	15	8.33		2.61		23	17	12.9	2.65	2.85
	치위생학과	14	15	6.33		3.10		13	16	10.1		2.77		22	18	9.61	3.12	3.49
	심리치료학과	13	13	7.54		3.11		26	14	5.50		3.33		14	16	5.13	3.10	3.72
간호	간호학과	51	59	6.86		2.38		38	62	6.23		2.29		64	64	7.69	2.35	2.64
총계		440	453	6.85		3.50		645	469	6.63		3.33		522	525	7.00	3.28	3.73

단국대천안		2023 인원	2022 DKU인재 인문						2021 DKU인재 인문						2020 DKU 인문			
1. 인성: 성실성 등 2. 학업역량: 자기주도 등 3. 창의적역량: 독창성 등			2022 경쟁률 및 입결 (최종등록)						2021 경쟁률 및 입결 (최종등록)						2020 경쟁률 및 입결			
			모집 인원	경쟁률	합격 최고	합격 평균	합격 최저	추합	모집 인원	경쟁률	합격 최고	합격 평균	합격 최저	추합	모집 인원	경쟁률	합격 평균	합격 최저
외국어	중국학전공	15	16	9.44		4.27		31	16	8.50		4.29		32	16	13.1	3.55	4.31
	일본학전공	13	14	10.9		3.79		15	14	14.9		4.16		15	14	16.9	4.40	5.40
	독일학전공	6	6	13.7		4.58		18	6	8.67		5.30		13	6	12.7	4.04	6.04
	프랑스학전공	6	6	7.00		4.66		11	6	5.50		4.02		15	6	11.2	4.00	4.35
	스페인중남미학	10	10	7.90		4.10		15	10	8.20		4.02		17	10	9.00	4.10	5.90
	러시아학전공	8	8	10.0		4.35		11	9	14.4		4.72		21	9	12.4	5.55	7.46
	영어과	12	12	8.25		3.52		13	13	5.23		3.73		19	13	13.4	3.09	3.81
	몽골학전공	8	8	4.50		5.14		3	9	4.22		4.50		6	9	5.44	4.25	4.93
	중동학전공	8	8	5.50		4.09		4	9	4.44		4.69		10	9	7.00	4.32	4.81
	포르투갈브라질	6	6	6.33		4.75		10	6	4.50		4.79		10	6	6.00	4.22	4.36
	베트남학전공	6	6	5.17		4.58		7										
	글로벌한국어	4	5	16.8		4.05		4	5	3.80		4.92		6				
공공 인재 보건 과학	공공정책학과	10	10	12.1		3.88		6	11	9.00		3.99		12	11	10.6	3.64	5.02
	공공정책 (야간)	9	9	3.22		5.20		6	9	3.56		4.94		10	9	5.11	4.69	5.14
	사회복지학과	9	9	21.1		4.13		7	12	16.3		3.68		22	12	26.0	3.43	3.92
	환경자원경제	14	14	5.14		4.42		8	14	4.64		3.78		6	14	5.64	3.94	4.54
	보건행정학과	7	8	10.6		3.43		13	9	12.2		3.35		12	9	6.22	3.88	5.93
총계		151	155	9.27		4.29		182	158	6.96		4.29		94	153	9.01	4.05	4.83

단국대천안		2023 인원	2022 DKU인재 자연						2021 DKU인재 자연						2020 DKU 자연			
1. 인성: 성실성 등 2. 학업역량: 자기주도 등 3. 창의적역량: 독창성 등			2022 경쟁률 및 입결 (최종등록)						2021 경쟁률 및 입결 (최종등록)						2020 경쟁률 및 입결			
			모집 인원	경쟁률	합격 최고	합격 평균	합격 최저	추합	모집 인원	경쟁률	합격 최고	합격 평균	합격 최저	추합	모집 인원	경쟁률	합격 평균	합격 최저
과학 기술	수학과	10	7	6.00		3.80		13	11	5.27		3.61		23	11	5.64	3.54	4.93
	물리학과	7	7	6.86		4.38		13	10	5.10		4.51		13	10	7.40	4.18	4.79
	화학과	9	9	8.56		3.55		24	11	12.6		3.34		26	13	11.4	3.40	4.07
	식품영양학과	10	10	11.3		3.51		10	10	9.50		3.74		11	11	8.55	3.70	3.97
	미생물학과	7	7	9.29		3.83		10	10	7.00		3.30		9	10	6.90	3.40	3.90
	생명과학과	12	13	11.9		3.43		23	17	6.06		3.49		24	17	7.82	3.07	3.80
	신소재공학과	8	8	12.6		3.46		23	11	10.2		3.59		30	11	15.6	3.45	4.04
	식품공학과	9	9	9.00		3.72		22	12	9.67		3.41		27	12	13.3	3.66	4.45
	경영공학과	9	9	7.22		3.88		13	13	5.69		3.96		16	13	4.46	4.31	5.72
	에너지공학과	12	12	10.3		3.87		19	16	6.69		4.03		34	16	6.88	3.83	4.21
생명 공학	제약공학과	8	8	9.63		2.96		5	9	8.44		3.07		12	9	8.44	3.20	3.80
	식량생명공학	7	7	10.9		3.58		8	12	7.25		3.79		21	12	7.83	3.72	5.11
	동물자원학과	7	7	15.6		3.59		21	12	10.0		3.69		16	12	13.0	3.69	4.52
	환경원예학과	8	8	12.1		3.80		16	12	9.75		4.24		17	12	6.83	4.62	5.23
	녹지조경학과	7	7	11.6		3.19		11	13	6.62		3.50		20	13	9.23	4.08	4.80
	의생명공학부	8	8	9.25		2.89		6	8	10.1		2.74		12	15	9.20	3.16	4.42
공공 보건 과학	임상병리학과	8	9	29.8		3.48		13	9	14.2		3.80		11	9	12.3	3.60	3.96
	물리치료학과	8	9	26.3		2.93		13	9	14.1		2.99		8	9	21.9	2.98	3.22
	치위생학과	8	9	14.2		3.42		7	9	6.00		3.38		7	9	9.78	2.92	3.30
	심리치료학과	8	9	12.2		3.46		16	9	5.56		3.74		5	9	10.9	2.94	3.14
간호	간호학과	10	10	21.6		1.97		19	10	46.4		2.22		22	10	27.6	3.03	3.46
의과	의예과	15	15	16.5		1.24			15	26.9		1.24		12	10	27.9	1.94	4.13
치과	치의예과	20	20	21.0		1.48		10	20	30.0		1.54		3	14	30.6	2.14	3.58
약학	약학과	8	8	33.4		2.03		4	-	-		-		-	-	-	-	-
총계		223	225	14.0		3.23		327	268	14.4		3.14		200	267	14.5	3.28	4.06

2023 대학별 수시모집 요강 — 대진대학교

2023 대입 주요 특징
2023 정시변화: 국수영 중 1개 60%+탐1 40%
2023 영어 변화: 인/자 90-85-80-<u>68-55-40</u> ...

▶교과: 국영수사과 중 상위
　15개 반영변화 ★★
　2022 국영수사/국영수과
▶전학년 100% 이수단위 반영
▶종합: 국영수사과
▶기초차상: 인-국영 자-영수
▶종단추천/취업자: 국영

1. 2023 학생부우수자: 교과70+면접30 일괄전형
2. 2023 학교장추천: 교과 100%, 128명 인원증가
3. 2023 내신반영 변화: 2022 국영수사/국영수과
　　→ 2023 국영수사과 중 상위 15개★★
4. 종합 윈윈대진/고른기회 1단계 4배수
5. 중국유학 전폭 지원
6. 면접결시율 40.5%, 최종 실질경쟁률 2.0대 1 을 아시나요.

▶대진대 2023 모집단위 명칭변경 및 통폐합
　1. 문예창작학과→문예콘텐츠창작학과
　2. IT융합학부→AI융합학부
　3. 스마트건축토목공학부→건축공학부(건축공학, 건축학)
　4. 환경에너지공→스마트건설·환경공학과
　　　　　(토목공학, 스마트시티, 환경에너지)
　5. 학과신설: AI빅데이터전공, 실용음악학과
　6. 학과폐지: 한국어문학과

모집시기	전형명	사정모형	학생부종합 특별사항	2023 수시 접수기간 09. 13(화) ~ 17(토)	모집인원	학생부	논술	면접	서류	기타	2023 수능최저
2023 정원내외 수시 1,204명 / 2022 정원내 수시 수시 1,247명	학생부우수자	일괄	학생부교과 학교장추천 최저없음 면접 11.19(토)~11.20(일) 최종 12.09(금) 국영수사 국영수과 동일비율	**교과 70 + 면접 30 일괄면접 수능이후** 1. 교과+면접 일괄전형 2. 2023 전년대비 170명 감소 3. 5분 내외 블라인드면접 4. 높은 면접결시율 40.5% 최종실질경쟁률 2.0대 1 <면접평가 항목: 총 2문항> 총 8단계 A~H등급 방식 1. 논리적 사고력/창의력 50% - 계열별 3문항 홈피 공개 - 추첨으로 1문항 출제 2. 전공적성능력 35% - 지원동기/학업계획 등 3. 인성 (태도 및 가치관) 15%	241 2022 411	교과 70 + 면접 30		*수능이후 면접 곰곰 생각하기*			최저 없음
	학교장추천	일괄	학생부교과 학교장추천 추천제한없음 최저없음 최종 11.11(금) 국영수사 국영수과 동일비율	1. 2023 전년대비 128명 증가 2. 고교당 추천제한 없음	184 2022 56	교과 100					최저 없음
	윈윈대진	1단계	**학생부종합** 자소서없음 국영수사과	1. 2023 전년대비 18명 감소 2. 종합전형공통 서류평가 ①기초학습능력 40% (400) ②성장잠재력 30% (300) ③인성 30% (300) 3. 면접평가 항목별 8단계 A등급~H등급	345 2022 363	서류 100 (4배수)					최저 없음
		2단계	1단계 10.25(화) 면접 10.29(토) ~ 10.30(일) 최종 11.11(금)			1단계 70 + 면접 30					
	고른기회	일괄	학생부교과 최종 11.11(금)	1. 국가보훈관계법령 해당자녀 2. 농어촌 자녀/특성화/만학도 3. 기초수급 및 차상위자녀	110 2022 115	교과 100					최저 없음
	기초생활수급 및 차상위 (정원외)	일괄	학생부교과 최종 11.11(금)	1. 기초수급 및 차상위자녀 등 2. 정원외 선발전형 3. 내신반영 인: 국영 자: 영수	16	교과 100					최저 없음
	종단추천자	일괄	학생부교과 최종 11.11(금)	1. 대순진리회 종단추천자 2. 종단추천서 필수 * 내신반영: 국어, 영어	14	교과 70 + 면접 30					농어촌/특성화 특성화고졸재직 취업자 등 생략

대진대 2022 입결분석 01 - 수시 교과 학생부우수자

2022. 06. 25. ollim

수능최저 없음		2023 학생부우수자 모집인원	2022 학생부우수자 ▶내신반영: 국영수사/국영수과 ▶학년비율: 동일비율											2022 정시수능 ▶탐1 30%+기타2개 각 35% ▶영어 90-85-80-76-72-60...			
			2022 지원		면접 응시율			2022 수시 입결						2022 지원		2022 백분위	
대학	학과	모집인원	모집인원	경쟁률	지원합계	면접응시	면접응시율	최종평균	최종90%	추합인원	충원율	모집충원합계	실질경쟁률	모집인원	경쟁률	최종평균	환산70%컷
인문예술대학	영어영문	4	9	7.44	67	34	50.7	5.10	5.79	17	189%	26	2.58	35	5.37	48.6	623.80
	역사문화콘텐츠	5	8	7.00	56	27	48.2	4.66	5.03	10	125%	18	3.11	23	4.26	48.7	628.50
	문예콘텐츠창작	3	10	6.60	66	32	48.5	3.96	4.42	8	80%	18	3.67	17	4.88	48.9	631.30
글로벌통상대학	글로벌경제	5	14	6.43	90	49	54.4	4.90	5.34	10	71%	24	3.75	23	6.00	52.9	656.90
	경영학과	7	15	8.73	131	57	43.5	4.12	4.94	26	173%	41	3.20	23	5.26	53.3	707.50
	국제통상학과	7	12	5.67	68	37	54.4	4.56	5.04	7	58%	19	3.58	20	6.70	53.5	666.90
	국제지역 일본학	3	8	7.13	57	26	45.6	4.48	5.07	8	100%	16	3.56	17	3.47	49.4	629.60
	국제지역 중국학	6	13	4.69	61	40	65.6	4.39	4.87	12	92%	25	2.44	31	4.35	46.3	601.50
공공인재대학	공공인재법학과	7	13	6.23	81	41	50.6	4.95	5.33	10	77%	23	3.52	20	5.40	55.4	682.55
	행정정보학과	8	13	5.77	75	35	46.7	4.84	5.40	13	100%	26	2.88	20	3.80	55.3	662.00
	사회복지학전공	8	32	8.63	276	156	56.5	4.54	5.04	47	147%	79	3.49	31	4.65	47.5	628.90
	아동심리교육전공	7															
	미디어커뮤니케	10	19	8.58	163	83	50.9	4.13	4.50	10	53%	29	5.62	18	5.11	59.4	733.40
	문헌정보학과	6	11	6.36	70	33	47.1	4.09	4.49	7	64%	18	3.89	20	5.05	50.9	651.85
과학기술대학	의생명과학전공	4	7	8.14	57	30	52.6	4.78	5.38	20	286%	27	2.11	19	4.63	46.5	631.50
	에코응용화학전공	4	7	3.86	27	14	51.9	5.53	6.42	7	100%	14	1.93	18	3.67	49.6	613.17
	간호학과	27	19	5.63	107	58	54.2	2.91	3.64	7	37%	26	4.12	15	6.33	69.8	814.50
	식품영양학과	6	12	6.67	80	42	52.5	4.63	5.26	13	108%	25	3.20	11	4.82	56.0	667.99
	보건경영학과	5															
휴먼IT공과대학	스마트모빌리티	7	20	5.90	118	62	52.5	4.95	5.37	16	80%	36	3.28	16	3.81	48.1	656.40
	컴퓨터공학	7	10	13.40	134	76	56.7	3.94	4.32	5	50%	15	8.93	21	5.29	59.3	717.01
	AI빅데이터전공	8	10	5.30	53	27	50.9	5.19	6.25	14	140%	24	2.21	16	4.63	57.6	686.34
	전자공학과	7	15	3.60	54	33	61.1	4.45	5.09	7	47%	22	2.45	28	5.36	53.0	674.87
	기계공학과	8	17	4.18	71	33	46.5	5.21	6.27	16	94%	33	2.15	25	2.80	48.3	628.61
	스마트융합보안	7															
	에너지공학부	18	32	3.25	104	55	52.9	5.38	6.54	23	72%	55	1.89	37	3.19	42.1	573.81
	신소재공학과	5	12	8.08	97	47	48.5	4.97	5.42	7	58%	19	5.11	17	5.06	48.0	631.51
	산업경영공학과	6	12	3.42	41	17	41.5	5.67	6.37	2	17%	14	2.93	17	4.65	46.7	610.06
	건축공학부	15	15	5.40	81	48	59.3	4.87	5.62	22	147%	37	2.19	21	3.33	47.3	621.55
	스마트·환경공	21	28	3.64	102	54	52.9	5.66	6.70	24	94%	761		33	3.30	43.2	580.99
자연 합계		241	393	6.29	2387	1246	51.7	4.70	5.33	368	98%	1470	3.38	592	4.64	51.33	652.33

대진대 2022 입결분석 02 - 수시 교과 학교장추천

2022. 06. 25. ollim

수능최저 없음		2023 학교장추천 모집인원	2022 학교장추천 ▶내신반영: 국영수사/국영수과 ▶학년비율: 동일비율											2022 정시수능 ▶탐1 30%+기타2개 각 35% ▶영어 90-85-80-76-72-60...			
			2022 지원		면접 응시율		2022 수시 입결						2022 지원		2022 백분위		
			모집인원	경쟁률	지원합계	면접응시	면접응시율	최종평균	최종90%	추합인원	충원율	모집충원합계	실질경쟁률	모집인원	경쟁률	최종평균	환산70%컷
인문예술대학	영어영문	2	3	5.67	17			4.88		8	267%	11	3.67	35	5.37	48.6	623.80
	역사문화콘텐츠	4	2	8.50	17			4.54		4	200%	6	3.00	23	4.26	48.7	628.50
	문예콘텐츠창작	5	2	10.50	21			3.85		3	150%	5	2.50	17	4.88	48.9	631.30
글로벌통상대학	글로벌경제	5	2	4.00	8			4.62		5	250%	7	3.50	23	6.00	52.9	656.90
	경영학과	5	2	5.50	11			4.25		1	50%	3	1.50	23	5.26	53.3	707.50
	국제통상학과	4	2	4.50	9			4.65		-				20	6.70	53.5	666.90
	국제지역 일본학	4												17	3.47	49.4	629.60
	국제지역 중국학	6	2	4.50	9			4.63		1	50%	3	1.50	31	4.35	46.3	601.50
공공인재대학	공공인재법학과	4	2	5.00	10			5.02		2	100%	4	2.00	20	5.40	55.4	682.55
	행정정보학과	4	2	7.00	14			비공개		4	200%	6	3.00	20	3.80	55.3	662.00
	사회복지학전공	5	3	10.67	32			4.72		11	367%	14	4.67	31	4.65	47.5	628.90
	아동심리교육전공	5															
	미디어커뮤니케	5	2	10.50	21			3.85		1	50%	3	1.50	18	5.11	59.4	733.40
	문헌정보학과	4	2	5.50	11			4.54		1	50%	3	1.50	20	5.05	50.9	651.85
과학기술대학	의생명과학전공	4												19	4.63	46.5	631.50
	에코응용화학전공	4												18	3.67	49.6	613.17
	간호학과	7	2	8.00	16			1.99		-				15	6.33	69.8	814.50
	식품영양학과	4	2	8.00	16			5.13		12	600%	14	7.00	11	4.82	56.0	667.99
	보건경영학과	5															
휴먼IT공과대학	스마트모빌리티	7	2	6.00	12			4.20		-				16	3.81	48.1	656.40
	컴퓨터공학	10	3	8.33	25			4.40		7	233%	10	3.33	21	5.29	59.3	717.01
	AI빅데이터전공	5												16	4.63	57.6	686.34
	전자공학과	5	2	3.50	7			4.77		3	150%	5	2.50	28	5.36	53.0	674.87
	기계공학과	5	3	5.33	16			4.41		5	167%	8	2.67	25	2.80	48.3	628.61
	스마트융합보안	5															
	에너지공학부	20	3	3.33	10			5.78		7	233%	10	3.33	37	3.19	42.1	573.81
	신소재공학과	5	2	4.50	9			6.26		4	200%	6	3.00	17	5.06	48.0	631.51
	산업경영공학과	6	2	4.00	8			5.23		1	50%	3	1.50	17	4.65	46.7	610.06
	건축공학부	10	3	5.00	15			5.35		8	267%	11	3.67	21	3.33	47.3	621.55
	스마트·환경공	20	4	5.50	22			4.89		3	75%	7	1.75	33	3.30	43.2	580.99
자연 합계		184	54	6.23	336	0		4.63		91	185%	139	2.85	592	4.64	51.33	652.33

수능최저 없음		2023 윈윈대진	2022 종합 윈윈대진											2021 윈윈대진			
			▶내신반영: 국영수사과 ▶1단계: 서류100% (4배수)　2단계: 면접 70%											▶1단계: 서류100% (4배수) 2단계: 면접 70%			
			2022 지원		1단계/면접응시			2022 수시 입결						2021 지원		2021 입결	
		모집 인원	모집 인원	경쟁률	1단계 합격 인원	면접 응시	면접 응시율	최종 평균	최종 90%	추합 인원	충원율	모집 충원 합계	실질 경쟁률	모집 인원	경쟁률	최종 평균	최종 90%
인문 예술 대학	영어영문	8	10	4.30	40	36	90.0	4.92	5.58	12	120%	22	2.20	14	2.43	5.34	6.14
	역사문화콘텐츠	10	10	6.60	40	34	85.0	4.64	5.16	21	210%	31	3.10	14	4.50	4.91	5.44
	문예콘텐츠창작	10	10	7.30	40	33	82.5	4.90	5.59	17	170%	27	2.70	14	4.36	4.82	5.40
글로벌 통상 대학	글로벌경제	15	10	4.10	41	32	78.0	5.33	5.77	8	80%	18	1.80	15	3.53	5.11	5.45
	경영학과	15	10	6.10	40	30	75.0	4.86	5.37	12	120%	22	2.20	15	5.40	4.50	4.91
	국제통상학과	13	10	5.50	40	36	90.0	5.34	5.77	11	110%	21	2.10	14	3.71	5.40	6.13
	국제지역 일본학	9	8	6.88	32	31	96.9	4.48	4.83	8	100%	16	2.00	10	4.80	4.95	5.72
	국제지역 중국학	14	10	4.50	41	41	100.0	4.72	5.32	4	40%	14	1.40	15	2.07	5.12	6.24
공공 인재 대학	공공인재법학과	12	11	4.27	44	41	93.2	4.78	5.68	24	218%	35	3.18	16	2.75	4.97	5.50
	행정정보학과	12	11	3.18	35	26	74.3	5.29	5.70	6	55%	17	1.55	16	2.69	4.89	5.42
	사회복지학전공	8	20	8.75	81	76	93.8	4.90	5.42	29	145%	49	2.45	28	6.36	4.80	5.35
	아동심리교육전공	7															
	미디어커뮤니케	15	12	8.67	48	46	95.8	4.30	4.84	11	92%	23	1.92	15	7.87	4.32	4.60
	문헌정보학과	10	10	4.70	40	40	100.0	4.14	4.55	9	90%	19	1.90	11	5.36	4.26	4.56
과학 기술 대학	데이터사이언스	8	8	4.63	32	29	90.6	4.40	4.95	6	75%	14	1.75	10	2.90	5.56	5.91
	생명화학생명과학	8	8	2.50	20	17	85.0	5.73	6.28	9	113%	17	2.13	10	3.80	4.65	5.09
	생명화학화학전공	15	28	9.86	112	110	98.2	3.15	3.47	17	61%	45	1.61	10	2.90	5.68	6.63
	간호학과	10	10	5.90	40	37	92.5	4.73	5.09	16	160%	26	2.60	20	9.95	3.25	3.61
	식품영양학과	8												10	3.70	4.73	5.27
휴먼 IT 공과 대학	스마트모빌리티	10	10	4.80	40	34	85.0	5.74	6.14	10	100%	20	2.00	15	2.40	5.75	7.44
	컴퓨터공학	15	12	11.50	48	48	100.0	4.28	4.85	14	117%	26	2.17	20	5.10	4.84	5.52
	AI빅데이터전공	14	12	3.58	43	41	95.3	5.29	5.71	9	75%	21	1.75	-	-	-	-
	전자공학과	14	12	3.42	41	35	85.4	5.56	5.98	16	133%	28	2.33	15	2.47	5.46	6.55
	에너지공학부	15	30	1.97	59	53	89.8	5.78	6.62	13	43%	43	1.43	20	1.80	5.55	6.57
	기계공학과	14	12	3.83	46	39	84.8	5.01	5.46	14	117%	26	2.17	15	3.80	5.20	5.58
	스마트융합보안	8															
	신소재공학과	9	8	2.88	23	16	69.6	5.64	6.16	5	63%	13	1.63	10	2.50	5.64	6.99
	산업경영공학과	9	8	2.63	21	19	90.5	6.11	6.45	6	75%	14	1.75	10	2.30	5.51	6.45
	건축공학부	15	15	4.20	60	56	93.3	5.02	5.43	9	60%	24	1.60	25	2.56	5.26	6.05
	스마트건설환경공	15	30	2.10	63	57	90.5	5.87	7.08	20	67%	50	1.67	10	2.30	4.97	5.36
자연 합계		345	363	5.14	1210	40	89.1	5.00	5.53	336	104%	681	2.04	397	3.86	5.04	5.71

2023 대학별 수시모집 요강 — 덕성여자대학교

- ▶ 교과반영 2023 **고교추천** 국영수사/국영수과 중 전체반영★
- ▶ 교과반영 2023 **교과/논술** 국영수사/국영수과 중 상위 3교과x4개씩 총12개
- ▶ 진로선택 이수단위만 반영
- ※ 참고: 교과반영 2021 글로벌융합/아트: 국영사 과학기술: 영수과

1. 내신반영 2023 전년도 대폭변화 이후 전형유지
2. 대계열 학부통합선발 4년차★ 글로벌융합대학/과학기술대
3. 인: 글로벌융합대학, 자: 과학기술대학, 예체: 아트디자인
4. 고교추천전형: 교과 투트랙★ 최저유무, 내신반영 다름
5. 덕성인재1 서류일괄전형, 종합 투트랙★ 기존 덕성2
6. 덕성여대 계열모집 2020~2023
   ①글로벌융합대학(인문): 어문/사회/경영/회계/국통/유아교 등
   ②과학기술대학(자연): 수학/화학/컴공/소프트/IT미디어공 등
   ③Art & Design대학(실기): 동양/서양화/실내/시각디자인 등

2022 정시입결: 국수영 성적순 30%:30%:15%+탐구1 25%
최초평균-최종평균-최종70%컷
- ▶ 글로벌융합 <2022> 85.17-83.62-82.75
- 글로벌융합 <2021> 84.47-82.12-81.05
- ▶ 유아교육과 <2022> 88.32-87.01-86.50
- 유아교육과 <2021> 88.50-86.97-85.75
- ▶ 과학기술대 <2022> 86.00-84.49-83.47
- 과학기술대 <2021> 83.70-77.78-76.37
- ▶ 약학대학 <2022> 97.13-96.84-96.73

모집시기	전형명	사정모형	학생부종합 특별사항	2023 수시 접수기간 09. 13(화) ~ 17(토)	모집인원	학생부	논술	면접	서류	기타	2023 수능최저등급
2023 정원내 수시 707명 (65.4%) 2022 정원내 수시 733명 (65.4%) 정시 400명 (34.6%) 전체 1,120명	**학생부 100%**	일괄	학생부교과 최저 있음 최종 12.15(목)	1. 2023 전년대비 인원유지 2. 내신반영 전년 유지 국영수사/국영수과 중 상위 3교과x4개씩 총12개 3. 교과전형 모집인원 2023 ▶글로벌융합 86명 ▶유아교육과 7명 ▶과학기술대 47명 ▶약학과 15명	155 약학 15 2022 155 약학 15	교과 100					<2022 교과 입결 ollim> ▶글로벌융합86 경쟁 11.3 최초-최종-70컷 1.69-2.03-2.20 ▶유아교육07 경쟁률 16.9 최초-최종-70컷 1.34-1.59-1.63 ▶과학기술47 경쟁률 16.1 최초-최종-70컷 1.80-2.09-2.18 ▶약학대학15 경쟁률 35.1 최초-최종-70컷 1.00-1.00-1.00 전체: 2개합 7 (탐1) 약대: 수학포함 3개합 6 (과2) 절사 수학: 미적/기하 택1
	고교추천	일괄	학생부교과 학교장추천 ~09.23(금) 최종 12.15(목)	1. 고교추천 전형 120명 유지 2. 내신반영 방법 차별화★ 국영수사/국영수과 전체	120 2022 120	교과 100					<2022 고교추천 입결> 최초-최종-70컷 ▶글로벌융합77, 경쟁 4.40 2.37-3.11-3.37 ▶유아교육과04, 경쟁 6.50 1.65-2.60-2.65 ▶과학기술대39, 경쟁 5.21 2.45-2.98-3.16
	논술전형	일괄	논술전형 최저 있음 논술 11.27(일) 최종 12.15(목)	1. 2023 전년대비 인원유지 2. 90분, 총2문항, 소문항2~3 3. 문항당 500~1,000자 4. 자연 수리논술 5. 내신: 3교과x4개씩 총12개	105 2022 105		논술 100				<2022 논술 입결> ▶글로60 4.12-4.21-4.64 ▶유아05 3.67-3.67-3.94 ▶과학40 3.87-3.78-4.08 전체: 2개합 7 (탐1)
	덕성인재1 (서류형, 신설)	일괄	종합전형 최저없음 자소~09.23(금) 최종 12.15(목)	1. 덕성인재1 전형 87명 신설 2. 서류일괄 100% 3. 자기소개서 제출	113 2022 87				서류 100		<2022 덕성인재1 최종평균-70%> ▶글로인문40 경쟁 8.18 2.88-3.21-3.34 ▶유아교육02 경쟁 11.5 2.71-2.71-2.24 ▶과학기술20 경쟁 10.6 2.74-3.17-3.35 ▶약학대학25 경쟁 30.0 1.37-1.55-1.31
	덕성인재2 (면접형)	일괄	학생부종합 자기소개서 ~09.23(금) 1단계 11.14(월) 면접 11.20(일) 최종 12.15(목)	1. 2022 전년대비 76명 감소 2. 융합적 사고, 창의적 능력 올바른 가치관을 실현할 자기주도적 덕성인재★★ 학업역량/발전역량/덕성역량 3. 면접평가 ①②번 실제질문 ①서류사항 점검, 자소서 근거 ②덕성역량, 공동체일원 강조 ③종합적 사고력 ④의사소통능력	122 2022 123				서류 100 (3배→4배수) 서류 60 면접 40		<2022 덕성인재2 입결> 최초-최종-70컷 ▶글로인문80 경쟁 11.4 3.41-3.69-3.73 ▶유아교육06 경쟁 19.5 2.37-2.78-2.79 ▶과학기술37 경쟁 12.1 3.20-3.40-3.55 <기타전형 생략> 농어촌/특성화/예체실기
	고른기회1	일괄	학생부교과 최종 12.15(목)	1. 종합전형→교과전형 변화 2. 보훈/농어/특성/서해5도 3. 기초수급 및 차상위자녀 등	26 2022 15	교과 100 내신 총 12개					▶글로인문15 경쟁률 4.60 3.83-4.17-4.15 ▶과학기술05 경쟁률 4.80 2.86-3.87-3.95
	고른기회2	일괄	학생부종합 자소~09.17(금) 최종 12.15(목)	1. 장교/준사관/부사관 미화 2. 경찰/교도/소방/집배 10년	10 2022 12				서류 100		▶글로인문07 경쟁률 6.86 3.33-3.79-3.83 ▶과학기술05 경쟁률 5.60 3.25-3.62-3.62
	고른기회1 (기초수급차)	일괄	학생부종합 자소~09.17(금) 최종 12.15(목)	기초수급 및 차상위자녀 등	13 2022 13				서류 100		▶글로인문21 경쟁률 16.3 3.41-4.18-4.14 ▶약학대학 경쟁률 1.70-1.84-1.87

2023 대입 주요 특징

정시 인史 30:25:20:20:5　자史 25:30:20:20:5
자연 미/기+과탐, 바이오대+가정교육 수학무제한

▶교과: 상위 10개 유지
인: 국영수사+史 중 10개
자: 국영수과+史 중 10개
▶논술/실기
: 국영수사과+史 중 10개
▶학년비율/이수단위 없음
▶종합: 전과목 정성평가

1. 2023 정원내 수시 1,6671명 (60.1%), 정시 1,109명 (39.9%)
2. 학교장추천: 계열 4명 총 8명★·전년대비 9명 인원증가
   2023 학추 교과정량 반영비율 확대 교과60%→교과70%
3. 2023 두드림 39명 증가, 논술 38명 감소
4. 두드림/SW/고른기회 등 종합전형 1단계 선발배수 확대
5. 약학과, AI융합학부, 불교대학 문화재학과 2022 신설 유지
6. 바이오(생명과학/바이오환경/의생명/식품생명) 고양캠 수업
7. 정시자연 바이오대, 가정교육 수학무제한+과탐
   (바이오대: 생명과학/바이오환경과학/의생명공/식품생명공)
8. AI소프트웨어융합 (컴공+멀티+AI융합) 신설: 수시 128명★

9. 정시 영어/史 반영: 200-199-197-190-180...
10. 동국사범대 전국의 교대와 동시지원경향, 상경 외고자사 인기
■ 화쟁형 인재: 창의융합사고 문제해결 → 깨달음실천 → 사회공헌
   ①교육과정 바탕 (고교 역할) ②주도적인 진로설계 (학생 역할)
   ③학업역량과 전공적합성이 우수한 학생 선발
■ 2022 동국대 종합전형=학생생활 기반의 전공적합성★★
   충실한 학생생활내 전공관련역량을 위해 노력한 과정 평가
■ 교과전형 1등급중반 이후 난망, 타대학 추합 이탈과 보험 성격의
   지원에 따른 종합전형 취지 무색한 현실 반영→서류 100% 경향

2022. 06. 08. ollim

모집시기	전형명	사정모형	학생부종합 특별사항	2023 수시 접수기간 09.15(목) ~ 17(토)	모집인원	학생부	논술	면접	서류	기타	2023 수능최저등급
2023 정원내 수시 1,671명 (60.1%) / 정시 정원내 1,109명 (39.9%) / 전체 정원내 2,780명 / 2022 정원내외 수시 1,880명 (59.9%) / 정시 1,260명 (40.1%) / 전체 3,062명	학교장추천 학교장 추천입력 09.19(월~23(금)	일괄	학생부교과 학생부 외 없음 졸업생 포함 인: 국영수사史 자: 국영수과史 상위 10개반영 단위수 미적용 최종 12.02(금) 충원 21→22년 인 234→213% 자 184→173%	1. 교과정량비율 10% 확대 2. 2023 전년대비 5명 감소 3. 추천인원 확대 7명→8명 계열별 4명 추천★ 4. 핵심역량/인재상: ①성실성 ②학업역량 ③공동체의식 5. AI SW융합 27명 모집 6. 1등급-10, 2등급-9.99 3등급-9.95, 4등급-9.90 ... 7. 평균 경쟁률 2021~2022 전과목 평균 2021→2022 ▶인문 경쟁 12.8→22.7★ ▶자연 경쟁 10.6→23.1★ ▶인문 최종평균 2.27→2.25 ▶자연 최종평균 2.33→2.16	404 2022 409	교과 70 + 서류 30 ①학업역량 50 ②전공역량 30 ③인성사회 20 1~4등급간 0.1점차					1. 학교장추천 교과공통 서류평가역량 2023★ ①학교생활충실도 80% (학업역량/전공적합성) ②인성/사회성 20% 2. 동국대 학교장추천 자기주도적학습능력 ★★ ①기초학업역량: 기본교과성적/세특 정성평가 ②학습주도성: 수업참여/내용연계/독서2권 이상 3. 학교장 성적 주로 1등급대, 2021 자소서폐지 당락요소는 사실상 전공적합성에 있음 ★★ 4. z점수의 영향력 진정성 측면에서 부정적 견해 5. 인성/사회성의 판단: 수업참여도 중시. 특히 비주요 교과의 편향된 성적하락에 주목함 ★★ 6. 모든교과수업 세특 88% ★+동아리 등 12% 7. 고교유형 종합전형 지원패턴 이해 참고 8. 계열구분 의도 자연계 보호목적 진로계획 미평가 종합중복가능 두드림중복16%
	Do Dream	1단계	학생부종합 자소서제출 ~09.19(월) 1단계 11.15(화) 면접 12.10(토) ~12.11(일) 최종 12.15(목)	1. 2023 전년대비 39명 증가 2. 1단계 3배수→4배수 확대 3. 핵심역량 ①전공역량 ②자기주도성 ③발전가능성 4. 인재상: 주도적인 고교생활 전공분야역량, 발전가능성 5. 문과대 외고지원 75%이상 6. 2022 내신전과목 평균분포	484 2022 473	서류 100 (3.5/4배수) 법학/경영 전자전기공학 AI융합 3.5배수					▶DoDream 등 종합 서류평가역량 2023 ★★ ①학업역량 30% ②전공적합성 50% ③인성/사회성 20% ▶동국대 두드림 등 종합전형 전공적합성 ★★ ①전공수학역량: 전공교과성취도/세특 정성평가 ②전공관심도 경험: 교과비교과 충실한활동참여 관심분야탐구노력경험/과제수행발표/창체근거
		2단계	주요교과 2020 고교유형 일반고 78.1% 특목고 10.2%	▶1단계평균 인2.82 자2.63 ▶2개년입결 최종평균~최저 인문2.88~4.12→2.89~4.07 자연2.85~4.10→2.68~3.56		1단계 70 + 면접 30					1. 전공관심도, 학습경험, 전공수학역량 중요 ★ 2. 동기의 타당성, 계획의 구체성 역설할 것 ★ 3. 정량평가 절대 없음 ★, 일반고 합격률 75% 4. KU자추/경희네오/두드림중복 충성도높음 ※ 2019~2023 종합전형책자 참고 ★
	Do Dream 소프트웨어	1단계	학생부종합 자소~09.19(월) 두드림동일일정	1. 1단계 3배수→4배수 확대 2. 정통 23명+AiSW융합 64명 3. 과제수행/발표/창체기록화	84	서류 100 (3.5배수)					▶DoDream S/W 서류평가역량 2023 ★★ ①학업역량 25% ②인성/사회성 20% ③SW전공적합성 55%
		2단계				1단계 70 + 면접 30					▶두드림자격, 수학 수치화 →'22년입결평균 3.12
	불교추천인재	1단계	학생부종합 자소~09.19(월) 1단계 11.15(화) 면접 12.09(금) 최종 12.15(목)	1. 조계종 및 종립교장추천자 2. AiSW융합 3명 3. 2개년입결 최종평균~최저 ▶인문2.95~3.30→2.72~2.96 ▶자연3.12~3.36→3.07~3.29	108 2022 108	서류 100 (2/3배수)					1. 불교추천 역량 : 건학이념 수행, 학업역량, 인성 2. 전형취지적합성 개별평가: 전형취지에 따라 불교문화체험 및 신행활동 관련 질의응답 3. 면접 팁: 불교관련 독서 및 불교활동 답변필수★ 4. 불교추천서 필수제출 <전과목> 반영
		2단계				1단계 70 + 면접 30					
	논술우수자	일괄	논술전형 논술 11.20(일) 오전자/오후인 최종 12.15(목) 국영수사과史 중 10개 반영 이수단위 없음 연필 사용불가	1. 2023년 43명 인원감소 2. 학생부: 교과20+출결10 3. AiSW융합 자 22명, 인 4명 4. 수능최저 전년과 동일 5. 자연논술 과학없음, 수학만 6. 모든문항 분량초과 광탈★ 인문 100분, 자연 90분, 3문항 인문 1,500자, 자연 55줄 내외 2문항 인250~400자, 자연 15줄 1문항 인550~700자, 자연 27줄 자연수학: 공통+선택+기하	307 2022 350	학생 30 + 논술 70 최저 국/수 선택과목 제한 없음					1. 논술 2022 경쟁률 ▶인문 46.1 실질 10.8 ▶자연 59.6 실질 17.7 2. 2개년 최종평균~최저 ▶인문 2021 2.82~4.16 ▶인문 2022 3.14~4.24 ▶자연 2021 2.83~4.01 ▶자연 2022 2.93~4.27	인문: 2개합 4(탐1) 자연: 2개합 5(과1) 수/과 1필 유지 경찰행정: 국수영 중 2개합 4 약학: 3개합 4(탐1) 수/과 1필★ AI인문: 수포함 2개합4 AI자연: 수포함 2개합5 *전체 史4 공통필수
	고른기회통합	1단계	학생부종합 자소~09.19(월) 1단계 11.15(화) 면접 12.09(금) 최종 12.15(목)	1. 1단계 3배수→5배수 확대 2. 보훈대상자/농어촌/특성화 기초차상위 대상 등 133명 3. 도전/전공역량/자기주도성 4. 전과목반영, AiSW융합 7명	131 2022 133	서류 100 (5배수)					1. 2개년 최종평균~최저 ▶인문 2021 2.85~3.19 ▶인문 2022 2.72~3.30 ▶자연 2021 2.92~3.21 ▶자연 2022 2.77~3.11	최저없음 <2023 기타전형 생략> 실기134, 특성졸재직149 특수교육6 등
		2단계				1단계 70 + 면접 30					

▶ 교과 (논술/실기) 　국영수사과 중 이수단위 x 　상위 10과목 반영 ▶ 학년 비율: 동일 ▶ 종합: 전과목 정성평가	<동국대 학과별 선호도 RANK 리포트 2014~2022> ▶ 인문A(1.3등급): 경영/경찰행정/광고홍보/국교/국문/정외 등 　인문B(1.5등급): 경제/국제통상/법학/사회학/신방/영문/교육 　　　　　　　　/식품산업/영화영상/철학윤리/행정학 등 　인문C(1.7등급): 북한/불교/사학/역교/일문/중문/지리교 등 ▶ 자연A(1.5등급): 생명과학/의생명/화공생물공/화학 등 　자연B(1.8등급): 바이오/산업시스/수교/멀티/물리/반도체 등

▶ 2021 진로선택 활성화 이후 정량지표 성적하락 예측
　2020 대입 응시인원 51,067명 감소에도 불구하고
　2020 입결 성적이 유지된 결과현상 의아함.
▶ 대학 수학학업능력 향상을 위한 학업역량의 중요성 인식으로
　대학별 시행계획 및 전형통합 등의 변화 필요성
　①계열 및 학과 통합　②학과별 모집이원 증감 변화 등
　③농어촌 및 기초수급자 전형의 정시화
　④정원내 고른기회/사회배려 전형 등의 전형통합화 유행 *ollim*

모집시기	전형명	사정모형	학생부종합 특별사항	2022 지난해 정리참고	모집인원	학생부	논술	면접	서류	기타	2023 수능최저등급
학교장추천 2021 ▶계열적합성 ▶동국사범대는 전국의 교대와 동시지원경향		일괄	학생부종합 추천공문 자소서없음 학생부 외 없음 전교과 최종: 12.10(목)	1. 2021년 10명 인원 감소 2. 학교장추천 인원 1명증가★ 　계열최대 3명, 총 4명→5명 3. 핵심역량: ①성실성 　　②학업역량 ③공동체의식 4. 인재상: 성실한 고교생활 　학업역량, 공동체의식 보유		서류 100% 학교장추천 계열별 3명+2명 2021 총 5명					▶학교장추천 4가지 서류평가항목 역량 ①자기주도적학습능력 40% ②전공적합성 30% ③인성/사회성 20%　④지원동기 10% ▶동국대 학교장추천 자기주도적학습능력 ★★ ①기초학업역량: 기본교과성적/세특 정성평가 ②학습주도성: 수업참여/내용연계성/독서2권이상
Do Dream **2021**		1단계	학생부종합 자소서제출 주요교과 2020 입결평균 경쟁16.9→16.7 전과목 2.8등급	1. 핵심역량: ①자기주도성 　②전공역량 ③발전가능성 2. 인재상: 주도적인 고교생활 　전공분야역량, 발전가능성 3. 2020 내신전과목 평균분포 ▶1단계평균 인2.80 자2.69 ▶최종평균 인문2.85 편차1.09 ▶최종평균 자연2.72 편차0.70		서류 100% (2.5~3배수)					▶DoDream 등 종합 4가지 서류평가항목 역량 ①자기주도적학습능력 25% ②전공적합성 45% ③인성/사회성 20%　④지원동기/진로계획 10% ▶동국대 두드림 등 종합전형 전공적합성 ★★ ①전공수학역량: 전공교과성취도/세특 정성평가
		2단계				1단계 70% + 면접 30%					②전공관심도 경험: 교과비교와 충실한활동참여 관심분야탐구노력경험/과제수행발표/창체근거

※※ 동국대 종합전형 지원핵심 리포트 01 - 전형중심
1. 평가 기준: ①지원동기 및 진로계획 15%　②인성 및 사회성 20%
　　③자기주도적 학습능력(기초학업역량+학습의 주도성) +
　　④전공적합성 65% (전공수학역량+전공관심도 학습경험)
2. <학교장 VS 두드림 차이 분석>
　①전공적합성 평가 중요성: 학교장 25%, 두드림 45%
　②내신반영 정성평가: 학교장 전교과, 두드림 주요교과(수과 중심)
3. 종합전형 핵심: 학과별 사정관 및 위촉 사정관 있음. 이런 구조로 학과의
　요구가 가장 많이 반영됨. 전공별 홈페이지를 통한 교육과정 및 학업탐색
4. 올해 학교장 추천의 경우 18명 감소. 과년도 고교유형 참고할 것.
　과년도를 참고점으로 지원자 면접 유불리에 따른 두드림(단계형:면접)과
　학교장추천 전형(일괄) 선택하는 것이 필요.
5. 두드림 1단계발표 수능 1주전 - 멘탈 관리지도, 전공관심도, 활동경험중시

※※ 동국대 종합전형 지원핵심리포트 02 - 학과중심
1. 경영: 국수영+사회교과　2. 철학: 사회, 국어
3. 영문: 영어, 제2외 미반영　4. 국제통상: 영어, 제2외, 역사
5. 사회과학대: 영어 필수+전공별 교과 다수
6. 식품산업관리학과: 사회과학대 소속.
　유통 및 경영마케팅 등을 고려한 우회지원 전략필요.
7. 자연계열의 경우 학과에 따라 물화생지 활용도 차이있음.
　물리학/화공: 수학, 화학 등 주요반영.
8. 경영학과: 가장 많은 활동 및 학업능력자 지원 경향
9. 회계학과: 경영학과 지원을 위한 차선책 경향. 경영학과와
　달리 교과성적을 중요시 함. 회계관련 비교과활동이 고교
　에서 쉽지 않은 것을 고려할 때, 전공관련 활동은 적지만
　교과성적이 좋다면 적극 지원도 고려.

※※ 동국대 종합전형 지원핵심리포트 03 - 학과중심
10. 북한학과: 정치외교학과와 학별별 특성 중첩되므로 정치외교 외 차선책
　　지원 전략 권유.
11. 경영정보: 경영학 아래 단계의 지원율 경향, 자연계열 사고 필요한 인식.
　　빅데이터 활용능력, 컴퓨터 활용능력 장점과 자질 적극지원할 것.
12. 바이오시스템대학: 농업대학의 인식으로 전반적 지원경향 낮음.
　　의생명공학>생명과학>식품생명공학>바이오환경과학
13. 경찰행정학과: SKY급 학생들 지원, 실제 재학중인 학생들 50% 정도는
　　경감 시험에 응시하고 나머지 학생들의 경우 대학원 진학 및
　　기타분야 진출함.
14. 광고홍보 및 미디어커뮤니케이션: 수학을 제외한 국영사 성적 중요.
　　서류활동 강한 특목고생 지원 다수 유의.
　　두드림의 특성상 일반고 합격 난망 지속.
15. 불교추천: 교과100%에서 1단계 서류100% 등으로 단계방식 변경유지

※※ 2021 대입정보컨퍼런스 동국대 핵심리포트ollim
2020. 01. 08 수 아주대 연암관 이후

1. 2021 진로선택 활성화 이후 정량지표 성적하락 예측
　2020 일반고교 응시인원 51,067명 감소에도 불구하고
　2020 입결 성적이 유지된 결과현상 의아함.
2. 두드림 전형 특징
　①영문/일본/중문 외고 50% 이상, 경찰행정 거의 일반고
　②의생명공학 과고 지원상승세, 합격편차 큼.
　③미디어커뮤니케이션/역사교육/사학/화공생명 최상위
　④연극/영화영상 활동위주 평가 중요
3. 학교장추천은 계열적합성
　①전통의 동국사범대는 전국의 교대와 동시지원 경향
　②상경 외고자사 지원 다수
4. 소프트웨어 지원사업으로 전형 독립, 두드림전형 성격
5. 교사의 학생부 기록과 전공 이해도 불일치 사례 다수
　건축공학(설계시공), 건설환경공학(토목공사) 등

동국대학교 2022 수시모집 결과분석 01 - 교과 학교장추천 *2022. 04. 09. ollim*

▶2023 학교장추천
1. 교과 70+ 서류종합 30
2. 내신 10개
3. 수능최저 없음
4. 인문자연 최대 7명→8명

2022 0408
2023 인원 404

2022 교과 학교장추천 (398명)
● 동국 학교장추천 교과 60+ 서류 40, 내신 10개
2022 입결: 전교과 산술평균★ (동국대입학처제공)

2021 종합 학교장추천 (390명)
● 동국 학교장추천 서류 100% 일괄, <전교과>★★
수능최저 없음, 추천서 없음 인문자연 최대 5명

대학	학과	2023 인원 404	2022 인원	경쟁률	지원자 평균	최종합격 평균	최종합격 최저	★2022 충원률	2021 인원	경쟁률	지원자 평균	최종합격 평균	최종합격 최저	★2021 충원률
문과대학	국어국문 문예창작	4	4	36.5	3.11	2.27	2.46	225.0%	5	14.8	2.64	2.87	5.37	340.0%
	영어영문	13	14	12.7	2.82	2.27	2.95	229.0%	15	9.47	2.53	2.21	2.46	293.0%
	일본학과	4	4	14.3	3.27	2.49	2.67	125.0%	6	8.83	3.13	3.02	5.15	150.0%
	중어중문	6	6	10.0	2.92	2.62	3.52	300.0%	9	4.56	2.89	2.71	3.69	133.0%
	사학과	5	5	23.0	2.91	2.18	2.31	180.0%	5	7.80	2.67	2.23	2.54	100.0%
	철학과	2	2	12.0	3.00	2.79	3.19	300.0%	2	7.00	2.63	2.46	2.48	150.0%
법과대	법학과	17	20	12.6	2.73	2.17	2.51	100.0%	22	7.41	2.41	2.14	2.44	168.0%
사회과학대학	북한학	3	3	10.7	3.03	2.49	2.84	100.0%	3	15.0	3.25	2.58	2.67	67.0%
	정치외교	6	6	20.7	2.53	2.29	2.94	367.0%	6	11.0	2.30	1.98	2.07	400.0%
	행정학	6	6	18.0	2.50	2.33	3.00	250.0%	7	9.71	2.25	1.97	2.20	200.0%
	경제학과	14	14	10.3	2.81	2.26	2.84	136.0%	11	8.09	2.37	2.31	2.62	309.0%
	국제통상	9	9	13.9	2.83	2.26	2.79	133.0%	7	14.1	2.75	2.38	2.52	400.0%
	사회학	5	5	24.0	2.59	2.08	2.34	440.0%	7	10.3	2.26	2.27	2.65	271.0%
	미디어커뮤니케	9	9	26.3	2.50	1.83	2.20	256.0%	6	13.2	2.41	1.97	2.21	117.0%
	식품산업관리	5	5	9.40	2.96	2.17	2.88	20.0%	6	4.33	2.60	2.37	2.76	83.0%
	광고홍보	8	8	17.5	2.70	2.26	2.72	213.0%	6	10.3	2.38	1.85	2.17	300.0%
	사회복지	3	3	23.0	2.79	2.04	2.24	233.0%	3	8.0	2.53	2.25	2.54	167.0%
경찰	경찰행정	8	8	29.0	2.43	1.62	1.97	38.0%	8	15.4	2.38	1.54	1.91	113.0%
경영대학	경영학과	20	22	24.9	2.67	2.63	4.52	259.0%	19	13.0	2.46	2.38	4.63	400.0%
	회계학과	11	11	9.27	2.72	2.31	2.61	118.0%	12	5.00	2.45	2.54	3.00	233.0%
	경영정보학과	10	10	10.2	2.86	2.84	4.75	40.0%	9	7.57	2.59	2.17	2.56	167.0%
사범대학	교육학과	4	4	32.3	2.33	2.03	2.41	475.0%	5	19.8	2.11	1.81	1.84	400.0%
	국어교육	6	6	21.3	2.53	1.84	2.14	233.0%	5	12.2	2.07	1.97	2.00	400.0%
	역사교육	7	7	27.7	2.49	1.95	2.21	371.0%	8	12.9	2.18	1.93	2.23	275.0%
	지리교육	7	7	13.7	2.64	2.12	2.68	186.0%	7	6.57	2.32	2.31	2.82	214.0%
예술	영화영상학과	4	5	32.6	3.62	2.45	2.84	40.0%	3	24.3	3.18	3.24	5.67	150.0%
약학	약학과	3	3	57.3	2.00	1.11	1.17	0.0%	-	-	-	-	-	-
이과대학	수학과	5	5	13.6	2.85	2.77	3.38	160.0%	5	12.6	2.60	2.36	2.41	280.0%
	화학과	6	6	20.3	2.55	2.18	2.50	300.0%	5	10.4	2.28	2.12	2.30	180.0%
	통계학과	6	6	10.3	2.62	2.58	3.10	150.0%	5	8.80	2.25	2.12	2.33	360.0%
	물리반도체과학	10	10	8.00	2.67	2.48	2.72	250.0%	10	4.00	2.47	2.45	2.66	200.0%
바이오시스템	생명과학	8	8	25.6	2.57	2.17	2.50	250.0%	7	16.9	2.37	2.11	2.44	157.0%
	바이오환경과학	8	8	16.4	2.78	2.38	2.74	113.0%	8	12.5	2.50	2.37	2.65	313.0%
	의생명공학	6	6	35.2	2.45	1.91	2.06	350.0%	5	18.8	2.27	1.91	2.14	160.0%
	식품생명공학	11	11	15.9	2.92	2.40	3.00	118.0%	8	13.9	2.58	2.37	3.43	250.0%
공과대학	전자전기공학	29	30	13.8	2.66	2.21	2.62	150.0%	23	6.43	2.46	2.37	2.71	248.0%
	정보통신 SW	9	8	9.13	2.94	2.54	2.85	63.0%	10	6.70	2.88	2.23	2.63	140.0%
	건설환경공학	10	10	8.80	3.09	3.01	3.61	200.0%	12	6.17	2.84	2.64	3.50	167.0%
	화공생물공학	12	12	30.8	2.49	2.12	2.43	225.0%	12	14.9	2.21	2.13	2.44	175.0%
	기계로봇에너지공	10	10	17.0	2.67	2.32	2.56	170.0%	10	8.00	2.41	2.29	2.77	320.0%
	건축공학부	11	11	10.6	2.88	2.28	2.92	146.0%	14	3.93	2.67	2.30	3.22	171.0%
	산업시스템공학	13	13	7.46	2.98	2.35	2.84	77.0%	16	6.38	2.84	2.51	3.13	125.0%
	융합에너지신소재	7	7	20.3	2.60	2.26	2.49	257.0%	7	15.1	2.36	2.29	2.50	271.0%
	컴퓨터공학	-	7	24.0	2.56	1.95	2.19	129.0%						
	멀티미디어공학	-	7	9.29	2.79	2.16	2.74	43.0%						
AI	AI소프트웨어융합	27	11	11.6	2.80	2.40	2.77	118.0%	-	-	-	-	-	-
사범	수학교육	4	4	27.8	2.48	2.23	2.50	400.0%	6	15.5	2.20	1.98	2.07	400.0%
	가정교육	7	7	9.00	3.21	2.56	3.33	129.0%	8	3.50	3.04	3.16	4.98	150.0%
2023 학추 불교 6명포함		404	403	18.7	2.75	2.27	2.74	190.9%	390	10.6	2.52	2.30	2.85	228.8%

동국대 2022 수시모집 결과분석 01 - 교과 학교장추천 인문 *2022. 04. 09. ollim*

▶2021 학교장추천 서류평가 참고 1. 지원동기/진로계획: 10점 2. 자기주도/학업역량: 40점 3. 전공적합/학습경험: 30점 4. 인성사회/역할주도: 20점		2022 0409 2023 인원 196	2022 교과 학교장추천 (211명)						2021 종합 학교장추천 (202명)					
			● 동국 학교장추천 교과 60+ 서류 40, 내신 10개 2022 입결: 전교과 산술평균★ (동국대입학처제공)						● 동국 학교장추천 서류 100% 일괄, <전교과>★★ 수능최저 없음, 추천서 없음 인문자연 최대 5명					
			2022		지원자 평균	최종합격		★2022 충원률	2021		지원자 평균	최종합격		★2021 충원률
			인원	경쟁률		평균	최저		인원	경쟁률		평균	최저	
인문 계열	문과대학 6개학과 평균	34	35	18.1	3.01	2.44	2.85	226.5%	42	8.74	2.75	2.58	3.62	194.3%
	법학과	17	20	12.6	2.73	2.17	2.51	100.0%	22	7.41	2.41	2.14	2.44	168.0%
	사과대학 10개학과 평균	68	68	17.4	2.72	2.20	2.68	214.8%	62	10.4	2.51	2.19	2.44	231.4%
	경찰행정	8	8	29.0	2.43	1.62	1.97	38.0%	8	15.4	2.38	1.54	1.91	113.0%
	경영대학 3개학과 평균	41	43	14.8	2.75	2.59	3.96	139.0%	40	10.2	2.47	2.16	3.03	228.3%
	사범대학 4개학과 평균	24	24	23.8	2.50	1.99	2.36	316.3%	25	12.9	2.17	2.01	2.22	322.3%
	영화영상학과	4	5	32.6	3.62	2.45	2.84	40.0%	3	24.3	3.18	3.24	5.67	150.0%
	인문계열 평균	196	211	21.2	2.82	2.21	2.74	153.5%	202	12.8	2.55	2.27	3.05	201.0%

동국대 2022 수시모집 결과분석 02 - 교과 학교장추천 자연 *2022. 04. 09. ollim*

▶2021 학교장추천 서류평가 참고 1. 지원동기/진로계획: 10점 2. 자기주도/학업역량: 40점 3. 전공적합/학습경험: 30점 4. 인성사회/역할주도: 20점		2022 0409 2023 인원 202	2022 교과 학교장추천 (189명)						2021 종합 학교장추천 (188명)					
			● 동국 학교장추천 교과 60+ 서류 40, 내신 10개 2022 입결: 전교과 산술평균★ (동국대입학처제공)						● 동국 학교장추천 서류 100% 일괄, <전교과>★★ 수능최저 없음, 추천서 없음 인문자연 최대 5명					
			2022		지원자 평균	최종합격		★2022 충원률	2021		지원자 평균	최종합격		★2021 충원률
			인원	경쟁률		평균	최저		인원	경쟁률		평균	최저	
자연 계열	이과대학 4개학과 평균	27	27	13.1	2.67	2.50	2.93	215.0%	25	8.95	2.40	2.26	2.43	255.0%
	바이오대학 4개학과 평균	33	33	23.3	2.68	2.22	2.58	207.8%	28	15.5	2.43	2.19	2.67	220.0%
	공과대학 10개학과 평균	101	115	15.1	2.77	2.32	2.73	146.0%	121	8.49	2.60	2.31	2.81	190.6%
	사범대학 2개학과 평균	11	11	18.4	2.85	2.40	2.92	264.5%	14	9.50	2.62	2.57	3.53	275.0%
	약학과	3	3	57.3	2.00	1.11	1.17	0.0%	-	-	-	-	-	-
	AI소프트웨어융합	27	11	11.6	2.80	2.40	2.77	118.0%	-	-	-	-	-	-
	자연계열 평균	202	189	23.1	2.63	2.16	2.51	158.6%	188	10.6	2.51	2.33	2.86	235.2%

동국대학교 2022 수시모집 결과분석 02 - 종합 두드림 2개년비교

▶2022 종합 서류평가
지원동기/진로계획: 10점
자기주도/학업역량: 25점
전공적합/학습경험: 45점
인성사회/역할주도: 20점

2022 종합 두드림 (609명) — 동국두드림 1단계: 서류 100% (3배수) 2단계: 면접 30% / 2022 입결: 전교과 산술평균★ (동국대입학처제공)

2021 종합 두드림 (609명) — 동국두드림 1단계: 서류 100% (3배수) 2단계: 면접 30% / 최저없음, 추천서 없음 ★충원률 평균: 61.8% <전교과>

대학	학과	2023 인원 571	2022 인원	2022 경쟁률	2022 지원자 평균	2022 1단계 평균	2022 최종합격 평균	2022 최종합격 최저	★2022 충원률	2021 인원	2021 경쟁률	2021 지원자 평균	2021 1단계 평균	2021 최종합격 평균	2021 최종합격 최저	★2021 충원률
문과대학	국어국문 문예창작	7	6	33.2	3.71	2.83	2.82	3.39	50%	11	24.8	3.45	2.78	3.66	5.49	136%
	영어영문	16	15	16.2	3.78	3.11	3.27	5.44	133%	18	17.2	3.90	3.16	3.08	5.02	89%
	일본학과	7	7	11.6	4.27	3.88	4.07	4.66	57%	8	14.3	3.91	3.09	3.06	3.85	150%
	중어중문	7	7	23.1	4.59	3.71	3.91	4.91	71%	10	24.3	4.51	4.23	4.55	6.05	60%
	사학과	7	7	25.6	3.57	2.62	3.21	6.41	86%	12	12.9	3.26	2.90	3.77	5.61	25%
	철학과	5	5	13.2	3.72	2.51	2.63	3.07	60%	5	13.6	3.61	2.72	3.08	5.00	160%
법과대	법학과	19	20	10.7	3.13	2.57	2.60	3.05	30%	25	13.5	3.08	2.28	2.27	2.62	44%
사회과학대학	북한학	7	7	10.7	3.83	3.22	3.13	4.77	71%	7	19.9	3.97	3.42	3.57	5.33	57%
	정치외교	8	8	19.3	3.17	2.60	2.75	4.47	13%	9	19.8	3.14	2.30	2.29	2.85	89%
	행정학	6	6	17.3	3.18	2.41	2.48	2.74	67%	9	19.7	3.06	2.54	2.63	4.56	11%
	경제학과	16	13	10.3	3.22	3.25	3.64	6.08	46%	15	13.8	3.40	2.61	2.65	3.16	33%
	국제통상	12	10	16.0	3.58	3.19	2.80	4.09	70%	15	13.5	3.60	3.06	3.05	5.10	53%
	사회학	8	8	18.0	3.15	2.70	2.38	2.82	63%	8	34.5	3.12	2.32	2.19	2.48	63%
	미디어커뮤니케	10	9	21.3	3.29	2.22	2.14	2.51	78%	14	20.1	3.31	2.10	2.17	2.70	100%
	식품산업관리	8	8	8.25	3.82	3.34	3.27	5.12	25%	10	8.50	3.82	3.38	3.42	5.20	20%
	광고홍보	10	10	19.6	3.40	2.76	3.21	5.12	20%	14	22.7	3.41	2.45	2.62	4.02	71%
	사회복지	5	5	19.8	3.40	2.83	2.66	4.18	60%	6	36.3	3.64	3.02	2.55	2.98	33%
경찰	경찰행정	8	8	19.8	2.87	1.71	1.66	1.94	0%	9	15.8	2.82	1.99	1.98	2.21	22%
경영대학	경영학과	25	21	23.3	3.35	3.05	3.27	5.21	62%	29	21.1	3.29	2.98	2.86	5.20	62%
	회계학과	14	13	6.62	3.63	2.94	2.63	2.96	31%	14	8.43	3.64	2.64	2.55	2.92	43%
	경영정보학과	13	10	11.8	3.30	3.39	3.77	5.47	100%	12	19.3	3.78	2.86	2.85	3.88	17%
사범대학	교육학과	6	6	20.3	2.93	2.50	2.82	4.53	50%	10	28.1	2.86	2.18	2.24	2.60	50%
	국어교육	8	8	20.4	3.35	2.43	2.40	3.32	88%	10	18.9	3.09	2.95	3.59	5.62	130%
	역사교육	9	9	17.7	2.89	2.32	2.21	2.72	22%	12	13.8	2.72	2.24	2.66	4.91	100%
	지리교육	8	8	10.4	3.16	2.53	2.51	2.85	38%	12	10.6	3.02	2.45	2.61	3.53	58%
	수학교육	6	6	15.8	2.71	2.24	2.50	3.14	83%	9	16.4	2.81	2.40	2.51	2.71	89%
	가정교육	8	6	6.38	3.26	2.73	2.77	3.16	25%	9	5.44	3.43	2.92	3.09	4.25	67%
약학	약학과	9	9	38.9	2.33	1.49	1.40	1.77	56%	-	-	-	-	-	-	-
이과대학	수학과	9	7	12.1	3.14	2.54	2.61	2.83	100%	10	11.0	3.14	2.67	2.68	3.04	60%
	화학과	9	8	16.4	2.90	2.48	2.46	2.83	88%	11	17.4	2.96	2.44	2.41	2.87	73%
	통계학과	9	7	8.57	3.02	2.77	3.08	3.88	71%	12	9.67	2.96	2.46	2.62	2.98	117%
	물리반도체과학	15	15	7.33	3.12	2.62	2.62	3.18	47%	18	8.11	3.39	2.84	2.88	3.73	44%
바이오시스템	생명과학	10	9	21.4	2.97	2.28	2.29	2.79	44%	14	20.6	2.97	2.30	2.39	2.71	57%
	바이오환경과학	10	9	22.6	3.26	2.76	2.88	3.22	22%	16	15.1	3.17	2.73	2.93	4.21	50%
	의생명공학	9	8	35.3	3.32	2.83	2.67	5.60	88%	14	37.0	3.44	2.55	2.56	5.48	29%
	식품생명공학	11	11	18.1	3.09	2.74	2.70	3.49	55%	15	18.7	3.43	2.87	2.98	3.68	27%
공과대학	전자전기공학	30	25	11.2	2.98	2.47	2.48	2.91	32%	42	7.76	3.22	2.79	2.80	4.24	60%
	컴퓨터공 SW	-	27	11.2	3.14	2.51	2.52	3.55	59%	27	11.7	3.26	2.49	2.52	3.24	48%
	정보통신 SW	23	23	6.43	3.76	3.02	2.94	4.67	35%	23	6.17	3.70	3.08	2.88	4.49	61%
	건설환경공학	12	12	8.58	3.62	3.28	3.48	4.76	83%	16	8.38	3.39	3.18	3.11	4.41	88%
	화공생물공학	14	14	17.4	2.80	2.26	2.23	3.00	43%	20	13.9	2.85	2.35	2.42	2.81	55%
	기계로봇에너지공	11	11	11.7	3.20	2.60	2.77	3.85	127%	15	14.6	3.06	2.57	2.56	3.68	80%
	건축공학부	16	15	9.20	3.65	3.00	2.96	3.39	33%	19	9.32	3.52	2.87	3.04	5.17	79%
	산업시스템공학	15	15	7.93	3.30	2.93	3.02	3.51	40%	19	9.26	3.41	2.79	2.84	3.56	47%
	멀티미디어 SW	-	14	8.00	3.74	3.21	3.47	7.00	50%	14	7.71	3.56	3.06	3.31	6.18	57%
	융합에너지신소재	9	9	20.4	3.14	2.40	2.35	2.78	33%	13	17.5	2.96	2.49	2.61	6.58	54%
예술대학	연극학부연출	10	10	16.4	4.29	3.18	2.99	4.69	30%	10	17.8	4.24	4.07	3.79	6.80	10%
	영화영상학과	10	9	30.3	3.90	3.04	2.99	6.03	44%	14	27.1	3.95	2.95	3.30	6.61	7%
AI SW융합학부		64	22	9.50	3.40	2.65	2.66	3.00	27%	9	5.22	4.60	4.28	4.72	5.98	33%
전형 평균 *2023 불교문화재3 포함 불교문화재 평균제외*		484	451	16.2	3.35	2.75	2.80	3.90	55%	609	16.3	3.39	2.79	2.89	4.21	62%

동국대학교 2022 수시모집 결과분석 03 - 종합 불교추천인재

▶2022 종합 서류평가 지원동기/진로계획: 10점 자기주도/학업역량: 25점 전공적합/학습경험: 45점 인성사회/역할주도: 20점		2022 0417 2023 인원 108	2022 종합 불교추천인재 불교추천 1단계: 서류 100% (3배수) 2단계: 면접 30% 2022 입결: 전교과 산술평균★ (동국대입학처제공)							2021 종합 불교추천인재 불교추천 1단계: 서류 100% (3배수) 2단계: 면접 30% 2021 입결: 전교과 산술평균★ (동국대입학처제공)						
			2022		지원자	1단계	최종합격		★2022	2021		지원자	1단계	최종합격		★2021
			인원	경쟁률	평균	평균	평균	최저	충원률	인원	경쟁률	평균	평균	평균	최저	충원률
불교	불교학부 일반	20	20	4.85	4.74	3.91	3.78	5.16	0%	23	5.59			3.71	6.13	27%
	불교학부 승려	20	20	0.70			7.02	7.25	-	23	0.52			4.92	7.10	-
	문화재학과	2	2	10.5	4.21	3.12	2.67	3.05	0%	-	-			-	-	-
문과	영어영문학부	3	3	6.33	3.92	3.09	2.67	2.94	0%	2	4.33			2.77	3.02	100%
	중어중문학과	2	2	11.0	4.52	2.94	2.74	2.79	50%	2	6.00			4.07	4.89	0%
법과대	법학과	3	3	8.33	3.47	2.85	2.51	2.69	0%	2	5.00			3.03	3.36	33%
사회 과학 대학	정치외교	2	2	7.50	3.41	2.90	2.55	2.80	0%	2	8.00			2.47	2.50	0%
	행정학	2	2	6.00	3.83	2.65	2.56	2.69	0%	3	4.00			2.74	2.83	0%
	경제학과	4	4	4.75	3.62	3.14	3.07	3.50	0%	2	3.33			2.74	2.95	33%
	국제통상	2	2	7.00	3.84	3.26	3.09	3.31	50%	2	3.50			3.10	3.10	50%
	미디어커뮤니케	2	2	9.00	4.12	2.69	2.76	2.86	50%	2	7.50			2.11	2.29	50%
	광고홍보	2	2	7.50	4.20	2.72	2.40	2.47	0%	2	7.00			2.54	2.57	0%
	사회복지	2	2	14.0	3.71	2.92	2.66	2.67	100%	2	11.5			3.61	3.93	0%
경찰	경찰행정학부	2	2	8.00	3.05	2.04	1.81	2.28	0%	2	8.50			2.18	2.45	50%
경영 대학	경영학과	3	3	14.7	3.88	3.37	2.59	2.63	33%	3	8.00			3.80	5.74	33%
	회계학과	3	3	5.33	3.98	3.58	3.15	3.47	0%	3	4.67			3.12	3.23	0%
	경영정보학과	2	2	6.00	3.83	3.32	3.56	4.31	0%	2	4.50			2.99	3.31	50%
이과 대학	통계학과	2	2	5.00	3.57	2.97	3.09	3.31	50%	2	3.00			3.24	3.48	50%
	물리반도체과학	2	2	4.00	4.05	3.98	3.51	3.84	50%	3	4.50			3.30	3.54	50%
바이오 시스템	바이오환경과학	2	2	7.00	3.47	2.86	2.88	2.92	0%	2	10.0			2.73	2.83	100%
	식품생명공학	2	2	6.00	3.55	3.06	3.28	3.53	0%	2	10.5			2.85	3.00	0%
공과 대학	전자전기공학	4	4	4.75	3.56	2.95	2.53	2.80	25%	4	4.25			3.30	4.15	150%
	컴퓨터공 SW	-	3	7.67	3.45	2.85	2.75	3.30	33%	3	6.33			2.69	2.95	0%
	정보통신 SW	2	2	7.00	3.54	3.08	3.00	3.06	50%	2	6.00			3.25	3.27	50%
	건설환경공학	2	2	8.00	4.13	3.89	3.45	3.55	0%	2	4.00			3.89	4.15	100%
	화공생물공학	2	2	9.50	3.34	2.63	2.89	3.20	50%	2	10.5			2.71	3.02	50%
	기계로봇에너지공	2	2	3.00	3.56	3.56	2.78	2.80	0%	2	4.50			2.23	2.26	0%
	건축공학부	2	2	7.00	5.06	3.72	3.48	3.91	0%	2	5.00			3.60	3.63	50%
	산업시스템공학	2	2	6.50	3.59	3.32	3.24	3.31	100%	3	8.67			3.34	3.75	67%
	멀티미디어 SW	-	-	-	-	-	-	-	-	2	4.00			3.39	3.71	0%
AI SW융합학부		3	-	-	-	-	-	-	-	-	-			-	-	-
전형 평균 불교문화재 5명포함 불교 3학과 평균제외		108	451	7.34	3.78	3.09	2.88	3.11	25%	609	6.19			3.03	3.33	39%

164

인문: 2개합4(탐1)+史4
자연: 2개합5(탐1)+史4
수/과 1필 유지
경찰행정: 국수영 중 2개합4+史4
약학: 3개합4(탐1)+史4

2022 0417

2023 인원 307

2022 논술전형 (350명)

동국 논술 : 학생 30 + 논술 70
2022 입결: 국영수사과史 중 상위 10개

2021 논술전형 (452명)

동국 논술 : 학생 40 + 논술 60
2022 입결: 국영수사과史 중 상위 10개

대학	학과	2023 인원 307	2022 인원	2022 경쟁률	실질 경쟁률		최종합격 평균	최종합격 최저	★2022 충원률	2021 인원	2021 경쟁률	실질 경쟁률	최종합격 평균	최종합격 최저	★2021 충원률
문과대학	국어국문 문예창작	6	6	56.3	12.7		2.72	3.90	33%	9	35.3		2.44	3.20	13%
	영어영문	10	10	50.0	16.8		3.11	4.10	40%	15	33.7		3.31	5.20	33%
	일본학과	5	5	47.0	9.20		3.75	4.80	40%	5	34.0		3.13	4.90	6%
	중어중문	5	5	49.6	10.4		2.93	4.50	60%	5	34.8		2.60	3.50	22%
	사학과	4	4	45.8	13.3		2.73	3.60	60%	5	40.2		2.53	2.70	20%
	철학과	5	5	41.6	10.6		2.70	2.70	60%	5	34.2		2.28	3.20	0%
법과대	법학과	15	24	56.8	16.3		2.73	3.80	38%	30	41.4		3.08	5.00	40%
사회과학대학	정치외교	6	6	36.7	9.17		2.78	3.20	50%	8	35.0		2.50	3.40	20%
	행정학	6	6	37.0	9.67		3.43	5.20	67%	10	34.0		2.58	4.60	33%
	경제학과	5	9	34.8	6.67		2.86	4.50	33%	18	34.9		3.15	4.50	60%
	국제통상	12	14	43.0	12.1		3.25	4.70	14%	17	37.4		2.77	3.80	50%
	미디어커뮤니케	5	6	56.8	14.0		2.92	3.40	17%	10	44.5		2.94	4.60	20%
	광고홍보	6	6	55.2	13.2		3.70	5.80	0%	9	41.7		3.07	4.50	13%
경찰사법	경찰행정인문	15	15	39.9	5.47		5.30	5.30	27%	15	40.2		2.73	3.90	40%
	경찰행정자연	5	5	35.6	7.80		4.10	4.10	0%	5	38.2		2.85	4.50	13%
경영대학	경영학과	18	20	55.1	14.0		2.78	4.80	15%	29	40.6		2.77	4.50	80%
	회계학과	13	15	38.9	8.53		2.52	3.80	60%	21	32.0		2.99	4.80	60%
	경영정보학과	10	13	41.9	11.4		3.12	4.50	38%	17	34.4		3.13	4.70	100%
사범대학	교육학과	5	5	50.0	11.2		2.63	3.10	0%	5	38.4		2.58	3.10	25%
	국어교육	-	-	-	-		-	-	-	5	42.0		3.06	4.50	30%
	역사교육	-	-	-	-		-	-	-	-	-		-	-	-
	지리교육	-	-	-	-		-	-	-	-	-		-	-	-
	수학교육	5	5	32.6	11.8		2.68	4.20	20%	5	35.4		3.30	4.30	33%
	가정교육	-	-	-	-		-	-	-	-	-		-	-	-
약학	약학과	6	6	####	115.7		1.33	1.90	0%	-	-		-	-	-
이과대학	수학과	4	6	23.3	8.67		3.22	4.80	33%	8	26.3		2.26	2.90	47%
	화학과	4	5	24.4	9.40		3.37	4.00	20%	8	29.3		2.87	4.50	40%
	통계학과	4	6	24.3	9.17		1.97	3.10	17%	8	32.1		2.35	3.40	11%
	물리반도체과학	7	7	25.3	8.57		3.59	6.20	14%	10	28.1		2.91	3.90	24%
바이오시스템	생명과학	4	5	29.6	12.6		3.18	4.40	20%	9	30.1		3.64	4.60	19%
	바이오환경과학	4	5	27.0	7.00		3.22	4.40	20%	7	31.0		2.26	3.20	33%
	의생명공학	4	5	37.6	14.6		2.70	4.60	60%	9	40.1		2.70	4.00	0%
	식품생명공학	5	5	26.6	8.00		2.90	3.60	40%	9	34.4		2.63	4.10	57%
공과대학	전자전기공학	26	32	47.8	18.2		2.94	4.90	19%	40	48.4		2.60	4.00	59%
	컴퓨터공 SW	-	13	55.3	21.8		2.77	4.60	46%	18	48.2		2.62	4.30	25%
	정보통신 SW	*13*	14	38.8	16.0		2.99	4.50	21%	17	40.1		2.71	3.70	57%
	건설환경공학	7	7	28.1	11.0		2.80	3.30	43%	7	33.3		3.58	4.70	0%
	화공생물공학	7	7	42.7	17.9		2.92	4.90	14%	10	52.3		2.28	3.30	40%
	기계로봇에너지공	7	7	31.1	13.4		2.80	4.00	14%	9	35.3		2.78	3.90	0%
	건축공학부	5	7	37.0	13.0		3.37	5.00	43%	8	37.5		3.25	5.30	20%
	산업시스템공학	7	7	33.1	13.0		3.65	4.40	0%	12	36.7		3.19	4.30	7%
	멀티미디어 SW	-	6	31.7	12.7		3.05	3.80	17%	9	36.6		3.28	4.40	6%
	융합에너지신소재	6	5	37.7	15.2		3.66	5.50	50%	6	39.3		2.48	3.40	33%
	AI SW융합학부 인문	*4*	5	49.8	3.80		2.78	4.90	60%	-	-		-	-	-
	AI SW융합학부 자연	*22*	5	34.6	13.8		2.42	3.50	20%	-	-		-	-	-
전형 평균 2023 불교문화재3 포함 불교문화재 평균제외		307	451	53.0	14.3		3.03	4.25	30%	452	37.0		2.83	4.08	30%

165

동국대학교 2022 수시모집 결과분석 05 - 종합 고른기회통합

▶2022 종합 서류평가
지원동기/진로계획: 10점
자기주도/학업역량: 25점
전공적합/학습경험: 45점
인성사회/역할주도: 20점

		2022 0417 2023 인원 131	2022 인원	2022 경쟁률	지원자 평균	1단계 평균	최종합격 평균	최종합격 최저	★2022 충원률	2021 인원	2021 경쟁률	지원자 평균	1단계 평균	최종합격 평균	최종합격 최저	★2021 충원률
불교	불교학부 일반	2	2	4.50			4.34	4.59	0%	3	4.00			3.77	3.96	0%
문과	국문 문예창작	2	2	13.5			2.81	2.98	100%	2	19.50			2.39	2.48	0%
	영어영문학부	4	4	6.5			2.19	2.71	100%	4	12.80			2.59	2.72	100%
	일본학과	2	2	7.5			2.84	2.97	50%	3	8.33			2.94	3.78	0%
	중어중문학과	3	3	14.0			3.35	4.22	100%	2	8.50			5.32	6.08	0%
	사학과	2	2	10.5			2.47	2.49	100%	2	14.00			2.43	2.61	0%
법과대	법학과	4	6	7.00			2.66	3.21	17%	5	13.00			2.27	2.54	100%
사회 과학 대학	정치외교	2	2	10.0			2.91	2.91	0%	2	12.00			2.53	2.53	50%
	행정학	2	2	10.5			2.64	2.90	150%	2	18.00			2.94	3.02	0%
	경제학과	6	6	7.50			2.97	3.70	117%	4	9.75			2.66	3.14	50%
	국제통상	3	3	7.67			3.65	5.48	67%	3	12.70			2.91	4.71	67%
	미디어커뮤니케	3	3	15.3			2.30	2.59	133%	3	18.30			2.23	2.50	33%
	식품산업관리	2	2	6.50			2.71	3.36	100%	2	7.00			3.13	3.53	150%
	광고홍보	3	3	11.0			2.42	2.56	0%	3	18.0			2.25	2.65	100%
경찰	경찰행정학부	3	3	10.7			2.24	2.77	0%	3	20.30			1.91	1.98	33%
경영 대학	경영학과	6	6	13.8			2.32	3.21	50%	6	19.30			2.39	2.85	133%
	회계학과	5	5	6.40			3.03	4.76	0%	5	10.60			1.66	1.85	20%
	경영정보학과	5	5	6.60			3.43	5.86	0%	5	12.40			2.85	3.21	40%
이과 대학	수학과	2	2	5.50			2.99	3.82	150%	2	9.00			2.36	2.36	150%
	화학과	3	3	6.00			2.11	2.21	33%	3	8.33			2.68	2.70	33%
	통계학과	3	3	5.67			2.64	3.06	33%	3	5.00			2.59	2.72	67%
	물리반도체과학	3	3	5.00			3.15	3.37	133%	3	7.00			2.99	3.65	167%
바이오 시스템	생명과학과	3	3	6.70			2.37	2.91	0%	3	12.0			2.19	2.35	100%
	바이오환경과학	2	2	9.00			2.91	2.97	0%	2	14.0			2.89	3.22	100%
	의생명공학	3	3	10.0			2.50	2.76	67%	3	14.3			2.53	3.09	67%
	식품생명공학	3	3	9.00			2.97	3.08	67%	3	9.7			2.71	3.41	33%
공과 대학	전자전기공학	6	6	8.83			2.78	3.68	83%	6	9.83			2.52	2.89	50%
	컴퓨터공 SW	-	4	9.75			2.36	2.51	0%	4	15.30			2.77	3.00	100%
	정보통신 SW	4	4	6.50			3.31	3.97	0%	4	8.50			2.99	3.32	50%
	건설환경공학	3	3	9.33			4.05	4.42	100%	3	7.67			3.83	4.14	100%
	화공생물공학	4	4	8.50			2.50	2.76	25%	4	12.0			2.49	3.53	100%
	기계로봇에너지공	3	3	7.33			2.78	3.23	67%	3	13.30			2.47	2.57	133%
	건축공학부	3	3	8.33			3.01	3.91	67%	3	18.30			2.21	2.69	133%
	산업시스템공학	4	4	6.25			2.96	3.36	150%	4	9.50			3.04	3.70	0%
	멀티미디어 SW	-	-	-			-	-	-	2	9.50			3.59	3.66	50%
	융합에너지신소	2	2	8.00			2.54	2.94	0%	2	8.00			2.73	2.81	100%
사범 대학	교육학과	2	2	18.0			2.54	2.75	100%	2	13.0			5.98	5.98	0%
	국어교육	2	2	8.50			2.47	2.58	0%	2	9.5			2.69	2.82	50%
	역사교육	2	2	14.5			2.50	2.63	50%	2	10.5			3.04	3.21	50%
	지리교육	2	2	4.50			2.63	2.63	0%	2	10.0			2.72	2.86	100%
	수학교육	2	2	8.00			2.72	2.94	100%	2	7.0			2.60	2.80	50%
	가정교육	2	2	7.50			3.03	3.40	100%	2	6.00			3.51	3.59	50%
예술	영화영상학과	2	2	32.5			2.38	2.38	0%	2	30.5			4.90	7.30	0%
	AI SW융합학부	7	3	6.33			2.70	2.80	33%	-	-	-	-	-	-	-
	전형 평균 불교 1학과 평균제외	131	133	9.4			2.76	3.23	58%	130	12.2			2.87	3.25	65%

166

동덕여자대학교

정시 국수영탐2 인30:25:25:20 자25:35:25:20
영어: 100-97-91-82-70 ... 약학25:30:25:20

▶교과 반영 史/도 포함
인: 국영수사
자: 국영수과
기타: 국영+수/사/과 중 1
(학과별 교과확인 필수)
▶학년비율: 동일

1. 2023 교과최저 동일: 2개합 7(탐2) 또는 영포함 2개합 6(탐2)
2. 2023 교과우수자 전년대비 1명 인원감소
3. 2023 동덕창의리더 전년대비 14명 인원감소
4. 2023 2년차: 약학과, 데이터사이언스학과, 유러피언학과
   ①약학과: 교과 24명, 수능최저 국수과2 중 2개합 4 (탐2)
   ②데이터사이언스학과: 교과 30명
   ③유러피언스터디즈(유럽어문)학과: 교과 16명, 종합 12명

5. 특이 내신반영: 국영+수/사/과 중 1개 전체
   교과우수자 - 커뮤니케이션콘텐츠, 문화예술경영, 체육, 예능

모집시기	전형명	사정모형	학생부종합특별사항	2023 수시 접수기간 09.13(화)~17(토)	모집인원	학생부	논술	면접	서류	기타	2023 수능최저등급
2023 수시 980명 (62.1%) 정시 598명 (37.9%) 전체 1,578명 2022 수시 1,062명 (67.3%) 정시 516명 (32.7%) 전체 1,578명	교과우수자	일괄	학생부교과 최저 있음 인: 국영수사 자: 국영수과 최종 12.15(목)	1. 2023 전년대비 1명 감소 2. 수능최저 2022와 동일 3. 경쟁률 2개년 5.90→6.80 4. 특이 내신반영 국영+수/사/과 중 1개 전체 ①커뮤니케이션콘텐츠 ②문화예술경영, 체육, 예능	464 2022 465	교과 100					일반: 2개합 7 (탐2) 또는 영포함 2개합 6 약학: 국수과2 중 2개합 4 (과2) *수학 미적/기하
	동덕창의리더	1단계 / 2단계	학생부종합 자기소개서 ~09.21(수) 1단계 10.31(월) 면접 11.05(토) 11.06(일) 최종 11.15(화)	1. 2023 전년대비 14명 감소 2. 경쟁률 2개년 9.70→9.30 전공적합성/ 학업역량 발전가능성/인성 평가 확인면접 10분	177 2022 191	서류 100 (3배수) / 1단계 50 + 면접 50					최저 없음
	고른기회1	일괄	학생부종합 자소~09.21(수) 최종 11.15(화)	1. 2023 단계면접→일괄합산 2. 국가보훈대상자 3. 기초수급 및 차상위 자녀 4. 농어촌학생	12 2022 12	서류 100					최저 없음
	고른기회2	일괄	학생부종합 자소~09.21(수) 최종 11.15(화)	1. 2023 단계면접→일괄합산 2. 직업군인 15년 자녀 3. 다자녀 및 다문화 자녀 4. 장애인 자녀	12 2022 12	서류 100					최저 없음
	특기자	일괄	특기자 전형각각 최저 있음 최종 12.15(목)	입상실적 및 공인외국어 등 문예창작 5명 체육학과 6명 방송연예 5명 모델과 3명 ▶2022 합격평균 3.1등급	19 2022 19	20		면접 30	수상자격 50		2개합 8등급 (탐2)

<2020 정시수능 합격평균 가산점 및 충원포함>

국문83.40 문창84.02 국사84.10 영어84.24
불어84.44 독어84.79 일어84.70 중어84.55
사복84.64 아동85.02 문헌85.50 경영86.53
경제83.73 국제86.13 식영84.98 보건85.36
화학86.62 컴퓨85.15 통계84.67 큐레이터86.52
화장품학85.73 토탈뷰티케어야간78.75

		2022 교과우수자							2022 동덕창의리더						
▶교과: 국영수사/국영수과 ▶학년비율: 동일 ▶기타: 국영+수/사/과 중 1 커뮤니케이션콘텐츠학과 문화예술경영전공		2023	▶교과 100% ▶2개합 7 (탐2) 또는 영어포함 2개합 6					2023	▶1단계: 서류 100% (3배수) ▶2단계: 면접 50%						
		모집 인원	모집 인원	경쟁률	실질 경쟁률	충원 인원	최종 성적		모집 인원	모집 인원	경쟁률	실질 경쟁률	충원 인원	최종 성적	
							최고	평균	최저					최고	평균	최저

		모집인원	모집인원	경쟁률	실질경쟁률	충원인원	최고	평균	최저	모집인원	모집인원	경쟁률	실질경쟁률	충원인원	최고	평균	최저
인문 대학	국어국문	12	12	13.1		19		2.90			9	8.90		7			
	문예창작	5	5	5.80		11		3.10			6	13.8		2			
	국사학과	8	8	6.00		8		2.90			6	9.20		4			
	영어과	23	23	5.60		18		2.90			12	9.70		11			
	유러피언스터디즈	16	16	6.40		18		3.30			12	8.30		15			
	일본어과	15	15	5.70		24		3.20			9	8.10		10			
	중어중국학과	20	20	6.60		15		3.30			10	8.60		8			
사회 과학 대학	사회복지	10	11	6.50		15		3.00			7	14.3		6			
	아동학과	20	20	6.40		24		3.10			8	13.4		2			
	문헌정보	13	13	6.00		28		2.80			7	12.0		1			
	경영학과	31	31	6.90		47		2.80			16	10.5		11			
	경제학과	14	14	5.60		6		3.40			9	5.80		13			
	국제경영학과	18	18	7.00		15		3.30			9	7.30		6			
자연 정보 과학 대학	컴퓨터학과	21	21	5.10		21		3.20			16	5.30		25			
	정보통계학과	18	18	5.20		18		3.40			9	5.10		14			
	식품영양학과	17	17	5.90		14		3.30			7	10.0		11			
	보건관리학과	14	14	5.30		11		3.20			8	6.90		3			
	응용화학전공	15	15	4.50		12		3.10			7	11.4		4			
	화장품학전공	15	15	5.60		16		2.90		-	-	-		-			
약학대	약학과	24	24	19.8		31		1.30		-	-	-		-			
문화 지식 미래 융합	글로벌MICE전공	24	24	6.10		21		3.00		-	-	-		-			
	HCI사이언스전공	24	24	5.10		16		3.20		-	-	-		-			
	커뮤니케이션콘텐츠	24	24	6.00		24		2.40		-	-	-		-			
	문화예술경영전공	24	24	5.90		31		2.40		-	-	-		-			
	데이터사이언스전공	30	30	5.40		18		3.50		-	-	-		-			
예술 대학	회화과	-	-	-		-				3	3	8.00		0			
	큐레이터과	9	9	5.30		8		3.10		6	6	5.00		3			
디자인 대학	패션디자인	-	-	-		-				5	5	10.6		2			
	시각실내디자인	-	-	-		-				6	6	11.5		1			
	미디어디자인	-	-	-		-				4	4	10.3		2			
총계		464	465	6.65		489		3.00		24	191	9.30		161			

인문 국30 수25 영25 탐2 20 자연 국25 수30 영25 탐2 20 커뮤니/문화예술 국/수33.3 영33.3 탐233.3		2023	2022 정시수능 영어: 100-97-91-82-70-55-40-20-0							2021 정시수능 영어: 100-97-91-82-70-55-40-20-0						
		모집 인원	모집 인원	경쟁률	실질 경쟁률	충원 인원	백분위합 평균			모집 인원	경쟁률	실질 경쟁률	충원 인원	백분위합 평균		
							최고	평균	최저					최고	평균	최저
인문 대학	국어국문		14	7.00				79.10							82.78	
	문예창작		9	5.20				80.30							81.17	
	국사학과		9	5.00				78.40							82.33	
	영어과		26	7.20				79.40							82.89	
	유러피언스터디즈		16	8.00				78.60							82.41	
	일본어과		16	6.10				78.20							81.39	
	중어중국학과		18	5.60				78.40							81.09	
사회 과학 대학	사회복지		10	8.50				80.30							83.50	
	아동학과		14	7.60				79.20							82.09	
	문헌정보		11	7.40				80.80							83.04	
	경영학과		26	6.20				80.90							84.08	
	경제학과		16	6.80				79.30							83.71	
	국제경영학과		16	7.30				81.10							83.26	
자연 정보 과학 대학	컴퓨터학과		31	6.60				84.40							83.44	
	정보통계학과		14	7.70				81.70							83.50	
	식품영양학과		13	4.60				80.60							82.22	
	보건관리학과		11	6.20				80.60							82.69	
	응용화학전공		8	7.40				80.30							82.46	
	화장품학전공		10	4.90				83.20							81.63	
	체육학과		20													
약학대	약학과		16	9.30				96.80								
문화 지식 미래 융합	글로벌MICE전공		16	8.10				80.10								
	HCI사이언스전공		16	6.50				83.00							80.62	
	커뮤니케이션콘텐츠		16	6.70				93.00			국/수+영탐2				94.18	
	문화예술경영전공		16	10.0				93.70			국/수+영탐2				92.87	
	데이터사이언스전공		20	7.90				81.50								
예술 대학	회화과		-													
	큐레이터과		8	7.60				81.00								
디자인 대학	패션디자인		24													
	시각실내디자인		17													
			16													
	미디어디자인		20													
총계			493	6.98		0		82.07							83.52	

2023 대입 주요 특징	정시영어 20%, 백분위, 과탐가산 10%
	인/자: 100-98-96-90-80 ... 탐구1개, 과목무제한

▶ 교과/면접: 2021~2023 유지
인:국영수사 자:국영수과 전체
→위과목 상위 4개씩 총 16개
▶ 학년비율 없음 *종합 정성*
▶ 2023 진로선택 2과목반영★
A=1등급 B=2등급 C=4등급
▶ 등급: 100-99-97-94-90-80 ...

1. 2023 교과내신 상위 16개반영 유지+진로선택 2과목 신설
2. 종합투트랙 유지: 명지인재면접(단계), 명지인재서류(일괄)
3. 2023 종합전형 명지면접 6명 감소, 명지서류 22명 감소
4. 명지인재서류전형과 사회적배려전형만 자소서 제출
5. 교과면접/고른기회: 면접기초자료 작성(20분) ★

6. 종합전형 서류평가요소
①인성 (20%): 성실성, 공동체의식→출결/봉사활동/종합의견
②전공적합성 (50%): 학업역량 20%, 전공적성 30%
→교과/세특/동아리/독서
③발전가능성 (30%): 자기주도성, 도전정신→종합의견에 주목
7. 2023 수능성적 반영비율 변화 (자연 분리)
▶ 인문 국수영탐2 30:30:20:20 ▶ 자연 국수영탐2 25:35:20:20
2022. 06. 13. ollim

모집시기	전형명	사정모형	학생부종합 특별사항	2023 수시 접수기간 09. 13(화) ~ 17(토)	모집인원	학생부	논술	면접	서류	기타	2023 수능최저등급
2023 수시 2,056명 (67.4%)

정시 995명 (32.6%)

전체 총 3,059명

2022 수시 2,054명 (67.3%)

정시 997명 (32.7%)

전체 총 3,051명 | 학교장추천 | 일괄 | 학생부교과 학교장추천 최저없음

최종 11.24(목) | 1. 2023 전년대비 인원유지
2. 학과별 모집변화 필수확인
3. 추천인원 제한 없음
4. 학교장 추천일정 2022.09.19(월)~23(금) | 306 인160 자146

2022 인160 자146 | 교과 100 | | | | | |
| | 교과면접 | 1단계 | 학생부교과 최저없음

1단계 10.14(금) 면인 10.22(토) 면자 10.23(일) 최종 11.24(목) | 1. 면접기초자료 작성(20분)★ A4용지 1장 분량(2~3문항) 간략한 자기소개서 형태 지원동기/장래희망/성격 등 면접참고자료로만 활용
2. 면접 5분, 전공적합면접 | 301 인145 자151

2022 인145 자145 | 학생부 100 (5배수) | | | | | 성실성/공동체의식 35% 전공잠재역량 35% 기초학업역량 30% |
| | | 2단계 | | | | 1단계 70 + 면접 30 | | | | | |
| | 명지인재 면접 | 1단계 | 학생부종합 자소서 없음 1단계 11.18(금) 면인 11.26(토) 면자 11.27(일) 최종 12.08(목) | 1. 1단계 4배수 유지
2. 수능후 면접
3. 면접 10분, 제출서류기반
4. 건축/전통건축/공간디자인 | 394 인184 자204

2022 인184 자210 | 서류 100 (4배수) | | | | | ■ 명지대 2022 명지인재종합 평가요소
1. 전공적합성 50% ①학업역량 25% ②전공적성 25%
2. 발전가능성 30% ①자기주도성 ②도전정신
3. 인성 20% ①성실성 ②공동체의식 |
| | | 2단계 | | | | 1단계 70 + 면접 30 | | | | | |
| | 명지인재 서류 | 일괄 | 학생부종합 최저없음 자소~09.19(월)

최종 12.08(목) | 1. 2022 서류100% 전형유지
2. 학업역량 및 전공적성 비중 명지인재면접보다 높음 | 254 인142 자123

2022 인151 자136 | | | | 서류 100 | | ■ 명지대 2022 명지인재서류 평가요소
1. 전공적합성 60% ★★ ①학업역량 30% ②전공적성 30%
2. 발전가능성 20% ★★ ①자기주도성 ②도전정신
3. 인성 20% ①성실성 ②공동체의식 |
| | 사회적 배려대상 | 일괄 | 학생부종합 최저없음 자소~09.19(월)

최종 12.08(목) | 1. 군인/경찰/소방/교정 15년
2. 다자녀/탈북자 2021 대상
3. 다문화/의사상 등 포함
4. 학부 모집 | 인 19 자 16 | | | | 서류 100 | | |
| | 크리스찬 리더 | 1단계 | 학생부종합 자소서 없음 1단계 11.18(금) 면접 11.25(금) 최종 12.08(목) | 1. 세례인 및 목회자추천자
2. 학부 모집 | 52 인 26 자 26 | 서류 100 (4배수) | | | | | |
| | | 2단계 | | | | 1단계 70 + 면접 30 | | | | | |
| | 고른기회 | 1단계 | 학생부종합 자소서 없음 1단계 10.14(금) 면접 10.30(일) 최종 11.24(목) | 1. 보훈, 기초차상위, 농어촌
2. 면접기초자료 작성(20분)★ A4용지 1장 분량(2~3문항) 교과면접전형과 동일함 | 105 인 57 자 48 | 학생부 100 (5배수) | | | | | 특성화/농어촌/특성화졸/성인학습 등 전형생략 특기자(문학/바둑/뮤지컬) 등 전형생략 |
| | | 2단계 | | | | 1단계 70 + 면접 30 | | | | | |

▶2021 명지대 면접기초자료 문항
 1. 지원한 학과(학부/전공)와 관련한 학습 중 가장 흥미로웠던 분야와 내용을 구체적으로 작성하고, 이 분야가 가장 흥미로웠던 이유 기술하시오.
 2. 지원한 학과와 관련하여 대학에서 가장 필요한 능력은 무엇이며, 이를 향상시키기 위해 고등학교 재학시절에 어떠한 노력을 기울였는가를 구체적으로 기술하시오.

명지대 2022 대입결과분석 01 - 수시 학교장추천 인문
2022. 05. 24. ollim

2023 학교장추천		2023 모집인원	2022 학교장추천 인문						2021 교과전형 인문						2020 교과		
▶ 교과 100% ▶ 국영수사/국영수과 4개씩 총 16개 반영 ▶ 학년비율 없음			▶ 국영수사/국영수과 4개씩 총16개 반영						▶ 국영수사/국영수과 4개씩 총16개 반영						최종 등록		
			모집인원	경쟁률	추합인원	최종 등록			모집인원	경쟁률	추합인원	최종 등록					
						최고	평균	최저				최고	평균	최저	최고	평균	최저
인문대학	국어국문	4	4	4.25	12	2.69	2.91	3.25	4	8.80	16	1.37	1.60		1.76	2.15	2.38
	중어중문	5	5	4.20	8	2.19	3.23	3.94	4	12.3	14	1.76	2.04		2.06	2.37	3.00
	일어일문	5	5	5.00	14	2.44	2.80	3.31	5	19.4	21	1.52	2.05		2.50	2.71	3.00
	영어영문	9	9	5.89	33	2.06	2.37	2.75	11	11.8	55	1.95	2.08		1.85	2.28	2.73
	아랍지역	4	4	4.25	9	2.19	2.98	5.00	3	20.0	11	1.93	2.17		2.88	2.96	3.02
	사학과	4	4	3.75	6	1.94	2.14	2.25	3	13.0	14	1.91	2.00		2.32	2.48	2.64
	문헌정보	4	4	5.75	14	1.88	2.27	2.50	3	8.30	12	1.95	1.95		2.14	2.20	2.25
	미술사학	4	4	3.25	6	2.50	3.63	4.56	4	16.8	1	1.79	2.09		2.53	2.85	3.29
	철학과	4	4	3.75	1	2.19	2.25	2.38	4	14.0	14	2.11	2.21		2.29	2.76	3.13
	문예창작	5	5	10.8	1	1.75	2.24	2.56	-	-	-	-	-	-	-	-	-
사회과학	행정학과	10	9	5.11	30	1.44	2.20	3.50	11	11.0	55	1.66	1.89	2.08	1.98	2.31	2.60
	경제학과	5	7	5.86	15	1.63	1.99	2.63	5	15.8	10	1.57	1.92	2.25	2.08	2.44	2.79
	정치외교	10	9	9.56	28	1.81	2.17	2.50	11	8.50	38	2.12	2.90	2.61	1.73	2.14	2.47
	디지털미디어	5	5	8.00	10	1.50	1.79	2.19	4	20.3	20	1.43	1.63	1.82	1.65	2.35	2.78
	아동학과	4	4	4.50	10	2.06	3.09	4.31	3	9.30	6	1.84	2.03	2.21	2.08	2.35	2.67
	청소년지도학	4	4	4.00	9	1.81	4.11	5.38	3	17.3	2	1.55	1.75	1.93	2.63	2.80	2.97
경영대학	경영학과	18	18	9.11	81	1.63	1.87	2.13	23	13.5	115	1.43	1.78	2.26	1.80	2.22	2.61
	국제통상	9	9	6.33	32	1.88	2.07	2.31	11	9.00	39	1.88	2.13	2.38	1.90	2.28	2.47
	경영정보	5	5	9.40	14	1.81	2.06	2.25	4	10.0	9	1.85	2.25	2.59	1.93	2.27	2.46
법과	법학과	9	9	4.22	23	1.69	2.74	3.75	5	17.4	17	1.73	1.86	1.98	2.17	2.41	2.80
자유융합	전공자유인문	13	13	5.23	38	1.69	2.23	2.75	6	11.7	18	1.78	1.96	2.11	2.10	2.36	2.60
	융합전공인문	7	7	4.57	16	1.94	2.29	2.56	5	11.0	16	2.07	2.16	2.24	2.47	2.57	2.71
ICT융합	디지털콘디자인	5	5	9.00	7	1.38	2.06	2.44	5	19.2	13	1.63	2.23	2.58	1.31	2.60	3.32
	융합소프트웨어	4	4	7.00	15	1.81	1.92	2.19	5	15.0	25	1.58	1.85	2.02	1.94	2.22	2.44
	데이터테크놀로	4	4	5.00	4	1.63	2.06	2.31	-	-	-	-	-	-	-	-	-
인문 총계		160	160	5.91	436	1.90	2.46	3.03	142	13.6	541	1.76	2.02	2.22	2.09	2.44	2.74

명지대 2022 대입결과분석 02 - 수시 학교장추천 자연
2022. 05. 24. ollim

2023 학교장추천		2023 모집인원	2022 학교장추천 자연						2021 교과전형 자연						2020 교과		
▶ 교과 100% ▶ 국영수사/국영수과 4개씩 총 16개 반영 ▶ 학년비율 없음			▶ 국영수사/국영수과 4개씩 총16개 반영						▶ 국영수사/국영수과 4개씩 총16개 반영						최종 등록		
			모집인원	경쟁률	추합인원	최종 등록			모집인원	경쟁률	추합인원	최종 등록					
						최고	평균	최저				최고	평균	최저	최고	평균	최저
자연과학	수학과	4	4	4.00	11	1.88	2.59	4.06	3	8.00	7	1.94	2.15	2.26	2.18	2.28	2.37
	물리학과	4	4	7.50	16	2.50	2.65	2.81	3	6.00	11	2.38	2.69	3.11	2.31	2.54	2.77
	화학과	4	4	6.75	10	2.00	2.20	2.44	3	19.0	13	2.34	2.34	2.34	2.50	2.73	3.13
	식품영양	5	5	4.40	11	2.06	2.50	3.00	5	27.2	9	2.07	2.24	2.34	2.95	3.32	3.63
	생명과학정보	7	7	3.57	17	2.31	3.81	5.75	4	12.3	3	1.53	1.75	1.93	2.26	2.46	2.80
공과대학	전기공학	8	7	4.00	20	2.31	3.62	5.88	4	8.80	12	1.59	1.93	2.34	1.88	2.35	2.56
	전자공학	12	11	4.45	29	1.38	2.28	2.75	15	12.2	53	1.52	1.99	2.26	2.10	2.38	2.74
	화학공학	7	6	4.00	16	1.94	2.68	3.50	3	21.3	15	1.74	1.74	1.74	1.96	2.39	2.97
	신소재공학	7	6	4.33	15	2.25	3.27	4.00	3	14.3	1	1.71	1.90	2.02	2.44	2.50	2.55
	환경에너지	8	8	3.88	19	1.81	2.50	3.63	10	10.7	36	1.82	2.08	2.49	2.08	2.42	2.73
	컴퓨터공학	13	13	7.62	32	1.44	1.89	2.25	7	22.3	35	2.14	2.14	2.14	1.94	2.50	2.94
	토목환경공학	8	7	3.71	11	2.31	2.99	3.63	5	10.8	16	2.08	2.25	2.34	2.44	2.63	2.77
	교통공학	6	5	6.60	20	2.56	2.68	2.75	3	9.00	12	2.78	2.78	2.78	2.45	2.71	2.89
	기계공학	10	10	3.50	24	1.69	3.47	4.88	9	7.30	36	2.05	2.15	2.25	2.01	2.22	2.40
	산업경영공학	8	8	3.75	11	2.69	3.51	4.25	8	8.60	15	1.94	2.16	2.36	2.20	2.43	2.65
	융합공학부	4	4	3.00	5	2.94	3.59	4.31	-	-	-	-	-	-	-	-	-
	반도체공학	5															
ICT	정보통신공학	13	13	5.62	24	2.06	2.30	2.50	7	9.60	19	1.96	2.24	2.71	2.29	2.50	2.63
자유	전공자유자연		11	3.91	23	2.06	3.16	4.19	7	10.3	22	1.81	2.10	2.31	2.43	2.53	2.74
건축대학	건축학	8	8	8.25	29	1.69	2.43	2.88	-	-	-	-	-	-	-	-	-
	전통건축	2	2	5.50	0	2.56	2.63	2.69	-	-	-	-	-	-	-	-	-
	공간디자인	3	3	6.67	3	2.19	2.25	2.31	-	-	-	-	-	-	-	-	-
자연 총계		146	146	5.00	346	2.13	2.81	3.55	99	12.8	315	1.96	2.15	2.34	2.26	2.52	2.78

명지대 2022 대입결과분석 03 - 수시 면접전형 인문

2023 교과면접		2023 모집인원	2022 교과면접 인문 (1단계: 학생부100(5배) 2단계: 면접30)						2021 교과면접 인문 (1단계: 학생부100(5배) 2단계: 면접30)						2020 면접		
			모집인원	경쟁률	추합인원	최고	평균	최저	모집인원	경쟁률	추합인원	최고	평균	최저	최고	평균	최저
인문대학	국어국문	5	5	8.00	1	2.00	2.40	2.63	5	12.0	12	2.25	2.38	2.52	2.29	2.63	3.00
	중어중문	5	5	8.00	5	2.00	2.46	3.06	10	11.2	5	2.25	2.56	2.80	2.70	3.05	3.28
	일어일문	5	5	10.4	-	2.00	2.24	2.94	6	11.5	13	2.00	2.39	2.79	2.51	2.98	3.35
	영어영문	10	10	10.5	5	2.00	2.26	2.88	12	11.6	27	1.69	2.35	2.65	2.39	2.67	3.01
	아랍지역	5	5	7.40	2	2.00	2.44	2.94	5	12.2	2	2.49	2.71	2.97	2.94	3.09	3.42
	사학과	5	5	9.60	2	2.00	2.24	2.50	4	14.8	1	2.00	2.43	2.64	2.49	2.68	2.96
	문헌정보	5	5	7.60	4	2.00	2.49	3.00	4	12.3	2	2.05	2.21	2.35	2.53	2.77	3.02
	미술사학	5	5	7.20	-	1.81	2.41	3.00	5	11.2	7	2.00	2.25	2.50	2.76	3.06	3.36
	철학과	5	5	9.00	3	2.00	2.18	2.63	5	9.0	2	2.00	2.44	2.97	2.12	2.77	3.22
사회과학	행정학과	10	10	8.40	10	2.00	2.38	2.56	12	10.4	8	2.00	2.40	2.71	2.21	2.80	3.17
	경제학과	5	5	10.2	1	2.13	2.34	2.44	5	120.0	4	2.00	2.40	2.71	2.52	2.94	3.33
	정치외교	10	10	8.70	6	2.25	2.59	2.88	12	11.7	8	2.00	2.42	2.84	2.52	2.86	3.32
	디지털미디어	5	5	19.2	5	2.00	2.26	2.50	10	15.8	4	2.00	2.18	2.35	2.20	2.51	2.76
	아동학과	5	5	8.00	1	2.00	2.34	2.63	5	15.2	2	2.00	2.28	2.54	2.27	2.85	3.25
	청소년지도학	5	5	12.0	2	2.00	2.35	2.75	5	15.0	2	1.86	2.11	2.44	2.38	2.64	3.05
경영대학	경영학과	10	10	16.5	4	1.94	2.36	2.56	30	11.9	23	1.96	2.24	2.67	2.15	2.66	2.98
	국제통상	10	10	14.8	3	2.00	2.45	3.00	12	10.8	4	2.04	2.57	3.07	2.48	2.94	3.20
	경영정보	5	5	12.6	-	2.00	2.49	2.69	10	11.1	5	2.26	2.60	2.94	2.79	2.94	3.20
법과	법학과	10	10	9.60	9	1.88	2.42	2.63	10	11.1	11	2.29	2.48	2.70	2.28	2.69	3.13
자유	전공자유인문								10	14.2	10	2.00	2.34	2.61	2.44	2.82	3.25
융합	융합전공인문								10	10.6	7	2.23	2.53	2.88	2.61	2.81	3.08
ICT융합	디지털콘텐디자인	10	10	10.2	6	2.00	2.45	3.19	10	11.6	4	2.43	2.54	2.76	2.10	2.77	3.15
	융합소프트웨어	5	5	10.6	8	2.00	2.33	3.06	10	16.9	7	2.14	2.35	2.57	2.45	2.96	3.28
	데이터테크놀로	5	5	8.40	2	2.00	2.28	2.50	-	-	-	-	-	-	-	-	-
인문 총계		145	145	10.4	77	2.00	2.38	2.78	207	17.0	173	2.08	2.40	2.69	2.44	2.82	3.16

명지대 2022 대입결과분석 04 - 수시 면접전형 자연

2023 교과면접: ▶교과 100% ▶국영수사/국영수과 4개씩 총 16개 반영 ▶학년비율 없음

2023 교과면접		2023 모집인원	2022 교과면접 자연 (1단계: 학생부100(5배) 2단계: 면접30)						2021 교과면접 자연 (1단계: 학생부100(5배) 2단계: 면접30)						2020 면접		
			모집인원	경쟁률	추합인원	최고	평균	최저	모집인원	경쟁률	추합인원	최고	평균	최저	최고	평균	최저
자연과학	수학과	5	5	5.80	6	2.94	3.41	3.88	5	9.20	8	2.14	2.49	2.93	2.53	2.74	3.00
	물리학과	5	5	4.60	4	2.69	2.98	3.38	5	8.20	9	2.61	2.85	3.02	3.25	3.42	3.61
	화학과	5	5	8.60	1	2.31	2.64	2.88	5	13.6	5	1.92	2.24	2.52	2.50	2.87	3.19
	식품영양	5	5	8.40	5	2.00	2.43	2.94	5	11.2	8	2.29	2.56	2.84	2.81	2.94	3.05
	생명과학정보	5	5	8.40	6	2.00	2.31	2.69	6	10.5	1	2.00	2.31	2.68	2.35	2.66	2.83
공과대학	전기공학	5	5	16.2	2	2.00	2.60	3.06	10	6.00	10	2.16	2.98	3.77	2.61	2.98	3.34
	전자공학	10	10	12.2	12	1.94	2.63	2.94	20	8.10	31	2.08	2.70	3.15	2.62	3.04	3.35
	화학공학	5	5	6.00	3	2.31	2.53	2.88	5	9.20	5	1.88	2.24	2.62	2.39	2.56	2.64
	신소재공학	5	5	6.00	4	2.13	2.53	2.94	5	7.80	5	2.34	2.50	2.60	2.47	2.71	2.88
	환경에너지	10	10	7.00	9	2.25	2.71	3.06	10	6.10	11	2.62	2.79	2.95	2.48	2.89	3.12
	컴퓨터공학	10	10	11.0	7	2.00	2.38	2.81	10	16.3	22	2.00	2.44	2.71	2.00	2.95	3.20
	토목환경공학	5	5	9.80	2	2.50	2.96	3.44	10	8.40	11	2.36	2.88	3.33	3.00	3.32	3.52
	교통공학	5	5	13.4	3	3.25	3.28	3.38	10	5.80	9	2.00	3.18	3.95	3.26	3.37	3.50
	기계공학	10	10	6.90	11	2.56	2.88	3.38	20	9.40	47	2.00	2.55	2.97	2.57	2.99	3.61
	산업경영공학	10	10	8.50	4	2.25	2.94	3.19	10	6.80	14	2.50	2.86	3.26	2.96	3.21	3.48
	반도체공학	5																
ICT자유	정보통신공학	10	10	9.50	7	2.25	2.80	3.13	10	11.2	14	2.50	2.89	3.19	2.62	3.19	3.65
	전공자유자연								10	7.30	9	2.11	2.58	2.89	2.78	2.94	3.19
건축대학	건축학	10	5	13.8	3	2.00	2.18	2.56	10	22.2	19	1.93	2.31	2.70	2.35	2.87	3.34
	전통건축	5	4	7.75	1	2.00	2.23	2.94	5	15.8	3	2.50	2.82	3.14	3.05	3.47	3.85
	공간디자인	5	5	13.60	7	1.81	2.41	3.31	-	-	-	-	-	-	2.03	2.93	3.55
국제	국제학부	1	1	6.00	-	-	-	-	1	6.00	0	2.50	2.50	2.50	2.98	2.98	2.98
예체	영화10 (바둑생략)	10	10	13.3	9	1.75	2.06	2.50	10	6.30	6	1.84	2.36	3.13	1.64	2.15	2.65
자연 총계		146	135	9.37	106	2.25	2.64	3.06	202	9.78	247	2.20	2.62	2.99	2.60	2.96	3.25

명지대 2022 대입결과분석 05 - 명지인재 단계종합 인문

2023 종합단계면접		2023 모집인원	2022 단계종합 인문 1단계: 서류100(3배) 2단계: 면접30						2021 단계종합 인문 1단계: 서류100(3배) 2단계: 면접30						2020 종합		
▶국영수사/국영수과 종합전형: 정성평가 ▶학년비율 없음			모집인원	경쟁률	추합인원	최종 등록			모집인원	경쟁률	추합인원	최종 등록			최종 등록		
						최고	평균	최저				최고	평균	최저	최고	평균	최저
인문대학	국어국문	6	6	9.17	5	2.85	3.65	5.97	11	8.20	11	2.44	3.05	3.60	2.36	2.84	3.24
	중어중문	6	6	17.2	3	3.10	5.28	6.56	11	11.3	15	3.33	4.07	6.45	2.59	3.30	4.41
	일어일문	6	6	25.2	3	3.53	4.78	7.01	12	23.3	19	2.98	4.34	6.51	3.66	5.52	7.72
	영어영문	14	14	11.2	19	2.71	3.54	5.43	24	7.70	20	2.80	3.44	5.52	2.56	3.09	3.63
	아랍지역	6	6	8.33	2	2.84	4.62	5.56	11	8.30	12	3.04	3.88	4.95	3.00	3.72	7.51
	사학과	6	6	22.7	2	2.59	2.89	3.20	11	12.9	12	2.66	3.41	6.02	2.45	2.89	3.73
	문헌정보	6	6	12.2	12	2.72	3.24	3.77	11	10.3	18	2.44	3.15	3.72	2.49	3.12	3.77
	미술사학	4	4	8.25	-	2.94	3.49	3.86	6	6.50	2	2.73	3.24	3.43	2.71	3.31	3.94
	철학과	4	4	12.0	2	3.09	3.80	4.29	6	5.50	7	2.89	3.86	6.46	2.50	2.73	2.97
사회과학	행정학과	14	14	11.5	5	2.94	3.32	3.62	24	6.20	17	2.75	3.34	5.32	2.57	3.02	3.34
	경제학과	14	14	11.6	8	3.1	3.66	5.01	22	4.70	28	2.70	6.34	7.35	2.63	3.12	3.42
	정치외교	14	14	8.93	5	2.63	3.18	5.35	24	5.40	16	2.84	3.38	4.20	1.96	3.10	3.86
	디지털미디어	6	6	28.2	3	2.88	3.02	3.26	11	26.5	4	2.47	2.81	3.55	2.12	2.79	4.18
	아동학과	6	6	14.2	6	3.13	3.51	3.93	11	15.3	7	2.70	3.17	3.76	2.17	3.03	4.82
	청소년지도학	6	6	25.8	3	3.06	3.49	4.76	11	28.9	6	2.60	3.46	5.29	2.80	3.61	6.00
경영대학	경영학과	14	14	17.9	9	2.81	3.11	3.32	44	7.20	25	2.42	3.03	4.12	2.28	2.89	3.35
	국제통상	14	14	9.29	6	3.09	4.15	5.56	24	5.00	18	2.67	3.30	4.67	2.45	2.99	3.40
	경영정보	6	6	17.5	1	3.28	3.65	4.08	11	10.5	6	3.19	3.76	5.71	2.93	3.48	4.41
법과	법학과	14	14	9.86	6	2.68	3.18	3.56	22	7.00	35	2.04	3.14	4.17	2.16	2.91	3.22
자유융합	전공자유인문								22	8.20	5	3.02	3.44	3.75	2.70	3.08	3.51
	융합전공인문								11	12.4	5	3.02	3.44	3.75	2.52	3.40	5.56
ICT융합	디지털콘디자인	6	6	21.7	9	3.06	4.15	5.77	11	18.2	12	3.22	3.81	4.39	2.95	3.64	4.43
	융합소프트웨어	6	6	11.2	9	3.11	3.24	3.39	22	10.9	27	2.98	3.28	3.78	2.74	3.44	4.28
	데이터테크놀로	6	6	9.17	7	2.92	3.69	4.45	-	-	-	-	-	-	-	-	-
	인문 총계	184	184	14.9	118	2.96	3.66	4.63	373	11.3	327	2.80	3.57	4.80	2.59	3.26	4.29

명지대 2022 대입결과분석 06 - 명지인재 단계종합 자연

2023 종합단계면접		2023 모집인원	2022 단계종합 자연 1단계: 서류100(3배) 2단계: 면접30						2021 단계종합 자연 1단계: 서류100(3배) 2단계: 면접30						2020 종합		
▶국영수사/국영수과 종합전형: 정성평가 ▶학년비율 없음			모집인원	경쟁률	추합인원	최종 등록			모집인원	경쟁률	추합인원	최종 등록			최종 등록		
						최고	평균	최저				최고	평균	최저	최고	평균	최저
자연과학	수학과	6	6	9.00	9	3.12	3.23	3.31	12	10.4	20	2.90	3.47	6.39	2.91	3.39	3.93
	물리학과	6	6	7.00	6	3.08	4.01	4.44	11	7.70	20	3.12	3.79	4.53	3.30	4.02	5.75
	화학과	6	6	9.83	3	3.12	3.38	3.57	12	9.10	19	2.97	3.35	3.73	2.29	3.09	3.57
	식품영양	6	6	12.8	9	3.60	3.76	4.18	12	10.2	16	2.94	3.39	5.48	2.77	3.43	4.22
	생명과학정보	14	14	19.9	14	2.90	3.24	3.59	22	10.6	23	2.94	3.39	5.48	2.26	3.09	3.70
공과대학	전기공학	14	14	7.14	20	3.09	3.95	4.85	22	5.10	18	3.19	3.69	4.81	2.79	3.55	3.95
	전자공학	14	14	8.57	21	3.00	3.41	4.01	22	7.60	28	3.11	3.53	4.02	3.01	3.50	4.16
	화학공학	14	14	9.57	6	2.80	3.35	4.23	22	10.0	21	2.81	3.15	3.60	2.38	3.14	4.41
	신소재공학	14	14	10.6	10	2.70	3.36	4.20	22	7.20	17	2.73	3.35	4.41	2.81	3.27	3.82
	환경에너지	14	14	12.1	18	2.92	3.39	3.97	22	7.50	35	3.13	3.48	4.17	2.88	3.29	3.64
	컴퓨터공학	14	14	18.2	17	2.70	3.60	4.57	33	13.7	62	2.69	3.57	4.81	2.88	3.56	4.64
	토목환경공학	14	14	10.8	27	3.57	4.23	5.19	22	7.40	22	3.08	4.23	5.84	2.53	4.02	4.65
	교통공학	6	6	8.17	5	4.05	4.25	4.67	11	4.20	11	3.68	4.10	4.58	3.44	4.03	4.85
	기계공학	14	14	11.1	19	3.07	3.5	4.01	22	6.60	33	2.85	3.41	5.88	2.74	3.08	3.30
	산업경영공학	14	14	6.86	9	3.40	3.90	5.39	22	3.50	28	2.77	3.85	5.88	3.08	3.53	3.90
	반도체공학	6							11	10.2	13	3.39	3.84	4.71	2.93	3.95	6.13
ICT	정보통신공학	14	14	9.64	22	3.36	3.89	4.39	33	5.70	42	2.89	3.82	4.70	3.02	3.57	4.09
자유	전공자유자연								11	8.60	9	2.92	3.32	3.83	2.72	3.44	4.39
건축대학	건축학	9	14	13.1	10	2.88	3.34	3.73	22	17.1	19	2.65	3.25	3.77	2.81	3.40	3.83
	전통건축	5	6	11.5	1	3.57	3.80	4.14	11	17.0	3	3.41	3.84	4.24	4.17	4.57	5.26
	공간디자인	6	6	34.0	10	3.23	3.57	4.02	11	14.4	9	2.76	4.07	6.67	3.09	3.88	5.18
국제	국제학부	-	-	-	-	-	-	-	-	-	-	-	-	-	-	-	-
	자연 총계	210	210	12.1	236	3.17	3.64	4.23	388	9.23	468	3.00	3.61	4.83	2.90	3.56	4.35

2023 종합서류일괄		2023 모집인원	2022 서류일괄 인문 서류일괄 100%, 2022 신설전형						2021 서류일괄 인문						2020 종합		
▶국영수사/국영수과 종합전형: 정성평가 ▶학년비율 없음			모집인원	경쟁률	추합인원	최종 등록			모집인원	경쟁률	추합인원	최종 등록			최종 등록		
						최고	평균	최저				최고	평균	최저	최고	평균	최저
인문대학	국어국문	5	5	9.60	15	2.74	3.00	3.41									
	중어중문	5	5	14.4	9	3.36	4.31	6.26									
	일어일문	5	5	20.0	13	3.40	4.16	5.75									
	영어영문	8	8	11.9	3	2.57	3.21	5.34									
	아랍지역	5	5	7.20	4	3.40	4.02	5.96									
	사학과	5	5	16.2	8	2.68	3.05	3.63									
	문헌정보	5	5	14.6	5	2.60	2.88	3.09									
	미술사학	3	3	8.33	-	2.54	2.92	3.30									
	철학과	3	3	9.00	2	2.32	2.97	3.30									
사회과학	행정학과	8	8	12.8	12	2.58	2.90	3.27									
	경제학과	5	6	12.2	11	2.86	3.49	5.53									
	정치외교	8	8	8.00	7	2.87	3.08	3.30									
	디지털미디어	5	5	25.4	7	2.24	2.55	2.90									
	아동학과	5	5	10.2	5	2.67	2.94	3.34									
	청소년지도학	5	5	16.0	3	2.80	3.36	3.66									
경영대학	경영학과	12	12	16.9	19	2.40	2.77	3.18									
	국제통상	8	8	10.1	11	2.66	2.97	3.23									
	경영정보	5	5	11.8	4	2.72	3.19	3.62									
법과	법학과	8	8	11.0	15	2.53	3.06	3.82									
자유융합	전공자유인문	8	12	9.08	5	2.50	3.08	3.41									
	융합전공인문	8	12	9.50	12	2.76	3.12	3.84									
ICT융합	디지털콘디자인	5	5	20.0	1	2.71	2.95	3.19									
	융합소프트웨어	4	4	9.50	6	2.90	3.16	3.70									
	데이터테크놀로	4	4	8.00	8	3.22	3.69	4.07									
	인문 총계	142	151	12.8	177	2.73	3.18	3.91									

2023 종합서류일괄		2023 모집인원	2022 서류일괄 자연 서류일괄 100%, 2022 신설전형						2021 서류일괄 자연						2020 종합		
▶국영수사/국영수과 종합전형: 정성평가 ▶학년비율 없음			모집인원	경쟁률	추합인원	최종 등록			모집인원	경쟁률	추합인원	최종 등록			최종 등록		
						최고	평균	최저				최고	평균	최저	최고	평균	최저
자연과학	수학과	5	5	6.20	12	2.96	3.51	3.79									
	물리학과	5	5	5.00	12	3.88	4.28	4.80									
	화학과	5	5	8.60	3	2.94	3.12	3.50									
	식품영양	5	5	11.6	4	3.07	3.49	3.77									
	생명과학정보	5	6	17.5	5	2.61	2.91	3.19									
공과대학	전기공학	5	6	6.50	7	3.25	3.96	4.65									
	전자공학	5	6	8.50	15	3.11	3.64	3.85									
	화학공학	5	6	8.67	14	2.52	2.99	3.21									
	신소재공학	5	6	9.00	12	3.16	3.50	3.68									
	환경에너지	5	6	11.7	15	2.98	3.22	3.56									
	컴퓨터공학	10	12	15.9	31	2.50	3.14	3.73									
	토목환경공학	5	6	9.00	14	3.96	4.24	4.72									
	교통공학	5	5	5.60	9	3.63	3.88	4.13									
	기계공학	5	6	9.33	18	2.80	3.28	3.63									
	산업경영공학	5	6	6.00	16	2.95	3.86	5.10									
	융합공학부	6	12	6.25	11	3.20	3.85	5.19									
	반도체공학	5															
ICT	정보통신공학	12	12	8.08	22	2.98	3.52	4.01									
자유	전공자유자연		12	5.83	10	3.10	3.56	4.20									
건축대학	건축학	6	6	15.0	6	2.55	2.98	3.17									
	전통건축	3	3	10.7	4	3.44	3.61	3.81									
	공간디자인																
	자연 총계	112	136	9.25	240	3.08	3.53	3.98									

174

명지대 정시반영 국수영탐2, 백분위 반영 ▶국어x3, 수학x3 영어x2, 탐구2개평x2 ▶자연공학 가산점 수가 10%, 과탐 10%		2023 일반인원	2022 정시수능 인문 ▶영어환산점수 인/자: 100-98-96-90-80						2021 정시수능 인문 ▶영어환산점수 인/자: 100-98-96-90-80						2020 정시		
			모집인원	경쟁률	추합인원	최고	평균	최저	모집인원	경쟁률	추합인원	최고	평균	최저	최고	평균	최저
인문대학 나군	어문학부	65	69	5.46	106		75.7	793.0	52	4.2	85	870.0	844.8	823.0	885.0	862.5	851.0
	아랍지역학과								9	3.6	7	861.0	841.3	830.0	895.0	870.3	843.0
	인문학부	20	21	5.71	40		75.3	794.0	31	5.3	45	914.0	850.7	839.0	899.0	842.2	739.0
	문예창작(실기)	22							5	6.2	6	888.0	848.4	823.0	878.0	862.7	852.0
사과	미래사회인재 나군	61	94	5.07	161		77.3	805.0	84	3.5	81	901.0	863.4	848.0	907.0	862.0	816.0
	청소년지도.아동	13															
	디지털미디어	14															
경영	경영대학 다군	115	120	5.90	168		79.3	823.0	72	3.7	108	900.0	847.8	766.0	908.0	876.7	861.0
법과	법학과 다군	23	25	5.32	32		78.7	819.0	28	4.1	38	875.0	847.8	850.0	903.0	868.6	841.0
자유	전공자유 다군	76	73	7.30	142		76.7	804.0	59	4.0	73	877.0	855.9	839.0	895.0	868.4	859.0
융합	융합전공 다군	36	31	6.77	52		77.0	811.0	24	4.6	27	880.0	844.1	767.0	892.0	873.0	845.0
ICT융합	융합소프트다군	20	20	9.15	40		83.0	877.8	23	4.6	32	953.2	885.5	872.3	911.2	888.1	870.0
	인문 총계	465	453	6.3	741		77.9	815.9	387	4.4	502	894.4	853.0	825.7	898.7	867.5	837.7

명지대 정시반영 국수영탐2, 백분위 반영 ▶국어x3, 수학x3 영어x2, 탐구2개평x2 ▶자연공학 가산점 수가 10%, 과탐 10%		2023 일반인원	2022 정시수능 자연 ▶영어환산점수 인/자: 100-98-96-90-80						2021 정시수능 자연 ▶영어환산점수 인/자: 100-98-96-90-80						2020 정시		
			모집인원	경쟁률	추합인원	최고	평균	70%	모집인원	경쟁률	추합인원	최고	평균	최저	최고	평균	최저
자연	자연과학 나군	42	48	5.23	111		72.0	789.8	52	4.6	109	833.5	813.0	792.9	873.7	820.1	720.5
공과대학 가군	전기전자공학부	70	56	4.86	79		77.0	830.4	37	4.1	61	862.8	831.0	805.4	892.6	855.9	836.2
	화공신소재환경	52	43	5.72	75		75.3	815.5	42	3.2	45	870.8	794.7	751.8	872.5	811.2	714.1
	컴퓨터공학과	49	43	4.81	61		79.7	843.7	48	4.3	82	867.4	834.1	801.9	892.3	826.4	724.0
	토목교통공학부	37	34	4.88	37		72.7	799.1	27	5.2	59	841.9	817.9	791.3	857.6	790.6	694.7
	기계산업경영공	57	51	5.69	58		74.7	808.4	35	5.5	29	843.0	796.3	756.0	876.1	848.2	838.2
	융합공학부	13	14	8.14	16		75.3	817.0	10	4.8	15	822.2	770.0	717.4	863.3	826.9	752.0
	반도체공학과	9															
ICT	정보통신 가군	42	44	4.23	67		73.3	798.0	42	3.8	52	839.9	823.9	807.1	873.0	818.0	771.2
자유	전공자유 나군		42	5.57	110		73.7	802.3	37	3.9	81	856.0	818.7	766.3	911.3	829.5	731.2
건축 나군	건축학전통건축	12	18	4.56	31		75.0	808.5	17	4.5	19	917.3	852.5	832.2	904.2	870.1	853.0
	건축공간디자인	3	4	6.25	9		71.0	744.0	6	3.8	5	854.0	805.3	664.0	865.0	862.5	861.0
	자연 총계	386	397	5.4	654		74.5	805.2	353	4.3	557	855.3	814.3	771.5	880.1	832.7	772.4

▶ 교과변화: 국영수사과 중 2022~23 상위 15개 유지 ▶ 학년비율 없음 ▶ 이수단위 반영	1. 교과100%전형: 일반전형, 사회기여/기초수급/지역 전형 2. 종합 서류100%: 창의인재, 지역인재2 3. 백석인재=일괄면접, 창의인재/지역2=종합서류100%	4. 2학년 진급시 희망전공선택 100% 가능 (복수전공 다전공 포함) <제외>항공서비스, 보건학부, 사범학부, 태권도, 문화예술학부 5. 체육특기자 스포츠과학(태권도): 2020 입결 평균7.32-최저7.99

모집시기	전형명	사정 모형	학생부종합 특별사항	2023 수시 접수기간 09. 13(화) ~ 17(토)	모집 인원	학생부	논술	면접	서류	기타	2023 수능최저등급
2023 정원내 수시 2,676명 (91.8%) 정시 240명 (8.2%) 전체 2,916명	일반전형	일괄	학생부교과 최저없음 최종 12.15(목) 국영수사과 중 상위 15개	1. 2023 전년대비 92명 증가	1,154 2022 1,062	교과 100					최저 없음
	백석인재 (면접)	일괄	교과면접 최저없음 면접 10.27(목) ~10.29(토) 최종 12.15(목) 국영수사과 중 상위 15개	1. 2023 전년대비 37명 감소 2. 일대일 면접, 약 10분 제1영역 인성및태도 40% 제2영역 전공적성및비전 30% 제3영역 문제해결능력 30% 3. 항공서비스 별도모집 (학생60+면접40)	696 2022 733	학생 60 면접 40					최저 없음
	창의인재	단계 ↓ 일괄	학생부종합 자소서제출 최저없음 최종 12.15(목)	1. 2023 전년대비 23명 증가 2. 서류일괄 100% 제1영역 인성적자질 40% 제2영역 학문적역량 30% 제3영역 발전가능성 30%	276 2022 299	서류 100					최저 없음
	사회기여자 배려대상자	일괄	학생부교과 최종 12.15(목)	1. 보훈관계법령 대상자 2. 군인경찰소방교도환경15년 3. 목회자 선교자 북한이탈 4. 다자녀 다문화3인 자녀 등	238 2022 154	교과 100					최저 없음
	기초수급및 차상위계층	일괄	학생부교과 항공 10.21(목) 최종 12.15(목)	1. 기초수급 및 차상위 자녀 2. 항공서비스 별도모집 (학생60+면접40)	56 항공4	교과 100					최저 없음
	지역일반	일괄	학생부교과 항공 10.21(목) 최종 12.15(목)	1. 충남북/대전/세종 11명증가 2. 항공서비스 별도모집 (학생60+면접40)	279 2022 210	교과 100					최저 없음
	기초차상위 (정원외)	일괄	학생부교과 최종 12.15(목)	1. 기초수급 및 차상위 대상자 어문 사복 경찰 경상 물치 간호 유아 ICT 등	54	교과 100					<기타전형 생략> 특성화고/농어촌/예체능 체육특기자/서해5도

수능최저 없음			2023	2022 지원		2022 수시 입결		2022 지원상세				2021 교과일반			
												2021 지원 및 입학결과			
▶교과 100% ▶내신 반영: 국영수과 ▶학년 비율: 동일비율			모집 인원	모집 인원	경쟁률	최종등록 등급평균	최종등록 등급최저	추합 인원	충원율	지원자	모집 +충원	충원포함 실질경쟁	모집 인원	경쟁률	최종등록 등급평균	최종등록 등급최저
	기독교학부		49	56	2.66	5.54	7.08	92	164%	149	148	1.01	60	3.38	5.57	7.94
	어문학부		35	38	7.18	4.40	5.15	172	453%	273	210	1.30	45	12.22	4.39	4.91
	사회복지학부		102	75	8.05	3.87	4.47	269	359%	604	344	1.76	75	8.47	3.96	4.35
	경찰학부		26	25	10.6	2.92	3.22	37	148%	264	62	4.26	26	8.04	3.34	3.76
	경상학부		71	60	6.92	4.19	4.80	212	353%	415	272	1.53	57	5.05	4.16	4.85
	관광/호텔경영		55	40	15.0	4.20	4.64	112	280%	600	152	3.95	35	4.66	5.02	7.17
	글로벌호텔비지니스		13	9	8.78	4.37	4.75	35	389%	79	44	1.80	4	5.75	4.04	4.87
	컴퓨터공학부			90	11.4	4.48	4.89	341	379%	1026	431	2.38	102	4.26	5.12	6.64
	첨단IT학부		75	95	6.36	5.24	5.90	262	276%	604	357	1.69	110	2.90	5.59	8.12
	물리치료학과		105	12	21.6	2.08	2.21	30	250%	259	42	6.17	9	14.6	1.92	2.23
	안경광학과		18	25	13.0	4.52	4.86	102	408%	324	127	2.55	20	4.10	4.86	6.32
	응급구조학과		26	15	14.5	2.78	3.15	31	207%	218	46	4.74	15	8.53	3.34	3.70
	치위생학과		17	19	16.5	2.88	3.20	73	384%	314	92	3.41	19	6.63	3.15	3.53
	작업치료학과		22	27	11.1	3.62	3.95	73	270%	299	100	2.99	34	9.94	3.92	4.35
	간호학과		30	38	11.5	1.96	2.23	89	234%	438	127	3.45	40	7.18	2.35	2.56
	유아교육과		40	12	15.8	3.19	3.50	48	400%	189	60	3.15	12	12.6	3.19	3.41
	특수교육과		17	18	10.6	3.60	4.20	84	467%	190	102	1.86	18	4.33	3.71	6.30
	유아특수교육과		20	12	9.42	4.27	4.56	42	350%	113	54	2.09	11	3.73	4.68	5.40
특수체육/예체 생략			721	666	11.2	3.78	4.26	2104	321%	6358	2770	2.78	692	7.02	4.02	5.02

수능최저 없음			2023	2022 지원		2022 수시 입결		2022 지원상세				2021 백석인재면접			
												2021 지원 및 입학결과			
▶교과60+면접40 ▶내신 반영: 국영수과 ▶학년 비율: 동일비율			모집 인원	모집 인원	경쟁률	최종등록 등급평균	최종등록 등급최저	추합 인원	충원율	지원자	모집 +충원	충원포함 실질경쟁	모집 인원	경쟁률	최종등록 등급평균	최종등록 등급최저
	기독교학부		23	38	1.03	6.13	7.11	0	0%	39	38	1.03	61	1.18	6.07	7.51
	어문학부		24	35	2.66	5.43	7.81	50	143%	93	85	1.09	42	2.29	5.64	8.41
	사회복지학부		75	85	4.04	4.99	6.30	95	112%	343	180	1.91	85	4.09	5.02	6.03
	경찰학부		45	50	6.10	4.25	5.04	50	100%	305	100	3.05	44	4.41	4.27	5.71
	경상학부		53	52	2.04	5.28	6.44	40	77%	106	92	1.15	55	3.47	5.10	6.12
	관광/호텔경영		55	50	2.20	5.66	7.07	46	92%	110	96	1.15	46	3.37	5.41	7.82
	글로벌호텔비지니스		10	10	2.60	5.51	5.95	9	90%	26	19	1.37	15	2.33	5.18	6.71
	항공서비스		70	72	19.0	4.43	6.34	117	163%	1371	189	7.25	72	22.1	4.50	6.49
	컴퓨터공학부		63	75	1.52	5.76	8.20	31	41%	114	106	1.08	90	1.72	5.64	6.88
	첨단IT학부		100	95	0.99	6.22	8.32	0	0%	94	95	0.99	100	1.26	5.92	7.13
	물리치료학과		15	10	20.8	3.25	3.78	8	80%	208	18	11.6	8	14.3	3.24	3.72
	안경광학과		15	14	4.00	5.27	6.42	17	121%	56	31	1.81	14	2.86	5.49	6.80
	응급구조학과		15	15	13.7	4.28	4.80	10	67%	206	25	8.24	15	10.8	4.26	5.06
	치위생학과		20	20	17.6	3.91	4.64	11	55%	351	31	11.3	20	11.2	4.26	5.05
	작업치료학과		35	34	4.85	4.82	6.22	37	109%	165	71	2.32	25	4.80	4.71	5.45
	간호학과		28	30	23.4	2.86	3.33	16	53%	701	46	15.2	30	11.3	3.18	3.88
	유아교육과		20	18	13.2	3.95	4.54	23	128%	237	41	5.78	20	10.6	4.15	4.84
	특수교육과		20	20	3.50	4.30	5.13	22	110%	70	42	1.67	20	3.15	4.36	5.16
	유아특수교육과		10	10	4.50	4.89	5.79	14	140%	45	24	1.88	10	3.40	4.59	6.33
특수체육/예체 등 생략			696	733	7.77	4.80	5.96	596	88%	4640	1329	4.20	772	6.24	4.79	6.06

수능최저 없음		2023	2022 지원		2022 창의인재종합 2022 수시 입결				2022 지원상세			2021 창의인재종합 2021 지원 및 입학결과			
▶서류 100% ▶내신 반영: 국영수과 ▶학년 비율: 동일비율		모집 인원	모집 인원	경쟁률	최종등록 등급평균	최종등록 등급최저	추합 인원	충원율	지원자	모집 +충원	충원포함 실질경쟁	모집 인원	경쟁률	최종등록 등급평균	최종등록 등급최저
	기독교학부	10	20	0.65	5.83	7.25	0	0%	13	20	0.65	25	1.24	6.32	7.67
	어문학부	8	10	2.40	4.93	5.80	14	140%	24	24	1.00	10	3.30	5.39	6.21
	사회복지학부	50	55	2.27	5.21	6.74	70	127%	125	125	1.00	50	5.64	4.97	6.12
	경찰학부	20	15	1.93	4.65	5.76	14	93%	29	29	1.00	15	7.27	3.91	4.41
	경상학부	10	10	2.40	5.65	7.21	14	140%	24	24	1.00	10	3.50	5.19	6.12
	관광/호텔경영	20	30	1.43	5.51	7.06	13	43%	43	43	1.00	30	2.77	5.26	7.16
	글로벌호텔비지니스	7	10	1.50	5.68	7.19	5	50%	15	15	1.00	10	1.90	5.90	6.96
	컴퓨터공학부	30	25	2.08	5.51	7.36	27	108%	52	52	1.00	25	2.72	5.93	7.86
	첨단IT학부	30	25	0.84	6.37	7.84	0	0%	21	25	0.84	10	1.90	6.05	6.57
	물리치료학과	8	8	18.8	3.46	3.96	3	38%	150	11	13.6	12	15.5	3.77	4.90
	안경광학과	5	5	3.60	5.53	6.39	5	100%	18	10	1.80	10	1.90	6.37	7.59
	응급구조학과	8	6	10.2	4.48	4.71	10	167%	61	16	3.81	6.0	13.2	4.61	5.08
	치위생학과	8	8	7.63	4.70	5.53	16	200%	61	24	2.54	8	10.1	4.26	5.18
	작업치료학과	10	10	4.80	5.29	6.09	5	50%	48	15	3.20	12	3.92	5.42	6.99
	간호학과	10	24	13.5	3.11	4.02	21	88%	323	45	7.18	22	15.6	3.19	4.48
	유아교육과	18	16	10.8	4.06	4.91	17	106%	172	33	5.21	12	12.7	4.99	9.00
	특수교육과	8	6	3.67	5.29	6.21	13	217%	22	19	1.16	6	5.67	4.92	5.46
	유아특수교육과	6	6	2.00	4.74	4.89	6	100%	12	12	1.00	6	3.17	4.92	6.10
	특수체육교육과	4	5	3.60	3.83	4.66	2	40%	18	7	2.57				
	스포츠과학부	6	5	6.60	3.62	3.93	5	100%	33	10	3.30				
	문화예술 생략														
문화예술 등 생략		276	299	5.03	4.87	5.88	260	95%	1264	559	2.69	279	6.22	5.08	6.33

178

2023 대학별 수시모집 요강	부산대학교	2023 대입 수시 특징

| ▶ 교과반영
인: 국영수사 + 통사통과
자: 국영수과 + 통사통과
▶ 공통30 : 일반50 : 진로3개20 | 1. 2023 수능최저 완화 주목
2. 교과 782명, 지역교과 302명, 종합일반 657명 등
3. 의예과는지역교과 및 지역종합, 지역논로로 선발
4. 화공생명 환경공학부→화공생명공학, 환경공학 분리 선발
　건설융합학부→건축공학, 건축학, 도시공학, 토목공학 분리 | 5. 수능최저 탐구 1개 반영, 의예만 2개평균 반영
6. 기타전형 생략: 농어촌119, 특성화12, 지역인재저소득8
　특수교육23, 특성화20 등
7. 부산캠, 양산캠, 밀양캠 |

모집시기	전형명	사정모형	학생부종합 특별사항	2023 수시 접수기간 09. 13(화) ~ 17(토)	모집인원	학생부	논술	면접	서류	기타	2023 수능최저등급
2023 수시 3,068명	학생부교과	일괄	학생부교과 최종 12.15(목)	1. 교과 782명 모집	782	교과 100					경영: 3개합6 (탐1) 인문기타: 3개합6 (탐1) 의예: 수포함 3개합 4 (과2) 약치한: 수포함 3개합 4 (과1) ‖ 자연/공과/사범/간호 나노과학/정보의생명: 수포함 2개합5 (과1) 생활/생명/예술대학: 2개합6 (과1) *한국사 4등급 필수공통*
	지역인재	일괄	학생부교과 최종 12.15(목)	1. 부산/울산/경남 해당자 2. 의예 30명	302	교과 100					경영: 3개합6 (탐1) 인문기타: 3개합6 (탐1) 의예: 수포함 3개합 4 (과2) 약치한: 수포함 3개합 4 (과1) ‖ 자연/공과/사범/간호 나노과학/정보의생명: 수포함 2개합5 (과1) 생활/생명/예술대학: 2개합6 (과1) *한국사 4등급 필수공통*
	학생부종합	일괄	학생부종합 최종 12.15(목)	1. 학업역량 40% 2. 진로역량 40% 3. 사회역량 20%	657	서류 100		인문전체: 2개합5 (탐1)			자연/공과/사범/간호 나노과학/정보의생명: 수포함 2개합6 (과1) 생활/생명/예술대학: 2개합6 (과1) *한국사 4등급 필수공통*
	지역인재종합	1단계 2단계	학생부종합 1단계 11.30(수) 면접 12.03(토) 최종 12.15(목)	1. 부산/울산/경남 해당자 2. 의예 30명	239	서류 100 1단계 80 + 면접 20		인문 및 자연 기타: 최저 없음			의약치: 수포함 3개합 4 (과2) 간호: 수포함 2개합 6 (과1)
	논술전형 지역논술	일괄	논술전형 논술 11.26(토) 최종 12.15(목)	1. 논술 희망자 2. 부산/울산/경남 해당자 의예 17명 3. 인문사회: 인문사회 통합 4. 자연의예: 미적/기하 택1	366 27	학생 30 + 논술 70					경영: 3개합6 (탐1) 인문기타: 2개합4 (탐1) 의예: 수포함 3개합 4 (과2) 약학: 수포함 3개합 4 (과1) ‖ 자연/공과/사범/간호 나노과학/정보의생명: 수포함 2개합5 (과1) *한국사 4등급 필수공통*
	사회적배려1	일괄	학생부종합 최종 12.15(목)	1. 국가보훈대상자 2. 농어촌 및 저소득 대상자	194	서류 100					최저 없음
	사회적배려2	일괄	학생부종합 최종 12.15(목)	1. 아동복지 및 백혈소아암 2. 다문화 자녀	5	서류 100					최저 없음
	저소득층학생	일괄	학생부종합 최종 12.15(목)	1. 기초차상위 대상자	85	서류 100					최저 없음

		2022 학생부교과일반							2022 지역인재교과						
		2023 모집인원	2022		교과환산		교과등급		추합인원	2023 모집인원	2022		교과환산		교과등급		추합인원
			모집인원	경쟁률	총점평균	총점70%	등급평균	등급70%			모집인원	경쟁률	총점평균	총점70%	등급평균	등급70%	
인문대학	국어국문학과	9	11	8.8	97.7	97.5	3.50	3.75	6								
	중어중문학과	9	11	12.3	98.4	98.2	2.96	3.03	9								
	일어일문학과	8	10	9.9	97.7	98.0	3.40	3.16	0								
	영어영문학과	10	15	18.5	98.5	98.3	2.89	3.09	14								
	불어불문학과	10	9	10.1	95.0	97.9	4.07	3.66	0								
	독어독문학과	6	16	11.2	97.1	97.3	3.95	3.89	7								
	노어노문학과	9	10	10.3	94.9	97.4	3.87	3.92	5								
	한문학과	6	6	15.3	98.1	98.0	3.29	3.34	3								
	언어정보학과	6	8	10.9	98.1	98.1	3.27	3.31	4								
	사학과	8	8	10.9	98.5	98.5	2.92	2.85	9								
	철학과	5	7	14.9	98.0	97.9	3.36	3.55	9								
	고고학과	5	7	21.6	97.6	97.5	3.78	3.88	4								
사회과학대학	행정학과	12	12	20.3	99.1	99.0	2.29	2.36	12	5	7	12.6	98.9	98.9	2.51	2.54	6
	정치외교학과	10	11	11.8	98.9	98.9	2.51	2.54	14	4	4	12.3	98.5	98.4	2.84	2.84	4
	사회복지학과	7	10	10.3	98.3	98.1	3.04	3.25	8	5	5	11.0	98.4	98.5	2.91	2.80	3
	사회학과	11	11	11.6	98.2	98.0	3.21	3.43	16	6	6	12.2	98.2	98.1	3.13	3.27	6
	심리학과	9	10	19.7	98.9	98.7	2.50	2.75	8	8	5	16.4	98.9	99.0	2.63	2.44	7
	문헌정보학과	9	9	11.0	98.8	98.7	2.61	2.71	10	5	5	11.2	98.5	98.5	2.89	2.84	7
	미디어커뮤니케이션	6	11	14.1	99.1	99.0	2.30	2.45	12								
자연과학대학	수학과	9	11	12.1	98.8	98.7	2.64	2.65	16								
	통계학과	6	11	8.7	98.7	98.6	2.78	2.83	11								
	물리학과	8	12	10.8	98.2	98.0	3.43	3.65	16								
	화학과	11	11	9.7	99.2	99.1	2.28	2.40	6	5	5	9.8	98.9	98.9	2.57	2.53	2
	생명과학과	10	12	10.9	99.2	99.1	2.25	2.50	10	5	5	12.0	99.2	99.5	2.25	2.05	1
	미생물학과	5	10	17.1	98.5	98.5	2.90	2.98	11	8	4	15.3	98.8	98.6	2.68	2.64	0
	분자생물학과	8	8	13.0	98.8	98.7	2.68	2.65	8	5	5	12.8	98.5	98.6	2.99	2.95	6
	지질환경과학과	5	10	15.3	97.9	97.9	3.62	3.68	6								
	해양학과	5	12	13.7	98.1	97.9	3.37	3.53	3								
	대기환경과학과	4	7	15.9	98.6	98.6	2.81	2.86	3								
공과대학	기계공학부	60	70	12.6	99.4	99.3	2.13	2.26	77	15	25	13.4	99.3	99.1	2.22	2.41	30
	고분자공학과	10	10	19.3	99.2	99.1	2.34	2.42	11								
	유기소재시스템공	10	13	12.4	98.9	98.7	2.67	2.86	14								
	화공생명공학	9	13	15.6	99.8	99.8	1.61	1.69	17								
	환경공학전공	7	11	14.0	99.0	99.0	2.43	2.54	5								
	재료공학부	15	18	11.7	99.1	99.0	2.46	2.55	15	8	8	16.0	99.0	99.0	2.44	2.55	7
	전자공학과	17	18	14.5	99.5	99.4	1.93	1.96	36	8	8	16.9	99.5	99.4	2.08	2.10	5
	전기공학과	11	14	22.9	99.3	99.2	2.22	2.30	18	5	4	21.5	99.1	99.1	2.36	2.32	12
	건축공학전공	7	9	15.7	98.6	98.5	2.98	2.92	3								
	건축학전공	8	8	20.0	98.7	98.5	2.82	2.98	11								
	도시공학전공	7	9	14.7	98.3	98.0	3.23	3.30	2								
	토목공학전공	10	12	19.9	98.3	98.2	3.26	3.40	16	5	8	23.0	98.6	98.5	2.98	3.00	5
	항공우주공학과	13	13	14.6	98.9	98.7	2.62	2.72	16								
	산업공학과	8	13	12.9	98.8	98.7	2.61	2.74	11								
	조선해양공학과	12	19	14.8	98.2	98.2	3.21	3.27	8	9	9	18.3	98.3	98.1	3.16	3.21	2

대학	학과	2023 모집인원	2022 모집인원	경쟁률	교과환산 총점평균	교과환산 총점70%	교과등급 등급평균	교과등급 등급70%	추합인원	2023 모집인원	2022 모집인원	경쟁률	교과환산 총점평균	교과환산 총점70%	교과등급 등급평균	교과등급 등급70%	추합인원
		2022 학생부교과일반								**2022 지역인재교과**							
사범대학	국어교육과	5	8	9.4	98.8	98.8	2.66	2.84	20								
	영어교육과	8	8	9.5	99.5	99.5	1.92	1.93	10								
	불어교육과																
	독어교육과	9	9	7.6	98.1	97.9	3.30	3.37	9								
	교육학과	3	3	8.3	99.0	99.1	2.40	2.41	1								
	유아교육과	5	6	13.5	99.1	99.0	2.39	2.55	1								
	특수교육과	5	6	7.5	98.3	98.2	3.05	3.38	1								
	일반사회교육과	7	8	8.9	98.7	99.0	2.67	2.47	11								
	역사교육과	4	4	8.8	98.9	98.9	2.49	2.49	6								
	지리교육과	5	6	9.0	99.0	98.8	2.43	2.65	13								
	윤리교육과	8	8	9.5	99.1	99.0	2.32	2.36	14								
	수학교육과	6	8	13.4	99.5	99.5	1.95	1.94	9								
	물리교육과																
	화학교육과	5	5	10.4	99.0	99.1	2.52	2.32	12								
	생물교육과	7	7	15.0	99.2	99.1	2.23	2.36	7								
	지구과학교육과	8	5	24.4	98.9	98.8	2.46	2.56	9								
경영	경영학과	40	50	13.3	99.0	98.8	2.36	2.56	40	15	15	12.2	99.2	99.0	2.34	2.56	15
경제통상대학	무역학부	23	25	11.7	99.1	99.0	2.36	2.48	23	10	10	11.8	98.7	98.6	2.65	2.77	12
	경제학부	20	22	12.7	99.1	99.0	2.30	2.50	33	9	10	12.4	99.0	99.0	2.51	2.60	14
	국제학부																
	관광컨벤션학과	4	4	12.8	98.9	98.9	2.59	2.61	0	4	4	15.5	98.5	98.6	2.77	2.70	3
	공공정책학부	5	5	10.0	99.2	99.1	2.27	2.35	7	4	4	10.8	99.0	99.0	2.51	2.53	3
간호	간호학과	5	5	17.0	99.5	99.6	1.90	1.89	3	10	10	23.0	99.6	99.6	1.84	1.93	12
생활과학대학	아동가족학과	7	7	10.1	98.1	97.8	3.32	3.60	5	5	5	14.2	98.3	98.3	3.08	3.04	11
	의류학과	5	8	15.8	98.2	97.8	3.21	3.41	3		6	22.7	98.2	98.0	3.29	3.40	2
	식품영영학과	12	12	8.3	98.8	98.6	2.65	2.63	17								
	실내환경디자인	5	6	16.5	98.3	98.3	3.05	3.07	7								
나노과학기술	나노에너지공학	5	12	20.3	98.3	98.1	3.14	3.30	3								
	나노메카트로닉	5	8	14.6	98.6	98.6	2.79	2.80	6								
	광메카트로닉스	5	7	14.7	98.6	98.5	2.87	3.02	4	3	3	18.0	98.3	98.3	3.18	3.23	1
생명자원과학대학	식물생명과학과	6	4	10.3	97.9	97.9	3.37	3.43	4	4	4	8.0	96.1	95.8	4.72	4.84	12
	원예생명과학과	7	8	9.3	95.9	95.5	4.70	4.93	10	4	4	10.8	95.6	96.4	4.86	4.92	4
	동물생명자원과	6	6	21.8	97.4	96.9	4.05	4.45	10	6	6	8.8	97.5	97.5	4.05	4.02	3
	식품공학과	5	5	8.0	92.9	96.9	5.06	4.27	10	5	5	7.8	96.9	97.3	4.22	3.96	7
	생명환경화학과	4	6	14.3	97.8	97.9	3.59	3.58	16	4	4	8.0	97.9	97.9	3.53	3.57	3
	바이오소재과학	6	6	10.2	97.8	97.7	3.68	3.78	12	3	3	9.7	98.1	98.1	3.35	3.37	4
	바이오산업기계	5	5	10.2	98.0	98.0	3.50	3.60	3	5	5	9.4	97.2	96.9	4.18	4.31	6
	IT응용공학과	5	5	14.2	98.5	98.5	3.13	3.05	6	5	5	13.4	98.6	98.5	2.85	2.84	9
	바이오환경에너	7	7	10.6	96.7	97.0	4.27	4.25	11	7	7	11.0	97.7	97.7	3.80	3.92	4
	조경학과	10	11	8.5	96.6	96.5	4.41	4.58	12	6	6	8.0	95.3	96.5	4.77	4.79	7
	식품자원경제학	6	7	8.6	97.5	97.9	3.87	3.44	1		3	9.7					0
예술대학	디자인앤테크놀	6	6	9.8	98.9	99.0	2.58	2.49	3								
	예술문화영상학	4	5	11.4	98.9	99.0	2.62	2.59	3								
의대	의예과		15	23.5	100.5	100.4	1.05	1.06	19	30	30	14.6	100.4	100.4	1.06	1.09	25
정보의생명공	의생명융합공학	14	14	15.8	99.1	99.0	2.34	2.41	10	9	9	17.4	99.2	99.1	2.27	2.34	6
	컴퓨터공학전공	11	17	36.4	99.5	99.3	2.01	2.12	25	7	12	29.0	99.3	99.3	2.16	2.27	11
	인공지능전공	9								6							
	약학부									10	10	25.2	100.0	99.9	1.53	1.65	7
	치의학전문대학원									10	16	17.3	100.1	100.1	1.36	1.46	19
	한의학전문대학원	5	5	42.6	100.1	100.0	1.47	1.46	6	15	15	21.3	99.8	99.8	1.63	1.72	2
		772	2962	13.8	98.5	98.5	2.87	2.9	935	302	2346	14.4	98.5	98.5	2.86	2.9	305

		2023 모집인원	2022 종합일반		교과환산		교과등급		추합 인원	2023 모집인원	2022 정시수능		최종등록				충원 인원
			모집 인원	경쟁률	총점 평균	총점 70%	등급 평균	등급 70%			모집 인원	경쟁률	환산 평균	환산 70%	등급 평균	등급 70%	
인문 대학	국어국문학과	3	3	18.7			2.99	2.62	6	11	9	5.78	688.3	684.0	2.79	2.88	5
	중어중문학과	7	7	25.6			4.15	4.14	12	9	9	4.33	681.3	680.3	2.75	2.75	3
	일어일문학과	6	4	32.0			2.87	2.70	3	8	16	5.00	681.0	678.1	2.91	3.00	9
	영어영문학과	7	5	16.6			2.63	2.60	5	21	19	5.21	686.6	686.1	2.80	2.88	16
	불어불문학과		4	12.0			2.90	2.88	6	10	15	5.67	678.6	675.3	2.96	3.13	9
	독어독문학과	10								8	16	6.06	676.8	674.7	3.04	3.13	2
	노어노문학과									12	17	7.06	677.2	676.5	3.10	3.13	4
	한문학과	4	4	15.0			3.09	3.07	2	7	11	6.73	677.7	676.5	3.10	3.25	12
	언어정보학과	4	4	13.3			3.36	2.90	6	10	12	4.83	684.0	682.5	2.89	3.00	6
	사학과	8	8	13.5			2.79	2.77	12	10	10	4.70	687.2	684.4	2.76	2.88	5
	철학과	7	4	15.8			2.83	2.74	3	9	11	5.45	683.6	681.2	2.91	3.00	4
	고고학과	6	8	11.4			3.08	3.08	5	8	15	4.40	674.9	673.8	3.14	3.25	16
사회 과학 대학	행정학과									17	15	5.60	694.3	689.2	2.54	2.63	12
	정치외교학과									14	14	5.00	691.9	690.9	2.65	2.75	7
	사회복지학과	5	5	14.2			2.60	2.65	7	16	15	4.33	687.8	685.3	2.78	2.88	8
	사회학과	5	5	14.6			2.39	2.40	2	16	9	4.67	687.9	686.5	2.86	2.88	4
	심리학과	5	4	28.8			2.02	1.94	2	16	11	5.91	689.1	686.6	2.74	2.88	8
	문헌정보학과	6	6	13.8			2.40	2.45	4	12	12	5.17	690.8	686.9	2.81	2.88	7
	미디어커뮤니케이	7	5	21.0			2.36	2.38	4	15	8	4.50	694.1	694.0	2.63	2.75	7
자연 과학 대학	수학과	10	7	16.0			2.82	2.78	16	20	20	4.65	697.2	694.2	2.76	2.88	17
	통계학과	4	4	11.3			2.50	2.38	3	15	10	7.80	694.9	692.9	2.85	2.88	7
	물리학과	12	12	7.0			3.20	3.51	10	35	32	6.59	685.9	682.3	2.99	3.13	17
	화학과	14	12	9.8			2.33	2.34	4	26	27	4.63	695.4	691.2	2.66	2.75	17
	생명과학과	10								13	14	4.93	699.1	695.5	2.63	2.63	9
	미생물학과	5	6	20.3			2.61	2.64	2	16	17	7.41	687.8	683.7	2.79	2.88	14
	분자생물학과	5	5	22.2			2.67	2.82	6	19	15	6.33	687.8	685.4	2.73	2.75	13
	지질환경과학과	5	5	16.0			3.24	3.44	3	14	21	5.76	679.0	677.4	3.05	3.13	18
	해양학과	5								12	17	5.76	680.8	676.9	3.02	3.13	5
	대기환경과학과	10	10	14.2			2.97	3.09	16	10	15	7.80	683.5	679.8	3.05	3.13	12
공과 대학	기계공학부	35	35	9.9			2.36	2.43	23	109	93	3.92	712.2	708.0	2.30	2.38	45
	고분자공학과	10	10	12.7			2.27	2.42	4	15	17	4.18	701.1	700.0	2.52	2.50	10
	유기소재시스템	12	5	10.6			2.94	2.96	5	18	16	6.31	697.7	696.3	2.64	2.75	15
	화공생명공학	7	6	30.2			1.99	1.96	12	22	22	6.23	720.6	718.9	2.07	2.13	19
	환경공학전공	14	12	11.4			2.55	2.69	14	16	15	5.53	691.4	690.1	2.83	2.88	9
	재료공학부	10	10	12.8			2.67	2.90	5	35	32	4.84	702.5	700.8	2.50	2.63	14
	전자공학과	14	15	13.3			2.25	2.39	18	35	33	4.48	714.2	710.2	2.28	2.38	32
	전기공학과	10	10	19.7			2.32	2.43	12	27	25	7.20	713.3	708.5	2.31	2.50	29
	건축공학전공	6	10	10.7			3.18	3.25	5	15	13	8.77	690.6	688.7	2.78	2.88	17
	건축학전공	6	6	19.3			2.85	2.94	14	14	13	6.77	696.9	694.3	2.59	2.63	10
	도시공학전공	10	10	14.0			3.33	3.38	8	15[1]	13	7.31	691.8	689.4	2.70	2.75	9
	토목공학전공	17	17	12.8			3.32	3.47	13	31	30	7.10	689.6	685.8	2.85	3.00	10
	항공우주공학과	8	6	17.0			2.55	2.59	7	13	17	7.82	697.5	696.8	2.70	2.75	11
	산업공학과	8	3	12.0			2.56	2.45	1	16	14	6.14	699.9	698.5	2.62	2.63	9
	조선해양공학과	10	10	11.3			3.39	3.44	5	30	28	4.96	690.1	687.8	2.85	2.88	8

		2023 모집인원	2022 모집인원	2022 경쟁률	교과환산 총점평균	교과환산 총점70%	교과등급 등급평균	교과등급 등급70%	추합인원	2023 모집인원	2022 모집인원	2022 경쟁률	최종등록 환산평균	최종등록 환산70%	최종등록 등급평균	최종등록 등급70%	충원인원
사범대학	국어교육과	9	4	13.0			2.27	2.15	10	9	8	4.50	705.4	703.9	2.41	2.50	12
	영어교육과	5	5	12.2			2.03	1.84	12	8	9	5.22	698.2	695.1	2.44	2.50	18
	불어교육과																
	독어교육과																
	교육학과	6	6	16.3			2.20	2.29	11	5	5	5.40	689.9	690.9	2.63	2.63	3
	유아교육과									7	6	4.33	686.7	685.5	2.90	2.88	3
	특수교육과	5	5	8.8			2.53	2.54	6	7	6	4.17	683.1	682.2	2.77	2.88	6
	일반사회교육과									7	6	4.00	688.4	697.0	2.79	2.50	7
	역사교육과	4	4	14.8			1.91	1.94	9	6	6	4.67	690.6	689.6	2.56	2.63	4
	지리교육과									7	8	4.25	693.7	689.3	2.64	2.75	7
	윤리교육과									5	5	5.00	689.5	686.6	2.75	2.75	9
	수학교육과	7	6	11.3			2.19	2.17	11	9	10	4.80	721.2	716.5	2.21	2.50	10
	물리교육과	7	7	6.1			2.61	2.46	3	6	6	5.00	696.4	690.9	2.77	2.88	4
	화학교육과	3	2	10.0			2.83	2.28	3	6	7	7.29	694.4	692.9	2.75	2.63	6
	생물교육과	5	5	11.4			2.33	2.56	4	5	6	5.67	707.0	704.4	2.40	2.63	3
	지구과학교육과									7	8	5.50	696.4	695.5	2.77	2.75	5
경영	경영학과	30	30	15.9			2.27	2.21	53	98	90	3.70	704.5	701.0	2.36	2.50	46
경제통상대학	무역학부	15	15	12.1			2.86	2.73	12	31	29	4.48	694.8	693.6	2.61	2.75	18
	경제학부	20	20	11.5			2.60	2.70	24	32	30	4.97	702.2	697.8	2.44	2.50	25
	국제학부	9	9	13.2			3.69	4.46	8								
	관광컨벤션학과	6	6	15.8			3.08	2.81	5	8	8	4.88	686.8	686.5	2.84	2.88	6
	공공정책학부	6	6	24.3			2.20	2.27	9	14	16	5.00	696.3	694.0	2.61	2.75	10
간호	간호학과	6	7	17.0			2.27	2.29	6	24	32	4.16	699.1	695.1	2.54	2.63	29
생활과학대학	아동가족학과									9	10	4.80	678.2	677.0	3.05	3.13	14
	의류학과	10	7	13.1			3.07	3.17	4	13	15	4.93	681.3	680.2	2.98	3.00	8
	식품영영학과	11	11	7.6			3.15	3.24	10	12	12	5.83	678.7	675.3	3.19	3.25	10
	실내환경디자인	7	7	13.9			3.30	3.35	3	7	7	6.14	686.9	684.7	2.88	2.88	6
나노과학기술	나노에너지공	9	9	12.1			3.16	3.16	6	16	19	5.47	677.6	674.9	3.11	3.13	2
	나노메카트로닉	8	6	15.3			3.18	3.17	0	13	15	5.07	696.1	693.8	2.73	2.88	13
	광메카트로닉스	10	7	11.9			2.97	3.08	5	18	18	5.00	687.7	686.6	3.01	3.00	5
생명자원과학대학	식물생명과학과	9	9	6.7			4.22	4.20	8	10	13	4.92	653.2	652.1	3.79	3.88	12
	원예생명과학과	3	5	6.0			4.74	4.68	1	9	12	4.67	649.3	642.6	3.74	3.88	10
	동물생명자원과	7	5	9.8			4.38	4.20	2	10	13	4.46	652.5	646.5	3.63	3.75	8
	식품공학과	5	5	9.2			3.53	3.54	5	10	11	5.00	654.3	651.6	3.77	3.75	23
	생명환경화학과	8	10	8.0			3.66	3.87	7	10	10	5.50	659.4	655.6	3.45	3.50	16
	바이오소재과학	7	7	7.7			3.54	3.58	7	10	11	5.00	669.2	655.9	3.24	3.38	8
	바이오산업기계	7	7	9.4			4.45	4.54	2	9	10	5.00	662.9	660.5	3.41	3.50	6
	IT응용공학과	6	6	16.2			3.46	3.46	4	14	14	4.64	674.0	667.2	3.21	3.25	11
	바이오환경에너	5	5	13.4			3.87	3.76	1	8	9	5.56	661.8	659.2	3.53	3.75	6
	조경학과	9	9	6.8			4.45	4.39	7	10	12	5.33	647.9	643.3	3.68	3.75	10
	식품자원경제학	3	5	10.8			4.03	3.92	5	12	15	6.20	672.1	668.7	3.28	3.38	7
예술대학	디자인앤테크놀									6	6	5.00	689.6	687.4	2.90	2.88	3
	예술문화영상학	4	4	21.3			3.04	3.02	5	8	8	5.13	687.2	685.4	2.81	2.88	7
의대	의예과									25	30	5.87	768.3	767.1	1.20	1.25	33
정보의생명공	의생명융합공학	20	20	12.5			2.62	2.75	15	32	34	4.97	699.0	694.2	2.63	2.75	23
	컴퓨터공학전공	10	15	23.8			2.50	2.51	21	29	40	5.38	713.3	710.1	2.26	2.38	28
	인공지능전공	9								25							
	약학부									12	28	6.96	753.4	752.7	1.54	1.63	24
	치의학전문대학원		8	43.0			1.54	1.60	5	10	16	5.13	760.8	760.3	1.52	1.50	9
	한의학전문대학원									5	5	10.4	756.7	756.7	1.55	1.50	8
		657	606	14.6			2.91	2.9	594	1458	1507	5.48	691.2	688.7	2.77	2.8	1061

2023 대학별 수시모집 요강	삼육대학교	2023 대입 주요 특징	정시 우수영역순 40:30:20:10 미적/기하 5% 영어: 98-95-92-87-82 ... 史 탐구1 대체 가능

▶교과우수자: 국수영+사/과 중 우수 4개 교과
▶일반(면접): 국수영+사/과 중 3개 교과, 높은 순 50:35:15
▶종합: 국영수사과 전체 정성
▶학년 100%, 이수단위 반영
★졸업생도 5학기만 반영

1. 2023 교과우수자 (교과100%) 전년대비 36명 인원감소
2. 2023 교과우수자 일반학과 수능최저 신설
3. 2022 교과 일반전형 단계면접 유지 ★ 교과 투트랙★
4. 2023 정시반영 변경 : 약학과 제외한 한국사 탐구1 대체 가능
인 국수영탐1 30:25:25:20 →우수 영역순 40:30:20:10
자 국수영탐1 20:30:25:25 →우수 영역순 40:30:20:10
미/기하 5%

▶삼육대학교 2021 수시올림 참고사항
1. 영어/일어/중국어 등 2급 정교사 교직이수 ★자소서 중요
2. 삼육대학교 종합전형 전공적합성 미미함
3. 보건 교육 제외한 모든 학과 전과, 복수전공이 매우 용이함
4. 간호, 물리, 상담심리, 보건관리, 약학 (2022 신설) 5개학과
CK 선정사업으로 중독연계프로그램 특화. 학사학위 부여

모집시기	전형명	사정모형	학생부종합 특별사항	2023 수시 접수기간 09. 13(화) ~ 17(토)	모집인원	학생부	논술	면접	서류	기타	2023 수능최저
2023 정원내 수시 799명 (70.3%) 정시 338명 (29.7%) 전체 1,137명 2022 수시 845명 (74.3%) 정시 292명 (25.7%) 전체 1,137명	교과우수자	일괄	학생부교과 일반 최저신설 최종 12.15(목) 국수영+사/과 4개교과 전체	1. 2023 전년대비 36명 감소 2. 2022 일반 수능최저신설★ 3. 약학8, 간호8, 물리치료8 등 4. 생활체육: 교과60+실기40 5. 디자인/음악: 실기80%	205 2022 241	교과 100					일반: 2개합6 (탐1) 약학: 3개합5 (탐1)
	일반전형	1단계	학생부교과 수능전면접 국영수+사/과 3개교과 전체 높은순 50:35:15	1. 2023 교과단계면접 2년차 2. 약학4, 간호10, 물리치료6 식영8, 유아교육5 등 3. 일반 최저없음, 약학 있음 1단계: 10.12(수) 면접: 10.16(일) 최종 12.15(목)	171 2022 184	교과 100 (5배수)					일반: 최저 없음 약학: 3개합5 (탐1)
		2단계				1단계 60 + 면접 40					
	세움인재	1단계	학생부종합 자소~09.19(월) 1단계 10.26(수) 면접 10.30(일) 최종 12.15(목)	1. 2023 전년대비 34명 증가 2. 2023 약학3, 간호8, 물치8 식영10 ,유아교육7 등	178 2022 144	서류 100 (4배수)		▶종합전형 서류평가요소 1. 학업역량 20% 2. 전공적합성 30% 3. 발전가능성 30% 4. 인성 20%			최저없음
		2단계	국영수사과 전체 정성평가			1단계 60 + 면접 40					
	재림교회목회자 (MVP 전형)	1단계	단계전형 자소~09.19(월) 목회추천서 1단계 10.12(수) 면접 10.23(일) 최종 12.15(목)	1. 2023 전년대비 32명 증가 2. 약학3, 간호14, 물치5 등 3. 생활체육: 서류40+실기60 4. 제칠일 안식일 예수재림 교회 추천받은 자	147 2022 115	서류 100 (4배수)					일반: 1개 4 (탐1) 간/물치:1개3 (탐1) 약학: 3개합5 (탐1)
		2단계				1단계 40 +면접 60					
	고른기회 (사회기여배려)	1단계	학생부교과 국영수+사/과 3개교과 전체 높은순 50:35:15	1. 국가유공등 보훈대상자 2. 준사관/군부사관 15년자녀 3. 경찰/소방/집배/환경 등등 1단계: 11.02(수) 면접 11.06(일) 최종 12.15(목)	41	교과 100 (5배수)					최저 없음
		2단계				1단계 60 + 면접 40					
	기회균형 (정원외)	1단계	기회균형 자소~09.19(월) 1단계 10.26(수) 면접 10.30(일) 최종 12.15(목)	1. 기초수급 및 차상위자녀 2. 약학3, 간홉, 물리치료1 등 1단계: 10.26(수)	11	서류 100 (4배수)					최저 없음 신학/특성화/서해 농어촌 등 생략
		2단계				1단계 40 + 면접 60					

2022 교과우수자

<2022 수능최저등급>
▶일반: 최저 없음
▶간호/물리치료
　: 2개합6 (탐2)

▶교과 100% (국수영+사/과 중 4교과)

계열	학과	2023 교과우수	2022 인원	경쟁률	최종 최고	최종 평균	추합 인원	환산 점수
인문사회	영어영문	18	17	7.00	3.01	4.03	10	
	한국관광외국어		5	5.60	3.96	4.73	3	
	글로벌한국학과	7	6	5.50	3.48	4.69	4	
	경영학과	12	13	6.92	3.14	3.64	5	
	유아교육과	6	8	5.63	2.76	3.71	5	
간호	간호학과	8	9	6.22	2.08	2.89	8	
약학	약학과	8	8	24.1	1.05	1.23	19	
보건복지	물리치료학과	8	9	7.22	2.44	2.70	12	
	사회복지학과	5	5	6.40	3.86	5.16	6	
	보건관리학과	4	6	4.83	4.22	4.22		
	상담심리학과	6	6	4.33	2.76	3.85	1	
	식품영양학과	8	10	4.60	3.79	4.70		
미래융합	컴퓨터공학	20	20	4.70	3.08	4.54	11	
	인공지능융합학	32	22	4.77	3.3	4.06	15	
과학기술	바이오융합공학	7	5	4.60	4.07	4.88		
	화학생명과학과	19	19	3.84	3.38	4.49	6	
	동물자원과학과	5	5	5.40	5.01	5.01		
	환경디자인원예	19	19	3.89	3.18	4.66	3	
문화예술	건축학과 4년제	4	9	5.00	3.36	4.82		
	건축학과 5년제	9	4	5.00	3.38	3.95		
예체	생활체육학과		9	35.7	2.9	3.71	14	
	아트앤디자인학		17	16.2	3.42	4.46	7	
	음악학 관현타		1	3.00	3.96	3.96		
		205	232	7.84	3.29	4.09	129	

2021 교과우수자

<2021 수능최저등급>
▶일반: 최저 없음
▶간호/물리치료
　: 2개합6 (탐2)

▶교과 100% (국수영+사/과 중 4교과)

계열	학과	2021 인원	경쟁률	최종 최고	최종 평균	추합 인원	환산 점수
인문사회	영어영문	16	3.69	2.29	3.47	30	
	한국관광외국어	5	8.00	2.46	2.65	10	
	글로벌한국학과	6	5.67	2.49	2.52	12	
	경영학과	7	5.10	2.46	2.57	11	
	유아교육과	5	6.60	2.20	2.34	10	
간호	간호학과	6	8.33	1.32	1.70	4	
약학	약학과	신설					
보건복지	물리치료학과	6	8.00	1.88	2.08	7	
	사회복지학과	4	9.25	2.50	2.50	8	
	보건관리학과	4	6.75	2.03	2.03	8	
	상담심리학과	4	6.25	1.37	1.84	8	
	식품영양학과	4	7.50	2.15	2.34	8	
미래융합	컴퓨터공학	10	6.80	2.02	2.29	20	
	인공지능융합학	13	4.69	2.38	3.35	18	
과학기술	바이오융합공학						
	화학생명과학과	7	6.00	2.38	2.38	14	
	동물자원과학과	6	14.2	2.42	2.43	12	
	환경디자인원예	13	4.92	2.20	2.73	23	
문화예술	건축학과 4년제	4	7.50	2.95	3.01	8	
	건축학과 5년제	4	16.3	2.07	2.36	4	
예체	생활체육학과	8	34.8	1.67	2.89	10	
	아트앤디자인학	14	15.5	3.38	4.98	9	
	음악학 관현타	6	4.00	4.66	5.85	0	
		152	9.04	2.35	2.78	234	

2022 일반전형 (단계면접)

▶일반: 최저 없음
▶약학: 3개합 5 (탐1)
▶국영수+사/과 3개교과
　높은순 50:35:15

▶단계전형　2단계: 교과60+면접40

계열	학과	2023 일반전형	2022 인원	경쟁률	최종 최고	최종 평균	추합 인원	환산 점수
인문사회	영어영문	8	10	9.30	2.00	2.28	8	
	한국관광외국어	12	11	11.1	1.89	2.42	1	
	글로벌한국학과	5	6	8.17	2.00	2.78	7	
	경영학과	8	13	10.6	1.61	2.01	3	
	유아교육과	5	8	11.0	2.00	2.27	9	
간호	간호학과	10	11	16.7	1.06	1.67	4	
약학	약학과	4	4	30.5	1.00	1.00		
보건복지	물리치료학과	6	8	26.6	1.00	1.72	1	
	사회복지학과	6	9	9.11	1.74	2.18	4	
	보건관리학과	7	6	6.67	2.15	2.45	3	
	상담심리학과	6	7	10.6	1.91	2.05	5	
	식품영양학과	8	10	6.20	1.61	2.27	3	
미래융합	컴퓨터공학	10	13	7.54	1.85	2.09	7	
	인공지능융합학	12	17	6.47	1.95	2.61	14	
과학기술	바이오융합공학	5	7	5.57	2.00	2.89	11	
	화학생명과학과	10	13	5.15	2.00	2.80	7	
	동물자원과학과	3	6	8.17	2.00	2.36		
	환경디자인원예	8	13	5.69	2.00	2.56	8	
문화예술	건축학과 4년제	3	8	8.25	1.37	2.02	2	
	건축학과 5년제	6	4	8.00	2.00	2.27		
예체	생활체육학과	9						
	아트앤디자인학	20						
		171	184	10.6	1.76	2.24	97	

2022 세움인재종합 / 2021 학교생활종합

수능최저 없음 / 내신반영 : 국영수사과

▶단계전형 2단계: 서류60+면접40

계열	학과	2023 세움인재	2022 인원	경쟁률	최종 평균	최종 80%	추합 인원	환산 점수
인문사회	영어영문	9	10	6.20	3.27	4.12	1	
	한국관광외국어	12	10	12.5	3.84	4.42	5	
	글로벌한국학과	6	5	9.40	3.57	3.85	6	
	경영학과	12	8	11.4	3.77	4.33	8	
	유아교육과	7	6	15.2	2.52	3.16	5	
간호	간호학과	8	8	15.0	2.43	2.85	8	
약학	약학과	3						
보건복지	물리치료학과	8	5	13.8	2.68	3.00	3	
	사회복지학과	9	6	16.7	3.45	3.75	11	
	보건관리학과	6	4	7.25	3.48	3.99	3	
	상담심리학과	10	8	11.9	3.24	3.74	6	
	식품영양학과	10	7	7.14	2.17	3.6	7	
미래융합	컴퓨터공학	12	10	8.40	3.35	4.35	13	
	인공지능융합학	15	16	7.75	3.56	3.97	17	
과학기술	바이오융합공학	6	6	6.50	3.28	3.62	3	
	화학생명과학과	12	10	5.50	3.07	3.74	17	
	동물자원과학과	6	5	8.80	3.18	3.52	2	
	환경디자인원예	14	10	5.30	3.58	4.21	9	
문화예술	건축학과 4년제	3	8	9.13	3.49	3.99	4	
	건축학과 5년제	10	2	7.00	3.96	5.02	2	
		178	184	9.72	3.26	3.85	130	

수능최저 없음 / 내신반영 : 국영수사과

▶단계전형 2단계: 서류60+면접40

계열	학과	2021 인원	경쟁률	최종 평균	최종 80%	추합 인원	환산 점수
인문사회	영어영문	13	8.15	3.32	3.89	16	
	한국관광외국어	12	11.5	3.38	3.74	18	
	글로벌한국학과	6	6.67	3.53	3.95	2	
	경영학과	12	15.9	2.92	3.62	9	
	유아교육과	8	15.4	2.58	3.23	11	
간호	간호학과	8	14.8	2.38	2.67	6	
약학	약학과	신설					
보건복지	물리치료학과	7	12.1	2.55	2.88	0	
	사회복지학과	6	14.1	3.54	3.69	4	
	보건관리학과	4	7.25	3.25	3.55	2	
	상담심리학과	10	8.70	3.00	3.70	4	
	식품영양학과	8	4.63	2.61	3.53	10	
미래융합	컴퓨터공학	15	9.87	2.11	3.63	23	
	인공지능융합학	20	5.25	3.60	4.23	20	
과학기술	바이오융합공학						
	화학생명과학과	15	6.80	2.57	3.33	9	
	동물자원과학과	5	12.2	3.07	3.58	10	
	환경디자인원예	15	5.60	2.13	3.86	10	
문화예술	건축학과 4년제	2	7.50	3.30	3.49	4	
	건축학과 5년제	7	16.1	3.53	3.81	9	
		173	10.1	2.97	3.58	167	

2022 정시 수능 / 2021 정시 수능

탐구1+국수영 택2 / 인 35:20:25:25 / 자 25:35:20:20

계열	학과	2023 정시	2022 인원	경쟁률	수능등급 최고	수능등급 평균	백분위 최고	백분위 평균
인문사회	영어영문	24	23	9.00	2.55	2.92	89.00	84.91
	한국관광외국어	6	8	7.88	2.55	2.90	86.55	84.63
	글로벌한국학과	8	8	6.88	2.35	2.95	85.40	84.09
	경영학과	19	20	9.70	2.50	2.90	88.00	85.85
	유아교육과	12	10	9.20	2.80	3.26	86.1	84.48
간호	간호학과	27	28	5.14	2.00	2.37	95.7	93.04
약학	약학과	12	14	43.3	1.00	1.14	101.3	100.9
보건복지	물리치료학과	11	11	5.82	1.95	2.44	95.15	91.94
	사회복지학과	6	8	8.00	2.85	3.25	85.50	83.10
	보건관리학과	10	15	6.80	2.45	2.90	92.02	87.95
	상담심리학과	13	3	7.00	2.60	2.90	88.85	85.75
	식품영양학과	12	19	7.00	2.25	2.59	92.86	90.5
미래융합	컴퓨터공학	18	32	8.00	2.25	2.71	92.83	89.71
	인공지능융합학	29	9	8.56	2.25	2.86	92.20	88.84
과학기술	바이오융합공학	8	30	6.47	2.25	2.92	93.09	88.01
	화학생명과학과	21	14	9.00	2.55	2.87	88.79	86.78
	동물자원과학과	12	34	6.68	2.55	3.11	90.79	85.72
	환경디자인원예	23	14	5.50	2.20	2.70	94.46	88.71
문화예술	건축학과 4년제	0	1	6.00	2.85	2.85	81.66	81.66
	건축학과 5년제	9	16	25.6	1.50	1.81	99.50	98.68
예체	생활체육학과	16	20	4.80	2.50	2.95	90.28	87.23
	아트앤디자인학	20	20	27.8	1.50	2.61	99.40	97.24
	음악 피아노	22	6	4.50	1.00	3.00	100.5	96.46
		338	363	10.4	2.23	2.74	91.74	88.97

계열	학과	2021 인원	경쟁률	수능등급 최고	수능등급 평균	백분위 최고	백분위 평균
인문사회	영어영문	27	4.63	2.55	3.33	84.20	79.18
	항공관광외국어	11	5.09	2.80	3.32	83.25	80.01
	글로벌한국학과	12	3.42	2.45	3.01	85.35	82.29
	경영학과	21	3.95	2.70	3.43	85.40	79.37
	유아교육과	14	3.00	2.55	3.34	83.05	79.25
간호	간호학과	23	3.78	1.65	2.33	94.85	90.52
보건복지	물리치료학과	11	4.27	2.15	2.63	90.57	87.55
	사회복지학과	12	3.25	2.40	3.23	84.50	81.94
	보건관리학과	14	4.07	2.65	3.51	87.50	78.28
	상담심리학과	17	2.88	2.05	3.09	92.35	81.73
	식품영양학과	14	3.21	1.85	3.05	84.25	81.34
미래융합	컴퓨터공학	21	4.00	2.55	3.26	85.03	81.74
	인공지능융합학	30	3.43	2.30	3.84	86.55	72.51
	화학생명과학과	26	2.88	2.55	3.54	89.85	77.59
	동물자원과학과	17	3.00	2.35	3.60	83.67	74.98
	환경디자인원예	21	4.00	3.00	3.62	83.05	75.96
문화예술	건축학과 4년제	2	11.0	3.45	3.47	82.70	82.40
	건축학과 5년제	13	5.00	2.45	3.16	84.35	82.71
예체	생활체육학과	20	3.21	2.75	3.51	84.65	76.47
	아트앤디자인학	23	15.3	4.70	5.30	60.20	49.38
	음악학과	7	3.43	6.35	7.00	36.85	28.69
		356	4.61	2.77	3.55	82.48	76.38

2023 대입 주요 특징

정시 백분위 인35:25:20:20 자25:35:20:20
영어 인/자: 100-98-96-94-90 ... 탐구1

▶ 교과: 2023 전과목 반영★
　2022 인문/안보: 국영수사
　2022 자: 국영수과
　2022 예체: 국영사
▶ 학년비율X　▶ 이수단위○
▶ 등급 100-98-96-94-90...
▶ 진로선택 3과목 반영
▶ 성취 A=100 B=96 C=90

1. 2023 교과내신 국영수사/국영수과→<전과목> 변화★
2. 2023 고교추천: 고교별 10명 추천제한 및 인원 유지
3. 2023 고교추천 인원유지, 상명인재 5명 감소
4. 상명인재 자기소개서 폐지 유지
5. 최종등록평균선 아래의 표준편차까지 고려한 지원
6. 주목할 학과: 역사콘텐츠학, 지적재산권학, 가족복지학
　글로벌경영, 교육학 등
7. 지능데이터융합학부 주목
　①핀테크전공+②빅데이터융합+③스마트생산전공

■ 2023 상명대서울캠 대학수학능력시험 성적산출방법 **예시**
자연계열 식품영양학과 지원자 (수학 미적분, 과탐 선택)

▶ 국어 25% 국어 88　　88×0.25×10= 220
▶ 수학 35% 수학 90　　90×0.35×10×1.1= 346.5
▶ 영어 20% 영어 1등급 100×0.2×10= 200
▶ 과학 20% 물리1 86　　86×0.2×10×1.05= 180.6
▶ 史 1등급 10점
　　220 + 346.5 + 200 + 180.6 + 10 = **957.100**

모집시기	전형명	사정모형	학생부종합 특별사항	2023 수시 접수기간 09. 13(화) ~ 17(토)	모집인원	학생부	논술	면접	서류	기타	2023 수능최저등급
2023 정원내 수시 832명 (60.3%)　정시 548명 (39.7%)　전체 1,380명	**고교추천**	일괄	학생부교과 학교장추천 고교별 10명 안보학 포함 전과목 반영★ 최종 12.15(목)	1. 고교추천전형, 10명 제한 2. 2023 전년대비 인원유지 3. 2021 학과 신설이후 지능데이터융합학부 내 핀테크전공+빅데이터융합 +스마트생산전공 15명 4. 안보학 19명 포함 5. 학교장추천대상 업로드 2022.09.19(월)~23(금)	367　2022 367	교과 100					2023 인/자 공통 : 2개합 7 (탐1) 과목제한 없음
	안보학 고교추천	1단계	학생부교과 학교장추천 1단계 10.27(목) 면접 11.05(토) 최종 11.29(화)	1. 고교추천 10명내 선발 2. 다대다 면접1회 단순화 3. 인성/전공적합/발전가능 4. 다대다: 수험생 5인 2023 정시 안보학 15명모집 국수영탐1 35:25:20:20	19　2022 24	교과 100	<국가안보학 2개년 입결> 21년 등급 편차 20년 등급 편차		3배수		최저 없음
		2단계				교과 80		면접 10		체력 10	
2022 정원내 수시 838명 (60.7%)　정시 542명 (39.3%)　전체 1,380명	**상명인재**	1단계	학생부종합 최저없음 자소서없음 1단계 11.04(금) 면접 11.12(토) ~11.13(일) 최종 11.29(화)	1. 2023 전년대비 5명 감소 2. 지원분야 목표열정 역량개발 미래인재 성장가능 3. 면접15분 <2023 종합전형 평가내용> 1. 인성 25% : 성실/공동체 2. 전공적합성 45% ①학업역량 20% ②전공적성 30% 3. 발전가능성 25% 자기주도성/도전정신	281　2022 286	서류 100 (3배수)					최저 없음
		2단계				서류 70 + 면접 30					
	고른기회	일괄	학생부종합 자소서없음 최종 11.29(화)	1. 국가보훈대상자 2. 농어촌/서해5도/특성화 3. 기초수급 차상위 등	75　2022 75	서류 100					최저 없음 <기타전형 생략> 특성화고졸재직 1명 실기전형 108명 농어촌/특성화고졸 특수교육대상자 등

<2022 고른기회 입결 최초평균-최종평균>
역사콘텐 3.12-3.27	지적재산 3.81-3.81	문헌정보 3.50-3.83
공간환경 3.89-3.82	공공인재 2.84-3.58	가족복지 3.01-3.32
경제금융 3.34-3.68	경영학부 3.34-3.68	글로경영 3.59-3.72
국어교육 2.24-2.63	영어교육 2.89-3.24	교육학과 2.45-3.02
수학교육 2.65-3.10	휴먼지능 3.27-3.90	핀테크등 3.30-4.10
컴퓨터과 3.07-3.49	전기공학 3.74-3.74	지능IOT 3.63-4.14
게임전공 3.26-2.60	애니메이 2.93-2.93	한일문콘 3.81-3.90

생명공학 3.01-2.72　화학에너 3.20-3.44　화공신소재3.05-3.35
식품영양 2.58-3.49　의류학과 3.46-3.46

상명대서울 2022 대입분석자료 01 - 학생부교과 *2022. 04. 13. ollim*

상명대서울캠

수능최저등급 2022
▶인문/자연 공통 : 2개합 7 (탐구1)
▶안보학: 최저 없음

2022 학생부교과 (인/자)
▶<고교추천>전형, 학교장추천, 고교별 10명
▶학생부교과 100%, 학년 동일비율
▶인문: 국영수사, 자연: 국영수과, 국가안보학: 국수영
▶수능최저등급: 인문/자연공통 2개합 7 (탐구1)

2021 학생부교과 (인/자)
▶학생부교과 100%, 학년 동일비율
▶인문: 국영수사, 자연: 국영수과, 국가안보학: 국수영
▶수능최저등급: 인문/자연공통 2개합 7 (탐구1)

계열	학과	수능최저있음 2023인원	2022 모집인원	2022 경쟁률	2022 최초합격 평균	2022 최초합격 최저	2022 최종합격 평균	2022 최종합격 최저	2022 최저끼리편차	2022 추합인원	2021 모집인원	2021 경쟁률	2021 최초합격 평균	2021 최초합격 최저	2021 최종합격 평균	2021 최종합격 최저	2021 최저끼리편차	2021 추합인원
인문	역사콘텐츠	9	9	9.67	2.43	2.61	2.88	3.13	0.52	24	6	6.33	2.32	2.57	2.84	3.49	0.92	8
인문	지적재산권★↘	6	6	10.7	2.52	2.74	3.15	3.41	0.67	10	5	11.2	2.17	2.47	2.58	2.65	0.18	10
인문	문헌정보학★↘	8	8	9.63	2.14	2.32	2.62	3.24	0.92	15	6	4.17	2.10	2.24	2.22	2.41	0.17	14
SW	한일문화콘텐츠	7	7	9.71	2.46	2.57	2.66	3.01	0.44	11	5	7.40	2.25	2.42	2.63	2.75	0.33	9
SW	공간환경학	13	13	11.9	2.43	2.60	3.06	3.34	0.74	42	10	5.40	2.26	2.45	2.83	3.45	1.00	22
SW	행정학부★↗	17	17	28.7	2.37	2.61	2.79	3.05	0.44	41	14	3.79	2.24	2.37	3.95	5.37	3.00	23
SW	가족복지학	8	8	9.88	2.59	2.83	2.92	3.23	0.40	16	5	5.20	2.40	2.46	2.80	3.52	1.06	7
SW	경제금융학★↗	23	23	15.7	2.61	2.82	2.83	3.13	0.31	29	17	3.82	2.36	2.56	3.43	5.13	2.57	32
SW	경영학부★↗	32	32	20.8	2.34	2.53	2.63	2.91	0.38	54	24	3.79	2.16	2.33	3.36	4.60	2.27	33
SW	글로벌경영학	25	25	15.9	2.46	2.68	2.76	2.99	0.31	60	19	5.05	2.27	2.42	2.93	3.68	1.26	32
안보	국가안보학	19	19	6.11	3.28	3.92	3.54	3.97	0.05	18	24	4.58	3.13	3.88	3.45	4.10	0.22	36
사범	국어교육과	12	12	7.92	1.91	2.09	2.55	2.99	0.90	39	9	3.89	1.66	1.78	2.38	2.78	1.00	18
사범	영어교육과	12	12	7.00	2.02	2.16	2.40	2.67	0.51	29	9	5.56	1.68	1.84	2.16	2.30	0.46	27
사범	교육학과	8	8	11.8	1.94	2.21	2.39	2.61	0.40	25	4	5.25	1.72	1.95	2.73	3.12	1.17	7
사범	수학교육과	9	9	15.1	1.79	2.14	2.16	2.45	0.31	20	7	6.14	1.65	1.85	2.61	3.38	1.53	21
지능데이터융합	휴먼지능정보	26	26	9.19	2.71	3.00	3.09	3.29	0.29	54	18	4.94	2.49	2.70	2.83	3.18	0.48	24
지능데이터융합	핀테크전공 / 빅데이터융합 / 스마트생산전공	15	15	11.5	2.60	2.78	2.86	3.13	0.35	27	15	5.67	2.68	2.86	3.18	3.98	1.12	19
SW융합학부	컴퓨터과학	34	34	8.59	2.49	2.65	2.76	3.01	0.36	79	28	5.86	2.29	2.47	2.74	3.05	0.58	72
SW융합학부	전기공학전공	10	10	12.2	2.55	2.72	2.86	3.03	0.31	29	7	5.14	2.19	2.38	3.01	3.40	1.02	21
SW융합학부	지능IOT융합	8	8	13.3	2.65	2.84	3.01	3.13	0.29	17	6	5.83	2.80	3.07	3.12	3.45	0.38	3
SW융합학부	게임전공	9	9	9.00	2.50	2.68	2.84	3.10	0.42	12	9	12.1	2.43	2.56	2.90	3.15	0.59	12
생명화공	생명공학★↗	12	12	38.3	2.25	2.36	2.44	2.60	0.24	13	9	4.33	2.13	2.31	3.94	5.29	2.98	16
생명화공	화학에너지공학	12	12	9.25	2.30	2.45	2.60	2.73	0.28	20	9	6.33	2.18	2.33	2.60	3.02	0.69	24
생명화공	화공신소재	12	12	9.67	2.29	2.46	2.67	2.97	0.51	25	9	9.22	2.06	2.18	2.37	2.48	0.30	27
의식의류	식품영양학	7	7	11.1	2.59	2.74	2.98	3.13	0.39	17	5	5.60	2.30	2.42	3.00	3.25	0.83	14
의식의류	의류학전공	7	7	8.43	2.37	2.58	2.98	3.34	0.76	15	5	7.60	1.99	2.35	2.41	2.98	0.63	12
예체	애니메이션★↘	7	7	8.57	2.07	2.38	2.34	2.70	0.32	13	4	11.0	2.12	2.26	2.68	2.74	0.48	10
총계		367	367	12.7	2.41	2.62	2.79	3.06	0.44	754	284	5.93	2.23	2.43	2.88	3.46	1.01	543

상명대서울캠		수능최저등급 2022 ▶인문/자연 공통 : 2개합 7 (탐구1) ▶안보학: 최저 없음	2022 학생부교과 (인/자) ▶<고교추천>전형, 학교장추천, 고교별 10명 ▶학생부교과 100%, 학년 동일비율 ▶인문: 국영수사, 자연: 국영수과, 국가안보학: 국수영 ▶수능최저등급: 인문/자연공통 2개합 7 (탐구1)							2021 학생부교과 (인/자) ▶학생부교과 100%, 학년 동일비율 ▶인문: 국영수사, 자연: 국영수과, 국가안보학: 국수영 ▶수능최저등급: 인문/자연공통 2개합 7 (탐구1)							
			2022 경쟁률 및 입결 (최종)							2021 경쟁률 및 입결 (최종)							
		2023 인원	모집인원	경쟁률	최초 합격		최종 합격		추합 실질 경쟁	추합 인원	모집인원	경쟁률	최초 합격		최종 합격		추합 실질 경쟁	추합 인원
					평균	최저	평균	최저					평균	최저	평균	최저		
인문	역사콘텐츠	9	9	9.67	2.43	2.61	2.88	3.13	2.64	24	6	6.33	2.32	2.57	2.84	3.49	2.71	8
	지적재산권★↘	6	6	10.7	2.52	2.74	3.15	3.41	4.01	10	5	11.2	2.17	2.47	2.58	2.65	3.73	10
	문헌정보학★↘	8	8	9.63	2.14	2.32	2.62	3.24	3.35	15	6	4.17	2.10	2.24	2.22	2.41	1.25	14
SW	한일문화콘텐츠	7	7	9.71	2.46	2.57	2.66	3.01	3.78	11	5	7.40	2.25	2.42	2.63	2.75	2.64	9
	공간환경학	13	13	11.9	2.43	2.60	3.06	3.34	2.81	42	10	5.40	2.26	2.45	2.83	3.45	1.69	22
	행정학부★↗	17	17	28.7	2.37	2.61	2.79	3.05	8.41	41	14	3.79	2.24	2.37	3.95	5.37	1.43	23
	가족복지학	8	8	9.88	2.59	2.83	2.92	3.23	3.29	16	5	5.20	2.40	2.46	2.80	3.52	2.17	7
	경제금융학★↗	23	23	15.7	2.61	2.82	2.83	3.13	6.94	29	17	3.82	2.36	2.56	3.43	5.13	1.33	32
	경영학부★↗	32	32	20.8	2.34	2.53	2.63	2.91	7.74	54	24	3.79	2.16	2.33	3.36	4.60	1.60	33
	글로벌경영학	25	25	15.9	2.46	2.68	2.76	2.99	4.68	60	19	5.05	2.27	2.42	2.93	3.68	1.88	32
안보	국가안보학	19	19	6.11	3.28	3.92	3.54	3.97	3.14	18	24	4.58	3.13	3.88	3.45	4.10	1.83	36
사범	국어교육과	12	12	7.92	1.91	2.09	2.55	2.99	1.86	39	9	3.89	1.66	1.78	2.38	2.78	1.30	18
	영어교육과	12	12	7.00	2.02	2.16	2.40	2.67	2.05	29	9	5.56	1.68	1.84	2.16	2.30	1.39	27
	교육학과	8	8	11.8	1.94	2.21	2.39	2.61	2.86	25	4	5.25	1.72	1.95	2.73	3.12	1.91	7
사범	수학교육과	9	9	15.1	1.79	2.14	2.16	2.45	4.69	20	7	6.14	1.65	1.85	2.61	3.38	1.54	21
지능데이터융합	휴먼지능정보	26	26	9.19	2.71	3.00	3.09	3.29	2.99	54	18	4.94	2.49	2.70	2.83	3.18	2.12	24
	핀테크전공 빅데이터융합 스마트생산전공	15	15	11.5	2.60	2.78	2.86	3.13	4.11	27	15	5.67	2.68	2.86	3.18	3.98	2.50	19
SW융합학부	컴퓨터과학	34	34	8.59	2.49	2.65	2.76	3.01	2.58	79	28	5.86	2.29	2.47	2.74	3.05	1.64	72
	전기공학전공	10	10	12.2	2.55	2.72	2.86	3.03	3.13	29	7	5.14	2.19	2.38	3.01	3.40	1.29	21
	지능IOT융합	8	8	13.3	2.65	2.84	3.01	3.13	4.26	17	6	5.83	2.80	3.07	3.12	3.45	3.89	3
	게임전공	9	9	9.00	2.50	2.68	2.84	3.10	3.86	12	9	12.1	2.43	2.56	2.90	3.15	5.19	12
생명화공	생명공학★↗	12	12	38.3	2.25	2.36	2.44	2.60	18.4	13	9	4.33	2.13	2.31	3.94	5.29	1.56	16
	화학에너지공학	12	12	9.25	2.30	2.45	2.60	2.73	3.47	20	9	6.33	2.18	2.33	2.60	3.02	1.73	24
	화공신소재	12	12	9.67	2.29	2.46	2.67	2.97	3.14	25	9	9.22	2.06	2.18	2.37	2.48	2.31	27
의식의류	식품영양학	7	7	11.1	2.59	2.74	2.98	3.13	3.24	17	5	5.60	2.30	2.42	3.00	3.25	1.47	14
	의류학전공	7	7	8.43	2.37	2.58	2.98	3.34	2.68	15	5	7.60	1.99	2.35	2.41	2.98	2.24	12
예체	애니메이션★↘	7	7	8.57	2.07	2.38	2.34	2.70	3.00	13	4	11.0	2.12	2.26	2.68	2.74	3.14	10
총계		367	367	12.7	2.41	2.62	2.79	3.06	4.34	754	284	5.93	2.23	2.43	2.88	3.46	2.13	543

상명대서울캠		수능 최저 없음 / 2023 인원	2022 상명인재종합 ▶1단계: 서류 100% (3배수) ▶2단계: 서류 70+면접 30%							2021 상명인재종합 ▶1단계: 서류 100% (3배수) ▶2단계: 서류 70+면접 30%						
			모집인원	경쟁률	최초 합격 평균	최초 합격 최저	최종 합격 평균	최종 합격 최저	최종 평균 편차	추합 인원	모집인원	경쟁률	최초 합격 평균	최초 합격 최저	최종 합격 평균	최종 합격 최저	추합 인원
인문	역사콘텐츠	9	9	13.4	3.00	3.68	3.21	3.62		15	12	15.8	3.04	3.58	3.06	3.58	5
인문	지적재산권	7	7	7.29	3.22	3.34	3.21	3.34		3	9	5.11	3.48	4.01	3.37	4.01	1
SW	문헌정보학	8	8	11.5	2.67	2.97	2.73	3.05		5	10	10.4	2.76	3.24	3.02	3.52	10
SW	한일문화콘텐츠	7	7	21.4	3.35	3.95	3.32	3.89		6	9	18.9	3.07	3.84	3.72	5.37	8
	공간환경학	11	12	9.58	3.14	3.66	3.34	4.16		16	15	5.07	3.34	3.96	3.46	3.97	19
	행정학부	12	12	13.7	3.11	3.71	3.18	3.71		14	16	10.1	2.89	3.49	3.30	5.72	19
	가족복지학	8	8	11.5	3.12	3.83	3.59	4.74		6	11	9.45	2.98	3.49	3.17	3.44	8
	경제금융학	14	15	11.7	3.20	4.25	3.55	4.25		14	21	4.14	3.36	6.23	3.86	6.23	29
	경영학부	14	15	16.1	3.00	3.38	3.12	3.62		10	24	14.6	3.24	4.26	3.37	4.26	18
	글로벌경영학	14	15	13.8	3.36	3.86	3.48	3.91		17	21	16.8	3.36	4.99	3.44	4.83	15
사범	국어교육과	12	12	7.00	2.51	3.02	2.76	3.02		22	15	5.93	2.44	3.04	2.62	3.47	17
사범	영어교육과	12	12	6.83	2.77	3.79	2.82	3.60		8	15	5.93	2.58	3.16	2.85	3.47	21
사범	교육학과	8	8	19.9	2.50	2.94	2.86	3.14		15	9	17.3	3.39	5.62	3.19	5.09	9
사범	수학교육과	9	9	8.78	2.34	2.72	2.59	2.95		16	11	6.73	2.46	3.06	2.60	3.37	8
지능 데이터 융합	휴먼지능정보	15	15	7.33	3.32	3.74	3.64	4.44		24	22	5.77	3.29	3.97	3.32	3.77	16
지능 데이터 융합	핀테크전공	8	8	8.88	3.10	3.53	3.26	3.83		12	8	6.75	3.43	4.05	3.56	4.45	11
지능 데이터 융합	빅데이터융합																
지능 데이터 융합	스마트생산전공																
SW 융합	컴퓨터과학	14	15	12.3	2.97	3.48	3.26	3.85		20	22	9.05	3.14	3.68	3.32	3.68	29
SW 융합	전기공학전공	9	9	10.8	3.18	3.57	3.36	3.61		17	12	7.58	3.35	4.94	3.46	4.63	14
SW 융합	지능IOT융합	9	9	10.1	3.12	3.79	3.31	3.95		15	11	6.64	3.20	3.91	3.58	4.37	20
SW 융합	게임전공	9	9	18.7	3.01	3.44	3.32	4.06		8	11	12.50	3.26	3.65	3.38	3.68	4
생명 화공	생명공학전공	10	10	17.8	2.82	3.34	2.93	3.78		7	13	16.9	2.83	3.13	2.80	3.43	12
생명 화공	화학에너지공학	10	10	13.7	2.94	3.50	3.03	3.57		13	13	10.9	3.20	4.53	3.28	4.53	12
생명 화공	화공신소재	10	10	10.0	2.73	3.14	3.11	3.53		17	13	7.15	2.87	3.24	3.04	3.49	16
의식 의류	식품영양학	8	8	10.0	2.24	3.01	2.44	3.99		3	10	10.4	2.29	2.99	2.57	3.16	7
의식 의류	의류학전공	7	7	21.9	2.76	3.00	2.95	3.46		3	9	14.4	3.04	5.99	3.25	5.99	11
예체	애니메이션	7	7	22.9	3.25	3.76	3.18	4.41		14	11	19.6	2.28	3.13	2.51	3.24	17
무용	스포츠건강관리	8	8	25.5	3.10	3.57	3.41	3.86		7	10	14.6	2.96	3.61	3.57	4.02	14
미술	조형예술전공	8	8	11.6	2.93	3.68	3.09	3.78		6	10	10.6	3.05	4.30	3.45	4.59	7
미술	생활예술전공	4	4	16.0	2.86	3.47	3.21	3.55		7	4	13.5	3.21	4.61	3.00	3.97	4
총계		281	286	13.4	2.95	3.49	3.15	3.75		340	377	10.8	3.03	3.99	3.21	4.18	381

종합전형 평가내용
1. 인성 25% : 성실/공동체
2. 전공적합성 45%
　①학업역량 15%
　②전공적성 30%
3. 발전가능성 30%
　자기주도성/도전정신

상명대서울캠		2023 인원	2022 정시수능 (인/자) 표준점수 반영 2022 경쟁률 및 입결 (최종평균)								2021 정시수능 (인/자) 표준점수 반영 2021 경쟁률 및 입결 (최종평균)					
			모집인원	경쟁률	추가합격	충원율	표준 70%컷	백분위 70%컷	영어등급		모집인원	경쟁률	추가합격	충원율	표준 70%컷	백분위 70%컷
인문	역사콘텐츠전공	15	15	5.47	5	33.3	817.5	79.7	3.0		14	4.1	23	164.3	687.5	80.0
	지적재산권전공	10	10	5.30	1	10.0	817.5	77.7	3.0		9	4.1	10	111.1	692.7	86.3
	문헌정보학전공	12	12	5.75	5	41.7	825.5	78.3	4.0		15	3.9	20	133.3	685.5	72.3
	한일문화콘텐츠전공	11	11	4.36	11	100.0	814.5	76.7	4.0		11	5.9	10	90.9	688.5	80.7
	공간환경학부	21	20	4.75	15	75.0	830.5	75.7	3.0		20	4.9	12	60.0	689.7	80.3
	행정학부	26	27	5.44	27	100.0	818.5	76.3	3.0		26	4.7	39	150.0	690.5	81.7
	가족복지학과	12	12	5.67	6	50.0	810.5	75.0	3.0		12	4.3	6	50.0	690.2	84.7
	경제금융학부	31	30	3.83	17	56.7	827.0	78.3	3.0		31	3.8	45	145.2	692.0	86.0
	경영학부	38	38	4.34	23	60.5	837.0	80.0	3.0		38	4.6	54	142.1	694.0	85.0
	글로벌경영학과	30	29	4.31	13	44.8	825.0	78.7	3.0		28	3.9	27	96.4	693.2	85.3
	국가안보학과	15	15	3.00	3	20.0	576.8	62.7	4.0		10	3.7	3	30.0	541.6	77.3
	국어교육과	18	18	5.72	39	216.7	857.0	82.7	3.0		24	3.9	30	125.0	697.2	85.0
	영어교육과	18	18	6.44	20	111.1	842.5	77.3	3.0		20	6.1	45	225.0	696.5	80.0
	교육학과	12	13	6.08	25	192.3	840.0	81.3	3.0		15	6.9	37	246.7	695.2	83.0
자연	수학교육과	16	16	7.44	22	137.5	898.2	84.0	3.0		15	4.3	33	220.0	658.2	81.3
지능, 데이터	휴먼지능정보공학전공	31	31	5.19	10	32.3	868.1	78.3	3.0		32	4.0	50	156.3	694.8	79.0
	핀테크,빅데이터,스마트생산	20	20	4.45	7	35.0	855.9	75.0	3.0							
SW	컴퓨터과학전공	37	37	7.00	28	75.7	894.7	81.3	3.0		37	4.0	63	170.3	671.7	67.7
	전기공학전공	15	18	4.44	5	27.8	888.4	79.7	4.0		22	3.3	28	127.3	694.1	77.7
	지능IOT융합전공	13	16	4.50	12	75.0	872.8	81.3	3.0		13	4.1	12	92.3	698.7	80.0
	게임전공	15	15	5.53	9	60.0	862.9	78.0	3.0		14	5.6	17	121.4	693.2	75.7
생명화학	생명공학전공	18	18	6.11	28	155.6	865.8	76.3	3.0		19	4.6	43	226.3	696.8	77.3
	화학에너지공학전공	18	19	4.32	12	63.2	867.4	79.3	3.0		18	4.7	14	77.8	682.5	73.3
	화공신소재전공	18	19	5.00	12	63.2	871.9	80.3	3.0		25	4.1	37	148.0	692.3	79.0
외식의류	식품영양학전공	14	14	5.00	6	42.9	848.3	75.0	3.0		14	4.2	11	78.6	693.7	76.0
	의류학전공	10	10	6.00	9	90.0	849.6	75.3	3.0		10	4.4	13	130.0	693.5	87.3
SW	애니메이션전공	7	8	5.13	4	50.0										
미술	생활예술전공															
총계		501	484	5.21	374	74.8	837.8	77.86	3.2		469	4.47	682	132.7	684.15	80.08

상명대서울캠

■ 국수영탐1 반영비율
▶ 인문 35:25:20:20
▶ 공학 20:35:20:25

■ 영어등급 환산점수
▶ 인문자연 1~5등급
　100-98-96-94-90

2023 대학별 수시모집 요강	상명대천안	2023 대입 주요 특징	
		<영어> 정시: 등급 백분위 인: 탐1+국/수/영 택2	
		인/자: 100-98-96-94-90 ...자: 수탐1+국/영 택1	

| ▶내신반영 2022~2023 등급 기록된 전과목★
▶학년비율 없음
▶진로선택 3과목 반영★
A=100, B=96, C=90
A=1등급, B=3등급, C=5등급 | 1. 교과전형 2023 수능최저 인/자/간호 전년동일
2. 내신변경 3년차: 전과목→국영수사/국영수과 상승예측
　　　　　　　　　→2022 다시 전과목+진로 3과목 반영
3. 2023 상명인재 등 종합 자기소개서 폐지 지속
4. 전자공/소프트/스마트정통/그린화학공/정보보안공/
　시스템반도체/휴먼지능로봇 등 | 5. 글로벌지역학부 한국언어문화전공은 별도 모집단위 선발
　그 외 6개 전공은 글로벌지역학부 모집단위로 선발
　(일본어/중국어/영어/프랑스어/독일어/러시아권 지역학전공) | |

모집시기	전형명	사정모형	학생부종합 특별사항	2023 수시 접수기간 09. 13(화) ~ 17(토)	모집인원	학생부	논술	면접	서류	기타	2023 수능최저등급
2023 정원내 수시 876명 2022 수시 958명	학생부교과	일괄	학생부교과 등급 전과목 진로선택 점수환산 A=100점 B=96점 C=90점 최종 12.15(목)	1. 2023 전년대비 1명 증가 2. 2023 전년도 최저유지	381 2022 380	교과 100					인: 2개합 9 (탐1) 자: 2개합 9 (탐1) 간호: <u>수영탐1 중</u> 2개합 7 ★ *수과 무제한
	상명인재	1단계	학생부종합 자소서없음 최저없음 1단계 11.04(금) 면접 11.12(토) ~11.13(일) 최종 11.29(화)	1. 2023 전년대비 3명 증가 2. 지원 분야 목표 열정 자신의 역량 적극적 개발 미래인재 성장가능성 3. 학업역량 20% 전공적성 30% 자기주도성 실천 25% 성실성/공동체의식 25%	177 2022 174	서류 100 (3배수)					
		2단계				서류 70 + 면접 30					
	고른기회	일괄	학생부종합 자소서없음 최종 11.29(화)	국가보훈대상자 기초 및 차상위대상자 등	74	서류 100					없음 2023 기타전형생략 농어촌/특성화/특교 등

상명대천안 2022 입학결과 01 - 학생부교과

수능최저 없음		2023 모집인원	2022 학생부교과 (▶교과 100% ▶전과목 반영)		최초합격		최종합격		추합인원	2021 학생부교과 (▶교과 100% ▶인: 국영수사 자: 국영수과)		최초합격		최종합격		추합인원
			2022 모집인원	경쟁률	등급평균	환산평균	등급평균	환산평균		2021 모집인원	경쟁률	등급평균	환산평균	등급평균	환산평균	
인문	한국언어문화전공	11	11	6.82	3.51	951.0	4.20	924.0	25	16	5.7	3.54	946.0	3.86	932.6	33
	글로벌지역학부	85	85	9.05	3.86	940.0	4.29	922.7	157	88	3.45	3.57	944.8	4.61	889.5	143
	글로벌금융경영	28	28	9.46	3.46	950.5	3.91	937.9	51	33	4.97	3.32	951.7	3.98	931.1	88
	AR VR 미디어	10	10	5.80	2.56	970.2	3.76	932.9	18	10	8.60	2.43	971.4	2.72	965.2	13
	문화예술경영	8	8	8.13	2.60	969.0	3.05	959.2	13	11	7.0	2.78	964.2	3.22	953.8	22
자연	식물식품공학과	15	15	7.53	3.62	947.1	4.14	929.8	40	18	4.39	3.43	948.7	4.05	927.4	37
	그린스마트시티	15	15	7.27	3.83	942.1	4.24	922.4	29	18	4.83	3.81	938.1	4.35	917.1	28
	간호학과	26	26	9.27	2.55	970.9	2.77	966.2	31	28	9.29	2.45	970.9	2.80	963.8	74
	전자공학과	20	19	12.1	3.62	945.4	4.21	926.4	69	23	4.22	3.42	949.3	4.38	908.4	52
	소프트웨어학과	19	19	12.1	3.36	953.2	3.69	944.7	31	22	4.18	3.38	950.4	3.97	921.7	51
	스마트정보통신공	34	34	6.18	3.99	935.6	4.36	916.0	54	38	4.11	3.89	936.4	4.25	918.9	55
	경영공학과	14	14	6.29	3.93	936.1	4.47	913.5	33	16	5.00	3.72	940.7	4.23	924.2	33
	그린화학공학과	21	21	6.14	3.48	951.3	3.96	935.2	52	26	4.7	3.10	956.9	3.82	936.1	78
	건설시스템공학	14	14	5.93	4.15	931.4	4.61	907.1	33	16	7.75	3.90	934.7	4.34	917.5	34
	정보보안공학과	19	19	6.47	3.79	941.3	4.04	930.4	35	22	4.1	3.66	942.3	4.06	926.4	32
	시스템반도체공	21	21	6.48	3.88	938.6	4.34	919.1	45	25	3.60	3.83	937.9	4.27	915.7	44
	휴먼지능로봇공	21	21	6.05	4.04	935.6	4.40	916.8	41	25	4.52	3.85	936.8	4.23	920.1	45
		381	380	7.71	3.54	947.6	4.03	929.7	757	435	5.31	3.42	948.3	3.95	927.6	862

상명대천안 2022 입학결과 02 - 학생부종합

수능최저 없음 (1단계: 서류100% (3배수) 2단계: 면접 30%)		2023 모집인원	2022 상명인재		최초합격	최종합격	추합인원	2021 상명인재		최초합격	최종합격	추합인원
			2022 모집인원	경쟁률	등급평균	등급평균		2021 모집인원	경쟁률	등급평균	등급평균	
인문	한국언어문화전공	6	6	7.17	3.82	4.41	5	5	8.80	4.69	4.62	4
	글로벌지역학부	12	12	15.2	4.69	4.71	14	15	10.3	4.73	5.17	24
	글로벌금융경영	10	10	8.10	4.51	5.22	3	10	12.8	4.06	4.18	14
예체능	디자인학부	10	10	22.8	3.37	3.47	13	14	17.8	2.85	3.62	24
	AR VR 미디어디자	4	4	10.3	3.48	4.02	7	4	8.25	4.22	3.83	1
	영화영상 연출스텝	12	12	20.1	3.41	3.61	6	14	20.1	3.63	3.95	7
	연극전공 이론	4	4	8.00	3.38	3.38	0	3	7.33	2.99	4.05	3
	무대미술전공	4	4	9.00	3.58	3.58	0	4	7.00	3.05	3.68	5
	사진영상미디어	7	4	9.00	3.72	3.99	2	2	12.0	3.19	3.73	3
	디지털만화영상	4	4	12.8	2.45	2.84	3	4	15.3	2.57	2.78	2
	문화예술경영	7	7	13.3	3.94	3.79	5	4	33.0	3.31	3.59	3
	디지털콘텐츠	4	4	14.0	3.35	3.66	5	2	29.0	3.97	3.63	1
	스포츠융합학부	8	8	11.6	4.43	4.49	5	7	18.1	4.01	4.25	4
자연	식물식품공학과	6	6	9.17	4.63	5.15	6	8	13.3	4.04	4.42	10
	그린스마트시티	6	6	10.0	4.66	4.76	5	8	4.88	4.62	5.11	7
	간호학과	10	10	34.1	2.96	3.42	9	10	12.3	3.01	3.54	8
	전자공학과	7	7	6.00	4.19	4.50	10	8	4.75	4.32	4.03	6
	소프트웨어학과	7	7	20.7	4.63	4.51	12	8	13.0	4.20	5.12	11
	스마트정보통신	10	10	6.90	4.53	4.48	13	10	7.50	4.88	4.92	16
	경영공학과	6	6	4.83	4.46	4.60	2	8	3.50	4.49	4.65	5
	그린화학공학과	7	7	7.43	4.23	4.57	8	8	15.0	4.46	4.29	12
	건설시스템공	6	6	5.33	4.83	5.05	9	8	4.50	4.33	4.71	10
	정보보안공학과	7	7	7.86	4.60	4.33	12	8	7.00	4.50	4.81	5
	시스템반도체공	6	6	5.17	4.46	5.22	8	8	3.50	4.61	4.62	7
	휴먼지능로봇공	7	7	7.57	4.73	5.09	8	8	5.13	4.17	4.77	10
		177	174	11.5	4.04	4.27	170	188	11.8	3.96	4.24	202

인문: 탐1+국수영 택2 / 자연: 수탐1+국/영 택1		2023 모집인원	2022		최초합격		최종등록		충원인원	2021		최초합격		최종등록		
			모집인원	경쟁률	등급평균	백분위평균	등급평균	백분위평균		모집인원	경쟁률	등급평균	백분위평균	등급평균	백분위평균	
인문	한국언어문화전공	6	14	4.00	3.69	80.17	3.89	78.52	7	인문 탐1+ 국수영 택2		3.10	87.36	3.42	83.04	
	글로벌지역학부	12	52	4.87	3.38	81.68	3.56	80.68	23			3.06	85.99	3.42	82.68	
	글로벌금융경영	10	25	5.52	3.21	84.02	3.61	81.55	26			2.74	90.20	3.38	84.22	
예체능	디자인학부	10										3.45	82.04	3.60	80.60	실기
	AR VR 미디어디자	4	5	5.00	2.32	92.88	2.52	92.36	1			2.44	92.08	2.65	88.95	
	영화영상 연출스텝	12	6	4.33	2.53	90.53	2.57	90.30	1			2.53	90.90	2.91	86.97	
	연극전공 이론	4	4	3.25	3.10	86.10	3.15	84.90	1			3.45	85.55	3.47	83.00	
	무대미술전공	4										3.86	77.13	3.93	76.06	실기
	사진영상미디어	7	8	7.50	2.53	89.78	2.90	88.48	10			2.58	91.04	2.85	89.00	
	디지털만화영상	4										2.95	85.58	3.40	81.68	실기
	문화예술경영	7	7	4.00	2.74	89.77	2.94	87.63	5			2.83	90.31	3.20	86.09	
	디지털콘텐츠	4										2.13	94.57	2.30	93.40	
	스포츠융합학부	8										3.40	83.71	3.61	81.55	실기
자연	식물식품공학과	6	17	3.06	3.89	76.42	4.01	74.54	11	자연 수탐1 +국/영 택1		3.30	84.23	3.57	81.13	
	그린스마트시티	6	18	8.11	3.84	76.96	4.00	75.58	4			3.30	84.47	3.81	78.10	
	간호학과	10	21	3.71	3.09	87.82	3.04	87.41	6			2.46	92.14	2.59	91.60	
	전자공학과	7	21	3.71	3.66	80.21	3.77	78.37	12			3.20	86.03	4.11	75.73	
	소프트웨어학과	7	23	3.70	3.29	84.57	3.53	81.54	28			3.18	87.34	3.66	80.75	
	스마트정보통신	10	28	4.36	3.78	77.71	3.97	76.48	15			3.47	84.10	3.65	82.91	
	경영공학과	6	17	3.82	4.01	74.84	4.05	73.60	3			3.27	85.67	3.71	82.25	
	그린화학공학과	7	22	2.64	3.94	77.52	4.14	75.85	6			3.55	83.08	3.72	81.98	
	건설시스템공	6	16	3.00	3.74	77.88	3.99	75.59	10			3.78	80.49	4.06	76.08	
	정보보안공학과	7	20	3.30	3.69	79.70	3.71	78.22	15			3.23	85.34	3.70	80.96	
	시스템반도체공	6	23	3.30	3.74	79.45	3.93	76.90	12			3.65	83.67	3.72	82.58	
	휴먼지능로봇공	7	23	4.43	3.94	75.62	4.03	74.34	2			3.35	83.74	3.72	80.97	
		177	370	4.28	3.41	82.18	3.57	80.64	198			3.13	86.27	3.45	82.89	

2023 대입 수시 특징: 내신 등급반영 80%+성취비율반영10%+출봉10%
영어: 100-99-98-97-...국36.7%+수43.3%+탐20%

- ▶교과/논술: 국영수사과
- ▶학년 비율: 동일
- ▶진로ABC 성취비율 10%
- ▶단위수 적용합산
- ▶교과=학부, 종합=학과

1. 2023 고교장추천 교과100%, 172명, 최저있음, 계열모집
2. 2023 수능최저 강화: 3개 3등급 (탐1)→3개합 6 (탐1)
3. 2023 종합전형 통합단일화 유지, 자소서 폐지 유지
4. 2023 내신반영(교과/논술) 국영수사과 유지
5. 정시 유지: 나군 이동, 과탐 서로 다른 2과목 (Ⅰ,Ⅱ 구분없음)
6. 2023 신설학과: ①인공지능학과 (첨단학과) 28명
　②시스템반도체공학과(SK하이닉스 채용조건형 계약) 30명

7. 서강대 <다전공 제도> - 인문 90%, 사회 80%, 전체 약 50%
　3무정책: 계열제한 X, 학점제한 X, 정원제한 X, 자소서 언급팁
8. 계열적합성, 성장가능성, 내신절대값으로 학생을 평가할 수 없음
9. 종합전형 포인트: 학업역량, 성장가능성, 개인의 차별적 특성
10. 국표준 x 1.1(가중치)+수표준 x 1.3+(탐1변표+탐2변표) x 0.6
　+영어가산점+한국사 가산점 = 정시환산 총점. 史=1~4등급만점

모집시기	전형명	사정모형	학생부종합 특별사항	2023 수시 접수기간 09.13(화) ~ 16(금)	모집인원	학생부	논술	면접	서류	기타	2023 수능최저등급
2023 수시 정원내 1,030명 (62.6%) 정시 정원내 555명 (37.4%) 전체 정원내 1,585명 2022 수시 정원내 988명 (58.7%) 정시 696명 (41.3%) 전체 1,684명	고교장추천	일괄	학교장추천 고교당 10명 재학생 한정 고교별 추천 명단 검증 09.19(월)~09.23(금) 최종 12.15(목)	1. 학교장추천, 고교당 10명 2. 재학생만 추천가능★★ 3. 계열모집, 교과90+비교과10 4. 인문계14 영미문화계10 유럽문화6 중국문화4 등 5. 신설 인공지능(첨단학) 3명 6. 신설 시스템반도체SK 3명	178 인105 자 73 2022 172 인106 자 66	교과 90 + 출결봉사 10					<2022 경쟁률> 인 최초 10.6 인 최종 2.04 자 최초 17.7 자 최종 3.31 융 최초 9.07 융 최종 1.72 → 3개합 6등급 (탐1) 국수탐 과목 무제한 ※ 2022 수능최저 참고 3개 3등급 (탐1)+史4 선택과목 구분없음 20210610 최저완화
	종합일반	일괄	학생부종합 최저없음 자소서 없음 최종 12.15(목) 학업역량 50% 공동체역량 20% 성장가능성 30%	1. 2023 전년대비 25명 증가 2022 전년대비 208명 감소 2. 학업능력+교내활동 정성 3. 신설 인공지능(첨단학) 12명 4. 신설 시스템반도체SK 14명 5. 서강 2023 종합평가요소★ ①학업역량: 학업성취도/탐구능력/융합능력/창의문제해결 ②공동체역량: 리더십/소통협업능력/규칙준수/나눔배려 ③성장가능성: 자기주도성/교과이수/성취도/경험/개방성/목표 지속성	574 인335 자239 2022 549 인340 자209				서류 100 <2022 경쟁률> 인 최초 13.4 인 최종 5.80 자 최초 17.1 자 최종 5.41 융 최초 15.4 융 최종 7.11	<2023 인문 335명> 국문10 사학10 철학10 종교학8 영미문화(영미/미국)30 유럽문화21 중국15 사회학11 정외11 심리11 경제57 경영93 신방12 미디엔터12 글로한국12 아트&테크놀로지12 <2023 자연 213명> 수학18 물리16 화학23 생명23 전자공35 컴공36 화공생명34 기계공28	최저없음
	논술전형	일괄	논술전형 100분 국영수사과 논자 11.19(토) 논인 11.20(일) 최종 12.15(목)	1. 비교과 10% 출결/봉사 2. 인문: 통합, 자연: 수리 논제 3. 글짓기 아닌 정답을 쓸것 4. 100분간 두문항 답안 훈련 5. 문제1-40%, 문제2-60% 6. 2022 논술 경쟁률★ 인문 최초 85.4, 실질 24.1 자연 최초133.3, 실질 40.3	175 인111 자 58 2022 169 인111 자 58	교과 10 출결봉사 10	논술 80			<2022 자연논술 핵심> 1. 문제해석 중요 2. 핵심키워드 파악 3. 제시간 관계 파악 4. 수리논술 부분점수 ① 독립적 소문항 출제 ② 증명/설명과정중시 ③ 부분점수/과정중시	3개합 6등급 (탐1) 국수탐 과목 무제한 ※ 2022 수능최저 참고 3개 3등급 (탐1)+史4 선택과목 구분없음 20210610 최저완화
	고른기회	일괄	학생부종합 최저없음 최종 12.15(목)	2023 전년대비 5명 증가 1. 국가보훈 2. 농어촌/특성화 3. 기초 차상위 4. 장애인자녀	77 2022 72				서류 100%	▶고른기회 2021 ADIGA *내신50%-내신70% 인문1.7-3.6 영미2.0-2.2 사과3.1-3.1 경제1.7-2.3 경영2.0-2.2 지식1.7-2.0 컴공2.1-4.6 화공1.7-1.7	
	사회통합	일괄	학생부종합 최저없음 최종 12.15(목)	1. 다문화가정자녀 2. 가톨릭지도자 추천★ 3. 북한이탈자녀	26 2022 42				서류 100%	▶사회통합 2021 ADIGA *내신50%-내신70% 인문1.9-2.1 경제1.7-1.8 경영1.9-1.6	

※ 서강 3개년 종합유형
- ▶학과모집 중심
  - 2021 종합 1차
  - 2020 종합형
  - 2019 자기주도
- ▶계열모집 중심
  - ★수능최저적용
  - ★수능이후 자소서
  - 2021 종합 2차
  - 2020 학업형
  - 2019 일반형

▶2021 1차 종합형 경쟁률★

	최초경쟁	실질경쟁 (충원포함)
인문	10.93	4.06
인자	14.70	6.94
자연	15.95	4.14

▶2021 2차 종합형 경쟁률★

	최초경쟁	서류제출	실질경쟁 (충원포함)
인문	12.47	8.97	2.79
인자	19.40	14.4	4.91
자연	14.73	11.86	3.93

▶2020 종합전형전체 고교유형
일반고 지원 54.6, 등록 51.2
자율고 지원 21.7, 등록 21.2
특목고 지원 18.2, 등록 25.5
▶2019 자기주도형 고교유형
일반고 지원 48.1, 등록 41.0
자율고 지원 18.7, 등록 24.2
특목고 지원 29.4, 등록 34.3
▶2019 일반형 고교유형
일반고 지원 65.8, 등록 61.8
자율고 지원 21.7, 등록 27.8
특목고 지원 12.4, 등록 10.5

※ 2020 서강대 설명회 참고
1. 수상 횟수 및 실적 적어도 합격가능, 본인역할과정중시
2. 학종은 비교과전형이 아님
3. 종합 정성평가 및 연계평가 한 항목에만 비중두지 않음
4. 학생부 점검요소★
① 동아리명칭 ④ 수상명칭
② 도서목록 ⑤ 선택교과
③ 진로
5. 교과성적 점검요소★
①주요교과 성취, 심화과목
②표준편차, 수강인원, 세특

서강대학교 대입결과분석 01 - 2022 교과 고교장추천

2022. 06. 02. ollim

▶2023 교과 수능최저 3개합 6등급 (탐1) 국수탐 과목 무제한		2023 고교장추천 교과	2023 종합전형공통	▶2022 교과 90+출결봉사 10 ▶2022 3개 3등급 (탐1)+史4 2022 고교장추천								어디가 (ADIGA) 2022 환산		어디가 (ADIGA) 2022 교과		어디가 (ADIGA) 2021 종합	
				모집 인원	지원 총원	최초 경쟁률	최저 충족	충원 인원	충원율	모집 충원	최저충족/ 모집+충원	환산 50%	환산 70%	내신 50%	내신 70%	내신 50%	내신 70%
인문계	국어국문학	14	10	14	138	9.86	105	37	264.3%	51	2.06	826.2	818.5	1.53	1.65	1.70	3.10
	사학전공		10													2.10	2.70
	철학전공		10													3.30	3.60
	종교학전공		8													4.00	4.10
영미문화	영미어문 미국문화	10	30	10	85	8.50	56	30	300.0%	40	1.40	813.0	799.3	1.61	1.78	1.90	2.50
유럽문화	유럽문화	6	21	6	57	9.50	37	11	183.3%	17	2.18	793.8	782.7	1.85	1.87	3.40	4.10
중국문화	중국문화	4	15	4	56	14.0	33	4	100.0%	8	4.13	811.0	795.1	1.71	1.91	3.60	3.70
사회과학	사회학	11	11	11	148	13.5	119	45	409.1%	56	2.13	839.9	837.4	1.42	1.49	3.10	3.40
	정치외교		11													2.70	3.40
	심리학		11													1.60	1.90
경제학부	경제학	18	57	18	166	9.22	131	52	288.9%	70	1.87	838.4	824.1	1.44	1.52	1.90	2.30
경영학부	경영학	28	93	28	317	11.3	256	91	325.0%	119	2.15	850.7	846.8	1.29	1.38	2.50	2.80
인문 소계		91	287	91	967	10.8	737	270	267.2%	361	2.27	824.8	814.8	1.55	1.66	2.65	3.13

서강대학교 대입결과분석 02 - 2022 교과 고교장추천

2022. 06. 02. ollim

▶2023 교과 수능최저 3개합 6등급 (탐1) 국수탐 과목 무제한		2023 고교장추천 교과	2023 종합전형공통	▶2022 교과 90+출결봉사 10 ▶2022 3개 3등급 (탐1)+史4 2022 고교장추천								어디가 (ADIGA) 2022 환산		어디가 (ADIGA) 2022 교과		어디가 (ADIGA) 2021 종합	
				모집 인원	지원 총원	최초 경쟁률	최저 충족	충원 인원	충원율	모집 충원	최저충족/ 모집+충원	환산 50%	환산 70%	내신 50%	내신 70%	내신 50%	내신 70%
지식융합 미디어 (인/자)	신문방송학	14	12	15	136	9.07	98	42	280.0%	57	1.72	829.5	820.2	1.46	1.52	1.40	1.50
	미디&엔터		12													1.60	1.70
	글로벌한국		12													3.20	3.40
	아트&테크		12													1.80	2.20
인문/자연 소계		14	48	15	136	9.07	98	42	280.0%	57	1.72	829.5	820.2	1.46	1.52	2.00	2.20

자연과학	수학	6	18	6	80	13.3	56	16	266.7%	22	2.55	823.3	821.5	1.53	1.55	2.60	4.50
	물리학	6	16	6	88	14.7	69	17	283.3%	23	3.00	822.0	815.9	1.62	1.66	2.90	4.50
	화학	6	23	6	99	16.5	63	12	200.0%	18	3.50	834.9	824.5	1.43	1.59	3.20	3.70
	생명과학	6	23	6	100	16.7	68	23	383.3%	29	2.34	824.1	820.7	1.55	1.63	1.80	2.20
공학부	전자공학	11	35	11	214	19.5	145	35	318.2%	46	3.15	836.2	834.8	1.49	1.52	2.30	4.70
	컴퓨터공학	11	36	11	202	18.4	149	25	227.3%	36	4.14	832.9	827.1	1.50	1.56	3.90	5.00
	화공생명공	11	34	11	260	23.6	187	37	336.4%	48	3.90	847.6	839.1	1.39	1.40	2.10	2.60
	기계공학	10	28	9	130	14.4	96	21	233.3%	30	3.20	829.4	827.4	1.51	1.57	2.10	2.80
자연 소계		67	213	66	1173	17.1	833	186	281.1%	252	3.22	831.3	826.4	1.50	1.56	2.61	3.75

서강대 2023 종합전형 평가요소
▶학업역량: 학업성취도, 탐구능력 융합능력, 창의적 문제해결력
▶공동체역량: 리더십, 소통 협업능력, 규칙준수, 나눔배려
▶성장가능성: 자기주도성, 교과이수 성취도, 경험 개방성, 목표 지속성

▶서류 100% 일괄전형
▶수능최저 없음, 국영수사과★

		2023 고교장 추천 교과	2023 종합 전형 공통	모집 인원	최초 경쟁률	충원 인원	충원율	충원고려 실질경쟁	내신 50%	내신 70%		내신 50%	내신 70%	
				2022 종합전형					서강대학교 발표 어디가(ADIGA) 2022 종합형			서강대학교 발표 어디가(ADIGA) 2021 종합형		
인문계	국어국문학	14	10	10	12.3	12	120.0%	5.59	3.25	3.76		1.70	3.10	
	사학전공		10	10	13.8	11	110.0%	6.57	3.20	3.26		2.10	2.70	
	철학전공		10	10	11.8	7	70.0%	6.94	3.88	4.39		3.30	3.60	
	종교학전공		8	8	11.8	5	62.5%	7.23	2.58	4.00		4.00	4.10	
영미문화계	영미어문 미국문화	10	30	29	10.9	50	172.4%	3.99	2.21	2.56		1.90	2.50	
유럽문화	유럽문화	6	21	25	14.3	36	144.0%	5.85	3.29	3.62		3.40	4.10	
중국문화	중국문화	4	15	16	10.4	19	118.8%	4.77	3.38	3.56		3.60	3.70	
사회과학부	사회학	11	11	11	23.6	17	154.5%	9.29	1.53	1.71		3.10	3.40	
	정치외교학		11	11	19.8	21	190.9%	6.81	2.71	2.82		2.70	3.40	
	심리학		11	11	13.8	16	145.5%	5.63	1.67	1.81		1.60	1.90	
경제학부	경제학	18	57	56	8.00	83	148.2%	3.22	2.20	3.21		1.90	2.30	
경영학부	경영학	28	93	95	10.0	162	170.5%	3.70	2.13	3.09		2.50	2.80	
인문 소계		91	287	292	13.4	439	133.9%	5.80	2.67	3.15		2.65	3.13	

서강대 2023 종합전형 평가요소
▶학업역량: 학업성취도, 탐구능력 융합능력, 창의적 문제해결력
▶공동체역량: 리더십, 소통 협업능력, 규칙준수, 나눔배려
▶성장가능성: 자기주도성, 교과이수 성취도, 경험 개방성, 목표 지속성

▶서류 100% 일괄전형
▶수능최저 없음, 국영수사과★

		2023 고교장 추천 교과	2023 종합 전형 공통	모집 인원	최초 경쟁률	충원 인원	충원율	충원고려 실질경쟁	내신 50%	내신 70%		내신 50%	내신 70%	
				2022 종합전형					서강대학교 발표 어디가(ADIGA) 2022 종합형			서강대학교 발표 어디가(ADIGA) 2021 종합형		
지식융합 미디어학부 (인문/자연)	신문방송학	14	12	12	12.1	12	100.0%	6.04	1.60	1.73		1.40	1.50	2.18
	미디어&엔터테인		12	12	14.4	22	183.3%	5.09	1.54	1.75		1.60	1.70	2.62
	글로벌한국학		12	12	13.6	13	108.3%	6.52	2.54	2.96		3.20	3.40	2.80
	아트&테크놀로지		12	12	21.6	12	100.0%	10.8	2.48	3.13		1.80	2.20	3.19
인문/자연 소계		14	48	48	15.4	59	122.9%	7.11	2.04	2.39		2.00	2.20	2.70

		2023 고교장 추천 교과	2023 종합 전형 공통	모집 인원	최초 경쟁률	충원 인원	충원율	충원고려 실질경쟁	내신 50%	내신 70%		내신 50%	내신 70%	
자연과학부	수학	6	18	17	13.4	38	223.5%	4.13	1.88	2.17		2.60	4.50	3.24
	물리학	6	16	16	12.5	32	200.0%	4.17	1.90	1.92		2.90	4.50	3.20
	화학	6	23	23	16.4	39	169.6%	6.06	2.07	2.60		3.20	3.70	3.14
	생명과학	6	23	22	23.5	43	195.5%	7.94	1.83	2.07		1.80	2.20	3.24
공학부	전자공학	11	35	35	15.7	81	231.4%	4.73	1.87	2.13		2.30	4.70	2.88
	컴퓨터공학	11	36	34	19.1	83	244.1%	5.54	2.06	2.52		3.90	5.00	3.53
	화공생명공학	11	34	34	22.2	85	250.0%	6.34	1.78	2.33		2.10	2.60	2.76
	기계공학	10	28	28	13.8	60	214.3%	4.40	2.54	3.21		2.10	2.80	3.40
자연 소계		67	213	209	17.1	461	216.0%	5.41	1.99	2.37		2.61	3.75	3.17

서경대학교

2023 대입 주요 특징

정시: 백분위 인문 40:10:25:25

인/자: 100-90-80-70-50 ... 자연 10:40:25:25

▶ 교과성적우수자 2023
인: 국영수사+史
　가중치 30:25:10:20:15
자: 국영수과+史
　가중치 10:25:30:20:15
▶ 논술: 국영수+史/사/과
　3개씩 총 12개
▶ 졸업생도 5학기만 반영

1. 교과전형 트윈교과, 최저유무→교과성적우수자로 단일화
2. 2023 SKU논술우수자 신설: 논술 40%+교과 60%
2. 지난해 2022 일반학생 (교과100%, 최저있음)
　수능최저: ①2개합 6 (탐1)　②한국사 탐구대체 가능
3. 지난해 2022 교과성적우수자 (교과100%, 최저없음)
　수능최저 포함된 교과 100% 전형의 명칭이 변경됨
4. 일반학생1은 교과전형, 일반학생2는 실기전형 유지
5. 농어촌, 특성화고,특성화졸, 실기, 자격증소지자전형 등 생략

모집시기	전형명	사정모형	학생부종합 특별사항	2023 수시 접수기간 09. 13(화) ~ 17(토)	모집인원	학생부	논술	면접	서류	기타	2023 수능최저등급
2023 정원내 수시 575명 정시 정원내 325명 정원내 전체 900명 2022 수시 일반 696명 (77.3%) 정시 204명 (22.7%) 전체 900명	교과성적우수자	일괄	학생부교과 최종 12.15(목) 인: 국영수사 +史 가중치 30:25:10:20:15 자: 국영수과 +史 가중치 10:25:30:20:15	1. 지난해 투트랙교과 참고★ ①2022 교과성적우수 219명 ②수능최저 없음 ③내신반영: 2023과 동일 2. 수능최저 기준 전년비교★ ①2022 일반학생 235명 ②최저: 2개합6 (탐1), 史대체 ③내신: 국영수+史사과 12개	231 2022 235	교과 100					2023 내신반영 ▶ 인: 국영수사+史 가중치 30:25:10:20:15 ▶ 자: 국영수과+史 가중치 10:25:30:20:15 → 2개합 6 (탐1) 한국사 탐구대체
	SKU 논술우수자 일반학생① (신설)	일괄	논술전형 논술 10.30(일) 최종 11.24(목) 국영수+史사과 3개씩 총 12개	1. 2023 논술전형 신설, 80분 2. 계열구분없이 공통문제진행 3. 국어 90점+수학 60점=150 기본점수 250점, 총 400점 4. 국어 3~4지문 9문항 내외 수학 수학Ⅰ, 수학Ⅱ 6문항 5. 노트형식의 답안지 작성	220	교과 60 + 논술 40					최저 없음
	군사학과	일괄	학생부교과 면접 10.1(토) ~10.3(월) 최종 11.24(목)	군사학과 면접점수 (40:40:20) 1.발표표현국가관리더십희생 2.태도예절품성환경지원동기 3.외모신체인성잠재종합	35 2022 40	교과 60 면접 20 체력 20					최저 없음
	사회기여자	일괄	학생부교과 최종 11.24(목)	1. 유공자녀손 고엽제 5.18 2. 특수임무수행 등 3. 군인경찰소방교정 15년	14 2022 16	교과 100					최저 없음
	어학특기자	일괄	어학 100% 영어/일어/중어 최종 12.15(목)	국제비지니스어학부 총 6명 1. 영어: IBT 87, 토익800 2. 일어: JPT 700 JLPT N2 3. 중어: HSK5급 180점 이상	영2 일2 중2	어학 100					국영 각 5등급 *2022 : 국영합 10등급

<2023 교과성적우수자 단과대별 학과 참고>
▶ **인문과학** 글로벌비지니스어학 광고홍보콘텐츠
▶ **사회과학** 공공인재 경영학부 경찰행정 아동학부
　　　　군사학과
▶ **이공대학** 소프트웨어 금융정보공학 나노화학생명공학
　　　　전자공학과 컴퓨터공학과 물류시스템공학
　　　　도시공학과 토목건축공학
▶ **미용예술** 헤어디자인 뷰티테라피&메이크업
　　　　메이크업디자인 등

2022 일반학생 / 2021 교과성적우수자

수능최저 있음

2개합 6등급 (탐구1)
한국사 탐구대체 가능

2022 일반학생: ▶교과 100% ▶최저: 2개합 6등급 (탐구1) ▶국영수+史/사/과 3개씩 총 12개 반영

2021 교과성적우수자: ▶교과 100% ▶최저: 2개합 6등급 (탐구1) ▶국영수사과 중 상위 3개 전체

		2023 교과 최저 있음	모집 인원	경쟁률	교과 등급 평균	교과 등급 최저	환산 점수 평균	환산 점수 최저	추합 인원	모집 인원	경쟁률	교과 등급 평균	교과 등급 최저	환산 점수 평균	환산 점수 최저	추합 인원
인문 과학	글로벌비즈어학	20	21	18.3	2.17	2.45	988.4	985.5	21	22	5.10	2.8	3.0	965.0	959.5	23
	광고홍보콘텐츠	11	12	30.8	1.78	2.07	992.3	989.3	15	11	5.50	2.4	3.0	972.5	961.0	13
사회 과학	공공인재전공	11	12	18.3	2.05	2.35	989.6	986.5	9	11	5.90	2.6	2.9	967.3	962.1	13
	경찰행정전공	5	6	40.5	1.54	1.73	994.6	992.7	7	5	11.2	2.4	2.6	971.4	967.2	7
	경영학부	26	27	22.9	2.03	2.31	989.8	986.9	38	25	6.00	2.6	2.9	967.2	961.8	35
	아동학과	14	15	16.5	2.25	2.49	987.6	985.1	15	13	5.70	2.9	3.2	962.8	957.0	23
이공	소프트웨어학과	35	24	14.4	2.2	2.45	988.0	985.6	16	22	5.50	3.0	3.4	959.4	952.0	25
	금융정보공학과	11	12	13.1	2.35	2.5	986.5	985.0	13	11	4.20	3.0	3.7	959.1	946.3	7
	나노화학생명공	11	12	18.7	1.94	2.15	990.6	988.5	15	11	9.60	2.6	2.8	968.5	963.7	13
	전자공학과	[35]	24	11.8	2.34	2.56	986.7	984.5	25	22	5.30	3.0	3.4	961.0	952.3	33
	컴퓨터공학과	[35]	24	15.0	2.12	2.36	988.8	986.4	30	22	5.90	3.0	3.4	959.8	952.5	26
	물류시스템공학	11	12	11.2	2.39	2.63	986.1	983.7	11	11	4.50	3.4	3.6	953.0	947.8	8
	도시공학과	11	12	10.8	2.47	2.7	985.3	983.0	18	11	4.50	3.1	3.6	957.4	948.9	10
	토목건축공학과	11	12	12.2	2.48	2.74	985.3	982.6	12	11	5.70	3.2	3.5	955.8	949.4	6
미용	헤어디자인학과		4	15.8	2.28	2.52	987.3	984.9	2	2	12.0	1.2	1.5	995.2	990.5	0
	뷰티테라피메이컵	8	6	22.3	1.76	2.25	992.4	987.5	2	4	9.50	2.0	2.5	979.8	970.5	0
		185	235	18.3	2.13	2.39	988.7	986.1	16	214	6.63	2.7	3.1	966.0	958.9	15

2022 교과성적우수자

수능최저 없음

인: 국영수사+史 가중치
30:25:10:20:15
자: 국영수과+史 가중치
10:25:30:20:15

▶교과 100% ▶수능최저 없음
▶인: 국영수사+史 가중치 30:25:10:20:15

▶교과 100% ▶수능최저 없음
▶자: 국영수과+史 가중치 10:25:30:20:15

		2023 교과 최저 있음	모집 인원	경쟁률	교과 등급 평균	교과 등급 최저	환산 점수 평균	환산 점수 최저	추합 인원	모집 인원	경쟁률	교과 등급 평균	교과 등급 최저	환산 점수 평균	환산 점수 최저	추합 인원
인문 과학	글로벌비즈어학	21	20	5.90	3.2	4.23	978.0	967.8	30							
	광고홍보콘텐츠	12	11	10.0	2.79	3.67	982.1	973.4	23							
사회 과학	공공인재전공	12	11	5.81	3.26	3.93	977.4	970.7	11							
	경찰행정전공	6	5	10.4	2.34	2.64	986.6	983.7	8							
	경영학부	27	26	6.15	3.02	3.78	979.9	972.2	39							
	아동학과	15	14	5.78	3.19	4.13	978.1	968.7	20							
이공	소프트웨어학과	36	23	5.39	3.06	3.52	979.5	974.9	28							
	금융정보공학과	12	11	5.09	3.22	3.53	977.9	974.8	14							
	나노화학생명공	12	11	5.00	2.68	3.84	983.2	971.7	23							
	전자공학과	[35]	23	4.95	3.12	3.79	978.8	972.1	36							
	컴퓨터공학과	[35]	23	5.47	3.01	3.51	979.9	975.0	38							
	물류시스템공학	12	11	5.36	3.08	3.41	979.3	975.9	15							
	도시공학과	12	11	5.00	3.23	3.72	977.7	972.9	10							
	토목건축공학과	12	11	6.09	3.2	3.66	978.0	973.4	14							
미용	헤어디자인학과		3	15.7	3.18	3.79	978.2	972.1	2							
	뷰티테라피메이컵	7	5	12.8	3.04	3.58	979.7	974.3	3							
		196	219	7.18	3.04	3.67	979.7	973.3	20							

인문자연 영어반영 100-90-80-70-50 ...		2023	▶서경대 수능점수 백분위합 ▶인문자연 영어반영: 100-90-80-70-50 ... ▶인문: 국수영탐1 40:10:25:25 ▶자연: 국수영탐1 10:40:25:25								
		모집 인원	모집 인원	경쟁률	국수탐 백분위합			영어 환산	국수탐1 백분위합	국수영탐 환산최고점	국수영탐 환산70%컷	추가 합격자	충원율
					국어	수학	탐구1						
인문 과학	글로벌비즈어학	32	33	6.12	76.0	42.0	71.5	3.0	65.2	846.80	766.00	19	57.6
	광고홍보콘텐츠	16	19	6.00	82.0	38.0	77.0	3.0	66.8	827.30	790.80	13	68.4
사회 과학	공공인재전공	16	21	5.24	78.0	41.0	73.5	3.0	65.7	812.80	766.80	21	100.0
	경찰행정전공	8	12	4.58	73.0	45.0	74.0	3.0	66.8	859.50	758.80	21	175.0
	경영학부	36	47	5.74	80.0	41.0	74.0	3.0	67.5	829.80	783.00	32	68.1
	아동학과	20	24	5.13	73.0	47.0	71.5	3.0	65.7	835.80	754.00	10	41.7
	군사학 남자	[15]	8	3.63	55.0	38.0	59.5	4.0	58.7	428.80	389.00	5	62.5
	군사학 여자	[15]											
이공	소프트웨어학과	48	42	5.90	45.0	74.0	66.5	4.0	65.0	813.50	738.50	25	59.5
	금융정보공학과	16	22	4.09	51.0	74.0	74.5	3.0	66.7	833.00	759.30	14	63.6
	나노화학생명공	16	25	8.52	53.0	74.0	59.5	3.0	65.0	830.30	737.80	24	96.0
	전자공학과	[48]	49	5.00	47.0	77.0	67.5	4.0	66.0	823.30	746.30	24	49.0
	컴퓨터공학과	[48]	42	4.98	44.0	80.0	67.0	3.0	67.8	823.30	771.30	41	97.6
	물류시스템공학	16	20	4.00	51.0	67.0	70.0	3.0	64.3	766.30	722.80	11	55.0
	도시공학과	16	26	5.00	53.0	64.0	66.0	3.0	65.0	770.00	724.50	14	53.8
	토목건축공학과	16	18	5.06	49.0	67.0	63.0	4.0	63.2	789.50	717.50	14	77.8
계		319	408	5.27	60.7	57.9	69.0	3.3	65.3	792.7	728.4	288	75.0
미용 예술	헤어디자인학과	0	12	4.75	75.5	75.5	34.0	4.0	56.7	829.00	761.00	4	33.3
	뷰티테라피메이컵	6	6	6.00	82.5	82.5	71.0	3.0	56.7	851.00	797.00	1	16.7
	메이크업디자인	0	10	6.60	49.0	49.0	38.0	4.0	42.2	298.60	235.20		

▶ 인: 국영수사 자: 국영수과
▶ 학년비율 100%
▶ 모든전형 중복지원 허용
▶ 진로선택 3과목 가산점★
▶ 등급점수 A=5, B=3, C=1

*2021 교과/종합 중복지원 불가
논술만 추가 지원가능*

1. 2023 교과 고교추천, 고교당 10명 추천, 15명 감소
2. 2023 고교추천 수능최저 완화: 2개합 6(탐2)→2개합 7(탐1)
   수능 충족률 변화 예상 2021~22 67%→2023 86%
3. 2023 학교생활우수 종합 2023 7명 감소, 자기소개서 폐지
4. 종합: ①인성 ②전공적합성 ③자기주도성 ④발전가능성
5. 특성화고 교과전형 지원 및 합격 다수
6. 특성화고 교과전형 지원 및 합격 다수
7. 2021 교과전형 기계시스템+자동차공학 미등록자 총 23명
8. 건설, 건축, 문예창작 등 매니아층 지원
9. 2023 군위탁 미래융합대학 6개학과 신설 <면접 11.27(일)>

▶ 2022 첨단학과 신설
1. 인공지능응용학과 60명: 교과13, 종합30, 정시17
2. 지능형반도체공학과 30명: 교과7, 종합15, 정시8
3. 미래에너지융합학과 30명: 교과7, 종합15, 정시8

▶ 2022 내신반영 진로선택과목 자연계 가산점 산출
기하 물리학II, 화학II, 생명과학II, 지구과학II 중 2개 필수
이수해야 함. 진로선택 반영과목에 2개를 우선 적용함.

모집시기	전형명	사정모형	학생부종합 특별사항	2023 수시 접수기간 09. 13(화) ~ 17(토)	모집인원	학생부	논술	면접	서류	기타	2023 수능최저
2023 수시 1,479명 (62.2%) 정시 899명 (378%) 전체 2,378명 2022 수시 1,503명 (63%) 정시 881명 (37%) 전체 2,384명	고교추천	일괄	학생부교과 학교장추천서 고교별 10명 최저 있음 학교장추천서 09.19(월) ~09.23(금) 최종 12.15(목)	1. 2023 전년대비 17명 감소 2. 고교별 추천인원 최대 10명 3. 2023 수능최저 완화 4. 2021 입결최종 평균~70% ▶ 인문 2.56~2.53등급 ▶ 자연 2.26~2.39등급 5. 3개년 수능최저충족률 ▶2021 인 71.2%, 자 67.3% ▶2020 인 69.1%, 자 69.7% ▶2019 인 68.0%, 자 64.2%	416 2022 433	교과 100					인: 2개합 7 (탐1) 자: 2개합 7 (과1) *자연 미/기+과탐* ※ 2022 최저참고 인/자: 2개합6(탐2) 자연 미/기+과탐
	학교생활 우수자	1단계	학생부종합 자소서 폐지 1단계 11.18(금) 면접 11.26(토) 최종 12.15(목)	1. 2023 전년대비 7명 감소 2. 인성 및 의사소통능력 논리적 사고력, 전공적합성 발전가능성을 종합평가 3. ①학업역량 28% ②전공적합성 32% ③발전가능성 25% ④인성 15%	336 2022 343	서류 100 (3배수)					<서울과기대 외국대학과 복수취득과정> 1.기술경영융합대학 (영/미 학위프로그램) 1) 산업공학과 2) MSDE (생산시스템설계공) 3) ITM (정보기술경영) 4) 글로벌경영 5) 글로벌테크노경영 2. 컴퓨터공학과 3. 시각디자인/조형예술전공
		2단계				서류 70 면접 30					
	첨단인재	1단계	학생부종합 자소서 폐지 1단계 11.18(금) 면접 11.26(토) 최종 12.15(목)	1. 2023 첨단인재종합 2년차 2. 인공지능응용학과 30명 3. 지능형반도체공학과 15명 4. 미래에너지융합학과 15명	60 2022 60	서류 100 (3배수)					<3개년 2019~2021 컴퓨터공학과 10명> ▶ 경쟁률 11.8→16.2→14.2 ▶ 내신평균 3.53→3.05→2.85등급 ▶ 추합인원 2021 3명
		2단계				서류 70 면접 30					
	논술전형	일괄	논술 100분 최저없음 논술 11.21(월) ~11.22(화) 최종 12.15(목)	1. 2023 전년대비 27명 감소 2. 자연 수학논술 100분 3. 대문항 3개, 대문항 문항당 소문항 2~5개 내외 포함	자연 190 2022 217	교과 30 논술 70					※ 2023 기타전형 생략 농어촌/평생학습자/특성화고졸/실기 등
	기회균형	1단계	학생부종합 1단계 11.18(금) 면접 11.27(일) 최종 12.15(목)	1. 2023 전년대비 29명 증가 2. 수급자 차상위 한부모 등 3. 인성 및 전공적합성 자기주도성 발전가능성	85 2022 56	서류 100 (3배수)					<2021 기회균형 입결평균> 산업시스3.41 기계시스3.05 기계자동3.41 안전공학3.91 신소재공3.00 건설시스2.82 건축공학4.12 전기정보3.98 전자IT미디어3.42 건축4.24 컴퓨터공3.52 화공생명3.06 식품공학2.87 환경공학2.97 환경정책4.66
		2단계				서류 70 면접 30					
	국가보훈대상자	1단계	학생부종합 1단계 11.18(금) 면접 11.27(일) 최종 12.15(목)	1. 2023 전년대비 8명 감소 2. 국가보훈대상별 지원대상 인성 및 전공적합성 자기주도성 발전가능성	19 2022 27	서류 100 (3배수)					<2021 보훈대상자 입결평균> 기계시스템3.95 기계자동차4.72 건축공학4.50 전자IT미디어3.98
		2단계				서류 70 면접 30					

서울과기대 2022 입결분석 01 - 수시 교과우수자

2022. 06. 22. ollim

고교추천 (최저 있음) / **교과우수자 (최저 있음)**

▶ 내신: 국영수사/국영수과
▶ 학년비율: 동일비율
▶ 교과우수자 수능최저
　2017~2020 수능최저 동일
　인/자: 2개합6 (탐2, 자연수가)

▶ 2022 교과우수자 전형 : 학생부 교과 100%
▶ 수능최저 인/자: 2개합 6(탐2) 자연 미/기+과탐

▶ 2022 교과우수자 : 교과 100%
▶ 인/자: 2개합 6(탐2) 자연 미/기+과탐

대학	학과	2023인원 고교추천	2022학년도 인원	경쟁률	최종평균	최종70%	추합인원	최지추합실질	미등록	최저충족률	2021학년도 인원	경쟁률	최종평균	최종70%	추합인원	최저추합실질
인문대학	공과대 건축인문	3	4	9.5	2.28	2.29	7	2.64	0	76.3	4	4.80	2.63	2.50	5	1.57
	환경공 환경정책인문		3	8.7	2.90	미공개	5	1.75	0	53.8	4	4.50	2.30		5	1.33
	영어영문	9	9	8.8	2.60	2.48	10	2.84	1	68.4	7	4.90	2.90	2.63	7	1.44
	행정학과 행정학	15	16	11.1	2.55	2.58	22	3.34	0	71.8	12	4.10	2.89	2.67	21	1.13
	경영학과 경영학	12	13	9.2	2.47	2.52	28	1.98	1	68.1	11	5.30	2.31	2.40	27	1.24
	글로벌테크노경영	8	11	8.3	2.21	2.11	10	3.33	0	76.9	9	6.60	2.32	2.44	20	1.46
공과대학	기계시스템디자인공	44	46	9.0	2.51	2.45	53	2.99	2	71.3	46	3.50	2.53	2.79	55	1.03
	기계자동차공학	40	41	8.1	2.43	2.49	56	2.67		78.0	40	3.50	2.50	2.63	52	1.00
	안전공학	15	15	6.8	2.47	2.62	10	2.76	2	67.6	15	3.70	2.26	2.40	17	1.09
	신소재공학	18	21	15.2	2.07	2.17	26	5.32	1	78.4	21	3.50	2.39	2.57	23	1.11
	건설시스템공학	27	28	8.7	2.72	2.80	32	2.93	1	72.4	29	4.70	2.69	2.93	48	1.03
	건축학부 건축공학	17	18	7.0	2.66	2.75	21	2.15	2	66.7	18	4.40	2.59	2.72	19	1.19
	건축학부 건축학	9	10	8.8	2.44	2.54	18	1.93	0	61.4	9	6.00	2.13	2.28	15	1.67
정보통신대학	전기정보공학	33	32	7.0	2.18	2.23	34	2.45	1	72.3	33	4.20	2.11	2.24	46	1.20
	전자공학과	20	34	8.2	2.11	2.06	44	2.92	0	81.7	33	4.00	2.21	2.22	41	1.12
	스마트ICT융합공학	12							0							
	컴퓨터공학	15	15	9.7	1.94	2.00	18	3.24		73.3	12	6.80	1.81	1.95	22	1.65
에너지바이오대학	화공생명공학	15	15	9.1	1.93	2.05	33	2.27	0	80.1	15	6.00	1.68	1.72	37	1.21
	환경공학전공	11	6	18.8	2.20	2.17	11	5.00	1	75.2	6	4.70	2.52	2.71	10	1.20
	환경공 환경정책자연		3	9.3	2.43	미공개	2	4.00	0	71.4	4	5.30	2.17	2.20	8	1.43
	식품공학과	11	12	6.0	2.38	2.16	13	2.00	0	69.4	12	3.70	1.94	2.04	14	1.36
	정밀화학과	12	11	7.2	2.10	2.71	9	2.90	1	73.4	12	3.90	1.90	1.97	10	1.45
	안경광학과	11	11	6.0	2.66	1.95	6	2.18	0	56.1	12	5.7	2.67	2.71	11	1.53
기술경영융합	융합 산업정보시스템	13	15	7.4	2.40	2.25	11	3.04	1	71.2	15	3.50	2.47	2.39	19	1.00
	융합 MSDE 전공	8	9	7.4	2.07	2.23	9	2.83	0	76.1	8	3.90	2.87	3.35	14	1.00
	융합 ITM 전공	8	8	19.3	1.99	2.03	9	6.12	0	67.5	8	4.60	1.78	1.85	9	1.52
	글로벌테크노경영	3							0							
창의융합대학	인공지능응용	13	13	8.6	1.85	1.95	19	3.06	1	87.5	14	6.10	1.98	2.06	14	2.29
	지능형반도체공학	7	7	7.3	2.28	2.33	4	3.82	3	82.4	2022 신설	-	-	-	-	-
	미래에너지융합	7	7	10.3	2.11	2.24	21	2.18	0	84.7	2022 신설	-	-	-	-	-
	-	-	-	-	-	-	-	-	-	-	-	-	-	-	-	-
	-	-	-	-	-	-	-	-	-	-	-	-	-	-	-	-
	전체 평균	416	409		2.32	2.31		3.02	19	66.7%	409	4.40	2.33	2.41		1.32

		2023 모집인원	학교생활우수자 종합 ▶1단계: 서류100% (3배수) 2단계: 서류70%+면접30% 2022학년도							학교생활우수자 종합 ▶1단계: 서류100% (3배수) 2단계: 서류70%+면접30% 2021학년도					
▶내신: 국영수사/국영수과 ▶학년비율: 동일비율 ▶최저없음			인원	경쟁률	1단계 평균	1단계 최저	추합 인원	충원율	등록률	최종 평균	인원	경쟁률	1단계 평균	1단계 최저	추합 인원	충원율
인문 대학	공과대 건축인문	3	3	18.0	3.58	5.48	-	0.0	100.0	3.56	4	8.00	3.61	5.11	2	50%
	환경공 환경정책인문		2	12.5	3.03	3.65	-	0.0	100.0	2.78	3	15.0	3.26	4.55	1	33%
	영어영문	8	8	7.1	3.44	6.18	3	37.5	100.0	3.64	7	5.90	2.81	3.77	4	57%
	행정학과 행정학	11	12	9.4	3.29	6.35	2	16.7	100.0	3.43	11	6.40	3.04	4.74	8	73%
	문예창작	15	17	13.9	3.61	6.44	7	41.2	100.0	3.76	18	10.6	3.35	5.00	10	56%
	경영학과 경영학	11	11	10.8	3.16	6.73	2	18.2	100.0	3.82	10	6.50	2.88	5.09	8	80%
	글로벌테크노경영	7	9	8.3	2.99	4.79	7	77.8	100.0	3.17	8	10.8	3.18	5.60	2	25%
공과 대학	기계시스템디자인공	32	33	7.9	3.14	7.18	23	69.7	97.0	3.08	37	10.9	2.94	6.76	23	62%
	기계자동차공학	31	30	9.5	3.07	7.22	32	106.7	96.7	3.23	33	8.90	2.85	6.18	28	85%
	안전공학	12	11	6.5	3.64	6.37	1	9.1	100.0	3.67	13	5.90	3.33	6.30	3	23%
	신소재공학	14	16	12.3	2.90	5.88	7	43.8	100.0	2.84	19	10.5	2.47	3.95	14	74%
	건설시스템공학	21	22	8.0	3.46	6.33	15	68.2	100.0	3.26	27	5.50	3.63	6.44	22	82%
	건축학부 건축공학	15	14	8.9	3.27	6.96	9	64.3	100.0	3.06	15	7.20	3.34	4.86	8	
	건축학부 건축학	8	7	32.4	3.12	4.07	8	114.3	100.0	3.17	8	18.6	3.32	5.26	5	53%
정보 통신 대학	전기정보공학	24	22	9.6	2.84	4.48	13	59.1	100.0	2.83	25	6.10	2.91	4.98	18	63%
	전자공학과	14	25	14.3	2.82	6.18	19	76.0	100.0	2.86	29	7.20	2.87	6.95	27	72%
	스마트ICT융합공학	8														
	컴퓨터공학	13	12	14.8	2.94	6.35	9	75.0	100.0	3.46	11	25.9	2.33	3.05	6	93%
에너지 바이오 대학	화공생명공학	12	13	45.4	3.71	7.58	8	61.5	100.0	4.10	15	36.4	3.18	7.49	4	55%
	환경공학전공	9	4	25.8	3.37	6.17	3	75.0	100.0	3.72	4	35.5	3.05	6.01	6	27%
	환경공 환경정책자연		3	18.3	2.98	5.22	-	0.0	100.0	3.31	4	31.5	3.32	6.52	0	150%
	식품공학과	9	9	20.9	2.48	3.24	12	133.3	100.0	2.51	10	19.8	2.65	3.42	5	50%
	정밀화학과	9	8	13.1	2.73	7.36	6	75.0	100.0	3.10	9	9.70	2.40	4.17	6	67%
	안경광학과	9	9	5.3	3.86	5.66	1	11.1	100.0	3.66	9	6.70	3.40	4.12	6	67%
기술 경영 융합	융합 산업정보시스템	11	10	13.5	3.36	7.83	11	110.0	100.0	3.72	13	6.50	3.19	7.44	14	108%
	융합 MSDE 전공	7	7	6.7	2.87	3.88	2	28.6	100.0	2.73	7	5.60	2.77	4.27	4	57%
	융합 ITM 전공	7	6	8.5	2.70	4.68	5	83.3	100.0	3.17	5	5.80	2.96	5.06	2	40%
	글로벌테크노경영	3														
첨단 인재 전형	인공지능응용	30	30	12.80	3.49	8.16	12	40.0	100.0	3.52	12	17.3	3.54	7.38	2	17%
	지능형반도체공학	15	15	8.07	3.10	5.25	7	46.7	100.0	2.89	2022 신설		-	-		
	미래에너지융합	15	15	10.87	3.00	6.92	7	46.7	100.0	2.76	2022 신설		-	-		
예체 실기 전형	스포츠과학	14	11	24.5	2.91	5.57	6	54.5	100.0	2.65	11	9.50	3.32	6.46	8	73%
	시각디자인	3	3	44.3	1.75	2.12	4	133.3	100.0	1.94	3	33.3	2.60	4.07	0	0%
	도예학과		3	11.0	2.63	3.27	2	66.7	100.0	2.09	3	5.70	3.24	6.56	1	33%
	금속공예디자인	3	3	10.0	1.96	2.49	1	33.3	100.0	1.97	2	9.50	1.84	2.47	0	0%
전체 평균		403	403	10.4	3.07	5.64	244	59%	99.8	2.86	385	10.4	3.02	5.29	247	59%

서울과기대 2022 입결분석 03 - 수시 논술전형

▶내신: 국영수사/국영수과
▶학년비율: 동일
▶논술전형 최저없음

논술전형 ▶논술 전형 : 학생 30%+논술 70% ▶예체능은 논술 아닌 실기전형임

		2023 모집인원	2022학년도								2021학년도					
			인원	경쟁률	내신평균	논술평균	추합인원	충원율	등록률	논술응시율	인원	경쟁률	내신평균	논술평균	추합인원	충원율
인문대학	공과대 건축인문	-	-		-	-	-	-			-	-	-	-	-	-
	환경공 환경정책인문	-	-		-	-	-	-			-	-	-	-	-	-
	영어영문	-									4	31.3	4.44	85.8	0	0%
	행정학과 행정학	-	-								6	36.7	3.77	86.5	4	4%
	문예창작	-									1	42.0		79.5	0	0%
	경영학과 경영학	-	-								7	37.9	3.88	85.1	0	0%
	글로벌테크노경영	-	-								6	37.2	3.84	85.3	0	0%
	융합 산업정보인문	-	-		-						-	-	-	-	-	-
공과대학	기계시스템디자인공	28	30	25.0	4.34	88.3	9	30.0	100.0	77.7	31	27.4	4.11	72.1	10	32%
	기계자동차공학	26	27	24.4	4.22	89.0	10	37.0	100.0	75.3	28	26.8	3.71	75.4	11	39%
	안전공학	8	9	18.3	4.41	78.1	2	22.2	100.0	82.4	10	23.5	4.11	66.5	8	80%
	신소재공학	11	13	33.8	4.00	91.3	4	30.8	100.0	72.5	14	33.7	4.10	79.4	4	29%
	건설시스템공학	16	17	20.9	4.33	80.9	5	29.4	100.0	79.4	20	24.4	4.74	78.4	5	25%
	건축학부 건축공학	9	11	20.8	4.34	86.9	5	45.5	100.0	80.7	11	20.7	4.64	80.0	1	9%
	건축학부 건축학	5	5	36.0	3.92	93.6	1	20.0	100.0	73.7	6	30.8	3.73	66.8	4	67%
정보통신대학	전기정보공학	17	21	32.0	4.27	95.9	2	9.5	100.0	76.9	23	32.1	3.83	68.6	11	48%
	전자공학과	12	22	37.1	4.21	93.0	9	40.9	100.0	78.4	24	36.6	3.95	71.5	6	25%
	스마트ICT융합공학	7														
	컴퓨터공학	9	10	71.7	3.69	93.4	5	50.0	100.0	73.8	10	63.1	3.93	70.6	4	40%
에너지바이오대학	화공생명공학	9	10	44.0	3.54	94.5	4	40.0	100.0	73.2	11	53.1	3.90	80.3	5	46%
	환경공학전공	5	3	21.7	4.14	86.0	-	0.0	100.0	78.5	4	24.0	4.22	71.2	1	25%
	환경공 환경정책자연		2	20.0	5.18	79.5	1	50.0	100.0	72.5	3	25.3	3.52	65.0	0	0%
	식품공학과	5	6	27.7	3.72	89.7	1	16.7	100.0	81.9	8	30.3	3.97	68.5	9	113%
	정밀화학과	5	7	21.9	3.84	88.0	1	14.3	100.0	83.0	8	23.8	4.26	73.9	2	25%
	안경광학과	5	7	16.0	4.05	88.3	3	42.9	100.0	78.6	7	19.4	4.14	65.6	1	14%
기술경영융합	융합 산업정보시스템	5	8	26.5	4.94	87.1	4	50.0	100.0	78.3	9	25.9	4.36	61.9	4	44%
	융합 MSDE 전공	3	3	23.3	3.64	92.3	-	0.0	100.0	74.3	7	24.3	4.63	72.7	0	0%
	융합 ITM 전공	5	6	29.3	3.58	97.2	-	0.0	100.0	73.9	4	25.7	4.32	73.3	2	29%
	논술 전체 평균	190	217	29.0	4.15	88.7	66	29.4	100.0	77.3	258	31.8	4.08	74.4	90	29%
예체실기전형	산업디자인	10	10	23.0	2.33		1	10.0	100.0		13	14.5	2.31	실기	2	15%
	시각디자인	11	11	17.3	2.04		1	9.1	100.0		11	15.3	2.14	실기	3	27%
	도예학과	14	14	14.1	3.65		-	0.0	100.0		14	11.9	3.18	실기	1	7%
	금속공예디자인	15	15	15.8	2.87		1	6.7	100.0		16	13.7	3.08	실기	6	38%
	조형예술학과	18	18	14.9	3.00		3	16.7	100.0		17	14.0	2.58	실기	4	24%
	실기 전체 평균	68	68	17.0	2.78	실기	6	8.5	100.0	실기	71	13.9	2.66	실기	16	22%

▶ 인문 국수영탐2 30:25:25:20
▶ 자연 국수영탐2 20:35:20:25
▶ 인/자 영어배점
　135-130-125-115-100

		2023 모집인원	2022 정시								2021 정시	
			모집군	모집인원	경쟁률	추합인원	추합률	최종등록	백분위평균	영어평균	국수탐2 백분위평균	영어평균
인문대학	공과대 건축인문	6	나군	5	4.8	2	40.0	5	84.50	1.80	88.57	2.60
	영어영문	12	가군	13	5.7	9	69.2	13	79.18	2.15	84.22	1.90
	행정학과 행정학	22	나군	21	5.9	14	66.7	21	79.70	1.81	84.62	1.91
	문예창작	23	가군	22	7.4	18	81.8	22	90.38	2.09	90.50	2.00
	산업정보시스템 인문	12	나군	12	4.7	1	8.3	12	84.17	2.33	87.36	1.64
	산업공ITM전공 인문	4	가군	4	6.3	-	0.0	4	86.25	2.00	90.70	1.60
	경영학과 경영학	19	가군	20	5.9	10	50.0	20	81.53	2.15	86.15	2.00
	글로벌테크노경영	15	가군	19	5.4	13	68.4	19	83.01	1.89	86.65	1.81
	인문 소계	113		116	5.8	67	48.1	116	83.59	2.03	87.35	1.93
공과대학	기계시스템디자인공	76	가군	77	4.8	50	64.9	77	82.20	2.25	81.15	1.79
	기계자동차공학	68	나군	68	4.0	36	52.9	67	81.65	2.29	82.32	1.91
	안전공학	25	가군	26	4.5	8	30.8	26	80.87	2.12	80.80	1.95
	신소재공학	34	가군	33	4.2	31	93.9	29	83.25	2.22	82.52	1.81
	건설시스템공학	46	가군	45	4.2	25	55.6	45	80.23	2.22	80.57	1.97
	건축학부 건축공학	29	나군	29	3.6	15	51.7	29	79.30	2.28	81.29	2.15
	건축학부 건축학	18	나군	18	4.3	6	33.3	18	82.18	2.00	82.16	1.59
정보통신대학	전기정보공학	62	가군	62	4.7	34	54.8	59	83.11	2.22	82.81	1.88
	전자IT미디어공학	65	나군	65	3.7	36	55.4	62	84.16	2.08	83.23	1.54
	컴퓨터공학	32	가군	31	6.6	14	45.2	30	86.10	1.87	84.30	1.67
에너지바이오대학	화공생명공학	30	나군	29	3.7	18	62.1	27	84.53	2.22	83.94	1.50
	환경공학전공	12	가군	12	4.7	5	41.7	12	82.39	2.25	80.85	1.42
	환경공 환경정책자연	6	가군	6	6.2	3	50.0	6	81.22	1.83	79.52	1.57
	식품공학과	19	나군	17	3.9	15	88.2	17	80.33	2.18	81.64	1.69
	정밀화학과	18	가군	18	5.1	15	83.3	18	82.43	2.39	81.16	1.94
	안경광학과	16	가군	15	5.4	6	40.0	14	77.70	2.71	76.83	1.80
기술경영융합	융합 산업정보시스템	21	나군	19	4.1	10	52.6	18	83.32	2.11	80.96	1.90
	융합 MSDE 전공	20	가군	21	4.9	9	42.9	21	86.21	1.86	86.87	1.37
	융합 ITM 전공	8	가군	7	5.3	5	71.4	7	86.43	2.00	87.83	1.50
	글로벌테크노경영자연	4	가군									
창의융합대학	인공지능응용	17	나군	18	4.4	3	16.7	18	85.24	1.56	86.35	1.28
	지능형반도체공학	8	나군	11	3.4	7	63.6	11	85.48	2.09	-	-
	미래에너지융합	8	나군	8	4.9	1	12.5	8	84.94	2.00	-	-
	자연 소계	642		635	4.6	352	52.9	619	82.9	2.1	82.14	1.73
예체비실기전형	스포츠과학	5	나군	5	6.6	2	40.0	5	89.30	2.00	85.00	1.40
	산업디자인	10	나군	10	4.0	7	70.0	10	84.48	1.70	87.95	1.80
	시각디자인	5	나군	5	4.6	3	60.0	5	95.40	1.40	95.69	1.38
	비실기 소계	20		20	5.1	12	56.7	20	89.73	1.70	89.55	1.59
예체실기전형	스포츠과학	17	나군	18	3.3	10	55.6	18	81.08	2.22	83.89	2.32
	산업디자인	24	나군	24	6.8	22	91.7	24	90.48	1.92	85.79	2.00
	시각디자인	32	나군	32	4.7	14	43.8	32	87.98	2.09	87.93	2.03
	도예학과	22	나군	19	7.1	13	68.4	19	83.21	2.47	79.82	2.00
	금속공예디자인	24	나군	24	6.8	13	54.2	24	86.48	2.08	84.89	2.23
	조형예술학과	16	나군	16	5.9	21	131.3	15	80.17	2.53	79.84	2.71
	실기 소계	135		133	5.8	93	74.2	132	84.90	2.22	83.69	2.22

서울대학교

2023 대입 주요 특징

교과이수 2점가산: 수/사: 일반3+진로1, 과학: 3+2
정시자연 M-미적/기하, S-과탐2 다른 Ⅰ+Ⅱ, Ⅱ+Ⅱ

▶전교과 동일 정성평가
　수업현장 개별화 구체화
　폭넓은독서 = 학업역량
▶정시탐구 표준점수 반영
▶수시지균 수능최저 완화
▶수시지균 일괄→단계변화
▶정시지균 103명 추천2명
▶정시지균/일반: 교과평가

1. 2023 학사조직개편, 모집단위 신설통합분리, 명칭인원 변경
2. 2022 정원내 수시 2,256명(69.7%), 정시 979명(30.3%)
3. 2023 정원내 수시 1,973명(60.1%), 정시 1,309명(39.9%)
4. 2023 수시 283명 감소 - 지균 99명 감소, 일반 184명 감소
5. 2023 정시 330명 증가 - 지균 130명 신설, 일반 1,179명
6. 2023 기초/차상위(49명): 기회Ⅰ대상에서 제외, 정시 이동
7. 2023 정시수능일반 ①국어100+수학120+탐구표준80
　②영어 차등감점: 2등급 -0.5점, 3등급 -2.0점, 4등급 -4.0점
　③史 4등급부터 0.4점 감점 ④제2외/한 3등급부터 0.5점 감점

8. 2023 정시 지역균형 <졸업자 포함 2명> 모집단위★: 인문23, 정외10, 경제20, 인류7, 공과광역40, 약학10, 의예10, 치의10
9. 2023 정시 지역균형★ <공과대학광역>은 1학기후 선택권 보장
　→ 항공우주공/전기/정보공/컴퓨터공/화학생물공/산업공학과
10. 간호, 의류학과 정시모집 확통 및 사과탐 지원가능
11. '23 수시만 모집 사범: 교육학/독어교/불어교　음악: 기악/국악과
12. '23 정시만 모집 미술대학: 동양화과, 서양화과, 조소과, 공예과
　음악대학: 성악과, 작곡과　　13. 치의학: 학석사 3+4 통합과정
14. 세특기록: 교과별 성취기준 기준상의 개인별 특성 기록 당부

모집시기	전형명	사성모형	학생부종합특별사항	2023 수시 접수기간 09. 13(화) ~ 15(목)	모집인원	학생부	논술	면접	서류	기타	2023 수능최저등급
2023 수시 지역균형 664명 →562명 (17.2%) 2023년 562명 2022년 664명 2021년 748명 2020년 756명	지역균형	1단계 2단계	학생부종합 학교장추천 고교별 2명 졸업예정자 자소서~09.16 1단계 11.25(금) 면접 12.02(금) 의/수 12.03(토) 최종 12.15(목)	1. 2023 전년대비 99명 감소 2. 2023 지균 일괄→단계전형 3. 수능최저완화: 3개합 7(탐2) 4. 전체인원변화 학과별 확인 5. 수능응시기준 유형1 응시자 모집 50% 선발: 간호/의류학 6. 의예42 수의4 약학8 자전24 생활27, 음악미술 지균없음	인문36 사과66 경영30 자연45 공 139 간호13 사범64 농생64 체교 2	▶서류평가 100% (1단계 3배수)★ 학업능력, 자기주도학업태도, 전공분야관심 지적호기심 등 창의인재 발전가능성 종합 주어진 여건에서의 성취수준과 학업역량 지적호기심, 학업열정, 적극성, 진취성 등 학업수행 주도성, 과제수행능력, 논리사고 개인품성 리더십 공동체의식 책임감 기여 ▶서류70%+면접30% 10분, 종합공통 ▶의과: 상황/제시문 면접+서류기반 면접					3개합 7등급 (탐2평)★ 인: 제2외 필수 응시 자: 과탐 2개 필수응시 서로다른 원투or투투 史 공통응시 필수 입학처 최저충족 예상 22년 3개3등급 80.6% 23년 3개합 7 74.2%
2023 수시 일반전형 1,592명 →1,408명 (42.9%)	일반전형 인문	1단계 2단계	학생부종합 자소서~09.16 1단계 11.18(금) 면접 11.25(금) 최종 12.15(목)	1. 학업능력,모집관련재능열정 2. 전공분야관심 지적호기심 3. 창의적인재 발전가능성평가 4. 예술,체육활동 통한 공동체 정신과 교육환경 등 고려	인 126 사 151 경영47 소비 7 아동10 자전50	제시문활용 면접 15분 (답변준비시간 30분)	서류 100%		2배수 이내		인문 최저없음 경영:사과/수학 제시문 경제:사과/수학 제시문 기타:인문/사과 제시문
						1단계 100	구술 100	면접풀이 가능한 과정까지 만이라도 충실한 설명연습 텍스트 재구성 발표, 독서			
2023 수시 정원내 1,970명 (60.1%) 2023 정시 정원내 1,309명 (39.9%)	일반전형 자연	1단계 2단계	학생부종합 자소서~09.16 1단계 11.18(금) 면접 11.25(금) 의치수 1.26(토) 최종 12.15(목)	모집단위별 공동출제문항활용 면접: 지정선택교과 확인필수 의예53, 치의학25, 약학29 생활과학: 의류12, 식영14	자120 공372 농115 수의17 간호27	제시문활용 면접 15분 (답변준비시간 45분)	서류 100		2배수 이내		자연 최저없음 면접 15분, 준비 45분 과학Ⅱ까지 준비할 것 모집단위별 과목선택 관련제시문 각각다름
						1단계 100	면접평가 식물생산 생명과학	구술 100	면접평가 산림약학 수학	총점 200	
	일반전형 사범	1단계 2단계	학생부종합 자소서~09.16 1단계 11.18(금) 면접 11.25(금) 최종 12.15(목)	사범일반 135명→125명 교육12 국/영/불/독어교 각10 사교6 역교6 지리교6 윤리교8 수교11 지구교10 물교7 화교7 생교7 체교6	사범 일반 125	제시문활용 면접 15분 (답변준비시간 30/45분)	서류 100		2배수 이내		사범 최저없음 체교: 2개 4등급 (탐44) 면접 15분 준비 15분 지리교 인문/사과 면접
						1단계 100		구술 60	인적성 교직 40	총점 200	
2023 정시 정원내 1,309명 (39.9%) 3,279명	일반전형 미술/음악	1단계 2단계	학생부종합 자소서~09.16 면접 등 생략 최종 12.15(목)	▶미대 수시일반 7명 디자인 비실기7 (실기 정시) ▶음대 수시만 선발 101명 피아노24/현악30/관악19 국악28 *성악/작곡-정시	미술 7 음악 101	▶미술대 비실기디자인 서양화-포트 1단계: 서류평가100% (2배수) 2단계: 면접및구술100% ▶음악대 피아노 등 전형생략					음악 최저없음 미술: 3개합 7 (탐2평)
2023 수시 정원외	기회균형Ⅰ	1단계 2단계	학생부종합 자소서~09.16 1단계 11.18(금) 면접 12.02(금) 의/수 12.03(토)	1.농어촌 82명, 고교추천제한X 2.농생명계고교 출신자 3.사범대: 학과별최대1~2명	농어 82	▶1단계: 서류100% (2배수) ▶2단계: 서류70%+면접30%, 면접 10분					최저없음 2022.06.03 ollim
2023 정시 1,309명 (39.9%) 접수일정 12.29(목) 12.31(토)	정시나군 지역균형 (신설)	일괄	수능/교과평가 학교장추천 고교별 2명 졸업자 포함	1. 정시지균 130명 모집신설 2. 인문계열/정외/경제/인류 공과광역/약학/의예/치의학 3. 면접 의예/치의 01.14(토)	130	▶수능 60+교과평가 40 <일괄> ①60점: 모집단위 최고점~최하점 10점차 ②교과평가: AA-10점 > AB-8점 > BB-6점 BC-3점 > C-0점 ③수능기본 45점, 교과기본 30점★					▶정시모집 교과평가 교과학습발달상황 과목별 수업활동의 학업수행 충실도 ①교과 이수현황 ②교과 학업성적 ③세부능력특기사항 ▶교과평가 A사례제시 ①공과: 수과이수현황 ②경제: 수사이수현황 ③2개이상 1~2등급 ④성취도A, 세특충실
	정시나군 일반전형	1단계 2단계	수능/교과평가 단계전형 1단계 01.09(월) 면접 01.13(금) ~01.14(토) 최종 02.03(금)	1. 979명→1,309명 330명 증가 2. 일반선발 1,179명 3. 의예30 수의13 약학19 등 4. 기초차상위/특수교육/탈북	1,309 의예 40 포함	▶1단계: 수능 100 (2배수) <단계> ▶2단계: 수능 80+교과평가 20 ①20점: 모집단위 최고점~최하점 5점차 ②교과평가: AA-5점 > AB-4점 > BB-3점 BC-1.5점 > C-0점 ③수능기본 60점, 교과기본 15점★					

2023 수능응시 영역기준 Ⅰ,Ⅱ,Ⅲ 확인필수	<2023 면접 및 구술고사 제시문 공동출제문항 활용모집단위> 1. 인문학+사회과학: 인문대학, 사회과학대학, 교육 및 인문관련 사범대, 아동가족학 2. 사회과학+인문수학: 경제학부, 경영대학, 농경제사회학부, 소비자학과 3. 자연수학: 수리과학부, 통계학과, 공과대학, 산림과학부, 조경지역, 바이오시스템 수학교육, 약학대　　4. 물리학: 물리학부, 천문학, 물리교육 5. 화학: 화학부, 화학교육　6. 지구과학: 지구과학교육 7. 생명과학: 생명과학부, 식물생산과학부, 생물교육 8. 화학+생명과학: 식품동물생명공학 9. 화학 or 생명과학: 응용생물화학부	▶지구환경과학부: ①물리학 ②화학 ③지구과학 중 택1 ▶간호대학: ①인문학+사회과학 ②화학+생명과학 중 택1 ▶의류학과: ①사회과학+인문수학 ②화학+생명과학 중 택1 ▶자유전공: ①인문학+인문수학 ②사회과학+인문수학 ③인문수학+자연수학 중 택1 <2023 의과대/수의과대/치의학과> ▶의과대학: 상황제시문+서류기반면접, 복수 면접실 (총 60분내외) ▶수의과대: 다양한 상황제시+생명과학소양, 5개 면접실 (각 10분) ▶치의학과: 다양한 상황제시+제출서류확인, 4개 면접실 (각 10분)

		SNU 지균		2022 서울대 지균					2021 서울대 지균					2020 서울대 지균				
2022.06.03. ollim		2023 지역균형	2023 일반전형	2022 입결 & ADIGA					2021 입결 & ADIGA					2020 입결 & ADIGA				
				모집인원	경쟁률	충원	50% CUT	70% CUT	모집인원	경쟁률	충원	50% CUT	70% CUT	모집인원	경쟁률	충원	50% CUT	70% CUT
인문대학	인문계열	27	-	55	2.82	1	1.25	1.29	56	3.50	6	1.2	1.3	56	4.36	2	1.1	1.3
	역사학부	9	9	-	-	-	-	-	-	-	-	-	-	-	-	-	-	-
	소계	36	9	55	2.82	1	1.25	1.29	56	3.50	6	1.2	1.3	56	4.36	2	1.1	1.3
사회과학대학	정치외교학부	18	26	23	3.04	1	1.18	1.24	21	3.24	1	1.1	1.2	17	3.76	1	1.0	1.1
	경제학부	20	64	40	2.38	2	1.22	1.27	40	2.05	1	1.2	1.3	35	3.06	2	1.1	1.1
	사회학과	7	10	7	5.14		1.19	1.29	7	8.14	0	1.1	1.1	7	5.86	1	1.1	1.3
	인류학과	-	13	7	6.57	1	1.34	1.36	7	2.86	0	1.4	1.4	7	5.14	0	1.1	1.1
	심리학과	7	8	7	2.57		1.26	1.27	7	3.14	0	1.2	1.3	7	4.57	0	1.1	1.1
	지리학과	7	9	7	2.14		1.45	1.48	7	2.14	0	1.3	1.4	7	2.86	0	1.2	1.2
	사회복지학과	7	7	7	4.14		1.31	1.33	7	3.86	0	1.3	1.3	7	4.29	0	1.2	1.3
	언론정보학과	-	14	-	-				7	4.86	0	1.1	1.1	7	4.71	0	1.1	1.2
	소계	66	151	98	3.71	4	1.28	1.32	103	3.79	2	1.2	1.3	94	4.28	4	1.1	1.2
경영	경영대학	30	47	27	2.56		1.14	1.20	27	2.52	0	1.1	1.2	27	3.04	0	1.1	1.1
농업	농경제사회학부	13	14	10	2.60	1	1.43	1.58	11	4.45	1	1.2	1.3	11	4.27	0	1.0	1.2
자유	자유전공학부	24	50	25	6.48	7	1.21	1.30	33	3.67	2	1.2	1.3	33	5.52	3	1.2	1.2
생활과학대학	소비자학전공	7	7	6	6.83		1.41	1.62	7	2.57	0	1.2	1.2	7	9.00	0	1.1	1.1
	아동가족학전공	6	10	6	4.83		1.14	1.33	7	2.86	5	1.4	1.4	7	5.57	1	1.1	1.1
	의류학과	10	12	10	1.70		1.46	1.54	10	1.60	0	1.4	1.4	10	1.80	0	1.3	1.3
	소계	23	29	22	4.45		1.34	1.50	24	2.34	5	1.3	1.3	24	5.46	1	1.2	1.2
사범대학 인문	교육학과	-	12	-	-	-	-	-	-	-	-	-	-					
	국어교육과	5	10	5	4.40		1.34	1.47	5	6.60	0	1.2	1.2	5	4.80	0	1.2	1.3
	영어교육과	5	10	5	5.80	1	1.10	1.11	5	5.00	1	1.1	1.2	5	7.00	1	1.1	1.1
	독어교육과	5	10	5	1.40		1.59	1.60	5	3.00	0	1.3	1.4	5	2.60	1	1.2	1.3
	불어교육과	5	10	5	1.60		1.49	1.58	5	3.00	1	1.4	1.4					
	사회교육과	5	5	6	7.50	2	1.16	1.16	6	3.33	0	1.2	1.2	6	8.67	0	1.0	1.1
	역사교육과	6	6	6	2.17		1.08	1.13	6	3.50	0	1.1	1.2	6	6.33	0	1.0	1.0
	지리교육과	6	6	6	1.50	2	1.33	1.61	6	4.67	0	1.1	1.1	6	3.83	1	1.3	1.3
	윤리교육과	3	8	3	8.00	2			6	3.33	0	1.3	1.3	6	4.67	0	1.1	1.2
	체육교육과	2	6	3	7.33				6	4.83	0	1.2	1.4					
	소계	42	83	44	4.41	7	1.30	1.38	50	4.14	3	1.2	1.3	39	5.41	3	1.1	1.2
인문 총계		234	500															

		SNU 지균 2023 지역균형	지균 2023 일반전형	2022 서울대 지균 2022 입결 & ADIGA					2021 서울대 지균 2021 입결 & ADIGA					2020 서울대 지균 2020 입결 & ADIGA				
				모집인원	경쟁률	충원	50%CUT	70%CUT	모집인원	경쟁률	충원	50%CUT	70%CUT	모집인원	경쟁률	충원	50%CUT	70%CUT
자연과학대학	수리과학부	7	16	9	2.78		1.21	1.29	11	2.91	2	1.2	1.4	11	2.45	0	1.1	1.2
	통계학과	7	12	9	14.0	2	1.17	1.34	7	2.86	0	1.2	1.2	7	3.71	0	1.1	1.1
	물리천문 물리학	8	20	9	3.33		1.30	1.35	10	3.10	1	1.2	1.2	10	3.40	0	1.1	1.2
	물리천문 천문학	-	6	-	-	-	-	-	-	-	-	-	-	-	-	-	-	-
	화학부	8	20	9	2.00	2	1.25	1.26	10	3.00	1	1.1	1.2	10	2.40	0	1.1	1.1
	생명과학부	10	27	13	4.54	3	1.22	1.30	16	4.56	5	1.1	1.2	16	3.31	1	1.2	1.3
	지구환경과학부	5	19	6	2.00		1.48	1.54	6	2.67	1	1.3	1.5					
	소계	45	120	55	4.78	7	1.27	1.35	60	3.18	10	1.2	1.3	54	3.05	1	1.1	1.2
공과대학	공과대학 광역	-	-	-	-	-			-	-	-			-	-	-		
	건설환경공학부	10	26	9	1.78	2	1.59	1.60	11	2.36	0	1.4	1.5	11	1.55	0	1.5	1.8
	기계공학부	24	49	24	2.33	1	1.29	1.37	29	2.21	3	1.3	1.4	29	1.97	0	1.2	1.2
	재료공학부	20	37	20	2.65		1.28	1.36	22	3.41	2	1.3	1.3	22	2.14	0	1.2	1.4
	전기정보공학부	19	80	33	3.42	5	1.27	1.33	34	3.00	2	1.2	1.3	34	2.56	3	1.2	1.2
	컴퓨터공학부	9	28	22	4.00	2	1.11	1.22	17	3.53	2	1.0	1.1	12	4.58	0	1.0	1.1
	화학생물공학부	12	45	17	3.29	2	1.16	1.17	19	2.53	4	1.1	1.1	19	2.79	2	1.1	1.1
	건축학과	11	25	11	2.09		1.36	1.42	12	1.75	0	1.2	1.4	12	1.58	0	1.4	1.6
	산업공학과	5	12	7	2.00		1.29	1.42	7	5.86	0	1.1	1.1	7	1.57	1	1.2	1.2
	에너지자원공학	6	15	8	2.88	3	1.29	1.38	7	2.14	0	1.3	1.4	7	2.57	0	1.2	1.4
	원자핵공학과	11	15	11	1.91	1	1.37	1.41	10	1.70	1	1.3	1.5	10	2.10	0	1.4	1.4
	조선해양공학과	8	22	8	1.50		1.44	1.49	9	1.89	0	1.4	1.4	9	1.56	0	1.3	1.7
	항공우주공학과	7	18	8	2.38	1	1.16	1.20	10	3.10	1	1.3	1.3	10	1.80	0	1.2	1.5
	소계	142	372	178	2.52	17	1.30	1.36	187	2.79	16	1.2	1.3	182	2.23	6	1.2	1.4
농업생명과학대학	식물생산과학부	9	24	9	3.22	3	1.30	1.32	15	3.40	5	1.3	1.5	15	1.40	0	1.3	1.5
	산림과학부	7	19	7	2.29	1	1.56	1.62	10	2.20	0	1.3	1.3					
	식품동물생명공	8	16	6	5.33	2	1.38	1.66	10	4.20	3	1.3	1.3	10	3.60	1	1.3	1.4
	응용생물화학부	11	15	9	4.78	2	1.23	1.25	12	2.17	3	1.2	1.3	12	2.92	2	1.1	1.1
	조경지역시스템공	7	14	7	1.71	1	1.50	1.56	10	2.30	0	1.5	1.7					
	바이오시스템소재	9	13	7	4.71	2	1.28	1.37	10	4.10	2	1.3	1.4	10	3.40	3	1.2	1.4
	소계	51	101	45	3.67	11	1.38	1.46	67	3.06	13	1.3	1.4	47	2.83	6	1.2	1.4
사범대학자연	수학교육과	4	11	5	5.80	1	1.22	1.33	8	2.25	0	1.1	1.3	8	3.63	0	1.1	1.2
	물리교육과	4	7	3	4.33				6	1.83	0	1.4	1.6	6	3.30	0	1.3	1.4
	화학교육과	6	7	3	1.67				-	-	-	-	-					
	생물교육과	5	7	3	2.33				6	1.50	0	1.3	1.5					
	지구과학교육과	3	10	3	3.00				-	-	-	-	-					
	소계	22	42	17	3.43	1	1.22	1.33	20	1.86	0	1.3	1.5	14	3.47	0	1.2	1.3
간호생활	간호대학	13	27	12	4.67	3	1.52	1.65	21	2.52	1	1.4	1.6	21	1.90	0	1.3	1.4
	식품영양학과	13	27	6	2.17		1.54	1.69	8	1.88	1	1.3	1.5	10	1.50	0	1.4	1.5
수의약학의예치의	수의예과	4	17	7	4.29		1.22	1.23	9	3.56	0	1.2	1.3	15	2.20	0	1.2	1.2
	약학계열	8	29	12	5.33	2	1.12	1.15	-	-	-	-	-					
	의예과	42	53	40	6.00		1.05	1.08	37	3.35	0	1.0	1.1	30	4.13	0	1.0	1.0
	치의학과	-	25	10	5.30		1.13	1.22	13	2.62	2	1.2	1.3	15	3.47	1	1.2	1.3
	소계	54	124	69	5.23	2	1.13	1.17	59	3.18	2	1.1	1.2	60	3.27	1	1.1	1.2
	자연 총계	340	813															

서울대 2023 수시 학과별 분석자료 03 - 일반전형 인문

2022. 06. 03. ollim

2022.06.03. ollim		SNU 일반 2023 지역균형	SNU 일반 2023 일반전형	2022 서울대 일반 모집인원	경쟁률	충원	2022 입결 & ADIGA 50% CUT	70% CUT	2021 서울대 일반 모집인원	경쟁률	충원	2021 입결 & ADIGA 50% CUT	70% CUT	2020 서울대 일반 모집인원	경쟁률	충원	2020 입결 & ADIGA 50% CUT	70% CUT
인문대학	인문계열	27	-	-	-	-	-	-	-	-	-	-	-	-	-	-	-	-	-
	국어국문	-	9	9	9.33		2.20	2.56	15	4.93	0	2.3	2.4	15	6.67	0	1.6	1.9
	중어중문	-	9	9	7.33		1.82	2.00	12	6.17	0	1.8	2.0	12	5.00	0	1.9	2.0
	영어영문	-	9	9	8.89	1	2.61	2.78	15	6.67	0	2.0	2.2	15	6.87	0	2.2	2.5
	불어불문	-	9	9	5.11		2.40	2.95	10	5.10	0	2.4	2.7	10	5.40	0	2.4	2.6
	독어독문	-	9	9	6.11		2.19	2.51	10	4.60	0	2.2	2.5	10	5.80	0	2.0	2.2
	노어노문	-	9	9	6.78		2.35	2.48	10	5.10	0	2.6	2.7	10	5.40	0	2.8	2.8
	서어서문	-	9	9	5.56		2.44	2.44	10	5.60	0	2.0	2.5	10	5.80	0	2.4	2.7
	언어학과	-	9	9	8.67		1.87	2.28	10	6.50	0	2.2	2.6	10	6.90	0	2.2	2.4
	아시아언어문명	-	9	9	8.44		2.21	2.32	10	8.50	0	1.9	2.5	10	8.80	0	2.2	2.3
	역사학부(동서양)	9	9	9	6.78		2.14	2.79	10	5.50	0	1.8	1.9	10	5.10	0	2.1	2.4
	국사학과	-	-	9	6.44		2.63	2.85	12	5.17	0	2.2	2.9	12	4.42	0	1.8	2.6
	고고미술사학과	-	9	9	5.56		2.12	2.37	10	5.10	0	2.9	3.1	10	4.90	0	2.4	2.7
	철학과	-	9	9	13.7		2.41	2.52	12	11.3	0	2.7	2.9	12	9.92	0	2.3	2.8
	종교학과	-	9	9	8.67		1.65	1.81	10	6.30	0	2.7	3.0	10	6.70	0	2.8	3.2
	미학과	-	9	9	10.0		1.91	2.14	10	8.00	0	2.2	2.8	10	7.20	0	2.2	2.9
	소계	36	126	135	7.82	1	2.20	2.45	166	6.30	0	2.3	2.6	166	6.33	0	2.2	2.5
사회과학대학	정치외교학부	18	26	26	8.81		1.91	2.17	37	6.81	1	1.7	2.0	41	7.41	1	1.5	1.9
	경제학부	20	64	64	4.02		1.78	2.19	64	3.73	0	1.8	2.1	69	4.16	0	1.5	1.9
	사회학과	7	10	10	12.0	1	1.78	2.06	10	14.8	0	2.0	2.1	10	13.1	1	1.8	2.1
	인류학과	-	13	13	8.23		2.06	2.13	13	7.92	1	1.9	2.3	13	8.69	0	1.9	2.4
	심리학과	7	8	8	9.63		1.84	1.95	8	11.0	1	1.5	1.7	8	10.90	0	1.4	1.4
	지리학과	7	9	9	6.56		1.95	1.96	9	6.56	0	2.3	2.5	9	10.20	0	1.8	1.8
	사회복지학과	7	7	7	16.1		2.05	2.34	-	-	-	-	-					
	언론정보학과	-	14	14	9.00	2	1.65	1.93	14	8.86	0	1.7	2.3	14	7.50	0	2.0	2.1
	소계	66	151	151	9.29	3	1.88	2.09	155	8.53	3	1.8	2.1	164	8.85	3	1.7	1.9
경영	경영대학	30	47	50	5.56		1.76	2.15	50	5.52	0	2.0	2.2	50	5.68	0	1.8	2.0
농업	농경제사회학부	13	14	19	6.95	1	2.78	3.27	19	8.16	0	1.8	2.2	19	8.53	0	2.0	2.2
자유	자유전공학부	24	50	61	8.48	8	1.99	2.22	90	6.24	0	2.2	2.5	90	6.39	1	1.7	2.1
생활과학대학	소비자학전공	7	7	8	13.1		2.43	2.54	7	11.7	0	2.4	2.7	7	12.6	0	1.7	2.0
	아동가족학전공	6	10	10	7.50		2.29	2.74	9	8.11	1	1.8	2.1	9	9.67	1	1.6	2.0
	의류학과	10	12	12	6.50	1	2.70	3.08	12	4.92	0	1.8	2.3	10	6.10	0	2.2	2.7
	소계	23	29	30	9.03	1	2.47	2.79	28	8.24	1	2.0	2.4	26	9.46	1	1.8	2.2
사범대학 인문	교육학과	-	12	12	6.50		1.53	1.53	12	9.58	1	1.3	1.4	12	12.3	3	1.3	1.4
	국어교육과	5	10	10	6.20		1.48	1.77	10	5.60	0	1.3	1.7	10	6.50	1	1.4	1.4
	영어교육과	5	10	12	5.42		1.94	1.99	12	4.75	0	1.9	2.2	12	5.17	0	1.7	2.1
	독어교육과	5	10	10	3.80		2.31	2.44	10	4.20	0	2.1	2.9	10	3.90	0	2.0	2.3
	불어교육과	5	10	10	4.00		2.62	3.05	10	4.40	0	2.4	2.8	10	4.10	0	2.5	2.7
	사회교육과	5	5	6	10.0		1.91	2.59	6	8.33	0	1.6	1.9	6	7.33	0	1.8	2.1
	역사교육과	6	6	6	5.17		1.67	1.71	6	7.50	0	1.3	1.4	6	8.33	0	1.4	1.5
	지리교육과	6	6	6	6.00		2.75	2.95	-	-	-	-	-					
	윤리교육과	3	8	10	6.40		2.44	2.77	12	5.33	1	1.7	1.8	12	7.67	1	1.4	1.6
	체육교육과	2	6	10	12.4		1.68	2.04	10	13.8	0	2.5	4.9	10	13.6	1	3.6	4.6
	소계	42	83	92	6.59		2.03	2.28	88	7.05	2	1.8	2.3	88	7.66	6	1.9	2.2
인문 총계		234	500															

서울대 2023 수시 학과별 분석자료 04 - 일반전형 자연

2022. 06. 03. ollim

		2023 지역균형	2023 일반전형	2022 모집인원	2022 경쟁률	2022 충원	2022 50% CUT	2022 70% CUT	2021 모집인원	2021 경쟁률	2021 충원	2021 50% CUT	2021 70% CUT	2020 모집인원	2020 경쟁률	2020 충원	2020 50% CUT	2020 70% CUT
자연과학대학	수리과학부	7	16	18	5.33	0	3.10	3.10	18	4.56	3	1.9	2.5	18	5.44	2	1.5	1.6
	통계학과	7	12	16	6.44	0	2.24	2.26	17	4.82	1	2.4	2.5	17	5.12	1	2.5	2.9
	물리천문 물리학	8	20	24	5.75	1	2.19	2.81	26	4.46	1	2.0	2.2	26	5.15	2	2.1	2.5
	물리천문 천문학	-	6	6	10.0	0	2.15	2.15	7	6.14	1	2.8	3.3	7	6.43	0	3.2	4.1
	화학부	8	20	21	6.29	5	2.14	2.62	22	4.50	2	2.3	2.5	25	5.04	0	1.5	2.1
	생명과학부	10	27	27	8.26	6	1.87	2.26	32	6.47	9	1.5	2.0	32	6.47	7	1.7	1.9
	지구환경과학부	5	19	25	5.84	2	2.57	3.64	25	4.68	2	1.9	2.1	25	5.52	0	1.6	1.9
	소계	45	120	137	6.84	14	2.32	2.69	147	5.09	19	2.1	2.4	150	5.60	12	2.0	2.4
공과대학	공과대학 광역	-	-	-	-	-			-	-	-	-	-					
	건설환경공학부	10	26	29	4.97	4	2.95	3.19	31	4.71	0	2.3	2.8	30	4.97	1	2.8	3.1
	기계공학부	24	49	55	4.65	5	2.43	2.69	57	3.23	0	2.3	2.6	56	3.91	3	1.8	2.1
	재료공학부	20	37	42	4.74	4	2.13	2.72	44	4.70	2	2.0	2.6	44	4.48	3	2.6	2.8
	전기정보공학부	19	80	80	5.51	9	1.96	2.36	83	4.16	9	1.9	2.3	83	4.25	5	1.9	2.2
	컴퓨터공학부	9	28	28	7.04	1	1.66	1.98	29	5.28	0	1.5	1.6	29	7.59	0	1.8	1.9
	화학생물공학부	12	45	45	5.11	11	2.10	2.30	47	3.45	7	1.7	2.0	47	3.68	3	1.9	2.1
	건축학과	11	25	28	4.86	0	2.40	3.19	29	4.79	2	2.0	2.6	29	4.45	0	1.9	2.8
	산업공학과	5	12	12	8.75	1	1.71	1.71	13	8.69	1	1.7	1.8	13	8.15	1	2.1	2.3
	에너지자원공학	6	15	17	5.47	3	2.15	2.37	18	4.89	1	1.8	2.5	18	4.61	1	2.0	3.3
	원자핵공학과	11	15	17	5.41	1	2.35	3.14	18	4.67	2	1.9	2.7	18	6.17	1	1.8	2.2
	조선해양공학과	8	22	25	4.60	7	3.40	3.88	26	4.04	5	2.2	3.0	26	4.58	2	1.8	2.9
	항공우주공학과	7	18	18	5.94	0	2.16	2.27	19	4.47	0	1.7	2.6	19	4.79	1	2.3	2.9
	소계	142	372	396	5.59	46	2.28	2.65	414	4.76	29	1.9	2.4	412	5.14	21	2.1	2.6
농업생명과학대학	식물생산과학부	9	24	29	6.41	3	1.77	2.12	29	6.10	2	1.8	2.0	29	7.55	4	1.7	2.0
	산림과학부	7	19	24	5.25	5	2.00	2.70	24	3.88	7	1.9	2.4	24	6.17	0	1.5	1.7
	식품동물생명공	8	16	20	6.70	3	1.87	2.32	20	7.25	4	1.8	2.0	20	8.45	2	1.6	3.0
	응용생물화학부	11	15	19	10.2	6	2.24	3.02	19	9.26	1	3.2	3.2	19	9.58	1	1.9	2.7
	조경지역시스템공	7	14	17	5.76	0	2.01	2.91	17	4.88	5	1.8	2.1	17	5.82	3	1.8	2.2
	바이오시스템소재	9	13	16	7.06	4	2.38	2.90	16	9.56	2	1.4	1.6	16	10.60	4	1.8	2.9
	소계	51	101	125	6.90	21	2.05	2.66	125	6.82	21	2.0	2.2	125	8.03	14	1.7	2.4
사범대학 자연	수학교육과	4	11	12	7.25	1	2.12	2.52	12	7.33	3	1.6	1.9	12	6.42	0	1.7	2.4
	물리교육과	4	7	7	7.00	2	1.95	2.84	7	4.43	1	1.5	2.1	7	8.14	0	1.6	1.9
	화학교육과	6	7	7	6.43	4	2.29	2.39	7	8.29	4	1.6	1.8	7	8.29	1	1.3	3.2
	생물교육과	5	7	7	4.57	0	1.84	2.45	7	6.86	1	1.5	2.0	7	7.43	1	1.4	2.1
	지구과학교육과	3	10	10	4.30	0	1.96	2.06	7	5.43	0	1.9	2.1	7	5.71	0	1.7	2.0
	소계	22	42	43	5.91	7	2.03	2.45	40	6.47	9	1.6	1.9	40	7.20	2	1.5	2.3
간호생활	간호대학	13	27	32	5.56	4	1.87	2.24	33	4.27	5	1.9	2.1	32	4.75	5	1.7	2.0
	식품영양학과	13	27	14	4.07	3	1.93	2.00	12	5.00	0	1.6	1.8	10	5.10	1	1.8	2.9
수의약학의예치의	수의예과	4	17	20	9.30	3	1.76	1.81	25	6.36	1	1.6	2.0	25	6.72	1	1.6	2.3
	약학계열	8	29	32	6.88	5	1.62	1.87	-	-	-	-	-	-	-	-	-	-
	의예과	42	53	65	11.7	0	1.18	1.42	68	9.21	0	1.2	1.4	75	7.97	0	1.2	1.3
	치의학과	-	25	22	9.23	10	1.70	1.84	27	7.41	6	1.7	2.1	30	6.57	3	1.5	1.6
	소계	54	124	139	9.28	18	1.57	1.74	120	7.66	7	1.5	1.8	130	7.09	4	1.4	1.7
자연 총계		340	813															

서울시립대

2023 대입 특징 요약

정시자연: M-미적/기하, S-과탐 2과목
영어: 인150-148-144-140 자100-98-94-90-86

▶ 교과 반영 (교과전형)
국영수사/국영수과 70%
+기타교과 30%, 전교과 반영
▶ Z점수→석차등급 유지
▶ 진로선택과목 반영 변화★
①공통일반90%+진로10%
②인문진로: 국영수사 중 3개
③자연진로: 국영수과 중 3개
A=100, B=97, C=90

1. 지역균형 추천증가 4명→8명, 194명, 수능최저 3개합 7(탐1)
2. 2023 종합전형 서류형 80명 신설, 종합전형 투트랙 이원화★
3. 종합 면접형 전년대비 78명 감소, 학과별 인재상 중요
4. 모든종합 자소서 제출 유지, 면접형 1단계선발 3배수 통일
5. 기초수급차상위 등 정원외특별전형 수시폐지, 정시로 이동
6. 교과 학년비율 없음, 논술 교과는 등급만 반영
7. 2022 교과내신 석차등급★★ (이수단위 포함)
　1등급-100, 2등급-98, 3등급-95, 4등급-86, 5등급-71
8. 진로선택과목 성취도별 반영점수 A=100, B=97, C=90

9. 2023 정시 수능100%, 국수영탐2 비율변화
인1 35:30:15:20, 인2 35:40:15:10, 인3 30:30:25:15
자1 20:40:10:30　자2 20:35:10:35　자3 20:35:10:35
자3 건축공학/건축학/교통공학/조경/환경원에 수학확통 가능★
스포츠과학 국수영 40:35:25
10. 2023 학교장추천대상 업로드: 9. 19.(월) ~ 9. 23.(금)

모집시기	전형명	사정모형	학생부종합 특별사항	2023 수시 접수기간 09.13(화) ~ 16(금)	모집인원	학생부	논술	면접	서류	기타	2023 수능최저등급
2023 수시 정원내 935명 (48.2%) 정시 정원내 895명 (51.8%) 전체 정원내 1,728명	지역균형	일괄	학생부교과 학교장추천 인: 국영수사70 자: 국영수과70 +기타교과 30% 공통일반90% +진로10%	1. 지균 추천증가 4명→8명★ 2. 진로선택과목 반영 변화★ ①공통일반90%+진로10% ②인문진로: 국영수사 중 3개 ③자연진로: 국영수과 중 3개 3. Z점수→석차등급 유지 4. 이수단위포함 100-98-95-86	194 2022 198	교과 100					▶2022 지역균형 입결올림★★ 1. 최저충족: 인 53.0% 자 51.5% 2. 최종합격 지역: 수도권 46.6% 3. 인문평균 1.38-2.01-2.61등급 인문환산 988.2-973.4-947.5점 4. 자연평균 1.53-1.99-2.66등급 자연환산 987.2-975.5-949.7점 ⟶ 인: 3개합 7등급 (탐1) 자: 3개합 7등급 (과1) *자연 미적/기하,과탐
	종합전형1 면접형	1단계	학생부종합 자소서제출 ~09.17(토) 1단계 11.18(금) 면접 11.26(토) ~11.27(일) 최종 12.15(목)	1. 2023 전년대비 78명 감소 2. 1단계선발 3배수 통일 3. 모집단위 인재상 부합 ★★ 학업역량35% 잠재역량 40% 사회역량 25% ▶2022 인문 고교합격평균★ 일반2.30 자사3.61 특목4.37 ▶2022 자연 고교합격평균★ 일반2.29 자사4.47 특목5.97	371 2022 449	서류 100 3배수					최저 없음 최종합격 2021→2022 ▶수도권 46.2%→47% ▶재학생 85.4%→90% ▶일반고 72.7%→72% ▶자사고 6.5%→3.6% ▶특목고 20.9%→24%
		2단계				서류 60 면접 40					▶서류평가 100 (학생부/자소서) ▶서류60 + 면접 40 12분 평가 학과별 발표 및 확인면접 ▶상향평준화 고액컨설팅 폐해 예체능 합격일반고 평균 2.62
2022 수시 정원내 938명 (53.8%) 정시 정원내 806명 (46.2%) 전체 정원내 1,744명	종합전형2 서류형 (신설)	일괄	학생부종합 자소~09.17(토) 최종 12.15(목)	1. 2023 종합 서류형 신설 2. 국제관계6, 경영69 도시사회3, 교통공학2	80	서류 100					최저 없음
	논술전형	일괄	논술전형 최저없음 논술 10.08(토) 최종 12.15(목)	1. 2023 인문논술 폐지 지속 2. 수능이전 논술, 등급만 반영 3. 논술: 풀이과정 차등배점 4. 총 4문항, 120분	77 2022 77	교과 30	논술 70				▶자연: 수1수2확/미적 수열조합/미분적적분 2문항 평이 2문항관건 ▶내신등급당 1점차 최저 없음
	고른기회1	1단계	학생부종합 자소~09.17(토) 1단계 11.18(금) 면접 11.26(토) ~11.27(일)	1. 보훈대상 2. 기초차상위 등 ▶2021 인문 고교합격평균★ 일반2.81 자사4.75 특목5.25 ▶2021 자연 고교합격평균★ 일반2.90 자사4.78 특목6.11	143 2022 143				서류평가 100 (학생부/자소서)	3배수	최저 없음
		2단계							서류 60 + 면접 40 발표 및 확인면접 (창의인성 및 기초학력능력)		
	사회공헌통합	1단계	학생부종합 자소~09.17(토) 1단계 11.18(금) 면접 11.26(토) ~11.27(일)	1. 민주화관련/의사자/의상 등 2. 다문화/난민/유공/다자녀3 ▶2021 인문 고교합격평균★ 일반2.85 자사 없음 특목5.92 ▶2021 자연 고교합격평균★ 일반3.07 자사2.34 특목6.76	34 2022 34				서류평가 100 (학생부/자소서)	3배수	최저 없음
		2단계							서류 60 + 면접 40 발표 및 확인면접 (창의인성 및 기초학력능력)		

▶종합 학과이해
1. 계열적합성 수준
2. 대학전공의 이해
수준의 전공적합성
▶2022 교육과정 사례
1. 국제관계학과
정치와법, 동아시아사
경제, 국제법동교육
2. 건축학부 건축학전공
기하, 물리학2 이수
건축구조연계 세특

<2022 모집단위별 인재상 설정 평가방법과 과정사례>
★3개 문장 키워드: 학업역량특징으로 핵심교과판별 선행요구
1. 행정학과 2022: 전교과 2.50등급, 주요교과 2.47등급
①학업역량: 성취도 지속상승, 수학성취도 다소 낮음
　→ 교과세특에 행정 및 정책분야 적극적 관심 확인
②잠재역량: 3개년 동아리활동 사회문제 정책탐구 사회현상
　　문제점 분석 및 연계탐구활동 지속
　→ 국민기초생활 보장법, 사회적 약자, 복지, 촉법소년 등
　→ 세특/독서/진로활동: 법, 복지, 정책관련 활동 지속
③사회역량: 학급활동 적극참여, 학급회의 의견개진 문제해결
　→ 공감배려 교우관계 유지, 적극적 의사소통 협업활동
2. 면접 확인: 청년정책 실효성과 한계, 적극행정의 개념 등
<2022 일반 공립고 270명>

<2022 모집단위별 인재상 설정 평가방법과 과정사례>
★3개 문장 키워드: 학업역량특징으로 핵심교과판별 선행요구
2. 인공지능학과 2022: 전교과 1.95등급, 수과 2.23등급
①학업역량: 미적분 성적이 아쉬우나 전반적 수학성적 양호판단
　국어영어 성취도 우수함, 논리적 사고 높이 평가
　→ 전공 연계과목 교육과정 이수, 기하, 고급수학1, 물2, 화2 등
②잠재역량: 충실한 지식함양, 본인 관심사 융합 수행/탐구진행
　→ 교과세특에 인공지능에 대한 관심을 매우 높게 표현 확인
　독서활동을 통한 회로, 프로그래밍, 코딩 관련활동 지속
③사회역량: 팀원, 동료들과 지속적인 지식 공유활동 높게 평가
　→ 행동특징 및 종합의견 협업활동의 중요성 기록서술 평가
　→ 행동특징 및 종합의견 인성과 공동체의식, 문제해결력 등
<2022 일반사립고 납고 350명>

서울시립대 2022 대입분석 01 - 교과 지역균형 인문

2022. 06. 09. ollim

★ 수능최저 2023

▶▶2022 최저충족률 인문53.0% 자연51.5%
▶교과 100%
▶교과 반영 (교과/논술) 국영수사/국영수과 70% + 기타교과 30%

2022 인문 수능최저: 3개합 7등급 (탐1) ★
2022 자연 수능최저: 3개합 8등급 (탐1) ★

2021 인문 수능최저: 3개합 7등급 (탐1) ★
2021 자연 수능최저: 3개합 8등급 (탐1) ★

대학	학과	2023 모집인원	2022 지역균형 (인문) 모집인원	경쟁률	환산등급 50% CUT	환산등급 70% CUT	환산점수 50% CUT	환산점수 70% CUT	충원인원	실질경쟁률	2021 교과전형 (인문) 모집인원	경쟁률	내신평균	학생점수 천점만점	충원인원	실질경쟁률
정경대학	행정학과	9	9	19.9	1.97	1.97	977.99	974.67	9	9.95	13	7.08	2.11	894.20	13	3.54
	국제관계학과	5	5	29.4	2.00	2.12	978.72	971.62	2	21.0	6	7.50	3.13	810.08	6	3.75
	경제학부	11	11	21.0	2.18	2.19	973.54	971.12	11	10.5	8	9.50	2.33	883.46	7	5.07
	사회복지학과	4	5	19.4	2.24	2.14	963.44	962.77	5	9.70	5	8.20	2.18	896.44	4	4.56
	세무학과	8	8	15.5	1.72	1.76	983.66	983.22	8	7.75	8	7.63	1.93	911.76	8	3.82
경영대	경영학부	26	26	22.4	1.94	2.03	978.64	975.98	23	11.9	56	6.80	2.15	893.87	56	3.40
인문대학	영어영문학과	4	4	24.3	2.22	2.61	966.25	950.18	3	13.9	2	13.5	3.04	803.61	1	9.00
	국어국문학과	3	3	16.0					2	9.60	-	-	-	-	-	
	국사학과	3	3	17.3					3	8.65	3	10.7	2.73	846.90	2	6.42
	철학과	3	3	17.0					2	10.2	3	18.0	1.90	921.12	3	9.00
	중국어문화학과	3	3	19.0					2	11.4	4	9.25	1.97	907.19	4	4.63
도시과학	도시행정학과	5	5	18.8	2.12	2.12	972.34	971.50	5	9.40	8	7.75	1.82	918.08	8	3.88
	도시사회학과	4	4	18.3	1.86	2.06	974.58	968.36	4	9.15	-	-	-	-	-	
자전	자유전공학부	3	5	20.0	2.18	2.12	970.57	968.88	5	10.0	6	10.2	2.52	867.55	6	5.10
인문 평균 (스포츠 제외)		91	94	19.9	2.04	2.11	973.97	969.83	84	10.9	122	9.68	2.19	890.22	118	5.18

서울시립대 2022 대입분석 02 - 교과 지역균형 자연

2022. 06. 09. ollim

★ 수능최저 2023

▶▶2022 최저충족률 인문53.0% 자연51.5%
▶교과 100%
▶교과 반영 (교과/논술) 국영수사/국영수과 70% + 기타교과 30%

2022 인문 수능최저: 3개합 7등급 (탐1) ★
2022 자연 수능최저: 3개합 8등급 (탐1) ★

2021 인문 수능최저: 3개합 7등급 (탐1) ★
2021 자연 수능최저: 3개합 8등급 (탐1) ★

대학	학과	2023 모집인원	2022 교과전형 (자연) 모집인원	경쟁률	환산등급 50% CUT	환산등급 70% CUT	환산점수 50% CUT	환산점수 70% CUT	충원인원	실질경쟁률	2021 교과전형 (자연) 모집인원	경쟁률	내신평균	학생점수 천점만점	충원인원	실질경쟁률
공과대학	전자전기컴퓨터	18	18	20.3	1.84	1.77	981.38	978.43	14	11.4	-	-	-	-	-	
	화학공학과	6	6	28.7	1.71	1.74	983.88	983.25	6	14.4	7	10.7	1.90	899.66	6	5.76
	기계정보공학과	5	5	15.0	1.91	1.91	979.52	979.17	4	8.33	-	-	-	-	-	
	신소재공학과	5	5	16.6	1.68	1.93	986.03	979.80	2	11.9	6	12.8	1.63	931.36	6	6.40
	토목공학과	5	5	10.2	2.41	2.24	960.83	957.07	4	5.67	6	10.2	1.98	919.91	4	6.12
	컴퓨터과학부	7	7	21.7	1.71	1.71	984.99	984.29	6	11.7	9	16.8	1.79	929.47	6	10.1
	인공지능	2	2	14.5					0	14.5	-	-	-	-	-	
자연과학대학	수학과	5	5	10.0	2.10	2.03	975.13	975.00	3	6.25	2	14.0	1.84	919.65	2	7.00
	통계학과	4	4	12.3	2.07	2.19	972.13	969.18	4	6.15	4	9.75	1.97	897.97	4	4.88
	물리학과	3	3	10.7					1	8.03	-	-	-	-	-	
	생명과학과	4	4	18.3	1.56	1.80	984.92	981.44	3	10.5	9	9.89	1.78	916.56	8	5.24
	환경원예학과	4	4	10.0	2.03	2.15	974.83	969.85	1	8.00	5	8.80	1.78	920.88	5	4.40
	융합응용화학	4	4	15.0					3	8.57	-	-	-	-	-	
도시과학대학	건축학부 건축공	5	5	10.6	2.14	2.14	973.26	970.52	4	5.89	5	10.6	1.96	917.15	5	5.30
	건축학부 건축학	4	5	11.0	2.41	2.63	960.36	952.35	5	5.50	6	9.50	1.90	915.70	6	4.75
	도시공학과	3	3	11.7					2	7.02	3	26.0	1.85	924.90	3	13.0
	교통공학과	3	3	9.70					1	7.28	5	10.6	1.80	926.87	5	5.30
	조경학과	3	3	8.30					2	4.98	4	9.50	2.03	904.23	4	4.75
	환경공학부	9	9	12.2	2.10	2.19	973.96	972.72	7	6.86	-	-	-	-	-	
	공간정보공학과	4	4	11.3	2.28	2.32	966.91	965.62	0	11.3	-	-	-	-	-	
자연 평균		103	86	13.6	2.00	2.05	975.58	972.76	58	8.04	71	12.2	1.85	917.44	64	6.38

2022 지역균형 (인문)

★ 수능최저 2023

▶▶2022 최저충족률 인문53.0% 자연51.5%
▶교과 100%
▶교과 반영 (교과/논술) 국영수사/국영수과 70% + 기타교과 30%

2022 인문 수능최저: 3개합 7등급 (탐1) ★
2022 자연 수능최저: 3개합 8등급 (탐1) ★

대학	학과	2023 모집인원	모집인원	경쟁률	지원자 평균 등급평균	지원자 평균 등급최저	ADIGA 등급 최종평균	ADIGA 등급 50%CUT	ADIGA 등급 70%CUT	ADIGA 등급 최종최저	ADIGA 환산 최종홈평균	ADIGA 환산 50%CUT	ADIGA 환산 70%CUT	ADIGA 환산 최종최저	충원인원	실질경쟁률
정경대학	행정학과	9	9	19.9	2.33	6.70	1.96	1.97	1.97	2.12	976.83	977.99	974.67	972.38	9	9.95
	국제관계학과	5	5	29.4	2.74	4.67	2.00	2.00	2.12	2.12	975.27	978.72	971.62	971.10	2	21.0
	경제학부	11	11	21.0	2.49	5.19	2.08	2.18	2.19	2.26	973.18	973.54	971.12	969.14	11	10.5
	사회복지학과	4	5	19.4	2.88	6.14	2.23	2.24	2.14	2.28	964.24	963.44	962.77	959.38	5	9.70
	세무학과	8	8	15.5	2.38	6.27	1.66	1.72	1.76	1.76	984.05	983.66	983.22	981.18	8	7.75
경영대	경영학부	26	26	22.4	2.54	6.61	1.91	1.94	2.03	2.06	978.18	978.64	975.98	974.72	23	11.9
인문대학	영어영문학과	4	4	24.3	2.88	5.67	2.37	2.22	2.61	2.61	958.66	966.25	950.18	950.14	3	13.9
	국어국문학과	3	3	16.0	2.81	6.81	2.32			2.50	959.23			952.36	2	9.60
	국사학과	3	3	17.3	2.73	6.20	2.34			2.59	961.21			947.54	3	8.65
	철학과	3	3	17.0	3.17	6.30	2.02			2.14	966.40			962.43	2	10.2
	중국어문화학	3	3	19.0	2.88	5.11	2.36			2.53	958.99			949.80	2	11.4
도시과학	도시행정학과	5	5	18.8	2.73	6.88	1.97	2.12	2.12	2.12	974.98	972.34	971.50	970.59	5	9.40
	도시사회학과	4	4	18.3	2.68	6.45	2.07	1.86	2.06	2.35	970.42	974.58	968.36	961.79	4	9.15
자전	자유전공학부	3	5	20.0	2.55	4.97	2.05	2.18	2.12	2.18	972.12	970.57	968.88	966.05	5	10.0
인문 평균		91	94	19.9	2.70	6.00	2.10	2.04	2.11	2.26	969.55	973.97	969.83	963.47	84	10.9

2022 교과전형 (자연)

★ 수능최저 2023

▶▶2022 최저충족률 인문53.0% 자연51.5%
▶교과 100%
▶교과 반영 (교과/논술) 국영수사/국영수과 70% + 기타교과 30%

2022 인문 수능최저: 3개합 7등급 (탐1) ★
2022 자연 수능최저: 3개합 8등급 (탐1) ★

대학	학과	2023 모집인원	모집인원	경쟁률	지원자 평균 등급평균	지원자 평균 등급최저	ADIGA 등급 최종평균	ADIGA 등급 50%CUT	ADIGA 등급 70%CUT	ADIGA 등급 최종최저	ADIGA 환산 최종홈평균	ADIGA 환산 50%CUT	ADIGA 환산 70%CUT	ADIGA 환산 최종최저	충원인원	실질경쟁률
공과대학	전자전기컴퓨터	18	18	20.3	2.44	6.66	1.82	1.84	1.77	2.00	981.20	981.38	978.43	977.81	14	11.4
	화학공학과	6	6	28.7	2.32	5.75	1.73	1.71	1.74	1.77	983.75	983.88	983.25	982.56	6	14.4
	기계정보공학과	5	5	15.0	2.50	5.09	1.90	1.91	1.91	1.94	978.73	979.52	979.17	972.18	4	8.33
	신소재공학과	5	5	16.6	2.50	5.71	1.80	1.68	1.93	1.97	981.73	986.03	979.80	974.61	2	11.9
	토목공학과	5	5	10.2	2.89	6.71	2.28	2.41	2.24	2.48	962.94	960.83	957.07	951.36	4	5.67
	컴퓨터과학부	7	7	21.7	2.23	6.54	1.67	1.71	1.71	1.77	985.14	984.99	984.29	982.66	6	11.7
	인공지능	2	2	14.5	2.83	6.00	2.17			2.33	971.04			966.43	0	14.5
자연과학대학	수학과	5	5	10.0	2.54	5.77	2.05	2.10	2.03	2.19	976.36	975.13	975.00	973.68	3	6.25
	통계학과	4	4	12.3	2.21	3.88	2.10	2.07	2.19	2.19	971.30	972.13	969.18	969.08	4	6.15
	물리학과	3	3	10.7	2.58	4.64	1.89			2.21	977.44			969.22	1	8.03
	생명과학과	4	4	18.3	2.25	5.24	1.71	1.56	1.80	1.80	982.88	984.92	981.44	979.96	3	10.5
	환경원예학과	4	4	10.0	2.75	5.18	2.15	2.03	2.15	2.52	969.70	974.83	969.85	954.46	1	8.00
	융합응용화학	4	4	15.0	2.41	4.45	2.02			2.09	976.33			974.98	3	8.57
도시과학대학	건축학 건축공	5	5	10.6	2.79	6.42	2.17	2.14	2.14	2.33	971.22	973.26	970.52	967.10	4	5.89
	건축학 건축학	4	5	11.0	2.66	4.79	2.46	2.41	2.63	2.66	956.89	960.36	952.35	949.65	5	5.50
	도시공학과	3	3	11.7	2.39	5.52	1.96			1.97	974.43			973.80	2	7.02
	교통공학과	3	3	9.70	2.94	6.54	2.14			2.43	971.00			964.20	1	7.28
	조경학과	3	3	8.30	3.10	6.72	2.31			2.33	968.75			967.86	2	4.98
	환경공학부	9	9	12.2	2.53	6.00	2.03	2.10	2.19	2.21	973.84	973.96	972.72	967.84	7	6.86
	공간정보공학과	4	4	11.3	3.01	5.97	2.24	2.28	2.32	2.41	968.85	966.91	965.62	963.93	0	11.3
자연 평균		103	86	13.6	2.60	5.63	2.03	2.00	2.05	2.18	974.18	975.58	972.76	969.17	58	8.04

수능최저 없음				2022 종합전형 (인문/자연)									2021 종합		
2022 최종합격 2개년 유형 ▶일반고 72.4%→71.5% ▶자사고 6.9%→ 4.1% ▶특목고 20.2%→ 23.6% ▶기타고 0.8%		2023 서류형 인원 신설	2023 면접형 모집인원	▶내신 전과목 반영　▶학년비율 없음　★학과별 인재상 전공적합성 가장 중요 ▶1단계 서류 100%　2단계 면접 50%									▶내신 전과목 반영 ▶학년비율 없음 ★학과별 인재상		
				모집인원	경쟁률	충원율 2022 0609 ollim	종합전형 최종등록 전과목 정성평가 고교유형별 등급평균			최종등록 성적현황 2022 최종합격자 전과목 산출통계 2022.06.09. ollim			종합전형 최종등록 전과목 등급평균	모집인원	경쟁률	종합전형 최종등록 전과목 성적현황
							일반고	자사고	특목고	평균홈게시	50% CUT	70% CUT	일반고 지원			평균 등급
정경대학	행정학과	-	26	24	11.0	49%	2.28		4.19	2.60	2.35	2.51	2.42	30	10.7	2.30
	국제관계학과	6	14	16	24.6	44%	2.19		4.30	3.63	3.88	4.31	3.06	20	24.9	3.67
	경제학부	-	28	26	10.5	46%	2.33		4.65	3.63	4.04	4.53	2.94	30	7.53	3.59
	사회복지학과	-	10	10	25.8	20%	2.05		4.77	3.68	4.11	4.65	3.15	13	17.8	3.85
	세무학과	-	20	20	6.10	20%	2.42	2.72	4.06	2.76	2.45	2.93	3.16	24	5.08	2.68
경영대	경영학부	69	-	82	11.0	49%	2.18	4.49	4.23	2.83	2.32	3.51	2.72	80	8.28	2.86
인문대학	영어영문학과	-	13	13	17.3	8%	2.15	3.83	4.65	3.68	4.07	4.45	3.23	14	16.3	3.93
	국어국문학과	-	9	8	10.8	38%	2.34		4.47	3.41	3.47	4.29	2.61	8	18.3	2.65
	국사학과	-	8	8	14.4	50%	2.77			2.77	2.84	2.89	3.02	8	16.3	2.85
	철학과	-	9	8	9.6	63%	3.16		4.55	3.87	4.18	4.58	3.03	9	10.7	3.16
	중국어문화학과	-	8	8	11.4	50%	2.31	3.41	4.01	3.51	3.79	3.88	3.24	8	11.8	3.95
도시과학	도시행정학과	-	11	11	8.60	9%	2.21		4.12	2.92	2.23	3.44	2.74	12	7.83	2.53
	도시사회학과	3	7	10	11.5	50%	2.24		4.25	2.46	2.47	2.54	2.61	13	15.2	2.28
자유융합대학	국사학-도시역사		2	2	11.0	0%	2.74			2.74			3.10	2	15.5	3.30
	국제관계학-빅데이		4	4	11.8	75%	2.25		4.80	2.89	2.29	2.54	2.86	4	9.00	2.94
	도시사회-국제도시		3	3	12.7	0%	2.98		4.21	3.80	2.47	2.54	3.47	3	11.3	3.36
	철학-동아시아문화		2	2	9.50	50%	2.54			2.54			3.78	2	9.50	2.55
예체	스포츠과학과		8	8			2.93			2.93	2.93		3.34	8	34.0	2.62
인문 평균 (스포츠 제외)		78	182	263	12.8	36%	2.30	3.61	4.37	3.15	3.12	3.57	2.30	288	12.7	3.09
공과대학	전자전기컴퓨터공	-	15	15	23.0	20%	2.20	4.57	4.79	2.65	2.27	2.66	2.56	42	12.5	2.27
	화학공학과	-	15	15	21.9	67%	2.13	4.07	5.59	2.98	2.51	3.48	2.46	15	26.4	3.00
	기계정보공학과	-	9	9	27.7	67%	2.62	5.00	5.28	3.18	2.79	3.55	2.70	14	18.2	3.15
	신소재공학과	-	6	6	24.7	17%	1.95		6.01	2.76	1.86	2.36	2.88	7	14.0	3.60
	토목공학과	-	7	7	8.70	29%	2.49		6.36	4.43	4.69	6.24	3.19	12	6.08	2.96
	컴퓨터과학부	-	11	11	33.6	46%	2.05		6.00	2.45	2.03	2.26	2.61	18	19.4	2.99
	인공지능	-	4	4	19.5	50%	2.11			2.11	2.09	2.23	3.02	-	-	-
자연과학대학	수학과	-	4	6	16.0	50%	2.25			2.25	2.28	2.32	2.59	12	11.2	2.17
	통계학과	-	12	9	11.2	56%	2.27			2.27	2.34	2.51	2.49	12	11.8	2.26
	물리학과	-	5	5	12.2	20%	2.66			2.66			2.69	14	8.43	2.25
	생명과학과	-	8	8	48.0	25%	1.82	2.18		1.82	1.74	1.88	2.73	12	32.8	3.72
	환경원예학과	-	9	10	17.7	20%	2.62	5.90	6.32	3.65	3.09	3.88	3.07	11	11.7	3.75
	융합응용화학	-	6	6	21.5	17%	1.88	2.86	5.53	2.81	2.10	2.71	2.58	-	-	-
도시과학대학	건축학부 건축공	-	8	8	10.4	25%	2.52			2.52	2.43	2.56	2.91	16	5.38	2.66
	건축학부 건축학	-	14	12	18.6	42%	2.12			2.12	2.15	2.22	2.98	14	13.9	3.27
	도시공학과	-	12	12	7.30	50%	2.36	3.54		2.47	2.43	2.53	2.79	12	7.92	2.02
	교통공학과	2	4	5	7.00	40%	2.85			2.85	2.79	2.97	3.04	8	5.88	2.32
	조경학과	-	12	9	9.20	11%	2.38			2.38	2.42	2.60	3.18	14	5.29	2.97
	환경공학부	-	14	14	16.9	36%	2.11			2.11	2.10	2.15	2.77	23	11.1	2.45
	공간정보공학과	-	5	5	8.60	0%	2.79	7.01	6.00	4.57	4.43	6.10	3.22	9	6.11	3.31
자유융합대학	도시공-부동산경영	-	2	2	8.50	0%	2.61			2.61			4.09	2	6.50	3.54
	도시공-도시개발학	-	2	2	7.00	50%	2.49			2.49			3.96	2	6.00	2.70
	물리학-나노반도물리	-	2	2	12.5	50%	2.29			2.29			3.13	2	7.50	2.18
	생명과학-빅데이터	-	2	2	25.5	0%	2.67		7.08	4.88			2.96	2	22.5	2.55
	조경-환경생태도시학	-	2	2	21.0	0%	2.55		6.29	4.42			4.49	2	8.00	5.15
자연 평균		2	191	186	17.5	31%	2.29	4.47	5.97	2.87	2.55	3.01	2.78	275	12.1	2.92

수능최저 없음

2020~2021 종합전형방식
- ▶1단계 서류평가 100% (2배~4배수)
- ▶2단계: 면접평가 50%
  학과별 발표및확인면접 100%
  인성,수행평가등 종합역량검증
  일정주제 30분, 발표면접 15분

2021 종합전형 (인문/자연)
- ▶내신 전과목 반영
- ▶학년비율 없음
- ★학과별 인재상 전공적합성 가장 중요

★종합전형 최종등록 인:국영수사 / 자:국영수과 고교유형별 등급평균 (2021 0526 ollim)

2020 종합
- ▶내신 전과목 반영
- ▶학년비율 없음
- ★학과별 인재상 전공적합성

대학	학과	2022 모집인원	2021 모집인원	경쟁률	충원율 2021 0526 ollim	최종등록 일반고	최종등록 자사고	최종등록 특목고	성적현황 인원	평균등급	표준편차	종합 전과목 일반고 지원	2020 모집인원	경쟁률	충원율	종합 전과목 일반고 지원
정경 대학	행정학과	24	30	10.7	97%	2.01	2.72	3.77	29	2.30	0.68	2.30	30	11.4	46.7%	2.13
	국제관계학과	16	20	24.9	65%	1.84	-	4.48	13	3.67	1.30	2.79	20	22.8	45.0%	3.78
	경제학부	26	30	7.53	70%	2.28	5.16	4.87	21	3.59	1.60	2.54	30	9.50	53.3%	2.45
	사회복지학과	10	13	17.8	100%	1.91	-	4.71	13	3.85	1.36	2.80	13	19.5	53.8%	2.97
	세무학과	20	24	5.08	100%	2.05	3.11	4.67	24	2.68	1.19	2.56	24	4.88	29.2%	2.72
경영대	경영학부	82	80	8.28	96%	2.37	3.45	4.26	77	2.86	0.95	2.56	70	10.8	81.4%	2.58
인문 대학	영어영문학과	13	14	16.3	163%	2.02	4.79	4.46	13	3.93	1.14	2.85	14	16.8	78.6%	4.37
	국어국문학과	8	8	18.3	36%	2.41	2.32	3.70	5	2.65	0.65	2.67	8	22.5	37.5%	2.76
	국사학과	8	8	16.3	25%	2.85	-	-	2	2.85	0.00	2.63	8	19.9	50.0%	2.27
	철학과	8	9	10.7	100%	2.42	-	4.64	9	3.16	1.16	2.88	10	11.3	30.0%	2.56
	중국어문화학과	8	8	11.8	25%	-	-	3.95	2	3.95	0.57	2.84	8	11.0	75.0%	3.40
도시 과학	도시행정학과	11	12	7.83	50%	2.23	2.88	3.35	6	2.53	0.49	2.50	12	10.8	16.7%	1.97
	도시사회학과	10	13	15.2	100%	1.94	-	4.10	13	2.28	0.79	2.49	13	14.9	23.1%	2.50
자유 융합 대학	국사학-도시역사	2	2	15.5	100%	2.39	-	4.21	2	3.30	0.91	3.24	1	21.0	0%	3.79
	국제관계학-빅데이	4	4	9.00	75%	2.94	-	-	3	2.94	0.60	2.51	3	14.0	0%	2.39
	도시사회-국제도시	3	3	11.3	100%	2.81	-	4.47	3	3.36	0.79	3.92★	2	19.0	50.0%	4.03
	철학-동아시아문화	2	2	9.50	100%	2.55	-	-	2	2.55	0.08	3.14	1	15.0	0%	2.36
예체	스포츠과학과	8	8	34.0	75%	2.62	-	-	6	2.62	0.35	3.47	8	53.5	100%	2.91
인문 평균 (스포츠 제외)		263	288	12.7	82%	2.24	3.52	4.42	237	3.09	0.84	2.63	275	15.0	42.8%	2.88
공과 대학	전자전기컴퓨터공	15	42	12.5	60%	2.04	3.10	5.65	25	2.27	0.79	2.44	52	12.6	57.7%	2.59
	화학공학과	15	15	26.4	80%	1.91	3.47	5.75	12	3.00	1.67	2.31	15	30.5	73.3%	2.50
	기계정보공학과	9	14	18.2	71%	2.43	4.24		10	3.15	1.04	2.49	14	18.4	92.9%	2.74
	신소재공학과	6	7	14.0	71%	2.07	3.38	5.24	5	3.60	1.48	2.37	8	20.6	87.5%	1.68
	토목공학과	7	12	6.08	100%	2.36	3.95	6.32	12	2.96	1.22	3.08	12	7.58	83.3%	2.83
	컴퓨터과학부	11	18	19.4	78%	2.22	3.72	6.94	14	2.99	1.42	2.56	18	18.4	72.2%	3.01
	인공지능 (신설)	4	-	-	-	-	-	-	-	-	-	-	-	-	-	-
자연 과학 대학	수학과	6	12	11.2	75%	2.17	-		9	2.17	0.23	2.64	12	9.50	75.0%	2.93
	통계학과	9	12	11.8	83%	2.26	-		10	2.26	0.45	2.35	12	13.8	75.0%	2.00
	물리학과	5	14	8.43	100%	2.25	-		14	2.25	0.19	2.62	14	10.4	35.7%	2.73
	생명과학과	8	12	32.8	100%	2.03	4.39	5.62	12	3.72	1.78	2.55	12	41.4	33.3%	3.19
	환경원예학과	10	11	11.7	100%	2.50	-	7.08	11	3.75	2.26	2.50	11	8.45	45.5%	2.60
	융합응용화학(신설)	6	-	-	-	-	-	-	-	-	-	-	-	-	-	-
도시 과학 대학	건축학부 건축공	8	16	5.38	94%	2.59	-	5.45	15	2.66	0.79	2.95	16	7.50	43.8%	2.41
	건축학부 건축학	12	14	13.9	64%	2.24	4.52	4.56	9	3.27	1.32	2.68	14	17.9	100%	2.34
	도시공학과	12	12	7.92	83%	2.02	-		10	2.02	0.24	2.59	12	7.08	50.0%	2.85
	교통공학과	5	8	5.88	100%	2.32	-		8	2.32	0.24	2.86	8	6.25	12.5%	3.07
	조경학과	9	14	5.29	100%	2.66	-	7.01	14	2.97	1.33	2.90	14	7.86	14.3%	2.37
	환경공학부	14	23	11.1	91%	1.91	3.93	6.19	21	2.45	1.35	2.47	23	18.1	39.1%	2.11
	공간정보공학과	5	9	6.11	100%	2.83	4.30	5.74	9	3.31	1.10	3.72★	9	6.00	11.1%	2.80
자유 융합 대학	도시공-부동산경영	2	2	6.50	100%	3.54	-		2	3.54	0.10	4.85★	1	9.00	0%	2.08
	도시공-도시개발학	2	2	6.00	100%	2.70	-		2	2.70	0.31	3.33	1	12.0	0%	2.59
	물리학-나노반도물리	2	2	7.50	100%	2.18	-		2	2.18	0.39	2.51	1	10.0	0%	2.52
	생명과학-빅데이터	2	2	22.5	100%	2.55	-		2	2.55	0.25	4.16★	1	49.0	0%	6.18
	조경-환경생태도시학	2	2	8.00	100%	2.75	-		2	5.15	2.40	3.55	1	8.00	0%	1.47
자연 평균		186	275	12.1	89%	2.27	3.89	5.91	230	2.92	0.97	2.57	281	15.2	43.6%	2.68

서울시립대 2022 대입분석 05 - 논술전형 인문

2022. 06. 09. ollim

수능최저 없음		2023 인문논술없음	2022 논술전형 (인문)					2021 논술전형 (인문)				
▶교과 반영 (교과/논술) 국영수사/국영수과70% + 기타교과 30% 전교과 z점수 반영 ▶학년 비율: 동일			1단계: 논술 100% (4배수) 2단계: 논술 60%+교과 40%					1단계: 논술 100% (4배수) 2단계: 논술 60%+교과 40%				
			모집 인원	경쟁률	★ 최종합격 2022		내신 점수	모집 인원	경쟁률	★ 최종합격 2021		내신 점수
					내신 평균	논술만점 600점				내신 평균	논술만점 600점	
정경 대학	행정학과	-	인문논술폐지					-	-	-	-	-
	국제관계학과	-						-	-	-	-	-
	경제학부	-						-	-	-	-	-
	사회복지학과	-						5	93.8	3.58	510.60	384.76
	세무학과	-						-	-	-	-	-
경영대	경영학부	-						-	-	-	-	-
인문 대학	영어영문학과	-						-	-	-	-	-
	국어국문학과	-						3	93.3	3.23	513.20	385.60
	국사학과	-						-	-	-	-	-
	철학과	-						-	-	-	-	-
	중국어문화학과	-						3	96.0	3.59	465.00	389.45
도시 과학	도시행정학과	-						-	-	-	-	-
	도시사회학과	-						5	119.0	3.04	571.68	391.23
자전	자유전공학부	-						5	168.0	3.61	571.38	386.54
인문 평균 (스포츠 제외)		-						21	114.0	3.42	533.47	387.51

서울시립대 2022 대입분석 06 - 논술전형 자연

2022. 06. 09. ollim

수능최저 없음		2023 모집 인원	2022 논술전형 (자연)					2021 논술전형 (자연)				
▶교과 반영 (교과/논술) 국영수사/국영수과70% + 기타교과 30% 전교과 z점수 반영 ▶학년 비율: 동일			1단계: 논술 100% (4배수) 2단계: 논술 70%+교과 30%					1단계: 논술 100% (4배수) 2단계: 논술 60%+교과 40%				
			모집 인원	경쟁률	★ 최종합격 2022		내신 점수	모집 인원	경쟁률	★ 최종합격 2021		내신 점수
					내신 평균	논술만점 700점				내신 평균	논술만점 600점	
공과 대학	전자전기컴퓨터공	19	19	60.1	3.77	559.36	289.65	19	71.3	3.88	416.45	383.86
	화학공학과	-	-					-	-	-	-	-
	기계정보공학과	3	3	48.0	4.92	514.50	279.45	3	68.7	3.83	403.75	382.80
	신소재공학과	3	3	67.7	3.67	514.50	290.77	3	84.0	3.52	370.00	388.85
	토목공학과	5	5	31.2	4.20	447.13	284.74	5	44.2	3.26	360.00	390.37
	컴퓨터과학부	8	8	55.9	3.88	556.39	286.11	8	66.4	3.50	410.16	387.43
자연 과학 대학	수학과	9	9	31.1	3.41	591.60	290.48	10	41.3	3.40	400.35	387.97
	통계학과	-	-					-	-	-	-	-
	물리학과	4	4	27.5	3.95	535.94	281.60	4	36.3	3.37	376.88	389.89
	생명과학과	4	4	42.0	3.14	519.53	293.55	4	54.0	3.74	332.50	375.85
	환경원예학과	-	-					2	43.0	2.97	256.88	392.31
도시 과학 대학	건축학부(건축공학)	5	5	38.2	4.18	568.75	287.07	5	50.0	4.60	372.75	375.89
	건축학부(건축학)	-	-					-	-	-	-	-
	도시공학과	-	-					-	-	-	-	-
	교통공학과	3	3	29.7	5.16	562.92	273.82	3	39.3	3.48	358.75	389.98
	조경학과	-	-					-	-	-	-	-
	환경공학부	10	10	42.2	3.99	540.31	286.34	10	46.1	3.92	334.88	384.98
	공간정보공학과	4	4	37.5	3.51	553.44	291.65	4	42.3	3.54	317.81	387.77
자연 평균		77	77	42.6	3.98	538.70	286.27	80	51.3	3.69	378.45	385.59

216

2023 대학별 수시모집 요강		서울여자대학교			2023 대입 주요 특징	정시인문 국수영탐1 30:20:30:20				
						영어 100-97-94-80-6 ... 자 국수영탐1 20:30:30:20				

<table>
<tr><td colspan="6">
▶ 교과반영 (교과/논술)
전계열 국영수+사/과
한국사 미반영
▶ <u>3개씩 총 12개</u> 반영
▶ 종합정성평가
▶ 졸업자도 수시 5학기
▶ 학년비율 없음
</td></tr>
</table>

서울여자대학교 안내

1. 2023 바롬인재→바롬인재서류전형, 면접 폐지, 일괄변경
2. 2023 플러스인재→바롬인재면접전형 명칭변경
   전공적합성 강조전형
3. 2023 내신 12개 반영 지속, 바롬인재서류 수능전 최종발표
4. 2023 수능최저: 교과 및 논술, 탐구 1개, 영어포함조건 폐지
   논술 2개합 7→국수영 중 1개 3등급 변화
5. 2023 바이오헬스융합과 신설

■ 2022 바롬 플러스 수능전후 트윈전형 핵심우선순위 참고★
1. 바롬: ①계열적합성, 전공관련 성적, 이수상황등 전체역량
        ②전공활동 경험 및 전공관련체험 등 균형발전역량
2. 플러스: ①전공적합성 ②특정교과 우수함보다 특정역량증명
3. 자공고포함 일반고 80% 분포, 일부 어문학 자사특목지원

모집시기	전형명	사정모형	학생부종합특별사항	2023 수시 접수기간 09. 14(수) ~ 17(토)	모집인원	학생부	논술	면접	서류	기타	2023 수능최저등급
2023 수시 1,071명 (59.9%) 정시 716명 (40.1%) 전체 1,787명 2022 수시 1,025명	교과우수자	일괄	학생부교과 학교장추천제 추천업로드 ~09.23(금) 최저 있음 최종 12.15(목)	1. 2023 전년대비 3명 증가 2. 학교장추천 인원제한없음 3. 스포츠운동 실기 40% 포함	181 체육 10명 2022 178 체육 10명	교과 100					2개합 7 (탐1) *영포함시 2개합 5 폐지
	바롬인재 서류전형	일괄	학생부종합 자소서제출 ~09.19(월) 최종 11.11(금)	1. 2023 전년대비 35명 감소 2. 단계면접 폐지, 서류일괄 3. 충실학교생활/관심분야탐색 기초학업역량 균형발전인재 4. 학업역량35 전공적합성25 인성20 발전가능성20	256 2022 291	서류 100					▶2개년 경쟁: 17.1→11.1 ▶2개년 충원: 114→130 ▶2개년 입결: 3.2→3.4 ▶일반고 등록률: 83.8% ▶외고 등록률: 6.0%
	바롬인재 면접전형 플러스인재 수능후 면접 *전공적합특정*	1단계	학생부종합 자소서폐지 1단계 11.30(수) 면접 12.03(토) 최종 12.15(목)	1. 2023 전년대비 48명 증가 2. 2022 플러스인재전형 3. 1단계 4배수→ 5배수 변화 4. 충실학교생활/관심분야탐색 기초학업역량 균형발전인재 5. 학업역량25 전공적합성35 인성20 발전가능성20	169 2022 121	서류 100 (4배→5배수)					▶2개년 경쟁: 21.1→15.2 ▶2개년 충원: 63%→74% ▶2개년 입결: 3.6→3.6 ▶일반고 등록률: 80.3% ▶외고 등록률: 8.2%
		2단계				1단계 50 + 면접 50					
	SW융합인재 (수능후 면접)	1단계	학생부종합 자소서폐지 1단계 11.30(수) 면접 12.03(토) 최종 12.15(목)	1. 정보보호8, 소프트융합6 디지털미디어8, 데이터7 2. 빅데이터 관심자 적극지원 3. 학업역량25 전공적합성35 인성20 발전가능성20	29	서류 100 (4배→5배수)					▶2개년 경쟁: 7.8→5.7 ▶2개년 충원: 59→45% ▶2개년 입결: 3.6→3.7
		2단계				1단계 50 + 면접 50					
	논술우수자	일괄	최저 있음 논술 11.19(토) 최종 12.15(목)	1. 2023 논술 10% 증가 1. 계열별 2문, 자료도표분석 2. 문항당 1페이지, 90분 3. 자연출제: 생명+통합과학1 4. 70점 만점, 합격평균 68점 5. 패션산업 인문 모집	120 2022 120	교과 20 논술 80					국수영 중 1개 3등급 ※ 2022 수능참고 2개합 7 (탐1) 영포함시 2개합 5
	기독교지도자	1단계	학생부종합 1단계 11.30(수) 면접 12.03(토) 최종 12.15(목)	1. 목회자추천서 폐지 유지 2. 2023 자소서 폐지	23 2022 23	서류 100 (4배→5배수)					
		2단계				1단계 50 + 면접 50					
	고른기회 수급자 등	단계 ↓ 일괄	고른기회종합 자소서폐지 최종 12.15(목)	1. 서류100% 일괄 유지 2. 국가보훈, 기초차상, 서해5 3. 농어촌+특성화고 추가	93 2022 91	서류 100					기타전형 생략

서울여대 2022 입시분석자료 01 - 수시 교과우수자　　*2022. 05. 31. ollim*

▶인/체육: 국영수사+史
▶자연: 국영수과
▶3개씩 총 12개 반영
▶학년비율: 동일
▶종합전형 정성평가

2022 교과우수자　▶교과 100%　▶인문/자연: 2개합 7, 영어 포함시 2개합 5

2021 교과우수자　▶교과 100%　▶인문/자연: 2개합 7, 영어 포함시 2개합 5

대학	학과	2023 지균인원	모집인원	경쟁률	실질경쟁률	충원인원	최고	평균	최저	모집인원	경쟁률	실질경쟁률	충원인원	최고	평균	최저
인문대학	국어국문학과	7	7	10.7	6.1	9	1.5	2.3	2.7	8	8.4	4.4	9	1.6	2.0	2.5
	영어영문학과	7	7	16.1	7.7	9	1.8	2.4	2.7	8	5.1	3.5	16	1.4	2.4	3.7
	불어불문학과	4	4	11.5	4.8	7	2.2	3.0	4.0	5	7.6	5.4	2	2.1	2.2	2.3
	독어독문학과	4	4	11.8	3.8	8	2.2	3.1	4.2	5	6.6	4.4	5	1.8	2.3	2.5
	중어중문학과	4	4	24.3	7.8	8	2.1	3.1	3.7	5	5.6	2.8	7	1.8	2.7	5.5
	일어일문학과	5	5	10.6	5.6	14	2.1	2.9	3.5	7	5.4	3.7	10	1.6	2.4	3.4
	사학과	4	4	9.3	5.8	3	2.1	2.7	3.0	4	7.5	4.5	10	1.6	2.1	2.7
	기독교학과	-	-	-	-	-	-	-	-	-	-	-	-	-	-	-
사회과학대학	경제학과	8	8	13.5	8.9	13	2.0	2.4	2.6	9	6.8	4.0	16	1.6	2.4	3.4
	문헌정보학과	6	6	12.0	7.3	18	1.3	2.2	2.7	7	4.4	3.3	12	1.5	2.2	3.0
	사회복지학과	7	7	10.3	5.9	13	1.7	2.4	3.3	8	7.0	5.4	13	1.4	2.0	2.3
	아동학과	8	8	10.9	6.4	18	1.7	2.4	2.9	10	12.9	7.7	25	1.6	2.2	2.7
	행정학과	8	8	17.6	8.9	17	1.8	2.5	3.0	10	5.5	3.3	17	1.5	2.5	3.5
	언론영상학부	10	10	23.3	11.1	16	1.4	2.1	2.5	12	4.6	2.2	14	1.1	2.1	4.6
	교육심리학과	7	7	9.9	5.4	12	1.3	2.2	3.3	7	6.3	5.4	21	1.1	1.7	2.0
미래융합	경영학과	12	12	12.9	8.7	45	1.7	2.2	2.7	16	5.9	4.3	42	1.1	2.0	3.0
	패션산업학과	4	4	13.5	6.3	12	1.9	2.5	3.1	5	12.8	6.6	12	1.7	2.3	2.7
자전	자율전공 인문사회	5	5	13.0	6.2	8	1.8	2.5	3.1	13	7.9	5.2	35	1.4	2.0	2.5
		110	**110**	**13.6**	**6.9**	**230**	**1.8**	**2.5**	**3.1**	**139**	**7.1**	**4.5**	**266**	**1.5**	**2.2**	**3.1**
자연과학	수학과	4	4	7.5	2.3	5	1.9	3.0	3.9	4	5.3	3.0	4	1.7	2.3	2.8
	화학생명환경과학부	12	13	7.9	3.1	22	1.6	2.5	3.6	16	6.1	3.8	32	1.3	2.0	2.3
	바이오헬스융합	5	신설	-	-	-	-	-	-							
	원예생명조경학과	7	7	9.0	4.1	15	1.8	2.5	3.0	8	5.00	2.5	5	1.8	2.3	3.0
	식품응용시스템학부	13	14	8.6	4.2	13	1.8	2.5	2.9	16	7.8	4.8	39	1.7	2.2	2.7
미래산업융합	디지털미디어	6	6	21.7	9.5	7	2.1	2.4	2.8	10	5.2	2.6	10	1.4	2.5	4.2
	정보보호학과	7	8	23.8	8.6	9	1.9	2.5	3.1	10	5.1	2.6	10	1.5	2.5	4.5
	소프트웨어융합	4	4	12.3	5.0	1	2.2	2.4	2.7	5	5.8	4.2	3	1.6	2.0	2.2
	데이터사이언스	4	4	27.3	7.0	8	2.2	2.9	3.6	6	5.3	2.5	9	1.7	2.7	6.0
자전	자율전공 자연	4	4	14.0	3.0	3	2.1	2.4	2.8	7	5.0	2.3	6	1.7	2.4	3.4
		66	**64**	**14.7**	**5.2**	**83**	**2.0**	**2.6**	**3.2**	**82**	**5.6**	**3.1**	**118**	**1.6**	**2.3**	**3.5**
예체능	스포츠운동과학과	10	10	14.6	-	3	1.70	2.70	3.40	12	14.8		11	2.10	3.00	3.90
	산업디자인학과	-	-	-	-	-	-	-	-							
	A&DS 현대미술	-	-	-	-	-	-	-	-							
	A&DS 공예전공	-	-	-	-	-	-	-	-							
	A&DS 시각디자인	-	-	-	-	-	-	-	-							
	첨단미디어디자인	5	4	15.5	7.8	2	1.30	2.40	3.00							
		15	**14**	**15.1**	**7.8**		**1.50**	**2.55**	**3.20**	**12**	**14.8**		**11**	**2.10**	**3.00**	**3.90**

서울여대 2022 입시분석자료 02 - 수시 바롬인재
2022. 05. 31. ollim

▶2023 바롬인재서류
▶인/체육: 국영수사+史
▶자연: 국영수과
▶3개씩 총 12개 반영
▶학년비율: 동일
▶종합전형 정성평가

2022 종합 바롬인재
▶서류 100% (4배수) 수능전 면접
▶1단계 60%+면접 40% 최저 없음

2021 종합 바롬인재
▶서류 100% (4배수) 수능전 면접
▶1단계 60%+면접 40% 최저 없음

대학	학과	2023 바롬인원	2022 모집인원	경쟁률	실질경쟁률	충원인원	최고	평균	최저	2021 모집인원	경쟁률	실질경쟁률	충원인원	최고	평균	최저
인문대학	국어국문학과	8	9	7.2		9	2.6	3.4	4.2	9	11.0		16	2.4	2.9	3.4
	영어영문학과	8	9	16.8		19	2.3	3.5	5.4	9	12.4		21	2.6	3.5	6.0
	불어불문학과	5	5	13.6		6	3.0	4.1	6.2	6	12.0		10	3.0	4.4	7.1
	독어독문학과	7	7	8.3		11	3.4	4.4	6.4	7	9.0		13	3.0	4.1	5.9
	중어중문학과	6	7	15.3		9	2.7	4.3	6.6	7	16.7		19	2.4	4.0	6.2
	일어일문학과	8	9	13.6		20	2.9	4.2	7.0	9	10.9		9	2.9	4.2	7.1
	사학과	5	5	13.2		5	2.0	3.4	7.0	6	10.8		7	2.7	3.6	7.3
	기독교학과	-	-	-		-	-	-	-	-	-		-			
사회과학대학	경제학과	7	8	8.3		10	2.4	3.8	6.4	8	5.8		10	1.9	3.8	6.4
	문헌정보학과	5	5	10.8		5	2.9	3.3	5.0	6	8.2		10	2.3	3.1	5.4
	사회복지학과	8	9	12.9		9	2.1	3.2	4.8	9	12.4		6	2.2	3.2	3.9
	아동학과	12	10	14.8		6	2.4	3.4	6.9	14	13.6		9	1.8	3.4	5.1
	행정학과	6	7	8.3		10	2.6	3.2	3.7	8	7.8		12	2.5	3.0	3.6
	언론영상학부	12	15	24.9		12	2.1	3.1	5.4	18	22.7		12	2.1	3.3	5.6
	교육심리학과	4	8	10.3		8	2.3	3.0	4.9	8	14.6		9	2.2	2.7	3.1
미래융합	경영학과	15	18	11.8		20	2.4	3.4	6.9	20	9.1		28	2.4	3.2	4.5
	패션산업학과	7	8	19.3		11	2.4	6.4	7.2	8	16.1		8	2.6	3.5	6.3
자전	자율전공 인문사회	16	15	12.9		9	2.0	3.8	7.0	20	12.8		17	2.2	3.5	6.2
		139	154	13.1		179	2.5	3.8	5.9	172	12.1		216	2.4	3.5	5.5

대학	학과	2023 바롬인원	2022 모집인원	경쟁률	실질경쟁률	충원인원	최고	평균	최저	2021 모집인원	경쟁률	실질경쟁률	충원인원	최고	평균	최저
자연과학	수학과	8	8	5.4		14	2.4	3.6	5.4	9	4.8		18	2.4	3.4	4.6
	화학생명환경과학부	14	18	14.7		22	2.3	3.4	5.5	18	14.2		26	2.2	3.2	6.7
	바이오헬스융합	7	신설													
	원예생명조경학과	9	10	10.0		7	2.2	3.5	4.3	10	10.7		7	2.7	3.6	4.8
	식품응용시스템학부	16	20	7.1		10	1.5	3.5	4.8	20	8.3		39	2.4	3.1	4.1
미래산업융합	디지털미디어	15	17	8.4		19	2.1	3.9	5.6	14	9.6		9	2.8	3.8	5.1
	정보보호학과	10	10	4.4		9	2.9	4.2	6.5	10	5.1		10	2.8	3.5	4.1
	쇼프트웨어융합	9	6	5.3		8	2.7	3.5	4.7	7	6.4		11	2.8	3.2	3.4
	데이터사이언스	9	12	4.4		11	2.8	4.1	6.2	10	5.8		18	2.4	3.2	3.9
자전	자율전공 자연	5	5	7.4		2	3.0	3.6	4.7	8	7.8		6	2.9	3.4	3.8
		102	106	7.5		102	2.4	3.7	5.3	106	8.1		144	2.6	3.4	4.5

대학	학과	2023 바롬인원	2022 모집인원	경쟁률	실질경쟁률	충원인원	최고	평균	최저
예체능	스포츠운동과학과	-	-						
	산업디자인학과	6	12	8.7		18	1.5	3.1	4.5
	A&DS 현대미술	-	-						
	A&DS 공예전공	-	-						
	A&DS 시각디자인	4	10	18.6		25	1.2	2.9	3.7
	첨단미디어디자인	5	8	10.8		5	2.9	3.5	4.2
		15	30	12.7		48	1.87	3.17	4.13

		2023 인원	2022 종합 플러스인재 ▶서류 100% (4배수) 수능후 면접 ▶1단계 60%+면접 40% 최저 없음							2021 종합 플러스인재 ▶서류 100% (4배수) 수능후 면접 ▶1단계 60%+면접 40% 최저 없음					
			모집인원	경쟁률	실질경쟁률	충원인원	최종 성적 최고	평균	최저	모집인원	경쟁률	실질경쟁률	충원인원	최종 성적 최고	평균	최저
인문대학	국어국문학과	7	6	10.0		1	2.8	3.6	4.7	7	16.7		7	2.9	3.2	3.5
	영어영문학과	7	6	14.5		10	2.7	4.1	7.0	7	12.3		8	2.7	3.2	3.5
	불어불문학과	4	4	9.8		2	3.2	3.9	4.7	4	8.5		2	2.9	4.0	6.4
	독어독문학과	4	4	7.0		-	3.8	4.1	4.8	5	8.0		5	3.2	3.9	4.9
	중어중문학과	4	4	20.8		5	3.2	4.6	6.3	5	16.6		6	3.5	4.8	6.1
	일어일문학과	7	5	17.0		1	3.4	4.3	6.3	6	12.2		5	3.3	4.8	8.0
	사학과	4	4	11.5		3	2.3	4.1	7.0	4	12.5		1	2.4	3.1	3.4
	기독교학과	-	-	-		-	-	-	-	-	-		-	-	-	-
사회과학대학	경제학과	6	5	9.4		3	3.0	4.0	6.4	6	7.2		7	2.6	3.7	6.6
	문헌정보학과	4	4	16.5		-	3.5	3.8	4.1	4	23.5		0	2.9	3.7	5.3
	사회복지학과	6	5	24.0		2	3.4	4.3	5.7	6	37.2		6	2.7	3.5	5.0
	아동학과	8	10	18.1		3	2.8	3.8	5.5	8	12.9		9	2.6	3.4	5.5
	행정학과	5	4	9.5		8	2.7	3.4	5.3	6	12.5		8	2.4	3.2	3.6
	언론영상학부	11	8	23.1		2	2.8	3.7	6.2	8	21.9		6	2.5	3.2	4.6
	교육심리학과	4	-	-		-	-	-	-	-	-		-	-	-	-
미래융합	경영학과	12	10	19.7		1	2.7	3.2	3.8	10	9.7		9	2.6	3.7	5.9
	패션산업학과	4	3	23.3		1	3.1	4.4	7.4	5	23.2		1	2.4	3.8	5.4
자전	자율전공 인문사회	8	8	16.9		9	2.7	4.5	6.7	14	21.4		12	2.8	3.6	6.1
		105	90	15.7		51	3.0	4.0	5.7	105	16.0		92	2.8	3.7	5.2

		2023 인원	모집인원	경쟁률	실질경쟁률	충원인원	최고	평균	최저	모집인원	경쟁률	실질경쟁률	충원인원	최고	평균	최저
자연과학	수학과	4	4	5.5		2	2.6	3.4	4.4	4	8.5		0	3.6	3.7	3.8
	화학생명환경과학부	11	8	25.3		1	3.1	3.4	3.7	8	25.8		7	2.6	3.5	4.4
	바이오헬스융합	7	신설	-		-	-	-	-							
	원예생명조경학과	6	5	17.0		4	3.4	4.0	4.5	7	9.1		3	3.5	4.1	5.3
	식품응용시스템학부	13	10	7.5		7	2.9	3.5	4.1	14	10.8		5	2.9	3.3	4.1
미래산업융합	디지털미디어	-	-	-		-	-	-	-	-	-		-	-	-	-
	정보보호학과	-	-	-		-	-	-	-	-	-		-	-	-	-
	쇼프트웨어융합	-	-	-		-	-	-	-	-	-		-	-	-	-
	데이터사이언스	-	-	-		-	-	-	-	10	7.0		4	3.0	3.7	4.6
자전	자율전공 자연	4	4	8.3		1	2.7	3.5	4.1	4	18.5		1	2.5	3.4	3.8
		45	31	12.7		15	2.9	3.6	4.2	47	13.3		20	3.0	3.6	4.3

		2023 인원														
예체능	스포츠운동과학과	4	-	-		-	-	-	-							
	산업디자인학과	6														
	A&DS 현대미술	-														
	A&DS 공예전공	-														
	A&DS 시각디자인	4														
	첨단미디어디자인	5														
		19														

2023 바롬인재면접
▶2023 바롬인재면접
▶인/체육: 국영수사+史
▶자연: 국영수과
▶3개씩 총 12개 반영
▶학년비율: 동일
▶종합전형 정성평가

▶ 인/체육: 국영수사+史
▶ 자연: 국영수과
▶ 3개씩 총 12개 반영
▶ 학년비율: 동일

2022 논술전형 ▶ 교과 30+논술 70 ▶ 인문/자연: 2개합 7, 영어 포함시 2개합 5
2021 논술전형 ▶ 교과 30+논술 70 ▶ 인문/자연: 2개합 7, 영어 포함시 2개합 5

대학	학과	2023 논술인원	2022 모집인원	2022 경쟁률	2022 실질경쟁률	2022 충원인원	2022 최고	2022 평균	2022 최저	2021 모집인원	2021 경쟁률	2021 실질경쟁률	2021 충원인원	2021 최고	2021 평균	2021 최저
인문대학	국어국문학과	6	6	23.0	6.2	4	2.8	3.7	4.3	6	22.3	8.3	3	2.9	3.6	4.8
	영어영문학과	6	6	22.3	8.7	5	3.0	3.9	5.0	6	22.5	9.7	2	2.8	3.6	4.6
	불어불문학과	4	4	23.5	6.0	-	3.4	4.2	5.0	5	22.4	8.0	2	3.5	4.0	4.5
	독어독문학과	5	5	23.5	7.6	4	3.1	4.3	5.4	5	21.6	7.0	0	3.4	3.8	4.4
	중어중문학과	5	5	21.8	4.6	4	2.8	4.4	5.9	5	22.2	7.2	0	3.0	4.2	5.1
	일어일문학과	5	5	19.8	6.0	2	3.0	4.3	5.1	5	25.8	9.2	0	2.0	3.4	4.6
	사학과	4	4	20.3	6.0	3	4.1	4.5	5.4	5	21.2	7.8	0	3.5	4.1	4.5
	기독교학과	-	-	-	-	-	-	-	-	-	-	-	-	-	-	-
사회과학대학	경제학과	5	5	22.2	6.2	1	2.9	3.7	4.8	5	24.4	9.0	0	2.0	3.6	4.7
	문헌정보학과	5	5	22.0	8.2	1	2.9	4.0	4.9	5	24.2	9.4	0	3.6	4.2	4.6
	사회복지학과	5	5	23.0	5.8	2	3.0	4.0	5.7	5	23.2	9.4	0	3.1	4.2	4.6
	아동학과	6	6	22.3	7.0	8	3.0	4.2	5.9	6	22.7	7.7	2	2.8	4.0	5.1
	행정학과	5	5	21.6	7.2	1	2.4	3.8	5.3	5	27.0	12.0	0	3.2	3.7	4.4
	언론영상학부	5	5	32.8	9.6	1	3.0	4.1	5.1	5	40.8	15.6	3	3.4	4.2	4.6
	교육심리학과	3	3	23.3	6.3	1	2.0	3.5	4.4	3	30.7	11.7	0	3.0	3.4	3.7
미래융합	경영학과	6	6	24.7	8.5	1	2.9	4.2	5.0	6	28.2	11.0	4	2.9	3.5	4.5
	패션산업학과	5	5	26.4	6.2	3	3.2	4.4	5.3	6	29.3	8.2	3	2.5	3.8	5.0
자전	자율전공 인문사회	12	12	33.3	11.5	3	3.0	4.2	6.0	12	29.4	11.4	10	2.8	3.9	6.3
		92	92	23.9	7.2	44	3.0	4.1	5.2	95	25.8	9.6	29	3.0	3.8	4.7

대학	학과	2023 논술인원	2022 모집인원	2022 경쟁률	2022 실질경쟁률	2022 충원인원	2022 최고	2022 평균	2022 최저	2021 모집인원	2021 경쟁률	2021 실질경쟁률	2021 충원인원	2021 최고	2021 평균	2021 최저
자연과학	수학과	-	-	-	-	-	-	-	-	6	10.3	2.3	0	3.4	4.4	5.1
	화학생명환경과학부	9	9	22.2	5.7	4	3.4	4.2	5.6	11	18.9	6.5	0	2.0	3.7	4.5
	바이오헬스융합	-	-	-	-	-	-	-	-	-	-	-	-	-	-	-
	원예생명조경학과	6	6	14.5	3.0	1	2.9	4.2	5.2	6	11.2	2.8	0	3.0	4.0	5.1
	식품응용시스템학부	9	9	15.3	4.2	1	3.1	4.3	5.4	10	13.3	5.2	2	2.1	3.9	5.3
미래산업융합	디지털미디어	-	-	-	-	-	-	-	-	7	17.3	4.0	2	2.8	3.6	4.4
	정보보호학과	-	-	-	-	-	-	-	-	5	14.0	4.0	0	3.0	3.7	4.7
	쇼프트웨어융합	-	-	-	-	-	-	-	-	5	15.0	4.6	1	2.8	3.8	4.8
	데이터사이언스	-	-	-	-	-	-	-	-	-	-	-	-	-	-	-
자전	자율전공 자연	4	4	22.8	6.5	2	3.0	3.8	4.7	5	15.0	4.0	0	2.8	3.6	4.9
		28	28	18.7	4.9	8	3.1	4.1	5.2	55	14.4	4.2	5	2.7	3.8	4.9

대학	학과	2023 논술인원	2022 모집인원	2022 경쟁률	2022 실질경쟁률	2022 충원인원	2022 최고	2022 평균	2022 최저	2021 모집인원	2021 경쟁률	2021 실질경쟁률	2021 충원인원	2021 최고	2021 평균	2021 최저
예체능	스포츠운동과학과	-	-	-	-	-	-	-	-	-	-	-	-	-	-	-
	산업디자인학과	-	-	-	-	-	-	-	-	-	-	-	-	-	-	-
	A&DS 현대미술	-	-	-	-	-	-	-	-	-	-	-	-	-	-	-
	A&DS 공예전공	-	-	-	-	-	-	-	-	-	-	-	-	-	-	-
	A&DS 시각디자인	-	-	-	-	-	-	-	-	-	-	-	-	-	-	-
	첨단미디어디자인	-	-	-	-	-	-	-	-	-	-	-	-	-	-	-
		0														

영어 점수 인/자: 100-97-94-80-65 ...		2023 가다 인원	2022 정시수능 ▶인문 국수영탐1 30:20:30:20 ▶자연 국수영탐1 20:30:30:20						2021 정시수능 ▶인문 국수영탐1 30:20:30:20 ▶자연 국수영탐1 20:30:30:20					
			모집 인원	경쟁률	백분위 평균	충원			모집 인원	경쟁률	백분위 평균	충원		
인문 대학	국어국문학과	23	23	10.7	82.58	20			23	4.78	85.65	53		
	영어영문학과	23	23	7.80	84.07	35			24	4.57	85.40	35		
	불어불문학과	12	12	6.30	81.72	13			13	5.08	84.99	25		
	독어독문학과	13	13	8.50	81.78	12			12	6.50	84.78	43		
	중어중문학과	14	13	1.80	81.22	13			14	6.21	84.67	40		
	일어일문학과	22	23	8.60	81.47	16			21	4.76	83.37	52		
	사학과	12	12	6.80	81.20	14			11	7.27	85.89	23		
	기독교학과	9	9	6.10	80.43	4			6	5.67	82.27	7		
사회 과학 대학	경제학과	25	27	8.00	83.90	38			27	4.44	85.73	43		
	문헌정보학과	13	14	7.60	83.41	26			12	4.75	87.39	24		
	사회복지학과	21	21	8.00	81.74	24			20	6.95	85.12	63		
	아동학과	32	32	7.80	81.73	26			32	3.97	84.64	49		
	행정학과	27	28	9.40	83.07	47			25	5.24	83.47	37		
	언론영상학부	37	37	5.10	84.06	19			42	3.45	87.39	39		
	교육심리학과	14	12	4.80	84.26	14			16	3.69	87.04	18		
미래 융합	경영학과	40	41	6.20	83.00	45			41	3.73	85.11	56		
	패션산업학과	17	17	5.20	83.59	6			14	3.36	87.18	12		
자전	자율전공 인문사회	41	47	6.90	83.41	44			29	6.38	86.67	72		
		395	404	6.98	82.59	416			382	5.04	85.38	691		

자연 과학	수학과	13	14	9.60	82.80	19			9	5.57	81.03	22		
	화학생명환경과학부	39	37	7.20	85.13	69			33	5.21	85.08	87		
	바이오헬스융합	17	신설	-	-	-								
	원예생명조경학과	28	28	7.00	82.26	28			28	5.11	85.20	45		
	식품응용시스템학부	43	46	7.40	82.98	35			38	4.38	84.82	69		
미래 산업 융합	디지털미디어	28	28	6.10	83.41	15			30	3.76	86.80	39		
	정보보호학과	22	31	5.20	85.44	21			26	4.00	86.13	20		
	쇼프트웨어융합	18	18	5.60	86.61	11			16	5.50	88.49	37		
	데이터사이언스	18	19	6.60	83.61	10			15	4.47	86.84	20		
자전	자율전공 자연	16	16	5.40	86.25	18			10	7.70	87.47	19		
		242	237	6.68	84.28	226			205	5.08	85.76	358		

예체능	스포츠운동과학과	14	14	4.90	81.02	9			9	5.75	83.33	3		
	산업디자인학과	15	15	7.50	94.96	6			12	8.17	84.22	10		
	A&DS 현대미술	15	15	5.70	80.48	25			13	7.38	75.08	17		
	A&DS 공예전공	13	13	10.3	82.77	7			13	14.50	79.74	7		
	A&DS 시각디자인	14	14	5.40	88.60	5			8	8.63	85.92	3		
	첨단미디어디자인	10	10	6.70	86.25	6			신설	-	-	-		
		81	81	6.75	85.68	58			55	8.89	81.66	40		

2023 대학별 수시모집 요강	선문대학교	2023 대입 주요 특징	정시 국영탐1, 수영탐1, 미적/기하 5%
			영어 98(1,2등급)-93(3,4등급)-88(5,6등급)-83

▶ 내신반영 변화 (인문/자연)
2022 국영수사과 중 **총 15개**
2023 국2영2수2+사/과/史2
총 8개 반영★★
▶ 종합 학과별인재상 핵심★

1. 2023학년도 대규모 학부(과) 개편 변경사항 필수확인
2. 2023 일반학생 등 교과내신 변화: 15개→8개 축소
3. 종합전형 투트랙 체제, 서류 100% 전형 신설
4. 사회통합 및 고른기회 지원자격 변화 등

5. 소프트웨어전형 30명 유지
6. 2022 주요변경 학과명칭 유의
행정학과→행정공기업학과 신학순결학과→신학과
토목방재공→건설시스템안전공 글로벌SW→AI SW 등

모집시기	전형명	사정모형	학생부종합 특별사항	2023 수시 접수기간 09. 13(화) ~ 17(토)	모집인원	학생부	논술	면접	서류	기타	2023 최저등급
2023 정원내 수시 2,008명 2022 수시 1,846명 (89.9%) 정시 206명 (10.1%) 전체 2,052명	**일반학생**	일괄	학생부교과 최저없음 국2영2수2 사/과/史2 총 8개 반영 최종 10.25(화)	1. 2023 전년대비 128명 증가 2. 2022 전년대비 42명 증가 3. 2023 내신반영 변화★★ 2022 국영수사과 중 총 15개 2023 국2영2수2+사/과/史2 총 8개 반영 4. 신학 면접 11.12(토)	929 2022 801	교과 100					
	면접전형 (선문인재)	1단계	학생부종합 자소서 폐지 최저없음 1단계 10.27(목) 면접 11.05(토) 최종 11.22(화)	1. 2023년 전년대비 230 감소 2. 면접 10일 전에 홈피공지 3. 종합전형 평가항목 인성 40% 전공적합성 35% 발전가능성 25% 4. 제약생명공학/컴퓨터공학 면접일 11.05(토)~11.06(일)	163 2022 393	서류 100 (4배수)					없음
		2단계				서류 70 + 면접 30					
	서류전형 (신설)	일괄	학생부교과 최종 11.22(화)	2023 서류전형 신설	294	서류 100					없음
	소프트웨어	1단계	학생부종합 1단계 10.27(목) 면접 11.05(토) 최종 11.22(화)	소프트웨어 자질과 역량 컴퓨터공22, AI소프트웨어11 컴퓨터공학 면접: 11.05~06	33 2022 33	서류 100 (4배수)					없음
		2단계				서류 70 + 면접 30					
	사회통합	일괄	학생부교과 최종 11.22(화)	다문화, 다자녀	64	교과 100					없음
	지역학생	일괄	학생부교과 최종 11.22(화)	대전/세종/충남북 고교출신자	233	교과 100					없음
	고른기회	일괄	학생부교과 최종 11.22(화)	1. 2023 종합→교과 변경 1. 국가보훈자녀 2. 기초 및 차상위자녀 5. 전과목 반영★	46	교과 100					없음

선문대 2022 입결분석 01 - 수시 교과 및 정시백분위 *2022. 06. 24. ollim*

▶교과 100%
▶내신: 총 15개
▶정시영어 반영점수
98(1,2등급) 93(3,4등급)
88(5,6등급) 83(7,8등급)

대학	학과	2023 모집인원	2022 지원 모집인원	경쟁률	최종등록 50%컷	최종등록 75%컷	충원인원	충원율	전체지원	모집+충원	최저제외 실질경쟁	국수탐1 백분위평균	환산점수 70%컷
인문사회대학	국어국문학과	14	12	3.08	5.50	5.50	25	208%	37	37	1.00	15.7	341.70
	사회복지학과	22	17	6.47	4.94	5.55	64	376%	110	81	1.36	24.3	418.99
	상담심리학과	24	15	6.33	5.39	5.57	65	433%	95	80	1.19	29.7	461.62
	사학과	15	24	4.54	5.33	6.00	83	346%	109	107	1.02	28.7	384.32
	미디어커뮤니케이션	32	23	6.09	5.16	5.52	83	361%	140	106	1.32	43.0	466.90
	법·경찰학과	27	24	6.88	4.81	5.10	89	371%	165	113	1.46	53.0	560.18
	글로벌한국학과	10	15	3.07	5.80	6.03	31	207%	46	46	1.00	31.0	429.61
	행정·공기업학과	28	22	4.27	5.64	5.90	55	250%	94	77	1.22	23.0	387.02
글로벌비즈니스대학	영어전공	15	17	3.53	5.63	6.13	43	253%	60	60	1.00	22.0	368.30
	중국어문화전공	14	17	2.88	5.38	5.97	31	182%	49	48	1.02	22.0	368.30
	일본어전공	15	15	5.33	5.45	5.71	41	273%	80	56	1.43	22.0	368.30
	러시아어전공	10	11	2.82	6.03	6.23	16	145%	31	27	1.15	22.0	368.30
	스페인어중남미전공	10	11	4.09	5.75	6.24	27	245%	45	38	1.18	22.0	368.30
	경영학과	49	37	8.97	5.76	6.11	189	511%	332	226	1.47	26.0	405.63
	IT경영학과	26	20	5.35	6.31	6.44	70	350%	107	90	1.19	34.0	442.93
	글로벌경제학과	22	17	3.12	6.57	7.59	33	194%	53	50	1.06	32.3	413.62
	항공관광학부	31	14	10.4	5.46	5.53	57	407%	145	71	2.04	29.3	440.26
	국제관계학과	17	17	3.76	5.70	7.21	47	276%	64	64	1.00	15.3	371.04
신학	신학과	27	27	1.11	5.10	6.20	0	0%	30	27	1.11		
건강보건대학	제약생명공학과	38	34	5.26	5.55	5.87	126	371%	179	160	1.12	29.3	405.63
	식품과학부	25	20	6.75	5.31	5.48	73	365%	135	93	1.45	23.0	373.66
	수산생명의학과	17	13	11.4	4.46	4.61	25	192%	148	38	3.89	50.3	544.20
	간호학과	26	17	8.29	2.38	2.54	22	129%	141	39	3.62	60.7	661.42
	물리치료학과	18	15	12.3	2.56	3.18	21	140%	184	36	5.11	60.0	624.08
	치위생학과	17	15	10.8	3.89	4.21	66	440%	162	81	2.00	45.7	565.47
	응급구조학과	10	10	10.9	4.27	4.53	36	360%	109	46	2.37	46.0	554.86
공과대학	건축학부	29	23	6.48	4.86	5.00	66	287%	149	89	1.67	36.0	457.98
	건설시스템안전공	17	13	4.31	6.29	6.58	36	277%	56	49	1.14	17.0	288.42
	기계공학과	24	30	5.50	5.76	6.26	98	327%	165	128	1.29	33.7	440.84
	스마트정보통신공	36	34	3.26	6.29	6.83	76	224%	111	110	1.01	26.3	381.66
	디스플레이반도체	24	22	3.73	6.07	6.76	59	268%	82	81	1.01	22.3	368.56
	전자공학과	28	26	5.00	5.77	6.66	104	400%	130	130	1.00	20.7	365.71
	신소재공학과	25	21	2.86	6.48	7.17	38	181%	60	59	1.02	26.7	383.92
	에너지화학공학과	25	25	2.72	5.82	6.42	43	172%	68	68	1.00	14.0	309.73
	산업안전경영공학과	36	30	3.10	6.70	6.97	52	173%	93	82	1.13	30.0	368.34
SW융합대학	미래자동차공학부	26	31	4.45	6.09	6.90	105	339%	138	136	1.01	18.7	375.97
	컴퓨터공학부	67	50	5.74	5.48	5.79	200	400%	287	250	1.15	55.3	483.19
	AI소프트웨어학과	19	17	8.65	5.59	5.87	76	447%	147	93	1.58	48.0	519.03
예능	시각디자인전공		25	2.36	5.60	6.33	29	116%	59	54	1.09		
	영상기획·제작트랙	14											
건강보건	스포츠과학 (실기)		40	9.00	5.20	5.40	63	158%	360	103	3.50		
	무도경호학과		30	8.83	5.53	6.53	20	67%	265	50	5.30		
		929	896	5.70	5.41	5.86	2483	274%	5020	3379	1.63	31.3	428.05

		2023	2022 지원		2022 수시 입결				2022 지원 세부			2023학년도	
▶1단계: 서류100 (4배수) ▶2단계: 서류70+면접30												학생부종합	
		모집 인원	모집 인원	경쟁률	최종등록 50%컷	최종등록 75%컷	충원 인원	충원율	전체 지원	모집 +충원	최저제외 실질경쟁	면접형	서류형
인문 사회 대학	국어국문학과	3	8	2.13	6.06	6.06	2	25%	17	10	1.70	3	4
	사회복지학과	4	9	7.67	5.31	5.52	16	178%	69	25	2.76	4	7
	상담심리학과	3	8	4.50	5.68	5.72	15	188%	36	23	1.57	3	9
	사학과	3	15	3.87	5.45	5.96	25	167%	58	40	1.45	3	5
	미디어커뮤니케이션	5	11	4.55	4.73	5.15	4	36%	50	15	3.33	5	12
	법·경찰학과	5	11	6.36	5.66	5.84	12	109%	70	23	3.04	5	10
	글로벌한국학과	3	9	1.56	5.84	6.89	1	11%	14	10	1.40	3	3
	행정·공기업학과	4	12	1.58	6.47	7.13	1	8%	19	13	1.46	4	7
글로벌 비즈 니스 대학	영어전공	3	10	1.50	7.60	8.37			15	10	1.50	3	6
	중국어문화전공	3	9	1.67	6.28	6.72	1	11%	15	10	1.50	3	5
	일본어전공	4	9	2.89	5.55	6.40	10	111%	26	19	1.37	4	6
	러시아어전공	3	6	2.50	6.85	7.35	3	50%	15	9	1.67	3	3
	스페인어중남미전공	3	6	2.00	6.75	6.75			12	6	2.00	3	3
	경영학과	7	17	1.71	5.76	6.55	5	29%	29	22	1.32	7	16
	IT경영학과	0	6	2.67	7.10	7.10	6	100%	16	12	1.33	0	3
	글로벌경제학과	4	10	1.60	7.86	7.86	3	30%	16	13	1.23	4	5
	항공관광학부	5	7	3.86	5.68	5.90	8	114%	27	15	1.80	5	8
	국제관계학과	4	11	1.55	5.93	5.93			17	11	1.55	4	5
건강 보건 대학	제약생명공학과	7	20	2.35	5.85	6.82	13	65%	47	33	1.42	7	14
	식품과학부	5	11	2.82	5.55	5.82	11	100%	31	22	1.41	5	5
	수산생명의학과	3	8	5.50	5.04	5.56			44	8	5.50	3	5
	간호학과	5	9	26.0	3.65	4.00	12	133%	234	21	11.14	5	12
	물리치료학과	4	9	19.6	4.34	4.41	7	78%	176	16	11.00	4	8
	치위생학과	4	9	12.6	4.38	4.72	5	56%	113	14	8.07	4	8
	응급구조학과	10	13	12.9	4.73	4.81	12	92%	167	25	6.68	10	5
공과 대학	건축학부	3	11	4.64	5.61	5.83	11	100%	51	22	2.32	3	12
	건설시스템안전공	4	9	1.89	6.66	6.66	3	33%	17	12	1.42	4	4
	기계공학과	5	14	2.93	6.56	6.73	17	121%	41	31	1.32	5	26
	스마트정보통신공	6	17	1.41	5.83	6.90			24	17	1.41	6	13
	디스플레이반도체	3	10	1.90	6.52	6.52			19	10	1.90	3	7
	전자공학과	7	18	1.50	6.15	6.54	5	28%	27	23	1.17	7	13
	신소재공학과	5	13	1.46	6.55	6.55	2	15%	19	15	1.27	5	6
	에너지화학공학과	5	15	1.33	7.17	7.76			20	15	1.33	5	7
	산업안전경영공학과	3	11	1.82	7.73	7.82	8	73%	20	19	1.05	3	4
	컴퓨터공학부	0										0	10
SW	미래자동차공학부	4	12	2.92	6.21	6.64	6	50%	35	18	1.94	4	8
예능	시각디자인전공	7	10	5.80	4.91	5.03	7	70%	58	17	3.41	7	3
	방송콘텐츠디자인	4										4	2
	영상기획·제작트랙	3										3	5
		163	393	4.54	5.94	6.29	231	75%	1664	624	2.66	163	294

225

| | | 2023 | 2022 지역학생 교과 | | | | | | 2022 지역학생 세부입결 | | |
| | | | 2022 지원 | | 2022 수시 입결 | | | | | | 2022 지원 세부 | |
▶ 교과 100% ▶ 내신: 총 15개		모집 인원	모집 인원	경쟁률	최종등록 50%컷	최종등록 75%컷	충원 인원	충원율	전체 지원	모집 +충원	최저제외 실질경쟁
인문 사회 대학	국어국문학과	3	5	2.00	6.18	6.24	3	60%	10	8	1.25
	사회복지학과	5	6	7.67	4.94	5.16	8	133%	46	14	3.29
	상담심리학과	4	5	4.80	4.45	5.38	11	220%	24	16	1.50
	사학과	5	10	3.00	5.00	5.54	20	200%	30	30	1.00
	미디어커뮤니케이션	8	9	4.00	4.27	4.67	13	144%	36	22	1.64
	법·경찰학과	8	9	5.89	4.80	5.21	28	311%	53	37	1.43
	글로벌한국학과	3	6	2.17	6.41	6.41	6	100%	13	12	1.08
	행정·공기업학과	7	9	3.00	5.34	5.70	18	200%	27	27	1.00
글로벌 비즈 니스 대학	영어전공	3	5	2.40	7.42	7.42	7	140%	12	12	1.00
	중국어문화전공	3	4	2.75	6.08	6.08	6	150%	11	10	1.10
	일본어전공	3	4	3.25	6.14	6.14	2	50%	13	6	2.17
	러시아어전공	2	2	2.00	5.76	5.76			4	2	2.00
	스페인어중남미전공	2	2	1.50	5.40	5.40			3	2	1.50
	경영학과	10	15	5.07	5.71	6.00	33	220%	76	48	1.58
	IT경영학과	3	6	5.83	6.45	6.70	20	333%	35	26	1.35
	글로벌경제학과	6	7	2.29	6.29	6.29	7	100%	16	14	1.14
	항공관광학부	5	3	6.33	5.47	5.47	12	400%	19	15	1.27
	국제관계학과	5	7	2.00	6.35	6.35	7	100%	14	14	1.00
건강 보건 대학	제약생명공학과	10	14	3.43	5.93	6.04	34	243%	48	48	1.00
	식품과학부	7	8	4.25	5.66	5.86	21	263%	34	29	1.17
	수산생명의학과	5	6	3.67	4.55	5.23	4	67%	22	10	2.20
	간호학과	22	17	4.35	3.61	3.96	37	218%	74	54	1.37
	물리치료학과	4	5	8.40	2.90	3.00	7	140%	42	12	3.50
	치위생학과	4	5	7.40	4.16	4.23	5	100%	37	10	3.70
	응급구조학과	3	3	5.67	4.54	4.54	10	333%	17	13	1.31
공과 대학	건축학부	9	10	4.70	5.46	6.00	28	280%	47	38	1.24
	건설시스템안전공	4	5	2.20	7.79	7.79	6	120%	11	11	1.00
	기계공학과	5	10	2.80	5.24	5.24	16	160%	28	26	1.08
	스마트정보통신공	9	13	2.62	7.29	7.35	20	154%	34	33	1.03
	디스플레이반도체	6	8	3.13	6.90	6.90	15	188%	25	23	1.09
	전자공학과	9	12	2.92	6.74	7.57	18	150%	35	30	1.17
	신소재공학과	6	9	1.89	6.87	6.87	6	67%	17	15	1.13
	에너지화학공학과	7	10	1.70	5.89	5.89	7	70%	17	17	1.00
	산업안전경영공학과	7	10	1.90	7.11	7.55	7	70%	19	17	1.12
SW 융합 대학	미래자동차공학부	7	10	3.20	6.34	6.75	22	220%	32	32	1.00
	컴퓨터공학부	14	18	5.00	5.47	5.61	50	278%	90	68	1.32
	AI소프트웨어학과	5	6	3.50	5.89	6.06	7	117%	21	13	1.62
		228	293	3.75	5.70	5.90	521	174%	1092	814	1.47

▶교과 반영 국수영+사(史,도)/과 학기별 4개씩 총 20개 ▶학년비율 공통 100% ▶이수단위 미반영★ ▶2023 전년도와 동일★	1. 학생부 100%전형 경쟁률 세심히 관찰 유의 지원★ 2. 교과전형, 창의인재전형, 기회균형전형 모두 교과100%★ 3. 2023 교과 46명 증가, 창의적 인재 18명 증가 4. SKU 창의적인재: 1단계 교과100% 합격 관건, 동점자 통과 　출결 및 자기소개서 폐지, 1단계 6배수 유지 　면접: 전공적합성, 인화관계성, 성장잠재력 평가 5. 전과 무제한 1년 2학기: 평점/주야 무제한, 2017-151명 승인	6. 체육교육 수시 실기: 교과 40%+실기 60% (일괄) ①80m달리기(9.9초)　②제자리멀리(285cm) ③왕복달리기(8.5초)　④윗몸일으키(74회) ⑤윗몸앞으로굽히(26센티)

모집시기	전형명	사정 모형	학생부종합 특별사항	2023 수시 접수기간 09. 13(화) ~ 17(토)	모집 인원	학생부	논술	면접	서류	기타	2023 수능최저
2023 정원내 수시 1,034명 (84.1%) 정시 196명 (15.9%) 전체 1,230명 2022 수시 1,032명 (84%) 정시 196명 (16%) 전체 1,228명	교과성적 우수자	일괄	학생부교과 최저없음 최종 10.27(목) <내신 총20개> 국수영+사/과 학기별 4개씩	1. 2023 전년대비 50명 증가	633 주492 야141 2021 583 주306 야 80	교과 100					최저 없음
	SKU 창의적인재	1단계	학생부종합 자소서 없음 1단계 09.29(목) 면접 10.15(토) 최종 10.27(목)	1. 2023 전년대비 19명 증가 2. 2023 야간모집 없음 3. 다대다 토론면접 (2~4명) 　사회이슈 등의 주제 4. 주제 이해력, 주장 논리력 　언어구사력, 태도 성실성 등 5. 학업충실, 특정분야 탁월 　재능 및 미래성장잠재력 　1단계통과=최종80% 일치	250 2022 231	교과 100 (6배수)		<2023 면접진행방식> 1. 조별 대표자가 　문제번호 추첨 2. 면접 전, 토론주제 　답변준비시간 부여 　(A4용지 메모 가능) 3. 고사장 이동 후 면접			최저 없음
		2단계	<내신 총20개> 국수영+사/과 학기별 4개씩			1단계 40 + 면접 60					
	기회균형 (정원외)	일괄	기회균형 최저없음 최종 10.27(목)	기초수급 및 차상위 자녀 경쟁률 상승 입결비례 정확★	26 2022 26	교과 100		<목회추천 2021 입결> 신학과 70% 7.4등급 <예성지방 2021 입결> 신학과 70% 6.2등급			최저 없음
	목회자추천 예성목회추천	일괄	학생부교과 면접 10.01(토) 최종 10.27(목)	신학과 목회 35명, 예성 12명 일반수학능력, 전공수학능력 인성/사회성 및 신앙고백	목35 예12	교과 90 + 면접 10		<목회추천 2021 입결> 신학과 70% 7.4등급 <예성지방 2021 입결> 신학과 70% 6.2등급			최저 없음
	미래인재	일괄	학생부교과 최종 10.27(목)	기독교 출석교인 지원대상 기독교육 7명, 문화선교 6명 일반수학능력, 전공수학능력 인성/사회성 및 신앙고백	11 2022 13	교과 80 + 면접 20		<미래인재 2021 입결> 기독교육 70% 6.2등급 문화선교 70% 6.6등급			최저 없음 기타 실기전형 등 생략

▶SKU창의적인재전형」면접 문제 유형 사례
1. 코로나-19사태가 전 세계적으로 유행하고 있는 상황입니다.
　바이러스가 유입, 유출되지 않도록 강력한 국경 봉쇄가 필요했다고
　생각하는지 찬성과 반대 의견으로 토론해 주세요.
2. 최근 우리 나라에서도 난민 수용에 대한 요구가 증가되고 있습니다.
　난민수용 문제에 대해 찬성과 반대 의견으로 토론해 주시기 바랍니다.
3. 인터넷 실명제에 대해 찬성과 반대 의견으로 토론해 주세요.

성결대 2022 입결분석자료 01 - 수시 교과전형 2022. 06. 25. ollim

수능최저 없음		2023 모집인원	2022 지원 모집인원	경쟁률	2022 수시 입결 최종등록 평균	2022 수시 입결 최종등록 70% CUT	추합인원	충원율		2021 지원 모집인원	경쟁률	2021 수시 입결 최종등록 평균	2021 수시 입결 최종등록 70% CUT	추합인원	충원율	
신학대학	기독교육상담	31	30	5.03		6.6	67	223%		24	2.17		7.20			
	문화선교학과	22	21	3.38		9.0	50	238%		17	3.76		7.00			
인문대학	국어국문	17	16	4.56		4.6	35	219%		10	8.10		3.40			
	영어영문	20	19	8.11		4.0	57	300%		13	6.15		4.00			
	중어중문	20	19	8.74		4.6	46	242%		13	4.1		4.60			
사회과학	국제개발협력	20	19	5.11		4.4	34	179%		13	4.31		4.20			
	사회복지학과	33	31	6.45		4.0	74	239%		22	8.55		3.20			
	행정학과	20	19	18.4		4.0	31	163%		13	6.00		4.40			
글로벌경영	관광개발학과	20	19	4.79		4.2	25	132%		13	8.38		3.60			
	경영학과	24	19	6.89		3.8	38	200%		13	5.9		3.00			
	글로벌물류학	46	44	8.02		4.2	83	189%		27	4.11		4.60			
	산업경영공학	35	33	5.09		4.4	47	142%		20	4.65		4.20			
사범	유아교육	20	19	9.68		3.0	33	174%		13	5.00		3.00			
IT공과대학	컴퓨터공학	43	40	6.10		4.0	96	240%		24	7.58		3.40			
	정보통신공학	42	40	4.43		4.8	91	228%		24	5.71		3.80			
	미디어소프트	42	40	7.18		4.0	68	170%		24	6.96		4.00			
	도시디자인공	17	16	5.00		5.2	33	206%		10	7.8		3.60			
예술	뷰티디자인	20	19	11.1		3.6	50	263%		13	9.69		3.00			
야간 4개 학과	영어영문야간	35	30	3.80		6.4	62	207%		20	3.15		6.80			
	사회복지야간	36	30	3.67		5.4	43	143%		20	5.30		5.00			
	행정학과야간	35	30	3.57		6.2	67	223%		20	3.85		5.20			
	경영학과야간	35	30	3.50		6.2	51	170%		20	5.55		5.00			
합계		633	583	6.48		4.85	1181	204%		386	5.76		4.37			

수능최저 없음 / ▶교과 100% / 내신: 국영수사과 / ▶학년비율: 동일

성결대 2022 입결분석자료 02 - 수시 종합전형 2022. 06. 25. ollim

수능최저 없음		2023 모집인원	2022 지원 모집인원	경쟁률	2022 수시 입결 최종등록 평균	2022 수시 입결 최종등록 70% CUT	추합인원	충원율		2021 지원 모집인원	경쟁률	2021 수시 입결 최종등록 평균	2021 수시 입결 최종등록 70% CUT	추합인원	충원율	
인문대학	국어국문	11	10	6.00		6.00	14	140%		6	8.17		4.60			
	영어영문	13	12	5.33		5.60	12	100%		8	6.50		5.20			
	중어중문	13	12	5.75		6.20	12	100%		8	5.6		6.40			
사회과학	국제개발협력	13	12	4.08		6.20	4	33%		8	4.63		5.40			
	사회복지학과	20	19	11.4		4.60	10	53%		13	13.8		4.60			
	행정학과	13	12	9.25		5.20	3	25%		8	7.00		5.40			
글로벌경영	관광개발학과	13	12	7.00		5.60	11	92%		8	8.75		5.20			
	경영학과	14	12	7.75		4.60	5	42%		8	9.1		4.20			
	글로벌물류학	22	21	5.71		6.20	8	38%		10	6.60		6.00			
	산업경영공학	18	17	6.82		6.20	7	41%		8	4.88		6.80			
사범	유아교육	13	12	20.8		4.60	8	67%		8	13.0		4.00			
IT공과대학	컴퓨터공학	21	20	8.05		5.00	23	115%		10	8.00		4.60			
	정보통신공학	21	20	5.65		5.60	13	65%		10	7.20		5.60			
	미디어소프트	21	20	5.85		6.00	8	40%		10	8.40		5.00			
	도시디자인공	11	11	7.09		5.60	1	9%		7	5.0		5.80			
예술	뷰티디자인	13	12	24.5		4.60	9	75%		8	15.9		4.80			
야간 4개 학과	영어영문야간	-	-	-						-	-					
	사회복지야간	-	-	-						-	-					
	행정학과야간	-	-	-						-	-					
	경영학과야간	-	-	-						-	-					
합계		250	234	8.82		5.49	148	65%		138	8.29		5.23			

수능최저 없음 / ▶교과 100% / 내신: 국영수사과 / ▶학년비율: 동일

성결대 2022 입결분석자료 03 - 정시 수능전형

2022. 06. 25. ollim

수능최저 없음

2022 정시 수능
▶ 국수영 중 2개 70% + 탐구 1개 30%, 백분위 반영
▶ 영어 점수: 100-90-80-70-60 …

2021 정시 수능
▶ 국수영 중 2개 70% + 탐구 1개 30%, 백분위 반영
▶ 영어 점수: 100-90-80-70-60 …

		정시 가군	2022 지원		2022 정시 입결					2021 지원		2021 정시 입결				
			모집 인원	경쟁률	국수영탐 등급평균	환산점수 70%컷	충원	충원율		모집 인원	경쟁률	국수영탐 등급평균	환산점수 70%컷	충원	충원율	
신학 대학	기독교육상담	3	4	3.00	61.8	617.5	3	75.0								
	문화선교학과	3	14	3.43	59.4	593.5	9	64.3		7	4.9	63.9	575.1	7	100.0	
인문 대학	국어국문	7	10	6.20	67.1	670.5	21	210.0		9	5.4	64.4	579.6	28	311.1	
	영어영문	7	9	6.33	75.2	751.5	8	88.9		9	5.6	71.6	643.9	15	166.7	
	중어중문	7	9	7.44	71.2	711.5	8	88.9		10	5.2	62.5	562.5	31	310.0	
사회 과학	국제개발협력	7	9	7.22	69.6	695.5	12	133.3		15	5.1	71.9	646.6	15	100.0	
	사회복지학과	7	10	5.50	73.2	731.5	10	100.0		10	7.9	75.7	681.3	21	210.0	
	행정학과	7	9	7.89	73.9	738.5	13	144.4		9	7.9	75.9	683.1	15	166.7	
글로벌 경영	관광개발학과	7	9	5.67	69.8	697.5	6	66.7		9	10.7	73.8	663.7	20	222.2	
	경영학과	7	9	10.33	74.7	747.0	14	155.6		9	8.4	71.5	643.5	49	544.4	
	글로벌물류학	7	11	7.64	72.2	721.5	15	136.4								
	산업경영공학	7	10	8.60	69.8	698.0	8	80.0		11	6.6	75.5	679.5	17	154.5	
사범 대학	유아교육	7	9	5.22	74.6	746.0	4	44.4		9	3.7	79.5	715.5	1	11.1	
	체육교육		26	2.35	68.7	411.9	11	42.3		26	2.2	64.4	389.5	10	38.5	
IT 공과 대학	컴퓨터공학	7	13	6.85	76.8	768.0	11	84.6		12	8.3	74.7	672.1	40	333.3	
	정보통신공학	7	11	7.18	71.4	713.5	17	154.5		14	5.0	74.1	666.5	17	121.4	
	미디어소프트	7	11	5.82	74.7	746.5	9	81.8		13	7.1	70.6	634.9	26	200.0	
	도시디자인공	7	8	5.13	72.8	728.0	8	100.0		10	6.0	74.1	666.4	16	160.0	
예술	뷰티디자인	7	9	6.33	65.7	656.5	14	155.6		9	4.9	63.3	569.7	17	188.9	
야간 4개 학과	영어영문야간	5	10	3.00	46.8	468.0	9	90.0		13	6.4	66.9	602.1	27	207.7	
	사회복지야간	5	10	3.30	56.3	562.5	7	70.0		11	6.3	67.1	603.9	11	100.0	
	행정학과야간	5	11	5.27	61.8	618.0	19	172.7		12	3.8	45.0	404.5	30	250.0	
	경영학과야간	5	10	3.10	62.2	621.5	3	30.0		12	4.8	61.0	548.5	24	200.0	
합계		138	241	5.77	68.21	670.2	239	103.0		239	6.01	68.90	611.07	437	195.1	

성공회대학교

2023 대입 주요 특징

정시 인/자공통: 백분위, 영탐+국/수 택1 ★
영어: 100-97-93-86-77… 영33.3 탐33.3 국/수33.4

▶ 교과반영
영+국/수+사/과 3개씩 총9개
국/수, 사/과 혼용 가능★★
▶ 특성화고 미디어컨텐츠융합
IT융합자율학부 전과목 반영
▶ 학년비율 100%
▶ 진로선택 미반영

1. 2021~2023 내신반영 유지: 총 9개 반영 ★
영+국/수+사/과 3개씩 총 9개 (국/수, 사/과 혼용 가능)
2. 특성화고 미디어컨텐츠융합/ IT융합자율학부: 전과목 반영
3. 2023 전년도와 전형 동일함, 모든전형 최저없음
4. 학생부종합 명칭변경 <열린인재>

<성공회대 개편 전공학과편제 2022 이후 >
▶ 인문융합자율학부: 기독교문화, 영어학, 일어일본학, 중어중국학
▶ 사회융합자율학부: 경제학, 경영학, 정치학, 사회학, 사회복지학
▶ 미디어컨텐츠융합자율학부: 신문방송학, 디지털콘텐츠
▶ IT융합자율학부: 컴퓨터공학, 소프트웨어공학, 정보통신공학
글로컬IT

2022. 06. 25. ollim

모집시기	전형명	사정보형	학생부종합 특별사항	2023 수시 접수기간 09. 10(금) ~ 14(화)	모집인원	학생부	논술	면접	서류	기타	2023 수능최저등급
2023 정원내 수시 427명 (85.1%) 정시 75명 (14.9%) 전체 502명 2022 수시 455명 (85.7%) 정시 76명 (14.3%) 전체 531명	교과성적	일괄	학생부교과 최종 11.11(금) 영+국/수+사/과 상위 3개씩 총 9개	1. 2023 전년대비 1명 감소 2. 2023 사회융합 55명→54명 3. 내신반영 유지: 총 9개★	184 2022 185	교과 100					<2023 교과 2022 인원-경쟁률-최종평균-최종최저> 인문융합자율51명 51-3.98-2.61-3.44→ 2.97-3.44★ 사회융합자율55명 55-8.95-2.76-5.11→ 2.54-3.11★ 미디어컨텐츠26명 26-3.85-2.76-5.11→ 2.76-3.56★ IT융합자율학53명 53-3.23-2.48-3.00→ 2.93-4.00★
	열린인재 학생부종합	일괄 면접 변화	학생부종합 자소서없음 면접 10.22(토) 최종 11.11(금)	1. 2023 전년도와 인원동일 2. 면접일괄 유지 3. 성실성 15%, 성취역량 15% 인성 20%, 자기주도성 20% 학업수행능력 30% 4. 서류: 교과, 비교과 5. 면접: 전공이해/학습계획 수학능력 (이해/논리) 5단계 정성평가	196 2022 196	교과 60 + 면접 40					<2023 종합 2022 인원-경쟁률-최종평균-최종최저> 인문융합자율55명 55-3.27-4.30-5.71→ 4.57-5.61★ 사회융합자율56명 56-5.39-3.92-5.05→ 4.46-6.09★ 미디어컨텐츠26명 26-6.69-3.92-5.05→ 4.07-4.86★ IT융합자율학59명 59-3.36-4.45-5.76→ 4.80-6.10★
	사회기여자 배려대상자	일괄	학생부교과 최종 11.11(금)	1.유공대상자 및 다문화다자녀 2.군인경찰소방집배 15년 등 3.장애선효행의사상+한부모	9 2022 9	교과 100					<기여/배려 2022 인원-경쟁률-최종평균-최종최저> 인문융합자율학부 02-5.50-합격자없음→ 2022 3.89-4.22★ 사회융합자율학부 05-6.00→ 2022 3.24-3.44★ 미디어컨텐츠융합 01-7.00-합격자없음→ 2022 합격자없음★ IT융합자율학부 01-14.0-합격자없음→ 2022 3.33-3.33★
	기회균형	일괄	학생부교과 최종 11.11(금)	1. 기초수급 및 차상위 자녀 2. 2023 전년도와 인원동일	13 2022 13	교과 100					<저소득층 2022 인원-경쟁률-최종평균-최종최저> 인문융합자율학부 04-3.00 3.19-3.78→ 2022 4.22-5.11★ 사회융합자율학부 04-4.25 2.58-3.00→ 2022 3.74-4.00★ 미디어컨텐츠융합 03-3.67 3.00-3.22→ 2022 4.56-5.11★ IT융합자율학부 02-5.00 2.94-3.11→ 2022 3.22-3.78★
	농어촌학생 특성화고졸	일괄	학생부교과 최종 11.11(금)	1. 농어촌대상자 2. 특성화고 졸업자	11 3	교과 100					
	대안학교 출신자	일괄 면접 변화	학생부종합 자소서없음 면접 10.22(토)	1. 대안학교 출신자 2. 면접일괄전형 3. 최종 11.11(금)	28 2022 28	학생 60 면접 40					

<2022 정시 최종합격 평균> ★★ 영어: 100-97-93-86-77…

	국어	수학	탐1	영어	국수탐1합 (참고)	
▶인문융합자율학	76.3	73.0	83.5	2.94	232.8	평균-컷 430.8-416.6
▶사회융합자율학	75.9	69.8	86.6	3.24	232.3	평균-컷 427.1-411.7
▶미디어컨텐츠융	80.2	79.0	87.2	3.20	246.4	평균-컷 437.6-431.6
▶IT융합자율학부	83.4	68.5	76.9	3.16	228.8	평균-컷 417.8-400.3

<2021 정시 최종합격 평균> ★★ 영어: 100-97-93-86-77…

	국어	수학	탐1	영어	국수탐1합 (참고)
▶인문융합자율학	76.0	76.1	82.8	2.48	234.9
▶사회융합자율학	75.1	76.6	87.2	2.65	238.9
▶미디어컨텐츠융	83.9	83.8	87.1	2.86	254.8
▶IT융합자율학부	81.2	78.6	82.0	2.91	241.8

<성공회대 정시 2022~2023 산출식>
영어 4등급+ 국어 70+수학70+탐구1 70 일 경우
((영어 * 0.333) + (국어 * 0.334) + (탐구 * 0.333) * 5)+史
((86 * 0.333) + (70 * 0.334) + (70 * 0.333)) * 5) + 5
= 381.640 점

<2020 정시 최종합격 평균> ★ 영어: 100-97-93-86-77…

	국어	수학	탐1	영어	국수탐1합
▶인문융합자율학	81.5	81.5	88.5	2.55	251.5
▶사회융합자율학	82.7	83.7	90.4	2.98	256.8
▶미디어컨텐츠융	82.8	83.0	91.3	2.33	257.1
▶IT융합자율학부	82.6	79.8	85.6	2.91	248.0

성공회대학교 3개년 정시 입결 올림

2023 대학별 수시모집 요강 — 성균관대학교

2023 대입 수시 특징
공통/일반등급80% (정량)+진로20% (정성)★
진로: 학업수월10점+학업충실10점, 계열적합성

교과 반영 (학교장추천)
1. 공통일반 80% 정량평가
2. 진로선택 20% 정성평가
★정성평가 척도 rough
①학업수월성 10%
②학업충실성 10%
3. 재학생만 추천, 재적10%
▶학년반영비율 없음
▶논술 100% 변화
▶합격자 고교유형 2020
일반62%, 자사16% 특목20%

1. 2023 학교장추천 변화★: 고교당 4%→10%, 수능최저 상향
2. 2023 학교장추천/논술 수능최저 상향 변화★
 ①영어포함 3개합 6 ②탐구적용 인문 1개, 자연 국수영과과
 ③소수점 절사폐지, 자연 과탐 포함 변화★
 ④학주 모집변화: 모집단위 변화 및 인원변동 필수확인★★
3. 학교장추천 정량80% (공통/일반)+정성20% (진로/전문)
4. 수월성: 성취도, 분포비율 충실성: 교과목 이수현황, 세특 등
5. 2023 계열모집 417명 모집, 전년대비 87명 증가
6. 2023 학과모집 630명 모집, 전년대비 127명 감소
7. 2023 글로벌융합(인/자 통합): 학교장 10명, 계열모집 30명
8. 2023 논술전형 과학폐지, 수학만 3문항, 의예 5명 선발 신설
9. 학과모집 단계면접: 의예/사범/스포츠과학, 수능최저 없음
10. 실기실적전형 <스포츠과학> 단계전형 수능최저 있음

11. 2023 정시 1,448명→1,475명, 27명 증가, 정시가/나군 유지
 ①수능100%, 인-국수탐2 35:35:30 자-30:35:35
 ②영어가산 100-97-92-86-75-64 ...
 ③정시자연: M-미적/기하, S-서로다른 과탐 2과목★
12. 2023 학교장추천 의/약/반도체/글바메/글로벌융합 등 모집X

■ 성균관대 종합전형 평가역량 2021~2023 주목
1. 학업역량 50%: 학업수월성, 학업충실성 - 교과성취도, 세특
2. 개인역량 30%: 전공적합성, 활동다양성 - 전공관심, 열의 등
3. 잠재역량 20%: 자기주도성, 발전가능성 - 의지, 충실도 등
4. 종합적 평가 → 재능, 적성, 잠재력 등 종합
5. 개별적 검토 → 점수만이 아닌 맥락(context)을 해석

모집시기	전형명	사정모형	학생부종합 특별사항	2023 수시 접수기간 09. 13(화) ~ 16(금)	모집인원	학생부	논술	면접	서류	기타	2023 수능최저등급
2023 수시 정원내 1,751명 (54.3%) 정시 정원내 1,475명 (45.7%) 전체 정원내 3,226명	학교장추천 22 경쟁률 13.5	일괄	학생부교과 최저없음 재학생만 해당 공통80+진로20 최종 12.15(목)	1. 2023 수능최저변화 상향★ 2. 모집단위별 인원변화★ 3. 추천증가 재적 4%→10% 4. 2023 학교장추천 업로드★ 9.19.(월)~9.23.(금)	370 2022 361	정량 80 정성 20					인/자: 3개합 6 (탐1) 글로벌융합: 3개합 6 글글글: 3개합 5 (탐1) 소프트: 3개합 5 ※자연: 국수영과과★ ※제2외/한 대체1 가능 2022 인/자: 2개합5(탐2) +영3+史4탐구절사
	계열모집 22 경쟁률 17.6 21 경쟁률 13.2	일괄	학생부종합 최저없음 자소~09.17(토) 최종 12.15(목) 서류우선순위 종합전형공통 ①학업수월성 ②학업충실성 ③전공적합성 ④활동다양성 ⑤자기주도성 ⑥발전가능성	1. 2023 전년대비 87명 증가 2022 전년대비 325명 감소 2. 계열모집단위 3. 추합가능성 상대적 높음 4. 세특-수상-동아리-독서연계 5. 독서활동 비중 크지않음 <2021~2023 계열모집인원> 인문 125명→40명→72명 사과 141명→55명→84명 자연 109명→45명→71명 공학 230명→140명→150명 글융 50명→50명→40명	417 2022 330	서류 100					최저 없음 ▶대계열모집 특성 1년간 전공탐색 안정적 다수인원 3.5이상 성적필요 ▶지원대비 합격비례 ▶지원대비 상대평가
	학과모집 22 경쟁률 12.4 21 경쟁률 9.87	일괄	학생부종합 최저없음 자소~09.17(토) 1단계 10.19(수) 면접 10.22(토) 최종 12.15(목)	1. 2023 전년대비 127명 감소 2022 전년대비 158명 감소 2. 의예/사범등 단계면접 유의 3. 전공예약모집 대폭감소 ▶자연 2023 반도체 30명 전자전기공70 소프트웨어35 글바메디컬30 반도체시스30 건축5명27 약학30 의예20 수교15 컴교15 ▶자연 전공예약 2023★ 건설환경25	630 2022 757				서류 100	전공예약 인4 자1 2022 전공예약 인13 자5	▶일부 3배수 면접 1단계: 서류100% 2단계: 면접 20% ▶1단계: 10.19(수) ▶면접: 10.22(토) 의예/교육/한교/수교 컴교/스포츠과학★ ▶실기실적예체 별도 ▶의예 MMI 면접 멀티플 미니인터뷰
2022 수시 2,161명 (59.9%) 종합 1,340명 (37.1%) 논술 357명 (9.9%) 정시 1,448명 (40.1%)	고른기회 (정원내)	서류 100	학생부종합 자소~09.17(토) 최종 12.15(목)	1. 보훈/서해5도/농어촌 2. 기초차상위/특성화/장애인	60 2022 60						2022 ▶인문과학 2.31-2.40 ▶사회과학 1.97-2.29 ▶경영학 비공개 ▶자연과학 1.56-1.56 ▶전자전기 1.86-1.93 ▶공학계열 2.07-2.18 ▶소프트웨 1.64-1.97
	이웃사랑 (정원외)	서류 100	학생부종합 자소~09.17(토) 최종 12.15(목)	1. 기초수급 및 차상위자녀 등 2. 고른기회와 중복지원 가능 3. 학업수월성 매우 중요★★	60 약학5 60						2022 ▶인문/사과/경영: 30명, 경쟁9.0, 충원24, 전과목 3.77-4.30 ▶자연/전전/공학/소프트: 25명, 경쟁7.2, 충원23, 전과목 2.18-2.69 ▶약학: 5명, 경쟁9.8, 충원2, 1.28-1.37
	논술우수 논인 11.19(토) 논자 11.20(일) 최종 12.15(목)	일괄	논술전형 논인 11.19(토) 논자 11.20(일) 최종 12.15(목)	1. 2023 과학폐지, 수학3문항 공통수학+수1+수2 출제 2. 논술 100%, 교과 40% 폐지 3. 자연계열 최저 국수영과과 4. 2023 의예 논술 5명 신설 5. 자연계 소문항 4개 이상씩 6. 2023 반도체 10명 모집	360 2022 357	논술 100				<2023 논술, 100분> ▶논술인문: 국어,사회 통합 3문 ▶논술자연: 수학 3문, 과학 폐지★ ①표와 그래프 분석, 이해 ②명확, 간결, 일관된 문장구성 ③어설픈 창의성, 인용 지양 ④수학적, 과학적 결론 기록	인/자: 3개합6 (탐1) 글/글/글: 3개합 5(탐1) 반도체/소프트/글바메/ 약학: 3개합 5등급 의예: 4개합 5(과2) ※자연: 국수영과과★ ※제2외/한 대체1 가능

학생부종합 RANK

▶성균인문 RANK ①글/글/글
②사회과학-경영학-인문과학
③통계학·심리학·아동청소년
④교육/한문교육(면접)/국문학
⑤사학과/철학과/사회학
⑥프랑스/독문/러시아/영상학
⑦사복/의상학 ⑧한문학/유학동양
⑨스포츠과학(학자교수 양성취지)
▶성균자연 RANK ①의예과 (면접)
②반도체/소프트/글로벌바메
③자연과학/공학/전자전기공학
④수학교육(면접)
⑤생명과학과/화학과/물리/수학
⑥건축학/건설환경/ 컴교(면접)
⑦스포츠과학

▶인문 전공예약 2023 대폭증가
유학10 국문11 한문18 사학11
철학11 사회18 사복18 심리11
아동18 통계11
▶자연 전공예약 2023 대폭증가
생명10 수학10 물리10 화학10
▶등급별 점수: 100-98-95-85-60...

▶인문/예체 2023
경영학77 글로리더32
글로경제45 글로경영58
교육학15 한문교육15
영상학10 의상학13
스포츠과학17
▶인문 전공예약 2023★
유학동양18
불문11 독문11 러문11

231

성균관대 2023 수시대비 2022 결과분석 01 - 교과 인문

2022. 06. 02. ollim

		2023 교과 학추 인원	2023 종합 계열 학과	2022 지원		2022 충원 및 실질경쟁				ADIGA 22		2021 지원		실질 경쟁	ADIGA 21	
2022 수능최저 인문자연 2개합5 (탐2) + 영3+史4탐구절사				모집 인원	최초 경쟁률	충원 인원	충원율	최종 합격 인원	최저제외 충원포함 실질경쟁	50% CUT	70% CUT	모집 인원	최초 경쟁률	실질 경쟁	50% CUT	70% CUT
계열 모집	글로벌융합③	10	40	-	-	-	-	-	-	-	-	50	15.6	4.47	2.2	2.7
	인문과학④	5	72	40	10.1	100	250.0	140	2.89	1.70	1.79	125	9.70	2.96	3.1	3.6
	사회과학②	5	84	40	16.1	224	560.0	264	2.44	1.41	1.51	141	14.2	3.49	1.5	1.6
학과 모집	경영학③	10	77	25	15.1	118	472.0	143	2.64	1.50	1.52	105	8.62	3.28	2.4	3.3
	글로벌리더①	5	32	-	-	-	-	-	-	-	-	35	10.9	2.57	2.1	2.8
	글로벌경제①	5	45	-	-	-	-	-	-	-	-	46	6.11	1.94	2.7	3.2
	글로벌경영①	5	58	-	-	-	-	-	-	-	-	50	7.34	2.05	2.6	3.3
	교육학⑥(면접)	5	15	5	11.4	12	240.0	17	3.35	1.30	1.35	20	10.8	3.43	2.4	2.8
	한문교육⑥(면접)	5	15	5	12.2	10	200.0	15	4.07	1.69	2.26	20	4.85	3.59	3.2	4.0
	영상학⑧(면접)	5	10	5	7.60	6	120.0	11	3.45	비공개	비공개	17	9.65	5.86	3.7	4.1
	의상학⑨	5	13	5	7.20	8	160.0	13	2.77	1.55	2.07	20	8.20	3.81	2.4	3.7
학과 모집 전공 예약	유학동양학⑩	10	18	10	6.40	7	70.0	17	3.76	1.85	1.96	30	7.30	3.84	3.4	3.7
	국어국문⑥	11	-	3	7.33	6	200.0	9	2.44	비공개	비공개	12	11.9	3.11	1.9	2.8
	불어불문⑧	-	11	3	17.3	3	100.0	6	8.65	비공개	비공개	12	8.75	2.28	3.6	3.7
	독어독문⑧	-	11	3	11.3	4	133.3	7	4.84	비공개	비공개	12	7.00	3.11	3.6	3.7
	노어노문⑧	-	11	3	9.00	3	100.0	6	4.50	비공개	비공개	12	8.58	3.68	3.3	3.7
	한문학⑩	18	-	5	8.00	4	80.0	9	4.44	2.09	2.23	20	5.05	2.66	3.4	3.9
	사학과⑦	11	-	3	8.00	4	133.3	7	3.43	비공개	비공개	12	12.8	3.83	1.7	1.8
	철학과⑦	11	-	3	6.33	3	100.0	6	3.17	비공개	비공개	12	9.75	3.77	1.9	2.1
	사회학⑦	18	-	5	8.40	19	380.0	24	1.75	1.58	1.86	20	10.5	2.86	1.7	2.9
	사회복지학⑨	18	-	5	6.60	7	140.0	12	2.75	1.57	1.57	20	9.20	3.91	3.3	3.6
	심리학⑤	11	-	3	7.00	5	166.7	8	2.63	비공개	비공개	12	8.92	3.06	1.9	2.7
	아동청소년⑤	18	-	5	6.40	8	160.0	13	2.46	1.93	1.97	20	7.15	3.04	3.6	3.8
	통계학⑤	11	-	3	10.3	7	233.3	10	3.09	비공개	비공개	12	10.4	3.57	2.0	2.7
총계		192	472	179	9.60	558	199.9	737	3.48	1.65	1.83	835	9.30	3.34	2.7	3.2

		2023 교과학추인원	2023 종합계열학과	2022 지원		2022 충원 및 실질경쟁				ADIGA 22		2021 지원		실질	ADIGA 21	
2022 수능최저 인문자연 2개합5 (탐2) + 영3+史4탐구절사				모집인원	최초경쟁률	충원인원	충원율	총합격인원	최저제외 충원포함 실질경쟁	50% CUT	70% CUT	모집인원	최초경쟁률	실질경쟁	50% CUT	70% CUT
계열모집	자연과학②	23	71	40	15.6	100	250.0	140	4.46	1.57	1.60	109	18.0	4.55	1.6	2.1
	공학계열③	70	150	70	17.3	218	311.4	288	4.20	1.61	1.68	230	11.6	2.91	1.7	2.4
학과모집	전자전기④	5	70	25	13.8	87	348.0	112	3.08	1.62	1.69	88	9.33	2.78	1.7	2.1
	소프트웨어①	10	35	10	22.2	38	380.0	48	4.63	1.51	1.53	40	13.8	2.78	1.6	1.8
	반도체시스템①	-	30	-	-	-	-	-	-	-	-	40	10.7	1.72	1.8	2.0
	글바이메디컬①	-	30	-	-	-	-	-	-	-	-	40	13.2	3.65	1.4	1.9
	의예과①(면접)	-	20	-	-	-	-	-	-	-	-	25	21.0	7.19	1.1	1.3
	약학① ★	-	30	-	-	-	-	-	-	-	-	-	-	-	-	-
	수학교육⑤(면접)	5	15	5	12.6	18	360.0	23	2.74	1.39	1.58	20	6.70	2.79	1.5	1.5
	컴퓨터교육⑨(면접)	5	15	5	9.80	4	80.0	9	5.44	1.69	1.79	20	6.50	3.25	2.0	2.2
	건축학 5년⑧	10	27	5	10.2	6	120.0	11	4.64	2.02	2.12	20	8.40	2.71	2.2	2.6
학과모집전공예약	건설환경공학⑧	-	25	10	11.2	18	180.0	28	4.00	1.85	2.03	30	10.4	4.22	1.9	2.1
	생명과학⑥	10	-	3	13.0	4	133.3	7	5.57	비공개	비공개	12	22.6	8.47	1.5	1.7
	수학과⑦	10	-	3	9.33	3	100.0	6	4.67	비공개	비공개	12	9.50	2.85	1.5	1.5
	물리학⑦	10	-	3	11.3	6	200.0	9	3.77	비공개	비공개	12	12.6	2.44	2.2	2.6
	화학과⑥	10	-	3	8.33	3	100.0	6	4.17	비공개	비공개	12	16.5	3.88	1.6	1.7
예체	스포츠과학⑪(면접)	-	17	-	-	-	-	-	-	-	-	25	13.5	8.02	2.2	3.1
	총계	168	518	182	12.9	42	213.6	687	4.28	1.66	1.75	710	12.9	3.79	1.7	2.0

233

| | | 2023 교과학추인원 | 2023 종합계열학과 | 2022 지원 | | 2022 충원 및 실질경쟁 | | | | ADIGA 22 | | 2021 지원 | | 실질경쟁 | ADIGA 21 | |
				모집인원	최초경쟁률	충원인원	충원율	최종합격인원	충원포함실질경쟁	50% CUT	70% CUT	모집인원	최초경쟁률		50% CUT	70% CUT
계열모집	글로벌융합③	10	40	50	15.3	130	260.0	180	4.25	2.05	2.89	50	15.6	4.47	2.2	2.7
	인문과학④	5	72	40	21.3	121	302.5	161	5.29	2.18	2.83	125	9.70	2.96	3.1	3.6
	사회과학②	5	84	55	19.7	159	289.1	214	5.06	1.64	2.44	141	14.2	3.49	1.5	1.6
학과모집	경영학③	10	77	70	10.7	76	108.6	146	5.13	1.88	2.55	105	8.62	3.28	2.4	3.3
	글로벌리더①	5	32	36	13.7	145	402.8	181	2.72	1.78	2.45	35	10.9	2.57	2.1	2.8
	글로벌경제①	5	45	50	7.06	88	176.0	138	2.56	2.65	3.30	46	6.11	1.94	2.7	3.2
	글로벌경영①	5	58	57	8.49	152	266.7	209	2.32	2.95	3.36	50	7.34	2.05	2.6	3.3
	교육학⑥(면접)	5	15	15	11.2	22	146.7	37	4.54	2.49	3.06	20	10.8	3.43	2.4	2.8
	한문교육⑥(면접)	5	15	15	6.27	9	60.0	24	3.92	3.33	4.00	20	4.85	3.59	3.2	4.0
	영상학⑧(면접)	5	10	12	18.4	12	100.0	24	9.20	2.07	2.54	17	9.65	5.86	3.7	4.1
	의상학⑨	5	13	15	11.9	18	120.0	33	5.41	2.01	2.20	20	8.20	3.81	2.4	3.7
학과모집 전공예약	유학동양학⑩	10	18	20	9.45	13	65.0	33	5.73	3.26	3.60	30	7.30	3.84	3.4	3.7
	국어국문⑥	11	-	9	13.0	10	111.1	19	6.16	2.98	3.50	12	11.9	3.11	1.9	2.8
	불어불문⑧	-	11	9	12.4	13	144.4	22	5.07	2.50	2.75	12	8.75	2.28	3.6	3.7
	독어독문⑧	-	11	9	9.78	10	111.1	19	4.63	3.35	3.73	12	7.00	3.11	3.6	3.7
	노어노문⑧	-	11	9	8.78	7	77.8	16	4.94	2.62	3.17	12	8.58	3.68	3.3	3.7
	한문학⑩	18	-	15	7.93	6	40.0	21	5.66	2.42	3.33	20	5.05	2.66	3.4	3.9
	사학과⑦	11	-	9	13.3	19	211.1	28	4.28	1.92	2.30	12	12.8	3.83	1.7	1.8
	철학과⑦	11	-	9	8.78	9	100.0	18	4.39	2.96	3.74	12	9.75	3.77	1.9	2.1
	사회학⑦	18	-	15	15.3	30	200.0	45	5.10	2.48	3.21	20	10.5	2.86	1.7	2.9
	사회복지학⑨	18	-	15	14.5	22	146.7	37	5.88	3.33	3.42	20	9.20	3.91	3.3	3.6
	심리학⑤	11	-	9	14.9	14	155.6	23	5.83	1.57	1.88	12	8.92	3.06	1.9	2.7
	아동청소년⑤	18	-	15	11.1	16	106.7	31	5.37	3.06	3.33	20	7.15	3.04	3.6	3.8
	통계학⑤	11	-	9	11.4	7	77.8	16	6.41	1.73	1.85	12	10.4	3.57	2.0	2.7
총계		192	472	537	12.1	1108	157.5	1675	4.99	2.49	2.98	835	9.30	3.34	2.7	3.2

성균관대 2023 수시대비 2022 결과분석 04 - 종합 자연 *2022. 06. 02. ollim*

		2023 교과학추인원	2023 종합계열학과	2022 지원 모집인원	2022 지원 최초경쟁률	충원인원	충원율	총합격인원	충원포함 실질경쟁	ADIGA 22 50% CUT	ADIGA 22 70% CUT	2021 지원 모집인원	2021 지원 최초경쟁률	실질경쟁	ADIGA 21 50% CUT	ADIGA 21 70% CUT
계열모집	자연과학②	23	71	45	24.7	132	293.3	177	6.28	1.60	1.83	109	18.0	4.55	1.6	2.1
계열모집	공학계열③	70	150	140	14.3	417	297.9	557	3.59	1.86	2.08	230	11.6	2.91	1.7	2.4
학과모집	전자전기④	5	70	60	11.4	155	258.3	215	3.18	1.76	1.97	88	9.33	2.78	1.7	2.1
학과모집	소프트웨어①	10	35	30	17.0	114	380.0	144	3.54	1.61	1.79	40	13.8	2.78	1.6	1.8
학과모집	반도체시스템①	-	30	28	17.2	184	657.1	212	2.27	1.66	2.07	40	10.7	1.72	1.8	2.0
학과모집	글바이메디컬①	-	30	30	16.0	64	213.3	94	5.11	1.65	1.97	40	13.2	3.65	1.4	1.9
학과모집	의예과①(면접)	-	20	25	19.4	38	152.0	63	7.70	1.09	1.14	25	21.0	7.19	1.1	1.3
학과모집	약학①★	-	30	30	26.4	55	183.3	85	9.32	1.44	1.85	-	-	-	-	-
학과모집	수학교육⑤(면접)	5	15	15	6.60	7	46.7	22	4.50	1.82	2.03	20	6.70	2.79	1.5	1.5
학과모집	컴퓨터교육⑨(면접)	5	15	15	7.60	10	66.7	25	4.56	2.07	2.22	20	6.50	3.25	2.0	2.2
학과모집	건축학 5년⑧	10	27	21	8.48	39	185.7	60	2.97	2.23	2.36	20	8.40	2.71	2.2	2.6
학과모집전공예약	건설환경공학⑧	-	25	25	9.0	48	192.0	73	3.07	2.19	2.42	30	10.4	4.22	1.9	2.1
학과모집전공예약	생명과학⑥	10	-	9	20.7	28	311.1	37	5.04	1.83	1.88	12	22.6	8.47	1.5	1.7
학과모집전공예약	수학과⑦	10	-	9	10.6	26	288.9	35	2.73	2.58	3.11	12	9.50	2.85	1.5	1.5
학과모집전공예약	물리학⑦	10	-	9	16.9	43	477.8	52	2.93	1.80	1.95	12	12.6	2.44	2.2	2.6
학과모집전공예약	화학과⑥	10	-	9	15.8	23	255.6	32	4.44	1.84	2.03	12	16.5	3.88	1.6	1.7
예체	스포츠과학⑪(면접)	-	17	20	14.8	12	60.0	32	9.25	2.03	2.52	25	13.5	8.02	2.2	3.1
	총계	168	518	550	15.1	82	254.1	1,915	4.73	1.83	2.07	710	12.9	3.79	1.7	2.0

2023 대입 주요 특징	정시: 인 30:20:30:20 자 10:35:30:25 등
	영어: 100-95-85-70-55... 과탐 10% 등

교과반영: 교과/논술
- 인: 국영수사 자: 국영수과
- ▶ 종합전형 전과목 정성
- ▶ 학년비율: 30:40:30
  - → 가중치 없음★
- ▶ 진로선택 상위 3개반영★
  - A=1, B=2, C=4등급

1. 2023 학교장추천 <지역균형> 전년대비 인원동일
2. 2023 학교장추천 <지역균형> 수능최저 2개합 6/7 동일
3. 학교생활우수자 종합: 서류100% 일괄전형, 학업역량 중요★
4. 자기주도인재 종합: 단계면접, 전공적합성 중요★
5. 돈암 수정캠: 인문/음/미, 미아 운정그린캠: 자연/간호/체육

6. 미디어, 국어국문 등 인기학과 중간값 높고 편차가 작음 ★★
   경제학, 독어독문 등 비인기학과 중간값 낮고 편차가 큼 ★★
7. <경영학 핀테크 전공>: 미래형 금융서비스 전문인력 양성
   수리과학 기반의 첨단 ICT기술+금융융합 스마트 금융전문가
   ① ICT기반 금융암호보안 트랙
   ② AI기반 지능형 금융서비스 트랙
   ③ 보험·금융 자격인 (보험계리사, 공인회계사 CPA) 등 트랙

모집시기	전형명	사정모형	학생부종합 특별사항	2023 수시 접수기간 09. 13(화) ~ 16(금)	모집인원	학생부	논술	면접	서류	기타	2023 수능최저
2023 정원내 수시 1,445명 (65.8%) 2022 정원내 수시 1,465명 (65.6%)	지역균형	일괄	학생부교과 학교장추천 인원제한없음 인: 국영수사 자: 국영수과 최종 12.15(목)	1. 학교장추천, 인원제한 없음 2. 2023 전년대비 인원유지 3. 학교장추천서 제출 2022. 09.19(월)~09.23(금)	251 2022 251	교과 90 출결 10	1. 교과 경쟁률 20~22년 ① 인문 8.11→12.3→7.07 ② 자연 8.50→12.3→8.59 2. 교과 실질경쟁 20~22년 ① 인문 2.91→7.52→4.92 ② 자연 2.59→7.76→6.76 3. 교과 입결평균 20~22년 ① 인문 2.71→2.26→2.70 ② 자연 2.86→2.57→2.51				인문: 2개합 6 (탐1) 자연: 2개합 7 (탐1)
	학교생활 우수자	일괄	학생부종합 자소서제출 ~09.19(월) 최종 11.25(금)	1. 2023 전년대비 13명 감소 3. 학업역량 40% 중요★	215 2022 228	▶ 학생부종합평가 100 학업 및 다양한 활동을 통하여 균형있는 학교생활 충실수행 인재 ▶ 2023 학생부종합 서류평가요소 학업역량40 전공적합성20 발전가능성20 인성20					최저 없음
	자기주도 인재	1단계	학생부종합 자소서제출 ~09.19(월) 1단계 11.09(수) 면접 11.19(토) 11.20(일) 최종 11.25(금)	1. 2023 전년대비 8명 감소 2. 전공적합성 40% 중요★	436 2022 444	▶ 학생부종합평가 100 (3배수) 전공분야에 대한 확고한 목표의식 열정을 가지고 자기주도적인 탐구 역량을 갖춘 인재 ▶ 1단계 70+면접 30 ▶ 2023 1단계 서류평가요소 학업역량20 전공적합성40 발전가능성20 인성20					최저 없음
		2단계									
	논술우수자	일괄	논술전형 논자 10.01(토) 논인 10.02(일) 최종 12.15(목)	1. 2023 전년대비 인원유지 2. 사범 제외 전체학과 모집 3. 돈암 수정캠 논술실시	180 2022 180	▶ 학생 30 (출결 7)+논술 70 인문: 4~5개의 지문/자료 제시 통합교과 2문항, 문항당 800~1,000자, 100분 자연: 수학논술, 답안 풀이과정 4문항, 2~4개 하위문항, 100분					인문: 2개합 6 (탐1) 자연: 2개합 7 (탐1)
	고른기회1	일괄	학생부종합 자소서제출 ~09.19(월) 최종 11.25(금)	1. 2023 전년대비 인원유지 2. 국가보훈대상자 3. 농어촌/특성화고출신자	109 2022 109	▶ 서류평가 100 학업 및 다양한 활동을 통하여 균형있는 학교생활 충실수행 인재					최저 없음
	고른기회2 (정원외)	일괄	학생부종합 자소서제출 ~09.19(월) 최종 11.25(금)	기초 및 차상위대상자	15 2022 15	▶ 서류평가 100 학업 및 다양한 활동을 통하여 균형있는 학교생활 충실수행 인재					최저 없음

성신여대 2022 입시분석자료 01 - 수시 교과우수자

2022. 05. 31. ollim

▶교과: 국영수사/국영수과
▶학년 비율: 동일 비율
▶2022 지역균형 명칭변경

계열	학과	2023 지균인원	2022 모집인원	2022 경쟁률	2022 실질경쟁률	2022 추합인원	2022 최고	2022 평균	2022 최저	2021 모집인원	2021 경쟁률	2021 실질경쟁률	2021 추합인원	2021 최고	2021 평균	2021 최저
인문과학대학	국어국문	6	6	6.50	4.17	11	2.45	2.68	2.91	4	7.50	4.75	7	2.24	2.35	2.45
	영어영문	10	10	7.20	5.00	23	2.12	2.78	3.24	4	8.00	5.25	12	2.22	2.30	2.37
	독어독문	3	4	7.00	5.25	6	2.63	2.83	3.11	3	14.0	9.00	3	2.64	2.68	2.74
	프랑스어문	4	4	6.75	4.50	3	2.27	2.65	2.91	3	12.7	6.33	1	2.35	2.50	2.69
	일본어문문화	6	6	7.33	5.33	15	2.39	2.79	2.99	5	12.8	7.80	5	2.42	2.47	2.55
	중국어문문화	7	7	6.71	3.29	10	2.37	3.09	3.90	5	15.8	11.0	8	2.30	2.44	2.56
	사학과	4	4	5.75	4.50	5	2.57	2.69	2.76	3	7.67	4.67	6	2.09	2.44	2.7
사회과학대학	정치외교학과	6	6	6.67	4.17	5	2.33	2.49	2.70	3	12.3	8.33	3	2.12	2.32	2.46
	심리학과	6	6	6.17	4.33	8	2.02	2.90	3.58	4	11.3	8.25	11	1.38	1.77	2.09
	지리학과	4	4	7.50	5.50	3	2.58	2.74	2.82	4	15.3	10.0	9	2.11	2.17	2.25
	경제학과	7	8	7.63	5.25	8	2.47	2.87	3.28	5	21.0	10.4	5	1.45	2.22	2.53
	미디어커뮤니케이션	7	7	6.86	3.86	7	2.26	2.89	3.42	5	15.6	12.0	15	1.74	1.82	1.89
	경영학부	16	14	8.36	6.00	28	2.20	2.51	2.83	13	11.2	8.85	39	1.76	2.13	2.28
	사회복지학과	6	6	8.00	5.00	11	2.36	2.55	2.72	3	7.67	5.67	2	2.45	2.50	2.59
법과	법학부	12	14	7.07	5.00	31	1.94	2.78	3.48	12	8.58	6.17	29	1.96	2.27	2.52
사범대학	교육학과	4	4	11.8	9.75	10	2.08	2.32	2.48	6	7.00	4.00	12	2.00	2.48	3.45
	사회교육과	4	4	7.00	5.25	12				6	9.67	7.50	13	1.69	1.90	2.07
	윤리교육과	4	4	5.75	4.75	9	2.28	2.43	2.59	6	10.7	7.33	15	1.88	1.97	2.04
	한문교육과	4	4	5.75	3.50	4	2.25	3.27	3.72	6	8.50	5.67	10	2.38	2.44	2.55
	유아교육과	5	5	7.00	5.20	6	1.94	2.18	2.32	8	13.6	7.88	10	1.78	1.96	2.23
융합	문화예술경영학	4	4	5.75	3.75	4	2.19	2.50	2.73	3	9.67	6.00	3	1.62	1.82	1.96
	인문 소계	129	131	7.07	4.92	219	2.29	2.70	3.02	111	11.5	7.47	218	2.03	2.24	2.43
자연과학	수리통계 수학	6	6	7.33	5.83	10	2.39	2.76	2.97	-	-	-	-	-	-	-
	수리통계 통계학	5	5	12.4	9.80	15	2.59	2.85	3.03	3	8.33	3.67	4	3.26	3.27	3.27
	화학에너지융합	5	5	7.00	4.60	8	2.41	2.68	2.89	5	10.6	7.20	7	2.15	2.37	2.55
지식서비스공과	서비스디자인공학	8	8	7.25	6.50	5	2.19	2.76	2.97	7	9.29	5.71	12	2.60	2.91	3.14
	융합보안공학	12	10	6.60	5.10	6	2.26	2.66	3.10	7	9.86	7.14	12	1.99	2.47	2.68
	컴퓨터공학과	6	6	6.67	5.00	4	2.40	2.52	2.61	4	20.3	12.8	6	2.18	2.52	2.76
	청정융합에너지공	6	6	10.2	9.00	18	2.45	2.64	2.78	4	21.0	13.8	6	2.79	2.87	2.97
	바이오식품공학	4	4	6.00	5.00	6	2.69	2.87	3.14	4	16.5	11.3	4	1.83	2.14	2.46
	바이오생명공학	6	6	8.00	6.00	5	2.11	2.18	2.26	4	16.5	11.8	10	2.00	2.08	2.16
	AI융합학부 IOT	26	26	6.62	5.23	37	2.41	2.78	3.04	26	8.62	6.00	34	2.24	2.70	2.97
간호	간호학과 인문	6	6	10.0	8.33	8	1.38	1.74	1.88	2	12.5	7.50	6	1.86	1.97	2.07
	간호학과 자연	7	7	11.4	10.7	20	1.65	1.81	1.96	3	11.0	7.67	9	2.01	2.05	2.08
헬스웰니스컬리지	바이오신약의과학	4	4	17.8	12.8	3	2.12	2.37	2.54	2	9.00	5.50	4	2.86	3.32	3.78
	바이오헬스융합	8	8	7.00	4.25	8	1.77	2.48	3.07	8	9.88	6.63	5	2.48	2.62	2.78
	운동재활복지학	-	-	-	-	-	-	-	-	-	-	-	-	-	-	-
뷰티생활국제	의류산업학과	7	7	6.43	5.00	7	2.32	2.48	2.77	6	12.3	7.33	9	2.14	2.43	2.81
	뷰티산업학과	-	-	-	-	-	-	-	-	-	-	-	-	-	-	-
	소비자생활문화산업	6	6	6.83	4.17	9	2.19	2.72	3.34	3	15.3	6.67	1	2.11	2.29	2.48
	자연 소계	122	114	8.59	6.76	169	2.21	2.51	2.73	85	12.7	8.05	129	2.31	2.55	2.75

2022 교과우수자
▶인문: 2개합6 (탐1) 또는 영포함 2개합5
▶자연: 2개합7 (탐1) 또는 영포함 2개합6

2021 교과우수자
▶인문: 2개합6 (탐1) 또는 영포함 2개합5
▶자연: 2개합7 (탐1) 또는 영포함 2개합6

성신여대 2022 입시분석자료 02 - 수시 학교생활우수자 *2022. 05. 31. ollim*

▶교과: 국영수사/국영수과
▶2021 서류종합 100%

	학과	2023 모집인원	2022 학교생활우수자 단계종합전형 최저없음 학업역량40 전공적합20 발전가능성20 인성20							2021 학교생활우수자 단계종합전형 최저없음 학업역량40 전공적합20 발전가능성20 인성20					
			모집인원	경쟁률	실질경쟁률	추합인원	최고	평균	최저	모집인원	경쟁률	실질경쟁률	추합인원	최고	평균	최저
인문과학대학	국어국문	3	5	7.20		11	2.55	2.97	3.31	6	6.00		4	2.54	3.07	4.87
	영어영문	7	8	8.25		4	2.46	2.73	2.98	10	7.70		29	2.46	3.33	6.15
	독어독문	3	3	7.00		5	3.15	4.08	5.83	4	6.75		4	3.74	5.27	6.91
	프랑스어문	3	3	6.33		2	2.89	3.94	5.85	4	5.50		1	2.62	3.69	6.01
	일본어문문화	3	5	7.20		3	3.03	3.71	4.52	9	4.22		9	2.76	3.70	5.36
	중국어문문화	3	5	6.80		7	2.53	4.02	5.95	8	6.00		6	2.51	2.99	3.53
	사학과	3	3	6.67		5	2.97	3.77	4.53	4	5.25		7	2.19	2.86	3.66
사회과학대학	정치외교학과	3	4	7.00		4	2.40	2.59	2.88	6	5.50		4	2.16	2.95	3.52
	심리학과	3	4	9.25		5	1.98	2.51	2.71	6	9.67		7	2.01	2.33	2.64
	지리학과	3	4	5.50		4	2.86	3.03	3.45	5	5.80		6	2.28	2.84	3.22
	경제학과	7	6	6.17		7	2.25	2.95	3.50	8	4.50		11	2.77	3.22	4.95
	미디어커뮤니케이션	4	6	12.5		3	2.23	2.56	2.97	8	10.1		9	1.96	2.46	3.14
	경영학부	18	15	6.80		16	1.89	3.25	5.01	9	7.00		7	1.87	2.38	2.69
	사회복지학과	3	4	10.5		5	2.41	2.96	3.45	7	9.29		9	2.09	2.44	2.88
법과	법학부	22	14	5.43		15	2.82	4.24	6.04	6	5.19		27	2.46	3.10	6.06
사범대학	교육학과	-	-	-	-	-	-	-	-	-	-	-	-	-	-	-
	사회교육과	-	-	-	-	-	-	-	-	-	-	-	-	-	-	-
	윤리교육과	-	-	-	-	-	-	-	-	-	-	-	-	-	-	-
	한문교육과	-	-	-	-	-	-	-	-	-	-	-	-	-	-	-
	유아교육과	-	-	-	-	-	-	-	-	-	-	-	-	-	-	-
융합	문화예술경영학	3	4	9.00		5	2.24	2.52	2.72	4	8.50		4	1.47	2.38	2.86
	인문 소계	91	93	7.60		101	2.54	3.24	4.11	104	6.69		144	2.37	3.06	4.28
자연과학	수리통계 수학	9	10	3.70		3	2.66	3.28	4.85	10	4.50		4	2.20	3.12	3.46
	수리통계 통계학	8	9	3.67		9	2.39	3.21	3.77	6	3.83		7	2.71	2.97	3.25
	화학에너지융합	10	11	5.00		7	2.35	3.08	3.75	11	4.18		11	2.14	2.65	3.01
지식서비스공과	서비스디자인공학	7	8	5.50		5	2.80	3.24	4.47	9	3.33		9	2.36	3.09	3.62
	융합보안공학	10	13	4.62		5	2.92	3.40	4.47	12	2.75		4	2.95	3.77	4.78
	컴퓨터공학과	4	5	4.60		3	2.66	3.10	3.45	6	3.33		7	2.64	3.27	3.65
	청정융합에너지공	4	5	5.80		6	2.44	3.03	3.33	6	5.83		4	2.77	3.43	5.22
	바이오식품공학	5	5	6.20		2	2.13	3.17	3.86	6	8.00		3	2.46	2.79	3.27
	바이오생명공학	6	6	6.33		6	2.32	2.71	3.28	7	8.57		4	1.90	2.31	2.85
	AI융합학부 IOT	14	15	4.53		10	2.56	3.31	3.83	12	3.33		19	3.28	3.77	5.15
간호	간호학과 인문자연	17	16	7.75		9	1.78	2.30	2.81	16	9.44		19	1.67	2.02	2.34
헬스웰니스컬리지	바이오신약의과학	8	8	7.63		5	2.04	2.44	2.67	4	7.50		2	2.34	2.57	2.91
	바이오헬스융합	9	8	5.75		6	3.07	3.25	3.68	15	4.00		11	2.45	3.02	3.33
	운동재활복지학	-	-	-		-				-	-		-	-	-	-
뷰티생활국제	의류산업학과	4	5	9.00		11	2.57	3.32	3.79	6	7.50		10	2.73	2.91	3.04
	뷰티산업학과	6	6	14.0		2	1.03	2.73	4.58	6	12.70		1	1.46	2.28	4.68
	소비자생활문화산업	3	5	6.00		3	2.50	3.27	5.57	8	5.13		3	2.51	3.49	5.84
	자연 소계	124	124	6.26		92	2.39	3.05	3.89	126	5.87		118	2.47	2.98	3.56

		2023 모집인원	2022 자기주도인재 ▶종합 1단계: 서류100%, 2단계: 면접40% ▶최저없음							2021 자기주도인재 ▶종합 1단계: 서류100%, 2단계: 면접40% ▶최저없음					
▶교과: 국영수사/국영수과 ▶2021 서류단계면접 동일			모집인원	경쟁률	실질 경쟁률	추합 인원	최종 성적 최고	평균	최저	모집인원	경쟁률	실질 경쟁률	추합 인원	최종 성적 최고	평균	최저
인문 과학 대학	국어국문	10	10	7.40		5	2.38	3.13	4.99	9	13.1		7	2.71	2.95	3.33
	영어영문	16	15	13.7		9	2.89	4.35	6.47	15	14.3		20	2.66	4.62	6.26
	독어독문	8	7	9.86		5	3.51	4.33	5.82	10	9.50		10	3.08	3.99	4.84
	프랑스어문	7	7	11.9		4	2.68	3.73	4.60	11	9.55		10	2.94	4.41	6.12
	일본어문문화	13	12	7.17		9	2.82	4.38	5.75	16	7.06		10	2.63	3.14	3.64
	중국어문문화	13	12	12.0		13	2.68	4.50	6.27	15	9.47		17	3.17	4.90	6.19
	사학과	6	7	11.6		2	2.68	3.97	5.96	8	10.8		10	2.68	3.15	3.98
사회 과학 대학	정치외교학과	9	8	9.75		3	2.72	4.05	5.80	10	11.0		4	2.44	3.45	5.76
	심리학과	10	10	12.8		6	2.50	3.60	6.04	9	20.4		5	2.31	2.81	5.23
	지리학과	9	9	6.44		10	2.61	3.19	3.66	9	6.89		8	2.53	3.31	3.78
	경제학과	13	12	6.25		16	2.95	3.78	6.28	11	5.64		11	2.43	3.06	3.69
	미디어커뮤니케이션	13	12	22.5		6	2.34	2.88	5.65	12	30.8		9	2.27	3.01	4.89
	경영학부	16	22	9.77		17	2.67	3.99	6.09	13	12.3		11	2.32	2.97	4.97
	사회복지학과	9	9	11.2		10	2.34	2.86	3.36	10	11.0		6	2.49	2.77	3.06
법과	법학부	16	25	5.92		17	2.58	3.44	5.47	16	10.3		7	2.64	2.92	3.16
사범 대학	교육학과	10	10	9.20		7	2.18	2.89	5.40	8	12.9		4	1.91	2.49	2.82
	사회교육과	10	10	5.80		8	2.39	2.98	3.94	8	5.88		7	1.87	2.15	2.70
	윤리교육과	10	10	7.80		3	2.20	2.64	2.90	8	6.13		7	2.18	2.92	3.72
	한문교육과	10	10	4.20		3	2.83	4.02	6.22	8	3.38		3	2.59	3.33	6.14
	유아교육과	13	13	13.5		13	2.26	2.55	2.90	10	16.6		5	1.99	2.58	3.15
융합	문화예술경영학	7	7	15.6		2	2.54	2.78	2.90	9	18.3		6	2.33	2.76	2.95
인문 소계		228	237	10.2		168	2.61	3.53	5.07	225	11.7		177	2.48	3.22	4.30
자연 과학	수리통계 수학	16	15	4.47		7	2.75	3.41	4.41	5	5.40		4	2.41	3.29	3.86
	수리통계 통계학	16	16	3.94		9	2.30	3.27	3.86	10	4.60		5	2.70	3.26	4.00
	화학에너지융합	16	16	5.75		2	2.62	3.18	4.89	16	5.63		7	2.39	2.85	3.22
지식 서비스 공과	서비스디자인공학	15	13	5.08		4	3.07	5.13	7.53	13	5.46		5	2.76	3.54	3.96
	융합보안공학	11	15	3.80		4	2.77	3.81	4.65	15	2.93		8	2.96	3.77	5.11
	컴퓨터공학과	10	9	4.11		7	2.85	3.45	4.76	10	6.40		10	2.59	3.07	3.43
	청정융합에너지공	10	9	6.56		3	2.70	3.17	3.65	8	9.25		4	2.58	3.13	4.02
	바이오식품공학	10	10	8.00		5	2.28	2.89	3.38	9	9.44		3	2.50	3.18	5.74
	바이오생명공학	12	11	9.36		11	2.46	2.73	3.35	11	13.6		5	2.40	2.74	3.01
	AI융합학부 IOT	16	16	4.63		8	2.97	3.79	4.59	13	4.85		17	2.69	3.53	5.92
간호	간호학과 인문자연	16	15	18.9		3	2.03	2.44	2.88	16	13.8		12	1.94	2.89	4.96
헬스 웰니스 컬리지	바이오신약의과학	15	15	10.1		5	2.21	2.97	7.08	8	9.88		0	2.62	3.08	4.15
	바이오헬스융합	14	16	5.75		11	2.77	3.18	3.65	10	6.80		6	1.58	2.89	3.50
	운동재활복지학	-	-	-		-				-	-		-	-	-	-
뷰티 생활 국제	의류산업학과	12	12	9.3		9	2.28	3.39	5.84	13	10.4		7	2.26	2.86	3.22
	뷰티산업학과	10	10	19.6		2	3.02	3.54	5.02	10	17.6		1	2.66	3.54	4.20
	소비자생활문화산업	9	9	7.89		5	2.86	4.29	6.96	11	11.6		9	2.65	3.30	3.91
자연 소계		208	207	7.95		95	2.62	3.42	4.78	178	8.6		103	2.48	3.18	4.14

		2022	2022 논술우수자							2021 논술우수자						
▶교과: 국영수사/국영수과 ▶학년 비율: 동일 비율			▶인문: 2개합6 (탐1) 또는 영포함 2개합5 ▶자연: 2개합7 (탐1) 또는 영포함 2개합6							▶인문: 2개합6 (탐1) 또는 영포함 2개합5 ▶자연: 2개합7 (탐1) 또는 영포함 2개합6						
		모집 인원	모집 인원	경쟁률	실질 경쟁률	추합 인원	최종 성적			모집 인원	경쟁률	실질 경쟁률	추합 인원	최종 성적		
							최고	평균	최저					최고	평균	최저
인문 과학 대학	국어국문	5	4	28.8	12.3	2	3.07	4.14	5.18	7	34.4	15.3	0	3.35	3.78	4.56
	영어영문	5	6	32.7	18.3	3	3.15	4.07	4.54	6	33.7	15.3	2	2.77	4.07	5.08
	독어독문	3	3	27.7	9.33	0	4.61	4.84	5.07	4	31.3	11.3	0	4.38	4.72	5.12
	프랑스어문	3	3	26.7	11.0	0	5.07	5.32	5.56	4	32.5	12.0	2	3.50	4.05	4.65
	일본어문문화	5	5	30.6	11.2	2	3.58	4.14	4.65	6	36.3	15.2	1	3.76	4.23	5.11
	중국어문문화	5	5	30.8	15.6	1	3.90	4.60	5.70	6	35.8	16.3	4	3.70	4.31	4.78
	사학과	3	3	24.3	12.0	0	3.84	4.49	5.64	4	31.3	13.0	0	3.82	4.55	5.24
사회 과학 대학	정치외교학과	3	4	30.0	14.5	1	3.56	4.13	4.55	4	32.3	11.8	1	3.94	4.42	4.70
	심리학과	5	5	31.0	12.6	3	3.53	3.89	4.21	5	36.0	17.4	0	3.34	4.20	5.03
	지리학과	4	4	27.3	13.0	0	4.34	4.57	4.84	5	34.2	16.0	1	3.07	4.11	4.71
	경제학과	5	6	33.3	16.2	1	3.30	3.88	5.02	7	36.3	14.6	1	2.95	3.87	5.48
	미디어커뮤니케이션	5	5	40.4	21.0	0	3.76	4.65	4.95	6	42.3	18.3	0	2.89	4.05	4.44
	경영학부	7	10	42.4	22.0	3	3.77	4.62	5.38	5	36.8	14.2	2	2.97	3.65	4.26
	사회복지학과	5	5	29.2	11.6	3	3.39	3.88	4.39	4	32.3	13.8	1	3.28	3.60	4.20
법과	법학부	11	10	38.7	20.2	2	3.33	4.01	5.76	14	40.6	17.4	6	3.37	4.31	5.28
사범 대학	교육학과	-	-	-	-	-	-	-	-							
	사회교육과	-	-	-	-	-	-	-	-							
	윤리교육과	-	-	-	-	-	-	-	-							
	한문교육과	-	-	-	-	-	-	-	-							
	유아교육과	-	-	-	-	-	-	-	-							
융합	문화예술경영학	4	4	36.3	17.8	1				3	34.3	13.0	0	3.59	4.45	5.59
	인문 소계	78	82	31.9	14.9	22	3.75	4.35	5.03	90	35.0	14.7	21	3.42	4.15	4.89

		2022	2022 논술우수자							2021 논술우수자						
자연 과학	수리통계 수학	5	6	8.33	5.33	1	3.07	3.50	3.79	-	-	-	-	-	-	-
	수리통계 통계학	6	6	10.7	8.17	4	4.10	4.22	4.37	4	10.3	6.25	1	3.43	3.66	4.16
	화학에너지융합	6	6	11.8	7.33	2	3.47	3.91	4.80	7	11.3	5.29	2	3.59	4.73	6.34
지식 서비스 공과	서비스디자인공학	5	6	9.67	6.83	1	3.10	4.64	5.66	6	11.0	4.67	0	3.19	4.38	5.12
	융합보안공학	11	6	11.2	6.83	2	3.87	4.03	4.28	11	13.5	6.27	2	3.11	4.43	6.06
	컴퓨터공학과	3	4	12.8	9.25	3	4.01	4.24	4.47	6	13.2	7.17	3	2.85	4.78	6.21
	청정융합에너지공	5	5	10.2	7.40	2	4.39	5.25	5.73	7	11.4	5.57	4	3.48	4.50	6.19
	바이오식품공학	4	4	10.8	7.00	4	4.13	4.21	4.35	5	13.4	7.00	0	4.08	4.63	5.24
	바이오생명공학	5	6	14.0	9.33	1	3.43	3.95	4.24	8	13.1	7.13	5	3.85	4.64	6.09
	AI융합학부 IOT	16	16	13.7	9.88	10	3.40	4.44	5.28	23	13.7	7.57	15	3.18	4.17	5.94
간호	간호학과 인문	5	6	63.0	33.7	1	2.76	3.78	4.85	5	68.0	32.0	0	3.50	4.13	5.21
	간호학과 자연	6	7	32.3	25.3	2	3.03	4.00	4.49	7	30.3	19.4	2	3.34	4.13	5.00
헬스 웰니스 컬리지	바이오신약의과학	5	6	16.0	11.5	2	4.12	4.66	6.19	3	13.0	6.00	1	5.04	5.04	5.04
	바이오헬스융합	5	5	8.80	4.60	3	4.22	4.72	5.22	5	11.0	5.20	0	3.43	3.89	4.58
	스포레저전공	-	-	-	-	-	-	-	-	-	-	-	-	-	-	-
	운동재활복지학	-	-	-	-	-	-	-	-	-	-	-	-	-	-	-
뷰티 생활 국제	의류산업학과	5	5	28.4	18.0	0	3.39	4.39	4.97	5	29.0	15.4	1	3.58	4.55	5.17
	뷰티산업학과	-	-	-	-	-	-	-	-	-	-	-	-	-	-	-
	소비자생활문화산업	5	4	30.0	12.8	2	3.65	4.53	5.19	4	32.8	12.3	2	3.25	4.05	4.75
	자연 소계	92	98	18.2	11.9	36	3.63	4.26	4.85	106	19.7	9.81	38	3.55	4.40	5.45

		2023	\# 모집 인원					2021 정시일반				

2022 정시일반 — 인 30:20:30:20 자 10:35:30:25 등 각각 / 영어 100-95-85-70-55...

2021 정시일반 — 인 30:20:30:20 자 10:35:30:25 등 각각 / 영어 100-95-85-70-55...

▶ 교과: 국영수사/국영수과
▶ 학년 비율: 동일 비율

대학	모집단위 학과	2023 모집인원	2022 모집	2022 평균	2021 모집	2021 평균
인문과학대학	국어국문		11	83.87	16	87.96
	영어영문		18	85.23	28	87.48
	독어독문		8	83.59	6	87.67
	프랑스어문		9	83.94	7	87.49
	일본어문문화		14	84.26	10	87.07
	중국어문문화		14	84.26	12	87.75
	사학과		8	83.88	7	87.79
사회과학대학	정치외교학과		11	84.06	14	88.72
	심리학과		11	85.57	15	89.07
	지리학과		10	83.45	11	87.56
	경제학과		15	88.47	19	89.18
	미디어커뮤니케이션		14	85.30	18	89.44
	경영학부		29	84.15	34	89.39
	사회복지학과		11	84.32	16	87.36
법과	법학부		32	84.63	36	87.23
사범대학	교육학과		7	84.22	7	88.68
	사회교육과		9	85.62	8	82.50
	윤리교육과		6	86.27	8	88.94
	한문교육과		6	82.28	7	87.54
	유아교육과		7	85.41	10	89.32
융합	문화예술경영학		8	84.65	12	88.20
인문 소계			**258**	**84.64**	**301**	**87.92**
자연과학	수리통계 수학		16	80.81 -	- - -	- -
	수리통계 통계학		21	82.43	13	87.32
	화학에너지융합		15	81.23	17	80.24
지식서비스공과	서비스디자인공학		17	83.19	21	89.28
	융합보안공학		21	82.13	22	89.47
	컴퓨터공학과		12	85.18	12	89.09
	청정융합에너지공		16	79.99	17	82.63
	바이오식품공학		10	80.74	9	77.72
	바이오생명공학		15	80.28	17	84.57
	AI융합학부 IOT		50	85.19	57	88.09
간호	간호학과 인문		11	88.25	16	92.74
	간호학과 자연		15	87.59	21	89.60
헬스웰니스컬리지	바이오신약의과학		13	85.51	9	79.75
	바이오헬스융합		20	80.94	21	79.78
	스포레저전공		29	75.31	30	75.03
	운동재활복지학		29	80.53	30	74.71
뷰티생활국제	의류산업학과		14	82.80	17	90.03
	뷰티산업학과		8	83.88	9	81.74
	소비자생활문화산업		11	83.85	13	86.70
자연 소계			**343**	**82.62**	**351**	**84.36**

2023 대학별 수시모집 요강 　세종대학교

2023 대입 주요 특징
정시 인문 30:30:20:20 자연 20:35:20:25
영어 인: 200-195-190...자: 200-198-196...

▶ 교과 반영: 2022과 동일
인: 국영수사과
자: 국영수과 예체: 국영
▶ 학년비율: 전학년 평균
▶ 진로선택 상위 3개반영★
A=1등급 B=3등급 C=5등급
A=1,000 B=980 C=900

1. 2023 교과전형 원트랙→학생부우수 폐지, 지역균형으로 통합
2. 2023 종합전형 투트랙→창의인재(면접형)+서류형 신설★★
3. 2023 지역균형 수능최저 신설, 인 2개합6, 자 2개합7, 탐구1
   2022 학생부우수자기준으로 볼 때 수능최저 하향 변화★★
4. 2023 논술 및 국방시스템공학 수능최저도 하향 변화
5. 2023 종합전형 자기소개서 폐지, 지역균형 10명 제한
6. 2022 교과입결 2020 이후 학과별 극심한 입결편차 해소
7. 교과전형 관건은 경쟁률 추이와 지원자 심리

8. 종합평가식(holistic approach) 지향 및 전공적합성 ★★
9. 2021 일반고 등록97% 계약학 등 강추: 국방/항공/소프트융합
10. 2023 진로선택과목 원점수 변환점수→성취도 등급변화
▶ 2023 공통/일반선택 석차등급별 변환점수★★
　1등급-1,000, 2등급-990, 3등급-980, 4등급-950, 5등급-900
▶ 2023 진로선택과목 성취도 등급변환★★
　A=1등급 B=3등급 C=5등급 A=1,000 B=980 C=900

모집시기	전형명	사정모형	학생부종합 특별사항	2023 수시 접수기간 09. 13(화) ~ 17(토)	모집인원	학생부	논술	면접	서류	기타	2023 수능최저
2023 수시 1,526명 (55.1%)　정시 1,242명 (44.9%)　전체 2,768명	**지역균형** 학생부우수자 통합	일괄	학생부교과 학교장추천 인원제한 10명 최저 있음　최종 12.15(목)　인: 국영수사과 자: 국영수과 학교장추천서 ~09.23(금)	1. 2023 전년대비186명 증가 2. 학생부우수자 277 흡수통합 3. 수능최저 신설, 2022학생부 우수자전형 입결 참고할 것 4. 합격관건 경쟁률 비례★★ 5. 2022 학생부우수자전형 기준 2023 지역균형 최저하향 6. 모집인원 다수학과 등 주목 (소프트융합대, 원자력 등) 7. 물리천문/지구자원 매니아 8. 과학 1개만 있으면 무한교차	310 2022 지균 124 학생부 277	학생부 100					**▶소프트웨어융합대학** ①컴퓨터공학과 ②정보보호학과 ③소프트웨어학과 ④데이터사이언스 ⑤지능기전공학부 (무인스마트) ⑥창의소프트 (디자인이노/만화애니) 인: 2개합 6 (탐1) 자: 2개합 7 (과1) *자연 미적/기하 ※ 2022 학생부우수자 인: 2개합 5 (탐1) 자: 2개합 6 (과1) *자연 미적/기하
	창의인재 면접형	1단계	학생부종합 최저없음 자소서 폐지	1. 2023 전년대비 174명 감소 2. 2023 서류평가, 면접 9분 ①학업역량 30% ②인성 15% ③전공적합성 35% ④창의성/발전가능성 20% 3. 소프트융합대학 8개 학과는 제시문 면접 및 발표 실시★ 전공적합성 자료 40분 준비 4. 정량·정성평가 통한 종합적 평가(holistic approach)	353 2022 527	서류 100% (3배수)					최저 없음 ※ 세종대 2023 수시기타전형 생략 실기실적/농어촌 특성화출/서해5도 등
		2단계	1단계 11.10(목) 면접창의소프트 11.19(토) 인자 11.20(일) 최종 12.15(목)			1단계 70% 면접 30%					
	창의인재 서류형	일괄	학생부종합 자소서 폐지 최종 12.15(목)	서류평가 100% 전형신설 1.학업역량 30% 2.인성 15% 3.전공적합성 35% 4.창의성/발전가능성 20%	신설 107	서류 100%					최저 없음
	논술우수자	일괄	논술전형 최저있음 논인 11.26(토) 논자 11.27(일) 최종 12.15(목)	1. 논술 최저하향, 120분 2. 2023 전년대비 35명 감소 2. 논술 분량 엄수 필수 3. 인문: 2문항, 4~5백, 900자 4. 자연: 수학 3문항, 소문항 포함 총 10문항 5. 학과별 성적편차 주목	310 2022 345	학생 30 논술 70					인: 2개합 5 (탐1) 자: 2개합 6 (과1) *자연 미적/기하 ※ 2022 논술우수자 인: 2개합 4 (탐1) 자: 2개합 5 (과1)
	고른기회	일괄	학생부종합 자소서 폐지 최종 12.15(목)	2023 서류일괄전형 국가보훈관련 유공자녀손 기초+차상위+농어+특성화	95 2022 63	서류 100%					<2021 고른기회 등록평균> 건축4.53 나노2.90 국제 미디2.44 경영2.75 경제3.01 행정2.72 호텔2.55-3.19 물천6.44 화학2.35 기계2.90 생명2.62-2.81 전자2.62 컴공2.49-2.79 소프3.14 정보2.80 사이2.41 지능3.26 인공2.84 지구4.68
	사회기여 및 배려자	일괄	학생부종합 자소서 폐지 최종 12.15(목)	2023 서류일괄전형 군인/경찰/소방 20년 자녀 다문화/다자녀3인/장애자녀등 서해5도/특성화재직 별도전형	30 2022 20	서류 100%					<2021 사회기여배려 등록평균> 국제5.46 경영4.37 호텔2.94-3.01 생명2.69 전자3.04 컴공3.16 건축2.81 기계2.81 나노3.11
	국방시스템공학 해군장학생	1단계	학생부교과 1단계 10.13(목) 체력/면접 최종 12.15(목)	1. 1단계 3배수→4배수 증가 2. 여학생 최대 3명 임관기준일: 2027년 6월 1일 내신반영: 국영수과, 학년동일 정시 12명, 국수영탐 15:40:20:25	30 2022 30	100 (4배수)				▶2개년 경쟁률 4.82→4.54 2021 최종평균-70% 2.9.2~3.23 2020 최종평균-80% 2.70~3.33	2023 수능최저변화 3개합 10 (탐1) ※ 2022 국방시스템 국수영 합 9등급
		2단계				체력 면접 20				▶국방/항공 2021 정시입결 70% 국방 국수탐2 백81.00, 2.63등급 항공 국수탐2 백81.33, 2.75등급	
	항공시스템공학 공군장학생	1단계	학생부교과 1단계 10.13(목) 최종 12.15(목)	의무복무 13년 전역후 민항사 임관기준일: 2027년 6월 1일 내신반영: 국영수과, 학년동일 정시 8명, 국수영탐 15:40:20:25	17 남16 여 1	100 (5배수)				▶2개년 경쟁률 9.06→8.88 2021 최종평균-70% 2.58~2.77 2020 최종평균-80% 2.22~2.51	2023 국수영 합 9 +史 3등급내 신원진술서 국영수과/ 동일비율
		2단계				2단계 100% 비행적성자질 모의비행평가 공군주관 신체/체력/적성 등 합불판정					

수능최저 ○ X		2023	2022 지역균형						2021 학생부우수자					
<세종대 교과전형> 2022 지균 최저없음 2022 교과 최저신설 2021 교과 최저없음 2020 교과 최저없음		2023 지역균형	▶내신 반영: 국영수사과　교과 100% ▶학년 비율: 동일 비율						▶내신 반영: 국영수사　교과 100% ▶학년 비율: 동일 비율					
			2022 지원		2022 수시 입결				2021 지원		2021 수시 입결			
		모집 인원	모집 인원	경쟁률	최종등록 평균	최종등록 70% CUT	추합 인원	충원율	모집 인원	경쟁률	최종등록 평균	최종등록 80% CUT	추합 인원	충원율
인문 과학	국어국문	5	2	6.50	3.04	3.04	4	200.0	5	10.0	2.09	2.09	10	200%
	국제학부	16	7	12.7	1.80	1.78	28	400.0	24	4.46	2.19	2.21	48	200%
	역사학과	3	2	15.5	2.35	2.30	1	50.0	4	5.25	3.00	3.20	4	100%
	교육학과	6	2	6.50	1.99	1.68	5	250.0	5	6.00	1.59	1.59	10	200%
사회 과학	행정학과	7	2	10.5	2.06	2.06	8	400.0	6	5.67	2.32	2.54	7	117%
	미디어커뮤니	6	2	9.00	-	-	8	400.0	4	12.0	1.77	1.77	8	200%
경영 경제	경영학부	19	7	16.1	1.73	1.73	28	400.0	29	4.62	1.87	2.06	58	200%
	경제학과	7	3	8.00	2.38	2.36	10	333.3	6	4.83	-	-	12	200%
호텔	호텔관광외식	18	7	12.6	2.09	2.22	25	357.1	19	5.11	2.54	2.87	38	200%
법학	법학부	6	2	10.5	1.85	1.64	6	300.0	11	4.91	2.45	2.65	14	127%
인문 합계		93	36	10.8	2.14	2.09	123	309.0	113	6.29	2.20	2.33	209	174%

수능최저 ○ X		2023	2022 학생부우수자						2021 학생부우수자					
<세종대 교과전형> 2022 지균 최저없음 2022 교과 최저신설 2021 교과 최저없음 2020 교과 최저없음		2023 지역균형	▶내신 반영: 국영수과　교과 100% ▶학년 비율: 동일 비율						▶내신 반영: 국영수과　교과 100% ▶학년 비율: 동일 비율					
			2022 지원		2022 수시 입결				2021 지원		2021 수시 입결			
		모집 인원	모집 인원	경쟁률	최종등록 평균	최종등록 70% CUT	추합 인원	충원율	모집 인원	경쟁률	최종등록 평균	최종등록 80% CUT	추합 인원	충원율
자연 과학	수학통계학부	7	3	8.33	1.66	1.62	10	333.3	13	7.92	1.99	2.01	26	200%
	물리천문학과	8	4	5.50	2.48	2.67	9	225.0	14	4.43	2.33	2.30	26	186%
	화학과	6	3	6.00	-	-	12	400.0	10	6.10	1.90	2.15	20	200%
생명 과학	생명시스템	21	9	10.1	1.79	1.92	36	400.0	31	4.32	1.78	1.87	55	177%
	스마트생명산	3	2	7.00	2.26	2.25	5	250.0	4	5.50	2.37	2.19	4	100%
전자	전자정보통신	22	12	7.58	1.81	1.87	48	400.0	55	4.64	2.03	2.17	110	200%
	반도체시스템공	9												
소프트 웨어 융합	컴퓨터공학과	20	6	8.17	1.80	1.79	19	316.7	14	11.2	1.70	1.67	28	200%
	정보보호학과	4	2	7.50	2.49	1.99	8	400.0	3	6.33	2.19	1.41	3	100%
	소프트웨어학	9	4	6.25	2.01	2.14	8	200.0	9	6.78	1.71	1.71	18	200%
	데이터사이언	6	2	7.50	2.15	1.96	7	350.0	8	15.3	2.16	2.31	8	100%
	지능기전공학	21	6	6.33	2.06	2.14	18	300.0	15	6.00	2.08	2.22	24	16%
	인공지능학과	9	4	7.00	2.02	2.23	14	350.0	9	5.78	2.10	2.31	6	67%
	창의소프디자								-	-	-	-	-	-
	창의만화애니								-	-	-	-	-	-
공과 대학	건축공학과	8	3	8.00	2.19	2.17	2	66.7	23	4.78	2.37	2.54	43	187%
	건축학과	7	3	9.00	2.13	1.84	12	400.0	-					
	건설환경공학	9	4	6.50	2.31	2.37	12	300.0	12	4.75	2.27	2.41	22	183%
	환경에너지융	7	3	6.00	2.36	2.25	7	233.3	9	9.44	1.90	2.01	18	200%
	지구자원시스	6	3	6.00	1.83	1.94	2	66.7	7	6.14	2.24	2.21	11	157%
	기계공학과	11	8	6.75	2.09	2.09	23	287.5	28	6.64	2.05	2.18	56	200%
	우주항공공학	8												
	나노신소재공	13	5	7.20	1.89	1.93	17	340.0	22	5.18	1.81	1.87	44	200%
	양자원자력공	3	2	5.50	2.69	2.58	5	250.0	3	5.00	2.60	2.67	1	33%
자연 합계		217	88	7.11	2.11	2.09	274	293.5	289	6.64	2.08	2.12	523	153%

수능최저 없음		2023 창의인재 (서류) 모집인원	2023 창의인재 (면접) 모집인원	2022 창의인재종합 ▶내신반영: 전과목 ▶학년비율: 동일 / 1단계: 서류 100 (3배수) 2단계: 면접 30							2021 창의인재종합 ▶내신반영: 전과목 1단계: 서류 100 (3배수) ▶학년비율: 동일 2단계: 면접 30					
				2022 지원 모집인원	경쟁률	최종등록 평균	최종등록 70% CUT	추합 인원	충원율		2021 지원 모집인원	경쟁률	최종등록 평균	최종등록 80% CUT	추합 인원	충원율
인문 과학	국어국문	2	3	8	8.13	2.51	2.58	7	87.5		7	16.7	2.50	2.65	10	143%
	국제학부	8	14	23	9.96	2.67	2.80	23	100.0		23	11.9	2.59	2.81	21	91%
	역사학과	2	2	6	12.0	2.76	2.82	5	83.3		5	14.8	2.54	2.54	9	180%
	교육학과	2	3	6	11.3	2.48	2.60	10	166.7		6	12.2	2.36	2.56	6	100%
사회 과학	행정학과	2	4	7	11.9	2.58	2.62	12	171.4		7	14.1	2.42	2.54	5	71%
	미디어커뮤니	3	7	14	25.3	2.21	2.25	11	78.6		14	37.0	2.68	2.73	5	36%
경영 경제	경영학부	8	14	28	12.3	2.63	2.73	22	78.6		30	14.4	2.40	2.58	31	103%
	경제학과	2	5	7	8.57	2.81	2.91	12	171.4		7	8.86	2.68	2.79	12	171%
호텔	호텔관광외식	7	14	25	13.3	2.89	3.01	14	56.0		25	10.4	2.95	2.98	27	108%
법학	법학부	2	4								-	-	-	-	-	-
인문 합계		38	70	124	12.5	2.62	2.70	116	110.4		124	15.6	2.57	2.69	126	111%

수능최저 없음		2023 창의인재 (서류) 모집인원	2023 창의인재 (면접) 모집인원	2022 창의인재종합 ▶내신반영: 전과목 ▶학년비율: 동일 / 1단계: 서류 100 (3배수) 2단계: 면접 30							2021 창의인재종합 ▶내신반영: 전과목 1단계: 서류 100 (3배수) ▶학년비율: 동일 2단계: 면접 30					
				2022 지원 모집인원	경쟁률	최종등록 평균	최종등록 70% CUT	추합 인원	충원율		2020 지원 모집인원	경쟁률	최종등록 평균	최종등록 80% CUT	추합 인원	충원율
자연 과학	수학통계학부	3	5	10	9.10	2.80	2.83	19	190.0		10	11.9	2.83	2.90	15	150%
	물리천문학과	5	8	12	7.42	3.29	2.90	17	141.7		11	8.09	2.68	2.79	16	145%
	화학과	4	5	11	8.82	2.70	2.62	20	181.8		11	13.8	2.34	2.40	10	91%
생명 과학	생명시스템	12	16	32	12.69	2.37	2.47	27	84.4		33	14.9	2.39	2.46	35	106%
	스마트생명산	2	2	6	8.33	2.94	2.59	2	33.3		6	9.83	2.63	2.83	5	83%
전자	전자정보통신	9	11	25	6.00	2.88	3.06	41	164.0		28	5.86	2.88	3.04	46	164%
	반도체시스템공	4	5													
소프트 웨어 융합	컴퓨터공학과		23	40	7.23	2.52	2.67	33	82.5		41	7.1	2.84	2.93	27	66%
	정보보호학과		7	10	6.20	2.56	2.98	5	50.0		10	7.80	2.87	2.67	3	30%
	소프트웨어학		10	16	7.69	2.97	3.04	14	87.5		19	12.9	2.92	3.10	10	53%
	데이터사이언		8	12	6.50	3.42	3.59	5	41.7		12	8.2	2.96	2.86	15	125%
	지능기전공학		24	43	5.33	3.08	3.20	35	81.4		45	5.18	3.14	3.31	29	64%
	인공지능학과		10	16	6.63	3.20	3.07	18	112.5		16	6.88	3.06	3.25	9	56%
	창의소프디자		48	48	7.00	2.70	2.95	18	37.5		48	8.23	2.60	2.91	30	63%
	창의만화애니		48	48	7.40	2.59	2.89	8	16.7		48	7.81	2.77	3.19	12	25%
공과 대학	건축공학과	2	5	8	5.88	2.97	3.06	7	87.5		17	12.2	2.68	2.73	15	88%
	건축학과	3	5	8	9.88	2.83	2.93	10	125.0		-	-	-	-	-	-
	건설환경공학	4	6	8	6.75	3.15	3.08	11	137.5		10	6.40	2.90	2.93	11	110%
	환경에너지융	3	6	9	15.22	2.60	2.63	16	177.8		10	13.2	2.96	3.19	17	170%
	지구자원시스	3	5	8	6.50	2.90	3.12	3	37.5		11	4.82	3.19	2.98	2	18%
	기계공학과	5	8	17	7.41	2.86	2.96	33	194.1		19	10.8	2.58	2.71	26	137%
	우주항공공학	3	6													
	나노신소재공	5	10	9	7.89	2.74	2.82	14	155.6		11	8.73	2.45	2.45	11	100%
	양자원자력공	2	2	7	4.57	3.07	3.25	4	57.1		7	6.86	2.95	2.93	4	57%
자연 합계		69	283	403	7.75	2.87	2.94	360	103.5		423	9.1	2.79	2.88	348	91%

수능최저 있음	2023	202 논술전형							2021 논술전형					
인: 2개합 4 (탐1) 자: 2개합 5 (탐1) 자연 수가과응시	2023 논술	▶내신 반영: 국영수사과 교과30+논술70 ▶학년 비율: 동일 비율							▶내신 반영: 국영수사과 교과30+논술70 ▶학년 비율: 동일 비율					
		2022 지원		2022 수시 입결					2021 지원		2021 수시 입결			
	모집인원	모집인원	경쟁률	최종등록평균	최종등록 70% CUT	실질경쟁	충원율	논술평균	모집인원	경쟁률	최종등록평균	최종등록 80% CUT	추합인원	충원율
인문과학 국어국문	3	6	31.8	4.09	4.32	5.50	66.7	553	6	31.3	4.33	4.99	6	183%
인문과학 국제학부	15	23	39.4	4.11	4.48	8.65	26.1	552	24	38.9	3.88	4.24	9	58%
인문과학 역사학과	2	3	32.3	4.05	3.66	3.67	33.3	535	4	33.8	4.24	4.29	6	0%
인문과학 교육학과	4	5	32.6	4.29	4.43	5.40	80.0	567	6	34.3	4.10	4.32	6	50%
사회과학 행정학과	4	5	33.2	4.14	4.62	4.80	40.0	544	6	33.8	3.80	3.76	6	67%
사회과학 미디어커뮤니	4	7	46.4	4.01	4.69	7.71	57.1	563	7	49.6	3.63	3.71	9	43%
경영경제 경영학부	18	20	40.6	3.91	4.32	6.80	25.0	604	21	38.9	3.61	3.99	7	48%
경영경제 경제학과	7	6	32.2	4.30	4.66	4.50	16.7	600	7	32.3	4.15	4.19	5	29%
호텔 호텔관광외식	18	20	31.6	4.06	4.98	6.25	25.0	577	21	34.5	3.42	3.51	8	33%
법학 법학부	4	12	30.8	4.06	4.34	6.58	58.3	613	13	34.4	3.87	3.95	7	15%
인문 합계	79	107	35.1	4.10	4.45	59.9	42.8	571	115	36.2	3.90	4.10	69	53%

수능최저 있음	2023	2022 논술전형							2021 논술전형					
인: 2개합 4 (탐1) 자: 2개합 5 (탐1) 자연 수가과응시	2023 논술	▶내신 반영: 국영수과 교과30+논술70 ▶학년 비율: 동일 비율							▶내신 반영: 국영수과 교과30+논술70 ▶학년 비율: 동일 비율					
		2022 지원		2022 수시 입결					2021 지원		2021 수시 입결			
	모집인원	모집인원	경쟁률	최종등록평균	최종등록 70% CUT	실질경쟁	충원율	논술평균	모집인원	경쟁률	최종등록평균	최종등록 80% CUT	추합인원	충원율
자연과학 수학통계학부	8	6	25.7	3.31	2.99	8.00	50.0	373	6	26.2	3.99	4.53	7	33%
자연과학 물리천문학과	7	9	18.1	4.13	4.42	3.89	77.8	300	9	20.4	3.63	4.38	5	56%
자연과학 화학과	6	6	26.7	4.74	5.10	7.50	33.3	375	6	27.8	4.10	4.45	8	117%
생명과학 생명시스템	17	17	39.9	3.95	4.08	12.4	52.9	351	17	35.7	4.40	5.01	11	59%
생명과학 스마트생명산	3	3	21.7	4.80	5.22	5.33	33.3	316	3	20.3	3.81	3.96	7	67%
전자 전자정보통신	26	23	31.7	4.07	4.49	9.30	43.5	426	23	28.4	4.12	4.39	9	78%
전자 반도체시스템공	9													
소프트웨어융합 컴퓨터공학과	24	26	45.9	3.96	4.21	12.5	61.5	539	26	33.8	3.75	3.97	11	35%
소프트웨어융합 정보보호학과	5	6	30.5	4.58	4.54	9.00	16.7	527	6	24.8	4.45	4.54	6	0%
소프트웨어융합 소프트웨어학	10	12	35.3	4.38	4.62	10.7	58.3	490	12	27.5	4.19	4.58	9	33%
소프트웨어융합 데이터사이언	7	8	26.4	3.95	4.13	7.38	12.5	423	8	24.5	4.14	4.54	8	75%
소프트웨어융합 지능기전공학	25	30	31.6	4.11	4.66	9.97	50.0	514	30	27.6	3.77	4.15	9	60%
소프트웨어융합 인공지능학과	9	12	28.8	4.19	4.46	7.92	33.3	440	12	25.8	4.08	4.19	8	42%
소프트웨어융합 창의소프디자									-	-	-	-	-	-
소프트웨어융합 창의만화애니									-	-	-	-	-	-
공과대학 건축공학과	7	8	25.5	4.56	5.09	8.13		238	15	31.6	3.84	3.99	8	87%
공과대학 건축학과	8	7	34.4	4.08	4.06	7.14		269	-	-	-	-	-	-
공과대학 건설환경공학	9	9	25.7	4.35	4.58	6.00	77.8	294	9	25.0	4.06	5.04	6	44%
공과대학 환경에너지융	7	8	26.9	4.14	4.64	7.75	12.5	283	8	28.4	4.65	4.91	7	100%
공과대학 지구자원시스	7	8	23.0	4.26	4.60	7.25	87.5	282	8	24.5	4.38	4.62	8	12%
공과대학 기계항공우주	12	21	32.3	3.88	4.03	7.67	66.7	302	21	31.5	4.15	4.23	9	76%
공과대학 우주항공공학	8													
공과대학 나노신소재공	14	15	37.0	4.10	4.36	10.6	66.7	298	15	39.8	3.48	4.05	12	73%
공과대학 양자원자력공	3	4	22.3	4.63	4.65	3.50	50.0	231	4	19.3	3.87	3.93	3	25%
자연 합계	231	238	29.5	4.21	4.45	8.09	49.1	363	238	27.5	4.05	4.39	150	56%

2022 정시 수능 / 2021 정시 수능

▶국수영탐2 인문30:30:20:20, 자연15:40:20:25
▶영어 점수: 100-95-85-70-50 …

		모집군	2023 정시 모집인원	2022 지원 모집인원	2022 지원 경쟁률	2022 입결 국수탐2 백분위합 (영어 제외) 3과목 최종평균	2022 입결 환산점수 70% CUT	충원 인원	충원 충원율	영어 등급	2021 지원 모집인원	2021 지원 경쟁률	2021 입결 국수탐2 백분위합 3과목 최종평균	2021 입결 3과목 70% CUT	국수영탐 등급평균 4과목 평균	국수영탐 등급평균 4과목 70%컷
인문과학	국어국문	나군	12	8	12.1	78.8	680.98	8	100.0	2.0	13	4.15	84.29	84.00	2.35	2.38
인문과학	국제학부	가군	48	42	6.69	80.5	682.68	37	88.1	2.0	51	3.45	85.23	84.50	2.32	2.38
인문과학	역사학과	나군	7	5	7.40	81.3	681.17	3	60.0	2.0	5	5.80	84.40	83.67	2.43	2.50
인문과학	교육학과	나군	10	13	8.92	80.2	684.03	11	84.6	2.0	15	7.13	85.03	84.50	2.42	2.50
사회과학	행정학과	나군	14	14	6.50	82.7	684.09	11	78.6	2.0	13	4.00	85.72	85.17	2.41	2.50
사회과학	미디어커뮤니	나군	16	13	6.46	82.8	690.70	7	53.8	2.0	17	3.94	86.97	85.50	2.23	2.38
경영경제	경영학부	나군	58	53	6.77	82.7	688.18	44	83.0	2.0	63	3.73	85.72	85.17	2.28	2.38
경영경제	경제학과	가군	19	24	5.58	82.3	696.21	18	75.0	2.0	31	3.23	86.58	85.33	2.23	2.38
호텔	호텔관광외식	가군	57	53	5.94	83.2	683.90	29	54.7	2.0	58	3.24	86.08	85.00	2.27	2.38
법학	법학부	가군	16	16	6.25	80.3	684.64	18	112.5	2.0	15	5.27	85.68	84.50	2.23	2.25
인문 합계			257	241	7.26	81.48	685.66	186	79.0	2.0	281	4.39	85.57	84.73	2.32	2.40

2022 정시 수능 / 2021 정시 수능

▶국수영탐2 인문30:30:20:20, 자연15:40:20:25
▶영어 점수: 100-95-85-70-50 …

		모집군	2023 정시 모집인원	2022 지원 모집인원	2022 지원 경쟁률	2022 입결 국수탐2 백분위합 (영어 제외) 3과목 최종평균	2022 입결 환산점수 70% CUT	충원 인원	충원 충원율	영어 등급	2021 지원 모집인원	2021 지원 경쟁률	2021 입결 국수탐2 백분위합 3과목 최종평균	2021 입결 3과목 70% CUT	국수영탐 등급평균 4과목 평균	국수영탐 등급평균 4과목 70%컷
자연과학	수학통계학부	나군	21	21	5.05	76.7	685.76	22	20.8	3.0	25	2.80	77.99	77.17	2.89	3.00
자연과학	물리천문학과	나군	26	24	6.50	83.3	684.95	18	11.5	3.0	31	3.26	76.18	74.17	2.94	3.00
자연과학	화학과	나군	20	19	5.42	76.5	683.29	18	17.5	3.0	23	3.52	76.10	75.67	2.91	3.00
생명과학	생명시스템	나군	65	64	4.86	81.8	685.75	65	20.9	3.0	74	3.35	78.51	77.17	2.80	2.88
생명과학	스마트생명산	가군	10	7	5.57	78.5	676.23	9	23.1	3.0	10	4.70	77.13	76.50	3.02	3.13
전자	전자정보통신	나군	73	115	6.02	81.8	688.63	97	14.0	3.0	138	2.96	76.67	75.17	2.93	3.00
전자	반도체시스템공	나군	29													
소프트웨어융합	컴퓨터공학과	나군	54	44	6.02	83.0	700.28	42	15.8	2.0	59	3.7	81.02	79.67	2.61	2.75
소프트웨어융합	정보보호학과	가군	14	8	6.00	86.3	699.88	3	6.25	2.0	9	3.44	80.95	80.17	2.65	2.75
소프트웨어융합	소프트웨어학	가군	28	21	5.81	81.0	696.44	27	22.1	2.0	25	3.40	81.10	80.00	2.57	2.63
소프트웨어융합	데이터사이언	가군	17	10	8.40	77.5	697.06	6	7.14	1.0	13	3.3	76.57	75.33	2.96	3.13
소프트웨어융합	지능기전공학	나군	53	53	5.91	81.0	688.86	33	10.5	3.0	58	2.95	77.36	76.67	2.85	3.00
소프트웨어융합	인공지능학과	가군	29	22	4.95	79.2	692.71	22	20.2	1.0	23	2.91	78.49	77.17	2.74	2.88
소프트웨어융합	창의소프디자	나군	2	3	10.00	78.2	705.23	1	3.33	3.0	2	7.50	84.33	84.00	2.38	2.50
소프트웨어융합	창의만화애니	나군	2	2	9.00	87.2	695.90	2	11.1	3.0	2	8.00	87.37	86.50	1.97	2.25
공과대학	건축공학과	나군	25	22	4.41	83.2	682.00	21	21.6	3.0	51	2.76	75.89	74.17	3.00	3.13
공과대학	건축학과	나군	25	24	6.25	81.0	683.26	22	14.7	3.0						
공과대학	건설환경공학	가군	29	33	5.94	76.8	680.85	16	8.16	3.0	33	2.85	76.60	75.50	2.97	3.13
공과대학	환경에너지융	가군	23	23	6.48	80.8	679.03	24	16.1	2.0	25	3.68	74.61	71.83	3.05	3.25
공과대학	지구자원시스	가군	22	21	6.81	78.7	681.64	14	9.79	3.0	19	3.00	72.48	69.50	3.24	3.38
공과대학	기계공학과	나군	33	66	5.27	77.8	684.23	49	14.1	2.0	82	2.89	76.69	75.33	2.96	3.13
공과대학	우주항공공학	나군	27													
공과대학	나노신소재공	나군	36	40	5.53	81.7	688.71	45	20.4	3.0	54	2.94	77.50	76.33	2.91	3.00
공과대학	양자원자력공	가군	8	5	4.40	79.0	681.17	4	18.2	2.0	6	3.67	78.20	78.17	2.96	3.00
자연 합계			671	647	6.12	80.50	688.27	560	14.9	2.5	762	3.70	78.18	76.96	2.82	2.95

▶ 모든 사항 2022와 동일
▶ 교과: 상위 5개 총 20개
　인: 국영수사　자: 국영수과
　예체: 국영사
▶ 교과 가중치 비율★
　인/자: 30:30:25:15
　예체: 50:30:20 (높은순)
▶ 학년비율 없음
▶ 이수 단위수 반영
▶ 진로선택과목 미반영

1. 2023 교과100% 특징: 최저 강화: 1개4 (탐1)→2개합6 (탐1)
　① 2023 전년대비 146명 증가, 2022 전년대비 121명 감소
　② 3년 수능최저변화: 2개합6(탐1)→1개4 (탐1)→2개합6 (탐1)
2. 지역균형 전형유지: 고교별 10%, 일괄면접, 최저 1개4 (탐1)
3. 면접교과전형: 전형유지, 단계면접, 전년대비 51명 감소
4. 교과논술전형: 전형유지, 인원 동일
5. 2023 고운사회통합: 국가보훈+사회배려 통합
　① 일괄면접→일괄논술　② 기초 및 차상위자녀 신설
6. 내신반영 유지 ① 반영전체 상위 20개 ② 교과별 가중치 적용
7. 식품영양학과: 영양교사 2급교원자격 취득

▶ 정시 모든 사항 2022와 동일　★수원대정시 영어비중 높음
■ 2023 정시일반1: 국수영탐1+史 가산, 자연 미적/기하 가산10%
　▶ 인문: 국어30%+수학,영어,탐1 성적 상위순 30%+25%+15%
　▶ 자연: 수학30%+국어,영어,탐1 성적 상위순 30%+25%+15%

■ 2023 정시일반2: 3개 영역+史 가산, 자연 미적/기하 가산10%
　▶ 인문자연공통: 3개 영역만 반영, 성적 상위순 45%+35%+20%
※ 수원대 2023 정시수학 가산방식: [국수영탐 합]x 수학 0.10 ★★
※ 수원대 2023 정시나군 일반1-341명, 정시나군 일반2-147명

2022 수원대 정시일반1 환산방식 국수영탐1> 가산총합산
▶ 인문 1,000점 [(국어백분위×0.3) + (상위1 백분위×0.3)
　　　+ (상위2 백분위×0.25) + (상위3 백분위×0.15)] × 10
▶ 자연 1.000점 [(수학백분위×0.3) + (상위1 백분위×0.3)
　　　+ (상위2 백분위×0.25) + (상위3 백분위×0.15)] × 10
▶ 예체 400점 [(상위1 백분위×0.5) + (상위2 백분위×0.3)
　　　+ (상위3 백분위×0.2)] × 10 × 4　▶ 음악대 200점 등

모집시기	전형명	사정모형	학생부종합 특별사항	2023 수시 접수기간 09. 13(화) ~ 17(토)	모집인원	학생부	논술	면접	서류	기타	2023 수능최저등급
2023 수시 정원내 1,405명 (65.8%) 정시 729명 (34.2%) 전체 2,134명 2022 수시 정원내 1,370명 (64.3%) 정시 761명 (35.7%) 전체 2,131명	교과우수	일괄	학생부교과 국영수+사/과 총 20개 가중치 학년비율 없음 최종 12.15(목)	1. 2023 전년대비 146명 증가 2. 2~5등급까지 0.4점차★ 3. 최저강화 2개합 7(탐1) 4. 2022 최저참고★ 인/자: 1개 4등급 (탐1) 5. 2021 최저참고★ 인/자: 2개합 6 (탐1)	278 2022 132	교과 100					<2022 교과우수입결> ▶ 인문 경쟁률 40.3 　최종평균 3.26 ▶ 자연 경쟁률 35.4 　최종평균 3.17 （인/자: 2개합 7 (탐1) 간호: 2개합 6 (탐1) ※2022 최저참고★ 인/자: 1개 4 (탐1) ※2021 최저참고★ 인/자: 2개합 6 (탐1)）
	지역균형	일괄	학생부교과 국영수+사/과 총 20개 가중치 학년비율 없음 면접 11.25(금)~11.27(일) 최종 12.15(목)	1. 2023 전년대비 92명 감소 2. 고교별 추천 재적 10% 3. 수능최저 1개 4등급 (탐1)	92 2022 184	학생 60 + 면접 40					<2022 지역균형입결> ▶ 인문 경쟁률 14.6 　최종평균 4.51 ▶ 자연 경쟁률 10.6 　최종평균 4.25 （인/자: 1개 4등급 (탐1)）
	면접교과	1단계	교과면접 국영수+사/과 총 20개 가중치 1단계 09.30(금) 면접 10.07(금)~10.11(월) 최종 11.11(금)	1. 2023 전년대비 51명 감소 2. 2~5등급까지 2점차★ 3. 자기소개 1분 후 3인 1조 그룹면접 구술면접진행 <면접사항> 인성, 창의력 및 사고력, 전공 적합성 학업계획 및 포부 등	227 2022 278	교과 80+ 출10+봉10 (5배수)					<2022 면접교과입결> ▶ 인문 경쟁률 11.9 　최종평균 3.57 ▶ 자연 경쟁률 9.28 　최종평균 3.97 최저 없음
		2단계				교과 60 + 면접 40					
	교과논술	일괄	논술전형 수능이후 실시 최저없음 수능후 논술 11.19(토)~11.20(일) 최종 12.15(목)	1. 2023 논술전형 전년 동일 2. 교과논술고사 고교교육과정 개념이해 바탕, 고교정기고사 서술·논술형 난이도형식 출제 3. EBS 수능완성, 수능특강 등 연계교재 활용 출제 4. 2~6등급 내신 1.25점차★ 5. 2022 교과논술 입결올림 ▶ 인문 경쟁 9.25 평균 4.69 ▶ 자연 경쟁 7.15 평균 4.72	480 2022 480	학생 40 + 논술 60					▶ 논술 총 80분, 문항당 각 10점 ▶ 논술 총 600점: 실질 150점+기본점수 450점 ▶ 교과등급 급간: 2~6등급까지 <1.25>차★ 100-98.75-97.50-96.25-95.00-93.75 … ▶ 답안: 노트 형식의 답안 작성 ▶ 국어: 문학+독서　수학: 수Ⅰ+수Ⅱ ▶ 인문: 국어 9문항+수학 6문항, 총 15문항 ▶ 자연: 국어 6문항+수학 9문항, 총 15문항
	고운사회통합 (국가보훈) (사회배려)	일괄	수능후 논술 11.19(토)~11.20(일) 최종 12.15(목)	1. 국가보훈+사회배려 통합 2. 일괄면접→일괄논술 변화 3. 국가보훈대상자 4. 부사관/경찰/소방/집배 미화/교도/다자녀/다문화 5. 기초및차상위자녀 추가★ 6. 2~5등급까지 0.5점차★	48 2022 16 30	교과 40 + 논술 60					<22년 인원-경쟁-평균> 외국어학부 4-2.50-5.8 경영학부 4-3.25-4.9 바이오화 4-3.25-4.8 건축도시 4-3.50-5.8 최저 없음 2022 전형방법 교과 60+면접 40 2023 기타전형 생략 실기280 농어촌85 등

수원대 2022 수시분석자료 01 - 학생부 교과

수능최저 있음		2023 지역균형	2023 교과전형	2022 학생부 교과 ▶교과 100% ▶수능최저: 1개 4등급(탐1) ▶인문: 국영수사 자연: 국영수과 예체: 국영사						2021 학생부 교과 ▶교과 100% ▶수능최저: 2개합 6등급(탐1) ▶인문: 국영수사 자연: 국영수과 예체: 국영사					
2021 2개합 6(탐1) 2022 1개 4등급(탐1)		지역균형	교과전형	모집인원	경쟁률	최초합격 내신평균	최종등록 내신평균	최종등록 내신최저	추합인원	모집인원	경쟁률	최초합격 내신평균	최종등록 내신평균	최종등록 내신최저	추합인원
인문 사회	인문학부	3	10	7	54.9		3.2		9	10	6.50		4.3		8
	외국어학부	6	20	12	35.3		3.1		40	23	7.09		3.9		29
	법행정학부	5	10	8	28.0		3.1		28	10	8.80		3.4		25
	미디어커뮤니케	2	7	-	-	-	-	-	-	5	36.0		3.0		9
	소방행정 야간	-	12	5	12.0		4.5		1	5	4.60		0.0		0
경상 대학	경제학부	4	10	7	62.0		3.2		14	10	7.70		4.4		17
	경영학부	5	17	10	63.0		2.7		36	20	9.90		3.8		39
	호텔관광학부	5	10	7	26.6		3.0		33	10	14.3		3.3		21
공과 대학	바이오화학산업	6	10	7	23.3		2.8		17	10	6.80		3.4		11
	건설환경에너지공	5	17	8	40.0		3.5		16	15	5.20		4.5		0
	건축도시부동산	7	15	8	25.6		3.2		14	10	6.60		4.0		7
	산업기계공학부	6	20	8	17.8		3.1		19	13	6.23		2.9		9
	전자재료공학부	2	9	7	54.4		3.6		8	7	5.71		5.0		3
	전기전자공학부	6	16	7	40.0		3.2		43	15	21.5		3.6		22
	화공신소재공학	6	15	7	38.0		2.8		37	10	6.00		3.8		4
ICT 융합	데이터과학부	5	15	8	28.6		3.5		23	20	5.20		4.2		8
	컴퓨터학부	5	14	8	61.0		2.8		19	20	7.80		4.0		31
	정보통신학부	5	17	8	24.9		3.2		16	20	6.60		3.9		11
건강 과학 대학	간호학과	2	7	-	-	-	-	-	-	5	44.0		2.5		3
	아동가족복지	2	11	-	-	-	-	-	-	5	11.2		4.0		10
	의류학과	2	7	-	-	-	-	-	-	5	8.20		4.1		3
	식품영양학과	3	9	-	-	-	-	-	-	5	15.8		3.7		5
		92	278	132	37.4		3.2		95	390	13.1		3.8		75

수원대 2022 수시분석자료 02 - 학생부 교과 vs 지역균형

2023 수능최저등급 ▶교과: 1개 4등급(탐1) ▶지균: 최저 없음		2023 지역균형	2023 교과전형	2022 학생부 교과 ▶교과 100% ▶수능최저: 1개 4등급(탐1) ▶인문: 국영수사 자연: 국영수과 예체: 국영사						2022 지역균형(신설) ▶교과 100% ▶최저 없음 ▶인문: 국영수사 자연: 국영수과 예체: 국영사					
		지역균형	교과전형	모집인원	경쟁률	최초합격 내신평균	최종등록 내신평균	최종등록 내신최저	추합인원	모집인원	경쟁률	최초합격 내신평균	최종등록 내신평균	최종등록 내신최저	추합인원
인문 사회	인문학부	3	10	7	54.9		3.2		9	8	16.3		4.1		7
	외국어학부	6	20	12	35.3		3.1		40	10	14.4		4.1		7
	법행정학부	5	10	8	28.0		3.1		28	10	11.0		4.2		0
	미디어커뮤니케	2	7	-	-	-	-	-	-	5	25.6		4.5		1
	소방행정 야간	-	12	5	12.0		4.5		1	5	2.80		6.7		0
경상 대학	경제학부	4	10	7	62.0		3.2		14	8	16.9		4.4		4
	경영학부	5	17	10	63.0		2.7		36	13	17.5		4.1		7
	호텔관광학부	5	10	7	26.6		3.0		33	7	11.9		4.0		7
공과 대학	바이오화학산업	6	10	7	23.3		2.8		17	7	8.4		3.8		2
	건설환경에너지공	5	17	8	40.0		3.5		16	7	11.0		4.1		2
	건축도시부동산	7	15	8	25.6		3.2		14	10	7.60		4.4		3
	산업기계공학부	6	20	8	17.8		3.1		19	10	6.60		4.5		11
	전자재료공학부	2	9	7	54.4		3.6		8	-	-				-
	전기전자공학부	6	16	7	40.0		3.2		43	10	9.30		4.4		6
	화공신소재공학	6	15	7	38.0		2.8		37	10	9.00		4.1		2
ICT 융합	데이터과학부	5	15	8	28.6		3.5		23	10	7.70		4.6		11
	컴퓨터학부	5	14	8	61.0		2.8		19	10	15.6		4.4		4
	정보통신학부	5	17	8	24.9		3.2		16	10	7.10		4.4		5
건강 과학 대학	간호학과	2	7	-	-	-	-	-	-	7	23.1		3.4		2
	아동가족복지	2	11	-	-	-	-	-	-	10	11.4		4.6		0
	의류학과	2	7	-	-	-	-	-	-	7	11.7		4.0		2
	식품영양학과	3	9	-	-	-	-	-	-	10	8.90		4.5		8
		92	278	132	37.4		3.2		95	74	12.1		4.3		91

수원대 2022 수시분석자료 03 - 학생부 면접교과

2022. 03. 22 ollim

수능최저 없음

2022 면접교과 ▶1단계: 교과 100% 2단계: 교과 60+면접40 ▶인문: 국영수사 자연: 국영수과 예체: 국영사

2021 면접교과 ▶1단계: 교과 100% 2단계: 교과 60+면접40 ▶인문: 국영수사 자연: 국영수과 예체: 국영사

		2023 모집인원	2022 모집인원	경쟁률	1단계 합격평균	최종등록 내신평균	최종등록 내신최저	추합인원	2021 모집인원	경쟁률	1단계 합격평균	최종등록 내신평균	최종등록 내신최저	추합인원
인문사회	인문학부	10	10	9.80	3.9			9	10	7.40	3.5			8
	외국어학부	15	15	9.07	3.8			15	15	7.93	3.4			20
	법행정학부	10	10	10.6	3.6			14	10	9.40	3.2			15
	미디어커뮤니케	5	5	21.8	3.1			3	5	14.8	3.0			3
경상대학	경제학부	10	10	10.4	3.7			6	10	7.90	3.5			23
	경영학부	14	20	11.2	3.5			15	20	7.55	3.2			23
	호텔관광학부	13	16	10.7	3.4			8	20	7.40	3.3			14
공과대학	바이오화학산업	10	10	5.90	3.9			8	10	7.70	3.3			11
	건설환경에너지공	15	20	7.15	4.2			12	20	5.40	3.9			22
	건축도시부동산	13	15	8.80	4.1			8	20	6.15	4.0			10
	산업기계공학부	13	20	5.85	4.1			25	20	4.45	3.8			23
	전자재료공학부	8	8	7.13	4.6			4	8	8.25	4.0			3
	전기전자공학부	14	20	5.50	4.2			16	20	6.30	3.5			16
	화공신소재공학	14	18	5.61	4.0			14	20	6.25	3.3			39
ICT융합	데이터과학부	14	15	5.67	4.5			10	15	6.07	3.8			12
	컴퓨터학부	14	15	9.87	3.8			14	15	7.73	3.4			13
	정보통신학부	14	15	6.40	4.5			6	15	7.40	3.8			10
건강과학대학	간호학과	5	8	19.4	2.5			4	10	8.30	2.5			4
	아동가족복지	5	10	12.8	4.0			6	10	8.60	3.8			11
	의류학과	5	8	18.8	3.7			8	10	6.20	3.9			8
	식품영양학과	6	10	11.1	3.5			8	10	7.40	3.4			8
		0	227	278	10.2	3.8		213	390	7.55	3.5			296

수원대 2022 수시분석자료 04 - 교과논술전형

2022. 03. 22 ollim

수능최저 없음

2022 논술전형 ▶학생 40 + 논술 60 ▶인문: 국영수사 자연: 국영수과 예체: 국영사

		2023 논술 모집인원	2022 모집인원	경쟁률		최종등록 내신평균	최종등록 내신최저	추합인원
인문사회	인문학부	10	10	8.50		4.8		13
	외국어학부	35	39	7.49		4.7		11
	법행정학부	13	12	8.83		4.4		2
	미디어커뮤니케	10	10	17.0		4.3		4
	소방행정 야간	7	10	3.80		5.5		2
경상대학	경제학부	15	15	9.00		4.8		9
	경영학부	37	37	10.3		4.5		12
	호텔관광학부	11	10	9.10		4.5		3
공과대학	바이오화학산업	16	16	6.56		4.6		6
	건설환경에너지공	40	40	5.75		5.1		20
	건축도시부동산	22	22	6.05		4.8		1
	산업기계공학부	30	30	5.70		4.8		17
	전자재료공학부	15	15	5.67		5.0		7
	전기전자공학부	36	38	7.05		4.9		22
	화공신소재공학	32	35	6.63		4.6		12
ICT융합	데이터과학부	32	32	6.06		4.6		14
	컴퓨터학부	30	32	13.2		4.6		11
	정보통신학부	32	32	6.16		4.7		13
건강과학대학	간호학과	15	15	59.7		3.6		7
	아동가족복지	11	10	7.80		5.0		6
	의류학과	10	10	6.70		5.2		0
	식품영양학과	11	10	9.60		4.6		6
문화콘텐츠테크 10명		0	470	480	10.3		4.7		198

2022 정시일반1 / 2022 정시일반2

▶인문: 국어30%+수학,영어,탐1 미적/기하 10%
　　성적 상위순 30%+25%+15%
▶자연: 수학30%+국어,영어,탐1
　　성적 상위순 30%+25%+15%

▶인문자연: 3개 영역만 공통 반영
　　성적 상위순 45%+35%+20%
▶2022 미적/기하 10%

※ 수가 가산 10% →
　2022 미적/기하 10%

		2023 정시 나군 일반전형1 인원	2023 정시 나군 일반전형2 인원	모집 인원	경쟁률	최종합격 환산평균	최종합격 등급평균	최종등록 백분위 평균	모집 인원	경쟁률	최종합격 환산평균	최종합격 등급평균	최종등록 백분위 평균
인문 사회	인문학부			10	6.40	799	3.4		5	6.80	906	3.2	
	외국어학부			30	7.73	798	3.3		10	10.8	901	3.1	
	법행정학부			18	7.94	811	3.3		7	7.71	899	3.3	
	미디어커뮤니케			10	7.80	821	3.0		5	10.0	919	3.0	
	소방행정 야간			-	-	-	-		10	3.77	797	4.2	
경상 대학	경제학부			10	7.50	798	3.4		10	12.8	901	3.3	
	경영학부			30	8.70	805	3.3		7	9.25	916	3.2	
	호텔관광학부			10	6.10	792	3.6		10	6.18	882	3.5	
공과 대학	바이오화학산업			10	5.00	770	3.7		6	5.00	887	3.4	
	건설환경에너지공			18	5.28	771	3.7		7	6.89	875	3.7	
	건축도시부동산			15	6.47	774	3.7		6	5.63	885	3.7	
	산업기계공학부			18	6.78	783	3.6		7	27.7	862	3.7	
	전자재료공학부			10	15.0	767	3.9		5	8.20	846	3.8	
	전기전자공학부			18	5.44	803	3.5		7	6.43	891	3.4	
	화공신소재공학			20	6.35	801	3.5		10	7.25	877	3.5	
ICT 융합	데이터과학부			20	6.50	786	3.5		10	7.30	874	3.6	
	컴퓨터학부			20	7.70	818	3.4		10	8.60	892	3.4	
	정보통신학부			18	4.00	793	3.6		7	6.86	885	3.6	
건강 과학 대학	간호학과			11	5.45	859	2.8		-	-	-	-	
	아동가족복지			8	6.25	781	3.5		2	10.0	849	4.0	
	의류학과			8	6.25	794	3.4		2	10.5	915	3.6	
	식품영양학과			8	7.88	768	3.7		2	8.33	857	4.5	
융합 문화	문화콘텐츠테크			12	7.25	906	3.3		8	6.38	906	3.3	
	자유전공학부			1	11.0	757	3.9		-	-	-	-	
건강 과학	스포츠기초체력			10	20.6	307	4.7						
	스포츠과학전공			50	7.20								
	기타 생략												
		0	0	393	7.76	798	3.5		153	8.74	883	3.5	

* 수원대학교 2021~2022 정시산출식 올림

■ 2021 수원대 정시가군 최종합격평균 환산 <국수영탐1> 가산총점합
　▶인문 1,000점〔(국어백분위×0.3) + (수학백분위×0.2)
　　　　+ (영어백분위×0.2) + (탐구백분위×0.3)〕× 10
　▶자연 1.000점〔(수학백분위×0.3) + (국어백분위×0.2)
　　　　+ (영어백분위×0.2) + (탐구백분위×0.3)〕× 10
　▶예체 400점 국0.5영0.2+탐1 0.3 × 4 등　▶음악대 200점 등

■ 2022 정시일반1: 국수영탐1+史 가산, 자연 미적/기하 가산10%
　▶인문: 국어30%+수학,영어,탐1 성적 상위순 30%+25%+15%
　▶자연: 수학30%+국어,영어,탐1 성적 상위순 30%+25%+15%

■ 2022 정시일반2: 3개 영역+史 가산, 자연 미적/기하 가산10%
　▶인문자연공통: 3개 영역만 반영, 성적 상위순 45%+35%+20%

※ 수원대 2022 정시수학 가산방식: 〔국수영탐 합〕x 수학 0.10★★
※ 수원대 2022 정시나군 일반1-333명, 정시나군 일반2-153명

2023 대학별 수시모집 요강 　숙명여자대학교

2023 대입 주요 특징	영어 20% 반영 등급환산
	인문/자연: 100-98-94-88-80-70-60-40-20

왼쪽 상단 박스

▶ 내신: 국수영사과史 유지
▶ 학년비율 없음
▶ 진로선택 3과목 반영
　A:1등급 B:2등급 C:4등급
▶ 숙명인재1(서류형): 자연
▶ 숙명인재2(면접형): 인문
　　　　　약학부

1. 2023 내신유지 ①국수영사과史 ②진로선택과목 3개 반영
2. 2023 종합 투트랙 계열별 선발 분리★★
　①숙명인재1 (서류일괄) : 자연계열, 전년대비 30명 증가
　②숙명인재2 (단계면접) : 인문/약학, 전년대비 146명/7명 증가
3. 교과/논술전형 최저 유지: 2개합 5(탐1), 약학 수포함 3개합5
4. 2023 지균 8명 증가, 수능최저 전년과 동일
5. 2023 소프트웨어융합인재 전형 폐지

오른쪽 상단 박스

6. 약학대학 6년제 86명 선발: 교과 5명, 종합 22명, 정시 59명
7. 공학적마인드 <기초공학부> - 향후 100% 전공선택유리 강추
8. 공과대학 2018 이후 학제개편 및 입학정원 조정 - 8개 모집단위
　화공생명공학/ICT융합공학/전자공학/응용물리　*명칭변경 유의
　소프트웨어학부/컴퓨터과학/소프트웨어융합/기초공학부
■ 2023 정시 반영비율 국수영탐2　　수학 15:50:20:15 ★
　인문 35:25:20:20　경상 30:30:20:20　자연일반 25:35:20:20 등

모집시기	전형명	사정모형	학생부종합특별사항	2023 수시 접수기간 09. 13(화) ~ 16(금)	모집인원	학생부	논술	면접	서류	기타	2023 수능최저등급
2023 정원내 수시 1,108명 (50.5%) 정시 1,084명 (49.5%) 전체 2,192명 2022 수시 1,215명 (56.3%) 정시 943명 (43.7%) 전체 2,158명	지역균형 선발	일괄	학생부교과 학교장추천 최종 12.15(목) 국영수사과史 + 진로 3과목 학추서류제출 ~09.23(금)	1. 2023 전년대비 8명 증가 2. 학교장추천 재적 10% 3. 재학생 및 졸업생 포함 4. 2023 수능최저 전년 유지 5. 약학부 5명 선발 ▶2022 약학입결 충원 1명 　경쟁률 22.7 평균 2.04	254 인153 자101 2022 246 인150 자 96	교과 100		▶2개년 경쟁률 21→22 인문 6.00→8.04 자연 6.49→9.52 ▶2개년 입결평균21→22 인문 2.04→2.08 자연 2.17→2.04 ▶2개년 충원율 21→22 인문 190%→203% 자연 106%→143%			인문: 2개합 5 (탐1) 자연: 2개합 5 (과1) 약학: 수학포함 　3개합 5 (탐1) IT공학/통계/의류 　: 수/탐 미지정 *자연 미/기+과탐
	숙명인재1 서류형	일괄 숙명2 중복 지원 가능	종합전형 최종 12.15(목) **자연계열**	1. 2023 자연계열만 모집★ 2. 전년대비 자연 30명 증가 3. 숙명인재1 평가 (서류형) ①전공적합/발전가능 (500점) ②탐구역량(300점) ★★ ③공동체/협업능력 (200점)	자161 2022 339 인208 자131				서류 100		■ 숙명종합1: 학업역량과 탐구역량 평가★ 1. 전공적합성 및 발전가능성 (500점) ①진로탐색　②전공관심 및 이해 ③전공관련교과목 이수과정 ④발전가능성 2. 탐구역량 (300점) ①자기주도적 학습태도　②지적호기심 탐구 ③지적 관심과 적극적 참여 ④기본학업역량 3. 공동체의식과 협업능력 (200점)
	숙명인재2 면접형	1단계 2단계	학생부종합 자소서폐지 1단계 11.15(화) 면접 11.26(토) ~11.27(일) 최종 12.15(목) **인문계열 약학부**	1. 2023 인문계열/약학 모집★ 2. 전년대비 인문 146명 증가 3. 전년대비 약학 7명 증가 일반: 서류기반면접, 15분내 약학: 서류/제시문면접, 30분 4. 숙명인재2 평가 (면접형) ①전공적합/발전가능성(300점) ②탐구역량(500점) ★★ ③공동체의식/협업능력(200점)	인270 약 22 2022 194 인124 자 70 약 15			**숙명인재1** 서류 100 (4배수) 1단계 60 + 면접 40	**숙명인재2** ▶2개년 경쟁률 21→22 인문 12.7→15.6 자연 9.23→11.5 ▶2개년 입결평균21→22 인문 3.29→3.07 자연 2.87→2.51 ▶2개년 충원율 21→22 인문 160%→166% 자연 132%→127%		**숙명인재2** ▶경쟁률 21→22 인문18.4→18.8 자연16.2→18.6 ▶입결평균21→22 인문 3.78→3.56 자연 3.22→3.00 ▶충원율 21→22 인문 83%→62% 자연 60%→57%
	논술우수자	일괄	논술전형 논인 11.19(토) ~11.20(일) 논자 11.19(토) 최종 12.15(목)	1. 2023 전년대비 인원 동일 2. 논술비율증가 70%→90% 인문/의류: 2문항, 각 세부문항 　1,800자 내외 원고지 자연: 3문항, 각 세부문항 포함	227 인146 자 81 2022 227 인146 자 81		학생 10 + 논술 90				<논술평균 2020→2021> ▶최초경쟁률 22.3 인문 평균 3.85→3.93 ▶최초경쟁률 18.3 자연 평균 3.88→3.84	인문: 2개합 5 (탐1) 자연: 2개합 5 (과1) 약학: 수학포함 　3개합 5 (탐1) IT공학/통계/의류 　: 수/탐 미지정 *자연 미/기+과탐
	고른기회	일괄	학생부종합 자소서 폐지 최종 12.15(목)	1. 독립 및 국가유공자녀 등 기초수급/차상위 대상자 + 농어촌 포함 2. 면접 10~15분	70 2022 80				서류 100		<2021 SW 3개년 입결> ▶IT공학: 4.03-3.07-3.51 ▶컴퓨터: 3.77-3.70-3.66 ▶소프트: 4.16-3.64-3.98 ▶경쟁률 5.73-8.16-3.65	최저 없음 2023 기타전형 생략 실기/농어촌/특성화 등

하단 좌측 박스

<숙명여대 2021 종합전형 지원전략 참고 리포트> *2019.05.15~2021.06.12*
1. 학과탐색 가이드북을 참고하여 세부 전공에 대한 이해 중요, 넓은 전공적합성
　<르꼬르동블루 외식경영전공>의 경우 외식보다 경영 측면 중요
2. 프랑스, 독일의 경우 순수, 열정, 문화역량 피력+학생부독서 기록
　일본어+일본학, 정치경제문화 등 해당국가 이해도 피력 등

하단 우측 박스

3. 소비자경제학과: 경제학+가족자원경영학과의 복합된 형태
　경제가 거시라면 소비자경제학과는 미시적 접근+서비스 접근
4. 가족자원경영학과: 상담 및 정부정책에 대한 연구
　사회심리: 사회적문제, 사회심리학, 조직심리학(범죄분야 교수포진)
5. 법학과: 사회이슈 높은관심도, 한국어/광고: 다양한 활동 중심
　사회과학대: 분석적 사고, 경제수학 관련 내용을 많이 봄

숙명여대 2개년 교과전형 (지역균형) 입학결과 분석		2023 인원	2022 지역균형 ▶교과 100% (국수영사과史, 동일비율, 진로3개) ▶수능최저 인: 2개합5 (탐1), 자: 2개합5 (탐1) 등							2021 교과전형 ▶교과 100% (국영수사/국영수과, 동일비율) ▶수능최저 인: 2개합4 (탐1), 자: 2개합4 (탐1)						
		인원	인원	경쟁률	최고	평균	편차	최저	추합 인원	인원	경쟁률	최고	평균	편차	최저	추합 인원
문과 대학	한국어문학부	8	8	7.80		2.04			8	8	6.30		1.92			14
	역사문화학과	5	4	8.00		2.05			3	4	4.00		2.23			1
	프랑스언어문화학과	3	3	7.30		2.22			4	3	8.30		2.13			6
	중어중문학부	8	8	8.90		2.08			13	8	6.10		2.05			18
	독일언어문화학과	2	2	8.50		2.30			4	2	7.00		2.22			2
	일본학과	4	4	8.00		2.18			4	4	6.00		2.22			5
	문헌정보학과	3	3	6.30		2.21			3	3	6.70		1.73			4
	문화관광학부 문화관광전공	6	6	6.00		2.26			10	6	5.70		2.02			14
	문화관광학부 르꼬르동외식	6	6	7.50		2.09			10	6	5.50		2.13			12
	교육학부	6	6	6.00		1.95			7	6	5.20		1.76			11
생활 과학	가족자원경영학과	3	3	5.30		2.04			1	3	4.70		2.08			1
	아동복지학부	7	7	7.70		2.17			21	7	6.10		2.09			12
사회 과학	정치외교학과	5	5	6.60		2.25			8	5	5.60		1.93			5
	행정학과	5	5	7.40		1.88			12	5	6.00		1.76			11
	홍보광고학과	5	5	10.0		2.04			7	5	7.20		2.23			3
	소비자경제학과	3	3	8.00		2.23			5	3	4.70		2.05			2
	사회심리학과	2	2	11.5		1.76			3	2	6.50		1.93			1
법과	법학부	15	14	8.20		1.94			27	14	6.10		1.98			37
경상 대학	경제학부	14	14	9.90		2.04			32	14	6.00		2.03			47
	경영학부	27	27	12.2		1.96			87	27	5.30		2.00			56
글로벌 서비스	글로벌협력전공	-	-	-	-	-	-	-	-	-	-	-	-	-	-	-
	앙트러프러너십전공	-	-	-	-	-	-	-	-	-	-	-	-	-	-	-
영어 영문	영어영문학전공	7	7	9.90		2.02			19	7	5.70		2.08			16
	테슬(TESL)전공	3	3	6.30		2.21			8	3	6.70		2.25			0
미디어	미디어학부	6	5	7.60		1.95			9	5	6.60		2.00			7
인문 충원율 190%→203%		**153**	**150**	**8.04**		**2.08**			**305**	**150**	**6.00**		**2.04**			**285**
이과 대학	화학과	5	5	7.80		2.02			7	5	6.00		1.98			6
	생명시스템학부	6	6	8.80		1.87			11	6	5.50		1.86			6
	수학과	4	4	6.80		2.26			3	4	7.80		2.14			0
	통계학과	6	6	8.50		2.06			7	6	5.80		2.25			9
공과 대학	화공생명공학부	8	8	9.30		1.88			10	8	4.80		1.84			7
	ICT융합 인공지능학부	10	9	8.30		2.20			17	9	6.70		2.03			10
	첨단소재 전자융합 지능형전자시스	7	6	10.3		2.21			9	6	7.80		2.50			6
	첨단소재 전자융합 신소재물리전공	5	5	6.40		2.28			4	5	5.40		2.34			1
	소프트웨어학부 컴퓨터과전공	9	9	8.40		2.07			17	9	8.10		2.19			8
	소프트웨어학부 데이터사이언스	5	4	8.30		2.12			3	4	6.00		2.29			3
	기계시스템학부	6	6	8.70		2.21			4	6	7.20		2.38			4
	기초공학부	12	12	8.80		2.05			25	12	5.90		2.10			17
생활 과학	의류학과	6	6	6.80		2.14			8	7	7.10		2.05			12
	식품영양학과	7	7	12.9		2.11			11	7	6.70		2.38			11
약학	약학부	5	3	22.7	-	1.13	-	-	1	-	-	-	-	-	-	-
자연 충원율 106%→143%		**101**	**96**	**9.52**		**2.04**			**137**	**94**	**6.49**		**2.17**			**100**

■ 숙명인재1 ★탐구역량
① 자기주도적 학습태도
② 지적호기심 탐구
③ 지적 관심과 적극적참여
④ 기본학업역량

		2023 인원	2022 숙명인재1 (서류)						2021 숙명인재1 (서류)					
			인원	경쟁률	최고	평균	편차	최저	추합 인원	인원	경쟁률	최고	평균	편차	최저	추합 인원

■ 숙명인재1 서류100% 일괄전형 / ■ 학업역량보다 탐구역량 / ■자소서/추천서 없음

대학	학과	2023 인원	인원	경쟁률	평균	추합 인원	인원	경쟁률	평균	추합 인원
문과대학	한국어문학부		13	11.6	3.06	17	15	12.8	3.17	14
	역사문화학과		4	20.0	2.54	5	6	17.5	3.14	11
	프랑스언어문화학과		5	15.6	3.87	8	7	9.60	4.16	16
	중어중문학부		15	13.5	3.81	36	17	12.1	4.27	21
	독일언어문화학과		5	14.6	3.34	9	6	10.7	3.99	16
	일본학과		9	14.8	3.65	15	10	10.5	3.93	13
	문헌정보학과		3	15.7	2.28	5	5	14.6	2.15	10
	문화관광학부 문화관광전공		6	17.0	3.25	9	8	13.4	3.46	13
	르꼬르동외식		6	14.2	2.67	7	8	6.50	3.59	8
	교육학부		8	23.2	3.14	5	10	18.8	2.83	20
생활과학	가족자원경영학과		4	13.5	3.74	3	6	9.80	3.47	8
	아동복지학부		7	18.9	2.51	11	9	14.6	3.09	16
사회과학	정치외교학과		6	14.0	2.81	7	8	13.6	2.87	13
	행정학과		4	17.3	3.03	4	5	12.0	2.90	5
	홍보광고학과		10	15.7	2.91	5	13	14.5	2.76	15
	소비자경제학과		4	11.0	2.90	4	6	9.70	2.90	8
	사회심리학과		4	23.5	2.29	6	5	24.6	3.08	1
법과	법학부		19		2.72	31	23	8.50	3.03	19
경상대학	경제학부		12	8.90	2.83	28	15	6.10	2.86	35
	경영학부		25	13.6	2.87	56	31	11.60	2.98	63
글로벌서비스	글로벌협력전공		3	16.0	3.06	5	4	15.8	3.80	6
	앙트러프러너십전공		3	14.0	4.58	2	3	9.70	4.46	3
영어영문	영어영문학전공		20	14.5	3.23	49	23	10.9	3.35	63
	테슬(TESL)전공		6	10.0	2.98	11	6	8.00	3.33	3
미디어	미디어학부		7	27.1	2.64	8	9	22.8	2.56	14
인문 충원율 160%→166%		**0**	**208**	**15.8**	**3.07**	**346**	**258**	**12.7**	**3.29**	**414**
이과대학	화학과	9	7	18.1	2.24	11	10	15.6	3.09	11
	생명시스템학부	10	9	27.8	2.33	10	13	17.8	2.85	13
	수학과	8	7	8.10	2.41	11	9	7.00	2.78	8
	통계학과	10	9	7.60	2.56	13	10	7.10	2.50	16
공과대학	화공생명공학부	15	13	19.9	2.03	12	16	16.9	2.73	19
	ICT융합 인공지능학부	18	11	6.60	2.61	7	13	6.30	3.09	15
	첨단소재전자융합 지능형전자시스	13	8	6.40	2.61	13	10	4.60	2.74	16
	신소재물리전공	13	10	5.60	2.66	15	12	4.20	3.11	14
	소프트웨어학부 컴퓨터과전공	15	15	6.30	2.54	19	17	6.40	2.79	17
	데이터사이언스	11	5	6.80	2.58	3	7	5.60	2.91	9
	기계시스템학부	12	11	5.90	3.10	12	13	4.30	3.13	21
	기초공학부	15	15	9.30	2.53	23	19	7.80	2.96	31
생활과학	의류학과	5	5	16.0	2.43	8	7	11.7	2.70	15
	식품영양학과	7	6	16.5	2.49	9	9	13.9	2.85	12
약학	약학부	-	-	-	-	-	-	-	2.88	-
자연 충원율 132%→127%		**161**	**131**	**11.49**	**2.51**	**166**	**165**	**9.23**	**2.87**	**217**

숙명여대 2개년 숙명인재종합 분석

		2023 인원	2022 숙명인재2 (면접) ▶1단계: 서류 100% (3배수) ▶2단계: 1단계 40%+면접 60%							2021 숙명인재2 (면접) ▶1단계: 서류 100% (3배수) ▶2단계: 1단계 40%+면접 60%						
			인원	경쟁률	최종 입학결과				추합 인원	인원	경쟁률	최종 입학결과				추합 인원
					최고	평균	편차	최저				최고	평균	편차	최저	
문과 대학	한국어문학부	11	6	13.0		3.64			8	8	19.3		2.92			7
	역사문화학과	5	2	18.5		2.98			2	3	21.0		3.63			2
	프랑스언어문화학과	10	3	20.0		4.72			0	4	12.8		5.39			0
	중어중문학부	14	7	19.4		3.86			2	9	15.1		4.55			12
	독일언어문화학과	9	3	15.0		4.30			4	4	14.5		4.50			4
	일본학과	15	6	17.8		3.99			3	6	17.8		4.43			5
	문헌정보학과	5	2	17.0		2.35			2	3	16.0		2.91			5
	문화관광 학부 문화관광전공	7	4	17.3		3.17			4	7	16.9		3.70			8
	르꼬르동외식	7	4	19.0		4.37			3	7	11.6		4.23			8
	교육학부	9	4	27.8		3.18			2	5	27.6		3.19			8
생활 과학	가족자원경영학과	5	2	11.5		4.14			0	3	12.0		3.66			2
	아동복지학부	7	4	25.0		3.07			0	5	26.0		3.53			4
사회 과학	정치외교학과	8	3	16.3		3.19			5	4	19.5		3.13			3
	행정학과	4	2	19.0		3.30			1	3	13.7		4.12			1
	홍보광고학과	9	5	18.2		2.86			2	6	22.3		2.90			6
	소비자경제학과	6	3	12.7		4.74			1	4	16.0		4.14			6
	사회심리학과	5	2	39.0		2.37			0	3	43.0		3.51			1
법과	법학부	18	10	17.9		2.95			6	12	16.1		3.79			5
경상 대학	경제학부	12	6	8.50		3.12			1	8	10.0		3.58			8
	경영학부	24	11	19.4		3.75			7	16	15.8		3.33			12
글로벌 서비스	글로벌협력전공	12	11	15.3		4.09			12	12	20.0		3.19			10
	앙트러프러너십전공	9	8	11.6		3.73			9	10	12.5		4.34			5
영어 영문	영어영문학전공	20	9	18.3		4.04			3	11	14.5		3.95			6
	테슬(TESL)전공	10	4	12.8		4.39			0	5	10.4		3.80			6
미디어	미디어학부	7	3	38.7		2.66			0	4	35.8		4.15			0
인문 충원율 83%→62%		248	124	18.8		3.56			77	162	18.4		3.78			134
이과 대학	화학과		4	23.0		2.49			2	5	22.0		3.23			0
	생명시스템학부		5	38.4		2.90			4	6	28.3		2.80			4
	수학과		3	11.0		3.01			2	4	10.8		3.47			2
	통계학과		5	8.00		2.97			1	7	7.90		2.56			6
공과 대학	화공생명공학부		6	31.0		2.94			2	7	29.0		3.26			5
	ICT융합 인공지능학부	-	-	-	-	-	-	-	-	-	-	-	-	-	-	-
	첨단소재 전자융합 지능형전자시스		4	7.00		3.78			2	5	7.00		3.35			2
	신소재물리전공		8	5.10		3.66			3	10	6.30		3.25			4
	소프트 웨어학부 컴퓨터과전공	-	-	-	-	-	-	-	-	-	-	-	-	-	-	-
	데이터사이언스	-	-	-	-	-	-	-	-	-	-	-	-	-	-	-
	기계시스템학부		5	6.40		2.96			4	6	7.00		3.12			2
	기초공학부		9	12.3		2.80			8	10	15.8		3.39			5
생활 과학	의류학과		2	27.5		3.21			1	3	26.7		3.44			9
	식품영양학과		4	22.3		3.30			3	5	17.4		3.50			2
약학	약학부	22	15	31.2		1.95			8	-	-	-	-	-	-	-
자연 충원율 60%→57%		22	70	18.6		3.00			40	68	16.2		3.22			41

숙명여대 2개년 논술우수자 분석

2022 논술우수자
▶ 교과 100% (국영수사/국영수과, 동일비율)
▶ 수능최저 인: 2개합5 (탐1), 자: 2개합5 (탐1) 등

2021 논술우수자
▶ 교과 40% + 논술 60%
▶ 수능최저 인: 2개합 4(탐1), 자: 2개합 4(탐1)

대학	학과	2023 인원	2022 인원	경쟁률	최고	평균	편차	최저	추합인원	2021 인원	경쟁률	최고	평균	편차	최저	추합인원
문과대학	한국어문학부	11	11							13	19.5		4.08			8
	역사문화학과	5	5							7	16.9		3.66			2
	프랑스언어문화학과	4	4							5	18.4		4.29			2
	중어중문학부	12	12							16	19.3		4.07			8
	독일언어문화학과	3	3							5	16.0		4.08			2
	일본학과	3	3							6	16.0		4.36			3
	문헌정보학과	4	4							5	22.2		3.84			4
	문화관광학부 문화관광전공	4	5							7	22.6		3.93			9
	문화관광학부 르꼬르동외식	5	5							7	20.7		4.18			3
	교육학부	8	8							11	24.5		3.90			9
생활과학	가족자원경영학과	3	3							5	18.8		3.76			4
	아동복지학부	9	9							11	20.0		3.85			4
사회과학	정치외교학과	3	3							3	19.3		3.48			0
	행정학과	5	5							7	21.9		4.16			3
	홍보광고학과	7	7							8	23.8		3.78			3
	소비자경제학과	3	3							5	27.6		3.88			4
	사회심리학과	3	3							5	36.6		3.89			0
법과	법학부	13	13							19	25.3		3.68			7
경상대학	경제학부	5	7							8	23.3		3.91			4
	경영학부	11	11							14	33.1		3.75			9
글로벌서비스	글로벌협력전공	-	-	-	-	-	-	-	-	-	-	-	-	-	-	-
	앙트러프러너십전공	-	-	-	-	-	-	-	-	-	-	-	-	-	-	-
영어영문	영어영문학전공	11	11							15	22.9		3.64			8
	테슬(TESL)전공	-	-							4	17.8		4.16			6
미디어	미디어학부	11	11							16	25.4		3.98			5
		143	146							202	22.3		3.93			107

대학	학과	2023 인원	2022 인원	경쟁률	최고	평균	편차	최저	추합인원	2021 인원	경쟁률	최고	평균	편차	최저	추합인원
이과대학	화학과	5	5							6	16.2		3.26			1
	생명시스템학부	5	5							7	22.7		3.48			3
	수학과	5	5							6	12.8		3.41			1
	통계학과	4	4							5	18.4		3.57			1
공과대학	화공생명공학부	9	9							10	23.1		3.69			3
	ICT융합 인공지능학부	8	8							9	17.7		4.01			2
	첨단소재전자융합 지능형전자시스	6	6							7	15.1		4.13			1
	첨단소재전자융합 신소재물리전공	3	-							-	-	-	-	-	-	-
	소프트웨어학부 컴퓨터과전공	6	6							7	16.9		4.40			2
	소프트웨어학부 데이터사이언스	4	4							5	19.0		4.10			1
	기계시스템학부	8	8							9	14.6		3.62			7
	기초공학부	11	11							15	18.7		3.94			7
생활과학	의류학과	4	4							5	27.0		4.35			2
	식품영양학과	6	6							7	15.6		4.00			1
약학	약학부	-	-		-	-	-	-	-	-	-	-	-	-	-	-
		84	81							98	18.3		3.84			32

255

2023 대학별 수시모집 요강	순천향대학교	2023 대입 주요 특징	정시 탐구+국수영 택2, 탐구1개, 미/기 10% 영어: 96-92-85-73-56-36... 탐구20+국수영40:40

▶2023 교과전형 내신변화★ 인: 국영수사, 자: 국영수과 →국영수사과 중 3개 교과 ▶2023 신설 교과면접 내신★ 국영수사과 중 우수 15개 ▶학년비율 없음 ▶진로선택과목 미반영	1. 2023 <교과전형>및 신설 <교과면접전형> 내신 차별화 2. 수능최저 의예간호 포함 모든학과 2022과 동일 유지 3. 의예/간호: ①교과일반최저: 의예 4개합6, 간호 3개10(탐2) ②교과지역최저: 의예 4개합6, 간호 3개10(탐1) 4. 2022 이후 모든 종합전형 자기소개서 없음 5. 2023 SW융합전형 및 조기취업, 교과지역기초 생략	6. 2023 전형신설 ①교과면접전형 545명, 단계면접, 최저 없음 ② SW융합전형 12명, 단계면접, 최저 없음 ③지역인재 기초수급및차상위전형, 교과100%, 최저 있음

모집시기	전형명	사정 모형	학생부종합 특별사항	2023 수시 접수기간 09. 13(화) ~ 17(토)	모집 인원	학생부	논술	면접	서류	기타	2023 수능최저등급
2023 수시 2,262명 (85.3%) 정시 391명 (14.7%) 전체 2,653명 2022 수시 1,958명 (73.7%) 정시 697명 (26.3%) 전체 2,655명	교과일반	일괄	학생부교과 국영수사과 중 3개교과 최종 12.15(목)	1. 2023 전년대비 188명 감소 2. 2023 내신변화★ 인: 국영수사, 자: 국영수과 →국영수사과 중 3개 교과 3. 2023 의예 20명, 간호 20명	597 2022 785	교과 100					<2023 수능최저등급> ▶의료과학대: 2개합 8 (탐1) 의료과학대 7개학과 ▶인문: 2개합 9 (탐1) 20개학과 ▶자연: 2개합 10(탐1) 19개학과 ▶의예: 4개합 6등급 (탐2) ▶간호: 3개합 10등급 (탐2)
	교과면접 (신설)	1단계	학생부교과 1단계 10.18(화) 면접 10.22~23 11.29~30 최종 12.15(목)	1. 2023 전형신설 2. 내신반영★★ 국영수사과 중 우수 15개 3. 의예 및 간호 모집없음	545	교과 100 (5배수)					최저 없음
		2단계				1단계 60 + 면접 40					
	학생부교과 지역인재	일괄	학생부교과 최종 12.15(목)	1. 2023 전년대비 12명 증가 2. 대전/세종/충남북 고교생 3. 2023 의예 31명, 간호 16명	47 2022 35	교과 100	수학 확통 0.5등급 하향 탐구 사탐 0.5등급 하향			의예: 4개합 6 (탐1) 간호: 3개합10 (탐1)
	종합일반	1단계	학생부종합 1단계 11.11(금) 면접 11.19~20 11.26~27 최종 12.15(목)	1. 2023 전년대비 75명 감소 2. 2023 의예 6명, 간호 6명 3. 전공적합/인성/발전가능성	340 2022 415	서류 100 (3배→4배수)	학업역량 25% 전공적합성 25% 발전가능성 25% 인성 25%				최저 없음
		2단계				1단계 70 + 면접 30					
	종합지역 메타버스	1단계	학생부종합 1단계 11.11(금) 면접 11.19~20 11.26~27 최종 12.15(목)	1. 대전/세종/충남북 고교생 2. 2023 의예 7명, 간호 5명	230 2022 255	서류 100 (3배→4배수)	학업역량 25% 전공적합성 25% 발전가능성 25% 인성 25%				최저 없음
		2단계				1단계 70 + 면접 30					
	종합고른 메타휴먼	1단계	학생부종합 1단계 11.11(금) 면접 12.03~04 최종 12.15(목)	1. 국가보훈관계 법령자 2. 농어촌/만학도 대상 3. 기초수급차상위 포함 4. 의예 및 간호 모집없음	93 2022 90	서류 100 (3배→4배수)	학업역량 25% 전공적합성 25% 발전가능성 25% 인성 25%				최저 없음
		2단계				1단계 70 + 면접 30					
	학생부교과 기초수급차상위 (정원외)	일괄	학생부교과 최종 12.15(목)	1. 기초수급 및 차상위 자녀 2. 의예 및 간호 모집없음	46 2022 46	교과 100					최저 없음
	학생부종합 기초수급차상위 (정원외)	1단계	학생부종합 1단계 11.11(금) 면접 12.03(토) 최종 12.15(목)	1. 기초수급 및 차상위 자녀 2. 2023 의예 2명, 간호 2명 3. 전공적합/인성/발전가능성	4 2022 4	서류 100 (3배→4배수)	학업역량 25% 전공적합성 25% 발전가능성 25% 인성 25%				최저 없음
		2단계				1단계 70 + 면접 30					

		2023	2022 지원		2022 수시 입결				2022 지원 세부			2022 정시입결	
▶교과 100% ▶내신: 국영수사/국영수과 ▶최저일반: 2개합 8~10 ▶의예: 4개합 6 (탐2) ▶간호: 3개합 10 (탐2)					**2022 교과일반학생**				**2022 교과일반 세부입결**			탐1+국/수/영 택2		
		모집 인원	모집 인원	경쟁률	최종등록 등급평균	최종등록 등급최저	추합 인원	최저 충족률	전체 지원	모집 +충원	최저제외 실질경쟁	충원율	백분위 평균	백분위 최저
인문 사회 과학	유아교육과	10	17	6.82	3.46	3.76	27	76.7%	116	44	2.64	159%	79.22	75.80
	특수교육과	7	13	9.38	3.74	4.16	47	79.5%	122	60	2.03	362%	73.26	60.40
	청소년교육상담	6	10	8.20	2.89	3.38	14	70.7%	82	24	3.42	140%	78.62	68.20
	법학과	11	12	5.67	4.01	5.03	29	72.1%	68	41	1.66	242%	77.45	71.80
	행정학과	9	13	8.46	3.99	4.49	37	71.8%	110	50	2.20	285%	69.74	54.40
	경찰행정학과	6	9	15.9	2.58	2.74	21	80.4%	143	30	4.77	233%	87.34	85.40
	사회복지학과	8	10	6.40	3.90	4.46	15	59.4%	64	25	2.56	150%	72.16	50.80
글로벌 경영 대학	경영학과	11	18	6.83	3.71	4.28	44	66.7%	123	62	1.98	244%	64.65	28.60
	국제통상학과	22	29	6.14	4.31	4.68	61	74.2%	178	90	1.98	210%	77.15	71.80
	관광경영학과	12	15	16.3	4.25	4.71	30	49.2%	244	45	5.42	200%	75.99	72.40
	경제금융학과	18	20	5.55	4.26	4.53	34	71.2%	111	54	2.06	170%	67.12	26.40
	IT금융경영학과	22	21	4.95	4.22	4.67	31	76.0%	104	52	2.00	148%	76.63	74.20
	글로벌문화산업	10	7	5.86	4.49	5.61	21	73.2%	41	28	1.46	300%	69.30	46.40
	회계학과	5	8	4.63	3.58	4.36	9	73.0%	37	17	2.18	113%	69.12	61.80
SCH 미디어 랩스	한국문화콘텐츠	5	7	23.4	3.57	3.93	13	66.5%	164	20	8.20	186%	74.57	64.40
	영미학과	17	18	6.17	4.24	4.66	26	74.8%	111	44	2.52	144%	65.47	46.80
	중국학과	12	13	4.31	4.70	6.41	28	73.2%	56	41	1.37	215%	75.20	71.40
	미디어커뮤니케이션	12	14	8.07	3.50	3.99	44	71.7%	113	58	1.95	314%	72.24	43.20
	건축학과 5년제	6	12	7.42	3.52	3.98	16	83.1%	89	28	3.18	133%	72.17	57.60
	AI.빅데이터공학과	9	12	3.67	4.74	6.08	19	75.0%	44	31	1.42	158%	78.05	74.80
	사물인터넷학과	13	12	3.80	4.90	5.59	20	66.7%	57	32	1.78	167%	69.40	57.40
	스마트자동차학과	12	14	8.13	4.60	5.07	31	50.8%	122	45	2.71	221%	69.19	35.68
	에너지시스템학과	9	14	3.41	5.17	6.15	16	56.9%	58	30	1.93	114%	66.38	51.80
의과 대학	의예과	20	20	14.2	1.04	1.10	31	25.8%	283	51	5.55	155%	102.51	102.39
	간호학과	20	14	25.4	2.28	2.46	33	41.4%	355	47	7.55	236%	87.23	85.61
자연 과학 대학	화학과	9	14	3.36	4.56	6.23	19	74.5%	47	33	1.42	136%	65.41	23.76
	식품영양학과	11	13	6.69	4.10	4.59	33	74.7%	87	46	1.89	254%	75.02	70.00
	환경보건학과	15	14	14.9	4.50	4.84	17	62.0%	208	31	6.71	121%	61.57	41.60
	생명과학과	17	32	4.16	4.18	5.05	62	85.7%	133	94	1.41	194%	75.85	69.00
공과 대학	컴퓨터소프트웨어	17	23	7.35	3.84	4.29	53	83.4%	169	76	2.22	230%	82.92	79.00
	컴퓨터공학과	19	23	7.43	3.99	4.45	67	80.7%	171	90	1.90	291%	78.06	70.20
	정보통신공학과	17	20	14.4	4.82	5.14	29	54.9%	288	49	5.88	145%	68.14	38.00
	전자공학과	16	26	7.50	4.35	4.84	77	77.4%	195	103	1.89	296%	74.51	66.48
	전기공학과	28	35	5.09	4.39	5.15	78	77.5%	178	113	1.58	223%	71.89	46.60
	전자정보공학과	16	24	4.29	4.96	5.45	26	64.1%	103	50	2.06	108%	75.59	72.60
	나노화학공학과	10	19	6.58	4.04	4.48	35	0.8	125	54	2.31	184%	75.19	67.80
	에너지환경공학과	10	17	4.00	4.33	4.72	27	89.7%	68	44	1.55	159%	60.77	46.16
	디스플레이신소재	17	21	5.71	4.44	5.11	56	84.2%	120	77	1.56	267%	70.25	59.80
	기계공학과	8	18	7.44	4.35	4.99	60	70.1%	134	78	1.72	333%	73.01	60.60
	정보보호학과	13	22	6.55	3.82	4.44	23	70.1%	144	45	3.20	105%	73.86	65.20
	메타버스&게임학과	16												
의료 과학 대학	보건행정경영	7	18	13.9	3.66	3.94	39	51.6%	250	57	4.39	217%	79.95	77.80
	의료생명공학	7	16	9.69	3.63	3.83	29	65.2%	155	45	3.44	181%	83.83	79.40
	의료IT공학과	17	19	4.84	4.32	4.63	17	56.5%	92	36	2.56	89%	70.83	57.84
	임상병리학과	10	15	10.1	2.69	3.22	48	71.1%	152	63	2.41	320%	86.79	83.80
	작업치료학과	10	15	12.9	3.80	4.07	22	47.7%	193	37	5.22	147%	72.27	57.00
	의약공학과	10	13	4.69	3.85	5.62	17	49.2%	61	30	2.03	131%	79.24	66.00
	의공학과	5	9	5.44	4.76	5.45	15	51.0%	49	24	2.04	167%	71.70	68.24
		597	778	8.21	3.98	4.57	1546	68%	6117	2324	2.85	257%	74.40	61.84

▶서류 100% (3배수) 1단계70+ 면접30 ▶내신반영: 전교과 정성		2023 모집 인원	2022 지원 모집 인원	경쟁률	2022 수시 입결 최종등록 등급평균	최종등록 등급최저	추합 인원	충원율	2022 지원 세부사항 전체 지원	모집 +충원	최저제외 실질경쟁		
인문 사회 과학	유아교육과	6	6	13.2	3.73	4.33	6	100%	79	12	6.58		
	특수교육과	6	5	9.60	4.06	4.99	7	140%	48	12	4.00		
	청소년교육상담	12	13	6.92	4.17	5.37	7	54%	90	20	4.50		
	법학과	7	8	7.13	4.05	4.75	5	63%	57	13	4.38		
	행정학과	7	9	4.44	4.09	4.81	12	133%	40	21	1.90		
	경찰행정학과	7	9	23.3	2.94	3.58	15	167%	210	24	8.75		
	사회복지학과	12	11	11.9	4.53	5.99	13	118%	131	24	5.46		
글로벌 경영 대학	경영학과	7	9	9.56	4.08	4.88	13	144%	86	22	3.91		
	국제통상학과	12	13	4.23	4.84	6.24	14	108%	55	27	2.04		
	관광경영학과	9	11	5.73	4.65	5.61	5	45%	63	16	3.94		
	경제금융학과	6	8	3.25	4.86	6.13	7	88%	26	15	1.73		
	IT금융경영학과	6	13	4.54	4.90	6.25	8	62%	59	21	2.81		
	글로벌문화산업	3	6	4.67	4.56	5.76	11	183%	28	17	1.65		
	회계학과	3	5	4.00	4.29	5.46	1	20%	20	6	3.33		
SCH 미디어 랩스	한국문화콘텐츠	7	8	8.00	4.22	4.72	5	63%	64	13	4.92		
	영미학과	7	11	2.73	4.77	5.87	5	45%	30	16	1.88		
	중국학과	7	10	3.30	5.15	7.01	10	100%	33	20	1.65		
	미디어커뮤니케이션	12	14	9.21	4.13	4.96	8	57%	129	22	5.86		
	건축학과 5년제	10	9	14.8	4.29	5.01	11	122%	133	20	6.65		
	디지털애니메이션		10	9.20	4.44	6.22	10	100%	92	20	4.60		
	AI.빅데이터공학과	6	8	4.50	4.34	5.66	8	100%	36	16	2.25		
	사물인터넷학과	6	8	2.50	5.20	6.31	4	50%	20	12	1.67		
	스마트자동차학과	7	9	5.78	5.00	5.87	10	111%	52	19	2.74		
	에너지시스템학과	6	6	2.33	5.28	6.19	4	67%	14	10	1.40		
의과 대학	의예과	6	6	36.0	1.39	3.50	2	33%	216	8	27.00		
	간호학과	6	5	33.8	2.86	4.01	2	40%	169	7	24.14		
자연 과학 대학	화학과	4	9	3.89	4.27	5.54	13	144%	35	22	1.59		
	식품영양학과	7	11	9.73	4.38	6.95	12	109%	107	23	4.65		
	환경보건학과	7	13	4.08	5.35	6.43	13	100%	53	26	2.04		
	생명과학과	10	14	4.64	4.57	6.00	16	114%	65	30	2.17		
공과 대학	컴퓨터소프트웨어	7	11	6.45	4.57	6.97	6	55%	71	17	4.18		
	컴퓨터공학과	7	10	6.80	4.36	5.28	12	120%	68	22	3.09		
	정보통신공학과	6	12	5.83	5.17	5.81	8	67%	70	20	3.50		
	전자공학과	6	5	5.40	4.44	5.62	6	120%	27	11	2.45		
	전기공학과	6	9	6.11	4.64	5.96	5	56%	55	14	3.93		
	전자정보공학과	6	6	5.33	5.50	6.28	7	117%	32	13	2.46		
	나노화학공학과	7	7	3.86	4.56	6.20	9	129%	27	16	1.69		
	에너지환경공학과	6	6	5.67	4.72	5.33	10	167%	34	16	2.13		
	디스플레이신소재	6	8	4.00	4.79	6.02	7	88%	32	15	2.13		
	기계공학과	8	6	5.83	4.50	6.49	5	83%	35	11	3.18		
	정보보호학과	8	7	8.00	4.63	6.16	10	143%	56	17	3.29		
	메타버스&게임학과	6											
의료 과학 대학	보건행정경영	6	5	9.60	4.18	4.62	2	40%	48	7	6.86		
	의료생명공학	7	7	7.43	3.85	5.07	6	86%	52	13	4.00		
	의료IT공학과	4	4	4.75	4.55	5.00	0	0%	19	4	4.75		
	임상병리학과	7	7	18.3	3.62	4.38	3	43%	128	10	12.80		
	작업치료학과	6	6	13.8	4.12	4.67	2	33%	83	8	10.38		
	의약공학과	6	7	7.86	4.46	5.49	3	43%	55	10	5.50		
	의공학과	6	7	3.00	4.43	6.39	4	57%	21	11	1.91		
	글로벌자유전공	1	1	2.00	6.38	6.38	0	0%	2	1	2.00		
	스포츠과학	5	5	13.2	4.50	5.66	2	40%	66	7	9.43		
	스포츠의학	2	2	16.0	3.95	4.48	0	0%	32	2	16.00		
		340	415	8.10	4.42	5.54	364	0.84	3153	769	4.76		

258

수능최저 없음		2022 지역종합						2022 지원 세부사항					
▶ 서류 100% (3배수) 1단계70+ 면접30 ▶ 내신반영: 전교과 정성		2023	2022 지원		2022 수시 입결				2022 지원 세부사항					
		모집 인원	모집 인원	경쟁률	최종등록 등급평균	최종등록 등급최저	추합 인원	충원율	전체 지원	모집 +충원	최저제외 실질경쟁			
인문 사회 과학	유아교육과	6	4	11.0	3.79	4.37	3	75%	44	7	6.29			
	특수교육과	3	2	3.00	4.69	4.73	0	0%	6	2	3.00			
	청소년교육상담	6	6	7.50	3.74	4.44	2	33%	45	8	5.63			
	법학과	5	6	4.17	4.04	4.91	9	150%	25	15	1.67			
	행정학과	5	6	4.17	4.50	5.45	4	67%	25	10	2.50			
	경찰행정학과	5	4	24.3	3.13	3.45	1	25%	97	5	19.40			
	사회복지학과	7	9	7.78	4.57	5.16	6	67%	70	15	4.67			
글로벌 경영 대학	경영학과	5	5	7.40	3.94	4.80	5	100%	37	10	3.70			
	국제통상학과	8	8	2.63	5.18	6.31	5	63%	21	13	1.62			
	관광경영학과	6	8	4.88	5.00	6.37	2	25%	39	10	3.90			
	경제금융학과	4	4	3.00	4.88	5.29	3	75%	12	7	1.71			
	IT금융경영학과	5	6	3.17	5.56	7.39	8	133%	19	14	1.36			
	글로벌문화산업	3	5	2.20	5.28	6.35	1	20%	11	6	1.83			
	회계학과	3	3	3.67	3.89	4.35	1	33%	11	4	2.75			
SCH 미디어 랩스	한국문화콘텐츠	5	6	7.67	4.78	6.49	5	83%	46	11	4.18			
	영미학과	3	7	2.29	5.46	6.88	4	57%	16	11	1.45			
	중국학과	3	7	2.57	5.20	6.74	8	114%	18	15	1.20			
	미디어커뮤니케이션	8	10	6.80	3.94	6.12	9	90%	68	19	3.58			
	건축학과 5년제	7	6	9.00	4.65	5.88	7	117%	54	13	4.15			
	AI.빅데이터공학과	3	6	2.00	5.59	6.69	1	17%	12	7	1.71			
	사물인터넷학과	4	7	2.00	5.86	7.48	2	29%	14	9	1.56			
	스마트자동차학과	5	6	4.67	5.57	7.77	6	100%	28	12	2.33			
	에너지시스템학과	4	4	1.75	6.45	7.89	1	25%	7	5	1.40			
의과 대학	의예과	7	7	11.7	1.09	1.22	3	43%	82	10	8.20			
	간호학과	5	7	15.7	2.53	3.28	10	143%	110	17	6.47			
자연 과학 대학	화학과	4	6	2.50	4.57	5.98	7	117%	15	13	1.15			
	식품영양학과	5	7	3.43	4.89	5.39	3	43%	24	10	2.40			
	환경보건학과	5	6	3.17	5.27	5.69	0	0%	19	6	3.17			
	생명과학과	6	10	2.20	4.96	6.41	4	40%	22	14	1.57			
공과 대학	컴퓨터소프트웨어	5	6	6.83	4.78	5.57	7	117%	41	13	3.15			
	컴퓨터공학과	4	4	6.00	4.41	5.37	5	125%	24	9	2.67			
	정보통신공학과	4	4	4.00	5.29	5.97	3	75%	16	7	2.29			
	전자공학과	4	4	3.50	4.59	5.33	2	50%	14	6	2.33			
	전기공학과	4	5	4.20	5.05	6.14	6	120%	21	11	1.91			
	전자정보공학과	3	3	3.33	5.72	6.14	2	67%	10	5	2.00			
	나노화학공학과	5	3	4.00	4.55	5.34	3	100%	12	6	2.00			
	에너지환경공학과	3	3	3.00	4.45	4.62	0	0%	9	3	3.00			
	디스플레이신소재	4	3	4.67	4.69	5.26	4	133%	14	7	2.00			
	기계공학과	6	6	5.67	4.92	5.53	7	117%	34	13	2.62			
	정보보호학과	6	5	2.20	5.00	6.58	3	60%	11	8	1.38			
	메타버스&게임학과	4								0				
의료 과학 대학	보건행정경영	4	3	10.7	4.02	4.58	4	133%	32	7	4.57			
	의료생명공학	4	4	3.75	4.00	4.65	1	25%	15	5	3.00			
	의료IT공학과	3	2	4.00	6.39	7.01	0	0%	8	2	4.00			
	임상병리학과	5	4	13.0	3.61	4.06	0	0%	52	4	13.00			
	작업치료학과	5	5	10.6	4.63	5.19	3	60%	53	8	6.63			
	의약공학과	5	6	3.67	4.44	5.21	4	67%	22	10	2.20			
	의용메카트로닉스	3	3	2.33	4.87	5.04	1	33%	7	4	1.75			
	스포츠과학	2	2	6.00	4.24	5.19	2	100%	12	4	3.00			
	스포츠의학	2	2	5.00	4.91	5.20	1	50%	10	3	3.33			
		230	255	5.57	4.65	5.55	178	67%	1392	426	3.51			

2023 대학별 수시모집 요강	숭실대학교			2023 대입 주요 특징	<영어 반영> 인문 35:25:20:20 경상 25:35:20:20 인/자: 200-194-186-173-144 ... 자연1 20:35:20:25

▶ 교과/논술 국영수사/국영수과 융합특성화자전 국영수사과
▶ 학년비율 없음 *종합 전과목
▶ 내신 과목별 가중치
　인문 국영수사 35:35:15:15
　경상 국영수사 15:35:35:15
　자연 국영수과 15:25:35:25
　융합 국영수사/과 15:25:35:25
▶ 공통 등 80%+진로선택 20%
▶ A-1등급 B=2등급 C=3등급

1. 교과/논술 수능최저 변화 (영어적용포함 및 탐구1개)★
　인문 2개합4 (탐1), 자연 2개합5 (과1), 융합 2개합5 (탐1)
2. 2023 SW 우수자 특기자전형→종합전형 변경
3. 수능최저 영어적용포함 및 탐구 1개 반영 고려한 합격 전략
4. 인문자연 수능최저 충족가능성 높아질 것으로 전망
5. 2022 학생부우수자 수능최저 충족률★★
　인문 37.3% 경상 37.0% 자연 56.8%
6. 종합전형 핵심 ①어문학 주로 외고 ②언론홍보 지원풀 높음
　③학업역량(내신)보다 활동역량 중요 ④교사 세특/종합 신뢰
　⑤전공적합 주요교과의 성적추이 그래프 주목도 높음
　⑥동아리활동, 교과세특 등 <전공적합 연관성> 매우 중요
　⑦공동교육과정 성취가 중요 ⑧모집단위 많은학과 강추

7. 숭실대 맞춤형 단점역량강화 프로그램 <PLAY FUN 시스템>
▶ 숭실대학교 2021~2022 합격리포트 참고 ollim
1. 주요교과→전체교과→전공관련교과 순으로 검색
2. 3학년 성적추이 중시함
3. 종합전형은 서류 합산방식이지만 각각의 비율 적용
　하므로 기존의 <전공적합성> 대학이 맞다는 판단
4. 서울권 유지취업률 92% 1위, 쉬운 전과제도 1위
5. 종합전형 강추학과: 산업정보시스템, 국제법무, 중소벤처기업
6. SW특기자전형: 해당학과 교수가 직접 면접선발★
　전공적합성 단연 최고이며 전략적 교수 제휴★★
7. 물리교과 성적과 세특 강조 중요성 (IT대학 등)
8. 융합특화자유전공 3등급 이하도 합격, 진급 후 세부전공 관심

모집시기	전형명	사정모형	학생부종합 특별사항	2023 수시 접수기간 09.14(수) ~ 17(토)	모집인원	학생부	논술	면접	서류	기타	2023 수능최저등급
2023 정원내 수시 1,552명 (57.4%) 정시 1,152명 (42.6%) 전체 2,704명 2022 정원내 수시 1,612명 (59.6%) 정시 1,092명 (40.4%) 전체 2,704명	지역균형인재	일괄	학생부우수자 학교장추천 ~09.23(금) 추천제한없음 최저있음 최종 12.15(목) 과목별 가중치 인: 국영수사 자: 국영수과 융: 국영수사과 인 35:35:15:15 경 15:35:35:15 자 15:25:35:25 융 15:25:35:25	<2023 수능최저 변화> 인문: 2개합 4 (탐1)★ 자연: 2개합 5 (과1)★ 융합: 2개합 5 (탐1)★ *자연 미적기하/과탐 지정 *융합 미적기하만 지정 ▶3개년 합격평균 2020~2022 인문 2.26→2.57→2.48등급 경상 2.17→2.47→2.30등급 자연 2.34→2.47→2.08등급 ▶3개년 최저충족 2020-2022 인문 55%→52%→37.3% 경상 58%→56%→37.0% 자연 52%→43%→56.8% ▶진로선택교과 평균등급★ 합격자 5.3과목, 1.1등급	447 융합 24 2022 474	교과 100					1. 2021 교과전형입결 실질경쟁률 1.00 학과 다수★ 2. 2022 교과전형입결 최초경쟁률과 실질경쟁률 상승 ▶숭실대학교 2023 합격리포트 _2022.06.08. ollim_ 1. 생소한 학과권유 전과가능 차원 예) 경영학→금융학과 2. 경영학=마케팅 재무전공, 벤처중소기업=창업 기업특화 3. 동일 고교별 비교평가 숭실대 지향, 유사문구 ctl-v 등 4. 수능최저 및 학령인구감소 여파 참고할 것 - 하락 예측 5. 서류 평가의 용이성과 기록 주안점 ①학생 개인의 역량평가 장점, 성취수준 기록 ②보고서, 발표내용, 과제내용, 수행평가 등 기록상세화 ③수업중 변화, 자기주도성, 후속활동 연계사항, 독서활동 목표설정 및 변화 방향 등 근거화 기록 ④세특 과목별 공통특성 및 커리큘럼 소개글 삽입 지양 6. 평가자 관점지향: 금전적 사업성 전망, ESG경영 등 7. 숭실대 종합전형 항목별 중요도 RANK 세특-교과성적-종합의견-동아리활동-진로활동-독서 순
	SSU 미래인재	1단계	학생부종합 최저없음 자소서제출 ~09.19(월) 1단계 11.22(화) 면접 11.26(토) 최종 12.15(목)	1. 2023 전년대비 10명 감소 2. 서류평가 3개역량, 70만점 ①학업역량 14점 (내신성적) ②활동역량 38점 (창체활동) ③잠재역량 18점 (인성 및 발전가능성/세특/종합의견) 3. 2020~2022 최종합격자★ 일반고87%→88%→88% 자율고 9%, 특목고 2%	618 융합 36 2022 628 융합 83	서류 100 (3배수) + 1단계 70 면접 30					■ SSU 미래인재 3개년 지원/입결현황-주요교과★★ 　　인지원 인최종 경상지원 경상최종 자연지원 자연최종 2022 　　3.29 　　　 3.01 　　　 2.88 2021 3.47 2.99 3.22 2.71 3.13 2.78 2020 3.29 3.11 3.07 2.79 3.12 2.74 ■ 융합특성화자유전공 입결올림★★ 1. 최종합격 계열분포 2020 인문 28.0%, 자연 72.0% 2. 최종합격 2022 최종평균 3.01, 충원 60% 　　　2021년 1단계평균 2.88, 최종평균 2.90 　　　2020년 1단계평균 2.86, 최종평균 2.82 　　　2019년 1단계평균 2.88, 최종평균 2.94 3. 다양한 전공선택, 계열제한없음, 내신 국영수과 반영 2학년 진학시 융합전공선택, 학업량 많고 단편적인 단점 4. 스마트자동차/에너지공학/정보보호/빅데이터/유통 강추
		2단계	내신 전과목 주요교과 중시								
	SW 우수자	1단계	종합 최저없음 자소~09.19(월) 1단계 11.22(화) 면접 12.03(토) 최종 12.15(목)	SW분야 우수인재 성장잠재력 소프트웨어 프로그래밍 경진대회 수상실적 제출 컴퓨터8 글로벌미디어4 소프트웨어8 스마트소프트5	25 2022 25	서류 100% (3배수)					1. 컴퓨터관련활동 관심자, 종합전형활동자 도전 실적없어도 두려움없이 지원, 추합가능성 전략 2. 면접: 지원 동기 및 본교에 대한 이해, 전공분야 수학능력 및 관심, 알고리즘적인 문제해결 능력과 논리적 사고 및 표현
		2단계				1단계 70% + 면접 30%					
	논술전형	일괄	논술전형 최저있음 논인 11.18(금) 논자 11.19(토) 최종 12.15(목)	1. 2023 전년대비 13명 감소 2. 논술 100분, 합격평균3.94 <2023 수능최저 변화> 인문: 2개합 4 (탐1)★ 자연: 2개합 5 (과1)★ 융합: 2개합 5 (탐1)★	269 2022 281	학생 40 논술 60					<2021-2022 논술입결 리포트 ollim > ▶인문: 3.84등급→, 논술점수 2022 ▶경상: 4.20등급→, 논술점수 2022 ▶자연: 3.95등급→, 논술점수 2022 ▶2022 논술경쟁률: 인문 41.0, 경상 26.5, 자연 34.0 ▶2022 최저충족률: 인문 28.2%, 상경 31.2%, 자연 59.4%
	고른기회 국가보훈 차상위 등	1단계	학생부종합 최저없음 자소~09.19(월) 1단계 11.22(화) 면접 12.03(토) 최종 12.15(목)	1. 보훈/농어/서해/특성화고 2. 인재상- '봉사기여형' 인재 공동체 헌신 사회봉사 정신 고교교육프로그램에서 소기 성과 이룬 '봉사·기여'형 인재 3. 기초수급/차상위 등 포함 4. 기초 인재상- '의지도전형'	136 2021 169	서류 100% (3배수)					2021 입결 경제 1단계 3.45-3.54 최종 7.24-7.08 통상 최종 3.16-3.36 화공 최종 2.93-2.96 유기 최종 2.88-2.94 전기 최종 3.46-3.57 기계 최종 3.03-3.10 정보 최종 3.50-3.60 건축 최종 3.73-3.50 실내 최종 4.57-4.65
		2단계				1단계 70% + 면접 30%					

숭실대 학과편제	자연1: 수학/물리/화학/의생명/화공/유기/전기공/기계공/전자정보공/IT융합전공 자연2: 정통보험수리/산업정보/건축/컴퓨터/글로벌미디어/소프트웨어/스마트시스템	경상: 경제/글로벌통상/금융경제/국제무역/경영/회계/금융/ 　　　벤처중소기업

260

2022 숭실대학교 학생부우수자 전형 (인문/자연)

수능최저 있음 | **2021 교과**

▶교과 100%
▶수능최저 ★
인: 국수탐 중 2개합 6 (탐2)
자: 국수탐 중 2개합 7 (탐2)
수가/과탐 지정
영어 제외★★

▶내신반영: 국영수사/국영수과
▶교과별 가중치 비율: 국영수+사/과 인문 35:35:15+15 경상 15:35:35+15 자연 15:25:35+25

▶교과반영 동일
▶수능최저 동일

		2023 모집인원	2022 지원현황 모집인원	경쟁률	지원자 총인원		국영수사 국영수과 최종평균 단순 ollim 20220530	최저충족률 2022 0530	최저충족인원 ★★	충원율	충원합격인원 2022 0530	충원합격포함인원 ★★	최종실질경쟁률 ollim ★★	최종등록인원 2022 0530	최종미등록인원 2022 0530	2021 지원 모집인원	경쟁률	최종합격 국영수사 국영수과 최종평균
인문대학	기독교학과	-	-	-	-		-	-	-	-	-	-	-	-	-	-	-	-
	국어국문	5	5	10.4	52		2.08	43.8%	23	80%	4	9	2.53	5	0	6	10.8	2.10
	영어영문	14	15	13.3	200		2.29	40.3%	80	233%	35	50	1.61	15	0	16	7.13	2.43
	독어독문	4	5	13.0	65		2.44	35.4%	23	140%	7	12	1.92	5	0	6	9.67	2.37
	불어불문	5	5	13.0	65		2.86	24.6%	16	140%	7	12	1.33	5	0	6	8.50	3.03
	중어중문	3	4	12.5	50		3.56	16.0%	8	50%	2	6	1.33	3	1	5	8.40	2.45
	일어일문	7	7	12.7	89		2.40	42.0%	37	57%	4	11	3.39	6	1	8	6.50	2.41
	철학과	5	5	10.4	52		2.38	35.6%	19	60%	3	8	2.31	5	0	6	7.00	2.48
	사학과	4	5	11.6	58		2.41	36.8%	21	160%	8	13	1.64	5	0	6	7.50	2.25
법과대학	법학과	11	12	13.8	166		2.43	49.7%	82	275%	33	45	1.83	12	0	12	7.25	2.29
	국제법무학과	4	4	25.3	101		2.53	19.4%	20	25%	1	5	3.93	4	0	5	5.60	3.16
사회과학	사회복지	9	9	12.0	108		2.37	34.0%	37	111%	10	19	1.93	9	0	9	6.33	2.14
	행정학부	9	12	16.2	194		2.16	39.8%	77	150%	18	30	2.58	11	1	12	5.25	2.60
	정치외교	4	4	13.8	55		2.32	47.2%	26	125%	5	9	2.89	4	0	5	4.40	2.54
	정보사회	4	4	13.8	55		2.19	49.1%	27	300%	12	16	1.69	4	0	5	5.20	2.52
	언론홍보	4	4	15.8	63		2.20	35.5%	22	50%	2	6	3.74	4	0	5	9.60	2.00
	평생교육	4	4	13.5	54		3.07	22.4%	12	75%	3	7	1.73	4	0	6	4.67	4.29
경제통상	경제학과	14	14	12.2	171		2.21	34.9%	60	50%	7	21	2.84	14	0	15	5.60	2.56
	글로벌통상	13	14	11.9	167		2.36	34.9%	58	107%	15	29	2.00	14	0	14	5.29	2.48
경영대학	경영학부	27	27	12.2	329		2.20	40.4%	133	148%	40	67	1.99	27	0	28	7.43	2.14
	회계학과	10	12	11.3	136		2.23	41.9%	57	125%	15	27	2.10	11	1	12	5.42	2.26
	벤처중소기업	12	12	12.7	152		2.32	31.5%	48	50%	6	18	2.67	12	0	12	5.33	2.80
	금융학부	9	9	11.9	107		2.47	35.2%	38	133%	12	21	1.80	8	1	9	6.44	2.55
		181	192	13.3	2489		2.43	35.9%	924	120%	249	441	2.26	187	5	208	6.79	2.54
자연과학	수학과	8	8	11.3	90		2.05	60.7%	55	112%	9	17	3.23	6	2	9	5.89	2.35
	물리학과	5	6	11.2	67		2.17	60.9%	41	183%	11	17	2.41	6	0	6	7.17	2.59
	화학과	6	7	22.4	157		1.99	54.8%	86	214%	15	22	3.91	6	1	9	8.44	2.56
	통계보험수리	7	7	9.14	64		2.79	38.3%	25	143%	10	17	1.44	7	0	8	4.13	2.18
	의생명시스템	9	10	15.7	157		1.80	53.8%	84	190%	19	29	2.91	10	0	10	7.80	1.97
공과대학	화학공학	21	21	13.2	277		1.80	63.1%	175	224%	47	68	2.57	20	1	22	9.68	2.14
	유기신파이버	18	18	11.4	205		2.05	63.7%	131	172%	31	49	2.67	17	1	19	5.63	2.38
	전기공학	23	23	16.4	377		2.16	52.6%	198	100%	23	46	4.31	23	0	25	5.36	2.70
	기계공학	18	19	15.0	285		2.14	57.1%	163	263%	50	69	2.36	19	0	21	5.95	2.56
	산업정보시스	19	21	13.0	273		2.30	56.7%	155	162%	34	55	2.81	21	0	21	7.29	2.57
	건축학부	16	17	18.6	316		2.23	54.2%	171	194%	33	50	3.43	16	1	17	10.7	2.74
	실내건축	7	8	32.3	258		2.32	36.0%	93	112%	9	17	5.47	8	0	9	7.78	3.30
IT대학	컴퓨터학부	15	16	16.1	258		1.65	67.1%	173	162%	26	42	4.12	15	1	16	8.00	2.03
	전자공학	18	18	19.2	346		2.01	60.8%	210	222%	40	58	3.62	16	2	18	8.94	2.48
	전자IT융합	18	18	15.3	275		2.01	60.1%	166	183%	33	51	3.25	17	1	19	7.63	2.37
	글로벌미디어	14	15	14.1	212		2.17	49.0%	104	93%	14	29	3.57	15	0	17	4.65	3.01
	소프트웨어학	13	14	13.4	188		1.78	66.5%	125	150%	21	35	3.56	14	0	16	8.75	2.08
	AI융합학부	7	9	17.8	160		1.88	60.4%	97	189%	17	26	3.72	9	0	9	9.33	2.40
융합특성화자유전공		24	27	12.8	346		2.14	54.0%	187	111%	30	57	3.27	25	2			
		266	282	15.7	4311		2.08	56.3%	2437	167%	472	754	3.30	270	12	271	7.40	2.47

261

수능최저 없음		2023	2022 SSU 미래인재 (인문/자연)									2021 미래		
▶1단계 서류100% (3배수) ▶2단계: 서류 70% + 면접30%			▶내신 반영: 전과목 정성평가　★자기주도/창의/성실형인재 ▶가중치: 국영수+사/과 인문 35:35:15+15 경상 15:35:35+15 자연 15:25:35+25									▶미래인재 전형 등 2021과 동일함		
			2022 지원		1단계 합격자		최종등록자			추합/충원률		2021 지원/최종		
		모집 인원	모집 인원	경쟁률	주요교과 평균	전과목 평균	주요교과 평균	전과목 평균	등록 인원	추합 인원	충원률	모집 인원	경쟁률	주요교과 평균
인문 대학	기독교학과	25	25	5.32			3.99	4.04	25	7	28%	25	7.20	3.69
	국어국문	7	7	12.6			3.01	3.04	7	4	57%	7	13.1	2.99
	영어영문	21	21	10.5			2.93	3.05	19	10	48%	23	9.6	3.31
	독어독문	9	9	9.89			4.60	4.55	9	4	44%	8	12.4	4.26
	불어불문	8	8	6.88			4.67	4.60	8	4	50%	8	8.75	3.35
	중어중문	6	6	8.17			3.75	3.73	6	4	67%	6	7.8	2.72
	일어일문	8	8	11.9			4.26	4.03	8	5	62%	8	10.0	4.42
	철학과	12	12	5.92			3.24	3.33	12	8	67%	12	8.3	2.94
	사학과	8	8	11.3			2.57	2.66	8	5	62%	8	13.6	2.54
법과 대학	법학과	13	13	8.92			2.94	3.02	13	2	15%	14	9.6	2.63
	국제법무학과	7	7	6.71			3.35	3.50	6	2	29%	9	6.56	2.70
사회 과학	사회복지	11	11	14.4			2.79	2.90	11	5	45%	12	15.9	2.64
	행정학부	8	8	9.88			2.75	2.81	7	3	38%	11	11.9	2.46
	정치외교	7	7	11.4			2.82	2.81	7	1	14%	9	10.4	2.69
	정보사회	6	6	7.50			2.78	2.75	6	1	17%	6	11.8	2.34
	언론홍보	6	6	19.0			2.80	2.85	6	4	67%	6	22.7	2.39
	평생교육	9	9	6.56			2.75	2.81	9	6	67%	9	5.33	2.70
		171	171	9.81			3.29	3.32	167	75	45.7%	181	10.9	2.99
경제 통상	경제학과	18	18	5.33			3.03	3.21	17	9	50%	20	5.15	2.67
	글로벌통상	19	20	6.50			3.01	3.13	20	9	45%	23	7.96	2.74
경영 대학	경영학부	30	30	12.6			2.87	2.95	30	16	53%	35	11.0	2.60
	회계학과	12	12	5.42			3.17	3.25	12	9	75%	12	6.17	2.83
	벤처중소기업	11	11	7.64			2.86	2.94	11	7	64%	16	9.06	2.68
	금융학부	14	14	5.57			3.11	3.20	13	1	7%	15	3.93	2.74
		104	105	7.18			3.01	3.11	103	51	49.0%	121	7.2	2.71
자연 과학	수학과	11	11	6.45			2.71	2.85	11	7	64%	11	9.4	2.57
	물리학과	18	18	4.17			3.21	3.28	17	10	56%	19	5.79	3.05
	화학과	14	14	7.79			2.58	2.60	14	12	86%	13	9.2	2.43
	통계보험수리	13	13	4.31			2.84	2.96	13	10	77%	13	4.85	2.63
	의생명시스템	13	15	20.3			2.58	2.66	15	4	27%	15	18.9	2.50
공과 대학	화학공학	20	20	9.10			2.46	2.52	20	13	65%	22	6.91	2.34
	유기신파이버	23	23	6.74			2.82	2.88	23	20	87%	27	5.85	2.62
	전기공학	24	25	5.32			3.04	3.14	25	14	56%	29	5.07	3.08
	기계공학	22	22	7.18			3.13	3.23	21	23	105%	25	6.64	2.80
	산업정보시스	25	25	6.16			2.99	3.04	23	28	112%	25	5.80	3.12
	건축학부	18	18	11.6			2.99	3.05	17	9	50%	20	9.30	3.05
	실내건축	12	12	11.2			3.31	3.34	12	9	75%	12	8.17	3.38
IT 대학	컴퓨터학부	15	16	10.7			2.39	2.49	16	16	100%	21	10.5	2.31
	전자공학	15	15	7.80			2.68	2.72	15	12	80%	17	7.53	2.81
	전자IT융합	15	15	7.13			3.30	3.34	15	5	33%	18	6.78	2.88
	글로벌미디어	22	23	6.52			3.29	3.28	23	16	70%	26	6.19	2.88
	소프트웨어학	16	17	12.2			2.46	2.53	17	9	53%	19	9.00	2.43
	AI융합학부	10	10	16.1			2.99	2.95	10	9	90%	11	10.9	2.99
예술창작	문예창작	-	-	-	-	-	-	-	-	-	-	-	-	-
융합특성화자유전공		36	40	7.58			3.01	3.05	40	24	60%	83	6.60	2.90
		342	352	8.86			2.88	2.94	347	250	70.8%	426	8.07	2.78

수능최저 있음		2023	2022 논술전형 (인문/자연)								2021 논술		
▶학생40+논술60 ▶수능최저 ★ 인: 국수탐 중 2개합 6 (탐2) 자: 국수탐 중 2개합 7 (탐2) 수가/과탐 지정			▶내신 반영: 전과목 정성평가 ★자기주도/창의/성실형인재 ▶가중치: 국영수+사/과 인문 35:35:15+15 경상 15:35:35+15 자연 15:25:35+25								▶논술반영 및 최저 2022와 동일함		
			2022 지원		2022 지원대비 편차 및 최종등록자						2021 지원/최종		
		모집 인원	모집 인원	경쟁률	지원대비 최종편차	국영수사 국영수과 최종합격 단순평균	최저 충족률	추가 합격 인원	충원 비율			모집 인원	경쟁률	국영수사 국영수과 단순평균
인문 대학	국어국문	4	5	37.8		3.91	35.8%	4	80%			5	40.0	3.50
	영어영문	8	8	40.1		3.75	27.2%	1	12%			8	43.5	3.45
	독어독문	3	3	27.3		3.97	11.1%	2	67%			4	38.3	4.42
	불어불문	4	5	31.2		4.47	20.2%	4	80%			5	39.6	4.23
	중어중문	4	4	30.0		4.22	23.4%	1	25%			4	31.3	4.54
	일어일문	5	5	29.8		4.75	26.4%	2	40%			5	36.4	3.92
	철학과	7	7	36.3		3.96	31.1%	3	43%			7	39.3	4.03
	사학과	3	3	36.3		4.73	24.1%	0	0%			4	36.7	4.26
법과 대학	법학과	7	7	45.3		4.21	29.8%	3	43%			7	47.1	3.86
	국제법무학과	4	5	38.4		4.35	30.1%	1	20%			5	39.0	3.88
사회 과학	사회복지	4	6	36.5		4.28	23.7%	3	50%			6	37.7	3.83
	행정학부	6	6	40.5		4.00	26.4%	1	17%			6	44.7	3.29
	정치외교	5	6	39.2		4.12	31.1%	2	33%			6	43.7	3.81
	정보사회	4	5	43.2		3.69	29.6%	0	0%			5	44.2	3.71
	언론홍보	4	4	65.5		4.21	33.9%	1	25%			4	61.8	3.38
	평생교육	4	4	27.5		4.12	26.3%	0	0%			4	32.8	3.40
경제 통상	경제학과	7	7	23.7		3.46	33.3%	1	14%			7	25.9	4.54
	글로벌통상	10	10	24.3		4.00	29.1%	1	10%			10	28.0	3.94
경영 대학	경영학부	16	16	36.8		4.03	36.9%	4	25%			16	42.6	3.84
	회계학과	2	2	19.0		4.98	14.3%	0	0%			2	20.0	3.76
	벤처중소기업	7	8	16.5		4.39	22.2%	4	50%			8	20.9	4.40
	금융학부	3	4	15.8		4.67	6.7%	0	0%			5	21.6	4.72
		121	130	33.7		4.19	26.0%	38	29%			133	37.1	3.94

		2023	2022 지원									2021 지원/최종		
자연 과학	수학과	5	5	28.2		2.96	61.2%	3	60%			5	25.4	3.48
	물리학과	6	6	22.7		3.71	51.2%	7	117%			6	23.5	4.30
	화학과	4	5	26.6		3.85	48.9%	1	20%			5	27.0	4.48
	통계보험수리	4	4	23.3		3.44	62.9%	0	0%			5	25.8	4.45
	의생명시스템	5	5	54.4		3.60	59.5%	3	60%			5	46.0	3.41
공과 대학	화학공학	12	12	31.6		3.36	55.3%	1	8%			13	33.5	3.51
	유기신파이버	12	12	30.8		3.75	48.0%	4	33%			13	32.8	3.81
	전기공학	12	12	29.3		3.97	50.3%	4	33%			13	30.8	4.20
	기계공학	12	13	31.5		4.06	50.8%	6	46%			14	32.1	4.29
	산업정보시스	10	10	30.0		3.78	61.3%	6	60%			13	32.8	4.19
	건축학부	7	7	33.6		3.52	49.6%	3	43%			7	36.0	4.38
IT 대학	컴퓨터학부	10	10	53.2		3.34	69.0%	5	50%			10	46.9	3.74
	전자공학	12	12	38.5		3.21	71.6%	6	50%			12	35.3	3.57
	전자IT융합	12	12	42.1		3.66	61.2%	2	17%			12	38.7	3.93
	글로벌미디어	8	8	30.4		4.25	59.1%	5	62%			8	30.9	3.95
	소프트웨어학	11	11	50.9		3.38	67.1%	2	18%			11	45.0	3.94
	AI융합학부	6	7	37.0		4.25	57.1%	4	57%			7	35.0	3.53
예술창작 문예창작		-	-	-	-	-	-	-	-			-	-	-
융합특성화자유전공		-	-	-	-	-	-	-	-			-	-	-
		148	151	34.9		3.65	57.9%	62	43%			159	34.0	3.95

수능최저 없음			2022 고른기회 (인문/자연)								2021 기회		
▶1단계 서류100% (3배수) ▶2단계: 서류 70% + 면접30%		2023	▶내신 반영: 전과목 정성평가 ★자기주도/창의/성실형인재 ▶가중치: 국영수+사/과 인문 35:35:15+15 경상 15:35:35+15 자연 15:25:35+25										
			2022 지원		1단계 합격자		최종등록자			추합/충원률		2021 지원/최종		
		모집 인원	모집 인원	경쟁률	주요교과 평균	전과목 평균	주요교과 평균	전과목 평균	등록 인원	추합 인원	충원률	모집 인원	경쟁률	주요교과 평균
인문 대학	기독교학과	3	3	5.67			4.18	4.32	3			3	5.00	4.02
	국어국문	3	3	10.3			2.84	2.96	3			3	10.0	3.29
	영어영문	5	5	4.60			3.10	3.18	5			6	4.8	2.79
	독어독문	3	3	6.33			5.21	4.94	3			3	5.3	4.56
	불어불문	3	3	5.67			5.93	5.83	3			3	6.00	4.00
	중어중문	2	2	7.50			5.12	4.46	2			2	5.5	3.78
	일어일문	2	3	7.00			4.59	4.49	3			3	5.0	3.23
	철학과	3	3	5.33			3.61	3.58	3			3	5.6	3.18
	사학과	3	3	7.67			2.38	2.53	3			3	5.0	2.62
법과 대학	법학과	3	4	8.75			3.15	3.21	4			5	6.2	2.93
	국제법무학과	2	3	4.33			3.40	3.38	3			4	3.25	3.32
사회 과학	사회복지	3	3	14.0			3.61	3.63	3			4	7.3	2.43
	행정학부	5	5	8.00			2.92	2.98	5			6	4.3	2.83
	정치외교	2	3	8.00			3.44	3.53	3			3	6.3	3.04
	정보사회	1	2	6.50			2.80	2.84	2			2	9.0	2.74
	언론홍보	-	2	11.0			2.40	2.49	2			2	8.5	2.43
	평생교육	1	2	6.50			3.52	3.48	2			2	5.00	2.54
경제 통상	경제학과	2	5	10.0			3.18	3.30	5			6	6.67	3.01
	글로벌통상	3	3	11.7			2.69	2.76	3			4	9.25	2.99
경영 대학	경영학부	4	7	16.7			2.64	2.65	7			9	11.3	2.82
	회계학과	3	3	12.7			2.26	2.39	3			4	9.75	2.46
	벤처중소기업	3	4	7.00			3.09	3.17	4			5	6.00	2.80
	금융학부	2	3	5.67			3.52	3.41	3			4	4.00	3.01
		61	77	8.30			3.46	3.46	77			89	6.5	3.08

자연 과학	수학과	2	3	6.00			3.21	3.53	2			3	5.7	2.82
	물리학과	3	3	4.67			3.31	3.47	3			4	4.00	3.11
	화학과	3	3	7.33			2.81	2.86	3			3	5.0	3.32
	통계보험수리	-	2	6.50			2.95	2.94	2			4	4.25	3.38
	의생명시스템	3	3	11.3			2.80	2.92	3			4	7.3	2.33
공과 대학	화학공학	4	7	7.86			2.69	2.86	7			10	5.00	2.67
	유기신파이버	4	6	4.67			3.91	3.91	6			7	3.71	3.05
	전기공학	4	7	7.14			3.14	3.24	7			9	5.56	3.17
	기계공학	7	7	6.4			3.35	3.38	7			8	10.00	2.86
	산업정보시스	7	7	5.14			3.53	3.64	7			8	4.88	3.47
	건축학부	4	4	11.0			3.14	3.34	4			5	6.80	3.28
	실내건축	3	3	9.33			3.01	3.08	3			3	4.00	3.63
IT 대학	컴퓨터학부	6	6	10.2			2.54	2.56	6			7	8.4	2.67
	전자공학	4	7	7.71			3.59	3.66	7			8	4.88	3.03
	전자IT융합	4	7	6.00			3.09	3.14	7			8	5.25	3.14
	글로벌미디어	7	7	8.43			2.78	2.83	7			8	7.88	2.41
	소프트웨어학	6	6	10.0			2.68	2.84	5			7	8.29	2.71
	스마트소프트	4	4	10.8			2.95	3.05	4			5	5.8	3.25
		75	92	7.81			3.08	3.18	90			426	5.93	3.02

▶국수영탐2 반영비율　　인문 35:25:20:20　　경상 25:35:20:20　　자연1 20:35:20:25
▶영어 반영점수 140-136-130-121-101 ...

▶국수영탐2 반영비율
인문 35:25:20:20
경상 25:35:20:20
자연1 20:35:20:25

▶영어 반영점수
140-136-130-121
-101 ...

▶백분위 산출 인문 (국어 백분위x2.45)+(수학 백분위x1.75)+(탐구2 백분위x1.40) / 5.6
▶백분위 산출 경상 (국어 백분위x1.75)+(수학 백분위x2.45)+(탐구2 백분위x1.40) / 5.6
▶백분위 산출 자연 (국어 백분위x1.40)+(수학 백분위x2.45)+(탐구2 백분위x1.75) / 5.6

| | | | 2022 정시수능 입학결과 | | | | | | | 2021 정시수능 입학결과 | | | | | |
| | | | 국수탐2 백분위 | | | 백분위 합산 | | | | 국수탐2 백분위 | | | 백분위 합산 | | |
대학	학과	모집인원	국어	수학	탐구2	국수탐2 백분합산	가중반영 백분평균	영어	모집인원	국어	수학	탐구2	국수탐2 백분합산	가중반영 백분평균	영어
인문대학	국어국문가군	11	90.9	71.2	87.0	249.1	83.8	2.3		87.6	86.8	84.3	258.7	86.5	1.7
	영어영문나군	26	89.7	73.5	82.5	245.7	82.8	1.8		91.7	86.5	79.6	257.8	87.0	1.8
	독어독문나군	11	86.8	75.2	83.0	245.0	82.2	2.0		92.6	82.1	80.2	254.9	86.2	1.9
	불어불문가군	9	85.1	70.6	86.9	242.6	81.0	1.8		89.8	83.6	84.8	258.2	86.6	1.8
	중어중문가군	13	89.6	70.9	81.5	242.0	81.7	2.1		88.5	86.7	79.0	254.2	85.6	1.9
	일어일문가군	12	87.5	74.5	80.2	242.2	81.6	2.1		90.8	85.0	81.3	257.1	86.6	1.8
	철학과 가군	4	83.5	78.8	85.6	247.9	82.6	1.5		90.7	85.0	82.2	257.9	86.8	1.3
	사학과 가군	12	87.6	74.7	83.8	246.1	82.6	2.4		88.4	86.8	86.4	261.6	87.4	2.0
법과대학	법학과 가군	27	89.3	78.3	79.1	246.7	83.3	2.1		90.7	84.8	84.8	260.3	87.4	1.5
	국제법무가군	19	91.9	72.5	79.7	244.1	82.8	1.9		92.4	84.8	81.7	258.9	87.4	1.9
사회과학	사회복지다군	18	91.5	75.9	82.4	249.8	84.4	2.5		91.3	83.8	83.4	258.5	86.9	1.7
	행정학부가군	39	90.8	75.0	83.6	249.4	84.1	2.0		90.8	85.2	82.8	258.8	87.0	1.5
	정치외교가군	16	90.6	73.3	83.2	247.1	83.3	1.9		87.4	87.5	80.4	255.3	85.7	1.8
	정보사회가군	11	92.4	71.9	81.4	245.7	83.2	2.2		93.2	81.1	82.1	256.4	86.6	1.6
	언론홍보가군	13	93.2	73.2	83.5	249.9	84.5	1.7		90.3	84.0	81.4	255.7	86.1	1.8
	평생교육가군	9	85.0	76.0	83.2	244.2	81.7	2.2		91.0	84.3	80.1	255.4	86.2	1.8
경제통상	경제학과가군	36	78.6	89.1	80.6	248.3	83.7	2.3		84.4	94.1	86.4	264.9	89.2	1.7
	글로벌통상가	33	77.6	85.4	83.7	246.7	82.5	2.1		82.3	94.1	84.1	260.5	87.9	1.5
경영대학	경영학부가군	55	78.1	88.9	82.0	249.0	83.8	1.9		84.1	95.4	86.4	265.9	89.6	1.5
	회계학과가군	24	79.2	89.6	80.5	249.3	84.1	2.2		84.8	94.4	86.2	265.4	98.3	1.7
	벤처중소기업	29	79.0	84.4	83.5	246.9	82.5	2.2		84.9	93.2	83.9	262.0	88.3	1.8
	금융학부가군	22	80.0	87.9	81.1	249.0	83.7	2.1		85.3	95.0	85.1	265.4	89.5	1.8
		449	86.3	77.8	82.6	246.7	83.0	2.1		88.8	87.5	83.0	259.3	87.7	1.7

대학	학과	모집인원	국어	수학	탐구2	국수탐2 백분합산	가중반영 백분평균	영어	모집인원	국어	수학	탐구2	국수탐2 백분합산	가중반영 백분평균	영어
자연과학	수학과 다군	11	75.7	93.2	77.7	246.6	84.0	2.6		82.2	86.8	79.0	248.0	83.2	1.8
	물리학 다군	12	72.7	90.5	77.3	240.5	81.9	2.3		88.3	76.3	81.3	245.9	80.9	1.6
	화학과 다군	16	77.9	87.0	81.5	246.4	83.0	2.1		86.8	78.3	81.8	246.9	81.5	1.5
	통계보험다군	15	75.4	91.5	80.6	247.5	84.1	2.4		81.8	94.3	88.4	264.5	89.3	1.7
	의생명시스다	19	82.5	90.9	79.8	253.2	85.3	2.1		90.9	76.5	84.2	251.6	82.5	1.5
공과대학	화학공학다군	38	80.9	91.0	81.0	252.9	85.4	2.3		83.6	81.9	85.7	251.2	83.5	1.9
	유기신소재다	35	78.7	90.2	78.4	247.3	83.6	2.5		85.8	78.8	82.9	247.5	81.8	1.7
	전기공학다군	49	78.0	90.2	81.0	249.3	84.3	2.4		84.6	81.2	84.3	250.1	83.0	1.8
	기계공학다군	37	79.4	89.2	77.6	246.2	83.1	2.1		85.3	81.3	83.5	250.1	83.0	1.8
	산업정보가군	35	73.2	92.0	81.5	246.7	84.0	2.0		80.2	92.9	87.3	260.4	88.0	1.8
	건축학부가군	15	75.6	92.5	79.2	247.3	84.1	1.9		82.0	92.2	87.3	261.5	88.1	1.8
	실내건축가군	6	84.3	86.3	81.2	251.8	84.2	1.8		7.3	93.3	86.9	187.5	87.0	1.4
IT대학	컴퓨터학다군	24	85.5	94.0	83.9	263.4	88.7	1.9		85.0	94.5	88.5	268.0	90.3	1.5
	전자공학다군	40	81.3	91.0	80.1	252.4	85.2	2.2		87.3	84.8	82.8	254.9	84.8	1.8
	전자IT융합나	38	80.1	92.2	83.1	255.4	86.3	1.9		79.3	94.6	86.2	260.1	88.1	1.6
	글로벌미디다	29	74.6	91.9	79.0	245.5	83.5	2.3		82.3	92.4	87.7	262.4	88.4	1.4
	소프트웨어가	24	82.5	93.0	86.3	261.8	88.3	1.8		83.2	92.8	88.1	264.1	88.9	1.4
	AI융합학부다	20	82.8	91.5	83.2	257.5	86.7	2.1		80.9	93.5	86.3	260.7	88.1	1.6
예술창작문예창작 다		28	66.1	-	-	-	-	3.3		61.6	-	-	-	-	3.5
예술창작영화예술 나		22	68.8	-	-	-	-	2.7		69.5	-	-	-	-	2.3
스포츠학부 다군		35	55.3	-	-	-	-	3.3		61.0	-	-	-	-	3.3
융합특성화자전 다군		70	79.4	90.3	81.2	250.9	84.7	2.3		79.4	93.7	87.4	260.5	88.8	1.8
		618	76.9	91.0	80.7	250.7	84.8	2.3		77.7	87.4	85.2	252.4	85.7	

						2022 숭실대 학교장추천 (인문/자연)					

▶인문 국영수사 35:35:15+15
▶경상 국영수사 15:35:35+15
▶자연 국영수과 15:25:35+25

▶2022 수능최저 *영어 제외*★★
인: 국수탐 중 2개합6 (탐2)
자: 국수탐 중 2개합 7 (탐2)
▶2023 수능최저 *영어 포함*★★
인: 국수탐 중 2개합 4 (탐1)
자: 국수탐 중 2개합 5 (탐1)

		2023	2022 지원현황			2022 최종합격 및 최저충족/충원/실질경쟁률					
		모집 인원	모집 인원	경쟁률		최종평균	최저 충족률	충원율	최종 실질 경쟁률	최종 등록 인원	최종 미등록 인원
인문 16개 학과	2022	96	104	13.8		2.48	*35.7%*	127%	2.27	101	*3*
	2021	104	118	7.1		2.57	*50.8%*	161%	1.44	99	*19*
경상 6개 학과	2022	85	88	12.0		2.30	*36.5%*	102%	2.23	86	*2*
	2021	88	90	5.9		2.47	*53.4%*	154%	1.25	79	*11*
자연 19개 학과	2022	266	282	15.7		2.08	*56.3%*	167%	3.30	270	*12*
	2021	282	271	7.40		2.47	*43.2%*	161%	1.22	231	*40*

2023 대학별 수시모집 요강	아주대학교	2023 대입 주요 특징
		<영어 반영> 인사: 35:25:15:25 경영 25:40:15:20 / 인/자: 150-144-138-126-90 ... 자연 20:35:15:30

▶2023 교과공통: 국영수사과 계열/학년/가중치 모두폐지
*'22년 인: 국영수사 30:30:20:20
*'22년 자: 국영수과 20:30:30:20
*'22년 1학년 20%+2,3년 80%
▶종합전형 정성평가
▶진로선택과목 미반영 유지

1. 2023 고교추천 인원유지, 인원제한 없음, 최저하향 변화★
2. 2023 최저하향: 인문 2개합 5 (탐1), 자연 2개합 5 (과1)
3. 2023 내신반영 계열/학년/가중치 폐지★, 진로선택 미반영
4. 2023 인: 국영수사, 자: 국영수과→ 국영수사과 변화★
5. 2023 종합전형 자소서 유지, 자율문항 폐지, 수상 미반영★
6. 종합전형 확과별 인재상 개별확인 필수★
7. 2023 학과신설: AI모빌리티공학과, 지능형반도체공학과

8. 아주 ACE 종합: 공동체 배려 실천, 교과비교과 균형인재
9. 종합전형 일반고 합격비율: ACE 84.5%, 다산인재 52.5% ★
10. 2022 약학과 <인재상 핵심어> : 학문적 우수성, 환자중심 창의융합, 신약개발, 사회공헌, 협력존중, 자기주도
11. 2023 정시선발 정원내 50명 증가, 572명→622명
12. 2023 정시선발 영어비율 축소: 자연1, 인문1,2 영어 20%→15%

모집시기	전형명	사정모형	학생부종합 특별사항	2023 수시 접수기간 09. 13(화) ~ 17(토)	모집인원	학생부	논술	면접	서류	기타	2023 수능최저등급
2023 정원내 수시 1,266명 (67.6%) / 정시 612명 (32.4%) / 전체 1,888명	고교추천	일괄	학생부교과 최저 있음 추천제한 없음 국영수사과★ 최종 12.15(목)	1. 2023 전년대비 6명 증가 2. 2023 수능최저 하향변경 3. 계열/학년/가중치 모두폐지 4. 진로선택과목 미반영 유지 *'22년 인: 국영수사 30:30:20:20 *'22년 자: 국영수과 20:30:30:20 *'22년 1학년 20%+2,3년 80%	241 / 2022 235	교과 100				학교장추천 ~09.23(금)	인문: 2개합 5 (탐1) 자연: 2개합 5 (과1) 국/수 선택 무제한 ※ 2022 수능최저 참고 인문: 2개합 4 (탐1) 자연: 2개합 4 (과1)
	아주 ACE	1단계 / 2단계	학생부종합 최저 없음 자소~09.23(금) 1단계 11.15(화) 의약 12.10(토) 면접 11.20(일) 11.26(토) 11.27(일) 의약 12.12(월) 최종 12.15(목)	1. 2023 전년대비 19명 증가 2. 2023 수상실적 미반영★ 3. 일반고합격 84.5% ★ 4. 의학 20명, 최저 4개합 6 5. 약학 15명, 최저 4개합 7 ▶학생부+자소서 종합평가 5개항목 구체적평가 1. 학업역량28 2. 목표의식17 3. 자기주도20 4. 공동의식15 5. 성실성20	560 / 2022 541	서류 100% (3배수) / 1단계 70 + 면접 30		1. 공과대학 편중 지속 2. 과고 출신 증가추세 3. 화학/생명등 선호증가 4. 심리/금융/사학/문콘 매니아층 선호증가			일반 최저없음 의학: 4개합 6 (과2) 약학: 4개합 7 (과2) *수학: 미적/기하 ▶참고: 다산인재 1. 학업역량30 2. 목표의식20 3. 자기주도성31 4. 공동의식09 5. 성실성10
	다산인재	일괄	학생부종합 최저 없음 자소~09.23(금) 최종 12.15(목)	1. 2023 전년대비 19명 감소 2. 학업역량 및 자기주도성★ ▶자연계: 수학과학인재 ▶인문계: 글로벌인재 외국어 3. 일반고합격 52.0% ★	161 / 2022 180	서류 100 1. 학업역량30 2. 목표의식20 3. 자기주도31 4. 공동의식9 5. 성실성10		▶실사구시 실천 융복합 창조인 ①융복합사고역량 ②실천적 창의 ③ 의사소통역량 ④ 글로벌역량			1. 수학과학 전공분야 성적우수 선발의지 2. 인문 수학 강점학생 금융공학에 적합함 3. 핵심역량(강점)은 자기주도성 평가
	SW융합인재	1단계 / 2단계	학생부종합 자소~09.23(금) 1단계 11.15(화) 면접 11.19(토) 최종 12.15(목)	1. 수학과학 SW역량 잠재력 2. 학생부 교내수상기록 중요 3. 2021입결 2.26-3.37-6.93	30 / 2022 30	서류 100 (3배수) / 1단계 70 + 면접 30		1. 학업역량 30 2. 목표의식 20 3. 자기주도 31 4. 공동체의식 9 5. 성실성 10			최저없음
	논술전형	일괄	논술전형 최저없음 국수영사과★ 논자 12.03(토) 논인 12.04(일) 최종 12.15(목)	1. 2023 전년대비 15명 감소 논술일반 최저없음, 120분 인문: 통합3~5개 제시문 자연: 수리논술 2문 세부3문항 의학 10명: 수리+생명과학1,2 약학 선발없음	172 / 2022 187	교과 20	+ 논술 80				일반 최저없음 의학: 4개합 6 (과2) *수학: 미적/기하
	고른기회1	일괄	학생부종합 자소~09.23(금) 최종 12.15(목)	1. 국가보훈/농어촌/특성화고 2. 기초및차상위 자녀 3. 2020 경쟁률 14.4 4. 서류평가 ACE와 동일	84	서류 100					최저없음
	고른기회2	일괄	학생부종합 자소~09.23(금) 최종 12.15(목)	1. 사회기여: 민주화, 도서벽지 군인경찰소방교정 15년자녀 2. 사회배려: 조손, 소년소녀 아동복지,장애,다문화,다자녀3	45	서류 100					최저없음
	국방 IT 우수인재	1단계 / 2단계	실기실적전형 자소~09.23(금) 1단계 10.25(화) 면접 11.02(수) 최종 12.15(목)	국방디지털융합학과 23명 졸업후 공군소위 임관 (2026) 2단계 면접: 핵심가치, 국가관 리더십, 품성, 표현력, 태도 등 수학/과학 분야 잠재능력 2020 경쟁률 8.40	23 / 2022 20	서류 100 (3배수) / 1단계 70 + 면접 30					<국방IT우수인재 4개년 최종등록 입결> ▶2021 최고 1.42 - 평균 4.65 - 최저 6.99 ▶2020 최고 1.74 - 평균 4.80 - 최저 6.02 ▶2019 최고 1.65 - 평균 4.58 - 최저 6.05 ▶2018 최고 1.30 - 평균 4.63 - 최저 6.55

▶교과 100% 인문: 2개합 5 (탐1) 자연: 2개합 5 (과1) 국/수 선택 무제한		**2022 교과 학업우수자**						**2021 교과 학업우수자**					
		2023	2022 지원		2022 수시 입결				2021 지원		2021 수시 입결			
		고교 추천	모집 인원	경쟁률	최종등록 50%컷	최종등록 70%컷	추합 인원	최저제외 실질경쟁	모집 인원	경쟁률	최종등록 80%	최종등록 등급최저	추합 인원	최저 충족률
경영 대학	경영학과	13	13	24.7	98.10	98.09	8	15.3	15	4.73	3.06			
	e-비지니스학과	9	9	15.2	98.13	98.10	3	11.4	10	5.20	1.99			
	금융공학과	5	5	15.0	95.47	94.16	4	8.33	5	5.60	2.04			
인문 대학	국어국문학과	6	6	9.8	93.69	92.98	4	5.88	5	6.60	2.24			
	영어영문학과	7	7	13.4	97.52	97.19	6	7.22	8	5.25	2.58			
	불어불문학과	5	5	14.4	97.42	97.40	1	12.0	5	6.80	2.46			
	사학과	5	5	11.2	96.93	96.54	1	9.33	5	5.00	2.18			
사회 과학 대학	경제학과	9	9	14.8	97.71	97.67	5	9.51	10	4.50	2.46			
	행정학과	10	10	14.9	97.54	97.36	7	8.76	12	9.33	2.08			
	심리학과	5	5	13.8	98.49	98.15	5	6.90	5	5.00	2.08			
	사회학과	5	5	17.0	97.62	97.59	3	10.6	5	5.40	3.25			
	정치외교학과	5	5	12.2	97.62	97.38	2	8.71	5	4.80	2.73			
공과 대학	기계공학과	11	12	13.9	98.17	97.83	9	7.94	14	10.2	1.78			
	AI모빌리티공학과	3												
	산업공학과	14	14	12.6	97.09	96.80	9	7.67	16	4.50	1.86			
	화학공학과		5	11.0	98.81	98.64	2	7.86	5	8.40	1.54			
	신소재공학과	6	5	14.2	98.31	98.28	5	7.10	5	6.20	1.87			
	응용화학생명공학	10	10	13.3	98.47	98.22	3	10.2	12	7.33	1.49			
	환경안전공학과	4	5	15.4	98.03	98.00	5	7.70	5	5.00	2.58			
	건설시스템공학과	5	5	12.4	97.53	96.95	4	6.89	5	5.60	2.42			
	교통시스템공학과	5	5	12.6	96.60	96.05	4	7.00	5	6.60	1.95			
	건축학과	9	9	13.1	97.04	96.94	4	9.07	10	4.80	2.45			
정보 통신 대학	전자공학과	25	27	13.8	98.58	98.50	11	9.81	30	7.57	1.62			
	지능형반도체공학과	5												
	소프트웨어학과	11	11	18.4	98.81	98.61	6	11.9	13	5.23	1.69			
	사이버보안학과	5	5	11.2	98.47	98.07	2	8.00	5	5.80	1.81			
	미디어학과	16	12	11.6	97.12	96.22	6	7.73	12	5.00	2.43			
자연 과학 대학	수학과	6	6	9.00	97.46	96.80	2	6.75	7	6.14	1.97			
	물리학과	5	5	8.00	96.91	96.88	1	6.67	5	4.40	2.09			
	화학과	5	5	10.8	98.70	98.43		10.8	5	6.00	1.75			
	생명과학과	5							5	7.60	1.55			
간호	간호학과	7	10	13.3	99.04	98.88	3	10.2	10	6.40	1.38			
		157	151	13.5	97.63	97.33	125	8.87	169	6.27	1.90			

▶1단계 서류100% 2단계 70%+면접30%		2023	2022 ACE 종합						2021 ACE 종합					
			2022 지원		2022 수시 입결				2021 지원		2021 수시 입결			
		모집 인원	모집 인원	경쟁률	최종등록 평균	최종등록 최저	추합 인원	최저제외 실질경쟁	모집 인원	경쟁률	최종등록 평균	최종등록 최저	추합 인원	최저 충족률
경영 대학	경영학과	20	22	7.55			5	6.15	24	9.38	2.65	3.24		
	e-비지니스학과	15	10	7.00			3	5.38	15	7.27	3.12	4.69		
	금융공학과		5	7.00			1	5.83	10	4.30	3.68	5.77		
인문 대학	국어국문학과	10	11	5.00			3	3.93	12	3.92	2.94	3.80		
	영어영문학과	18	18	6.11			3	5.24	20	7.75	3.44	7.47		
	불어불문학과	10	10	6.10			3	4.69	10	5.30	4.00	5.32		
	사학과	10	10	6.30			0	6.30	10	14.1	2.97	3.65		
	문화콘텐츠학과	14	14	28.8			4	22.4	16	32.5	3.24	5.03		
사회 과학 대학	경제학과	10	10	6.70			0	6.70	10	7.10	3.15	4.17		
	행정학과	10	11	6.27			1	5.75	10	7.50	2.92	3.37		
	심리학과	10	11	15.1			6	9.76	15	23.1	2.20	2.72		
	사회학과	10	11	7.73			6	5.00	12	12.7	2.66	3.05		
	정치외교학과	10	10	5.70			3	4.38	10	11.3	2.83	4.06		
공과 대학	기계공학과	34	35	6.40			19	4.15	35	8.74	2.65	6.69		
	AI모빌리티공학과	10												
	산업공학과	20	21	4.33			13	2.67	24	5.92	2.79	3.68		
	화학공학과	20	15	9.00			9	5.63	15	11.5	2.48	3.76		
	신소재공학과	11	10	7.20			0	7.20	10	10.5	2.20	2.45		
	응용화학생명공학	30	30	9.70			19	5.94	25	10.8	2.33	4.69		
	환경안전공학과	10	10	9.70			5	6.47	13	12.6	2.64	3.60		
	건설시스템공학과	10	10	7.80			2	6.50	10	8.70	3.60	5.92		
	교통시스템공학과	10	10	4.30			6	2.69	10	5.20	3.05	3.78		
	건축학과	20	22	8.05			14	4.92	23	11.6	2.93	5.07		
정보 통신 대학	전자공학과	27	40	6.38			20	4.25	40	6.95	2.54	4.15		
	지능형반도체공학과	10												
	소프트웨어학과	20	20	7.85			14	4.62	20	13.9	2.34	2.83		
	사이버보안학과	15	15	5.13			5	3.85	15	7.73	2.43	3.49		
	미디어학과	40	38	7.58			10	6.00	40	7.98	3.33	6.26		
자연 과학 대학	수학과	10	11	4.36			5	3.00	12	6.75	2.75	3.14		
	물리학과	20	17	4.00			11	2.43	17	5.24	3.31	5.81		
	화학과	16	11	9.27			3	7.28	15	14.3	2.64	4.07		
	생명과학과	20	16	11.8			7	8.22	20	20.6	2.37	3.68		
의학	의학과	20	20	36.6			7	27.1	20	23.4	2.13	3.12		
간호	간호학과	25	22	18.1			6	14.2	23	21.7	2.28	3.77		
약학	약학과	15	15	34.7			5	26.0						
		413	388	9.93			218	7.41	387	11.27	2.67	4.21		

▶서류100% 일괄전형		2023	2022 지원		2022 수시 입결				2021 지원		2021 수시 입결			
		모집인원	모집인원	경쟁률	최종등록 평균	최종등록 최저	추합인원	최저제외 실질경쟁	모집인원	경쟁률	최종등록 평균	최종등록 최저	추합인원	최저충족률
경영 대학	경영학과	18	18	11.0			9	7.33	18	11.8	3.73	5.33		
	e-비지니스학과		8	7.50			2	6.00	8	8.75	3.81	5.70		
	금융공학과	20							5	4.80	4.78	6.98		
인문 대학	영어영문학과	15	15	7.87			8	5.13	15	7.20	4.06	6.33		
	불어불문학과	5	5	7.40			5	3.70	5	8.60	4.39	5.55		
	사학과	5	5	7.60			1	6.33	5	13.0	3.36	3.53		
사회 과학	경제학과		5	9.20			4	5.11	5	4.80	3.98	5.71		
	심리학과	8	8	9.13			4	6.09	8	19.5	2.05	2.56		
공과 대학	기계공학과	24	16	10.8			12	6.18	25	11.1	3.75	6.29		
	AI모빌리티공학과	7												
	산업공학과	10	15	5.20			6	3.71	15	8.47	3.67	5.03		
	화학공학과		5	13.6			1	11.3	5	13.8	3.44	4.69		
	신소재공학과	6	5	5.80			3	3.63	5	13.0	2.62	2.92		
	응용화학생명공학								8	10.1	2.81	3.96		
	환경안전공학과	7	8	8.25			2	6.60	8	14.9	3.14	3.69		
	건설시스템공학과	8	8	8.63			5	5.31	8	11.5	4.73	5.87		
	교통시스템공학과	8	8	4.75			6	2.71	8	5.00	3.56	4.71		
	건축학과	10	13	8.77			7	5.70	13	13.4	3.48	4.54		
정보 통신 대학	전자공학과								20	10.7	3.06	5.62		
	사이버보안학과		7	9.57			2	7.44	7	16.0	3.57	4.86		
	미디어학과	10	16	11.1			7	7.69	16	7.38	4.20	7.48		
자연 과학 대학	물리학과		5	5.60			2	4.00	5	7.60	3.54	4.26		
	화학과		5	7.00			2	5.00	5	11.8	3.22	4.90		
	생명과학과		5	29.2			2	20.9	5	34.2	4.77	6.19		
		90	116	9.40			90	6.49	153	12.6	3.57	5.00		

<국어:수학:영어:탐2> ▶인문1 25:40:15:20 경영 ▶인문2 35:25:15:25 인사 ▶자연1 20:35:15:30 공과 ▶자연2 20:40:10:30 의학 ▶영어150-144-138-126-90		2023	2022 지원		2022 정시수능						2021 정시수능			
					2022 정시 입결 ADIGA 70% CUT						2021 지원		2021 정시 입결	
		정시	모집인원	경쟁률	국어	수학	탐2	평균	영어	충원	모집인원	경쟁률	최종등록 70%	최종등록 등급최저
경영대학	경영학과		34	6.20	71	84	72.5	78.7	2	19				
	e-비지니스학과		16	5.90	82	84	72.5	79.7	2	10				
	금융공학과		30	5.20	76	87	73.5	80.3	3	13				
인문대학	국어국문학과		5	12.6	80	66	70.5	77.2	3	3				
	영어영문학과		15	5.30	78	67	76.0	75.8	2	7				
	불어불문학과		6	5.50	78	62	82.5	75.0	2	3				
	사학과		5	6.00	87	56	78.0	74.0	2	4				
사회과학대학	경제학과		16	5.30	87	67	81.0	79.5	2	11				
	행정학과		17	7.20	85	66	79.5	79.5	2	9				
	문화콘텐츠학과		11	6.20	82	72	76.0	80.2	3	8				
	심리학과		8	8.80	88	76	81.5	83.3	2	6				
	사회학과		6	12.2	88	66	81.0	78.2	3	5				
	정치외교학과		7	8.00	76	67	78.5	77.5	3	6				
공과대학	기계공학과		46	6.10	73	88	78.5	82.2	2	17				
	AI모빌리티공학과		-	-	-	-	-	-	-					
	산업공학과		29	5.90	78	86	77.5	82.7	3	9				
	화학공학과		7	7.40	78	92	74.5	83.0	2	6				
	신소재공학과		10	8.20	76	89	76.5	82.2	2	6				
	응용화학생명공학		25	7.00	82	89	77.0	83.8	2	19				
	환경안전공학과		7	9.90	78	82	83.5	81.8	2	3				
	건설시스템공학과		11	7.70	69	86	73.5	77.5	3	5				
	교통시스템공학과		8	8.10	78	86	75.0	79.7	3	2				
	건축학과		11	7.80	73	81	75.0	80.0	2	9				
정보통신대학	전자공학과		81	7.20	80	90	78.5	84.5	2	52				
	지능형반도체공학과				-	-	-	-	-	-				
	소프트웨어학과		26	5.50	85	91	81.5	85.3	2	16				
	사이버보안학과		10	6.90	85	95	75.5	85.5	2	6				
	미디어학과		23	6.80	71	88	73.0	79.0	2	9				
자연과학대학	수학과		8	9.60	73	90	72.0	80.5	3	4				
	물리학과		4	13.8	71	90	74.5	78.7	2	0				
	화학과		14	6.60	78	87	72.5	81.2	3	9				
	생명과학과		17	7.40	78	82	74.5	80.7	2	11				
간호	간호학과		24	6.60	80	89	79.5	84.5	2	18				
			537	7.51	79	81	76.6	80.4	2	305				

가군	의학과		10	5.7	98	100	96.5	98.5	1	7				
다군	약학과		15	32.4	91	99	92.5	94.7	1	13				
다군	간호학과		10	7.8	85	90	68.0	84.0	2	5				
다군	국방디지털융합		10	5.5	85	94	84.0	86.2	2	7				

안양대학교

2023 대입 주요 특징

정시 인 국영탐1 40:30:30 미/기하 10%
영어: 100-95-90-85-80... 자 수영탐1 40:30:30

▶ 교과반영 교과 및 면접
인문: 국영사
자연: 영수과
예능: 국영사/영수과
▶ 진로선택 미반영
▶ 학년비율 변화: **동일비율**
▶ 종합전형: 전과목 정성
▶ 기회균형: 전과목 반영

1. 2023 교과전형 인원증가 - 안양캠 64명, 강화캠 8명 증가
2. 2023 면접전형 2단계: 학생70+면접30→학생60+면접40
3. 2023 내신반영 변화: 학년비율 20:40:40→동일 비율
4. 안양캠 야간 및 강화캠 지원 등 전과제도 적극활용
5. ARI형 인재상 2021 이후 참고
　①실천인재: 자기주도형 역량 협력적 아리
　②인성인재: 인성과 공감능력을 갖춘 인격적 아리
　③창의인재: 사회적 책임을 다하는 창의적 아리

6. 2022 이후 신설 및 모집학과 변화 ★★
　①안양캠 신설학과: 뷰티메디컬디자인학과, AI융합학과
　②강화캠 신설학과: 게임컨텐츠/스포츠지도/실용음악과
　③학과명칭 변경: 통계데이터과학과→통계데이터사이언스학
7. 전과 안내: 학과별 입학정원의 50% 이내
　▶ 전과 조건: ①학점 이수충족 ②직전학기까지 평균 2.5 이상
　▶ 전과 허용: ①안양-강화캠퍼스 간 ②주간-야간 간
　　　　단, 유사학과, 사범 등 일부 제외
　　　　　　　　　　　　　　　2022. 06. 26. ollim

모집시기	전형명	사정모형	학생부종합 특별사항	2023 수시 접수기간 09. 13(화) ~ 17(토)	모집인원	학생부	논술	면접	서류	기타	2023 수능최저
2023 정원내 수시 929명 (81.9%) 정시 206명 (18.1%) 전체 1,135명	아리학생부 교과	일괄	학생부교과 최저없음 최종 11.11(금) 인: 국영사 자: 영수과	1. 안양 64 증가, 강화 8 증가 2. 신학 담임목사추천서 폐지 3. 내신 석차등급별 반영점수 　1등급~7등급 분포 　100-95-90-85-80-65-50	391 안양 343 강화 48 2022 319 안양 279 강화 40	교과 100					▶2022 교과입결 올림 　모집 319, 충원 910 　평균 4.29, 최저 7.98 　충원율 285.3% 최저없음
	아리학생부 면접	1단계	학생부교과 면접전형 최저없음 1단계 10.14(금) 면접 10.22(토) 최종 11.11(금) 인: 국영사 자: 영수과	1. 안양 1 감소, 강화 9 감소 2. 면접비중 10% 또 증가 ▶전공소양: 지원동기 관심도 　전공기초지식, 진로계획 등 ▶일반소양: 리더십 자질 기타 　의사소통능력, 공동체 의식	253 안양 235 강화 18 2022 263 안양 236 강화 27	학생부 100 (5배수)					▶2022 면접입결 올림 　모집 263, 충원 327 　평균 4.76, 최저 7.99 　충원율 124.3% 최저없음
		2단계				학생부 60 + 면접 40					
2022 수시 968명 (83.9%) 정시 187명 (16.1%) 전체 1,155명	아리학생부 종합	1단계	**학생부종합 자소서 없음 최저없음** 1단계 10.21(금) 면접 10.29(토) ~10.30(일) 최종 11.11(금)	1. 2023 전년대비 3명 감소 2. 안양캠야간 및 강화캠 없음 3. 면접 10분 ▶인성 40% ▶전공적합성 40% ▶발전가능성 20%	안양 주간 164 2022 안양 주간 167				서류 100 (5배수)		▶2022 종합입결 올림 　모집 167, 충원 243 　평균 4.54, 최저 6.20 　충원율 145.5% 최저없음
		2단계							서류 70 + 면접 30		
	고른기회	1단계	**학생부종합 자소서 없음 최저없음**	1. 한구석밝히기 정신 2. 기초수급 및 차상위자녀 3. 유공자녀 4. 장애자녀 5. 만학도 6. 서해5도민 자녀	25 2022 25				서류 100 (5배수)		▶2022 고른입결 올림 　모집 167, 충원 28 　평균 5.03, 최저 7.13 　충원율 112% 최저없음
		2단계	최종 11.11(금)						서류 70 + 면접 30		
	기회균형 (정원외)	일괄	**학생부종합 자소서 없음 최저없음** 최종 11.11(금)	1. 기초수급 및 차상위자녀 2. 내신교과: 전과목 반영★	16 2022 16	교과 100					최저없음

안양대 2022 입결분석 01 - 아리학생부 교과 및 정시 비교   *2022. 06. 26. ollim*

수능최저 없음		2023	2022 아리학생부 교과						2022 정시일반					
안양대학교 건학이념 기독교 한구석 밝히기 *통계데이터과학→ 통계데이터사이언스*		모집인원	모집인원	경쟁률	최종등록 내신최고	최종등록 내신평균	최종등록 내신최저	충원율	모집인원	경쟁률	최종등록 백분위 평균합	최종등록 백분위 최저합	최종등록 백분위 평균	최종등록 백분위 최저
신학	신학과	18	18	4.89	4.74	5.94	7.98	377.8%	7	4.14	167.43	147.00	55.81	49.00
	기독교교육	13	11	4.36	4.58	5.68	7.22	327.3%	11	1.45	141.24	79.20	47.08	26.40
인문 대학	국어국문	10	8	6.63	3.47	4.30	5.21	362.5%	7	8.71	229.50	227.10	76.50	75.70
	영미언어문화	10	8	8.38	2.59	3.44	3.77	250.0%	6	10.2	237.15	231.90	79.05	77.30
	러시아언어	11	8	8.50	2.53	3.65	4.22	250.0%	8	9.25	222.78	215.70	74.26	71.90
	중국언어문화	11	8	22.4	3.16	3.55	3.90	162.5%	7	7.29	226.38	212.70	75.46	70.90
	유아교육과	9	8	60.8	1.70	2.84	3.28	487.5%	10	6.00	224.61	217.50	74.87	72.50
사회 과학 대학	글로벌경영	17	15	15.0	2.75	3.24	3.54	440.0%	17	10.8	244.71	234.30	81.57	78.10
	글로벌경영야간	30	23	6.13	4.28	4.98	5.53	330.4%	22	4.91	194.43	180.90	64.81	60.30
	관광경영	12	10	15.3	2.18	2.89	3.29	240.0%	11	8.18	226.17	220.80	75.39	73.60
	행정학과	12	9	10.3	2.91	3.38	3.83	166.7%	8	7.63	234.12	224.70	78.04	74.90
	행정학과야간	15	12	7.50	4.24	4.89	5.58	475.0%	10	5.50	206.31	189.00	68.77	63.00
창의 융합 대학	식품영양학과	11	9	27.8	2.34	3.26	3.63	211.1%	10	5.70	226.53	217.62	75.51	72.54
	정보전기전자공학	30	20	14.9	1.70	3.44	3.74	190.0%	22	9.14	238.68	229.44	79.56	76.48
	정보전기전자야간	14	12	4.17	4.47	5.15	5.69	191.7%	13	4.62	210.18	197.76	70.06	65.92
	컴퓨터공학	10	8	24.0	1.74	2.72	3.28	175.0%	10	7.10	250.80	234.72	83.60	78.24
	소프트웨어	10	9	13.7	1.83	3.30	3.64	244.4%	9	7.56	241.11	232.80	80.37	77.60
	통계데이터사이언	10	9	9.33	3.23	3.53	3.88	300.0%	10	5.30	229.89	210.60	76.63	70.20
	통계데이터사야간	14	12	5.33	4.73	5.37	5.74	266.7%	12	3.33	191.25	162.06	63.75	54.02
	도시정보공학	14	9	12.8	2.56	3.86	4.19	200.0%	12	9.17	230.34	222.42	76.78	74.14
	도시정보공학야간	14	12	4.92	4.89	5.85	7.30	375.0%	12	3.33	196.68	181.02	65.56	60.34
	환경에너지공학	14	10	12.6	3.03	3.63	3.92	440.0%	9	7.11	227.85	214.92	75.95	71.64
	AI융합학과	8	8	13.6	4.07	4.18	4.40	150.0%	6	11.3	241.92	235.38	80.64	78.46
공학	디지털미디어디자	7	7	13.3	2.17	3.01	3.56	271.4%	9	5.67	234.30	222.30	78.10	74.10
예체	화장품발명디자인	11	8	7.00	3.63	4.50	4.94	237.5%	6	6.50	218.07	210.36	72.69	70.12
	뷰티메디컬디자인	8	8	12.6	3.51	3.87	4.53	100.0%	4	8.00	217.50	209.40	72.50	69.80
강화캠 예체	게임컨텐츠	14	8	7.25	5.09	6.14	6.91	487.5%	11	2.64	151.26	95.70	50.42	31.90
	스포츠지도	-	-	-	-	-	-	-	5	4.00	123.30	94.50	41.10	31.50
	실용음악과	-	-	-	-	-	-	-	20	0.75	69.90	25.50	23.30	8.50
강화캠 공학	해양바이오공학	12	11	4.82	5.20	6.36	7.17	318.2%	14	1.57	160.26	69.90	53.42	23.30
	스마트시티공학	22	21	3.29	4.73	5.87	6.84	157.1%	19	1.95	167.37	133.86	55.79	44.62
		391	319	13.1	평균 신학제외	4.12	4.65	282.3%	319	6.32	209.43	191.55	69.81	63.85

2022 아리학생부 교과
▶ 교과 100%
▶ 내신 반영: 인문 국영사, 자연 영수과
▶ 학년 비율: 20:40:40

2022 정시일반
인문: 국어 40%+영어 30%+탐구 1과목 30%
자연: 수학 40%+영어 30%+탐구 1과목 30%
※ 수가형 및 과학탐구 가산점 각 10% 포함

수능최저 없음		2023	2022 아리학생부 교과 ▶교과 100% ▶내신 반영: 인문 국영사, 자연 영수과 ▶학년 비율: 20:40:40						2021 아리학생부 교과 ▶교과 100% ▶내신 반영: 인문 국영사, 자연 영수과 ▶학년 비율: 20:40:40					
안양대학교 건학이념 기독교 한구석 밝히기 *통계데이터과학→ 통계데이터사이언스*		모집 인원	모집 인원	경쟁률	최종등록 내신최고	최종등록 내신평균	최종등록 내신최저	충원율		모집 인원	경쟁률	최초합격 내신평균	최종등록 내신평균	최종등록 내신최저		추합 인원
신학	신학과	18	18	4.89	4.74	5.94	7.98	377.8%		20	3.25		6.15	6.99		
	기독교교육	13	11	4.36	4.58	5.68	7.22	327.3%		12	5.50		5.18	6.21		
인문 대학	국어국문	10	8	6.63	3.47	4.30	5.21	362.5%		8	10.0		3.14	3.31		
	영미언어문화	10	8	8.38	2.59	3.44	3.77	250.0%		8	6.38		3.33	3.97		
	러시아언어	11	8	8.50	2.53	3.65	4.22	250.0%		8	4.88		3.69	4.81		
	중국언어문화	11	8	22.4	3.16	3.55	3.90	162.5%		8	4.75		4.24	5.44		
	유아교육과	9	8	60.8	1.70	2.84	3.28	487.5%		9	4.56		3.98	5.01		
사회 과학 대학	글로벌경영	17	15	15.0	2.75	3.24	3.54	440.0%		19	8.16		3.34	3.85		
	글로벌경영야간	30	23	6.13	4.28	4.98	5.53	330.4%		28	5.11		4.99	5.33		
	관광경영	12	10	15.3	2.18	2.89	3.29	240.0%		12	24.2		3.36	3.69		
	행정학과	12	9	10.3	2.91	3.38	3.83	166.7%		11	7.18		3.09	3.48		
	행정학과야간	15	12	7.50	4.24	4.89	5.58	475.0%		14	8.36		4.87	5.29		
창의 융합 대학	식품영양학과	11	9	27.8	2.34	3.26	3.63	211.1%		12	4.92		4.12	4.87		
	정보전기전자공학	30	20	14.9	1.70	3.44	3.74	190.0%		30	6.20		3.78	4.66		
	정보전기전자야간	14	12	4.17	4.47	5.15	5.69	191.7%		14	4.07		4.79	5.18		
	컴퓨터공학	10	8	24.0	1.74	2.72	3.28	175.0%		12	6.92		3.54	4.23		
	소프트웨어	10	9	13.7	1.83	3.30	3.64	244.4%		12	10.4		3.55	3.92		
	통계데이터사이언	10	9	9.33	3.23	3.53	3.88	300.0%		9	10.1		3.65	4.01		
	통계데이터사야간	14	12	5.33	4.73	5.37	5.74	266.7%		14	7.07		5.40	5.87		
	도시정보공학	14	9	12.8	2.56	3.86	4.19	200.0%		14	10.6		4.16	4.49		
	도시정보공학야간	14	12	4.92	4.89	5.85	7.30	375.0%		15	3.73		5.33	6.05		
	환경에너지공학	14	10	12.6	3.03	3.63	3.92	440.0%		14	13.4		3.90	4.20		
	AI융합학과	8	8	13.6	4.07	4.18	4.40	150.0%		2022 신설			-	-		
공학	디지털미디어디자	7	7	13.3	2.17	3.01	3.56	271.4%		9	7.22		3.06	3.47		
예체	화장품발명디자인	11	8	7.00	3.63	4.50	4.94	237.5%		11	18.5		3.49	3.90		
	뷰티메디컬디자인	8	8	12.6	3.51	3.87	4.53	100.0%		2022 신설			-	-		
강화캠 예체	게임컨텐츠	14	8	7.25	5.09	6.14	6.91	487.5%		2022 신설			-	-		
	스포츠지도	-	-	-	-	-	-	-		2022 신설			-	-		
	실용음악과	-	-	-	-	-	-	-		2022 신설			-	-		
강화캠 공학	해양바이오공학	12	11	4.82	5.20	6.36	7.17	318.2%		17	4.00		6.13	8.06		
	스마트시티공학	22	21	3.29	4.73	5.87	6.84	157.1%		15	2.27		6.81	6.81		
		391	319	13.1	평균 신학제외	4.12	4.65	282.3%		390	8.04	평균 신학제외	4.16	4.75		0

수능최저 없음

안양대학교 건학이념 기독교 한구석 밝히기 통계데이터과학→ 통계데이터사이언스

		2023 모집인원	2022 아리학생부 면접						2021 아리학생부 면접					
			모집인원	경쟁률	최초합격 내신평균	최종등록 내신평균	최종등록 내신최저	충원율	모집인원	경쟁률	최초합격 내신평균	최종등록 내신평균	최종등록 내신최저	추합인원
신학	신학과	9	10	2.00	6.11	6.97	7.99	20.0%	8	1.63		8.43	8.43	
	기독교교육	9	10	2.90	4.38	5.32	5.87	30.0%	5	5.20		5.57	6.72	
인문대학	국어국문	8	7	4.29	2.51	3.68	4.39	100.0%	6	7.83		3.52	3.71	
	영미언어문화	8	8	4.75	3.66	4.17	5.29	150.0%	6	7.50		3.55	3.81	
	러시아언어	7	7	3.14	5.62	6.66	7.30	171.4%	6	4.67		4.07	4.41	
	중국언어문화	9	7	5.57	3.72	4.68	5.65	342.9%	6	4.00		3.74	3.79	
	유아교육과	9	7	15.4	3.56	3.71	3.82	142.9%	6	7.00		2.89	3.21	
사회과학대학	글로벌경영	16	14	9.43	2.08	3.24	3.93	100.0%	8	7.13		3.60	4.48	
	글로벌경영야간	13	14	3.29	4.72	5.47	6.57	150.0%	10	5.10		5.09	5.50	
	관광경영	10	9	5.22	2.17	3.91	5.39	233.3%	6	10.3		2.74	3.29	
	행정학과	6	8	8.38	3.30	3.78	4.49	150.0%	5	5.20		4.03	4.17	
	행정학과야간	6	8	3.38	4.93	5.73	6.89	137.5%	6	4.50		5.10	5.50	
창의융합대학	식품영양학과	8	9	6.67	2.33	3.85	5.26	111.1%	6	6.50		2.15	2.93	
	정보전기전자공학	17	20	4.60	3.37	4.56	5.45	130.0%	10	5.00		3.89	4.69	
	정보전기전자야간	10	7	4.29	5.13	5.88	6.44	171.4%	6	2.83		5.45	6.97	
	컴퓨터공학	10	9	7.56	3.59	3.93	4.47	133.3%	5	9.00		3.58	3.90	
	소프트웨어	10	8	6.38	2.56	3.80	5.00	75.0%	5	5.60		2.34	4.05	
	통계데이터사이언	8	7	8.43	4.38	4.61	4.82	114.3%	5	2.60		4.68	5.03	
	통계데이터사야간	10	8	3.00	5.43	5.98	6.78	100.0%	6	4.67		5.35	5.47	
	도시정보공학	7	9	4.44	3.79	4.70	5.20	166.7%	5	9.00		3.57	4.70	
	도시정보공학야간	10	8	3.25	5.69	6.24	6.90	150.0%	6	2.67		5.63	6.08	
	환경에너지공학	9	10	5.30	4.22	4.69	5.04	220.0%	5	5.80		4.36	4.74	
	AI융합학과	5	7	4.57	4.12	4.65	5.07	57.1%	2022 신설			-	-	
공학	디지털미디어디자	8	8	7.50	2.97	3.47	4.06	142.9%	5	12.2		3.03	3.35	
예체	화장품발명디자인	8	9	4.33	2.07	4.03	4.91	44.4%	5	5.40		4.35	4.44	
	뷰티메디컬디자인	5	8	13.0	2.35	4.03	5.00	175.0%	2022 신설			-	-	
강화캠 예체	게임컨텐츠	-	7	3.43	1.29	4.66	6.80	71.4%	2022 신설			-	-	
	스포츠지도	-	-	-	-	-	-	-	2022 신설			-	-	
	실용음악과	-	-	-	-	-	-	-	2022 신설			-	-	
강화캠 공학	해양바이오공학	8	10	2.10	3.35	5.78	7.42	70.0%	8	1.75		6.86	7.18	
	스마트시티공학	10	10	2.10	5.83	6.74	7.74	60.0%	8	1.00	21 신설	8.41	8.41	
		253	262	5.70	평균 신학제외	4.69	5.56	128.3%	150	5.72	평균 신학제외	4.25	4.74	0

▶1단계 교과 100%(5배수)+2단계 면접 20%
▶내신 반영: 인문 국영사, 자연 영수과
▶학년 비율: 20:40:40

안양대 2022 입결분석 04 - 수시 아리학생부 종합

2022. 06. 26. ollim

수능최저 없음		2023 모집인원	2022 아리학생부 종합 ▶1단계 서류 100%(5배수)+2단계 면접 30% ▶내신 반영: 인문 국영사, 자연 영수과 ▶학년 비율: 20:40:40						2021 아리학생부 종합 ▶1단계 서류 100%(5배수)+2단계 면접 30% ▶내신 반영: 인문 국영사, 자연 영수과 ▶학년 비율: 20:40:40					
안양대학교 건학이념 기독교 한구석 밝히기 ▶인성 40% ▶전공적합성 40% ▶발전가능성 20%			모집인원	경쟁률	최초합격 내신평균	최종등록 내신평균	최종등록 내신최저	충원율	모집인원	경쟁률	최초합격 내신평균	최종등록 내신평균	최종등록 내신최저	추합인원
신학	신학과	-	-	-	-	-	-		8	1.00		6.37	7.09	
	기독교교육	-	-	-	-	-	-		5	1.40		5.44	6.66	
인문 대학	국어국문	6	8	6.25	3.64	4.10	4.60	75.0%	8	6.13		4.23	4.66	
	영미언어문화	6	8	4.75	3.80	4.38	4.90	175.0%	8	6.13		4.21	5.00	
	러시아언어	5	8	3.38	4.44	5.31	6.20	100.0%	8	3.00		5.13	6.62	
	중국언어문화	5	8	5.75	4.17	4.99	5.92	300.0%	8	6.25		4.55	5.31	
	유아교육과	8	8	24.4	3.02	3.87	4.82	87.5%	8	12.0		3.88	4.72	
사회 과학 대학	글로벌경영	14	12	10.3	2.79	3.73	4.35	116.7%	12	9.2		4.08	4.90	
	글로벌경영야간	-	-	-	-	-	-	-	-	-				
	관광경영	10	10	7.90	2.97	3.68	4.25	190.0%	10	11.2		3.43	4.37	
	행정학과	10	9	4.00	4.09	4.40	5.07	77.8%	9	7.78		3.79	4.50	
	행정학과야간	-	-	-	-	-	-	-	-	-				
창의 융합 대학	식품영양학과	11	10	13.9	3.90	4.74	5.64	220.0%	10	10.00		4.41	5.20	
	정보전기전자공학	20	20	4.45	4.10	5.00	6.19	160.0%	17	6.35		4.71	5.30	
	정보전기전자야간	-	-	-	-	-	-	-	-	-				
	컴퓨터공학	12	12	13.6	3.51	4.33	5.35	158.3%	12	9.42		4.76	6.71	
	소프트웨어	12	12	10.2	3.94	4.57	4.93	133.3%	12	9.92		4.71	6.20	
	통계데이터사이언	10	9	5.11	3.94	4.55	5.14	177.8%	9	3.33		4.83	5.43	
	통계데이터사야간	-	-	-	-	-	-	-	-	-				
	도시정보공학	10	10	6.00	4.45	5.22	5.93	110.0%	10	4.80		5.10	5.62	
	도시정보공학야간	-	-	-	-	-	-	-	-	-				
	환경에너지공학	10	10	6.90	4.17	4.80	5.51	160.0%	10	3.60		4.67	5.76	
	AI융합학과	-	-	-	-	-	-	-	2022 신설			-	-	
공학 예체	디지털미디어디자	8	5	18.4	3.79	4.40	5.28	120.0%	5	20.2		3.88	5.79	
	화장품발명디자인	7	8	6.38	4.47	4.99	6.12	75.0%	8	4.13		5.03	5.87	
	뷰티메디컬디자인	-	-	-	-	-	-	-	2022 신설			-	-	
강화캠 예체	게임컨텐츠	-	-	-	-	-	-	-	2022 신설			-	-	
	스포츠지도	-	-	-	-	-	-	-	2022 신설			-	-	
	실용음악과	-	-	-	-	-	-	-	2022 신설			-	-	
강화캠 공학	해양바이오공학	-	-	-	-	-	-	-	-	-		-	-	
	스마트시티공학	-	-	-	-	-	-	-	-	-		-	-	
		164	167	8.92	평균 신학제외	4.53	5.31	143.3%	177	7.85	평균 신학제외	4.44	5.41	0

안양대학교 건학이념 기독교 한구석 밝히기 통계데이터과학→통계데이터사이언스		2023 모집인원	2022 정시일반 인문: 국어 40%+영어 30%+탐구 1과목 30% 자연: 수학 40%+영어 30%+탐구 1과목 30% ※ 수가형 및 과학탐구 가산점 각 10% 포함						2021 정시일반 인문: 국어 40%+영어 30%+탐구 1과목 30% 자연: 수학 40%+영어 30%+탐구 1과목 30% ※ 수가형 및 과학탐구 가산점 각 10% 포함					
			모집인원	경쟁률	최종등록 백분위 평균합	최종등록 백분위 최저합	최종등록 백분위 평균	최종등록 백분위 최저	모집인원	경쟁률	최종등록 백분위 평균합	최종등록 백분위 최저합	최종등록 백분위 평균	최종등록 백분위 최저
신학	신학과	3	7	4.14	167.43	147.00	55.81	49.00	40	0.90	152.55	101.10	50.85	33.70
	기독교교육	6	11	1.45	141.24	79.20	47.08	26.40	10	2.80	211.77	192.30	70.59	64.10
인문 대학	국어국문	5	7	8.71	229.50	227.10	76.50	75.70	6	8.33	230.76	218.40	76.92	72.80
	영미언어문화	5	6	10.2	237.15	231.90	79.05	77.30	7	9.86	237.51	231.60	79.17	77.20
	러시아언어	4	8	9.25	222.78	215.70	74.26	71.90	7	7.00	227.01	221.10	75.67	73.70
	중국언어문화	4	7	7.29	226.38	212.70	75.46	70.90	6	7.17	224.97	210.30	74.99	70.10
	유아교육과	7	10	6.00	224.61	217.50	74.87	72.50	10	5.60	237.00	227.40	79.00	75.80
사회 과학 대학	글로벌경영	11	17	10.8	244.71	234.30	81.57	78.10	20	5.8	226.17	204.90	75.39	68.30
	글로벌경영야간	7	22	4.91	194.43	180.90	64.81	60.30	29	3.45	188.52	74.10	62.84	24.70
	관광경영	7	11	8.18	226.17	220.80	75.39	73.60	11	5.55	233.88	223.20	77.96	74.40
	행정학과	6	8	7.63	234.12	224.70	78.04	74.90	9	6.33	245.82	237.90	81.94	79.30
	행정학과야간	5	10	5.50	206.31	189.00	68.77	63.00	10	4.60	206.22	191.40	68.74	63.80
창의 융합 대학	식품영양학과	8	10	5.70	226.53	217.62	75.51	72.54	11	7.27	240.57	229.50	80.19	76.50
	정보전기전자공학	11	22	9.14	238.68	229.44	79.56	76.48	22	4.32	211.26	180.30	70.42	60.10
	정보전기전자야간	5	13	4.62	210.18	197.76	70.06	65.92	16	3.06	193.89	144.51	64.63	48.17
	컴퓨터공학	6	10	7.10	250.80	234.72	83.60	78.24	14	6.64	247.17	235.20	82.39	78.40
	소프트웨어	6	9	7.56	241.11	232.80	80.37	77.60	11	8.18	235.26	225.45	78.42	75.15
	통계데이터사이언	6	10	5.30	229.89	210.60	76.63	70.20	10	6.80	224.34	214.38	74.78	71.46
	통계데이터사야간	4	12	3.33	191.25	162.06	63.75	54.02	15	3.40	208.68	187.20	69.56	62.40
	도시정보공학	7	12	9.17	230.34	222.42	76.78	74.14	14	4.50	214.35	183.30	71.45	61.10
	도시정보공학야간	4	12	3.33	196.68	181.02	65.56	60.34	13	4.00	199.53	169.23	66.51	56.41
	환경에너지공학	6	9	7.11	227.85	214.92	75.95	71.64	11	6.00	229.14	195.90	76.38	65.30
	AI융합학과	7	6	11.3	241.92	235.38	80.64	78.46	2022 신설	-	-	-	-	-
공학	디지털미디어디자	5	9	5.67	234.30	222.30	78.10	74.10	9	5.33	237.42	224.34	79.14	74.78
예체	화장품발명디자인	5	6	6.50	218.07	210.36	72.69	70.12	9	4.00	203.64	170.97	67.88	56.99
	뷰티메디컬디자인	7	4	8.00	217.50	209.40	72.50	69.80	2022 신설	-	-	-	-	-
강화캠 예체	게임컨텐츠	5	11	2.64	151.26	95.70	50.42	31.90	2022 신설	-	-	-	-	-
	스포츠지도	5	5	4.00	123.30	94.50	41.10	31.50	2022 신설	-	-	-	-	-
	실용음악과	4	20	0.75	69.90	25.50	23.30	8.50	2022 신설	-	-	-	-	-
강화캠 자연	해양바이오공학	4	14	1.57	160.26	69.90	53.42	23.30	19	1.16	183.09	138.60	61.03	46.20
	스마트시티공학	4	19	1.95	167.37	133.86	55.79	44.62	33	1.39	-	-	58.53	38.30
		179	319	6.32	209.43	191.55	69.81	63.85	322	5.40	221.14	197.36	73.08	64.64

연세대미래

2023 대입 수시 특징	정시 등급변환 *인문: 국영탐2
	영어 100-95-90-80-70... 의예 100-95-87.5...

▶교과 내신: z점수 반영
　　국영수사과 전체
　*논술: 인-국영, 자-수과
　　(동점자 선발기준용)
▶학년비율: 전학년 100%
▶공통:일반:진로 30:50:20
▶진로 A=100, B=80, C=50

1. 2023 교과우수자
2. 2023 학교생활우수자
3. 2023 논술전형
4. 2023 SW창의인재 종합전형
5. 활동우수자전형
6. 기초생활, 연세한마음
7. 기회균형 및 강원인재 전형별 특징 및 수능최저 유의
8. 의예과 모든전형에서 대부분 선발 유지, 최저 및 일정확인

모집시기	전형명	사정모형	학생부종합 특별사항	2023 수시 접수기간 09. 13(화) ~ 17(토)	모집인원	학생부	논술	면접	서류	기타	2023 최저등급
2023 정원내 수시 858명	교과우수자	1단계	학생부교과 의예과 일정 1단계 11.28(월) 면접 12.03(토) 최종 12.14(수)	1. 일반학과 교과100 2. 의예 교과80+면접20	205 의예 15	교과 100					인자: 국수영탐탐 중 2개합 7 간호: 2개합5 (탐1) +영어3 의예: 국수영과과 중 4개5+영2
	학교생활 우수자	1단계	학생부종합 자소~09.17(토) 1단계: 10.12(월) 면접: 10.29(토) 최종: 11.18(금) 의예: 12.14(수)	1. 서류종합 단계면접 2. 자율융합계열 별도 일정 　1단계: 10.31(월) 　면접: 11.05(토) 　최종: 11.18(금)	213 의예 18	서류100 (3.5배수) (의예 6배수)					인자: 국수영탐탐 중 2개합 7 간호: 2개합5 (탐1) +영어3 의예: 국수영과과 중 4개5+영2
		2단계				1단계 70 +면접 30					
	논술전형	일괄	논술 3유형 인문: 미래인재 자연: 창의인재 의예: 의예논술 논술 11.25(금)	1. 미래인재: 자율융합 97명 2. 창의인재: 자연 11과 155명 3. 미래인재: 인문사회과학 　문제당 1,000자. 120분 4. 창의인재: 수학3문. 미/확통 5. 의예논술: 수60%+과1 40% 　수2문항, 과2문항, 15명 6. 과탐변별력-고난이, 비정형	104 의예 15						인: 2개합 6 (탐1) 자: 2개합 6 (과1) 간인: 2개합 4 (탐1) 간자: 2개합 4 (과1) 의예: 국수과과 중 3개 1등급+영2
	SW창의인재	1단계	학생부종합 자소~09.17(토) 1단계: 10.17(월) 면접: 10.22(토) 최종: 11.18(금)	1. 2021 SW인재 신설 　소프트웨어학부 10명 　디지털헬스케어학부 5명 2. 인성가치관, 전공역량 평가	15	서류100 (3.5배수)					최저 없음
		2단계				1단계 70 +면접 30					
	활동우수자 (국제계열 활동우수자)	1단계	학생부종합 자소~09.17(토) 1단계: 10.17(월) 면접: 10.22(토) 최종: 11.18(금)	1. 동아시아국제학 EIC 46명 　디자인예술 14명 　글로벌엘리트 해외고 5명 2. 영어면접, 100% 영어수업	EIC 46 디자인 14 글로벌 5	서류100 (3.5배수)					최저 없음
		2단계				1단계 70 +면접 30					
	기초생활 연세한마음	일괄	학생부종합 자소~09.17(토) 최종: 11.18(금)	1. 기초수급자녀, 차상위 제외 2. 의예과 1명 3. 기타 고른기회전형 생략 　(농어촌/특성화/특교/북한등)	28 의예 1	서류100 (4배수)		▶의예 일정 면접 12.03(토) 최종 12.14(수)			의예: 국수영과과 중 4개5+영2
	기회균형	일괄	학생부종합 자소~09.17(토) 최종: 11.18(금)	1. 국가보훈대상/민주화 등 2. 직업군인15년/다문/다자 등 3. 일반(의예 제외) 서류100% 4. 의예 3명: 서류80+면접20	35 의예 3	서류100 (4배수)		▶의예 일정 면접 12.03(토) 최종 12.14(수)			인자: 국수영탐탐 중 2개합 7 간호: 2개합5 (탐1) +영어3 의예: 국수영과과 중 4개6+영2
	강원인재	일괄	학생부종합 자소~09.17(토) 최종: 11.18(금)	1. 강원 고교출신자로서 　도지사추천 기초/차상위자 2. 일반(의예 제외) 서류100% 3. 의예 18명: 서류80+면접20	63 의예 18	서류100 (4배수)		▶의예 일정 면접 12.03(토) 최종 12.14(수)			인자: 국수영탐탐 중 2개합 7 간호: 2개합5 (탐1) +영어3 의예: 국수영과과 중 4개6+영2

2022 교과우수자

	2023 모집인원	2022 모집인원	경쟁률	최종합격 환산 50%	환산 70%	등급 50%	등급 70%	추합인원
자율융합계열(미래)	114	80	4.86	77.2	74.5	3.68	3.98	59
자율융합계열(창의)		50	4.60	71.5	67.7	3.99	4.36	37
간호학과 인문								
간호학과 자연	7	7	10.0	93.6	93.3	1.90	2.06	3
데이터사이언스학부	8	8	4.75	78.3	77.6	3.65	3.69	4
디지털헬스케어학부	8	6	5.17	74.3	70.2	3.95	4.24	4
물리치료 인문								
물리치료 자연	6	6	11.2	92.8	92.4	2.10	2.12	4
방사선학과	5	5	9.00	91.3	91.1	2.61	2.65	1
소프트웨어학부	21	21	6.19	77.8	75.9	3.66	3.78	14
의예과	15	15	12.4	96.8	96.5	1.31	1.38	10
임상병리학과	10	9	7.44	91.0	90.8	2.27	2.39	5
작업치료 인문								
작업치료 자연	6	6	5.67	86.9	81.0	3.21	3.60	2
치위생학 인문								
치위생학 자연	5	6	7.33	86.4	85.7	3.05	3.14	4
	205	219	7.38	84.8	83.1	2.95	3.1	147

2022 정시 일반

	2023 모집인원	2022 모집인원	경쟁률	최종합격 환산 70%	표준편차	등급 평균	표준편차	추합인원
자율융합계열(미래)	271	308	4.02	613.8		62.2		219
자율융합계열(창의)								
간호학과 인문	12	6	6.00	665.7		80.8		9
간호학과 자연		8	4.13	661.3		81.3		8
데이터사이언스학부	9	12	4.42	604.3		63.7		14
디지털헬스케어학부	15	27	5.37	593.5		61.7		17
물리치료 인문	10	5	5.80	653.2		78.5		10
물리치료 자연		5	6.40	649.8		77.3		9
방사선학과	11	11	4.27	626.3		73.5		6
소프트웨어학부	38	53	4.40	611.7		66.8		62
의예과	27	27	5.56	736.2		97.8		30
임상병리학과	12	14	4.29	644.7		76.0		8
작업치료 인문	10	5	5.60	626.8		67.3		6
작업치료 자연		12	3.50	607.8		63.2		7
치위생학 인문	12	6	6.00	624.8		68.3		12
치위생학 자연		10	4.90	612.4		65.7		13
	427	509	4.98	635.5		72.28		430

2022 학교생활우수자

	2023 모집인원	2022 모집인원	경쟁률	최종합격 환산 50%	환산 70%	등급 50%	등급 70%	추합인원
자율융합계열	112	110	4.41			4.18	4.37	74
간호학과	7	7	10.4			2.29	2.38	4
데이터사이언스학부	8	8	4.25			4.56	4.64	4
디지털헬스케어학부	9	6	5.00			3.98	4.22	4
물리치료학과	6	6	14.0			2.42	2.47	1
방사선학과	5	5	11.4			3.27	3.36	
소프트웨어학부	21	21	4.67			3.96	4.24	22
의예과	18	19	14.3			1.33	1.37	3
임상병리학과	10	9	12.2			2.52	2.76	
작업치료학과	6	6	6.50			3.16	3.45	3
치위생학과	6	6	9.67			3.00	3.13	
	208	203	8.81			3.15	3.31	115

2022 강원인재

	2023 모집인원	2022 모집인원	경쟁률	최초합격 등급평균	백분위평균	최종등록 등급평균	백분위평균	충원인원
자율융합계열	25	25	3.24			4.16	4.31	14
간호학과	7	8	5.13			2.31	2.35	1
데이터사이언스학부								
디지털헬스케어학부	3	3	2.00					3
물리치료학과	3	3	4.00					1
방사선학과	3	3	4.33					
소프트웨어학부	3	3	3.33					4
의예과	18	14	10.79			1.50	1.64	5
임상병리학과	3	3	4.67					
작업치료학과	3	3	2.67					2
치위생학과								
	68	65	4.46			2.66	2.77	30

2023 대입 주요 특징	
▶공통30%+일반50%+진로/전문20% *20220623*	
▶정시 영어 100-95-87.5-75... 탐구 표준점수★★	

2023 대학별 수시모집 요강 — 연세대서울

▶2023 전년대비 변화없음
▶교과(추천형): z점수+등급 국영수사과 100점+기타 감점
▶학년100%, Z점수 추천형정량
▶2023 수시56.4%, 정시43.6%
▶추천+활동+국제+기회 불가
★종합=고른영역학업역량장점
★특기자=전공적합성추합포석

1. 2023 정원내 3,466명, 수시1,955명(56.4%) 정시1,511(43.6%)
2. 2023 추천형 고교제한 5% 및 제시문면접 등 전형사항 동일
3. 2023 추천형/활동우수/국제형/기회Ⅰ·Ⅱ 내 중복불가 유지★
4. 2023 활동우수형과 국제형 수능최저 유지, 탐구 1개 유지★
5. 인공지능학과 2022 신설후 활동우수형 24명+정시 10명 선발
6. 공과대학 내 첨단융복합학과 신설(시스템반도체전형 통합)★
   정원외 채용조건형 계약학과, 중복지원 가능, *시삼성 디엘지*
   ①시스템반도체공학 수시 40명 ②디스플레이융합공 수시 20명

7. <인공지능융합대학>신설, 공과대학에서 소속변경 (컴퓨터과학과)
   ①컴퓨터과학과: 추천13명, 활동10명 ②인공지능학과: 활동24명
8. 활동우수형 수능최저 ①인문: 2개합4 (탐1) (국/수 1필)+영3+史4
   (탐구 1개) ②자연: 수학포함 2개합5 (과1)+영3+史4
   ③의/치/약: 2개1 (과1) (국/수 1필)+영3+史4
9. 국제형 수능최저: 2개합5 (국/수 1필)+영1+史4 (탐구2개평균)
10. 수능100%, 인문 33.3:33.3:16.7:16.7 자연 22.2:33.3:11.2:33.3
11. 정시 의예/국제계열: 1단계 수능100%+2단계 제시문면접

모집시기	전형명	사정모형	학생부종합 특별사항	2023 수시 접수기간 09.13(화) ~ 15(목)	모집인원	학생부	논술	면접	서류	기타	2023 수능최저등급
2023 수시 정원내 1,964명 (56.4%) 정원외 146명 정시 2명 증가 정원내 1,516명 (43.6%) 정원외 138명 전체 3,480명 정원외 284명 2022 수시 정원내 1,954명 (56.4%) 정원외 123명 정시 289명 증가 정원내 1,509명 (43.6%) 정원외 131명 전체 3,463명 정원외 254명	**추천형 학교장추천**	1단계	학생부교과 학교장추천서 재학생만 지원 1단계 10.11(화) 면접자 10.15(토) 면접인 10.16(일) 최종 12.15(목)	1. 2023 전년도와 인원 동일 2. 2023 제시문면접 지속★ 3. 활동우수형 중복지원 불가 4. 재학생 학교추천 5% 유지 5. 컴퓨터과학과 13명 모집 6. 총합격 교과편차 당연확대 7. 22년 총합격 입결분포올림 *인문1.38-0.30 자연1.42-0.20* *의치1.09-1.25 통합1.62-0.31*	523 의22 치12 약학6 2022 523	교과 100% (5배수)		▶교과영역 (A,B 과목군) 해당교과 z점수+등급 공통30+일반50+진로20 진로 A=20, B=15, C=10			최저 없음 ▶반영과목A 등급점수 (국영수사과) 1등급 100 2등급 95 3등급 87.5 4등급 75 ▶반영과목B 등급점수 (기타과목) 9등급/C→최대 -5점
		2단계				1단계 60% + 면접 40% (제시문 기반)		▶2단계 면접평가 1. 2023 제시문 면접 2. 서류기반 확인면접			
	활동우수형 추천형, 국제형 기회균형 간의 중복지원불가	1단계	학생부종합 자소~09.16(금) 1단계 11.14(월) 면접자 11.19(토) 면접인 11.20(일) 최종 12.15(목)	1. 2023 전년대비 9명 증가 2. 인공지능융합대학 신설모집 ①컴퓨터과10 ②인공지능24 3. 2023 수능최저 유지 4. 생활/간호: 과목제한 없음 5. 22년 총합격 입결분포올림 *인문1.95-0.62 자연2.10-0.84* *의치1.47-0.50 통합2.26-0.67*	549 의42 치12 약학6 2022 540 2021 768	서류 100% (일정배수) 2019 지원자의 84.8% 합격		1. 모든항목 중요성 균등 2. 자신의 가치 증명할 것 3. 교과-창체-세특 순★ 4. 학업향상패턴 중요시 그래프확인과 고른학업			인문: 2개합4(국/수1필) +영3+史4 (탐1) 자연: 수학포함 2개합5 +영3+史4 (과1) 의/치/약: 2개 1등급 (국/수 1필) +영3+史4 (과1)
		2단계				1단계 60% + 면접 40% (제시문 기반)					
	국제형 추천형, 국제형 기회균형 간의 중복지원불가	1단계	학생부종합 자소~09.16(금) 1단계 11.21(월) 면접 11.26(토) 최종 12.15(목)	▶국제형'23 국내고 인원동일 1. UD인문사회: 해외고만 30명 2. UD공학: 해외고만 6명 선발 3. ASIA: 국내 20명, 해외X 4. HASS: 국내107명, 해외30명 5. ISE: 국내 51명, 해외 20명 6.글로벌인재: 국내X, 해외10명	274 국내고 178 2022 273 국내고 178	서류 100% (일정 배수)		국내고 졸업자 및 예정자 영어관련 활동, 학업역량			국제: 2개합5(국/수1필) +영1+史4 (탐1) 22년 UD 총합2.74-0.7 22년HAS총합2.00-0.7 22년 ISE 총합2.17-0.7
		2단계				서류60% + 면접 40%		1. 제시문면접+서류확인 2. 제시문역량 (영어지문) 3. 한국어 구술, 적극지원			
	기회균형 Ⅰ,Ⅱ	1단계	학생부종합 자소~09.16(금) 활동우수와 동일 최종 12.15(목)	1. 기회균형Ⅰ 80명 대상자 보훈/기초차상위+농어촌 2. 기회균형Ⅱ 30명 대상자 민주화+다문화+장애+농어	110 의2치2 약학1 2022 110	서류 100% (일정 배수)		2021부터 차상위 포함 국내고 졸업자 및 예정자			최저 없음 *2021 경쟁률 7.04*
		2단계				서류60% + 면접 40%		1. 제시문면접+서류확인 2. 모집 소규모, 적극지원			
	논술전형	일괄	논술전형 최저없음 논술 10.01(토) 최종 12.15(목)	1. 2023 전년대비 인원유지 2. 자연 모집단위별 과목확인 3. 22년 총합격 논술성적-편차 *인문82.8-4.01 자연64.1-0.8* *의치약78.6-3.46*	346 치의10 약학5 2022 346		논술 100%	▶인문논술 120분 제시문 3-4개, 2문항 문제당 1,000자 내외 영어제시문 포함가능 수리통계/과학제시 포함			▶자연논술 150분 수학 1문제 60점 과학 1문제 40점+과Ⅱ 물화생지 접수시 택1 *예)약학: 물화생 택1*
	특기자전형 ①국제인재 ②체육인재	1단계	특기자전형 자소~09.16(금) 1단계 발표 국제 10.24(월) 체육 10.31(월) 2단계 면접 국제 10.29(토) 체육 11.06(일) 최종 12.15(목)	▶특기자 전체=국내고 전형 ▶UD인문사회, 생명공학 1. UD인문사회 114명 유지★ 2. UD생명공학 10명 유지★ 3. 체육인재 38명 유지 ※ 2021 경쟁률 참고 UD인문사회 4.64 UD공학 4.73	특기자 162 국제 124 체육 38 2022 162	서류 100% 학업역량/성취도 (일정 배수) *일반고★★ 1등급대 강추*		※ *2020 정리올림* 1. 문과 2배수내 합격 2. 이과 3배수내 합격 3. 자연계합격자 2등급대 모두 과학고 출신★★			최저 없음 ▶체육인재 최저조건 내신조건미충족: 2개7 특기자체육: 38명 ①체교 19명 ②스포츠응용 19명 1단: 교과20+서류70 2단: 1단계90+면접10 *교과반영: 국영수체*
		2단계				서류 60% + 면접 40%		1. 제시문면접+서류확인 인: 구술면접 (10분 구술) 논술구술, 주제 텍스트 영어구술 면접실시★ 자: 수학 평가 (학업역량)			
	첨단융복합 정원외특별 채용조건계약학	1단계	시스템/디스플 자소~09.16(금) 1단계 10.24(월) 면접 10.29(토)	1.채용조건형 계약학과 ①시스템반도체 ②디스플레이 2.시스삼성/디스엘지 입사조건 3.과고/영재학교생 지원예정	시스 40 디스 20	서류 100% (일정 배수)		서류중심 학업역량/전공 인성/발전가능성 등 평가			최저 없음 22년 1단5배수 40명미달 과고영재고 면접 미응시 면접대상자의 99% 합격
		2단계				서류60% + 면접 40%		제시문 면접 기본학업역량 평가			
	고른기회 연세한마음 (정원외)	1단계	연세한마음 자소~09.16(금) 1단계 10.31(월) 면접 11.05(토)	1. 2023 한마음 43명+정시40 2. 연세한마음 - 기초만 해당 3. 농어촌 42명, 특수교 1명	86	서류 100% (일정 배수)		서류중심 학업역량/전공 인성/발전가능성 등 평가			최저 없음 *2021 경쟁률 4.03*
		2단계				서류 60% + 면접 40%		제시문 면접, 연세한마음 2023 모집 인22+자21			

학생부교과 추천형 3개년 (2022~2020) 인문계열

<2022 연세교과 추천형>
1단계: 교과 100% (5배수)
2단계: 서류60%+면접40%

<2021 연세종합 면접형>
1단계: 교과40%+비교과60%
2단계: 서류40%+면접60%

<2020 연세종합 면접형>
1단계: 교과40%+비교과60%
2단계: 서류40%+면접60%

수능최저 없음		2023	2022 추천형					2021 면접형					2020 면접형				
		추천형 인원	모집 인원	경쟁률	최종컷 50%	최종 70%	충원율 %	모집 인원	경쟁률	총합격 평균 (편차)	최종 합격 80%	충원 인원	모집 인원	경쟁률	총합격 평균 (편차)	최종 합격 80%	충원 인원
인문 대학	국어국문	9	9	3.22	1.41	1.50	66.7	9	6.44				4	8.75			
	중어중문	6	6	5.67	1.70	1.79	66.7	6	4.67				-	-			
	영어영문	14	14	3.86	1.60	1.62	28.6	14	7.43				6	8.83			
	독어독문	6	6	5.33	1.48	1.77		6	4.67				-	-			
	불어불문	6	6	5.50	1.57	1.92	16.7	6	4.50	1.74 (0.60)			-	-	1.74 (0.60)		
	노어노문	6	6	3.33	1.65	1.67	16.7	6	3.50				-	-			
	사학과	9	9	3.78	1.54	1.98	44.4	9	7.67				6	6.17			
	철학과	7	7	3.71	1.34	1.69	28.6	7	9.00				5	6.80			
	문헌정보학과	6	6	3.67	1.52	1.69	33.3	6	3.50				4	6.00			
	심리학과	7	7	4.00	1.31	1.42	57.1	7	8.29				5	10.0			
상경대	경제학부	34	34	3.59	1.30	1.42	41.2	34	6.88	1.77 (0.59)			25	6.96	1.77 (0.59)		
	응용통계학부	11	11	3.73	1.32	1.33	27.3	11	8.36				8	8.88			
경영대	경영학과	52	52	4.00	1.37	1.44	30.8	52	7.71	1.63			34	7.79	1.63		
신과대	신학과	9	9	3.11	2.06	2.52	22.2	9	3.33	2.12			6	6.67	2.12		
사회 과학 대학	정치외교학과	15	15	5.33	1.21	1.36	60.0	15	13.3				10	12.5			
	행정학과	15	15	4.13	1.34	1.42	46.7	15	11.7				10	8.90			
	사회복지학과	5	5	3.60	1.34	1.42	20.0	5	8.60	1.65 (0.61)			3	6.33	1.65 (0.61)		
	사회학과	7	7	5.14	1.31	1.35	28.6	7	19.1				4	12.5			
	문화인류학과	4	4	4.00	1.49	1.49	75.0	4	9.00				2	10.5			
	언론홍보영상학	8	8	4.63	1.26	1.34	50.0	8	13.9				5	12.4			
생활 과학 대학		4	4	5.25	1.30	1.30											
		4	4	3.75	2.21	2.21	50.0			1.94 (0.62)					1.94 (0.62)		
		4	4	3.50			25.0						3	7.33			
	아동가족학과	4	4	3.00	1.60	1.60	25.0	4	6.00								
		4	4	3.75	1.41	1.41	25.0										
교육대	교육학부	10	10	7.00	1.14	1.21	60.0	10	11.6	1.27			7	9.57	1.27		
간호대	간호학									1.77			*10*	5.40	1.77		
합계		266	266	4.21	1.47	1.59	39.4	250	8.14	1.71 (0.58)			157	8.54	1.71 (0.58)		

연세대 2022 입결분석 02 - 교과전형 추천형 자연

2022. 06. 22. ollim

학생부교과 추천형 3개년 (2022~2020) 자연계열

수능최저 없음		2023	\<2022 연세교과 추천형\> 1단계: 교과 100% (5배수) 2단계: 서류60%+면접40%					\<2021 연세종합 면접형\> 1단계: 교과40%+비교과60% 2단계: 서류40%+면접60%					\<2020 연세종합 면접형\> 1단계: 교과40%+비교과60% 2단계: 서류40%+면접60%				
			2022 추천형					2021 면접형					2020 면접형				
		추천형 인원	모집 인원	경쟁률	최종컷 50%	최종 70%	충원율 %	모집 인원	경쟁률	총합격 평균 (편차)	총합격 평균 (편차)	충원율 %	모집 인원	경쟁률	총합격 평균 (편차)	최종 합격 80%	충원율 %
이과 대학	수학과	7	7	6.71	1.42	1.45	71.4	7	14.4				3	10.3			
	물리학과	6	6	4.83	1.57	1.60	33.3	6	9.00				2	9.50			
	화학과	9	9	4.44	1.51	1.60	44.4	9	8.56	1.52 (0.48)			3	9.67	1.52 (0.48)		
	지구시스템과학	6	6	3.50	1.68	1.75		6	5.17				2	7.00			
	천문우주학과	5	5	4.00	1.45	1.53	60.0	5	7.00				2	5.50			
	대기학과	5	5	3.00	1.26	1.36	40.0	5	4.60				2	5.00			
공과 대학	화공생명공학	16	16	4.63	1.43	1.52	37.5	16	9.13				5	8.80			
	전기전자공학	36	36	4.61	1.41	1.55	61.1	36	7.36				9	8.22			
	건축공학과	14	14	3.86	1.54	1.63	21.4	14	4.14				4	5.25			
	도시공학과	7	7	3.29	1.47	1.62	14.3	7	4.86	1.49 (0.45)			3	4.67	1.49 (0.45)		
	사회환경시스템	14	14	4.71	1.60	1.71	35.7	14	6.29				4	6.75			
	기계공학부	23	23	3.87	1.38	1.45	47.8	23	6.87				7	7.57			
	신소재공학부	19	19	4.05	1.53	1.64	36.8	19	8.32				6	9.33			
	산업공학과	7	7	6.00	1.27	1.39	28.6	7	12.1				3	5.67			
	글로벌융합공학							-	-				-	-			
인공 지능	컴퓨터과학과	13	13	7.15	1.23	1.35	53.8	13	11.3				4	13.8			
	인공지능학과	-						-	-				-	-			-
생명 시스템 대학	시스템생물학	6	6	4.67	1.87	2.04	66.7	6	16.3	1.39 (0.36)			2	10.5	1.39 (0.36)		
	생화학과	4	4	8.25			50.0	4	11.5				2	8.00			
	생명공학과	10	10	5.10	1.31	1.41	30.0	10	19.4				3	15.3			
생활 과학 대학	의류환경							4	7.50	1.94 (0.62)			4	6.25	1.94 (0.62)		
	식품영양							4	11.3				4	7.25			
	실내건축							4	5.00				4	5.75			
	생활디자인							4	8.25				3	6.67			
간호대	간호학과	10	10	5.50	1.62	1.84	30.0	10	9.10	1.77			10	5.40	1.77		
의과대	의예과	22	22	10.2	1.00	1.03	18.2	28	14.4	1.18			17	8.41	1.18		
치과대	치의예과	12	12	6.67	1.14	1.15	25.0	12	10.0	1.30			5	7.80	1.30		
약학대	약학과	6	6	6.83	1.22	1.30	50.0	-	-	-		-	-	-	-		-
합계		257	257	5.27	1.42	1.52	40.8	273	11.3	1.49 (0.45)			58	8.65	1.49 (0.45)		

학생부종합 활동우수형 3개년 (2022~2020) 인문계열

수능최저 있음

인문: 2개합4(국/수1필)
　+영3+史4 (탐1)
자연: 수학포함 2개합5
　+영3+史4 (과1)
의/치/약: 2개 1등급
　　(국/수 1필)
　+영3+史4 (과1)

<2022 연세종합 활동우수형>
1단계: 서류 100%
2단계: 서류60%+면접40%

<2021 연세종합 활동우수형>
1단계: 서류 100%
2단계: 서류60%+면접40%

<2020 연세종합 활동우수형>
1단계: 서류 100%
2단계: 서류60%+면접40%

		2023 활동우수형 인원	2022 활동우수형					2021 활동우수형					2020 활동우수형				
			모집인원	경쟁률	최종컷 50%	최종 70%	충원율 %	모집인원	경쟁률	총합격평균(편차)	최종합격 80%	충원인원	모집인원	경쟁률	총합격평균(편차)	최종합격 80%	충원율 %
인문대학	국어국문	7	7	13.0	1.64	1.69	100.0	13	7.31				12	10.5			
	중어중문	5	5	10.2			20.0	9	8.11				6	8.67			
	영어영문	12	12	9.75	1.64	1.94	75.0	20	6.95				10	13.2			
	독어독문	5	5	6.00			100.0	8	5.50				6	10.7	1.90 (0.72)		83.3
	불어불문	5	5	10.8	2.09	2.97	80.0	9	4.78				7	8.43			
	노어노문	5	5	7.80			80.0	8	5.75				6	7.33			
	사학과	7	7	11.4	2.51	2.71	85.7	13	8.69				13	9.15			
	철학과	6	6	14.5			83.3	10	9.80				11	7.82			
	문헌정보학과	5	5	8.20	1.86	1.90	60.0	8	5.38				10	6.90			
	심리학과	6	6	11.2			83.3	10	9.20				11	10.5			
상경대	경제학부	28	28	9.25	1.60	1.75	89.3	50	7.14				40	10.5	1.68 (0.70)		
	응용통계학부	9	9	15.1	2.10	2.18	22.2	17	7.47				17	10.2			
경영대	경영학과	44	44	10.5	1.91	2.36	109.1	78	6.94				65	10.1	1.57		
신과대	신학과	8	8	8.25	2.61	2.71	25.0	13	6.00				20	4.75	2.66		
사회과학대학	정치외교학과	13	13	12.2	1.56	1.59	100.0	23	10.2				22	13.4			
	행정학과	13	13	10.9	1.52	1.97	100.0	23	9.57				22	9.55			
	사회복지학과	4	4	13.3	1.36	1.36		8	6.88				9	8.67	1.54 (0.54)		
	사회학과	6	6	16.2	1.63	1.67	116.7	11	12.8				11	14.6			
	문화인류학과	2	2	11.0			50.0	4	11.0				6	11.5			
	언론홍보영상학	7	7	14.7	1.32	1.37	100.0	13	10.6				12	15.3			
생활과학대학		12	12	7.75	2.15	2.18	25.0										
		12	12	7.25	1.93	2.84	33.3								2.33 (1.28)		41.6
		10	10	5.50	2.68	2.87	40.0										
	아동가족학과	11	11	7.09	1.78	2.14	72.7	11	7.36				7	8.57			
		11	11	7.55	2.39	2.62	27.3										
교육대	교육학부	9	9	9.89			122.2	15	7.73				13	13.6	1.38		
간호대	간호학																
합계		262	262	10.4	1.91	2.15	72.0	374	7.96				336	10.2	1.87		62.5

연세대 2022 입결분석 04 - 종합전형 활동우수형 자연

2022. 06. 22. ollim

학생부종합 활동우수형 3개년 (2022~2020) 자연계열

수능최저 있음	인문: 2개합4(국/수1필)+영3+史4 (탐1) / 자연: 수학포함 2개합5+영3+史4 (과1) / 의/치/약: 2개 1등급 (국/수 1필)+영3+史4 (과1)

<2022 연세종합 활동우수형> 1단계: 서류 100% 2단계: 서류60%+면접40%
<2021 연세종합 활동우수형> 1단계: 서류 100% 2단계: 서류60%+면접40%
<2020 연세종합 활동우수형> 1단계: 서류 100% 2단계: 서류60%+면접40%

		2023	2022 활동우수형					2021 활동우수형					2020 활동우수형				
		활동우수형 인원	모집인원	경쟁률	최종컷 50%	최종 70%	충원율 %	모집인원	경쟁률	총합격평균(편차)	총합격평균(편차)	충원인원	모집인원	경쟁률	총합격평균(편차)	최종합격 80%	충원인원
이과대학	수학과	6	6	17.8	1.38	1.62	200.0	8	16.5				4	20.8			
	물리학과	5	5	16.8	1.49	1.49	180.0	7	13.4				4	14.0			
	화학과	7	7	12.7	1.74	1.76	114.3	10	10.6				4	14.5	1.42 (0.43)		
	지구시스템과학	5	5	8.40	2.01	2.01	60.0	7	8.71				4	8.50			
	천문우주학과	4	4	15.0			25.0	6	10.3				3	10.3			
	대기학과	4	4	10.8	1.88	1.88	75.0	6	7.00				3	7.00			
공과대학	화공생명공학	13	13	14.9	1.72	1.73	130.8	19	9.21				9	15.9			
	전기전자공학	28	28	11.4	1.51	1.70	150.0	41	9.56				12	19.4			
	건축공학과	11	11	9.73	1.83	1.95	72.7	17	7.24				8	8.63			
	도시공학과	5	5	8.80	1.63	1.69	80.0	8	7.88				4	8.25			
	사회환경시스템	11	11	11.4	1.88	2.02	100.0	17	7.88				7	11.3	1.62 (0.78)		102.9
	기계공학부	18	18	12.3	1.88	2.10	122.2	27	9.04				10	15.8			
	신소재공학부	15	15	14.4	1.84	1.94	133.3	22	12.6				9	13.8			
	산업공학과	6	6	11.7	1.60	1.61	66.7	8	15.9				4	14.0			
	글로벌융합공학	-						15	7.87								
인공지능	컴퓨터과학과	10	10	19.5	1.44	1.52	160.0	15	14.5				6	21.3			
	인공지능학과	24	15	14.7	1.57	1.71	106.7						-				
	IT융합공학과	15	15	9.93	1.92	2.15	53.3	-	-				4	-			
생명시스템대학	시스템생물학	4	4	23.8			175.0	6	17.2				4	19.8	1.43 (0.44)		
	생화학과	4	4	17.8			75.0	6	12.3				5	12.3			
	생명공학과	8	8	24.1	1.87	2.14	112.5	12	14.7				12	18.4			
생활과학대학	의류환경							12	5.33				12	6.75			
	식품영양							12	7.83				10	7.33	2.59 (1.16)		41.6
	실내건축							10	6.50				12	5.10			
	생활디자인							11	10.6				24	7.92			
간호대	간호학과	24	24	6.04	1.85	1.94	29.2	24	5.29				45	6.00	2.22		
의과대	의예과	42	42	14.1	1.18	1.31	66.7	55	11.7				6	10.3	1.20		25.5
치과대	치의예과	12	12	12.0	1.72	2.35	83.3	13	10.0				-	12.3	1.26		
약학대	약학과	6	6	18.7			16.7										
합계		287	278	14.0	1.70	1.83	99.5	394	10.4				225	12.4	1.56		56.7

연세대 2022 수시 경쟁률	2022			2021		
	선발	지원	경쟁률	선발	지원	경쟁률
추천형	523	2,476	4.73	523	4,612	8.82
활동우수형	540	6,279	11.6	768	6,881	8.96
기회균형	110	837	7.61	80	563	7.04
국제형	273	1,971	7.22	293	2,028	6.92
논술전형	346	16,772	48.5	384	27,137	70.7
국제인재	124	626	5.05	125	581	4.65

연세대서울 2022 특기자		2개년 총합격 고교유형 비율%				*ollim*	
		일반고	자사고 광역	자사고 전국	외고 국제고	과학고	영재고
2022	지원자	19.8	3.7	8.8	64.7	1.4	0.6
	최초합격	21.7	4.0	4.8	62.9	1.6	4.8
	최종합격	29.3	6.5	3.3	57.7	-	2.4
2021	지원자	20.5	5.9	13.8	57.3	1.4	0.5
	최초합격	13.6	1.6	13.6	68.8	1.6	0.8
	최종합격	20.9	4.5	9.7	62.1	1.6	0.8

연세대학교 수시 추천형과 활동우수형 2개년 입결올림

2022.05.25. ollim

연세대서울 추천형		2022		2021	
		등급	편차	등급	편차
인문	지원	1.56	0.60	1.71	0.53
	최초	1.40	0.31	1.58	0.41
	등록	1.48	0.33	1.70	0.47
	총합격	1.38	0.30	1.59	0.44
자연	지원	1.66	0.62	1.66	0.52
	최초	1.41	0.29	1.48	0.38
	등록	1.53	0.30	1.61	0.36
	총합격	1.42	0.20	1.48	0.36
의치약학	지원	1.20	0.33	1.33	0.44
	최초	1.08	0.10	1.28	0.33
	등록	1.10	0.11	1.21	0.26
	총합격	1.09	0.11	1.25	0.33
통합	지원	1.88	0.94	1.88	0.63
	최초	1.57	0.30	1.70	0.26
	등록	1.68	0.31	1.80	0.31
	총합격	1.62	0.31	1.73	0.33

연세대서울 활동우수형		2022		2021	
		등급	편차	등급	편차
인문	지원	2.54	0.97	2.39	0.98
	최초	1.96	0.60	1.97	0.75
	등록	2.04	0.67	2.06	0.81
	총합격	1.95	0.62	1.97	0.75
자연	지원	2.60	1.11	2.76	1.20
	최초	2.13	0.88	2.43	1.15
	등록	1.89	0.60	2.21	1.14
	총합격	2.10	0.84	2.35	1.08
의치약학	지원	1.84	0.84	1.65	0.67
	최초	1.47	0.50	1.64	0.62
	등록	1.55	0.53	1.76	0.69
	총합격	1.47	0.50	1.64	0.64
통합	지원	2.88	1.15	2.87	1.18
	최초	2.29	0.74	2.38	1.01
	등록	2.26	0.71	2.54	1.15
	총합격	2.26	0.67	2.41	1.04

연세대서울 활동우수형		2022		면접 최저 충족	2021	
		등급	편차		등급	편차
인문 충원 87%	지원	2.54	0.97		2.39	0.98
	최초	1.96	0.60	84.6%	1.97	0.75
	등록	2.04	0.67		2.06	0.81
	총합격	1.95	0.62		1.97	0.75
자연 충원 116%	지원	2.60	1.11		2.76	1.20
	최초	2.13	0.88	82.9%	2.43	1.15
	등록	1.89	0.60		2.21	1.14
	총합격	2.10	0.84		2.35	1.08

고교유형 연세대서울 활동우수형 2개년 총합격 고교유형비율

2022	일반고	자사고 광역	자사고 전국	외고 국제고	과학고	영재고
지원자	49.4	9.0	7.0	33.0	0.1	-
1단계	44.3	5.3	5.4	44.3	0.5	-
총합격	39.4	4.9	5.7	49.5	0.6	-

2022	일반고	자사고 광역	자사고 전국	외고 국제고	과학고	영재고
지원자	56.3	13.8	8.5	10.2	12.4	7.9
1단계	55.6	8.3	5.3	0.1	15.0	15.4
총합격	54.3	9.1	8.1	0.2	14.1	13.9

연세대서울 활동우수형		2022		면접 최저 충족	2021	
		등급	편차		등급	편차
의치 약학 충원 65%	지원	1.84	0.84	67.7 %	1.65	0.67
	최초	1.47	0.50		1.64	0.62
	등록	1.55	0.53		1.76	0.69
	총합격	1.47	0.50		1.64	0.64
통합 충원 38%	지원	2.88	1.15	65.8 %	2.87	1.18
	최초	2.29	0.74		2.38	1.01
	등록	2.26	0.71		2.54	1.15
	총합격	2.26	0.67		2.41	1.04

고교유형 — 연세대서울 활동우수형 2개년 총합격 고교유형비율

2022	일반고	자사고 광역	자사고 전국	외고 국제고	과학고	영재고
지원자	57.8	12.1	11.6	0.5	6.5	10.6
1단계	56.3	9.3	8.5	-	10.1	15.8
총합격	37.4	12.1	14.0	-	10.1	26.3

2022	일반고	자사고 광역	자사고 전국	외고 국제고	과학고	영재고
지원자	61.4	10.0	5.9	17.7	1.9	-
1단계	71.2	4.8	2.9	16.8	0.5	-
총합격	67.3	6.4	2.7	20.0	0.6	-

연세대서울 국제형		**2022**	
		등급	편차
UD 인문사회 공학 아시아	경쟁률	인문사회 5.1 공학 7.1 ASD 6.8	
	지원	3.66	1.17
	면접	2.00	0.73
	총합격	2.74	0.71

고교 유형	연세대서울 활동우수형 2개년 총합격 고교유형비율					
2022	일반고	자사고 광역	자사고 전국	외고 국제고	과학고	영재고
지원자	19.7	3.7	8.7	64.4	0.6	0.4
1단계	21.4	2.9	5.4	64.2	1.0	2.6
총합격	21.5	4.7	5.2	61.3	1.0	4.2

HASS 융합인문 사회과학	경쟁률	*HASS 8.30*	
	지원	3.47	1.05
	면접	2.84	0.72
	총합격	2.00	0.74

2022	일반고	자사고 광역	자사고 전국	외고 국제고	과학고	영재고
지원자	23.6	6.9	6.3	62.8	-	-
1단계	24.8	4.3	5.0	65.8	-	-
총합격	23.4	5.7	5.7	65.2	-	-

ISE 융합성격	경쟁률	*ISE 8.00*	
	지원	2.80	1.07
	면접	2.22	0.81
	총합격	2.17	0.73

2022	일반고	자사고 광역	자사고 전국	외고 국제고	과학고	영재고
지원자	67.0	19.2	8.9	1.5	3.2	0.2
1단계	73.1	11.9	9.7	0.7	3.7	0.7
총합격	74.6	12.7	11.1	0.6	-	0.6

영남대학교

정시 국수영탐 인 30:25:25:20, 자 20:30:25:25 등 영어 인/자: 100-95-90-85-80... 백분, 수5%, 과5%

좌측 상단 정보:

▶2023 교과반영 전년유지
1년 국영수사과+史
2,3년 인: 국영수사+史
　　자: 국영수과+史
▶전학년 100% 반영
▶교과85%, 진로5%, 상위3
A=1등급 B=3등급 C=5등급

중앙 상단 정보:

1. 2023 교과전형 ①일반학생 105명 증가 ②지역인재 6명 증가
2. 2023 의학창의인재 8명 유지
3. 2023 잠재능력우수종합 80명 증가
4. 2023 약학과 : 수시일반17, 지역25, 농5, 고른5, 정시28
5. 의학창의와 군사학 면접을 제외한 모든 면접고사 없음
6. 자연계열(일부 제외) 미적/기하선택 1등급상향
7. 2023 일반학생전형과 지역인재전형 수능최저 동일함★

우측 상단 정보:

▶의예과: 전통의 최고 의료진 양성　▶약학과　▶수학/컴퓨터공학
▶항공운송학과: 1년 인문자율전공→경제금융/경영/무역+항공전공
　(공군조종장학)　→비행교육과정→공군장교조종사 의무복무 13년
▶군사학과: 육군협약 군사전문가 양성, 육군장교 의무복무 7년
▶경산캠/대구캠
▶2023 실기전형 401명, 특기자 35명, 농어촌 182명 등 전형 생략
　농어촌 의예 2명 선발 등

모집시기	전형명	학생부종합 특별사항	2023 수시 접수기간 09. 13(화) ~ 17(토)	모집인원	학생부	논술	면접	서류	기타	2023 수능최저등급
2023 정원내 수시 3,790명 (82.6%) 정시 801명 (17.4%) 전체 4,591명 2022 수시 3,806명 (83%) 정시 781명 (17%) 전체 4,587명	일반학생	일괄	학생부교과 최저 있음 최종 12.15(목) 1. 2023 전년대비 129명 증가 2. 의예 8명, 약학 17명 등 3. 의/약학만 미/기/과탐 지정 4. 2023 수능최저 전년대비 평균하향 조정★ 5. 미적/기하 일부 1등급상향 ▶1년 국영수사과+史 ▶2,3년 인: 국영수사+史 　자: 국영수과+史		1,428 2022 1,299	학생부 100		1. 수능최저 3개합/탐1 2. 의예/약학만 수학 미적/기하 필수, 탐2 ①의예: 4개합5(과1)史4 ②약학: 4개합6(과1)史4 3. 미적/기하 1등급상향 : 자연/공과/기계IT 생명/의생명/식영 수교/건축 지원자 ③3개합 11: 행정/경찰 수교			④3개합 12: 기계/교육 국교/영교/유아교 ⑤3개합 13: 영문/심리 언론/공과/기계IT대학 정외/상경/경영/생명 의생명/인문자전/건축 ⑥3개합 14: 자연과학 문과대학/새마을/한교 생명응용과학대학/ 생활과학/특수체교
	의학 창의인재	1단계	학생부교과 최저 있음 1단계 10.06(목) 면접 10.15(토)	1. 2023 의예 8명 모집유지 2. 의학입결 2022 경쟁률 18.3 1.36-1.47-1.52등급, 충원5 3. 의학입결 2021 경쟁률 23.8 1.41-1.52-1.55등급, 충원4	의예8 2022 의예8	학생부 100 (7배수)					의예: 4개합 5 (과1) +史4
		2단계				1단계 70 + 면접 30					
	잠재능력 우수자	일괄	학생부종합 최저 없음 최종 12.15(목)	1. 2023 전년대비 89명 증가 2. 인성, 잠재능력, 전공적합성 학업역량 등 평가	785 2022 696				서류 100		최저없음
							1. 학업역량 20% 2. 전공적합성 30% 3. 잠재능력 30% 4. 인성 20%			
	군사학과 육군군장학	1단계	학생부교과 최저 없음 최종 12.15(목) 1년 국영수사과 2,3년 국영수사	1. 남자 29명, 여자 5명 2. 군사입결 2022 경쟁률 5.67 3.05-4.56-5.23등급, 충원4	34 2022 30	학생부 100 (5배수)					군사: 국수영 합 15등급
		2단계				1단계 70 + 면접20 체력					
	항공운송 공군조종장학 (정원외)	1단계	학생부교과 최저 있음 최종 12.15(목) 1년 국영수사과 2,3년 국영수사	1. 인문자율전공 항공운항계열 2. 남자 13명, 여자 1명 3. 항공입결 2022 경쟁률 8.21 3.07-3.58-3.80등급, 충원1 2022 등록률 28.6% (4명)★	14 2022 14	학생부 100 (5배수)		인문자율전공 항공운항 계열 졸업후 전원 공군장교 임관			항공: 국수영 합 9+史3
		2단계				2단계 합불판정					
	지역인재 교과	일괄	학생부교과 최저 있음 최종 12.15(목) 1년 국영수사과 2,3년 국영수사 국영수과	1. 부산/울산/경남 대상자 2. 의예 25명, 약학 25명 등 전체 전년대비 13명 증가 3. 2022 의예 입결★★ 25명, 경쟁률 13.6, 충원19 2022년 1.21-1.57-1.72 2021년 1.20-1.45-1.58 2020년 1.04-1.50-1.66	904 2022 891	학생부 100 일반학생전형 수능최저 동일		1. 수능최저 3개합/탐1 2. 의예/약학만 수학 미적/기하 필수, 과1 ①의예: 4개합5(과1)史4 ②약학: 4개합6(과1)史4 3. 미적/기하 1등급상향 : 자연/공과/기계IT 생명/의생명/식영 수교/건축 지원자 ③3개합 11: 행정/경찰 수교			④3개합 12: 기계/교육 국교/영교/유아교 ⑤3개합 13: 영문/심리 언론/공과/기계IT대학 정외/상경/경영/생명 의생명/인문자전/건축 ⑥3개합 14: 자연과학 문과대학/새마을/한교 생명응용과학대학/ 생활과학/특수체교
	고른기회 약학	일괄	학생부교과 최저 있음 최종 12.15(목)	1. 기초 및 차상위 대상자 2. 약학입결 2022 경쟁률 9.80 2022 등록 1명★ 입결비공개	5 2022 5	학생부 100 1년 국영수사과 2,3년 국영수사 국영수과					약학: 4개합 8 (과1) +史4
	고른기회 교과	일괄	학생부교과 최저 있음 최종 12.15(목)	1. 고른기회통합 2. 국가보훈/만학도/서해5도 3. 다자녀 및 다문화 대상자 4. 기초수급 및 차상위 대상자	206 2022 235	학생부 100 미적/기하 1등급 상향 동일적용					▶3개합 14 (탐1): 행정/경찰/수교 ▶3개합 15 (탐1): 기계/교육/국교/영교/유아교 ▶3개합 16 (탐1): 영문/심리/언론/공과대/상경대 기계IT대/정외/경영대/생명공/의생명/자전/건축 ▶3개합 17 (탐1): 문과대/자연과학대/새마을국제 생명응용대학/생활과학대학, 한문교육

대학	학부/학과 학과별 인원변동 확인필수	2023 모집	2022 교과일반 인문							2021 교과일반 인문						
			모집	경쟁률	등록	충원	최고	평균	85%	모집	경쟁률	등록	충원	최고	평균	80%
문과대학	국어국문학과	21	21	11.0	20	33	3.76	4.70	4.95	30	3.43	25	28	2.98	4.83	6.07
	중국언어문화학과	21	19	4.89	17	19	2.71	4.49	5.02	25	3.88	22	25	2.14	4.08	4.43
	일어일문학과	10	9	11.7	9	14	3.18	4.22	4.68	11	5.91	11	21	3.52	4.81	5.44
	영어영문학과	31	27	5.07	26	28	2.14	3.84	4.44	34	3.41	21	32	3.02	3.96	4.48
	유럽언어문화학	24	22	5.23	22	35	3.86	4.71	5.08	27	3.81	21	37	2.14	4.45	4.87
	철학과	10	9	4.89	8	11	3.41	4.54	4.88	11	7.27	10	19	3.73	4.55	4.82
	역사학과	17	18	7.17	18	24	2.42	4.37	4.83	23	3.96	21	33	3.00	4.64	5.36
	문화인류학과	11	10	7.20	9	19	4.07	4.65	4.97	12	12.8	12	22	3.58	4.39	4.68
	심리학과	12	10	9.30	10	17	2.71	3.44	3.73	11	6.45	8	17	1.36	3.33	3.75
	사회학과	12	10	5.60	10	16	4.34	4.72	4.87	12	4.00	11	17	2.34	3.27	3.34
	언론정보학과	9	8	7.38	8	6	2.42	3.02	3.29	9	11.0	9	13	2.34	2.70	2.79
정치행정	정치외교학과	23	21	6.71	21	19	3.61	4.85	5.34	26	4.92	12	6	3.51	4.90	5.31
	행정학과	29	26	6.04	24	42	2.77	3.49	3.78	38	5.13	37	54	2.28	3.59	3.89
	새마을국제개발	16	15	7.20	15	20	3.02	4.74	5.25	19	4.37	14	22	3.69	5.08	5.24
	경찰행정학과	15	13	15.23	13	25	1.91	2.94	3.30	16	6.81	16	34	2.67	3.35	3.73
상경	경제금융학부	59	55	4.93	51	52	2.28	4.67	5.64	65	2.83	54	48	2.91	3.96	4.05
	무역학부	54	50	5.22	50	67	2.42	4.59	5.05	61	2.56	29	21	2.42	4.27	4.93
경영	경영학과	56	52	8.90	49	49	2.28	3.25	3.64	62	3.19	43	62	2.18	3.68	4.38
	회계세무학과	21	19	7.53	19	31	2.80	3.91	4.32	24	7.08	24	51	2.62	4.05	4.59
생명	식품경제외식	21	19	5.00	19	31	4.23	5.24	6.08	25	8.08	24	25	4.10	4.63	4.88
생활	휴먼서비스(사복)	17	17	10.1	17	21	3.44	4.11	4.38	신설						
사범	교육학과	8	8	10.9	8	13	2.31	3.19	3.41	10	6.30	10	9	2.57	3.84	4.30
	국어교육과	10	10	6.00	10	21	2.36	3.14	3.57	12	3.25	8	16	2.01	3.21	3.01
	영어교육과	12	12	8.58	12	43	2.14	2.95	3.47	17	5.71	16	40	2.07	3.48	3.86
	유아교육과	8	8	9.13	8	22	2.53	3.46	3.80	9	3.83	10	10	3.06	4.55	5.03
	한문교육과	10	10	4.50	9	12	3.73	4.64	5.16	12	9.22	8	20	2.32	3.01	3.29
기초	인문자율전공	25	25	8.60	25	34	3.34	3.84	4.13	45	8.20	45	68	3.19	4.16	4.56
	인문 평균	562	523	7.55	507	724	2.97	4.06	4.48	646	5.67	521	750	2.76	4.03	4.43
디자인미술	회화전공		40	3.75	40	68	2.74	5.37	6.58	40	4.10	39	59	2.70	5.52	6.95
	트랜스아트전공		35	5.14	35	53	4.43	6.30	7.07	35	5.89	35	34	3.00	6.21	7.34
	시각디자인학과		45	7.36	43	26	2.57	5.36	6.42	40	10.0	40	23	3.25	5.20	6.01
	산업디자인학과		37	5.81	37	22	2.17	5.17	6.25	37	7.16	37	13	3.40	5.30	6.17
	생활제품디자인		35	6.00	35	33	3.27	5.81	6.81	35	6.11	35	14	3.70	6.18	7.10
음악	음악과		32	2.47	23	44	2.63	6.52	7.82	50	2.02	26	27	3.42	5.99	7.11
	성악과		27	2.44	24	39	4.00	6.13	7.56	27	3.15	27	35	2.25	6.10	7.68
	기악과		55	3.78	54	105	3.42	5.82	7.05	49	5.45	45	74	2.55	5.62	6.86
	예체 평균		306	4.59	291	390	3.15	5.81	6.95	313	5.49	284	279	3.03	5.77	6.90

대학	학부/학과 학과별 인원변동 확인필수	2023 모집	2022 교과일반 자연							2021 교과일반 자연						
			모집	경쟁률	등록	충원	최종합격 등급			모집	경쟁률	등록	충원	최종합격 등급		
							최고	평균	85%					최고	평균	80%
자연 과학	수학과	16	14	4.07	13	26	3.00	4.51	5.25	19	5.00	18	13	3.12	4.32	4.64
	통계학과	18	16	4.38	16	33	3.22	4.27	5.06	20	6.50	20	51	3.30	4.11	4.42
	물리학과	14	15	5.00	14	13	4.81	5.38	5.66	16	2.63	11	6	3.52	5.52	6.01
	화학생화학부	31	28	4.07	28	55	3.66	4.99	5.64	43	5.07	42	72	3.33	4.36	4.80
	생명과학과	13	11	7.55	11	18	2.52	4.10	4.50	14	4.21	12	25	2.35	4.16	5.16
공과 대학	건설시스템공학	28	26	7.27	26	45	3.59	4.77	5.18	34	7.06	34	31	3.94	4.90	5.26
	환경공학과	19	17	7.18	16	33	2.85	4.64	5.28	24	3.67	16	24	3.61	4.66	5.40
	도시공학과	12	11	6.91	11	14	3.32	4.73	5.05	15	3.80	11	7	3.95	5.12	5.30
	신소재공학부	47	44	5.11	44	56	3.46	4.31	4.63	58	5.71	54	77	3.43	4.35	4.59
	화학공학부	90	85	4.59	81	148	2.57	3.89	4.43	106	3.46	84	164	2.07	3.72	4.37
	파이버시스템공	19	16	5.25	16	21	4.38	5.46	5.89	21	3.67	17	10	3.96	5.01	5.18
기계 IT	기계공학부	98	93	5.61	90	146	2.28	4.13	4.68	118	3.74	94	135	2.14	3.99	4.66
	전기공학과	38	35	9.20	34	49	3.26	4.26	4.63	45	3.44	36	41	2.82	4.38	5.31
	전자공학과	51	42	6.81	41	85	2.04	3.48	3.84	55	6.84	51	96	2.10	3.55	3.95
	컴퓨터공학과	35	32	8.84	31	73	2.14	3.07	3.40	40	5.80	38	69	1.95	3.10	3.44
	정보통신공학	36	34	5.56	32	52	2.71	4.19	4.47	44	3.73	42	42	3.05	4.34	4.68
	미래자동차공	33	30	5.73	30	44	4.04	4.98	5.51	40	6.95	31	27	4.27	4.86	5.07
	로봇공학과	19	17	4.82	17	20	4.02	5.30	6.07	24	4.83	12	10	2.64	4.39	4.88
의과 약학	의예과	8	8	34.3	8	23	1.38	1.45	1.47	8	29.13	8	22	1.28	1.44	1.48
	약학부	17	17	46.4	17	17	1.49	1.76	1.85	-	16.28	25	18	1.20	1.45	1.58
생명 응용 과학	원예생명과학과	9	8	9.88	8	15	3.86	4.91	5.16	9	6.00	9	14	3.78	4.80	5.44
	산림자원학과	12	12	4.83	12	13	4.12	4.85	5.02	15	4.80	14	17	2.28	3.96	4.62
	조경학	12	12	5.83	12	26	4.15	4.86	5.17	16	5.25	15	20	3.80	4.61	5.07
	식품공학과	16	14	5.00	14	33	2.78	4.41	4.78	21	5.48	21	40	2.74	3.90	4.33
	생명공학과	25	23	7.48	23	50	2.30	3.89	4.42	32	3.94	25	52	2.81	4.23	4.63
	의생명공학과	10	9	6.67	9	25	2.72	3.35	3.44	11	4.27	8	21	2.95	3.79	3.93
생활 과학	주거환경학과	17	17	6.18	17	26	4.37	4.91	5.07	27	6.93	27	51	4.10	4.93	5.24
	식품영양학과	17	14	6.21	13	39	2.87	4.23	4.86	22	3.82	22	24	2.71	3.69	4.02
	의류패션학과	18	17	5.59	17	32	3.21	4.38	5.04	22	6.14	22	21	3.68	4.17	4.39
사범	수학교육과	8	8	8.00	7	17	2.23	2.77	2.97	10	5.00	7	13	2.78	3.57	3.67
	특수체육교	9	8	7.75	8	7	2.07	2.64	2.87	-	-	-	-	-	-	-
건축	건축학부	47	43	7.21	43	65	2.14	3.88	4.37	57	5.19	55	59	2.68	4.05	4.53
	자연 평균	842	776	8.41	759	1319	3.05	4.15	4.55	986	6.08	881	1272	2.98	4.11	4.52

대학	학부/학과 학과별 인원변동 확인필수	2023 모집	2022 지역교과 인문							2021 지역교과 인문						
			모집	경쟁률	등록	충원	최종합격 등급			모집	경쟁률	등록	충원	최종합격 등급		
							최고	평균	85%					최고	평균	80%
문과대학	국어국문학과	15	15	8.33	14	26	3.84	4.62	4.92							
	중국언어문화학과	12	12	5.17	12	13	4.37	5.57	6.10							
	일어일문학과	6	6	10.3	6	8	3.77	4.84	5.22							
	영어영문학과	18	18	4.44	18	18	3.56	4.48	4.84							
	유럽언어문화학	14	14	6.00	14	25	3.05	5.09	5.47							
	철학과	6	6	5.50	6	1	4.44	4.80	5.08							
	역사학과	13	12	6.25	12	13	3.47	4.75	5.24							
	문화인류학과	6	6	6.83	5	5	4.77	4.94	5.07							
	심리학과	6	6	9.17	6	11	3.34	3.54	3.62							
	사회학과	6	6	5.67	6	8	3.69	4.26	4.41							
	언론정보학과	7	5	7.00	5	8	3.30	3.66	3.77							
정치행정	정치외교학과	14	14	6.07	14	8	4.24	4.77	5.05							
	행정학과	18	18	5.28	18	14	3.08	3.77	4.12							
	새마을국제개발	9	9	6.56	9	6	4.50	4.96	5.12							
	경찰행정학과	9	9	13.0	9	12	2.98	3.09	3.18							
상경	경제금융학부	36	36	4.47	35	24	3.24	4.66	5.20							
	무역학부	33	33	5.06	33	35	3.71	4.69	5.14							
경영	경영학과	34	34	7.71	33	30	2.26	3.69	3.98							
	회계세무학과	12	12	7.08	12	8	3.66	3.96	4.17							
생명	식품경제외식	12	12	4.75	12	14	4.66	5.02	5.23							
생활	휴먼서비스(사복)	11	11	10.4	11	26	3.97	4.48	4.68							
사범	교육학과	6	6	7.83	6	9	3.37	3.91	4.01							
	국어교육과	6	6	5.00	6	10	3.11	3.93	4.48							
	영어교육과	8	8	5.75	8	8	2.53	3.32	3.61							
	유아교육과	6	5	8.00	5	8	3.09	3.63	3.72							
	한문교육과	5	6	4.33	5	7	4.14	4.85	5.21							
기초	인문자율전공	18	18	8.11	18	26	3.13	4.09	4.36							
	인문 평균	346	343	6.82	338	381	3.60	4.35	4.63							
디자인미술	회화전공	-	-													
	트랜스아트전공	-	-													
	시각디자인학과	-	-													
	산업디자인학과	-	-													
	생활제품디자인	-	-													
음악	음악과	-	-													
	성악과	-	-													
	기악과	-	-													
	예체 평균															

대학	학부/학과 학과별 인원변동 확인필수	2023 모집	2022 지역교과 자연							2021 지역교과 자연						
			모집	경쟁률	등록	충원	최종합격 등급			모집	경쟁률	등록	충원	최종합격 등급		
							최고	평균	85%					최고	평균	80%
자연과학	수학과	9	9	3.22	7	10	3.65	4.97	5.50							
	통계학과	10	10	4.20	10	8	3.73	4.14	4.30							
	물리학과	6	8	4.50	8	3	5.50	5.75	5.88							
	화학생화학부	18	18	4.00	18	17	3.89	4.91	5.25							
	생명과학과	8	8	6.50	8	22	4.58	4.87	4.95							
공과대학	건설시스템공학	17	17	6.47	16	13	3.30	4.58	5.00							
	환경공학과	11	11	6.55	11	11	3.49	4.71	5.18							
	도시공학과	8	8	6.50	8	8	4.66	5.10	5.31							
	신소재공학부	30	30	4.80	28	39	4.12	4.56	4.81							
	화학공학부	57	57	3.82	55	46	2.96	3.99	4.39							
	파이버시스템공	11	11	5.18	11	11	5.00	5.45	5.70							
기계 IT	기계공학부	62	62	4.92	61	62	3.61	4.33	4.70							
	전기공학과	24	24	7.21	23	31	3.00	4.05	4.37							
	전자공학과	33	28	6.57	27	29	2.82	3.58	3.84							
	컴퓨터공학과	21	21	8.67	21	30	2.87	3.44	3.63							
	정보통신공학	22	23	5.04	23	24	3.23	4.31	4.70							
	미래자동차공	20	20	5.20	20	24	4.25	5.20	5.71							
	로봇공학과	12	12	4.42	11	9	3.83	4.65	5.00							
의과약학	의예과	25	25	13.6	25	19	1.21	1.57	1.72							
	약학부	25	25	18.4	25	10	1.71	2.26	2.59							
생명응용과학	원예생명과학과	5	5	8.20	5	5	4.59	4.99	5.42							
	산림자원학과	9	9	4.67	9	11	3.15	5.03	5.59							
	조경학	9	9	5.00	9	14	3.85	4.94	5.36							
	식품공학과	10	10	4.50	10	11	3.90	4.44	4.73							
	생명공학과	15	15	6.87	15	17	3.18	4.13	4.43							
	의생명공학과	6	6	6.33	6	6	2.55	3.42	3.90							
생활과학	주거환경학과	11	11	5.64	11	18	4.72	5.10	5.33							
	식품영양학과	11	10	6.00	10	21	3.66	4.47	4.85							
	의류패션학과	11	11	5.45	11	10	4.12	4.47	4.62							
사범	수학교육과	6	6	7.17	5	2	2.95	3.14	3.23							
건축	건축학부	29	29	6.41	27	29	3.68	4.34	4.70							
	자연 평균	551	548	6.32	534	570	3.61	4.35	4.67							

대학	학부/학과 학과별 인원 변동 확인필수	2023 모집	2022 잠재종합 인문						대학	학부/학과 학과별 인원 변동 확인필수	2023 모집	2022 잠재종합 자연					
			모집	경쟁률	충원	최종합격 등급						모집	경쟁률	충원	최종합격 등급		
						최고	평균	80%							최고	평균	80%
문과 대학	국어국문학과	13	13	6.69	25				자연 과학	수학과	9	8	4.38	2			
	중국언어문화	14	12	5.33	15					통계학과	10	9	4.22	10			
	일어일문학과	11	10	8.20	6					물리학과	6	5	4.00	10			
	영어영문학과	14	12	6.67	17					화학생화학부	13	11	4.45	7			
	유럽언어문화	12	10	5.50	7					생명과학과	12	13	6.31	20			
	철학과	9	7	5.57	5				공과 대학	건설시스템공학	17	15	6.00	18			
	역사학과	16	12	7.83	27					환경공학과	14	13	6.85	26			
	문화인류학과	8	7	6.29	4					도시공학과	9	8	5.88	7			
	심리학과	12	11	13.4	9					신소재공학부	17	14	6.57	36			
	사회학과	9	8	5.00	18					화학공학부	25	20	5.95	36			
	언론정보학과	11	10	9.60	6					파이버시스템공	9	8	5.13	7			
정치 행정	정치외교학과	13	11	6.91	13				기계 IT	기계공학부	24	20	6.55	41			
	행정학과	20	18	6.28	31					전기공학과	23	20	5.70	15			
	새마을국제개발	11	11	6.64	11					전자공학과	17	14	8.43	21			
	경찰행정학과	14	13	15.9	9					컴퓨터공학과	20	17	11.8	9			
상경	경제금융학부	24	21	5.24	19					정보통신공학	18	13	6.92	23			
	무역학부	25	21	5.38	16					미래자동차공	18	16	7.94	36			
경영	경영학과	27	24	9.00	25					로봇공학과	16	14	5.50	23			
	회계세무학과	9	7	6.86	5				생명 응용 과학	원예생명과학과	12	11	6.09	26			
생명	식품경제외식	10	9	7.56	10					산림자원학과	8	8	5.25	12			
생활	휴먼서비스	7	7	16.6	4					조경학	8	8	5.63	7			
사범	교육학과	9	9	6.67	12					식품공학과	12	11	5.18	22			
	국어교육과	7	7	6.57	14					생명공학과	15	13	7.62	34			
	영어교육과	10	10	6.50	6					의생명공학과	12	12	7.17	22			
	유아교육과	7	10	12.4	12				생활 과학	주거환경학과	7	7	5.29	12			
	한문교육과	10	7	4.00	4					식품영양학과	10	12	6.25	6			
기초	인문자유전공	9	40	10.9	41					의류패션학과	11	10	9.70	8			
									사범	수학교육과	9	9	5.33	3			
									건축	건축학부	23	20	8.40	29			
	인문 평균	341	337	7.91	371					자연 평균	404	359	6.36	528			

대학	학부/학과	2023 모집	모집	경쟁률	등록	충원	환산점수 만점	환산점수 평균	환산점수 85% 컷	단순백분위합(영어제외) 만점	단순백분위합(영어제외) 평균	단순백분위합(영어제외) 85% 컷	2021 단순백분위합(영어제외) 만점	2021 단순백분위합(영어제외) 평균	2021 단순백분위합(영어제외) 80% 컷
문과	국어국문학과		8	6.00	11	7	810.00	566.65	552.6	300.00	188.41	184.0	300.00	164.86	139.5
	중국언어문화		15	6.60	17	5	810.00	523.49	500.8	300.00	168.12	159.0	300.00	159.91	150.5
	일어일문학과		6	5.17	6	0	810.00	556.03	545.6	300.00	184.42	177.5	300.00	181.42	164.5
	영어영문학과		25	5.80	26	22	810.00	563.26	545.6	300.00	184.21	176.5	300.00	194.13	170.0
	유럽언어문화		18	4.44	19	6	810.00	525.91	508.4	300.00	167.84	161.0	300.00	170.58	158.5
	철학과		10	3.00	11	9	810.00	547.55	514.4	300.00	181.27	167.5	300.00	193.67	187.5
	역사학과		12	4.42	12	2	810.00	580.07	567.6	300.00	196.08	187.5	300.00	174.09	145.0
	문화인류학과		9	3.89	10	10	810.00	486.24	449.2	300.00	154.10	141.0	300.00	181.67	181.0
	심리학과		10	4.70	10	8	810.00	613.82	598.4	300.00	211.55	204.5	300.00	192.85	171.5
	사회학과		7	4.43	7	6	810.00	581.94	583.6	300.00	197.36	194.5	300.00	189.06	138.5
	언론정보학과		9	3.11	9	6	810.00	593.20	587.2	300.00	198.22	193.0	300.00	188.72	164.0
정치 행정	정치외교학과		12	9.50	11	32	810.00	614.78	600.4	300.00	214.14	205.0	300.00	198.40	187.5
	행정학과		19	7.21	21	48	810.00	623.70	602.4	300.00	215.19	207.0	300.00	232.94	225.0
	새마을국제		7	9.14	7	6	810.00	583.06	578.8	300.00	198.86	197.5	300.00	183.71	177.5
	경찰행정학과		12	7.08	12	11	810.00	617.30	604.2	300.00	215.71	209.5	300.00	228.58	224.0
	군사학과		10	1.70	10	2	700.00	458.00	440.0	200.00	111.20	104.0	200.00	124.20	115.0
상경	경제금융학부		36	4.08	41	42	810.00	583.75	562.6	300.00	197.13	187.5	300.00	197.12	178.5
	무역학부		37	4.27	38	11	810.00	554.09	532.8	300.00	182.45	170.5	300.00	196.45	187.5
	항공운송학과		15	0.80	8	0	800.00	669.50	649.0	200.00	160.25	153.0	200.00	166.06	157.0
경영	경영학과		44	4.20	46	35	810.00	610.49	589.0	300.00	208.91	198.0	300.00	197.99	177.5
	회계세무학과		18	3.56	18	6	810.00	609.52	597.6	300.00	204.86	195.5	300.00	215.67	205.0
생명	식품경제외식		12	9.00	12	24	810.00	558.12	543.2	300.00	185.42	174.0	300.00	151.64	121.5
생활	휴먼서비스		7	4.00	7	5	810.00	536.03	534.0	300.00	173.07	172.0	-	-	-
사범	교육학과		6	8.50	4	11	810.00	632.60	616.4	300.00	216.63	208.5	300.00	229.43	224.5
	국어교육과		6	7.17	7	23	810.00	624.17	617.6	300.00	215.93	210.0	300.00	230.05	223.5
	영어교육과		9	6.56	8	24	810.00	630.90	628.0	300.00	217.69	210.0	300.00	226.75	220.0
	한문교육과		7	4.57	7	9	810.00	581.34	570.4	300.00	195.00	192.5	300.00	179.21	160.0
	유아교육과		5	6.00	5	6	810.00	587.28	582.4	300.00	200.50	197.5	300.00	231.72	226.0
	특수체육교육		8	10.00	8	8	250.00	201.18	192.2	-	-	-	-	-	-
기초	인문자율전공		20	5.20	20	29	810.00	594.49	575.4	300.00	200.83	190.5	-	-	-
디자 인 미술	회화과		10	1.70	9	7	170.00	100.94	90.4	-	-	-	-	-	-
	트랜스아트과		5	4.00	5	1	810.00	625.61	618.0	-	-	-	-	-	-
	시각디자인		5	3.00	5	2	810.00	670.11	655.1	-	-	-	-	-	-
	시각디자인		10	6.20	12	4	170.00	112.31	99.6	-	-	-	-	-	-
	산업디자인		3	6.00	3	1	810.00	690.18	-	-	-	-	-	-	-
	산업디자인		5	6.60	5	0	170.00	111.23	99.7	-	-	-	-	-	-
	생활제품디자		3	3.33	3	0	810.00	653.04	-	-	-	-	-	-	-
	생활제품실기		7	7.86	7	0	170.00	94.28	86.7	-	-	-	-	-	-
음악	음악과		6	1.00	2	0	810.00	409.30	-	-	-	-	-	-	-
	성악과		6	1.00	3	0	170.00	68.35	-	-	-	-	-	-	-
	기악과		5	2.60	5	7	170.00	72.40	56.3	-	-	-	300.00	215.71	211.0
	인문 합계		484	5.06	487	435	699.76	502.83	493.9	293.10	191.22	183.7	292.86	192.74	178.3

대학	학부/학과	2023 모집	2022 정시수능 자연										2021 정시인문		
			모집	경쟁률	등록	충원	환산점수			단순백분위합(영어제외)			단순백분위합(영어제외)		
							만점	평균	85% 컷	만점	평균	85% 컷	만점	평균	80% 컷
자연 과학	수학과		15	3.60	15	16	832.00	530.83	505.9	300.00	161.80	147.0	300.00	172.75	163.5
	통계학과		13	4.08	13	10	832.00	586.11	555.6	300.00	187.81	168.5	300.00	177.88	153.5
	물리학과		11	3.18	11	6	832.00	571.12	547.7	300.00	185.00	175.0	300.00	176.88	171.5
	화학생화학과		23	4.78	22	24	832.00	551.59	519.8	300.00	174.91	161.5	300.00	178.69	170.0
	생명과학과		10	4.30	9	7	832.00	593.47	572.9	300.00	191.61	187.0	300.00	171.40	156.5
공과 대학	건설시스템공		15	4.93	16	9	832.00	557.44	541.7	300.00	175.97	170.5	300.00	182.67	177.5
	환경공학과		11	5.55	11	9	832.00	568.46	537.1	300.00	183.82	166.5	300.00	182.24	173.5
	도시공학과		10	4.80	11	14	832.00	533.92	494.8	300.00	166.27	148.0	300.00	177.42	161.0
	신소재공학부		34	4.97	35	29	832.00	576.37	554.0	300.00	183.69	171.0	300.00	157.85	140.5
	화학공학부		80	4.83	82	77	832.00	583.45	558.0	300.00	189.23	178.5	300.00	162.44	129.0
	파이버시스템		10	6.10	10	14	832.00	524.19	512.4	300.00	160.80	155.5	300.00	140.90	121.0
기계 IT	기계공학부		93	4.42	92	77	832.00	606.56	583.4	300.00	198.04	185.0	300.00	179.98	157.5
	전기공학과		25	5.12	25	28	832.00	625.39	596.3	300.00	209.54	193.5	300.00	172.05	142.0
	전자공학과		37	8.32	35	56	832.00	649.73	636.2	300.00	218.41	211.5	300.00	168.89	125.5
	컴퓨터공학과		25	7.48	24	61	832.00	674.95	657.0	300.00	231.17	224.0	300.00	220.69	209.0
	정보통신공학		27	3.89	26	18	832.00	602.49	579.8	300.00	199.54	188.0	300.00	196.52	190.0
	자동차기계공		22	4.14	21	13	832.00	554.90	525.8	300.00	176.74	160.5	300.00	160.15	145.5
	로봇기계공학		15	3.87	16	10	832.00	547.36	519.3	300.00	171.38	154.0	300.00	175.65	166.5
의과	의예과		35	6.34	35	45	810.00	794.85	793.6	300.00	294.30	293.5	300.00	292.61	291.5
약학	약학부		28	8.79	28	28	810.00	782.58	781.0	300.00	289.46	289.0	-	-	-
약학	약학고른기회		3	4.67	4	2	810.00	752.95	764.8	300.00	277.50	281.5	-	-	-
생명 응용 과학	원예생명과학		8	5.50	8	11	810.00	539.88	525.0	300.00	174.44	165.0	300.00	180.78	156.5
	산림자원학과		7	3.86	8	9	810.00	541.50	526.0	300.00	177.13	164.0	300.00	190.25	185.5
	조경학과		6	5.17	6	9	810.00	528.60	498.4	300.00	170.25	154.5	300.00	183.08	183.0
	식품공학과		10	4.40	10	14	810.00	563.60	544.0	300.00	188.85	177.5	300.00	176.86	167.5
	생명공학과		17	4.59	16	17	832.00	615.54	600.9	300.00	203.88	196.5	300.00	192.05	181.5
	의생명공학과		6	6.67	5	5	832.00	632.95	628.8	300.00	210.50	208.5	300.00	189.45	177.0
생활 과학	가족주거학과		9	4.89	9	3	810.00	522.47	515.4	300.00	165.28	160.0	300.00	192.44	188.5
	식품영양학과		13	4.92	12	7	832.00	564.39	538.4	300.00	181.13	166.0	300.00	167.20	145.0
	체육학전공		15	3.53	15	10	490.00	373.73	358.6	-	-	-	-	-	-
	무용학전공		1	1.00	1	0	170.00	-	-	-	-	-	-	-	-
	의류패션학과		11	3.64	11	2	810.00	539.55	523.0	300.00	175.82	164.0	300.00	194.82	189.5
사범	수학교육과		5	7.40	7	24	810.00	647.66	625.5	300.00	220.79	217.0	300.00	219.50	198.5
건축	건축학부		30	4.63	29	26	832.00	622.23	602.4	300.00	208.76	196.0	300.00	200.92	185.0
	자연 합계		680	4.95	678	690	796.00	589.72	570.4	300.00	196.99	186.8	300.00	184.50	170.1

용인대학교

정시 국영탐1/수영탐1 40:30:30 경찰30:20:30:20
인/자: 105-95-85-75-65 ... 학생30+수능70

▶2023 교과반영 전년동일
　국영수사(史/도)과 중
　학년별 4개씩 총 12개
　동학년 동교과 중복불허
▶전학년 공통 100%
▶예체능 학년별 3개 총9개

1. 교과 100% 트윈교과 체제, 수능유무 차이
2. 내신반영 총 12개, 평균 0.5~0.8등급 향상 고려할 것
3. 해마다 전년 합격최종평균 50%선 당해년 마지노선 인식 ★
4. 일반학과 야간 및 군사학 수능최저 공략 포인트
5. 2019~2022 교과100% 전형 (수능최저 적용) 입결특징
　: 경쟁률 대폭 감소, 입결은 이에 비례해 단순 하향되지 않음

6. 용인대 2023 정시 일반: 학생30%+수능70%
　　　　　　　예체: 학생30%+수능40%+실기30%
①인문/사범: 국영탐1 40:30:30
②경찰행정: 국수영탐1 30:20:30:20
③자연과학: 수영탐1 40:30:30
④군사학과: 국수영 37.5:37.5:25
⑤예체능: 국/수/영 택1(60%)+탐구1(40%) ★ 예체능 영어중요
※ 예체능/군사학 정시영어환산점수: 120-110-100-90-80-70

모집시기	전형명	사정모형	학생부종합특별사항	2023 수시 접수기간 09. 13(화) ~ 17(토)	모집인원	학생부	논술	면접	서류	기타	2023 수능최저
2023 정원내 수시 921명 (72.9%) 정시 342명 (27.1%) 전체 1,263명 2022 수시 967명 (76.6%) 정시 363명 (23.4%) 전체 1,262명	일반학생	일괄	학생부중심 최저없음 최종 10.25(화) 국영수사과 중 학년별 4개씩 총 12개 과목중복 불허	1. 2023 일반학과 4명 증가 2. 내신변화 없음, 최저없음 3. 2개년 입결평균-70% ▶2021 평균-최저 2.80-4.70 ▶2022 평균-70% 2.40-2.60	576 일반 202 예체 374 2022 일반 198 예체 361	교과 100					최저 없음
	교과성적 우수자 특별전형	일괄	학생부중심 최저있음★ 최종 12.15(목) 국영수사과 중 학년별 4개씩 총 12개 과목중복 불허	1. 2023 일반학과 전년 동일 2. 2개년 입결평균-70% ▶2021 평균-최저 3.20-4.10 ▶2022 평균-70% 2.80-2.90	일반 116 2022 일반 116	교과 100					인/자: 국수영 중 2개합 8등급 경찰: 국수영 합 9 *국/수 무제한
	군사학과	1단계	군사학과 남27 여3 최종 12.15(목) 내신반영동일	인성/체력/면접/신원조회 등 2박3일 합숙면접, 윗몸(86개) 팔굽혀(72개) 1.5km(6'08'')	군사 30 남27 여03	교과 100 (4배수)		<2021 수시 입결최종> 경쟁률 남 8.1, 여 18.3 평균남3.1-4.1, 여1.8-2.0			국수영 합 15등급
		2단계				1단계 52.8% 면접 35.4% 체력 11.8%		<2021 정시 입결최종> 경쟁률 남 2.5, 여 4.0 남자평균 77.8 최저 74.3 여자평균 79.8 최저 78.9			
	국가보훈	일괄	학생부중심 최종 12.15(목)	국가보훈대상자녀 등 일반학과 12명	27	교과 100		영화4.5 문콘3.8 관광4.8 경찰2.8 식품5.3 AI 3.4 물치2.6			최저 없음
	기초생활수급자 및 차상위계층	일괄	학생부중심 최종 12.15(목)	기초수급자 및 차상위 등 일반학과 5명	11	교과 100		경영2.9 관광2.6 AI 3.6 식품4.4 물리치료2.7			최저 없음

용인대 2022 입결분석 01 - 일반학생 교과100% 일반학과
2022. 04. 24. ollim

▶수능최저 없음

계열	학과	2023 일반 인원	2022 일반학생 ▶교과 100%, 학년별 4개씩 총 12개						2021 일반학생 ▶교과 100%, 학년별 4개씩 총 12개					
			인원	경쟁률	최종최고	최종평균	최종70%	충원	인원	경쟁률	최종최고	최종평균	최종최저	충원
자연	문화재학과	13	13	9.90	1.4	2.9	2.9	27	13	13.6	2.6	3.2	6.0	26
인문	문화콘텐츠학과	10	10	25.6	1.5	2.0	2.1	32	10	7.1	1.0	2.7	6.0	16
	경영학과	19	19	19.0	1.7	2.3	2.3	34	19	14.7	2.0	2.6	5.8	35
	관광경영학과	17	17	21.3	1.7	2.8	2.8	48	13	9.2	2.6	3.4	6.2	59
	경찰행정학과	20	20	14.0	1.0	1.5	1.6	49	20	5.8	1.0	1.5	2.0	52
	중국학과	14	14	10.5	2.3	2.9	3.1	42	14	5.9	2.3	3.2	3.9	24
자연	AI학부	27	27	19.9	1.9	2.7	2.8	55	22	4.5	2.1	3.3	6.0	33
	산업환경보건학과	17	17	10.2	1.6	2.8	3.1	40	17	12.3	2.0	3.1	5.8	19
	생명과학과	13	13	15.3	1.8	2.6	2.7	23	13	4.5	2.1	3.3	6.1	32
	식품조리학부	21	17	14.2	1.8	2.8	3.2	49	17	5.6	1.9	3.2	3.8	35
	물리치료학과	12	12	11.5	1.0	1.3	1.4	9	12	7.0	1.0	1.4	1.8	6
인문	사회복지학과	19	19	16.8	1.1	2.5	2.6	50	14	8.7	1.9	2.8	3.2	56
		202	198	15.7	1.6	2.4	2.6	458	184	8.24	1.9	2.8	4.7	393

용인대 2022 입결분석 02 - 교과성적우수자 교과100% 일반학과
2022. 04. 24. ollim

▶수능최저 있음
▶인/자: 국수영 중 2개합8
▶경찰: 국수영 합 9

계열	학과	2023 교과 인원	2022 교과성적우수자 ▶교과 100%, 학년별 4개씩 총 12개						2021 교과성적우수자 ▶교과 100%, 학년별 4개씩 총 12개					
			인원	경쟁률	최종최고	최종평균	최종70%	충원	인원	경쟁률	최종최고	최종평균	최종최저	충원
자연	문화재학과	8	8	13.0	3.0	3.5	3.7	11	8	4.0	3.2	4.1	5.7	10
인문	문화콘텐츠학과	10	10	13.9	1.9	2.3	2.3	6	10	9.9	2.2	2.6	2.8	33
	경영학과	12	12	26.1	2.2	2.8	2.8	21	12	4.6	2.8	3.4	4.2	21
	관광경영학과	9	9	15.7	2.6	2.9	3.1	10	9	4.4	2.3	3.3	4.2	11
	경찰행정학과	12	12	21.0	1.3	1.8	1.8	4	12	5.8	1.5	2.2	3.6	7
	중국학과	10	10	7.60	3.0	3.2	3.4	16	10	3.9	3.0	3.4	3.8	9
자연	AI학부	11	11	30.5	2.6	3.1	3.2	12	11	4.2	3.0	4.1	6.8	15
	산업환경보건학과	10	10	8.60	3.3	3.5	3.5	7	10	4.3	3.0	3.5	4.1	14
	생명과학과	7	7	8.70	2.2	2.7	2.9	10	7	6.0	2.7	3.0	3.5	20
	식품조리학부	9	9	6.90	2.9	3.4	3.4	8	9	6.4	3.0	3.4	3.8	20
	물리치료학과	7	7	23.7	1.5	1.9	1.9	15	7	8.7	2.1	2.3	2.3	19
인문	사회복지학과	11	11	26.1	2.3	2.9	3.0	32	11	4.7	2.6	3.5	4.6	19
		116	116	16.8	2.4	2.8	2.9	152	116	5.58	2.6	3.2	4.1	198

용인대 2022 입결분석 03 - 정시수능 일반학과
2022. 04. 24. ollim

▶국영탐1/수영탐1, 영30%
▶영어 105-95-85-75-65...
▶학생30+수능70

계열	학과	2023 정시 인원	2022 정시수능 백분위						2021 정시수능 백분위					
			인원	경쟁률	백분최고	백분평균	백분70%	내신등급	인원	경쟁률	백분최고	백분평균	백분70%	내신등급
자연	문화재학과	8	8	4.1	73.7	65.8	64.6	3.2	3.6	10	5.4	80.2	75.4	69.7	3.5	4.6
인문	문화콘텐츠학과	9	9	4.6	80.3	76.6	74.6	3.2	3.3	9	7.1	87.1	82.7	80.7	2.8	3.1
	경영학과	13	13	4.9	81.9	77.1	76.4	3.2	3.5	16	5.7	86.0	81.3	77.0	3.2	5.2
	관광경영학과	8	8	4.4	80.8	74.9	74.4	3.3	3.4	11	6.9	79.9	77.7	75.8	3.3	4.3
	경찰행정학과	12	12	4.9	85.3	81.3	79.5	2.6	2.7	12	4.0	93.2	86.1	82.7	2.2	2.7
	중국학과	10	10	5.3	84.1	72.1	71.2	3.3	3.4	10	4.7	83.6	77.4	75.4	3.4	4.7
자연	AI학부	36	36	3.8	82.9	72.9	71.8	3.7	3.7	38	3.9	85.8	76.4	70.5	3.6	5.3
	산업환경보건학과	12	12	5.1	75.0	70.5	69.9	3.7	3.9	14	3.4	81.8	75.8	71.2	3.8	5.9
	생명과학과	9	9	4.2	78.8	70.4	69.9	3.7	3.7	11	5.6	80.9	75.3	72.7	3.5	5.0
	식품조리학부	10	13	4.5	76.8	68.2	67.6	3.3	3.7	16	3.5	82.4	75.8	70.7	3.5	5.1
	물리치료학과	10	10	5.2	90.0	81.5	80.6	2.9	3.0	11	5.5	87.9	85.9	84.8	2.5	3.3
인문	사회복지학과	14	14	5.6	81.2	75.5	74.5	3.3	3.8	15	5.3	79.6	76.0	74.0	3.4	4.5
		151	154	4.72	80.9	73.9	72.9	평균	70%	173	5.08	84.0	78.8	75.4	평균	70%

2023 대학별 수시모집 요강	우송대학교	2023 대입 수시 특징	정시 국수영탐1 중 택2 수학가산 폐지 영어 100-95-88-80-70-60 ... _2022.06.26._

▶ 내신 이원화 2021~2023
▶ 일반전형1/지역/기초: 12개
▶ 일반전형2/자추/지역: 6개
▶ 반영비율 없음

★★ 우송대 2021 지원전략 → 교과 및 면접 3개 전형 공략
1. 일반전형1 558명, 학생부100 내신 12개 반영
2. 일반전형2 804명 학생70+면접30 내신 6개 반영
3. 자기추천 181명 학생70+면접30 내신 6개 반영
4. 지역인재 105명 학생70+면접30 내신 12개 반영

5. 소프트웨어 전형 종합전형과 중복지원 불가, 기타 무제한
6. 종합전형 투트랙 트윈종합
　①서류형 91명 서류100
　②면접형 198명 서류100+2단계 면접40
7. 기초 및 차상위대상자 자기추천전형도 지원가능
8. 2023 지역인재2 전형 생략

모집시기	전형명	사정모형	학생부종합 특별사항	2023 수시 접수기간 09. 13(화) ~ 17(토)	모집인원	학생부	논술	면접	서류	기타	2023 수능최저
2023 수시 1,954명 (97.2%) 정시 56명 (2.8%) 전체 2,010명 2022 수시 1,936명 (96.6%) 정시 68명 (3.4%) 전체 2,004명	일반전형1	일괄	학생부교과 내신 12개 최종: 11.11(금)	1. 2023 전년대비 17명 증가 2. 일반/간호 등 모든 최저없음 ▶ 내신반영 2019~2023 총 12개 내신반영 국/수+영+사/과 2개씩 6개 국/수+영+사/과 우수 6개	558	교과 100					최저 없음
	일반전형2	일괄	학생부교과 내신 6개 면접 10.21(금) ~10.22(토) 최종: 11.11(금)	1. 2023 전년대비3명 감소 2. 면접 1~10등급 평가 3. 전공학의 이해도 중요★ ▶ 내신반영 2019~2023 총 7개→6개 내신반영★ 국/수+영+사/과 1개씩 3개 국/수+영+사/과 우수 3개	804	교과 70 + 면접 30					최저 없음
	자기추천 (독자적기준)	일괄	학생부교과 내신 6개 면접 10.21(금) ~10.22(토) 최종: 11.11(금)	2023 전년대비 9명 증가 1. 선효행봉사표창(교내상포함) 2. 학생임원/외국어자격취득 3. 자기추천자/다문화/다자녀 4. 공무원/부사관/기초차상 등	181	교과 70 + 면접 30					최저 없음
	지역인재	일괄	학생부교과 내신 12개 최종: 11.11(금)	1. 대전/세종/충남북 출신자 2. 내신 12개 반영 3. 2023 전년대비 24명 감소	105	교과 100		면접: 10.30(금)~31(토) 최종: 11.11(금)			최저 없음
	기초생활수급자 및 차상위 (정원외)	1단계	학생부교과 수능전 최종 최종: 11.11(금)	기초수급 및 차상위 자녀 내신 12개 반영	20	교과 100	농어촌/특성화 등 생략				최저 없음
	종합1 서류형	일괄	학생부종합 자소서없음 최종: 11.11(금)	1. 솔브릿지경영학부 19명 등 2. 자기교육목표/도전정신 열정/리더십등 잠재력 평가	91	서류 100	<우송대 종합전형 면접평가> 1. 학업역량: 지적호기심과 탐구역량 2. 전공적합성: 전공이해/활동/학업/계획 3. 인성: 인성/품성/사회성 등 평가				
	종합2 면접형	1단계	학생부종합 자소서없음 1단계: 10.20(목) 면접: 10.24~31 최종: 11.11(금)	자기 교육 목표가 뚜렷하고 다양한 능력과 잠재력 보유	198	서류 100 (5배수)	<우송대 종합전형 면접평가> 1. 학업역량: 지적호기심과 탐구역량 2. 전공적합성: 전공이해/활동/학업/계획 3. 인성: 인성/품성/사회성 등 평가				
		2단계				1단계 60 + 면접 40					
	소프트웨어 인재	1단계	학생부종합 자소서없음 1단계: 10.20(목) 면접: 10.24~31 최종: 11.11(금)	1. 2023 소프트인재 4년차 2. 철도소프트, AI빅데이터 게임멀티, 미디어디자인 컴퓨터정보, 컴퓨터소프트	15	서류 100 (5배수)	<우송대 종합전형 면접평가> 1. 학업역량: 지적호기심과 탐구역량 2. 전공적합성: 전공이해/활동/학업/계획 3. 인성: 인성/품성/사회성 등 평가				
		2단계				1단계 60 + 면접 40					

학생부100%		2022 일반전형1 (내신 12개)								2022 일반전형2 (내신 7개)							
		2023 모집 인원	2022		본교산출		전과목	추합 인원		2023 모집 인원	2022		본교산출			전과목	추합 인원
			모집 인원	경쟁률	평균	100% 컷	100% 컷				모집 인원	경쟁률	평균	70%컷	100% 컷	100% 컷	
솔브릿지	솔브릿지경영학부									25	30	2.6	4.7	5.1	8.0	8.6	34
엔디컷 국제 대학	글로벌융합비즈	14	14	2.9	4.5	6.1	6.6	27		3	12	1.4	5.2	5.3	5.9	6.7	3
	경영학전공	22	20	8.2	4.9	5.8	6.6	86		14	14	3.1	5.8	6.4	7.1	8.0	22
	세무부동산학전공	12	10	7.2	6.0	7.7	8.5	61		4	6	1.3	4.8	4.9	5.7	7.2	0
	Endicott자율융합	27	27	4.9	5.0	6.3	7.2	105		32	30	2.3	5.2	5.4	6.9	7.4	33
철도 물류 대학	글로벌철도학과	7	6	4.7	4.7	5.0	6.1	12		17	17	1.8	5.7	6.0	7.0	7.9	10
	철도건설시스템	21	19	8.2	4.5	5.2	6.6	74		17	18	3.3	5.0	5.6	6.0	7.1	16
	건축공학전공	13	13	10.4	5.3	6.3	7.1	101		13	13	2.8	6.0	6.4	6.7	7.7	17
	철도경영학과	27	21	11.4	3.1	3.7	5.8	41		35	40	3.7	4.4	4.9	5.7	6.8	23
	물류시스템학과	16	20	5.1	4.8	5.9	7.0	47		19	14	2.3	5.4	5.9	6.6	7.3	15
	철도전기시스템	26	25	4.8	4.2	5.3	6.3	54		30	28	3.0	4.5	4.9	5.0	6.6	18
	철도소프트웨어	15	15	7.9	4.0	4.8	6.0	35		15	15	2.9	4.7	5.3	5.7	6.5	9
	철도차량시스템	30	22	13.3	2.7	3.1	4.5	29		30	37	4.1	3.6	4.0	5.0	6.0	15
엔디컷	AI·빅데이터학과	18	18	8.6	5.2	6.1	7.1	82		17	16	2.3	5.9	6.0	7.0	7.9	16
소프트 웨어 (SW)융 합대학	글로벌미디어영상	6	5	15.6	4.6	5.0	6.2	27		14	14	2.6	5.2	5.7	6.4	7.5	18
	게임멀티미디어	10	10	13.7	3.6	4.0	5.1	28		15	11	5.2	4.6	4.9	5.9	7.0	10
	미디어디자인영상	17	20	9.4	4.1	4.7	5.9	65		26	23	4.5	4.7	5.1	6.0	6.8	22
	컴퓨터정보·보안	22	24	8.4	4.3	5.3	6.5	124		23	20	3.0	5.1	5.3	6.4	7.5	34
	컴퓨터소프트웨어	14	15	7.9	5.5	6.7	7.4	88		15	11	3.2	5.7	6.1	7.1	7.9	21
휴먼디지털인터페이스(HADI)		-								-							
엔디컷	글로벌호텔매니지	10	7	7.6	4.9	5.6	6.8	45		19	28	1.6	5.0	5.9	7.1	7.7	10
호텔 외식 조리 대학	글로벌조리전공	5	5	20.0	3.1	3.4	4.4	8		20	21	7.2	3.8	4.4	4.9	5.4	10
	폴보퀴즈조리	-	-	-						16	16	5.6	2.2	2.6	3.6	5.4	10
	글로벌외식창업	6	6	11.2	3.6	4.7	6.0	16		18	20	3.7	4.2	4.6	5.0	5.8	12
	외식조리전공	16	15	30.5	2.7	3.0	4.9	13		27	27	9.9	2.2	2.6	3.0	4.0	17
	한식·조리과학	7	9	7.2	3.7	4.8	6.0	14		16	17	3.9	4.2	4.6	5.4	5.9	10
	외식,조리경영	13	12	9.9	3.7	4.3	5.4	16		11	11	7.6	3.6	4.0	4.3	5.9	10
	제과제빵·조리	7	학과신설							9							
	외식조리영양학	23	22	8.4	4.3	5.3	6.7	96		21	20	2.7	4.8	5.4	6.0	6.8	17
	호텔관광경영학	17	15	15.7	4.8	5.6	6.5	116		24	22	4.5	5.2	5.9	6.3	7.3	29
보건 복지 대학	사회복지학과	19	22	17.6	4.2	4.8	6.2	120		28	24	4.9	5.1	5.7	6.4	7.4	26
	작업치료학과	13	12	37.3	4.0	4.3	5.5	66		15	14	7.2	4.6	4.9	5.6	6.6	19
	언어치료청각재활	15	13	8.5	4.5	5.0	6.4	55		18	25	2.7	5.4	5.9	6.9	7.7	32
	보건의료경영학	17	18	15.8	4.5	5.0	6.2	100		17	15	4.2	5.9	6.3	6.9	7.6	27
	유아교육과	2	5	32.2	2.7	3.1	4.7	12		23	20	13.0	3.9	4.3	5.0	5.7	15
	뷰티디자인경영	8	8	15.9	3.8	4.4	5.6	28		25	26	8.9	4.3	4.9	6.1	6.8	36
	응급구조학과	15	14	12.4	3.7	4.3	5.5	77		19	20	10.8	3.8	4.0	4.6	5.4	25
	소방·안전학부	25	25	9.9	4.1	4.8	6.3	98		28	25	4.6	4.7	5.1	5.3	6.5	11
	간호학과	5	7	31.0	1.9	2.1	3.1	16		29	33	13.1	2.8	3.0	3.4	4.3	19
	물리치료학과	8	8	25.5	2.4	2.6	3.7	25		18	20	11.6	3.0	3.1	4.6	4.6	13
	스포츠건강재활	10	14	11.6	3.3	3.9	5.3	22		39	34	4.9	4.9	5.4	8.0	8.4	55
		558	541	12.98	4.08	4.8	6.0	2029		804	807	4.82	4.62	5.0	5.83	6.8	739

학생부70%+면접30%		2023 모집인원	2022 모집인원	경쟁률	본교산출 평균	본교산출 100%컷	전과목	전과목 100%컷	충원인원	2023 모집인원	2022 모집인원	경쟁률	본교산출 평균	본교산출 100%컷	전과목	전과목 100%컷	추합인원
		2022 자기추천 (내신 7개)								**2022 지역인재**							
솔브릿지	솔브릿지경영학부	14	15	1.7	5.1	7.3		8.0	9								
엔디컷 국제 대학	글로벌융합비즈	2	2	1.5	7.1	7.1		8.0	1	2	2	3.5	5.7	5.7		6.5	4
	경영학전공	3	3	2.0	5.1	6.1		7.0	2	2	3	5.0	5.2	5.4		6.3	4
	세무부동산학전공	2	2	2.5	6.1	6.1		7.1	2	2	2	4.5	6.4	7.2		8.6	6
	Endicott자율융합	5	5	3.2	5.9	7.3		7.9	8	2	4	4.3	5.0	5.9		6.5	11
철도 물류 대학	글로벌철도학과	3	3	2.0	7.1	7.1		8.1	3	3	4	4.3	5.4	6.3		7.5	8
	철도건설시스템	3	2	3.5	5.2	5.9		6.8	3	2	3	10.0	4.5	5.0		5.5	13
	건축공학전공	3	3	2.0	5.4	6.3		7.4	2	3	3	4.0	6.0	6.1		7.0	8
	철도경영학과	5	5	5.4	4.6	5.4		6.1	3	4	5	9.8	3.2	3.6		4.5	6
	물류시스템학과	2	2	2.5	5.4	5.4		6.5	3	3	4	4.3	5.6	6.5		7.4	10
	철도전기시스템	3	4	3.5	4.9	5.6		6.9	7	2	4	5.3	4.3	5.3		6.2	10
	철도소프트웨어	2	2	3.5	5.7	5.9		6.5	5	2	2	7.0	4.4	4.8		5.6	6
	철도차량시스템	4	5	6.2	3.8	4.4		5.1	1	3	3	10.7	3.3	3.5		4.5	1
엔디컷	AI·빅데이터학과	2	2	2.0	4.7	4.7		5.7	2	2	2	7.0	5.3	5.3		6.3	11
소프트 웨어 (SW)융 합대학	글로벌미디어영상	3	3	2.3	5.5	5.9		6.5	2	3	4	4.3	5.7	5.7		6.8	12
	게임멀티미디어	4	6	4.0	4.9	5.9		6.7	5	3	3	5.7	4.3	4.8		5.8	5
	미디어디자인영상	6	5	2.2	5.2	5.6		6.2	3	3	3	6.7	4.7	4.8		5.7	5
	컴퓨터정보·보안	4	3	2.7	5.3	5.3		6.0	4	3	3	7.0	4.5	4.7		6.0	4
	컴퓨터소프트웨어	2	2	2.5	6.4	7.4		8.1	3	3	3	5.3	5.1	5.6		6.7	7
휴먼디지털인터페이스(HADI)		-															
엔디컷	글로벌호텔매니지	2	6	2.0	4.3	5.1		6.0	3	2	4	3.8	4.4	4.8		5.7	10
호텔 외식 조리 대학	글로벌조리전공	7	7	8.7	4.2	5.7		6.6	5	2	2	9.0	4.2	4.7		5.7	4
	폴보퀴즈조리	6	4	9.3	2.1	2.7		4.0	0	-	2	7.5	3.4	3.4		4.4	0
	글로벌외식창업	5	5	4.4	4.7	5.1		6.3	5	3	3	4.0	5.2	5.5		6.6	7
	외식조리전공	19	19	9.3	2.5	3.3		4.5	13	6	7	8.7	3.6	4.1		5.1	5
	한식·조리과학	9	7	5.0	4.4	5.3		5.6	5	3	3	3.7	4.3	5.1		5.7	1
	외식,조리경영	6	6	6.0	3.7	5.0		5.8	4	3	4	4.8	4.8	5.1		6.2	8
	제과제빵·조리	3								2							
	외식조리영양학	6	6	3.2	5.5	5.7		7.3	6	3	3	5.7	4.3	5.2		5.7	7
	호텔관광경영학	4	4	4.0	6.1	7.6		8.6	11	4	4	9.3	4.6	5.2		6.2	12
보건 복지 대학	사회복지학과	3	3	2.3	6.2	6.9		7.8	3	3	3	11.3	4.7	5.0		5.9	12
	작업치료학과	2	2	5.5	6.1	6.6		7.0	6	2	3	14.7	3.9	4.2		5.1	8
	언어치료청각재활	2	5	2.2	5.9	6.6		7.5	6	5	3	3.8	4.9	5.5		6.4	14
	보건의료경영학	3	3	3.3	5.0	5.3		6.4	6	3	4	8.5	4.9	5.4		6.3	18
	유아교육과	3	3	11.7	4.4	4.7		5.6	3	4	4	24.0	3.5	3.7		5.2	12
	뷰티디자인경영	5	4	8.5	4.7	7.1		8.4	12	3	3	8.3	4.6	6.0		6.9	12
	응급구조학과	2								3	4	8.0	4.2	4.4		6.2	6
	소방·안전학부	4	4	5.3	5.0	5.4		6.4	8	3	4	6.0	4.1	4.4		5.5	1
	간호학과	5								3	3	15.3	2.5	2.6		3.7	8
	물리치료학과	4	2	13.5	3.5	3.6		4.7	2	3	3	17.3	3.0	3.2		4.1	9
	스포츠건강재활	9	8	5.9	5.3	6.0		6.9	6	2	4	9.3	3.9	4.2		5.4	1
		181	172	4.46	5.06	5.7		6.6	172	105	129	7.66	4.52	4.9		5.9	286

302

을지대학교

정시 의: 수40영30+국/탐2 30 등
영어: 100-95-90-80-70...

▶ 교과: 국영수사과+史
▶ 종합전형: 전과목 정성
▶ 진로선택 포함 정성평가

1. 2023 교과성적우수자 폐지 (▼101), 지균 학추로 통합
2. 3캠퍼스체제 ①대전캠 (의예과) ②성남캠 (간호 등 기타학과)
   ③의정부캠(간호/임상/스포츠아웃도어/중독재활)
3. 지역균형 교과100%, 교과단계면접, 미래인재종합 등
4. EU자기추천을 제외한 모든종합 서류100 일괄
5. 2023 종합전형 최대 2회 지원가능: 면접형1+서류형1

6. 의예과 선발: 교과성적우수, 지역인재, 농어촌, 기회균형
7. 실기고사 실시: 의료홍보디자인, 스포츠아웃도어

모집시기	전형명	사정모형	학생부종합 특별사항	2023 수시 접수기간 09. 13(화) ~ 17(토)	모집인원	학생부	논술	면접	서류	기타	2023 최저등급
2023 수시 768명	지역균형	일괄	학생부교과 학교장추천 추천제한없음 최종 12.15(목)	1. 학교장추천 ~09.23(금) 2. 고교별 추천제한 없음 3. 의예 5명: 교과95+면접5 4. 성남 117명, 의정부 40명	202 의40 의예5	교과 100		의예1단계: 11.30(수) 의예 면접: 12.03(토)			의: 4개합 5 (과1) 간호: 2개합8(탐1) 간호: 1개 4 (탐1) 바이오: 최저없음
	지역 의료인재	일괄	학생부교과 최종 12.15(목)	1. 세종충남북 대상자 2. 대전캠 의예과 19명	대전 의예 19	교과 100					의: 4개합 6 (과1)
	교과면접 우수자	1단계	학생부교과 1단계 10.12(수) 면접 10.15(토) 최종 11.21(월)	1. 단계면접 2. 성남 124명, 의정부 24명 3. 질문 및 예시문항 안내예정 4. 지원자 1인 평균 4~6문항 10분 내 질의응답	148 의정부 24	교과 100 (4배수)					최저 없음
		2단계				1단계 70 + 면접 30					
	EU자기추천 (면접형)	1단계	학생부종합 최저없음 자소~09.23(금) 1단계 11.16(수) 면접 11.19(토) 최종 12.15(목)	1. 독서/체험/봉사/동아리★ 2. 올바른 인성과 전공적합성 갖춘 창의적 휴먼인재 3. 서류기반면접 4. 성남 101명, 의정부 19명	120 성남 101 의정부 19	서류 100 (4배수)		학업역량 전공적합성 발전가능성 인성			최저 없음
		2단계				1단계 70 + 면접 30					
	EU미래인재 (서류형)	일괄	학생부종합 자소~09.23(금) 최종 12.15(목)	1. 고교교육과정 충실 이수자 적극적 자신역량계발 2. 성남 91명, 의정부 17명	108 의정부 17	서류 100		학업역량 전공적합성 발전가능성 인성			최저 없음
	사회기여 배려대상자	일괄	학생부종합 자소~09.23(금) 최종 12.15(목)	1. 유공군인경찰소방교도10년 2. 다자녀 및 벽지근무선교 등	성남 40 의정부 4	서류 100					최저없음
	고른기회	일괄	학생부종합 자소~09.23(금) 최종 12.15(목)	1. 보훈대상자 2. 농어촌 3. 기초차상위 4. 특성화고	성남 14 의정부 4	서류 100					최저없음
	기회균형1,2 (정원외)	일괄	학생부교과 최저 있음 최종 12.15(목)	1. 기초수급 및 차상위 등 2. 대전캠의예2 등	19 1	교과 100		유아교: 교과90+면접10 면접: 10.29(토)			의: 4개합 6 (과1) 간호: 2개합8(탐1) 간호: 1개 4 (탐1) 바이오: 최저없음

▶교과 100% ▶내신: 국영수사과 ▶최저일반: 국수탐 중 2개합 8+영어별도 3/4 ▶의예: 4개합 5 (탐1) ▶간호: 2개 6(탐2)+영3		2022 지역균형 (교과성적우수자 통합)										
		2023	2022 지원		지원 세부사항				2022 수시 입결				
		모집 인원	모집 인원	경쟁률	지원 인원	최저 충족	충원 합격	등록 인원	최초지원 평균등급	최종등록 평균등급	최종등록 50% 컷	최종등록 70% 컷	최종등록 최저	최저 충족률
의과	의예과	5												
보건	임상병리 의정부	5	5	11.0	55	49	4	4	4.83	2.69	2.64	2.81	2.89	9.80
바이오	중독재활 의정부	10	6	4.8	29	29	10	6	5.87	4.17	4.03	4.14	4.92	4.83
간호	간호학과 의정부	20	15	12.5	187	153	25	14	3.68	2.25	2.29	2.33	2.37	10.20
대학	간호학과 성남캠	16	10	19.4	194	170	32	10	3.51	2.23	2.14	2.30	2.42	17.00
성남 캠 보건 과학 대학	임상병리 성남캠	13	8	15.6	125	114	21	8	3.71	2.64	2.81	2.91	2.94	14.25
	안경광학과	9	5	12.0	60	46	6	5	5.91	3.86	4.00	4.07	4.19	9.20
	응급구조학과	6	4	16.8	67	53	8	3	4.87	2.90	2.80	2.80	3.29	13.25
	방사선학과	11	6	16.8	101	84	11	6	4.04	2.87	2.87	2.94	3.03	14.00
	치위생학과	9	5	16.2	81	67	6	5	4.27	3.00	2.98	3.05	3.08	13.40
	물리치료학과	12	7	19.7	138	123	14	7	4.39	2.80	2.78	2.86	2.90	17.57
성남 캠 바이오 융합 대학	식품영양학과	9	4	9.0	36	36	5	4	4.89	3.56	3.54	3.60	3.67	9.00
	식품산업외식산업	9	4	10.0	40	40	7	4	5.48	3.93	3.90	4.10	4.13	10.00
	보건환경안전학과	9	4	11.0	44	44	2	3	5.35	3.66	3.68	3.68	3.73	11.00
	미용화장품과학과	11	9	16.6	149	149	26	9	6.07	4.09	4.21	4.22	4.40	16.56
	빅데이터의료융합	6	3	10.3	31	31	5	3	4.74	3.91			4.12	10.33
	의료IT학과	7	4	9.0	36	36	7	4	5.23	3.63	3.59	3.77	3.88	9.00
	의료공학과	10	5	14.2	71	71	14	5	6.13	4.01	4.32	4.41	4.42	14.20
	의료경영학과	11	6	9.8	59	59	15	6	4.47	3.47	3.42	3.52	3.79	9.83
	장례지도학과	11	5	5.6	28	28	5	5	6.01	4.55	4.67	4.87	4.91	5.60
	아동학과	3												
		202	115	12.6	1531	73	12	6	4.92	3.38	3.37	3.47	3.64	11.53

▶1단계: 서류100 (5배) ▶2단계: 면접30 ▶전과목 정성평가		2022 EU자기추천 종합										
		2023	2022 지원		지원 세부사항			2022 수시 입결				
		모집 인원	모집 인원	경쟁률	지원 인원		충원 합격	등록 인원	최초지원 평균등급	1단계합 평균등급	최종등록	최종등록 50% 컷	최종등록 70% 컷	
보건 바이오 의정부	임상병리 의정부	4	4	10.8	43		2		4.00	3.33	3.21	3.07	3.71	
	스포츠아웃도어	4	4	7.50	30		-		5.12	5.43	5.92	6.37	4.51	
	중독재활 의정부	4	4	5.50	22		-		4.95	4.63	4.10	3.89	3.77	
간호 대학	간호학과 의정부	7	7	18.3	128		8		3.43	2.67	2.75	2.52	2.80	
	간호학과 성남캠	8	8	21.0	168		10		3.41	2.62	2.62	2.57	2.63	
성남 캠 보건 과학 대학	임상병리 성남캠	7	7	12.6	88		4		4.17	3.44	3.26	3.63	3.27	
	안경광학과	4	4	7.30	29		1		5.12	4.52	4.27	3.96	4.78	
	응급구조학과	4	4	21.3	85		2		4.37	3.31	3.27	3.33	3.41	
	방사선학과	8	8	15.4	123		4		4.27	3.76	3.60	3.71	3.37	
	치위생학과	4	4	16.0	64		3		4.01	3.73	3.89	3.95	3.43	
	물리치료학과	7	7	24.9	174		3		3.85	3.13	3.33	3.51	3.44	
성남 캠 바이오 융합 대학	식품영양학과	5	5	12.4	62		9		4.18	4.00	4.16	4.40	4.77	
	식품산업외식산업	4	4	10.8	43		3		4.71	4.09	4.05	4.27	2.70	
	보건환경안전학과	4	4	4.30	17		1		4.82	4.73	4.51	4.25	4.46	
	미용화장품과학과	5	5	16.8	84		1		4.82	3.67	3.04	3.60	1.96	
	빅데이터의료융합	5	5	5.80	29		6		4.64	4.42	4.38	3.68	5.06	
	의료IT학과	6	6	5.70	34		4		4.95	4.79	4.99	3.84	4.79	
	의료공학과	4	4	9.30	37		2		4.69	4.21	4.24	4.19	4.64	
	의료경영학과	4	4	10.5	42		2		4.49	4.02	4.37	4.07	4.58	
	의료홍보디자인	4	3	6.70	20		1		4.43	3.87	3.28			
	장례지도학과	5	5	3.60	18		1		5.37	5.37	4.88	4.80	5.83	
	유아교육사범	10	10	11.8	118		15		4.14	3.62	3.50	3.78	3.73	
	아동학과	3	3	8.70	26		1		4.65	4.17	4.10			
		120	119	11.6	1484		4		4.46	3.98	3.90	3.88	3.89	

2023 대학별 수시모집 요강	이화여자대학교	2023 대입 주요 특징	공통등급 10-9.6-9.2-8.6 성취도 A-10, B-8.6, C-5
			영어100-98-94-88 인30:25:20:25 자25:30:20:25

▶고교/논술: 국영수사과+史
▶공통 90%+진로선택 10%★
▶진로선택전체: A10, B8.6, C5
▶학년비율 없음, 단위수 적용
▶논술: 상위 30단위 등급반영
▶2023 종합전형 자소서 폐지

1. 2023 고교추천인원 유지, 추천인원 유지, 5%내 최대 10명
2. 2023 미래인재 25명 증가, 논술 20명 감소, 자소서 폐지★
3. 2023 자연 최저완화: 미래인재/논술 3개합 6→2개합 5★
4. 2023 자연 최저완화: 고른/기여 3개합 7→2개합 6★
5. 2023 인공지능대 데이터사이언스 10명 신설 (미래7,고른3)
6. 약학부 120명 선발 유지: 미래 30명(자20+인10), 정시 90명

7. 초등교육 수시 23명(고교 9명, 미래 12명, 고른 2명), 정시 16명
8. 2023 정시 계열통합 선발 290명 (인문 150, 자연 140)
   약학70/미래산업약학20/의학, 간호, 뇌·인지 등, 정시가~나군
9. 정시자연: 수학 - 미적/기하, 과탐 - 서로다른 과탐 2과목★

모집시기	전형명	사정모형	학생부종합특별사항	2023 수시 접수기간 09. 13(화) ~ 17(토)	모집인원	학생부	논술	면접	서류	기타	2023 수능최저등급
2023 수시 정원내 2,099명 (66.1%) 정시 1,075명 (33.9%) 전체 3,174명	고교추천 (학교장추천)	일괄	학생부교과 학교장추천 09.19(월) ~09.23(금) 면접 10.29(토) ~10.30(일) 최종 11.18(금)	1. 2023 전년대비 인원 유지 2. 고교추천 면접일괄 유지 3. 학교장추천 5% (최대 10명) 4. 내신반영: 국영수사과+史 우수한학업능력 지도력겸비한 학업역량 학교활동우수성 발전가능성 종합, 재수생까지 면접: 인성및서류진위, 발전성 간호자연18 초등교육 9명 등	400 2022 400	교과 80 면접 20 서류기반면접 추천 소수절사 최저없음					▶고교추천최종 2022 1. 인1.5→1.8 (편차0.4) 2. 자1.7→1.8 (편차0.3) 3. 충원 인149% 자99% 4. 뇌인지과학:융합전공 심리+어학+과학연구 5. 스크랜튼: 융복합학부 로스쿨 양성 6. 21 일반고 등록 92.5%	▶공통 90%+진로10% ▶이수단위 적용 ▶공통일반: 등급반영 ▶진로선택: 성취반영 등급: 10-9.6-9.2-8.6 성취: A-10 B-8.6 C-5 ●성취도A=1등급★ ●성취도B=4등급★ ●성취도C=7등급★
	미래인재	일괄	학생부종합 자소서폐지 최종 12.15(목)	1. 2023 전년대비 32명 증가 2. 2023 자연 수능최저완화★ 3. 자신의 역량 적극 계발한 자 4. 인공지능대 데이터사이언스 자연계열 7명 신설 5. 인공지능대 인공지능학과 자연계열 10명 모집, 2년차	921 2022 889	서류 100 1.학업역량 2.학교활동우수 3.발전가능성					▶미래인재최종 2022 1. 인3.1→2.9 (편차1.0) 2. 자2.2→2.3 (편차0.6) 3. 스크랜 2.8 (편차0.9) 4. 충원 인72% 자47% 스크랜튼94% ▶등록 고교유형 2021 일반66.3% 자율12.5%	인문: 3개합 6 (탐1) 자연 수필 2개5 (과1) ★ 의예: 4개합 5 (과1) 약학: 4개합 5 (과1) 스크랜: 3개합 5 (탐1) *자연 미적/기하, 과탐 ※22년 인/자: 3개6(탐1)
	논술전형	일괄	논술위주 국영수사과 중 총 30단위만 학년비율없음 논술 11.26(토) ~11.27(일) 최종 12.15(목)	1. 2023 전년대비 20명 감소 2. 2023 자연 수능최저완화★ 3. 진로성취도 최대 3단위 반영 4. 간호자연 4명 등 인1: 인문/의류/사범 (100분) 인2: 사과/경영/신산업(100분) 자1: 자연/공과/사범자연/ 신산업/뇌인지과학/간호(100분) 자2: 의예과 (100분)	310 2022 330	교과 30 논술 70					▶논술전형최종 2022 1. 인1 2.2등급 (편차1.0) 2. 인2 2.3등급 (편차0.8) 3. 자연 2.1등급 (편차0.7) ▶2022 결시 및 충원율 인1 결시45.0% 실질6.5 인2 결시46.8% 실질6.5 자연 결시48.3% 실질8.0 스크 결시54.3% 실질8.1	인문: 3개합 6 (탐1) 자연 수필 2개5 (과1) 스크랜: 3개합 5 (탐1) *자연 미적/기하, 과탐 ※22년 인/자: 3개6(탐1)
2022 수시 정원내 2,090명 (67.4%) 정시 1,043명 (32.6%) 전체 3,133명	사회기여자	일괄	학생부종합 자소서폐지 최종 12.15(목)	1.민주화관련 자녀 2.군인자녀 (국방장관추천) 3.다문화 4.다자녀는 해당무 5.해외선교 5년 간호자연1 등	15 2022 15	서류 100					인문: 3개합 7 (탐1) 자연 수필 2개6 (과1) *자연 미적/기하, 과탐 ※22년 인/자: 3개7(탐1)
	고른기회	일괄	학생부종합 자소서폐지 최종 12.15(목)	1. 2023 전년대비 8명 증가 2. 보훈대상, 기초/차상위 농어촌 대상자 3. 간호자연3 초등교육2 등	158 2022 150	서류 100					인문: 3개합 7 (탐1) 자연 수필 2개6 (과1) *자연 미적/기하, 과탐 ※22년 인/자: 3개7(탐1)
	어학특기자	1단계	활동보고서류 ~09.19(월) 1단계 11.01(화) 면접 11.06(일) 최종 11.18(금)	1. 2023 전년대비 5명 감소 2. 어학관련 학업역량 교내외 활동우수성/발전가능성 평가 3. 면접: 외국어능력등 심층	45 2022 50	서류 100 (4배수)					▶2020 경쟁 5.6→5.0 ▶충원률 115%→100% ▶일반고 최초합: 27% ▶일반고 최종등: 33%	최저 없음
		2단계				1단계 70 + 면접 30					
	과학특기자	1단계	활동보고서류 ~09.19(월) 1단계 11.01(화) 면접 11.06(일) 최종 11.18(금)	1. 2023 전년대비 5명 감소 2. 수학과학 역량 및 활동실적	45 2022 50	서류 100 (4배수)					▶2020 경쟁 5.1→4.9 ▶충원률 86%→71% ▶일반고 최초합: 14% ▶일반고 최종등: 39%	최저 없음
		2단계				1단계 70 + 면접 30					
	국제학특기자 스크랜튼대학	1단계	활동보고서류 ~09.19(월) 1단계 11.01(화) 면접 11.06(일) 최종 11.18(금)	국제학 분야 성장잠재력 영어강의 수강 가능자 학업역량 교내외활동실적 등 스크랜튼대학 국제학부54	54 2022 54	서류 100 (4배수)					▶2020 경쟁 5.9→5.0 ▶충원률 96%→80% ▶일반고 최초합: 19% ▶일반고 최종등: 27%	최저 없음 예체능실기전형81 생략 예체능서류전형71 생략 (2개합6 / 3개합8)
		2단계				1단계 70 + 면접 30					

수능최저 없음 / 2022 고교추천 인문 / 2021 고교추천 인문

▶교과80+면접20 일괄전형
▶내신: 국영수사과

대학	학과	2023 모집인원	2022 모집인원	2022 경쟁률	최초등급평균	70% CUT 등급	70% CUT 환산	추합인원	충원율	2021 모집인원	2021 경쟁률	70% CUT 등급	70% CUT 환산	추합인원	충원율
인문과학	국어국문	12	12	3.83	1.80	1.90	771.6		92%	10	2.60	2.00	768.1	14	140%
	영어영문	12	12	3.67	1.70	2.10	765.8		150%	9	3.60	1.70	778.2	16	178%
	중어중문	12	12	4.33	1.90	2.00	768.4		42%	9	2.20	1.90	771.3	10	111%
사회과학	정치외교	11	11	4.64	1.50	1.90	771.7		155%	9	3.30	1.80	774.7	20	222%
	행정학과	10	10	3.70	1.60	1.80	775.8		100%	9	3.10	1.60	781.4	11	122%
	경제학과	14	14	4.14	1.70	2.10	763.4		157%	10	2.80	1.70	778.7	17	170%
	사회학과	8	8	4.00	1.50	1.70	777.3		238%	7	3.30	1.60	780.6	9	129%
	심리학과	11	11	3.27	1.50	1.80	776.0		146%	9	2.90	1.80	773.1	10	111%
	커뮤니케미디어	15	15	4.60	1.50	1.70	777.4		133%	12	3.80	1.70	778.5	25	208%
경영대	경영학부	18	18	5.39	1.40	1.80	773.8		228%	15	3.20	1.80	774.2	30	200%
신산업융합대	의류산업	11	11	5.18	1.70	2.20	760.8		155%	9	2.60	3.00	736.3	13	144%
	국제사무학과	7	7	4.29	1.50	1.80	773.1		86%	7	3.30	1.80	775.2	12	171%
사범대학	교육학과	6	6	5.50	1.50	1.80	773.5		267%	8	4.30	1.60	780.4	25	313%
	유아교육	6	6	3.33	1.50	2.50	751.7		217%	6	3.70	1.70	778.9	7	117%
	초등교육	9	9	11.2	1.10	1.20	792.8		222%	9	4.70	1.20	792.9	31	344%
	교육공학	5	5	3.20	1.70	2.00	769.0		160%	9	7.00	1.60	781.8	17	189%
	특수교육	9	9	4.00	1.60	1.80	774.0		78%	12	2.30	1.80	773.3	14	117%
	영어교육	5	5	4.80	1.40	1.60	781.9		100%	6	3.50	1.60	781.8	15	250%
	역사교육	5	5	3.80	1.60	1.70	776.0		40%	6	5.00	1.40	785.7	8	133%
	사회교육	5	5	5.40	1.30	1.50	784.0		140%	7	4.90	1.60	780.4	15	214%
	지리교육	5	5	3.40	1.60	1.80	775.2		160%	7	3.70	1.80	774.6	13	186%
	국어교육	5	5	5.40	1.30	1.50	785.0		240%	6	4.20	1.60	779.9	11	183%
합계		201	201	4.59	1.54	1.83	773.6		150%	191	3.64	1.74	776.4	343	180%

수능최저 없음 / 2022 고교추천 자연 / 2021 고교추천 자연

▶교과80+면접20 일괄전형
▶내신: 국영수사과

대학	학과	2023 모집인원	2022 모집인원	2022 경쟁률	최초등급평균	70% CUT 등급	70% CUT 환산	추합인원	충원율	2021 모집인원	2021 경쟁률	70% CUT 등급	70% CUT 환산	추합인원	충원율
자연과학	수학과	10	10	3.80	1.80	2.00	768.8		50%	8	4.30	1.90	770.1	17	213%
	통계학과	11	11	3.45	1.60	1.80	772.8		82%	9	3.40	1.80	775.9	14	156%
	화학생명분자	25	25	6.44	1.40	1.60	779.3		124%	22	6.40	1.60	781.4	62	282%
신산업	식품영양	11	11	3.73	1.80	1.90	771.5		46%	9	3.90	1.80	773.9	4	44%
간호대	간호학부	18	18	3.89	1.50	1.60	780.4		83%	16	3.60	1.50	782.5	15	94%
사범대학	과학교육	16	16	3.06	1.60	1.80	774.5		50%	17	3.50	1.50	783.5	17	100%
	수학교육	6	6	5.50	1.30	1.80	775.5		283%	9	3.90	1.70	778.1	15	167%
엘텍공과대자연	휴먼기계바이오	20	20	4.75	1.60	1.80	775.7		85%	20	3.80	1.70	779.2	27	135%
	컴퓨터공학	12	12	3.50	1.60	1.80	773.6		150%	10	5.10	1.60	780.7	20	200%
	사이버보안	8	8	3.25	1.70	1.90	770.4		125%	7	4.00	1.70	777.2	5	71%
	전자전기	16	16	3.38	1.50	2.10	766.2		69%	13	3.10	1.80	776.0	20	154%
	화공신소재공	14	14	4.71	1.40	1.70	776.3		164%	11	5.90	1.50	784.4	35	318%
	식품생명공학	9	9	6.89	1.60	1.70	777.3		78%	8	4.60	1.90	770.4	12	150%
	기후에너지시스	8	8	3.38	1.70	1.80	774.5		100%	7	3.90	1.70	778.7	5	71%
	환경공학	8	8	5.13	1.80	1.90	770.8		88%	7	4.70	1.70	778.6	14	200%
	건축도시시스템	7	7	3.14	1.50	1.90	771.6		86%	6	3.20	1.80	775.3	5	83%
합계		199	199	4.25	1.59	1.82	773.7		104%	179	4.21	1.70	777.9	287	152%

이화여대 2022 대입분석 03 - 미래인재종합 인문 — *2022. 06. 06. ollim*

수능최저 있음		2023 모집인원	2022 지원 모집인원	2022 지원 경쟁률	2022 최초등급평균	2022 50% CUT 등급	2022 70% CUT 등급	추합인원	충원율	2021 지원 모집인원	2021 지원 경쟁률	2021 50% CUT 등급	2021 70% CUT 등급	추합인원	충원율
			▶서류 100% 일괄전형, 전과목 반영 ▶수능최저 인문: 3개합 5 (탐2) 의예: 4개합 5 (탐2) 스크: 3개합 4							▶서류 100% 일괄전형, 전과목 반영 ▶수능최저 인문: 3개합 5 (탐2) 의예: 4개합 5 (탐2) 스크: 3개합 4					
인문과학	국어국문	35	35	5.80	2.30	2.30	2.50		51%	34	6.90	2.30	2.40	38	112%
	영어영문	36	34	7.62	2.60	2.30	2.70		68%	32	9.10	2.10	2.40	43	134%
	중어중문	29	28	6.64	3.80	4.50	4.70		46%	28	5.90	4.00	4.20	21	75%
	불어불문	21	20	7.65	3.30	3.60	4.30		50%	19	5.80	4.40	4.50	11	58%
	독어독문	14	13	7.85	3.50	3.80	4.30		54%	12	8.00	4.10	4.10	18	150%
	사학과	16	16	9.25	2.60	2.50	2.80		63%	15	8.50	2.60	4.30	15	100%
	철학과	16	16	6.31	2.70	2.80	4.00		94%	16	8.80	2.20	2.50	18	113%
	기독교	11	11	6.18	3.40	3.40	3.70		18%	10	5.20	3.50	4.60	1	10%
사회과학	정치외교	12	12	9.67	2.20	2.20	2.40		100%	12	11.6	2.00	2.00	20	167%
	행정학과	12	12	9.33	1.80	2.10	2.20		75%	11	11.3	1.90	2.30	23	209%
	경제학과	22	22	6.50	2.70	2.50	2.90		96%	22	7.40	2.30	3.70	29	132%
	사회학과	10	10	11.1	1.60	1.90	2.20		220%	10	12.5	1.80	1.90	12	120%
	심리학과	12	12	8.08	2.30	2.20	2.20		50%	12	9.10	2.00	2.20	15	125%
	커뮤니케미디어	35	35	7.74	2.20	2.20	2.40		74%	34	7.80	2.00	2.20	33	97%
	문헌정보	11	11	6.18	2.30	2.50	2.60		64%	10	7.70	2.50	2.60	4	40%
	사회복지	11	11	8.55	2.50	2.40	2.20		73%	10	12.5	2.20	2.20	5	50%
	소비자학과	10	10	8.10	2.60	2.50	2.60		70%	10	10.9	2.10	2.40	8	80%
경영대	경영학부	48	48	10.8	2.50	2.40	3.60		102%	46	9.20	3.10	3.90	79	172%
간호대	간호학부	5	5	10.4	1.90	2.00	2.00		60%	5	12.2	2.10	2.20	3	60%
약학대	미래산업약학	10	10	21.8	1.50	1.90	2.20		80%	-	-	-	-		
신산업융합대	의류산업	16	16	8.13	2.70	2.60	2.90		69%	16	7.40	2.30	3.60	11	69%
	융합콘텐츠	13	13	13.10	2.50	2.30	4.10		77%	14	8.60	2.20	3.70	8	57%
	국제사무학과	7	7	9.57	3.30	2.60	3.70		14%	7	7.10	2.40	4.00	4	57%
사범대학	교육학과	7	7	9.86	2.00	1.80	2.00		114%	8	11.5	1.90	1.90	16	200%
	유아교육	6	6	6.33	2.30	2.30	2.50		17%	7	6.60	2.20	2.30	4	57%
	초등교육	12	12	8.75	1.30	1.40	1.50		133%	10	12.5	1.40	1.40	35	350%
	교육공학	5	5	9.20	1.90	2.00	2.50		40%	10	7.70	1.80	2.10	10	100%
	특수교육	9	9	5.22	2.90	2.90	3.10		22%	6	7.70	2.60	2.70	4	67%
	영어교육	7	7	8.57	1.80	1.80	1.80		129%	11	7.00	1.80	1.90	21	191%
	역사교육	5	6	6.50	1.90	2.10	2.10		100%	7	11.1	1.70	1.90	6	86%
	사회교육	5	6	9.17	1.70	1.80	1.90		100%	7	9.40	1.80	1.80	8	114%
	지리교육	5	6	5.67	3.00	2.70	2.90		33%	6	8.20	2.00	2.10	8	133%
	국어교육	8	8	9.50	1.80	2.00	2.00		150%	10	7.70	2.00	3.50	8	80%
엘텍공과대 인문	휴먼기계바이오	30	10	7.20	2.80	2.50	2.80		10%	10	6.10	2.90	4.00	6	60%
	컴퓨터공학	16	8	5.63	3.00	2.40	3.80		25%	10	5.50	2.60	2.90	4	40%
	기후에너지시스	10	7	9.57	4.00	4.30	4.40		29%	7	6.00	4.30	4.80	5	71%
	환경공학	10	7	7.29	3.80	2.80	3.00		57%	7	6.40	2.90	3.10	2	29%
	건축도시시스템	8	5	5.80	3.30	3.60	4.30		80%	6	4.70	2.70	2.80	2	33%
	건축학5년	12	7	6.43	4.00	3.40	3.70		0%	8	5.00	3.10	3.20	8	100%
총계		567	523	8.39	2.57	2.55	2.91		69%	515	8.33	2.47	2.90	566	103%

▶서류 100% 일괄전형
▶2022 수능최저등급
인/자: 3개합 6(탐1)
의예: 4개합 5(탐1)
약학: 4개합 5(탐1)
스크랜: 3개합 5(탐1)

이화여대 2022 대입분석 04 - 미래인재종합 자연

2022. 06. 06. ollim

수능최저 있음		2023 모집 인원	2022 지원		2022 미래인재 ADIGA					2021 지원		2021 미래인재 ADIGA			
▶서류 100% 일괄전형 ▶2022 수능최저등급 인/자: 3개합 6(탐1) 의예: 4개합 5(탐1) 약학: 4개합 5(탐1) 스크랜: 3개합 5(탐1)			모집 인원	경쟁률	최초 등급 평균	50% CUT 등급	70% CUT 등급	추합 인원	충원율	모집 인원	경쟁률	50% CUT 등급	70% CUT 등급	추합 인원	충원율
자연 과학	수학과	15	16	4.25	2.70	2.50	2.80		25%	16	4.50	2.30	2.60	4	25%
	통계학과	18	18	4.28	2.20	2.30	2.80		56%	18	4.20	2.20	2.30	8	44%
	물리학과	15	16	3.19	2.90	3.10	3.50		0%	14	4.40	2.20	2.50	6	43%
	화학나노과학	28	26	7.81	2.00	2.10	2.30		62%	24	9.70	2.00	2.20	17	71%
	생명과학전공	28	26	12.1	1.90	1.90	2.00		27%	24	13.4	1.90	2.10	22	92%
신산업 융합대	식품영양	16	16	7.06	2.10	2.30	2.50		50%	16	6.40	2.60	2.80	6	38%
	융합보건	14	13	6.69	2.10	2.20	2.20		31%	13	8.90	2.20	2.40	4	31%
의과대	의예과	13	13	30.9	1.20	1.20	1.30		39%	15	25.2	1.30	3.30	13	87%
간호대	간호학부	18	18	8.94	2.00	2.20	2.30		50%	18	8.40	2.10	2.30	10	56%
약학부	약학전공	20	20	33.4	1.60	1.80	1.90		55%						
AI융합	인공지능	10	10	6.80	2.50	2.60	2.60		40%						
사범 대학	과학교육	16	16	7.56	1.90	2.10	2.20		75%	17	9.10	2.10	2.40	4	24%
	수학교육	6	6	6.00	1.90	2.00	2.30		33%	6	5.20	1.90	2.10	4	67%
스크 랜튼	뇌인지과학	10	10	6.70	2.00	2.30	2.50		60%	10	9.40	1.70	2.20	6	60%
	스크랜튼	20	16	10.6	2.50	2.70	3.10		94%	15	11.9	2.20	2.60	34	227%
엘텍 공과대 자연	휴먼기계바이오	30	26	7.31	2.10	2.20	2.30		54%	25	8.80	2.00	2.00	21	84%
	컴퓨터공학	16	13	7.38	2.00	2.10	2.20		46%	14	7.60	2.20	2.20	12	86%
	사이버보안	13	10	4.90	2.40	2.70	2.80		30%	10	6.00	2.50	2.80	5	50%
	전자전기공학	22	20	5.80	2.10	2.30	2.40		60%	20	4.90	2.50	2.80	16	80%
	화공신소재공	18	16	8.56	1.90	2.00	2.10		75%	15	7.80	2.10	2.20	19	127%
	식품생명공학	10	10	7.70	1.90	2.40	2.40		50%	9	8.60	2.00	2.10	5	56%
	기후에너지	10	7	8.00	2.30	2.40	2.50		57%	7	8.40	2.20	2.50	3	43%
	환경공학	10	7	9.9	2.20	2.20	2.30		29%	7	12.7	2.00	2.10	3	43%
	건축도시시스템	8	7	4.71	2.80	2.50	3.00		14%	7	6.30	2.30	2.30	7	100%
	건축학5년	12	10	5.50	2.40	2.50	2.70		60%	9	5.20	3.00	3.00	4	44%
총계		396	366	9.04	2.14	2.26	2.44		47%	329	8.57	2.15	2.43	10	68%

2022 미래인재 자연
▶내신 반영: 주요교과 중심 정성평가
▶수능최저 자연: 2개합 4 (탐2)
　의예: 4개합 5 (탐2) 스크3개합5

2021 미래인재 자연
▶내신 반영: 주요교과 중심 정성평가
▶수능최저 자연: 2개합 4 (탐2)
　의예: 4개합 5 (탐2) 스크3개합5

자연 데이터사이언스
2023 모집신설 7명

2023 대입 정시 특징	2023 수시정시수학 무제한★　미적/기하10% 가산
	<국수영탐2> 인35:30:<u>10</u>:25 자25:35:<u>10</u>:30

▶내신교과 인: 국영수사+史
　자: 국영수과
▶학년비율 없음, 교과 가중치
　인: 국영수사 30:30:20:20
　자: 국영수과 20:30:30:20
　예체: 국영사 40:30:30
▶진로선택과목: 반영교과별
　이수과목 이수단위 가산점★

1. 2023 정원내 전년대비 수시 33명 증가, 정시 29명 감소★
2. 2022 교과100% 전형 최저유무 투트랙 - 교과우수, 지역균형
3. 지역균형 교과100% 학교장추천, 287명, 12명 증가, 최저없음
4. 교과우수 교과100% 459명 모집, 12명 감소, 최저있음
5. 자기추천 (종합단계면접) 685명 모집, 23명 증가, 전형동일
6. 고른기회 및 사회통합전형 서류100% 일괄전형 유지
7. 2023 모든학과 야간모집 폐지
8. 내신반영 유지: 국영수사/국영수과, 교과별 가중치 적용★★

9. 정시영어 2022부터 등급점수 10% 반영★★　*2022.06.13. 올림*
100-98-<u>95</u>-<u>80</u>-70-60-30-10-0
10. 교과전형 3개년 수능최저충족률★★ (2개합 7, 탐1)
　▶인문: 20년 60.1%→21년 70.1%→22년 63.8%
　▶자연: 20년 64.6%→21년 66.4%→22년 64.1%
11. 반영교과별 이수과목 이수단위 가산점 부여
　▶교과성적 최종 산출점수(가산점 적용)
　Σ(교과별 석차등급×교과별 반영비율) +
　가산점 [Σ(반영교과별 이수과목 이수단위) ×0.05] ★★

모집시기	전형명	사정모형	학생부종합 특별사항	2023 수시 접수기간 09. 13(화) ~ 17(토)	모집인원	학생부	논술	면접	서류	기타	2023 수능최저등급
2023 정원내 수시 1,742명 (69.8%)　정시 754명 (30.2%)　전체 2,496명　2022 정원내 수시 1,709명 (68.6%)　정시 783명 (31.4%)　전체 2,492명	교과성적 우수자	일괄	학생부교과　최종 12.15(목)	1. 2023 전년대비 인원유지 2. 야간모집 전체없음 ▶사범: 국교3/영교3/일교3 수교3/역교2/윤교2/유아4 ▶동북아통상 17명 3. 인: 국영수사 30:30:20:20 자: 국영수과 20:30:30:20	459 사범 20　2022 459 사범 20	교과 100					■ 최초평균-최종평균-최종70%★ ▶인문 2022 경쟁15.6 <u>2.33-2.77</u> 　인문 2021 경쟁6.26 2.26-2.86 ▶자연 2022 경쟁12.3 <u>2.38-2.76</u> 　자연 2021 경쟁7.26 2.47-2.88 ▶사범인문 2022 <u>2.12-2.57-2.69</u> ▶사범수교 2022 <u>1.68-2.09-2.21</u> ■ 최저충족률 3개년 2020~2022 ▶인문: 60.1%→70.1%→<u>63.8%</u> ▶자연: 64.6%→66.4%→<u>64.1%</u> ▶동북아: 2021 57.1%→<u>60.6%</u>　인문: 2개합 7 (탐1) 자연: 2개합 7 (과1) 사범: 2개합 6 (탐1) 동북: 2개합 5 (탐1) ※자연 수/과탐 1필수　※2022 수능최저 동일 자연 수/과 1필 아님
	지역균형	일괄	학생부교과 학교장추천 추천명단입력 09.19(월) ~09.23(금) 최종 12.15(목)	1. 2023 전년대비 인원유지 2. 추천인원 제한 없음 3. 야간 및 사범 모집없음 동북아통상 모집없음 4. 인: 국영수사 30:30:20:20 자: 국영수과 20:30:30:20	287　2022 287	교과 100					■지역균형 2022 입결 최초평균-최종평균-최종70%★ ▶인문 경쟁률 6.40 지원평균 3.52, <u>2.32-3.00-3.20</u> ▶자연 경쟁률 5.73 지원평균 3.37, <u>2.31-2.89-3.06</u>　최저 없음
	자기추천	1단계	학생부종합 자소서 폐지　1단계 11.11(금) 면접 11.26(토) 최종 12.15(목)	1. 2023 전년대비 인원유지 2. 2023자기소개서 폐지 3. 동북아 1단계 4배수→3배수 4. 사범대 1단계 4배수 유지 5. 사범 43명, 동북아 12명 ▶사범: 국교6/영교6/일교6 수교7/역교5/윤교5/유아8 6. 전공적합성/자기주도성 발전가능성/창의융합성 인성사회성 평가 7. 면접: 5등급 부여, A~E등급	685 사범 43　2022 685 사범 43	서류 100% (3배수)　서류 70% 면접 30%					■자기추천 경쟁 21-22 ▶인문경쟁 6.40→<u>7.58</u> ▶자연경쟁 5.91→<u>6.51</u> ■자기추천 입결 2021 지원평균-최초합-최종합 ▶인문 3.92-<u>3.49-3.65</u> ▶자연 3.80-<u>3.22-3.44</u>　최저 없음 <서류평가 5개영역> 전공적합성 자기주도성 발전가능성 창의융합성 인성사회성
	고른기회	일괄	학생부종합 자소서 폐지 최종 12.15(목)	1. 국가보훈대상 2. 농어촌 3. 기초수급자 및 차상위계층	109　2022 104	서류 100%					▶2021 고른 경쟁률7.10　없음
	사회통합	일괄	학생부종합 자소서 폐지 최종 12.15(목)	1. 군인/경찰/소방/교정 15년 2. 집배, 환경미화 10년 동일 3. 백혈/소아/다문화/다자녀3 장애자녀	54　2022 49	서류 100%					▶2021 통합 경쟁률12.9　없음 <2023 기타 생략> 특성화/실기실적예체 서해5도/특수교육 등
인천대 2022 고른기회 입결올림	■ 고른기회 2022 서류 100% 입결, 최초합격-최종평균★★ <인문> 국문3.21-5.53　영문4.01-3.78　독문4.51-4.66　불문6.07-5.42 　　　　일문3.45-3.82　중문3.17-4.23 <사과> 사복2.80-3.13　신방2.73-2.73　문헌4.70-5.85　창의3.57-4.38 <글법> 법학3.13-3.52　행정2.90-5.44　정외3.06-5.54　경제3.20-3.73 　　　　무역3.38-3.94　소비자4.46-4.61 <경영> 경영3.48-3.42　세무1.47-2.61　도시행정3.60-3.73 <자연> 수학2.49-4.66　물리4.90-6.76　화학2.98-2.95　패션4.21-4.38 　　　　해양4.34-4.82 <공과> 기계3.14-3.38　메카3.87-5.41　전기3.29-4.45　전자3.39-3.57 　　　　산경2.97-4.11　안전3.08-4.43　신소3.05-3.55　에너지2.80-3.44 <정보> 컴공3.55-3.79　정통3.60-3.81　임베디드3.38-3.78 <도시/생명> 도시환경3.50-3.61　도시공학4.13-4.69　도시건축3.73-3.62 　　　　　　생명과학2.92-3.36　생명공학2.73-3.41			■ 실기예체 수시 2022 입결 최초합격-최종평균-최종70% ★★ 사범체교1.91-2.06-2.14 체육학부3.57-3.51-3.84 운동건강3.78-3.75-4.16 디자인학2.49-2.62-2.91 공연연기4.48-4.69-5.30 공연무용5.27-5.31-6.05 조형예술 한국화4.83-4.75-5.40 조형예술 서양화3.44-3.92-4.40						

인천대 2022 수시분석자료 01 - 교과우수 100% 2개년 인문   *2022. 04. 17 ollim*

교과성적우수자

▶교과성적우수자 학생부 100% 국영수사, 가중치 30:30:20:20
▶교과성적 최저 인/자: 2개합7(탐1) 사범: 2개합6 (탐1) 동북: 2개합5 (탐1)

2022 교과우수 100% (인문)
▶내신: 국영수사   ★최저인문: 2개합 7(탐1)
▶학년비율: 없음   ▶교과별 가중치 인: 국영수사 30:30:20:20

2021 교과우수 100%
▶내신: 국영수사
★최저인문: 2개합 7(탐1)

대학	학과	2023 교과우수 모집인원	지원현황 모집인원	지원현황 경쟁률	지원현황 지원평균	합격등급 최초합격평균	합격등급 최종등록평균	합격등급 최종등록70%	교과환산점 최종등록평균	교과환산점 최종등록70%	교과환산점 가산평균	최저충족률 ollim	실질경쟁률 입학처	충원포함 최종실질 경쟁률 ollim	충원 예비순위	2021 모집인원	2021 경쟁률	2021 지원평균	2021 최초합격	2021 최종등록평균	2021 최종등록70컷
인문대학	국어국문	4	4	10.0	3.82	2.38	3.59	3.74	331.73	332.0	4.83	52.5%	5.25	1.24	13	8	6.00	2.89	2.13	2.61	2.94
	영어영문	9	9	11.4	3.40	2.38	2.87	2.79	340.57	339.8	5.18	78.9%	9.00	1.98	32	14	9.29	3.13	2.26	2.79	2.81
	독어독문	5	5	9.60	4.36	2.88	3.12	3.00	337.70	337.0	5.11	62.5%	6.00	3.33	4	8	5.13	3.53	2.49	2.90	2.97
	불어불문	5	5	12.6	3.99	2.77	2.86	2.87	340.92	340.1	4.63	55.6%	7.00	3.50	5	8	6.63	3.57	2.82	2.92	2.97
	일어일문	4	4	11.3	4.05	2.65	2.99	3.12	339.75	338.2	4.80	64.2%	7.25	2.07	10	8	8.38	3.22	2.57	2.98	3.00
	중어중국	9	9	12.3	3.82	2.82	3.04	3.24	338.40	338.0	4.88	55.1%	6.78	2.54	15	14	5.14	3.43	2.55	3.09	3.24
사회과학대학	사회복지	4	4	12.5	3.88	2.20	2.59	2.61	343.65	343.8	4.93	66.0%	8.25	2.75	8	8	7.25	3.21	2.09	2.54	2.61
	신문방송	4	4	17.3	3.21	1.98	2.43	2.69	344.10	342.6	5.04	65.3%	11.3	1.81	21	8	8.13	2.88	2.13	2.54	2.72
	문헌정보	4	4	25.5	3.65	2.30	2.66	2.92	342.67	340.2	5.32	58.8%	15.0	2.86	17	8	5.25	3.57	2.06	3.13	3.35
	창의인재	4	4	14.8	4.08	2.38	3.24	3.46	336.08	334.4	5.16	70.9%	10.5	2.21	15	8	5.88	3.03	2.37	2.77	2.93
글로벌정경대학	행정학과	5	5	17.4	3.39	2.07	2.49	2.75	343.48	341.6	5.04	62.1%	10.8	1.86	24	8	6.38	2.86	1.91	2.77	2.94
	정치외교	4	4	12.3	3.76	2.43	2.75	2.76	340.47	339.9	5.17	69.1%	8.50	2.43	10	8	5.38	3.00	2.30	2.63	2.73
	경제학과	16	16	20.4	3.65	2.59	2.87	3.03	339.99	338.6	5.17	69.6%	14.2	4.94	30	10	4.35	3.21	2.36	3.21	3.50
	무역학부	27	27	14.3	3.58	2.50	2.79	2.97	341.14	339.6	5.05	74.1%	10.6	3.04	67	24	5.67	3.20	2.33	2.88	2.97
	소비자학	6	6	11.8	3.97	2.52	2.99	3.24	339.10	338.0	4.83	66.4%	7.83	2.35	14	10	4.70	3.39	2.44	2.77	2.79
경영대학	경영학부	24	24	16.1	3.30	2.18	2.63	2.63	342.93	341.9	4.93	77.6%	12.5	2.59	92	33	5.30	2.94	2.08	2.71	2.74
	세무회계	5	5	13.0	3.59	2.17	2.73	2.87	341.43	340.8	4.71	61.5%	8.00	2.67	10	8	4.75	3.20	2.00	2.72	3.03
법학	법학부	14	14	16.4	3.47	2.41	2.78	2.95	341.26	339.8	4.85	72.6%	11.9	2.87	44	18	4.06	3.20	2.26	3.03	3.37
동북아	동북아통상	17	17	13.1	3.16	2.03	2.32	2.53	344.95	343.6	5.21	60.6%	7.94	2.93	29	17	3.71	3.43	1.97	2.82	2.88
도시과	도시행정	4	4	25.3	3.70	2.37	2.90	3.16	339.83	337.5	4.91	62.5%	15.8	5.75	7	8	5.25	4.07	2.56	3.45	3.53
사범대학	국어교육	3	3	31.7	3.26	2.23	2.80	2.87	341.13	340.4	5.27	56.8%	18.0	3.18	14	3	5.33	2.93	1.90	3.23	3.24
	영어교육	3	3	18.7	2.69	1.87	2.05	2.10	346.70	346.3	5.05	76.5%	14.3	3.30	10	3	7.00	2.76	1.77	2.51	2.46
	일어교육	3	3	13.3	3.77	2.89	3.45	3.47	334.77	334.5	5.12	42.6%	5.67	1.89	6	3	5.33	3.63	2.52	3.24	3.52
	유아교육	4	4	18.5	3.20	2.09	2.45	2.65	344.45	343.0	4.74	66.5%	12.3	2.14	19	4	7.75	2.96	2.07	2.66	2.85
	역사교육	2	2	13.5	3.20	1.71	2.31	2.29	344.15	343.1	5.28	51.9%	7.00	1.56	7	2	10.5	2.66	1.56	2.26	2.20
	윤리교육	2	2	9.50	3.70	1.90	2.37	2.77	344.05	340.1	4.75	57.9%	5.50	2.20	3	2	12.0	2.62	1.94	2.04	1.87
	체육교육	-	-	-	-	-	-	-	-	-	-	-	-	-	-	-	-	-	-	-	-
예술	디자인학부	10	10	19.1	3.59	2.26	2.64	2.77	341.96	341.6	4.84	65.4%	12.5	3.38	27	10	5.50	3.51	2.54	3.26	3.62
		201	201	15.6	3.60	2.33	2.77	2.90	341.01	339.9	4.99	63.8%	9.99	2.72	553	263	6.30	3.19	2.22	2.83	2.95

인천대 2022 수시분석자료 02 - 교과우수 100% 2개년 자연

2022. 03. 21 ollim

교과성적우수자

▶교과성적우수자 학생부 100% 국영수과, 가중치 20:30:30:20
▶교과성적 최저 인/자: 2개합7(탐1) 사범: 2개합6 (탐1) 동북: 2개합5 (탐1)

2022 교과우수 100% (자연)
▶내신: 국영수과 가중치 자: 국영수과 20:30:30:20
★수능최저자연: 2개합 7(탐1) ★자연: 수/과탐 1필수

2021 교과우수 100%
▶내신: 국영수과
★최저자연: 2개합 7(탐1)

대학	학과	2023 교과우수 모집인원	지원현황			합격 등급			교과 환산점			최저+실질경쟁률ollim			충원 예비순위	지원현황			합격자 등급		
		모집인원	모집인원	경쟁률	지원평균	최초합격평균	최종등록평균	최종등록70%	최종등록평균	최종등록70%	가산평균	최저충족률ollim	실질경쟁률입학처	충원포함최종실질경쟁률ollim	예비순위	모집인원	경쟁률	지원평균	최초합격	최종등록평균	최종등록70컷
자연과학대학	수학과	6	6	7.67	3.54	2.26	2.93	3.39	339.42	335.0	4.97	71.7%	5.50	1.65	14	9	11.7	3.08	2.31	2.60	2.65
	물리학과	9	9	9.00	3.73	2.70	3.04	3.37	338.51	337.0	5.03	66.7%	6.00	2.16	16	12	4.42	3.12	2.69	3.17	3.23
	화학과	9	9	7.33	3.41	2.29	2.65	3.00	341.69	339.8	5.11	62.2%	4.56	1.64	16	12	8.67	2.78	2.09	2.36	2.45
	패션산업	6	6	14.7	4.10	2.59	3.02	3.32	338.72	335.9	4.73	63.5%	9.33	2.80	14	9	18.1	3.74	2.55	2.92	2.99
	해양학과	5	5	7.80	4.14	2.71	3.48	4.00	334.40	328.0	4.88	51.3%	4.00	1.43	9	8	5.25	3.42	2.62	2.74	2.75
공과대학	기계공학	26	26	9.88	3.46	2.36	2.67	2.94	341.56	341.1	5.09	67.3%	6.65	2.11	56	26	12.1	3.01	2.24	2.71	2.83
	메카트로	7	7	9.14	4.14	2.59	2.92	3.13	338.69	337.1	5.06	57.9%	5.29	2.65	7	11	5.91	3.27	2.56	2.85	2.89
	전기공학	16	16	8.31	3.17	2.34	2.64	2.81	341.33	339.9	4.96	75.9%	6.31	1.84	39	21	5.52	3.22	2.42	2.72	2.87
	전자공학	24	24	9.96	3.43	2.18	2.76	2.73	341.05	339.8	5.07	71.6%	7.13	1.84	69	23	6.43	2.80	2.14	2.68	2.67
	산업경영	16	16	9.31	3.52	2.49	2.85	3.13	339.07	336.5	5.03	64.4%	6.00	1.66	42	21	5.67	3.21	2.46	2.93	3.12
	안전공학	6	6	7.83	3.67	2.64	2.73	2.75	340.32	339.6	5.06	51.1%	4.00	2.18	5	10	7.80	3.20	2.57	2.85	2.91
	신소재공	6	6	45.5	3.71	2.27	2.56	2.58	342.55	341.0	4.91	54.3%	24.7	12.4	6	10	4.50	2.86	2.08	3.31	3.62
	에너지화공	5	5	10.6	3.35	2.13	2.51	2.50	343.40	342.8	5.15	58.5%	6.20	1.48	16	8	4.88	2.56	1.92	2.30	2.41
정보기술대학	컴퓨터공학	24	24	13.5	3.35	2.18	2.45	2.59	343.38	342.0	4.95	64.8%	8.75	2.66	55	23	10.3	2.91	2.07	2.57	2.74
	정보통신공	19	19	11.2	3.48	2.58	2.85	2.98	340.06	339.5	4.96	72.4%	8.11	3.42	26	25	4.60	3.57	2.57	2.98	3.13
	임베디드시	6	6	9.67	3.84	2.22	3.14	3.44	336.93	334.7	4.92	63.8%	6.17	2.06	12	10	4.90	3.16	2.55	2.60	2.72
사범	수학교육	3	3	27.0	2.77	1.68	2.09	2.21	346.90	345.8	5.15	70.4%	19.0	7.13	5	3	6.00	3.28	2.29	2.87	2.82
도시과학대	도시환경공	19	19	10.2	3.48	2.51	2.82	2.88	339.41	338.3	4.91	62.9%	6.42	2.14	38	24	5.46	3.28	2.54	2.96	3.14
	도시공학	5	5	11.4	3.61	2.63	2.75	2.89	339.60	338.9	4.86	63.2%	7.20	3.27	6	9	16.9	3.41	2.68	3.02	3.10
	도시건축학	18	18	8.33	3.84	2.60	2.91	2.92	339.03	337.7	4.99	56.7%	4.72	1.73	31	24	5.33	3.28	2.63	2.85	2.90
생명과학	생명과학부	10	10	9.20	3.80	2.32	2.75	2.91	340.86	338.6	5.13	69.6%	6.40	2.06	21	17	5.88	2.79	2.19	2.45	2.51
	생명공학부	13	13	13.3	3.02	2.07	2.30	2.43	344.75	343.9	5.02	71.1%	9.46	2.93	29	19	4.58	3.23	2.04	2.62	2.66
		258	258	12.3	3.57	2.38	2.76	2.95	340.53	338.8	5.00	64.1%	7.81	2.87	532	334	7.5	3.14	2.37	2.78	2.87

인천대 2022 수시분석자료 01 - 교과100% 2개년 인문

2022. 03. 21 ollim

교과성적우수자		2023 교과우수 모집인원	2022 교과우수 100% (인문)									2021 교과우수 100% (인문)									
			▶내신: 국영수사 ★최저인문: 2개합 7(탐1) / ▶학년비율: 없음 ▶교과별 가중치 인: 국영수사 30:30:20:20									▶내신: 국영수사 ★최저인문: 2개합 7(탐1) / ▶학년비율: 없음 ▶교과별 가중치 인: 국영수사 30:30:20:20									
			지원현황			합격 등급		최저+실질경쟁률ollim			충원	지원현황			합격자 등급			최저+실질경쟁률ollim			충원
		모집인원	모집인원	경쟁률	지원평균	최초합격	최종등록평균	최저충족률 ollim	실질경쟁률 입학처	충원포함 최종실질 경쟁률 ollim	예비순위	모집인원	경쟁률	지원평균	최초합격	최종등록평균	최종등록 70컷	최저충족률 ollim	실질경쟁률 입학처	충원포함 최종실질경쟁률 ollim	예비순위
인문대학	국어국문	4	4	10.0	3.82	2.38	3.59	52.5%	5.25	1.24	13	8	6.00	2.89	2.13	2.61	2.94	70.8%	4.25	1.31	18
	영어영문	9	9	11.4	3.40	2.38	2.87	78.9%	9.00	1.98	32	14	9.29	3.13	2.26	2.79	2.81	73.8%	6.86	1.85	38
	독어독문	5	5	9.60	4.36	2.88	3.12	62.5%	6.00	3.33	4	8	5.13	3.53	2.49	2.90	2.97	63.4%	3.25	1.30	12
	불어불문	5	5	12.6	3.99	2.77	2.86	55.6%	7.00	3.50	5	8	6.63	3.57	2.82	2.92	2.97	77.4%	5.13	2.74	7
	일어일문	4	4	11.3	4.05	2.65	2.99	64.2%	7.25	2.07	10	8	8.38	3.22	2.57	2.98	3.00	65.6%	5.50	1.47	22
	중어중국	9	9	12.3	3.82	2.82	3.04	55.1%	6.78	2.54	15	14	5.14	3.43	2.55	3.09	3.24	69.5%	3.57	1.28	25
사회과학대학	사회복지	4	4	12.5	3.88	2.20	2.59	66.0%	8.25	2.75	8	8	7.25	3.21	2.09	2.54	2.61	62.1%	4.50	1.38	18
	신문방송	4	4	17.3	3.21	1.98	2.43	65.3%	11.3	1.81	21	8	8.13	2.88	2.13	2.54	2.72	70.7%	5.75	1.53	22
	문헌정보	4	4	25.5	3.65	2.30	2.66	58.8%	15.0	2.86	17	8	5.25	3.57	2.06	3.13	3.35	64.4%	3.38	1.23	14
	창의인재	4	4	14.8	4.08	2.38	3.24	70.9%	10.5	2.21	15	8	5.88	3.03	2.37	2.77	2.93	80.8%	4.75	1.46	18
글로벌정경대학	행정학과	5	5	17.4	3.39	2.07	2.49	62.1%	10.8	1.86	24	8	6.38	2.86	1.91	2.77	2.94	84.3%	5.38	1.08	32
	정치외교	4	4	12.3	3.76	2.43	2.70	69.1%	8.50	2.43	10	8	5.38	3.00	2.30	2.63	2.73	86.1%	4.63	1.48	17
	경제학과	16	16	20.4	3.65	2.59	2.87	69.6%	14.2	4.94	30	10	4.35	3.21	2.36	3.21	3.50	73.6%	3.20	0.67	38
	무역학부	27	27	14.3	3.58	2.50	2.78	74.1%	10.6	3.04	67	24	5.67	3.20	2.33	2.88	2.97	76.4%	4.33	1.25	59
	소비자학과	6	6	11.8	3.97	2.52	2.99	66.4%	7.83	2.35	14	10	4.70	3.39	2.44	2.77	2.79	72.3%	3.40	1.26	17
경영대학	경영학부	24	24	16.1	3.30	2.18	2.63	77.6%	12.5	2.59	92	33	5.30	2.94	2.08	2.71	2.74	81.1%	4.30	1.08	98
	세무회계	5	5	13.0	3.59	2.17	2.73	61.5%	8.00	2.67	10	8	4.75	3.20	2.00	2.72	3.03	68.4%	3.25	1.37	11
법학	법학부	14	14	16.4	3.47	2.41	2.78	72.6%	11.9	2.87	44	18	4.06	3.20	2.26	3.03	3.37	75.4%	3.06	1.10	32
동북아	동북아통상	17	17	13.1	3.16	2.03	2.32	60.6%	7.94	2.93	29	17	3.71	3.43	1.97	2.82	2.88	57.1%	2.12	1.16	14
도시과	도시행정	4	4	25.3	3.70	2.37	2.90	62.5%	15.8	5.75	7	8	5.25	4.07	2.56	3.45	3.53	50.1%	2.63	1.50	6
사범대학	국어교육	3	3	31.7	3.26	2.23	2.80	56.8%	18.0	3.18	14	3	5.33	2.93	1.90	3.23	3.24	62.5%	3.33	1.00	7
	영어교육	3	3	18.7	2.69	1.87	2.05	76.5%	14.3	3.30	10	3	7.00	2.76	1.77	2.51	2.46	71.4%	5.00	1.36	8
	일어교육	3	3	13.3	3.77	2.89	3.45	42.6%	5.67	1.89	6	3	5.33	3.63	2.52	3.24	3.52	56.3%	3.00	1.00	6
	유아교육	4	4	18.5	3.20	2.09	2.45	66.5%	12.3	2.14	19	4	7.75	2.96	2.07	2.66	2.85	48.4%	3.75	1.25	8
	역사교육	2	2	13.5	3.20	1.71	2.31	51.9%	7.00	1.56	7	2	10.5	2.66	1.56	2.26	2.20	81.0%	8.50	2.43	5
	윤리교육	2	2	9.50	3.70	1.90	2.37	57.9%	5.50	2.20	3	2	12.0	2.62	1.94	2.04	1.87	70.8%	8.50	1.89	7
	체육교육	-	-	-	-	-	-	-	-	-	-	-	-	-	-	-	-	-	-	-	-
예술	디자인학부	10	10	19.1	3.59	2.26	2.64	65.4%	12.5	3.38	27	10	5.50	3.51	2.54	3.26	3.62	49.1%	2.70	1.08	15
		201	201	15.6	3.60	2.33	2.76	63.8%	9.99	2.72	553	263	6.30	3.19	2.22	2.83	2.95	69.0%	4.37	1.39	574

교과성적우수자

▶교과성적우수자 학생부 100% 국어수사, 가중치 30:30:20:20
▶교과성적 수능최저 인/자: 2개합7(탐1) 사범: 2개합6 (탐1) 동북: 2개합5 (탐1)

인천대 2022 수시분석자료 01 - 교과100% 2개년 자연 · 2022. 03. 21 ollim

교과성적우수자		2023 교과우수	2022 교과우수 100% (자연) 지원현황 모집인원	경쟁률	지원평균	합격등급 최초합격	최종등록평균	최저+실질경쟁률ollim 최저충족률 ollim	실질경쟁률 입학처	충원포함 최종실질 경쟁률 ollim	충원 예비순위	2021 교과우수 100% (자연) 지원현황 모집인원	경쟁률	지원평균	합격자등급 최초합격	최종등록평균	최종등록 70컷	최저+실질경쟁률ollim 최저충족률 ollim	실질경쟁률 입학처	충원포함 최종실질 경쟁률 ollim	충원 예비순위
자연과학대학	수학과	6	6	7.67	3.63	2.36	2.96	71.7%	5.50	1.65	14	9	11.7	3.08	2.31	2.60	2.65	59.0%	6.89	2.14	20
	물리학과	9	9	9.00	3.70	2.67	3.08	66.7%	6.00	2.16	16	12	4.42	3.12	2.69	3.17	3.23	60.4%	2.67	1.00	20
	화학과	9	9	7.33	3.38	2.27	2.68	62.2%	4.56	1.64	16	12	8.67	2.78	2.09	2.36	2.45	66.3%	5.75	1.77	27
	패션산업	6	6	14.7	4.10	2.59	3.02	63.5%	9.33	2.80	14	9	18.1	3.74	2.55	2.92	2.99	56.4%	10.2	4.37	12
	해양학과	5	5	7.80	4.06	2.60	3.30	51.3%	4.00	1.43	9	8	5.25	3.42	2.62	2.74	2.75	50.1%	2.63	1.75	4
공과대학	기계공학	26	26	9.88	3.50	2.41	2.75	67.3%	6.65	2.11	56	26	12.1	3.01	2.24	2.71	2.83	65.3%	7.92	1.91	82
	메카트로	7	7	9.14	4.17	2.67	3.01	57.9%	5.29	2.65	7	11	5.91	3.27	2.56	2.85	2.89	66.2%	3.91	1.34	21
	전기공학	16	16	8.31	3.20	2.40	2.70	75.9%	6.31	1.84	39	21	5.52	3.22	2.42	2.72	2.87	62.1%	3.43	1.39	31
	전자공학	24	24	9.96	3.46	2.22	2.79	71.6%	7.13	1.84	69	23	6.43	2.80	2.14	2.68	2.67	75.7%	4.87	1.10	79
	산업경영	16	16	9.31	3.60	2.62	2.98	64.4%	6.00	1.66	42	21	5.67	3.21	2.46	2.93	3.12	67.2%	3.81	1.36	38
	안전공학	6	6	7.83	3.72	2.73	2.88	51.1%	4.00	2.18	5	10	7.80	3.20	2.57	2.85	2.91	66.7%	5.20	2.89	8
	신소재공	6	6	45.5	3.73	2.33	2.62	54.3%	24.7	12.4	6	10	4.50	2.86	2.08	3.31	3.62	75.6%	3.40	1.00	24
	에너지화공	5	5	10.6	3.32	2.16	2.50	58.5%	6.20	1.48	16	8	4.88	2.56	1.92	2.30	2.41	71.7%	3.50	1.12	17
정보기술대학	컴퓨터공학	24	24	13.5	3.40	2.21	2.52	64.8%	8.75	2.66	55	23	10.3	2.91	2.07	2.57	2.74	71.7%	7.39	1.57	85
	정보통신공	19	19	11.2	3.55	2.68	2.91	72.4%	8.11	3.42	26	25	4.60	3.57	2.57	2.98	3.13	64.3%	2.96	1.40	28
	임베디드시	6	6	9.67	3.89	2.35	3.11	63.8%	6.17	2.06	12	10	4.90	3.16	2.55	2.60	2.72	71.4%	3.50	2.06	7
사범	수학교육	3	3	27.0	2.86	1.68	2.09	70.4%	19.0	7.13	5	3	6.00	3.28	2.29	2.87	2.82	38.8%	2.33	1.17	3
도시과학대	도시환경공	19	19	10.2	3.54	2.59	2.95	62.9%	6.42	2.14	38	24	5.46	3.28	2.54	2.96	3.14	67.9%	3.71	1.31	44
	도시공학	5	5	11.4	3.67	2.66	2.93	63.2%	7.20	3.27	6	9	16.9	3.41	2.68	3.02	3.10	66.3%	11.2	3.88	17
	도시건축학	18	18	8.33	3.91	2.68	3.00	56.7%	4.72	1.73	31	24	5.33	3.28	2.63	2.85	2.90	68.9%	3.67	1.44	37
생명과학	생명과학부	10	10	9.20	3.80	2.35	2.78	69.6%	6.40	2.06	21	17	5.88	2.79	2.19	2.45	2.51	78.1%	4.59	1.37	40
	생명공학부	13	13	13.3	3.06	2.11	2.38	71.1%	9.46	2.93	29	19	4.58	3.23	2.04	2.62	2.66	74.7%	3.42	1.12	39
		258	258	12.3	3.60	2.42	2.82	64.1%	7.81	2.87	532	334	7.5	3.14	2.37	2.78	2.87	65.7%	4.86	1.75	683

▶교과성적우수자 학생부 100% 국영수과, 가중치 20:30:30:20
▶교과성적 수능최저 인/자: 2개합7(탐1) 사범: 2개합6 (탐1) 동북: 2개합5 (탐1)

2022: ▶내신: 국영수과 가중치 자: 국영수과 20:30:30:20 ★수능최저자연: 2개합 7(탐1) ★자연: 수/과탐 1필수

2021: ▶내신: 국영수과 가중치 자: 국영수과 20:30:30:20 ★수능최저자연: 2개합 7(탐1) ★자연: 수/과탐 1필수 아님

2022 지역균형 교과 100% (인문)

▶내신: 국영수사　*수능최저 없음*
▶학년비율: 없음　▶교과별 가중치　인: 국영수사 30:30:20:20

지역균형		2023 지역균형 모집인원	지원현황			합격 등급			교과 환산점			최저+실질경쟁률ollim			충원	지원현황			합격자 등급		
		모집인원	모집인원	경쟁률	지원평균	최초합격평균	최종등록평균	최종등록70%	최종등록평균	최종등록70%	가산평균	최저충족률ollim	실질경쟁률입학처	충원포함최종실질	예비순위	모집인원	경쟁률	지원평균	최초합격	최종등록평균	최종등록70컷
인문대학	국어국문	4	4	5.75	3.43	2.09	2.68	3.02	342.08	339.5	4.75				6	8	6.00	2.89	2.13	2.61	2.94
	영어영문	7	7	6.00	3.90	2.35	2.88	3.15	340.00	338.0	5.10				10	14	9.29	3.13	2.26	2.79	2.81
	독어독문	5	5	5.20	3.97	2.76	3.32	3.36	334.94	333.8	5.02				8	8	5.13	3.53	2.49	2.90	2.97
	불어불문	5	5	4.80	3.93	2.74	3.16	3.45	337.06	334.5	5.06				5	8	6.63	3.57	2.82	2.92	2.97
	일어일문	5	5	5.00	3.42	2.68	3.12	3.33	337.98	336.8	5.04				6	8	8.38	3.22	2.57	2.98	3.00
	중어중국	7	7	4.86	3.84	2.82	3.18	3.46	336.49	333.4	4.83				8	14	5.14	3.43	2.55	3.09	3.24
사회과학대학	사회복지	4	4	5.75	3.15	1.88	2.94	3.01	339.43	337.9	4.95				14	8	7.25	3.21	2.09	2.54	2.61
	신문방송	4	4	7.25	3.33	1.94	2.74	2.76	341.03	341.3	5.15				12	8	8.13	2.88	2.13	2.54	2.72
	문헌정보	4	4	9.50	3.26	2.19	2.37	2.45	344.03	343.5	4.89				12	8	5.25	3.57	2.06	3.13	3.35
	창의인재개발	4	4	5.75	4.62	2.44	4.26	5.06	321.93	311.2	5.03				7	8	5.88	3.03	2.37	2.77	2.93
글로벌정경대학	행정학과	5	5	6.80	3.09	1.93	2.98	3.12	338.00	335.1	5.20				18	8	6.38	2.86	1.91	2.77	2.94
	정치외교	4	4	6.25	3.69	2.46	3.23	3.28	336.08	336.3	4.96				10	8	5.38	3.00	2.30	2.63	2.73
	경제학과	10	10	8.00	3.49	2.32	3.15	3.24	337.42	336.8	5.08				28	10	4.35	3.21	2.36	3.21	3.50
	무역학부	14	14	6.29	3.24	2.21	2.96	3.06	338.98	337.8	5.03				39	24	5.67	3.20	2.33	2.88	2.97
	소비자학과	5	5	6.40	3.74	2.27	3.29	3.32	335.46	334.5	5.24				10	10	4.70	3.39	2.44	2.77	2.79
경영대학	경영학부	15	15	6.80	3.04	2.01	2.58	3.01	342.50	339.0	4.93				50	33	5.30	2.94	2.08	2.71	2.74
	세무회계	4	4	5.50	2.87	2.20	2.40	2.63	343.25	342.6	5.08				7	8	4.75	3.20	2.00	2.72	3.03
법학	법학부	8	8	6.50	3.31	2.26	2.71	2.93	341.25	339.6	5.15				14	18	4.06	3.20	2.26	3.03	3.37
동북아	동북아통상	-	-	-	-	-	-	-	-	-	-				-	17	3.71	3.43	1.97	2.82	2.88
도시과	도시행정인문	4	4	9.25	3.65	2.44	3.13	3.23	337.28	336.5	4.88				6	8	5.25	4.07	2.56	3.45	3.53
사범대학	국어교육	-	-	-	-	-	-	-	-	-	-				-	3	5.33	2.93	1.90	3.23	3.24
	영어교육	-	-	-	-	-	-	-	-	-	-				-	3	7.00	2.76	1.77	2.51	2.46
	일어교육	-	-	-	-	-	-	-	-	-	-				-	3	5.33	3.63	2.52	3.24	3.52
	유아교육	-	-	-	-	-	-	-	-	-	-				-	4	7.75	2.96	2.07	2.66	2.85
	역사교육	-	-	-	-	-	-	-	-	-	-				-	2	10.5	2.66	1.56	2.26	2.20
	윤리교육	-	-	-	-	-	-	-	-	-	-				-	2	12.0	2.62	1.94	2.04	1.87
	체육교육	-	-	-	-	-	-	-	-	-	-				-	-	-	-	-	-	-
예술	디자인학부	-	-	-	-	-	-	-	-	-	-				-	10	5.50	3.51	2.54	3.26	3.62
		118	118	6.40	3.52	2.32	3.00	3.20	338.17	336.2	5.02				270	263	6.30	3.19	2.22	2.83	2.95

▶지역균형 교과 학생부 100%
국영수사, 가중치 30:30:20:20
▶지역균형 최저없음

2022 지역균형 교과 100% (자연)

▶내신: 국영수사　수능최저 없음
▶학년비율: 없음　▶교과별 가중치　자: 국영수과 30:30:20:20

▶지역균형 교과 학생부 100% 국영수과, 가중치 30:30:20:20
▶지역균형 최저없음

지역균형		2023 지역균형 모집인원	지원현황			합격 등급			교과 환산점			최저+실질경쟁률ollim			충원	지원현황			합격자 등급		
			모집인원	경쟁률	지원평균	최초합격평균	최종등록평균	최종등록70%	최종등록평균	최종등록70%	가산평균	최저충족률ollim	실질경쟁률입학처	충원포함최종실질	예비순위	모집인원	경쟁률	지원평균	최초합격	최종등록평균	최종등록70컷
자연과학대학	수학과	5	5	4.00	3.15	2.24	2.81	3.08	338.26	336.2	4.86				7	9	11.7	3.08	2.31	2.60	2.65
	물리학과	7	7	3.86	3.59	2.66	2.98	3.03	337.36	334.7	5.01				7	12	4.42	3.12	2.69	3.17	3.23
	화학과	7	7	4.57	3.70	2.23	3.09	3.11	336.89	336.8	5.16				12	12	8.67	2.78	2.09	2.36	2.45
	패션산업	5	5	9.20	4.16	2.57	2.93	3.14	339.42	338.7	4.61				8	9	18.1	3.74	2.55	2.92	2.99
	해양학과	4	4	4.00	3.38	2.13	3.63	3.47	330.20	333.8	4.90				10	8	5.25	3.42	2.62	2.74	2.75
공과대학	기계공학	15	15	4.40	3.32	2.19	3.06	3.28	336.94	335.5	5.00				35	26	12.1	3.01	2.24	2.71	2.83
	메카트로닉스	6	6	4.50	3.91	2.74	3.16	3.28	337.65	336.6	5.01				6	11	5.91	3.27	2.56	2.85	2.89
	전기공학	10	10	4.20	3.18	2.39	2.90	2.79	339.16	337.9	5.00				17	21	5.52	3.22	2.42	2.72	2.87
	전자공학	14	14	5.43	2.89	2.02	2.89	3.26	339.69	336.8	5.05				48	23	6.43	2.80	2.14	2.68	2.67
	산업경영	9	9	5.33	3.44	2.46	2.94	2.87	338.33	336.4	5.03				14	21	5.67	3.21	2.46	2.93	3.12
	안전공학	5	5	5.80	3.94	2.27	2.60	3.04	342.18	338.0	4.92				5	10	7.80	3.20	2.57	2.85	2.91
	신소재공	5	5	15.2	3.29	2.18	2.67	2.86	341.58	340.6	5.01				18	10	4.50	2.86	2.08	3.31	3.62
	에너지화공	4	4	5.25	2.83	1.99	3.18	3.76	334.58	329.9	5.06				14	8	4.88	2.56	1.92	2.30	2.41
정보기술대학	컴퓨터공학	14	14	6.36	2.85	2.02	2.55	2.76	342.44	341.0	4.90				41	23	10.3	2.91	2.07	2.57	2.74
	정보통신공	11	11	5.91	2.99	2.40	2.53	2.79	342.37	342.0	4.90				13	25	4.60	3.57	2.57	2.98	3.13
	임베디드시	5	5	4.60	4.07	2.58	3.10	3.57	337.76	334.4	4.91				5	10	4.90	3.16	2.55	2.60	2.72
사범	수학교육	-	-	-	-	-	-	-	-	-	-				-	3	6.00	3.28	2.29	2.87	2.82
도시과학대	도시환경공	11	11	4.91	3.12	2.38	2.69	2.82	341.23	339.0	4.80				24	24	5.46	3.28	2.54	2.96	3.14
	도시공학과	5	5	6.00	3.26	2.59	2.87	2.88	339.88	337.8	5.24				8	9	16.9	3.41	2.68	3.02	3.10
	도시건축학	11	11	4.55	3.32	2.39	3.03	3.23	337.95	336.8	4.96				22	24	5.33	3.28	2.63	2.85	2.90
생명과학	생명과학부	8	8	5.13	3.60	2.25	2.94	2.97	339.24	337.2	4.88				12	17	5.88	2.79	2.19	2.45	2.51
	생명공학부	8	8	7.13	2.72	1.85	2.16	2.25	345.53	344.4	5.11				17	19	4.58	3.23	2.04	2.62	2.66
		169	169	5.73	3.37	2.31	2.89	3.06	338.98	337.4	4.97				343	334	7.5	3.14	2.37	2.78	2.87

315

2022 교과우수 100% (인문)

교과성적우수자
▶교과성적우수자 학생부 100% 국영수사, 가중치 30:30:20:20
▶교과성적 최저 인/자: 2개합7(탐1) 사범: 2개합6 (탐1) 동북: 2개합5 (탐1)

▶내신: 국영수사　★최저인문: 2개합 7(탐1)
▶학년비율: 없음　▶교과별 가중치 인: 국영수사 30:30:20:20

대학	학과	2023 교과우수 모집인원	모집인원	경쟁률	지원평균	최초합격	최종등록평균	최저충족률 ollim	실질경쟁률 입학처	충원포함 최종실질경쟁률 ollim	예비순위
인문대학	국어국문	4	4	10.0	3.82	2.38	3.59	52.5%	5.25	1.24	13
	영어영문	9	9	11.4	3.40	2.38	2.87	78.9%	9.00	1.98	32
	독어독문	5	5	9.60	4.36	2.88	3.12	62.5%	6.00	3.33	4
	불어불문	5	5	12.6	3.99	2.77	2.86	55.6%	7.00	3.50	5
	일어일문	4	4	11.3	4.05	2.65	2.99	64.2%	7.25	2.07	10
	중어중국	9	9	12.3	3.82	2.82	3.04	55.1%	6.78	2.54	15
사회과학대학	사회복지	4	4	12.5	3.88	2.20	2.59	66.0%	8.25	2.75	8
	신문방송	4	4	17.3	3.21	1.98	2.43	65.3%	11.3	1.81	21
	문헌정보	4	4	25.5	3.65	2.30	2.66	58.8%	15.0	2.86	17
	창의인재	4	4	14.8	4.08	2.38	3.24	70.9%	10.5	2.21	15
글로벌정경대학	행정학과	5	5	17.4	3.39	2.07	2.49	62.1%	10.8	1.86	24
	정치외교	4	4	12.3	3.76	2.43	2.70	69.1%	8.50	2.43	10
	경제학과	16	16	20.4	3.65	2.59	2.87	69.6%	14.2	4.94	30
	무역학부	27	27	14.3	3.58	2.50	2.78	74.1%	10.6	3.04	67
	소비자학과	6	6	11.8	3.97	2.52	2.99	66.4%	7.83	2.35	14
경영대학	경영학부	24	24	16.1	3.30	2.18	2.63	77.6%	12.5	2.59	92
	세무회계	5	5	13.0	3.59	2.17	2.73	61.5%	8.00	2.67	10
법학	법학부	14	14	16.4	3.47	2.41	2.78	72.6%	11.9	2.87	44
동북아	동북아통상	17	17	13.1	3.16	2.03	2.32	60.6%	7.94	2.93	29
도시과	도시행정	4	4	25.3	3.70	2.37	2.90	62.5%	15.8	5.75	7
사범대학	국어교육	3	3	31.7	3.26	2.23	2.80	56.8%	18.0	3.18	14
	영어교육	3	3	18.7	2.69	1.87	2.05	76.5%	14.3	3.30	10
	일어교육	3	3	13.3	3.77	2.89	3.45	42.6%	5.67	1.89	6
	유아교육	4	4	18.5	3.20	2.09	2.45	66.5%	12.3	2.14	19
	역사교육	2	2	13.5	3.20	1.71	2.31	51.9%	7.00	1.56	7
	윤리교육	2	2	9.50	3.70	1.90	2.37	57.9%	5.50	2.20	3
	체육교육	-	-	-	-	-	-	-	-	-	-
예술	디자인학부	10	10	19.1	3.59	2.26	2.64	65.4%	12.5	3.38	27
		201	201	15.6	3.60	2.33	2.76	63.8%	9.99	2.72	553

2022 지역균형 (인문)

지역균형
▶지역균형 학생부 100% 국영수사, 가중치 30:30:20:20
▶수능최저 없음

▶내신: 국영수사　★수능최저 없음
▶학년비율: 없음　▶가중치 30:30:20:20

대학	학과	2023 지역균형 모집인원	모집인원	경쟁률	지원평균	최초합격	최종등록평균	실질 충원포함 최종실질경쟁률 ollim	예비순위
인문대학	국어국문	4	4	5.75	3.43	2.09	2.68	2.30	6
	영어영문	7	7	6.00	3.90	2.35	2.88	2.47	10
	독어독문	5	5	5.20	3.97	2.76	3.32	2.00	8
	불어불문	5	5	4.80	3.93	2.74	3.16	2.40	5
	일어일문	5	5	5.00	3.42	2.68	3.12	2.27	6
	중어중국	7	7	4.86	3.84	2.82	3.18	2.27	8
사회과학대학	사회복지	4	4	5.75	3.15	1.88	2.94	1.28	14
	신문방송	4	4	7.25	3.33	1.94	2.74	1.81	12
	문헌정보	4	4	9.50	3.26	2.19	2.37	2.38	12
	창의인재개발	4	4	5.75	4.62	2.44	4.26	2.09	7
글로벌정경대학	행정학과	5	5	6.80	3.09	1.93	2.98	1.48	18
	정치외교	4	4	6.25	3.69	2.46	3.23	1.79	10
	경제학과	10	10	8.00	3.49	2.32	3.15	2.11	28
	무역학부	14	14	6.29	3.24	2.21	2.96	1.66	39
	소비자학과	5	5	6.40	3.74	2.27	3.29	2.13	10
경영대학	경영학부	15	15	6.80	3.04	2.01	2.58	1.55	51
	세무회계	4	4	5.50	2.87	2.20	2.40	2.00	7
법학	법학부	8	8	6.50	3.31	2.26	2.71	2.36	14
동북아	동북아통상	-	-	-	-	-	-	-	-
도시과	도시행정인문	4	4	9.25	3.65	2.44	3.13	3.70	6
사범대학	국어교육	-	-						
	영어교육	-	-						
	일어교육	-	-						
	유아교육	-	-						
	역사교육	-	-						
	윤리교육	-	-						
	체육교육	-	-						
예술	디자인학부	-	-						
		118	118	6.40	3.52	2.32	3.00	2.11	271

2022 교과우수 100% (자연)

▶교과성적우수자 학생부 100% 국영수과, 가중치 20:30:30:20
▶교과성적 최저 인/자: 2개합7(탐1) 사범: 2개합6 (탐1) 동북: 2개합5 (탐1)

▶내신: 국영수과　가중치 자: 국영수과 20:30:30:20
★수능최저자연: 2개합 7(탐1) ★자연: 수/과탐 1필수

학과		2023 교과우수 모집인원	지원현황			합격 등급		최저+실질경쟁률ollim			충원
			모집인원	경쟁률	지원평균	최초합격	최종등록평균	최저충족률	실질경쟁률	충원포함 최종실질경쟁률ollim	예비순위
자연과학대학	수학과	6	6	7.67	3.63	2.36	2.96	71.7%	5.50	1.65	14
	물리학과	9	9	9.00	3.70	2.67	3.08	66.7%	6.00	2.16	16
	화학과	9	9	7.33	3.38	2.27	2.68	62.2%	4.56	1.64	16
	패션산업	6	6	14.7	4.10	2.59	3.02	63.5%	9.33	2.80	14
	해양학과	5	5	7.80	4.06	2.60	3.30	51.3%	4.00	1.43	9
공과대학	기계공학	26	26	9.88	3.50	2.41	2.75	67.3%	6.65	2.11	56
	메카트로	7	7	9.14	4.17	2.67	3.01	57.9%	5.29	2.65	7
	전기공학	16	16	8.31	3.20	2.40	2.70	75.9%	6.31	1.84	39
	전자공학	24	24	9.96	3.46	2.22	2.79	71.6%	7.13	1.84	69
	산업경영	16	16	9.31	3.60	2.62	2.98	64.4%	6.00	1.66	42
	안전공학	6	6	7.83	3.72	2.73	2.88	51.1%	4.00	2.18	5
	신소재공	6	6	45.5	3.73	2.33	2.62	54.3%	24.7	12.4	6
	에너지화공	5	5	10.6	3.32	2.16	2.50	58.5%	6.20	1.48	16
정보기술대학	컴퓨터공학	24	24	13.5	3.40	2.21	2.52	64.8%	8.75	2.66	55
	정보통신공	19	19	11.2	3.55	2.68	2.91	72.4%	8.11	3.42	26
	임베디드시	6	6	9.67	3.89	2.35	3.11	63.8%	6.17	2.06	12
사범	수학교육	3	3	27.0	2.86	1.68	2.09	70.4%	19.0	7.13	5
도시과학대	도시환경공	19	19	10.2	3.54	2.59	2.95	62.9%	6.42	2.14	38
	도시공학	5	5	11.4	3.67	2.66	2.93	63.2%	7.20	3.27	6
	도시건축학	18	18	8.33	3.91	2.68	3.00	56.7%	4.72	1.73	31
생명과학	생명과학부	10	10	9.20	3.80	2.35	2.78	69.6%	6.40	2.06	21
	생명공학부	13	13	13.3	3.06	2.11	2.38	71.1%	9.46	2.93	29
		258	258	12.3	3.60	2.42	2.82	64.1%	7.81	2.87	532

2022 지역균형 (자연)

▶지역균형 학생부 100% 국영수과, 가중치 20:30:30:20
▶수능최저 없음

▶내신: 국영수과　★수능최저 없음
▶교과별 가중치 자: 국영수과 20:30:30:20

학과		2023 지역균형 모집인원	지원현황			합격자 등급		실질 충원포함 최종실질 경쟁률ollim	충원
			모집인원	경쟁률	지원평균	최초합격	최종등록평균		예비순위
자연과학대학	수학과	5	5	4.00	3.31	2.35	3.04	1.67	7
	물리학과	7	7	3.86	3.63	2.63	3.13	1.93	7
	화학과	7	7	4.57	3.68	2.20	3.10	1.68	12
	패션산업	5	5	9.20	4.16	2.57	2.93	3.54	8
	해양학과	4	4	4.00	3.33	2.03	3.60	1.14	10
공과대학	기계공학	15	15	4.40	3.36	2.18	3.10	1.32	35
	메카트로닉스	6	6	4.50	3.93	2.77	3.18	2.25	6
	전기공학	10	10	4.20	3.21	2.47	2.99	1.56	17
	전자공학	14	14	5.43	2.92	2.10	2.91	1.23	48
	산업경영	9	9	5.33	3.49	2.49	3.05	2.09	14
	안전공학	5	5	5.80	3.92	2.27	2.66	2.90	5
	신소재공	5	5	15.2	3.29	2.14	2.69	3.30	18
	에너지화공	4	4	5.25	2.83	1.91	3.27	1.17	14
정보기술대학	컴퓨터공학	14	14	6.36	2.88	2.08	2.61	1.62	41
	정보통신공	11	11	5.91	3.04	2.44	2.58	2.71	13
	임베디드시	5	5	4.60	4.13	2.65	3.11	2.30	5
사범	수학교육	-	-	-	-	-	-	-	-
도시과학대	도시환경공	11	11	4.91	3.17	2.40	2.75	1.54	24
	도시공학	5	5	6.00	3.31	2.56	2.93	2.31	8
	도시건축학	11	11	4.55	3.36	2.43	3.04	1.52	22
생명과학	생명과학부	8	8	5.13	3.56	2.26	2.92	2.05	12
	생명공학부	8	8	7.13	2.75	1.86	2.27	2.28	17
		169	169	5.7	3.39	2.32	2.95	2.00	343

317

수능최저 없음

▶1단계 서류100% (3배수,사범 5배수)
▶2단계: 서류70% + 면접30%

2022 경쟁률 7.58
2021 경쟁률 6.40
2020 경쟁률 8.73
2019 경쟁률 9.07

2022 자기추천 (인문)

▶내신: 국영수사　<정성평가>
▶학년비율: 없음
▶교과별 가중치　인: 국영수사 30:30:20:20

2021 자기추천 (인문)

▶내신: 국영수사　<정성평가>
▶학년비율: 없음
▶교과별 가중치　인: 국영수사 30:30:20:20

대학	학과	2023 모집인원	2022 모집인원	2022 경쟁률	2022 지원평균	1단계합격	최초합격평균	최종등록평균	최종등록최저	예비순위	2021 모집인원	2021 경쟁률	지원평균	1단계합격	최초합격평균	최종등록최고	최종등록평균	최종등록최저	예비순위
인문대학	국어국문	10	10	5.90	3.76		3.38	3.64		11	10	6.80	3.64	3.21	3.16	2.89	3.24	3.51	14
	영어영문	16	16	6.69	3.86		3.90	3.84		10	16	7.38	3.55	3.37	3.64	2.76	3.59	5.36	14
	독어독문	11	11	5.36	4.54		4.25	4.37		11	11	6.73	4.26	4.00	4.16	3.06	4.14	6.28	11
	불어불문	11	11	6.18	4.68		5.40	5.44		9	11	3.64	4.31	4.22	3.74	3.20	4.43	7.88	8
	일어일문	11	11	7.64	4.30		3.46	3.63		7	11	5.64	4.25	3.89	3.42	3.13	3.87	5.80	16
	중어중국	16	16	7.56	4.37		4.69	4.94		2	16	6.88	4.03	3.88	4.23	2.75	4.02	5.85	10
사회과학대학	사회복지	10	10	12.5	4.00		3.74	4.10		8	10	9.30	3.68	3.11	3.08	2.63	3.25	3.92	10
	신문방송	10	10	13.8	3.73		2.77	3.06		9	10	7.50	3.86	2.91	2.63	2.33	3.01	4.02	11
	문헌정보	10	10	6.30	4.05		3.74	4.05		5	10	4.40	3.77	3.31	2.85	2.37	3.01	3.66	5
	창의인재개발	10	10	5.60	4.81		3.68	4.03		2	10	4.70	4.17	3.43	2.98	2.68	3.18	3.73	4
글로벌정경대학	행정학과	11	11	6.00	3.85		3.68	3.36		5	11	10.0	3.52	3.24	2.83	2.65	2.94	3.27	3
	정치외교	10	10	8.30	4.04		4.50	4.26		11	10	4.50	3.54	3.26	3.42	2.86	3.45	5.06	5
	경제학과	19	19	5.26	3.81		3.40	3.52		8	14	3.91	3.53	3.43	3.18	2.90	3.60	5.82	31
	무역학부	26	26	6.35	4.05		3.67	3.84		21	23	3.87	3.88	3.73	3.81	1.93	3.79	7.37	16
	소비자학과	13	13	6.08	3.83		3.35	3.38		9	13	8.92	3.67	3.40	3.50	2.59	3.49	6.79	6
경영대학	경영학부	29	29	8.10	3.60		3.34	3.32		20	29	6.86	3.43	3.04	2.77	1.24	2.99	6.17	30
	세무회계	10	10	4.90	3.72		2.89	3.03		3	10	4.30	3.33	2.92	2.59	1.83	2.93	3.73	8
법학부	법학부	17	17	5.18	3.83		3.10	3.29		14	17	4.47	3.34	3.09	2.89	2.32	3.14	3.60	14
동북아	동북아통상	12	12	5.58	4.01		3.11	3.17		8	12	4.50	3.52	3.56	2.77	1.88	3.06	5.99	8
도시과	도시행정인문	10	10	6.80	4.06		3.37	3.91		9	10	3.70	3.77	3.63	3.09	2.81	3.88	6.55	12
사범대학	국어교육	6	6	7.17	3.13		2.60	3.03		6	6	6.00	2.86	2.49	2.26	1.95	2.42	2.84	13
	영어교육	6	6	8.00	3.09		3.15	3.25		7	6	6.83	2.96	2.84	2.97	2.30	2.70	3.49	3
	일어교육	6	6	4.83	4.73		4.08	4.31		2	6	3.83	4.16	4.16	3.26	3.25	3.39	3.72	3
	유아교육	8	8	16.8	3.44		2.64	3.14		12	8	12.0	3.35	2.76	2.60	2.28	2.98	3.48	9
	역사교육	5	5	9.40	3.32		2.48	2.57		10	5	12.2	2.86	2.39	2.09	1.85	2.13	2.33	4
	윤리교육	5	5	10.8	3.20		2.46	2.49		6	5	7.60	3.19	2.92	2.23	2.30	2.69	2.94	9
	체육교육	-	-	-	-		-	-		-	-	-	-	-	-	-	-	-	-
		308	308	7.58	3.92		3.49	3.65		225	300	6.40	3.63	3.32	3.08	2.49	3.28	4.74	277

318

수능최저 없음

▶1단계 서류100% (3배수,사범 5배수)
▶2단계: 서류70% + 면접30%

2022 경쟁률 6.51
2021 경쟁률 5.91
2020 경쟁률 7.74
2019 경쟁률 8.09

2022 자기추천 (자연)

▶내신: 국영수과　<정성평가>
▶학년비율: 없음
▶교과별 가중치 자: 국영수과 20:30:30:20

2021 자기추천 (자연)

▶내신: 국영수과　<정성평가>
▶학년비율: 없음
▶교과별 가중치 자: 국영수과 20:30:30:20

단과대	학과	2023 모집인원	2022 모집인원	2022 경쟁률	지원평균	1단계합격	최초합격평균	최종등록평균	최종등록최저	예비순위	2021 모집인원	2021 경쟁률	지원평균	1단계합격	최초합격평균	최종등록최고	최종등록평균	최종등록최저	예비순위
자연과학대	수학과	13	13	3.77	3.29		2.96	3.12		14	13	4.62	3.17	3.02	2.92	2.63	3.12	3.86	16
	물리학과	14	14	2.93	4.57		3.79	4.56		11	14	3.36	3.75	3.58	3.24	3.11	3.48	3.92	11
	화학과	14	14	5.86	3.35		2.91	3.14		19	14	10.4	3.27	2.94	2.89	2.30	3.02	3.46	8
	패션산업	13	13	19.0	4.35		3.54	3.55		10	13	9.69	3.93	3.91	4.29	3.27	4.56	7.33	6
	해양학과	10	10	5.90	3.98		3.08	3.57		14	10	4.10	3.85	3.77	3.36	2.78	3.51	4.21	2
공과대학	기계공학	32	32	4.19	3.83		3.19	3.51		39	13	4.23	3.58	3.33	3.16	2.89	3.39	4.58	11
	전기공학	21	21	3.62	3.93		3.41	3.67		14	21	4.29	3.52	3.44	3.19	2.73	3.36	3.64	18
	전자공학	29	29	4.07	3.56		2.93	3.62		29	23	4.30	3.37	3.14	3.03	2.81	3.20	3.88	21
	산업경영	17	17	3.76	4.14		3.42	3.91		13	17	4.76	3.78	3.47	3.22	2.60	3.38	4.18	10
	신소재공	13	13	6.69	3.61		3.31	3.35		11	13	5.15	3.23	3.04	3.13	2.38	3.22	6.28	5
	안전공학	13	13	3.23	3.87		3.71	3.68		4	13	2.92	3.98	3.98	3.50	3.04	3.59	4.80	1
	에너지화공	10	10	10.9	3.45		2.67	2.87		8	10	4.30	3.26	2.96	3.29	2.44	3.33	6.37	7
	메카트로닉스	13	13	4.15	3.98		3.37	3.55		10	13	4.23	3.58	3.33	3.16	2.89	3.39	4.58	11
정보기술대	컴퓨터공	29	29	8.86	3.63		3.06	3.24		42	23	6.87	3.45	3.17	2.97	2.72	3.37	6.68	19
	정보통신공	21	21	6.05	4.02		3.52	3.63		19	21	4.14	3.64	3.51	3.19	2.99	3.86	7.28	16
	임베디드시	13	13	8.23	3.88		3.82	3.85		6	13	4.08	4.04	3.81	3.56	2.92	3.90	6.10	4
사범	수학교육	7	7	7.43	3.13		2.34	2.57		8	7	13.0	2.77	2.46	2.29	2.14	2.58	2.92	8
도시과학대	도시환경공	23	23	7.00	3.81		3.31	3.27		17	23	6.39	3.62	3.42	3.36	2.77	3.47	5.97	26
	도시공학	13	13	6.46	4.08		3.60	3.64		9	13	5.31	3.96	3.64	3.58	2.86	3.93	5.86	5
	도시건축학	23	23	7.22	4.00		3.22	3.34		12	23	7.83	3.99	3.52	3.25	2.85	3.54	3.90	23
생명과학	생명과학부	18	18	6.39	3.66		2.87	3.09		9	18	7.94	3.23	2.93	2.78	2.56	2.80	3.17	7
	생명공학부	18	18	7.61	3.39		2.81	3.01		11	18	5.94	3.35	3.07	2.71	2.21	2.81	3.87	10
		377	377	6.51	3.80		3.22	3.44		329	346	5.81	3.56	3.34	3.19	2.72	3.40	4.86	245

2022 정시수능 (인문)

<인천대 2022 정시 인문계열 입결분석 올림>

인문계열	▶백분위평균	▶영어평균	▶백분위 70%컷	▶영어평균
▶인문대학	217.6	2.8등급	227.4	4.0
▶사과대학	223.0	3.0등급	216.5	3.0
▶정경법학	226.2	2.9등급	220.5	2.7
▶경영대학	229.5	2.8등급	229.5	4.5
▶사범대학	224.6	2.5등급	216.8	2.4
▶동북아통	248.7	2.8등급	241.5	2.0

2021 정시수능 (인문)

<인천대 2021 정시 계열별 입결분석 올림>

인문계열	백분위평균	영어평균
▶인문대학	229.6	2.9등급
▶사회과학	236.7	2.9등급
▶글로법정	241.4	2.8등급
▶경영대학	247.5	2.8등급
▶사범대학	251.8	2.9등급
▶동북아통	260.7	2.2등급

2022 정시변화
<국수영탐2>
인문 35:30:10:25
자연 25:35:10:30

수시정시수학 무제한
미적/기하10% 가산

▶ 2022 백분위, 국수영탐2 인문 35:30:10:25 자연 25:35:10:30
▶ 정시영어 등급점수 10% : 100-98-95-80-70-60-30-10-0

2021 인문: 국수탐2 40:30:30
▶ 영어가산 인/자: 30-26-19-10-0 ..

		국어	수학	탐2	국수탐2 백분위합	국수탐2 백평균	영어	환산총점	국수탐2 백분위합	국수탐2 백평균	영어	환산총점	충원번호	국어	수학	탐2	국수탐2 백분위합	국수탐2 백평균	영어	환산총점
		2022 정시 최종등록 평균							**2022 정시최종 70%컷**					**2021 정시 최종등록 평균**						
인문대학	국어국문	82.1	69.3	74.1	225.6	75.2	3.3	775.7	227.4	75.8	4.0	775.7	4	72.5	68.4	81.1	222.0	74.0	3.6	750.8
	영어영문	74.4	64.4	78.0	216.9	72.3	2.4	750.0	215.1	71.7	2.0	742.5	9	81.0	76.9	83.0	240.9	80.3	2.1	830.1
	독어독문	78.2	58.8	76.6	213.6	71.2	2.4	740.2	215.4	71.8	3.0	735.8	6	81.7	72.6	80.8	235.2	78.4	3.0	805.5
	불어불문	74.9	63.6	77.2	215.7	71.9	2.9	742.1	209.1	69.7	2.0	730.0	5	76.9	75.9	83.0	235.8	78.6	2.9	803.5
	일어일문	73.8	72.7	73.0	219.6	73.2	2.9	757.6	215.4	71.8	2.0	749.3	6	78.8	77.9	80.0	236.7	78.9	3.1	806.3
	중어중국	78.1	67.3	68.5	213.9	71.3	2.8	749.4	204.0	68.0	2.0	742.2	11	70.2	66.1	70.6	207.0	69.0	2.9	709.7
사회과학대학	사회복지	79.9	63.5	80.1	223.5	74.5	2.9	762.8	210.6	70.2	2.9	737.3	4	83.3	77.1	79.4	239.7	79.9	2.6	823.7
	신문방송	82.9	69.6	78.7	231.3	77.1	2.7	795.5	231.0	77.0	3.0	780.5	4	74.7	78.4	77.8	231.0	77.0	3.0	786.2
	문헌정보	78.4	66.0	72.3	216.6	72.2	3.2	746.6	219.0	73.0	4.0	737.0	9	81.3	79.3	78.0	238.5	79.5	2.9	819.7
	창의인재개발	84.3	58.1	78.0	220.5	73.5	3.0	759.5	205.5	68.5	3.0	753.8	6	79.7	77.9	80.2	237.6	79.2	3.1	810.4
글로벌정경대학	행정학과	84.4	61.6	81.1	227.1	75.7	2.9	775.8	212.1	70.7	3.0	761.0	10	77.4	84.1	82.0	243.6	81.2	1.8	834.2
	정치외교	78.5	61.9	85.0	225.3	75.1	3.4	763.0	220.5	73.5	3.0	755.3	16	74.7	79.6	78.7	232.8	77.6	3.2	789.4
	경제학과	81.4	72.4	78.4	232.2	77.4	2.8	800.7	230.1	76.7	2.0	787.0	29	77.4	83.7	79.9	241.2	80.4	3.1	818.2
	무역학부	79.3	65.6	79.1	224.1	74.7	2.7	770.6	222.9	74.3	3.0	759.5	29	78.6	82.2	83.5	244.5	81.5	2.8	832.0
	소비자학과	77.1	66.6	81.5	225.3	75.1	2.8	769.7	219.6	73.2	2.0	758.8	12	79.4	79.4	83.4	242.1	80.7	3.2	789.4
경영대학	경영학부	76.7	70.6	82.6	229.8	76.6	2.8	784.1	223.5	74.5	4.0	773.0	28	80.0	82.6	82.4	245.1	81.7	2.9	835.2
	세무회계	81.9	71.3	76.0	229.2	76.4	2.8	789.1	235.5	78.5	2.0	781.8	4	83.0	84.6	82.2	249.9	83.3	2.6	857.9
법학부	법학부	81.7	67.5	76.4	225.6	75.2	2.6	777.7	222.9	74.3	3.0	761.5	21	80.5	82.9	82.5	246.0	82.0	2.8	838.1
동북아	동북아통상	79.7	77.5	91.6	248.7	82.9	2.8	844.0	241.5	80.5	2.0	833.0	13	83.9	91.3	85.5	260.7	86.9	2.2	897.4
도시과	도시행정인문	75.1	73.3	75.1	223.5	74.5	2.9	770.9	215.4	71.8	3.0	768.0	10	81.7	75.7	82.3	239.7	79.9	3.0	819.6
사범대학	국어교육	79.9	72.7	80.6	233.1	77.7	2.6	800.6	222.9	74.3	1.0	772.0	11	92.7	81.0	83.7	257.4	85.8	3.0	882.2
	영어교육	80.0	66.3	85.5	231.9	77.3	2.0	790.6	227.1	75.7	2.0	776.0	4	78.1	83.1	80.3	241.5	80.5	2.4	825.1
	일어교육	78.8	67.2	78.7	224.7	74.9	2.8	773.4	218.4	72.8	3.0	755.3	3	74.9	80.0	82.3	237.0	79.0	2.6	807.6
	체육교육	86.3	-	91.5	177.8	88.9	2.9	446.4	175.0	87.5	4.0	433.8	9	87.0	-	88.0	262.5	87.5	3.0	455.7
	유아교육	73.4	72.3	77.4	223.2	74.4	2.5	762.0	212.1	70.7	2.0	750.0	9	81.0	82.5	79.7	243.3	81.1	2.9	829.9
	역사교육	73.7	82.3	90.7	246.6	82.2	2.7	835.9	242.4	80.8	3.0	808.3	2	84.0	89.0	91.5	264.6	88.2	3.3	893.3
	윤리교육	74.0	72.0	89.2	235.2	78.4	2.3	802.5	219.6	73.2	2.0	734.8	3	87.3	84.0	85.2	256.5	85.5	3.0	875.2
예술체육대학	조형한국화	49.6	-	44.7	94.4	47.2	3.6	202.9	83.0	41.5	5.0	177.4	0	63.8	-	62.0	188.7	62.9	4.0	260.8
	조형서양화	68.4	-	74.3	142.8	71.4	3.0	294.5	130.6	65.3	3.0	272.9	0	74.5	-	70.8	217.8	72.6	3.0	308.3
	디자인학부	76.6	72.4	71.8	220.8	73.6	3.0	766.9	212.4	70.8	2.0	756.9	3	76.9	76.3	84.9	237.8	79.3	2.6	812.4
	공연예술	63.5	-	57.8	121.4	60.7	3.2	191.0	91.0	45.5	4.0	146.9	1	56.1	-	32.8	133.5	44.5	3.4	148.1
	체육학부	61.1	-	77.6	138.8	69.4	3.7	283.8	129.0	64.5	3.0	270.2	2	59.2	-	75.1	201.6	67.2	3.7	281.3
	운동건강학부	63.4	-	79.0	142.4	71.2	3.4	291.7	131.0	65.5	2.0	275.0	2	68.1	-	81.5	224.4	74.8	3.1	316.5
		76.1	68.4	77.6	209.7	74.0	2.9	686.9	202.8	71.3	2.8	671.3	285	77.6	79.7	79.2	234.4	78.1	2.9	725.9

2022 정시수능 (자연)

<인천대 2022 정시 자연계열 입결분석 올림>

자연계열	▶백분위평균	▶영어평균	▶백분위 70%컷	▶영어평균
▶자연과학	219.4	3.0등급	216.0	3.4
▶공과대학	227.0	3.0등급	225.4	2.6
▶정보기술	232.5	2.7등급	229.1	2.7
▶도시과학	218.9	2.9등급	219.1	3.3
▶생명과학	223.1	2.9등급	219.2	2.5
▶수학교육	242.4	2.6등급	239.1	3.0

2022 정시변화 <국수영탐2>
인문 35:30:10:25
자연 25:35:10:30

수시정시수학 무제한 미적/기하10% 가산

▶2022 백분위, 국수영탐2 인문 35:30:10:25 자연 25:35:10:30
▶정시영어 등급점수 10% : 100-98-95-80-70-60-30-10-0

2021 정시수능 (자연)

<인천대 2021 정시 계열별 입결분석 올림>

자연계열	백분위평균	영어평균
▶자연과학	221.4	2.9등급
▶공과대학	221.7	2.8등급
▶정보기술	228.5	2.8등급
▶도시과학	217.9	3.0등급
▶생명과학	216.8	2.8등급
▶수학교육	213.6	2.5등급

2021 인문: 국수탐2 30:40:30
▶영어가산 인/자: 30-26-19-10-0 ..

		국어	수학	탐2	국수탐2 백분합	국수탐2 백평균	영어	환산 총점	국수탐2 백분합	국수탐2 백평균	영어	환산 총점	충원 번호	국어	수학	탐2	국수탐2 백분합	국수탐2 백평균	영어	환산 총점
자연 과학 대학	수학과	71.9	80.2	73.7	225.9	75.3	3.1	801.1	223.5	74.5	4.0	791.0	9	73.1	74.8	68.0	216.0	72.0	2.6	780.3
	물리학과	67.0	84.0	65.3	216.3	72.1	3.0	777.8	210.0	70.0	3.0	760.6	9	72.7	67.4	71.3	211.5	70.5	3.0	754.9
	화학과	69.0	77.9	75.0	222.0	74.0	2.9	791.1	224.4	74.8	4.0	787.4	16	76.8	68.8	72.1	217.8	72.6	2.9	773.1
	패션산업	71.6	69.4	77.4	218.4	72.8	2.9	755.9	214.5	71.5	3.0	740.3	12	75.4	80.3	83.2	239.1	79.7	2.9	811.1
	해양학과	67.5	79.1	67.8	214.5	71.5	3.0	768.8	207.6	69.2	3.0	751.6	4	72.9	74.2	75.4	222.6	74.2	3.0	792.9
공과 대학	기계공학	72.4	81.0	74.2	227.7	75.9	2.6	810.3	233.4	77.8	3.0	800.7	19	74.2	74.1	74.3	222.6	74.2	2.7	802.9
	전기공학	73.1	80.4	75.4	228.9	76.3	2.8	811.4	225.0	75.0	1.0	804.2	12	73.7	73.0	70.6	217.2	72.4	3.0	772.9
	전자공학	74.7	83.0	75.7	233.4	77.8	2.8	827.5	234.0	78.0	4.0	817.2	26	73.9	74.7	72.7	221.1	73.7	3.0	786.0
	산업경영공	69.0	79.2	70.0	218.1	72.7	2.9	781.4	213.6	71.2	3.0	770.4	19	72.3	75.2	71.8	219.3	73.1	2.6	785.0
	신소재공	73.0	81.3	72.6	226.8	75.6	2.6	808.2	223.5	74.5	2.0	805.7	3	71.7	79.6	75.9	227.4	75.8	3.2	816.4
	안전공학	67.1	75.7	75.4	218.1	72.7	2.7	780.1	212.4	70.8	2.0	766.5	5	75.7	76.0	73.7	225.3	75.1	2.7	806.1
	에너지화학	78.9	80.1	77.1	236.1	78.7	3.1	827.6	244.5	81.5	5.0	816.7	2	71.1	71.3	71.3	213.6	71.2	2.6	770.2
	메카트로닉스	73.4	77.9	75.3	226.5	75.5	3.0	799.6	216.9	72.3	1.0	794.5	5	72.7	77.9	76.7	227.4	75.8	2.7	815.4
정보 기술 대학	컴퓨터공학	77.8	82.4	77.4	237.6	79.2	2.9	799.6	230.4	76.8	3.0	828.1	43	78.4	77.3	78.4	234.0	78.0	2.8	835.8
	정보통신공	73.0	83.2	71.0	227.1	75.7	2.6	837.4	224.4	74.8	3.0	805.7	21	72.1	70.8	72.3	215.1	71.7	3.1	770.1
	임베디드시스	75.5	81.6	75.8	232.8	77.6	2.7	811.5	232.5	77.5	2.0	816.6	6	81.2	81.5	73.8	236.4	78.8	2.4	835.4
사범	수학교육	77.8	86.0	78.6	242.4	80.8	2.6	853.3	239.1	79.7	3.0	831.0	8	64.4	75.4	73.8	213.6	71.2	2.5	782.6
도시 과학대	도시환경공	69.5	74.5	71.5	215.4	71.8	3.0	767.5	210.9	70.3	4.0	758.5	27	73.1	73.8	70.5	217.5	72.5	3.0	774.2
	도시공학과	64.2	84.7	71.6	220.5	73.5	3.0	792.6	223.5	74.5	3.0	788.5	5	77.0	79.9	64.5	221.4	73.8	2.9	781.4
	도시건축학	71.7	78.8	70.4	220.8	73.6	2.8	784.7	222.9	74.3	3.0	769.5	15	72.3	71.4	71.0	214.8	71.6	3.0	765.2
생명 과학	생명과학	70.4	80.1	69.6	220.2	73.4	3.0	785.2	216.9	72.3	3.0	776.1	9	77.1	65.4	71.9	214.5	71.5	2.4	759.9
	생명공학	72.8	81.1	71.9	225.9	75.3	2.8	803.3	221.4	73.8	2.0	792.2	24	74.6	66.7	73.4	214.5	71.5	2.6	760.2
		71.9	80.1	73.3	225.2	75.1	2.9	798.9	223.0	74.3	2.9	789.7	299	73.9	74.1	73.0	221.0	73.7	2.8	787.8

(2022 정시 최종등록 평균 / 2022 정시최종 70%컷 / 2021 정시 최종등록 평균)

321

2022 정시수능 (인문)

<인천대 2022 정시 인문계열 입결분석 올림>

인문계열	▶백분위평균	▶영어평균	▶백분위 70%컷	▶영어평균
▶인문대학	217.6	2.8등급	227.4	4.0
▶사과대학	223.0	3.0등급	216.5	3.0
▶정경법학	226.2	2.9등급	220.5	2.7
▶경영대학	229.5	2.8등급	229.5	4.5
▶사범대학	224.6	2.5등급	216.8	2.4
▶동북아통	248.7	2.8등급	241.5	2.0

▶2022 백분위, 국수영탐2 인문 35:30:10:25 자연 25:35:10:30
▶정시영어 등급점수 10% : 100-98-95-80-70-60-30-10-0

2021 정시수능 (인문)

<인천대 2021 정시 계열별 입결분석 올림>

인문계열	백분위평균	영어평균
▶인문대학	229.6	2.9등급
▶사회과학	236.7	2.9등급
▶글로법정	241.4	2.8등급
▶경영대학	247.5	2.8등급
▶사범대학	251.8	2.9등급
▶동북아통	260.7	2.2등급

2021 인문: 국수탐2 40:30:30
▶영어가산 인/자: 30-26-19-10-0 ..

인천대 인문계열 2022 정시최종 등록평균 백분위합 RANKING

2022 정시 최종등록 평균 / 2022 정시최종 70%컷 / 2021 정시 최종등록 평균

		국어	수학	탐2	국수탐2 백분합	국수탐2 백평균	영어	환산총점	국수탐2 백분합	국수탐2 백평균	영어	환산총점	충원번호	국어	수학	탐2	국수탐2 백분합	국수탐2 백평균	영어	환산총점
1	동북아통상	79.7	77.5	91.6	248.7	82.9	2.8	844.0	241.5	80.5	2.0	833.0	13	83.9	91.3	85.5	260.7	86.9	2.2	897.4
2	역사교육	73.7	82.3	90.7	246.6	82.2	2.7	835.9	242.4	80.8	3.0	808.3	2	84.0	89.0	91.5	264.6	88.2	3.3	893.5
3	윤리교육	74.0	72.0	89.2	235.2	78.4	2.3	802.5	219.6	73.2	2.0	734.8	3	87.3	84.0	85.2	256.5	85.5	3.0	875.2
4	국어교육	79.9	72.7	80.6	233.1	77.7	2.6	800.6	222.9	74.3	1.0	772.0	11	92.7	81.0	83.7	257.4	85.8	3.0	882.2
5	경제학과	81.4	72.4	78.4	232.2	77.4	2.8	800.7	230.1	76.7	2.0	787.0	29	77.4	83.7	79.9	241.2	80.4	3.1	818.2
6	영어교육	80.0	66.3	85.5	231.9	77.3	2.0	790.6	227.1	75.7	2.0	776.0	4	78.1	83.1	80.3	241.5	80.5	2.4	825.1
7	신문방송	82.9	69.6	78.7	231.3	77.1	2.7	795.5	231.0	77.0	3.0	780.5	4	74.7	78.4	77.8	231.0	77.0	3.0	786.2
8	경영학부	76.7	70.6	82.6	229.8	76.6	2.8	784.1	223.5	74.5	4.0	773.0	28	80.0	82.6	82.4	245.1	81.7	2.9	835.2
9	세무회계	81.9	71.3	76.0	229.2	76.4	2.8	789.1	235.5	78.5	5.0	781.8	4	83.0	84.6	82.2	249.9	83.3	2.6	857.9
10	행정학과	84.4	61.6	81.1	227.1	75.7	2.9	775.8	212.1	70.7	3.0	761.0	10	77.4	84.1	82.0	243.6	81.2	1.8	834.2
11	국어국문	82.1	69.3	74.1	225.6	75.2	3.3	775.7	227.4	75.8	4.0	775.7	4	72.5	68.4	81.1	222.0	74.0	3.6	750.8
12	법학부	81.7	67.5	76.4	225.6	75.2	2.6	777.7	222.9	74.3	3.0	761.5	21	80.5	82.9	82.5	246.0	82.0	2.8	838.1
13	정치외교	78.5	61.9	85.0	225.3	75.1	3.4	763.0	220.5	73.5	3.0	755.3	16	74.7	79.6	78.7	232.8	77.6	3.2	789.4
14	소비자학과	77.1	66.6	81.5	225.3	75.1	2.8	769.7	219.6	73.2	3.0	758.8	12	79.4	79.4	83.4	242.1	80.7	3.2	789.4
15	일어교육	78.8	67.2	78.7	224.7	74.9	2.8	773.4	218.4	72.8	3.0	755.8	3	74.9	80.0	82.3	237.0	79.0	2.6	807.6
16	무역학부	79.3	65.6	79.1	224.1	74.7	2.7	770.6	222.9	74.3	3.0	759.5	29	78.6	82.2	83.5	244.5	81.5	2.8	832.0
17	도시행정인문	75.1	73.3	75.1	223.5	74.5	2.9	770.9	215.4	71.8	3.0	768.0	10	81.7	75.7	82.3	239.7	79.9	3.0	819.6
18	사회복지	79.9	63.5	80.1	223.5	74.5	2.9	762.8	210.6	70.2	2.0	737.3	4	83.3	77.1	79.4	239.7	79.9	2.6	823.7
19	유아교육	73.4	72.3	77.4	223.2	74.4	2.5	762.0	212.1	70.7	2.0	750.0	9	81.0	82.5	79.7	243.3	81.1	2.9	829.9
20	디자인학부	76.6	72.4	71.8	220.8	73.6	3.0	766.9	212.4	70.8	2.0	756.9	3	76.9	76.3	84.9	237.9	79.3	2.6	812.4
21	창의인재개발	84.3	58.1	78.0	220.5	73.5	3.0	759.5	205.5	68.5	3.0	753.8	6	79.7	77.9	80.2	237.6	79.2	3.1	810.4
22	일어일문	73.8	72.7	73.0	219.6	73.2	2.9	757.6	215.4	71.8	2.0	749.3	6	78.8	77.9	80.0	236.7	78.9	3.1	806.3
23	영어영문	74.4	64.4	78.0	216.9	72.3	2.4	750.0	215.1	71.7	2.0	742.5	9	81.0	76.9	83.0	240.9	80.3	2.1	830.1
24	문헌정보	78.4	66.0	72.3	216.6	72.2	3.2	746.6	219.0	73.0	4.0	737.0	9	81.3	79.3	78.0	238.5	79.5	2.9	819.7
25	불어불문	74.9	63.6	77.2	215.7	71.9	2.9	742.1	209.1	69.7	5.0	730.0	5	76.9	75.9	83.0	235.8	78.6	2.9	803.5
26	중어중국	78.1	67.3	68.5	213.9	71.3	2.8	749.4	204.0	68.0	2.0	742.2	11	70.2	66.1	70.6	207.0	69.0	2.9	709.7
27	독어독문	78.2	58.8	76.6	213.6	71.2	2.4	740.2	215.4	71.8	3.0	735.8	6	81.7	72.6	80.8	235.2	78.4	3.0	805.5
28	체육교육	86.3	-	91.5	177.8	88.9	2.9	446.4	175.0	87.5	4.0	433.8	9	87.0	-	88.0	262.5	87.5	3.0	455.7
29	조형서양화	68.4	-	74.3	142.8	71.4	3.0	294.9	130.6	65.3	3.0	272.9	0	74.5	-	70.8	217.8	72.6	3.0	308.3
30	운동건강학부	63.4	-	79.0	142.4	71.2	3.4	291.7	131.0	65.5	2.0	275.0	2	68.1	-	81.5	224.4	74.8	3.1	316.5
31	체육학부	61.1	-	77.6	138.8	69.4	3.7	283.8	129.0	64.5	3.0	270.2	2	59.2	-	75.1	201.6	67.2	3.7	281.3
32	공연예술	63.5	-	57.8	121.4	60.7	3.2	191.0	91.0	45.5	4.0	146.9	1	56.1	-	32.8	133.5	44.5	3.4	148.1
33	조형한국화	49.6	-	44.7	94.4	47.2	3.6	202.9	83.0	41.5	5.0	177.4	0	63.8	-	62.0	188.7	62.9	4.0	260.8
		76.1	68.4	77.6	209.7	74.0	2.9	686.9	202.8	71.3	2.8	671.3	285	77.6	79.7	79.2	234.4	78.1	2.9	725.9

322

2022 정시수능 (자연)

<인천대 2022 정시 자연계열 입결분석 올림>

자연계열	▶백분위평균	▶영어평균	▶백분위 70%컷	▶영어평균
▶자연과학	219.4	3.0등급	216.0	3.4
▶공과대학	227.0	3.0등급	225.4	2.6
▶정보기술	232.5	2.7등급	229.1	2.7
▶도시과학	218.9	2.9등급	219.1	3.3
▶생명과학	223.1	2.9등급	219.2	2.5
▶수학교육	242.4	2.6등급	239.1	3.0

▶2022 백분위, 국수영탐2 인문 35:30:10:25 자연 25:35:10:30
▶정시영어 등급점수 10% : 100-98-95-80-70-60-30-10-0

2021 정시수능 (자연)

<인천대 2021 정시 계열별 입결분석 올림>

자연계열	백분위평균	영어평균
▶자연과학	221.4	2.9등급
▶공과대학	221.7	2.8등급
▶정보기술	228.5	2.8등급
▶도시과학	217.9	3.0등급
▶생명과학	216.8	2.8등급
▶수학교육	213.6	2.5등급

2021 인문: 국수탐2 30:40:30
▶영어가산 인/자: 30-26-19-10-0 ..

인천대 자연계열 2022 정시최종 등록평균 백분위합 RANKING

		2022 정시 최종등록 평균						2022 정시최종 70%컷					2021 정시 최종등록 평균						
		국어	수학	탐2	국수탐2 백분합	국수탐2 백평균	영어	환산총점	국수탐2 백분합	국수탐2 백평균	영어	환산총점	충원번호	국어	수학	탐2	국수탐2 백분합	국수탐2 백평균	영어	환산총점
1	수학교육	77.8	86.0	78.6	242.4	80.8	2.6	853.3	239.1	79.7	3.0	831.0	8	64.4	75.4	73.8	213.6	71.2	2.5	782.6
2	컴퓨터공학	77.8	82.4	77.4	237.6	79.2	2.9	799.6	230.4	76.8	3.0	828.1	43	78.4	77.3	78.4	234.0	78.0	2.8	835.8
3	에너지화학	78.9	80.1	77.1	236.1	78.7	3.1	827.6	244.5	81.5	5.0	816.7	2	71.1	71.3	71.3	213.6	71.2	2.6	770.2
4	전자공학	74.7	83.0	75.7	233.4	77.8	2.8	827.5	234.0	78.0	4.0	817.2	26	73.9	74.7	72.7	221.1	73.7	3.0	786.0
5	임베디드시스	75.5	81.6	75.8	232.8	77.6	2.7	811.5	232.5	77.5	2.0	816.6	6	81.5	81.5	73.8	236.4	78.8	2.4	835.4
6	전기공학	73.1	80.4	75.4	228.9	76.3	2.8	811.4	225.0	75.0	1.0	804.2	12	73.7	73.0	70.6	217.2	72.4	3.0	772.9
7	기계공학	72.4	81.0	74.2	227.7	75.9	2.6	810.3	233.4	77.8	3.0	800.7	19	74.2	74.1	74.3	222.6	74.2	2.7	802.9
8	정보통신공	73.0	83.2	71.0	227.1	75.7	2.6	837.4	224.4	74.8	3.0	805.7	21	72.1	70.8	72.3	215.1	71.7	3.1	770.1
9	신소재공	73.0	81.3	72.6	226.8	75.6	2.6	808.2	223.5	74.5	2.0	805.7	3	71.7	79.6	75.9	227.4	75.8	3.2	816.0
10	메카트로닉스	73.4	77.9	75.3	226.5	75.5	3.0	799.6	216.9	72.3	1.0	794.5	5	72.7	77.9	76.7	227.4	75.8	2.7	815.0
11	수학과	71.9	80.2	73.7	225.9	75.3	3.1	801.1	223.5	74.5	4.0	791.0	9	73.1	74.8	68.0	216.0	72.0	2.6	780.3
12	생명공학	72.8	81.1	71.9	225.9	75.3	2.8	803.3	221.4	73.8	4.0	792.2	24	74.6	66.7	73.4	214.5	71.5	2.6	760.2
13	화학과	69.0	77.9	75.0	222.0	74.0	2.9	791.1	224.4	74.8	4.0	787.4	16	76.8	68.8	72.1	217.8	72.6	2.9	773.1
14	도시건축학	71.7	78.8	70.4	220.8	73.6	2.8	784.7	222.9	74.3	3.0	769.5	15	72.3	71.4	71.0	214.8	71.6	3.0	765.2
15	도시공학과	64.2	84.7	71.6	220.5	73.5	3.0	792.6	223.5	74.5	3.0	788.5	5	77.0	79.9	64.5	221.4	73.8	2.9	781.4
16	생명과학	70.4	80.1	69.6	220.2	73.4	3.0	785.2	216.9	72.3	3.0	776.1	9	77.1	65.4	71.9	214.5	71.5	2.4	759.9
17	패션산업	71.6	69.4	77.4	218.4	72.8	2.9	755.9	214.5	71.5	3.0	740.3	12	75.4	80.3	83.2	239.1	79.7	2.9	811.1
18	산업경영공	69.0	79.2	70.0	218.1	72.7	2.9	781.4	213.6	71.2	3.0	770.4	19	72.3	75.2	71.8	219.3	73.1	2.6	785.0
19	안전공학	67.1	75.7	75.4	218.1	72.7	2.7	780.1	212.4	70.8	2.0	766.5	5	75.7	76.0	73.7	225.3	75.1	2.7	806.1
20	물리학과	67.0	84.0	65.3	216.3	72.1	3.0	777.8	210.0	70.0	3.0	760.6	9	72.7	67.4	71.3	211.5	70.5	3.0	754.9
21	도시환경공	69.5	74.5	71.5	215.4	71.8	3.0	767.5	210.9	70.3	4.0	758.5	27	73.1	73.8	70.5	217.5	72.5	3.0	774.2
22	해양학과	67.5	79.1	67.8	214.5	71.5	3.0	768.8	207.6	69.2	3.0	751.6	4	72.9	74.2	75.4	222.6	74.2	3.0	792.9
		71.9	80.1	73.3	225.2	75.1	2.9	798.9	223.0	74.3	2.9	789.7	299	73.9	74.1	73.0	221.0	73.7	2.8	787.8

인하대학교

인/자 20:30:**20**:25:5史 자기타 20:30:**20**:25:5史
영어: 200-198-194-185-170 . . 기/미 5%가산

▶ 교과 반영 (교과/논술)
인: 국영수사 자: 국영수과
▶ 학년비율 없음
2021 학년비율 20:40:40
▶ 진로선택과목 3개 반영★
A=1, B=2, C=4등급

1. 2023 지역추천인재→지역균형 명칭변경, 수능최저 유지
2. 2023지균 3명 감소, 미래 2명 증가, 인하참 17명 감소
3. 2023 교과내신 진로선택 미반영→상위 3개 반영 변화
4. 2023 학생부종합 자기소개서 폐지
5. 2023 인하미래종합 1단계 3배수→3.5배수 확대
6. 2023 수시 자연 10개학과 확통 가능, 과탐 지정
7. 2023 정시 자유전공 70명 신설
2022.06.21. ollim

8. 2023 첨단융합학부 5개학과 수시 선발인원
①인공지능공학: 미래20, 인하참4, 지균4, 논술5
②데이터사이언스학: 미래15, 인하참5, 지균5, 논술8
③스마트모빌리티공학: 미래11, 인하참5, 지균5, 논술5
④디자인테크놀로지학: 미래11, 인하참5
⑤컴퓨터공학과: 미래34, 인하참23, 지균20, 논술25, 고른3
9. 2023국제학부(영어): ①IBT(국제무역)1 ②ISE(엔지니어링)1

모집시기	전형명	사정모형	학생부종합 특별사항	2023 수시 접수기간 09. 13(화) ~ 17(토)	모집인원	학생부	논술	면접	서류	기타	2023 최저등급
2023 수시 2,631명 (68.0%) 정시 1,242명 (32.0%) 전체 3,873명 2022 수시 2,672명 (68.1%) 정시 1,250명 (31.9%) 전체 3,922명	지역균형	일괄	학생부교과 고교별 7명→ 인원제한 없음 학추대상입력 09.19(월) ~09.23(금) 최종 12.15(목)	1. 2023 전년대비 3명 감소 2. 2023 수능최저 유지 3. 최저충족여부 중요 4. 모집단위선택 관건 5. 3등급대 합격 가능성 낮음 6. 2023 확통가능 (과탐지정) 산경/화공/생명/신소재/ 에너지/화학/생명과학/ 해양/식영/인공지능 - 10개	401 의예 8 2022 404 의예 10	교과 100					▶최저충족률 21년→22년 인문 35.3% → 50.2% 자연 37.3% → 51.1% 의예 21.3% → 18.0% ▶최종평균~최저 21년 → 22년 인문 2.89~2.94 → 2.69~2.83 자연 2.22~2.53 → 2.37~2.49 의예 1.13~1.19 → 1.13~1.15 · 인: 2개합 5 (탐1) 자: 2개합 5 (과1) 의예: 3개 1 (과2) *자연 미/기*
	인하 미래인재	1단계	학생부종합 정성평가 자소서폐지 최저 없음 1단계 11.10(목) 면인 11.19(토) 면자 11.20(일) 최종 12.15(목)	1. 2023 전년대비 2명 증가 2. 1단계 3배수→3.5배수 확대 3. 의예과 1단계 3배수 유지 2. 전공분야잠재력 창의적인재 3. 교과만으로 선발하지 않음 4. 면접: 서류숙지, 확인면접 5. 전공관련 학업성취도 중요 6. 기계/전기=수학물리 중요 <2023 인하미래 종합>★★ 1. 2023 평가 3영역 변화됨 2. 진로탐구역량 상대적 중요 3. 최초합격 등록률 증가 4. 지원자 평균내신 하락 5. 등록자 편차 확대됨 6. 서류활동 질적 하락 7. 상대적으로 내신 중요해짐 8. 동아리활동의 교과내 심화 세특을 통한 확장추세현상 9. 공동체역량: 출결 반영의지 상식선에서의 성실성 담보	905 의예 16 2022 903 의예 15	서류 종합 100 (3.5배) 1단계 70 + 면접 30					▶2023 미래인재 평가★ ①기초학업역량 30% ②진로탐구역량 45% 진로관심/학교생활성실 ③공동체역량 25% 공동체>개인 리더십/소통능력 ▶2022 인천합격 전형평균 미래인재2.94 참인재2.72 교과전형 2.38 최저충족률 54.4% ▶2022 전국합격 전형평균 미래인재2.99 참인재2.94 교과전형 2.49 최저충족률 49.1% · 1. 지성→자소서 1번, 독서 ①전공관련 학업성취도 ②전반적인 학업성취도 ▶근거→①교과상황 ②세특 2. 적성 → 자소서 1,2번 ①진로관심: 지적호기심 도전정신 ②전공 탐색 - 탐구심 ▶근거→①수상 및 독서 ②동아리/진로/희망 3. 인성 → 자소서 2번 ①개인인성: 성실성 의사 소통 봉사정신 ②공동체적 인성: 리더십, 학업역량, 사회화 ▶근거→①출결 ②수상 ③자율/봉사 ④행특종합
		2단계									
	인하참인재	일괄	학생부종합 정성평가 자소서폐지 최저 없음 최종 12.15(목) 전과목 정성평가	1. 2023 전년대비 17명 감소 2. 전공적합 비중 상대적 낮음 3. 비교과 영역 등 활동보다 주요교과 내신성적 중요★ 4. 2024 전형폐지 예고★	298 2022 315 의예 없음	서류 종합 100					▶2023 참인재 평가★ ①기초학업역량 45% ②진로탐구역량 25% 진로관심/학교생활성실 ③공동체역량 30% 공동체>개인 리더십/소통능력 · 2020 학교장추천 참고 ▶경쟁률 2개년 10.5→6.80 ▶충원율 2개년 150.5%→142.3% ▶입결 2개년 19년: 2.33→3.22 20년: 2.43→3.20 ▶2019 지원유형 참고 1,064개교 2,756명 지원 고교당 평균 2.59명 지원
	논술우수자	일괄	<자연논술> 수학만 출제 논술 당락 인문 12.03(토) 자연 12.04(일) 최종 12.15(목)	1. 논술 120분, 전년과 동일 인: 제시문 5개 내외(글자료+ 도표, 그래프) 바탕 2문항. 비판/정당화/설명서술 자: 수학 3문항(8~10논제) 수학 전범위, 기하 제외 2. 의예최저: 3개 1등급 (탐2)	469 의예 9 2022 485 의12	교과 30 + 논술 70					2022 최초경쟁-실질 논술평균 내신평균-최저 ▶인문 25.8-20.7 83.88 4.58-6.58 ▶자오전 29.7-21.2 39.29 4.23-6.60 ▶자오후 24.5-17.8 42.00 4.21-6.13 ▶의예 486.5-51.2 73.25 2.57-4.95 ※ 1~6등급까지 학생부 반영점수 차이 8점→14점 이내 학생부반영점수 14점 차이는 논술점수 약 3.5점 해당
	고른기회	일괄	학생부종합 정성평가 자소서제출 최종 12.15(목)	1. 국가보훈대상자 2. 기초수급 및 차상위 자녀	137 2022 137	서류 종합 100					최저 없음 <2023 전형생략> 농어촌136 실기72 특성졸187 평생11 서해5도3 체육26 등

▶최저충족 21년→22년
인문 35.3% → 50.2%
자연 37.3% → 51.1%
의예 21.3% → 18.0%
▶2022 <지역추천 7명>
인문/자연: 2개합 5(탐1)
의예: 3개 1등급 (과2)

2022 교과전형 — ● 전형방법: 교과 100%　인: 국영수사　자: 국영수과

2021 교과전형 — ● 전형방법: 교과 100%　의예: 3개 1등급(탐2)　★ 수능최저: 인문: 3개합 7(탐1)　자연: 2개합 4등급(탐1)

대학	학과	2023 지역추천 인원	2022 교과 인원	경쟁률	실질경쟁	50%컷	70%컷	추합인원	충원율	2021 교과 인원	경쟁률	실질경쟁	평균	최저	추합인원	충원율
문과대학	한국어문학과	5	5	7.60	3.60	3.09	3.16	9	180.0	12	7.3	2.0	2.97	3.01	10	83.3%
	사학과	5	5	14.0	7.00	2.83	2.88	8	160.0	5	15.6	3.0	3.52	3.33	10	200.0%
	철학과	5	5	8.40	4.00	2.86	3.02	4	80.0	10	6.7	1.6	3.30	3.17	6	60.0%
	중국학과	5	5	8.80	4.20	2.77	2.92	3	60.0	13	11.1	3.1	2.97	3.06	16	123.1%
	일본언어문화학	5	5	7.40		2.78	2.83	9	180.0	6	7.5	2.3	2.94	2.96	2	33.3%
	영어영문학	7	6	8.50	5.50	2.59	2.72	5	83.3	9	7.2	2.3	3.11	3.12	11	122.2%
	프랑스언어문화학	5	6	7.50	4.00	2.86	2.95	4	66.7	7	10.6	2.4	2.88	2.89	2	28.6%
	문화콘텐츠경영	9	8	8.60	4.40	2.41	2.51	12	150.0	8	19.6	5.5	2.61	2.61	11	137.5%
경영대학	경영학과	19	19	9.40	5.10	2.34	2.49	32	168.4	27	8.2	3.6	2.51	2.64	48	177.8%
	글로벌금융인문	5	5	12.6	5.00	2.97	3.19	11	220.0	6	6.3	1.8	3.78	3.78	5	83.3%
	아태물류인문	10	10	7.10	4.30	2.15	2.59	12	120.0	6	6.8	4.0	2.58	2.54	16	266.7%
	국제통상	12	14	13.0	4.90	2.88	3.03	15	107.1	20	5.3	1.9	3.45	3.98	18	90.0%
사회과학대학	행정학	8	8	8.90	5.30	2.40	2.58	17	212.5	18	7.7	3.8	2.68	2.70	36	200.0%
	정치외교학	6	6	8.20	5.00	2.81	2.83	9	150.0	9	6.8	1.4	3.02	3.15	4	44.4%
	미디어커뮤니케	6	6	9.50	4.50	2.53	2.53	8	133.3	14	6.5	2.3	2.68	2.73	18	128.6%
	경제학과	7	7	7.70	3.70	2.57	2.59	6	85.7	10	6.4	2.0	2.90	2.94	10	100.0%
	소비자학과	5	6	9.20	4.30	3.46	3.48	10	166.7	6	11.8	3.8	2.68	2.69	2	33.3%
	아동심리학	5	5	5.80	2.60	2.83	2.87	6	120.0	5	6.6	1.4	2.69	2.62	2	40.0%
	사회복지학	4	5	7.40	3.60	2.92	2.83	9	180.0	6	18.3	5.3	2.84	2.84	3	50.0%
사범대학	국어교육	5								-	-	-	-	-	-	-
	영어교육	5	7	5.00	3.00	2.26	2.63	10	142.9	6	6.5	3.3	2.34	2.29	12	200.0%
	사회교육	6	6	5.70	3.50	2.43	2.82	10	166.7	8	8.4	3.9	2.12	2.16	8	100.0%
	교육학과	5	5	6.20	3.40	2.43	2.70	11	220.0	4	6.0	2.8	2.45	2.61	3	75.0%
예술	의류디자인일반	5	5	15.0	6.40	2.86	2.89	5	100.0	5	18.0	3.6	3.52	3.72	9	180.0%
인문 총계		159	159	8.76	4.42	2.70	2.83	225	141.4	220	9.4	2.9	2.89	2.94	262	111.2%

인하대학교 2022 수시모집 결과분석 02 - 학생부교과 자연

2022. 06. 21. ollim

▶최저충족 21년→22년
인문 35.3% → 50.2%
자연 37.3% → 51.1%
의예 21.3% → 18.0%
▶2022 <지역추천 7명>
인문/자연: 2개합 5(탐1)
의예: 3개 1등급 (과2)

2022 교과전형
● 전형방법: 교과 100%   의예: 3개 1등급(탐2)
★ 수능최저: 인문: 3개합 7 (탐1)   자연: 2개합 4 (탐1)

2021 교과전형
● 전형방법: 교과 100%   의예: 3개 1 (탐2)
★ 수능최저: 인문: 3개합 7 (탐1)   자연: 2개합 4 (탐1)

대학	학과	2023 인원	2022 교과 인원	경쟁률	실질경쟁	50%컷	70%컷	추합인원	충원률	2021 교과 인원	경쟁률	실질경쟁	평균	최저	추합인원	충원률
사범	수학교육	5	5	13.0	5.20	2.46	2.52	5	100.0	6	8.7	3.3	1.99	1.99	10	166.7
공과대학	기계공학	19	19	16.2	7.80	2.31	2.43	23	121.1	33	5.7	2.8	1.72	1.93	33	100.0
	항공우주공학	8	8	11.8	5.50	2.25	2.41	16	200.0	16	13.5	4.6	2.07	2.29	16	100.0
	조선해양공	8	8	7.80	3.00	2.48	2.63	7	87.5	10	17.5	4.3	2.72	3.11	7	70.0
	산업경영공↘	6	6	10.5	4.20	2.51	2.59	6	100.0	13	7.8	2.2	2.93	3.84	13	100.0
	화학공학	14	14	9.10	5.90	1.98	2.02	29	207.1	25	6.20	3.7	1.63	1.87	35	140.0
	생명공학	6	6	22.2	12.3	2.00	2.00	8	133.3	9	7.20	4.4	1.64	1.86	13	144.4
	고분자공학	6	6	8.00	4.20	2.45	2.53	5	83.3	11	9.80	4.3	2.07	2.30	9	81.8
	신소재공	13	12	10.3	6.30	2.11	2.15	20	166.7	23	6.30	3.1	1.95	2.19	36	156.5
	사회인프라공	9	12	7.70	3.80	2.75	2.84	20	166.7	22	12.4	3.3	2.66	2.88	12	54.5
	환경공학↘	6	6	9.70	6.20	2.33	2.39	9	150.0	13	6.9	1.6	2.65	3.14	5	38.5
	공간정보자연	6	5	8.40	3.20	2.67	2.89	5	100.0	6	18.7	5.7	2.63	2.89	9	150.0
	건축학부↗★	10	10	8.10	3.10	2.89	2.96	13	130.0	9	9.8	3.0	2.35	2.59	9	100.0
	에너지자원공↗	5	5	11.6	5.80	2.44	2.46	3	60.0	5	18.8	5.2	2.36	2.42	7	140.0
	전기공학	11	11	8.70	5.30	2.09	2.20	18	163.6	23	6.4	3.1	1.98	2.24	33	143.5
	전자공학	11	10	9.90	5.90	1.87	1.94	15	150.0	21	6.7	3.2	2.07	2.68	42	200.0
	정보통신공	14	14	8.60	4.40	2.35	2.41	20	142.9	30	7.6	2.9	2.33	2.60	35	116.7
자연과학대학	수학과	5	5	7.00	4.00	2.86	2.94	9	180.0	6	8.3	2.3	2.38	2.75	5	83.3
	통계학과↘	-	5	6.40	2.80	2.94	2.96	9	180.0	9	5.2	1.1	2.52	3.10	1	11.1
	물리학과↗	5	5	6.60	3.60	2.93	2.99	5	100.0	9	6.2	2.2	2.52	2.57	9	100.0
	화학과↗★	7	6	15.5	5.70	2.38	2.52	5	83.3	14	7.5	3.4	2.05	2.43	17	121.4
	생명과학	5	7	8.00	4.30	2.08	2.45	8	114.3	16	6.8	2.5	2.16	2.64	6	37.5
	해양과학↗★	5	5	9.60	4.20	2.47	2.66	2	40.0	13	19.7	5.4	2.81	3.13	15	115.4
	식품영양	6	5	7.80	3.40	2.36	2.77	11	220.0	11	9.1	2.8	2.60	2.88	8	72.7
의과대학	간호학과자연	10	8	12.4	6.40	2.07	2.12	10	125.0	10	8.8	4.0	1.85	2.04	11	110.0
	의예과	8	10	20.0	3.60	1.13	1.15	11	110.0	15	22.6	5.6	1.13	1.19	13	86.7
첨단SW융합학부	인공지능공학과	4	8	7.50	4.30	2.49	2.57	10	125.0	-	-	-	-	-	-	-
	데이터사이언스	5	6	8.70	4.20	2.86	2.99	7	116.7	-	-	-	-	-	-	-
	스마트모빌리티	5	5	6.80	2.80	2.51	2.98	5	100.0	-	-	-	-	-	-	-
	디자인테크놀로지	-								-	-	-	-	-	-	-
	컴퓨터공학과	20	18	12.4	7.00	2.14	2.18	25	138.9	29	6.7	3.0	2.16	2.78	42	144.8
	자연 총계	526	250	10.3	4.95	2.37	2.49	339	129.8	407	10.0	3.4	2.22	2.53	451	106.9%

인하대학교 2022 수시결과분석 03 - 종합 인하참인재전형

2022. 06. 21. ollim

2021 학교장추천
▶경쟁률 2개년
6.80→6.10
▶충원율 2개년
141%→149%
▶입결 2개년
21년: 2.46~3.01
20년: 2.44~3.20

2022 인하참인재 — ● 서류 종합 100%, 일괄전형 ▶입합결과 내신반영: 국영수사/국영수과 ★ 최저 없음

2021 학교장추천 인하참인재 — ● 서류 종합 100%, 일괄전형, 최저 없음 ▶입합결과 내신반영: 국영수사/국영수과 ★

대학	학과	2023 인하참인재 인원	2022 인원	2022 경쟁	평균	70컷	최저	지원총원	인원추합	실질경쟁 ollim	충원율 ollim	2021 인원	2021 경쟁	중간값	최저	지원총원	인원추합	실질경쟁 ollim	추합인원	충원율 ollim
문과대학	한국어문학	5	6	6.80	3.49	3.61	3.84	41	7	3.14	116.7	6	7.80	2.64	2.85	47	17	2.75	11	183.3%
	철학과	-										6	2.80	3.84	5.22	17	16	1.05	10	166.7%
	중국학과	6	8	6.50	3.22	3.20	4.04	52	6	3.71	75.0	9	3.00	3.04	3.76	27	25	1.08	16	177.8%
	일본언어문	5	7	5.40	4.04	3.89	5.24	38	4	3.44	57.1	7	3.90	3.04	3.58	27	21	1.30	14	200.0%
	영어영문학	6	6	6.50	2.83	2.86	3.02	39	3	4.33	50.0	9	4.80	2.66	2.97	43	27	1.60	18	200.0%
	프랑언어문	5	5	5.80	4.35	4.26	5.88	29	7	2.42	140.0	6	3.80	3.04	3.47	23	13	1.75	7	116.7%
	문화콘텐츠	6	6	11.20	2.47	2.50	2.68	67	2	8.40	33.3	-	신설	-	-	-	-	-	-	-
경영대학	경영학과	26	27	6.60	2.72	2.82	3.90	178	26	3.36	96.3	30	4.90	2.60	4.34	147	90	1.63	60	200.0%
	아태물류학	7	7	5.90	3.58	3.79	4.64	41	14	1.97	200.0	6	4.00	3.19	4.81	24	13	1.85	7	116.7%
	국제통상	6	6	6.80	3.25	3.37	3.81	41	12	2.27	200.0	8	7.40	2.27	2.63	59	24	2.47	16	200.0%
사회과학대학	행정학	7	6	7.00	2.17	2.04	2.80	42	5	3.82	83.3	5	4.40	2.32	2.63	31	18	1.71	11	157.1%
	정치외교학	6	6	6.20	3.09	3.55	3.75	37	12	2.07	200.0	7	5.10	2.70	3.00	36	20	1.79	13	185.7%
	미디어커뮤	5										7	####	2.60	4.72	113	18	6.26	11	157.1%
	경제학과	7	6	5.50	3.56	3.24	5.41	33	3	3.67	50.0	6	6.30	2.63	3.01	38	18	2.10	12	200.0%
공과대학	기계공학	22	23	4.80	2.81	3.15	4.22	110	22	2.45	95.7	22	7.30	2.02	2.58	161	66	2.43	44	200.0%
	항공우주공	7	9	5.80	2.37	2.30	2.93	52	6	3.48	66.7	9	5.20	2.10	2.27	47	25	1.87	16	177.8%
	조선해양공	6	6	4.30	3.62	3.73	3.95	26	2	3.23	33.3	9	4.60	2.79	3.35	41	12	3.45	3	33.3%
	산업경영공	6	6	6.30	3.86	4.04	4.40	38	13	1.99	216.7	8	4.90	2.32	2.45	39	23	1.70	15	187.5%
	화학공학	9	7	5.40	2.52	2.30	4.79	38	9	2.36	128.6	6	9.30	1.72	1.76	56	16	3.49	10	166.7%
	생명공학	6	6	6.00	2.03	2.10	2.45	36	5	3.27	83.3	7	5.00	1.67	1.82	35	19	1.84	12	171.4%
	고분자공학	6	6	5.80	2.90	3.06	3.17	35	4	3.48	66.7	6	4.20	2.21	2.74	25	12	2.10	6	100.0%
	신소재공	9	9	5.90	2.93	3.25	3.76	53	12	2.53	133.3	9	6.60	1.93	2.21	59	17	3.49	8	88.9%
	사회인프라	7	11	5.50	3.21	3.23	4.12	61	5	3.78	45.5	9	5.80	2.78	2.97	52	26	2.01	17	188.9%
	환경공학	6	6	6.20	2.51	2.52	2.80	37	5	3.38	83.3	6	6.80	2.05	2.27	41	17	2.40	11	183.3%
	건축학부	9	10	7.10	3.58	3.86	4.82	71	17	2.63	170.0	6	7.30	2.56	2.64	44	18	2.43	12	200.0%
	전기공학	8	8	5.30	3.16	3.41	3.69	42	5	3.26	62.5	9	3.40	2.32	3.76	31	19	1.61	10	111.1%
	전자공학	9	8	6.00	2.84	2.15	5.23	48	9	2.82	112.5	9	4.90	1.89	2.11	44	20	2.21	11	122.2%
	정보통신공	11	10	5.70	2.72	2.82	3.26	57	3	4.38	30.0	9	4.60	2.38	2.60	41	17	2.44	8	88.9%
자연과학	통계학과	5																		
	물리학	5	6	6.00	3.72	4.02	4.03	36	4	3.60	66.7	-	신설	-	-	-	-	-	-	-
	화학과	5	6	5.50	2.50	2.52	2.75	33		5.50		8	8.10	2.13	2.33	65	20	3.24	12	150.0%
	생명과학	5	5	9.00	2.88	2.34	5.02	45	5	4.50	100.0	2	8.50	2.08	2.09	17	2	8.50	0	0.0%
	해양과학	5	6	4.70	2.93	3.02	3.10	28	1	4.03	16.7	-	신설	-	-	-	-	-	-	-
	식품영양학	5	6	7.70	2.30	2.39	2.68	46	6	3.85	100.0	6	3.00	2.56	3.67	18	7	2.57	1	16.7%
간호	간호학과	8	7	10.60	1.94	1.91	2.15	74	10	4.36	142.9	5	####	2.16	2.65	69	13	5.31	8	160.0%
첨단융합학부신설	인공지능공	4	7	6.30	2.51	2.60	2.90	44	5	3.68	71.4	15	4.30	2.43	3.28	65	34	1.90	19	126.7%
	데이터사이	5	11	5.30	2.97	2.94	3.53	58	13	2.43	118.2	15	3.30	2.63	4.37	50	32	1.55	17	113.3%
	스마트모빌	5	8	6.40	3.08	3.16	3.59	51	6	3.66	75.0	12	3.30	2.71	4.74	40	24	1.65	12	100.0%
	디자인테크	5	5	8.80	2.74	2.75	3.10	44	3	5.50	60.0	5	5.60	3.00	3.95	28	9	3.11	4	80.0%
	컴퓨터공학	23	27	6.40	2.69	2.77	4.68	173	28	3.14	103.7	27	5.60	2.40	4.66	151	75	2.02	48	177.8%
총계		298	315	6.4	2.98	3.01	3.79	1975	299	6.61	98.6	259	6.05	2.46	3.01	1849	843	2.64	410	148.6%

인하대학교 2022 수시결과분석 04 - 인하미래인재 인문

2022. 06. 21. ollim

<2022 인하미래 CUBE>
1. 전공적합성 매우 중시★
2. 적성: 전공적합, 창의성등
3. 지성: 기초학업, 교과이수
4. 인성: 개인적 인성평가등
5. 지성:적성:인성:종합★
　　25:25:25:25

2022 종합 인하미래인재
● 인하미래 1단계: 서류 100 (3배수) 2단계: 면접 30

2021 종합 인하미래인재
● 인하미래 1단계: 서류 100% (3배수) 면접 30

		2023 미래인재 인원	2022 인원	2022 경쟁률	1단계합격 평균	1단계합격 최저	최종등록 평균	최종등록 70컷	최종등록 최저	추합 인원	충원율 ollim	2021 인원	2021 경쟁률	1단계합격 중간값	1단계합격 최저	최종등록 중간값	최종등록 최저	추합 인원
문과대학	한국어문학과	10	9	6.60	3.28	5.20	3.20	3.13	3.69	5	55.6	8	8.40	2.89	4.56	2.88	3.50	5
	사학과	11	10	11.8	3.28	5.71	2.95	2.98	3.46	7	70.0	12	9.90	2.95	6.00	2.93	4.50	16
	철학과	9	9	5.80	3.71	7.04	4.06	3.51	7.04	8	88.9	6	6.50	3.19	3.88	3.18	3.42	5
	중국학과	15	15	7.60	3.73	5.54	3.34	3.52	4.11	3	20.0	17	10.0	3.32	5.88	3.15	4.13	15
	일본언어문화학	13	13	10.5	3.85	5.80	4.04	3.91	5.80	9	69.2	11	18.4	3.93	5.54	3.80	5.12	9
	영어영문학	17	17	8.90	3.42	5.93	3.56	3.50	4.87	13	76.5	18	9.60	3.04	4.75	3.16	4.43	21
	프랑스언어문화	9	10	11.7	4.04	5.73	3.99	3.80	5.73	11	110.0	13	5.20	4.12	6.17	4.51	6.17	20
	문화콘텐츠경영	19	19	18.2	3.01	5.38	2.87	2.70	4.71	18	94.7	30	15.4	2.86	6.54	2.92	6.54	24
경영대학	경영학과	37	35	12.9	3.33	5.86	3.51	3.58	5.73	21	60.0	30	11.6	2.91	5.48	2.78	5.26	27
	글로벌금융학과	11	11	7.60	3.56	4.55	3.50	3.45	4.40	5	45.5	14	6.80	3.49	5.88	3.58	5.52	4
	아태물류학부	18	17	5.90	3.75	6.43	3.21	3.32	4.22	7	41.2	11	7.30	2.83	6.22	2.81	4.24	6
	국제통상	20	17	7.20	3.33	6.29	3.45	3.43	6.29	17	100.0	13	13.9	2.71	3.61	2.85	3.42	11
사회과학대학	행정학	19	18	17.6	3.17	5.10	3.20	3.39	4.52	12	66.7	19	10.6	3.42	5.96	4.02	5.96	15
	정치외교학	13	12	15.4	2.90	3.73	3.03	3.05	3.67	24	200.0	15	10.2	3.43	6.28	3.53	5.70	15
	미디어커뮤니케	15	16	16.3	2.71	4.67	2.64	2.63	3.36	7	43.8	11	18.5	2.50	4.92	2.53	3.74	7
	경제학과	21	22	6.80	3.19	5.15	3.12	3.21	4.06	23	104.5	18	5.80	3.09	5.46	3.10	4.01	24
	소비자학과	9	8	6.90	3.51	6.24	3.92	3.73	6.24	4	50.0	8	10.5	2.91	3.48	2.85	3.06	6
	아동심리학	9	10	12.5	2.93	3.51	2.91	3.03	3.28	2	20.0	17	7.90	2.94	5.33	2.87	3.56	8
	사회복지학	9	12	16.1	3.74	7.04	4.09	4.35	6.67	5	41.7	15	11.7	3.10	5.66	3.08	5.66	8
사범대학	국어교육	8	12	7.40	2.63	3.70	2.59	2.65	3.13	12	100.0	13	6.40	2.57	5.90	2.57	3.68	18
	영어교육	9	9	11.6	3.03	5.25	3.50	3.44	5.25	9	100.0	13	8.80	2.64	5.40	3.06	5.40	13
	사회교육	6	6	7.50	2.49	3.45	2.42	2.55	2.63	2	33.3	6	10.5	2.10	3.50	2.28	2.80	10
	체육교육	12	12	15.0	2.23	3.07	2.24	2.34	2.80	10	83.3	12	13.3	2.12	3.38	2.30	2.62	22
	교육학과	9	11	8.70	2.35	3.06	2.26	2.41	2.53	8	72.7	16	11.3	2.29	2.70	2.31	2.56	15
국제학부	IBT학과	1	1	5.00	4.22	4.95	3.49		3.49	0	0	2	5.00	3.50	3.78	3.52	3.78	0
	ISE학과	1	1	5.00	3.41	3.51	3.37		3.37	0	0	1	3.00	6.17	-	-	-	0
예체	의류디자인일반	11	12	16.3	3.16	3.91	3.15	3.20	3.47	10	83.3	12	18.1	3.13	4.41	3.54	4.06	11
	스포츠과학	19	20	17.2	3.05	5.14	3.26	3.20	5.14	19	95.0	18	15.4	2.98	5.29	3.44	5.29	20
인문 총계		360	364	10.7	3.25	5.03	3.25	3.23	4.42	271	68.8	379	10.4	3.11	5.04	3.09	4.38	355

인하대학교 2022 수시결과분석 05 - 인하미래인재 자연

<2022 인하미래 CUBE>
1. 전공적합성 매우 중시★
2. 적성: 전공적합, 창의성
3. 지성: 기초학업, 교과이수
4. 인성: 개인적 인성평가
5. 지성:적성:인성:종합★
25:25:25:25

| | | 2023 미래인재 인원 | 2022 종합 인하미래인재 ● 인하미래 1단계: 서류 100 (3배수) 2단계: 면접 30 | | | | | | | | 추합 인원 | ★★★ 충원율 ollim | 2021 종합 인하미래인재 ● 인하미래 1단계: 서류 100% (3배수) 면접 30 | | | | | | 추합 인원 |
| | | | 2022 | | 1단계합격 | | 최종등록 | | | | | 2021 | | 1단계합격 | | 최종등록 | | |
			인원	경쟁률	평균	최저	평균	70컷	최저			인원	경쟁률	중간값	최저	중간값	최저	
사범	수학교육	6	6	10.3	2.58	4.30	2.65	2.61	4.03	4	66.7	7	9.6	2.20	2.95	2.28	2.52	12
공과대학	기계공학	35	33	8.10	2.59	3.71	2.45	2.57	3.13	32	97.0	34	12.6	2.46	6.30	2.36	4.37	35
	항공우주공학	17	14	17.1	2.73	4.58	2.50	2.60	2.69	12	85.7	18	13.7	2.81	6.06	3.13	6.06	11
	조선해양공	18	16	4.80	4.13	7.58	3.71	3.93	6.28	6	37.5	12	4.3	3.37	4.60	3.17	4.09	5
	산업경영공	14	14	6.60	2.87	3.51	2.80	2.85	3.31	15	107.1	10	10.0	2.93	3.78	3.23	3.78	10
	화학공학	33	33	9.80	2.44	5.14	2.54	2.36	4.66	25	75.8	35	7.0	2.26	4.82	2.55	4.82	36
	생명공학	11	10	16.2	2.24	3.33	2.29	2.25	3.33	10	100.0	15	11.8	2.03	2.54	1.96	2.44	11
	고분자공학	12	12	7.70	3.05	5.04	2.90	2.85	3.86	5	41.7	14	7.8	2.99	5.06	2.74	4.69	9
	신소재공	29	29	7.50	2.59	3.83	2.44	2.53	3.83	12	41.4	35	9.8	2.43	4.03	2.38	3.70	23
	사회인프라공	22	24	7.60	3.49	5.42	3.53	3.57	5.26	25	104.2	37	6.1	3.44	5.98	3.61	5.98	30
	환경공학	11	13	14.2	2.69	4.66	2.65	2.87	3.27	6	46.2	19	12.6	2.57	4.42	2.68	4.09	16
	공간정보공학과	12	9	6.40	3.63	5.82	3.82	3.83	5.35	5	55.6	9	4.6	3.72	6.18	3.38	4.42	5
	건축학부	22	22	11.1	3.13	6.15	2.97	3.02	3.86	23	104.5	24	9.1	2.86	5.20	2.83	4.88	25
	에너지자원공	8	8	8.90	2.64	3.35	2.48	2.48	2.91	5	62.5	8	5.6	2.78	5.10	2.97	4.95	3
	전기공학	24	24	6.40	2.82	6.29	2.77	2.73	5.14	13	54.2	24	6.9	2.66	7.48	2.68	4.36	20
	전자공학	28	27	9.90	2.57	5.02	2.70	2.54	4.72	15	55.6	27	9.4	2.53	6.03	2.76	6.03	41
	정보통신공	32	32	6.10	2.97	4.45	2.86	3.04	3.33	19	59.4	29	7.7	2.90	6.44	2.76	4.35	15
자연과학대학	수학과	12	10	7.40	3.11	4.53	3.23	3.41	4.00	6	60.0	13	8.5	2.83	6.01	2.98	6.01	13
	통계학과	10	10	6.40	2.92	4.14	3.01	3.10	3.63	17	170.0	10	5.2	2.69	4.80	3.01	4.80	12
	물리학과	11	10	5.20	3.24	5.76	3.61	3.54	5.53	16	160.0	14	5.9	2.56	3.91	2.63	2.91	17
	화학과	15	14	12.1	2.62	4.54	2.42	2.40	2.92	12	85.7	15	13.1	2.64	4.90	2.84	4.70	15
	생명과학	11	11	19.8	2.64	4.99	2.79	2.60	4.79	5	45.5	9	20.6	2.29	5.57	2.52	4.58	9
	해양과학	9	8	6.80	3.21	5.37	3.17	3.30	3.60	4	50.0	11	8.9	2.86	4.16	2.83	3.87	6
	식품영양학과	11	13	10.8	3.06	4.84	3.04	3.01	4.84	7	53.8	12	11.7	2.87	4.47	3.00	4.47	12
의과대학	간호학과	21	21	13.5	2.45	4.70	2.72	2.76	4.70	9	42.9	12	24.8	2.29	3.16	2.29	2.54	10
	의예과	16	15	29.6	1.33	2.76	1.34	1.32	2.76	3	20.0	15	26.9	1.37	2.12	1.36	2.12	5
첨단 SW 융합 학부	인공지능공학과	20	20	7.60	2.94	5.65	3.08	3.10	4.70	24	120.0	20	8.2	2.76	4.44	2.60	3.04	16
	데이터사이언스	15	18	7.50	3.25	5.49	3.04	3.17	3.76	8	44.4	20	7.0	3.00	5.13	3.17	5.13	17
	스마트모빌리티	11	15	10.1	3.21	5.39	3.21	3.35	4.56	9	60.0	16	5.8	3.30	4.82	3.51	4.82	8
	디자인테크놀로지	15	15	10.7	3.38	6.17	3.45	3.68	6.17	8	53.3	15	7.2	3.29	5.84	3.36	5.84	7
	컴퓨터공학과	34	33	8.20	2.71	5.07	2.58	2.68	3.23	21	63.6	30	11.0	2.39	5.05	2.34	2.75	30
	자연 총계	545	539	10.1	2.88	4.89	2.86	2.90	4.13	381	71.7	569	10.1	2.71	4.88	2.77	4.29	484

중부대학교

▶ 일반: 국영수사과 중
상위 **총 15개**
진로선택과목도 포함함★
A=1, B=3, C=5등급
▶ 국제캠퍼스 (충남 금산)
▶ 창의캠퍼스 (경기 고양)

1. 2023 학생부우수자(교과100%) 666명 모집
2. 2023 학사구조개편으로 명칭변경, 폐지 및 신설전형 유의
3. 항공관광&카지노, 항공경영물류학, 바이오화장품학 폐지
   2023 동물행동복지학 신설
4. 2023 종합 진로개척자전형 폐지
5. 학교생활우수자 면접대비 전략★ (중하위학생 목표제시)

모집시기	전형명	사정모형	학생부종합 특별사항	2023 수시 접수기간 09. 13(화) ~ 17(토)	모집인원	학생부	논술	면접	서류	기타	2023 최저등급
2023 충청캠 수시 884명 정시 24명 전체 908명 고양캠 수시 807명 정시 55명 전체 862명	학생부우수자	일괄	학생부교과 최저없음 최종: 11.16(수)	2023 내신반영 국영수사과 중 상위 15개 진로선택과목도 포함함★	666 충청 330 고양 336	교과 100					
	학교생활우수자	일괄	학생부교과 다대다면접 면접 창의 일반 10.28(금) 면접 국제캠 일반 11.04(금) 최종: 11.16(수)	충청캠 일반학과 186명 항공서비스85명, 체교18명 전공에 대한 관심열정 50% 바른인성 및 가치관 25% 종합적사고력 25% 면접 15분	542 충청 186 고양 253	교과 70 + 면접 30		▶항공서비스 85명 : 교과50+면접50 면접 11.01(화)~11.04(금) ▶특수체육교육 18명 : 교과60+실기40 면접 11.03(목) ▶간호학과 18명 : 교과70+실기30 면접 11.03(목)~11.04(금)			
	지역인재	일괄	학생부교과 최저없음 최종: 11.16(수)		충청 83	교과 100					
	국가보훈대상자	일괄	학생부교과 최저없음 최종: 11.16(수)	국가보훈대상자	충청2 고양3	교과 100					
	기초/차상위 한부모 (정원외)	일괄	학생부교과 최저없음 최종: 11.16(수)		충청2 고27	교과 100				농어촌/특성화고/ 실기우수자/특기자/ 특수교육/특수체육 생략	최저 없음

<2023 중부대학교 창의캠퍼스 경기도 고양시>
1. 글로벌비즈니스학부 ①경영학 ②국제통상학
2. 사범학부 ①유아교육 ②유아특수교 ③초등특수교 ④중등특수교
3. 건축토목공학부 ①건축학 ②토목공학
4. 소프트웨어공학부 ①게임소프트웨어 ②정보보호학 ③스마트IT
5. 전기전자자동차공 ①전기전자공 ②스마트모빌리티전공
6. 문화콘텐츠학부 ①산업디자인 ②만화애니메이션 ③사진영상학
   ④미디어커뮤니케이션학
7. 공연예술체육학부 ①연극영화학 ②실용음악학 ③엔터테인먼트학
   ④뷰티패션비지니스학전공

<2023 중부대학교 국제캠퍼스 충남 금산군>
1. 경찰경호학부 ①경찰행정학 ②경찰법학
   ③경찰경호학 ④경찰탐정수사학
2. 사범학부 ①특수체육교육과
3. 항공관광학부 ①항공서비스 ②호텔비지니스
4. 보건복지학부 ①보건행정학과 ②간호학과
   ③물리치료 ④사회복지학 ⑤멀티케어학
5. 반려동물학부 ①동물사육학 ②동물행동복지학
   ③동물보건학과
6. 문화콘텐츠학부 ①문헌정보학
7. 공연예술체육학부 ①뷰티케어학 ②뷰티비지니스
   ③레저스포츠학 ④스포츠건강관리학 ⑤골프학
8. 글로벌인재학부 ①자율설계전공 ②글로벌K-POP전공

		2023 모집인원	2022 모집인원	경쟁률	등급평균	등급최저	환산 50%컷	환산 70%컷	추합 인원	2023 모집인원	2022 모집인원	경쟁률	등급평균	등급최저	환산 50%컷	환산 70%컷	추합 인원
			2022 학교생활우수자 면접								2022 학생부우수자 교과						
경찰경호	경찰행정학	27	35	4.54	4.69	5.13	563.0	559.0	19	44	39	8.30	3.57	4.26	855.0	833.0	115
	경찰법학	13	12	1.83	5.42	5.66	524.0	515.0	5	20	13	4.46	5.37	5.86	652.0	637.0	45
	경찰경호학	15	35	2.60	5.33	5.86	535.0	525.0	33	21							
	경찰탐정수사학	8	10	1.50	5.42	5.73	530.0	523.0		14	11	2.54	2.06	2.06	867.0	855.0	29
사범	특수체육교육		18	4.94	3.26	3.66	534.0	532.0	29								
항공관광	항공서비스학		80	8.97	4.21	5.13	412.0	405.0	187	11	6	8.66	3.29	3.66			
	호텔비즈니스	10	13	1.00	5.73	5.73	510.0	510.0		16	20	2.00	5.90	5.90	757.0	725.0	20
보건복지	보건행정학	10	12	3.83	5.51	5.80	516.0	506.0	19	13	15	6.86	4.62	5.66	752.0	740.0	88
	간호학과	28	36	13.2	3.45	3.73	627.0	621.0	40	33	40	12.4	2.66	3.00	932.0	923.0	139
	물리치료학	13	12	13.4	3.41	3.66	628.0	626.0	16	16	15	12.4	3.33	3.53	860.0	854.0	90
	사회복지학	8	17	1.29	5.60	5.60	510.0	510.0		13	20	4.25	4.86	5.66	727.0	700.0	65
반려동물	동물사육학	18	40	3.02	5.05	5.93	560.0	548.0	39	50	46	7.08	4.63	5.66	773.0	737.0	280
	동물보건학	25															
문화	문헌정보학	11	11	2.90	4.81	5.46	570.0	553.0	11	14	14	5.64	4.23	4.40	767.0	760.0	65
공연예술체육	뷰티케어학		23	5.04	5.26	5.93	534.0	519.0	59	2	7	13.3	5.19	5.60			
	레저스포츠학									3	4	3.00	4.73	5.73	757.0	757.0	8
	스포츠건강관리									5	5	4.20	5.66	5.80	560.0	560.0	16
	골프학전공									3	3	2.33	3.66	3.66	820.0	820.0	4
글로벌인재	글로벌K-POP									2							
	자율설계									50	95	0.64	5.21	5.80	695.0	653.0	
국제캠 (충남금산)		186	354	4.86	4.80	5.2	539.5	532.3	457	330	353	6.13	4.31	4.8	769.6	753.9	964
글로벌비즈	경영학전공	17	15	9.60	3.87	4.33	604.0	602.0	13	25	20	11.4	3.39	3.73	860.0	850.0	50
	국제통상학	18	15	8.86	4.24	4.73	590.0	583.0	17	25	20	12.9	3.68	4.33	844.0	823.0	67
사범	유아교육과	17	18	7.72	3.64	3.73	612.0	612.0	21	20	13	14.3	3.23	3.53	874.0	866.0	63
	유아특수교육	10	9	3.55	4.11	4.53	592.0	590.0	16	8	6	8.16	3.66	4.13	833.0	820.0	21
	초등특수교육	10	9	3.55	4.08	4.40	596.0	593.0	7	8	6	8.16	3.31	3.53	867.0	860.0	12
	중등특수교육	10	9	4.00	3.78	3.93	606.0	605.0	12	8	6	9.66	2.94	3.26	900.0	890.0	10
건축토목	건축학전공	17	14	5.92	4.40	5.13	581.0	576.0	31	21	18	8.94	3.66	3.93	831.0	823.0	27
	토목공학전공	15	14	3.78	4.91	5.53	560.0	550.0	20	21	18	6.00	3.75	4.46	843.0	818.0	47
소프트웨어	게임소프트웨어	18	13	5.38	3.97	4.20	598.0	595.0	12	20	16	9.56	3.32	3.93	883.0	860.0	67
	정보보호학	19	15	4.33	4.53	4.80	571.0	568.0	10	23	20	7.60	3.77	4.13	824.0	811.0	53
	스마트IT전공	12	10	5.80	4.18	4.53	588.0	585.0	11	16	14	8.00	3.71	4.13	834.0	818.0	32
전기전자동차	전기전자공	20	17	4.05	4.44	4.93	579.0	572.0	10	26	23	9.17	3.84	4.33	822.0	805.0	73
	스마트모빌리티	17	14	5.21	5.13	5.46	543.0	538.0	19	21	18	9.27	4.25	4.73	780.0	768.0	51
문화콘텐츠	산업디자인																
	만화애니메이션																
	사진영상학		15	6.40	4.17	4.53	594.0	589.0	8	26	20	10.55	3.54	4.26	851.0	837.0	66
	미디어커뮤니케이션	23	17	11.58	3.72	4.06	608.0	606.0	14	25	23	11.21	3.16	3.53	890.0	876.0	75
공연예술체육	연극영화(연출/제작)																
	연극영화(연기)																
	실용음악(기악/음향)																
	실용음악(작곡)																
	실용음악(보컬)																
	엔터테인먼트	15	14	5.28	4.05	4.53	601.0	593.0	21	23	18	6.83	3.46	4.13	864.0	847.0	40
	뷰티·패션비즈니스	15								20							
창의캠 (경기 고양)		253	218	5.94	4.20	4.6	588.9	584.8	242	336	259	9.48	3.54	4.0	850.0	835.8	754

		2023 모집인원	2022 지역인재		최종합격				추합인원	2023 모집인원	2022 정시 일반		최초합격		최종등록		충원인원
			모집인원	경쟁률	등급평균	등급최저	환산50%컷	환산70%컷			모집인원	경쟁률	등급평균	백분위평균	등급평균	백분위평균	
경찰경호	경찰행정학	10	7	6.00	3.77	3.93	813.0	810.0	13								
	경찰법학	5	5	4.60	4.88	5.53	733.0	700.0	11								
	경찰경호학	5															
	경찰탐정수사학	3	3	2.33	5.34	5.86	687.0	652.0	4								
사범	특수체육교육																
항공관광	항공서비스학	10	5	3.20	4.53	4.53	740.0	740.0	11								
	호텔비즈니스																
보건복지	보건행정학	3	3	2.66	5.00	5.00	680.0	680.0	5								
	간호학과	25	4	8.75	2.97	3.13	900.0	893.0	11								
	물리치료학	5	3	14.33	2.80	2.80	900.0	900.0	7								
	사회복지학	5	3	2.66	5.50	5.86	620.0	597.0	5								
반려동물	동물사육학	5	7	6:00	4.74	4.86	713.0	710.0	35								
	동물보건학	5															
문화	문헌정보학																
공연예술체육	뷰티케어학																
	레저스포츠학																
	스포츠건강관리																
	골프학전공																
국제캠 (충남금산)		81	40	5.57	4.39	4.6	754.0	742.4	102								
글로벌인재	글로벌K-POP	2															
	자율설계																
글로벌비즈	경영학전공																
	국제통상학																
사범	유아교육과																
	유아특수교육																
	초등특수교육																
	중등특수교육																
건축토목	건축학전공																
	토목공학전공																
소프트웨어	게임소프트웨어																
	정보보호학																
	스마트IT전공																
전기전자동차	전기전자공																
	스마트모빌리티																
문화콘텐츠	산업디자인																
	만화애니메이션																
	사진영상학																
	미디어커뮤니케이션																
공연예술체육	연극영화(연출/제작)																
	연극영화(연기)																
	실용음악(기악/음향)																
	실용음악(작곡)																
	실용음악(보컬)																
	엔터테인먼트																
	뷰티·패션비즈니스																
창의캠 (경기 고양)		83	40	5.57	4.39	4.6	754.0	742.4	102								

332

2023 대학별 수시모집 요강 — 중앙대학교

2023 대입 주요 특징

공통/일반90%+진로선택10% (성취도 환산점수)
정시영어 100-98-95-92... 자연국수탐2 25+40+35

2023 대학별 수시모집 요강	중앙대학교	2023 대입 주요 특징

▶교과: 국영수사과 전체과목★
※ 2022 국영수사/국영수과
①공통일반90%+진로선택10%
②성취도환산 10% 변환반영
③논술포함 이수단위 미반영
▶논술 상위 10개→5개 축소★
▶학년비율 없음

1. 2023 교과지역균형(안성캠) 및 논술전형 수능최저 변화
①지역균형 2023 인/자/약학 최저 유지, 안성캠 최저 폐지★
②논술인문: 3개합6, 탐 2개→1개 축소, 논술전체 199명 감소
2. 지역균형 추천확대 10명→20명, 지원확대 22년 졸업생 포함
3. 지역균형: 2023 <전공개방형> 계열모집으로 선발전환★★
4. 고른기회 전형분리확대: 농어촌 132명, 기초차상위 66명
5. 2023 다빈치 526명 모집, 서울 68명 감소, 안성 4명 증가
6. 2023 탐구형 408명 모집, 서울 173명 감소, 안성 13명 감소

7. 지역균형, 논술전형 모집단위 및 인원변화 입결확인 필수
8. 교과 2023 석차등급 및 성취도별 환산점수표★ 소수4째 반올림
▶등급: 1등급10.0, 2등급9.71, 3등급9.43, 4등급9.14, 5등급8.86 ..
▶성취도: A=10.0, B=9.43, C=8.86 (A=1등급, B=3등급, C=5등급)
9. 전공개방 2회 기회: 1학년 입학 시, 2학년 진입 시 (성적순)
10. 2022 서울권 대규모 지균신설 이후 교과입결 하락예상 but 상승
11. 2022 COVID-19 서류실적 부실화 종합입결 하락예상 but 상승
12. 2022 일반고 재학증가, 7~9명 고교증가 추세, 졸업생 가세 등
2022. 06. 02. ollim

모집시기	전형명	사정모형	학생부종합 특별사항	2022 수시 접수기간 09.13(화) ~ 16(금)	모집인원	학생부	논술	면접	서류	기타	2023 수능최저등급
2023 정원내 수시 2,463명 (55.0%) 정시 정원내 2,014명 (45.0%) 전체 정원내 4,477명 2022 정원내 수시 3,018명 (67.1%) 정시일반 정원내 1,533명 (30.7%) 전체 정원내 4,498명	**지역균형**	일괄	학생부교과 최저있음 고교추천 20명 명단~09.23(금) 재학생+22년 재수생 포함 국영수사과 최종 12.15(목)	1. 2023 전년대비 6명 감소 2. 추천인원 확대 10명→20명 3. 지원자격 확대 '22 졸업포함 4. 모집단위변화 일부학과모집 5. 비교과 축소 30%→10% 6. 약학 6명, 의학 선발없음 7. 2023 인/자/약학 최저 유지 8. 2023 안성 수능최저 폐지 9. 2022 최저충족률 상승	505 2022 511	교과 90% 출결 10% ※ 2022 참고 교과70 비교과30 (출결/봉사)		▶지역균 입결 21→**2022** ①경쟁인문 8.70→**10.8** 경쟁자연 13.1→**20.6** ②실질인문 4.20→**6.80** 실질자연 5.10→**10.4** ③충원인문 194→**211%** 충원자연 216→**245%** ④입결인문 2.00→**1.93** 입결자연 1.74→**1.72** ⑤최저인문48.7→**64.3%** 최저자연39.0→**58.7%** 최저약학 **16.2%**			인문: 3개합 7 (탐1) 자연: 3개합 7 (과1) 약학: 4개합 7 (과1) 안성: 최저 폐지 ★ *史 4등급 공통 *자연 미적/기하,과탐 *자연 서로다른과탐 ※ 안성 22년 2개합 6
	다빈치형	1단계	학생부종합 단계 면접 자소서제출 ~09.20(화)	1. 서울68 감소, 안성4 증가 2. 의학부 11명, 약학 12명★ 3. 학/자/추 근거 교내외활동 학교생활(교과/비교과) 균형 지원자 학업 및 교내 다양한 활동 통한 성장가능성 판단 4. 통합역량 20% ★★ ①경험다양성 ②예체활동성과 ③교내예술문화/체육활동소양 ④정보수집분석활용능력	526 서울 411 안성 115 2022 590 서울 479 안성 111	서류 100% (3.5배)		▶다빈치 입결 21→**2022** ①경쟁인문 11.9→**14.6** 경쟁자연 17.6→**23.3** ②충원인문 104→**77%** 충원자연 134→**111%** ③입결인문 2.54→**2.51** 입결자연 2.31→**2.14** ④일반고지원 78.6→**81.7** 일반고등록 80.0→**74.1** 자사고등록 8.1→10.2 외고등록 9.7→12.1			<2023 다빈치 역량> (학교장/통합 등 포함) 1.학업역량 20% 2.탐구역량 20% 3.통합역량 20%★ 4.발전가능성 20% 5.인성 20%
		2단계	1단계 11.24(목) 면접 12.03(토) ~12.04(일) 최종 12.09(금)			1단계 70% +면접 30%					
	탐구형	일괄	학생부종합 서류 일괄 자소서제출 ~09.20(화) 최종 12.09(금)	1. 서울173 감소, 안성13 감소 2. 의학부 11명, 약학 15명★ 3. 학업역량 지적탐구역량평가 해당전공분야 탐구능력 경험 수상실적 과제연구 탐구활동 창체독서/지적탐구활동과정 4. 전공적합 30% ★★ ①전공활동이해 ②활동과정 ③전공적합관련성 ④과목수강취득/성취수준 등	408 서울 356 안성 52 2022 595 서울 529 안성 66	서류 100%		▶탐구형 입결 21→**2022** ①경쟁인문 11.8→**12.8** 경쟁자연 14.2→**16.5** ②충원인문 122→**93%** 충원자연 133→**132%** ③입결인문 3.39→**3.13** 입결자연 3.46→**3.11** ④일반고지원 54.1→49.8 일반고등록 50.8→**42.7** 자사고등록 14.0→17.5 외고등록 25.4→30.2 과영재등록 9.60→9.10			<2023 탐구형 역량> 1.학업역량 20% 2.탐구역량30%★ 3.전공적합30%★ 4.발전가능성 10% 5.인성 10% 다빈치에 비해 발표 토론,수행 과정평가 등 학습 과정 및 결과, 독서,동아리,각종대회 등 교내학습 경험 중시
	논술전형	일괄	논술전형 논자 11.26(토) 논인 11.27(일) 최종 12.15(목)	1. 최저인문 탐구 2개→1개 2. 2023 전년대비 199명 감소 3. 논술내신 상위10→5개축소 4. 인문: 언어논술3 120분 5. 경영경제: 언어2+수리논술1 6. 자연: 수리3+물/화/생 택1	487 2022 686	논술 70% 교과 20% 출결 10%				<2022 논술전형 입결> ①경쟁 45.0→46.7 ②실질 10.8→7.10 ③충원 25%→22% ④입결 10개 2.8→2.7 ⑤논술 평균 72.9→73.4	인문: 3개합 6 (탐1) ★ 자연: 3개합 6 (과1) 의/약: 4개합 5 (과2) 안성: 2개합 5 (과1) *史 4등급 공통 *자연탐구 동일불가
	사회통합	일괄	학생부종합 자소서제출 ~09.20(화) 최종 12.09(금)	1. 국가보훈대상자 2. 조손/소년소녀/장애/복지 3. 군인/경찰/소방 20년 자녀 4. 다문화/만학도 다자녀3인→다자녀4인 강화	20	서류 100%		다빈치평가와 동일			최저없음
	고른기회 기초차상위 (분리 선발)	일괄	학생부종합 자소~09.20(화) 최종 12.09(금)	1. 기초차상위 대상자 2. 정원내 37+정원외 29 3. 약학부 5명 선발	66	서류 100%		다빈치평가와 동일			최저없음
	고른기회 농어촌 (분리 선발)	일괄	학생부종합 자소~09.20(화) 최종 12.09(금)	1. 농어촌 대상자 2. 정원내 75+정원외 57	132	서류 100%		다빈치평가와 동일 원서접수비 무료 경쟁률 허수 주목			2023 기타전형 생략 장애인 8명 특성화고졸 232명 실기 356명 특기 48명

교과지균 2023	교과 2022								교과 2021							
	2022 입학결과 올림					2022 ADIGA			2021 입학결과 올림					2021 ADIGA		
▶인문: 3개합 7 (탐1) ▶자연: 3개합 7 (과1) ▶약학: 4개합 5 (과1)	모집 인원	경쟁률	실질 경쟁률	충원 인원	충원율	최종 평균	최종 70%	환산 70%	모집 인원	경쟁률	실질 경쟁률	충원 인원	충원율	최종 평균	최종 70%	환산 70%
인문9 평균	56	9.5	5.7	109	172%	1.88	2.06		53	10.3	5.1	94	176%	1.71	1.83	982.2
사회과학9 평균	76	11.7	7.6	190	245%	1.66	1.87		64	7.61	3.5	126	196%	1.70	2.13	865.9
간호/사범 평균	28	10.7	6.0	63	226%	1.68	1.86		23	10.2	4.7	57	261%	1.83	2.13	976.7
경영경제6 평균	88	12.6	8.0	222	213%	1.63	1.81		68	6.92	3.4	134	170%	1.65	1.98	979.3
인문 전체평균	248	11.1	6.8	584	214%	1.71	1.90		208	8.74	4.2	411	201%	1.72	2.02	951.0

교과지균 2023	교과 2022								교과 2021							
	2022 입학결과 올림					2022 ADIGA			2021 입학결과 올림					2021 ADIGA		
▶인문: 3개합 7 (탐1) ▶자연: 3개합 7 (과1) ▶약학: 4개합 5 (과1)	모집 인원	경쟁률	실질 경쟁률	충원 인원	충원율	최종 평균	최종 70%	환산 70%	모집 인원	경쟁률	실질 경쟁률	충원 인원	충원율	최종 평균	최종 70%	환산 70%
자연과학4 평균	24	17.5	10.3	64	270%	1.58	1.71		24	14.9	6.2	74	305%	1.58	1.73	984.9
공과대학7 평균	66	17.2	9.9	146	225%	1.70	1.81		49	12.4	4.8	108	215%	1.67	1.81	982.2
소프트/ICT 평균	58	22.2	13.6	189	300%	1.50	1.63		38	12.4	4.5	72	181%	1.53	1.65	985.5
간호 평균	15	10.2	4.4	15	100%	1.60	1.78		9	13.7	4.7	1	11%	1.70	1.70	985.8
약학 평균	5	61.8	10.0	13	260%	1.30	1.39		-	-	-	-	-	-	-	-
자연 전체평균	168	25.8	9.6	427	231%	1.54	1.66		120	13.3	5.0	255	178%	1.62	1.72	984.6
안성 생명공학6	72	4.78	3.6	99	139%	2.77	3.09		68	5.43	2.3	62	88%	2.78	3.12	957.0
안성 예술공학	18	3.06	1.7	11	61%	3.60	4.57		21	7.00	3.2	28	146%	2.67	3.13	955.9

교과지균 2023	인문	지역균형 인문 2022								교과 인문 2021							
		▶인문: 3개합 7 (탐1) 자연: 3개합 7 (탐1) ▶약학: 4개합 5 (탐1) 안성: 2개합 6 (탐1)								▶인문: 3개합 6 (탐2) ▶자연: 3개합 6 (탐1) 변화★ ▶자연안성: 2개합 5 (탐1) ⑭ 4등급 공통							
		2023 인원	2022 입학결과 올림				2022 ADIGA			2021 입학결과 올림					2021 ADIGA		
			모집 인원	경쟁률	실질 경쟁	충원 인원	충원율	대학 평균	50% CUT	70% CUT	모집 인원	경쟁률	실질 경쟁	충원 인원	충원율	대학 평균	최종 70%	환산 70%
인문	국어국문	36	7	8.71	6.7	17	243%	1.80	1.93	1.96	7	6.6	3.3	11	157%	1.80	2.20	974.0
	영어영문		15	9.27	6.1	36	240%	1.80	1.96	2.04	10	7.7	4.1	21	210%	1.60	1.70	985.7
	독일어문학		4	11.8	4.8	7	175%	2.10	2.37	2.40	4	12.3	5.5	7	175%	1.70	1.80	983.1
	프랑스어문학		5	10.8	6.4	9	180%	2.00	2.03	2.06	5	11.6	7.0	10	200%	1.70	1.80	983.4
	러시아어문학		4	10.0	4.8	1	25%	2.00	2.00	2.00	5	13.2	6.4	3	60%	1.70	1.70	984.9
	일본어문학		5	8.40	5.4	7	140%	1.90	1.92	1.95	5	13.0	5.8	7	140%	1.80	1.80	982.9
	중국어문학		4	9.00	5.8	1	25%	1.80	1.84	1.89	4	12.8	6.8	11	275%	1.70	1.70	984.4
	철학과		6	8.67	6.0	9	150%	1.80	2.00	2.02	6	6.8	3.3	11	183%	1.80	2.10	977.5
	역사학과		6	8.83	5.5	22	367%	1.70	2.09	2.23	7	8.6	4.1	13	186%	1.60	1.70	984.2
총 합계		36	56	9.49	5.7	109	172%	1.88	2.02	2.06	53	10.3	5.1	94	176%	1.71	1.83	982.2

교과지균 2023	인문	지역균형 인문 2022								교과 인문 2021							
		▶인문: 3개합 7 (탐1) 자연: 3개합 7 (탐1) ▶약학: 4개합 5 (탐1) 안성: 2개합 6 (탐1)								▶인문: 3개합 6 (탐2) ▶자연: 3개합 6 (탐1) 변화★ ▶자연안성: 2개합 5 (탐1) ⑭ 4등급 공통							
		2023 인원	2022 입학결과 올림				2022 ADIGA			2021 입학결과 올림					2021 ADIGA		
			모집 인원	경쟁률	실질 경쟁	충원 인원	충원율	대학 평균	50% CUT	70% CUT	모집 인원	경쟁률	실질 경쟁	충원 인원	충원율	대학 평균	최종 70%	환산 70%
사회 과학	정치국제학과	26	9	10.4	8.0	30	333%	1.60	1.75	1.89	8	6.3	3.9	17	213%	1.70	2.40	970.2
	심리학과		9	12.0	7.2	28	311%	1.60	1.76	1.79	9	8.0	3.4	17	189%	1.70	1.90	98.0
	문헌정보학과		7	14.3	8.6	12	171%	1.80	1.93	2.00	7	10.4	4.0	12	171%	2.00	2.60	967.4
	사회복지학부		7	10.9	6.9	13	186%	1.80	1.83	1.90	7	6.1	3.3	14	200%	1.70	1.70	984.0
	사회학과		8	11.0	7.9	27	338%	1.70	1.79	1.88	8	7.1	4.3	26	325%	1.60	1.80	983.2
	도시계획부동산		8	11.1	6.5	7	88%	1.70	1.84	1.86	8	8.5	3.0	10	125%	1.70	1.80	983.0
	미디어커뮤니	7	9	8.78	5.9	25	278%	1.50	1.74	1.89	6	7.7	3.0	9	150%	1.50	1.90	981.2
	공공인재학부	15	19	14.8	9.8	48	253%	1.60	1.70	1.76	11	6.8	3.1	21	191%	1.70	2.90	960.1
총 합계		48	76	11.7	7.6	190	245%	1.66	1.79	1.87	64	7.61	3.5	126	196%	1.70	2.13	865.9

교과지균 2023	인문	지역균형 인문 2022								교과 인문 2021							
		▶인문: 3개합 7 (탐1) 자연: 3개합 7 (탐1) ▶약학: 4개합 5 (탐1) 안성: 2개합 6 (탐1)								▶인문: 3개합 6 (탐2) ▶자연: 3개합 6 (탐1) 변화★ ▶자연안성: 2개합 5 (탐1) ⑭ 4등급 공통							
		2023 인원	2022 입학결과 올림				2022 ADIGA			2021 입학결과 올림					2021 ADIGA		
			모집 인원	경쟁률	실질 경쟁	충원 인원	충원율	대학 평균	50% CUT	70% CUT	모집 인원	경쟁률	실질 경쟁	충원 인원	충원율	대학 평균	최종 70%	환산 70%
사범	교육학과	5	5	10.0	5.8	14	280%	1.60	1.70	1.79	5	11.8	6.4	17	340%	1.50	1.60	986.5
	유아교육과	5	5	12.4	6.2	5	100%	1.90	2.08	2.11	5	7.2	1.8	4	80%	2.50	3.10	957.8
	영어교육과	8	5	12.4	7.6	15	300%	1.50	1.54	1.60	5	8.6	5.6	23	460%	1.60	2.00	978.9
간호	간호인문	13	13	8.08	4.2	29	223%	1.70	1.84	1.94	8	13.0	4.8	13	163%	1.70	1.80	983.6
총 합계		31	28	10.7	6.0	63	226%	1.68	1.79	1.86	23	10.2	4.7	57	261%	1.83	2.13	976.7

교과지균 2023 | 인문 | 지역균형 인문 2022 | 교과 인문 2021

▶인문: 3개합 7 (탐1)　자연: 3개합 7 (탐1)
▶약학: 4개합 5 (탐1)　안성: 2개합 6 (탐1)

▶인문: 3개합 6 (탐2)　▶자연: 3개합 6 (탐1) 변화★
▶자연안성: 2개합 5 (탐1) ㉔ 4등급 공통

교과지균 2023		인문 / 2023 인원	2022 입학결과 올림					2022 ADIGA			2021 입학결과 올림					2021 ADIGA		
			모집인원	경쟁률	실질경쟁	충원인원	충원율	대학평균	50%CUT	70%CUT	모집인원	경쟁률	실질경쟁	충원인원	충원율	대학평균	50%70%	환산70%
경영경제	경제학부	55	16	11.8	8.3	43	269%	1.60	1.79	1.83	8	6.8	4.0	19	238%	1.50	1.80	982.6
	응용통계학과		5	15.6	10.0	16	320%	1.60	1.75	1.76	5	5.8	2.8	9	180%	1.70	2.10	976.1
	광고홍보학과		7	10.4	6.0	13	186%	1.60	1.65	1.72	7	7.9	3.0	8	114%	1.70	1.90	981.9
	국제물류학과		6	8.50	4.3	2	33%	1.80	1.85	1.88	6	6.3	3.0	5	83%	1.80	1.90	980.7
	경영학부 경영학	50	47	15.7	10.7	135	287%	1.60	1.67	1.71	37	7.5	4.1	84	227%	1.60	1.90	981.7
	경영 글로벌금융	8	7	13.9	8.9	13	186%	1.60	1.96	1.97	5	7.2	3.4	9	180%	1.60	2.30	972.6
총 합계		113	88	12.6	8.0	222	213%	1.63	1.78	1.81	68	6.9	3.4	134	170%	1.65	1.98	979.3

교과지균 2023 | 자연 | 지역균형 자연 2022 | 교과 자연 2021

▶인문: 3개합 7 (탐1)　자연: 3개합 7 (탐1)
▶약학: 4개합 5 (탐1)　안성: 2개합 6 (탐1)

▶인문: 3개합 6 (탐2)　▶자연: 3개합 6 (탐1) 변화★
▶자연안성: 2개합 5 (탐1) ㉔ 4등급 공통

교과지균 2023		자연 / 2023 인원	2022 입학결과 올림					2022 ADIGA			2021 입학결과 올림					2021 ADIGA		
			모집인원	경쟁률	실질경쟁	충원인원	충원율	대학평균	50%CUT	70%CUT	모집인원	경쟁률	실질경쟁	충원인원	충원율	합격등급	최종70%	최종70%
자연과학	물리학과	30	6	12.3	6.5	10	167%	1.70	1.78	1.81	6	12.2	5.8	19	317%	1.70	1.80	982.5
	화학과		5	18.6	12.0	18	360%	1.50	1.71	1.71	5	12.8	4.8	16	320%	1.50	1.70	985.5
	생명과학과		7	23.4	13.4	20	286%	1.50	1.55	1.57	7	17.4	7.7	29	414%	1.50	1.70	985.7
	수학과		6	15.8	9.3	16	267%	1.60	1.76	1.76	6	17.0	6.3	10	167%	1.60	1.70	985.7
총 합계		30	24	17.5	10.3	64	270%	1.58	1.70	1.71	24	14.9	6.2	74	305%	1.58	1.73	984.9
창의ICT	전자전기공학	57	34	20.8	12.8	123	362%	1.50	1.60	1.64	17	11.2	4.4	39	229%	1.50	1.60	986.4
	융합공학부		19	18.5	10.9	53	279%	1.60	1.58	1.68	9	13.0	5.0	10	111%	1.50	1.50	988.8
소프트웨어	소프트웨어학부	15							-	-	6	11.5	4.8	17	283%			
	AI학과	5	5	27.2	17.0	13	260%	1.40	1.58	1.58	6	13.8	3.8	6	100%	1.60	1.70	984.6
총 합계		77	58	22.2	13.6	189	300%	1.50	1.59	1.63	38	12.4	4.5	72	181%	1.53	1.60	986.6

교과지균 2023	자연	지역균형 자연 2022								교과 자연 2021							
		▶인문: 3개합 7 (탐1) 자연: 3개합 7 (탐1) ▶약학: 4개합 5 (탐1) 안성: 2개합 6 (탐1)								▶인문: 3개합 6 (탐2) ▶자연: 3개합 6 (탐1) 변화★ ▶자연안성: 2개합 5 (탐1) ㉔ 4등급 공통							
		2023 인원	2022 입학결과 올림					2022 ADIGA		2021 입학결과 올림					2021 ADIGA		
			모집 인원	경쟁률	실질 경쟁	충원 인원	충원율	대학 평균	50% CUT	70% CUT	모집 인원	경쟁률	실질 경쟁	충원 인원	충원율	합격 등급	최종 70%	최종 70%
공과 대학	건설환경사회기반		8	13.3	6.5	11	138%	1.90	2.02	2.04	8	14.4	4.8	11	138%	1.70	1.70	984.2
	도시시스템공학		5	13.4	7.6	9	180%	1.70	1.81	1.82	5	11.8	5.2	12	240%	1.70	1.80	982.0
	건축공(4년제)	33	6	10.5	5.0	7	117%	1.80	1.92	1.96	6	11.2	4.3	4	67%	1.70	1.70	984.0
	건축학(5년제)		8	14.8	7.6	9	113%	1.80	1.74	1.79	5	13.8	4.6	10	200%	1.80	1.90	980.7
	에너지시스템공		15	16.4	9.9	33	220%	1.70	1.80	1.83	8	13.3	6.0	36	450%	1.60	1.60	986.4
	기계공학부	18	18	18.2	11.4	43	239%	1.60	1.68	1.73	10	10.4	4.2	21	210%	1.70	1.90	980.3
	화학신소재공학	10	6	33.7	21.3	34	567%	1.40	1.50	1.50	7	11.6	4.7	14	200%	1.50	2.10	977.6
총 합계		61	66	17.2	9.9	146	225%	1.70	1.78	1.81	49	12.4	4.8	108	215%	1.67	1.81	982.2

교과지균 2023	자연	지역균형 자연 2022								교과 자연 2021							
		▶인문: 3개합 7 (탐1) 자연: 3개합 7 (탐1) ▶약학: 4개합 5 (탐1) 안성: 2개합 6 (탐1)								▶인문: 3개합 6 (탐2) ▶자연: 3개합 6 (탐1) 변화★ ▶자연안성: 2개합 5 (탐1) ㉔ 4등급 공통							
		2023 인원	2022 입학결과 올림					2022 ADIGA		2021 입학결과 올림					2021 ADIGA		
			모집 인원	경쟁률	실질 경쟁	충원 인원	충원율	대학 평균	50% CUT	70% CUT	모집 인원	경쟁률	실질 경쟁	충원 인원	충원율	합격 등급	최종 70%	최종 70%
창의 ICT	전자전기공학	57	34	20.8	12.8	123	362%	1.50	1.60	1.64	17	11.2	4.4	39	229%	1.50	1.60	986.4
	융합공학부		19	18.5	10.9	53	279%	1.60	1.58	1.68	9	13.0	5.0	10	111%	1.50	1.50	988.8
소프트 웨어	소프트웨어학부	15							-	-	6	11.5	4.8	17	283%			
	AI학과	5	5	27.2	17.0	13	260%	1.40	1.58	1.58	6	13.8	3.8	6	100%	1.60	1.70	984.6
총 합계		77	58	22.2	13.6	189	300%	1.50	1.59	1.63	38	12.4	4.5	72	181%	1.53	1.60	986.6

약학	약학부	6	5	61.8	10.0	13	260%	1.30	1.33	1.39	-	-	-	-	-	-		-
간호	간호자연	17	15	10.2	4.4	15	100%	1.60	1.65	1.78	9	13.7	4.7	1	11%	1.70	1.70	985.8
총 합계		23	20	36.0	7.2	28	180%	1.45	1.49	1.59	9	13.7	4.7	1	11%	1.70	1.70	985.8

교과지균 2023	자연	지역균형 자연 2022								교과 자연 2021							
		▶인문: 3개합 7 (탐1) 자연: 3개합 7 (탐1) ▶약학: 4개합 5 (탐1) 안성: 2개합 6 (탐1)								▶인문: 3개합 6 (탐2) ▶자연: 3개합 6 (탐1) 변화★ ▶자연안성: 2개합 5 (탐1) Ⓐ 4등급 공통							
		2023 인원	2022 입학결과 올림					2022 ADIGA			2021 입학결과 올림					2021 ADIGA		
			모집 인원	경쟁률	실질 경쟁	충원 인원	충원율	대학 평균	50% CUT	70% CUT	모집 인원	경쟁률	실질 경쟁	충원 인원	충원율	합격 등급	최종 70%	최종 70%
생명 공학 안성 CAM	동물생명공	66	12	5.08	3.3	12	100%	2.50	2.67	2.76	12	4.3	2.4	13	108%	2.70	3.30	953.5
	식물생명공		10	6.80	4.1	9	90%	2.80	2.86	2.89	10	5.0	1.5	5	50%	3.10	3.30	953.2
	식품공학		23	3.52	2.7	32	139%	2.90	3.26	3.45	17	4.9	2.2	14	82%	2.70	2.90	961.4
	식품영양		15	3.40	1.9	12	80%	3.30	3.58	3.86	10	7.6	2.0	5	50%	3.10	3.30	952.6
	시스템생명공학		12	5.08	4.0	22	183%	2.10	2.05	2.21	12	5.0	3.5	21	175%	1.90	2.10	977.7
	첨단소재공학과	5	5	8.20	5.4	12	240%	3.00	3.17	3.35	7	5.8	2.0	4	60%	3.20	3.80	943.5
총 합계		71	72	4.78	3.6	99	139%	2.77	2.93	3.09	68	5.4	2.3	62	88%	2.70	2.98	959.7

예술 안성 CAM	실내환경디자인	-									5	7.6	3.2	5	100%	2.40	2.90	960.9
	패션디자인	-									6	8.0	4.5	16	267%	2.60	3.00	957.1
	예술공학	15	18	3.06	1.7	11	61%	3.60	3.94	4.57	10	5.4	2.0	7	70%	3.00	3.50	949.6
총 합계		15	18	3.06	1.7	11	61%	3.60	3.94	4.57	21	7.0	3.2	28	146%	2.67	3.13	955.9

학생부종합 2021~2022

▶다빈치 입결 21→2022
① 경쟁인문 11.9→14.6 / 경쟁자연 17.6→23.3
② 충원인문 104→77% / 충원자연 134→111%
③ 입결인문 2.54→2.51 / 입결자연 2.31→2.14

<2022 다빈치 5개 역량> 1.학업역량 20% 2.탐구역량 20% 3.통합역량 20% 4.발전가능성 20% 5.인성 20%

<2021 다빈치 5개 역량> 1.학업역량 20% 2.탐구역량 20% 3.통합역량 20% 4.발전가능성 20% 5.인성 20%

<2022 탐구형 5개 역량> 1.학업역량 20% 2.탐구역량 30% 3.전공적합성 30% 4.발전가능성 10% 5.인성 10%

<2021 탐구형 5개 역량> 1.학업역량 20% 2.탐구역량 30% 3.전공적합성 30% 4.발전가능성 10% 5.인성 10%

다빈치 2023 모집인원	다빈치 2022 인원	최초경쟁률	충원율	합격자내신등급	다빈치 2021 인원	최초경쟁률	충원율	합격자내신등급	계열	학과명	탐구형 2023 모집인원	탐구형 2022 인원	최초경쟁률	충원율	합격자내신등급	탐구형 2021 인원	최초경쟁률	충원율	합격자내신등급
6	10	9.3	80%	2.60	10	9.1	210%	2.00	인문	국어국문	6	7	12.0	100%	3.80	7	17.4	171%	3.20
10	20	8.7	85%	2.10	19	7.4	105%	2.50		영어영문	18	29	9.0	172%	3.30	27	9.1	189%	3.40
10	6	9.7	100%	3.30	5	7.4	20%	3.90		독일어문학	-	9	11.0	133%	3.50	10	10.2	230%	3.80
11	6	9.3	17%	3.60	6	8.7	117%	2.70		프랑스어문학	-	9	10.0	156%	3.70	9	8.6	133%	3.80
9	5	8.2	60%	3.50	5	7.0	160%	3.20		러시아어문학	-	9	8.9	100%	3.50	8	9.3	188%	3.80
11	4	12.0	25%	3.70	4	10.0	75%	2.80		일본어문학	-	10	14.3	160%	3.60	10	13.4	110%	3.80
14	8	9.4	125%	3.00	8	9.0	163%	3.00		중국어문학	-	16	10.7	119%	3.70	16	11.2	150%	3.70
10	9	8.8	56%	2.20	9	10.3	167%	2.10		철학과	-	7	10.6	57%	2.60	7	11.9	100%	3.30
-	9	12.0	78%	2.20	8	9.9	125%	2.30		역사학과	10	7	16.9	100%	3.30	7	18.0	171%	2.80
10	9	29.9	89%	2.10	11	17.6	118%	2.80	사회과학	정치국제학과	-	11	21.0	100%	3.20	11	14.7	100%	3.80
8	10	28.6	60%	2.50	17	17.5	124%	2.60		공공인재학부	10	10	22.8	80%	3.00	20	13.3	195%	3.10
6	10	25.2	140%	2.00	10	19.0	90%	2.50		심리학과	7	11	15.9	118%	2.60	11	17.5	55%	2.70
6	8	8.0	88%	2.20	8	6.5	75%	2.40		문헌정보학과	6	7	11.3	29%	2.40	7	7.4	29%	3.40
7	10	14.6	40%	2.60	10	14.5	60%	2.80		사회복지학부	7	11	14.5	27%	3.20	11	16.0	127%	3.60
6	8	26.1	63%	2.60	11	18.0	200%	1.70		미디어커뮤니	6	9	21.0	89%	2.40	14	18.6	100%	2.50
6	9	17.7	78%	2.20	9	16.6	56%	1.90		사회학과	6	11	12.1	173%	2.70	11	13.3	18%	3.10
8	10	7.4	40%	2.80	10	7.4	30%	2.30		도시계획부동산	7	9	8.4	44%	3.20	9	8.3	67%	3.20
13	14	11.3	29%	2.10	16	8.1	131%	2.20	간호	간호인문	13	8	14.3	38%	3.70	10	10.3	70%	3.70
8	8	26.5	125%	2.50	8	27.8	125%	3.00	사범	교육학과	-	7	18.3	114%	2.90	-	-	-	-
12	10	9.6	60%	2.40	8	14.9	38%	2.00		유아교육과	-	5	8.8	60%	3.00	-	-	-	-
11	9	7.9	133%	2.00	9	8.3	200%	2.00		영어교육과	-	7	8.6	157%	3.20	8	10.9	263%	3.00
15	13	16.2	39%	2.00	15	16.8	47%	1.80		체육교육과	-	-	-	-	-	-	-	-	-
22	33	18.3	97%	2.20	38	12.6	145%	2.30	경영경제	경영 경영학	30	36	13.5	144%	3.10	43	9.8	156%	3.10
5	6	12.5	83%	3.00	9	7.0	89%	2.90		경영 글로벌금융	5	7	12.0	29%	3.50	10	7.5	70%	4.10
12	20	11.0	85%	2.10	20	7.4	115%	2.30		경제학부	12	23	7.6	130%	3.10	23	6.9	100%	3.10
5	5	18.4	140%	1.90	5	16.4	100%	2.30		응용통계학과	6	8	12.0	63%	2.90	8	12.5	188%	3.10
6	8	18.0	63%	2.30	8	10.3	25%	2.60		광고홍보학과	6	11	15.0	27%	2.40	11	15.5	73%	3.20
5	8	13.6	88%	2.50	8	8.5	13%	4.10		국제물류학과	6	11	9.8	55%	2.90	11	7.1	64%	3.70
-	-	-	-	-	-	-	-	-		산업보안(인문)	5	5	9.4	40%	3.20	5	7.0	60%	4.20
252	285	14.6	77%	2.51	288	11.9	104%	2.54		총 합계	166	310	12.8	93%	3.13	311	11.8	122%	3.39

학생부종합 2021~2022

다빈치 2023	다빈치 2022				다빈치 2021				탐구형 입결 21→2022		탐구형 2023	탐구형 2022				탐구형 2021			

다빈치 2022 <2022 다빈치 5개 역량> 1.학업역량 20% 2.탐구역량 20% 3.통합역량 20% 4.발전가능성 20% 5.인성 20%

다빈치 2021 <2021 다빈치 5개 역량> 1.학업역량 20% 2.탐구역량 20% 3.통합역량 20% 4.발전가능성 20% 5.인성 20%

▶탐구형 입결 21→2022 ①경쟁인문 11.8→12.8 경쟁자연 14.2→16.5 ②충원인문 122→93% 충원자연 133→132% ③입결인문 3.39→3.13 입결자연 3.46→3.11

탐구형 2022 <2022 탐구형 5개 역량> 1.학업역량 20% 2.탐구역량 30% 3.전공적합성 30% 4.발전가능성 10% 5.인성 10%

탐구형 2021 <2021 탐구형 5개 역량> 1.학업역량 20% 2.탐구역량 30% 3.전공적합성 30% 4.발전가능성 10% 5.인성 10%

모집인원	인원	최초경쟁률	충원율	합격자내신등급	인원	최초경쟁률	충원율	합격자내신등급	계열	학과명	모집인원	인원	최초경쟁률	충원율	합격자내신등급	인원	최초경쟁률	충원율	합격자내신등급
7	10	11.5	90%	2.40	10	8.8	140%	2.50	자연과학	물리학과	8	9	11.0	133%	3.20	9	10.3	189%	4.40
5	7	25.4	114%	2.20	7	25.1	129%	1.90		화학과	5	8	20.6	188%	3.80	8	19.4	238%	4.60
6	8	50.1	63%	2.70	8	34.4	150%	2.10		생명과학과	6	9	34.0	167%	3.50	9	35.8	222%	3.40
5	5	18.8	80%	1.90	7	12.3	57%	2.10		수학과	6	12	12.7	125%	3.30	11	10.0	218%	3.40
9	7	13.3	83%	2.40	7	11.1	157%	2.90	공과대학	도시시스템공학	-	6	12.0	183%	3.30	6	10.7	117%	4.30
8	12	8.9	100%	2.60	12	11.7	158%	2.30		건설환경플랜트	8	10	12.6	70%	2.80	10	8.4	70%	5.00
-	10	7.8	140%	2.30	10	7.9	150%	2.20		건축공(4년제)	-	7	7.3	57%	4.20	7	8.6	29%	3.50
13	10	13.7	150%	2.50	6	16.8	133%	2.60		건축학(5년제)	13	8	11.8	100%	3.30	6	14.7	83%	3.50
7	11	34.4	200%	1.90	13	27.6	262%	2.00		화학신소재공	8	13	21.3	169%	2.70	14	19.8	236%	3.90
12	17	18.0	147%	2.10	19	14.8	158%	2.10		기계공학부	15	19	12.5	168%	3.20	21	13.2	100%	2.90
8	12	14.7	83%	2.10	12	14.6	142%	2.10		에너지시스템공학	8	14	10.0	179%	4.00	12	9.9	83%	3.00
15	31	19.6	136%	1.90	27	14.8	141%	2.30	창의ICT	전자전기공	20	40	11.8	170%	3.20	34	11.0	168%	3.70
9	12	33.4	133%	2.30	12	23.0	25%	3.00		융합공학부	8	19	13.2	132%	3.30	17	15.1	100%	2.50
-	-	-	-	-	-	-	-	-	경영	산업보안(자연)	8	5	10.0	80%	2.50	5	11.2	60%	2.90
15	-	-	-	-	-	-	-	-	소프트	소프트웨어학부	22	75	14.5	111%	2.80	75	10.7	175%	2.90
-	7	25.0	129%	2.00	7	17.1	171%	2.20		AI학과	12	7	18.4	157%	3.70	8	16.4	150%	3.00
11	9	39.4	100%	1.70	10	27.9	110%	2.00	의과약학간호	의학부	11	9	32.7	78%	1.70	10	19.8	110%	2.20
12	10	39.5	70%	1.60	-	-	-	-		약학부	15	15	29.7	167%	2.20	-	-	-	-
17	16	23.3	75%	1.80	18	14.2	67%	2.70		간호자연	17	9	18.3	67%	2.30	13	10.1	46%	3.10
159	**194**	**23.3**	**111%**	**2.14**	**185**	**17.6**	**134%**	**2.31**		**자연 총 합계**	**190**	**294**	**16.5**	**132%**	**3.11**	**275**	**14.2**	**133%**	**3.46**

모집인원	인원	최초경쟁률	충원율	합격자내신등급	인원	최초경쟁률	충원율	합격자내신등급	계열	학과명	모집인원	인원	최초경쟁률	충원율	합격자내신등급	인원	최초경쟁률	충원율	합격자내신등급
10	15	10.6	33%	3.30	15	11.7	67%	3.50	생명공학(안성)	동물생명공	9	10	7.0	120%	4.60	-	-	-	-
14	12	9.9	100%	3.60	12	9.8	183%	3.80		식물생명공	-	8	6.4	75%	5.00	-	-	-	-
10	10	9.3	90%	2.90	16	9.3	94%	3.20		식품공학	9	10	5.0	70%	4.00	-	-	-	-
14	10	9.5	50%	3.60	12	7.3	108%	4.00		식품영양	-	5	5.8	40%	4.20	-	-	-	-
7	9	12.6	89%	2.50	9	10.4	100%	2.30		시스템생명공학	7	9	13.1	211%	4.20	9	14.4	244%	4.20
5	8	9.0	75%	4.10	8	6.5	50%	4.80		첨단소재공학과	6	9	7.9	222%	4.40	6	5.0	17%	4.80
60	**64**	**10.2**	**73%**	**3.33**	**72**	**9.2**	**100%**	**3.60**		**안성자연 총 합계**	**31**	**51**	**7.5**	**123%**	**4.40**	**15**	**9.7**	**131%**	**4.50**

모집인원	인원	최초경쟁률	충원율	합격자내신등급	인원	최초경쟁률	충원율	합격자내신등급	계열	학과	모집인원	인원	최초경쟁률	충원율	합격자내신등급	인원	최초경쟁률	충원율	합격자내신등급
3	3	17.3	67%	3.40	3	16.0	33%	3.50	예술(안성)	공간연출(서울캠)	-	-	-	-	-	-	-	-	-
10	10	7.0	50%	3.20	10	7.9	70%	2.50		문예창작	-	-	-	-	-	-	-	-	-
7	7	10.6	86%	3.40	7	14.3	71%	2.90		실내환경디자인	-	-	-	-	-	-	-	-	-
12	8	11.8	63%	3.80	8	12.3	63%	2.90		패션디자인	-	-	-	-	-	-	-	-	-
23	16	5.1	37%	3.90	16	6.1	38%	4.30		예술공학	21	15	5.9	153%	4.30	13	7.2	177%	5.20
55	**44**	**8.6**	**59%**	**3.58**	**44**	**10.2**	**61%**	**3.15**		**안성예술 총 합계**	**21**	**15**	**5.9**	**153%**	**4.30**	**13**	**7.2**	**177%**	**5.20**

논술전형 2022

▶학생40+논술60

논술: 내신상위 10개 / 예술공학안성 73명 포함

계열	학과	2023 모집인원	모집인원	최초경쟁률	실질경쟁률	충원률	합격자 10개등급	합격자 논술성적
인문	국어국문	6	8	46.1	4.9	13%	2.5	84.4
	영어영문	10	17	48.1	6.3	36%	2.3	78.6
	독일어문학	4	5	37.0	3.4	35%	3.7	77.4
	프랑스어문학	4	6	39.5	3.7	0%	2.8	80.7
	러시아어문학	4	5	34.4	1.6	0%	1.7	82.5
	일본어문학	4	5	33.4	2.2	20%	3.1	76.6
	중국어문학	4	5	31.2	2.4	20%	3.6	77.8
	철학과	5	6	41.7	4.5	20%	2.6	78.3
	역사학과	5	6	44.0	5.0	33%	2.6	77.7
사회과학	정치국제학과	6	9	58.1	6.6	17%	2.6	78.6
	공공인재학부	15	8	56.8	8.4	67%	2.8	78.4
	심리학과	8	11	60.9	6.1	0%	2.3	78.6
	문헌정보학과	4	7	41.0	3.4	46%	2.1	79.2
	사회복지학부	6	12	39.7	3.5	29%	2.5	77.6
	미디어커뮤니케	9	5	125.8	14.2	42%	2.8	82.7
	사회학과	7	10	51.8	6.2	20%	2.1	79.2
	도시계획부동산	5	10	51.1	5.2	20%	2.6	78.9
자연과학	물리학과	5	10	28.5	5.6	0%	2.6	68.4
	화학과	5	8	39.1	8.4	13%	2.0	72.0
	생명과학과	6	11	54.3	11.7	0%	2.6	66.6
	수학과	5	9	36.3	8.1	44%	2.3	74.5
공과대학	도시시스템공학	5	7	33.3	6.6	14%	2.7	71.3
	건설환경플랜트	8	17	34.5	7.5	29%	2.8	72.8
	건축공학(4년제)	-	11	32.4	6.7	9%	3.0	70.5
	건축학(5년제)	10	12	36.3	5.9	0%	2.1	66.1
	화학신소재공	12	10	88.1	23.8	10%	2.8	80.5
	기계공학부	23	21	53.2	13.6	52%	2.6	78.5
	에너지시스템	10	18	45.6	10.9	11%	2.5	71.6
창의 ICT	전자전기공학	25	45	65.5	18.2	22%	2.5	76.4
	융합공학부	10	17	53.9	14.6	0%	2.6	73.0
소프트	소프트웨어학부	20	13	109.5	28.4	8%	2.3	80.8
	AI학과	5	8	71.0	18.3	25%	2.2	76.0
사범	교육학과	4	8	41.0	4.5	0%	2.6	82.5
	유아교육과	-	8	30.5	2.6	25%	2.1	82.5
	영어교육과	7	8	34.5	4.9	50%	2.4	83.1
경영경제	경영학부 경영	57	72	49.4	7.4	13%	2.6	80.1
	경영 글로벌금융	6	7	34.7	5.4	14%	2.3	76.3
	경제학부	11	30	36.1	4.7	7%	2.7	83.0
	응용통계학과	4	10	34.7	3.5	10%	3.0	78.3
	광고홍보학과	6	10	38.7	4.8	60%	2.8	79.9
	국제물류학과	5	10	34.4	4.4	40%	2.7	81.2
	산업보안(인문)	-	5	41.2	5.2	40%	2.5	80.5
	산업보안(자연)	4	5	38.6	6.8	60%	2.2	67.9
의과약학간호	의학부	14	18	194.4	26.7	22%	1.3	84.5
	약학부	22	20	147.3	3.1	10%	1.8	68.8
	간호인문	13	15	56.1	3.8	20%	2.7	76.4
	간호자연	16	18	39.3	7.2	11%	2.6	68.2
생명공학(안성)	동물생명공	7	15	5.5	1.3	27%	3.9	45.9
	식물생명공	6	13	5.6	1.2	23%	3.5	44.0
	식품공학	10	22	6.0	1.2	18%	3.4	45.3
	식품영양	7	8	5.3	0.9	0%	4.2	50.6
	시스템생명공학	8	15	11.0	3.1	33%	3.1	54.3
	첨단소재(안성)	7	7	9.1	2.3	29%	3.1	53.3
	예술공학(안성)	18	25	4.6	1.1	8%	3.8	48.6
	총 합계	487	701	46.7	7.1	22%	2.7	73.4

논술전형 2021

▶학생40+논술60

논술: 내신상위 10개 / 예술공학안성 21명 포함

계열	학과	모집인원	최초경쟁률	실질경쟁률	충원률	합격자 10개등급	합격자 논술성적
인문	국어국문	8	44.3	9.6	63%	2.3	75.3
	영어영문	15	46.4	10.9	47%	2.6	74.6
	유럽문화	5	37.4	5.8	0%	3.0	76.7
		6	43.7	7.8	17%	3.9	67.9
		5	38.2	9.0	0%	2.6	76.2
	아시아문화	5	40.0	6.6	0%	2.3	76.5
		5	41.6	9.6	20%	3.2	75.7
	철학과	6	38.2	6.7	17%	3.8	78.3
	역사학과	6	48.2	8.5	0%	2.2	79.1
사회과학	정치국제학과	9	54.6	12.8	33%	2.5	76.6
	공공인재학부	19	53.2	12.8	21%	2.7	72.7
	심리학과	11	57.4	11.8	0%	2.7	77.1
	문헌정보학과	7	37.3	7.7	0%	2.1	71.4
	사회복지학부	12	44.1	8.3	17%	3.0	73.6
	미디어커뮤니케	13	77.6	16.2	23%	2.7	73.2
	사회학과	10	49.4	11.0	10%	2.5	72.7
	도시계획부동산	10	45.7	9.9	20%	2.8	73.8
자연과학	물리학과	10	32.4	6.6	60%	2.2	76.4
	화학과	8	51.0	14.9	38%	2.9	79.5
	생명과학과	11	68.8	20.5	0%	2.3	76.6
	수학과	10	40.1	9.0	70%	1.8	79.8
공과대학	도시시스템공학	7	38.1	10.3	14%	2.8	74.8
	건설환경플랜트	17	37.5	10.3	24%	2.5	76.0
	건축공학(4년제)	11	34.0	7.2	64%	2.5	70.5
	건축학(5년제)	6	53.5	14.7	67%	2.7	79.0
	화학신소재공	16	77.8	24.9	19%	2.4	85.6
	기계공학부	36	46.9	12.9	42%	2.2	80.9
	에너지시스템	23	45.9	12.5	13%	2.8	78.2
창의 ICT	전자전기공학	55	57.1	19.4	49%	2.2	70.1
	융합공학부	17	55.8	19.5	29%	2.2	66.5
	소프트웨어학부	14	90.7	27.5	29%	2.3	82.6
	-		73.8	20.7	30%	2.7	82.5
사범	교육학과	5	43.2	8.4	40%	2.4	67.6
	유아교육과	5	37.0	6.6	40%	2.7	74.5
	영어교육과	8	35.4	8.8	38%	3.0	77.2
경영경제	경영학부 경영	135	37.9	12.2	18%	2.8	82.2
	경영 글로벌금융	14	33.1	8.4	29%	3.1	80.2
	경제학부	30	35.3	10.8	0%	2.7	74.8
	응용통계학과	10	38.0	11.5	10%	2.4	80.8
	광고홍보학과	12	37.5	9.6	0%	3.0	80.2
	국제물류학과	10	33.6	7.6	0%	2.5	72.0
	산업보안(인문)	5	42.8	10.2	20%	3.5	81.3
	산업보안(자연)	5	48.4	14.2	20%	2.8	74.9
의과간호	의학부	26	217.3	32.7	23%	1.8	85.4
	간호인문	20	42.1	7.4	5%	3.2	76.0
	간호자연	27	34.0	7.2	48%	2.4	64.5
생명공학(안성)	동물생명공	15	8.5	2.6	27%	3.6	52.1
	식물생명공	13	7.6	1.4	31%	3.5	46.2
	식품공학	22	7.8	2.4	9%	3.8	50.0
	식품영양	8	7.9	2.1	38%	3.7	48.2
	시스템생명공학	15	13.1	3.8	27%	3.0	53.4
	-	9	12.3	3.6	44%	3.3	60.4
	예술공학(안성)	11	9.7	3.1	9%	3.5	51.3
	총 합계	798	45.0	10.8	25%	2.8	72.9

청운대학교

2023 대입 주요 특징	정시 등급 인/자: 탐1+국수영 택2 영어 100-95-88-76-59-39 ...

▶교과: 국영수사과 학기당 　3개씩 총 15개 　단위수 미반영 ▶학년 비율: 40:40:20 ★ ▶2022과 내신방식 동일함 ▶진로선택 반영 　A=2등급, B=4등급 　C=6등급

1. 교과전형 2023 전년대비 26명 증가 2. 수능최저: 홍성캠 간호학과 및 인천캠퍼스 전체에만 적용 3. 수능최저 완화: 3개합 15 (탐1)→1개 6등급 (탐1) 4. 공연기획/항공서비스학과 면접실시 5. 해외자매대학연계(복수학위취득) 주목학과 강추 ★ 　<2+2 대학> 인천캠 글로벌경영, 홍성캠 중국학, 베트남학과 　<3+1 대학> 홍성캠 영어과 6. 주요전형: AI운영학과, 자율전공(1년후 간호제외 선택가능)

7. 인천캠퍼스 공과대학 　건축공학과, 설비소방학과, 토목환경공학과, 전자공학과 　컴퓨터공학과, 멀티미디어학과, 화학생명공학과 　경영학과, 글로벌무역·물류학과, 광고홍보학과

모집시기	전형명	사정모형	학생부종합 특별사항	2023 수시 접수기간 09. 13(화) ~ 17(토)	모집인원	학생부	논술	면접	서류	기타	2023 최저등급
2023 홍성캠 수시 751명 (94.9%) 정시 43명 (5.1%) 인천캠 수시 341명 정시 16명	일반전형	일괄	학생부교과	1. 2023 전년대비 26명 증가 2. 2023 수능최저 완화	2023 641 홍366 인275 2022 615 홍367 인248	교과 100					간호 및 인천캠 : 1개 6등급(탐1)
	일반면접 항공서비스 공연기획 스포츠과학	일괄	면접전형	1. 항공서비스 공연기획 　스포츠과학 2. 기초역량, 전공역량 3. 면접	홍성 85	교과 50 + 면접 50					최저 없음
	청운리더스	1단계	학생부종합 학교장수상자 선행모범봉사 효행 등 동아리참여자	1. 학교장수상자, 선행모범봉사 2. 효행 등 동아리참여자 3. 서류평가 요소 　▶전공적합성15 　▶자기효능감30 　▶리더십20 　▶인성15	116 홍58 인58 2022 116 홍58 인58	학생부 100 (4배수)					최저 없음
		2단계						서류 40 +면접 60			최저 없음
	진로인재	일괄	학생부교과	국가기술소지자/산업체경력 호텔경영4, 조리8, 공간디자2 패션디자인2, 인천캠 14명	홍16 인14	교과 100					최저 없음
	지역인재	일괄	학생부교과	대전/세종/충남북 고교출신 간호 3명 모집	홍성 35	교과 100					최저 없음

청운대학교 2022 결과분석 01 - 수시 일반전형

2022. 06. 24.   ollim

▶ 교과: 국영수사과 학기당 3개씩 15개, 단위수 미반영
▶ 학년 비율: 40:40:20
▶ 수능최저 일반전형 '19~'21
  홍성캠 간호: 3개합 13(탐1)
  인천캠 전체: 3개합 13(탐1)

			2023	2022 교과 일반전형 (교과 100%)								2021 교과 일반전형 (교과 100%)						
							최초합격		최종합격					최초합격		최종합격	
			인원	인원	경쟁률	추합	평균	70%	평균	70%	인원	경쟁률	추합	평균	70%	평균	70%
인천캠퍼스	공과대학	건축공학과	19	16	6.6	36	3.70	3.87	4.36	4.67	15	5.8	0	3.67	3.80	4.20	4.20
		설비소방학과	18	16	8.0	30	3.70	4.00	4.39	4.80	15	11.1	8	3.96	4.20	4.07	4.45
		토목환경공학과	28	24	3.1	2	4.35	4.53	4.94	5.07	23	3.3	0	4.04	4.40	3.40	4.10
		전자공학과	29	27	7.3	70	3.88	4.20	4.41	4.67	28	4.9	10	3.62	4.07	4.27	4.61
		컴퓨터공학과	36	35	8.9	102	3.32	3.53	3.93	4.27	33	8.9	24	3.50	3.80	3.64	4.05
		멀티미디어학과	34	31	8.2	47	3.65	3.87	4.01	4.27	31	6.3	8	4.12	4.67	4.31	4.70
		화학생명공학과	26	24	5.2	49	3.39	3.73	3.95	4.07	22	6.4	17	3.65	3.93	4.07	4.27
	경영대학	경영학과	31	24	7.4	53	3.63	4.00	3.88	4.07	26	6.8	23	3.88	4.20	4.10	4.13
		글로벌무역 물류	25	24	4.8	27	4.12	4.40	4.61	4.73	25	4.6	2	3.97	4.20	4.20	4.20
		광고홍보학과	29	27	12.4	64	3.27	3.53	3.58	3.80	27	7.7	16	4.00	4.40	4.26	4.87
	계		275	245	7.2	480	3.70	3.97	4.21	4.44	245	6.6	108	3.84	4.17	4.05	4.36
홍성캠퍼스	호텔관광대학	호텔관광경영학과	24	37	2.8	64	5.27	5.67	5.82	5.33	48	5.0	190	4.82	5.27	5.52	5.60
		호텔조리식당경영	57	52	6.8	267	3.63	4.13	4.72	5.33	41	11.3	156	3.42	3.87	3.88	4.40
		항공서비스경영(면접)	46	66	6.7	204	4.55	5.00	5.18	5.67	56	16.0	310	4.33	4.87	4.74	5.07
	보건복지간호	간호학과	46	67	12.5	245	2.79	3.00	3.44	3.60	53	11.7	113	2.89	3.13	3.55	3.80
		식품영양학과	21	23	4.1	71	4.81	5.33	4.73	5.13	26	4.3	34	4.63	5.13	4.50	5.00
		사회복지학과	25	31	6.9	183	4.83	5.20	5.23	5.47	29	10.4	181	4.55	5.00	5.30	5.77
	창의융합대학	글로벌한국어교육	25														
		스포츠과학과	30														
		공간디자인전공	23	20	5.5	90	4.76	5.27	5.37	6.13	19	4.9	41	5.19	5.67	5.80	5.84
		패션디자인전공	20	18	4.7	66	5.51	6.17	5.40	6.00	18	5.2	31	5.57	5.93	5.56	6.11
		자율전공학부	67	41	4.2	130	5.09	5.67	5.55	6.07	23	3.6	44	4.48	5.00	5.82	6.07
	공연영상예술	공연기획경영(면접)	22	29	2.0	25	4.74	5.27	4.59	4.93	29	3.0		4.29	4.47	5.08	5.27
		방송영화영상	35	42	4.0	124	4.50	5.00	5.20	5.47	41	5.7		4.19	4.60	4.84	5.20
		미디어커뮤니케이션	23	20	5.4	86	4.90	5.27	5.41	5.47	19	8.5		4.49	4.87	4.76	5.18
		연극예술연기(실기)	45	41	4.1	10	5.07	5.60	5.06	5.40	18	13.2		4.77	5.13	5.50	5.93
		연극무대미술(실기)	7	5	0.4		4.34	3.67	3.67	3.67	15	0.2		4.33	2.80	5.50	5.93
		뮤지컬학과(실기)	20	20	2.5	24	5.07	5.47	5.32	5.60	15	4.1		4.75	5.60	4.70	5.47
		실용음악기악(실기)	22	10	1.0		5.60	5.80	-		7	1.7		6.32	7.00	6.00	6.30
		실용음악보컬(실기)		16	2.4	8	5.41	6.07	4.69	4.80	12	5.3		4.87	5.60	5.66	6.13
	계		558	538	4.5	1597	4.76	5.15	4.96	5.25	469	6.7	1100	4.58	4.94	5.10	5.47

▶교과: 국영수사과 학기당 3개씩 총 15개 단위수 미반영
▶학년 비율: 40:40:20

캠퍼스	대학	학과	2023 인원	2022 인원	경쟁률		1단계 합격 최고	평균	최저		2021 인원	경쟁률		1단계 합격 최고	평균	최저	
인천캠퍼스	공과대학	건축공학과	4	4	4.8		3.73	4.26	4.93		4	6.5		1.67	3.81	4.73	
		설비소방학과	4	4	7.0		2.93	3.78	5.00		4	5.0		4.07	4.92	5.40	
		토목환경공학과	5	6	3.2		3.20	4.58	5.73		6	5.3		3.47	4.75	5.87	
		전자공학과	5	5	3.0		3.67	4.34	4.93		5	6.0		3.13	4.26	5.00	
		컴퓨터공학과	6	6	6.0		3.13	3.91	4.47		6	7.7		2.87	3.63	4.27	
		멀티미디어학과	5	5	5.2		2.93	3.97	4.73		5	11.0		2.40	3.95	4.60	
		화학생명공학과	5	5	3.0		1.73	3.49	4.73		5	5.2		2.13	3.47	4.40	
	경영대학	경영학과	6	10	4.2		3.13	4.03	4.87		6	8.2		2.33	3.97	4.60	
		글로벌무역 물류	6	7	3.7		3.53	4.41	5.47		6	5.0		3.60	4.69	5.40	
		광고홍보학과	6	6	6.5		2.80	3.69	4.33		6	8.3		1.93	3.86	4.47	
		계	52	58	4.7		3.08	4.05	4.92		53	6.8		2.76	4.13	4.87	
홍성캠퍼스	호텔관광대학	호텔관광경영학과	3	6	0.8		5.40	5.40	5.40		9	1.3		5.13	6.27	9.00	
		호텔조리식당경영	15	15	4.3		3.87	4.99	6.60		15	2.3		3.27	5.09	6.73	
		항공서비스경영(면접)									-	-		-	-	-	-
	보건복지간호	간호학과									-	-		-	-	-	
		식품영양학과	2	3	2.0		4.27	5.16	6.08		3	1.0		3.80	5.26	6.73	
		사회복지학과	3	4	1.8		5.07	5.92	7.40		5	1.6		5.27	5.78	6.67	
	창의융합대학	글로벌한국어교육															
		스포츠과학과															
		공간디자인전공	3	3	1.0		5.33	5.58	6.00		3	2.0		4.73	5.99	6.92	
		패션디자인전공	2	2	0.5		6.73	6.73	6.73		2	0.0		-	-	-	-
		AI운영학과		3	0.3		5.53	5.53	5.53		3	0.3	-	5.87	5.87	5.87	
		자율전공학부	4	3	1.0		5.13	5.83	6.53		4	0.8	-	5.27	2.78	6.07	
	공연영상예술	공연기획경영(면접)	2	6	0.7		4.07	5.29	7.33		6	0.8		3.67	4.65	5.33	
		방송영화영상	4	8	1.5		4.27	5.03	6.00		8	1.8		3.87	5.89	5.33	
		미디어커뮤니케이션	5	5	1.6		4.33	4.99	5.80		5	1.8		5.00	6.07	7.17	
		연극예술연기 실기)									-	-		-	-	-	-
		연극무대미술 실기)									-	-		-	-	-	-
		뮤지컬학과 (실기)									-	-		-	-	-	-
		실용음악기악 (실기)									-	-		-	-	-	-
		실용음악보컬 (실기)									-	-		-	-	-	-
		계	43	69	1.4		4.91	5.50	6.31		63	1.2		4.59	5.37	6.58	

2022 청운리더스 종합
1단계: 교과 100% (4배수)
2단계: 서류 40 + 면접 60 자기소개서

2021 청운리더스 종합
1단계: 교과 100% (4배수)
2단계: 서류 40 + 면접 60 자기소개서

2022 정시일반

▶교과성적 380점+출석20점 +수능 백분위 500점 = 900점
▶수능 반영방법 : 백분위 활용 (가형 10% 가산점)
▶내신: 각 학기별 국영수사과 중 우수 1개 과목씩 3교과목 선정 전체 6학기 총 18과목 반영

2023 [(국어 백분위X2) + (수학 백분위X2) + (영어 백분위X2)] 중 2개 영역 반영 + [선택영역(1과목) 백분위] = 500점 만점

		인원(2023)	인원	경쟁률	추합	수능성적 (백분위) 최초합격 평균	70%	최종합격 평균	70%		학생부 성적 (등급) 최초합격 평균	최저	최종합격 평균	최저
인천캠퍼스	공과대학 건축공학과	1	5	10.8	10	405	397	386	379		3.83	4.67	4.22	4.67
	설비소방학과	1	6	5.7	18	385	371	373	380		3.60	4.50	3.82	4.50
	토목환경공학과	1	23	4.0	27	337	310	318	298		4.23	6.00	4.30	5.78
	전자공학과	2	9	8.4	28	396	384	369	360		3.92	5.61	3.84	4.94
	컴퓨터공학과	2	5	21.4	32	432	424	394	385		3.55	4.28	4.03	4.72
	멀티미디어학과	2	5	8.8	7	401	395	382	376		3.74	4.78	4.16	4.89
	화학공학과	1	16	5.6	33	383	371	353	342		3.73	5.00	3.95	5.28
	경영대학 글로벌경영 경영	2	9	12.0	39	411	404	367	362		3.63	4.94	3.82	5.00
	글로벌경영 무역	2	14	9.9	42	372	363	351	343		3.93	5.22	3.99	5.06
	광고홍보학과	2	4	19.0	10	400	395	389	389		3.60	4.67	4.14	5.61
계		16	96	10.6	246	392	381	368	361		3.78	4.97	4.03	5.05
홍성캠퍼스	호텔관광대학 호텔관광경영학과		46	0.3		235	248				5.48	7.28		
	호텔조리식당경영		6	2.0	6	270	214	220	207		5.35	5.94	5.75	6.67
	항공서비스경영(면접)		37	0.3							5.61	8.72	6.36	8.72
	보건복지간호 간호학과	10	14	10.9	43	409	395	381	377		3.49	5.00	3.78	4.83
	식품영양학과		24	0.6		286	265	224	265		4.90	6.56	6.28	6.56
	사회복지학과		23	1.0		243	213	113	113		5.65	7.78	7.03	7.78
	창의융합대학 글로벌한국어교육													
	스포츠과학과													
	공간디자인전공		20	1.9	18	231	193	235	195		4.68	7.67	3.61	5.00
	패션디자인전공		13	1.5	7	223	157	198	185		5.44	7.61	6.31	7.61
	AI운영학과		20	0.8		276	237				5.00	6.50		
	자율전공학부		6	3.3	10	304	289	299	270		4.92	5.61	4.74	5.44
	공연영상예술 공연기획경영(면접)		28	0.6		247	221	203	208		5.04	7.06	4.53	6.00
	방송영화영상		43	0.9		245	179	202	179		5.19	6.94	5.96	6.94
	미디어커뮤니케이션		17	1.4	7	281	260	255	310		4.47	6.33	3.81	4.83
	연극예술연기(실기)	14	18	9.0	40						5.09	7.39	4.92	6.78
	연극예술연출(실기)	2	2	2.0	2						3.06	3.17	4.83	4.83
	연극무대미술(실기)	3	5	0.2										
	뮤지컬학과(실기)	10	25	1.7	15						4.92	6.67	5.17	7.06
	실용음악기악(실기)	4	15	0.5							5.74	7.44	6.61	6.61
	실용음악보컬(실기)		16	2.2	8						5.61	7.00	5.78	6.83
계		43	378	2.2	156	271	239	233	231		4.98	6.70	5.34	6.41

충남대학교

<영어>등급감산 표준점수　인문 국수탐2 45:25:30
인/자 감점: 0 -2 -5 -8 -11.. 자연 국수탐2 25:45:30

▶ 교과: 전과목 유지 ▶ 학년비율: 전학년 공통 유지 ▶ 석차등급점수 1~9등급 　100-90-80-70-60-50-40 ...	1. 2023 교과내신 전과목 및 전학년 공통 유지 2. 2023 일반전형 및 지역인재 수능최저 전년과 동일유지★ 　인문: 국영탐 11(탐2), 자연: 수영과 12(과2), 수학 무제한 3. 2023 일반전형 국토안보/해양안보 최저변화 하향조정★ 　①국토: 국영탐 10 (탐2)→국영탐 11 (탐2) 　②해양: 3개합 9→3개합 10 (탐1) 4. 2023 국토안보 종합단계전형 10명 선발 유지 5. 2023 종합 PRISM인재전형 1단계 배수 조정 　5명이하 3배수, 6명이상 2배수→10명이상 2배수, 10명미만 3배수
6. 2023 의약계열 학과 지역인재(저소득) 신설★ 　약학과 2명, 의예과 3명, 간호학과 2명 7. 교과 및 프리즘 종합 최저 당락관건 but 2022 입결분석요망 ★★ 8. 일반전형과 지역인재 <사범대학>은 복수지원불가 (면접일 동일) 9. 일반전형/지역인재 사범계열 자소서 없음 10. ①교과일반+교과지역 중복지원 가능 (사범은 중복지원 불가) 　　②종합1+종합2 중복지원 불가 11. 아시아비지니스국제 신설	

모집시기	전형명	사정모형	학생부종합 특별사항	2023 수시 접수기간 09. 13(화) ~ 17(토)	모집인원	학생부	논술	면접	서류	기타	2023 수능최저등급
2023 정원내 수시 2,298명 (63.8%) 정시 1,301명 (36.2%) 전체 3,599명	일반전형	일괄	학생부교과 1단계 11.18(금) 사범 면접 12.01(목) 최종 12.15(목) 전과목 반영	1. 2023 전년대비 4명 증가 2. 국토안보 11명 (교과) 3. 해양안보 28명 (교과) 4. 의예23/약학16/수의19 5. 정보통계 미적/기하 지정★ 6. 2023 국토안보 탐2개 유지 6. 2023 해양안보 탐1개 ★	1,118 인376 자753 2022 1,114	교과 100		▶국토안보: 단계면접 　자소서 없음 　인성검사 폐지 1단: 교과100 (5배수) 　10.13(목) 2단: 교과100+면접20 　11.24(목)+체력20 ▶해양안보: 단계면접 　자소서 있음★ 1단: 교과100 (3→4배수) 　10.13(목) 2단: 교과100+면접20 　　+체력20 ▶사범대학: 단계면접 1단: 교과100 (3배수) 2단: 교과80+면접20			*2023 수능최저 유지 *충남대 탐구2개평균 ▶인문전체: 국영탐 11 ▶국교/영교/교육★ : 국영탐 8 ▶자연/공과/식영/생명 : 수영과 12 (수학제한X) ▶농업/의류/소비/간호 ▶수교 제외한 자연사범 : 수영과 12 (수학제한X) 사탐 1개 - 수영탐11 사탐 2개 - 수영탐10 ▶수학/정통: 수영과12 ▶수교: 수영과 9 ▶의과: 수포함 3개합 4 ▶약학: 수영과 5 ▶수의: 수영과 6 국토: 국영탐11★ 23하향 해양: 3개합10★ 23하향
	PRISM 인재	1단계	학생부종합 자소서 없음 1단계 11.18(금) 면접 11.29(화) ~12.02(금) 최종 12.15(목)	1. 2023 의예19/약학5/수의6 2. 2023 의예/수의/사범 1단계 2배수→3배수 확대 3. 국토안보 종합전형 10명★ 1단계: 서류100 (2배수) 2단계: 서류200+면접100 　+체력50 총점 350점 4. 2022 종합인재상 변화 ▶학업역량　▶전공적합성 ▶발전가능성　▶인성	510 인168 자342 2022 508	서류 100 10명이상 2배수 10명미만 3배수 의/수/사범포함		<2023 2단계 면접일정> 인/사과/상경 자/의/간/기타 공과/자전 농/사범/특성 교과/지역 사범			일반최저x, 사범기타○ ▶국교/영교/교육 : 국영탐 9 (탐2) ▶간호/자연사범 5개과 : 수영과 12 (수학제한X) 사탐 1개 - 수영탐11 사탐 2개 - 수영탐10 ▶수교: 수영과 10 (탐2) ▶의과: 수포함 3개합 5 ▶약학: 수영과 6 ▶수의: 수영과 7
		2단계				서류 200 + 면접 100					
	SW인재	1단계	학생부종합 최저없음 자소서 없음	컴퓨터융합학과 4명 모집 1단계 11.18(금) 면접 11.29(화)~12.02(금)	4	서류100 (3배수)					2021 3명 경쟁률 8.30 충원 없음 2020 3명 경쟁률 8.33 충원 1명 2019 3명 경쟁률 13.7 충원 1명
		2단계				서류200+면100					
	지역인재	일괄	학생부교과 사범 면접 12.01(목) 최종 12.15(목)	1. 대전/충남/세종+충북 학생 2. 2023 의예20/약학7/수의8 3. 일반과 최저/일정 동일함	510 인162 자348	교과 100		사범: 단계면접 1단계: 학생100 (3배수) 11/19 2단계: 교과80+면접20 12/2(목)			수능최저 있음 일반전형과 동일★
	국가보훈	일괄	학생부교과 최종 12.15(목)	보훈대상자 서류제출	20	교과 100					최저 없음
	고른기회	일괄	학생부교과 최종 12.15(목)	1. 서해5도/아동복지대상 2. 백혈/소아암/다문화 3. 직업군인자녀 20년이상	53	교과 100					최저 없음
	고른기회 저소득층 (정원외)	1단계	학생부종합 1단계 11.18(금) 면접 11.29(화) ~12.02(금)	1. 기초 및 차상위 40명 2. 2023 기타전형 생략 영농창업, 특교89, 특성화44 특성화졸30, 농어촌113 등	40	서류 100 (3배수)					최저 없음
		2단계				서류 200 + 면접 100					

<2020→2021 국가안보융합 입결> 국토남 19명 경쟁5.0→3.7　국토여 02명 경쟁12.5→7.5 등록1→1명 해양남 27명 경쟁4.6→4.0　해양여 01명 경쟁12.0→7.0 등록1→0명 ▶국토안보학 2020→2021 ★★★ 1단계평균 남3.66→3.65 여3.02→2.65　　최초평균 남3.59→3.66 여2.85→2.84 　최종평균 남3.67→3.83 여2.69→없음　　최종70% 컷 남3.98 (평균 71.69점)	▶해양안보학 2020→2021 ★★★ 1단계평균 남3.69→3.76 여2.59→2.91 　최초평균 남3.46→3.42 여2.48→3.01 　최종평균 남3.61→3.47 여2.48→없음 　최종70% 컷 남3.58 (평균 79.90점)

2022 교과전형 - 인문계열

수능최저 있음

▶2022 수능최저 지난해 인문전체: 국영탐 합 10 국교/영교/교육 ★★ : 국영탐 합 8

▶교과반영: 전과목 100%   ▶학년 비율: 1년 30%+2,3년 70%   ▶사범단계: 교과100+면접20
▶교과내신 2020년부터 100점 만점으로 변화

		2023	2022 지원		추합및등록		1단계합격		2022 교과 최초합격				2022 교과 최종등록		
		모집인원	모집인원	경쟁률	추합인원	최종등록	등급평균	환산평균	등급평균	등급편차	환산평균	환산편차	등급평균	등급편차	70%평균
인문대학	국어국문	12	12	9.90	12	12			2.83		81.70	2.32	3.03	0.27	3.21
	영어영문	24	24	11.0	42	22			2.69		83.05	2.65	3.09	0.26	3.30
	독어독문	11	11	13.3	18	11			3.15		78.49	2.57	3.39	0.37	3.62
	불어불문	9	9	12.8	15	9			3.22		77.81	2.71	3.50	0.34	3.68
	중어중문	12	12	15.9	19	12			3.03		79.74	2.75	3.57	0.25	3.75
	일어일문	7	7	12.9	12	7			2.76		82.38	2.06	3.00	0.21	3.06
	한문학과	6	6	13.7	3	5			3.45		75.46	2.90	3.63	0.18	3.74
	언어학과	7	7	9.60	10	6			2.74		82.56	2.28	3.12	0.50	3.36
	국사학과	6	6	8.50	9	6			3.02		79.76	2.04	3.79	0.51	4.08
	사학과	11	11	9.60	28	11			2.52		84.75	1.81	2.93	0.23	2.98
	고고학과	6	6	15.7	9	6			3.09		79.10	2.47	3.43	0.19	3.58
	철학과	10	10	9.90	18	10			2.81		81.93	2.29	3.24	0.34	3.43
사회과학대학	사회학과	11	11	25.9	18	10			2.51		84.91	1.26	2.85	0.22	2.95
	문헌정보학과	8	8	9.80	23	8			2.29		87.11	1.99	3.11	0.41	3.45
	심리학과	11	11	9.20	20	10			2.17		88.33	2.66	2.50	0.23	2.60
	언론정보학과	10	10	10.6	18	10			2.28		87.20	2.34	2.87	0.22	3.03
	사회복지학과	7	7	9.30	11	7			2.29		87.10	2.50	2.61	0.23	2.67
	행정학부	19	19	11.2	39	18			2.21		87.89	1.61	2.49	0.19	2.59
	정치외교학과	11	11	8.60	11	10			2.38		86.16	2.09	2.88	0.47	3.33
	도시·자치융합학과	8	8	12.0	7	8			3.04		79.60	2.79	3.33	0.29	3.49
경상대학	경제학과	21	21	9.00	29	21			2.48		85.17	2.21	2.74	0.31	3.02
	경영학부	78	78	10.8	139	78			2.30		87.05	1.81	2.60	0.23	2.73
	무역학과	13	13	9.00	15	13			2.54		84.62	1.25	2.79	0.31	2.84
농생과	농업경제학과	10	10	10.7	18	10			2.73		82.66	3.33	3.13	0.26	3.26
사범인문	국어교육학과	5	5	10.2	2	3	2.49	85.08	2.56		84.42	3.11	2.76	0.20	2.91
	영어교육학과	3	3	12.7	2	1	2.47	85.28	2.30		87.02	2.49			
	교육학과	5	5	8.4			2.49	85.07	2.41		85.85	1.98			
자유전공	인문사회과학전공	5	5	13.2	9	5			2.57		84.29	0.62	2.93	0.25	3.09
	리더십과 조직과학	5	5	12.0	9	5			2.57		84.30	0.68	2.90	0.32	3.17
	공공안전학전공	6	6	37.2	3	6			2.48		85.15	2.11	2.70	0.20	2.84
본부	국제학부	8	8	19.0	10	8			2.94		80.56	5.14	3.30	0.20	3.46
인문계열 교과평균		365	367	12.6	578	348	2.48	85.14	2.66		83.42	2.28	3.04	0.28	3.21

간호대	간호학과	22	22	10.0	26	22			1.84		91.57	2.08	2.05	0.29	2.24
생명시스템	생물과학과	15	15	5.90	17	13			2.43		85.73	2.00	2.63	0.16	2.72
	미생물분자생명과	13	13	5.50	17	13			2.19		88.15	1.20	2.48	0.18	2.57
	생명정보융합학과	8	8	6.60	8	8			2.21		87.88	4.10	2.82	0.52	3.14

2022 교과전형 - 자연계열

수능최저 2022 지난해		2023 모집인원	2022 지원		추합및등록		1단계합격		2022 교과 최초합격				2022 교과 최종등록		
자연전체: 수가영과 12 / 수나영과 10 / 수학: 수가영탐12,수가4 / 수교: 수가영탐 합 9 등		모집인원	모집인원	경쟁률	추합인원	최종등록	등급평균	환산평균	등급평균	등급편차	환산평균	환산편차	등급평균	등급편차	70%평균
자연과학대학	수학과	29	29	6.70	42	29			3.14		78.65	3.46	3.70	0.53	4.00
	정보통계학과	11	11	7.60	20	11			2.49		85.14	3.01	2.92	0.24	3.08
	물리학과	21	21	11.9	27	20			3.28		77.23	3.81	3.86	0.41	4.12
	천문우주과학과	11	11	10.9	14	11			2.51		84.89	4.25	3.05	0.68	3.42
	화학과	23	23	6.00	15	23			2.82		81.82	2.18	3.01	0.33	3.21
	생화학과	10	10	5.90	14	10			2.44		85.57	1.68	2.83	0.36	3.09
	지질환경과학과	16	16	7.80	23	16			3.39		76.06	2.77	3.91	0.30	4.11
	해양환경과학과	10	10	6.20	8	9			3.44		75.59	3.50	4.09	0.52	4.40
공과대학	건축학5년	10	10	17.3	22	9			2.58		84.17	2.90	2.95	0.21	3.09
	건축공학과	6	8	18.3	9	8			3.03		79.71	1.13	3.17	0.15	3.30
	토목공학과	18	18	8.10	20	17			2.92		80.82	3.51	3.35	0.15	3.48
	환경공학과	12	12	14.1	25	10			2.52		84.75	1.49	2.93	0.30	3.14
	기계공학부	36	36	7.90	95	35			2.37		86.30	2.20	2.96	0.21	3.06
	메카트로닉스공학	11	11	8.00	16	11			2.59		84.09	2.54	2.97	0.16	3.12
	선박해양공학과	10	10	10.6	13	10			3.38		76.25	1.41	3.66	0.17	3.77
	항공우주공학과	13	13	12.8	16	12			2.80		81.99	2.54	3.16	0.30	3.33
	전기공학과	16	16	9.50	28	15			2.17		88.28	1.98	2.41	0.15	2.51
	전자공학과	18	18	7.40	30	17			1.96		90.40	2.40	2.44	0.26	2.61
	전파정보통신공학	20	20	7.20	23	20			2.85		81.48	1.54	3.13	0.24	3.22
	신소재공학과	26	26	9.90	36	25			2.56		84.37	1.84	2.74	0.22	2.87
	응용화학공학과	27	27	8.20	55	27			1.94		90.64	1.45	2.23	0.18	2.37
	유기재료공학과	27	27	7.40	27	26			2.84		81.63	1.36	3.02	0.18	3.16
	컴퓨터융합학부	41	36	12.5	70	36			2.27		87.31	1.62	2.56	0.20	2.71
	스마트시티건축공학과	14	14	7.50	6	14			3.35		76.48	4.00	3.62	0.23	3.75
	자율운항시스템공학과	10	10	7.60	5	10			3.28		77.20	4.73	3.74	0.12	3.77
	인공지능학과	14	12	9.40	10	12			2.58		84.22	2.39	2.78	0.37	2.95
농업생명과학	식물자원학과	8	10	11.3	11	10			2.80		81.99	1.44	3.22	0.30	3.46
	원예학과	9	9	15.1	15	9			3.08		79.21	2.11	3.58	0.31	3.82
	산림환경자원학과	9	9	10.6	19	7			2.77		82.28	1.89	3.10	0.34	3.23
	환경소재공학과	7	7	9.60	4	7			3.55		74.48	2.13	3.62	0.26	3.79
	동물자원과학부	20	20	9.40	22	19			3.16		78.39	1.67	3.46	0.37	3.71
	응용생물학과	8	8	8.30	5	8			2.85		81.46	1.20	3.02	0.23	3.16
	생물환경화학과	8	8	8.10	24	5			2.83		81.68	3.17	3.27	0.60	3.64
	식품공학과	10	10	7.90	21	10			2.52		84.83	1.22	2.87	0.30	3.03
	지역환경토목학과	9	9	9.60	12	8			3.52		74.81	2.01	4.06	0.16	4.18
	바이오시스템기계	10	10	8.00	13	10			3.40		76.01	1.66	3.75	0.18	3.85
약학대	약학과	17	17	23.9	16	17			1.45		95.47	1.24	1.65	0.17	1.72
의과대	의예과	23	23	16.1	40	23			1.05		99.55	0.27	1.11	0.05	1.14
생활과학	의류학과	11	11	9.10	3	11			3.61		73.89	1.38	3.67	0.17	3.70
	식품영양학과	12	12	6.80	16	12			2.95		80.52	3.29	3.72	0.46	3.95
	소비자학과	8	8	7.80	1	6			3.46		75.41	3.58	3.58	0.27	3.56
수의대	수의예과	19	19	18.4	20	18			1.36		96.42	1.24	1.54	0.10	1.59
사범자연	수학교육과	6	6	7.20	5	3	2.57	84.35	2.09		89.14	0.45	2.60	0.12	2.68
	건설공학교육과	6	6	5.00	-	4	3.86	71.42	3.88		71.18	5.21	4.15	0.22	4.28
	기계재료공학교육	10	10	4.30	-	8	3.55	74.52	3.41		75.93	5.27	3.62	0.33	3.79
	전기전자통신교육	10	10	4.60	3	9	3.27	77.28	2.95		80.55	3.74	3.17	0.33	3.43
	화학공학교육	4	4	5.30	-	3	4.08	69.17	3.58		74.22	6.90	3.83	0.61	4.03
	기술교육과	10	10	10.5	9	8	2.35	86.50	2.17		88.27	1.52	2.41	0.14	2.52
자연계열 교과평균		744	741	9.51	988	706	3.28	77.21	2.75		82.47	2.42	3.09	0.27	3.24

2022 종합전형 PRISM - 인문계열

수능최저 없음		2023	2022 지원		추합및등록			2022 1단계 합격자				2021 1단계 합격자		
1단계: 서류 100% (2~3배수) **2단계: 서류60 + 면접40**			▶교과반영: 전과목 ▶학년 비율: 1년 30%+2,3년 70%											
			모집 인원	경쟁률	추합 인원	최종 등록		최고 등급	평균 등급	최저 등급		최고 등급	평균 등급	최저 등급
		모집 인원												
인문 대학	국어국문	6	6	6.20	2	6		2.63	3.32	4.77		2.17	2.76	3.32
	영어영문	13	13	7.90	9	13		2.06	3.31	3.74		2.45	3.27	4.52
	독어독문	6	6	7.20	4	4		2.78	3.75	4.80		3.00	3.72	4.80
	불어불문	4	4	7.00	3	3		2.77	3.76	4.48		2.91	3.78	4.46
	중어중문	6	6	11.3	-	1		3.06	3.65	5.64		2.51	3.34	4.92
	일어일문	4	4	21.8	3	2		2.01	3.46	5.23		3.09	3.92	5.79
	한문학과	4	4	6.80	-	4		3.61	4.25	5.60		3.49	3.85	4.67
	언어학과	3	3	9.30	2	3		2.97	3.54	3.87		2.83	3.52	4.16
	국사학과	2	2	11.5	3	2		2.48	3.04	3.42		2.91	3.44	3.88
	사학과	5	5	21.0	3	5		2.24	3.09	3.56		2.40	3.40	5.34
	고고학과	2	2	7.00	-	2		3.29	3.67	4.01		1.97	3.33	3.77
	철학과	5	5	7.20	6	4		2.80	3.55	4.21		2.17	3.49	4.16
사회 과학 대학	사회학과	5	5	10.0	6	5		2.53	3.20	3.97		2.03	2.61	3.11
	문헌정보학과	4	4	13.5	-	4		2.23	2.89	3.29		1.95	2.69	3.13
	심리학과	5	5	22.0	1	5		2.40	2.93	3.87		2.04	2.95	4.08
	언론정보학과	4	4	17.8	-	4		1.99	2.75	3.43		2.16	2.63	3.08
	사회복지학과	4	4	13.8	4	4		1.81	3.02	3.88		2.07	2.71	3.29
	정치외교학과	4	4	9.80	2	4		2.15	3.16	3.68		1.90	2.78	4.12
	행정학부	13	13	10.2	12	10		1.71	2.47	3.13		1.62	2.92	4.13
	도시·자치융합학과	4	4	10.0	4	4		2.35	3.20	3.86				
경상 대학	경제학과	10	10	7.20	9	8		2.20	2.98	3.61		2.40	2.95	3.57
	경영학부	32	32	10.7	27	29		1.79	2.68	3.29		1.60	2.66	3.92
	무역학과	8	8	7.40	3	8		2.73	3.50	4.43		2.28	2.88	3.65
농생과	농업경제학과	2	2	8.50	1	2		2.49	3.36	4.31		2.86	3.28	3.78
사범 인문	**국어교육학과**	1	1	11.0	-	1		2.64	3.03	3.27		2.08	2.32	2.73
	영어교육학과	3	3	8.00	-	3		2.20	3.10	3.49		2.02	2.42	2.83
	교육학과	2	2	15.0	-	2		2.73	2.92	3.13		2.18	2.74	3.27
자유 전공	인문사회과학전공	2	2	8.50	-	-		2.11	2.38	2.78		2.14	2.88	3.43
	리더십과 조직과학	2	2	7.00	-	1		3.05	3.25	3.50		2.41	3.07	3.53
	공공안전학전공	3	3	11.0	-	-		2.85	3.06	3.41		2.14	2.74	3.21
인문계열 교과평균		**168**	**164**	**10.9**	**104**	**143**		**2.49**	**3.21**	**3.92**		**2.34**	**3.07**	**3.88**

간호대	간호학과	13	13	14.6	4	12		1.83	2.48	3.08		1.85	2.62	3.11
생명 시스템	생물과학과	7	7	8.00	6	6		1.63	2.50	3.43		1.67	2.19	2.52
	미생물분자생명과	2	3	9.00	1	3		1.43	2.59	3.53		1.92	2.39	2.83
	생명정보융합학과	4	4	9.50	4	4		1.82	2.83	3.80				

수능최저 없음		2023	2022 지원		추합및등록				2022 1단계 합격자				2021 1단계 합격자		
1단계: 서류 100% (2~3배수) **2단계: 서류60 + 면접40**		모집 인원	모집 인원	경쟁률	추합 인원	최종 등록			최고 등급	평균 등급	최저 등급		최고 등급	평균 등급	최저 등급
자연 과학 대학	수학과	13	13	6.50	11	9			2.40	3.25	4.73		2.35	3.43	4.13
	정보통계학과	5	5	7.80	7	5			1.90	2.98	4.34		2.18	2.69	3.15
	물리학과	11	11	8.60	9	8			2.49	3.84	6.61		2.70	3.92	6.11
	천문우주과학과	5	5	13.0	4	4			2.32	3.14	3.79		2.43	3.06	4.05
	화학과	12	12	6.70	9	12			2.01	2.68	3.40		2.04	2.66	3.11
	생화학과	4	4	6.70	3	4			2.45	3.15	3.94		1.91	2.60	2.86
	지질환경과학과	7	7	7.00	7	5			3.05	3.52	4.43		2.50	3.20	3.69
	해양환경과학과	5	5	6.00	2	5			1.74	3.58	4.19		2.62	3.65	4.32
공과 대학	건축학5년	4	4	9.80	-	4			3.02	3.27	3.66		2.07	2.92	3.83
	건축공학과	3	4	19.8	7	2			2.27	3.15	3.67		2.63	3.19	3.55
	토목공학과	6	6	11.3	4	5			2.95	3.42	3.70		2.81	3.39	4.00
	환경공학과	6	6	9.20	5	4			2.00	2.82	3.43		1.73	2.49	2.79
	기계공학부	16	16	8.80	10	8			2.26	2.88	3.39		1.93	2.60	3.02
	메카트로닉스공학	6	6	6.80	5	6			2.75	3.12	3.44		2.60	3.15	3.58
	선박해양공학과	5	5	11.3	-	3			3.13	3.65	4.23		3.04	3.97	4.50
	항공우주공학과	6	6	6.80	6	5			2.62	3.20	3.76		2.51	2.83	3.34
	전기공학과	7	7	9.30	4	5			2.09	2.73	3.36		2.55	2.91	3.34
	전자공학과	8	8	15.3	3	7			2.39	2.72	3.32		1.84	2.56	2.94
	전파정보통신공학	11	11	9.00	7	11			2.55	3.40	4.05		2.62	3.10	3.56
	신소재공학과	12	12	10.6	15	10			1.95	2.88	3.72		2.13	2.75	4.00
	응용화학공학과	12	12	7.30	10	7			1.87	2.40	2.96		1.57	2.30	2.86
	유기재료공학과	12	12	6.70	11	10			2.63	3.20	4.00		3.01	3.23	3.60
	컴퓨터융합학부	15	15	15.7	11	13			2.04	2.87	3.72		1.67	2.69	3.77
	스마트시티건축공학과	6	6	8.20	5	6			2.97	3.46	3.87				
	자율운항시스템공학과	4	4	8.30	-	1			2.78	3.25	3.69				
	인공지능학과	6	6	12.0	1	6			2.61	3.25	4.17				
농업 생명 과학	식물자원학과	7	4	12.5	8	4			1.87	3.05	3.68		2.10	2.91	3.56
	원예학과	2	2	13.5	-	2			2.70	3.48	3.84		2.66	3.32	3.95
	산림환경자원학과	4	4	10.3	4	4			2.42	3.20	4.17		1.89	2.82	3.40
	환경소재공학과	4	4	8.00	3	4			2.34	3.54	4.17		3.17	3.44	3.74
	동물자원과학부	9	9	10.7	7	9			2.50	3.27	3.80		1.54	3.08	3.89
	응용생물학과	4	4	12.3	5	4			2.33	3.96	3.31		2.32	3.00	3.78
	생물환경화학과	3	3	22.0	1	3			2.11	3.15	3.76		2.75	3.50	4.41
	식품공학과	4	4	19.8	4	4			2.14	2.89	3.44		2.65	3.42	5.10
	지역환경토목학과	4	4	19.5	5	4			3.55	4.16	4.67		3.22	4.12	5.08
	바이오시스템기계	4	4	8.00	1	3			3.20	3.67	4.53		2.86	3.53	4.02
약학대	약학과	5	5	22.2	-	3			1.14	1.87	5.42				
의과대	의예과	19	19	13.6	3	12			1.04	1.18	1.46		1.01	1.21	1.69
생활 과학	의류학과	6	6	10.8	4	5			2.89	3.48	3.91		2.78	3.54	5.23
	식품영양학과	5	5	13.0	5	5			2.46	3.47	4.12		2.51	3.12	3.60
	소비자학과	4	4	7.80	2	4			2.65	3.48	4.01		2.99	3.27	3.68
수의대	수의예과	6	6	26.0	-	5			1.35	1.80	2.50		1.11	1.53	2.08
사범 자연	수학교육과	1	1	12.0	-	1			2.51	2.68	2.83		2.84	3.06	3.32
	건설공학교육과	3	3	5.30	-	2			3.29	4.50	6.32		3.72	4.29	4.66
	기계재료공학교육	4	4	4.30	-	3			3.26	3.90	4.68		2.94	3.59	4.31
	전기전자통신교육	4	4	6.50	-	2			2.58	3.45	4.25		2.34	3.75	5.19
	화학공학교육	2	2	5.50	-	-			2.85	3.57	4.20		2.53	3.60	5.02
	기술교육과	4	4	9.00	3	4			2.03	2.83	3.46		1.72	2.57	3.05
자연계열 교과평균		341	340	10.8	226	277			2.37	3.13	3.88		2.35	3.05	3.73

| 수능최저 있음 | | | 2022 지역인재 교과 100% - 인문계열 | | | | | | | | | | | | |

▶교과반영: 전과목 100%　　▶학년 비율: 1년 30%+2,3년 70%　　▶사범단계: 교과100+면접20
▶교과내신 2020년부터 100점 만점으로 변화

		2023	2022 지원		추합및등록		1단계합격		2022 교과 최종등록				2021 교과 최종등록		
▶2022 수능최저 지난해 인문전체: 국영탐 합 10 국교/영교/교육 ★★ : 국영탐 합 8		모집인원	모집인원	경쟁률	추합인원	최종등록	등급평균	환산평균	등급평균	등급편차	환산평균	70%평균	등급평균	등급편차	70%평균
인문대학	국어국문	6	6	7.80	8	6			3.33	*0.22*	76.65	3.51	3.21	0.18	3.34
	영어영문	11	11	9.80	15	11			3.14	*0.21*	78.58	3.31	3.58	0.24	3.72
	독어독문	5	5	12.8	4	5			3.54	*0.13*	74.64	3.63	3.99	0.67	4.13
	불어불문	4	4	12.0	8	4			3.54	*0.13*	74.57	3.6	3.74	-	-
	중어중문	5	5	12.4	1	5			3.49	*0.09*	75.10	3.56	3.78	0.38	4.09
	일어일문	3	3	8.30	1	3			3.20	*0.89*	78.00	3.82	3.29	0.31	3.49
	한문학과	2	2	13.0	-	2			3.94		70.56		4.34	-	-
	언어학과	3	3	9.70	5	3			3.35	*0.25*	76.46	3.47	3.65	0.78	3.90
	국사학과	3	3	9.70	2	2			3.26		77.36		3.40	0.06	3.42
	사학과	5	5	8.20	4	5			3.07	*0.55*	79.33	3.2	2.99	0.26	3.12
	고고학과	2	2	10.5	4	2			3.71		72.90		3.61	-	-
	철학과	5	5	9.20	5	5			3.41	*0.20*	75.88	3.51	3.33	0.16	3.37
사회과학대학	사회학과	5	5	10.8	7	5			3.15	*0.17*	78.50	3.24	2.76	0.57	3.04
	문헌정보학과	4	4	8.80	7	4			2.68	*0.38*	83.17	2.93	2.77	0.36	3.10
	심리학과	5	5	7.80	6	4			2.63	*0.41*	83.71	2.96	2.50	0.09	2.58
	언론정보학과	5	5	9.60	9	5			2.87	*0.14*	81.25	2.96	2.81	0.25	3.02
	사회복지학과	3	3	10.7	-	3			2.76	*0.13*	82.43	2.84	3.24	0.32	3.31
	행정학부	8	8	8.80	14	8			2.32	*0.32*	86.79	2.44	2.80	0.35	2.88
	정치외교학과	5	5	7.20	2	5			3.00	*0.35*	79.97	3.06	2.93	0.62	3.18
	도시·자치융합학과	4	4	10.3	4	4			3.35	*0.30*	76.49	3.54			
경상대학	경제학과	9	9	8.10	4	9			2.93	*0.20*	80.74	3.05	3.12	0.31	3.24
	경영학부	35	35	8.30	48	35			2.60	*0.22*	83.98	2.76	2.88	0.35	2.87
	무역학과	6	6	8.00	11	6			3.32	*0.27*	76.77	3.52	2.98	0.19	3.14
농생과	농업경제학과	4	4	9.30	5	4			3.27	*0.06*	77.31	3.31	3.42	-	-
사범인문	국어교육학과	2	2	8.00	-	1	2.45	85.51					-	-	-
	영어교육학과	2	2	5.50	-	-	3.19	78.13					-	-	-
	교육학과	2	2	8.50	-	-	2.60	83.96					-	-	-
자유전공	인문사회과학전공	2	2	18.5	3	2			3.94		70.59		-	-	-
	리더십과 조직과학	2	2	11.5	3	2			3.94		70.63		3.24		
	공공안전학전공	2	2	19.0	-	2			3.19		78.09				
본부	국제학부	3	3	15.0	1	3			3.72	*0.08*	72.82	3.77	-	-	-
인문계열 교과평균		162	162	10.2	181	155	2.75	82.53	3.24	*0.26*	77.62	*3.27*	3.27	0.34	3.31

간호대	간호학과	20	20	8.70	29	19			2.07	*0.15*	89.31	2.15	2.36	0.31	2.39
생명시스템	생물과학과	7	7	6.60	14	7			2.78	*0.12*	82.24	2.83	2.83	0.15	2.91
	미생물분자생명과	3	3	5.70	1	3			2.63	*0.02*	83.74	2.64	2.71	0.05	2.74
	생명정보융합학과	4	4	7.50	2	4			3.15	*0.19*	78.46	3.29			

2022 지역인재 교과 100% - 자연계열

수능최저 2022 지난해		2023 모집인원	2022 지원		추합및등록		1단계합격		2022 교과 최종등록				2021 교과 최종등록		
자연전체: 수가영과 12 / 수나영과 10 / 수학: 수가영탐12,수가4 / 수교: 수가영탐 합 9 등		모집인원	모집인원	경쟁률	추합인원	최종등록	등급평균	환산평균	등급평균	등급편차	환산평균	70%평균	등급평균	등급편차	70%평균
자연과학대학	수학과	13	13	7.00	11	12			3.81	0.28	71.9	4.04	3.89	0.62	4.10
	정보통계학과	5	5	9.20	4	5			3.11	0.19	78.89	3.25	3.31	0.57	3.62
	물리학과	9	9	8.10	7	9			3.75	0.27	72.54	3.98	3.83	0.45	4.11
	천문우주과학과	5	5	6.60	1	4			3.9	0.37	71	4.2	3.59	0.07	3.62
	화학과	11	11	5.70	9	11			2.88	0.26	81.17	3.12	2.85	0.23	3.01
	생화학과	5	5	7.00	3	5			2.59	0.16	84.05	2.72	2.92	0.21	3.06
	지질환경과학과	7	7	7.90	2	7			3.63	0.14	73.74	3.67	3.92	0.23	4.13
	해양환경과학과	5	5	9.60	1	4			3.67	0.16	73.33	3.81	4.12	0.21	4.24
공과대학	건축학5년	5	5	9.80	6	5			2.99	0.27	80.1	3.13	2.91	0.40	3.19
	건축공학과	4	4	12.0	10	4			3.35	0.05	76.52	3.39	3.39	0.13	3.46
	토목공학과	8	8	8.10	16	8			3.28	0.16	77.22	3.41	3.31	0.17	3.43
	환경공학과	5	5	9.20	3	5			2.95	0.15	80.46	3.04	2.90	0.10	2.98
	기계공학부	16	16	7.60	20	15			2.78	0.28	82.15	2.97	2.87	0.40	2.98
	메카트로닉스공학	5	5	8.00	9	5			2.95	0.12	80.52	2.97	2.90	0.09	2.98
	선박해양공학과	3	5	18.4	4	5			3.85	0.14	71.48	3.93	4.31	0.19	4.47
	항공우주공학과	6	6	10.2	11	6			3.17	0.19	78.26	3.3	3.56	0.36	3.57
	전기공학과	7	7	7.00	11	7			2.56	0.14	84.4	2.66	2.49	0.50	2.50
	전자공학과	8	8	7.80	24	8			2.42	0.22	85.8	2.52	2.37	0.08	2.41
	전파정보통신공학	9	9	6.90	14	9			3.07	0.16	79.31	3.16	3.10	0.07	3.15
	컴퓨터융합학부	16	16	9.40	26	16			2.55	0.12	84.5	2.62	2.82	0.44	2.93
	신소재공학과	12	12	7.50	16	12			2.72	0.19	82.76	2.78	2.23	0.15	2.30
	응용화학공학과	12	12	5.80	13	12			2.11	0.20	88.89	2.27	3.06	0.17	3.12
	유기재료공학과	13	13	6.40	9	13			3.2	0.22	77.95	3.36	2.75	0.29	2.87
	스마트시티건축공학과	6	6	7.00	-	6			3.41	0.18	75.85	3.47			
	자율운항시스템공학과	5	5	7.60	4	5			3.7	0.15	72.99	3.78			
	인공지능학과	6	6	9.30	2	6			3.06	0.33	79.4	3.24			
농업생명과학	식물자원학과	3	4	7.30	3	4			3.65	0.44	73.48	3.93	3.05	0.81	3.51
	원예학과	3	3	9.30	4	3			3.6	0.47	73.95	3.89	3.56	0.47	3.89
	산림환경자원학과	4	4	12.5	1	4			3.57	0.06	74.28	3.61	4.06	0.41	4.21
	환경소재공학과	3	3	8.00	5	3			3.81	0.19	71.94	3.84	3.70	0.11	3.78
	동물자원과학부	9	9	10.7	3	9			3.56	0.35	74.37	3.76	3.66	0.96	4.22
	응용생물학과	3	3	7.30	2	3			4.09	0.91	69.12	4.36	3.53	-	-
	생물환경화학과	4	4	6.30	2	4			3.5	0.01	75.04	3.5	3.18	0.12	3.27
	식품공학과	4	4	7.30	1	4			2.84	0.31	81.6	2.98	3.04	0.36	3.32
	지역환경토목학과	4	4	9.30	9	3			3.83	0.14	71.75	3.89	3.86	0.15	3.98
	바이오시스템기계	4	4	8.30	8	4			4.11	0.65	68.91	4.66	3.52	0.11	3.60
약학대	약학과	8	8	19.4	5	8			1.79	0.30	92.11	1.84			
의과대	의예과	23	23	12.2	10	23			1.19	0.08	98.09	1.25	1.32	0.14	1.39
생활과학	의류학과	5	5	10.2	4	5			3.47	0.20	75.34	3.52	3.75	0.13	3.83
	식품영양학과	6	6	7.20	7	6			3.58	0.22	74.22	3.6	3.41	0.16	3.51
	소비자학과	4	4	7.50	3	4			3.33	0.09	76.73	3.37	3.47	0.07	3.47
수의대	수의예과	8	8	22.0	2	8			1.54	0.08	94.56	1.6	1.62	0.14	1.73
사범자연	수학교육과	2	2	7.00	-	1	2.88	81.18					1.85	-	-
	건설공학교육과	3	3	6.70	-	3	4.11	68.86	4.09	0.20	69.11	4.17	4.20	0.34	4.37
	기계재료공학교육	4	4	4.30	-	4	4.18	68.25	4.01		69.93		3.48	-	-
	전기전자통신교육	4	4	3.50	1	4	3.9	71.02	3.64	0.32	73.61	3.54	-	-	-
	화학공학교육	2	2	4.50	-	-	4.52	64.79					-	-	-
	기술교육과	4	4	7.00	3	4	2.33	86.69	2.45	0.17	85.5	2.59	2.92	1.02	3.06
자연계열 교과평균		354	357	8.57	355	346	3.65	73.47	3.15	0.22	78.45	3.26	3.17	0.29	3.32

2022 정시수능 100% - 인문계열

▶2022 정시수능 오른쪽 충남대 정시 환산식 참고하기 →

2023

▶인문: 국수탐2 45:25:30　(국어표점x135)+(수학표점x75)+(탐구표점합x90) / 200 - 영+史 감산
▶자연: 국수탐2 25:45:30　(국어표점x75)+(수학표점x135)+(탐구표점합x90) / 200 - 영+史 감산
▶안보: 국수탐2 40:30:30　(국어표점x120)+(수학표점x90)+(탐구표점합x90) / 200 - 영+史 감산

		모집인원	2022 지원		정시지표	대학총점군별		2022 정시 환산평균				
			모집인원	경쟁률	표준점수	대학총점	군별	최초합평균	최종합평균	최종합70%	영어등급	
인문대학	국어국문						가군	172.8	169.6	167.7	2.50	▶영어등급 감산
	영어영문						가군	172.0	170.3	169.5	2.35	1등급: 0
	독어독문						가군	168.7	166.6	165.6	2.54	2등급: -2
	불어불문						가군	168.9	167.5	166.9	2.44	3등급: -5
	중어중문						가군	168.4	167.8	167.1	2.47	4등급: -8
	일어일문						가군	167.7	169.0	167.0	2.00	5등급: -11
	한문학과						가군	165.3	165.0	164.4	2.44	6등급: -14
	언어학과						가군	171.6	170.9	168.3	2.14	
	국사학과						가군	171.1	166.9	165.9	2.38	▶한국사등급 감산
	사학과						가군	173.2	173.2	171.9	2.50	1~3등급: 0
	고고학과						가군	169.6	166.6	165.2	2.63	4~6등급: -1
	철학과						가군	169.5	158.8	167.4	2.82	
사회과학대학	사회학과					300	나군	174.8	173.1	170.1	2.57	
	문헌정보학과					300	나군	172.9	171.5	171.0	2.57	
	심리학과					300	나군	177.9	174.5	173.3	2.13	
	언론정보학과					300	나군	176.4	172.6	171.2	2.45	
	사회복지학과					300	나군	171.7	167.7	165.3	2.29	
	행정학부					300	나군	179.1	176.8	174.7	2.32	
	정치외교학과					300	나군	179.7	177.8	174.4	1.75	
	도시·자치융합학과					300	나군	173.1	172.8	172.3	2.43	
경상대학	경제학과					300	가군	179.1	175.1	172.7	2.38	
	경영학부					300	가군	178.1	176.4	174.9	2.12	
	무역학과					300	가군	173.6	172.3	171.5	2.12	
농생과	농업경제학과					300	가군	170.5	169.6	168.4	2.56	
사범인문	국어교육학과					300	나군	181.5	179.2	177.4	2.38	
	영어교육학과					300	나군	176.2	174.9	173.1	2.00	
	교육학과					300	나군	174.9	174.2	172.7	2.46	
자유전공	인문사회과학전공					300	나군	173.3	171.5	169.6	2.71	
	리더십과 조직과학					300	나군	175.1	170.8	168.5	2.33	
	공공안전학전공					300	나군	176.5	176.5	171.9	2.57	
본부	국제학부					300	가군	173.4	173.3	172.6	2.25	
국가안보융합	국토안보남자						가군	163.8	159.6	159.6	2.44	
	국토안보여자											
	해양안보남자						가군	159.4	159.4	157.6	2.00	
	해양안보여자											
인문계열 교과평균		0	0			300		172.7	170.7	169.4	2.35	

▶충남대 정시환산 산출식
▶인문: 국수탐2 45:25:30
①국어표점x135 +
②수학표점x75 +
③탐구표점합x90) / 200
④ - (영어+史 감산)
　= 최종 환산점수

▶안보: 국수탐2 40:30:30
①국어표점x120+②수학표점x90+
③탐구표점합x90) / 200
④ - (영어+史 감산) =최종환산

2022 정시수능 100% - 자연계열

		2023	2022 지원		정시지표	대학총점군별		2022 정시 환산평균					
		모집인원	모집인원	경쟁률	표준점수	대학총점	군별	최초합평균	최종합평균	최종합70%	영어등급		
자연과학대학	수학과					300	가군	173.2	172.2	169.7	3.13		
	정보통계학과					300	가군	180.1	174.6	172.0	2.88		
	물리학과					300	가군	171.9	167.5	165.9	2.87		
	천문우주과학과					300	가군	173.9	171.0	170.0	2.33		
	화학과					300	가군	175.8	172.4	170.3	2.44		
	생화학과					300	가군	181.6	173.6	168.5	2.40		
	지질환경과학과					300	가군	167.1	166.0	165.0	2.67		
	해양환경과학과					300	가군	167.9	167.2	165.3	3.09		
공과대학	건축학5년						나군	175.0	174.9	174.1	1.88	▶영어등급 감산	
	건축공학과						나군	172.8	171.7	170.3	2.44	1등급: 0	
	토목공학과						나군	172.4	172.4	170.7	2.50	2등급: -2	
	환경공학과						나군	171.0	169.8	167.3	2.12	3등급: -5	
	기계공학부						나군	176.4	175.3	174.1	2.38	4등급: -8	
	메카트로닉스공학				▶충남대 정시환산 산출식		나군	174.1	172.5	171.3	2.57	5등급: -11	
	선박해양공학과				▶자연: 국수탐2 25:45:30		나군	165.8	164.7	163.4	2.64	6등급: -14	
	항공우주공학과				①국어표점x75 +		나군	173.0	172.3	171.3	2.47		
	전기공학과				②수학표점x135 +		나군	183.8	181.9	180.0	2.24		
	전자공학과				③탐구표점합x90) / 200		나군	187.0	184.2	181.7	2.15		
	전파정보통신공학				④ - (영어+史 감산)		나군	172.9	172.7	171.8	2.57		
	신소재공학과				= 최종 환산점수		나군	175.2	173.5	172.0	2.35	▶한국사등급 감산	
	응용화학공학과						나군	179.6	178.0	176.5	2.19	1~3등급: 0	
	유기재료공학과						나군	169.0	168.3	167.2	2.65	4~6등급: -1	
	컴퓨터융합학부						나군	181.9	180.7	178.9	2.25		
	스마트시티건축공						나군	169.0	167.5	166.7	2.46		
	자율운항시스템공						나군	169.5	169.4	168.4	2.54		
	인공지능학과						나군	177.6	176.3	174.5	2.54		
농업생명과학	식물자원학과					300	가군	175.2	170.2	168.9	2.88		
	원예학과					300	가군	170.6	166.3	164.5	3.00		
	산림환경자원학과					300	가군	173.4	170.4	168.5	2.89		
	환경소재공학과					300	가군	176.6	168.7	165.0	3.00		
	동물자원과학부					300	가군	173.7	170.8	168.5	2.57		
	응용생물학과					300	가군	176.3	172.6	170.1	2.71		
	생물환경화학과					300	가군	175.5	172.7	171.4	2.73		
	식품공학과					300	가군	181.5	176.8	173.5	2.50		
	지역환경토목학과					300	가군	174.2	172.7	170.9	3.20		
	바이오시스템기계					300	가군	180.2	173.7	172.3	2.80		
약학대	약학과					300	나군	204.4	203.5	202.9	1.70		
의과대	의예과					300	가군	210.5	208.5	208.2	1.19		
생활과학	의류학과					300	나군	169.2	168.2	167.4	2.67		
	식품영양학과					300	나군	168.6	166.1	164.8	2.30		
	소비자학과					300	나군	171.4	171.0	169.4	2.44		
수의대	수의예과					300	가군	204.7	204.1	203.7	1.39		
사범자연	수학교육과					300	나군	184.7	182.1	179.7	2.50		
	건설공학교육과					300	나군	170.8	168.5	167.3	3.09		
	기계재료공학교육					300	나군	169.2	168.6	166.6	2.71		
	전기전자통신교육					300	나군	173.6	173.1	171.4	2.93		
	화학공학교육					300	나군	170.3	168.0	165.8	3.17		
	기술교육과					300	나군	187.6	187.2	185.5	2.21		
간호대	간호학과					300	가군	188.5	186.8	184.7	1.96		
생명시스템	생물과학과					300	나군	173.4	172.1	170.5	2.22		
	미생물분자생명과					300	나군	175.9	173.8	171.2	2.40		
	생명정보융합학과					300	나군	172.1	170.7	167.1	2.78		
자연계열 교과평균						300		176.7	174.6	172.8	2.60		

2023 대입 주요 특징	
정시및영어등급 인30:20:20:30 자20:30:20:30	
인/자: 10-9.5-9.0-8.5-8.0... NOVA APERIO 표준	

▶교과반영 2022~2023
1년: 국영수사과
2,3년: 국영수사/국영수과
▶진로선택과목 미반영★
▶학년비율 100%

1. 2023 사회적배려(교과100%)→경제배려대상 전형명칭 변경
2. 2023 지역경제배려대상 전형 (5명 모집) 신설, 정시도 신설
3. 2023 사범대 교직인적성 면접폐지 유지
4. 2023 종합전형2와 지역인재전형 간 수능최저 동일
5. 2023 정시가다군 수능반영 변화 및 인원변동 확인
6. 약대모집 2년차 및 정시 자연과탐 최대 10점 가산 등

▶자연계열 수학 미적분/기하, 과탐 응시필수학과★★
 : 정보통계/수교/수의예/약학/제약/의예
▶자연계열 수학 확통/미적분/기하, 과탐 응시필수학과
 : 자연과학/공과대학/전자정보대학/사범대학
▶국어수학 선택과목 및 사과탐 무제한
 : 인문 및 농업생명/생활과학/간호   *2022.06.26. ollim*

모집시기	전형명	사정모형	학생부종합 특별사항	2023 수시 접수기간 09. 13(화) ~ 17(토)	모집인원	학생부	논술	면접	서류	기타	2023 수능최저등급
2023 수시 2,131명 (68.4%) 정시 986명 (31.6%) 전체 3,117명	학생부교과	일괄	학생부교과 최저 있음 1년:국영수사과 2,3년:국영수사 국영수과 동일비율 최종 12.15(목)	1. 2023 전년대비 1명 감소 2. 2023 수능최저 전년동일 3. 사범 인·적성면접 없음 4. 의예 교과100% 5. 사범 인·적성면접 없음 6. 충북대 자연최저 공통적용 수학필수 아닌 단과대학 ①농업생명대 ②생과대 ③수의대 ④간호대 ▶2022 입결 최종평균-*편차* ①인문 경쟁12.2 3.51-*0.44* ②자연 경쟁13.7 3.32-*0.35* ▶2021 입결 최종평균-편차 ①인문 경쟁9.12 3.08-*0.47* ②자연 경쟁10.4 3.25-*0.45*	711 2022 712	교과 100 <3개년 등록> 교과전형자연 22년 420명/449 21년 352명/475 20년 384명/535					<교과 최저 탐구 2평> ▶사범인문: 3개합 9 ▶인문전체: 3개합 12 ▶자율전공: 3개합 12 ▶사범자연: 3개합 9 ▶자연전체: 3개합 12 ▶의예: 3개합 4 ▶수의/약학: 3개합 7 ▶간호: 3개합 10 <교과 자연 최저조건> ①탐구 2개 평균 ②수학포함 필수★★ ③농업/생활/수의예/ 간호는 수학필수제외 ④자율/농업/생활/간호 사탐(직탐) 지원자★ 사탐 1개 1등급상향 사탐 2개 2등급상향
	학생부종합1	일괄	학생부종합 일괄합산 최저없음 자소서없음 최종 12.15(목)	1. 2023 서류100% 전형유지 2. 2023 전년대비 2명 감소 <C.H.A.N.G.E> 2023 서류/면접 공통평가요소 ①전문성: 전공열정/지적노력 ②인성: 배려/협동/성실/봉사 ③적극성: 자기주도성/추진력	504 2022 506	서류 100 만점 80점 기본 40점 실질 40점					▶2022 최종평균-편차 ①인 경쟁10.7 3.56-*0.41* ②사범 경12.8 3.35-*0.43* ③자 경쟁12.8 3.35-*0.43* ④사범 경6.59 2.84-*0.48* ⑤의예 경34.3 1.03-*0.04* ⑥수의 경21.6 1.16-*0.03* ⑦약학 경52.0 1.12-*0.12* ⑧제약 경47.8 1.07-*0.09* 최저 없음
2022 수시 2,126명 (68.4%) 정시 984명 (31.6%) 전체 3,110명	학생부종합2	일괄	학생부종합 일괄합산 최저 있음 수능이후 자소서제출★ 11.18(금) ~11.21(월) 최종 12.15(목)	1. 2023 전년대비 인원유지 2. 2023 최저 모든조건 동일 3. 약학대학 모집 2년차 4. 사범 및 자율전공 모집없음 <자소서 수능후 업로드>★★ 2023 서류/면접 공통평가요소 ①전문성: 전공열정/지적노력 ②인성: 배려/협동/성실/봉사 ③적극성: 자기주도성/추진력	209 2022 209	서류 100 만점 80점 기본 40점 실질 40점					<종합2 최저 탐구 2평> ▶인문전체: 3개합 13 ▶자연전체: 3개합 13 ▶의예: 3개합 5 ▶수의/약학: 3개합 8 ▶간호: 3개합 11 ▶2022 최종평균-편차 ①인 경쟁8.38 3.88-0.37 ②자 경쟁10.4 3.73-0.35 <종합2 자연 최저조건> ①탐구 2개 평균 ②수학포함 필수★★ ③농업/생활/수의예/ 간호는 수학필수제외 ④자율/농업/생활/간호 사탐(직탐) 지원자★ 사탐 1개 1등급상향 사탐 2개 2등급상향
	SW우수인재	일괄	학생부종합 최저없음 자소서없음 최종 12.15(목)	1. 2023 전년대비 인원유지 2. 종합1과 중복지원 불가	30 2022 30	서류 100					▶2021 SW우수인재 입결참고 정통12명 경쟁3.67 1단4.43-0.64 최종4.22-0.45 컴공04명 경쟁5.75 1단4.13-0.99 최종3.76-0.13 소프10명 경쟁7.10 1단3.64-0.49 최종3.73-0.53 지능04명 경쟁5.00 1단3.99-0.56 최종3.88-0.65
	지역인재 교과	일괄	학생부교과 최저 있음 최종 12.15(목)	1. 2023 수능최저 전년동일 2. 충청권 전체 출신자 ①2022 인문입결 3.33-*0.35* ②2022 자연입결 3.23-*0.26*	292 2022 291	교과 100					※종합2 전형과 동일함 <지역 최저 탐구 2평> ▶인문전체: 3개합 13 ▶자율전공: 3개합 13 ▶자율전공: 3개합 13 ▶자연전체: 3개합 13 ▶의예: 3개합 5 ▶수의/약학: 3개합 8 ▶간호: 3개합 11
	국가보훈대상자	일괄	학생부교과 최저없음 최종 12.15(목)	1. 국가보훈대상자	16 2022 23	교과 100					<의예과> 1단계: 교과 80점 2단계: 면접 20점 최저없음
	경제배려대상 (정원외)	일괄	학생부교과 최저없음 최종 12.15(목)	1. 사배→경제배려 명칭변경 2. 기초수급 및 차상위자녀 등	52 2022 52	교과 100					<의예과> 1단계: 교과 80점 2단계: 면접 20점 최저없음 <기타전형 생략> 지역경제배40, 농어109 특수교61, 특성재직40 등

2022 교과전형 - 인문계열 / 2021 교과 인문

수능최저 탐구 2개평균
- ▶ 사범인문: 3개합 9
- ▶ 인문/생활: 3개합 12
- ▶ 사과/경영/농업경제 : 3개합 11→3개합 12
- ▶ 자율전공: 3개합 12 (수가12/수나11)

▶ 교과반영: 1년: 국영수사과　2,3년: 국영수사/국영수과
▶ 학년비율: 전학년 100%

		2023 모집인원	2022 지원 모집인원	2022 지원 경쟁률	등록및충원 최종등록	등록및충원 충원인원	2022 교과 최초합 등급평균	2022 교과 최초합 등급편차	2022 교과 최초합 환산평균	2022 교과 최종합 등급평균	2022 교과 최종합 등급편차	2022 교과 최종합 환산평균	2021 교과 최종합격 등급평균	2021 교과 최종합격 등급편차	2021 교과 최종합격 환산평균	2021 최종추정 CUT올림
인문대학	국어국문	8	7	8.29	7	19	2.43	0.36	77.15	3.72	0.39	74.57	2.97	0.46	76.07	3.43
인문대학	중어중문	7	7	9.14	7	15	2.99	0.54	76.02	3.89	0.27	74.23	3.40	0.46	75.20	3.86
인문대학	영어영문	7	7	8.14	7	10	2.83	0.31	46.34	4.49	0.50	72.97	2.45	0.37	77.11	2.82
인문대학	독일언어문화	8	7	10.1	7	22	2.96	0.36	76.08	3.86	0.54	74.29	3.31	0.34	75.39	3.65
인문대학	프랑스언어문화	7	7	9.86	7	12	3.07	0.37	75.87	4.02	0.50	73.97	2.82	0.32	76.38	3.14
인문대학	러시아언어문화	5	5	9.60	5	8	3.35	0.31	75.30	3.65	0.47	74.69	3.42	0.39	75.17	3.81
인문대학	철학과	5	5	12.4	5	16	3.08	0.12	75.84	3.59	0.17	74.83	3.78	0.56	74.44	4.34
인문대학	사학과	5	5	32.6	5	12	2.62	0.25	76.76	3.18	0.67	75.64	4.02	0.51	73.98	4.53
인문대학	고고미술사학과	5	5	10.4	5	9	2.55	0.54	76.91	3.25	0.64	75.50	3.23	0.19	75.55	3.42
사회과학	사회학과	7	7	10.1	7	12	2.40	0.31	77.21	3.01	0.46	75.97	2.48	0.28	77.05	2.76
사회과학	심리학과	7	7	9.86	7	18	2.02	0.04	77.97	3.62	0.88	74.76	2.22	0.18	77.57	2.40
사회과학	행정학과	7	7	24.3	7	22	2.11	0.07	77.79	2.65	0.28	76.69	3.43	1.32	75.15	4.75
사회과학	정치외교학과	7	7	10.1	7	12	2.53	0.31	76.94	3.22	0.28	75.56	2.68	0.14	76.65	2.82
사회과학	경제학과	9	9	10.4	7	15	2.61	0.19	76.79	3.06	0.47	75.89	2.92	0.60	76.18	3.52
경영대학	경영학부	60	60	17.3	55	119	2.44	0.27	77.13	2.92	0.35	76.16	3.26	0.94	75.46	4.20
경영대학	국제경영학과	20	20	13.0	20	34	2.79	0.32	76.43	3.37	0.20	75.27	3.44	0.75	75.13	4.19
경영대학	경영정보학과	9	9	10.6	9	10	2.71	0.31	76.59	3.45	0.26	75.11	2.87	0.25	76.26	3.12
농업	농업경제	7	7	9.00	7	6	3.15	0.28	75.71	3.60	0.34	74.81	2.92	0.25	76.17	3.17
생활과학	아동복지	6	5	9.60	4	8	2.68	0.53	76.63	4.06	0.66	73.89	2.86	0.46	76.28	3.32
생활과학	소비자학과	5	5	9.00	4	6	3.06	0.33	75.89	3.69	0.35	74.64	2.81	0.18	76.39	2.99
자율	자율전공학부	22	22	11.9	21	34	2.71	0.36	76.58	3.38	0.46	75.24	3.31	0.86	75.36	4.17
인문계열 교과평균		223	220	12.2	210	419	2.72	0.31	75.14	3.51	0.44	74.98	3.08	0.47	75.85	3.54

▶ 충북대 사범대학		2023 모집인원	2022 지원 모집인원	2022 지원 경쟁률	등록및충원 최종등록	등록및충원 충원인원	2022 사범 1단합격 등급평균	2022 사범 1단합격 등급편차	2022 사범 1단합격 환산평균	2022 사범 최종합 등급평균	2022 사범 최종합 등급편차	2022 사범 최종합 환산평균	2021 사범교과 최종합격 등급평균	2021 사범교과 최종합격 등급편차	2021 사범교과 최종합격 환산평균	2021 최종추정 CUT올림
사범인문	교육학과	3	3	8.00	3	2	2.52	0.46	76.96	2.88	0.77	76.25	2.03		97.20	2.03
사범인문	국어교육	5	5	9.80	5	16	1.83	0.16	78.34	3.04	0.34	75.93	2.13	0.34	96.25	2.47
사범인문	영어교육	5	5	6.40	3	5	2.04	0.16	77.92	3.61	1.39	74.79	2.20	0.31	95.67	2.51
사범인문	역사교육	3	3	10.0	3	6	1.81	0.14	78.39	2.69	0.42	76.63	2.17	0.02	93.18	2.19
사범인문	지리교육	2	2	15.0	2	3	2.25	0.02	77.52	2.61	0.16	76.79	3.14		94.73	3.14
사범인문	사회교육	3	3	7.33	3	2	2.04	0.55	77.92	2.54	0.52	76.93	2.24		92.28	2.24
사범인문	윤리교육	3	3	9.00	3	5	1.84	0.14	78.33	2.85	0.70	76.31	2.05	0.09	94.73	2.14
사범인문 교과평균		24	24	9.36	22	39	2.05	0.23	77.91	2.89	0.61	76.23	2.28	0.19	94.86	2.39
사범자연	물리교육	3	3	5.67	1	3	2.33	0.28	77.34	2.76		76	0	0	0	2.69
사범자연	화학교육	5	5	5.60	5	3	2.27	0.18	77.47	2.60	0.43	76.80	2.35	0.07	93.56	2.42
사범자연	생물교육	3	3	8.00	3	3	2.32	0.04	77.37	2.43	0	77	0	0	0	2.74
사범자연	지구교육	3	3	9.33	3	1	2.84	0.25	76.32	3.12	0	76	0	0	0	2.46
사범자연	수학교육	5	5	8.40	5	6	1.83	0.31	78.34	2.22	0.55	77.56	1.98	0.33	96.71	2.31
사범자연 교과평균		19	19	7.40	17	16	2.32	0.21	77.37	2.63	0.36	76.75	2.17	0.20	95.14	2.52

<충북 수능최저 탐구2평>
▶ 사범인문: 3개합 9

▶ 수교: 수가포함 3개합9
▶ 수교제외 사범기타 수가 3개합9, 수나 3개합7

수능최저 탐구 2개평균		2022 교과전형 - 자연계열											2021 교과 자연			

수능최저 탐구 2개평균
- ▶수교: 수가포함 3개합9
- ▶수교제외 사범기타 수가 3개합9, 수나 3개합7
- ▶수학과/정보통신★★ 수가포함 3개합12
- ▶자연/공과/전자/농업 수가 3개합12, 수나 3개합10

2022 교과전형 - 자연계열
- ▶교과: 1년: 국영수사과 2,3년: 국영수사/국영수과
- ▶의예: 3개합4 ▶수의예: 3개합 7 (탐2) ▶간호: 3개합10 가10/나8

		2023	2022 지원		등록및충원		2022 교과 최초합			2022 교과 최종합			2021 교과 최종합격			
		모집인원	모집인원	경쟁률	최종등록	충원인원	등급평균	등급편차	환산평균	등급평균	등급편차	환산평균	등급평균	등급편차	환산평균	최종추정 CUT올림
자연과학	수학과	7	7	13.1	6	15	2.94	0.42	76.13	3.48	0.46	75.05	3.96	0.82	74.08	4.78
	정보통계	7	7	7.29	7	12	2.86	0.33	76.28	3.42	0.2	75.16	3.13	0.41	75.74	3.54
	물리학과	9	9	7.44	8	13	3.55	0.26	74.90	4.90	1.08	71.44	3.14	-	75.73	3.14
	지구환경과학과	7	7	11.0	5	14	3.33	0.23	75.35	4.24	0.26	73.52	3.80	0.42	74.40	4.22
	화학과	9	9	8.78	9	17	2.63	0.22	76.75	3.23	0.33	75.55	2.73	0.29	76.55	3.02
	생명과학과	9	9	8.22	9	13	2.46	0.26	77.08	2.92	0.46	76.17	2.63	0.34	76.74	2.97
	미생물학과	7	7	8.00	7	9	2.97	0.31	76.07	3.22	0.38	75.57	3.31	0.38	75.38	3.69
	생화학과	7	7	7.71	7	14	2.74	0.13	76.53	3.16	0.30	75.69	3.20	0.40	75.62	3.60
	천문우주학과	7	7	13.7	6	17	2.38	0.56	77.24	4.02	0.57	73.98	4.02	0.42	73.97	4.44
공과대학	토목공학부	45	45	9.56	44	77	3.32	0.24	75.36	3.75	0.26	74.51	3.71	0.23	74.58	3.94
	기계공학부	20	20	10.2	19	39	2.76	0.21	76.48	3.30	0.16	75.40	2.98	0.45	76.05	3.43
	화학공학과	9	9	11.4	7	19	2.13	0.16	77.74	2.28	0.28	77.45	2.39	0.14	77.22	2.53
	신소재공학과	9	9	26.0	7	24	2.68	0.21	76.64	3.15	0.20	75.71	3.54	0.94	74.86	4.48
	건축공학과	9	9	10.6	8	32	3.06	0.17	75.89	4.03	0.51	73.94	3.55	0.14	74.90	3.69
	안전공학과	7	7	15.4	7	6	3.40	0.20	75.20	3.65	0.13	74.71	4.04	0.55	73.93	4.59
	환경공학과	7	7	9.71	7	12	2.89	0.27	76.22	3.33	0.13	75.34	2.74	0.30	76.53	3.04
	공업화학과	7	7	11.1	7	4	2.96	0.30	76.08	3.18	0.12	75.64	3.51	0.69	74.99	4.20
	도시공학과	9	9	20.8	9	16	3.16	0.20	75.68	3.54	0.27	74.92	4.06	0.72	73.81	4.78
	건축학과	7	7	13.7	6	16	2.6	0.34	76.80	3.17	0.34	75.67	3.16	0.37	75.69	3.53
전자정보	전기공학부	20	20	8.75	20	57	2.54	0.19	76.93	2.87	0.23	76.27	2.96	0.26	76.08	3.22
	전자공학부	30	30	9.87	27	78	2.35	0.24	77.30	2.97	0.28	76.06	2.80	0.48	76.40	3.28
	정보통신공학부	30	30	9.23	30	59	3.10	0.17	75.81	3.49	0.19	75.03	3.32	0.23	75.36	3.55
	컴퓨터공학과	7	7	13.9	6	16	2.36	0.19	77.28	2.73	0.30	76.55	2.73	0.49	76.54	3.22
	소프트웨어학과	28	30	9.30	27	63	2.56	0.27	76.89	3.03	0.23	75.94	2.95	0.18	76.11	3.13
	지능로봇공학과	9	9	8.67	7	8	2.95	0.38	76.10	3.36	0.22	75.28	3.18	0.51	75.64	3.69
농업생명	식물자원학과	7	7	10.4	7	7	2.81	0.42	76.38	3.22	0.46	75.56	3.76	0.43	74.48	4.19
	축산학과	9	9	9.22	8	8	4.07	0.56	73.86	4.77	0.49	72.26	4.24	0.61	73.44	4.85
	산림학과	7	7	13.0	7	15	3.09	0.10	75.81	3.96	0.41	74.08	3.91	0.88	74.20	4.79
	지역건설공학과	7	7	12.0	7	14	3.70	0.68	74.61	3.94	0.82	74.13	3.99	0.24	74.02	4.23
	환경생명화학과	7	7	11.9	6	14	3.22	0.04	75.57	3.55	0.20	74.91	3.71	0.46	74.58	4.17
	특용식물학과	5	5	16.0	4	8	3.73	0.21	74.54	4.28	0.33	73.45	4.39	0.65	73.20	5.04
	원예과학과	7	7	10.0	7	9	2.98	0.55	76.05	3	1	75	0	0	0	3.84
	바이오시스템공학	7	7	25.9	6	11	3.16	0.38	75.69	3.67	0.29	74.67	4.37	0.81	73.13	5.18
	식물의학과	7	7	9.86	7	10	3.48	0.20	75.03	3.88	0.18	74.24	3.64	0.54	74.73	4.18
	식품생명공학과	7	7	12.6	7	15	2.64	0.36	76.73	3.00	0.39	76.02	3.27	0.21	75.47	3.48
	목재종이과학과	5	5	12.0	5	3	4.40	0.13	73.21	4.69	0.44	72.49	4.25	0.87	73.52	5.12
생활과학	식품영양학과	6	5	8.60	4	7	2.77	0.46	76.46	4.93	1.46	71.06	2.88	0.27	76.24	3.15
	의류학과	5	5	17.0	5	10	3.02	0.92	75.96	3.94	0.17	74.13	3.83	0.74	74.34	4.57
	주거환경학과	5	5	9.00	5	6	2.93	0.48	76.15	3.50	0.43	75.01	3.19	0.35	75.63	3.54
약학대	약학과	3	4	32.3	4	3	1.01	0.02	79.99	1.02	0.02	79.96	-	-	-	-
	제약학과	3	4	25.0	4	10	1.04	0.03	79.93	1.14	0.05	79.73	-	-	-	-
수의대	수의예과	9	9	19.4	9	11	1.10	0.05	79.81	1.15	0.07	79.69	1.25	0.15	79.51	1.40
의과대학	의예과	4	5	40.0	5	18	1.06	0.04	79.88	1.28	0.08	79.44	1.59	0.22	78.82	1.81
	간호학과	13	13	25.5	12	39	2.05	0.11	77.89	2.51	0.24	76.98	2.87	0.91	76.26	3.78
자연계열 교과평균		445	449	13.7	420	868	2.80	0.28	76.42	3.32	0.35	75.31	3.25	0.45	73.54	3.79

2022 지역인재교과 - 인문계열

수능최저 있음

<충북 수능최저 탐구2평>
- 사범인문: 3개합 9
- 인문/생활: 3개합 12
- 사과/경영/농업경제
  : 3개합 11→3개합 12
- 자율전공: 3개합 12

2023

- 교과반영: 1년: 국영수사과　　2,3년: 국영수사/국영수과　　▶ 교과 100%
- 학년비율: 전학년 100%

대학	학과	2023 모집인원	2022 지원 모집인원	2022 지원 경쟁률	등록및충원 최종등록	등록및충원 충원인원	2022 지역 최초합격 등급평균	2022 지역 최초합격 등급편차	2022 지역 최초합격 최초총점	2022 지역 최종합격 등급평균	2022 지역 최종합격 등급편차	2022 지역 최종합격 최종총점	2021 지역 최종합격 등급평균	2021 지역 최종합격 등급편차	2021 지역 최종합격 CUT추정
인문대학	국어국문	3	3	8.00	3	5	2.58	0.29	76.9	3.49	0.35	75.0	3.10	0.01	3.11
	중어중문	3	3	9.67	3	10	3.34	0.11	75.3	4.00	0.07	74.0	3.62	0.06	3.68
	영어영문	3	3	9.67	3	17	2.59	0.33	76.8	3.55	0.49	74.9	3.50	0.57	4.07
	독일언어문화	3	3	9.00	3	3	3.22	0.30	75.6	3.84	0.43	74.3	3.24	0.25	3.49
	프랑스언어문화	3	3	7.67	3	8	3.24	0.32	75.5	4.33	0.66	73.3	3.56	0.18	3.74
	러시아언어문화	3	3	9.33	3	1	3.49	0.06	75.0	3.55	0.15	74.9	3.67	0.03	3.70
	철학과	3	3	8.33	3	5	3.04	0.17	75.9	3.65	0.37	74.7	3.42	0.30	3.72
	사학과	3	3	18.3	3	5	2.74	0.19	76.5	3.00	0.53	76.0	3.94	1.18	5.12
	고고미술사학과	3	3	9.67	3	7	3.23	0.21	75.6	3.52	0.23	75.0	3.41	0.52	3.93
사회과학	사회학과	3	3	11.3	3	2	3.14	0.04	75.7	3.22	0.06	75.6	3.33	0.21	3.54
	심리학과	4	4	9.50	4	3	2.39	0.39	77.2	2.92	0.59	76.2	2.39	0.41	2.80
	행정학과	4	4	15.5	4	8	2.22	0.20	77.6	2.66	0.16	76.7	3.33	0.51	3.84
	정치외교학과	3	3	10.7	3	1	2.61	0.13	76.8	2.72	0.28	76.6	3.57	0.93	4.50
	경제학과	5	5	9.00	5	19	2.66	0.09	76.7	3.70	0.66	74.6	2.91	0.20	3.11
경영대학	경영학부	12	12	23.7	9	20	2.27	0.47	77.5	2.84	0.22	76.3	4.11	1.28	5.39
	국제경영학과	6	5	11.2	4	6	2.61	0.22	76.8	2.96	0.46	76.1	3.29	0.32	3.61
	경영정보학과	5	5	11.2	5	4	3.03	0.27	76.0	3.15	0.30	75.7	3.28	0.33	3.61
농업	농업경제	3	3	8.00	3	2	3.14	0.20	75.7	3.34	0.39	75.3	3.28	0.32	3.60
생활과학	아동복지학과	3	3	9.33	3	0	3.02	0.12	76.0	3.02	0.12	76.0	3.41	0.13	3.54
	소비자학과	3	3	9.33	3	7	2.68	0.23	76.7	3.08	0.55	75.8	3.01	0.16	3.17
자율	자율전공	5	5	27.8	5	6	2.83	0.41	76.3	3.46	0.18	75.1	4.38	1.11	5.49
		83	82	11.7	78	139	2.86	0.23	76.3	3.33	0.35	75.3	3.42	0.43	3.85

2022 지역인재교과 - 자연계열

수능최저 있음		2023	2022 지원		등록및추합		2022 지역 최초합격			2022 지역 최종합격			2021 지역 최종합격		
▶수교: 수가포함 3개합9 ▶수교제외 사범기타 수가 3개합 9 등 ▶수학과/정보통신★★ 수가포함 3개합 12 ▶자연/공과/전자/농업 수가 3개합12 등		모집 인원	모집 인원	경쟁률	최종 등록	추합 인원	등급 평균	등급 편차	최초 총점	등급 평균	등급 편차	최종 총점	등급 평균	등급 편차	CUT 추정
▶교과반영: 1년: 국영수사과　2,3년: 국영수사/국영수과　▶교과 100% ▶학년비율: 전학년 100%															
자연 과학	수학과	4	4	9.50	4	1	3.14	0.14	75.7	3.22	0.09	75.6	3.81	0.14	3.95
	정보통계	4	4	8.25	4	6	2.83	0.31	76.4	3.44	0.13	75.1	3.88	0	3.88
	물리학과	4	4	7.25	4	1	3.46	0.62	75.1	3.81	0.15	74.4	3.77	0.86	4.63
	지구환경과학과	4	3	20.0	3	4	3.70	0.11	74.6	3.85	0.10	74.3	5.11	0	5.11
	화학과	5	5	7.80	5	9	2.73	0.14	76.6	3.23	0.29	75.6	2.75	0.79	3.54
	생명과학과	4	4	8.75	4	7	2.58	0.20	76.8	2.98	0.29	76.0	3.48	0.33	3.81
	미생물학과	4	4	8.25	4	5	2.7	0.31	76.6	2.83	0.44	76.4	0	0	3.52
	생화학과	4	4	9.25	2	15	2.59	0.16	76.8	3.47	0.13	75.1	3.69	1.27	4.96
	천문우주학과	3	3	9.33	3	2	3.15	0.71	75.7	3.67	0.37	74.7	3.80	0.13	3.93
공과 대학	토목공학부	10	10	10.0	10	29	3.14	0.15	75.7	3.56	0.21	74.9	3.75	0.11	3.86
	기계공학부	8	8	12.6	8	15	2.74	0.42	76.5	2.91	0.46	76.2	3.35	0.73	4.08
	화학공학과	4	4	9.00	4	17	2.01	0.13	78.0	2.81	0.36	76.4	2.63	0.23	2.86
	신소재공학과	4	4	11.3	4	5	2.52	0.09	77.0	2.84	0.17	76.3	3.11	0.28	3.39
	건축공학과	4	4	10.8	4	7	3.17	0.09	75.7	3.46	0.09	75.1	3.70	0	3.70
	안전공학과	4	4	9.25	4	3	3.32	0.14	75.4	3.57	0.37	74.9	3.39	0.09	3.48
	환경공학과	4	4	8.00	4	6	2.76	0.23	76.5	3.20	0.31	75.6	3.51	0.45	3.96
	공업화학과	4	4	7.75	4	7	2.85	0.20	76.3	3.32	0.27	75.4	3.14	0.43	3.57
	도시공학과	5	5	16.8	5	13	3.39	0.07	75.2	3.57	0.17	74.9	4.13	0.54	4.67
	건축학과	4	4	12.5	4	9	2.72	0.13	76.6	3.06	0.36	75.9	3.77	0.74	4.51
전자 정보	전기공학부	5	5	8.00	5	13	2.4	0.13	77.2	3.02	0.31	76.0	2.88	0.28	3.16
	전자공학부	8	8	9.00	7	31	2.37	0.14	77.3	2.76	0.20	76.5	2.95	0.15	3.10
	정보통신공학부	9	9	8.33	8	10	3.12	0.11	75.8	3.24	0.12	75.5	3.34	0.09	3.43
	컴퓨터공학과	4	4	11.3	4	12	2.27	0.62	77.5	2.51	0.77	77.0	3.00	0.41	3.41
	소프트웨어학과	8	8	8.63	8	18	2.49	0.20	77.0	2.80	0.39	76.4	3.06	0.19	3.25
	지능로봇공학과	5	5	9.00	5	7	3.31	0.09	75.4	3.49	0.26	75.0	3.54	0.62	4.16
농업 생명	식물자원학과	4	4	7.75	4	11	3.22	0.22	75.6	3.64	0.51	74.7	3.99	0.42	4.41
	축산학과	4	4	7.75	4	3	3.77	0.36	74.5	4.23	0.33	73.6	3.59	0	3.59
	산림학과	3	3	9.00	3	5	3.12	0.76	75.8	3.94	0.02	74.1	3.63	0	3.63
	지역건설공학과	3	3	17.3	3	5	3.57	0.23	74.9	3.83	0.34	74.4	4.35	0.06	4.41
	환경생명화학과	4	4	11.3	4	12	2.71	0.51	76.6	3.56	0.19	74.9	4.14	0.30	4.44
	특용식물학과	3	3	9.67	3	2	4.11	0.22	73.8	4.46	0.11	73.1	0	0	0
	원예과학과	4	4	9.00	4	1	3.89	0.85	74.2	4.18	1.05	73.6	3.22	0.65	3.87
	바이오시스템공	3	3	13.7	3	6	3.19	0.20	75.6	3.84	0.15	74.3	3.91	0.11	4.02
	식물의학과	4	4	9.50	3	11	3.32	0.42	75.4	3.91	0.25	74.2	4.04	0.52	4.56
	식품생명공학과	4	4	9.00	4	11	2.67	0.29	76.7	3.59	0.10	74.8	3.06	0.25	3.31
	목재종이과학과		3	9.00	3	3	4.28	0.20	73.4	4.56	0.44	72.9	4.27	0	4.27
생활 과학	식품영양학과	3	3	8.00	3	5	2.8	0.30	76.4	3.11	0.27	75.8	3.01	0.30	3.31
	의류학과	3	3	15.3	3	10	3.27	0.27	75.5	3.89	0.05	74.2	4.15	0.54	4.69
	주거환경학과	3	3	10.7	3	5	3.26	0.14	75.5	3.68	0.36	74.6	4.07	0.26	4.33
약학대	약학과	5	4	17.8	4	3	1.03	0.04	79.9	1.05	0.06	79.9	-	-	-
	제약학과	5	4	17.3	4	2	1.17	0.03	79.7	1.24	0.10	79.5	-	-	-
수의과	수의예과	5	5	10.6	5	4	1.22	0.08	79.6	1.39	0.13	79.2	1.15	0.08	1.23
의과대	의예과	7	7	29.0	7	12	1.01	0.02	80.0	1.06	0.04	79.9	1.39	0.13	1.52
	간호학과	14	16	15.4	14	24	2.14	0.21	77.7	2.38	0.18	77.3	2.89	0.28	3.17
		207	209	11.1	200	387	2.86	0.25	76.3	3.23	0.26	75.5	3.30	0.30	3.68

2022 종합전형 I - 인문계열

수능최저 없음			▶교과반영: 1년: 국영수사과　2,3년: 국영수사/국영수과 ▶학년비율: 전학년 100%														
1단계: 서류 80% (3배수) 2단계: 면접 20%		2023	2022 지원		등록및충원		2022 종합 1단계				2022 종합 최종합격					2021 종합 최종		
		모집 인원	모집 인원	경쟁률	최종 등록	충원 인원	등급 평균	등급 편차	서류 평균	서류 편차	등급 평균	등급 편차	서류 평균	서류 편차	총점 평균	등급 평균	등급 편차	CUT 추정
인문 대학	국어국문	6	6	9.17	6	9					3.27	0.46	70.4	1.66	70.4	3.26	0.56	3.82
	중어중문	6	6	8.33	6	14					3.97	0.26	69.8	1.28	69.8	3.68	0.42	4.10
	영어영문	6	6	9.00	6	7					3.40	0.45	70.8	1.87	70.8	3.22	0.48	3.70
	독일언어문화	6	6	8.33	6	11					4.37	0.26	68.7	1.47	68.7	3.90	0.33	4.23
	프랑스언어문화	6	6	11.3	6	10					4.22	0.49	68.6	1.25	68.6	4.63	0.97	5.60
	러시아언어문화	5	5	10.0	5	9					4.41	1.14	67.4	1.42	67.4	4.63	0.70	5.33
	철학과	5	5	8.80	5	17					4.12	0.56	67.0	3.29	67.0	3.89	0.42	4.31
	사학과	5	5	14.6	5	4					3.27	0.35	73.7	0.64	73.7	3.38	0.42	3.80
	고고미술사학과	5	5	9.60	5	9					3.90	0.24	67.4	0.61	67.4	3.81	0.45	4.26
사회 과학	사회학과	6	6	10.8	5	20					3.23	0.18	67.6	0.33	67.6	3.21	0.15	3.36
	심리학과	6	6	20.8	6	12					2.91	0.52	70.5	0.76	70.5	3.03	0.51	3.54
	행정학과	6	6	10.3	6	12					2.66	0.47	73.6	3.32	73.6	2.76	0.32	3.08
	정치외교학과	6	6	9.50	5	15					3.45	0.37	71.3	1.24	71.3	3.10	0.34	3.44
	경제학과	8	8	8.13	8	1					3.13	0.26	72.4	1.32	72.4	2.79	0.77	3.56
경영 대학	경영학부	16	16	13.1	15	24					2.94	0.30	67.9	1.35	67.9	3.17	0.29	3.46
	국제경영학과	9	9	10.4	7	22					3.52	0.18	67.3	1.23	67.3	3.55	0.81	4.36
	경영정보학과	8	8	8.25	6	4					3.50	0.51	68.5	1.77	68.5	3.19	0.48	3.67
농업	농업경제	6	6	8.67	6	12					3.70	0.40	65.4	0.89	65.4	3.73	0.34	4.07
생활 과학	아동복지	5	5	16.4	5	20					3.51	0.17	70.7	1.91	70.7	3.18	0.36	3.54
	소비자학과	5	5	8.00	5	10					3.72	0.55	69.6	2.13	69.6	3.37	0.26	3.63
		131	150	10.7	124	242					3.56	0.41	69.4	1.49	69.4	3.47	0.47	3.94

▶충북대 사범대학	2023	2022 지원		등록및충원		2022 종합 1단계				2022 종합 최초합격					2021 종합 최종		
1단계: 서류 80% (3배수) 2단계: 면접 20%	모집 인원	모집 인원	경쟁률	최종 등록	충원 인원	등급 평균	등급 편차	서류 평균	서류 편차	등급 평균	등급 편차	면접 평균	등급 편차	총점 평균	등급 평균	등급 편차	CUT 추정
사범 인문	교육학과	5	7	10.9	5	17					2.68	0.46	73.5	1.01	73.5	2.34	0.66	3.00
	국어교육	7	7	8.00	5	9					2.39	0.58	72.9	2.55	72.9	2.68	0.38	3.06
	영어교육	7	6	12.3	6	7					2.38	0.48	73.9	1.90	73.9	2.64	0.42	3.06
	역사교육	6	5	10.0	5	11					2.67	0.18	68.3	2.95	68.3	2.10	0.34	2.44
	지리교육	5	5	8.80	5	26					2.65	0.20	67.0	1.98	67.0	2.65	0.32	2.97
	사회교육	5	6	11.0	6	15					2.37	0.20	72.5	2.53	72.5	2.27	0.28	2.55
	윤리교육	6	6													2.47	0.33	2.80
사범인문 소계		41	42	10.2	32	85					2.52	0.35	71.4	2.15	71.4	2.45	0.39	###
사범 자연	물리교육	5	5	4.00	5	7					3.49	0.95	64.1	9.63	64.1	2.70	0.21	2.91
	화학교육	6	6	6.00	6	9					2.52	0.29	72.8	2.02	72.8	2.55	0.32	2.87
	생물교육	6	6	5.83	6	19					2.98	0.68	69.3	5.84	69.3	2.12	0.17	2.29
	지구교육	6	6	7.67	6	14					2.60	0.27	70.1	1.37	70.1	2.71	0.28	2.99
	수학교육	7	7	9.43	7	12					2.61	0.22	72.8	2.56	72.8	2.14	0.27	2.41
사범자연 소계		30	30	6.59	30	61					2.84	0.48	69.8	4.28	69.8	2.44	0.25	2.69

360

2022 종합전형 I - 자연계열

수능최저 없음

1단계: 서류 80% (3배수)
2단계: 면접 20%

▶교과반영: 1년: 국영수사과   2,3년: 국영수사/국영수과
▶학년비율: 전학년 100%

대학	학과	모집인원	2022 지원 모집인원	2022 지원 경쟁률	최종등록	충원인원	1단계 등급평균	1단계 등급편차	1단계 서류평균	1단계 서류편차	최초합격 등급평균	최초합격 등급편차	최초합격 면접평균	최초합격 등급편차	최초합격 총점평균	2021 등급평균	2021 등급편차	CUT 추정
자연과학	수학과	6	6	9.17	6	21					3.76	0.63	67.3	2.75	67.3	3.70	0.29	3.99
	정보통계	6	6	10.7	5	15					3.38	0.32	70.5	2.88	70.5	3.90	0.81	4.71
	물리학과	8	8	6.38	8	23					4.41	0.65	66.5	5.16	66.5	3.69	0.48	4.17
	지구환경과학과	6	6	8.17	6	9					4.15	0.59	64.7	2.07	64.7	3.64	0.60	4.24
	화학과	8	8	8.63	8	20					3.08	0.38	70.1	3.33	70.1	3.07	0.33	3.40
	생명과학과	8	8	8.38	8	13					2.83	0.36	71.8	1.94	71.8	2.74	0.38	3.12
	미생물학과	6	6	6.50	6	11					3.93	0.54	67.5	3.10	67.5	2.72	0.32	3.04
	생화학과	6	6	6.50	6	5					3.35	0.45	70.5	1.51	70.5	2.73	0.32	3.05
	천문우주학과	6	6	11.5	6	15					3.78	1.20	68.0	3.91	68.0	4.02	0.69	4.71
공과대학	토목공학부	14	14	7.07	14	13					3.88	0.38	73.9	2.43	73.9	3.61	0.55	4.16
	기계공학부	9	9	13.7	9	34					3.33	0.29	69.2	2.91	69.2	3.19	0.26	3.45
	화학공학과	8	8	8.25	6	21					2.95	0.32	65.6	3.62	65.6	2.65	0.32	2.97
	신소재공학과	8	8	10.1	7	16					3.15	0.37	72.0	1.01	72.0	3.15	0.40	3.55
	건축공학과	8	8	14.6	8	11					3.80	0.34	73.4	1.42	73.4	3.90	0.59	4.49
	안전공학과	6	6	7.17	6	10					3.92	0.62	66.7	2.41	66.7	3.76	0.36	4.12
	환경공학과	6	6	10.5	5	18					3.26	0.26	66.2	0.46	66.2	3.15	0.42	3.57
	공업화학과	6	6	7.17	6	8					3.18	0.25	69.8	2.31	69.8	3.27	0.22	3.49
	도시공학과	8	8	9.63	7	11					3.74	0.32	68.8	2.95	68.8	3.73	0.46	4.19
	건축학과	6	6	15.5	6	19					3.40	0.56	72.2	2.86	72.2	3.36	0.30	3.66
전자정보	전기공학부	9	9	9.00	9	20					3.12	0.20	66.5	3.82	66.5	3.06	0.24	3.30
	전자공학부	11	11	8.82	11	28					2.97	0.40	71.3	4.81	71.3	3.11	0.08	3.19
	정보통신공학부	11	11	10.2	10	11					3.53	0.25	70.9	1.46	70.9	3.62	0.15	3.77
	컴퓨터공학과	6	6	11.7	6	9					3.07	0.14	72.4	2.03	72.4	3.06	0.08	3.14
	소프트웨어학과	11	11	11.6	11	25					3.23	0.39	67.2	2.51	67.2	3.10	0.43	3.53
	지능로봇공학과	8	8	12.0	8	18					3.36	0.47	69.2	3.12	69.2	3.79	0.45	4.24
농업생명	식물자원학과	6	6	7.33	6	28					3.84	0.89	65.2	8.01	65.2	3.26	0.48	3.74
	축산학과	8	8	6.50	7	11					4.13	0.72	69.3	3.39	69.3	3.63	0.26	3.89
	산림학과	6	6	19.2	6	13					3.70	0.46	67.4	2.00	67.4	4.28	0.66	4.94
	지역건설공학과	6	6	13.5	6	3					4.13	0.24	73.6	1.33	73.6	4.28	0.25	4.53
	환경생명화학과	6	6	8.00	5	19					3.50	0.50	70.2	3.41	70.2	3.22	0.33	3.55
	특용식물학과	5	5	7.40	5	6					4.45	0.58	66.4	1.81	66.4	3.77	0.29	4.06
	원예과학과	6	6	7.33	6	15					4.03	0.42	65.5	3.57	65.5	2.82	1.20	4.02
	식물의학과	6	6	12.0	6	6					4.04	0.41	69.7	1.48	69.7	3.60	0.37	3.97
	바이오시스템공	6	6	6.83	6	7					3.85	0.52	67.2	4.21	67.2	3.89	0.27	4.16
	식품생명공학과	6	6	11.2	6	8					2.62	0.48	71.2	2.58	71.2	3.22	0.16	3.38
	목재종이과학과	5	5	7.60	5	1					4.12	0.84	72.7	0.97	72.7	4.25	0.61	4.86
생활과학	식품영양학과	5	5	14.2	5	6					3.61	0.34	66.9	2.73	66.9	3.10	0.54	3.64
	의류학과	5	5	18.4	5	11					3.88	0.77	71.8	2.14	71.8	4.11	0.37	4.48
	주거환경학과	5	5	10.2	5	6					4.01	0.67	68.7	2.25	68.7	3.94	0.27	4.21
약학대학	약학과	3	4	52.0	4	4					1.12	0.12	77.8	1.10	77.8	-	-	-
	제약학과	3	4	47.8	4	2					1.07	0.09	78.1	1.16	78.1	-	-	-
수의과	수의예과	7	7	21.6	6	6					1.16	0.03	78.2	1.23	78.2	1.29	0.10	1.39
의과대학	의예과	4	4	34.3	5	4					1.03	0.04	75.2	0.47	75.2	1.14	0.05	1.19
	간호학과	9	9	16.4	8	27					2.35	0.23	71.7	1.18	71.7	2.38	0.26	2.64
		302	304	12.8	294	587					3.35	0.43	69.9	2.54	70.0	3.33	0.38	3.71

2022 종합전형Ⅱ - 인문계열

수능최저 탐구 2개평균

서류 100%
<수능최저 탐구2개평균>
▶ 인문: 3개12→3개합13
▶ 사과/경영/농업경제
 : 3개합11→3개합13

▶ 교과반영: 1년: 국영수사과 2,3년: 국영수사/국영수과 ▶ 서류 100%
▶ 학년비율: 전학년 100%

대학	학과	2023 모집인원	2022 지원 모집인원	경쟁률	등록및충원 최종등록	충원인원	2022 종합 최초합격 등급평균	등급편차	서류평균	등급편차	2022 종합 최종합격 등급평균	등급편차	서류평균	등급편차	전체총점	2021 종합 최종합격 등급평균	등급편차	CUT 추정
인문대학	국어국문	3	3	7.33	3	3	4.22	0.62	72.9	1.20	4.43	0.41	70.9	0.89	70.9	3.41	0.35	3.76
	중어중문	3	3	5.33	3	0	3.82	0.43	69.8	2.53	3.82	0.43	69.8	2.53	69.8	3.67	0.21	3.88
	영어영문	3	3	8.00	3	1	3.54	0.30	73.6	1.97	3.46	0.23	71.8	1.56	71.8	3.17	0.27	3.44
	독일언어문화	3	3	6.00	3	1	3.85	0.23	72.8	0.69	3.92	0.22	71.8	1.14	71.8	4.46	0.43	4.89
	프랑스언어문화	3	3	5.67	3	2	4.40	0.19	68.5	3.72	4.71	0.54	65.6	6.70	65.6	4.19	1.05	5.24
	러시아언어문화	3	3	5.33	3	3	4.18	0.14	70.5	1.49	4.65	0.64	67.6	3.43	67.6	4.26	0.11	4.37
	철학과	3	3	6.00	1	2	3.88	0.36	75.7	1.12	4.17		74.6		74.6	3.23	0	3.23
	사학과	3	3	16.3	3	3	4.10	0.38	70.6	2.05	3.92	0.12	70.1	2.55	70.1	3.99	0.58	4.57
	고고미술사학과	3	3	8.00	3	8	3.66	0.45	72.7	3.26	4.49	0.57	64.4	4.71	64.4	3.99	0.44	4.43
사회과학	사회학과	3	3	7.33	3	3	3.30	0.35	75.7	1.23	3.26	0.28	71.2	3.22	71.2	3.29	0.20	3.49
	심리학과	3	3	12.3	3	3	2.63	0.42	73.8	1.80	2.98	0.20	71.2	2.66	71.2	2.95	0.09	3.04
	행정학과	3	3	10.0	3	7	2.78	0.12	71.2	0.67	3.77	0.84	67.4	2.66	67.4	3.06	0.40	3.46
	정치외교학과	3	3	7.33	3	7	3.44	0.27	74.5	2.57	3.42	0.16	69.2	6.18	69.2	3.17	0.25	3.42
	경제학과	3	3	7.33	3	1	3.70	0.34	66.4	2.49	4.13	0.46	64.8	0.30	64.8	3.15	0.19	3.34
경영대학	경영학부	6	6	11.2	6	5	3.24	0.29	70.3	1.13	3.39	0.16	69.3	1.12	69.3	3.15	0.12	3.27
	국제경영학과	5	5	10.0	5	7	3.43	0.37	73.4	0.34	3.63	0.25	72.3	1.63	72.3	3.58	0.34	3.92
	경영정보학과	3	3	8.00	3	5	3.40	0.24	68.9	0.45	3.97	0.30	66.8	1.78	66.8	3.45	0.40	3.85
농업	농업경제	3	3	6.33	3	1	3.91	0.33	67.6	3.05	3.97	0.42	67.5	3.23	67.5	3.86	0.88	4.74
생활과학	아동복지	3	3	10.0	3	4	3.11	0.23	77.9	1.44	3.82	0.55	75.7	0.50	75.7	3.34	0.07	3.41
	소비자학과	3	3	9.67	3	1	3.50	0.11	69.3	0.99	3.75	0.32	68.9	1.38	68.9	3.57	0.47	4.04
		65	65	8.38	63	67	3.60	0.31	71.8	1.71	3.88	0.37	69.5	2.54	69.5	3.55	0.34	3.89

2022 종합전형Ⅱ - 자연계열

수능최저 탐구 2개평균		

▶교과반영: 1년: 국영수사과　　2,3년: 국영수사/국영수과　　▶서류 100%
▶학년비율: 전학년 100%

▶수학과/정보통신★★
: 수가포함 3개합 13
▶자연/공과/전자/농업
: 수가포함 3개합 13
: 수나포함 3개합 11
※ 수의/간호/농업대는
수가나 필수포함아님 등

		2023 모집인원	2022 지원		등록및충원		2022 종합 최초합격				2022 종합 최종합격					2021 종합 최종합격		
			모집인원	경쟁률	최종등록	충원인원	등급평균	등급편차	서류평균	등급편차	등급평균	등급편차	서류평균	등급편차	전체총점	등급평균	등급편차	CUT추정
자연과학	수학과	3	3	8.00	3	4	3.10	0.58	73.1	1.80	3.96	0.56	64.3	0.53	64.3	3.98	0.29	4.27
	정보통계	3	3	6.00	3	4	3.89	0.49	66.2	1.80	4.69	0.70	60.7	2.98	60.7	3.52	0.50	4.02
	물리학과	3	3	7.33	3	3	4.62	0.47	68.1	6.19	4.75	0.10	63.1	3.68	63.1	4.22	0	4.22
	지구환경과학과	3	3	8.33	3	1	3.78	0.20	72.0	3.58	4.10	0.53	69.8	0.65	69.8	4.15	0.35	4.50
	화학과	3	3	8.00	2	7	3.16	0.30	71.4	0.73	3.93	0.65	66.3	8.13	66.3	3.04	0.23	3.27
	생명과학과	3	3	10.3	3	1	2.82	0.32	70.9	2.25	3.15	0.54	70.2	2.72	70.2	3.22	0.06	3.28
	미생물학과	3	3	6.67	2	0	3.29	0.13	67.3	0.94	3.32	0.18	67.8	0.75	67.8	3.09	0.23	3.32
	생화학과	3	3	9.00	3	3	3.36	0.16	76.0	1.20	3.56	0.29	74.3	1.37	74.3	3.43	0.04	3.47
	천문우주학과	3	3	10.7	3	1	3.43	0.72	72.2	2.09	3.87	0.61	70.0	2.35	70.0	3.64	0.40	4.04
공과대학	토목공학부	5	5	10.0	5	2	4.28	0.27	69.1	1.09	4.34	0.42	68.2	1.66	68.2	4.20	0.49	4.69
	기계공학부	5	5	10.2	5	8	3.32	0.18	74.1	0.86	3.99	0.64	71.0	2.63	71.0	3.28	0.27	3.55
	화학공학과	3	3	13.0	3	2	2.86	0.01	71.4	0.36	2.87	0.28	69.6	1.41	69.6	3.28	0.44	3.72
	신소재공학과	3	3	11.7	3	4	3.19	0.32	78.0	1.34	3.51	0.04	73.7	3.01	73.7	3.53	0.18	3.71
	건축공학과	3	3	13.3	3	2	3.92	0.38	73.1	1.52	4.10	0.37	69.3	2.67	69.3	4.34	1.16	5.50
	안전공학과	3	3	7.33	3	1.0	3.97	0.36	71.9	3.10	4.29	0.26	70.6	4.62	70.6	3.74	0.27	4.01
	환경공학과	3	3	10.0	3	2	3.27	0.06	70.5	1.59	3.46	0.39	69.2	0.58	69.2	3.41	0.21	3.62
	공업화학과	3	3	5.67	3	4	3.59	0.22	78.1	2.67	3.82	0.27	73.0	8.25	73.0	3.44	0.18	3.62
	도시공학과	3	3	9.00	3	2	4.05	0.12	71.7	1.01	4.32	0.40	69.5	3.33	69.5	4.03	0.38	4.41
	건축학과	3	3	13.0	3	2	3.85	0.25	68.7	0.77	4.06	0.34	68.1	0.24	68.1	3.57	0.21	3.78
전자정보	전기공학부	3	3	7.33	3	9	3.17	0.32	73.8	0.81	3.87	0.77	56.8	1.47	56.8	3.33	0.30	3.63
	전자공학부	5	5	8.20	5	0	3.21	0.24	76.8	0.72	3.21	0.24	76.8	0.72	76.8	2.87	0.36	3.23
	정보통신공학부	4	4	11.8	4	4	3.58	0.25	71.5	2.63	3.83	0.36	69.1	2.36	69.1	3.84	0.20	4.04
	컴퓨터공학과	3	3	13.3	3	4	3.37	0.24	74.8	1.77	3.46	0.08	72.7	1.73	72.7	3.22	0.30	3.52
	소프트웨어학과	4	4	13.8	4	6	3.43	0.36	73.8	1.38	3.43	0.20	70.6	1.52	70.6	3.43	0.20	3.63
	지능로봇공학과	3	3	9.67	3	3	3.78	0.15	76.4	1.89	3.86	0.11	71.7	4.32	71.7	3.42	0.30	3.72
농업생명	식물자원학과	3	3	6.33	3	4	3.05	0.52	72.1	5.56	4.66	0.54	65.0	1.99	65.0	3.65	0.41	4.06
	축산학과	3	3	4.67	3	1	4.71	0.36	66.1	4.85	4.75	0.42	65.2	5.67	65.2	3.60	0	3.60
	산림학과	3	3	6.33	3	1	4.46	0.25	75.7	4.51	4.66	0.37	71.7	4.11	71.7	4.04	0.28	4.32
	지역건설공학과	3	3	7.33	3	1	4.16	0.23	72.5	4.80	4.39	0.51	69.1	7.88	69.1	4.53	0.21	4.74
	환경생명화학과	3	3	7.00	3	1	3.74	0.27	64.6	1.94	3.85	0.23	64.5	2.12	64.5	3.83	0.18	4.01
	특용식물학과	3	3	8.33	3	0	4.12	0.28	68.7	2.45	4.12	0.28	68.7	2.45	68.7	4.89	0	4.89
	원예과학과	3	3	6.67	3	0	3.91	0.12	70.5	2.32	3.91	0.12	70.5	2.32	70.5	4.68	1.15	5.83
	바이오시스템공	3	3	7.33	3	2	4.12	0.15	68.7	1.24	4.99	1.42	67.7	2.79	67.7	3.80	0.34	4.14
	식물의학과	3	3	5.33	3	3	4.52	0.27	63.2	1.47	4.52	0.27	63.2	1.47	63.2	3.97	0.74	4.71
	식품생명공학과	3	3	6.67	3	0	3.56	0.21	73.3	1.07	3.56	0.21	73.3	1.07	73.3	3.43	0.19	3.62
	목재종이과학과	3	3	6.33	3	2	5.03	0.25	67.9	0.72	5.18	0.10	65.7	3.65	65.7	4.85	0.09	4.94
생활과학	식품영양학과	3	3	10.0	3	3	3.33	0.09	71.8	1.61	3.43	0.15	71.6	1.87	71.6	3.77	0.42	4.19
	의류학과	3	3	9.00	3	3	4.16	0.26	72.4	0.41	4.48	0.40	69.7	4.91	69.7	4.29	0.41	4.70
	주거환경학과	3	3	8.00	3	0	3.85	0.45	76.0	1.32	3.85	0.45	76.0	1.32	76.0	4.23	0.26	4.49
약학대	약학과	3	4	21.8	4	1	1.23	0.14	78.8	0.92	1.34	0.10	77.6	1.54	77.6	-	-	-
	제약학과	3	3	27.7	3	2	1.37	0.30	76.6	1.17	1.36	0.03	75.8	0.28	75.8	-	-	-
수의과	수의예과	4	3	26.7	3	3	1.32	0.08	79.6	0.72	1.36	0.10	78.9	0.96	78.9	1.31	0.11	1.42
의과대	의예과	4	4	25.0	4	1	1.17	0.07	73.2	2.19	1.28	0.14	71.3	3.13	71.3	-	-	-
의과대	간호학과	5	5	15.2	5	4	2.61	0.23	77.1	1.59	2.88	0.43	75.8	2.42	75.8	2.69	0.38	3.07
		144	144	10.4	142	109	3.47	0.26	72.3	1.93	3.73	0.35	69.7	2.63	69.7	3.68	0.31	3.99

인 국수영탐2 인 30:20:20:30 영어: 10-9.5-9.0-8.5		최종등록자		2022 정시 최종합 표준점수									
		국수탐2 표준합산 환산총점	환산 총점 편차	국어 평균		수학 평균			탐구 평균		국수탐2 표준합 평균	영어 등급 평균
				화작	언매	확통	미적분	기하	사탐	과탐		
인문 대학	국어국문	965.06	1.47	114.0	112.0	105.5			60.6			3.0
	중어중문	963.92	0.74	107.0	109.5	104.2			60.0			2.2
	영어영문	965.47	1.28	111.2	112.7	108.0			58.4			2.0
	독일언어문화	962.99	0.77	113.7		101.0	94.0		59.1			2.9
	프랑스언어문화	963.88	2.83	109.5	112.8	100.1			59.8			2.6
	러시아언어문화	963.19	2.73	113.0	104.0	103.0			59.8			2.7
	철학과	963.92	0.51	11 2.5	114.3	101.8			59.4			2.8
	사학과	963.87	2.64	115.8		96.4	101.0		58.6			2.3
	고고미술사학	964.79	2.34	113.0	113.4	105.3			59.9			2.9
사회 과학	사회학과	965.96	1.41	115.0	114.3	102.3			60.8			2.6
	심리학과	967.47	3.78	114.3	115.7	109.2	110.0		60.0			2.7
	행정학과	968.24	1.92	113.6	119.8	107.3		130.0	60.2	59.5		2.5
	정치외교학과	967.10	1.56	117.7	112.5	102.4			59.9			2.3
	경제학과	967.14	1.57	114.5	113.1	108.2		100.0	60.7			2.7
경영 대학	경영학부	968.02	1.80	115.4	113.4	108.9		108.5	60.8			2.5
	국제경영학과	966.44	1.81	113.6	112.9	105.2			60.8			2.5
	경영정보학과	966.29	1.30	113.8	110.8	107.7			60.6			2.9
농업	농업경제	964.05	3.42	112.5	106.7	104.6			60.6			2.7
생활 과학	아동복지	963.24	0.40	110.6	110.0	106.5			59.5			3.0
	소비자학과	964.99	1.73	116.8		101.5			58.1			2.0
자율	자율전공학부	960.81	4.19	115.0	115.7	112.0	112.5	119.8	64.0	58.2		2.6
		965.09	1.91	113.5	112.4	104.8	104.4	114.6	60.1			2.6

▶충북대 사범대		최종등록자		2022 정시 최종합 표준점수									
		국수탐2 표준합산 환산총점	환산 총점 편차	국어 평균		수학 평균			탐구 평균		국수탐2 표준합 평균	영어 등급 평균
				화작	언매	확통	미적분	기하	사탐	과탐		
사범 인문	교육학과	969.49	2.25	109.0	119.0	110.0			63.0			2.7
	국어교육	969.63	2.16	119.8	116.8	107.4			62.0			2.8
	영어교육	968.68	1.57	115.3	115.7	108.4	99.0		60.2			1.9
	역사교육	973.27	3.58	121.0	128.5	109.5			62.3			2.5
	지리교육	968.42	2.82	113.0	113.3	106.9			62.6			2.4
	사회교육	968.96	1.30	112.0	114.8	107.1			62.5			2.4
	윤리교육	973.85	1.53	119.6	125.0	112.2			63.5			2.3
사범 자연	물리교육	961.68	3.13	109.2	112.8		116.3	113.7		58.5		2.8
	화학교육	964.24	1.57	113.0	112.5		119.8			58.4		3.3
	생물교육	966.75	4.46	110.0	117.7		120.5			58.4		2.2
	지구교육	963.01	1.52	115.2	110.0		119.0	122.0		56.2		2.3
	수학교육	967.90	2.38	122.0	114.8		127.5			56.4		2.5
예체	체육교육	618.22	4.67	109.7	119.3	96.1	78.5		61.1			2.4
		941.08	2.53	114.5	116.9	107.2	111.5	117.8	62.2	57.6		2.5

자 국수영탐2 자 20:30:20:30 영어: 10-9.5-9.0-8.5		최종등록자		2022 정시 최종합 표준점수								국수탐2 표준합 평균	영어 등급 평균
		국수탐2 표준합산 환산총점	환산총점편차	국어 평균		수학 평균			탐구 평균				
				화작	언매	확통	미적분	기하	사탐	과탐		
자연 과학	수학과	957.77	2.35	104.0	110.5		119.0	116.7		55.0		3.4
	정보통계학과	959.79	2.55	108.3	107.3		120.0	115.0		55.9		2.9
	물리학과	957.77	2.87	107.3	104.0		112.7	116.3		55.8		2.8
	지구환경과학과	954.48	2.56	113.8	110.0	112.0	115.0	105.0		52.6		3.1
	화학과	959.25	1.85	110.3	102.4		116.3	111.7		55.4		2.8
	생명과학과	958.69	2.19	110.6	108.5		114.7	115.7		55.4		3.2
	미생물학과	957.18	1.99	110.2	114.3		111.4	110.6		53.7		2.6
	생화학과	959.31	2.44	111.6	111.3		110.3	113.4		56.1		2.8
	천문우주학과	959.31	1.68	112.8	103.0		111.2	112.3		56.9		2.5
공과 대학	토목공학부	959.41	2.06	110.1	110.9	109.0	114.9	118.4		56.0		2.9
	기계공학부	963.24	1.17	112.1	111.0	112.0	118.6	118.9		58.0		2.7
	화학공학과	966.56	3.73	115.0	114.3		123.2	120.0		57.7		2.5
	신소재공학과	962.63	1.36	115.7	112.2		115.3			57.2		2.6
	건축공학과	960.37	1.94	108.6	114.4		118.3	117.3		55.2		2.8
	안전공학과	958.93	2.57	104.6	108.0		114.5	119.5		56.9		2.9
	환경공학과	958.95	1.19	107.4	105.3		114.1	119.0		56.3		2.9
	공업화학과	960.27	1.66	111.3	112.0		116.3	112.3		55.0		2.3
	도시공학과	958.84	1.04	106.2	106.0		113.2	117.3		57.4		2.8
	건축학과	964.41	1.46	116.2	120.0		118.3			57.5		2.7
전자 정보	전기공학부	962.92	1.23	111.4	114.3	115.0	119.3	113.7		57.8		2.7
	전자공학부	965.01	1.82	111.7	115.2		120.2	120.8		57.8		2.6
	정보통신공학부	960.00	1.38	107.5	114.6	104.0	114.4	117.3		55.7		2.5
	컴퓨터공학과	965.60	2.32	112.4	113.5	119.0	123.6	115.0		58.5		2.6
	소프트웨어학과	965.48	1.90	117.8	113.0		119.9	117.6		57.7		2.5
	지능로봇공학과	961.74	4.10	107.6	110.5	115.0	122.2	114.5		56.6		3.2
농업 생명	식물자원학과	954.32	2.47	107.8	103.0	113.5	110.5	114.0	59.8	57.6		3.3
	축산학과	948.87	1.39	106.8	102.5	101.4	113.0	109.0	57.6	53.3		3.1
	산림학과	953.20	1.92	109.7	100.0	101.5	106.3	112.0	62.2	54.5		2.8
	지역건설공학과	954.00	2.13	104.7	106.0	99.0	110.0	109.0	62.0	57.1		2.9
	환경생명화학과	954.51	2.05	111.1	109.3	113.0	110.0	102.0	62.0	54.9		3.2
	특용실물학과	953.48	3.16	116.0	99.0	107.0	111.8	110.0	61.3	54.2		3.1
	원예과학과	951.76	1.25	107.9	93.5	111.0	114.4	99.0	59.0	54.1		3.2
	바이오시스템공	956.23	1.84	103.5	112.0	115.5	114.8	111.0	63.0	56.5		3.0
	식물의학과	952.44	2.34	107.9	111.7	113.0	108.3	108.0	57.3	54.9		3.2
	식품생명공학과	957.10	1.13	105.0	103.8	122.0	113.1	116.0	57.3	57.1		2.6
	목재종이과학과	951.13	1.36	108.3	111.0	107.0	105.5			58.2	52.5		2.6
생활 과학	식품영양학과	956.24	0.63	112.5	113.3	107.0	110.0	106.0	64.0	55.7		2.4
	의류학과	954.69	0.57	98.5	103.0	106.7	117.0		60.7	55.5		2.3
	주거환경학과	952.40	1.65	100.0	109.5	112.0	100.5		61.0	58.3		3.3
약학 대학	약학과	987.63	1.02	133.0	127.7		143.3	142.0		63.9		1.2
	제약학과	987.71	0.55	117.0	130.8		140.8			65.0		
수의과	수의예과	987.44	0.44	129.8	128.4		141.0	142.0		66.4		1.3
의과 대학	의예과 일반	991.82	0.39	135.0	133.4		144.8	147.0		67.4		1.2
	간호학과	965.53	2.94	115.7	115.3	118.0	119.0	126.0	63.1	59.1		2.4
		961.18	1.82	111.4	120.2	110.6	127.0	132.6	62.2	57.0		2.7

2023 대입 주요 특징	정시 등급　▶국수영+탐1/한국史 중 상위 3개★ 정시비율 우수순서 35:35:30, 미적/기하 10%

▶내신변화: 국영수사과 중 상위 3개→**9개** 과목★
▶특성화고: 전과목반영 전문교과 제외
▶학년비율 100%
▶진로선택 미반영

1. 2023 내신반영 변화: 국영수사과 중 상위 총 3개→9개★★
2. 2023 PTU추천전형 폐지
3. 2023 PTU나눔전형 면접폐지
4. 2023 간호포함 모든전형 최저없음
5. PTU종합: 내신 전과목 정성평가 반영
6. PTU실기 90명 모집, 전형생략

모집시기	전형명	사정모형	학생부종합 특별사항	2023 수시 접수기간 09. 13(화) ~ 17(토)	모집인원	학생부	논술	면접	서류	기타	2023 수능최저등급
2023 정원내 수시 705명 (86.7%) 정시 108명 (13.3%) 전체 813명 2022 수시 600명 (74.5%) 정시 205명 (25.5%) 전체 805명	PTU교과	일괄	학생부교과 최저없음 최종 11.11(금) 국영수사과 중 상위9개 학년 동일	1. 2023 전년대비 147명 증가 2. 2023 간호 15명 모집	482 간호 15 2022 335	교과 100					최저 없음
	PTU종합	1단계	학생부종합 최저없음 자기소개서 1단계 10.20(목) 면접 10.28(금) 최종 11.11(금) 내신 전과목	1. 2023 전년대비 53명 증가 2. 2단계 면접당락 100% 3. 고교 교과 및 비교과 학습 통한 결과를 비롯한 과정중 배우고 느낀 점 중요 평가 공동체 가치 실현할 잠재력 학생 선발	123 간호 5 2022 70 간호 3	서류 100 (3배수)					최저 없음
		2단계						면접 100			
	PTU나눔	일괄	학생부교과 면접전형 최저없음 최종 11.11(금)	1. 면접일괄 40% 폐지 2. 국가보훈/농어촌/만학도 서해5도/장애/기초차상위 다자녀/다문화/특성화 등	10	교과 100					▶2021 입결 상위 3과목 평균-최저 융합소프트 2.66-2.66 정보통신학 미공개 데이터정보 4.33-4.33
	기회균등 (정원외)	일괄	학생부교과 최저없음 최종 11.11(금)	1. 기초수급/차상위 등 포함 2. 간호 5명 모집	17 2022 25	교과 100					▶2022 입결 상위 9과목-전과목 평균-최저 경영학과 5.89-5.89 6.91-6.91 충원 1명 사회복지 5.93-6.33 6.89-7.46 충원 16명 아동청소 5.50-6.44 6.36-7.67 충원 4명

실기90/농어촌15/특성화12
장애인2 등 전형생략

평택대 2022 입결 01 - 수시 교과전형

2022. 05. 01. ollim

수능최저 없음

2023 내신변화
▶교과 100%
국영수사과 중 상위 9개
▶학년 동일

2022 교과전형

2023 교과
▶교과 100%
▶국영수사과 중 상위 3개

2021 교과전형

▶교과 100%
▶국영수사과 중 상위 3개

		모집인원	모집인원	최초경쟁률	충원인원	총합격인원	충원실질경쟁률	상위 9개 평균	상위 9개 최저	전과목 평균	전과목 최저	모집인원	경쟁률	상위 3개 평균	상위 3개 최저	전과목 평균	전과목 최저
IT공과	스마트자동차	33	22	11.1	93	115	2.12	3.92	4.89	5.21	6.85	15	4.60	2.84	4.66	5.30	6.61
	융합소프트웨어	31	20	5.80	56	76	1.53	3.65	4.56	5.01	6.61	19	5.79	1.94	2.66	4.56	6.07
	정보통신	31	20	4.15	46	66	1.26	4.40	5.22	5.96	7.50	19	5.47	2.96	3.33	4.82	5.57
	데이터정보	31	21	3.86	50	71	1.14	4.51	5.78	5.64	7.17	18	5.06	2.51	3.66	4.87	6.79
	ICT융합학부	84	64	4.45	157	221	1.29	4.31	5.22	5.50	6.86	56	4.20	2.87	4.00	5.17	7.07
	ICT환경융합	38	27	3.59	66	93	1.04	4.72	6.44	5.90	7.19	20	6.05	2.66	3.33	4.94	6.61
국제물류	국제물류학과	24	18	10.1	35	53	3.43	3.72	4.56	5.12	6.54	17	4.76	2.82	6.00	4.93	7.41
	국제무역행정	15	10	6.30	34	44	1.43	4.20	5.22	5.63	7.10	10	5.90	2.11	2.66	4.72	5.83
	국제도시부동산	25	13	9.62	26	39	3.21	3.19	4.33	4.59	6.23	12	4.92	3.33	4.33	5.43	6.22
	경영학과	21	15	10.7	52	67	2.40	3.02	3.89	4.39	5.90	15	5.80	2.28	3.00	4.38	5.68
	국제지역미중일	57	44	5.91	121	165	1.58	4.31	5.56	5.43	6.91	49	4.20	3.24	6.00	5.27	7.06
사회서비스	사회복지학과	18	15	10.3	54	69	2.24	3.35	3.78	4.59	5.94	16	10.0	1.79	2.33	3.82	4.90
	재활상담학과	20	10	6.90	18	28	2.46	3.26	3.89	4.58	5.60	10	6.50	2.33	3.00	4.79	5.35
	아동청소년상담	15	9	9.22	20	29	2.86	3.02	4.00	4.74	5.55	8	7.25	1.71	2.00	3.92	5.25
	간호학과	15	-	-	-	-	-	-	-	-	-	7	10.9	1.17	1.33	3.91	4.61
	신학과	11	9	1.33	ALL	ALL	1.00	4.89	5.33	5.38	5.65	-	-	-	-	-	-
	광고홍보학과	13	10	8.60	27	37	2.32	3.29	4.33	4.72	6.54	11	8.91	1.37	1.66	3.78	5.62
		482	335	7.00	855	1173	1.96	3.63	4.49	4.92	6.20	302	6.27	2.22	3.23	4.50	5.79

평택대 2022 입결 02 - 수시 PTU 종합전형

2022. 05. 01. ollim

수능최저 없음

▶종합 전과목 반영

2022 종합

2023 종합
▶1단계 서류 100%   2단계 면접 100%
▶종합 전과목 반영

2021 종합

▶1단계 서류 100%   2단계 면접 100%
▶종합 전과목 반영

		모집인원	모집인원	경쟁률	충원인원	총합격인원	충원실질경쟁률	상위 9개 평균	상위 9개 최저	전과목 평균	전과목 최저	모집인원	경쟁률	상위 9개 평균	상위 9개 최저	전과목 평균	전과목 최저
IT공과	스마트자동차	10	5	3.20	4	9	1.78			5.80	6.90	8	6.50			4.94	6.30
	융합소프트웨어	8	5	4.60	4	9	2.56			4.88	5.70	5	7.80			5.12	5.20
	정보통신	8	5	2.20	5	10	1.10			5.93	6.30	5	5.80			5.45	6.10
	데이터정보	8	5	2.20	5	10	1.10			5.93	6.00	5	6.80			5.80	6.10
	ICT융합학부	-	-	-	-	-	-										
	ICT환경융합	-	-	-	-	-	-										
국제물류	국제물류학과	10	4	2.00	1	5	1.60			5.98	7.00	4	5.50			4.85	5.40
	국제무역행정	8	4	1.75	ALL	ALL	ALL			6.50	6.50	4	5.75			5.17	5.60
	국제도시부동산	-	-	-	-	-	-										
	경영학과	10	4	4.00	4	8	2.00			5.25	6.10	4	9.75			4.48	4.60
	국제지역미중일	15	9	2.00	5	14	1.29			6.00	6.60	9	4.89			5.50	6.20
사회서비스	사회복지학과	12	6	7.00	9	15	2.80			4.56	6.30	6	11.8			4.65	5.00
	재활상담학과	7	5	1.60	1	6	1.33			5.46	5.90	5	5.80			5.06	5.80
	아동청소년상담	12	7	7.00	12	19	2.58			5.37	6.30	9	16.2			4.76	5.80
	간호학과	5	-	-	-	-	-					10	11.8			3.39	3.90
	신학과	-	-	-	-	-	-					-	-			-	-
	광고홍보학과	10	8	5.63	8	16	2.82			4.84	5.70	5	19.0			4.33	4.60
		123	70	3.60	58	121	1.90			5.50	6.30	79	9.03			4.69	5.21

수능최저 없음

2023 정시 등급반영
▶국수영+탐1/한국史 중 상위 3개, 35:35:30
▶미적/기하 10% 가산

2022 정시
▶평택대 수능점수 산출기준: 등급 ★
▶국/수 35%+영어 35%+탐구1/史 30% ★

2021 정시
▶평택대 수능점수 산출기준: 등급 ★
▶국/수 35%+영어 35%+탐구1/史 30% ★

계열	학과	2023 모집인원	모집인원	경쟁률			수능등급 가 평균	수능등급 가 최저	수능등급 나 평균	수능등급 나 최저	모집인원	경쟁률	수능등급 가 평균	수능등급 가 최저	수능등급 나 평균	수능등급 나 최저
IT 공과	스마트자동차	3										5.88	2.79	3.33		
	융합소프트웨어	3										7.44	2.90	3.67		
	정보통신	3										5.00	3.19	3.67		
	데이터정보	3										7.40	2.78	3.00		
	ICT융합학부	6										6.50	3.16	3.67		
	ICT환경융합	2										4.43	3.50	4.00		
국제 물류	국제물류학과	2										5.71			3.17	3.67
	국제무역행정	2										7.88			3.85	5.00
	국제도시부동산	2										10.8			3.22	3.67
	경영학과	2										10.8			2.93	3.33
	국제지역미중일	6										5.81			2.98	3.67
사회 서비스	사회복지학과	4										9.00	3.39	4.33		
	재활상담학과	2										5.00	3.38	4.67		
	아동청소년상담	3										6.83	3.20	3.67		
	간호학과	5										18.0	2.07	2.67		
	신학과	-													4.17	4.33
	광고홍보학과	4										9.71	3.04	4.00		
		52										7.89	3.04	3.70	3.39	3.95

예술/실용음악		예술/실용음악			상위 3과목 평균	상위 3과목 최저	전과목 평균	전과목 최저	예술 실용음악 경쟁률	상위 3과목 평균	상위 3과목 최저	전과목 평균	전과목 최저
실용 음악	보컬								18.0	2.66	3.66	5.21	5.50
	기악/뮤직프로덕								5.62	4.68	8.22	6.30	8.22
음악 학과	피아노								1.60	3.55	5.00	5.35	6.81
	관현악								4.00	4.59	6.00	5.42	6.48
	성악뮤지컬								3.67	4.16	4.66	5.84	6.29
									6.58	3.93	5.51	5.62	6.66

2023 대학별 수시모집 요강 · 한경국립대

2023 대입 주요 특징	2022 정시 인문 30:20:30:20 자연 20:30:30:20
	영어: 100-90-80-70-60 미/기/과탐 가산

▶2023 교과: 전과목 유지
▶2023 학년비율: 없음
▶2023 진로선택 가산적용
　최대 3과목 이수 가산점
　과목당 1점씩 총 3과목★
▶2023 안성캠퍼스
▶2023 평택캠퍼스

1. 2023 교과 인원증가, 종합 인원감소, 경기소재 국립대학교
2. 2023 수능최저 단과대별 4개유형으로 분류, 전년 동일함
3. 트랙제 교육과정 운영, 비율없음, 1학년후 전과가능 (3.0이상)
4. 주야간 구분없이 수강신청 학점 50%까지 학습구분 변경가능
5. 기초차상위: 교과100% 전형
6. 잠재력우수종합→단계면접 일괄면접 변화
7. 평택캠퍼스 모집인원 및 전형내용 생략

8. 한경대 유연학사제도 운영: 학습구분(주간야간) 변경 ★★
①주야간 구분없이 수강신청학점의 1/2까지 학습 변경가능
　- 야간 18학점신청시 9학점 야간수업+ 9학점 주간수업가능
②온라인 전산 시스템 상으로는 6학점까지 신청 가능
9. 한경대 전과제도 활성화 ★★★
①지원자격: 1학년 수료자, 평점평균 3.0 이상자
②지원범위: 계열 및 주야간 관계없이 신청 가능

2022.06.26. ollim

모집시기	전형명	사정모형	학생부종합 특별사항	2023 수시 접수기간 09. 13(화) ~ 17(토)	모집인원	학생부	논술	면접	서류	기타	2023 수능최저
2023 수시 정원내 846명 2022 수시 정원내 714명 (70%) 정시 367명 (30%) 전체 1,081명	일반전형	일괄	학생부교과 최저 있음 최종 12.15(목) 내신반영 전과목 반영	1. 2023 전년대비 　주 132명 증가, 야 5명 증가 2. 수능최저 2023 변화 　미적/기하 2등급감산 변화★ 3. 내신 전과목 반영 유지 4. 내신 학년비율 없음 서울13% 경기56% 인천10% 공대합격생의 50% 문과교차	522 주499 야 23 2022 385 주367 야 18	교과 100					▶2022~23 수능최저 4개유형 세분화유지★ ①인문공공인재/법경영: 국/영+수/탐 2개합8 ②야간(건설환경/식품생명): 수학포함 2개합9 ③식물자원/동물생명/생명공학: 그냥 2개합8 ④웰니스 등 기타전체: 수학포함 2개 8 ※ 미/기 선택시 2등급 감산 변화★ ①제외 ※ 탐구 1개 모든 최저에 적용
	잠재력우수	일괄 합산	학생부종합 자소서없음 최저없음 최종 11.15(화)	1. 단계면접→일괄면접 변화★ 2. 대면면접→비대면 동영상 　업로드 방식 변화★ 3. 2023 주3 감소, 야3 감소 4. 최저 없음, 자소서 없음 5. 잠재력, 발전가능성, 인성 　①인성 40% 　②전공적합성 30% 　③발전가능성 30% 평가 6. 모집단위별 전공적합 확인	273 주265 야 8 2022 279 주268 야 11				서류 70 + 면접 30		<2022 면접 15분→10분> 지원동기/학교생활/수학계획 등 확인면접 ①11.26(금) 인문/법경/웰니스 　컴퓨터응용 ②11.27(토) 식물/동물/생명공 ③12.03(금) ICT/전자/건축 ④12.04(토) 건설/야간 등
	사회적배려 (국가보훈대상)	일괄	학생부종합 자소서없음 최종 11.15(화)	국가보훈대상자 북한이탈주민 다문화가정	19 2022 19				서류 100%		<2022 사회적배려 입결 최종평균> 인문4.0　　웰니스4.4 식물자원조경4.95 생명공학4.7 건설환경6.7 사회안전시스5.7 식품생명6.6 컴퓨터응용수학5.9 ICT로봇5.3 전자전기공학부4.9
	기초수급차상위 (정원외)	일괄	학생부교과 최종 11.15(화)	교과100% 야간없음 최저없음 기초수급 및 차상위대상 등	7 2022 7					교과 100%	<2022 기초수급차상위 입결 최종평균> 인문4.4 법경영4.8~0.3 웰니스3.1 컴퓨터응용수학1.4 <농어촌22/특성화11/서해5 등 기타전형 생략>

※ 인천 통학버스　문학경기장2번출구
　07:20→학교08:50　08:00→학교09:30　인천 3,800원
※ 부천역 통학버스　스타티움컨벤션웨딩
　06:45→학교08:50　07:30→학교09:30　부천 3,800원

국립한경대학교 특성화 학과
액티브에이징(Active aging) 산업의 웰니스, 실버건강
▶주요분야
• 셀프케어 분야, 복지보육 분야, 헬스케어 분야
• 웰니스식품 분야 •실버의류산업 분야, 에스테틱분야
▶학과: 웰니스산업융합학부/웰니스스포츠과학
　　　의류산업학/식품영양학/아동가족복지학
▶웰니스 라이프 케어 산업 융복합
▶친환경 스마트 팜 푸드 산업 융복합
▶브랜딩&마케팅 융복합
▶Big Data, IoT/AI/On Demand 운동처방 건강케어등

2022 교과일반전형 / 2021

▶2022 교과일반전형, 교과100%
▶내신반영: 국영수사과 전체 반영
▶학년 비율: 동일

▶2021 교과일반 교과100%
▶내신: 국영수사과

▶2023 수능최저 참고 ★
* 미적/기하 1등급 하향적용

▶2022 수능최저 참고
인문: 국/영+수/탐 2개합8
공/자: 수학포함 2개합 8
농/경영: 2개합 8등급
공과야간: 수학포함 2개합9
* 미적/기하 1등급 하향적용

2022 등록자 영어 분포
영어 3~4등급 79.6%

학부	전공	2023 모집인원	2022 지원현황 모집인원	경쟁률	지원총원	최종등록 최종평균	표준편차	최종FIN	충원현황 충원인원	충원포함모집	최저제외실질경쟁률	최저충족 충족인원	충족비율	최저포함최종실질	★★ 최종미등록인원	2021 최종등록 최종평균	표준편차	최저제외실질경쟁
인문융합공공인재	문예창작미디어 / 영미언어문학 / 공공행정	40	28	7.8	218	3.90	0.3	4.40	55	83	2.63	128	58.7%	1.54	2	3.70	0.4	2.00
법경영학	법학 경영학	41	31	13.0	403	4.00	0.2	4.20	63	94	4.29	227	56.3%	2.41	2	4.30	0.9	1.61
웰니스산업융합학부	의류산업학 / 아동가족복지학 / 식품영양학 / 웰니스스포츠과학	42	32	5.7	182	4.60	0.4	5.40	29	61	2.99	71	39.0%	1.16	3	4.50	0.6	2.82
식물자원조경학부	식물생물환경 / 조경학	46	39	6.4	249	4.90	0.5	5.80	83	122	2.05	132	53.0%	1.08	0	4.70	0.5	1.99
동물생명융합학부	동물자원과학 / 생물산업응용	33	24	7.3	174	4.50	0.5	5.00	56	80	2.19	101	58.0%	1.26	3	4.60	0.6	2.44
생명공학부	원예생명공학 / 응용생명공학	31	21	9.4	197	3.90	0.3	4.30	49	70	2.82	125	63.5%	1.79	3	4.10	0.6	1.76
건설환경공학부	토목공학 / 환경공학	41	32	6.9	221	4.90	0.4	5.40	69	101	2.19	124	56.1%	1.23	3	4.80	0.7	2.92
사회안전시스템공	지역자원시스템공 / 안전공학	39	31	7.0	216	5.20	0.5	5.90	36	67	3.24	77	35.6%	1.15	2	5.20	0.7	3.38
식품생명화학공학	식품생명공학 / 화학공학	45	31	6.8	212	4.10	0.4	4.60	64	95	2.22	137	64.6%	1.44	2	4.20	0.6	1.79
컴퓨터응용수학	소프트웨어컴퓨팅 / 소프트웨어융합 / 응용수학	37	26	13.2	343	4.10	0.3	4.40	59	85	4.04	200	58.3%	2.35	2	4.50	0.7	1.66
ICT로봇기계공학	ICT로봇공학 / 기계공학	40	31	8.9	275	4.40	0.3	4.70	71	102	2.70	179	65.1%	1.75	3	4.50	0.6	2.16
전자전기공학부	전자공학 / 전기공학	40	30	9.5	286	4.00	0.3	4.30	49	79	3.61	194	67.8%	2.46	2	4.20	0.5	2.26
디자인건축융합	디자인 전공무실기	-	-	-	-	-	-	-	-	-	-	-	-	-	-	-	-	
	디자인 실기디자인	-	-	-	-	-	-	-	-	-	-	-	-	-	-	-	-	
	건축학 5년제	9	4	16.8	67	3.70	0.1	3.70	4	8	8.40	45	67.2%	5.63	0	3.70	0.2	3.99
	건축공학 4년제	9	7	11.3	79	4.10	0.2	4.50	16	23	3.44	45	57.0%	1.96	1	4.20	0.8	2.42
건설환경	토목공학 야간	10	7	3.9	27	6.20	0.5	6.00	4	11	2.48	11	40.7%	1.00	3	5.50	0.9	2.38
전자전기	식품생명공 야간	13	11	3.0	33	6.10	0.7	7.20	6	17	1.94	17	51.5%	1.00	1	5.30	0.4	4.23
		516	273	8.5	248	4.38	0.4	4.99	713	1098	3.20	1813	55.8%	1.83	32	4.44	0.6	2.49

최저 없음		2023 모집인원	2022 잠재력우수자								2021 잠재력우수자							
			▶2022 1단계: 서류100 2단계: 면접30 ▶내신반영: 전과목 반영 ▶학년 비율: 동일								▶2021 1단계: 서류100 2단계: 면접30 ▶내신반영: 국영수사과 ▶학년 비율: 30:30:40							
			2022		최종 등록		추합인원	지원총원	충원포함모집인원	최저제외실질경쟁률	2021		최종 등록		추합인원	지원총원	충원포함모집인원	최저제외실질경쟁률
		모집인원	모집인원	경쟁률	최종평균	표준편차					모집인원	경쟁률	최종평균	표준편차				
인문융합공공인재	문예창작미디어콘 영미언어문학 공공행정	22	16	8.8	4.20	0.7	20	141	36	3.91	12	11.4	4.00	0.3	15	137	27	5.07
법경영학	법학 경영학	21	20	8.5	4.60	0.4	32	170	52	3.27	10	12.9	4.40	0.4	14	129	24	5.38
웰니스 산업 융합학부	의류산업학 아동가족복지학 식품영양학 웰니스스포츠과학	20	20	8.9	4.20	1.0	15	178	35	5.09	27	4.7	4.30	0.5	12	127	39	3.25
식물자원 조경학부	식물생물환경 조경학	24	23	6.6	4.70	0.8	38	152	61	2.49	24	3.0	4.90	1.0	22	72	46	1.57
동물생명 융합학부	동물자원과학 생물산업응용	18	18	8.1	5.10	0.5	17	146	35	4.17	15	7.2	4.80	0.5	12	108	27	4.00
생명공학부	원예생명공학 응용생명공학	16	16	8.8	4.30	0.8	24	141	40	3.52	9	8.4	4.70	0.4	3	76	12	6.30
건설환경 공학부	토목공학 환경공학	20	22	4.5	5.10	0.5	33	99	55	1.80	15	4.9	4.70	0.6	13	74	28	2.63
사회안전 시스템공	지역자원시스템공 안전공학	20	20	4.4	5.40	0.4	17	88	37	2.38	20	2.7	5.30	0.6	9	54	29	1.86
식품생명 화학공학	식품생명공학 화학공학	23	23	6.4	4.50	0.3	25	147	48	3.07	19	7.7	4.40	0.5	24	146	43	3.40
컴퓨터 응용수학	소프트웨어컴퓨팅 소프트웨어융합 응용수학	18	22	6.0	4.50	0.6	34	132	56	2.36	16	5.3	4.30	0.5	12	85	28	3.03
ICT로봇 기계공학	ICT로봇공학 기계공학	21	23	5.7	4.60	0.3	29	131	52	2.52	14	8.8	4.60	0.2	15	123	29	4.25
전자전기 공학부	전자공학 전기공학	21	23	6.1	4.60	0.3	40	140	63	2.23	21	5.0	4.70	0.5	17	105	38	2.76
디자인 건축융합	디자인 전공무실기	15	14	8.8	4.20	0.4	19	123	33	3.73	10	6.2	4.20	0.6	6			
	디자인 실기디자인	-	-	-	-	-	-				-	-	-	-				
	건축학 5년제	3	5	12.6	3.80	0.2	6	63	11	5.7	6	12.5	3.70	0.3	4	75	10	7.50
	건축공학 4년제	3	3	10.0	4.20	0.2	5	30	8	3.8	6	8.8	4.10	0.2	7	53	13	4.06
건설환경	토목공학 야간	5	5	3.8	6.00	0.7	2	19	7	2.71	3	4.7	5.90	1.6	2	14	5	2.82
전자전기	식품생명공 야간	3	6	2.8	5.50	0.3	2	17	8	2.10	7	2.6	5.60	0.6	3	18	10	1.82
		273	273	6.9	4.65	0.6	358	1917	637	3.22	273	6.8	4.59	0.5	190	1395	408	3.73

한경대 2022 입학결과 03 - 정시일반 수능

▶2022 정시 국수영탐 반영
법경영 30:20:30:20
기타전체 20:30:30:20
▶2022 정시 가산점
미적/기하, 과탐 10~20%

2022 정시 영어 등급환산점수 인/자: 100-90-80-70-60

모집단위	세부	2023 모집인원	2022 모집인원	경쟁	국어 화작언매 평균	수학 확통 평균	수학 확통 비율	수학 미적분 평균	수학 미적분 비율	수학 기하 평균	수학 기하 비율	탐구 사탐 평균	탐구 과탐 평균	영어	백분위 평균	표준편차	백분위 합평균	계열별 정시평균
인문융합공공인재	문예창작미디어콘 영미언어문학 공공행정	16	36	4.7	63.4	51.8	94.1	55.0	5.9	-	-	70.9	60.5	78.5	67.0	2.6	201.0	인문관련 198.2
법경영학	법학 경영학	16	32	4.7	69.5	53.1	90.6	56.0	6.3	50.0	3.1	72.8	49.5	77.5	69.0	2.8	207.0	
웰니스산업융합학부	의류산업학 아동가족복지학 식품영양학 웰니스스포츠과학	17	32	4.1	51.6	57.4	58.6	51.4	34.5	63.0	6.9	67.9	54.0	76.6	62.2	3.6	186.6	
식물자원조경학부	식물생물환경 조경학	18	27	4.7	54.2	52.7	40.7	59.5	37.0	51.5	22.2	63.8	47.1	77.0	61.2	3.5	183.6	자연관련 193.6
동물생명융합학부	동물자원과학 생물산업응용	13	26	3.8	47.4	58.7	13.0	57.3	65.2	61.6	21.7	63.7	56.2	80.0	62.4	4.1	187.2	
생명공학부	원예생명공학 응용생명공학	12	27	3.5	56.7	65.0	17.4	63.3	65.2	54.3	17.4	64.5	57.6	76.1	64.4	3.8	193.2	
건설환경공학부	토목공학 환경공학	16	28	3.8	54.4	50.0	3.6	63.2	67.9	60.1	28.6	57.0	51.8	74.6	62.3	3.7	186.9	
사회안전시스템공	지역자원시스템공 안전공학	15	26	4.2	52.2	55.1	34.6	55.5	50.0	56.8	15.4	69.5	51.2	75.4	60.8	4.0	182.4	
식품생명화학공학	식품생명공학 화학공학	18	34	4.3	52.4	68.0	5.9	64.0	82.4	65.5	11.8	73.0	51.8	80.0	64.3	3.4	192.9	
컴퓨터응용수학	소프트웨어컴퓨팅 소프트웨어융합 응용수학	15	27	5.0	60.3	62.0	4.2	69.9	79.2	62.8	16.7	-	66.8	79.6	69.8	4.0	209.4	
ICT로봇기계공학	ICT로봇공학 기계공학	16	29	4.3	62.0	74.0	3.4	65.7	65.5	60.8	31.0	-	53.5	79.3	66.2	2.6	198.6	
전자전기공학부	전자공학 전기공학	16	26	4.2	63.3	66.0	4.0	66.4	72.0	65.7	24.0	85.0	61.0	81.2	69.3	2.3	207.9	
디자인건축융합	디자인 실기디자인	40	40	4.4	68.9	12.9	86.1	17.3	11.1	30.0	2.8	79.2	-	78.8	74.9	5.3	224.7	224.7
	건축학 5년제	3	7	4.9	48.9	-	-	58.3	42.9	64.0	57.1	-	54.6	78.6	62.7	7.1	188.1	건축 187.5
	건축공학 4년제	3	7	2.9	54.7	5.0	16.7	52.3	50.0	74.5	33.3	86.0	45.6	76.7	62.4	6.3	187.2	
건설환경	토목공학 야간	5	10	1.7	26.3	5.0	16.7	30.5	33.3	50.7	50.0	15.0	40.2	55.0	39.9	14.1	119.7	야간 146.0
전자전기	식품생명공 야간	9	10	2.6	53.3	41.7	30.0	48.0	40.0	63.0	30.0	69.3	47.3	71.0	57.9	4.6	173.7	
		248	424	4.3	57.9	45.3	36.8	60.6	46.6	59.8	16.5	71.9	54.5	77.5	65.3	6.8	190.0	190.1

2023 대학별 수시모집 요강	한국공학대학	2023 대입 주요 특징	정시 공학 25:35:20:20 경영/디 35:25:20:20
			영100-90-85-80... 일반3+1(1), 수능우수1+1(2)

▶ 인: 국영수+사/과 (높은단위)
▶ 자: 국영수과 상위 5개씩
　 우수교과 총 20개 유지★
▶ 특정교과: 2023 내신변화
공학: 국영수과 중 상위3x5개
경영: 국영수+사/과 상위3x5개
▶ 종합전형: 전과목 정성평가
▶ 학년비율 없음
▶ 진로선택과목 미반영

1. 한국공학기술대학교로 교명 변경, 2023 특징
　 투트랙 교과, 투트랙 종합, 논술전형, 내신반영 유형화 등
2. 특정교과우수자 2023 내신반영 변화★
　 ①공학: 수과 전체→국영수과 중 상위 3교과x5개=15개
　 ②경영: 수영 전체→국영수+사/과 중 상위 3교과x5개=15개
3. 2023 내신 국영수사/국영수과 상위 5개씩 총 20개 유지
4. 2023 종합전형 투트랙: 실천인재 서류형과 창의인재 면접형
5. 2023 교과/특정교과 경영제외 최저유지: 2개합7 (탐1)★

6. 교과우수자 및 특정교과우수자 2020 전년대비 경쟁률 하락
　 but 입결평균 하락폭은 크지않음, 실리적 지원 안정화
7. 기타전형 생략: 농어촌 55명, 특성화 및 특성화고졸 50명
8. 채용조건형 계약학과 단계종합, 1단계 서류 2배수
　 ①ICT융합공학 60명: 2021 경쟁4.9, 3.7등급, 439.2점
　 ②융합소재공학 2명: 2021 경쟁8.5 입결 미공개
　 ③창의디자인학 12명: 2021 경쟁4.3, 3.9등급, 460.0점
　　　　　　　　　　　　　　　　　2022. 06. 13. ollim

모집시기	전형명	사정모형	학생부종합 특별사항	2023 수시 접수기간 09. 13(화) ~17(토)	모집인원	학생부	논술	면접	서류	기타	2023 최저등급
2023 수시 1,370명 2022 수시 1,255명 (74.8%) 정시 320명 (25.2%) 전체 1,677명	교과우수자	일괄	학생부교과 최저있음 최종 12.15(목)	1. 2023 전년대비 21명 증가 2. 2022 수능최저 경영 하향 3. 내신: 상위 5개씩 총 20개 　경영: 국영수+사/과 　자연: 국영수과	298 2022 277	교과 100					▶ 경영: 2개 8 (탐1) ▶ 2개합 7 (탐1) *미/기하 반영시 1등급 상향 적용
	특정교과 우수자	일괄	학생부교과 최저있음 최종 12.15(목)	1. 2023 전년대비 80명 감소 2. 2023 수능최저 경영 하향 3. ①공학: 국영수과 중 상위 　3 교과x5개=15개 　②경영: 국영수+사/과 중 　상위 3개 교과x5개=15개	180 2022 260	교과 100	※2022 내신반영참고 자: 수학+과학 총10개 경: 수학+영어 총10개 디자인공: 수학+과학				▶ 경영: 2개 8 (탐1) ▶ 2개합 7 (탐1) *미/기하 반영시 1등급 상향 적용
	PKU종합 실천인재	일괄	종합서류형 최저없음 자소~09.23(금) 최종 12.15(목)	1. 2023 서류일괄전형 2. 인성, 학업역량, 전공적합성 　발전가능성 3. 전 교과성적 및 비교과활동 　종합적으로 정성평가	190	서류 100					최저 없음
	PKU종합 창의인재	1단계	종합면접형 최저없음 자소~09.23(금) 1단계 11.11(금)	1. 2023 전년대비 10명 증가 2. 2단계 면접비중 10% 증가 2. 인성, 학업역량, 전공적합성 　발전가능성	130	서류 100 (3배→4배수)					최저 없음
		2단계	면접 12.03(토) 최종 12.15(목)	3. 전 교과성적 및 비교과활동 　종합적으로 정성평가 10분 면접, 예시문 참고	2022 120	1단계 70 면접 30					
	논술우수자	일괄	논술전형 최저없음 논술 11.27(일) 최종 12.15(목)	1. 2023 전년대비 35명 증가 2. 논술출제범위 수Ⅰ, 수Ⅱ 3. 내신: 상위 5개씩 총 20개 　경영: 국영수+사/과 　자연: 국영수과	300 2022 265	학생 20 논술 80	▶ 수리논술 3문항, 문항당 A4 1장×3장 80분 ▶ 기본 75점+논술 325점 = 400점 만점 문항1 45점(소문항 10점×3개, 15점 1개) 문항2 45점(소문항 10점×3개, 15점 1개) 문항3 60점(소문항 10점×2개, 소20점×2개)				
	조기취업형 계약학과 (정원외)	1단계	학생부종합 최저없음 자소~09.23(금) 1단계 10.14(금) 예비 10.17~18	1. 2023 전년대비 30명 증가 2. ①스마트전자공학 30명 ②AI소프트웨어 40명 ③IT융합디자인공학 25명 ④스마트그린소재공학 25명 3. 인성/학업역량/전공적합성	120	서류 100 (5배수)	1학년 주간수업 2,3학년 야간/주말수업 2학년 이후 참여기업과 고용계약을 체결함. 1학년 교육비 장학금 2,3년 본인50 회사50				최저 없음 2023 기타전형 생략 농어촌 특성화고졸등
		2단계	면접 10.19~22 최종 11.01(화)	4. 성실성/직무적합성/공동체 　(배려/나눔/협력/갈등관리)	2022 90	면접 100 15분 이내					

수능최저 ○ X	2022 교과우수자								2021 교과우수자						
▶수능최저: 2개합 7(탐1) ▶내신 반영: 국영수과	2023	2022 지원		2022 수시 입결					2021 지원		2021 수시 입결				
	모집인원	모집인원	경쟁률	최종등록 등급평균	최종등록 환산평균	추합인원	충원율	최저 제외 실질	모집인원	경쟁률	최종 평균	최종등록 환산평균	추합인원	충원율	최저 제외 실질
기계공학과	24	26	4.3	4.1	481.2	43	170%		14	6.20	2.9	490.6	42	300%	1.55
기계설계공학전공	14	19	3.9	4.6	475.1	22	120%		10	10.1	3.0	489.8	13	130%	4.39
지능형모빌리티전공	8														
메카트로닉스전공	17	16	4.1	3.6	486.8	14	90%		15	6.00	3.0	490.1	31	207%	1.96
AI로봇전공	7	8	3.5	4.0	484.9	7	90%		-	-	-	-	-	-	-
전자공학 전자공학전공	23	21	5.5	3.4	488	42	200%		12	5.00	3.0	489.2	30	250%	1.43
임베디드시스템전공	15	15	6.2	3.4	487.9	32	210%		8	7.80	3.3	488.3	24	300%	1.95
컴퓨터공학 컴퓨터공학전공	15	17	6.2	3.1	489.9	30	180%		10	11.1	2.9	490.3	39	390%	2.27
소프트웨어전공	15	17	5.1	3.4	487.8	27	160%		9	10.3	2.9	490.6	19	211%	3.31
게임공학과	23	19	4.9	3.8	485.4	35	180%		8	8.60	2.9	490.7	17	213%	2.75
인공지능학과	8								5	12.8	3.4	488.2	7	140%	5.33
신소재공학과	19	19	4.2	3.3	488.6	19	100%		11	7.60	2.6	491.9	35	318%	1.82
생명화학공학과	19	19	4.3	3.3	488.1	29	150%		11	5.40	2.6	492.2	23	209%	1.75
나노반도체공학과	19	22	4.1	3.4	488.1	31	140%		12	9.00	3.0	490.2	28	233%	2.70
에너지·전기공학과	20	23	5.0	3.3	488.7	34	150%		11	5.60	3.2	488.9	28	255%	1.58
경영학부 경영학전공	13	12	10.0	3.3	488.6	16	130%		13	12.8	3.4	487.7	27	208%	4.16
데이터사이언스경영전공	9														
IT경영전공	9	11	15.1	3.4	487.9	13	120%		13	6.20	4.2	482.5	29	223%	1.92
디자인공학 산업디자인공학	14	9	6.2	3.6	487.1	9	100%		12	8.80	3.5	487.5	42	350%	1.96
미디어디자인공	7	4	7.3	3.6	487.3	3	80%		6	9.30	3.3	488.7	12	200%	3.10
자연 합계	298	277	5.88	3.6	486.6	406	139%		180	8.39	3.1	489.3	446	243%	2.58

수능최저 ○ X	2022 특정교과우수자								2021 특정교과우수자						
▶수능최저: 2개합 7(탐1) ▶특정교과: 공학 수과 　　　　　경영 수영	2023	2022 지원		2022 수시 입결					2021 지원		2021 수시 입결				
	모집인원	모집인원	경쟁률	최종등록 등급평균	최종등록 환산평균	추합인원	충원율	최저 제외 실질	모집인원	경쟁률	최종 평균	최종등록 환산평균	추합인원	충원율	최저 제외 실질
기계공학과	15	24	2.6	3.3	488.0	23	100%		24	2.30	2.3	493.3	13	54%	1.49
기계설계공학전공	10	17	2.4	3.8	468.6	11	60%		15	2.50	2.7	491.3	11	73%	1.44
지능형모빌리티전공	4														
메카트로닉스전공	10	15	2.5	2.9	490.5	12	80%		20	4.50	2.7	491.5	24	120%	2.05
AI로봇전공	5	7	2.6	3.3	489.0	5	70%		-	-	-	-	-	-	-
전자공학 전자공학전공	14	20	2.9	2.8	490.9	14	70%		20	4.90	2.2	494.2	37	185%	1.72
임베디드시스템전공	9	13	3.0	3.4	488.4	12	90%		13	3.80	2.6	491.8	14	108%	1.83
컴퓨터공학 컴퓨터공학전공	9	15	2.9	3.2	489.0	16	110%		14	6.40	2.3	493.4	31	221%	1.99
소프트웨어전공	9	15	3.1	2.8	491.1	13	90%		15	11.0	2.4	493.0	25	167%	4.13
게임공학과	13	20	4.0	2.9	490.4	19	100%		15	3.20	2.8	490.9	12	80%	1.78
인공지능학과	5								5	3.40	2.8	491.1	2	40%	2.43
신소재공학과	11	17	2.4	3.3	485.2	15	90%		12	2.70	2.2	494.0	8	67%	1.62
생명화학공학과	11	16	2.3	3.4	487.8	8	50%		12	3.40	1.7	496.3	10	83%	1.85
나노반도체공학과	12	17	2.6	3.2	489.4	17	100%		13	4.70	2.5	492.6	12	92%	2.44
에너지·전기공학과	12	18	2.7	3.1	489.8	9	50%		16	3.40	2.6	491.9	22	138%	1.43
경영학부 경영학전공	8	15	4.7	3.4	487.9	8	50%		15	1.80	3.7	486.7	0	0%	1.80
데이터사이언스경영전공	5														
IT경영전공	5	14	6.5	3.3	488.4	20	140%		14	2.80	4.0	482.4	7	50%	1.87
디자인공학 산업디자인공학	9	11	5.6	3.2	488.8	13	120%		11	2.40	3.8	485.8	7	64%	1.47
미디어디자인공	4	6	5.8	3.4	488.3	6	100%		6	1.80	3.7	486.6	0	0%	1.80
자연 합계	180	260	3.45	3.2	487.7	221	86%		240	3.82	2.76	491.0	235	91%	1.95

2022 KPU인재종합 / 2021 KPU인재종합

수능최저 없음
1단계: 서류 100%
2단계: 면접 20%

		2023 모집인원	2022 지원		2022 수시 입결					2021 지원		2021 수시 입결				
			모집인원	경쟁률	최종등록 등급평균	최종등록 환산평균	추합인원	충원율	최저제외실질	모집인원	경쟁률	최종평균	최종등록 환산평균	추합인원	충원율	최저제외실질
	기계공학과	11	9	4.6	4.0	79.7	18	200%		13	6.80	3.4	389.6	17	131%	2.95
	기계설계공학전공	7	5	4.6	4.8	93.6	9	180%		8	4.80	3.6	394.8	8	100%	2.40
	지능형모빌리티전공	3														
	메카트로닉스전공	8	6	5.5	3.9	85.7	3	50%		14	5.10	3.6	359.9	13	93%	2.64
	AI로봇전공	3	3	5.7	4.9	73.5	5	170%		-	-	-	-	-	-	-
전자공학	전자공학전공	10	8	7.4	3.5	85.8	14	180%		12	4.90	3.9	365.0	9	75%	2.80
	임베디드시스템전공	7	5	5.4	3.7	83.2	5	100%		8	3.80	3.8	359.1	6	75%	2.17
컴퓨터공학	컴퓨터공학전공	7	8	8.8	3.9	93.5	11	140%		11	9.30	3.6	366.2	10	91%	4.87
	소프트웨어전공	6	6	7.7	3.5	81.0	5	80%		9	8.20	3.4	402.0	8	89%	4.34
	게임공학과	10	16	6.1	3.5	85.5	2	10%		15	6.10	3.7	434.5	11	73%	3.52
	인공지능학과	4								5	3.20	4.0	403.7	1	20%	2.67
	신소재공학과	8	5	5.0	3.9	84.3	11	220%		9	6.20	3.4	400.5	12	133%	2.66
	생명화학공학과	8	6	5.5	3.2	86.9	5	80%		9	6.10	3.0	392.0	6	67%	3.66
	나노반도체공학과	8	7	4.9	3.9	79.3	7	100%		10	4.70	3.8	391.3	5	50%	3.13
	에너지·전기공학과	8	10	4.1	3.8	82.6	9	90%		8	7.90	3.8	428.0	4	50%	5.27
경영학부	경영학전공	5	7	3.7	4.2	82.1	2	30%		12	3.30	4.0	352.3	9	75%	1.89
	데이터사이언스경영전공	4														
	IT경영전공	4	8	4.0	4.0	86.7	3	40%		11	3.40	4.0	357.7	9	82%	1.87
디자인공학	산업디자인공학	6	8	4.0	3.6	87.8	3	40%		11	4.70	3.9	378.7	9	82%	2.59
	미디어디자인공	3	3	6.7	2.5	96.8	1	30%		5	10.6	3.5	433.8	5	100%	5.30
자연 합계		130	120	5.51	3.8	85.2	113	102%		170	5.83	3.7	388.8	142	81%	3.22

2022 KPU종합 실천인재 / 2021 KPU종합 실천인재

수능최저 없음
서류 100

		2023 모집인원	2022 지원		2022 수시 입결					2021 지원		2021 수시 입결				
			모집인원	경쟁률	최종등록 등급평균	최종등록 환산평균	추합인원	충원율	최저제외실질	모집인원	경쟁률	최종평균	최종등록 환산평균	추합인원	충원율	최저제외실질
	기계공학과	14	11	3.8	3.8	341.7	10	90%				2022	신설			
	기계설계공전공	10	7	3.1	4.5	330.4	9	130%								
	지능형모빌리티전공	5														
	메카트로닉스전공	11	9	3.1	4.3	368.0	10	110%								
	AI로봇전공	5	4	3.8	5.5	291.1	8	200%								
전자공학	전자공학전공	14	10	4.0	3.8	383.5	12	120%								
	임베디드시스템전공	10	7	3.7	3.8	398.1	4	60%								
컴퓨터공학	컴퓨터공학전공	10	8	6.3	3.8	383.0	11	140%								
	소프트웨어전공	10	7	5.0	3.6	327.1	10	140%								
게임공학	게임공학과	15	18	4.4	3.7	364.8	17	90%								
	인공지능학과	5														
	신소재공학과	12	7	3.4	3.6	386.2	10	140%								
	생명화학공학과	12	7	4.1	3.5	358.8	12	170%								
	나노반도체공학과	12	8	3.3	4.3	293.4	12	150%								
	에너지·전기공학과	12	3	4.3	4.5	380.2	3	100%								
경영학부	경영학전공	9	9	2.9	4.2	356.9	14	160%								
	데이터사이언스경영전공	5														
	IT경영전공	5	9	3.6	4.3	328.5	16	180%								
디자인공학	산업디자인공학	9	8	4.4	3.7	361.9	9	110%								
	미디어디자인공	5	4	6.3	3.7	382.0	4	100%								
자연 합계		190	136	4.09	4.0	355.0	171	129%								

수능최저 없음		2023 논술	2022 논술전형								2021 논술전형						
<한산기대 종합/논술> 수능최저 없음 종합 정성평가			▶내신 반영: 국영수과 1단계: 서류 100% ▶학년 비율: 동일비율 2단계: 면접 20%								▶내신 반영: 국영수과 학생 20+논술 80 ▶학년 비율: 동일비율						
			2022 지원		2022 수시 입결						2021 지원		2021 수시 입결				
		모집 인원	모집 인원	경쟁률	최종등록 등급평균	최종등록 환산평균	추합 인원	충원율	최저 제외 실질		모집 인원	경쟁 률	최종 평균	논술평균 400만점	추합 인원	충원율	최저 제외 실질
	기계공학과	24	27	11.0	4.5	95.2	14	50%			30	6.10	4.7	382.2	12	40%	4.36
	기계설계공학과	14	17	8.50	5.2	91.7	12	70%			18	4.80	4.5	364.3	6	33%	3.60
	지능형모빌리티전공	8															
	메카트로닉스공학전공	18	18	8.40	4.6	95.0	8	40%			28	5.20	4.8	372.3	13	46%	3.55
	AI로봇전공	8	8	7.90	4.9	93.5	4	50%			-	-	-	-	-	-	-
전자 공학	전자공학전공	23	24	11.3	4.7	94.8	8	30%			26	5.30	4.7	303.3	12	46%	3.63
	임베디드시스템전공	15	14	9.30	5.1	93.4	5	40%			16	4.80	5.1	289.1	6	38%	3.49
컴퓨터 공학	컴퓨터공학전공	15	17	17.6	4.3	95.7	9	50%			19	7.10	4.8	374.4	8	42%	5.00
	소프트웨어전공	15	16	14.9	4.8	93.1	10	60%			18	7.10	4.9	373.4	11	61%	4.41
	게임공학전공	23	17	11.4	4.8	93.7	9	50%			17	6.20	4.6	323.0	3	18%	5.27
	인공지능학과	9									5	5.00	4.8	295.0	0	0%	5.00
	신소재공학과	18	17	11.2	4.7	94.8	9	50%			21	5.50	4.5	303.0	15	71%	3.21
	생명화학공학과	18	17	12.8	4.4	95.7	8	50%			21	7.70	4.5	381.6	4	19%	6.47
	나노반도체공학과	21	18	9.30	4.7	94.7	7	40%			24	5.60	4.9	301.7	10	42%	3.95
	에너지·전기공학과	20	18	8.50	4.7	95.8	8	40%			25	4.40	4.9	291.3	6	24%	3.55
경영 학부	경영학전공	12	11	8.80	5.1	92.8	6	50%									
	데이터사이언스경영전공	9															
	IT경영전공	9	10	8.50	4.8	91.7	9	90%									
디자인 공학	산업디자인공학	14	10	8.60	4.9	95.7	6	60%									
	미디어디자인공	7	6	9.70	5.4	93.6	2	30%									
자연 합계		300	265	10.5	4.8	94.2	134	50%			268	5.75	4.7	335.0	106	37%	4.27

정시 2021 투트랙전형

▶국수영탐2
공학 25:35:20:20
경/디 35:25:20:20
▶영어 100-90-85-80 ...

		2023 모집인원	2022 지원		2022 정시 입결				2021 지원		2021 정시 입결			
			모집인원	경쟁률	국수탐1 백분합 (영어 제외)		국수영탐 환산점수	영어 등급	모집인원	경쟁률	국수탐1 백분합 (영어 제외)		국수영탐 환산점수	영어 등급
					3과목 백분위합	3과목 최종평균	가산점 포함				3과목 백분합	3과목 최종평균	가산점 포함	
	기계공학과	13	24	6.6	188.5	71	317.1	3.0	34	3.60	226.8	75.6	328.6	3.2
	기계설계공학과	9	15	8.4	178.0	69.6	313.2	2.9	15	3.50	220.2	73.4	321.6	3.0
	지능형모빌리티전공	4												
	메카트로닉스공학과	9	12	6.2	185.5	69.5	315.3	2.8	18	3.70	220.8	73.6	322.6	3.1
	AI로봇전공	4	6	6.7	190.5	70.3	313.0	3.5	-	-	-	-	-	-
전자 공학	전자공학전공	12	16	7.8	201.0	73	326.5	2.6	26	3.40	214.2	71.4	315.6	3.2
	임베디드시스템전공	8	9	8.2	200.5	71.6	317.8	3.5	10	6.00	233.1	77.7	335.2	3.2
컴퓨터 공학	컴퓨터공학전공	8	12	5.9	214.0	76.3	336.3	2.9	14	5.2	240.0	80.0	343.4	3.1
	소프트웨어전공	9	12	10.1	210.0	76.3	334.5	3.0	14	3.70	228.0	76.0	328.1	3.2
게임 공학	게임공학전공	13	18	4.7	196.0	74.4	329.7	2.8	14	4.90	236.7	78.9	340.6	2.8
	인공지능학과	5							6	5.7	231.3	77.1	335.1	2.8
	신소재공학과	10	19	5.4	199.5	71.6	317.2	3.1	14	3.90	227.7	75.9	332.6	2.8
	생명화학공학과	11	15	6.7	181.0	70.7	317.0	3.2	16	4.70	230.4	76.8	331.1	3.3
	나노반도체공학과	10	12	7.3	210.5	74.5	329.1	3.2	15	5.30	236.1	78.7	339.4	3.1
	에너지·전기공학과	10	10	6.1	186.0	70	314.8	2.9	17	4.10	229.5	76.5	332.2	2.9
경영 학부	경영학전공	8	12	8.9	183.0	70.2	307.7	2.6	19	3.60	226.5	75.5	323.2	3.1
	데이터사이언스경영	5												
	IT경영전공	4	9	8.8	197.0	72.1	316.7	3.0	15	6.10	226.5	75.5	325.1	2.9
디자인 공학	산업디자인공학	8	12	8.2	188.5	69.9	307.9	3.2	17	3.50	219.0	73.0	319.9	3.0
	미디어디자인공	4	5	5.4	179.0	68.4	310.9	2.8	10	5.60	225.0	75.0	330.0	2.6
자연 합계		164	218	7.14	193.4	71.7	319.1	3.0	274	4.50	227.8	75.9	329.7	3.0

정시 2021 투트랙전형

▶수학 필수+국/영/탐2 중 1개 <1+1 반영>
▶영어 100-90-85-80 ...

		2023 모집인원	2022 지원		2022 정시 입결				2021 지원		2021 정시 입결			
			모집인원	경쟁률	수학+필수 1개 백분위 평균			영어 등급	모집인원	경쟁률	수학+필수 1개 백분위 평균			영어 등급
					수학	국/탐2	가산점 포함				수학	국/탐2	가산점 포함	
	기계공학과	9	13	5.2	87.5		378.9	2.8	10	6.90	90.2	89.8	379.6	2.8
	기계설계공학과	6	10	8.9	83.4		370.9	2.4	8	3.80	90.7	85.3	376.0	3.1
	지능형모빌리티전공	3												
	메카트로닉스공학과	7	6	9.8	87.2		376.6	2.5	10	6.2	91.4	96.5	383.3	3.0
	AI로봇전공	3	5	4.8	90.2		388.9	2.2	-	-	-	-	-	-
전자 공학	전자공학전공	9	8	3.6	88.7		380.2	3.0	8	3.90	91.7	93.5	387.1	2.8
	임베디드시스템전공	6	9	6.4	85.6		371.8	3.0	8	3.60	91.0	-	380.5	3.0
컴퓨터 공학	컴퓨터공학전공	6	9	6.7	90.3		391.5	2.3	8	4.30	92.3	85.0	390.8	2.6
	소프트웨어전공	7	8	7.5	90.6		384.2	2.8	8	3.90	93.3	-	390.1	2.5
게임 공학	게임공학전공	9	13	4.5	88.4		379.9	2.9	8	6.80	91.7	-	382.7	2.9
	인공지능학과	4							5	5.60	92.3	-	383.1	2.7
	신소재공학과	7	11	3.4	87.9		378.1	3.0	8	5.00	91.0	88.5	379.9	2.7
	생명화학공학과	7	10	4.6	86.1		375.0	2.7	8	5.00	92.1	90.3	383.3	2.8
	나노반도체공학과	8	8	5.8	91.3		388.9	2.8	8	5.10	92.0	-	379.4	3.3
	에너지·전기공학과	8	8	3.6	84.8		370.0	2.3	8	6.60	90.6	90.5	380.5	2.8
경영 학부	경영학전공	5	9	9.4	83.6		361.4	3.3	7	6.30	91.4	88.0	381.9	2.5
	데이터사이언스경영	3												
	IT경영전공	4	8	10.1	83.7		371.0	2.1	8	6.40	91.9	94.5	384.1	2.4
디자인 공학	산업디자인공학	6	10	6.2	82.6		368.8	2.4	10	5.00	89.1	-	378.0	2.6
	미디어디자인공	3	5	5.6	80.6		355.6	3.4	5	4.40	89.7	-	379.2	2.5
자연 합계		120	150	6.24	86.6		376.0	2.7	135	5.22	91.3	90.2	382.3	2.8

2023 대학별 수시모집 요강 — 한국교통대학교

2023 대입 주요 특징
<영어> 인30:20:**30**:20 자20:30:**30**:20 탐구2, 수가10%
인/자: <u>100-95-90-85-80</u>... 철도물류컴 25:25:**30**:20

▶ 교과반영: 등급 전과목
▶ 학년비율: 30:30:40 유지
▶ 이수단위 반영
▶ 진로선택과목 미반영
▶ NAVI/지역 복수지원불가

1. 2023 수시모집 학생부교과(일반전형) 분리 모집 실시
2. 2022 이후 모든 종합전형 자기소개서 폐지
3. 2023 나비종합 <전공예약제>, 1단계 3배수→5배수 확대
4. 2023 야간 산업경영안전공학 모집폐지
5. 2023 교과전형 및 나비종합 모집인원 대폭증가
6. 교차지원 무제한 가능, 공군 ROTC 운영

7. 교통대 3개 캠퍼스 ①충주캠: 공학, 인문사회 중심
   ②증평캠: 보건의료생명국제화 중심 ③의왕캠: 철도교통 중심
8. 철도대학 (의왕캠) ★★★
   1) 철도경영물류(인문) ①철도경영 물류학 ②AI-데이터공학
   2) 철도공학부(자연) ①철도운전시스템 ②철도차량시스템
      ③철도인프라시스템공학 ④철도전기전자

모집시기	전형명	사정모형	학생부종합 특별사항	2023 수시 접수기간 09. 13(화) ~ 17(토)	모집인원	학생부	논술	면접	서류	기타	2023 수능최저등급
2023 수시 1,383명 2022 수시 1,640명 (77%)	일반전형1	일괄	학생부100% 최저없음 국영수사과 이수단위합 100이상 가중치 3% 최종: 12.15(목)	1. 2023 전년대비 17명 감소 2. 백분위 환산 점수에 가중치 3% 부여 후 최종점수 환산	724 2022 741	교과 100					2023 학생부교과(일반전형 I) 가중치 부여 방식 교과성적 산출방법에 의해 계산된 1,000점 점수를 백분위로 환산 후 3%를 부과하여 최종 반영 (예시) 이수단위합이 100인 지원자의 성적이 산출식에 따라 975점인 경우 ① 산출점수를 백분위 점수로 환산 : 975 ÷ 10 = 97.5 ② 백분위 점수에 가중치 부여 : 97.5×0.03=2.93 ③ 백분위 점수에 가중치 합산 : 97.5 + 2.93 =100.43 ④ 가중치합산 점수를 1,000점 만점 점수로 변환 : 100.43×10=1,004.3점
	일반전형2	일괄	학생부100% 최저없음 최종: 12.15(목)	1. 2023 전형신설 2. 전과목 반영 ▶증평캠퍼스: 일반전형 유아교 간호 식품생명 물리치료 응급남 응급여 ▶의왕캠퍼스: 일반전형 철도경영물류컴퓨터 철도공학부(4개학과) (철도운전/차량/인프라/ 전기전자)	183 2022 741	교과 100				▶충주캠퍼스: 일반전형 글로벌어문 행정학부 경영통상복지학부 기계자동차항공공학 **기계자동차항공공학야간** 전자 전기 **전기공야간** 컴퓨터정보기술공 건설환경도시교통공 **건설환경도시교통공야간** 화공신소재고분자공학부 산업경영안전공학 건축 디자인	최저없음
	NAVI인재	1단계	학생부종합 최저없음 자소서폐지 1단계 10.27(목) 면접 11.04(금) 비대면면접 <항공서비스> 11.9~11(금) 최종 12.15(목)	1. 2023 전년대비 31명 증가 2. 항공서비스50분 집단면접 3. 서류확인 인성면접 25분 항공운항 항공서비스 유아교육 등 항공-충주캠, 간호-증평캠 자전: 청주/증평캠, 의왕캠 ▶종합전형 평가요소 유지 1. 전공적합성 30점 ①전공관심도 ②전공수학능력 ③발전가능성 2. 인성 10점 3. 자기주도성 10점 ①추진력 ②적극성 ※ 자유전공-도전정신	504 2022 473	서류 100 (3배→5배수) (항공서비스 7배)				<전공예약 7학부>★ 1.기계자동차항공부 기계공학 자동차공학 항공기계설계 2.산업경영안전공학학부 ①산업경영공학전공 ②안전공학전공 3.건축학부 ①건축공학전공 ②건축학5년제전공 4.행정학부 ①행정학전공 ②행정정보학전공	5.경영통상복지학부 경영학/융합경영 국제통상/사회복지 6.식품생명학부 ①식품공학전공 ②식품영양학전공 ③생명공학전공 7.철도공학부 ①철도운전시스템 ②철도차량시스템 ③철도인프라시스템 ④철도전기전자전공
		2단계				1단계 60 + 면접 40					
	지역인재	1단계	학생부종합 최저없음 최종 12.15(목)	1.대전/세종/충남북 출신자 2.의왕캠은 지역인재선발 없음 3.전공적합성/인성/자기주도성 ▶1단계: 11.17(화) ▶면접: 12.07(월)~12.17(목)	54 2022 53	서류 100 (3배→5배수)		1. 전공적합성 2. 인성 3. 자기주도성 평가 ※ 자유전공-도전정신			없음 항공서비스 7배수
		2단계				1단계 60 + 면접 40					
	사회기여 배려자	일괄	학생부교과 최종 12.15(목)	1. 지자체장상 수상자 2. 다문화 및 직업군인 3. 다자녀, 장애자녀, 소방 4. <u>경찰공무원, 민주화운동</u>	38	교과 100 전교과 반영					없음
	고른기회	일괄	학생부교과 최종 12.15(목)	1. 국가보훈대상자/만학도 2. 기초수급 및 차상위자녀	62	교과 100 전교과 반영					없음
	기회균등 (정원외)	일괄	학생부교과 최종 12.15(목)	기초수급 및 차상위자녀	31	교과 100 전교과 반영				특성화/특성화고졸 실기/스포츠특기자 농어촌/특교등 생략	없음

수능최저 없음		2023 일반 1	2023 일반 2	2022 일반전형 - 교과 100%									2021 교과일반			
2022 교과100%				▶교과반영: 전과목 ▶학년 비율: 30:30:40 ▶2021 수능최저 폐지												
				2022 지원		추합및등록		2022 교과 최종					2021 교과 최종			
		모집인원	모집인원	모집인원	경쟁률	추합인원	최종등록	총점평균 천점만점	최고등급	평균등급	표준편차	최저	최고등급	평균등급	표준편차	최저
융합 기술 대학 (충주)	기계자동차항공	70	17	65	6.32	173	64	912.07	1.71	3.89	0.64	4.65	1.23	3.34	*0.64*	4.33
	기계공학야간	14	3	13	3.46	30	10	850.78	5.30	5.97	0.55	6.89	4.66	5.35	*0.36*	5.89
	전자공학	67	17	62	3.81	138	58	908.36	1.69	4.03	0.86	5.45	1.96	3.61	*0.53*	4.18
	전기공학	17	4	15	5.87	19	15	941.08	1.75	2.96	0.64	3.72	1.54	2.60	*0.40*	3.19
	전기공학야간	11	3	9	4.11	7	7	876.14	4.38	5.13	0.41	5.54	4.99	6.16	*0.73*	7.21
	컴퓨터학부	44	11	40	6.23	89	34	925.10	2.23	3.38	0.59	4.31	1.32	3.31	*0.73*	4.03
공과 대학 (충주)	건설환경도시교통	44	11	46	5.50	132	43	898.93	2.30	4.37	0.57	5.12	3.07	4.09	*0.33*	4.50
	건설환경도시야간	13	3	11	2.45	12	5	832.54	5.81	6.58	0.62	7.69	5.14	6.57	*0.93*	7.95
	응용화학에너지공	70	18	70	3.76	173	65	885.44	1.83	4.82	0.75	6.05	2.00	4.08	*0.69*	4.99
	산업경영안전공	36	10	33	4.30	57	30	895.78	3.67	4.47	0.39	5.28	1.83	4.00	*0.17*	4.62
				14	1.93	13	11	841.25	5.13	6.29	0.92	7.81	3.02	5.91	0.98	6.95
	건축학부	26	6	32	4.91	76	31	910.83	2.77	3.93	0.54	4.75	1.94	3.53	0.61	4.06
	디자인학부	11	3	13	7.85	21	12	938.38	1.75	3.05	0.72	3.92	3.25	3.89	0.28	4.21
인문 사회 (충주)	글로벌어문	62	15	65	4.46	156	58	885.71	3.05	4.81	0.43	5.54	2.00	4.44	0.63	5.28
	행정학부	31	8	26	8.23	52	22	918.25	2.69	3.73	0.41	4.34	2.09	3.68	0.86	5.17
	경영통상복지학부	42	10	40	5.83	71	37	940.60	1.51	2.98	0.73	3.88	1.82	3.26	0.62	4.09
	음악학과			16	1.63	9	10	865.51	4.66	6.13	0.69	7.08	4.15	5.55	1.05	8.00
	스포츠학부			21	8.76	28	21	900.47	3.28	5.12	0.86	6.87	3.92	5.13	0.68	6.39
	항공서비스학과												-	-	-	-
	항공운항학과												-	-	-	-
증평	유아교육학과	11	3	11	10.27	38	10	931.66	1.82	3.28	0.55	3.83	2.01	3.21	0.74	4.31
보건 생명 (증평)	간호학과	18	5	23	7.13	32	22	966.36	1.45	2.12	0.43	2.71	1.63	2.22	0.23	2.48
	식품생명학부	26	7	31	5.13	80	31	899.79	2.26	4.34	0.83	5.34	2.00	4.05	0.65	4.58
	물리치료학부	16	4	14	9.50	36	13	952.46	1.70	2.58	0.51	3.24	1.51	2.08	0.37	2.63
	응급구조남	14	4	15	7.53	33	15	929.56	2.44	3.35	0.47	4.00	2.05	2.89	0.40	3.37
	응급구조여															
	유아특수교육												-	-	-	-
철도 (의왕)	철도경영물류컴	17	4	17	8.82	17	16	951.72	1.62	2.61	0.39	2.95	1.99	2.84	0.38	3.47
	AI.데이터공학부	22	6	24	5.50	36	23	928.68	2.19	3.38	0.44	3.92				
	철도공학부	42	11	52	6.94	75	50	962.83	1.20	2.24	0.44	2.82	1.35	2.31	0.45	2.86
자유 전공	자전 충주/증평	-	-	-	-	-	-	-	-	-	-	-	-	-	-	-
	자전 의왕	-	-	-	-	-	-	-	-	-	-	-	-	-	-	-
		724	183	778	5.78	1603	713	909.63	2.70	4.06	*0.59*	4.91	2.50	3.92	*0.58*	4.75

★표 전공예약		2023	2022 종합전형 NAVI 인재					2021 종합NAVI			

▶1단계 서류 100% (3배수) ▶2단계: 1단계 60% + 면접40%

▶교과반영: 전과목   ★종합전형이므로 교과성적 미반영
▶학년 비율: 30:30:40   ★종합전형 수능최저 없음

대학	전공	2023 모집인원	2022 지원 모집인원	2022 지원 경쟁률	추합 인원	최종 등록		2022 종합 최종합격 최고등급	평균등급	표준편차	최저	2021 종합 최종합격 최고등급	평균등급	표준편차	70% 컷
융합기술대학(충주)	기계자동차항공	15	29	6.17	47	28		3.55	4.57	0.42	5.28	3.31	4.19	0.41	5.17
	자동차공학★	13	13	4.46	17	13		3.71	4.78	0.51	5.85	1.74	4.47	0.89	5.28
	항공.기계설계★	14													
	전자공학	30	30	3.37	40	29		2.75	5.04	0.61	5.82	3.70	4.90	0.39	5.41
	전기공학	9	9	5.22	13	8		4.45	5.04	0.33	5.52	4.15	4.68	0.31	5.22
	컴퓨터학부	24	24	6.00	32	23		4.01	4.67	0.45	5.88	3.93	4.64	0.42	5.64
공과대학(충주)	건설환경도시교통	27	27	4.56	35	27		4.22	5.18	0.45	6.27	4.22	5.07	0.46	5.95
	응용화학에너지공	38	38	2.68	48	36		4.02	5.40	0.62	6.88	3.84	4.98	0.48	5.98
	산업경영안전공학	28										-	-	-	-
	산업경영공학★	[28]	16	2.81	23	15		4.67	5.69	0.64	6.77	4.22	5.39	0.62	6.93
	안전공학★	[28]	12	4.33	14	12		4.36	5.30	0.47	5.92	3.18	5.34	1.04	7.11
	건축학부											-	-	-	-
	건축공학★	14	12	4.58	19	12		3.87	4.67	0.36	5.29	3.89	4.56	0.38	5.09
	건축학5년제★	9	7	10.71	11	7		4.22	4.50	0.28	5.03	3.60	4.27	0.42	4.78
	디자인학부	13	13	6.23	10	12		4.24	5.04	0.52	5.86	3.54	5.03	1.04	7.63
인문사회(충주)	글로벌어문	35	35	2.43	39	34		4.27	5.64	0.70	7.67	4.25	5.15	0.54	6.41
	행정학부											-	-	-	-
	행정학전공★	8	8	4.13	6	8		4.04	4.45	0.22	4.75	3.34	4.31	0.73	5.77
	행정정보학전공★	5	5	4.00	4	5		4.61	5.01	0.23	5.32	4.10	4.95	0.51	5.79
	경영통상복지학부		21	6.38	27	21		3.80	4.74	0.55	5.62	2.47	4.23	0.56	5.45
	경영학전공★	9													
	융합경영전공★	6													
	국제통상전공★	6													
	사회복지학전공★	7	7	6.14	11	7		3.79	4.26	0.35	4.97	3.83	4.18	0.28	4.52
	음악학과	3	3	0.67	0	0						-	-	-	-
	항공서비스학과	20	19	22.42	16	18		3.41	4.15	0.61	5.33	2.57	3.44	0.55	4.88
	항공운항학과	23	22	9.73	21	21		1.00	2.77	0.45	3.20	1.71	2.53	0.44	3.45
증평	유아교육학과	6	6	17.17	3	6		3.49	4.25	0.41	4.87	3.67	4.13	0.38	4.74
보건생명(증평)	간호학과	19	14	24.50	11	14		2.83	3.31	0.24	3.68	3.09	3.61	0.39	4.47
	식품공학전공★	9	9	3.11	14	9		3.81	5.20	0.92	7.12	3.56	4.95	0.85	6.25
	식품영양학전공★	7	7	3.71	10	7		4.77	5.56	0.58	6.27	4.58	4.96	0.26	5.31
	생명공학전공★	7	7	4.29	12	2		5.15	5.63	0.48	6.11	3.78	5.10	0.67	5.57
	물리치료학부	8	8	27.13	2	8		3.25	3.59	0.26	4.12	3.64	4.08	0.32	4.61
	응급구조남	8	8	21.13	12	8		3.68	4.49	0.36	4.90	3.39	4.39	0.60	5.46
	유아특수교육	9	8	6.38	12	8		4.60	5.13	0.29	5.55	4.38	5.04	0.42	5.59
철도(의왕)	철도경영물류데이	8	8	9.00	3	8		3.12	3.66	0.38	4.51	3.03	3.85	0.77	5.64
	AI.데이터공학부	12	11	5.64	11	11		3.20	3.91	0.58	4.92	4.13	4.88	0.51	5.51
	철도공학부											-	-	-	-
	철도운전시스템★	11	7	13.86	2	7		2.21	2.78	0.43	3.57	2.06	2.82	0.51	3.37
	철도차량시스템★	11	7	8.29	3	7		2.28	3.23	0.47	3.79	3.49	4.02	0.37	4.55
	철도인프라시스★	11	7	6.29	5	7		3.17	3.89	0.56	4.96	3.33	4.28	0.97	5.98
	철도전기전자★	11	7	13.14	2	7		3.26	3.73	0.34	4.25	2.93	3.59	0.43	4.19
자유전공	자전 충주/증평	11	9	3.67	11	9		4.57	5.32	0.53	5.92	3.11	4.88	0.92	5.74
	자전 의왕											3.03	3.69	0.57	5.00
		504	473	8.12	546	454		3.72	4.55	0.46	5.35	3.45	4.42	0.55	5.38

2022 지역인재 종합전형 / 2021 지역종합

수능최저 없음		2023 모집인원	2022 지원 모집인원	2022 지원 경쟁률	추합및등록 추합인원	추합및등록 최종등록		2022 종합 최종합격 최고등급	평균등급	표준편차	최저	2021 종합 최종합격 최고등급	평균등급	표준편차	70% 컷
융합기술대학 (충주)	기계자동차항공	3	3	5.67	5	2		4.62	5.39	0.77	6.15	3.98	4.59	0.43	4.90
	전자공학	5	5	3.40	7	5		4.03	5.02	0.54	5.55	4.85	5.02	0.14	5.21
	전기공학	1	1	7.00	0	1		5.90	5.90	0.00	5.90	4.32	4.32	0.00	4.32
	컴퓨터학부	3	3	5.67	2	3		4.45	4.59	0.13	4.77	4.25	4.55	0.25	4.86
공과대학 (충주)	건설환경도시교통	9	9	4.33	10	9		5.00	5.20	0.14	5.50	4.57	5.13	0.44	5.97
	응용화학에너지공	4	4	3.25	3	3		5.05	5.57	0.37	5.84	3.96	5.05	0.71	5.73
	산업경영안전공	2	2	4.00	0	2		5.63	5.98	0.35	6.33	4.99	5.25	0.26	5.51
	건축학부	3	3	5.00	4	3		4.27	5.02	0.53	5.44	4.35	4.69	0.24	4.90
	디자인학부	2	2	3.50	1	2		5.10	5.30	0.20	5.50	4.99	5.44	0.45	5.89
인문사회 (충주)	글로벌어문	4	4	3.25	4	4		5.43	5.75	0.21	6.01	4.31	4.85	0.31	5.08
	행정학부	3	3	5.00	3	3		4.52	4.67	0.11	4.79	3.82	4.26	0.34	4.68
	경영통상복지학	3	3	5.00	1	3		3.24	3.71	0.33	3.95	3.84	4.11	0.28	4.50
증평	유아교육학과	1	1	5.00	1	1		4.72	4.72	0.00	4.72	4.14	4.14	0.00	4.14
보건생명 (증평)	간호학과	4	4	16.5	8	4		3.14	3.40	0.26	3.72	3.41	3.93	0.31	4.25
	식품생명학부	3	3	3.33	2	3		4.86	5.38	0.37	5.71	3.67	4.49	0.58	4.96
	물리치료학부	1	1	15.0	1	1		4.85	4.85	0.00	4.85	4.86	4.80	0.00	4.86
	응급구조	1	1	7.00	0	1		4.61	4.61	0.00	4.61	4.61	4.61	0.00	4.61
	유아특수교육	2	1	5.00	1	1		6.42	6.42	0.00	6.42				
		52	52	5.99	51	50		4.67	5.00	5.26	0.25	4.29	4.66	0.28	4.96

▶1단계 서류 100% (3배수)
▶2단계: 1단계 60% + 면접40%

▶교과반영: 전과목   ▶학년 비율: 30:30:40

2022 고른기회 - 교과100% / 2021 고른기회

수능최저 없음		2023 모집인원	2022 지원 모집인원	2022 지원 경쟁률	추합및등록 추합인원	추합및등록 최종등록	총점평균 천점만점	2022 종합 최종합격 최고등급	평균등급	표준편차	최저	2021 종합 최종합격 최고등급	평균등급	표준편차	70% 컷
융합기술대학 (충주)	기계자동차항공	6	5	2.40	6	5	844.66	4.79	6.18	1.39	8.11	4.44	4.44	0.00	4.44
	전자공학	6	6	1.50	1	3	852.70	5.34	5.91	0.58	6.71	3.27	4.28	0.45	4.76
	전기공학	1	1	2.00	0	1	946.30	2.79	2.79	0.00	2.79	-	-	-	-
	컴퓨터학부	4	4	4.25	11	3	849.70	4.56	6.01	1.24	7.59	3.88	4.65	0.66	5.50
공과대학 (충주)	건설환경도시교통	3	3	4.67	5	3	854.10	5.26	5.86	0.43	6.24	4.85	6.09	0.88	6.81
	응용화학에너지공	7	7	1.29	5	3	866.60	4.25	5.45	0.91	6.47	2.65	4.51	0.96	5.24
	산업경영안전공	4	4	2.50	5	4	849.10	4.61	6.03	1.34	8.06	4.30	4.85	0.50	5.52
	건축학부	3	3	5.67	7	3	889.60	4.20	4.68	0.37	5.09	3.37	4.47	0.97	5.73
	디자인학부	2	2	5.00	1	2	913.90	3.34	3.87	0.53	4.40	4..08	4.48	0.40	4.88
인문사회 (충주)	글로벌어문	7	6	2.67	7	6	862.30	4.98	5.59	0.64	6.92	4.64	5.56	0.76	6.89
	행정학부	2	4	4.50	4	2	915.25	2.54	3.83	1.29	5.11	5.24	5.24	0.00	5.24
	경영통상복지학부	3	3	3.67	5	3	908.00	2.81	4.07	1.14	5.56	2.10	2.74	0.51	3.36
증평	유아교육학과	1	1	5.00	1	1	904.30	4.19	4.19	0.00	4.19	3.31	3.31	0.00	3.31
보건생명 (증평)	간호학과	2	2	6.50	0	2	948.55	2.67	2.72	0.04	2.76	2.34	2.81	0.47	3.27
	식품생명학부	3	3	4.00	6	2	850.90	5.57	5.97	0.40	6.37	4.05	5.13	0.83	6.08
	물리치료학부	1	1	8.00	2	1	911.20	3.96	3.96	0.00	3.96	2.63	3.05	0.42	3.47
	응급구조	1	1	7.00	0	1	884.20	4.86	4.86	0.00	4.86	3.88	3.88	0.00	3.88
철도 (의왕)	철도경영물류데이	1	1	16.0	0	1	953.20	2.56	2.56	0.00	2.56	3.49	4.14	0.65	4.79
	AI.데이터공학부	1			0	1	922.30	3.59	3.59	0.00	3.59				
	철도공학부	4	4	7.50	0	3	942.40	1.90	2.92	0.73	3.54	2.00	3.19	0.87	4.05
		62	59	4.95	62	50	893.46	3.94	4.55	5.24	0.55	3.56	4.27	0.52	4.85

1. 국가보훈대상/만학도
2. 기초수급/차상위자녀

▶교과반영: 전과목   ▶학년 비율: 30:30:40

수능최저 없음		2022 사회기여배려 - 교과100%								2021 사회기여			
1. 도지사시장구청장등 지자체/효행선행봉사모범 등 표창자 2. 다문화 및 직업군인	2023	▶교과반영: 전과목　　▶학년 비율: 30:30:40												
		2022 지원		추합및등록			2022 종합 최종합격				2021 종합 최종합격			
	모집 인원	모집 인원	경쟁률	추합 인원	최종 등록	총점평균 천점만점	최고 등급	평균 등급	표준 편차	최저	최고 등급	평균 등급	표준 편차	70% 컷
융합 기술 대학 (충주)	기계자동차항공	3	3	6.00	2	3	912.70	3.17	3.91	0.53	4.36	2.28	2.87	0.64	3.76
	전자공학	3	3	4.67	4	3	874.20	4.63	5.19	0.57	5.97	2.90	3.26	0.46	3.90
	전기공학	1	1	5.00	2	1	880.90	4.97	4.97	0.00	4.97	3.39	3.39	0.00	3.39
	컴퓨터학부	2	2	8.50	7	2	900.55	3.65	4.32	0.66	4.98	4.27	4.27	0.00	4.27
공과 대학 (충주)	건설환경도시교통	3	3	5.00		3	913.80	2.83	3.87	0.75	4.56	3.39	3.61	0.22	3.82
	응용화학에너지공	3	3	4.33	2	3	876.50	3.81	5.12	0.93	5.85	3.16	4.05	0.63	4.58
	산업경영안전공	2	2	5.00	1	1	896.50	4.45	4.45	0.00	4.45	4.20	4.21	0.00	4.21
	건축학부	2	2	6.00	0	2	890.80	4.37	4.64	0.27	4.91	3.56	3.63	0.06	3.69
인문 사회 (충주)	글로벌어문	4	4	4.25	5	4	869.95	4.88	5.34	0.41	5.79	4.17	4.43	0.18	4.56
	행정학부	2	2	5.00	1	2	910.60	3.21	3.98	0.77	4.75	3.27	3.56	0.29	3.85
	경영통상복지학부	2	2	18.00	1	2	912.25	3.88	3.93	0.05	3.97	5.90	5.95	0.05	6.00
증평	유아교육학과	1	1	8.00	0	1	892.90	4.57	4.57	0.00	4.57	3.65	3.65	0.00	3.65
보건 생명 (증평)	간호학과	1	1	13.00	0	1	971.80	1.94	1.94	0.00	1.94	2.65	2.65	0.00	2.65
	식품생명학부	1	1	6.00	3	1	862.60	5.58	5.58	0.00	5.58	4.98	4.98	0.00	4.98
	물리치료학부	1	1	11.00	2	1	931.00	3.30	3.30	0.00	3.30	2.30	2.30	0.00	2.30
	응급구조	1	1	16.00	4	1	923.20	3.56	3.56	0.00	3.56	3.71	3.71	0.00	3.71
철도 (의왕)	철도경영물류데이	1	1	12.00	0	1	937.90	3.07	3.07	0.00	3.07	2.30	2.45	0.15	2.59
	AI.데이터공학부	1	1	9.00	1	1	934.60	3.18	3.18	0.00	3.18				
	철도공학부	4	4	14.00	2	4	951.93	2.36	2.60	0.18	2.78	1.13	2.42	0.84	3.27
		38	38	8.46	37	37	907.61	3.76	4.08	4.34	0.27	3.40	3.63	0.20	3.84

수능최저 없음		2022 기회균등 - 교과100%								2021 기회균등			
기초수급 및 차상위자녀	2023	▶교과반영: 전과목　　▶학년 비율: 30:30:40												
		2022 지원		추합및등록			2022 종합 최종합격				2021 종합 최종합격			
	모집 인원	모집 인원	경쟁률	추합 인원	최종 등록	총점평균 천점만점	최고 등급	평균 등급	표준 편차	최저	최고 등급	평균 등급	표준 편차	70% 컷
융합 기술 대학 (충주)	기계자동차항공	3	3	1.67								4.05	4.36	0.24	4.62
	전자공학	3	3	1.33								3.75	4.38	0.45	4.78
	전기공학	1	1	1.00	0	1	891.40	4.62	4.62	0.00	4.62	3.36	3.36	0.00	3.36
	컴퓨터학부	2	2	2.50	0	2	889.90	4.53	4.67	0.14	4.81	4.72	4.72	0.00	4.72
공과 대학 (충주)	건설환경도시교통	3	3	2.33	3	3	864.80	5.06	5.51	0.60	6.35	5.98	5.98	0.00	5.98
	응용화학에너지공	2	2	1.00								7.67	7.67	0.00	7.67
	산업경영안전공	2	2	1.00	0	1	828.40	6.72	6.72	0.00	6.72	5.92	5.92	0.00	5.92
	건축학부	2	2	3.00	4	2	865.15	5.42	5.50	0.08	5.57	4.55	4.59	0.04	4.63
충주	글로벌어문	4	4	1.75	0	1	829.30	6.69	6.69	0.00	6.69	4.63	5.22	0.43	5.73
보건 생명 (증평)	간호학과	1	1	6.00	0	1	948.10	2.73	2.73	0.00	2.73	3.40	3.40	0.00	3.40
	식품생명학부											-	-	-	-
	물리치료학부	1	1	13.00	0	1	954.40	2.52	2.52	0.00	2.52	4.80	4.80	0.00	4.80
	응급구조	1	1	9.00	6	1	860.50	5.65	5.65	0.00	5.65	5.02	5.02	0.00	5.02
철도 (의왕)	철도경영물류데이	1	1	6.00	3	1	873.70	5.21	5.21	0.00	5.21	4.06	4.06	0.00	4.06
	AI.데이터공학부	1	1	5.00	0	1	955.00	2.50	2.50	0.00	2.50				
	철도공학부	4	4	3.75	7	4	930.55	2.58	3.32	0.92	4.88	1.48	2.75	0.78	3.44
		31	31	3.89	23	19	890.93	4.52	4.64	4.85	0.15	4.53	4.73	0.14	4.87

영어등급점수 인/자공통 100-99.5-99-98-96 ...		2023	2022 지원		추합및등록			2022 정시 최종합격				2021 정시 최종합격			
		모집인원	모집인원	경쟁률	추합인원	최종등록	총점평균 천점만점	최고등급	평균등급	표준편차	최저	최고등급	평균등급	표준편차	70% 컷
융합기술대학(충주)	기계자동차항공공	25	50	3.94	28	48	645.67	74.70	64.57	3.13	60.40	83.45	75.54	3.19	74.00
	기계공학야간	3	10	1.30	2	4	447.75	62.70	44.78	10.57	35.70	73.20	71.13	1.20	70.40
	전자공학	22	49	4.16	40	51	641.59	73.30	64.16	2.81	60.80	80.00	75.11	1.89	74.10
	전기공학	6	13	3.92	25	11	648.09	68.00	64.81	2.57	59.90	79.60	71.63	7.51	69.40
	전기공학야간	2	7	1.57	3	3	451.00	49.90	45.10	5.18	37.90	74.70	67.29	2.89	65.70
	컴퓨터학부	15	35	4.97	38	35	692.60	76.70	69.26	2.65	66.30	84.10	76.08	2.96	74.10
공과대학(충주)	건설환경도시교통	17	29	5.76	60	29	657.28	70.70	65.73	1.72	63.40	81.70	74.94	2.97	72.85
	환경공학야간	3	13	1.08	0	7	450.86	55.80	45.09	9.83	29.20	70.65	68.16	2.55	69.40
	응용화학에너지공	25	53	2.85	24	55	584.31	70.50	58.43	4.13	53.40	79.60	73.83	1.87	72.70
	산업경영안전공	13	19	3.95	15	22	610.09	66.20	61.01	2.77	57.10	78.00	72.83	4.22	71.70
	안전공학야간	3	7	1.00	0	2	422.00	47.10	42.20	4.90	37.30	69.60	68.04	0.83	67.80
	건축학부	11	16	4.00	17	16	647.31	69.70	64.73	2.75	60.80	80.10	72.26	5.71	71.60
	디자인학부	5	6	5.83	3	7	649.86	68.70	64.99	2.31	62.70	83.90	78.26	2.99	76.60
인문사회(충주)	글로벌어문	22	38	4.08	34	39	602.31	71.90	60.23	4.51	55.20	83.20	74.82	2.48	73.60
	행정학부	10	26	3.69	17	26	658.73	71.50	65.87	2.73	62.20	83.40	78.82	1.82	77.80
	경영통상복지학부	15	28	4.43	21	30	671.57	75.60	67.16	2.91	63.70	84.90	77.54	3.20	76.40
	음악학과	4	13	0.31	0	3	833.05	60.90	54.30	6.42	45.60	75.70	55.70	13.60	51.70
	스포츠학부	5	11	3.55	2	11	714.87	74.58	64.42	7.00	54.29	80.49	75.03	3.67	72.92
	항공서비스학과	1	2	7.00	1	2	732.00	73.70	73.20	0.50	72.70	86.50	80.31	4.53	81.80
	항공운항학과	4	6	4.83	2	6	851.33	88.10	85.13	1.89	83.00	93.95	91.78	1.59	90.85
증평	유아교육학과	4	8	3.38	3	7	672.71	75.80	67.27	4.27	62.40	82.80	70.26	11.74	71.90
보건생명(증평)	간호학과	9	14	4.00	25	13	748.00	78.50	74.80	1.82	71.90	88.95	83.54	1.78	83.00
	식품생명학부	11	19	4.68	22	19	595.32	68.00	59.53	4.17	54.70	75.90	73.43	1.10	72.70
	물리치료학부	5	11	3.73	10	11	728.36	76.40	72.84	2.62	68.40	81.50	78.96	1.65	78.50
	응급구조학과남	5	8	5.00	6	7	656.14	68.80	65.61	2.12	63.10	81.70	74.05	3.04	72.70
	응급구조학과여											76.00	74.20	1.52	75.40
	유아특수교육	2	4	3.00	5	4	559.25	58.70	55.93	1.64	54.40	71.30	66.78	3.50	66.90
철도(의왕)	철도경영물류데이	6	10	6.00	9	10	814.95	84.45	81.50	2.35	77.80	94.05	88.50	1.75	87.95
	AI.데이터공학부	8	14	4.29	8	14	768.36	79.60	76.84	1.61	74.40				
	철도공학부	19	37	3.84	24	37	816.81	91.70	81.68	3.43	77.70	81.90	87.28	2.82	85.95
자유전공	자전 충주/증평	2	4	3.00	3	4	619.25	69.60	61.93	6.67	52.50	84.05	80.95	1.78	80.70
	자전 의왕											91.55	89.48	1.13	89.05
		282	560	3.77	447	533	653.05	70.73	64.10	3.73	59.30	81.18	75.69	3.34	74.84

2022 정시일반 - 수능 100%

▶ 자연/자유전공/항공운항: 국수영탐2 20:30:30:20
▶ 인문/디자인학부: 국수영탐2 30:20:30:20
▶ 철도경영물류컴퓨터학부: 국수영탐2 25:25:30:20

2023 대입 수시 특징	<정시영어 등> 공학20:35:20:25, 수가20%
	공/산경: 20-19.5-19-18-17...산경35:20:20:25

▶ 교과/논술 사회: 국영수사
이수단위반영 **공학: 국영수과**
▶ 학년비율 변화 ★
22~23년: 전학년 100%
▶ 진로선택과목 미반영

1. 2023 수능최저 변화: 2022 대비 최저완화
2. 2023 교과내신 학년비율 전학년 100%
3. 종합전형: 면접폐지, 서류100% 일괄변화, 자소서 없음
4. 고용노동부 산하 취업 및 장학혜택 매우 우수함

코리아텍 (KOREA TECH) : 고용노동부 전액 출연설립예산운영
1. 연간등록금: 공학 472만, 산경3,32만, 1인당,장학금 393만원
2. 전체수업 50%이상 전공분야 실험실습 (일반 공과대의 4배)
3. 전공분야 국가기술자격증 취득해야 졸업가능. 교사 임용가능
4. 취업진출: 대기업/중견 35.8%, 중소 39.6%, 공기업 19.5%
   전체 취업률 85.9%→80.2%, 졸업생 전공일치도 89.1%
   <2018 대학정보공시 기준>
   2022. 06. 23. ollim

모집시기	전형명	사정모형	학생부종합 특별사항	2023 수시 접수기간 09. 13(화) ~17(토)	모집인원	학생부	논술	면접	서류	기타	2023 최저등급
2023 정원내 수시 1,532명	**교과전형**	일괄	학생부교과 최저 있음 최종 12.15(목)	1. 2023 전년대비 20 증가 2. 2023 수능최저 완화★ 2. 공학계열 수학/영어/과학 교과 70단위 이상만 지원	167 2022 147	교과 100		<2022 수능최저 참고> ▶공학/산경 모두 3개합 10 (탐1) ▶미적/기하 포함 3개합 12 (탐1) *탐구 무제한			<2023 수능최저> ▶공학/산경 모두 3개합 11 (탐1) ▶미적/기하 포함 3개합 12 (탐1) *탐구 무제한
	논술전형	일괄	논술전형 최저없음 논술 11.25(금) 최종 12.15(목)	1. 2023 전년대비 인원유지 2. 문항 수 12개 내외 변화 단문형, 단답 약술형 변화 3. 공학: 수Ⅰ 수Ⅱ 3. 산경: 자료제시 언어논술 4. 논술 100분→80분 축소	219 2022 219	교과 30 논술 70					
	창의인재	일괄 변화	학생부종합 최저 없음 자소서없음 최종 11.18(금)	1. 면접폐지, 서류100%일괄 2. 2023 전년대비 58 증가 3. 창의적사고 능동적실천 지원전공분야 우수 열정 4. 2023 종합평가요소 ①학업역량 30% ②전공적합성 25% ③나우리 인성 20% ④발전가능성 25%	212 2022 154	서류 100%					
	지역인재	일괄 변화	학생부종합 최저 없음 자소서없음 최종 11.18(금)	1. 면접폐지, 서류100%일괄 2. 대전/세종/충남북 출신자 3. 전년대비 21명 증가	112 2022 91	서류 100%					
	사회통합 보훈+기회	1단계	학생부종합 최저 없음 자소서없음 최종 11.18(금)	1. 면접폐지, 서류100%일괄 2. 국가보훈+기회균형 통합 3. 독립/국가유공자녀 4. 618/순직공상/고엽/518 5. 특수임무/보훈대상자 등 6. 기초및차상위 대상자 포함	25 2022 25	서류 100%					

한기대 2022 입결분석자료 01 - 수시 교과전형

2021 교과 수능최저
▶ 공학: ①수나포함 3개합 10
또는 ②수가포함 3개합 12
*탐구적용시 과탐지정
▶ 산경: 국어포함 3개합 10
▶ 공통: 탐구 1개

▶2021 내신 반영: 교과 100%, 산경: 국영수사, 공학: 국영수과
▶2021 학년 비율: 40:40:20 ★★

		2023 교과 전형	2022 지원			2022 입학결과		2022 최초합 평균	2022 최종등록평균	과년도 참고 2021 최초합 평균	2021 최종등록평균	2022 충원/실질경쟁률 ollim			실질 경쟁률	등록 인원
		모집 인원	모집 인원	경쟁률	지원 인원	최저 충족	최저 충족률	최초합 평균	최종등 록평균	최초합 평균	최종등 록평균	충원 인원	충원율	모집 +충원	실질 경쟁률	등록 인원
공학	기계공학부	26	23	7.87	181	110	60.8%	2.93	3.33	2.65	3.24	39	170%	62	177.4%	23
	메카트로닉스공학부	26	23	9.70	223	146	65.5%	3.09	3.45	2.71	3.54	50	217%	73	200.0%	23
	전기전자통신공학부	26	23	8.09	186	133	71.5%	2.62	3.4	2.35	3.05	85	370%	108	123.1%	22
	컴퓨터공학부	26	23	6.61	152	92	60.5%	2.74	3.02	2.69	2.90	28	122%	51	180.4%	22
	디자인건축공디자인	9	8	4.88	39	16	41.0%	3.53	4.06	3.27	3.38	5	63%	13	123.1%	6
	디자인건축공건축	9	8	6.38	51	20	39.2%	3.4	3.96	3.22	3.51	12	150%	20	100.0%	7
	에너지신소재화학공	16	14	7.14	100	65	65.0%	2.46	2.85	2.35	2.76	25	179%	39	166.7%	14
사회	산업경영학부	20	18	7.89	142	43	30.3%	3.33	3.83	3.20	3.92	16	89%	34	126.5%	18
	고용서비스정책학과	9	7	9.29	65	29	44.6%	2.89	3.17			6	86%	13	223.1%	7
	합계	167	147	7.54	127	73	53.2%	3.00	3.45	2.81	3.29	266	159%	413	1.58	142

한기대 2022 입결분석자료 02 - 수시 창의인재종합

수능최저 없음

▶2021 1단계: 서류 100% (4배수) 2단계: 1단계 60+면접 40
▶2021 전과목 정성평가

		2023 창의 종합	2022 지원			2022 입학결과			과년도 참고			2022 충원/실질경쟁률 ollim			실질 경쟁률	등록 인원
		모집 인원	모집 인원	경쟁률	지원 인원	2022 1단계 4배수	2022 최초합 평균	2022 최종등 록평균	2021 1단계 4배수	2021 최초합 평균	2021 최종등 록평균	충원 인원	충원율	모집 +충원	실질 경쟁률	등록 인원
공학	기계공학부	32	23	5.57	128	4.02	3.52	3.95	3.61	3.25	3.58	24	104%	47	2.72	23
	메카트로닉스공학부	32	23	4.83	111	4.26	3.52	3.99	3.86	3.39	3.47	17	74%	40	2.78	23
	전기전자통신공학부	32	23	5.57	128	3.73	3.43	3.56	3.59	3.29	3.44	19	83%	42	3.05	23
	컴퓨터공학부	32	23	6.96	160	3.67	3.36	3.54	3.60	3.25	3.40	41	178%	64	2.50	23
	디자인건축공디자인	12	9	5.67	51	4.9	4.22	4.54	4.70	4.37	4.60	9	100%	18	2.83	9
	디자인건축공건축	12	9	7.00	63	4.39	3.93	4.61	4.01	3.85	4.17	10	111%	19	3.32	9
	에너지신소재화학공	22	16	8.44	135	3.54	3.35	3.39	3.48	3.29	3.75	6	38%	22	6.14	15
사회	산업경영학부	26	21	4.81	101	4.47	3.86	4.02	4.64	4.25	4.48	6	29%	27	3.74	21
	고용서비스정책학과	12	7	8.71	61	3.83	3.66	3.69				3	43%	10	6.10	7
	합계	212	154	6.40	104	4.09	3.65	3.92	3.94	3.62	3.86	135	82%	289	3.69	153

한기대 2022 입결분석자료 03 - 수시 논술전형

수능최저 없음

▶2021 교과 30+ 논술 70   산경: 국영수사, 공학: 국영수과
▶2021 학년 비율: 40:40:20 ★★

		2023 논술 전형	2022 지원			2022 입학결과		과년도 참고		2022 충원/실질경쟁률 ollim			실질 경쟁률	등록 인원
		모집 인원	모집 인원	경쟁률	지원 인원	2022 최초합 평균	2022 최종등 록평균	2021 최초합 평균	2021 최종등 록평균	충원 인원	충원율	모집 +충원	실질 경쟁률	등록 인원
공학	기계공학부	34	34	5.15	175	4.83	4.92	4.30	4.42	14	41%	48	3.65	33
	메카트로닉스공학부	34	34	5.24	178	4.54	4.77	4.24	4.17	11	32%	45	3.96	34
	전기전자통신공학부	34	34	5.79	197	4.42	4.46	4.15	4.31	5	15%	39	5.05	34
	컴퓨터공학부	34	34	7.09	241	4.49	4.56	4.30	4.48	10	29%	44	5.48	34
	디자인건축공디자인	11	11	4.45	49	4.87	5	4.90	4.45	3	27%	14	3.50	11
	디자인건축공건축	11	11	4.91	54	5.16	5.34	5.05	4.96	2	18%	13	4.15	11
	에너지신소재화학공	23	23	5.30	122	4.51	4.51	4.02	4.24	4	17%	27	4.52	23
사회	산업경영학부	29	29	3.66	106	5.1	5.17	4.86	4.80	5	17%	34	3.12	29
	고용서비스정책학과	10	9	5.56	50	4.51	4.46			1	11%	10	5.00	9
	합계	220	219	5.24	130	4.71	4.80	4.48	4.48	55	21%	274	4.27	218

한기대 2022 입결분석자료 04 - 수시 지역인재종합   2022. 06. 23. ollim

수능최저 없음		2023 지역 인재 모집인원	2022 지원			2022 입학결과			과년도 참고			2022 충원/실질경쟁률 ollim				
						2022			2021						실질 ollim	
		모집 인원	모집 인원	경쟁률	지원 인원	1단계 4배수	최초합 평균	최종등 록평균	1단계 4배수	최초합 평균	최종등 록평균	충원 인원	충원율	모집 +충원	실질 경쟁률	등록 인원
공학	기계공학부	17	14	6.79	95	3.8	3.22	3.66	3.93	3.88	4.07	23	164%	37	2.57	14
	메카트로닉스공학부	17	14	6.64	93	4.2	3.56	3.97	4.04	3.80	4.27	11	79%	25	3.72	14
	전기전자통신공학부	17	14	5.57	78	3.89	3.27	3.94	3.67	3.36	3.43	20	143%	34	2.29	14
	컴퓨터공학부	17	14	7.93	111	3.47	3.25	3.48	3.58	3.32	3.56	19	136%	33	3.36	14
	디자인건축공디자인	4	3	5.67	17	5.31	5.55	6.12	4.58	4.12	4.25	2	67%	5	3.40	3
	디자인건축공건축	4	3	7.00	21	4.34	4.19	4.16	3.98	4.11	3.95	4	133%	7	3.00	3
	에너지신소재화학공	12	10	7.60	76	3.34	3.04	3.49	3.65	2.76	3.50	12	120%	22	3.45	10
사회	산업경영학부	19	16	4.56	73	4.43	3.52	4.01	4.16	4.15	4.25	13	81%	29	2.52	16
	고용서비스정책학과	5	3	9.67	29	4.1	3.79					2	67%	5	5.80	3
합계		112	91	6.83	66	4.10	3.71	4.10	3.95	3.69	3.91	106	103%	197	3.35	91

한기대 2022 입결분석자료 05 - 정시수능   2022. 06. 23. ollim

▶2021 공학 국수영탐1 20:35:20:25, 수가20%   산경 국수영탐 35:20:20:25
▶2021 영어반영 20-19.5-19-18-17...

		2023 정시 수능 모집인원	2022 지원			2022 입학결과			과년도 참고			2022 충원/실질경쟁률 ollim				
						2022			2021						실질 ollim	
		모집 인원	모집 인원	경쟁률	지원 인원	백분위 최고	백분위 평균	백분위 80%컷	백분위 최고	백분위 평균	백분위 80%컷	충원 인원	충원율	모집 +충원	실질 경쟁률	등록 인원
공학	기계공학부		32	4.00	128	85.2	77.5	75.5	87.6	67.9	59.1	10	30.3	42	3.05	30
	메카트로닉스공학부		31	4.74	147	89.3	79.8	78.1	90.6	80.8	78.1	16	51.6	47	3.13	31
	전기전자통신공학부		32	4.25	136	88.9	82.4	80.3	89.9	79.9	73.4	10	31.3	42	3.24	31
	컴퓨터공학부	85	32	4.03	129	83.5	80.0	78.6	87.4	79.9	75.9	11	34.4	43	3.00	31
	디자인건축공디자인		12	3.58	43	73.3	67.1	64.4	78.6	65.8	58.3	3	25.0	15	2.87	10
	디자인건축공건축		11	4.64	51	81.2	76.0	73.2	80.4	62.1	51.2	1	9.1	12	4.25	10
	에너지신소재화학공		22	3.68	81	83.8	77.0	74.2	81.7	78.4	77.0	7	31.8	29	2.79	21
사회	산업경영학부	15	25	7.68	192	83.6	76.0	73.8	85.5	79.2	77.1	51	204.0	76	2.53	25
	고용서비스정책학과		10	5.70	57	87.4	78.3	74.2				9	90.0	19	3.00	10
합계		100	207	4.70	107	84.0	77.1	74.7	85.2	74.3	68.8	118	59.7	325	3.09	199

한국외국어대

2023 대입 주요 특징
정시 인 30:30:20:20 자 20:35:15:30
영어 인: 140-138-134-128 ... 상경등 30:35:15:20

▶ 교과반영 (교과/논술)
　인: 국영수사　자: 국영수과
▶ 학년비율 없음, 단위수 적용
▶ 등급 또는 원점수 환산점수
▶ 내신 과목별가중치 유지
　인문: 국영수사 30:30:20:20
　자연: 국영수과 20:20:30:30
▶ 진로선택과목 미반영

1. 2023 학교장추천 고교별 20명 추천 가능, 교과100% 반영
2. 2023 내신반영: 등급/원점수 환산점수 중 상위값 반영 유지
3. 2023 학추 2명 감소, 서류형 147명 감소, 면접형 147명 증가
4. 2023 모든 종합 2단계 면접평가 10% 증가, 자소서 폐지 지속
5. 2023 글로벌캠 학교장추천 수능최저 신설, 자유전공 신설★
6. 2023 글로벌캠 통번역 4개+국제지역 4개학과 모집폐지★
7. 2023 학업역량→탐구역량★★
8. 한국외대종합 중요 변별도 ①탐구역량 ②전공적합 활동력

■ 2022~2023 학추 교과점수 산출지표★★
2022학년도 270점 만점★　2023학년도 300점 만점★

환산점수	등급	원점수-국영사과	원점수-수학
▶ 300점=270점	1등급	90점 이상	90점 이상
▶ 288점=258점	2등급	90점~85점	90점~80점
▶ 267점=237점	3등급	85점~80점	80점~70점
▶ 231점=201점	4등급	80점~75점	70점~60점
▶ 180점=150점	5등급	75점~70점	60점~50점

모집시기	전형명	사정모형	학생부종합 특별사항	2023 수시 접수기간 09.13(화)~16(금)	모집인원	학생부	논술	면접	서류	기타	2023 수능최저등급
2023 수시 정원내 2,031명 (59.9%)　정시 정원내 1,360명 (40.1%)　전체 정원내 3,391명　2022 수시 정원내 2,023명 (59.9%)　정시 정원내 1,354명 (40.1%)　전체 정원내 3,377명	학교장추천	일괄	학생부교과 학교장추천 고교별 20명 추천명단제출 09.19(월)~09.23(금) 최종 12.15(목)	1. 2023 전년대비 2명 감소 2. 글로벌캠 수능최저 신설★ 3. 내신: 등급/원점수 상위값 4. 2022 최저폐지/원점수 영향 예측가능 낮아 경쟁률 저하 ▶ 21 서울 경쟁8.9 충원238% ▶ 21 글인 경쟁5.1 충원178% ▶ 21 글자 경쟁5.5 충원240% ▶ 서울입결 2.22 ▶ 글인 2.94 ▶ 글자연 2.85등급	371 서198 글173 2022 373 서200 글173	교과 100 비교과 없음 진로선택반영X					2022 주요 입결현황 ▶ 서울경쟁 8.85→14.4 ▶ 글인경쟁 5.25→7.61 ▶ 글자경쟁 5.53→9.96 ▶ 서울입결 264.9~263.8 ▶ 글인입결 252.1~248.3 ▶ 글자입결 255.9~254.8 ||| 서울캠: 2개합 4 (탐1) 사/과탐+史 4등급 글인문: 1개3등급 (탐1) 사/과탐+史 4등급 글자연: 1개3등급 (탐1) 과탐+史, 수 무제한 ※ 2022 최저 참고 글로벌캠: 최저 없음
	종합서류형 (학업역량형)	일괄	학생부종합 자소서없음 최종 12.15(목)	1. 668명→521명, 147명 감소 서울 36명, 글로 97명 감소 2. 서류평가요소 탐구역량40% 계열적합성20%, 인성20% 발전가능성20%	521 서238 글283 2022 서274 글380				서류100%		1. 자주적 탐구인: 자기주도학습역량지식·정보역량 2. 국제적 한국인: 세계시민역량과 의사소통역량 3. 독창적 전문인: 창의·혁신역량과 대인관계역량 ▶ 2022 서울캠 경쟁 7.2→9.5, 충원 118%→117% ▶ 서울입결 2.92　▶ 글인3.79　▶ 글자연 3.20등급
	종합면접형 (계열적합성)	1단계	학생부종합 최저없음 자소서없음 수능이전 면접 1단계 10.24(월) 면접 10.30(일) 최종 12.15(목)	1. 300명→447명, 147명 증가 서울 50명, 글로 97명 증가 2. 2단계 면접평가 10% 증가 3. 2023 면접형 서류평가요소 ①탐구역량 20% ②계열적합성 40% ③인성 20% ④발전가능성 20%	447 서213 글234 2022 300 서163 글137	서류 100% (3배수)					2022 종합 면접형 ▶ 서울경쟁 7.94→12.7 ▶ 글인경쟁 8.48→9.92 ▶ 글자경쟁 5.53→9.96 ▶ 서울입결 3.12→3.23 ▶ 글인입결 3.89→4.33 ▶ 글자입결 3.46→3.48	2020 종합 1단계합격 ▶ 서울캠 일반고 등급 1~2등급: 408명 2~3등급: 326명 3~4등급: 23명 ▶ 글로캠 일반고 등급 1~2등급: 8명 2~3등급: 358명 3~4등급: 385명
		2단계				서류 60% + 면접 40% 1인당 8분내외						
	SW인재 종합전형	1단계	학생부종합 1단계 10.24(월) 면접 10.30(일) 최종 12.15(목)	1. 컴퓨터공학 24명 2. 정보통신공 10명 3. 서류평가 면접형과 동일함	글로벌 34	서류 100% (3배수)					2022 종합 SW인재 ▶ 컴공 경쟁 6.90→5.70 입결 3.40→3.30 ▶ 정통 경쟁 6.91→5.70 입결 3.90→4.30	
		2단계				서류 60% + 면접 40%						
	논술전형	일괄	논술전형 최저있음 면접 11.26(토)~11.27(일) 최종 12.15(목)	1. 2023 전년대비 4명 감소 2. 자연논술 2023 지속 3. 인문과 사회계열 분리출제 4. 5~6개 제시문 (영어 1지문) ① 분류요약 4백자. 배점 210 ② 비판평가 5백자. 배점 210 ③ 적용추론 6백자. 배점 280	473 서309 글164 2022 서313 글164	논술 70% + 교과 30% 서울 100분 1,500자 3문항 글로벌 80분						서울: 2개합 4 (탐1) LD/LT: 2개합 3 (탐1) 사/과탐+史 4등급 글로벌: 최저없음
	고른기회1	일괄	학생부종합 자소서없음 최종 12.15(목)	1. 보훈/농어촌/서해5도 자녀 2. 기초수급 및 차상위 자녀 3. 서류평가 서류형과 동일함	185 서 62 글123	서류 100%					<고른기회1 입결평균 2020~2021> ▶ 서울 3.30 중앙값 2.60　▶▶ 서울 3.10 ▶ 글인 4.20 중앙값 3.80　▶▶ 글로벌인/자 4.30 ▶ 글자 3.69 중앙값 3.70	

■ 한국외대 종합전형 주요사항 *리포트 올림 참고 2019~2023* ★★
1. 글로벌캠 신설 <글로벌자유전공>학과→<융합인재학과>로 입결 수준으로 예측함
2. 서울캠 어문학과 중심 육성, 글로벌캠 자연계열 확대육성계획, 유사학과 통폐합 기조
3. 서울캠 학부별 RANK: 국제학-상경대-사과/사범-영어대-중국일본-서양어/동양어★
4. 서반/독어과: 일반고 출신자 다수 합격, 고교 클러스터 등을 통한 활동 역량
5. 사회과학부: 경쟁률 해마다 치열, 성적 및 활동 경쟁력 지원자풀이 탄탄함
6. 지식콘텐츠학: 미디어 계통으로 지원자 접근함
7. 스포츠레저: 인기 최강, 장래 스포츠마케팅 선호, 영어실력, 스포츠경험실적
8. 산업경영: 경영을 시스템화하려는 지원자 다수, 기본적으로 높은 경쟁률
9. 3학년 기록이 가장 중요함. 세특 기록→수행 발표→독서 기록으로 확장 등 2021년

10. 소속변경: 1년수료 후 3.5학점 이상, 3개년평균 47명 서울캠합격
11. 31개 전국외고생 성적 및 활동력 위주 경쟁력 강함 - 일어, 중국어
12. 캠퍼스통합 5년차, 캠퍼스 구분없이 이중전공/융복합수업가능
13. 통번역대학의 3대장: 영어, 스페인어, 중국어
14. 경쟁률 3개년 추이 확인 필요, LD-국립외교원, LT-경제통상전문
15. 한국외대 단과대별 모집단위
　▶ 서울캠 어문계열: 영어대/서양어대/동양어대/중국어대/일본어대
　▶ 서울캠 사과기타: 사과대/상경대/경영대/사범대/국제학부
　▶ 글로벌 인문어문: 통번역대/동유럽대/국제지역대
　▶ 글로벌 인문경상: 인문대/경상대
　▶ 글로벌 자연공과: 자연과학대/공과대 글로벌바이오메디컬

		2023	2022 한국외대 학추서울					2021 한국외대 교과서울				
2022 학교장추천전형 **2022 수능최저등급** ▶서울캠: 2개합 4 (탐1) 사/과탐+史 4등급 ▶글로벌: 최저 없음 인: 국영수사 30:30:20:20 자: 국영수과 20:20:30:30			서울캠: 2개합 4(탐2)+史 4등급 글로벌: 최저 없음					서울캠: 2개합 4(탐2)+史 4등급 글로벌: 최저 없음				
			2022 지원		2022 입결				2021 지원		2021 입결		
		모집 인원	모집 인원	최초 경쟁률	최종평균 국영수사 50% 컷	최종평균 국영수사 70% 컷	최종 등록 추합 인원	교과 270점 만점	모집 인원	최초 경쟁률	최종평균 국영수사	최종 등록 추합 인원	
영어 대학	영어학과 ELLT	8	8	12.9	267.93	267.11	5		6	8.67	2.10	14	
	영미문학 문화학과	8	8	11.3	267.31	266.18	9		6	6.33	2.10	14	
	EICC학과	6	6	11.3	265.66	264.99	16		5	10.0	2.00	8	
서양어 대학	프랑스어학부	10	10	13.1	265.12	264.14	15		7	8.43	2.10	20	
	독일어과	13	13	12.1	265.16	264.35	21		8	8.38	2.00	15	
	노어과	5	5	14.2	264.85	263.70	5		5	10.6	2.30	9	
	스페인어과	14	14	12.0	266.02	265.27	26		9	7.11	2.00	23	
	이탈리아어과	3	3	12.7	262.10	260.60	2		3	5.67	2.80	2	
	포르투갈어과	3	3	13.3	261.52	260.87	7		3	7.67	2.10	2	
	네덜란드어과	3	3	14.0	264.77	263.87	0		3	9.00	2.50	2	
	스칸디나비아어과	3	3	12.0	266.15	265.51	2		3	7.00	2.70	1	
동양어 대학	말레이 인도네시	3	3	11.3	265.05	263.37	3		3	5.67	3.10	0	
	아랍어과	7	5	11.0	266.09	265.62	2		5	6.80	2.20	13	
	태국어과	3	3	14.7	260.59	258.38	2		3	6.00	2.30	0	
	베트남어과	3	5	11.8	263.10	262.39	9		5	12.0	2.00	9	
	인도어과	3	3	12.3	262.83	260.96	3		3	6.00	2.10	0	
	터키 아제르바이잔	3	3	11.7	263.24	262.91	3		3	13.0	2.20	1	
	페르시아이란어과	3	3	14.3	264.03	262.08	2		3	20.7	2.50	5	
	몽골어과	3	3	17.0	263.10	260.82	1		3	9.33	2.20	3	
중국 일본 대학	중국언어문화학부	7	7	9.60	265.28	264.37	3		5	6.20	2.30	8	
	중국외교통상학부	6	6	14.2	265.85	264.59	11		5	6.20	2.20	11	
	일본언어문화학부	5	5	9.60	262.36	259.10	10		5	6.00	2.00	6	
	융합일본지역학부	7	7	11.3	265.13	264.33	6		7	9.43	2.30	10	
사회 과학	정치외교학과	5	5	16.8	266.73	266.43	12		5	9.80	2.00	21	
	행정학과	5	5	17.2	266.71	264.72	18		5	9.20	1.90	14	
	미디어커뮤니케이	6	6	27.5	266.87	266.12	15		6	9.00	2.60	14	
상경 대학	국제통상학과	5	5	14.0	267.67	267.29	10		5	9.80	1.80	18	
	경제학부	7	7	18.3	267.63	267.10	12		7	12.6	1.90	36	
경영	경영학부	14	14	26.6	268.02	267.67	29		13	10.6	1.90	68	
사범 대학	영어교육과	4	6	23.8	266.60	265.93	17		6	6.50	2.30	23	
	한국어교육과	3	3	21.0	266.71	266.08	12		3	7.00	2.30	10	
	프랑스어교육과	3	3	11.7	260.24	257.07	2		3	7.67	2.10	2	
	독일어교육과	3	3	17.7	263.14	261.80	9		3	9.00	2.20	9	
	중국어교육과	3	3	9.70	253.46	251.56	1		3	12.0	2.60	2	
국제 학부	국제학부	4	4	13.8	266.74	265.53	9		3	10.3	2.10	12	
	LD 학부	4	4	14.3	269.68	269.36	3		-	-	-	-	
	LT 학부	3	3	12.0	269.71	269.30	1		-	-	-	-	
서울교과 인문평균		198	200	14.4	264.95	263.82	313		170	8.85	2.22	405	

한국외대 2022 입결분석 02 - 수시 교과전형 글로벌캠　　2022. 06. 04. ollim

2022 교과전형		2023 모집인원	2022 한국외대 학추글로벌 서울캠: 2개합 4(탐2)+史 4등급 / 글로벌: 최저 없음						2021 한국외대 교과글로벌 서울캠: 2개합 4(탐2)+史 4등급 / 글로벌: 최저 없음			
2022 학교장추천전형 2022 수능최저등급 ▶서울캠: 2개합 4 (탐1) 사/과탐+史 4등급 ▶글로벌: 최저 없음 인: 국영수사 30:30:20:20 자: 국영수과 20:20:30:30			2022 지원		2022 입결				2021 지원		2021 입결	
		모집인원	모집인원	최초경쟁률	최종평균 국영수사 50% 컷	최종평균 국영수사 70% 컷	최종등록추합인원	교과 270점 만점	모집인원	최초경쟁률	최종평균 국영수사	최종등록추합인원
인문대학	철학과	5	7	6.30	249.97	247.58	13		8	4.25	2.80	11
	사학과	5	7	8.00	254.39	250.70	20		8	3.75	3.10	10
	언어인지과학과	5	7	7.00	255.46	252.09	24		8	4.00	2.70	16
통번역대학	영어통번역학부	-	3	7.70	260.62	257.29	7		7	4.00	2.20	12
	독일어통번역학과	6	6	7.30	254.48	250.35	15		12	4.08	3.10	27
	스페인어통번역학	7	7	7.30	263.39	262.39	10		15	4.40	2.70	36
	이탈리어어통번역	3	2	5.50	229.26	229.26	6		4	3.75	2.80	1
	중국어통번역학과	-	3	9.70	254.93	249.86	5		8	4.44	3.10	26
	일본어통번역학과	-	4	7.00	258.45	256.42	8		8	3.75	2.70	6
	태국어통번역학과	-	4	3.80	244.72	240.24	9		6	3.00	3.10	7
	말레이인도네통번	4	4	5.00	250.75	247.91	8		6	6.17	2.70	16
동유럽대학	폴란드어과	4	4	6.30	259.32	255.69	3		6	8.33	3.10	25
	루마니아어과	4	4	7.30	241.28	235.26	10		6	5.17	3.20	6
	체코슬로바키아어	4	4	8.30	256.09	250.91	3		6	6.00	2.80	10
	헝가리어과	4	4	7.80	257.16	252.35	4		6	7.33	3.00	16
	세르비아크로아티	4	4	6.00	248.57	247.09	3		6	6.33	3.10	14
	우크라이나어	4	3	3.70	239.41	235.91	2		5	3.60	3.00	0
국제지역대학	프랑스학과	-	6	7.70	256.31	253.65	6		12	5.42	3.00	32
	브라질학과	-	5	6.40	238.57	233.55	13		8	17.10	3.10	11
	그리스불가리아학	4	4	5.30	247.34	240.89	4		8	8.63	3.20	10
	인도학과	-	3	5.00	238.56	229.96	5		6	4.50	3.30	9
	중앙아시아학과	4	4	9.30	251.45	250.18	2		8	5.00	3.20	14
	아프리카학부	6	6	5.30	241.82	228.02	19		12	4.75	3.00	18
	러시아학과	-	5	6.60	255.08	251.81	13		10	4.20	2.80	14
	한국학과	4	3	6.30	251.93	245.02	6		5	3.60	2.80	8
경상대학	GBT글로벌비지니	7	7	11.7	261.92	260.78	26		15	3.60	2.90	22
	국제금융학과	4	3	10.0	262.62	261.97	10		5	4.20	3.10	6
융합	융합인재학부	9	10	11.2	262.33	259.65	31		17	4.00	2.80	28
	글로벌스포츠산업학부	4	3	22.0	263.74	263.00	9		4	5.00	2.90	8
	글로벌자유전공 인문	8	신설									
글로벌교과 인문평균		109	4.7	7.61	252.07	248.27	294		235	5.25	2.94	419
자연과학대학	수학과	4	3	7.30	254.07	262.62	2		8	4.25	2.80	11
	통계학과	4	3	10.0	260.18	256.77	7		8	4.50	3.10	9
	전자물리학과	4	3	8.00	247.54	243.41	6		8	4.75	3.10	20
	환경학과	6	4	10.5	250.84	248.79	14		10	5.00	2.90	17
	생명공학과	6	4	10.0	259.51	259.15	11		10	5.70	2.50	29
	화학과	6	4	8.50	266.25	262.94	0		10	6.90	2.70	35
공과대학	컴퓨터공학부	5	4	13.0	260.25	257.79	8		11	6.36	2.50	28
	정보통신공학과	6	3	10.3	244.94	243.38	12		5	4.80	3.10	4
	전자공학과	6	3	13.0	253.41	252.63	10		5	6.80	3.10	21
	산업경영공학과	6	3	9.00	251.56	251.08	7		5	5.60	3.10	12
	바이오메디컬공학부	4	3	10.0	265.88	264.20	3		6	6.17	2.50	20
	글로벌자유전공자연	7	신설									
글로벌교과 자연평균		64	37	9.96	255.86	254.80	80		86	5.53	2.85	206

서류형 일괄전형 서류100%

대학	학과	2023 모집인원	2022 지원 모집인원	2022 지원 최초경쟁률	2022 입결 최종평균 국영수사	2022 입결 최종등록추합인원	충원율	2021 지원 모집인원	2021 지원 최초경쟁률	2021 입결 최종평균 국영수사	2021 입결 최종등록추합인원
영어대학	영어학과 ELLT	9	11	6.60	3.50	12	109.1%	4	6.25	2.00	3
	영미문학 문화학과	9	11	11.6	2.80	18	163.6%	4	8.00	3.10	1
	EICC학과	9	11	7.60	3.00	9	81.8%	3	6.33	2.20	2
서양어대학	프랑스어학부	9	11	8.20	3.50	20	181.8%	5	6.60	2.90	5
	독일어과	9	11	7.60	3.50	18	163.6%	10	6.00	3.10	17
	노어과	9	11	7.90	3.00	12	109.1%	3	5.00	3.90	2
	스페인어과	9	11	9.10	3.20	15	136.4%	9	4.89	2.50	16
	이탈리아어과	7	8	6.60	3.60	6	75.0%	3	4.00	3.60	3
	포르투갈어과	7	8	6.90	4.10	7	87.5%	3	6.00	2.90	5
	네덜란드어과	7	8	9.50	4.00	8	100.0%	3	6.33	2.30	1
	스칸디나비아어과	7	8	6.40	3.30	7	87.5%	3	5.00	2.70	1
동양어대학	말레이 인도네시	6	8	6.50	2.80	5	62.5%	3	5.67	2.90	3
	아랍어과	6	10	5.00	3.00	6	60.0%	3	7.00	2.50	0
	태국어과	6	8	6.50	3.40	4	50.0%	3	5.00	4.40	1
	베트남어과	6	5	6.20	2.60	1	20.0%	2	6.50	3.00	0
	인도어과	6	7	5.30	4.60	6	85.7%	3	6.33	2.90	0
	터키 아제르바이잔	6	7	6.00	3.20	9	128.6%	3	5.67	2.80	0
	페르시아이란어과	6	5	5.80	3.50	2	40.0%	2	4.50	2.60	0
	몽골어과	5	6	6.50	3.60	2	33.3%	3	6.67	3.60	5
중국일본대학	중국언어문화학부	9	11	10.2	2.70	23	209.1%	3	7.67	2.90	1
	중국외교통상학부	9	11	9.00	2.80	13	118.2%	3	7.67	2.70	1
	일본언어문화학부	8	10	9.80	2.50	6	60.0%	3	10.3	3.10	1
	융합일본지역학부	6	7	8.70	3.10	5	71.4%	3	7.33	1.80	4
사회과학	정치외교학과	4	5	11.6	1.80	7	140.0%	3	11.7	2.00	0
	행정학과	4	5	16.0	2.00	9	180.0%	3	13.3	2.30	5
	미디어커뮤니케이	9	12	18.2	2.40	13	108.3%	3	12.3	2.40	3
상경대학	국제통상학과	5	6	10.0	2.60	10	166.7%	3	7.00	2.00	1
	경제학부	9	11	9.20	1.90	13	118.2%	3	8.33	1.70	6
경영	경영학부	10	15	14.2	2.10	34	226.7%	15	10.2	2.10	21
사범대학	영어교육과	6	6	15.0	1.80	7	116.7%	3	6.67	2.70	3
	한국어교육과	2	2	17.5	2.00	4	200.0%	2	7.00	2.00	1
	프랑스어교육과	2	2	8.00	2.40	2	100.0%	2	5.50	2.50	0
	독일어교육과	2	2	8.00	3.90	2	100.0%	2	4.50	3.40	0
	중국어교육과	2	2	15.5	3.80	4	200.0%	2	5.50	4.90	1
국제학부	국제학부	8	10	15.4	2.20	13	130.0%	2	8.50	3.50	2
	LD 학부	3	4	11.0	1.60	8	200.0%	2	8.50	1.60	2
	LT 학부	2	2	8.50	2.10	2	100.0%	2	6.50	3.30	1
서울서류형 전체평균		238	288	9.50	2.92	342	116.8%	131	7.03	2.78	118

한국외대 2022 입결분석 04 - 수시 종합서류형 글로벌캠 2022. 06. 06. ollim

2022 종합서류 서류형 일괄전형 서류100%		2023 모집인원	2022 한국외대 종합글로벌 (2022 서류형 일괄전형 서류100% 전과목 기준)					2021 한국외대 종합글로벌 (2021 서류형 일괄전형 서류100% 신설 전과목 기준)			
			2022 지원 모집인원	2022 지원 최초경쟁률	2022 입결 최종평균 국영수사 국영수과	2022 입결 최종등록추합인원	충원율	2021 지원 모집인원	2021 지원 최초경쟁률	2021 입결 최종평균 국영수사 국영수과	2021 입결 최종등록추합인원
인문대학	철학과	8	12	5.80	3.50	25	208.3%	8	4.13	3.60	8
	사학과	8	12	8.90	3.20	28	233.3%	8	5.88	3.20	4
	언어인지과학과	8	12	5.60	3.90	10	83.3%	8	3.63	3.30	12
통번역대학	영어통번역학부	-	9	6.80	3.50	11	122.2%	6	7.00	2.90	2
	독일어통번역학과	9	14	5.00	3.90	9	64.3%	7	4.57	3.60	6
	스페인어통번역학	9	14	7.10	3.00	11	78.6%	7	5.86	4.10	7
	이탈리아어통번역	3	7	6.30	4.30	2	28.6%	3	5.00	4.70	4
	중국어통번역학과	-	11	9.50	3.30	9	81.8%	6	8.50	3.60	8
	일본어통번역학과	-	11	11.4	3.40	13	118.2%	6	7.83	4.00	10
	태국어통번역학과	-	10	5.00	4.10	2	20.0%	6	5.17	5.00	3
	말레이인도네통번	8	10	4.00	3.80	3	30.0%	6	4.67	3.90	5
동유럽대학	폴란드어과	8	9	5.60	3.90	8	88.9%	6	4.17	4.00	1
	루마니아어과	8	9	5.90	4.40	4	44.4%	6	4.17	5.00	3
	체코슬로바키아어	8	9	5.60	4.20	6	66.7%	6	4.50	4.40	5
	헝가리어과	8	9	5.20	4.40	5	55.6%	6	4.83	4.40	3
	세르비아크로아티	8	9	5.80	4.70	8	88.9%	6	4.67	4.20	1
	우크라이나어	3	3	7.00	4.80	2	66.7%	2	4.50	5.60	2
국제지역대학	프랑스학과	-	11	6.00	4.10	11	100.0%	6	5.33	3.50	8
	브라질학과	-	10	5.60	4.40	7	70.0%	5	4.40	4.90	4
	그리스불가리아학	8	10	6.20	3.70	3	30.0%	5	4.00	4.90	3
	인도학과	-	8	4.80	4.30	6	75.0%	5	4.00	3.70	5
	중앙아시아학과	8	10	6.10	3.90	7	70.0%	5	4.20	4.80	1
	아프리카학부	8	11	4.50	3.70	2	18.2%	6	5.00	3.70	2
	러시아학과	-	10	6.30	4.70	13	130.0%	4	7.25	3.60	7
	한국학과	5	6	5.70	3.50	10	166.7%	3	5.33	3.90	2
경상대학	GBT글로벌비지니	11	15	6.00	3.20	17	113.3%	7	7.00	2.70	4
	국제금융학과	6	6	6.20	2.40	5	83.3%	4	4.75	2.70	6
융합	융합인재학부	20	26	7.40	3.20	33	126.9%	16	7.94	2.90	12
	글로벌스포츠산업	7	9	17.4	2.50	10	111.1%	3	9.67	2.90	2
	글로벌자유전공 인문	22	신설								
글로벌서류형 인문평균		191	302	6.64	3.79	280	88.8%	172	5.45	3.92	140
자연과학대학	수학과	7	7	5.10	3.60	13	185.7%	5	6.20	3.00	5
	통계학과	7	7	5.00	3.50	12	171.4%	5	4.00	3.00	9
	전자물리학과	7	7	5.10	4.40	9	128.6%	5	3.80	3.80	8
	환경학과	7	8	10.6	3.00	18	225.0%	5	6.00	3.40	2
	생명공학과	7	8	7.90	2.50	12	150.0%	5	7.60	2.50	2
	화학과	7	8	6.30	2.90	16	200.0%	5	6.60	3.10	7
공과대학	컴퓨터공학부	12	7	9.00	3.00	15	214.3%	11	4.73	3.30	20
	정보통신공학과	4	4	8.30	3.50	8	200.0%	6	4.00	3.50	5
	전자공학과	6	8	7.50	3.20	12	150.0%	6	3.50	3.70	9
	산업경영공학과	6	8	6.00	3.30	9	112.5%	6	4.83	3.20	2
	바이오메디컬공학부	6	6	7.00	2.30	4	66.7%	6	5.33	2.60	7
	글로벌자유전공 자연	16	신설								
글로벌서류형 자연평균		92	78	7.07	3.20	128	164.0%	65	5.14	3.19	76

| 면접형 단계전형 ▶1단계 서류100% (3배수) 2단계 서류70+면접30 ▶1인당 8분 내외 공통 제시문 없음 | | 2023 모집인원 | 2022 한국외대 종합서울 ▶면접형 1단계 서류 100% (3배수) 2단계 서류 70%+ 면접 30% ▶면접 1인당 8분 내외 | | | | | 2021 한국외대 종합서울 ▶면접형 1단계 서류 100% (3배수) 2단계 서류 70%+ 면접 30% ▶면접 1인당 8분 내외, 전과목 기준 | | | |
| | | | 2022 지원 | | 2022 입결 | | | 2021 지원 | | 2021 입결 | |
대학	학과	모집인원	모집인원	최초경쟁률	충원율	최종등록추합인원	최종평균 주요교과 국영수사	모집인원	최초경쟁률	최종등록추합인원	최종평균 국영수사
영어대학	영어학과 ELLT	9	7	10.9	0%	0	3.10	18	5.44	12	3.10
	영미문학 문화학과	9	7	15.1	71.4%	5	3.90	18	8.17	16	3.30
	EICC학과	8	6	10.8	16.7%	1	3.20	17	5.35	10	2.70
서양어대학	프랑스어학부	9	7	12.9	85.7%	6	3.00	18	5.83	24	3.30
	독일어과	10	8	13.3	150.0%	12	3.20	18	5.56	16	3.90
	노어과	6	4	11.0	175.0%	7	4.20	12	6.75	7	3.70
	스페인어과	10	8	14.6	62.5%	5	4.30	18	5.33	19	4.00
	이탈리아어과	4	3	9.30	33.3%	1	2.90	7	5.29	2	3.90
	포르투갈어과	4	3	8.70	33.3%	1	2.50	7	8.57	0	2.70
	네덜란드어과	4	3	10.7	33.3%	1	4.90	7	5.00	5	3.80
	스칸디나비아어과	4	3	10.7	33.3%	1	4.30	7	8.00	2	2.80
동양어대학	말레이 인도네시	4	3	9.00	33.3%	1	3.40	7	6.86	3	2.60
	아랍어과	6	4	10.5	0%	0	3.10	10	6.40	2	3.10
	태국어과	4	3	10.0	33.3%	1	3.00	7	5.57	1	3.00
	베트남어과	4	3	10.0	33.3%	1	4.30	5	6.80	1	3.10
	인도어과	4	3	10.7	0%	0	3.00	6	4.83	5	4.30
	터키 아제르바이잔	4	3	12.3	0%	0	3.40	6	6.50	2	4.90
	페르시아이란어과	4	3	12.3	33.3%	1	3.60	5	5.20	3	3.40
	몽골어과	3	2	9.00	0%	0	4.50	4	7.75	1	4.50
중국일본대학	중국언어문화학부	7	5	14.6	0%	0	2.80	15	9.13	19	2.90
	중국외교통상학부	7	5	14.8	20.0%	1	2.50	14	7.86	8	3.00
	일본언어문화학부	6	4	17.0	0%	0	3.20	11	11.9	13	3.30
	융합일본지역학부	4	3	15.7	33.3%	1	3.00	6	8.17	4	3.20
사회과학	정치외교학과	6	5	20.4	60.0%	3	2.10	6	16.3	12	2.00
	행정학과	6	5	18.0	60.0%	3	2.30	6	21.2	6	2.70
	미디어커뮤니케이	9	6	22.2	66.7%	4	2.00	17	13.3	12	1.90
상경대학	국제통상학과	6	5	13.4	80.0%	4	3.00	8	10.3	16	2.40
	경제학부	10	8	11.3	37.5%	3	2.90	18	6.61	17	2.60
경영	경영학부	15	10	16.7	110.0%	11	2.40	18	12.2	23	2.20
사범대학	영어교육과	3	3	12.7	166.7%	5	2.70	10	7.00	12	2.00
	한국어교육과	3	3	13.3	0%	0	2.00	9	6.56	12	2.10
	프랑스어교육과	3	3	7.70	0%	0	4.20	4	6.75	1	4.40
	독일어교육과	3	3	9.30	0%	0	4.60	5	4.40	2	4.00
	중국어교육과	3	3	10.3	33.3%	1	4.80	4	7.25	3	3.60
국제학부	국제학부	5	3	18.3	33.3%	1	2.30	12	11.9	4	2.40
	LD 학부	4	3	12.3	66.7%	2	2.30	6	6.30	12	2.30
	LT 학부	3	3	9.00	33.3%	1	2.50	5	7.60	3	2.70
서울면접형 전체평균		213	163	12.7	44.0%	84	3.23	371	7.94	310	3.12

한국외대 2022 입결분석 06 - 수시 종합면접형 글로벌캠 *2022. 06. 06. ollim*

면접형 단계전형 ▶1단계 서류100% (3배수) 2단계 서류70+면접30 ▶1인당 8분 내외 공통 제시문 없음		2023 모집인원	2022 한국외대 종합글로벌 ▶면접형 1단계 서류 100% (3배수) 2단계 서류 70%+ 면접 30% ▶1인당 8분 내외, 공통 제시문 없음						2021 한국외대 종합글로벌 ▶면접형 1단계 서류 100% (3배수) 2단계 서류 70%+ 면접 30% ▶1인당 8분 내외, 공통 제시문 없음					
			2022 지원	2022 입결					2021 지원		2021 입결			
		모집인원	모집인원	최초경쟁률	충원율	최종등록추합인원	최종평균 국영수사 국영수과		모집인원	최초경쟁률		최종등록추합인원	최종평균 국영수사 국영수과	
인문대학	철학과	8	3	6.30	66.7%	2	3.20		8	6.00		6	3.50	
	사학과	8	3	10.0	0.0%	0	3.90		8	8.88		5	3.30	
	언어인지과학과	8	3	9.00	100.0%	3	3.60		8	5.38		3	3.10	
통번역대학	영어통번역학부	-	7	11.3	71.4%	5	3.10		9	8.11		4	3.30	
	독일어통번역학과	10	5	6.80	20.0%	1	5.00		7	8.29		9	3.40	
	스페인어통번역학	10	5	9.00	40.0%	2	4.00		8	6.38		5	3.60	
	이탈리어어통번역	3	2	6.00	50.0%	1	5.20		4	7.75		1	3.70	
	중국어통번역학과	-	5	12.0	0.0%	0	3.50		6	16.7		2	3.30	
	일본어통번역학과	-	4	12.0	125.0%	5	3.30		6	12.2		3	3.40	
	태국어통번역학과	-	3	6.70	33.3%	1	3.90		6	5.33		2	4.40	
	말레이인도네통번	5	3	6.30	66.7%	2	5.70		6	7.17		2	3.00	
동유럽대학	폴란드어과	6	3	7.70	33.3%	1	4.10		6	7.33		4	4.10	
	루마니아어과	6	3	10.3	33.3%	1	4.80		6	6.83		5	5.30	
	체코슬로바키아어	6	3	9.70	0.0%	0	5.20		6	6.83		4	5.00	
	헝가리어과	6	3	9.30	0.0%	0	5.50		6	7.50		2	4.80	
	세르비아크로아티	6	3	12.0	133.3%	4	4.10		6	7.00		4	3.80	
	우크라이나어	3	2	9.00	0.0%	0	4.50		2	6.50		1	4.90	
국제지역대학	프랑스학과	-	5	10.4	140.0%	7	3.60		6	11.0		12	4.30	
	브라질학과	-	4	10.0	75.0%	3	4.60		6	6.50		1	4.70	
	그리스불가리아학	6	3	9.30	33.3%	1	5.70		5	6.40		2	4.20	
	인도학과	-	2	6.50	0.0%	0	4.30		5	6.60		1	4.50	
	중앙아시아학과	6	3	7.00	33.3%	1	6.10		5	10.4		6	3.80	
	아프리카학부	9	5	6.60	20.0%	1	5.70		6	8.50		0	3.50	
	러시아학과	-	4	13.0	150.0%	6	4.10		5	8.20		6	4.70	
	한국학과	3	2	7.00	50.0%	1	4.40		4	6.75		5	3.10	
경상대학	GBT글로벌비지니	12	5	8.80	20.0%	1	4.10		8	10.8		5	3.10	
	국제금융학과	5	3	8.70	0.0%	0	2.80		4	7.25		1	3.40	
융합	융합인재학부	17	11	14.6	109.1%	12	3.50		18	11.0		6	3.90	
	글로벌스포츠산업	6	3	32.3	100.0%	3	4.10		10	18.2		2	3.70	
	글로벌자유전공 인문	13	신설											
글로벌면접형 인문평균		**162**	**110**	**9.92**	**51.9%**	**64**	**4.33**		**190**	**8.48**		**109**	**3.89**	

자연과학대학	수학과	5	3	3.70	33.3%	1	3.50		5	7.80		5	3.10	
	통계학과	5	3	5.30	133.3%	4	3.60		5	4.40		9	3.60	
	전자물리학과	5	3	5.00	200.0%	6	4.00		5	7.40		7	3.60	
	환경학과	7	3	14.7	0.0%	0	3.20		5	8.60		8	4.00	
	생명공학과	7	3	11.7	33.3%	1	3.10		5	10.0		4	3.20	
	화학과	7	3	7.30	33.3%	1	3.50		5	9.20		2	3.10	
공과대학	컴퓨터공학부SW	2	24	5.70	75.0%	18	3.30		11	6.91		16	3.40	
	정보통신공학SW	2	10	5.90	70.0%	7	4.30		6	6.33		7	3.90	
	전자공학과	7	3	6.30	100.0%	3	3.40		6	5.33		5	3.60	
	산업경영공학과	7	3	7.30	33.3%	1	3.50		6	6.00		1	3.50	
	바이오메디컬공학부	5	3	7.00	66.7%	2	2.90		6	5.50		1	3.10	
	글로벌자유전공 자연	13	신설											
글로벌면접형 자연평균		**72**	**61**	**7.26**	**70.7%**	**44**	**3.48**		**65**	**7.04**		**65**	**3.46**	

2023 대입 주요 특징	정시반영: 표준변환 공학 25:35:<u>25</u>:20
	영어: 136-133-128-123 … 이학 20:30:<u>30</u>:20

2023 모든내신반영 전년동일
- ▶경영/항운 등: 국영수+사/과
- ▶항우/항전 등: 국영수과
- ▶재학: 각 5개씩 총 20개 반영
- ▶졸업: 각 6개씩 총 24개 반영
- ▶이수단위 미반영, 전년 동일

1. 항공대 RANK ①교통물류 ②항공운항 ③항공우주기계공 ④소프트 및 자유전공 등 예상
2. 전형내신 RANK ①교과 ②미래인재 ③논술
3. 2023 논술100% 및 수능최저 유지★
4. 2022 신설학과: AI자율주행시스템공학과
5. 항공재료공학과→신소재공학과 명칭변경
6. 이수단위 미반영 <과목별가중치> *공학: 항우/항전/항재
   공학 15:30:35:20 항운 등 20:30:30:20 경영 25:35:20:20

7. 2022~23 인문계열 지원가능과 (수학 확통, 내신 국영수사)
   : AI소프트웨어학, 항공교통물류, 항공운항, 자유전공, 경영학

※ 기타 농어촌, 특성화고 전형 생략
※ 항공운항학과 2023 일정
- ▶1단계: 교과/농어촌/미래/고른 11.11(금), 논술 11.28(월)
- ▶신체검사
- ▶최종: 12.15(목)

모집시기	전형명	사정모형	학생부종합 특별사항	2023 수시 접수기간 09. 13(화) ~ 17(토)	모집인원	학생부	논술	면접	서류	기타	2023 최저등급
2023 수시 830명 2022 수시 646명	교과성적 우수자	일괄	학생부교과 최종: 12.15(목) <내신 2023> 국영수사 국영수과 학년학기 구분없이 최우수 5개씩 총 20개 이수단위 미반영 <가중치 적용> 공 15 30 35 20 이 20 30 30 20 경 25 35 20 20	2022 당시 성적상승예측 1. 2023 전년대비 25명 감소 2. 2021과 최저동일 3. 내신 국영수사/국영수과 과목별 5개 총 20개 반영 4. 항공운항 3배수 신검대상 5. 경영학: 글로벌항공경영전공 전체 영어수업 6. 자전 항공운항선택 90% 7. 2022 당시 내신변화 예측 내신 20개→0.2 상승효과	2023 214	교과 100					▶소프트/항교/ 항운/자전/경영 : 2개합5 (탐1) ▶기타 학과: 2개합6 (과1) *미적/기하 지정
	미래인재	1단계	학생부종합 면접전형 1단계 11.11(금) 면접영상업로드 11.11(금) ~11.23(수) 최종 12.15(목)	1. 2023 전년대비 3명 증가 2. 항공대특성화분야 잠재능력 3. 글로벌인재 성장역량보유자 4. 항공우주분야 자질재능 5. 미래선도 리더십 보유자 6. 특별활동/특정분야 재능 7. 항공운항 9명 등 8. 일반면접 서류확인 9. 자율동아리 등 항공관련 전공적합성 적어도 소신지원	2023 143	서류 100 (3배수)		▶2023 영상업로드 11.11(금)~11.23(수) 비대면 영상면접 방식 ①공통질문 사전공개 ②답변영상 2분 녹화 지정기간 내 업로드			최저 없음
		2단계				1단계 70 + 면접 30					
	논술우수자	일괄	논술전형 수능이후 논술 11.19(토) 오전/오후 최종 12.15(목)	1. 2023 전년대비 27명 증가 2. 2023 논술유형/범위 3. 수학강점 자연학생 이학/소프트/자전 추천 ▶90분, 2문항 공통 ▶항우/항전/신소재/드론/AI 공학: 수리 2문항 (수1 수2 미적분) ▶소프/항교/항운/자전 : 수리1 70%+언어1 30% ▶경영: 언어논술 2문항 논술기본 560점+실질 140점 학생기본 240점+실질 60점	2023 206		논술 100				▶소프트/항교/ 항운/자전/경영 : 2개합5 (탐1) ▶기타 학과: 2개합6 (과1) *미적/기하 지정
	고른기회	1단계	학생부종합 1단계 11.11(금) 면접영상업로드 11.11(금) ~11.23(수) 최종 12.15(목)	1. 국가보훈: 유공자 등 2. 기회균형: 기초 및 차상위 3. 항공운항 3명 등	2023 36	서류 100 (3배수)					
		2단계				1단계 70 + 면접 30					

한국항공대 2022 대입결과분석 01 - 교과전형

▶소프트/항교/항운 자전/ 경영 : 2개합 5 (탐1)
▶기타: 2개합 6 (탐1)

2022 교과전형
▶교과 100% (국영수사/국영수과 총 20개)

2021 교과전형
▶교과 100% (국영수사/국영수과 총 20개)

계열	학과	2023 인원	2021 인원	2021 경쟁률	실질 경쟁률	추합 인원	최종 평균	최종 70%	환산 평균	환산 70%	2021 인원	2021 경쟁률	실질 경쟁률	추합 인원	최초 평균	최종 평균	환산 점수
공학	항공우주기계공학	43	53	8.0	5.7	78	2.30	2.50	987.0	985.8	52	3.6	2.3	59	2.50	2.80	985.2
	항공전자정보공학	40	48	5.2	3.5	51	2.50	2.60	985.9	984.6	49	4.4	3.3	71	2.20	2.30	988.5
	신소재공학과	9	12	6.6	3.2	6	2.50	2.70	985.7	984.3	11	9.1	4.1	8	2.30	2.40	987.6
	스마트드론공학과	13	12	5.9	3.6	9	2.50	2.60	985.7	984.8	13	4.5	2.1	7	2.60	2.80	984.4
	공학계열	12	13	5.3	3.1	17	2.80	2.90	983.8	981.7	13	5.2	2.5	6	2.40	2.40	986.6
	AI자율주행시스템공	10	10	6.0	4.2	7	2.60	2.80	984.4	983.3	신설	-	-	-	-	-	-
이학	소프트웨어학과	15	15	5.1	1.9	10	2.60	2.50	985.0	983.7	16	4.6	2.7	19	2.30	2.40	987.2
	항공교통물류학부	18	20	4.4	2.1	19	2.60	3.00	984.2	980.2	21	4.5	3.2	32	1.60	1.70	993.7
	항공운항학과	11	12	5.3	1.9	4	1.70	2.00	993.1	991.0	12	6.8	2.8	12	1.20	1.30	997.7
	자유전공학부	18	19	4.6	1.9	16	2.80	3.50	981.6	973.4	12	5.3	3.8	14	1.80	1.90	992.1
사회	경영학부	25	25	5.3	2.4	26	3.00	3.10	980.1	979.2	28	4.3	2.6	29	2.50	2.60	985.4
		214	239	5.6	3.0	243	2.54	2.75	985.1	982.9	227	5.2	2.9	257	2.14	2.26	988.8

한국항공대 2022 대입결과분석 02 - 미래인재 종합

2022 미래인재
▶1단계: 서류100% (3배수) 수능최저 없음
▶2단계: 1단계 70+면접 30

2021 미래인재
▶1단계: 서류100% (3배수) 수능최저 없음
▶2단계: 1단계 70+면접 30

계열	학과	2023 인원	2022 인원	경쟁률	1단계 평균	1단계 최저	최종 평균	최종 최저	추합 인원	실질 경쟁률	2021 인원	경쟁률	1단계 평균	1단계 최저	최종 평균	최종 최저	추합 인원
공학	항공우주기계공학	34	34	6.0	2.70	4.80	2.70	4.80	27	3.33	36	7.2	2.20	3.20	2.20	2.90	35
	항공전자정보공학	32	31	3.9	3.30	6.50	3.10	4.40	12	2.79	33	3.5	3.00	6.70	2.60	3.50	18
	신소재공학과	7	8	5.0	3.20	5.90	3.20	3.90	3	3.64	9	3.3	3.40	6.20	2.80	3.40	4
	스마트드론공학과	10	8	8.5	3.10	4.70	3.00	3.60	4	5.67	8	8.8	2.90	4.20	2.70	3.80	3
	공학계열										-	-	-	-	-	-	-
	AI자율주행시스템공	8	8	5.8	2.80	3.40	2.80	3.10	6	3.29	신설	-	-	-	-	-	-
이학	소프트웨어학과	11	11	5.0	3.00	4.70	2.80	3.60	9	2.75	12	3.9	2.80	4.50	2.70	4.50	3
	항공교통물류학부	14	13	5.8	2.40	3.70	2.20	2.70	6	3.95	14	6.4	2.20	3.10	2.00	2.60	5
	항공운항학과	8	9	11.9	1.80	2.40	1.70	1.90	2	9.73	9	17.0	1.60	2.20	1.40	2.00	1
	자유전공학부										-	-	-	-	-	-	-
사회	경영학부	19	18	6.1	3.70	6.50	3.60	5.80	9	4.04	18	3.2	3.90	7.10	3.30	6.00	11
		143	140	6.4	2.89	4.73	2.79	3.76	78	4.35	139	6.7	2.75	4.65	2.46	3.59	80

한국항공대 2022 대입결과분석 03 - 논술전형

수능최저 없음 2020~2021
수능최저 신설 2022
▶소프트/항교/항운
　자전/ 경영
　: 2개합 5 (탐1)
▶기타: 2개합 6 (탐1)

2022 논술전형 ▶교과 30+논술 70 / 2021 논술전형 ▶교과 30+논술 70

		2023 인원	2022 인원	경쟁률	실질 경쟁률	최초합 등록률	논술 평균	논술 최저	추합 인원	내신 평균	2021 인원	경쟁률	실질 경쟁률	최초 평균	최종 평균	추합 인원	내신 평균
공학	항공우주기계공학	42	38	20.2	9.2		70.4	60.0	28		36	14.6	11.9	81.9	72.0	9	3.6
	항공전자정보공학	39	36	19.4	8.7		64.9	58.0	22		33	13.1	11.3	80.9	71.0	16	4.3
	신소재공학과	9	9	18.6	7.4		61.6	54.0	3		10	13.0	10.6	81.3	73.0	1	4.1
	스마트드론공학과	12	9	17.0	6.9		63.1	53.0	3		9	11.2	9.7	81.4	73.0	1	4.8
	공학계열	12	9	18.1	6.8		61.4	51.5	6		9	12.4	10.4	80.8	72.5	4	4.2
	AI자율주행시스템공	9	10	18.7	8.1		62.9	55.5	4		신설	-	-	-	-	-	-
이학	소프트웨어학과	14	11	23.3	4.3		81.5	72.0	3		12	13.3	9.8	71.7	62.5	1	4.2
	항공교통물류학부	18	15	21.6	6.1		85.3	77.5	0		14	16.6	12.8	72.8	64.0	3	3.5
	항공운항학과	10	9	56.0	18.6		95.1	91.0	0		10	45.3	33.9	82.3	75.0	1	3.4
	자유전공학부	18	14	22.4	3.9		76.8	65.5	3		19	13.6	9.7	63.2	50.5	5	4.3
사회	경영학부	23	19	27.9	5.5		83.9	80.5	5		19	18.9	15.7	84.4	81.0	1	4.1
		206	179	23.9	7.8		73.4	65.3	77		171	17.2	13.6	78.1	69.5	42	4.1

한국항공대 2022 대입결과분석 04 - 정시수능

2022 정시수능 ▶공학 25:35:25:20 ▶이학 20:30:30:20 ▶영어 136-133-128-123 ... / 2021 정시수능 ▶공학 25:35:25:20 ▶이학 20:30:30:20 ▶영어 136-133-128-123 ...

		2023 인원	2022 인원	경쟁률	추합 인원	실질 경쟁률	환산 평균	국수탐 평균	영어 평균	백분위 70%컷	2021 인원	경쟁률	실질 경쟁률	환산 평균	국수영탐 평균등급	국수탐 평균	영어 평균
공학	항공우주기계공학	49	63	5.6	53	3.05	628.9	3.1	2.2	85.8	69	3.6	3.6	616.4	2.9	3.2	2.0
	항공전자정보공학	46	61	4.3	44	2.50	627.6	3.1	2.1	80.8	68	3.2	3.2	614.6	2.9	3.3	2.0
	신소재공학과	10	18	7.9	30	2.96	622.6	3.3	2.2	79.8	22	10.6	10.6	618.8	2.9	3.1	2.1
	스마트드론공학과	14	18	5.2	16	2.74	625.8	3.2	2.5	78.7	18	3.3	3.3	610.0	3.1	3.4	2.2
	공학계열	10	19	7.6	31	2.90	631.5	3.0	2.3	78.3	19	6.9	6.9	624.0	2.7	3.0	1.9
	AI자율주행시스템공	11	11	7.0	18	2.66	630.0	2.9	2.5	83.3	신설	-		-	-	-	-
이학	소프트웨어학과	16	23	5.7	44	1.94	626.4	3.3	2.1	80.3	24	4.5	4.5	628.2	2.8	3.1	2.1
	항공교통물류학부	21	30	4.3	22	2.48	653.2	2.6	1.9	83.8	34	3.3	3.3	651.3	2.1	2.3	1.6
	항공운항학과	12	20	3.9	2	3.55	667.6	2.2	2.0	88.7	20	5.5	5.5	665.0	1.8	2.0	1.2
	자유전공학부	28	18	7.1	35	2.42	646.2	2.9	1.9	86.0	18	5.5	5.5	645.7	2.3	2.6	1.7
사회	경영학부	14	42	6.6	40	3.38	624.1	3.1	2.1	79.0	45	3.9	3.9	635.4	2.6	2.9	1.8
		231	323	5.9	335	2.78	634.9	3.0	2.2	82.2	337	5.0	5.0	630.9	2.6	2.9	1.9

한서대학교

| 정시 영탐1+국/수 택1+史: 영40탐20국/수35
영어: 100-95-90-84-78... 항공운항: 국수영탐1史

▶교과1: 국영수+사/과 2개씩 총 8개 반영 ▶교과2: 국영수 중 1개 교과 총 5개 반영 ▶학년 동일, 단위수 미적용 ▶진로선택과목 미반영	1. 2023 교과전형 투트랙 : 학생부교과2 전형신설★ 2. 대표전형 4개 ①학생부교과1 ②학생부교과2 　　　　③한서인재 (면접) ④융합인재 (종합) 3. 내신 일반 단위수 미적용, 종합전형 자기소개서 없음 　단위수 적용 2개학과 ①항공기계정비 ②항공운항 4. 항공관광과 면접필수: 교과60+면접40 5. 항공운항=전문조종사★, 항공관광=승무원★ (면접실시)

6. 무인항공기학과 2019 통합 (무인항공기+드론응용전공) 7. 항공/보건 제외 전과제도 활용★★ 8. 2023 지역인재 서류100→교과100 변경 9. 2023 지역기회균형 3명 신설 10. 2023 자유전공 신설, 11. 학과분리: 보건상담복지→ 안전보건, 사회복지 분리 등

모집시기	전형명	사정모형	학생부종합 특별사항	2023 수시 접수기간 09. 13(화) ~ 17(토)	모집인원	학생부	논술	면접	서류	기타	2023 수능최저등급
2023 정원내 수시 1,456명	학생부교과1	일괄	학생부교과 최저없음 최종 11.15(화)	1. 2023 전년대비 90명 감소 2. 항공관광 면접 　교과60+면접40 ▶항공관광(스튜어디스) 10.21(목)~10.25(월)	327 2022 417	교과 100					
	학생부교과2 (신설)	일괄	학생부교과 전형신설 최종 11.15(화)	1. 2023 전형신설	181	교과 100					
	한서인재 일반전형 면접전형	일괄	학생부교과★ 최저없음 항공융합/일반 항공/보건 면접일정 별도 최종 12.02(금)	1. 2023 전년대비 36명 감소 2. 면접 반영률: 58% 3. 多대多 면접 주안점 학생부 비교과 발전가능성 자기주도, 논리적 표현능력 도덕성, 사회성 인성 평가	394 2022 430	교과 60 + 면접 40		일반면접 2023 일정 10.21(금) 항공융합/보건 /해양바이오수산생명 모든 호텔카지노관광 10.22(토) 항공/디자앤터 항공관광(스튜) 모든면접 : 10.21(금)~10.25(화)			최저 없음 항공운항/항공조종 헬리콥터조종학과 신검발표 최종발표
	융합인재	일괄	학생부종합 자소서없음 최저없음 최종 11.15(화)	1. 창의 유연사고 목적 신념 나눔실천, 사회공헌 인재 2. 전공적합/잠재/인성사회 3. 항공운항/항공관광모집X 4. 학부별 평가 주목	125 2022 166	서류100		1. 2023 전년대비 41명 인원감소 2. 동아리 활동롯 각종 비교과활동, 수상경력 등 종합적 확인 4. 학부별 평가에 주목, 입시요강 참고 예) 항공융합: 항공/수학/과학/영어 동아리			
	지역인재	일괄	학생부종합 최저없음 최종 11.15(화)	1. 대전/세종/충남북 대상자 2. 서류100→교과100 변경	111 2022 99	교과 100					
	사회기여 배려자	일괄	학생부교과 최저없음 최종 11.15(화)	유공/군인/경찰/소방/교도 공무원/교직/다문/다자녀3 5급공무원, 교직원자녀등	132 2022 156	교과 100		●항공기계 2명 1.6 ●항공교통물류 3명 2.0 ●물리치료 5명 2.6 ●작업치료 4명 4.5 ●간호학과 4명 2.1 ●공항행정 5명 3.3 등			
	기회균형 (정원외)	일괄	학생부교과 최저없음 최종 11.15(화)	기초수급 및 차상위자녀	23 2022 23	교과 100		<2023 기타전형생략> 농어촌/특성화/서해5도 등			

2022~2023 한서대학교 단과대별 학과편제

<보건학부> 2023
- ●의료복지공학과과
- ●물리치료학과
- ●작업치료학과
- ●방사선학과
- ●간호학과
- ●치위생학과
- ●보건상담복지학과
- ●피부미용화장품과학과
- ●바이오식품과학과

<항공융합학부> 2023
- ●글로벌언어협력학과(영/중/일/국제협력)
- ●공항행정학과(공항홍보/공항행정)
- ●항공보안학과
- ●항공컴퓨터전공
- ●항공인프라시스템(건축/토목/전기/환경)
- ●항공신소재화공학과(신소재/화공)

<항공학부> 2023
- ●항공소프트웨어공학과
- ●항공기계정비학과　●항공산업공학과
- ●항공운항학과(조종사 양성)
- ●헬리콥터조종학과　●항공전자공학과
- ●무인항공기학과(무인항공기/드론/시스템)
- ●항공교통물류학과(항공교통학/항공물류)
- ●항공관광학과(승무원 양성)

2022~2023 한서대학교 단과대별 학과편제

<디자인 엔터미디어학부> 2023
- ●디자인융합학(의상/시각/공간/산업)
- ●영상애니메이션학과　●문화재보존학과
- ●실용음악학과　　　　●미디어문예창작학과

<융합교양학부> 2023
- ●호텔카지노관광학과

<해양스포츠학부> 2023
- ●해양경찰학과(2022 신설)
- ●해양바이오수산생명의학과
- ●경호비서학과
- ●레저해양스포츠학과

한서대학교 2022 입결분석 01 - 학생부교과

2022. 06. 22. ollim

▶교과 반영 단위수 미적용
국외수+사/과 2개씩
총 8개 반영 ★★
(동일과목 중복불가)
▶학년 비율: 동일

		2023 인원	학생부교과 2022 교과 100%							학생부교과 2021 교과 100%						
			인원	경쟁률	교과 최고	교과 평균	교과 80%	교과 최저	추합 인원	인원	경쟁률	교과 최고	교과 평균	교과 80%	교과 최저	추합 인원
항공 융합 학부	글로벌언어협력	21	25	2.16		5.0	5.9		29	20	4.30		3.5		5.8	65
	공항행정학과	12	15	8.40		4.0	4.5		29	14	2.93		4.4		6.3	24
	항공보안학과	8	9	5.22		3.5	4.4		26	6	3.33		3.2		4.3	8
	항공컴퓨터전공	7	9	5.11		4.1	4.8		20	5	2.60		3.9		5.0	7
	항공인프라시스템	18	30	2.70		5.0	5.5		51	23	2.09		3.9		5.7	22
	전기전자공학과	5	30	2.70		5.0	5.5		51							
	항공신소재화학공	14	16	3.88		5.0	5.6		45	13	2.38		3.7		7.0	18
항공 학부	항공소프트웨어공학	16	19	3.63		3.6	4.2		48	13	5.77		2.6		3.2	46
	항공기계정비학과	14	17	7.18		2.5	2.8		38	-			-		-	-
	항공운항 파일럿	7	12	7.92		1.2	1.4		28	-			-		-	-
	헬리콥터조종학과	8	8	3.63		2.5	2.7		10	5	11.2		1.5		1.7	14
	항공전자공학과	11	10	7.10		3.4	3.4		31	9	3.67		3.1		4.2	19
	무인항공기학과	11	12	7.25		3.3	3.6		32	8	4.13		2.8		4.1	18
	항공산업공학과	8	9	4.44		4.0	4.2		31	7	2.86		4.3		5.1	13
	항공교통물류학과	14	14	6.21		1.9	2.3		61	12	7.17		1.8		2.3	53
	항공관광학과	13	20	55.8		4.5	5.3		11	23	52.1		3.5		5.2	9
보건 학부	의료복지공학과	7	13	2.85		5.3	5.3		24	7	10.4		4.9		5.5	52
	물리치료학과	10	9	5.78		2.8	2.9		11	6	7.17		2.3		2.6	21
	작업치료학과	10	12	9.25		4.6	4.9		64	8	5.38		4.1		5.2	30
	방사선학과	11	13	8.54		3.4	3.4		31	8	4.88		3.0		3.8	27
	간호학과	12	16	5.06		3.8	4.0		28	10	7.10		2.1		2.3	29
	치위생학과	10	12	5.67		3.8	4.6		54	7	9.71		3.2		3.6	56
	안전보건학과	5	17	2.59		5.5	5.8		26	17	3.41		4.3		5.6	39
	사회복지학과	10	17	2.59		5.5	5.8		26							
	피부미용화장품과학	8	10	5.30		5.6	6.1		43	12	3.08		5.6		6.7	25
	바이오식품과학과	10	12	3.00		4.9	4.9		24	11	4.09		4.2		5.2	34
디자인 앤터 미디어 학부	디자인융합학과	10	15	3.73		4.8	4.9		39	10	6.80		3.8		4.3	33
	영화영상학과	5	10	8.80		5.3	5.6		77	8	10.1		4.5		6.0	71
	문화재보존학과	8	14	1.86		4.3	4.3		12	7	2.29		3.4		4.6	9
	미디어문예창작학과	7	13	6.92		5.8	6.1		77	8	8.88		4.4		7.0	63
융합교양	호텔카지노관광학과	5	5	11.0		4.0	4.8		28	10	7.00		4.8		5.7	21
해양 스포츠 학부	해양경찰학과	7	10	5.20		4.8	4.9		21	신설						
	해양바이오수산생명	5	11	2.18		5.8	5.8		11	10	2.60		4.2		5.2	15
계		327	297	6.78		4.2	4.6		1137	297	7.1		3.6		4.8	841

▶ 교과 반영 단위수 미적용
국외수+사/과 2개씩
총 8개 반영 ★★
(동일과목 중복불가)
▶ 학년 비율: 동일

학부	학과	한서인재면접 2022 2023 인원	한서인재면접 2022 (교과 40% + 면접 60%) 인원	경쟁률	최종등록 교과입결 교과 최고	교과 평균	교과 80%	교과 최저	추합 인원	한서인재면접 2021 (교과 40% + 면접 60%) 인원	경쟁률	최종등록 교과입결 교과 최고	교과 평균	교과 80%	교과 최저	추합 인원
항공융합학부	글로벌언어협력	21	20	1.35		5.9	6.3		6	20	2.20		4.2		5.5	16
	공항행정학과	12	14	2.00		5.0	5.8		14	12	2.42		3.4		4.7	8
	항공보안시스템전공	6	8	2.88		5.3	5.3		5	7	2.43		4.2		5.2	5
	항공컴퓨터전공	7	8	2.13		4.9	5.3		9	7	2.14		5.0		6.8	8
	항공인프라시스템	19	27	0.89		6.0	6.3		-	27	1.44		4.3		5.3	3
	전기전자공학과	6	27	0.89		6.0	6.3		-							
	항공신소재화공	12	11	1.18		7.1	7.1		-	11	2.6		4.0		4.8	9
항공학부	항공소프트웨어공학	19	15	1.93		4.0	4.4		12	15	2.67		3.5		4.3	4
	항공기계정비학과	20	21	5.52		2.8	3.1		20	31	6.23		2.2		3.1	24
	항공운항 파일럿	31	27	6.63		1.4	1.6		16	33	6.82		1.3		1.7	18
	헬리콥터조종학과	7	10	3.50		2.1	2.4		0	7	3.86		2.0		2.6	2
	항공전자공학과	11	11	2.91		3.5	3.7		6	11	3.64		2.4		3.2	13
	무인항공기학과	13	17	3.53		3.8	4.5		10	15	4.33		2.9		3.1	5
	항공산업공학과	7	12	1.33		4.9	5.2		4	10	2.70		3.3		3.8	4
	항공교통물류학과	20	18	3.44		2.4	2.6		13	18	4.00		2.1		2.5	14
	항공관광학과	26	26	49.7		4.1	4.6		17	30	58.2		2.6		4.8	8
보건학부	의료복지공학과	7	12	0.83		5.1	5.1		-	7	2.00		5.5		6.2	4
	물리치료학과	10	11	5.09		3.1	3.3		16	10	5.80		2.7		3.5	6
	작업치료학과	10	11	2.09		5.4	6.5		12	9	2.67		4.8		5.7	10
	방사선학과	10	12	7.00		4.1	4.4		15	10	2.80		4.1		5.2	6
	간호학과	17	23	5.39		3.0	3.3		14	17	3.47		2.9		3.8	19
	치위생학과	9	13	5.31		4.1	4.5		21	13	3.85		3.9		5.0	26
	안전보건학과	6	15	0.87		5.9	5.9		-	17	2.00		5.3		6.7	12
	사회복지학과	9	15	0.87		5.9	5.9		-							
	피부미용화장품과학	5	11	1.73		5.9	7.0		8	14	1.79		5.3		6.8	3
	바이오식품과학과	5	10	0.70		6.0	6.0		-	10	2.40		5.3		6.0	7
디자인앤터미디어학부	디자인융합학과									-	-		-		-	-
	영상애니메이션학과									-	-		-		-	-
	영화영상학과	5	8	2.00		6.0	6.0		8	10	3.50		4.9		6.0	17
	문화재보존학과	11	11	1.09		5.3	5.5		1	8	1.38		4.1		4.3	0
	실용음악과									-	-		-		-	-
	미디어문예창작학과	5	12	1.50		5.6	6.4		6	9	2.22		4.7		5.7	8
융합교양	호텔카지노관광학과	22	20	2.70		5.0	5.6		33	15	3.20		4.8		6.2	13
해양스포츠학부	해양경찰학과	11	10	2.10		5.0	5.3		4	신설	-		-		-	-
	해양바이오수산생명	5	6	1.50		5.1	5.1		3	8	1.88		4.7		6.1	5
	경호비서학과									-	-		-		-	-
	레저해양스포츠학과									-	-		-		-	-
자유전공학부		10														
계		394	411	4.08		4.7	5.0		273	411	4.99		3.8		4.8	277

한서대학교 2022 입결분석 03 - 융합인재종합

2022. 06. 22. ollim

▶교과 반영 단위수 미적용
국외수+사/과 2개씩
총 8개 반영 ★★
(동일과목 중복불가)
▶종합전형 전과목 정성

학부	학과	2023 인원	융합인재종합 2022 서류 100% 인원	경쟁률	교과 최고	교과 평균	교과 80%	교과 최저	추합 인원	융합인재종합 2021 서류 100% 인원	경쟁률	교과 최고	교과 평균	교과 80%	교과 최저	추합 인원
항공융합학부	글로벌언어협력	10	20	1.25						20	2.50		4.4			28
	공항행정학과	8	11	2.45						10	2.00		3.8			10
	항공보안시스템전공									-	-		-			
	항공컴퓨터전공									-	-		-			
	항공인프라시스템	7	20	0.95						20	1.60		4.0			12
	전기전자공학과	3														
	항공신소재화공	7	13	1.38						13	1.54		4.4			6
항공학부	항공소프트웨어공학	5	12	1.92						12	2.58		3.6			18
	항공기계정비학과	8	10	5.60						12	8.67		2.2			25
	항공운항 파일럿	5								-	-		-			-
	헬리콥터조종학과	5								-	-		-			-
	항공전자공학과	5	7	3.43						7	4.29		2.7			12
	무인항공기학과	5	11	5.91						10	5.30		3.6			12
	항공산업공학과	4								-	-		-			-
	항공교통물류학과	6	11	5.27						10	7.20		2.2			13
	항공관광학과									-	-		-			-
보건학부	의료복지공학과	5								7	1.29		5.3			2
	물리치료학과	6	5	4.80						6	6.50		3.3			9
	작업치료학과	6	5	2.60						8	2.63		4.7			9
	방사선학과	6	6	2.83						8	6.75		4.0			7
	간호학과	9	11	4.73						9	5.56		3.2			10
	치위생학과	6	6	4.00						6	3.7		4.3			9
	안전보건학과	2	10	1.10						18	1.61		5.2			9
	사회복지학과	3														
	피부미용화장품과학									7	2.43		5.2			10
	바이오식품과학과		5	0.80						10	1.20		5.7			1
디자인앤터미디어학부	디자인융합학과									-	-		-			-
	영상애니메이션학과									-	-		-			-
	영화영상학과									-	-		-			-
	문화재보존학과									7	1.29		4.7			2
	실용음악과															
	미디어문예창작학과									6	7.17		5.0			27
융합교양	호텔카지노관광학과									-	-		-			-
해양스포츠학부	해양경찰학과	4	3	3.00						신설	-		-			-
	해양바이오수산생명									-	-		-			-
	경호비서학과									-	-		-			-
	레저해양스포츠학과									-	-		-			-
	계	125	206	3.06					0	206	3.79		4.1			231

2023 대학별 수시모집 요강	한성대학교	2023 대입 주요 특징

2023 대입 주요 특징: <정시변화> 국35% 수25% 영20% 탐1 20% 등 / 영어: 100-97-94-80-70-55.. 상상인재 우수순

좌측 요약:
- ▶2023 교과Ⅰ만 변화 상위 3개 총 12개 반영★
- ▶크리/사과/패션/문콘 뷰티디자인매니: 국영수사
- ▶IT공과/ AI응용: 국영수과
- ▶상상인재: 국영수+사/과
- ▶이수단위 반영
- ▶진로선택과목 반영

중앙 요약:
1. 2023 교과100% 투트랙: ①최저유무 ②내신 차별화 명확화
2. 2023 교과Ⅰ전형 내신반영 변화: 3개씩 총 12개 반영★★
3. 교과Ⅰ전형 수능최저 전년동일, 야간학과 지원전략 부심
4. 교과Ⅱ전형 수능최저 미적용 및 내신반영 유지
5. 한성인재 등 종합전형 서류 100% 유지
6. 정시 학부모집제: 상상력인재학부, ICT디자인학부
7. 종합 학부단위=계열적합성, 학부모집제: 2학년 진학시 선택
8. 2023 융합보안학과 자연 신설

우측 요약:
9. 야간학과 참고: 졸업증명 야간표기 없음, 동일전공 동일과정 직장인 많지 않음, 또래 대학생 대부분, 주야별도 수강신청
10. 한성대 개편 2022~2023 학부별 트랙전공분류 ★★
   - ①크리에이티브 인문예술: 영미 등 인문 8개+예술 6개학과
   - ②미래융합 사회과학대학: 사회과학 국제통상 등 11개학과
   - ③디자인대학: 글로벌패션 3개+ICT디자인학부 등 8개학과
   - ④IT공과대학: 컴공 4개+기계 4개+IT융합 4개+스마트경영 3
   - ⑤창의융합대: 상상력인재학부, 문학문화콘텐츠, AI응용학과

모집시기	전형명	사정모형	학생부종합 특별사항	2023 수시 접수기간 09.13(화)~17(토)	모집인원	학생부	논술	면접	서류	기타	2023 수능최저
2023 수시 1,253명 / 2022 수시 1272명	교과Ⅰ	일괄	학생부교과 최저 있음 최종 12.14(수) / 인: 국영수사 중 상위 12개 / 자: 국영사과 중 상위 12개 동일비율	1. 2023 전년대비 44명 감소 2. 2023 수능최저 유지 3. 2023 내신반영 변화★★ 각 3개씩 총 12개로 축소 4. 국영수사과 이수단위 100 1~4등급간 20점차 유지 5. 계열 내신반영교과 유지 ①크리/사과/패션/문콘 뷰티디자인매니: 국영수사 ②IT공과/ AI응용: 국영수과 ③상상인재: 국영수+사/과 ④이수단위 반영 ⑤진로선택과목 3개 반영	298 주197 야113 / 2022 342 주217 야125	교과 100 2023 단과대 모집인원 ▶크리인문23 야간17 ▶사회과학23 야간27 ▶패션산업06 야간13 ▶IT공과대71 야간23 ▶상상인재34 야간X ▶문화콘텐25 야간18 ▶AI응용학05 야간03 ▶융합보안(신설)10					최저 전년과 동일 / 인자주: 2개7(탐1) / 인자야: 2개8(탐1)
	교과Ⅱ	일괄	학생부교과 최저 없음 최종 11.11(금) / 인: 국영수사 / 자: 국영사과 동일비율	1. 최저없는 교과 2년차 2. 2023 전년대비 인원유지 3. 2023 내신반영 유지 4. 국영수사과 이수단위 100 1~4등급간 20점차 유지 5. 진로선택과목 전체반영	240 주138 야102 / 2022 240 주138 야102	교과 100 2023 단과대 모집인원 ▶크리인문15 야간15 ▶사회과학15 야간26 ▶패션산업05 야간11 ▶디자인03 야간05 ▶IT공과대61 야간33 ▶상상인재24 야간X ▶문화콘텐15 야간12					최저 없음
	한성인재	일괄	학생부종합 자소서제출 최저없음 최종 11.11(금)	1. 2023 전년대비 인원유지 2. 서류비중 100% 유지 3. 학부단위 계열적합성★★ 전임사정관 1명, 내신확인 교수진의 정량평가 선호→ 한성/가천/경기/덕성/동덕 4. 학업성취도 등 종합평가 성적추이, 성실성, 적극성 등 5. 지적탐구력 30점 계열적합성 30점 발전가능성 20점 인성사회성 20점	300 주200 야100 / 2022 300 주200 야100				서류 100 2023 단과대 모집인원 ▶크리인문47 야간18 ▶사회과학53 야간30 ▶패션산업25 야간13 ▶디자인매05 야간03 ▶IT공과대70 야간36		최저 없음
	고른기회 보훈대상 및 사회배려통합	일괄	학생부종합 자소서제출 최저없음 최종 11.11(금)	보훈대상+기초차상위대상 1.보훈대상자 2.기초 및 차상위 자녀	45 야간 없음 / 2022 45				서류 100 2023 단과대 모집인원 ▶크리인문12 야간x ▶사회과학15 야간x ▶패션산업03 야간x ▶IT공과대15 야간x		최저 없음 / 농어촌54 특성화19 실기114 특기평생39 특성화졸80 등생략

하단 좌측:

2022 05.06.(수) ollim

※ 한성대 개편 2022~2023 학부별 트랙전공분류 ★★★★
- ▶크리에이티브 인문예술: 영미 등 인문학부 8개+예술 6개학과
- ▶미래융합 사회과학대학: 사회과학부 국제통상 등 11개학과
- ▶디자인대학: 글로벌패션 3개+ICT디자인학부 등 8개학과
- ▶IT 공과대학: 컴공 4개+기계 4개+IT융합 4개+스마트경영 등 3개학과
- ▶창의융합대학: 상상력인재학부, 문학문화콘텐츠학과, AI응용학, 융합보안 신설

하단 우측:

▶2023 정시 국수영탐 백분위평균 반영변화 4유형
1. 인문학부/문학문화콘텐츠/사회과학/패션산업/CT디자인㈜ 뷰티디자인매니지먼트 : 국35% 수25% 영20% 탐1 20%
2. IT공과대학,AI응용학과 : 국25% 수35% 영20% 탐1 20%
3. 상상력인재학부 : 우수 성적순 40%-30%-20%-10% 반영
4. CT디자인학부(야) : 국40% 영40% 탐1 20%

2022 교과전형 I / 2021 교과전형 I

<2022 수능최저등급> ★ 인주간: 2개합 6 (탐1) 인야간: 2개합 8 (탐1) 자주간: 2개합 7 (과1) 자야간: 2개합 8 (과1)		2023 교과 I 인원	2022 교과전형 I ▶교과 100% (국영수사/국영수과 전체)								2021 교과전형 I ▶교과 100% (국영수사/국영수과 전체)							
			2022 인원	경쟁률	추합 경쟁률	최초합 등록률	최종 평균	최종 80%	추합 인원	환산 점수	2021 인원	경쟁률	실질 경쟁률	최초합 등록률	최종 평균	최종 80%	추합 인원	환산 점수
인문	크리에이티브인문 주	23	27	7.8	3.01			3.15	43		20	7.6				3.03	48	
	크리에이티브인문 야	17	19	4.9	3.00			3.67	12		15	3.6				3.47	7	
사회	사회과학부 주	23	28	12.4	4.23			2.89	54		38	4.8				3.14	57	
	사회과학부 야	27	31	5.3	2.53			3.63	34		44	3.3				3.64	35	
디자인	글로벌패션산업 주	6	8	13.4	5.36			3.21	12		17	5.9				3.17	40	
	글로벌패션산업 야	13	14	5.1	2.98			3.90	10		24	3.6				3.72	17	
	뷰티디자인매니지 주	-	-	-							6	20.0				2.98	4	
	뷰티디자인매니지 야	-	-	-							6	6.0				3.69	0	
공과	컴퓨터공학 주 / 기계전자공학부 주 / IT융합공학부 주 / 스마트경영공학 주	71	90	8.8	3.52			3.21	135		93	6.0				3.12	161	
	컴퓨터공학 야 / 기계전자공학부 야 / IT융합공학부 야 / 스마트경영공학 야	23	40	6.7	3.23			3.90	43		57	3.2				3.78	51	
창의	상상력인재학부 주	34	34	7.6	3.40			3.25	42									
	문학문화콘텐츠 주	25	25	7.6	3.73			3.20	26									
	문학문화콘텐츠 야	18	18	4.7	2.82			4.09	12									
	융합보안학과 (신설)	10	신설															
	AI 응용학과 주	5	5	7.2	3.60			3.72	5									
	AI 응용학과 야	3	3	4.7	2.82			4.46	2									
		298	342	7.4	3.40			3.56			320	6.4				3.37	420	

2022 교과전형 II

2022 수능최저 없음		2023 교과 II 인원	2022 교과전형 II ▶교과 100% (국영수사/국영수과 전체)								2021 인원	경쟁률	실질 경쟁률	최초합 등록률	최종 평균	최종 80%	추합 인원	환산 점수
			2022 인원	경쟁률	추합 경쟁률	최초합 등록률	최종 평균	최종 80%	추합 인원	환산 점수								
인문	크리에이티브인문 주	15	15	5.5	2.50			2.85	18									
	크리에이티브인문 야	15	15	3.7	2.52			3.74	7									
사회	사회과학부 주	15	15	7.8	2.25			2.80	37									
	사회과학부 야	26	26	4.4	2.01			3.73	31									
디자인	글로벌패션산업 주	5	5	12.2	2.26			3.06	22									
	글로벌패션산업 야	11	11	5.6	2.93			3.51	10									
	뷰티디자인매니지 주	3	3	33.7	14.4			3.38	4									
	뷰티디자인매니지 야	5	5	12.0	8.57			3.81	2									
공과	컴퓨터공학 주 / 기계전자공학부 주 / IT융합공학부 주 / 스마트경영공학 주	61	61	5.7	1.70			3.06	144									
	컴퓨터공학 야 / 기계전자공학부 야 / IT융합공학부 야 / 스마트경영공학 야	33	33	4.2	2.31			3.81	27									
창의	상상력인재학부 주	24	24	5.6	2.49			2.99	30									
	문학문화콘텐츠 주	15	15	5.6	3.50			3.12	9									
	문학문화콘텐츠 야	12	12	3.7	2.22			4.13	8									
	AI 응용학과 주	-																
	AI 응용학과 야	-																
		240	240	8.4	3.82			3.38	349									

2022 한성인재 / 2021 한성인재

▶학생 20+서류 80

계열	학과	2023 한성인재 인원	2022 인원	2022 경쟁률	추합 경쟁률	최초합 등록률	최종 평균	최종 80%	추합 인원	환산 점수	2021 인원	2021 경쟁률	실질 경쟁률	최초합 등록률	최종 평균	최종 80%	추합 인원	환산 점수
인문	크리에이티브인문 주	47	47	4.9	2.75				37		30	11.6				3.08	34	
	크리에이티브인문 야	18	18	4.6	3.28				7		25	7.2				3.86	11	
사회	사회과학부 주	53	53	5.4	3.03				42		35	8.1				3.14	49	
	사회과학부 야	30	30	3.6	2.43				14		25	5.7				3.79	15	
디자인	글로벌패션산업 주	25	25	9.9	5.38				21		10	6.8				3.38	9	
	글로벌패션산업 야	13	13	5.2	3.58				6		5	13.0				3.89	1	
	뷰티디자인매니지 주	5	5	45.0	25.0				4		2	50.0				3.64	1	
	뷰티디자인매니지 야	3	3	13.7	13.7				0		-	-				-	-	
공과	컴퓨터공학 주 / 기계전자공학부 주 / IT융합공학부 주 / 스마트경영공학 주	70	70	6.1	2.75				84		59	7.4				3.46	80	
	컴퓨터공학 야 / 기계전자공학부 야 / IT융합공학부 야 / 스마트경영공학 야	36	36	4.0	2.44				23		30	7.4				4.04	27	
창의	상상력인재학부 주	-																
	문학문화콘텐츠 주	-																
	문학문화콘텐츠 야	-																
	AI 응용학과 주	-																
	AI 응용학과 야	-																
		300	300	10.2	6.43				238		221	13.0				3.59	227	

2022 정시수능 / 2021 정시수능

▶2022 국수 중 높은순★ 40% : 20% : 영25% : 탐15%
영어: 100-97-94-80-70 ...
▶2023 국35% 수25% 영20% 탐1 20% 등 변화★★

▶백분위 국수중 높은순★ 40%:20%, 영어25%, 탐1

계열	학과	2023 정시 인원	2022 인원	2022 경쟁률	추합 경쟁률	최초합 등록률	최종 80%	최종 80%	추합 인원	환산 점수	2021 인원	2021 경쟁률	실질 경쟁률	최초합 등록률	최종 80%	최종 80%	추합 인원	환산 점수
인문	크리에이티브인문 주	21	18	5.7	2.85		3.41	802.7	18		3	9.3			3.25	848.3	9	
	크리에이티브인문 야	17	17	4.7	3.47		3.78	756.4	6		1	8.0			3.75	797.0	2	
사회	사회과학부 주	24	24	7.6	3.38		3.13	821.5	30		8	8.5			3.10	851.3	29	
	사회과학부 야	30	26	4.1	2.42		3.72	756.8	18			8.2			3.44	824.7		
디자인	글로벌패션산업 주	10	11	5.7	2.61		3.38	821.4	13		1	9.0			3.00	862.5	1	
	글로벌패션산업 야	12	12	5.5	3.30		3.76	738.3	8									
	ICT디자인매니지 주	4	4	11.1	4.44		3.41	844.0	6		4	9.0			2.88	870.2	10	
	뷰티디자인매니지 야	-	-	-	-		-	-	-									
공과	컴퓨터공학 주 / 기계전자공학부 주 / IT융합공학부 주 / 스마트경영공학 주	54	53	5.2	2.81		3.24	834.1	45		13	9.9			3.04	871.5	26	
	컴퓨터공학 야 / 기계전자공학부 야 / IT융합공학부 야 / 스마트경영공학 야	39	39	4.5	3.13		3.74	763.3	17		4	8.8			3.29	842.0	7	
창의	상상력인재학부 주	93	96	6.2	3.84		3.42	799.4	59		206						299	
	문학문화콘텐츠 주	-	2	24.5	24.5		3.75	792.0	0									
	문학문화콘텐츠 야	-	-	-	-		-	-	-									
	AI 응용학과 주	45	45	4.6	2.65		3.36	813.2	33									
	AI 응용학과 야	27	27	4.3	2.04		3.78	755.8	30									
		376	374	7.2	4.73		3.53	792.2	283		240	8.8			3.22	845.9	383	

2023 대학별 수시모집 요강			**한신대학교**			2023 대입 주요 특징	정시 국수영탐1 중 우수 3개 50:30:20 백분위				
							영어 인/자: 100-95-90-85-70-60 ... 미/기5%				

▶내신: 국/수3+영3+사/과3
　총 9개 반영 유지
▶내신2: <교과우수자2>
　인: 국어전체 자: 수학전체
▶이수단위 적용
▶참인재종합: 전과목 정성

1. 교과100% 전형 교과우수자1+2로 분리 유지 <트윈 교과>
　①교과우수자1: 교과 100%, 내신반영 총 9개
　②교과우수자2: 교과 100%, 내신반영 인문-국어, 자연-수학★
2. 참인재교과면접: 전형 유지, 일괄면접, 227명, 수능이후★
3. 2023 내신 총 9개 유지, 계열별 사/과 우수등급 지정

4. 전과제도적극활용: 1년 2학기후, 정원100%, 총평점 2.5이상
5. 종교문화학과 등 2학년 전과제도 적극 활용
6. 단과대별 모집으로 전환, 대학 홈페이지를 통해 단과대별
　인원 확인 필수.　　　　2022.06.26. ollim

모집시기	전형명	사정모형	학생부종합특별사항	2023 수시 접수기간 09. 13(화) ~ 17(토)	모집인원	학생부	논술	면접	서류	기타	2023 수능최
2023 수시 1,052명 (85.1%) 2022 수시 1,060명 (90.5%) 정시 111명 (9.5%) 전체 1,171명	**교과우수자1**	일괄	학생부교과 최저없음 최종 11.15(화) <내신 총 9개> 국/수+영+사/과	1. 2023 전년대비 1명 감소 2. 2022 경쟁률 평균 6.35 3. 2022 최종입결 평균-최저 　평균 2.97 최저 3.69 4. 2022 충원율 평균 199%	232 2022 233	교과 100					최저 없음
	교과우수자2 (2년차)	일괄	학생부교과 최저없음 최종 11.15(화) <내신반영> 인문: 국어전체 자연: 수학전체	1. 2023 전년대비 2명 감소 2. 2021 경쟁률 평균 7.66 3. 2020 경쟁률 평균 5.56	154 2022 156	교과 100					최저 없음
	참인재 교과면접 (2년차)	일괄	학생부교과 자소서없음 수능이후 면접 면접 12.03(토) 최종 12.13(화)	1. 2023 전년대비 1명 감소 2. 면접유형 <사전공개예정> 　①인성: 자세/적극성/자신감 　②기초소양:사회성/소통능력 　③전공잠재역량: 이해도/관심	227 2022 228	교과 70 면접 30 내신 총 9개 국/수+영+사/과		수능이후 면접 유의			최저 없음
	참인재종합	일괄	학생부종합 자소서없음 최저없음 <전과목 정성> 면접 10.01(토) 최종 11.15(화)	1. 2023 전년대비 3명 감소 2. 2021 경쟁률 평균 10.3 3. 2020 경쟁률 평균 8.82 <2023 학생부 서류평가> 인성30 학업수행25 전공관심도25 발전가능성20 면접기초 1문항, 전공 1문항 면접전 문항공개, 다대다면접	292 신학 48명 포함 2022 295	서류 70 면접 30					최저 없음
	국가보훈	일괄	학생부교과 내신 9개 최종 11.15(화)	1. 독립유공자녀손 2. 국가유공자녀 5.18 자녀 등	10	교과 100					최저 없음
	사회배려자	일괄	학생부교과 내신 9개 최종 11.15(화)	1. 군인경찰소방교도집배환경 2. 다자녀 및 다문화 자녀 등 3. 보호/장애/교직원 자녀 등	52	교과 100					최저 없음
	기회균형 (정원외)	일괄	학생부교과 내신 9개 최종 11.15(화)	1. 기초수급 및 차상위자녀 2. 2022 입결평균-최저 →→	27	교과 100		미디어영상 3.54-4.49　사회복지 4.35-5.36 재활상담학 4.44-4.83　심리아동 3.74-4.24 디지털영상 4.79-8.00　경영학과 4.58-6.41 소프트웨어 4.73-5.80　컴퓨터공 4.07-5.24			

<2023 기타전형 생략>
농어촌, 특성화고, 체육실기
취업자/특성화고졸 등

수능최저 없음		2022 교과우수자1							2021 교과우수자1				

▶교과 100%　▶2022 교과우수자1 (2022)
▶내신반영: 국/수3+영3+사/과3, 총 9개 반영
▶학년비율: 동일

▶교과 100%　▶2022 교과우수자1에 해당함 (2021)
▶내신반영: 국/수3+영3+사/과3, 총 9개 반영
▶학년비율: 동일

단과대별 모집으로 전환
대학 홈페이지를 통해
단과대별 인원 확인필수
2022.06.26. ollim

2023 교과1

대학	학과	2022 모집인원	2022 경쟁률	최종합격 최고	최종합격 평균	최종합격 최저	실질 경쟁률	추합 인원	2021 모집인원	2021 경쟁률	최종합격 최고	최종합격 평균	최종합격 최저	추합 인원
인문대학	국어국문	6	4.83	2.33	2.82	3.33	2.90	4	11	10.4		2.63	2.97	39
	영어영문	7	6.14	1.69	2.66	3.03	2.53	10	12	4.42		2.93	3.85	31
	한국사학과	7	4.29	1.84	2.95	4.22	1.31	16	8	6.88		2.59	3.85	29
	문예창작학과	7	5.29	1.37	2.72	3.27	1.95	12	12	9.83		2.59	2.97	31
	독어독문	6	5.17	2.27	3.76	4.57	2.07	9	9	12.8		3.04	2.90	24
	철학과	6	5.33	2.18	3.14	3.81	1.60	14	9	5.22		3.40	3.25	24
	종교문화학과	7	5.86	3.26	3.83	4.09	2.73	8	10	4.30		3.69	3.83	31
	디지털영상문화콘	4	13.3	1.88	2.31	2.81	4.84	7	-	-		-	-	-
한중문화산업	중국어문화영상융	4	3.00	2.18	2.95	3.42	2.00	2	4	5.75		2.91	3.30	4
	한중문화콘텐츠	4	3.75	2.41	3.28	5.00	1.15	9	4	5.00		2.81	3.09	10
	IT콘텐츠학과	7	5.75	2.44	2.67	2.84	4.47	2	4	5.75		2.68	3.09	10
사회과학대학	경제학과	7	18.1	1.88	2.95	3.32	4.69	20	10	4.40		3.15	4.72	28
	사회학과	7	5.43	1.79	2.68	3.06	1.90	13	10	17.9		2.95	3.28	56
	미디어영상광고홍	9	14.1	1.53	1.99	2.29	4.38	20	11	5.73		2.30	3.16	35
휴먼서비스	사회복지학과	6	9.17	1.44	2.71	3.97	1.41	33	5	15.0		2.55	2.83	29
	재활상담학과	6	5.00	2.32	3.23	3.94	3.00	4	6	5.88		2.88	3.09	18
	심리아동학부	8	5.88	1.80	2.63	3.85	1.43	25	11	4.64		2.50	3.03	24
글로벌협력대학	글로벌비지니스	6	5.67	1.81	2.80	3.66	1.70	14	7	13.4		2.63	2.92	22
	경영학과	6	7.17	1.97	2.45	2.88	2.39	12	6	8.17		2.54	3.00	28
	IT경영학과	6	4.83	2.49	3.32	4.00	2.42	6	6	7.40		2.63	2.79	18
	중국학과	9	3.44	2.31	3.47	6.36	1.00	22	12	4.33		3.16	3.71	28
	일본학과	8	5.38	2.27	3.01	3.82	1.72	17	11	8.00		2.97	3.39	40
	국제경제학과	7	5.43	2.46	3.04	3.34	2.24	10	10	5.00		3.11	3.68	25
IT대학	수리금융학과	11	4.55	2.38	3.70	4.49	1.56	21	10	17.4		3.09	3.31	20
	응용통계학과	11	3.91	2.29	3.20	3.71	1.65	15	12	5.00		2.98	3.84	32
	컴퓨터공학부	27	5.74	1.46	2.82	3.38	1.87	56	24	5.29		2.77	3.26	68
	소프트웨어융합	22	5.14	2.21	3.20	3.94	1.55	51	17	5.76		2.96	3.35	52
미래융합	글로벌인재학부	7	5.86	1.93	3.02	3.47	1.95	14	12	5.33		3.16	3.94	38
	공공인재학부	8	6.75	1.33	2.69	3.19	1.74	23	10	5.60		2.97	3.63	23
신학인문융합58 별도		236	6.35	2.05	2.97	3.69	2.28	469	273	7.66		2.88	3.36	817

405

2022 교과우수자2

수능최저 없음		
단과대별 모집으로 전환 대학 홈페이지를 통해 단과대별 인원 확인필수 2022.06.26. ollim	2023 교과 2	▶교과 100%　▶2022 교과우수자1에 해당함 ▶내신반영: 인문-국어전체, 자연-수학전체 ▶학년비율: 동일　*2022 신설전형

		모집 인원	2022		최종합격			실질 경쟁률	추합 인원
			모집 인원	경쟁률	최종합격 최고	최종합격 평균	최종합격 최저		
신학	신학부		-	-		-	-	-	-
인문 대학	국어국문		6	4.00	1.60	2.82	3.52	1.71	8
	영어영문		6	4.67	2.80	3.86	4.60	1.75	10
	한국사학과		6	4.67	2.40	3.36	4.00	3.11	3
	문예창작학과		6	6.83	1.96	2.85	3.40	2.73	9
	독어독문		5	4.6	3.60	4.56	5.20	1.77	8
	철학과		5	4.80	3.80	4.30	4.74	2.18	6
	종교문화학과		5	5.20	3.91	4.37	4.82	3.71	2
	디지털영상문화콘		-	-	-	-	-	-	-
한중 문화 산업	중국어문화학과		-	-	-	-	-	-	-
	한중문화콘텐츠		-	-	-	-	-	-	-
	IT콘텐츠학과		-	-	-	-	-	-	-
사회 과학 대학	경제학과		5	17.0	2.68	3.70	4.33	7.73	6
	사회학과		5	6.00	1.80	3.49	4.25	1.67	13
	미디어영상광고		6	36.3	1.80	2.36	2.68	19.8	5
휴먼 서비스	사회복지학과		4	15.0	2.64	3.24	3.58	3.75	12
	재활상담학과		4	8.00	2.79	3.67	4.40	2.91	7
	심리아동학부		6	10.5	1.79	3.05	3.40	4.50	8
글로벌 협력 대학	글로벌비지니스		5	4.4	2.80	3.35	4.00	3.14	2
	경영학과		4	10.3	2.64	3.09	3.40	5.15	4
	IT경영학과		4	9.50	3.46	3.83	4.16	7.60	1
	중국학과		6	4.83	2.84	3.73	4.20	2.42	6
	일본학과		6	10.2	3.00	3.65	3.94	4.37	8
	국제경제학과		5	7.80	3.40	3.90	4.11	4.33	4
IT 대학	수리금융학과		7	10.0	1.13	2.98	3.80	1.75	33
	응용통계학과		7	9.14	1.58	2.34	2.76	3.37	12
	컴퓨터공학부		17	21.5	1.89	2.80	3.27	7.17	34
	소프트웨어융합		12	15.6	1.52	2.48	2.88	8.91	9
미래 융합	글로벌인재학부		6	7.83	3.23	3.79	4.19	5.87	2
	공공인재학부		8	7.25	2.40	3.72	4.50	3.05	11
			156	9.84	2.54	3.41	3.93	4.58	223

2022 참인재 교과면접

▶ 교과 70%+면접 30%　입결 시뮬레이션★★
▶ 내신반영: 국/수3+영3+사/과3, 총 9개 반영
▶ 학년비율: 동일

수능최저 없음		2023 참인재 면접 모집인원	2022		최종합격			실질 경쟁률	추합 인원	2022		최종합격			추합 인원
			모집 인원	경쟁률	최종합격 최고	최종합격 평균	최종합격 최저			모집 인원	경쟁률	최종합격 최고	최종합격 평균	최종합격 최저	
신학	신학부	-	-	-	-	-	-	-	-	-	-	-	-	-	-
인문 대학	국어국문		7	3.57	2.71	3.80	4.64	1.39	11	7			3.55	4.24	
	영어영문		8	3.13	2.97	3.39	4.00	1.93	5	8			3.40	3.89	
	한국사학과		7	5.43	2.71	3.73	4.48	4.75	1	7			3.47	4.26	
	문예창작학과		8	6.13	2.91	3.69	4.13	6.13	0	8			3.44	4.00	
	독어독문		7	2.00	2.94	4.20	5.00	1.08	6	7			4.12	4.91	
	철학과		7	3.14	2.61	4.21	7.09	1.37	9	7			4.01	5.00	
	종교문화학과		7	2.14	4.18	5.33	7.00	1.15	6	7			4.58	5.49	
	디지털영상문화콘		5	11.4	2.52	3.52	4.59	8.14	2	5			3.06	3.71	
한중 문화 산업	중국어문화영상		5	3.20	3.66	4.08	4.68	2.67	1	5			3.55	4.19	
	한중문화콘텐츠		5	4.40	3.21	3.95	4.97	1.47	10	5			4.01	4.74	
	IT콘텐츠학과		5	6.80	3.03	3.72	4.08	5.67	1	5			3.61	4.52	
사회 과학 대학	경제학과		7	5.29	3.30	3.94	4.87	2.65	7	7			3.92	5.18	
	사회학과		7	2.86	2.71	3.48	4.00	1.82	4	7			3.17	3.59	
	미디어영상광고		9	12.1	2.65	3.09	3.57	7.26	6	9			2.94	3.72	
휴먼 서비스	사회복지학과		7	11.4	2.45	3.56	4.55	3.19	18	7			3.59	4.28	
	재활상담학과		7	4.86	3.39	4.10	4.79	3.78	2	7			3.96	4.41	
	심리아동학부		8	6.38	2.72	3.27	4.00	3.19	8	8			3.34	3.92	
글로벌 협력 대학	글로벌비지니스		7	5.29	3.44	3.94	4.67	2.31	9	7			3.65	4.80	
	경영학과		6	8.83	3.06	3.77	4.88	5.89	3	6			3.55	4.36	
	IT경영학과		6	7.67	3.12	4.00	4.66	4.18	5	6			4.19	5.35	
	중국학과		8	2.50	3.00	4.18	6.00	1.33	7	8			3.83	4.52	
	일본학과		7	8.57	3.47	4.25	5.30	5.00	5	7			3.94	6.44	
	국제경제학과		7	5.14	3.61	4.58	5.48	3.27	4	7			4.12	5.61	
IT 대학	수리금융학과		7	2.86	1.81	4.41	6.55	1.54	6	7			4.21	5.51	
	응용통계학과		7	2.71	3.39	4.42	5.31	1.58	5	7			3.90	4.79	
	컴퓨터공학부		22	4.91	2.56	3.91	5.35	2.70	18	22			3.87	4.96	
	소프트웨어융합		18	4.28	2.83	4.10	5.15	2.41	14	18			3.85	5.11	
미래 융합	글로벌인재학부		8	3.38	2.15	4.04	5.16	1.50	10	8			3.97	4.38	
	공공인재학부		9	2.78	3.00	4.02	5.43	1.09	14	9			3.62	4.42	-
			228	5.28	2.97	3.95	4.98	3.12	197	228			3.74	4.63	0

단과대별 모집으로 전환
대학 홈페이지를 통해
단과대별 인원 확인필수
2022.06.26. ollim

<입학처 제공>

| 수능최저 없음 | | 2022 참인재 종합전형 | | | | | | 2021 참인재 종합전형 | | | | | |

2022 참인재 종합전형
▶서류 70%+면접 30% 일괄전형
▶내신반영: 국영수사과, 전체 정성평가
▶학년비율: 동일

2021 참인재 종합전형
▶서류 70%+면접 30% 일괄전형
▶내신반영: 국영수사과, 전체 정성평가
▶학년비율: 동일

단과대별 모집으로 전환 대학 홈페이지를 통해 단과대별 인원 확인필수 2022.06.26. ollim

		2023 참인재 종합 모집인원	2022		최종합격			실질 경쟁률	추합 인원	2021		최종합격			추합 인원
			모집 인원	경쟁률	최종합격 최고	최종합격 평균	최종합격 최저			모집 인원	경쟁률	최종합격 최고	최종합격 평균	최종합격 최저	
신학	신학부		45	0.67	4.35	6.07	7.38	0.67	0	45	1.02		5.89	7.59	-
인문 대학	국어국문		8	3.75	3.40	4.54	5.87	1.50	12	6	7.33		4.33	5.15	21
	영어영문		9	2.67	3.85	4.98	7.42	1.50	7	6	9.50		4.28	4.71	20
	한국사학과		11	6.00	3.01	4.37	5.33	2.75	13	15	10.3		4.26	4.26	16
	문예창작학과		11	9.00	3.63	4.45	5.16	3.81	15	8	14.3		4.00	4.00	8
	독어독문		7	1.71	4.05	5.32	6.75	1.20	3	6	4.33		4.81	4.81	4
	철학과		7	1.86	4.18	5.53	7.05	1.30	3	6	5.00		4.72	4.72	3
	종교문화학과		8	2.13	4.99	5.68	7.25	1.14	7	6	3.33		5.32	5.32	8
	디지털영상문화콘		6	12.0	3.53	3.99	4.89	8.00	3	7	27.1		3.87	3.87	9
한중 문화 산업	중국어문화학과		6	2.50	4.51	5.34	7.15	2.14	1	6	5.17		4.35	4.35	7
	한중문화콘텐츠		6	6.33	3.99	4.88	6.97	2.71	8	6	12.2		4.74	4.74	5
	IT콘텐츠학과		6	6.33	4.13	4.64	5.55	4.22	3	6	8.67		4.29	4.29	7
사회 과학 대학	경제학과		8	3.50	4.25	4.91	5.91	1.56	10	6	5.00		4.60	4.60	10
	사회학과		8	2.88	3.39	4.47	6.79	1.10	13	6	8.33		3.96	3.96	12
	미디어영상광고		9	14.9	3.21	4.24	6.76	11.2	3	10	38.1		3.76	3.76	8
휴먼 서비스	사회복지학과		8	13.3	3.46	4.46	5.22	5.07	13	9	24.6		4.27	4.27	15
	재활상담학과		8	4.75	3.96	4.99	5.89	2.71	6	7	9.57		4.61	4.61	6
	심리아동학부		9	9.44	3.02	4.17	4.94	5.31	7	9	15.4		4.03	4.03	6
글로벌 협력 대학	글로벌비지니스		7	4.86	3.48	4.90	6.13	2.84	5	7	9.71		4.54	4.54	13
	경영학과		7	8.00	1.81	4.18	4.89	3.73	8	7	16.1		4.24	4.24	7
	IT경영학과		7	6.71	3.58	4.78	5.83	3.36	7	7	6.29		4.82	6.04	2
	중국학과		9	2.67	4.13	4.96	5.96	1.20	11	7	9.43		4.64	5.37	11
	일본학과		9	8.00	3.93	5.14	6.19	3.79	10	7	14.7		4.71	7.59	11
	국제경제학과		8	2.88	3.62	5.38	6.61	1.65	6	6	6.83		4.62	6.29	10
IT 대학	수리금융학과		7	2.29	4.55	5.55	6.72	1.34	5	6	5.00		4.91	6.29	8
	응용통계학과		7	2.86	4.29	5.43	7.51	1.18	10	7	4.57		4.79	6.07	9
	컴퓨터공학부		20	4.85	3.63	4.76	5.71	2.55	18	20	9.15		4.44	5.96	11
	소프트웨어융합		16	5.13	2.41	4.65	5.74	2.16	22	14	7.29		4.61	5.85	34
미래 융합	글로벌인재학부		9	2.22	4.00	4.99	5.69	1.18	8	6	5.33		4.67	5.39	5
	공공인재학부		9	2.78	3.29	4.52	5.33	1.32	10	10	4.00	-	4.38	4.97	10
			295	5.2	3.72	4.88	6.15	2.80	247	274	10.3		4.52	5.05	296

수능최저 없음		2023	2022 정시일반						2021 정시일반					

▶2023 국수영탐1 중 우수 3개 50:30:20 ▶영어점수 인/자 동일 100-95-90-85-70-60 ▶자연 미/기하 5% 가산

▶2022 정시 국수영탐1 중 우수 3개 50:30:20 ▶영어점수: 인/자: 100-95-90-85-70

▶2021 정시 국수영탐1 중 우수 3개 50:30:20 ▶영어점수: 인/자: 100-95-90-85-70

		2023 모집인원	2022		최종합격 백분위합산			실질경쟁률	추합인원	2021		최종합격 백분위합산			추합인원
			모집인원	경쟁률	최고	평균	최저			모집인원	경쟁률	최고	평균	최저	
신학	신학부		32	0.34	211.2	168.6	112.8	0.34	0	29	1.07	239.7	194.3	162.0	0
인문대학	국어국문		6	7.17	264.3	243.2	229.8	1.96	16	7	6.43	267.0	252.3	238.8	26
	영미문화학과		7	3.86	276.3	252.6	245.7	2.08	6	7	4.71	274.2	252.0	232.5	17
	한국사학과		5	5.20	268.8	253.7	244.2	2.36	6	6	6.67	268.2	247.3	238.8	12
	문예창작학과		6	4.33	266.4	250.9	240.9	2.17	6	6	5.83	257.7	249.1	244.2	16
	독일어문화학과		9	5.22	249.3	238.3	227.4	2.47	10	6	5.00	255.6	235.1	216.6	17
	철학과		10	2.90	255.3	242.3	230.4	1.53	9	5	7.80	263.7	252.8	246.0	13
	종교문화학과		5	3.40	242.7	218.3	166.2	1.31	8	8	2.88	244.5	236.5	223.8	9
	디지털영상문화콘		5	7.60	269.7	261.2	257.4	3.45	6	5	11.8	258.6	252.4	247.8	16
한중문화산업	중국어문화학과		4	6.25	247.2	237.1	225.9	2.78	5	4	7.75	243.9	236.3	229.8	3
	한중문화콘텐츠		4	5.75	246.0	234.3	213.9	3.29	3	5	8.20	259.8	248.9	244.5	10
	IT영상콘텐츠학		4	7.25	269.1	248.2	238.5	1.93	11	5	6.60	249.6	247.3	245.1	9
사회과학대학	경제학과		6	6.33	261.0	247.6	240.3	2.53	9	6	12.2	255.0	249.1	242.7	17
	사회학과		5	3.80	263.1	255.5	241.8	2.38	3	5	6.80	255.0	250.3	247.8	6
	미디어영상광고		5	8.40	264.0	261.4	260.1	3.50	7	7	12.6	273.3	263.5	256.8	15
휴먼서비스	사회복지학과		6	7.00	255.9	248.5	242.7	2.80	9	6	6.00	254.7	248.5	243.0	10
	재활상담학과		7	3.00	255.3	238.7	204.9	1.50	7	5	5.00	250.2	245.0	241.2	12
	특수체육학과		10	10.7	261.9	240.6	225.9	5.63	9	10	8.0	268.5	258.7	248.4	15
	심리아동학부		6	5.83	264.9	254.8	246.3	1.94	12	6	5.0	262.5	249.2	240.6	8
글로벌협력대학	글로벌비지니스		5	7.20	253.2	248.0	243.0	3.00	7	7	6.57	262.5	253.2	244.5	12
	경영학과		6	4.33	263.4	250.4	239.4	1.86	8	6	13.7	285.6	263.5	250.2	18
	IT경영학과		5	6.00	261.9	258.5	255.6	4.29	2	8	7.13	270.6	254.0	249.3	22
	중국학과		10	7.30	255.0	239.8	231.6	3.84	9	7	5.00	249.3	238.8	228.9	13
	일본학과		5	4.20	245.4	239.7	234.9	4.20	0	6	6.33	267.0	251.7	243.0	12
	국제경제학과		7	9.86	267.3	252.8	246.6	4.93	7	8	5.25	259.5	228.9	188.7	29
IT대학	수리금융학과		5	5.60	258.6	245.5	233.4	2.00	9	6	9.67	253.5	249.8	245.1	21
	응용통계학과		5	6.80	259.2	246.2	233.7	2.43	9	7	11.3	258.3	247.3	238.5	38
	컴퓨터공학부		17	5.29	274.8	254.4	245.4	2.37	21	16	6.19	268.2	254.9	243.6	40
	소프트웨어융합		16	5.06	288.0	250.8	239.7	1.97	25	15	6.93	263.1	254.9	250.8	30
미래융합	글로벌인재학부		7	4.29	266.7	246.3	233.7	2.15	7	8	8.50	266.7	248.3	241.8	30
	공공인재학부		8	5.38	258.3	245.5	237.3	2.39	10	6	6.00	268.5	249.9	240.6	12
신학 제외 평균			206	5.84	261.1	246.8	235.2	2.70	256	209	7.39	261.2	249.0	239.8	508

한양대서울

2023 대입 주요 특징 | 정시자연: M-미적/기하, S-과탐 2개, 정시가/나군
인/상/예: 100-96-90-82-72..자: 100-98-94-88-80..

▶교과: 국영수사과史 유지
▶등급반영+진로선택 3개
▶진로: A=100 B=99 C=98
▶종합전형: 정성평가
①교과내신수치 미반영
②전공적합성보다 고른학업
③객관성=상호 주관성★
④세부역량 개념어활용기록

1. 2023 지역균형발전: 교과100%, 331명 모집, 1명 증가
2. 지균 자연필수: 수-미적/기하 1과목, 과-물화생지 II과목 1개
3. 2015 교육과정 적용 및 문이과 통합 모집단위 일원화 지속
   - 건축/경제금융/경영/파이낸스경영/체육/스포츠산업/간호
4. <의예> 2023 논술모집 폐지, 종합 39명, 고른기회 3명 모집
5. 2023 데이터사이언스 지균 10명, 종합 40명, 정시 30명 모집
6. 2023 논술 전년대비 9명 감소, 논술 90+학생부종합 10
7. 2023 실기실적 소프트웨어전형 단계→일괄 간소화
8. 전기생체공학→전기공학과, 바이오메디컬공학 분리 지속

9. 스포츠산업학과→스포츠매니지먼트, 스포츠사이언스 분리 유지
10. 2023 정시 간호학과 사과탐 등 허용
11. 정시 자연 국수영과2 20:35:10:35 (과II 3% 변표 가산)
    정시 인문 국수영탐2 30:30:10:30, 심리뇌과학 포함
    정시 상경 국수영탐2 30:40:10:20, 데이터사이언스 포함
12. 진로선택 3과목 이수단위 포함
13. <반도체공학과> SK하이닉스 채용조건형 계약학과 신설 협약
    - 수시지균 5명, 종합 19명, 정시 16명 총 40명

2022.06.05. ollim

모집시기	전형명	사정모형	학생부종합 특별사항	2023 수시 접수기간 09. 13(화) ~ 16(금)	모집인원	학생부	논술	면접	서류	기타	2023 수능최저등급
2023 수시 정원내 1,669명 (57.2%) 종합일반 843명 (28.9%) 논술 246명 (8.4%) 정시 1,248명 (42.8%) 전체 2,917명 2022 수시 정원내 1,607명 (57.1%) 종합일반 800명 (28.4%) 논술 241명 (8.6%) 정시 1,208명 (42.9%) 전체 2,815명	지역균형발전 (학생부교과)	일괄	학생부교과 학교장추천 ~09.23(금) 재적 11% 재수생까지 최저 없음 최종 12.15(목) 국영수사과史 학년동일	1. 2023 전년대비 1명 증가 2. 문이과 통합선발 유지 ▶건축학부, 경제금융학부 경영학부, 파이낸스경영 체육학과, 스포츠산업학 간호학과 3. 자연 지원조건: 각 1개 이수 ①미적분/기하 ②과학II 4. 의예 및 일부학과 미선발 5. 데이터사이언스 10명 모집	331 2022 330 2021 297 2020 288 2019 298 2018 317	교과 100					▶한양대 주요전형 2개년 선발현황 2021→2022 ★★ 1. 교과인문 146명 ①경쟁률 6.59→8.56 　　　　　　　　②입결 1.45→1.46 　　　　　　　　③충원율 253%→406% 2. 교과자연 184명 ①경쟁률 6.84→8.21 　　　　　　　　②입결 1.32→1.38 　　　　　　　　③충원율 250%→265%
	학생부종합	일괄	학생부종합 최저없음 최종 12.15(목) <2021 등록> 일반고 55.0% 자사고 24.0% 외국제 12.0% 과학고 3.7% 영재고 3.7%	1. 2023 전년대비 8명 증가 2. 바이오메디컬공 12명 3. 데이터사이언스 40명 등 4. 종합성취도 평가★★ ①수상경력 ②창체활동 ③세특사항 ④종합의견 5. 한양대종합 4대 핵심역량★ ▶학업적성 역량 ①비판적사고 ②창의적사고 ▶인성 및 잠재성 ③자기주도성 ④소통과협업	843 의예 36 2022 835 의예 36	종합 100 학생부 교과 미반영					1. 종합 3개년 평균경쟁률 19~21년: 16.8→15.3→13.1 2. 종합 3개년 평균충원율 19~21년: 112→151%→155% ▶자연: 117→137→188%→164% ▶인문: 2021 충원율 126.2% 3. 종합 계열별 최고 충원율 19~21년 ▶자연: 에너지 456%→생명공 480%→생명공 510% ▶인문: 영어교 240%→국어교 288%→철학과 225% 4. 2021 종합전형 세부평가역량 ★★ ①비판사고: 지식/추론/토론 ②자주: 동기계획/과정성취 ③창의사고: 문제해결/융합 ④소통협업: 소통/공동기여
	고른기회	일괄	학생부종합 제출서류없음 최종 12.15(목)	1. 기초및차상위 2. 보훈대상 3. 농어촌/특성화/특수교육등 * 군부사관자녀 해당없음	115 의예 3	학생부 교과 미반영	학생부종합평가 100% 종합일반전형과 동일한 평가			최저 없음 면접 없음	
	논술전형	일괄	논술전형 최저없음 논인 11.26(토) 논자 11.27(일) 최종 12.15(목)	1. 2023 전년대비 9명 감소 2. 학생부종합평가 10% 축소 3. 2023 의예과 선발 폐지 4. 2023 논술 90분 인문: 인문논술 1문항, 1,200자 상경: 인문 1문항+수리 1문항 자연: 수리 2문항, 기하포함	246 2022 257 의예 8	논술 90% + 학생부 종합 10% + 학생부 출봉 수상					<한양대서울 논술 경쟁률/충원율 2018~2021> 1. 전체 경쟁률: 87.7→80.8→87.6→66.1 2. 자연 경쟁률: 79.3→72.3→72.6→56.1 3. 인문 경쟁률: 2021년 104.4 4. 전체 충원율: 2019 12.7%→2020 15.9%→2021 15.7% 5. 2021 충원율: 자연 18.9%, 인문 5.0% 6. 2020 최고 경쟁: 의예과 311.2, 충원: 식품영양 40.8% 7. 2021 최고 경쟁: 의예과 295.1, 충원: 물리/미자공66.7%
	실기실적 음악/무용/체육	일괄 또는 단계	실기 및 특기중심 최종 12.15(목)	1. SW 인재 단계면접→일괄 2. 음악/국악 무용 3. 미술/체육/연기 등	131 2022 130	학생부 교과 미반영	SW인재: 5배수 단계면접 폐지 2023 실적60+종합일괄40 변화 체육: 실적 70+교과 30 미술/음악/연기 등 전형방법 생략			최저 없음 특성화고졸전형 155명 모집 생략	

▶2021 교과전형 최초합 70%컷 평균차 인문0.42 자연0.26

■ 한양대서울 2020→2021 합격생 지역분포 참고
▶수시 수도권: 1,466명 (62.5%)→932명 (56.6%), 광역시 합격: 13.3%
▶정시 수도권 71.9%→72.4%, 광역시 합격: 15.3%
■ 한양대서울 2020→2021 고교졸업 연도별 등록/성비 현황 참고
▶수시: 재학생 74.4%→70.8%, 졸업생 24.5%→28.3%, 검정 0.5% 등
▶정시: 재학생 20.0%→27.2%, 졸업생 78.0%→69.4%, 검정 3.3% 등
▶수시: 남 57.6%, 여 42.4% ▶정시: 남 70.0%, 여 30.0%

■ 한양대서울 2020→2021 고교유형별 등록분포 참고
▶교과: 일반/자공고 100%→99.3% (자공고 약 6.6%)
▶종합: 일반/자공고 68.4%→55.0%
　　자사고 11.9%→24.0%, 과학고 2.2%→3.7%
　　영재고 4.6%→3.7%, 외고/국제고 12.9%→12.0%
▶논술: 일반/자공고 67.7%→67.9%
　　자사고 21.5%→21.4%, 과학고 4.6%→3.2%
　　영재고 1.3%, 외고/국제고 3.7%

수능최저 없음	2023	2022 교과 지역균형	2021 교과전형	2020 교과
▶2021 인문: 국영수사 ▶2021 자연: 국영수과 ▶2021 학년: 동일비율 * 2022수시 국영수사과史	331명 인91 상55 자190	▶일괄: 교과 100%, 330명 (인문91, 상경55, 자연184) ▶경쟁률: 인8.56 자8.21 ▶평균등급: 인문1.46, 자연1.38 ▶2022 인문 50%컷 평균 1.40, 70%컷 평균 1.45 ▶2022 자연 50%컷 평균 1.31, 70%컷 평균 1.39	▶일괄: 교과 100%, 297명(인문85, 상경41, 자연171) ▶경쟁률: 인6.59 자6.70 ▶평균등급: 인문1.45, 자연1.32 ▶2021 인문 최초합 대비 70%컷 평균 0.42등급차★ ▶2021 자연 최초합 대비 70%컷 평균 0.26등급차★	

교과전형 인문계열		인원	인원	경쟁률	최초합	50%컷	70%컷	70% 컷	충원율	인원	경쟁률	최초합	평균	70%컷	70% 컷	충원율	평균	충원율
인문 과학	국어국문	4	4	8.50		1.59	1.59	976.13	525.0%	4	10.0	1.21	1.52	1.56	975.96	350.0%	1.70	375.0%
	사학과	3	3	7.00		1.28	1.46	979.82	333.3%	4	8.00	1.20	1.46	1.50	979.05	375.0%	1.42	325.0%
	영어영문	8	8	9.13		1.52	1.55	976.61	437.5%	5	8.60	1.16	1.61	1.81	961.88	240.0%	1.26	180.0%
	중어중문	7	7	8.57		1.63	1.55	974.59	257.1%	5	6.00	1.20	1.49	1.68	966.00	200.0%	1.28	200.0%
	독어독문	4	4	7.00		1.66	1.66	973.81	250.0%	신설	-	-	-	-	-	-	-	-
	철학과	3	3	9.33		1.44	1.63	973.30	333.3%	4	5.25	1.23	1.83	1.83	960.20	100.0%	1.32	75.0%
사회 과학	관광학부	5	5	6.80		1.65	1.67	971.48	260.0%	4	5.00	1.55	1.55	1.59	974.30	0.0%	1.16	100.0%
	미디어커뮤니	6	6	12.5		1.35	1.38	986.06	333.3%	5	5.40	1.03	1.60	1.90	955.85	280.0%	1.21	440.0%
	사회학과	4	4	10.0		1.47	1.47	980.18	500.0%	5	6.60	1.12	1.56	1.78	965.20	260.0%	1.23	180.0%
	정치외교학과	4	4	10.0		1.45	1.45	981.15	725.0%	4	6.00	1.07	1.42	1.54	975.78	450.0%	1.25	350.0%
정책 과학	정책학과★	12	12	8.25		1.18	1.19	991.71	625.0%	9	5.56	1.03	1.30	1.42	983.33	288.9%	1.16	320.0%
	행정학과★	5	5	8.80		1.23	1.28	988.64	200.0%	4	6.00	1.20	1.47	1.50	977.00	75.0%	1.09	325.0%

수능최저 없음	2023	2022 교과 지역균형	2021 교과전형	2020 교과
▶2021 인문: 국영수사 ▶2021 자연: 국영수과 ▶2021 학년: 동일비율 * 2022수시 국영수사과史	331명 인91 상55 자190	▶일괄: 교과 100%, 330명 (인문91, 상경55, 자연184) ▶경쟁률: 인8.56 자8.21 ▶평균등급: 인문1.46, 자연1.38 ▶2022 인문 50%컷 평균 1.40, 70%컷 평균 1.45 ▶2022 자연 50%컷 평균 1.31, 70%컷 평균 1.39	▶일괄: 교과 100%, 297명(인문85, 상경41, 자연171) ▶경쟁률: 인6.59 자6.70 ▶평균등급: 인문1.45, 자연1.32 ▶2021 인문 최초합 대비 70%컷 평균 0.42등급차★ ▶2021 자연 최초합 대비 70%컷 평균 0.26등급차★	

교과전형 인문계열		인원	인원	경쟁률	최초합	50%컷	70%컷	70% 컷	충원율	인원	경쟁률	최초합	평균	70%컷	70% 컷	충원율	평균	충원율
상경 공과	경영학부	32	32	8.31		1.49	1.53	977.41	534.4%	19	6.16	1.09	1.32	1.38	983.43	342.1%	1.27	500.0%
	파이낸스경영★	6	6	8.50		1.13	1.36	984.56	433.3%	5	6.40	1.02	1.32	1.57	976.29	220.0%	1.06	300.0%
	경제금융학부	12	12	7.17		1.44	1.54	978.45	391.7%	13	6.15	1.11	1.31	1.41	980.78	300.0%	1.19	515.4%
	정보시스템상경	5	5	5.80		1.24	1.29	988.27	240.0%	4	5.50	1.20	1.30	1.35	985.70	75.0%	1.19	300.0%
인문 사범 생과 공과	건축인문	-	-	-		-			233.3%	3	7.00	1.21	1.42	1.53	978.92	133.3%	1.33	33.3%
	교육공학	3	3	8.67		1.20	1.20	992.50	600.0%	4	7.75	1.13	1.34	1.52	979.35	350.0%	1.45	475.0%
	교육학과	3	3	14.3		1.47	1.47	981.28	833.3%	4	9.25	1.04	1.54	1.69	968.56	500.0%	1.29	500.0%
	국어교육	3	3	11.0		1.08	1.15	994.74	166.7%	4	6.25	1.09	1.33	1.41	981.07	250.0%	1.80	400.0%
	영어교육	3	3	8.33		1.37	1.37	985.82	700.0%	4	6.75	1.11	1.29	1.33	986.96	400.0%	1.26	325.0%
	실내건축인문	7	7	5.29		1.49	1.54	980.00	185.7%	6	5.67	1.25	1.43	1.56	972.28	116.7%	1.26	200.0%
	의류학과인문	7	7	5.14		1.50	1.49	978.00	228.6%	7	5.71	1.23	1.40	1.42	982.55	257.1%	1.40	414.3%
인문 총계		146	146	8.56		1.40	1.45	981.57	405.5%	126	6.59	1.16	1.45	1.56	975.02	252.9%	1.30	310.6%

| 수능최저 없음 | 2023 | 2022 교과 지역균형 | | | | | | 2021 교과전형 | | | | | | | 2020 교과 | |

▶2021 인문: 국영수사
▶2021 자연: 국영수과
▶2021 학년: 동일비율
* 2022수시 국영수사과史

331명
인91
상55
자190

▶일괄: 교과 100%, 330명 (인문91, 상경55, 자연184)
▶경쟁률: 인8.56 자8.21　▶평균등급: 인문1.46, 자연1.38
▶2022 인문 50%컷 평균 1.40, 70%컷 평균 1.45
▶2022 자연 50%컷 평균 1.31, 70%컷 평균 1.39

▶일괄: 교과 100%, 297명(인문85, 상경41, 자연171)
▶경쟁률: 인6.59 자6.70　▶평균등급: 인문1.45, 자연1.32
▶2021 인문 최초합 대비 70%컷 평균 0.42등급차★
▶2021 자연 최초합 대비 70%컷 평균 0.26등급차★

교과전형 자연계열		인원	인원	경쟁률	최초합	50%컷	70%컷	70% 컷	충원율	인원	경쟁률	최초합	평균	70%컷	70% 컷	충원율	평균	충원율
자연공과대학	건설환경공학	7	7	6.14		1.47	1.46	980.09	300.0%	6	5.00	1.24	1.33	1.48	981.55	183.3%	1.34	150.0%
	건축공학부	5	5	7.20		1.51	1.63	973.89	240.0%	4	7.00	1.20	1.33	1.39	982.10	250.0%	1.38	175.0%
	건축학부	6	6	8.67		1.42	1.46	983.16	233.0%	4	6.00	1.17	1.45	1.52	975.57	300.0%	1.45	150.0%
	기계공학부	21	21	8.29		1.35	1.33	985.28	400.0%	17	4.65	1.12	1.30	1.34	986.25	276.5%	1.19	241.2%
	도시공학과	5	5	9.20		1.41	1.46	981.86	300.0%	4	9.25	1.25	1.31	1.30	986.52	125.0%	1.24	100.0%
	미래자동차공★	5	5	10.6		1.28	1.32	988.19	180.0%	5	8.60	1.08	1.49	1.58	975.36	200.0%	1.16	260.0%
	산업공학과	5	5	7.40		1.23	1.27	988.21	220.0%	5	9.60	1.11	1.21	1.25	988.40	320.0%	1.23	420.0%
	생명공학과	3	3	16.70		1.05	1.07	997.41	400.0%	3	7.33	1.01	1.17	1.39	984.62	433.3%	1.13	233.3%
	신소재공학부	10	10	7.30		1.20	1.27	990.36	220.0%	9	5.22	1.07	1.20	1.28	988.02	222.2%	1.14	200.0%
	에너지공학과★	3	3	6.00		1.07	1.69	966.39	200.0%	4	5.25	1.06	1.14	1.18	991.46	200.0%	1.17	325.0%
	원자력공학과	5	5	7.40		1.41	1.47	981.12	140.0%	5	4.80	1.19	1.39	1.43	979.62	140.0%	1.23	160.0%
	유기나노공학	4	4	7.00		1.16	1.22	991.78	100.0%	3	8.33	1.15	1.25	1.31	987.76	333.3%	1.29	233.3%
	융합전자공학★	18	17	6.06		1.17	1.25	990.83	341.2%	17	6.35	1.05	1.14	1.18	992.99	317.7%	1.17	376.9%
	자원환경공학	3	3	6.00		1.13	1.13	994.35	166.7%	3	4.67	1.17	1.23	1.28	987.68	200.0%	1.25	133.3%

| 수능최저 없음 | 2023 | 2022 교과 지역균형 | | | | | | 2021 교과전형 | | | | | | | 2020 교과 | |

▶2021 인문: 국영수사
▶2021 자연: 국영수과
▶2021 학년: 동일비율
* 2022수시 국영수사과史

331명
인91
상55
자190

▶일괄: 교과 100%, 330명 (인문91, 상경55, 자연184)
▶경쟁률: 인8.56 자8.21　▶평균등급: 인문1.46, 자연1.38
▶2022 인문 50%컷 평균 1.40, 70%컷 평균 1.45
▶2022 자연 50%컷 평균 1.31, 70%컷 평균 1.39

▶일괄: 교과 100%, 297명(인문85, 상경41, 자연171)
▶경쟁률: 인6.59 자6.70　▶평균등급: 인문1.45, 자연1.32
▶2021 인문 최초합 대비 70%컷 평균 0.42등급차★
▶2021 자연 최초합 대비 70%컷 평균 0.26등급차★

교과전형 자연계열		인원	인원	경쟁률	최초합	50%컷	70%컷	70% 컷	충원율	인원	경쟁률	최초합	평균	70%컷	70% 컷	충원율	평균	충원율
자연공과대학	전기공학전공	6	6	12.0		1.45	1.46	982.60	300.0%	8	7.63	1.09	1.49	1.63	969.81	150.0%	1.10	287.5%
	컴소프트웨어★	17	16	6.81		1.19	1.21	991.31	306.3%	16	6.63	1.04	1.13	1.17	993.26	343.8%	1.18	387.5%
	화학공학과	6	6	6.67		1.58	2.07	956.21	433.3%	5	6.20	1.02	1.13	1.16	993.47	220.0%	1.07	440.0%
	데이터사이언스	10	10	12.1		1.27	1.40	985.88	380.0%	4	6.50	1.09	1.47	1.49	978.63	150.0%	1.07	440.0%
	반도체공학	5	신설															
자연과학	물리학과	4	4	9.50		1.30	1.30	987.14	350.0%	5	10.40	1.11	1.34	1.38	983.11	600.0%	1.36	600.0%
	생명과학과	6	6	8.33		1.13	1.14	995.04	300.0%	5	9.20	1.04	1.19	1.22	990.72	460.0%	1.32	480.0%
	수학과	5	5	14.2		1.58	1.59	976.34	300.0%	4	6.00	1.03	1.99	1.99	942.00	250.0%	1.19	220.0%
	화학과	7	7	6.57		1.15	1.30	989.26	328.6%	8	5.75	1.08	1.23	1.29	987.74	350.0%	1.17	425.0%
자연사범생과간호	수학교육과	3	3	9.67		1.21	1.21	992.22	633.3%	3	7.67	1.11	1.25	1.35	983.90	366.7%	1.48	300.0%
	식품영양	9	9	5.00		1.33	1.42	982.21	122.2%	6	6.67	1.20	1.37	1.43	980.97	100.0%	1.67	100.0%
	실내건축자연	4	4	6.25		1.44	1.44	982.19	50.0%	3	5.33	1.26	1.42	1.72	969.91	33.3%	1.17	33.3%
	의류학과자연	4	4	4.50		1.63	1.63	971.21	150.0%	4	6.00	1.35	1.46	1.49	978.00	100.0%	1.18	125.0%
	간호학과	4	5	6.20		1.21	1.32	988.17	280.0%	7	5.00	1.14	1.22	1.25	988.68	128.6%	1.26	257.1%
총계		190	184	8.21		1.31	1.39	984.17	273.1%	78	6.84	1.12	1.32	1.43	980.02	250.1%	1.25	315.0%

수능최저 없음	2023	2022 종합					2021 종합					2020 종합		
▶서류 100%		내신 50% CUT - 70% CUT					내신 50% CUT - 70% CUT							
종합전형 인문계열	인원	인원	경쟁률	50CUT	70CUT	충원율	인원	경쟁률	50CUT	70CUT	충원율	인원	경쟁률	충원율
인문과학	국어국문	7	7	16.9	2.07	2.09	100.0%	9	16.2	3.57	3.69	155.6%	9	17.22	100.0%
	사학과	6	6	25.3	2.76	2.89	150.0%	7	19.4	3.80	3.97	128.6%	7	24.86	100.0%
	영어영문	13	13	13.5	3.05	3.18	115.4%	15	12.9	2.96	3.31	133.3%	15	15.20	133.3%
	중어중문	14	14	12.5	3.54	3.56	78.6%	13	11.3	3.26	4.79	100.0%	13	13.54	76.9%
	독어독문	14	14	8.90	3.26	3.40	71.4%	12	8.33	3.68	4.26	50.0%	12	10.58	133.3%
	철학과	4	4	24.8	2.97	2.97	150.0%	4	16.3	3.62	4.62	225.0%	4	18.25	175.0%
사회과학	관광학부	9	9	12.9	2.30	2.42	44.4%	11	12.1	2.21	3.12	36.4%	10	17.00	40.0%
	미디어커뮤니	12	12	24.6	1.89	3.34	108.3%	14	23.9	1.72	2.69	207.1%	14	28.29	157.1%
	사회학과	8	8	21.8	1.68	1.81	125.0%	8	20.5	1.76	2.60	187.5%	8	24.25	225.0%
	정치외교학과	9	9	18.3	1.66	2.52	100.0%	12	17.7	1.86	3.42	141.7%	13	18.15	107.7%
정책과학	정책학과	32	32	13.0	1.64	2.89	71.9%	53	11.4	1.69	1.82	135.9%	60	12.42	150.0%
	행정학과	10	10	12.2	1.64	1.78	40.0%	15	11.3	1.67	1.81	53.3%	21	11.29	85.7%
상경공과	경영학부	84	84	9.9	1.84	3.02	107.1%	99	8.80	1.81	2.03	105.1%	99	9.64	70.7%
	파이낸스경영	15	15	11.6	2.10	2.76	253.3%	20	7.25	2.43	3.28	215.0%	19	9.47	194.7%
	경제금융학부	33	33	9.60	2.52	3.64	87.9%	38	7.18	1.89	3.37	118.4%	40	8.65	77.5%
	정보시스템	9	9	12.0	2.43	3.04	66.7%	9	9.89	3.18	3.61	44.4%	9	10.67	44.4%
인문사범생과공과	건축인문	-	-	-	-	-	-	4	8.25	1.57	3.36	0.0%	4	9.75	25.0%
	교육공학	6	6	22.3	1.65	1.86	266.7%	7	20.1	3.60	3.77	185.7%	7	22.43	257.1%
	교육학과	6	6	26.3	1.96	1.98	366.7%	7	22.9	3.57	3.63	242.9%	7	30.71	285.7%
	국어교육	5	5	22.2	1.48	1.77	180.0%	8	15.1	3.31	3.75	212.5%	8	17.13	287.5%
	영어교육	6	7	11.4	1.75	1.77	171.4%	8	11.6	1.51	2.75	175.0%	5	17.80	140.0%
	실내건축인문	14	15	12.3	2.37	2.56	60.0%	15	8.00	3.48	4.27	20.0%	15	11.00	66.7%
	의류인문	13	12	11.3	2.66	3.68	125.0%	12	10.3	2.12	4.07	66.7%	12	12.75	100.0%
국제	국제학부	38	40	13.8	3.37	3.74	92.5%	10	15.3	3.28	3.67	180.0%	-	-	-
	국제글로벌한국	2	신설												
예술체육	스포츠사이언스	7	7	27.6	1.77	1.93	71.4%	7	27.6	1.90	3.95	85.7%	5	34.60	100.0%
	스포츠매니지먼	8	8	30.6	1.77	1.89	37.5%	9	23.8	3.23	3.47	111.1%	9	32.11	22.2%
	연극영화전공	7	7	13.6	2.48	2.77	57.1%	8					8	23.38	0%
총계		391	392	16.9	2.25	2.66	119.2%	434	14.5	2.64	3.43	127.6%	433	17.74	121.4%

수능최저 없음	2023	2022 종합					2021 종합					2020 종합		
▶ 서류 100%		내신 50% CUT - 70% CUT					내신 50% CUT - 70% CUT							
종합전형 자연계열	인원	인원	경쟁률	50CUT	70CUT	충원율	인원	경쟁률	50CUT	70CUT	충원율	인원	경쟁률	충원율
자연공과대학 건설환경공학	13	13	14.3	2.20	3.20	115.4%	18	9.17	2.92	3.48	138.9%	16	11.44	118.8%
건축공학부	11	10	11.5	1.79	1.95	140.0%	14	8.07	1.85	3.75	50.0%	15	9.75	93.3%
건축학부	11	11	18.0	1.85	1.87	190.9%	12	15.4	2.44	2.96	158.3%	12	17.92	141.7%
기계공학부	40	40	13.6	1.83	3.13	265.0%	52	12.1	1.72	1.90	188.5%	53	14.40	158.5%
도시공학과	10	10	12.2	2.10	3.24	130.0%	13	9.23	1.96	2.88	107.7%	12	11.50	58.3%
미래자동차공	12	11	15.5	1.67	1.74	218.2%	16	9.19	1.85	3.74	206.3%	15	12.20	273.3%
산업공학과	11	11	13.0	1.68	2.60	136.4%	14	14.1	1.71	2.52	150.0%	14	13.93	92.9%
생명공학과	6	6	42.2	1.52	1.62	500.0%	10	34.6	1.45	3.21	510.0%	10	37.00	480.0%
신소재공학부	23	23	14.0	2.23	2.62	173.9%	40	12.1	1.53	1.63	152.5%	39	14.08	151.3%
에너지공학과	8	7	31.4	1.52	1.62	442.9%	9	19.2	2.92	3.63	411.1%	9	21.00	466.7%
원자력공학과	8	8	10.6	1.89	1.92	175.0%	11	9.36	1.99	2.04	90.9%	11	10.91	100.0%
유기나노공학	7	7	20.6	1.92	2.27	114.3%	7	13.4	3.34	4.55	128.6%	7	15.00	85.7%
융합전자공학	41	41	18.1	3.28	3.67	314.6%	52	14.2	2.12	3.11	328.9%	47	14.32	295.7%
자원환경공학	7	7	14.9	1.68	1.72	71.4%	8	15.4	1.73	1.78	100.0%	8	18.00	150.0%
전기공학전공	18	17	13.6	1.70	2.10	100.0%	22	14.2	3.20	3.33	95.5%	22	20.00	204.5%
바이오메디컬공	12	11	27.3	2.61	4.52	127.3%	신설							
컴소프트웨어	36	35	21.1	3.13	3.64	351.4%	50	14.2	1.63	2.93	232.0%	41	17.85	302.4%
화학공학과	14	14	18.2	1.53	2.47	214.3%	21	18.3	1.43	1.63	271.4%	22	16.91	290.9%
경영경제 경영자연	-	-	-	-	-	-	12	8.17	3.57	3.98	50.0%	12	8.50	25.0%
경제금융자연	-	-	-	-	-	-	5	7.20	2.54	2.99	80.0%	5	9.00	80.0%
의예 의예과	39	36	25.4	2.10	2.86	175.0%	36	19.0	1.51	1.70	205.6%	36	19.42	186.1%
인텔컴퓨 데이터사이언스	40	41	14.1	2.28	2.94	136.6%	28	11.8	2.83	3.42	132.1%	20	23.50	185.0%
반도체공학	19	-	-	-	-	-								
자연과학 물리학과	10	10	17.8	3.51	3.66	230.0%	12	13.4	3.54	3.93	241.7%	12	17.92	175.0%
생명과학과	13	12	38.8	3.44	4.19	200.0%	15	28.0	2.97	3.46	293.3%	14	30.00	221.4%
수학과	8	8	20.6	2.94	2.99	275.0%	12	11.3	1.68	3.20	300.0%	12	13.92	166.7%
화학과	13	13	18.3	2.65	3.02	169.2%	16	13.9	1.57	2.95	175.0%	15	16.87	93.3%
자연사범 생과간호 수학교육과	3	3	14.3	1.30	1.55	133.3%	4	13.5	1.49	1.49	75.0%	3	21.67	366.7%
식품영양	17	17	13.9	1.91	3.26	76.5%	13	12.9	3.86	4.11	38.5%	12	12.75	25.0%
실내건축자연	5	6	19.0	2.60	3.87	3.9%	6	9.67	4.13	4.88	0%	6	10.17	0%
의류학과자연	4	4	12.5	4.01	4.01	125.0%	4	8.00	2.69	4.29	75.0%	4	10.00	150.0%
간호학과	12	11	17.3	1.46	1.54	63.6%	10	11.5	1.66	1.75	30.0%	9	14.78	33.3%
총계	471	443	18.7	2.22	2.75	185.1%	542	13.7	2.33	3.04	167.2%	513	16.16	172.4%

한양대서울 2022 대입결과 07 - 논술 3개년 스페셜

2022. 06. 05. ollim

수능최저 없음		2023 인원	2022 논술					2021 논술					2020 논술			
종합전형 인문계열			인원	경쟁률	내신평균	논술평균	충원율	인원	경쟁률	내신평균	논술평균	충원	인원	경쟁률	논술평균	충원
인문 과학	국어국문	4	4	152.3		93.25	0%	5	138.4	4.84	94.40	0%	5	162.4	94.10	40%
	사학과	4	4	154.5		90.75	0%	4	137.0	3.98	96.50	0%	4	152.5	84.00	0%
	철학과	3	3	143.0		88.83	0%	3	134.0	4.59	97.00	0%	3	152.7	92.67	0%
사회 과학	관광학부	4	4	169.5		90.17	0%	4	134.5	4.62	94.13	0%	4	163.5	90.88	0%
	미디어커뮤니	5	5	239.4		93.10	0%	9	148.7	4.28	93.39	0%	9	194.2	91.00	0%
	사회학과	4	4	188.3		90.50	0%	6	142.8	4.49	92.17	17%	6	190.3	94.50	0%
	정치외교학과	4	4	217.5		90.50	0%	5	142.8	4.92	91.88	0%	5	194.4	85.90	0%
정책 과학	정책학과	4	6	51.7		75.42	0%	6	59.5	4.00	72.88	0%	-	-	-	-
	행정학과	4	4	51.8		68.75	0%	5	56.4	3.57	78.10	0%	-	-	-	-
상경 공과	경영학부	18	18	76.8		81.35	5.6%	22	58.0	4.31	76.26	4.6%	22	105.8	92.31	4.5%
	파이낸스경영	5	5	63.8		78.40	20.0%	5	62.2	3.90	80.15	20.0%	5	118.8	93.25	20%
	경제금융학부	11	11	59.3		77.89	27.3%	12	49.4	4.31	76.27	8.3%	12	82.9	90.38	8.3%
	정보시스템	4	4	70.8		78.75	0%	9	49.9	4.72	76.92	0%	9	70.7	91.81	0%
예체	영화전공	4	4	149.5		93.00	0%	4	155.8	4.43	95.00	25%	4	136.8	83.25	0%
사범	국어교육	3	3	138.7		94.83	0%	2	97.0	4.48	91.50	0%	2	136.0	96.25	0%
총계		81	83	128.5		85.70	3.5%	101	104.4	4.36	87.10	5.0%	90	143.2	90.79	5.6%

한양대서울 2022 대입결과 08 - 논술 3개년 스페셜

2022. 06. 05. ollim

수능최저 없음		2023 인원	2022 논술					2021 논술					2020 논술			
종합전형 자연계열			인원	경쟁률	내신평균	논술평균	충원율	인원	경쟁률	내신평균	논술평균	충원	인원	경쟁률	논술평균	충원
자연 공과 대학	건설환경공학	5	5	54.4		76.25	20.0%	9	38.0	4.42	83.67	11.1%	10	53.2	84.55	20.0%
	건축공학부	5	5	57.2		84.75	20.0%	7	39.0	2.97	83.57	14.3%	7	51.7	84.29	42.9%
	건축학부	5	5	70.0		77.25	0%	8	47.3	4.56	84.28	50.0%	8	60.3	86.56	12.5%
	기계공학부	15	15	94.5		76.98	26.7%	29	49.8	3.71	87.79	24.1%	31	75.7	72.56	29.0%
	도시공학과	4	4	61.3		81.88	25.0%	8	39.5	3.32	85.31	37.5%	9	54.7	84.94	0.0%
	미래자동차공	5	5	83.8		79.75	0%	6	53.8	3.94	78.33	66.7%	6	62.8	87.04	16.7%
	산업공학과	5	5	79.4		83.50	0%	10	45.1	3.78	87.50	30.0%	11	60.4	66.91	18.2%
	생명공학과	3	3	105.7		72.50	0%	5	66.6	3.68	83.80	20.0%	5	97.2	90.40	20.0%
	신소재공학부	9	9	88.9		74.86	11.1%	15	50.9	3.63	88.78	6.7%	17	66.4	67.64	23.5%
	에너지공학과	4	4	77.8		75.31	0%	4	52.5	3.43	75.31	0%	4	61.3	80.44	25.0%
	원자력공학과	4	4	55.5		82.50	0%	8	34.9	4.47	84.72	0%	9	51.3	82.03	22.2%
	유기나노공학	3	3	64.7		80.00	33.3%	6	40.3	4.03	89.21	0%	6	62.7	86.63	16.7%
	융합전자공학	17	17	111.3		84.96	29.4%	20	75.8	3.31	80.11	10.0%	16	85.4	77.38	12.5%
	자원환경공학	3	3	57.0		74.17	33.3%	5	36.2	4.14	73.20	20.0%	6	55.0	84.38	0%
	전기공학전공	7	4	77.3		74.82	0%	13	46.2	3.76	88.13	30.8%	14	60.2	68.07	28.6%
	바이오메디컬	4	4	91.0		78.13	0%	신설								
	컴소프트웨어	16	16	148.6		81.77	6.3%	19	89.2	3.37	81.74	15.8%	20	106.5	88.68	10.0%
	화학공학과	6	6	93.5		80.00	0%	7	62.1	3.99	76.89	28.6%	7	100.9	66.43	28.6%
의예	의예과	-	8	266.9		76.52	12.5%	9	295.1	2.31	90.39	11.1%	9	311.2	90.29	11.1%
자연 과학	물리학과	5	5	53.2		86.25	20.0%	9	34.7	4.52	78.92	66.7%	10	48.3	92.89	0%
	생명과학과	5	5	53.8		80.40	0%	8	40.8	4.13	88.03	12.5%	8	56.8	87.66	37.5%
	수학과	8	8	58.4		82.03	25.0%	10	44.9	4.06	81.90	10.0%	11	55.9	77.43	18.2%
	화학과	5	5	51.2		85.50	20.0%	10	39.0	3.63	81.73	30.0%	11	55.3	88.30	27.3%
자연 사범 생과 간호	수학교육과	3	3	66.0		83.33	0%	4	60.3	3.14	84.38	0%	4	63.0	62.81	25.0%
	식품영양	7	8	45.0		80.31	12.5%	14	31.0	3.98	76.41	14.3%	15	40.8	75.38	26.7%
	실내건축자연	3	3	52.0		75.25	0%	3	33.7	3.18	73.33	0%	4	46.5	74.25	25.0%
	의류학과자연	4	4	46.1		83.69	0%	4	32.8	4.03	72.56	0%	4	51.0	71.56	25.0%
	간호학과	5	5	61.4		76.90	20%	8	35.5	4.05	72.75	0%	8	47.5	71.19	12.5%
총계		165	171	79.5		79.63	11.3%	274	56.1	3.76	81.95	18.9%	270	71.9	79.66	19.8%

한양대서울 2022 대입결과 09 - 정시수능 스페셜

2022. 06. 05. ollim

▶자연 국수영과2 20:35:10:35 ▶인문 국수영탐2 20:35:10:35 ▶상경 국수영탐2 30:40:10:20			2022 정시가나군							2021 정시가나군						
			인원	경쟁률	백분위 평균	백분위 70% CUT				충원율	경쟁률	백분위 평균	백분위 70% CUT				충원율
						국어	수학	탐구	70%평				국어	수학	탐구	70%평	
2021 정시 가군 2022 정시 나군	인문	미디어커뮤니케	20	5.75	277.2	94.0	90.0	89.5	276.6	130%	3.22	284.8	94.0	86.0	93.5	279.0	83%
		관광학부	17	5.82	278.7	96.0	89.0	92.5	279.0	88%	5.19	286.8	94.0	95.0	94.0	285.8	119%
		행정학과	17	6.59	281.3	96.0	92.0	90.5	280.5	206%	6.23	290.0	96.0	92.0	96.0	287.3	62%
	상경	정보시스템	17	6.47	277.1	93.0	98.0	84.0	276.0	182%	3.00	287.0	92.0	96.0	93.5	285.8	92%
		파이낸스경영	23	6.57	278.0	92.0	98.0	84.0	276.0	170%	3.54	288.4	93.0	96.0	94.0	287.3	131%
		합계	94	6.24	278.4	94.2	93.4	88.1	277.6	155%	4.24	287.4	93.8	93.0	94.2	285.0	97%
	자연	신소재공학부	41	6.85	280.4	85.0	96.0	92.0	279.0	342%	5.90	279.9	92.0	94.0	91.5	276.8	233%
		화학공학과	25	6.40	281.1	87.0	96.0	93.5	280.5	272%	6.26	281.8	91.0	94.0	91.5	279.8	305%
		생명공학과	11	8.55	279.8	89.0	96.0	94.5	279.0	300%	9.17	283.3	89.0	94.0	94.5	280.5	250%
		에너지공학과	17	7.06	279.8	88.0	98.0	94.0	277.5	382%	6.73	280.7	85.0	96.0	94.0	279.8	318%
		미래자동차공학	22	7.77	278.7	85.0	98.0	92.5	277.5	427%	8.83	281.9	86.0	93.0	94.0	280.5	408%
		수학과	20	5.70	277.6	85.0	98.0	93.0	276.9	185%	4.00	280.7	89.0	90.0	92.5	278.3	78%
		생명과학과	22	4.91	278.3	82.0	96.0	91.5	276.0	123%	4.95	278.3	83.0	90.0	91.5	275.3	111%
		데이터사이언스	30	7.30	277.8	82.0	96.0	92.5	273.9	333%	8.00	286.6	92.0	99.0	93.5	285.0	75%
		합계	188	6.82	279.2	85.4	96.8	92.9	277.5	296%	6.73	281.6	88.4	93.8	92.9	279.5	222%

한양대서울 2022 대입결과 10 - 정시수능 스페셜

2022. 06. 05. ollim

▶자연 국수영과2 20:35:10:35 ▶인문 국수영탐2 20:35:10:35 ▶상경 국수영탐2 30:40:10:20			2022 정시가나군							2021 정시가나군						
			인원	경쟁률	백분위 평균	백분위 70% CUT				충원율	경쟁률	백분위 평균	백분위 70% CUT				충원율
						국어	수학	탐구	70%평				국어	수학	탐구	70%평	
2021 정시 나군 2022 정시 가군	인문	국어국문	12	3.83	276.5	95.0	87.0	92.5	276.0	17%	2.89	287.0	93.0	95.0	94.5	285.0	33%
		중어중문	21	4.24	277.4	93.0	87.0	93.5	276.0	10%	6.76	285.1	92.0	95.0	91.0	280.5	12%
		영어영문	32	3.69	275.3	92.0	89.0	89.5	274.5	28%	3.70	285.0	93.0	89.0	94.5	284.3	17%
		사학과	9	4.33	275.0	92.0	90.0	91.0	273.0	56%	3.71	286.0	95.0	92.0	94.5	285.0	14%
		철학과	7	3.57	270.4	94.0	92.0	89.0	269.1	43%	4.11	285.3	92.0	82.0	94.5	285.0	33%
		정치외교학과	15	3.33	277.8	96.0	89.0	91.0	276.6	47%	3.62	286.4	95.0	86.0	95.0	282.8	23%
		사회학과	14	4.93	278.7	93.0	90.0	91.0	278.4	21%	4.55	287.8	95.0	92.0	96.0	285.8	18%
		정책학과	39	3.64	279.3	94.0	91.0	89.5	278.1	36%	3.35	287.0	93.0	92.0	95.0	286.5	115%
		교육학과	10	4.90	275.6	91.0	92.0	91.0	275.1	50%	4.38	284.3	93.0	80.0	94.0	283.5	25%
		교육공학과	9	4.56	278.3	96.0	89.0	90.5	278.4	33%	2.88	286.1	95.0	92.0	95.5	288.0	38%
		국어교육과	10	3.80	274.0	96.0	89.0	89.5	272.1	90%	3.14	283.5	94.0	86.0	94.5	281.3	29%
		영어교육과	14	4.57	277.0	96.0	88.0	91.0	276.9	36%	3.27	284.6	94.0	95.0	93.5	282.8	64%
	상경	경제금융학부	50	3.82	271.2	89.0	96.0	80.5	269.1	46%	3.91	284.1	92.0	98.0	91.0	281.3	55%
		경영학부	75	4.36	271.0	88.0	96.0	82.0	267.9	71%	3.66	284.3	92.0	96.0	92.5	281.3	46%
	국제	국제학부	9	6.33		96.0	88.0	93.5	273.9	78%	-						
	체능	스포츠매니지	17	5.24	278.9	97.0	89.0	94.0	279.0	47%	6.83	278.5	96.0	85.0	94.0	276.0	200%
		스포츠사이언	18	2.61	261.3	85.0	79.0	90.0	255.0	22%	3.50	285.8	96.0	92.0	95.0	283.0	20%
		합계		4.22	274.9	93.1	89.5	89.9	273.5	43%	4.02	285.0	93.8	90.4	94.1	283.2	46%

한양대서울 2022 대입결과 11 - 정시수능 스페셜

2022. 06. 05. ollim

▶자연 국수영과2 20:35:10:35
▶인문 국수영탐2 20:35:10:35
▶상경 국수영탐2 30:40:10:20

			인원	경쟁률	백분위평균	백분위 70% CUT				충원율	경쟁률	백분위평균	백분위 70% CUT				충원율
						국어	수학	탐구	70%평				국어	수학	탐구	70%평	
2021 정시 나군 2022 정시 가군	자연	건축학부	19	3.58	276.9	85.0	96.0	89.5	275.1	32%	5.00	277.4	92.0	90.0	91.0	276.0	20%
		건축공학부	18	4.17	276.2	84.0	96.0	93.0	274.5	78%	4.31	277.6	88.0	88.0	92.5	276.0	46%
		건설환경공학과	23	5.48	273.4	82.0	95.0	89.5	269.4	26%	3.69	278.0	89.0	88.0	92.5	276.0	75%
		도시공학과	18	4.00	275.1	84.0	96.0	91.5	274.5	50%	3.77	278.3	89.0	88.0	92.5	275.3	54%
		자원환경공학과	13	5.92	279.4	89.0	95.0	94.5	279.9	62%	5.00	277.6	88.0	93.0	91.5	273.8	80%
		융합전자공학부	65	3.63	281.9	85.0	98.0	94.0	279.0	14%	3.02	282.2	89.0	94.0	93.0	280.5	10%
		컴소프트웨어	63	3.17	280.9	87.0	98.0	91.5	279.6	11%	2.67	280.4	89.0	94.0	92.5	278.3	21%
		전기공학전공	26	4.00	279.0	89.0	95.0	89.0	276.9	0%	2.91	278.4	88.0	93.0	89.5	275.3	20%
		바이오메디컬	12	4.67	278.3	87.0	96.0	90.5	276.9	17%	-						
		유기나노공학	15	4.13	276.2	84.0	96.0	91.5	274.5	53%	3.70	278.5	88.0	95.0	92.5	278.3	20%
		기계공학부	69	3.39	276.7	84.0	97.0	90.5	272.4	20%	3.00	279.6	89.0	90.0	92.0	278.3	32%
		원자력공학과	17	3.71	279.5	91.0	96.0	89.5	279.6	24%	3.18	279.2	89.0	90.0	91.5	276.0	36%
		산업공학과	20	5.30	276.9	85.0	96.0	91.0	274.5	40%	4.77	278.6	89.0	88.0	91.0	277.5	31%
		물리학과	18	3.61	274.2	85.0	97.0	88.0	271.5	56%	3.58	278.3	88.0	90.0	90.0	276.8	33%
		화학과	25	4.32	276.1	85.0	96.0	91.0	272.4	72%	3.73	277.9	85.0	90.0	91.5	275.3	93%
	사범	수학교육과	8	5.13	272.7	87.0	97.0	88.0	273.6	88%	6.71	282.1	89.0	90.0	94.0	280.5	200%
	의예	의예과	64	3.02	297.0	99.0	100.0	98.0	297.0	25%	3.49	294.5	98.0	99.0	96.0	293.3	27%
	간호	간호학과	15	4.40	271.7	80.0	96.0	89.0	270.0	40%	-		-	-	-	-	-
		합계	508	4.20	277.9	86.2	96.4	91.1	276.2	39%	3.91	279.9	89.2	91.3	92.1	277.9	50%

417

2023 대학별 수시모집 요강	한양대 에리카	2023 대입 주요 특징	자연1/자연2/인문/상경 25:30:20:25 영어: 100-99.5-99-98-96.5.. 보험25:35:20:20

▶ 내신반영 교과/논술 ★★
2022부터 <국영수사과史>
▶ 교과자연: 미적/기하 1필 이수
▶ 교과자연: 과Ⅱ 과목 1필 이수
▶ 공통일반90%+진로선택10%
▶ 성취비율별 ABC 점수계산

1. 2023 종합전형 서류100%, 자소서 및 추천서 없음
2. 교과전형 지역균형선발, 교과 100%, 인원제한 없음
3. 조기취업형 계약학과 (스마트융합공) 150명 선발 유지
4. 종합전형: 계열적합성+전공적합성 주요교과를 활용한
   ★★★   자동봉진 중심의 학부 기록의 진정성 판단
5. 국방정보공학 2023 최저하향: 3개합 9→3개합 10 (탐1)
6. 2023 약학과: 지균 5명, 종합 9명, 정시 16명

7. 한양에리카 진로선택과목 10% 반영 과목별 성취도 ★★
   A A 분포비율 x 0.9 + B 분포비율 x 1 + C 분포비율 x 1
   B A 분포비율 x 0.8 + B 분포비율 x 0.9 + C 분포비율 x 1
   C A 분포비율 x 0.7 + B 분포비율 x 0.8 + C 분포비율 x 0.9
8. 2023 모집인원 등 최종 모집요강확인 필수

모집시기	전형명	사정모형	학생부종합 특별사항	2023 수시 접수기간 09. 14(수) ~ 17(토)	모집인원	학생부	논술	면접	서류	기타	2023수능최저등급
2023 정원내 수시 1,147명 (59.9%) 정시 767명 (40.1%) 전체 1,914명	지역균형선발 학교장추천	일괄	교과전형 학교장추천서 ~09.23(금) 인원제한 없음 최저있음 최종 12.15(목)	1. 2023 전년대비 인원 동일 2. 자연: 미적/기하 1필수 이수 3. 자연: 과Ⅱ과목 1필수 이수 4. 특성화고 등 지원제한 ▶국방정보공학 2023 20명 소위임관 해군7년, 남18/여2 최저하향: 3개합 10 (탐1)★ 1단계: 학생100% (4배수) 자기소개서 제출 2단계: 해군평가 30%	313 약학5 포함 2022 313	교과 100 국방정보공학 1단계 10.13(목)		▶2022 교과입결 인문 경쟁률 9.71 자연 경쟁률 10.9 인문평균 2.50~2.86 자연평균 2.29~2.68 ▶2022 국방정보 입결 경쟁 5.90 실질 1.80 평균 2.83~2.53		인: 2개합 6 (탐1) 자: 2개합 6 (과1) 약학: 3개합 5 (과1) 미적/기하, 과탐1
	종합일반 SW ICT와 중복지원 불가	일괄	학생부종합 최저없음 자소서없음 최종 12.15(목)	<한양 ERICA 3평가 요소> 1.학업성취도 : 학업, 수상, 교과세특 등 2.적성: 계열적합성★★★ ①계열관련 노력, 발전가능성 ②자연-수과, 인문-국영사 ③자동봉진, 세특기록연관성 3.인성: 나눔배려협력품성공감 봉사활동, 종합의견 등	482 약학9 포함 2022 477	종합 100		▶2022 교과입결 인문 경쟁률 22.6 자연 경쟁률 20.0 인문평균 3.91~3.99 자연평균 3.52~3.50 ▶2022 등록고교유형 일반자공 76.9% 자사 2.8% 과고 1.0% 외고국제 18.3%		최저 없음 <에리카 인재상> 1. 전문인, 실용인 2. 성장가능성
2022 정원내 수시 1,470명 (76.8%) 정시 443명 (23.2%) 전체 1,913명	SW ICT 인재	일괄	학생부종합 최저없음 자소서 없음 최종 12.15(목)	2023 서류종합 100% 소프트웨어융합학부 3년차 교과/전공적합성 등 종합동일 ▶소프트웨어 20명 ▶ICT융합 14명	34 2022 34	서류 100%		▶2022 SW ICT 인재 입결 소프트웨어 경쟁률 30.2 입결 3.17~3.34 ICT융합 경쟁률 17.6 입결 3.91~3.90		
	조기취업 계약학과	1단계	학생부종합 최저없음	학생부 기반 교과관련성취 전공적합성/학교생활충실도 학업의지/발전가능성 종합	150 2022 150	종합 100 (5배수)		스마트융합공 소재부품 22명, 경쟁 5.36 스마트융합공 로봇융합 50명, 경쟁 5.10 스마트융합공 iCT융합 19명, 경쟁 10.16 스마트융합공 건축IT융합 27명, 경쟁 5.04		
		2단계	1단계 10.13(목) 면접 11.03~05			1단계 10 + 기업면접 90				
	논술전형	일괄	논술전형 최저 없음 논술 12.03(토) 최종 12.15(목)	1. 2023 전년대비 6명 감소 2. 내신: 국영수사과史 3. 인문논술: 사회과학논술 4. 자연논술: 수리논술	188 2022 194	교과 30 논술 70	▶2022 논술입결 인문경쟁 10.6 자연경쟁 11.2 인문 평균 4.52~4.56 논술 79.8 자연 평균 4.50~4.56 논술 74.4			최저 없음
	고른기회 농어촌	일괄	고른기회 자소서제출 최종 12.15(목)	보훈대상자 및 기초/차상위	46 39	서류 100					최저 없음
	재능우수자	일괄 단계	실기/실적 최종 12.15(목)	디자인 4개학과 예체능 3개학과	82		체육일반 15명: 실기 100% 기타 실기 및 단계전형 각각				일반 최저 없음 체육: 그냥 ★ 2개합 6 (탐1)

E.R.I.C.A 특성화 학과안내	<한양에리카 레인보우 7개 학과> 정원내 최초합격 1회 수업료 50% 1. 공과대학 생명나노공학과 2. 공과대학 로봇공학과 3. 소프트웨어융합 인공지능학과 4. 과학기술융합대학 분자생명과학과 5. 국제문화대학 문화콘텐츠학과 6. 언론정보대학 광고홍보학과 7. 경상대학 보험계리학과 8. 2022 한양대학교 약학차세대리더 신설★	<한양에리카 프라임 5개 학과> ★ 4년 반액장학 등 1. 소프트웨어융합대학 소프트웨어학부 2. 소프트웨어융합대학 ICT융합학부 3. 과학기술융합대학 나노광전자학과 4. 과학기술융합대학 화학분자공학과 5. 과학기술융합대학 해양융합공학과

2022 교과 인문 (96명)

<2022 수능최저>
인: 2개합 6 (탐1)
자: 2개합 6 (탐1)
미적/기하, 과탐1
약학: 3개합 5 (과1)

● 교과 100% (국영수사과, 동일비율)

		2023 인원	2022 인원	경쟁률	실질 경쟁	최초 평균	최종 평균	추합 인원	충원율
국제문화대학	한국언어문학	7	7	6.71	4.1	2.60	3.10	8	114%
	문화인류학	7	7	8.29	5.3	2.64	3.12	13	186%
	문화콘텐츠	6	6	15.3	9.7	2.38	2.49	4	67%
	중국학과	6	6	7.00	4.0	2.87	3.24	7	117%
	일본학과	6	6	7.67	4.2	2.83	3.37	9	150%
	영미언어문화	9	9	8.78	5.8	2.49	2.95	18	200%
	프랑스학과	6	6	8.17	4.8	2.58	3.14	7	117%
언론정보	광고홍보학	10	10	8.00	4.7	2.06	2.32	11	110%
	정보사회미디	9	9	22.9	12.2	2.22	2.59	13	144%
경상대학	경제학부	12	12	7.75	4.8	2.64	2.68	5	42%
	경영학부	15	15	9.27	6.7	2.19	2.49	36	240%
	보험계리학과	3	3	6.67	3.7	2.47	2.85	2	67%
예체능디자인대학	주얼리패션	-							
	산업디자인	-							
	영상디자인	-							
	커뮤니케이션	-							
	인테리어디자	-							
인문평균 (예체제외)		**96**	**96**	**9.71**	**5.8**	**2.50**	**2.86**	**133**	**129%**

<2021 수능최저>
인: 2개합 6 (탐1)
자: 2개합 6 (탐1)
수가/사과탐

2021 교과 인문 (102명)

● 교과 100% (국영수사, 동일비율)

		2021 인원	경쟁률	실질 경쟁	최초 평균	최종 평균	추합 인원	충원율
국제문화대학	한국언어문학	7	6.14	4.3	2.46	2.70	8	114%
	문화인류학	7	5.29	2.6	2.33	2.84	9	129%
	문화콘텐츠	6	5.50	2.3	1.60	2.78	8	133%
	중국학과	6	6.67	4.0	2.51	2.95	12	200%
	일본학과	6	6.83	4.2	2.42	3.14	15	250%
	영미언어문화	10	9.80	6.7	2.35	2.91	29	290%
	프랑스학과	6	8.17	5.8	2.59	2.96	21	350%
언론정보	광고홍보학	10	6.00	4.2	1.82	2.20	20	200%
	정보사회학	9	5.22	2.4	2.34	3.35	8	89%
경상대학	경제학부	12	5.75	4.3	2.38	2.54	22	183%
	경영학부	19	6.4	4.7	2.04	2.65	59	311%
	보험계리학과	4	6.5	4.3	2.11	2.97	12	300%
예체능디자인대학	주얼리패션							
	인테리어디자							
	테크노프로							
	커뮤니케이션							
	엔터테인먼트						-	
인문평균 (예체제외)		**102**	**6.52**	**4.2**	**2.25**	**2.83**	**223**	**212%**

2022 교과 자연 (237명)

<2022 수능최저>
인: 2개합 6 (탐1)
자: 2개합 6 (탐1)
미적/기하, 과탐1
약학: 3개합 5 (과1)

● 교과 100% (국영수사과, 동일비율)

		2023 인원	2022 인원	경쟁률	실질 경쟁	최초 평균	최종 평균	추합 인원	충원율
공학대학	건축학부	14	14	6.93	4.4	2.43	2.84	24	171%
	건설환경공학	8	8	7.38	3.9	2.59	3.07	7	88%
	교통물류공학	6	6	7.33	3.7	2.76	2.96	6	100%
	전자공학부	30	30	7.17	5.2	2.11	2.40	45	150%
	재료화학공학	18	18	6.72	4.9	2.02	2.39	30	167%
	기계공학과	24	24	10.1	5.9	2.39	2.68	40	167%
	산업경영공학	7	7	7.43	4.7	2.59	2.95	11	157%
	생명나노공학	6	6	23.3	16.0	2.02	2.24	8	133%
	로봇공학과	9	9	8.44	5.3	2.22	2.52	9	100%
	국방정보공남	-	18	5.90	1.8	2.83	2.53	0	0%
	국방정보공여	-	2						
소프트융합	소프트웨어	25	25	17.4	11.0	2.11	2.46	31	124%
	ICT융합학부	15	15	8.53	4.5	2.37	2.70	11	73%
	인공지능	8	8	10.8	6.9	2.21	2.47	13	163%
과학기술융합대학	응용수학과	5	5	4.20	2.6	2.58	4.49	8	160%
	응용물리학과	6	6	5.33	3.8	2.48	3.04	15	250%
	분자생명과학	9	9	12.0	9.4	1.79	2.13	12	133%
	나노광전자학	6	6	8.33	4.8	2.55	2.71	3	50%
	화학분자공학	9	9	18.8	11.4	2.12	2.41	17	189%
	해양융합공학	7	7	6.00	4.0	2.49	3.10	17	243%
약학	약학과	5	5	35.4	13.2	1.07	1.45	12	240%
자연평균		**217**	**237**	**10.9**	**6.4**	**2.29**	**2.68**	**319**	**143%**

<2021 수능최저>
인: 2개합 6 (탐1)
자: 2개합 6 (탐1)
수가/사과탐

2021 교과 자연 (231명)

● 교과 100% (국영수과, 동일비율)

		2021 인원	경쟁률	실질 경쟁	최초 평균	최종 평균	추합 인원	충원율
공학대학	건축학부	14	5.29	3.0	2.26	2.65	23	164%
	건설환경공학	8	6.75	4.9	2.30	2.57	17	213%
	교통물류공학	6	5.83	2.5	2.42	2.68	5	83%
	전자공학	36	4.28	3.1	1.99	2.30	61	169%
	재료화학공학	18	5.50	4.4	1.82	1.98	34	189%
	기계공학	24	5.75	3.3	2.04	2.70	53	221%
	산업경영공학	7	4.43	1.9	2.26	2.53	4	57%
	생명나노공학	6	4.50	3.5	1.58	2.73	13	217%
	로봇공학	9	4.67	1.3	2.49	2.89	2	22%
	국방정보공학	19	3.11	0.5	2.92	2.80	0	0%
	국방정보공여	1	11.0					
소프트융합	소프트웨어	20	4.15	2.5	1.92	2.98	27	135%
	ICT융합 자연	12	4.17	2.3	2.07	2.22	11	92%
	-	8	4.38	2.6	2.10	2.65	8	100%
과학기술융합대학	응용수학	6	3.67	2.0	2.12	2.21	6	100%
	응용물리	6	6.17	3.5	2.27	2.75	8	133%
	분자생명과학	9	4.33	3.2	1.75	2.15	13	144%
	나노광전자학	6	4.8	2.5	2.21	2.81	8	133%
	화학분자공학	9	4.11	2.7	1.90	2.94	15	167%
	해양융합공학	7	3.86	2.1	2.50	2.54	2	29%
자연평균		**231**	**5.04**	**2.7**	**2.15**	**2.58**	**310**	**125%**

2022 종합 인문 (207명)

학생부종합 선발
2022 내신종합반영
국영수사과 정성평가

● 종합100% (정성)+단계종합 (교과복합형)

		2023 인원 종합전형	2022 인원	2022 경쟁률	최초 평균	최종 평균	추합 인원	충원율
국제문화대학	한국언어문학	10	10	10.2	3.66	3.55	12	120%
	문화인류학	11	11	17.2	4.65	4.65	4	36%
	문화콘텐츠	14	14	71.0	4.06	4.01	6	43%
	중국학과	14	14	17.3	5.45	5.59	19	136%
	일본학과	14	14	21.8	4.90	5.25	11	79%
	영미언어문화	19	19	14.4	4.91	4.96	26	137%
	프랑스학과	8	8	11.4	4.57	5.60	15	188%
언론정보	광고홍보학	13	13	40.9	4.08	3.93	6	46%
	정보사회미디	16	16	30.6	3.53	4.09	9	56%
경상대학	경제학부	22	22	11.0	4.06	4.04	23	105%
	경영학부	38	38	18.8	4.64	4.56	29	76%
	보험계리학과	6	6	7.00	4.41	4.33	6	100%
예체능디자인대학	스포츠과학	10	5	62.8	3.07	2.98	3	60%
	주얼리패션	4	4	30.3	3.68	3.78	2	50%
	산업디자인	3	3	32.3	2.12	2.41	2	67%
	커뮤니디자인	6	6	36.7	2.71	2.28	8	133%
	영상디자인	4	4	32.3	1.98	1.89	3	75%
인문평균 (예체제외)		212	207	22.6	3.91	3.99	184	93%

2021 종합 인문 (112명)

수능최저 없음
소프트융합대학은
학생부종합2 선발

● 종합100% (정성)+단계종합 (교과복합형)

		2021 인원	2021 경쟁률	최초 평균	최종 평균	추합 인원	충원율
국제문화대학	한국언어문학	10	12.5			15	150%
	문화인류학	11	13.5			12	109%
	문화콘텐츠	14	54.2	4.49	4.79	11	79%
	중국학과	5	30.0	4.29	4.57	1	11%
	일본학과	5	29.2	4.01	4.54	6	113%
	영미언어문화	8	28.8	3.89	3.96	7	86%
	프랑스학과	8	8.88	4.47	4.44	3	38%
언론정보	광고홍보학	13	39.2	3.64	3.76	3	23%
	정보사회학	6	38.0	3.56	3.87	3	50%
경상대학	경제학부	7	16.6	3.59	3.68	4	50%
	경영학부	16	20.8	3.67	3.70	11	66%
	보험계리학과	4	10.0	3.94	3.94	0	0%
예체능디자인대학	스포츠과학	5	52.0	4.10	3.91	5	100%
	-	-	-	-	-	-	-
	-	-	-	-	-	-	-
	-	-	-	-	-	-	-
	-	-	-	-	-	-	-
인문평균 (예체제외)		112	25.1	3.97	4.11	79	65%

2022 종합 자연 (304명)

학생부종합 선발
2022 내신종합반영
국영수사과 정성평가

● 종합100% (정성)+단계종합 (교과복합형)

		2023 인원 종합전형	2022 인원	2022 경쟁률	최초 평균	최종 평균	추합 인원	충원율
공학대학	건축학부	21	21	25.9	3.68	3.69	14	67%
	건설환경공학	13	13	13.3	4.42	4.19	13	100%
	교통물류공학	8	8	10.5	3.63	4.16	10	125%
	전자공학	55	55	12.6	3.15	3.40	58	106%
	재료화학공학	25	25	16.3	3.00	2.83	34	136%
	기계공학	34	34	14.6	3.12	3.16	64	188%
	산업경영공학	7	7	11.9	4.35	4.12	10	143%
	생명나노공학	8	8	28.5	3.54	2.63	9	113%
	로봇공학	22	22	13.5	3.32	3.62	11	50%
소프트융합	소프트웨어	20	20	30.2	3.17	3.34	19	95%
	ICT융합 자연	14	14	17.6	3.91	3.90	7	50%
	인공지능	14	14	22.9	3.50	3.61	8	57%
과학기술융합대학	응용수학	6	6	9.00	3.65	3.85	4	67%
	응용물리	8	8	7.50	3.69	3.59	16	200%
	분자생명과학	10	10	46.3	3.43	3.32	12	120%
	나노광전자학	9	9	8.40	3.76	3.68	2	22%
	화학분자공학	12	12	19.6	2.82	3.04	5	42%
	해양융합공학	9	9	9.70	3.72	3.70	7	78%
약학	약학과	9	9	62.1	2.96	2.67	15	167%
자연평균		304	304	20.0	3.52	3.50	318	101%

2021 종합 자연 (187명)

수능최저 없음
소프트융합대학은
학생부종합2 선발

● 종합100% (정성)+단계종합 (교과복합형)

		2021 인원	2021 경쟁률	최초 평균	최종 평균	추합 인원	충원율
공학대학	건축학부	8	34.8	3.66	3.78	6	71%
	건설환경공학	13	10.5	3.52	3.81	14	108%
	교통물류공학	8	5.75	3.70	4.29	11	138%
	전자공학	20	16.5	3.30	3.64	24	122%
	재료화학공학	10	25.1	2.92	2.94	5	48%
	기계공학	14	22.8	3.37	3.55	13	94%
	산업경영공학	7	9.29	3.14	3.52	6	86%
	생명나노공학	8	33.9	3.60	2.73	4	50%
	로봇공학	16	14.6	3.79	4.13	7	44%
소프트융합	소프트웨어	13	27.3	3.87	3.82	11	88%
	ICT융합 자연	9	17.2	3.90	4.00	4	48%
	인공지능	14	18.2	3.88	3.88	7	50%
과학기술융합대학	응용수학	6	12.2	2.72	2.98	13	217%
	응용물리	8	7.38	3.16	3.36	8	100%
	분자생명과학	10	42.1	3.09	3.45	9	90%
	나노광전자학	9	6.00	3.20	3.24	0	0%
	화학분자공학	5	27.6	3.18	3.08	5	100%
	해양융합공학	9	9.89	3.48	3.51	7	78%
자연평균		187	19.0	3.42	3.54	155	85%

2022 논술 인문 (49명)

최저 없음 · ● 학생 30%+논술 70%

최저 없음		2022 논술 인원	2022 인원	2022 경쟁률	논술 평균	최종등록 평균	최종등록 최저	추합 인원	충원율
소프트	ICT융합 인문	-	-	-	-	-	-		
국제문화대학	한국언어문학	-							
	문화인류학	-							
	문화콘텐츠	-							
	중국학과	-							
	일본학과	-							
	영미언어문화	-							
	프랑스학과	-							
언론정보	광고홍보학	10	10	12.6	81.2	3.93	3.98	1	10%
	정보사회미디	10	10	11.6	82.3	4.67	4.80	2	20%
경상대학	경제학부	12	12	8.3	77.4	4.92	4.92	0	0%
	경영학부	17	17	9.9	78.1	4.54	4.54	0	0%
	보험계리학과	-	-	-	-	-	-	-	-
예체능디자인대학	스포츠과학	-	-	-	-	-	-	-	-
인문평균 (예체제외)		**49**	**49**	**10.6**	**79.8**	**4.52**	**4.56**	**3**	**8%**

2021 논술 인문 (61명)

최저 없음 · ● 학생 30%+논술 70%

최저 없음		2021 인원	2021 경쟁률	논술 평균	최종등록 평균	최종등록 최저	추합 인원	충원율
소프트	ICT융합 인문	-	-	-	-	-	-	-
국제문화대학	한국언어문학							
	문화인류학							
	문화콘텐츠							
	중국학과							
	일본학과							
	영미언어문화							
	프랑스학과							
언론정보	광고홍보학	12	47.8	66.7	4.48	4.64	1	8%
	정보사회학	10	49.8	68.3	4.04	4.04	0	0%
경상대학	경제학부	14	33.9	72.0	4.31	4.38	1	7%
	경영학부	21	39.9	68.2	4.24	4.42	8	38%
	보험계리학과	4	24.5		4.40	4.40	0	0%
예체능디자인대학	스포츠과학	-	-	-	-	-	-	-
인문평균 (예체제외)		**61**	**39.2**	**68.8**	**4.29**	**4.38**	**10**	**11%**

2022 논술 자연 (145명)

최저 없음 · ● 학생 30%+논술 70%

최저 없음		2023 논술 인원	2022 인원	2022 경쟁률	논술 평균	최종등록 평균	최종등록 최저	추합 인원	충원율
공학대학	건축학부	10	10	11.0	75.2	5.03	4.85	4	40%
	건설환경공학	7	7	9.30	72.4	4.61	4.64	3	43%
	교통물류공학	5	5	9.20	68.6	5.17	4.89	1	20%
	전자공학	21	25	14.6	78.6	4.12	4.20	14	56%
	재료화학공학	14	14	11.4	71.0	3.97	4.48	6	43%
	기계공학	13	15	12.9	76.3	4.27	4.48	9	60%
	산업경영공학	5	5	13.4	80.2	4.58	4.53	1	20%
	생명나노공학	5	5	14.2	70.7	5.03	4.77	1	20%
	로봇공학	8	8	10.5	69.9	4.39	4.51	1	13%
소프트융합	소프트웨어	14	14	17.1	87.6	3.92	4.04	5	36%
	ICT융합 자연	5	5	13.8	69.5	4.31	4.49	4	80%
과학기술융합대학	응용수학	5	5	8.40	82.8	4.38	4.47	1	20%
	응용물리	5	5	7.80	72.2	5.27	5.48	2	40%
	분자생명과학	6	6	11.3	82.0	4.15	4.27	4	67%
	나노광전자학	5	5	11.6	79.2	4.19	4.48	1	20%
	화학분자공학	6	6	7.20	66.9	4.40	4.41	1	17%
	해양융합공학	5	5	6.80	60.9	4.67	4.57	1	20%
자연평균		**139**	**145**	**11.2**	**74.4**	**4.50**	**4.56**	**59**	**36%**

2021 논술 자연 (158명)

최저 없음 · ● 학생 30%+논술 70%

최저 없음		2021 인원	2021 경쟁률	논술 평균	최종등록 평균	최종등록 최저	추합 인원	충원율
공학대학	건축학부	11	33.2	93.1	4.23	4.54	6	55%
	건설환경공학	7	30.0	84.1	4.08	4.11	6	86%
	교통물류공학	5	29.2	85.8	4.53	4.94	5	100%
	전자공학	29	41.9	85.4	4.03	4.08	18	62%
	재료화학공학	14	38.5	81.8	3.67	3.73	5	36%
	기계공학	19	36.9	84.7	4.09	4.11	10	63%
	산업경영공학	6	32.3	74.6	4.27	4.33	4	67%
	생명나노공학	5	51.0	87.1	3.31	3.59	1	20%
	로봇공학	8	32.0	85.1	3.34	3.56	3	38%
소프트융합	소프트웨어	15	51.2	98.1	3.46	3.45	4	27%
	ICT융합 자연	7	38.0	94.2	3.56	3.57	4	57%
과학기술융합대학	응용수학	5	22.6	91.8	3.78	4.24	7	140%
	응용물리	5	23.6	92.0	3.48	3.56	3	60%
	분자생명과학	6	38.0	94.6	4.09	3.94	3	50%
	나노광전자학	5	28.8	97.0	3.77	3.77	0	0%
	화학분자공학	6	33.3	97.9	3.92	3.91	7	117%
	해양융합공학	5	27.8	96.1	4.33	4.49	1	20%
자연평균		**158**	**34.6**	**89.6**	**3.88**	**4.00**	**87**	**59%**

2022 정시 인문

인문 30:30:20:20
자연 20:35:20:25
영어 200-199-198
-196-193...

● 수능 100%　국수탐2 백분위 평균

		2023 인원	2022 인원	경쟁률		백분위 평균 최초	백분위 평균 최종	추합 인원	충원율
국제 문화 대학	한국언어문학	12	12	4.5		75.94	75.22	6	50%
	문화인류학	12	12	5.4		77.46	76.32	11	92%
	문화콘텐츠	12	12	5.8		82.17	79.13	14	117%
	중국학과	13	13	7.2		75.19	73.95	9	69%
	일본학과	13	13	5.2		74.94	74.00	8	62%
	영미언어문화	20	20	5.0		77.57	75.02	21	105%
	프랑스학과	12	12	7.8		75.10	74.78	4	33%
언론 정보	광고홍보학	22	22	5.7		81.48	80.67	12	55%
	정보사회미디	18	19	6.6		78.61	77.72	15	79%
경상 대학	경제학부	26	27	4.5		78.15	77.01	30	111%
	경영학부	40	40	5.0		78.70	77.36	33	83%
	보험계리학과	18	18	4.4		79.45	77.18	10	58%
디자인 대학	주얼리패션	34	34	11.2		77.15	74.97	7	21%
	산업디자인	22	22	9.5		79.77	78.68	5	23%
	커뮤니디자인	42	42	7.3		83.14	82.43	6	14%
	영상디자인	32	32	8.3		79.63	77.31	11	34%
예체	스포츠과학	29	25	11.7		72.86	68.60	7	28%
인문/예체평균		**377**	**375**	**6.8**		**78.08**	**76.49**	**209**	**61%**

2021 정시 인문

인문 30:30:20:20
자연 20:35:20:25
영어 200-199-198
-196-193...

● 수능 100%　국수탐2 백분위 평균

		2021 인원	경쟁률		백분위 평균 최초	백분위 평균 최종	추합 인원	충원율
국제 문화 대학	한국언어문학	13	3.8		83.64	83.18	6	46%
	문화인류학	12	2.9		84.11	78.79	17	142%
	문화콘텐츠	15	4.1		86.49	83.42	21	140%
	중국학과	12	5.2		83.69	82.92	9	75%
	일본학과	13	3.5		84.17	82.90	19	146%
	영미언어문화	18	3.5		84.18	82.76	19	106%
	프랑스학과	13	4.5		82.50	81.26	18	139%
언론 정보	광고홍보학	20	3.2		87.13	85.46	21	105%
	정보사회학	19	3.8		85.39	83.84	28	147%
경상 대학	경제학부	29	3.4		85.29	83.60	32	110%
	경영학부	37	4.4		86.23	84.64	44	119%
	보험계리학과	14	3.9		86.46	85.74	8	57%
디자인 대학	주얼리패션	30	11.0		76.83	76.12	7	23%
	산업디자인	20	7.2		78.58	75.05	5	25%
	커뮤니디자인	39	6.4		81.13	77.90	9	23%
	영상디자인	29	7.8		78.78	77.36	5	17%
예체	스포츠과학	36	7.9		72.01	70.31	8	22%
인문/예체평균		**369**	**5.1**		**82.74**	**80.90**	**276**	**85%**

2022 정시 자연

인문 30:30:20:20
자연 20:35:20:25
영어 200-199-198
-196-193...

● 수능 100%　국수탐2 백분위 평균

		2022 인원	2022 인원	경쟁률	최초 평균	최종 평균	추합 인원	충원율
공학 대학	건축학부	21	21	5.0	80.54	78.61	20	95%
	건설환경공학	12	14	4.9	79.33	77.43	10	71%
	교통물류공학	16	16	4.1	77.78	77.60	2	13%
	전자공학	51	49	4.3	84.38	82.25	43	88%
	재료화학공학	33	32	4.4	82.26	81.08	22	69%
	기계공학	32	32	4.7	81.73	80.69	22	70%
	산업경영공학	16	16	4.9	78.94	78.97	6	35%
	생명나노공학	11	11	4.5	83.77	81.26	17	150%
	로봇공학	19	19	4.7	82.08	80.75	11	58%
	국방정보공학	-	20	1.1	72.95	72.95	0	0%
약학	약학과	16	16	8.5	97.01	96.39	32	200%
소프트 융합	소프트웨어	41	40	4.0	83.54	83.01	18	44%
	ICT융합 자연	35	35	5.0	82.12	80.92	18	51%
	인공지능	14	14	4.1	82.67	82.50	7	47%
과학 기술 융합 대학	응용수학	11	12	4.6	79.58	78.58	9	77%
	응용물리	11	11	5.9	78.88	78.08	3	27%
	분자생명과학	13	13	5.9	83.90	82.35	12	93%
	나노광전자학	11	11	5.5	81.12	80.91	8	73%
	화학분자공학	16	15	5.1	81.33	78.58	21	140%
	해양융합공학	11	11	6.7	79.18	77.80	8	73%
자연평균		**390**	**408**	**4.9**	**81.65**	**80.54**	**288**	**74%**

2021 정시 자연

인문 30:30:20:20
자연 20:35:20:25
영어 200-199-198
-196-193...

● 수능 100%　국수탐2 백분위 평균

		2021 인원	경쟁률	최초 평균	최종 평균	추합 인원	충원율
공학 대학	건축학부	23	4.6	84.62	83.47	20	87%
	건설환경공학	12	3.5	79.24	77.43	14	117%
	교통물류공학	16	3.8	84.53	83.55	7	44%
	전자공학	41	3.2	83.63	81.92	49	120%
	재료화학공학	35	3.5	82.70	80.18	29	83%
	기계공학	31	3.0	83.14	79.54	38	123%
	산업경영공학	16	4.4	85.39	84.83	16	100%
	생명나노공학	12	5.0	84.08	81.32	27	225%
	로봇공학	15	4.3	83.49	82.33	15	100%
	국방정보공학	26	0.5	78.65	78.13	0	0%
소프트 융합	소프트웨어	36	4.1	87.33	86.48	18	50%
	ICT융합 자연	32	3.7	86.40	85.67	37	116%
과학 기술 융합 대학	응용수학	16	5.6	80.47	78.14	23	144%
	응용물리	11	2.5	80.06	69.47	16	146%
	분자생명과학	13	3.8	83.21	78.08	25	192%
	나노광전자학	12	4.3	81.57	76.97	29	242%
	화학분자공학	17	5.5	82.50	80.46	31	182%
	해양융합공학	12	6.3	78.85	77.30	17	142%
자연평균		**376**	**4.0**	**82.77**	**80.29**	**412**	**123%**

2023 대입 대입 특징
2023 정시: 탐1(30%)+국/수/영 택2(70%) ★
영어 인/자: 100-92-88-79-68-50 ... 백분위

▶교과: 국/수5+영5+사/과5
총 9개→15개 반영변화★
▶2021~2022 9개 반영
▶2020 인: 국영사 자: 영수과
▶미래역량/담임: 총 9개 유지
▶학년비율 100% 유지

1. 2023 교과 내신 변화: 국/수5+영5+사/과5 총 15개 반영★
　①2021~2022 내신반영: 국/수3+영3+사/과3 총 9개 반영
　②2020 3년전 내신반영 인: 국영사 자: 영수과 전체
2. 2023 미래역량종합/담임목회자 전형은 기존내신 9개 반영
3. 2022 교과전형 전년대비 36명 인원감소
4. 2022 미래역량 단계면접전형 4명 인원증가
5. 2023 미래역량 1단계 변화: 7배수→5배수→7배수
6. 2023 협성창의 1단계변화: 교과30+서류70→서류 100%
7. 2023 협성창의 2단계변화: 면접60%→면접70%, 52명 증가

모집시기	전형명	사정모형	학생부종합 특별사항	2023 수시 접수기간 09. 13(화) ~ 17(토)	모집인원	학생부	논술	면접	서류	기타	2023 수능최저등급
2023 정원내 수시 830명 (82.2%) 정시 179명 (17.8%) 전체 1,009명 2022 수시 923명 (82.3%) 정시 198명 (17.7%) 전체 1,121명	교과우수자	일괄	학생부교과 최저없음 최종 10.19(수) 국/수5+영5 +사/과5 총 15개	1. 2023 전년대비 24명 감소 2. 2022 전년대비 16명 증가 3. 2021 전년대비 134명 감소 4. 2020 전년대비 56명 증가 5. 교과 등급별 반영점수 분포 1등급-100　2등급-99 3등급-97　4등급-94 5등급-90　6등급-85	214 신학 20명 2022 238 신학 22명	교과 100					최저없음
	미래역량 우수자 (단계면접)	1단계	학생부교과 1단계 10.19(수) 면접 10.29(토) ~10.30(일) 최종 12.15(목)	1. 2023 내신반영 전년과 동일 2. 2023 전년대비 10명 증가 3. 면접: 인성, 시사상식 평가 4. 면접이전 홈피 문제공개	201 2022 191	교과 100 (5배→7배수)					최저없음
		2단계	국/수3+영3 +사/과3 총 9개			교과 60 + 면접 40					최저없음
	협성창의인재 (종합)	1단계	학생부종합 최저없음 자소서 없음 1단계 11.02(수) 면접 11.05(토) ~11.06(일) 최종 12.15(목)	1. 2023 전년대비 52명 증가 2. 여러능력 잠재력을 가진 자 3. 자기주도학습능력 인생목표 4. 고교교육충실 전공목표일치 5. 2단계면접 지원동기, 학업계획, 인성 전공이해 등 종합심층평가	184 2022 132	서류 100 (3배수)					최저없음
		2단계				서류 30 + 면접 70					
	담임목회자추천	1단계	신학과 1단계 10.19(수) 면접 11.05(토) 최종 12.15(목) 내신 총 9개	1. 1단계 5배수→7배수 2. 기독교 세례인 목회추천자 3. 면접이전 홈피 문제공개	신학 47	교과 100 (5배→7배수)					최저없음
		2단계				교과 60 + 면접 40					
	사회배려자	일괄	교과전형 최저없음 최종 10.19(수)	1. 군인경찰환경소방집배 교도 10년이상 등 2. 다문화, 다자녀 3인 등	34	교과 100					최저없음
	기초수급차상위 (정원외)	일괄	교과전형 최저없음 최종 12.15(목)	1. 기초수급자 및 차상위 자녀	20	교과 100					최저없음
	고른기회	일괄	교과전형 최종 10.19(수)	1. 보훈, 농어촌, 특성화고교 2. 기초수급 및 차상위 자녀	27	교과 100					최저없음

협성대 2022 수시 01 - 교과전형

2022. 04. 25. ollim

수능최저 없음		2022 교과우수자						2021 교과우수자					2020 교과우수자				
		2023	▶교과 100% ▶학년비율: 동일 ▶국/수3+영3+사/과3, 총 9개					▶교과 100% ▶학년비율: 동일 ▶국/수3+영3+사/과3, 총 9개					▶교과 100% ▶학년비율: 동일 ▶국/수3+영3+사/과3, 총 9개 ▶2021 입결 예측 - 내신변화 시뮬레이션 적용 결과 ollim				
		모집인원	모집인원	경쟁률	충원	50%컷	70%컷	모집인원	경쟁률	충원	평균	최저	21인원	경쟁률	충원	평균	최저
신학	신학과		22	0.95		5.77	5.89	30	1.50		3.87	4.47	30			-	-
인문사과대학	문예창작	9	10	6.80		3.37	3.81	7	26.9		3.09	3.44	7			3.90	5.08
	사회복지	14	14	8.29		3.59	3.66	17	17.0		3.00	3.26	17			3.22	4.03
	아동보육	10	12	8.08		4.36	4.44	12	11.0		3.77	3.92	12			3.39	4.25
	도시개발행정	8	12	4.75		4.55	5.44	10	14.0		3.75	3.96	10			3.68	4.39
	중국어문화학과	11	8	11.0		3.55	3.85	-	-		-	-	-			-	-
경영대학	미디어영상광고	16	15	6.33		3.52	3.89	17	20.9		3.93	4.16	17			2.95	3.75
	경영학과	14	13	8.23		3.48	3.92	12	23.8		3.10	3.22	12			3.55	4.55
	금융보험학과	10	9	5.33		3.85	4.03	20	11.3		3.41	3.73	20			3.50	4.28
	세무회계학과	12	9	8.56		3.26	3.37										
	호텔관광경영	7	7	10.3		3.07	3.26	17	13.5		3.50	3.78	17			3.36	4.64
	유통경영학과	10	7	5.29		3.89	4.20										
	글로벌통상문화	10	12	4.75		3.81	3.96	14	9.14		3.64	3.89	14			3.64	4.40
이공대학	컴퓨터공학과	12	13	9.15		3.56	3.70	11	18.6		3.20	3.37	11			3.23	3.66
	소프트웨어공학	12	11	9.73		3.55	3.66	11	12.7		3.35	3.52	11			3.34	4.47
	건축공학과	12	13	6.85		3.37	3.44	11	21.6		3.24	3.46	11			4.06	5.33
	도시공학과	10	13	6.46		4.11	4.22	15	13.9		3.83	4.05	15			4.03	4.89
	보건관리학과	10	18	6.44		3.78	3.89	19	8.47		3.42	3.89	19			3.14	4.00
	생명과학과	12	20	5.10		4.11	4.39	17	14.7		3.23	3.48	17			4.04	5.66
		199	238	6.97		3.71	3.95	240	14.9		3.43	3.68	240			3.54	4.49

협성대 2022 수시 02 - 단계면접전형

2022. 04. 25. ollim

수능최저 없음		2022 미래역량						2021 미래역량					2020 미래역량				
		2023	▶교과 100% ▶학년비율: 동일 ▶국/수3+영3+사/과3, 총 9개					▶교과 100% ▶학년비율: 동일 ▶국/수3+영3+사/과3, 총 9개					▶교과 100% ▶학년비율: 동일 ▶국/수3+영3+사/과3, 총 9개 ▶2021 입결 예측 - 내신변화 시뮬레이션 적용 결과 ollim				
		모집인원	모집인원	경쟁률	충원	50%컷	70%컷	모집인원	경쟁률	충원	평균	최저	21인원	경쟁률	충원	평균	최저
인문사과대학	문예창작	10	16	5.50		4.25	4.39	12	6.75		3.92	4.80	12			4.04	4.80
	사회복지	15	15	5.07		4.00	4.22	14	6.36		3.89	4.25	14	신설	모집		
	중국어문화학과	10						-	-		-	-	-			-	-
	도시행정학과	10	14	2.57		5.69	6.69	12	4.08		4.25	4.58	12			4.20	4.75
	아동보육학과	10	10	3.00		4.44	4.44										
경영대학	미디어영상광고	18	16	5.06		3.66	3.66	14	9.07		3.32	3.66	14			3.27	3.92
	경영학과	12						-	-		-	-	-			3.84	4.14
	금융보험학과	10	8	2.88		4.58	5.35	14	3.64		4.17	4.78	14			3.97	4.58
	세무회계학과	10	8	3.38		4.39	4.44										
	호텔관광경영	8	8	5.88		4.14	4.44	14	5.86		4.06	4.55	14	신설	모집		
	유통경영학과	10	8	3.63		4.44	5.04										
	글로벌통상문화	11	14	2.79		4.58	5.15	-	-		-	-	-			4.74	5.33
이공대학	컴퓨터공학과	8	16	3.81		4.53	4.73	14	6.43		3.73	3.92	14			4.01	4.55
	소프트웨어공학	8	16	4.00		4.44	4.47	14	5.57		4.09	4.55	14			4.19	5.06
	건축공학과	12	14	7.21		4.30	4.58	12	5.00		4.75	5.33	12			3.92	4.33
	도시공학과	12	14	4.79		4.78	4.83	14	2.43		5.10	5.89	14			4.23	4.66
	보건관리학과	15	14	3.21		4.80	4.80	14	5.71		4.04	4.55	14			3.80	4.55
	생명과학과	10	-	-		-	-	-	-		-	-	-			4.00	4.83
		199	191	4.19		4.47	4.75	148	5.54		4.12	4.62	148			4.02	4.63

2023 대학별 수시모집 요강	호서대학교	2023 대입 주요 특징	정시 탐구1+국수영 택2, 탐30% 기타35%
			영어 인/자: 95-85-75-65-50-35 ...

▶교과: 국영수사과 중 상위 3개 전체 유지 탐구2개 불가 ▶학년비율 없음 ▶진로선택 가산점 반영★ ①최대 2과목 총점 반영 ②AA 최대 5% 반영	1. 2023 교과전형 전년대비 89명 증가★ 2. 2023 호서인재종합 전년댑 164명 인원증가★ 3. 2023 안전보건, 소방방재 학과분리, 전자융합→전자공학 반도체공학과 신설 등 4. 서류확인 심층면접→서류확인면접으로 면접난이도 완화 5. 교과전형 목표대학	6. 인문 천안캠, 자연 아산캠, 당진 산학융합캠퍼스 공과대학 당진캠: 로봇자동차공, 신소재공, 자동차ICT 7. 2022 학과명칭 변경 ①중국지역→중국학과 ②건강기능식품→식품공학과 ③로봇자동화공학→로봇공학 ④전자및디스플→전자융합공 ⑤공연예술학부(실용음악트랙) - 피아노트랙 폐지

모집시기	전형명	사정모형	학생부종합 특별사항	2023 수시 접수기간 09.13(화) ~ 17(토)	모집인원	학생부	논술	면접	서류	기타	2023 최저등급
2023 정원내 수시 2,613명 2022 정원내 수시 2,328명 (80.8%) 정시 553명 (19.2%) 전체 2,881명	학생부전형	일괄	학생부교과 최종 11.10(목)	1. 2023 전년대비 89명 증가	1,102 2022 1,013	교과 100		국영수사과 중 상위 3개 진로선택 최대 2과목			최저없음
	호서인재	1단계	학생부종합 자소서 없음 1단계 10.25(화) 면접 11.03(목) ~11.04(금) 최종 11.10(목)	1. 2023 164명 인원 증가 2. 1단계 5배수 3. 호서대 인재상 바탕 인성평가 종합면접 ①전공탐색역량 ②목표의식 ③도전정신	840 2022 676	서류 100 (5배수)		▶호서대종합 서류평가 ①기초학업능력 30% ②전공 잠재력 40% ③인성 30%			최저없음
		2단계				1단계 70 + 면접 30					
	AI SW인재	1단계	학생부종합 자소서 없음 1단계 10.25(화) 면접 11.03(목) ~11.04(금) 최종 11.10(목)	컴퓨터공학부 10명 - 사물인터넷트랙 - 인공지능트랙 - 정보보호학트랙	10	서류 100 (5배수)		<2021 컴퓨터공 입결> 10명 모집 경쟁률3.80- 최종평균-최저 4.62-5.98, 충원 4명			최저없음
		2단계				1단계 70 + 면접 30					
	지역인재	일괄	학생부교과 최종 11.10(목)	1. 2023 전년대비 9명 증가 2. 대전/세종/충남북 대상자	328 2022 319	교과 100		<2023 기타전형 생략> 지역인재2 2명 - 간호학과 농어촌 성인학습자 서해5도 특성화 재직자 등			최저없음
	고른기회	일괄	학생부교과 최종 11.10(목)	1. 교과100% 유지 우편/환경/경찰/교도/소방 군인/복지시설 등 10년 이상 소년소녀/장애/보훈대상 등 다자녀 다문화 포함	70 2022 70	교과 100					최저없음
	기초수급 및 차상위	일괄	학생부교과 정원외 최종 11.10(목)	기초수급 및 차상위 자녀	48	교과 100					최저없음

| 수능최저 없음 | | | | 2022 학생부우수자 | | | | | | | | | | |

▶ 내신 반영: 국영수사과 중 상위 3개 전체, 교과 100%
▶ 학년 비율: 30:35:35

대학	학과		2023 학생부우수 모집인원	2022 지원 모집인원	2022 지원 경쟁률	최종등록 평균	최종등록 최저	최종80% 평균	최종80% 최종	충원인원	충원율	전체지원자	모집+충원	실질경쟁률
인문사회대학	한국언어문화		15	15	3.93	4.81	5.98	4.56	5.47	35	233%	59	50	1.18
	영어영문학과		25	24	5.21	4.64	5.62	4.42	5.4	82	342%	125	106	1.18
	중국학과		17	19	3.32	5.87	7.15	5.59	6.69	44	232%	63	63	1.00
	법경찰행정학		51	46	4.61	3.92	4.78	3.75	4.4	82	178%	212	128	1.66
	산업심리학과		23	20	4.6	4.4	5.15	4.27	4.98	49	245%	92	69	1.33
	사회복지학부		35	33	6.52	4.59	5.2	4.45	5.06	116	352%	215	149	1.44
	청소년문화·상담		11	15	5.87	4.48	5.52	4.22	5.12	52	347%	88	67	1.31
	미디어커뮤니케		12	13	10.85	3.51	4.3	3.36	4.03	55	423%	141	68	2.07
	유아교육과		12	6	12.83	2.91	3.89	2.63	3.63	16	267%	77	22	3.50
경영대학	글로벌통상학과		43	38	5.74	4.98	5.74	4.81	5.49	102	268%	218	140	1.56
	경영학부		78	60	4.8	4.39	5.47	4.18	4.85	142	237%	288	202	1.43
	디지털기술경영학과		35	30	4.63	4.76	5.29	4.68	5.17	72	240%	139	102	1.36
동물보건복지학과	식품공학과		17	18	5.22	4.54	5.18	4.38	5.15	45	250%	94	63	1.49
	제약공학과		29	19	4.21	4.35	5.34	4.12	5.16	48	253%	80	67	1.19
	화장품생명공학부		42	37	4.22	4.81	5.98	4.55	5.38	95	257%	156	132	1.18
	식품영양학과		19	17	5.18	3.86	4.46	3.71	4.37	34	200%	88	51	1.73
	물리치료학과		7	17	6.47	2.59	3.24	2.55	3.23	22	129%	110	39	2.82
	임상병리학과		12	17	6.35	3.27	3.73	3.17	3.48	31	182%	108	48	2.25
	간호학과		8	15	6.73	2.22	3.07	2.07	2.71	16	107%	101	31	3.26
	동물보건복지학과		20	18	9.89	3.11	4.05	2.92	3.89	41	228%	178	59	3.02
공과대학	전기공학과		34	31	4.48	4.41	5.39	4.2	5.18	71	229%	139	102	1.36
	시스템제어공학과		27	21	3.19	5.16	6.29	4.94	5.86	35	167%	67	56	1.20
	안전소방학부		28	50	4.92	4.46	5.23	4.3	4.96	93	186%	246	143	1.72
	소방방재학과		28											
	화학공학과		26	22	3.91	4.21	6.23	3.77	4.67	64	291%	86	86	1.00
	건축토목공학부		36	34	3.88	5.09	6.11	4.9	5.67	84	247%	132	118	1.12
	환경공학과		19	17	4.18	5.05	7.23	4.6	5.5	54	318%	71	71	1.00
	건축학과		21	19	6	3.68	4.72	3.51	4.39	39	205%	114	58	1.97
	기계자동차공학부		52	46	7.11	4.77	5.7	4.54	5.27	168	365%	327	214	1.53
	정보통신공학부		34	31	4.68	5.11	5.73	4.96	5.46	69	223%	145	100	1.45
	전자재료공학과		13	10	7.9	4.93	5.49	4.81	5.23	34	340%	79	44	1.80
	신소재공학과	당진	23	17	3.71	5.43	7.17	5.03	5.43	46	271%	63	63	1.00
	자동차ICT공학과	당진	23	17	5.65	6.12	7.53	5.9	6.43	78	459%	96	95	1.01
AI융합대학	로봇공학과	당진	20	17	3.47	5.69	7.74	5.34	6.2	42	247%	59	59	1.00
	빅데이터AI학과		44	40	4.43	4.79	5.7	4.61	5.35	102	255%	177	142	1.25
	컴퓨터공학부		53	48	4.71	4.28	5.14	4.12	4.71	112	233%	226	160	1.41
	게임소프트웨어학과		26	26	5.62	3.97	4.82	3.75	4.54	54	208%	146	80	1.83
	전자공학과		39	60	2.83	5.34	7.4	4.95	6.27	110	183%	170	170	1.00
	반도체공학과		20											
예체능	문화영상학부		20	25	9.92	3.81	4.45	3.7	4.24	83	332%	248	108	2.30
인문	기독교학과		5	5	2.6	6.05	7.33	5.63	5.97	8	160%	13	13	1.00
합계			1102	1013	5.50	4.47	5.50	4.26	5.00	2525	254%	5236	3538	1.59

426

수능최저 없음			2023 호서인재	2022 지원		2022 입학결과						실질경쟁률 ollim		
						▶1단계: 서류 100 (7배수) ▶2단계: 1단계 60+면접 40								
			모집 인원	모집 인원	경쟁률	최종등록 평균	최종등록 최저	최종80% 평균	최종80% 최종	충원 인원	충원율	전체 지원자	모집 +충원	실질 경쟁률
인문 사회 대학	한국언어문화학		16	9	1.89	6.32	8.18	5.82	7.69	5	56%	17	14	0.82
	영어영문학과		20	13	2.23	5.73	6.83	5.88	6.83	13	100%	29	26	0.90
	중국학과		20	14	1.64	5.93	6.71	5.86	6.71	5	36%	23	19	0.83
	법경찰행정학과		28	27	6.52	4.7	5.7	4.54	5.47	13	48%	176	40	0.23
	산업심리학과		17	15	2.6	4.71	5.29	4.6	5.29	9	60%	39	24	0.62
	사회복지학부		25	20	5.85	5.17	5.62	5.08	5.62	37	185%	117	57	0.49
	청소년문화·상담학		9	9	10.67	5.03	6.21	4.9	5.4	17	189%	96	26	0.27
	미디어커뮤니케이션		7	7	12.29	4.41	4.99	4.32	4.93	8	114%	86	15	0.17
	유아교육과		13	15	11.87	4.17	5.3	4.11	5.3	13	87%	178	28	0.16
	항공서비스학과		52	47	7.23	4.74	6.61	4.71	6.61	55	117%	340	102	0.30
경영 대학	글로벌통상학과		29	23	1.7	5.97	7.12	5.71	7.12	8	35%	39	31	0.79
	경영학부		43	36	3.14	5.17	6.44	5.09	5.89	35	97%	113	71	0.63
	디지털기술경영학과		22	16	1.81	5.82	7.65	5.45	6.03	6	38%	29	22	0.76
생명 보건 대학	식품공학과		16	11	2.55	5.17	6.32	4.88	5.87	12	109%	28	23	0.82
	제약공학과		5	11	2.55	5.03	5.83	4.91	5.83	10	91%	28	21	0.75
	화장품생명공학부		24	22	2.59	5.4	7.33	5.18	6.67	30	136%	57	52	0.91
	식품영양학과		14	10	5.1	4.93	5.64	4.92	5.64	14	140%	51	24	0.47
	물리치료학과		15	8	19.5	3.77	4.39	3.71	4.39	5	63%	156	13	0.08
	임상병리학과		11	8	10.38	4.2	4.71	4.16	4.47	3	38%	83	11	0.13
	간호학과		22	14	22.21	3.22	3.85	3.22	3.85	12	86%	311	26	0.08
	동물보건복지학과		13	10	14.6	3.86	4.22	3.82	4.22	16	160%	146	26	0.18
공과 대학	전기공학과		25	17	2.88	5.49	6.74	5.44	6.74	19	112%	49	36	0.73
	시스템제어공학과		12	13	1.08	6.07	7.82	5.72	6.02	0	0%	14	13	0.93
	안전보건학과		19	31	3.32	5.28	6.3	5.22	5.84	7	23%	103	38	0.37
	소방방재학과		19											
	화학공학과		16	12	1.25	5.04	5.51	4.89	5.2	2	17%	15	14	0.93
	건축토목공학부		29	19	2	5.76	7.07	5.62	7.07	13	68%	38	32	0.84
	환경공학과		13	10	1.9	5.42	5.6	5.42	5.6	5	50%	19	15	0.79
	건축학과		12	11	7.27	4.43	5.63	4.28	5.08	15	136%	80	26	0.33
	기계자동차공학부		38	26	2.54	5.39	6.96	5.22	6.31	30	115%	66	56	0.85
	정보통신공학부		28	20	1.4	6.07	6.97	5.94	6.65	4	20%	28	24	0.86
	전자재료공학과		7	7	1.57	6.16	6.65	6.15	6.65	2	29%	11	9	0.82
	신소재공학과	당진	11	10	0.8	6.6	6.66	6.6	6.66	-		8		
	자동차ICT공학과	당진	11	10	1.6	6.95	7	6.95	7	-		16		
AI 융합 대학	로봇공학과	당진	13	10	1.5	5.2	5.2	5.2	5.2	1	10%	15	11	0.73
	빅데이터AI학과		27	22	2.05	5.91	7.41	5.84	7.41	11	50%	45	33	0.73
	컴퓨터공학부		50	32	3.97	5	5.73	4.9	5.54	49	153%	127	81	0.64
	게임소프트웨어학과		23	13	5.15	4.93	5.5	5.02	5.5	12	92%	67	25	0.37
	전자공학과		20	35	1	6.08	7.89	5.79	6.81	0	0%	35	35	1.00
	반도체공학과		10											
예체능	문화영상학부		26	25	4.52	4.81	6.45	4.8	6.45	20	80%	113	45	0.40
인문	기독교학과		10	8	2	5.73	7.02	5.29	5.33	1	13%	16	9	0.56
	합계		840	676	4.92	5.24	6.23	5.13	5.92	517	78%	3007	1173	0.59

427

수능최저 없음			2022 지역학생											
			2023 지역학생	▶ 내신 반영: 국영수사과 중 상위 3개 전체, 교과 100% ▶ 학년 비율: 30:35:35								실질경쟁률 ollim		
				2022 지원		2022 입학결과								
			모집 인원	모집 인원	경쟁률	최종등록 평균	최종등록 최저	최종80% 평균	최종80% 최종	충원 인원	충원율	전체 지원자	모집 +충원	실질 경쟁률
인문 사회 대학	한국언어문화학과		4	4	5	5.24	6.06	4.96	5.53	11	275%	20	15	1.33
	영어영문학과		9	8	3.13	5.03	7.43	4.32	5.91	17	213%	25	25	1.00
	중국학과		6	5	3	5.94	5.94	5.94	5.94	10	200%	15	15	1.00
	법경찰행정학과		16	15	4.13	4.39	4.74	4.3	4.69	17	113%	62	32	1.94
	산업심리학과		7	7	4.14	4.64	5.57	4.35	5.05	17	243%	29	24	1.21
	사회복지학부		11	10	4.3	5.04	5.62	4.86	5.26	33	330%	43	43	1.00
	청소년문화·상담학		9	5	6	4.59	4.72	4.56	4.58	12	240%	30	17	1.76
	미디어커뮤니케이션		6	4	4	5.14	5.53	5.01	5.21	8	200%	16	12	1.33
	유아교육과		9	9	7.33	3.5	3.94	3.38	3.75	19	211%	66	28	2.36
경영 대학	글로벌통상학과		11	11	3.45	5.75	6.34	5.61	6.34	27	245%	38	38	1.00
	경영학부		10	18	4.39	4.5	5.47	4.29	5.03	44	244%	79	62	1.27
	디지털기술경영학		9	9	3.78	5.01	5.5	4.9	5.28	7	78%	34	16	2.13
생명 보건 대학	식품공학과		7	6	4.5	4.71	5.41	4.37	4.85	17	283%	27	23	1.17
	제약공학과		6	6	5	4.19	4.51	4.07	4.38	15	250%	30	21	1.43
	화장품생명공학부		13	12	4.67	5.1	5.74	4.92	5.37	34	283%	56	46	1.22
	식품영양학과		5	5	4.6	5.34	6.6	5.03	5.55	15	300%	23	20	1.15
	물리치료학과		5	6	8.67	2.69	3.42	2.51	3.05	18	300%	52	24	2.17
	임상병리학과		5	6	4.5	3.47	3.87	3.28	3.39	9	150%	27	15	1.80
	간호학과		11	8	14.75	2.36	2.81	2.3	2.67	19	238%	118	27	4.37
	동물보건복지학과		7	7	6.71	4.18	4.67	3.99	4.36	17	243%	47	24	1.96
공과 대학	전기공학과		10	10	4.4	4.83	5.63	4.64	4.84	23	230%	44	33	1.33
	시스템제어공학과		7	7	2.29	5.2	5.84	4.97	5.48	7	100%	16	14	1.14
	안전보건학과		7	14	4.21	4.72	5.67	4.52	5.35	28	200%	59	42	1.40
	소방방재학과		7											
	화학공학과		6	8	3.38	4.71	6.05	4.41	4.67	15	188%	27	23	1.17
	건축토목공학부		10	10	2.4	5.35	6.99	5.02	5.69	13	130%	24	23	1.04
	환경공학과		6	6	1.5	5.97	6.65	5.63	6.31	3	50%	9	9	1.00
	건축학과		6	6	4.33	4.61	5.47	4.24	4.99	15	250%	26	21	1.24
	기계자동차공학부		14	13	2.77	5.36	6.48	5.05	5.8	22	169%	36	35	1.03
	정보통신공학부		10	10	2	5.63	6.47	5.39	5.77	10	100%	20	20	1.00
	전자재료공학과		4	3	2	5.7	6.2	5.7	6.2	3	100%	6	6	1.00
	신소재공학과	당진	4	6	2	-	-	-	-	6	100%	12	12	1.00
	자동차ICT공학과	당진	4	6	2.83	6.03	6.03	6.03	6.03	11	183%	17	17	1.00
AI 융합 대학	로봇공학과	당진	4	6	1.67	-	-	-	-	4	67%	10	10	1.00
	빅데이터AI학과		9	9	3.11	5.41	6.17	5.23	5.99	11	122%	28	20	1.40
	컴퓨터공학부		18	18	4.56	4.49	5.04	4.38	4.97	32	178%	82	50	1.64
	게임소프트웨어학과		6	9	3.89	4.05	5.05	3.79	4.3	14	156%	35	23	1.52
	전자공학과		10	17	2.47	6.08	7.18	5.85	6.57	25	147%	42	42	1.00
	반도체공학과		10											
예체능	문화영상학부		10											
	합계		**328**	**319**	**4.21**	**4.83**	**5.57**	**4.62**	**5.12**	**608**	**192%**	**1330**	**927**	**1.42**

2022 정시일반

▶ 탐구1+국수영 택2 탐30% 기타35%
▶ 영어 95-85-75-65-50-35 ...

		모집군	2023 정시 모집인원	2022 지원		2022 수시 입결								
				모집인원	경쟁률	최종80% 환산평균	최종80% 환산최저	최종등록 등급평균	최종등록 등급최저	80% 평균	80% 최저	충원 인원	충원율	실질 경쟁률
인문 사회 대학	한국언어문화	가군	2	8	2.50	57.38	49.33	4.46	5.30	4.33	4.95	10	125%	1.11
	영어영문학과	가군	5	22	3.73	62.75	56.67	4.11	4.60	4.03	4.55	19	86%	2.00
	중국학과	가군	3	26	1.58	56.31	47.00	4.78	6.40	4.49	5.05	15	58%	1.00
	법경찰행정학	가군	16	22	4.18	68.71	66.00	3.84	4.30	3.81	4.30	19	86%	2.24
	산업심리학과	가군	6	12	2.75	64.10	53.00	4.29	5.00	4.08	4.65	12	100%	1.38
	사회복지학부	가군	7	17	4.12	63.11	59.33	4.22	4.65	4.17	4.65	21	124%	1.84
	청소년문화·상담	나군	6	6	5.00	63.50	62.00	4.24	4.40	4.18	4.40	4	67%	3.00
	미디어커뮤니케	나군	3	6	10.50	71.84	71.33	3.67	3.95	3.59	3.70	6	100%	5.25
	유아교육과	가군	4	9	4.44	67.76	63.33	3.83	4.35	3.68	4.05	10	111%	2.11
	항공서비스학과	가군	0	5	5.40	66.92	65.33	4.01	4.35	3.94	4.35	7	140%	2.25
경영 대학	글로벌통상학과	나군	6	29	4.97	60.42	54.33	4.32	4.70	4.24	4.70	28	97%	2.53
	경영학부	가군	10	29	4.45	67.37	61.00	3.90	4.65	3.80	4.35	31	107%	2.15
	디지털기술경영학과	가군	3	24	3.04	65.00	61.33	4.08	4.35	4.04	4.35	14	58%	1.92
동물 보건 복지 학과	건강기능식품학과	가군	3	8	3.00	54.72	48.00	4.76	5.30	4.58	5.30	9	113%	1.41
	제약공학과	가군	5	9	5.11	63.76	61.33	4.02	4.35	3.95	4.35	14	156%	2.00
	화장품생명공학부	가군	8	15	3.80	62.97	58.67	4.24	4.65	4.21	4.65	9	60%	2.38
	식품영양학과	가군	3	9	2.78	62.39	52.67	4.33	4.95	4.16	4.60	5	56%	1.79
	물리치료학과	가군	11	7	7.86	76.53	75.33	3.20	3.35	3.19	3.35	11	157%	3.06
	임상병리학과	가군	10	7	5.14	75.33	71.33	3.23	3.65	3.13	3.35	4	57%	3.27
	간호학과	가군	12	11	6.64	80.63	78.33	2.91	3.05	2.89	3.05	23	209%	2.15
	동물보건복지학과	가군	2	8	4.38	68.27	64.67	3.77	4.00	3.69	3.95	10	125%	1.97
공과 대학	전기공학과	가군	5	16	3.75	56.44	52.00	4.62	5.00	4.56	5.00	19	119%	1.71
	시스템제어공학과	가군	5	18	1.89	50.83	39.33	5.05	5.65	4.89	5.65	3	17%	1.62
	안전소방학부	가군	8	20	2.50	63.31	58.00	4.18	4.70	4.06	4.65	6	30%	1.92
	화학공학과	가군	4	19	2.00	59.26	43.33	4.67	6.65	4.27	5.30	19	100%	1.00
	건축토목공학부	가군	4	19	4.84	59.33	54.67	4.36	4.70	4.29	4.70	21	111%	2.30
	환경공학과	가군	3	20	1.55	51.71	44.00	4.94	6.00	4.78	5.30	11	55%	1.00
	건축학과	나군	3	10	6.20	68.11	65.67	3.82	4.05	3.77	4.05	6	60%	3.88
	기계자동차공학부	가군	4	25	2.60	48.05	40.00	5.09	5.90	4.95	5.60	29	116%	1.20
	정보통신공학부	가군	3	21	2.19	52.48	44.67	4.88	5.70	4.73	5.00	12	57%	1.39
	전자재료공학과	나군	2	9	6.78	64.71	59.00	4.10	4.60	4.00	4.35	6	67%	4.07
	신소재공학과	가군	3	29	0.90	39.92	31.00	5.80	7.00	5.48	6.00			0.90
	자동차ICT공학과	가군	3	21	0.86	35.71	25.67	5.80	6.35	5.68	6.35			0.86
AI 융합 대학	로봇공학과	나군	4	21	0.90	47.84	40.67	5.16	7.05	4.87	5.35			0.90
	빅데이터AI학과	가군	4	20	4.05	61.17	55.00	4.22	4.65	4.12	4.60	15	75%	2.31
	컴퓨터공학부	가군	5	26	6.19	66.43	61.33	3.92	4.30	3.90	4.30	23	88%	3.29
	게임소프트웨어학과	가군	3	10	5.90	67.96	65.67	3.71	4.35	3.58	3.95	4	40%	4.21
	전자융합공학부	가군	8	61	2.97	56.25	49.00	4.54	5.20	4.50	5.20	34	56%	1.91
예체능 대학	실내디자인학과													
	문화영상학부	가군	10	13	6.23	70.33	66.00	3.75	4.00	3.67	4.00	13	100%	3.12
인문	기독교학과	나군	0	7	2.29	27.84	22.67	6.35	6.65	6.35	6.65	3	43%	1.60
합계			206	674	4.00	60.69	54.95	4.33	4.92	4.22	4.67	505	90%	2.15

홍익대서울

2023 대입 주요 특징

인: 25:25:25:25 자: 국16.7:수333.3:<u>영16.7</u>:탐33.3

인/자: 200-195-188-179-168 . 자연 미적기하과탐

▶학교장추천/농어/교과(세종)
　인: 국영수사 자: 국영수과
▶논술: 12개, 등급만 반영
▶학년비율 없음 *논술 12개
▶이수단위 반영
▶공통/일반 등급 90%
▶진로선택 성취도 10%
▶공통/일반 및 진로 환산점수
　등급: 100-96-89-77-60
　성취도: A=10, B=9, C=7

1. 2023 교과전형 학교장추천 고교별 5명→10명 확대
2. 교과(학교장) 46명 증가 및 사범/문과/예술 모집신설★★
3. 내신반영 변화: 국영수사/국영수과, 등급 90%+성취도 10%
4. 2023 종합전형 자기소개서 폐지
5. 2023 세종캠 종합전형(학교생활/미술우수자) 수능최저 폐지
6. 2023 세종캠 교과전형 최저 완화: 2개합8/9→2개합9/1개4
7. 2023 세종캠 논술전형 신설: 자연/자율전공 121명
8. 자율전공은 입학후 매년 전공선택 변경가능
　(건축/사범/미술/제외)

■ 2023 정시모집 <서울캠> 영역별 반영비율
▶인문 국수영탐2 30:30:15:25　▶자연 국수영탐 20:35:15:30
▶미술 탐20+택2 40:40 (단계서류)
■ 2023 정시모집 <세종캠> 영역별 반영비율
▶인문 영20+탐40+택1 40　▶자연 국수영탐2 20:35:15:30
▶미술 탐20+택2 40:40 (단계서류)

2022. 06. 10 ollim

모집시기	전형명	사정모형	학생부종합 특별사항	2022 수시 접수기간 09. 13(화) ~ 17(토)	모집인원	학생부	논술	면접	서류	기타	2023 수능최저등급
2023 서울캠 수시 1,797명 (66.9%) 정시 891명 (33.1%) 전체 2,688명	학교장추천 3개년 경쟁률 8.35→8.26→9.14	일괄	학교장추천 고교별 10명 최종 12.15(목) 인: 국영수사 자: 국영수과 공통일반 90% 진로선택 10%	1. 학교장추천, 인원확대 고교별 5명→10명 확대 2. 2023 전년대비 46명 증가 3. 2023 사범, 문과대 신설★ 4. 교과전형 자연계열/캠퍼스 자율전공(자연·예능)은 수학영어과학 70단위 이상 이수 필수 (전문교과I 포함) 5. 2023 추천 업로드 09.19(월)~23(금)	290 2022 244 2021 383	교과 100				<2023 학교장추천 모집인원> 자전인문28 자전자연40 경영36 법학18 경제6 신소재18 컴공26 전자전기29 건축학6 실내건축3 산업데이터10 기계시스템21 건설환경7 도시공학7 국교4 영교3 역교3 교육4 수교4 국문3 영문4 독문3 불문3 예술3	인문: 3개합 7 (탐구1) 자연: 3개합 8 (탐구1) 史 4등급 포함 *자연 미적/기하,과탐*
	학교생활 우수자 3개년 경쟁률 10.4→10.6→11.9	일괄	학생부종합 자소서폐지 최종 12.15(목)	1. 2023 전년대비 28명 증가	514 2022 542 2021 383	서류 100				①학업역량25% 성취추이태도 ②전공역량35% 전공이해관심성취 ③발전가능성30% 리더자기주도등 ④인성 15% 성실도덕나눔배려 ※ 성장잠재력 학과별핵심★★ ▶자율전공: 전공탐색 구체성 중요 전공관심도 구체화표명 ▶인문자연: 전공관련목표의식기록 ▶공통핵심: 열정/소양/자기주도성	인문: 3개합 7 (탐구1) 자연: 3개합 8 (탐구1) 史 4등급 포함 *자연 미적/기하,과탐*
	논술전형 3개년 경쟁률 22.6→21.4→28.0	일괄	논술 국영수+사/과 총 12개 반영 논자 10.08(토) 논인 10.09(일) 최종 12.15(목)	1. 2023 전년대비 16명 증가 2. 예술학과 논술모집 폐지 120분, 인문 2,000자 내외 인문: 2~4개 제시문 자연: 2~4개 제시문 수학 수/수ⅠⅡ/ 미적/확통/기하	405 2022 389 2021 383	교과 10 + 논술 90				①학업성취도: 관련교과 성취중요 성적상승추이, 성취도 균형 ②성장잠재력, 발전가능성 확인 ③인성평가: 성실성/공동체/리더십	인문: 3개합 7 (탐구1) 자연: 3개합 8 (탐구1) 史 4등급 포함 *자연 미적/기하,과탐*
	미술우수자 3개년 경쟁률 7.8→7.6→6.7	1단계 2단계	학생부종합 자소서 없음 미술활동보고서 주요일정생략 최종 12.15(목)	1. 미술 진로선택/전문교과1 1과목 이상 이수자 2. 2023 전년대비 8명 증가 3. 2단계 전형 유지 4. 미술자율64 미술기타237 5. 내신: 국영+수/사/과 택1	미술 301 2022 293	교과 20 + 서류 80 (3배수) 서류 40 + 면접 60				<서류평가 서울세종> 소양 예술적감수성 열정 잠재력 발전가능성 환경 서류진실성 객관성 종합 <자율전공> 학업성취 평가 등	미술: 3개합 9 (탐구1) 史 4등급 포함
	고른기회 (고른2 세종캠)	일괄	학생부종합 자소서폐지 최종 12.15(목)	보훈대상/소년소녀/군인자녀 장애자녀/조손가정/복지시설 다문화대상자	24	서류 100					2022 최저폐지 *인/예/자: 1개 3 (탐1) 자연수가, ⑨5등급*
	기초 차상위	일괄	학생부종합 자소서폐지 최종 12.15(목)	기초수급자 및 차상위 대상자	26	서류 100				2023 기타전형 생략 농어촌55/특성화졸136 실기실적위주전형	2022 최저폐지 *인/예/자: 1개 3 (탐1) 자연수가, ⑨5등급*

2021~22 종합서류100% ▶인문 3개합 7 (탐1) ▶자연 3개합 8 (탐1)		2023 학교 추천	2022 학교장추천							2021 교과전형					
			인원	경쟁률	ADIGA 50%	ADIGA 70%	ADIGA 환산50%	ADIGA 환산70%	충원율	인원	경쟁률	최종 평균	ADIGA 70%	ADIGA 환산70%	충원율
자율 전공	서울캠자율 자연	40	41	8.83						53	6.79	1.88	2.00	95.9	115.1%
	서울캠자율 인문	28	29	15.2						38	8.24	1.85	2.00	96.0	144.7%
공과 대학	전자전기공학부	29	29	8.45	2.00	2.07	95.32	94.73	106.9%	39	8.46	1.82	1.90	96.2	102.6%
	신소재화공시스	18	18	8.28	1.99	2.04	95.42	94.72	72.2%	25	8.12	1.68	1.70	97.2	156.0%
	컴퓨터공학과	26	26	9.73	1.90	1.94	95.80	95.48	96.2%	39	7.95	1.91	1.90	95.8	107.7%
	산업데이터공학	10	10	10.3	2.18	2.26	94.24	94.02	80.0%	22 분리신설					
	기계시스템공	21	21	10.5	2.06	2.12	95.07	94.76	104.8%	29	10.2	2.06	2.10	94.6	120.7%
	건설환경공학	7	4	17.3	2.42	2.37	92.77	93.33	275.0%	9	13.7	2.37	2.40	92.8	88.9%
건축 대학	건축학부1 건축	6	4	18.0	1.69	1.67	96.98	96.88	325.0%	9	11.4	1.69	1.70	97.0	177.8%
	건축학부2 실내	3	-							4	17.8	2.60	2.60	90.5	25.0%
	도시공학과	7	4	18.8	2.10	2.17	94.37	94.36	50.0%	9	10.6	2.31	2.30	93.4	100.0%
사범 대학	수학교육	4	-							5	9.80	1.63	1.50	97.1	60.0%
	국어교육	4	-							5	9.20	1.54	미공개	97.5	180.0%
	영어교육	4	-							5	7.40	2.04	1.90	95.7	22.0%
	역사교육	3	-							4	21.5	1.76	1.70	96.9	200.0%
	교육학과	4	-							5	10.6	1.53	미공개	97.5	80.0%
경영대	경영학부	36	36	13.9	2.11	2.15	94.89	94.50	152.8%	49	9.24	1.93	1.90	95.9	197.9%
문과 대학	영어영문학	4	-							6	12.5	1.97	1.90	95.3	83.3%
	독어독문학	3	-							5	12.6	2.29	2.30	93.1	140.0%
	불어불문학	3	-							5	12.8	2.16	2.00	94.4	120.0%
	국어국문학	3	-							4	9.00	2.08	1.80	95.3	150.0%
법과대	법학부	18	18	12.4	2.24	2.36	94.12	93.26	138.9%	24	9.46	1.98	2.10	95.2	166.7%
경제학	경제학부	6	4	15.3	2.87	2.52	88.86	92.46	175.0%	8	8.25	1.71	1.80	96.6	112.5%
미술대	예술학과	3	-							4	10.3		1.60	97.2	175.0%
	평균	290	244	12.8	2.14	2.15	94.35	94.41	143.3%	383	10.7	1.99	1.96	95.5	122.9%

2021~22 종합서류100% ▶인문 3개합 7 (탐1) ▶자연 3개합 8 (탐1)		2023 학교 생활	2022 학교생활우수자							2021 학교생활우수자					
			인원	경쟁률	ADIGA 50%	ADIGA 70%	ADIGA 환산50%	ADIGA 환산70%	충원율	인원	경쟁률	최종 평균	ADIGA 50%	ADIGA 70%	최종최저
자율	서울캠자율 자연	67	65	8.60	2.43	2.51			30.8%	53	9.87	2.51	2.60	3.60	3.81
	서울캠자율 인문	49	47	14.7	2.61	2.83			104.3%	38	19.5	2.31	2.80	3.10	3.32
공과 대학	전자전기공학부	50	49	6.70	2.30	2.49			46.9%	39	8.05	2.52	1.90	2.40	3.31
	신소재화공시스	32	32	12.3	2.28	2.39			34.4%	25	14.7	2.49	1.90	2.20	5.02
	컴퓨터공학과	44	44	8.20	2.32	2.49			50.0%	39	9.92	2.42	2.10	2.50	3.07
	산업데이터공학	18	18	6.60	2.59	2.63			66.7%	22 분리신설					
	기계시스템공	37	37	6.10	2.48	2.61			51.4%	29	8.34	2.54	2.30	2.60	3.35
	건설환경공학	13	14	5.90	3.02	3.05			35.7%	9	11.8	2.70	2.70	2.40	3.36
건축 대학	건축학부1 건축	12	14	12.7	1.98	2.15			100.0%	9	19.7	1.85	1.60	2.00	2.50
	건축학부2 실내	5	8	7.30	2.62	2.64			62.5%	4	9.50	2.34	2.40	2.40	2.63
	도시공학과	12	14	6.80	2.86	3.11			107.1%	9	7.22	2.71	2.60	2.80	3.41
사범 대학	수학교육	7	10	11.4	2.01	2.14			50.0%	5	15.4	2.35	2.50	2.40	2.52
	국어교육	7	10	8.00	2.41	3.00			210.0%	5	10.0	2.04	2.00	1.90	2.07
	영어교육	7	10	7.90	2.45	2.46			60.0%	5	13.2	2.21	2.40	1.80	2.68
	역사교육	6	8	16.4	2.22	2.33			150.0%	4	15.3	2.35	2.30	2.30	2.55
	교육학과	7	10	14.2	2.40	2.54			50.0%	5	17.0	2.61	3.00	2.50	3.04
경영대	경영학부	62	62	12.7	2.64	2.85			59.7%	49	11.0	2.74	2.40	2.60	6.08
문과 대학	영어영문학	9	12	12.2	2.53	2.86			100.0%	6	18.8	2.50	2.30	2.20	2.93
	독어독문학	7	10	9.00	4.16	4.44			80.0%	5	15.4	4.29	5.50	5.50	5.57
	불어불문학	7	10	9.50	4.67	5.37			80.0%	5	11.2	3.95	5.60	3.20	5.84
	국어국문학	6	8	9.50	2.84	2.92			100%	4	13.8	2.35	2.00	2.00	2.77
법과대	법학부	31	30	10.2	2.80	3.20			73.3%	24	11.4	2.69	2.40	2.20	4.62
경제학	경제학부	11	12	9.60	2.83	2.91			41.7%	8	11.1	2.44	2.10	2.70	2.79
미술대	예술학과	8	8							4	19.3	3.44	6.20	6.20	6.27
	평균	514	542	9.85	2.67	2.87			75.8%	383	13.1	2.62	2.77	2.76	3.63

2022 정시수능

		인원	경쟁	ADIGA 최종등록 70% CUT				
				국어	수학	탐구2	평균	영어
1	자율인문	84	13.8	96	89	85.5	89.0	1.9
2	국어교육	12	26.2	78	87	95.5	88.6	2.0
3	법학부	52	17.3	78	86	93.5	87.4	1.8
4	불어불문	10	16.6	87	80	95.0	87.4	1.7
5	경영학과	102	17.5	87	81	91.0	86.2	1.7
6	역사교육	9	33.0	80	85	90.0	86.0	2.0
7	국어국문	10	24.3	91	77	91.5	85.6	1.9
8	경제학과	19	16.2	96	79	86.0	85.2	1.9
9	교육학과	13	21.8	89	84	81.0	83.8	2.0
10	영어교육	14	23.1	96	87	69.5	81.8	1.6
11	독어독문	9	18.2	85	94	67.0	81.4	2.0
12	영어영문	14	16.4	98	67	87.5	81.4	1.7
	평균	348	20.4	88	83	86.1	85.3	1.9

2021 정시수능

	인원	경쟁	ADIGA 최종등록 70% CUT				영어
			국어	수학	탐구2	평균	
자율인문	98	10.6	89	92	92.5	91.6	
국어교육	17	14.8	88	92	89.0	90.0	
법학부	61	10.9	85	92	96.0	92.2	
불어불문	11	10.9	88	86	85.5	86.2	
경영학과	13	11.6	92	80	92.0	87.2	
역사교육	9	11.8	93	82	97.5	90.4	
국어국문	12	9.80	92	86	89.0	88.4	
경제학과	23	10.2	89	92	88.0	89.8	
교육학과	16	12.3	89	92	90.5	90.8	
영어교육	15	10.3	91	99	75.0	87.8	
독어독문	12	10.3	88	96	83.5	89.4	
영어영문	20	10.9	99	80	72.5	80.8	
평균	307	11.2	90	89	87.6	88.7	

		인원	경쟁	국어	수학	탐구2	평균	영어
1	화공신소	53	11.3	91	91	87.0	89.7	2.0
2	수학교육	13	14.6	96	90	78.5	88.2	1.8
3	컴퓨터공	75	9.70	94	98	71.5	87.8	1.9
4	기계시스	64	10.1	89	92	81.5	87.5	2.1
5	전자전기	81	10.0	85	92	84.5	87.2	1.9
6	자율자연	111	10.4	73	91	95.5	86.5	2.0
7	산업공학	27	10.7	75	94	88.0	85.7	2.1
8	도시공학	22	10.1	65	92	92.0	83.0	2.0
9	건설환경	21	10.8	78	92	78.5	82.8	2.1
10	실내건축	7	15.0	61	95	90.5	82.2	1.7
11	건축학과	19	15.1	44	99	94.0	79.0	1.6
	평균	493	11.6	77	93	85.6	85.4	1.9

	인원	경쟁	국어	수학	탐구2	평균	
화공신소	62	6.10	85	88	82.0	85.0	
수학교육	18	10.6	87	93	88.0	86.3	
컴퓨터공	86	6.20	94	84	75.0	84.3	
기계시스							
전자전기	93	6.40	83	82	90.5	85.2	
자율자연	124	7.80	74	88	93.5	85.2	
산업공학							
도시공학	25	7.80	80	82	91.5	84.5	
건설환경	21	7.70	95	68	91.5	84.8	
실내건축							
건축학과							
평균	429	7.51	85	84	87.4	85.0	

2022 정시백분위 인문자연 RANK		인원	경쟁	ADIGA 최종등록 70% CUT				
				국어	수학	탐구2	평균	영어
1	화공신소	53	11.3	91	91	87.0	89.7	2.0
2	자율인문	84	13.8	96	89	85.5	89.0	1.9
3	국어교육	12	26.2	78	87	95.5	88.6	2.0
4	수학교육	13	14.6	96	90	78.5	88.2	1.8
5	컴퓨터공	75	9.70	94	98	71.5	87.8	1.9
6	기계시스	64	10.1	89	92	81.5	87.5	2.1
7	법학부	52	17.3	78	86	93.5	87.4	1.8
8	불어불문	10	16.6	87	80	95.0	87.4	1.7
9	전자전기	81	10.0	85	92	84.5	87.2	1.9
10	자율자연	111	10.4	73	91	95.5	86.5	2.0
11	경영학과	102	17.5	87	81	91.0	86.2	1.7
12	역사교육	9	33.0	80	85	90.0	86.0	2.0
13	산업공학	27	10.7	75	94	88.0	85.7	2.1
14	국어국문	10	24.3	91	77	91.5	85.6	1.9
15	경제학과	19	16.2	96	79	86.0	85.2	1.9
16	교육학과	13	21.8	89	84	81.0	83.8	2.0
17	도시공학	22	10.1	65	92	92.0	83.0	2.0
18	건설환경	21	10.8	78	92	78.5	82.8	2.1
19	실내건축	7	15.0	61	95	90.5	82.2	1.7
20	영어교육	14	23.1	96	87	69.5	81.8	1.6
21	독어독문	9	18.2	85	94	67.0	81.4	2.0
22	영어영문	14	16.4	98	67	87.5	81.4	1.7
23	건축학과	19	15.1	44	99	94.0	79.0	1.6
	평균	175	16.5	80	87	84.1	82.9	1.9

	인원	경쟁	ADIGA 최종등록 70% CUT				21년
			국어	수학	탐구2	평균	
화공신소	62	6.10	85	88	82.0	85.0	15
자율인문	98	10.6	89	92	92.5	91.6	2
국어교육	17	14.8	88	92	89.0	90.0	5
수학교육	18	10.6	87	93	88.0	86.3	11
컴퓨터공	86	6.20	94	84	75.0	84.3	18
기계시스							
법학부	61	10.9	85	92	96.0	92.2	1
불어불문	11	10.9	88	86	85.5	86.2	12
전자전기	93	6.40	83	82	90.5	85.2	13
자율자연	124	7.80	74	88	93.5	85.2	14
경영학과	13	11.6	92	80	92.0	87.2	10
역사교육	9	11.8	93	82	97.5	90.4	4
산업공학							
국어국문	12	9.80	92	86	89.0	88.4	8
경제학과	23	10.2	89	92	88.0	89.8	6
교육학과	16	12.3	89	92	90.5	90.8	3
도시공학	25	7.80	80	82	91.5	84.5	17
건설환경	21	7.70	95	68	91.5	84.8	16
실내건축							
영어교육	15	10.3	91	99	75.0	87.8	9
독어독문	12	10.3	88	96	83.5	89.4	7
영어영문	20	10.9	99	80	72.5	80.8	19
건축학과							
평균	144	9.91	90	87	85.2	87.0	

2022 교과우수자

		2023 모집인원	2022 모집인원	경쟁률	최종합격 환산 50%	최종합격 환산 70%	등급 50%	등급 70%	추합인원
본부	자율전공(자연·예능)	46	41	8.83	94.50	94.07	2.14	2.21	59
본부	자율전공(인문·예능)	60	29	15.2	95.07	94.11	2.04	2.15	49
과학기술대학	과학기술 자율전공	15	15	11.3	65.28	64.21	4.74	4.83	18
과학기술대학	전자전기융합공학과	17	17	8.94	74.16	71.70	4.08	4.18	37
과학기술대학	소프트웨어융합학과	19	19	6.95	78.18	76.53	3.85	4.02	33
과학기술대학	나노신소재학과	14	13	9.23	74.86	73.25	4.12	4.24	22
과학기술대학	건축공학부	16	16	13.5	78.86	77.89	3.82	3.93	26
과학기술대학	기계정보공학과	14	15	8.40	69.59	66.53	4.44	4.65	39
과학기술대학	조선해양공학과	10	10	6.90	59.23	57.59	5.12	5.16	13
과학기술대학	바이오화학공학과	13	13	9.15	83.68	80.82	3.39	3.69	28
게임학	게임sw 공학계	10	10	7.80	80.41	80.38	3.65	3.70	13
상경대	상경학부	70	52	7.60	79.06	76.14	3.87	4.12	62
광고홍보	광고홍보학부	36	27	5.56	86.28	86.35	3.12	3.20	43
		340	277	9.18	78.40	76.9	3.72	3.9	442

2022 정시 일반

		2023 모집인원	2022 모집인원	경쟁률	최종합격 환산 70%	백분위 평균	추합인원
본부	자율전공(자연·예능)	47	76	6.86	117.7	53.3	77
본부	자율전공(인문·예능)	46	71	9.00	139.2	57.4	176
과학기술대학	과학기술 자율전공	15	25	5.68	117.2	60.3	34
과학기술대학	전자전기융합공학과	15	37	5.24	119.1	66.0	56
과학기술대학	소프트웨어융합학과	18	35	5.89	120.9	61.7	48
과학기술대학	나노신소재학과	12	29	5.97	117.1	54.0	25
과학기술대학	건축공학부	14	28	5.86	120.2	58.8	46
과학기술대학	기계정보공학과	14	29	5.62	117.2	54.3	34
과학기술대학	조선해양공학과	10	23	6.61	113.1	48.2	20
과학기술대학	바이오화학공학과	13	24	7.25	118.3	57.2	44
게임학	게임sw 공학계	10	18	4.89	120.0	56.0	15
상경대	상경학부	49	86	9.19	128.8	61.8	126
광고홍보	광고홍보학부	25	45	7.56	133.0	71.8	75
		288	526	6.59	121.7	58.5	776

2022 학교생활우수자

		2023 모집인원	2022 모집인원	경쟁률	최종합격 환산 50%	최종합격 환산 70%	등급 50%	등급 70%	추합인원
본부	자율전공(자연·예능)	31	38	3.71			4.94	5.22	38
본부	자율전공(인문·예능)	46	38	6.58			3.40	3.67	48
과학기술대학	과학기술 자율전공	10	12	4.58			5.15	5.33	4
과학기술대학	전자전기융합공학과	12	14	2.43			4.87	5.10	9
과학기술대학	소프트웨어융합학과	13	16	5.94			4.27	4.62	20
과학기술대학	나노신소재학과	10	11	3.27			4.92	5.72	10
과학기술대학	건축공학부	12	14	6.36			4.41	4.51	11
과학기술대학	기계정보공학과	10	12	2.83			5.52	5.65	6
과학기술대학	조선해양공학과	7	8	1.88					
과학기술대학	바이오화학공학과	9	11	6.09			4.20	4.40	18
게임학	게임sw 공학계	7	8	6.38			4.32	4.36	4
상경대	상경학부	53	43	3.86			4.84	5.23	46
광고홍보	광고홍보학부	27	22	10.6			3.48	3.74	22
		247	247	4.96			4.53	4.8	236

2021 학교생활우수자

(빈 표)

2023 대학별 수시모집 요강 — 카이스트 KAIST

2023 대입 주요 특징
정시: 국수영과2 (미적/기하, 서로다른과탐Ⅰ,Ⅱ)
영어 100-95-90-85-80 ... 정시 20명, 변환표준

| ▶국영수과 중심 정성평가 ▶비율없음, 수시중복 불가 ▶학과구분 없음 1학년 말에 정원 제한없이 학과 자유선택, 정시 15명 | 1. 2023 반도체시스템공학과 정원외 80명 모집인원 신설 2. 모든 전형: 1단계 서류60%+2단계 면접40% 3. 인공지능(AI) 연구분야 및 창업지원프로그램 최고수준 4. 2023 면접공통: 면접준비(60분)→학업역량 수과 면접(15분) →학업외역량 면접(15분) | ▶2023 카이스트 인재상 - 창의, 도전, 배려 1. 과학기술 분야에 전문성을 갖추고 지식탐구가 즐거운 학생 2. 새로운 분야를 개척하려는 열정과 도전의지를 가진 학생 3. 높은 주인의식과 협력정신으로 국가와 사회에 이바지하는 학생 4. 윤리의식을 지니고 인류를 위해 환경을 깊이 생각하는 학생 |

모집시기	전형명	사정모형	학생부종합 특별사항	2023 수시 접수기간 09. 13(화) ~ 16(금)	모집인원	학생부	논술	면접	서류	기타	2023 수능최저등급
2023 수시 정원내 700명 정원외 95명 수시총 795명 정시 정원내 15명 정원외 5명 정시총 20명 2022 수시 국내고 695명 정시 15명 외국고 40명 합계 753명 정시 서울대 의대공대 수준	학교장추천 2022 경쟁률 9.19 2021 경쟁률 8.68 2020 경쟁률 10.0 과/외/국제고 등은 제외	1단계 / 2단계	학생부종합 학교장추천서 자소~09.16(금) 추천~09.19(월) 우수성입증3건 1건당 3쪽내 6월평가원성적 1단계 11.18(금) 면접 12.01(목) 최종 12.15(목)	1. 학교장추천 고교재학 2명 2. 정원외 80명 반도체시스템 공학과 모집인원 신설 <학교장추천기준> 1. 학업역량우수 수학·과학 영역 탁월 성과 열정 학생 2. 자기주도적학습능력과 창의성 갖춘 인재, 성장잠재력 3. 역경극복능력 도전정신 봉사정신 투철한 학생 4. 리더십 협동심, 준법정신 5. KAIST 학습의지 강한 학생	95 정원외 10명 포함 2022 85	▶1단계 서류평가 (60%) 1단계 3배수 1.학업성취도/학생충실도, 인성 및 창의/도전배려, 발전가능성 종합평가 2.교과외활동, 진학동기, 인성 등 <1단계 핵심> 학업성취도, 성취도 추이 ★ 과목간 학업 편차, 수과 교과이수 등 ▶2단계 면접평가 (40%) 개인면접 1. 학업역량: 사고력/문제해결력 수학과학영어 구술/과학-물/화/생 택1 2. 학업외역량: 지원서 기반 개인별 구술 3. 준비 60분→수과 15분 →학업외 15분					최저 없음 ▶카이스트 일정 2023 22.09.13(화)~16(금) 1단계 발표: 11.18(금) 2단계 면접: 12.01(목) 최종: 12.15(목) ▶학교장추천 공문발송 09.13(화)~19(월) ▶최종합격 학생부제출 23.02.13(월)~17(금)
	일반전형 2022 경쟁률 4.35 2021 경쟁률 4.41 2020 경쟁률 4.60	1단계 / 2단계	학생부종합 자소~09.16(금) 추천~09.19(월) 우수성입증3건 1건당 3쪽내 1단계 11.18(금) 면접 11.30(수) 최종 12.15(목)	1. 고3/조기졸업/과학영재 등 KAIST선발위원회 인정자 2. 정원외 80명 반도체시스템 공학과 모집인원 신설 3. 독서이력 목록(최대 5권) 작성, 교사추천서 작성	630 정원외 80명 포함 2022 550	▶1단계 서류평가 (60%) 1단계 2.5배수 1. 학업성취도/학생충실도, 인성 및 창의/도전배려, 발전가능성 종합평가 2. 교과외활동, 진학동기, 인성 등 ▶2단계 면접평가 (40%) 개인면접 1. 학업역량: 사고력 및 문제해결력 수학과학영어 구술 (과학-물화생 택1) 2. 학업외역량: 지원서 기반 개인별 구술					최저 없음 <고2 지원신청 2023> 07.27(수)~08.02(화) 서류제출: ~08.03(수) 심사발표: 08.25(목) 3개학기 20% 30% 50% 환산평균 일반고 96점 과학고 71점
	고른기회 2022 경쟁률 6.2 2021 경쟁률 4.9 2020 경쟁률 6.4	1단계 / 2단계	학생부종합 자소~09.16(금) 추천~09.19(월) 우수성입증3건 1건당 3쪽내 1단계 11.18(금) 면접 12.01(목) 최종 12.15(목)	1. 농어촌/기초수급/차상위 국가보훈대상/새터민 대상 2. 정원외 5명 반도체시스템 공학과 모집인원 신설	45 정원외 5명 포함 2022 40	▶1단계 서류평가 (60%) 1단계 2배수 1.학업성취도/학생충실도, 인성 및 창의/도전배려, 발전가능성 종합평가 2.교과외활동, 진학동기, 인성 등 ▶2단계 면접평가 (40%) 개인면접 1. 학업역량: 수학과학영어 구술 과학-물화생 중 택1 2. 학업외역량: 지원서 기반 개인별 구술					최저 없음
	특기자 2022 경쟁률 5.6 2021 경쟁률 8.2 2020 경쟁률 8.4	1단계 / 2단계	학생부종합 자소~09.16(금) 추천~09.19(월) 입증목록/파일 1단계 11.18(금) 면접 12.01(목) 최종 12.15(목)	1. 중복지원 가능, 해외고 포함 2. 4차 산업혁명 우수역량인재 소프트웨어/로봇/발명/창업 등 ※특정 분야 영재성 예시 국제올림피아드 수상, R&E 연구 실적, SW/로봇/산업 디자인 및 설계 등	30 2022 25	▶1단계 서류평가 (60%) 1단계 2배수 1.학업성취도/학생충실도, 인성 및 창의/도전배려, 발전가능성 종합평가 2.교과외활동, 진학동기, 인성 등 ▶2단계 면접평가 (40%) 개인면접 1. 특기역량: 특기우수, 특기역량 5분발표 2. 학업외역량: 자소서 기반 개인별 구술					최저 없음 ※ 특기입증자료 파일 최대 5개, 각 파일의 분량은 8M 이내. PDF 파일로 업로드
	2023 KAIST 참고사항	학사과정 개설 학과 및 전공	자연과학대학	물리학, 수리과학, 화학과		※특기자전형 지원사례 과년도 올림 1. 활동: 소프트웨어 개발, 발명, 특허 벤처(창업) 등 특정분야 결과물 산출 2. 연구: 국내외 학술지 논문 게재 우수 연구 수행한 경우 3. 교과: 특정교과 매우 탁월한 역량성과 4. 기타: 특수 교육환경, 특이 이력 소유					2023 기타전형 생략 1. 외국고전형 40명 2. 외국인전형 80명
			생명과학 기술대학	생명과학과, 뇌인지과학과							
		1학년 무학과	공과대학	1. 기계항공 (기계+항공우주) 2. 전기및전자공 (반도체시스) 3. 전산학부 4. 바이오및뇌공학과 5. 건설및환경공학과 6. 생명화학공학과 7. 신소재공학과 8. 원자력및양자공학과 9. 산업및시스템공학과 10. 산업디자인학과		KAIST 진로현황 : 2018~2020 기준 ▶석박사 진학, 산업체, 연구기관, 교육 및 정부기관 등 ▶학사졸업 : 대학원 진학 64%, 산업체 20%, 정부 1% 등 삼성/네이버/구글/하이닉스/LG/현대자동차/삼성전기 한화토탈/삼성SDS/LG전자/다음카카오 등 ▶인공지능(AI) 연구분야 및 창업지원프로그램 최고수준					
		2학년 부터 전공 선택	경영대학	기술경영학부							
			융합기초학부	융합인재학부							

2022. 06. 26. ollim

2023 대학별 수시모집 요강		포스텍 POSTECH		2023 대입 주요 특징	정시 없음
					연구중심 자연과학 명문 공과대학

| ▶ 내신반영: 국영수과 정성평가 동일비율 ★ POSTECH 중요핵심 올림 1. 자소서 (추천서 없음) 2. 성적추이 및 3학년성적 | 1. 2023 반도체공학과 계약학과 정원외1,2 총 40명 학과 신설 2. 현재 학업역량 (내신성적)+미래 성장가능 (성적추이, 3학년) 3. 성적추이와 5학기성적 매우 중요. 입학후 성장가능성★★ 4. 일반고 합격 70% 내외, 학기별 성적추이 첫화면 평가 시작 5 교내 <방사광 가속기> 보유 자부심, 전국 28개 영재학교생 6. 지원 2,400명중 2,000명 최우수내신, 학업외활동 당락 변수 | 7. 인재상/자부심: 학문적 재능과 열정 가진 과학공학계 글로벌리더 ①전공 무학과 ②전공선택 자유 (3개 학기~최대 7학기 자유탐색) ③학과정원 무제한 ④성적 Pass/No Record (F학점 기록하지 않음) 8. 선발기준: 평가반영비율 x, 학업성적 x, 학생부변별 x, 전공적합 x ①개별 상황에 맞춘 정성적 평가 ②지적 창의적 도전정신 ③현재 학업역량을 통한 미래성장가능성 ④자기소개서 중요★ | | | |

모집시기	전형명	사정모형	학생부종합 특별사항	2023 수시 접수기간 09. 13(화) ~ 17(토)	모집인원	학생부	논술	면접	서류	기타	2023 수능최저등급
2023 수시 정원외 포함 370명 2022 수시 330명	일반전형 2021 경쟁률 6.95 2020 경쟁률 7.17	1단계 2단계	학생부종합 자소서제출 ~09.18(일) 1단계 11.11(금) 면접 11.19(토) ~11.20(일) 최종 12.09(금)	<단일계열 무학과 2023> 1. 2023 320명 인원유지 2. 전형간 중복지원 불가 3. 자소서와 성적추이 중요 4. 교사추천서 없음 5. 반도체공학1 20명 신설 6. 반도체공학2 20명 신설 - 수능최저 있음★	360 정원외 40 포함 2022 320	▶1단계 평가항목 : 서류평가 100% (3배수) ▶2단계 : 서류67% + 면접평가33% ▶지원자 및 합격자 내신성적 ollim 1등급 극초반~1등급 초반대 항상유지 1.4~1.5 이내 지원 및 하향 전망 올림 일반고 60%, 과학/영재고 40% 등록					일반 최저 없음 반도체공학2 수능최저 : 수과 합 5등급(과2) 수과 각 3등급내 미적/기하만 인정
	2022 일반전형 세부사항 ※ 2학년 배정→ 학과현황 참고	1단계	서류평가 1.학생부 2.자기소개서	일반전형 10개 단일계열 1. 수학과 2. 물리학과 3. 화학과 4. 생명과학과 5. 신소재공학		▶1단계 평가항목 : 서류평가 100% (3배수) 국영수과 학업능력 1. 학업능력: 수과-영-국 교과중심평가 지원자의 학업능력 검증 2. 2023 인성/잠재력 <비교과영역> ①이공계 소양재능 ②학업열정 태도 ③대인관계품성 ④인재상 적합도 <올림> 1.자소서와 추천서 한줄한줄꼼꼼 2. 정성평가 : 항목별/평가과정별점수화 x 3. 인재상 반영한 창의적 자세 중시 4. 창의적학습 유도, 반복지양, 지적도전 5. 태도와 과정, 질적 성장중심					<자소서 2023 핵심> ①결과중심 아닌 동기와 과정중심 ②왜(why)를 통한★★ 학생의 특성발견 <추천서 과거 핵심> ※2022 추천서 폐지 ①역량의 객관화 ②직접제시방법 통한 구체화 선언표현 등 바람직한 이해자료 ③교직20년 최고학생 x ④3개년줄곧 1등모범○
		2단계	잠재력평가 1.서류확인 2.창의력문항	6. 기계공학과 7. 산업경영공 8. 전자전기공 9. 컴퓨터공학 10. 화학공학과		▶2단계 : 서류 67% + 면접평가 33% 잠재력과 전공적합성 개별면접평가 ★ ①제출서류확인면접+②창의력문항 창의력문항은 사교육의존 절대불가 2019 예시: 당신이 가상인간일 확률은? 페르미의 역설, 진보된문명은자멸 x 1. 잠재력: 인성, 자질, 학업태도 등 과학 기술계 글로벌리더 성장가능성 평가 2. 사고력평가: 잠재력 및 전공적합평가 3. 창의성 4. 의사소통능력					<포스텍 인재상 2023> 학문적 재능 열정 가진 과학공학계 글로벌리더 <포스텍 인재상 2019> 과학 기술과 인문학적 상상력을 융합교육하여 자기주도적 문제해결 역량과 기업가정신을 갖춘 글로벌인재 양성
	고른기회전형 1. 저소득층 2. 농어촌	1단계 2단계	고른기회종합 자소서제출 추천서없음	1. 저소득 5명 2. 농어촌 5명	5 5	▶1단계: 서류평가 100% ▶2단계: 서류 67% + 면접평가 33%					재외국민/외국인 생략

▣ POSTECHIAN 입시진로리포트 올림 ollim 1. 과학은 발견이고, 공학은 발명이다. 과학은 이론의 규명, 공학은 응용이다. 2. 모든 공학에 물리학이 왜 필요하고, 모든 공학에 수학이 왜 필요한가. 3. 이러한 질문을 통한 자기주도성 기르기와 스스로 학과 특성 찾아가기. 4. 고교 시절의 <전공적합성>이란 <진로탐색>의 마지막 종착지일 뿐이다. 5. 대학과 미래 인생의 전혀 다른 출발을 보장하지 못하는 고교시절이다. 6. 미래 사회를 위해 직업보다 꿈을 좇는 이가 되자. <경험의 Base화> 7. POSTECHIAN의 학부 4개년 학업유형 분포 창업준비 25% 이상 ①연구경험 세계최고수준 100% ②자기만의 분야 연구 몰두 21% ③해외경험과 장단기 유학 70% ④연구소 및 대기업 등 인턴쉽 92%	▣ 포스텍 2단계 면접평가 주안점 - 인재상 및 인성평가 기반 1. 문제해결능력: 문제에 대한 원인분석, 다양한 접근방식과 통찰력있는 사고로 처리하는 능력 2. 사고력: 이공계분야를 공부하는 데 필요한 기본 사고력 3. 창의성: 고정관념, 편견, 정형화된 사고패턴 탈피 유연사고 4. 의사소통능력: 공동체에서 구성원 간 의견교환 커뮤니능력 2022. 05. 17. ollim

▶ 정성평가
인문: 국영　자연: 수과
▶ 인재상 ①창의성 ②협동심
　3C→ ③의사소통능력
　1P→ ①문제해결능력

1. 기초교육학부 (무학과) 선발, 학추/일반: 1단계 5배수
2. 1등급 초중반 안정권 (입학처 주장), 일반고 1등급 극초 올림
3. 특기자전형 영재성 평가에 일반고 올림피아드 등 가치부여
4. 2020 등록자 고교유형: 일반고 55.4%, 과고영재고 44.6%
5. 최초합격-예비A-예비B-불합격, 모든전형 중복지원불가
6. 무학과 기초교육 이후 <7개 전공 선택-심화전공 선언>

7. 정성평가 서류평가의 정량화 작업
8. 지스트 인재상 2022 <3C+1P>
① 창의성(Creativity): 창의적 생각을 하는 능력과 태도
② 의사소통능력(Communication): 정보공유습득/의견개진협의
③ 협동심(Cooperation): 함께 문제 해결할 기본적 인성 및 소양
1P문제해결능력(Problem Solving): 지적수월성 종합사고 실천능력

모집시기	전형명	사정모형	학생부종합 특별사항	2023 수시 접수기간 09. 13(화) ~ 17(토)	모집인원	학생부	논술	면접	서류	기타	2023 수능최저등급
2023 수시 190명 **정시 10명** **2022 수시 180명** **정시 20명**	**학교장추천** 2022 경쟁률 11.3 2021 경쟁률 15.5 2020 경쟁률 16.2	1단계	학생부종합 자기소개서 학교장추천서 및 추천공문 교사추천서 ~09.19(월) 1단계 10.20(목) 면접 10.26(수) ~10.28(금) 최종 12.09(금)	학교장추천 고교별 재학2명 일반고/자율/특성화 재학생만 1. GIST대학 학습 의지 학생 2. 학업역량 우수, 수학·과학 분야에 열정을 가진 학생 3. 자기주도적 학습능력과 탐구역량이 뛰어난 학생 4. 탁월한 리더십과 협동심 5. 일반고 비율: 98.44% 6. 이공계 전과목 영어수업 7. 2년 버클리 계절학기 유학 8. 석박사 비중 65% 9. SAP 해외프로그램 (10명) MIT/칼텍대 등 교류협력 10. 예비자의 96.2% 최종합격	40 2022 40	▶1단계 서류종합평가　1단계 5배수 ①이공계수학적합성 ②창의성, 의사소통능력 ③리더십, 협동심 ④진학열정과 잠재력 그 이상 ▶2단계 서류 60%+면접 40% 지스트 이공계 인재적합성 *답변준비 25분, 면접 총 15분* ①전공수학능력 평가(구술면접) - 수학과학적 사고력 평가 ②내적역량 구술면접(진학의지/리더십등)					최저 없음 <2023 고2 지원신청> 08.01(월)~08.03(수) 심사발표: 08.19(금)
		2단계	일반/자율/특성 재학생만 지원 (과/외/특목제외)								
	일반전형 2022 경쟁률 11.8 2021 경쟁률 13.0 2020 경쟁률 12.9	1단계	학생부종합 자소서/추천서 ~09.19(월) 1단계 10.20(목) 면접 10.26(수) ~10.28(금) 최종 12.09(금)	1. 2022 5명 인원감소 2. 고3/조기졸업/과학영재 등 선발위원회 인정자 3. 등록자 고교유형 일반고 55.4% 과고/영재고 44.1%	115 2022 115	▶1단계 서류종합평가　1단계 5배수 이공계수학적합성, 창의성, 의사소통능력 리더십, 협동심, 진학열정, 잠재력 그이상 ▶2단계 서류 60%+면접 40% 지스트 이공계 인재적합성 *답변준비 25분, 면접 총 15분* ①전공수학능력 평가(구술면접) - 수학과학적 사고력 평가 ②내적역량 구술면접(진학의지/리더십등)					최저 없음 지스트(GIST) 전공선언 1,2학년: 기초교육학부 3,4학년: 전공선택 1. 물리전공 2. 화학전공 3. 생명과학전공 4. 전기전자컴공 5. 기계공학전공 6. 신소재공학전공 7. 지구환경공학전공
		2단계									
	고른기회 2022 경쟁률 12.3 2021 경쟁률 11.0 2020 경쟁률 14.5	1단계	학생부종합 자소서/추천서 ~09.19(월) 1단계 10.20(목) 면접 10.26(수) ~10.28(금) 최종 12.09(금)	1. 국가보훈대상자 2. 농어촌 대상자 3. 기초수급 및 차상위계층 4. 군인 자녀	15 2022 15	▶1단계 서류종합평가　1단계 4배수 이공계수학적합성, 창의성, 의사소통능력 리더십, 협동심, 진학열정, 잠재력 그이상 ▶2단계 서류 60%+면접 40% 지스트 이공계 인재적합성 *답변준비 25분, 면접 총 15분* ①전공수학능력 평가(구술면접) - 수학과학적 사고력 평가 ②내적역량 구술면접(진학의지/리더십등)					최저 없음 <지스트 비전> 미래를 향한 창의적 과학 기술의 요람 1. 과학기술 핵심인재 발굴하여 국제무대로 인도하는 대학 2. 연구 및 효율성 대학
		2단계									
	특기자 중복지원 불가 2022 경쟁률 7.53 2021 경쟁률 13.0 2020 경쟁률 15.5	1단계	실기위주 자소서/추천서 ~09.19(월) 1단계 10.20(목) 면접 10.26(수) ~10.28(금) 최종 12.09(금) 특기증빙목록 특기증빙자료 5건 이내	<GIST 특정분야 영재성> 1.활동: 벤처(창업), 소프트웨어 발명, 특허 등 우수산출자 2.연구: 국내·외 학술지 논문 게재, 우수연구자 3.수상: 올림피아드, 전국단위 대회 등 우수 성적자 4.기타 특이이력 잠재능력자 5. 증빙자료 제출 주요 3개 (500자 설명) 기타 7개 (300자 설명)	20 2022 10	▶1단계 서류종합평가　1단계 4배수 SW 등 특정분야 등 우수성 학/자/추+특기자증빙서류 종합 평가 ▶2단계 서류70%+면접30% ①개인면접 20분, 내적 특기역량, 영재성 ②지원자의 특기 확인, 인적성 등 평가 ③특기역량 구술면접+내적역량 구술면접					최저 없음
		2단계									

2022. 05. 17. ollim

디지스트 DGIST

2023 대입 주요 특징

정시: 국수영과2 (수학 미적/기하), 변환표준점수
영어 100-98-93-88-83 ...정시10명, 과Ⅱ가산 5%

▶ 서류평가 정성평가 ▶ 특징: 학부전담 교수제 　　융복합 전자교재 ▶ 자소서: 단일문항 삼천자 ▶ 인재상: ①창의 ②도전 　4C ③협력 ④배려	1. 2023 학교장추천 단계면접→서류일괄 면접폐지 변화 ★ 2. 2023 학교장추천 고교별 추천인원 2명 유지 2. 1,2학년 기초소양 후 3,4학년 전공 - 무학과 단일학부 3. 면접방식 유지: ①발표/개별/학업평가 (그룹토의 등 폐지) 4. 자소서 핵심: ①구체성, 개조식 단문 ②꿈→을 이룰 계획 　②자신 꿈고민 과정 피력 ③수상보다 의미, 교외활동기재가능 5. DGIST 진학의지를 바라는 진정성 자소서추천서 구체화 핵심

6. 총등록자 고교유형(2019) : 일반고 62.6%, 과고영재고 등 37.4%
7. 학교장추천 등 면접시 자신에 맞는 DGIST 3대 교육철학 숙지
8. 디지스트의 교육철학, 입학 후 연구분야 등 본인과 잘 연계
▶ DGIST 3대 교육철학: 융복합교육, 리더십교육, 기업가정신교육
▶ DGIST 인재상 4C : 창의 ,도전, 협력, 배려　　*전원 국비장학생*
▶ 선발 인재상: 도전/창의/호기심/분야개척/열정/인성/나눔리더십

모집시기	전형명	사정 모형	학생부종합 특별사항	2023 수시 접수기간 09. 13(수) ~ 17(토)	모집 인원	학생부	논술	면접	서류	기타	2023 수능최저등급
2023 수시 210명 정시 10명 2022 수시 210명 정시 10명	**학교장추천** 2021 경쟁률 14.6 2020 경쟁률 11.5	일괄 변화	학생부종합 학교장추천서 및 추천공문 ~09.19(월) 자소서제출 추천서 제출 ~09.17(토) 면접 폐지 우수성입증 등 기타자료 불가 일반/자율/특성 재학생만 지원 (과외/국제제외) 최종 11.25(금)	학교장추천 고교별 2명 면접폐지, 서류일괄변화★ ▶디지스트 학교장추천기준 1. 수학과학 학업역량 탁월★ 2. 자기주도적 학습능력 탐구 　역량이 뛰어난 학생 3. 리더로서의 잠재력 따뜻한 　인성을 지닌 학생 4. 디지스트 학습 의지 학생 ▶기타 주요사항 리포트 올림 1. 별도 개인우수성자료 불허 2. 그룹토의 폐지 2020 3. 미래/브레인면접폐지2020 4. 내신 다소 불리해도 　수과 탁월한 학생 적극추천 5. 2021 1단계통과 3유형★ 　①불합격 (소수 인원) 　②후보 (추합 가능성) 　③최초 합격 6. 디지스트 고교유형/성비 　①일반62.6%, 과영재37.8% 　②남자67.9%, 여자32.1%	35 2022 40						최저 없음 <2023 고2 지원신청> 08.16(화)~08.18(목) 심사발표: 08.26(금)
	일반전형 2021 경쟁률 10.1 2020 경쟁률 11.3	1단계 2단계	학생부종합 자소서제출 ~09.17(토) 추천서 폐지 1단계 10.21(금) 면접 11.02(월) ~11.04(금) 최종 11.25(금)	고3/조기졸업/과학영재 등 ▶디지스트 기초학부융복합대 ▶디지스트 대학원과정★★ 　→융합연구원 　①신물질과학전공 　②정보통신융합전공 　③로봇공학전공 　④에너지공학전공 　⑤뇌인지과학전공 　⑥뉴바이오로지전공	145 2022 145						최저 없음
	고른기회 2021 경쟁률 12.2 2020 경쟁률 13.3	1단계 2단계	학생부종합 자소서제출 ~09.17(토) 추천서 폐지 1단계 10.21(금) 면접 11.02(월) ~11.04(금) 최종 11.25(금)	1. 농어촌 해당자 2. 기초수급 및 차상위계층 3. 국가보훈자녀 4. 20년 직업군인/소방공무원	15 2022 15						최저 없음
	특기자 2021 경쟁률 11.2 2020 경쟁률 9.50	1단계 2단계	특기자전형 자소서제출 ~09.17(토) 추천서 폐지 1단계 10.21(금) 면접 11.02(월) ~11.04(금) 최종 11.25(금)	★ 수과분야 특기의 우수성 　과학기술분야 성장잠재력 1. 교과: 교과 관련 올림피아드 　전국단위경시대회 등 성적 2. 연구: 국내외 학술지 논문 　게재, 우수 연구 수행 결과 3. 활동: 발명, 특허, 소프트웨 　어, 벤처(창업)등 특정 성취 4. 기타: 특수환경, 이력소유자	15 2022 10						최저 없음 우수성입증자료 최대 3건 분량제한없음

학교장추천 서류란:

▶ 서류종합평가 100%

1. 학업 및 탐구역량 ① 디지스트 수행능력
　②능동/새로운/해결/모색/잠재력
2. 사회적 역량: 리더 역량 (과학/국가발전)
　인성 역량 (나눔/배려/사회공익)

※ 2022 단계면접 참고사항
　단계 종합면접: 서류50+면접50
1. 발표면접 ①제시문기반발표 <당락좌우>
　(10분) ②문해력, 스토리, 창의력 확인
2. 개별면접 ①학생부와 자소서 서류기반
　(5분) ②탐구역량/사회적역량
3. 학업역량평가 ①수학+물화생 택1 후
　(10분) 10분간 개념확인

▶디지스트 자소서 3,000자 핵심★★★
　1. 학생부기반으로 장점어필 극대화
　2. 자동봉진의 동기과정결과 상세 기록
　3. 개조식 및 단문형태 가능하고 가독성○
　4. 이력서 형태의 열거방식 광탈~
　5. 인재상 활용전략 - DGIST 인재상 4C
　6. 디지스트 학업의지 제일중요
　7. 대학원 전공과정과 유학활용 미래계획

일반전형 서류란:

▶1단계 서류종합평가　　1단계 5배수
1. 수학과학 학업역량: 디지스트 수행능력
2. 탐구역량: 능동/새로운/해결/모색/잠재
3. 사회적 역량: 리더 역량 (과학/국가발전)
　인성역량 (나눔/배려/사회공익)

▶2단계 종합면접: 서류50+면접50★★
1.발표면접: 제시문 문해력/스토리/창의
2.개별면접: 서류기반탐구역량/사회적역량

고른기회 서류란:

▶1단계 서류종합평가　　1단계 5배수
1. 수학과학 학업역량: 디지스트 수행능력
2. 탐구역량: 능동/새로운/해결/모색/잠재
3. 사회적 역량: 리더 역량 (과학/국가발전)
　인성 역량 (나눔/배려/사회공익)

▶2단계 종합면접: 서류50+면접50★★
1.발표면접: 제시문 문해력/스토리/창의
2.개별면접: 서류기반탐구역량/사회적역량

특기자 서류란:

▶1단계 서류종합평가　　1단계 5배수
1. 학업 및 탐구역량: 디지스트 수행능력
2. 사회적 역량: 리더 역량 (과학/국가발전)
　인성 역량 (나눔/배려/사회공익)
3. 특기분야의 우수성 평가/피력

▶2단계 종합면접: 서류50+면접50★★
1.발표면접: 제시문 문해력/스토리/창의
2.개별면접: 서류기반탐구역량/사회적역량
3.특기발표/발표면접/개별심층면접

2023 대학별 수시모집 요강	유니스트 UNIST	2023 대입 주요 특징	정시 국수영과2, 미/기하, 다른과탐ⅠⅡ, 동일비율 영어 100-95-90-85-80 ... 정시10명, 과Ⅱ가산 10%

▶이공: 국영수과 (수과) ▶경영: 영수 중요 ▶정성평가, 학년비율 없음 ▶영어수업 100%	1. 2023 일반/고른기회 서류일괄100% 유지 2. 2023 지역인재 고교별 추천인원 무제한 (5명 제한 폐지) 3. 2023 정시 10명 선발, 국수영과2+한국사, 변환표준활용 4. 우수성입증자료: 공동협력일 경우 자신의 역할 반드시 기록 ★입증자료=창체자료 ①자료선택사유 ②과정물 ③결과물 5. UNIST의 <14개 대표 연구분야>★★ 자소서 공략 ollim	<UNIST 입시결과 리포트 올림> 1. 이공계열: 국영수과 정량정성, 일반고 1.5~1.8 지원 2. 경영학과: 영어수학 내신중요, 외고 다수 3. 18~20 합격: 일반고 57.6%→51.1%→43.0% 자율고14.1% 　　　　　　　과학고 26.4%→30.5%→29.5% 4. <해수배터리> 연구 미개척분야 활용

모집시기	전형명	사정모형	학생부종합 특별사항	2023 수시 접수기간 09. 13(화) ~ 17(토)	모집인원	학생부	논술	면접	서류	기타	2023 수능최저등급
2023 수시 445명 외국인 15명 포함 정시 10명 전체 455명	일반전형 경쟁률 21→22 이공 10.3→13.9 경영 11.8→12.6	일괄	학생부종합 자기소개서 ~ 09.18(일) <u>추천서없음</u> 우수입증자료 미제출 무방함 최대 2개이내 총 8매 이내 최종 12.09(금)	1. 2023 경영 25명 등 유지 305명 모집, 조기졸 포함 2. 우수성입증자료: 최대 2개 (불이익 없음, 수상의 과정) 3. 지원 관련분야 학업역량 ▶이공계열: 수/과/국/영★ ▶경영계열: 국/영/수/과/사★ 각 분야 열정이 뛰어난 자 <자소서 핵심 2023 ollim> 1. 학업역량, 지원계열관심 2. 학교생활충실도, 원대한 꿈 3. 어떻게 살아왔는가 4. 질문의 의도 파악 중요 5. 간절한 유니스트 희망여부	305 이공 280 경영 25 2022 305 이공 280 경영 25	▶종합서류평가 100 (일괄) 1. 학업역량: 교과 성적, 학년별 성적추이 　교과관련 수상실적, 세부능력 특기사항 　지원계열 관련 주요교과 이수 이력 2. 지원계열 관련활동: 지원계열 탐구활동 　동아리활동, 방과후활동, 진로탐색 등 3. 학교생활 충실도 및 인성 　반영교과외 성적, 독서활동, 체험활동 　동아리활동, 방과후학교활동 　리더십, 공동체 의식, 타인 배려 등 ※ 2022 종합다면 면접평가 폐지 ※ 최종합격-후보-불합격					최저 없음
	특기자 경쟁률 21→22 이공 10.9→8.55	1단계	특기자전형 자기소개서및 우수입증자료 ~ 09.18(일) 최대 2개이내 각 10매 이내	1. 과학기술연구 성장비전 수학과학 학업역량 탁월 창의적 도전적 활동이력 발명 특허 창업 우수성취 우수한 결과물 산출 이력 우수성입증자료 최대 2개 교외수상, 공인외국어 가능	이공 20 2022 이공 20	▶종합서류평가 (4배수 내외) 학생부/자소서/입증자료 등 종합 학업역량, 해당분야 발전가능성 학교생활 충실도 등 종합 정성평가					최저 없음
		2단계	1단계 11.02(수) 면접 11.05(토) 최종 12.09(금)	2. 창업역량 준비자세 필요 3. 경력이력특허 없어도 가능 4. 2022 서류비중 10% 증가		▶종합다면면접평가 (합격/후보/불합) 지원계열 적합성 및 서류확인, 인성 등 종합면접 정성평가, 20분 내외 융합형태의 제시문면접 실시 ★ <u>서류 60%+면접 40%</u> (수과면접 없음)					
	지역인재 학교장추천 경쟁률 21→22 이공 2.97→5.92	일괄	학생부종합 추천제한폐지 자기소개서및 우수입증자료 ~ 09.18(일) 최종 12.09(금)	1. 울산시 교육과정 이수자 2. 고교별 추천제 없음 3. 학교생활충실, 선도적 리더 4. 우수성입증자료 최대 2개	65 이공 60 경영 5	▶일괄종합서류평가 100% (면접 없음) 학생부/자소서/입증자료 등 종합 학업역량, 지원계열관심도, 학교생활 충실도 등 종합 정성평가 ▶이공계열: 수/과/국/영★					최저 없음
	고른기회 (정원외) 경쟁률 21→22 이공10.7→14.3 경영 7.4	일괄	학생부종합 자기소개서및 우수입증자료 ~ 09.18(일) 최대 2개이내 최종 12.09(금)	1. 기초수급 및 차상위 자녀 한부모 자녀 등 해당자 2. 국가보훈자녀, 군인 20년 3. 소방공무원 20년 이상 4. 농어촌 대상자 5. 우수성입증자료 최대 2개 6. 학생 본인의 평가 가치 중요	40 이공 40	▶종합서류평가 (4배수→일괄변화) 학생부/자소서/입증자료 등 종합 학업역량, 해당분야 발전가능성 학교생활 충실도 등 종합 정성평가 ▶종합다면 면접평가 폐지 2022★ 2021 면접참고: 융합 제시문면접 지원계열 적합성 및 서류확인, 인성 등 종합면접 정성평가, 20분 내외					최저 없음

<UNIST 인재상 2021~2022>
1. UNIST의 비전 공유자　　　　2. 정직하고 배려하는 인성
3. 글로벌마인드 적극적 변화주도자　　4. 지원관련분야 우수학업성취
5. 학교충실 자기주도적 능력자　　6. 특정분야의 재능과 창의성

<UNIST 2021~2022 입학결과 주요사항>
1. 2021 정원내 등록현황: 400명 모집, 최종등록 351명, 등록률 87.8%
2. 2021 정원외 등록현황: 35명 모집, 최종등록 27명, 등록률 77.1%
3. 2022 등록자 성비: 남자 322명(72%), 여자 125명(28%) 총 447명
4. 2022 고교유형별 등록현황: 일반계고 223명, 자율고 70명, 과학고 61명
　<u>2022 일반고 비율 62.8%,</u> 자율고 10명, 외국어고 17명, 영재고 8명 총 447명
　2022 수도권 28%, 부울경 35.6%, 충청권 13.6%, 대구경북권 13%

<2023 UNIST 2학년 15개 전공학부>
▶공과대학: 기계공학과, 도시환경공학과, 신소재공학과
　　　　　에너지화학공학과, 원자력공학과
▶정보바이오융합대학: 디자인학과, 바이오메이컬공학과
　　　　　산업공학과, 생명과학과, 전기전자공학과, 컴퓨터공학과
▶자연과학대학: 물리학과, 수리과학과, 화학과
▶경영계열: 경영과학부

2022. 05. 17. ollim

▶수과 중심 정성평가 ▶한전공대 5대중점연구 ①에너지 AI ②에너지 신소재 ③차세대 그리드 ④수소 에너지 ⑤환경기후기술	1. 2022 에너지특화 융복합 공과대학 개교 (전남나주 혁신도시) 2. 한전 및 그룹사, 정부, 지자체 공동지원 특수법인 대학설립 3. 에너지공학부 단일학부 선발 4. KENTECH 인재상: 탁월한 연구역량과 기업가 정신 　　　　　　　　　글로벌 시민의식 인재 5. 한전공대 5대중점 특화연구소 　①초강력 레이저센터　　②인공태양 공학연구소 　③에너지 신소재 플랫폼　④초전도 연구개발센터	6. KENTECH 졸업 후 진로분야 ①에너지 분야 창업가　②고급 연구자 ③글로벌 기업가　　　④국제기구 전문가 등 7. KENTECH 핵심가치→핵심역량 ①탁월한 연구→수학적 사고 ②기업가 정신→인문적 통찰 ③글로벌 시민의식→ 협업적 소통

모집시기	전형명	사정 모형	학생부종합 특별사항	2023 수시 접수기간 09. 13(화) ~ 17(토)	모집 인원	학생부	논술	면접	서류	기타	2023 수능최저등급
2023 일반전형 90명 고른기회 10명 정시 수능우수 10명 전체 110명	**일반전형** 2022 경쟁률 24.1	1단계 2단계	일반전형 자기소개서 ~09.19(월) 1단계 11.18(금) 면접 12.05(토) 최종 12.15(목)	1. 에너지분야 열정 잠재력 2. 에너지공학부 단일학부 　90명 선발 3. 한전공대 5대중점 연구분야 　①에너지 AI 　②에너지 신소재 　③차세대 그리드 　④수소 에너지 　⑤환경기후기술	에너지 공학부 90	▶종합서류평가 (4배수) 본교 핵심가치, 역량 지원적합성 평가 ①가치평가 RE, ES, GC ②역량평가(수학 과학) MT, HICC ③지원적합성 평가 ▶서류평가 50+면접평가 50 ①창의성 면접: 미션 켄텍패키지 활용 　발산적 사고력, 문제해결력, 인문적 　통찰 역량 등 평가 <25분> ②학생부기반 면접, 자기소개서 <10분> 　수학과학 기본학업역량 및 지원적합성					최저 없음 ▶2022 일반고 기준 평균등급 입결 ①국영수사과 1.78 ②수학과학 1.53 ③수학 1.31 ④과학1.74
	고른기회 2022 경쟁률 24.6	1단계 2단계	일반전형 자기소개서 ~09.19(월) 1단계 11.19(금) 면접 12.04(토) 최종 12.16(목)	1. 에너지분야 열정 잠재력 2. 에너지공학부 단일학부 　10명 선발 3. 기초 및 차상위 등 대상자 4. 농어촌 대상자 5. 한전공대 5대중점 연구분야 　①에너지 AI 　②에너지 신소재 　③차세대 그리드 　④수소 에너지 　⑤환경기후기술	에너지 공학부 10	▶종합서류평가 (4배수) 본교 핵심가치, 역량 지원적합성 평가 ①가치평가 ②역량평가(수학 과학) ③지원적합성 평가 ▶서류평가 50+면접평가 50 ①창의성 면접 ②학생부기반 면접, 자기소개서 확인 ③발산적 사고력, 문제해결력, 인문적 　통찰 역량 등 평가					최저 없음

2022. 05. 17. ollim

2023
대입전략 수시올림

초판 1쇄 인쇄 2022년 7월 15일
초판 1쇄 발행 2022년 7월 20일

지 은 이 임병훈

펴 낸 이 김호석
펴 낸 곳 도서출판 대가
편 집 부 주옥경 · 곽유찬
경영관리 박미경
마 케 팅 오중환
관   리 김경혜

주   소 경기도 고양시 일산동구 무궁화로 21-21 로데오 메탈릭타워 405호
전   화 02) 305-0210 / 306-0210 / 336-0204
팩   스 031) 905-0221
전자우편 dga1023@hanmail.net
홈페이지 www.bookdaega.com

ISBN 978-89-6285-357-5 (43370)